AUS DEM INHALT

Obst & Trockenfrüchte 34
Kernobst 40
Steinobst 44
Zitrusfrüchte 46
Beerenobst 50
Exotische Früchte 54
Melonen 62
Schalenobst 64
Trockenfrüchte 68

Gemüse & Salate 70
Blattgemüse 76
Salate 78
Fruchtgemüse 84
Hülsenfrüchte 96
Kohlgemüse 104
Stängelgemüse 108
Algen 112
Sprossen & Keime 113
Wurzel- und Knollengemüse 114
Zwiebelgemüse 130
Speisepilze 132

Kräuter & Gewürze 136
Blütengewürze 141
Blatt- und Krautgewürze 142
Frucht- und Samengewürze 149
Wurzelstock- und Zwiebelgewürze 155
Rindengewürze 156
Gewürzmischungen 157
Salz 160

Milch & Milchprodukte 162
Milch 164
Milchfrischprodukte 170
Käse 174

Fleisch & Wild 196
Rindfleisch 202
Kalbfleisch 206
Schweinefleisch 208
Lamm- und Schaffleisch 210
Hackfleisch 212
Innereien 213
Wild 214
Exotisches Fleisch 216

Wurst & Schinken 218
Brühwurst 222
Kochwurst 225
Rohwurst 226
Ausländische Wurstspezialitäten 228
Schinken 230

Geflügel & Eier 236
Hühner 240
Enten, Gänse & Co. 241
Wildgeflügel 245
Eier 246
Hühnereier 247
Andere Eier 251

Fisch & Meeresfrüchte 252
Sushi und Sashimi 257
Süßwasserfische 258
Salzwasserfische 261
Meeresfrüchte 268
Tintenfisch 268
Krustentiere 269
Muscheln & Meeresschnecken 272
Fischerzeugnisse 274

Öle & Fette 278
Pflanzliche Fette 282
Speiseöl 282
Margarine 287
Feste Pflanzenfette 289
Frittieren – aber richtig 290
Tierische Fette 292
Butter 292
Schlachtfette 295

Brot & Backwaren 296
Brot 298
Brötchen 305
Kuchen & Torten 306
Dauerbackwaren 310
Würziges Knabbergebäck 314

Getreide & Getreideprodukte 316
Weizen, Roggen & Co. 319
Alte Sorten – neu entdeckt 322
Pseudogetreide 323
Reis 324
Getreideerzeugnisse 328
Mehl 328
Frühstückscerealien 330
Teigwaren 332

Würzige Fertigprodukte 338
Essig 341
Dressing 344
Würzige Saucen und Pasten 347
Senf 354

Konserven & Tiefkühlprodukte 358
Konserven 362
Obstkonserven 364
Gemüsekonserven 366
Sauerkonserven 368
Fleisch-, Wurst- und Fischkonserven 370
Fertiggerichte 371
Tiefgekühlte Lebensmittel 373
Speiseeis 378

Süßes & Desserts 380
Zucker 382
Zuckerersatzstoffe 386
Honig 388
Süßes aufs Brot 394
Schokolade 398
Pralinen 404
Zuckerwaren 406
Dessert- und Backzutaten 412

Getränke & Spirituosen 422
Heißgetränke 424
Alkoholfreie Getränke 440
Bier 450
Wein 464
Schaumwein 486
Spirituosen 490

Rubriken
Gesunde Ernährung 4
Gütesiegel 12
Sensorik 18
Stichwortverzeichnis 504
Dank 510
Quellen 511
Impressum 512

NEU! Kapitel Sensorik ab Seite 18

INTRO

Gesunde Ernährung

Wir leben nicht, um zu essen, wir essen, um zu leben. Dieses „geflügelte Wort" prägte vor über 2000 Jahren der griechische Philosoph Sokrates angesichts der Völlerei seiner Zeitgenossen. Im Prinzip stimmt die Aussage natürlich noch immer, doch würde es Sokrates heute wohl moderater formulieren: „Wir essen, um gesund zu leben, und aus Freude am Genuss."

Was gesund ist und was nicht, daran scheiden sich die Geister. Selbst die Fachleute geben keine ausreichende Sicherheit, denn Erkenntnisse von heute können schon morgen überholt sein. Mal gönnt man uns nicht die Butter aufs Brot, dann heißt es „gesund ist, was schmeckt". Die Verbraucher verstehen unter „gesund" in erster Linie „natürlich", ebenfalls ein weiter Begriff. Doch trotz der unterschiedlichen Betrachtungsweisen lässt sich ein gemeinsamer Nenner finden, den alle unterschreiben können: Gesund im elementarsten Sinn sind Speis' und Trank nur dann, wenn dem Körper alle benötigten Nährstoffe in ausreichender Menge und ausgewogenem Verhältnis zugeführt werden. Richtige Ernährung zeigt sich in Wohlbefinden und körperlicher sowie geistiger Leistungsfähigkeit. Falsche Ernährung mündet auf Dauer unweigerlich in Krankheit.

Die schöne Geschichte vom Schlaraffenland könnte in einem Supermarkt spielen. Zwar fliegen uns dort die gebratenen Tauben nicht in den Mund, aber es locken Lebensmittel in Hülle und Fülle. Der Kunde entscheidet frei nach Appetit, was er essen will, und kann es sich erlauben, kritisch zu sein. An Geschmack und Qualität der Produkte werden hohe Ansprüche gestellt, und der Wunsch nach einer möglichst gesunden Ernährung entwickelt sich immer mehr zum zentralen Thema.

Der menschliche Organismus ist vergleichbar mit einem Auto: Ohne Nachschub im Tank läuft bald nichts mehr. Der Körper verlangt Kraftstoff in Form von Nahrung. Aus ihr werden die Nährstoffe herausgefiltert und gezielt für die jeweiligen Lebensfunktionen eingesetzt. Da sind zum einen die Energie spendenden Nährstoffe Kohlenhydrate, Proteine (Eiweiß) und Fett. Dazu kommen die Vital- oder Wirkstoffe – Vitamine, Mineralstoffe und Spurenelemente. Wichtig sind außerdem die Ballaststoffe. Und nicht zuletzt gehört ausreichend Flüssigkeit zu einer gesunden Ernährung.

Nährstoffe – Bausteine des Lebens
Kohlenhydrate …

… sind die Energielieferanten schlechthin. Sie halten Muskeln und Gehirn in Schwung und werden überhaupt für sämtliche Körperaktivitäten benötigt. Kohlenhydrate kommen in Form von Zucker und Stärke vorwiegend in pflanzlicher Nahrung vor. Zucker ist ein einfaches Kohlenhydrat und geht schnell ins Blut. Deshalb erzielt man beispielsweise mit Traubenzucker einen kurzfristigen Energieschub, der ebenso schnell wieder abflaut. Dagegen sorgen komplexe Kohlenhydrate wie die Stärke aus Getreide, Kartoffeln, Hülsenfrüchten und Gemüse für eine dauerhafte, gleichmäßige Energiezufuhr. Der Körper muss das Stärkemolekül zunächst in einfache Zuckermoleküle aufspalten, die dann nach und nach ins Blut gelangen. Auch Ballaststoffe zählen zu den Kohlenhydraten. Sie werden zwar unverdaut ausgeschieden, erfüllen aber dennoch eine wichtige Funktion.

Proteine (Eiweiß) …

… setzen sich aus den verschiedenen Aminosäuren zusammen und sind die wichtigsten Bausteine des Organismus. Jede Zelle des Körpers enthält Proteine. Alle Enzyme und Antikörper sind Proteine und auch einige Hormone enthalten Proteinkomponenten.
Unser Körper besteht zu 15 bis 20 % aus Eiweiß, das einem ständigen Auf- und Abbau unterliegt. Es muss regelmäßig mit der Nahrung zugeführt werden. Mit Eiweißmangel ist jedoch in unserer Wohlstandsgesellschaft nicht zu rechnen, schon eher mit einem Überangebot vor allem an tierischem Eiweiß. Aus diesem Grund raten Ernährungsexperten, nicht jeden Tag Fleisch zu essen. Jedoch enthalten unterschiedliche Lebensmittel auch unterschiedliche Proteine. Wie wertvoll ein Eiweiß ist, bestimmt sein Aminosäuremuster und die Fähigkeit des Organismus, aus dem verzehrten Protein körperspezifische Proteine zu bilden.

Fette (Lipide) …

… sind – genau wie Proteine – unverzichtbar. Der Körper nutzt Fett zur Energiegewinnung und Fette bilden unter der Haut eine Isolierschicht. Fette sind ein wichtiger Bestandteil der Zellmembran. Zudem schützen sie die Organe vor Druck und Stoß. Nicht zuletzt bestehen Lipide aus den vom Körper dringend benötigten Fettsäuren:

„Gesättigte Fettsäuren" liefern vor allem Energie. Tierische Fette (zum Beispiel Butter, Käse, Sahne, Schmalz, Fleisch und Wurstwaren), aber auch Kokos- und Palmöl bestehen überwiegend aus gesättigten Fettsäuren.

Auch aus „einfach ungesättigten Fettsäuren" gewinnt der Körper vorwiegend Energie. Sie lassen sich jedoch von Verdauungsenzymen besser aufspalten und gelten dadurch im Vergleich zu „gesättigten Fettsäuren" als leichter verdaulich. Enthalten sind „einfach ungesättigte Fettsäuren" in Nüssen, Samen und Pflanzenölen wie Oliven- und Rapsöl, aber auch in Butter, zusätzlich zu den gesättigten Fettsäuren.

„Essenzielle Fettsäuren" sind „mehrfach ungesättigte Fettsäuren", die der Körper nicht selbst herstellen kann. Sie werden vor allem zum Aufbau der Zellmembranen und für den Stoffwechsel benötigt. Bei diesen sogenannten „guten Fetten" unterscheidet man zwei Gruppen: Omega-6-Fettsäuren (zum Beispiel in Mais- und Sonnenblumenöl) und Omega-3-Fettsäuren (in Soja-, Walnuss-, Raps- und Leinsamenöl sowie in fettreichen Fischen). Gerade Omega-3-Fettsäuren stehen hoch im Kurs, da sie eine günstige Wirkung auf das Herz-Kreislaufsystem haben sollen.

Obwohl wir ohne Fett nicht leben können – zu viel schadet nicht nur der Figur, sondern vor allem der Gesundheit. Mehr als 30 % Fett sollte gesunde Ernährung nicht enthalten. Da Fett jedoch ein ausgezeichneter Geschmacksträger ist, schmecken gehaltvollere Lebensmittel einfach besser. Nicht zuletzt deshalb fällt es schwer, den Konsum einzuschränken. Jedoch verzögern fettreiche Lebensmittel die Entleerung des Magens, sodass das Sättigungsgefühl länger anhält.

Vitamine …

… sind organische Substanzen, die in pflanzlichen und tierischen Lebensmitteln vorkommen. Vitamine liefern keine Energie, zählen aber zu den Grundbausteinen des Lebens. Schon winzige Mengen beeinflussen unzählige Körperfunktionen und -prozesse, und das Wohlbefinden hängt nicht zuletzt von Vitaminen ab. Der menschliche Organismus kann Vitamine nicht oder zumindest nicht im nötigen Umfang selbst bilden, deshalb müssen sie ständig zugeführt werden. Die Vitamine A, D, E und K werden nur im Zusammenhang mit Fett aufgenommen. Dagegen sind die Vitamine des B-Komplexes und Vitamin C in Wasser

INTRO

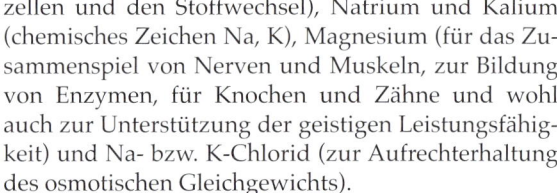

löslich. Luft, Licht und Wärme können Vitamine in Lebensmitteln zerstören. Deshalb haben die frischesten Vitaminlieferanten auch den höchsten Vitamingehalt.

Jedes einzelne Vitamin hat eine spezifische Wirkung, keines kann das andere ersetzen.

- Vitamin A fördert das kindliche Wachstum, unterstützt das klare Sehen, sorgt für gesunde Schleimhäute und eine schöne Haut und stärkt das Immunsystem. Besonders reich an Vitamin A sind Leber, Milch, Käse, Butter, Eigelb und Fisch.
- Der Vitamin-B-Komplex setzt sich zusammen aus den Vitaminen B_1, B_2, Niacin, B_6, Pantothensäure (B_5), Biotin (Vitamin H), Folsäure und B_{12}. Positiv beeinflusst werden unter anderem Wachstum, geistige und körperliche Fitness, Nerven, Haut, Blutbildung und Kohlenhydrat-Stoffwechsel. Besonders reich an Vitamin B sind Vollkornprodukte, Gemüse, Fleisch, Innereien, Milch und Eier.
- Vitamin C wirkt gegen Müdigkeit, Schlafstörungen, Appetitlosigkeit. Es unterstützt das Immunsystem und soll angeblich sogar Krebs erregende Schadstoffe im Körper abfangen. Vitamin C steckt in Obst und Gemüse. Besonders gehaltvoll sind Kiwi, Johannisbeeren und Hagebutten sowie Paprikaschoten und Brokkoli.
- Vitamin D fördert das Wachstum, die Knochenhärtung und die Muskelkraft. Sonnenbestrahlung bewirkt, dass sich Vitamin D in der Fettschicht unter der Haut bildet. Es kann jedoch auch mit der Nahrung aufgenommen werden. Besonders viel Vitamin D enthalten Milchprodukte, Salzwasserfische und Eigelb.
- Vitamin E schützt ungesättigte Fettsäuren und Vitamin A vor der Zerstörung durch Sauerstoff. Gemeinsam mit Vitamin C und Beta-Carotin eliminiert es „freie Radikale", also Krebs erregende Stoffe. Auch eine schöne, jung aussehende Haut wird Vitamin E zugeschrieben. Wichtigste Lieferanten sind Haferflocken, Vollkornprodukte und grünes Gemüse.
- Beta-Carotin, die Vorstufe des Vitamin A, wandelt der Körper bei gleichzeitiger Fettaufnahme in Vitamin A um. Es hilft zusammen mit Vitamin C und E bei der Abwehr von Schadstoffen und zellschädigenden Sauerstoffradikalen, die Krebs verursachen können. Üppig enthalten ist Beta-Carotin in gelbrotem Gemüse wie Karotten, aber auch in grünem Gemüse.

Mineralstoffe und Spurenelemente ...

... sind anorganische Stoffe, die wir dem Körper mit der Nahrung zuführen. Jene Mineralstoffe, von denen der Organismus verhältnismäßig viel braucht, werden auch als „Mengenstoffe" bezeichnet: Calcium und Phosphor (für Zähne, Knochen, Nerven und Muskelzellen und den Stoffwechsel), Natrium und Kalium (chemisches Zeichen Na, K), Magnesium (für das Zusammenspiel von Nerven und Muskeln, zur Bildung von Enzymen, für Knochen und Zähne und wohl auch zur Unterstützung der geistigen Leistungsfähigkeit) und Na- bzw. K-Chlorid (zur Aufrechterhaltung des osmotischen Gleichgewichts).

Von den Spurenelementen braucht der Körper tatsächlich nur winzige Spuren – zum Beispiel Eisen (für den Sauerstofftransport im Blut), Jod (für die Funktion der Schilddrüse), Kupfer (als Bestandteil von Enzymen, zum Aufbau des Blutfarbstoffs, zur Unterstützung des Bindegewebsstoffwechsels), Zink und Selen (als Bestandteil von Enzymen, für ein funktionierendes Immunsystem, zum Eiweißabbau und für gesunde Haut) oder Fluor (für den Knochen- und Zahnaufbau).

Ballaststoffe ...

... gehören zu den Kohlenhydraten. Es handelt sich um die unverdaulichen Bestandteile von Getreide, Obst und Gemüse. Apfelschalen, Blattrippen vom Kohl, äußere Schichten vom Getreidekorn usw. werden unverwertet über den Darm ausgeschieden – und erfüllen dennoch eine wichtige Funktion. Sie sorgen für eine geregelte Verdauung, beugen Fettstoffwechselstörungen vor und unterstützen den Kohlenhydratstoffwechsel. Außerdem füllen Ballaststoffe den Magen und geben so ein Sättigungsgefühl. Ernährungsfachleute empfehlen täglich mindestens 30 g Ballaststoffe.

Sekundäre Pflanzenstoffe ...

... werden auch bioaktive Substanzen genannt und umfassen sehr unterschiedliche Pflanzenbausteine. Bekannte Beispiele sind Farb- oder Gerüststoffe, mit anderen wiederum schützt sich die Pflanze vor Krankheiten. Die Wirkungen auf den Menschen sind bisher nur zu einem Teil bekannt. Wichtig ist die Erkenntnis, dass sekundäre Pflanzenstoffe offenbar im Zusammenspiel in dem Naturprodukt für den Menschen hilfreicher sind als isoliert in einem Nahrungsergänzungsmittel – ein starkes Argument für pflanzliche Kost in ihrer üppigen Vielfalt.

Wasser ...

... ist kein Nährstoff, aber trotzdem absolut lebensnotwendig. Immerhin besteht unser Körper zu etwa 60 % aus Wasser. Und weil wir an einem Tag etwa 2,5 l Flüssigkeit ausscheiden, muss ständig für Nachschub gesorgt werden. Ein Erwachsener sollte deshalb täglich rd. drei Liter Wasser nachfüllen. Einen Liter nehmen wir mit der Nahrung auf, zwei Liter sollten wir trinken. Chronischer Flüssigkeitsmangel macht sich unter anderem bemerkbar durch eine schlaffe Haut, eine träge Verdauung sowie Herz- und Kreislaufstörungen. Allerdings ist es nicht egal, was wir trinken. Kräutertees, Mineralwasser und Fruchtsäfte werden empfohlen, Schwarztee und Kaffee hingegen sollten genauso wie Alkohol eher als Genussmittel und nicht als Getränk angesehen werden (obwohl Ernährungswissenschaftler den Kaffee inzwischen rehabilitiert haben).

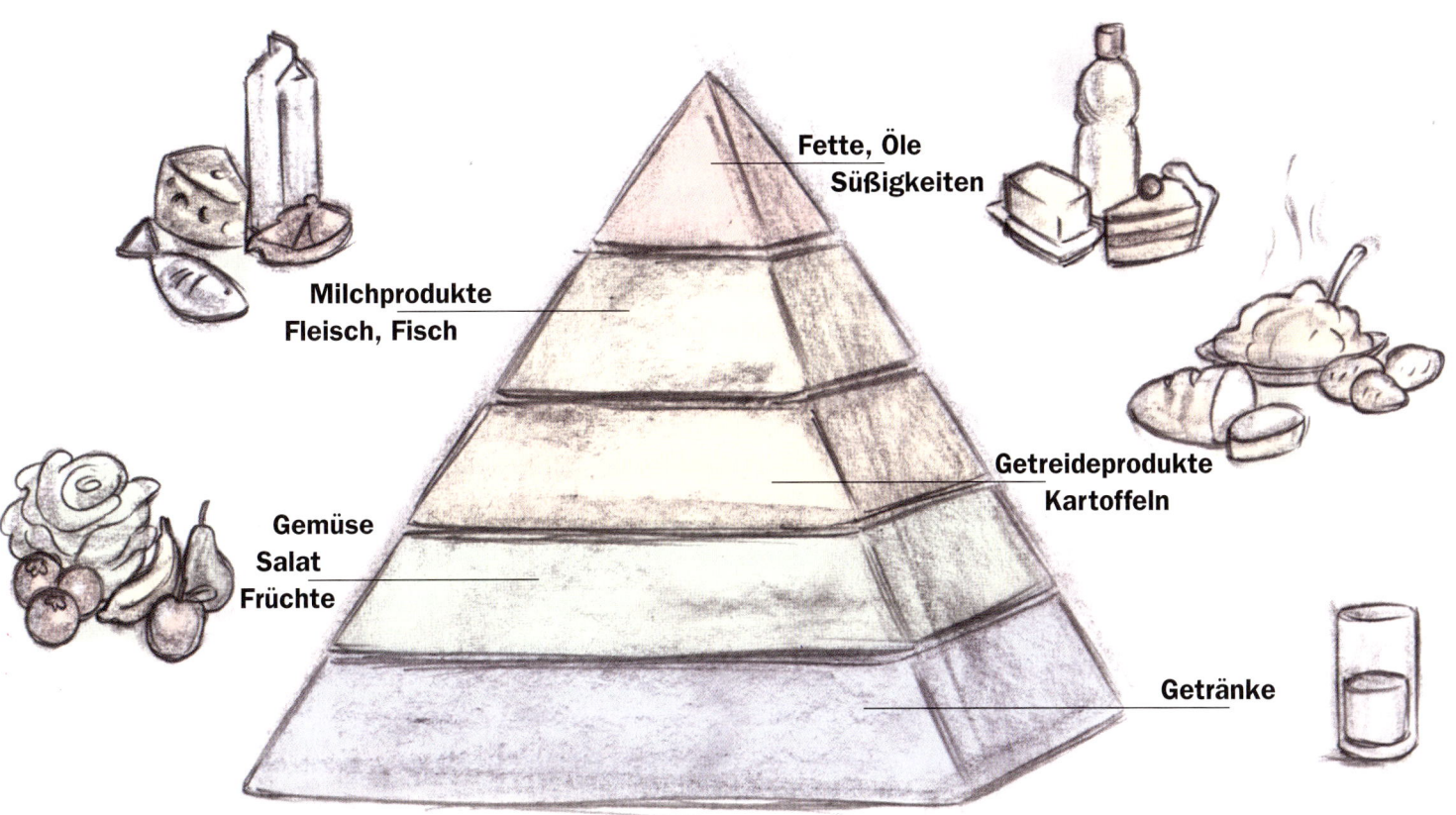

Wie man sich optimal ernährt

Eigentlich sollte es ganz einfach sein, sich gesund zu ernähren. Immerhin können die Verbraucher hierzulande, was Lebensmittel betrifft, aus dem Vollen schöpfen. Aber vielleicht macht es gerade dieses Überangebot kompliziert und wirft die Frage auf: Was darf ich essen und was lasse ich besser weg?

Über Jahrtausende aßen die Menschen vorwiegend Getreidebrei, Gemüse und Obst. Fleisch gab es selten, denn es musste mühsam erjagt werden. Viel später, als man Fleisch kaufen konnte, war es teuer und blieb Festtagen oder bestenfalls dem Herrn des Hauses vorbehalten. Auf den Tisch kam in erster Linie, was Feld und Garten lieferten. Das änderte sich erst, als Fleisch und Wurst für jeden erschwinglich wurden. Jetzt konnten die Schnitzel gar nicht groß genug sein, und der Trend ging zu einer eiweiß- und fettlastigen Ernährung. Getreideprodukte und Gemüse spielten als Beilage lediglich noch eine Nebenrolle. Ohnehin standen Nudeln, Kartoffeln & Co. lange im Verruf, typische Dickmacher zu sein. Inzwischen weiß man es besser. Komplexe Kohlenhydrate speichert der Körper nicht in Form von Fett, sondern verwandelt sie großenteils in Energie. Gerade Getreideprodukte sättigen hervorragend und geben Kraft. Sportler haben das erkannt und ersetzen guten Gewissens das Steak auch mal durch leckere Pasta.

Die Zusammenstellung des täglichen Speisezettels ist ein Kinderspiel, wenn man sich alle Lebensmittel gedanklich in einer Pyramide vorstellt. Der breiteste Bereich ganz unten ist reserviert für jene Produkte, bei denen man zugreifen darf. Weiter oben heißt es Maß halten, und die Lebensmittel in der Spitze erfordern Zurückhaltung.

Die Gewichtung macht's

Getreide und Getreideprodukte bilden den Grundstock einer gesunden Ernährung. Teigwaren und Brot (jeweils bevorzugt Vollkornprodukte), Cerealien, Reis und Kartoffeln enthalten reichlich Kohlenhydrate und liefern einen Großteil der benötigten Energie. Gesunde Kost besteht zu ca. 60 % aus komplexen Kohlenhydraten, doch bisher machen sie nur etwa 40 % auf unseren Tellern aus.

Die Sache mit den Kalorien

Dass Diäten auf Dauer selten helfen, hat sich herumgesprochen. Wer abnehmen oder sein Gewicht halten möchte, muss die Energiezufuhr drosseln oder auf einem entsprechenden Level halten. Das allerdings stellt hohe Anforderungen an die Ess-Disziplin. Zunächst einmal muss man den Nährwert bzw. Brennwert der Lebensmittel beachten. Er gibt an, wie viel Energie bei der Verbrennung (Verdauung) von Nährstoffen im Körper freigesetzt wird. Ausgedrückt wurde der Brennwert früher in Kalorien (cal) bzw. Kilokalorien (kcal), bis 1978 die Umstellung auf Joule (J) bzw. Kilojoule (kJ) erfolgte. Da sich aber an diesen neuen Wert niemand so recht gewöhnen wollte, darf man nach wie vor Kalorien zählen. Auf verpackten Lebensmitteln stehen kJ und kcal nebeneinander.

Entsprechend dem Nährstoffgehalt lässt sich für jedes Nahrungsmittel ein bestimmter Brennwert errechnen. Beispielsweise schlägt 1 g Kohlenhydrate mit 4,1 kcal zu Buche. Auch in 1 g Eiweiß stecken 4,1 kcal. In 1 g Fett dagegen verbergen sich satte 9,3 kcal. Daraus schließen wir: Der schlanken Linie zuliebe lohnt es sich, mit Fett zu geizen.

INTRO

Manchmal darf es auch etwas mehr sein.

Kalorien und Joule
- Die Bezeichnung „Kalorie" kommt vom lateinischen calor = Wärme.
- 1 Kilokalorie (kcal) entspricht der Menge an Wärme, die nötig ist, um 1 kg Wasser um ein 1 °C zu erhitzen.
- 1 Joule (J) ist die Energiemenge, die man benötigt, um 100 g mit einer Kraft von 1 Newton 1 Meter hochzuheben.
- Wer umrechnen möchte:
  1 J = 0,2388 cal, 1 cal = 4,186 J

Wie viel Kalorien ein Mensch pro Tag braucht, um seinen Energiebedarf zu decken, hängt von verschiedenen Faktoren ab. Ausschlaggebend sind unter anderem Alter, Geschlecht, Statur, körperliche Aktivitäten, Lebensweise und Gesundheitszustand. Die Empfehlungen reichen von 1700 bis 3500 Kilokalorien. Allerdings ist die Kalorienzufuhr nicht allein ausschlaggebend für das Körpergewicht. Es gibt tatsächlich gute und schlechte „Futterverwerter".

Um das „normale" Gewicht zu errechnen, gibt es mehrere Formeln. Die früher am häufigsten angewandte Formel lautet: Körperlänge in cm minus 100. Das hieße, dass ein 170 cm großer Mensch nicht mehr als 70 kg wiegen sollte. Der Vorteil dieser Methode ist, dass das Gewicht ohne großen Rechenaufwand ermittelt werden kann.

Heute wählen Experten zur Ermittlung des Ernährungsstatus eines Menschen häufiger den Body Mass Index (BMI). Der BMI ergibt sich aus dem Körpergewicht in kg/Quadrat der Körpergröße in m.

Noch vor 15 Jahren sollte der BMI von Frauen bei 21–22 liegen und der von Männern bei 22–24. Heute sollte der BMI allgemein unter 25 liegen.

Essen wie es uns gefällt

Über Geschmack soll man bekanntlich nicht streiten. Jeder darf nach seiner Fasson selig werden, lediglich die Versorgung mit lebensnotwendigen Nährstoffen muss gewährleistet sein.

Aber bitte vollwertig

Die Anhänger der Vollwert-Ernährung werden gern als „Körndlbeißer" abgetan, doch ihr Speisezettel ist äußerst vielseitig. Als vollwertig werden solche Lebensmittel betrachtet, die nicht oder nur wenig verarbeitet wurden. Werner Kollath, der „Vater" der Vollwert-Ernährung, prägte den Leitsatz: „Lasst unsere Nahrung so natürlich wie möglich."

Vollwertkost ist nicht fleischlos, doch in erster Linie besteht sie aus Getreide, Vollkornprodukten, Gemüse, Obst und Milchprodukten. Mindestens ein Drittel davon kommt unerhitzt auf den Tisch, ansonsten wird schonend gedünstet. Man verwendet naturbelassene Fette und Öle und unterstreicht den Geschmack mit Gewürzen und frischen Kräutern. Absolut tabu sind Nahrungsmittel mit synthetischen Zusatzstoffen.

Vollwert-Ernährung ist eine Philosophie und sieht sozusagen über den Tellerrand hinaus. Bevorzugt werden Lebensmittel aus umwelt- und sozialverträglicher Herstellung. Man konzentriert sich deshalb nach Möglichkeit auf regionale Produkte aus ökologischer Landwirtschaft und lehnt unnötigen Verpackungsaufwand ab. Zu den besonderen Anliegen gehören auch ein verantwortungsbewusster Umgang mit Ressourcen und soziale Gerechtigkeit durch fairen Handel weltweit.

Vollwertkost ist jedoch nicht nur vernunftorientiert, sondern berücksichtigt auch Geschmack und persönliche Vorlieben. Nahezu alle Speisen, ob traditionell oder international, lassen sich unter vollwertigen Gesichtspunkten zubereiten. Im Prinzip entspricht Vollwertkost exakt den Empfehlungen für eine ausgewogene Ernährung: viel komplexe Kohlenhydrate, Vitamine und Mineralstoffe, Zurückhaltung bei Fett und Fleisch.

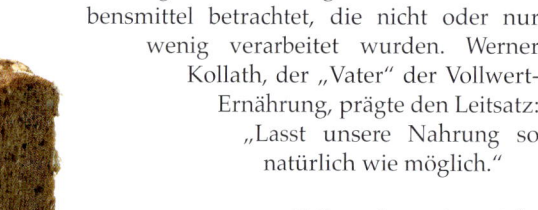

Vollkornbrot sollte man den Vorzug geben.

Zauberwort „Convenience"

Gegenpol zu den Vollwert-Freaks sind die Anhänger der Convenience-Linie. Sie leben nach dem Motto: Je weniger Arbeit mit Essen verbunden ist, desto besser. Der Markt der Convenience-Produkte boomt, denn wer keine Zeit oder keine Lust zum Kochen hat, will dennoch Gutes genießen. Geschätzt wird an Convenienceprodukten zudem, dass sie meist in irgendeiner Weise konserviert sind – getrocknet, wärmebehandelt oder gekühlt – und somit eine gewisse Vorratshaltung erlauben. Die stets gleich bleibende Qualität ist verbunden mit der Tatsache, dass die Hersteller garantiert frische und hochwertige Rohstoffe möglichst schonend verarbeiten, wodurch Convenienceprodukte vitaminreicher und kalorienärmer sein können als Hausmannskost.

Angeboten werden Convenienceprodukte in unterschiedlichen Verarbeitungsgraden:

- Küchenfertig sind Rohwaren, die man ohne weitere Bearbeitung sofort verwenden kann. Die Zubereitung bleibt jedoch gänzlich dem Verbraucher überlassen. Beispiele: tiefgekühltes Gemüse ohne jegliche Zutaten, geschälte Kartoffeln im Glas, Fischfilet, Gulasch, Schnitzel.
- Garfertige Produkte können ohne weitere Vorbereitung gekocht, gebraten etc. werden, wobei dem Verbraucher noch die Möglichkeit zum Nachwürzen, anderweitigen Verfeinern oder kreativen Verändern bleibt. Beispiele: gewürztes Tiefkühl-Gemüse, Tiefkühl-Kartoffelpuffer, Teigwaren, panierte Schnitzel, gewürzte Steaks.
- Mischfertige Produkte sind nach der Zugabe von Flüssigkeit und entsprechendem Erhitzen verzehrfertig. Auch hier ist noch eine gewisse Eigenleistung möglich. Beispiele: Kartoffelpüree-Pulver, Gemüsebrühe, Trockensuppen und -saucen.
- Regenerierfertige Produkte sind Fertiggerichte aus der Tiefkühltruhe, aus dem Kühlregal oder in verschiedenen Konserven. Nur noch erhitzen bzw. auftauen und servieren. Beispiele: Tiefkühl-Pizza, frische gekühlte Pasta, Rindsrouladen mit Beilagen in der Alu-Schale, fertiger Grünkohl im Glas, Tiefkühl-Sahnetorte.
- Verzehrfertige Produkte erfordern keinerlei Zubereitung mehr. Beispiele: fertig zubereitete Salate, Pudding, Müsliriegel, Speiseeis, gegrillte Schweinshaxe und Pommes frites von der „heißen Theke".

Klassisches Convenience-Food, das sich großer Beliebtheit erfreut: ein Teller Suppe.

Was sind Convenienceprodukte?

„Convenience" kommt aus dem Englischen und bedeutet „Bequemlichkeit", „Komfort". Convenienceprodukte sind Lebensmittel, die handwerklich oder industriell so vorbereitet wurden, dass die Verarbeitung bzw. Zubereitung in der Küche wenig Zeit und im besten Fall noch nicht einmal Kochkenntnisse erfordert.

Es geht auch ohne Fleisch

Vegetarier leben gesünder und länger. Zu diesem Schluss kommt eine aktuelle Studie des Deutschen Krebsforschungszentrums. Tatsächlich verzeichnet der Vegetarismus regen Zulauf – eine alternative Ernährungsform, die sich auf pflanzliche Produkte konzentriert. Doch Vegetarier ist nicht gleich Vegetarier. Es gibt sehr strenge Anhänger dieser Richtung und solche, die es lockerer nehmen. Hier die wichtigsten Gruppierungen:

- Am strengsten sind die Veganer. Sie leben tatsächlich nur von Getreide, Gemüse und Obst. Vor allem Kindern und Schwangeren ist diese Kost nicht zu empfehlen.
- Toleranter sind die Lacto-Vegetarier, die zusätzlich Milchprodukte essen und dadurch eine ausgewogene Nährstoffbilanz erreichen können.
- Auf dem Speisezettel der Ovo-Lacto-Vegetarier stehen neben Milchprodukten auch Eier.

Die Lust auf Ethnofood ist groß

Viel exotischer und daher reizvoller ist Ethnofood. So bezeichnet man Produkte, die aus einem völlig anderen Kulturkreis stammen – zum Beispiel aus China, Japan, Korea, Indien, Mexiko oder arabischen Ländern. Im Mittelpunkt des Interesses stehen Fertiggerichte, denn selber Kochen scheitert einerseits an den komplizierten Zutaten, andererseits an den erforderlichen Kenntnissen. Die angebotenen Spezialitäten haben allerdings oft nur wenig mit dem jeweiligen Original gemein, denn sie sind meist auf den europäischen Geschmack abgestimmt. Doch das tut der Lust auf Ethnofood keinen Abbruch.

Sushi – beliebtes und gesundes Ethnofood.

INTRO

Öko – nichts lieber als das!

Die Lebensmittelskandale der letzten Jahre führten dazu, dass sich viele Verbraucher fragen: Was kann ich noch essen? Sie wollen wissen, woher Lebensmittel stammen und unter welchen Bedingungen sie erzeugt wurden.

Ökologische Landwirtschaft bedeutet, dass Hand in Hand mit der Natur gearbeitet wird. Die Bauern unterliegen strengen Vorschriften, und die Arbeit ist aufwändig und nicht selten mühsam. Denn beim Anbau von Getreide, Obst und Gemüse sind Hilfsmittel wie beispielsweise Kunstdünger sowie Chemikalien zur Unkrautvernichtung und Schädlingsbekämpfung tabu. Damit die Saat auf den Äckern trotzdem gedeiht, müssen natürliche und umweltverträgliche Maßnahmen ergriffen werden.

- Robustes Saatgut ist weniger anfällig für Krankheiten und Schädlingsbefall. Genverändertes Saatgut wird nicht verwendet.
- Fruchtwechsel wird praktiziert. Das heißt, auf ein- und demselben Acker wächst jedes Jahr etwas anderes: erst Gründünger (zum Beispiel Kleegras), dann Salat, dann Kartoffeln, dann Getreide, dann wieder Gründünger usw. Auf diese Weise laugt der Boden nicht einseitig aus. Er erhält im Gegenteil Nährstoffe zurück, und Schädlinge haben weniger Chancen.
- Nur organischer Dünger wird verwendet, bevorzugt vom eigenen Hof.
- Gewisse Arten von Unkraut sind auf den Feldern durchaus erwünscht. Der Bauer spricht deshalb nicht von „Unkraut", sondern von „Beikraut", das beispielsweise gegen Pilzkrankheiten helfen kann. Zu viel Beikraut wird häufig von Hand gerodet oder mit organischen Hilfsmitteln beseitigt.
- Auch gegen Schädlinge gibt es eine Reihe natürlicher Hilfsmittel, zum Beispiel Brennnesseljauche oder „gute" Insekten, die Schädlinge vernichten.

Tiere artgerecht halten

Die tierischen Bewohner eines Öko-Hofes – für die Lebensmittelgewinnung in erster Linie Rinder, Schweine und Geflügel – haben offiziellen Anspruch auf ein artgerechtes Leben. Dazu gehört u. a. natürliches Futter, genügend Platz zum Bewegen und Liegen, Einstreu in den Ställen, Auslauf im Freien entsprechend der Tierart, Licht und frische Luft. In der konventionellen Landwirtschaft gebräuchliche Maßnahmen wie das Kupieren von Schwänzen, das Schneiden von Schnäbeln oder das Absägen von Eckzähnen sind verboten. Lediglich Rinder dürfen aus Sicherheitsgründen enthornt werden.

Öko-Bauern konzentrieren sich auf widerstandsfähige Tierrassen, die den Tierarzt und damit Medikamente selten brauchen. Nach Möglichkeit stammen die Tiere aus eigener Zucht, Zukäufe erfolgen in erster Linie aus anderen ökologischen Betrieben. Die Zahl der Tiere pro Hof ist begrenzt. Da sie den Dünger für die Felder liefern, muss sichergestellt sein, dass nicht mehr als benötigt produziert und ausgebracht wird.

Strenge Vorschriften gibt es auch für die Fütterung der Tiere, und das nicht erst seit dem BSE-Skandal. Ein Großteil des Futters sollte vom eigenen Hof stammen. Zugekauftes Futter muss vorwiegend ökologischer Herkunft sein. Nur in Ausnahmefällen darf geringfügig konventionell erzeugtes Futter verabreicht werden. Junge Säugetiere erhalten Milch, im besten Fall Muttermilch.

Auf Öko-Höfen leben die Tiere länger, denn sie werden später schlachtreif. Und auch in der letzten Phase ihres Daseins steht das Wohl der Tiere im Mittelpunkt. Der Weg zum Schlachthof darf nicht über vier Stunden dauern. Während des Transports, beim Verladen, auf dem Schlachthofgelände sowie vor und während der Schlachtung muss alles vermieden werden, was den Tieren Angst, Stress und Schmerzen bereiten könnte.

Nur teurer oder auch besser?

Produkte aus ökologischer Landwirtschaft sind oft geschmackvoller und vitaminreicher als konventionell erzeugte Ware, denn sie haben länger Zeit für das Wachstum, meist einen kürzeren Weg zum Verbraucher und kommen deshalb dort frischer an. Auch gibt es so gut wie keine Rückstände an Pestiziden, und die Nitratbelastung ist geringer. Angesichts dieser Tatsachen sind die Verbraucher zunehmend bereit, etwas mehr für Öko-Produkte zu bezahlen.

Klarheit über Öko & Bio

Wodurch unterscheiden sich Öko-Produkte und Bio-Produkte? Die Antwort lautet: nur in der Bezeichnung. Denn Öko- wie auch Bio-Produkte werden entsprechend den EU-Vorschriften für ökologische Landwirtschaft erzeugt. In Deutschland wirtschafteten Ende des Jahres 2012 mehr als 22 900 landwirtschaftliche Betriebe auf über einer Million Hektar Fläche ökologisch nach den Bestimmungen der EU-Rechtsvorschriften für den ökologischen Landbau. Gekennzeichnet werden ihre Produkte mit dem verpflichtenden EU-Bio-Siegel, eine Kennzeichnung mit dem 2001 eingeführten nationalen Bio-Logo ist weiterhin möglich.

Auch die eingetragenen Warenzeichen der Anbauverbände (Bioland, Biopark, demeter, Eco-Vin, Gäa, Naturland, Ökosiegel usw.) garantieren für die ökologische Erzeugung, meistens unter noch strengeren Vorgaben. Durch den Zusammenschluss der Anbauverbände in der Vereinigung IFOAM ist zudem sichergestellt, dass importierte Öko- bzw. Bio-Produkte aus Nicht-EU-Ländern ebenfalls den strengen Herstellungsvorschriften entsprechen.

Alle Betriebe, die entsprechend deklarierte pflanzliche oder tierische Produkte erzeugen, aufbereiten oder importieren, werden regelmäßig angemeldet oder unangemeldet von staatlich anerkannten Kontrolleuren besucht. Zusätzlich wird die Einhaltung der Richtlinien von den Anbauverbänden kontrolliert. Sämtliche Öko-Produkte tragen eine Code-Nummer der jeweiligen Kontrollstelle, wodurch die Rückverfolgbarkeit der Kontrolle gewährleistet ist.

Die Welt der Aromen

Zum Glück hat gesunde Ernährung nicht nur etwas mit Vernunft zu tun, sondern auch eine ganze Menge mit Genuss. Denn Essen tut Leib und Seele gut. Dieses Wohlgefühl setzt natürlich voraus, dass Lebensmittel gut schmecken.

Zur Gewinnung von 80 kg Erdbeerkonzentrat benötigt man ca. 1000 kg Erdbeeren.

Die Fähigkeit, überhaupt schmecken und riechen zu können, verdanken wir Zunge und Nase. Auf der Zunge liegt der Geschmackssssinn in Form von Geschmackspapillen. Sie melden blitzschnell ans Gehirn, ob sich etwas Süßes oder Salziges, Bitteres oder Saures im Mund befindet. Zu diesen Geschmacksempfindungen kommt als fünfte Unami (aus dem Japanischen: fleischig, herzhaft, wohlschmeckend), die durch Glutaminsäure und Asparaginsäure ausgelöst wird. Auch die feinsten Nuancen dazwischen werden weitergeleitet. Der Geruchssinn sitzt im oberen Teil der Nasenhöhle und ist mit etwa einer Million Riechzellen ausgestattet. Sie registrieren nicht nur die Düfte in der Atemluft, sondern auch Gerüche von gerade zerkauter Nahrung.

Jedes Nahrungsmittel besitzt einen typischen Geschmack, der oft erst beim Kauen richtig zur Geltung kommt. Beispiel: Eine ganze Erdbeere im Mund ist noch keine Offenbarung. Erst wenn durchs Kauen die Zellen zerstört werden, entwickelt sich der volle Geschmack. Das Gleiche gilt für den Geruch. Eine unversehrte Knoblauchzehe riecht kaum, erst beim Schneiden oder Zerdrücken entsteht der intensive Duft.

Dass Lebensmittel individuell schmecken und riechen, liegt an den enthaltenen Aromastoffen. Je nach Produkt verbinden sich viele dieser winzigsten Substanzen zu einem perfekt abgerundeten Gesamtaroma. Deshalb schmeckt ein Apfel wie ein Apfel, ein Radieschen wie ein Radieschen usw. Was Mutter Natur so perfekt eingerichtet hat, hält aber häufig der handwerklichen oder industriellen Be- bzw. Verarbeitung nicht stand. Das Aroma wird flau oder geht völlig verloren. Damit Lebensmittel trotzdem wie erwartet schmecken und riechen, werden entsprechende Aromen zugesetzt. Sie können natürlicher Herkunft sein oder aus dem Labor stammen.

Natürliche Aromen werden aus Früchten, Blüten, Blättern und Holz, aber auch aus tierischen Rohstoffen gewonnen. Allerdings ist es nicht möglich, ausschließlich natürliche Aromen zu verwenden. Viele sind wenig intensiv und „verduften" bei der Verarbeitung vollends. Zudem ist die Herstellung sehr teuer, wenn riesige Rohstoffmengen benötigt werden.

Die Vanilleschote liefert echte Vanille, doch es gibt auch entsprechende Aromen.

Beispielsweise erfordern 80 bis 90 kg Erdbeerkonzentrat rd. 1000 kg Früchte.

Naturidentische Aromen werden zwar synthetisch hergestellt, entsprechen aber in ihrem chemischen Aufbau dem vergleichbaren natürlichen Aroma. Der Chemiker gewinnt im Labor einzelne Aromastoffe aus unterschiedlichen Rohstoffen und stellt dann eine Mischung zusammen, die dem gewünschten Naturaroma entspricht. Die Vorteile der Naturidenten: Sie sind meist weit intensiver als ihre natürlichen Verwandten und können deshalb sparsam und dadurch kostengünstig verwendet werden. Und die Verarbeitung ist unproblematisch, denn Geschmack und Geruch überstehen Hitze, Säuren und lange Lagerzeiten weitgehend unbeschadet.

Künstliche Aromen kommen in der Natur nicht vor, sondern sind Neuschöpfungen aus dem Labor. Sie geben zum Beispiel Backzutaten, Puddings, Brausen und Zuckerwaren den erwünschten Geschmack.

Die Verwendung von Aromen muss auf der Verpackung deklariert werden. Allerdings ist der Hinweis „Aroma" nicht sehr aufschlussreich, denn es kann sich um naturidentische oder künstliche Stoffe handeln. Steht „natürliches Aroma" drauf, muss das Aroma tatsächlich natürlicher Herkunft sein. Das heißt jedoch nicht, dass beispielsweise Himbeergeschmack tatsächlich aus Himbeeren gewonnen wurde. Gleichartige Aromastoffe findet man auch in anderen Naturprodukten wie etwa Zedernholz. Nur wenn ausdrücklich die Herkunft vermerkt ist (zum Beispiel „Himbeeraroma"), stammt das Aroma aus dieser Frucht.

Geschmacksverstärker wie Glutamat (vgl. Kapitel „Zusatzstoffe unter der Lupe") sind keine Aromen!

Über 3000 unterschiedliche Aromastoffe konnten bisher in Lebensmitteln nachgewiesen werden.

INTRO

Produkte mit Brief und Siegel

Um das Vertrauen der Verbraucher bewirbt sich eine Vielzahl von Herkunftszeichen und Gütesiegeln, mit denen Verbände, Organisationen, unabhängige Institute usw. auf die Qualität von Produkten hinweisen.

Herkunftszeichen

Herkunftszeichen machen auf den nationalen oder regionalen Ursprung von Produkten aufmerksam. Charakteristische Merkmale wie z. B. das Herstellungsverfahren werden bei der Europäischen Kommission in einer Spezifikation hinterlegt. Möglich sind zwei Arten von Herkunftszeichen:

Geschützte geografische Angabe (g.g.A.)

Lebensmittelspezialitäten, die sich geografisch einer bestimmten Region innerhalb der EU zuordnen lassen können das g.g.A.-Siegel tragen, wenn Hersteller, die diese Lebensmittel dort produzieren, einen sogenannten Herkunftsschutz beantragen. Das schützt sie vor Imitaten und weist Verbraucher auf Lebensmittel mit Tradition und Regionalbezug hin.

Geschützte Ursprungsbezeichnung (g.U.)

Im Gegensatz zur g.g.A. muss bei der g.U. die gesamte Erzeugung, Herstellung und Verarbeitung in einem bestimmten geografischen Gebiet erfolgen.

Garantierte traditionelle Spezialität (g.t.S.)

Diese Auszeichnung bezieht sich nicht auf einen geografischen Ursprung, sondern auf die traditionelle Zusammensetzung oder Herstellung des jeweiligen Produkts.

Gütesiegel

Um ein Gütesiegel zu erhalten, muss ein Produkt bestimmte Voraussetzungen erfüllen, die sich vor allem auf den Genusswert beziehen. Die Einhaltung festgelegter Kriterien wird überwacht und regelmäßig kontrolliert. Hier eine Auswahl der geläufigsten Siegel:

Regionalfenster

Über 75 Prozent der Verbraucher bevorzugen regionale Lebensmittel. Rund 70 Prozent sind zudem bereit, dafür einen höheren Preis zu bezahlen. Seit Januar 2014 können Verbraucher mit dem „Regionalfenster" auf einen Blick erkennen, welche Lebensmittel tatsächlich aus der auf der Verpackung angegebenen Region kommen. So soll eine bundesweit einheitliche und verlässliche Kennzeichnung für regionale Produkte erreicht werden. Das Regionalfenster wurde 2014 bundesweit und auf breiter Ebene eingeführt.

QS-Siegel

Das QS-Logo wurde erst vor wenigen Jahren gemeinschaftlich von den an der Lebensmittelproduktion beteiligten Unternehmen und Verbänden ins Leben gerufen. „QS" steht für eine stufenübergreifende Qualitätssicherung bei der Herstellung von Lebensmitteln. Das heißt, der Herstellungsprozess ist durchgehend dokumentiert und kontrolliert, wodurch eine Transparenz quasi vom Feld bis zur Ladentheke geschaffen wird. Das QS-Logo tragen Fleisch, Fleischwaren, Geflügel, Obst, Gemüse und Kartoffeln. Künftig wird es weitere Produktgruppen auszeichnen.

Bio-Siegel

Seit 2001 gibt es das staatliche Bio-Siegel für Lebensmittel, die den Standards der EG-Öko-Verordnung entsprechen. Auch ausländische Produkte können das Bio-Siegel erhalten, sofern sie die Anforderungen erfüllen. Als staatliches Siegel ist das Bio-Siegel ein verbandsunabhängiges, markenübergreifendes Erkennungszeichen für biologisch erzeugte Produkte.

EU-Bio-Siegel

Seit Juli 2010 gilt EU-weit ein verbindliches neues Bio-Siegel. Um dieses Siegel zu erhalten, müssen mindestens 95 % der Produktinhaltsstoffe aus ökologischem Anbau stammen. Die Verwendung des Logos auf der Verpackung setzt einen Zertifizierungsprozess voraus.

Bioland

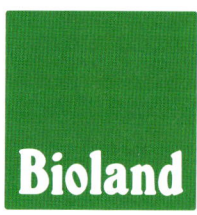

Das Bioland-Siegel ist ein Kennzeichen für Lebensmittel aus ökologischem Anbau. Es wird vom Verband Bioland vergeben, dessen Richtlinien in vielen Punkten strenger sind als die der EU-Öko-Verordnung. Wer solche Produkte kauft, honoriert über die EU-Verordnung hinausgehende Umwelt- und Tierschutzstandards.

Naturland

Auch die Standards des Verbandes Naturland e.V. gehen über die der EU-Öko-Verordnung hinaus. Zu den Mitgliedern gehören Bauern und Verarbeiter, nicht nur in Deutschland. Seit 2005 gelten bei Naturland zusätzlich Sozialrichtlinien. Damit werden die sozialen Bedingungen, unter denen Lebensmittel ökologisch erzeugt und verarbeitet werden, im Rahmen der Zertifizierung abgeprüft. Zur ökologischen Waldnutzung und zur ökologischen Aquakultur hat Naturland ebenfalls Richtlinien entwickelt.

Ecovin

Produkte aus ökologischem Weinbau markiert das Warenkennzeichen Ecovin vom Bundesverband für ökologischen Weinbau. Es wird für Trauben, Saft, Wein und Sekt aus kontrolliert ökologischem Weinbau nach den Richtlinien des Verbandes vergeben, dessen oberstes Ziel die Erhaltung und Steigerung der natürlichen Bodenfruchtbarkeit sowie die Qualität der Produkte ist.

DLG

Die Deutsche Landwirtschaftsgesellschaft vergibt das Gütezeichen DLG-prämiert für von den Firmen freiwillig zum Test zur Verfügung gestellte Lebensmittel, die sich durch besonders hohe Qualität auszeichnen. Es gibt eine Abstufung in goldene, silberne und bronzene Preise. Vor allem die sensorische Qualität wird aufgrund DLG-eigener Qualitätsstandards und Prüfmethoden bewertet.

Halal

Strenggläubige Moslems dürfen nur entsprechend den religiösen Vorschriften des Islam zubereitete Speisen verzehren. Diese Speisen müssen „halal" (arabisch: erlaubt, zulässig) sein. Wegen des großen muslimischen Bevölkerungsanteils in Deutschland ist dieses Thema für den Lebensmittelhandel von Bedeutung. Halalzertifizierte Produkte tragen kein einheitches Logo, werden jedoch, je nach Emblem des jeweiligen Zertifizerers, kenntlich gemacht.

Ähnliche Vorschriften existieren auch im Judentum. Wegen des geringen Anteils strenggläubiger Juden in Deutschland spielen koschere und entsprechend zertifizierte Lebensmittel hierzulande keine vergleichbare Rolle.

Dolphin-Safe

Delfinfreundlich gefangen. Dieses Logo, das vom Earth Island Institute (EII) vergeben wird, geht nur an Firmen, die die Bedingungen des EII für den tatsächlich delfinfreundlichen Fischfang einhalten. In Deutschland ist dieses Logo nicht gesetzlich geschützt.

Marine Stewardship

Die Organisation Marine Stewardship Council (MSC) zeichnet Fisch aus umweltgerechter Fischerei aus, mit dem Ziel, vorhandene Fischbestände nachhaltig zu sichern. Der MSC-Standard ist die einzige international anerkannte Sammlung von Umweltgrundsätzen, die es erlaubt, das Fischereimanagement in Bezug auf Nachhaltigkeit und Qualität zu bewerten.

Fairtrade

Ein Sozialsiegel ist das Fairtrade-Logo von TransFair. Der gemeinnützige Verein zeichnet Produkte aus, die zu international festgelegten fairen Bedingungen gehandelt wurden. Damit sollen benachteiligte Kleinproduzenten in Afrika, Asien und Lateinamerika gefördert und die Arbeitsbedingungen dort verbessert werden. Als Folge nimmt das Biosortiment der Kleinproduzenten stetig zu. Rund 70 Prozent aller von TransFair ausgezeichneten Produkte tragen auch ein Biolabel.

Demeter

Der älteste Dachverband deutscher ökologisch arbeitender Landbauverbände hat die strengsten Richtlinien von allen Anbauverbänden. Die Demeter-Mitglieder achten stark auf die Rhythmen der Natur, angelehnt an die anthroposophische Lehre Rudolf Steiners, des Begründers der Waldorfschulen. Leben im Einklang mit der Natur und dem Kosmos lautet die Philosophie der Anthroposophen. Im Landbau der Demeter-Betriebe heißt das z.B., auf die Widerstandskraft der Pflanzen gegen Schädlinge und Klima zu setzen.

Ohne Gentechnik

Das Logo „ohne Gentechnik" des Bundesministeriums für Ernährung, Landwirtschaft und Verbraucherschutz soll es den Verbrauchern leichter machen, sich für Lebensmittel ohne Gentechnik zu entscheiden. Es gibt an, dass in Lebensmitteln mit diesem Logo keine Spuren von gentechnisch veränderten Organismen enthalten sind, z.B. dass Eier von Hühnern stammen, die nicht mit Genfood gefüttert wurden.

Wozu Verpackung?

Für die meisten Lebensmittel ist eine Verpackung unerlässlich. Sie trägt nicht nur zur Qualitätssicherung bei, sondern übernimmt auch eine Reihe anderer Aufgaben.

Verpackung

- bewahrt den Inhalt vor schädlichen äußeren Einflüssen wie Licht, Luft, Feuchtigkeit, Schmutz, Druck, Stoß, Ungeziefer usw.
- sichert die Qualitätsmerkmale wie Geruch, Geschmack, Vitamingehalt, Konsistenz usw.
- verhindert Feuchtigkeitsverlust und hält das Produkt frisch
- verlängert die Haltbarkeit
- erleichtert den Transport und ermöglicht die Lagerung
- gibt die Menge des Inhalts an. Seit April 2009 gibt es keine verbindlichen Mengenvorgaben für Lebensmittel wie Milch, Wasser, Limonade, Fruchtsäfte, Zucker oder Schokolade mehr (Änderung der Fertigpackungsverordnung).
- informiert den Verbraucher über die gesetzlich vorgeschriebene Kennzeichnung hinaus; üblich sind beispielsweise Angaben zum Nährwert, Zubereitungs- und Verzehrhinweise, Rezeptideen usw.
- wirbt für das Produkt und die Marke.

INTRO

Zusatzstoffe unter der Lupe

Sie sind ins Gerede geraten und werden als unnatürlich betrachtet: Zusatzstoffe in Lebensmitteln. Was nicht immer stimmt, denn auch die Natur arbeitet mit Zusatzstoffen. Sie verwendet beispielsweise Farbstoffe, Geliermittel, Antioxidationsmittel, Säuerungsmittel und eine Vielzahl von Aromen.

Ohne Zusatzstoffe geht es oft nicht bei der Herstellung von Lebensmitteln. Doch der Grundsatz sollte sein: so wenig wie möglich. Zusatzstoffe sind Stoffe, die Lebensmitteln absichtlich zugesetzt werden, um bestimmte technologische Wirkungen, z.B. Konservieren, Färben, Dicken, zu erzielen. Es gilt das Verbotsprinzip (§ 6 des Lebensmittel-, Bedarfsgegenstände- und Futtermittelgesetzbuchs LFGB) mit Erlaubnisvorbehalt, d. h. Zusatzstoffe dürfen nur verwendet werden, wenn sie ausdrücklich zugelassen (= erlaubt) sind. Welche Zusatzmittel erlaubt sind, regelt die Verordnung über die Zulassung von Zusatzstoffen zu Lebensmitteln zu technologischen Zwecken (Zusatzstoff-Zulassungsverordnung – ZZulV).

In der Zutatenliste verpackter Lebensmittel müssen die Zusatzstoffe aufgeführt sein, und zwar mit ihrem Klassennamen (z.B. Konservierungsstoff) und mit der E-Nummer (z.B. E 200) oder dem Namen des verwendeten Stoffes (z.B. Sorbinsäure). Die E-Kennzeichnung macht den Stoff auf dem gesamten europäischen Markt unverwechselbar. Der Verbraucher kann sicher sein, dass der jeweilige Zusatzstoff auf seine gesundheitliche Unbedenklichkeit überprüft und nach Prüfung der technologischen Notwendigkeit zur Zulassung empfohlen wurde.

Die gebräuchlichsten Zusatzstoffe
Antioxidantien
Sie erhöhen die Haltbarkeit, indem sie eine Oxidation durch Luftsauerstoff verhindern. Dadurch ergänzen sie die Wirkung der Konservierungsstoffe, die den mikrobiellen Verderb unterbinden. Antioxidantien sind z.B. in Trockensuppen, Soßenpulver, Margarine, Knabberartikeln, Backwaren, Getränken und Eis enthalten. Die E-Nummern 300 – 321 bezeichnen verschiedene Antioxidantien.

Aromastoffe
Sie geben oder verbessern Geruch und Geschmack und sorgen dafür, dass der Geschmack eines Lebensmittels immer gleich ist. Aromen müssen meist mit Lösungsmitteln oder Trägerstoffen versetzt werden, damit sie ihre Wirkung entfalten. Über diesen Umweg können weitere Zusatzstoffe in ein Produkt gelangen.

Emulgatoren
Emulgatoren machen Wasser mit Fett mischbar und beeinflussen unter anderem die Sämigkeit, Schaumigkeit und Cremigkeit eines Produkts. Emulgatoren können auch helfen, Rohstoffe einzusparen, da durch ihren Einsatz mehr Wasser und Luft in ein Lebensmittel eingearbeitet werden können. E 322, E 432-E 436, E 442, E 470-E 475 sind Emulgatoren.

Enzyme
Sie sind vom Gesetzgeber alle für die Lebensmittelherstellung zugelassen und werden in der Regel nicht deklariert. Enzyme werden selten pur, sondern meistens zusammen mit anderen Stoffen (zum Beispiel Konservierungsmitteln) eingesetzt. E 1100-E 1103 sowie E 1105 sind Enzyme, aber auch die Bezeichnung Cellulase, Katalase oder Lipoxygenase weist auf den Einsatz eines Enzyms hin.

Farbstoffe
Sie verleihen Lebensmitteln ein attraktives, appetitliches Aussehen. Jedoch lässt sich mit ihnen auch eine andere, verbesserte Qualität vortäuschen. E 100-E 102, E 104, E 120-E 124 zählen zu den Farbstoffen.

Geschmacksverstärker
Es handelt sich überwiegend um organische Substanzen, die selbst meist wenig Eigengeschmack haben, aber den Geschmack von Speisen verstärken. Wohl der bekannteste Vertreter dieser Gruppe ist das „Glutamat" – Glutaminsäure (E 620) und ihre Salze (E 621 – E 625). Es gibt jedoch noch eine Reihe anderer Geschmacksverstärker.

Konservierungsstoffe
Sie erhöhen die Haltbarkeit von Lebensmitteln, indem sie Schimmelpilze und Bakterien in ihrem Wachstum hemmen. Wenn Konservierungsstoffe über eine bereits konservierte Zutat in ein Produkt gelangen, ist eine Deklaration bislang nicht erforderlich. E 200, E 202, E 203, E 210-E 221 sind Konservierungsstoffe.

Säuerungsmittel und Säureregulatoren
Sie sorgen nicht nur geschmacklich für eine angenehme Säure. Sie konservieren, stabilisieren und wirken auch als Backtriebmittel oder Geliermittel. Zudem unterstützen sie die Wirkung von einigen Zusatzstoffen. E 260 Essigsäure und E 330 Citronensäure sind ebenso Säuerungsmittel wie z.B. E 261-E 263, E 270, E 296, E 297, E 325-E 327, E 330-E 334.

Süßstoffe und Zuckeraustauschstoffe

Sie süßen Lebensmittel und ersetzen Zucker. E 420 Sorbit, E 421 Mannit, E 950 Acesulfam K, E 951 Aspartam, E 952 Cyclamat, E 953 Isomalt und E 954 Saccharin sind die bekanntesten.

Stevia

Stevia ist ein aus der der Pflanze Stevia rebaudiana („Süßkraut", auch „Honigkraut") gewonnenes als Süßstoff verwendetes Stoffgemisch, das die bis zu 300-fache Süßkraft von Zucker hat, keine Karies hervorruft und für Diabetiker geeignet ist. Unter der Bezeichnung E 960 ist es in der EU seit Dezember 2011 als Lebensmittelzusatzstoff zugelassen.

Trennmittel

Trennmittel halten Lebensmittel unter anderem rieselfähig (zum Beispiel Salz), verhindern Verkleben (zum Beispiel Bonbons) und Verklumpen (zum Beispiel Backmischungen). E 530, E 535, E 536, E 901-E 905c, E 910, E 470b, E 551-E 555 bezeichnen Trennmittel.

Verdickungsmittel

Sie verdicken und gelieren, beeinflussen die Konsistenz von Lebensmitteln, regulieren die Fließeigenschaften usw. E 400-E 404 Alginate, E 406 Agar Agar, E 407 Carrageen, E 410 Johannisbrotkernmehl, E 412 Guarkernmehl, E 414 Gummi arabicum, E 415 Xanthan, E 440a Pektin gehören dazu.

Vitamine

Sie sollen den gesundheitlichen Wert von Lebensmitteln erhöhen. Sie dienen aber auch zum Färben oder Haltbarmachen eines Lebensmittels. Provitamin A (Beta-Carotin), Vitamin B_1, Vitamin B_2, Vitamin B_6, Vitamin B_{12}, Niacin, Vitamin C, Vitamin E.

Sonstige Zusatzstoffe

Diese passen in keine der anderen Gruppen und übernehmen sehr unterschiedliche Aufgaben. E 900 Dimethylpolysiloxan (Schaumverhüter), E 920 Cystein und E 921 Cystin (Aminosäuren unter anderem für die Herstellung von Backwaren), – Polyvinylester der unverzweigten Fettsäuren (Kunststoff für Kaugummi), E 1202 Polyvinylpolypyrrolidon (PVPP – Flockungsmittel, Trägerstoff, Überzugsmittel), Stigmasterin (cholesterinähnliche Substanz vor allem in Kakaobutter und Olivenöl), E 444 Saccharoseacetatisobutyrat (künstlicher Emulgator), E 1505 Triethylcitrat (künstlicher Trägerstoff, Stabilisator), Butadien-Styrol-Copolymerisate (synthetischer Ersatz für Kautschuk), Taurin (organische Säure).

Eingriff in die Gene

Mais, Raps, Reis, Zuckerrüben, Sojabohnen, Tomaten – solche und andere Produkte möchte der Mensch optimieren. Dabei rüttelt die Wissenschaft mit dem Eingriff in Erbinformationen an einem Tabu. Entsprechend kontrovers wird die Diskussion über gentechnisch veränderte Lebensmittel geführt.

Mit Hilfe der Gentechnik wäre es möglich, die „optimale" Tomate zu züchten.

Um zu verstehen, was geschieht, muss man der Natur zunächst mal auf die „Finger" sehen. Gene sind die Erbanlagen, die in jeder Zelle eines lebenden Organismus stecken. In Nutzpflanzen sind es etwa 25 000 Gene, die unter anderem sämtliche Eigenschaften bestimmen – ob eine Frucht rot oder gelb ist, süß oder sauer, groß oder klein usw. Alle Lebensmittel vom Apfel bis zum Zwiebelrostbraten enthalten Gene. Wenn wir die Produkte essen, werden die Gene verdaut und verlieren ihre Funktion. Laut Wikipedia wurden im Jahr 2010 auf ca. 10 % der globalen landwirtschaftlichen Fläche transgene Pflanzen angebaut.

In der Gentechnik werden Gene, also Erbanlagen, einem Lebewesen bzw. einem Lebensmittel entnommen und auf ein anderes übertragen. Auf diese Weise kann man beispielsweise einer Tomate unerwünschte Merkmale nehmen oder bestimmte Eigenschaften geben. Bei der Übertragung von Genen spielt es keine Rolle, ob die Lebewesen miteinander verwandt sind. So kann beispielsweise eine günstige Eigenschaft von einem Mikroorganismus auf eine Pflanze übertragen werden.

Ziel der gentechnischen Methoden ist es, Pflanzensorten mit optimalen Eigenschaften für die menschliche Nutzung zu entwickeln. Angewendet wird Gentechnik in der Landwirtschaft zurzeit vor allem bei Sojabohnen und Mais. Diese Kulturpflanzen sollen widerstandsfähiger gegen Krankheiten, Schädlinge und Umwelteinflüsse werden. Dadurch steigen weltweit die Ernteerträge, und man kann den Einsatz von Pflanzenschutzmitteln deutlich reduzieren, sagen die Befürworter.

Gentechnik will außerdem dazu beitragen, die Herstellung qualitativ hochwertiger Lebensmittel zu sichern. Dabei entstehen keine neuen Produkte, vielmehr werden vorhandene Lebensmittel verändert. Künftig ist damit zu rechnen, dass immer mehr Lebensmittel in den Handel kommen, die gentechnisch verändert sind bzw. entsprechend veränderte Bestandteile enthalten. In der EU müssen solche Produkte mit Hinweisen wie „gentechnisch verändert" oder „aus gentechnisch verändertem … hergestellt" gekennzeichnet werden.

Gegner der Gentechnik sind der Meinung, dass Risiken und Nachteile der gentechnisch veränderten Pflanzen schwerer wiegen als der Nutzen. Niemand kann im Moment die langfristigen Folgen des Verzehrs vorhersagen, jedoch gibt es Tierversuche, die berechtigte Zweifel hinsichtlich des gesundheitlichen Werts genveränderter Pflanzen aufkommen lassen. In den USA gibt es gentechnisch veränderte Lebensmittel in Supermärkten bereits seit 1994.

INTRO

Selbstverständlich Qualität

„Qualität ist kein Zufall, sondern immer das Ergebnis angestrengten Nachdenkens." Dieses Zitat des englischen Schriftstellers John Ruskin bewahrheitet sich auch bei Lebensmitteln. Denn die Herstellung erstklassiger Produkte setzt Nachdenken einer Vielzahl von Menschen voraus.

Auf die Frage: „Worauf legen Sie beim Einkauf von Lebensmitteln besonderen Wert?", antworten die meisten Verbraucher spontan „Qualität". Verstanden wird darunter in erster Linie, dass ein Produkt gut schmeckt und gut aussieht. Doch es sind weit mehr Kriterien, die die Qualität eines Lebensmittels bestimmen – zum Beispiel Frische, wertvolle Inhaltsstoffe, Haltbarkeit oder auch gute Verbrauchseigenschaften.

Augen auf beim Kauf

Die Qualität von Frischwaren zu beurteilen, erfordert genaues Hinsehen und eine Portion gesunden Menschenverstand. Verschiedene Indizien verraten Qualität:

- Obst und Gemüse muss knackfrisch aussehen, sauber und absolut unbeschädigt sein. Eine Orientierungshilfe geben die Handelsklassen (Extra = beste Qualität, I = gute Qualität, II = marktfähige Qualität). Die Einstufung sagt jedoch nur etwas über das äußere Erscheinungsbild aus und nichts über die „inneren Werte" des Produkts.
- Bei Fleisch empfiehlt es sich, Kriterien wie Reife, Farbe, Struktur, Fettgehalt, die Verteilung von Fett und das Safthaltevermögen zu beachten.
- Der Kauf von Fleisch und Geflügel ist letztendlich Vertrauenssache. Nicht der Preis sollte entscheiden. Fleisch von Tieren aus der Region und aus artgerechter Haltung bietet die bessere Qualität.
- Wurst muss appetitlich aussehen. Das heißt unter anderem, dass die Anschnitte nicht schmierig sind und keine trockenen Ränder haben.
- Bei Fisch sprechen das frische Aussehen, eine elastische Konsistenz und ein angenehmer Geruch für Qualität.
- Bei Milch und Milchprodukten heißt es: je frischer, desto besser. Also aufs Mindesthaltbarkeitsdatum achten.
- Bio-Produkte, Waren aus ökologischer Landwirtschaft oder heimischem bzw. regionalem Anbau sehen vielleicht optisch nicht immer einheitlich und makellos aus, doch man darf besonders schmackhafte und vitaminreiche Lebensmittel erwarten.
- Lebensmittel, die nach einem Qualitätssicherungssystem (z.B. QS) zertifiziert sind, versprechen genaue, strenge Kontrollen und Rückverfolgbarkeit der Produkte.

Kennzeichnung ist Pflicht

Der Gesetzgeber schreibt vor, wie verpackte Lebensmittel für den Verbraucher gekennzeichnet sein müssen. Bisher geltende Verordnung wie z.B. die deutsche Lebensmittelkennzeichnungsverordnung oder Nährwertkennzeichnungsverordnung wurden durch die EU-weit geltende Lebensmittelinformations-Verordnung (LMIV) ersetzt. Pflicht sind folgende Angaben:

- **Verkehrsbezeichnung** (z.B. Teigwaren).
- **Herstellerangaben** (Name und Anschrift des Herstellers, Verpackers oder Verkäufers).

Kennzeichnung der Nährwertangaben

Die Nährwertkennzeichnung **pro 100 Gramm** ist auf der Verpackung Pflicht.

Durchschnittliche Nährwertangaben	pro 100 g	pro Stück
Brennwert	2070 kJ/494 kcal	518 kJ/124 kcal
Eiweiß	6,7 g	1,7 g
Kohlenhydrate	66,1 g	16,5 g
davon Zucker	unter 27,9 g	7,0 g
Fett	22,1 g	5,5 g
davon gesättigte Fettsäuren	14,9 g	3,7 g
Ballaststoffe	1,8 g	0,5 g
Natrium	0,092 g	0,023 g

Die Angaben der **GDA** ist freiwillig.

Richtwert für die Tageszufuhr*	pro Stück	% GDA
Brennwert	518 kJ/124 kcal	6 %
Zucker	7,0 g	8 %
Fett	5,5 g	8 %
gesättigte Fettsäuren	3,7 g	19 %
Natrium	0,023 g	1 %

* basierend auf einer Ernährung mit 2000 kcal (pro Tag)

- **Zutaten** (alle Stoffe, einschließlich Zusatzstoffe, die bei der Herstellung eines Lebensmittels verwendet wurden und im Enderzeugnis vorhanden sind). Die Zutaten sind in absteigender Reihenfolge ihres Gewichtsanteils zu verzeichnen.
- **Mindesthaltbarkeitsdatum** („Mindestens haltbar bis ..."). Es garantiert, dass Wert gebende Eigenschaften wie zum Beispiel Farbe, Geruch und Geschmack mindestens bis zum angegebenen Datum voll erhalten bleiben. Das Überschreiten bedeutet nicht zwingend, dass der Inhalt einer Packung verdorben ist.
- **Verfallsdatum** („Verbrauchen bis ..."). Es ist Lebensmitteln vorbehalten, die in mikrobiologischer Hinsicht sehr leicht verderblich sind wie zum Beispiel Hackfleisch, frisches Geflügelfleisch oder Vorzugsmilch. Solche Produkte dürfen nach Ablauf des Verfallsdatums nicht mehr in Verkehr gebracht werden.
- **Alkoholgehalt** bei Lebensmitteln mit mehr als 12 % vol. Alkohol.
- **Nährwertkennzeichnung.** In allen EU-Mitgliedsstaaten müssen neben dem Brennwert insgesamt sechs Nährstoffe (Fett, gesättigte Fettsäuren, Kohlenhydrate, Zucker, Eiweiß, Salz) angegeben werden. Die Angaben beziehen sich grundsätzlich immer auf 100 g; Angaben bezogen auf die Portion sind darüber hinaus freiwillig möglich. Dies gilt auch für die „GDAs" (Richtwerte für die Tageszufuhr).
- **Allergenkennzeichnung.** Seit 2004 ist auch die Kennzeichnung von Zutaten vorgeschrieben, die Allergien und bestimmte Unverträglichkeiten auslösen können. Dazu gehören Eier, Erdnüsse und verschiedene andere Nussarten, Fisch, glutenhaltiges Getreide, Krebstiere, Milch, Schwefeldioxid, Sellerie, Senf, Sesamsamen und Soja. Hersteller müssen in der Zutatenliste allergene Zutaten nicht nur deutlich kennzeichnen, vielmehr müssen sie zusätzlich optisch hervorgehoben werden; dies durch eine andere Schriftart oder eine andere Hintergrundfarbe. Außerdem gibt es zusätzlich eine Informationspflicht zu Allergenen sogar für unverpackte Lebensmittel.
- **Herkunftskennzeichnung mit Folgeabschätzung.** Neben der bisher schon geltenden Herkunftsangabe bei Rindfleisch wird auch bei Lamm, Geflügel und Ziege angegeben, woher sie kommen. Auch soll eine Herkunftskennzeichnung für sogenannte primäre Zutaten eines Lebensmittels verpflichtend werden. Unter primären Zutaten versteht man solche, die über 50 % des Lebensmittels ausmachen. Jedoch wird eine „Folgeabschätzung" durch die Europäische Kommission erst zeigen, welche genaueren weiteren Verpflichtungen im Einzelnen sinnvoll und machbar sind.

Bis drei Jahre nach Inkrafttreten der Verordnung dürfen Lebensmittel noch nach derzeit geltendem Recht gekennzeichnet und in den Verkehr gebracht und bis zur „Erschöpfung der Bestände" weiter vermarktet werden (offener Abverkauf); für die verpflichtende Nährwertdeklaration gilt eine fünfjährige Übergangsfrist, also bis Ende 2016.

Freiwillige Angaben

Nicht gesetzlich vorgeschrieben ist der EAN-Strichcode (EAN = früher „European Article Number", heute „International Article Number"). Anfang 2009 wurde die EAN umbenannt in GTIN (Global Trade Item Number, Globale Artikelidentnummer). Codiert sind 13 Ziffern (bei kleinen Artikeln nur 8), die für wichtige Informationen stehen: Ländernummer des Staates (Deutschland Nr. 40-44), Betriebsnummer (Hersteller), Artikelnummer und Prüfziffer. Anhand der Artikelnummer wird der in der Kasse gespeicherte Preis automatisch abgerufen. Die Kennzeichnungspflicht gilt nicht für den Verkauf loser Ware. Hier geht der Gesetzgeber davon aus, dass die nötigen Informationen im Verkaufsgespräch weitergegeben werden.

SENSORIK

Sensorische Analyse

Grundlagen zur Beschreibung von Lebensmitteln mit allen Sinnen

Essen und Trinken sind nicht nur wichtig zur Erhaltung des Lebens, sondern bedeuten immer auch Genuss und Lebensfreude. Aussehen, Geruch, Geschmack und Textur von Lebensmitteln bilden dabei die Basis für jedes Essvergnügen. Aufgabe der Sensorik ist es, mit Hilfe von definierten Methoden die sensorische Qualität von Lebensmitteln zu analysieren. Dabei werden die menschlichen Sinne wie Prüf- und Messinstrumente eingesetzt. Eine wesentliche Voraussetzung für das Verständnis der Prüfer untereinander ist eine einheitliche Sprache mit festgelegten Begriffen zur Beschreibung der Lebensmittel.

Lebensmittelqualität

Unter Qualität wird im Allgemeinen etwas besonders Gutes, Hochwertiges und zum Teil auch Hochpreisiges verstanden. Nach DIN EN ISO 9000:2005 ist Qualität der „Grad, in dem ein Produkt Anforderungen erfüllt". Folglich ist Lebensmittelqualität darüber zu definieren, wie gut ein Erzeugnis die Anforderungen trifft, die sich aus den gesetzlichen Vorgaben zum Verbraucherschutz und aus verschiedenen Konsumvorlieben ergeben. Das gesellschaftliche Umfeld, die Erziehung und der Lebensstil sowie persönliche Vorstellungen nehmen ebenso Einfluss auf die Kaufkriterien wie Umwelt- und Tierschutzaspekte.

Die wichtigste Rolle im Kaufverhalten der Verbraucher spielt der Genusswert, der durch Aussehen, Geruch bzw. Aroma, Geschmack und Textur des Lebensmittels bestimmt wird. Diese Eigenschaften lassen sich sensorisch, d. h. mit den fünf Sinnen wahrnehmen. Durch das Probieren verschiedener Produkte und das Abspeichern und Verknüpfen sensorischer Erfahrungen im Gehirn bildet sich beim Konsumenten eine individuelle Qualitätsauffassung in Bezug auf die sensorischen Eigenschaften von Lebensmitteln heraus. Angenehme Konsumerfahrungen lassen so bei der einen oder anderen Person bereits beim Anblick einer Speise das Wasser im Mund zusammenlaufen.

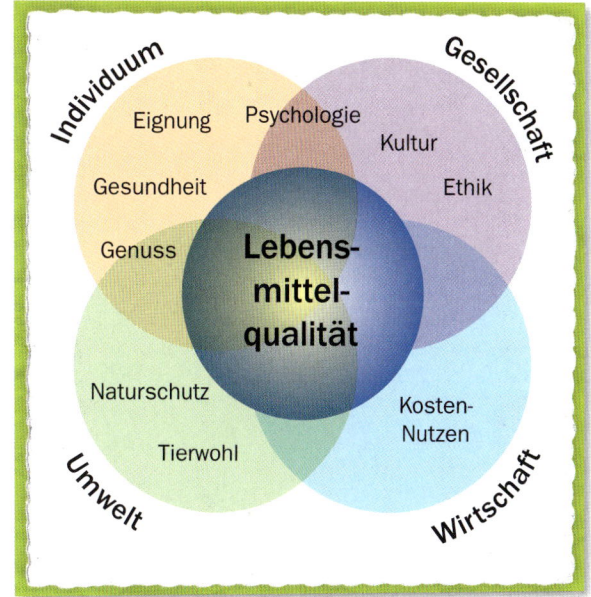

Einflussfaktoren auf die Lebensmittelqualität
Quelle: (in Anlehnung an) Koerber, K. et.al.: Vollwert-Ernährung, Haug-Verlag, Heidelberg 2004

Physiologie und Psychologie der Sinneswahrnehmung

Jeder Mensch ist in der Lage, die Eigenschaften von Lebensmitteln ganzheitlich aufzunehmen, indem er die vom Produkt ausgehenden sensorischen Reize mit seinen Sinnesorganen, Augen, Nase, Mund, Ohren und Händen bzw. Fingern, erfasst. Die dort lokalisierten Sinneszellen sind jeweils auf bestimmte Reize spezialisiert und reagieren auf diese, indem sie eine Nervenerregung auslösen, die im Gehirn als Information ausgewertet und interpretiert wird. Die so entstehende Wahrnehmung gibt Auskunft über die Art des konsumierten Lebensmittels und seinen Genusswert. Dieser kann Ausprägungen zwischen „wohlschmeckend" und „ekelerregend" annehmen und Auslöser für eine Intensivierung oder Ablehnung des Konsums sein. Die Wahrnehmung der Eindrücke kann bei verschiedenen Konsumenten variieren, denn unterschiedliche Erfahrungen beim Verzehr, der aktuelle körperliche Zustand, persönliche Vorlieben und das Lebensalter nehmen Einfluss darauf.
Konkretisieren lässt sich dies anhand eines Beispiels: Ein Verbraucher trinkt einen Weißwein. Nach dem Eingießen in das Glas schimmert das Getränk zartgelb. Zudem strömen Duftstoffe in die Nase und interagieren dort mit den Geruchsrezeptoren. Entsprechende Signale, Optik und Geruch betreffend, gelangen ins Gehirn, wo bereits vorhandene Erfahrungen mit dem Weinkonsum abgespeichert sind. Dieses Wissen ist mit einer positiven Bewertung besetzt, d. h. Aussehen und Geruch des Weines sind bekannt und rufen angenehme Erinnerungen hervor, so dass der Konsument nun das Glas zum Mund führt, um den Wein zu trinken. Die Reaktion der Rezeptoren im Mund- bzw. Rachenraum sowie die Reaktion der über die Mund-Rachen-Nase-Verbindung erneut angesprochenen Geruchsrezeptoren lassen ihn – nach Informationsweiterleitung und -verarbeitung im Gehirn – weitere sensorische Eindrücke wie Geschmack, Aroma oder den Körper des Weines erfahren und bewerten.

Die Lebensmittelsensorik – eine wissenschaftliche Disziplin

Da es bislang kein umfassendes elektronisches bzw. chemisch-physikalisches Messinstrument gibt, welches alle sensorischen Produkteigenschaften auf einmal erfasst und adäquat zur menschlichen Wahrnehmung ganzheitlich bewertet, obliegt die Beurteilung der sensorischen Qualität größtenteils dem Messinstrument „Mensch". Die Lebensmittelsensorik ist eine wissenschaftliche Disziplin, die die Möglichkeit bietet, den Genusswert bzw. die sensorische Qualität von Lebensmitteln sowie die Einflussfaktoren darauf zu untersuchen und neutrale, reproduzierbare Ergebnisse zu liefern. Dabei werden die menschlichen Sinnesorgane vergleichbar mit technischen Instrumenten zu Prüf- und Messzwecken eingesetzt.

Sensorische Methoden finden Einsatz in verschiedenen Bereichen der Lebensmittelwirtschaft: Herauszufinden, wie die sensorische Qualität eines Lebensmittels sein muss, um die Akzeptanz einer bestimmten Verbrauchergruppe zu finden, ist Aufgabe der Konsumentenforschung und damit wichtig für Produktentwicklung und Marketing. Hier geht es vor allem um die Ermittlung der positiven sensorischen Kriterien, z. B. „knackig" und „würzig" bei Würstchen, die ausschlaggebend für die Produktbeliebtheit und -akzeptanz sind. Dabei werden in Beliebtheitstests ungeschulte Verbraucher als Prüfer eingesetzt. Die Subjektivität der Prüferurteile ist dort ausdrücklich erwünscht. Die Sicherung einer gleichbleibenden Qualität der Lebensmittel in der Produktion auf Basis festgeschriebener Rezepturen ist Aufgabe des Qualitätsmanagements. Hier erfolgt der Einsatz von geschulten Prüfern im Rahmen analytischer sensorischer Prüfungen zur Überwachung und Sicherstellung einer definierten sensorischen Qualität. Durch die Schulung der Prüfer und die Wahl geeigneter Prüfmethoden und -bedingungen sollen, wie bei einer instrumentellen Messung durch Geräte, objektive Prüfergebnisse garantiert werden. Dabei spielt die Identifizierung sensorischer Produktfehler, z. B. von Füllfehlern bei Wurst oder von mangelnder Krumenelastizität bei Brot, eine wichtige Rolle.

Die 6 Bausteine einer professionellen Lebensmittelsensorik

Sensorische Prüfungen sind vergleichbar mit Attributprüfungen, bei denen wesentliche Eigenschaften von Produkten mit Worten beschrieben und in ihrer Ausprägung und Intensität ermittelt werden. Im Rahmen der Qualitätssicherung ist eine Attributprüfung ein Prüfverfahren, welches aufgrund definierter Prüfmerkmale und Produkteigenschaften fehlerhafte Produkte im Sinne einer Gut-schlecht-Prüfung ausselektiert. Ein diesbezügliches Beispiel stellt die Apfelsortierung dar, wobei Äpfel mit Schorf auf der Schale aussortiert werden.

Im Gegensatz zu den chemisch-physikalischen, Zahlenwerte liefernden Messungen, z. B. der pH-Wert-Messung, liefern sensorische Prüfungen grundsätzlich qualitative Befunde. Häufig werden diesen Eigenschaftsbeschreibungen anschließend mittels einer definierten Prüfskala Zahlenwerte zugeordnet. Beispiele diesbezüglich sind die sensorische Profilanalyse oder das DLG-5-Punkte-Prüfschema®.

Um ähnlich wie bei einem technischen Messgerät zuverlässige, auf die Fragestellung zutreffende und wiederholbare Prüfergebnisse zu erhalten, bedürfen sensorische Prüfungen eines strukturierten Projektmanagements, d. h. der professionellen Planung, Vorbereitung, Durchführung und Auswertung.

Darüber hinaus ist die Berücksichtigung verschiedener Faktoren in Form der 6 Bausteine der Sensorik maßgebend. Denn nur das passgenaue und zielgerichtete Zusammenspiel von Probenmanagement, sensorischer Methode und statistischer Auswertung, Zusammenstellung und Briefing des Prüferpanels, technischer Ausstattung der Prüfräume, Verkostungstechnik und letztlich der abgestimmten sensorischen Sprache ermöglicht die professionelle Durchführung sensorischer Projekte und hilft dabei, nachvollziehbare und aussagekräftige Ergebnisse sowie treffende Antworten auf sensorische Fragestellungen zu erhalten.

Festlegung der übergeordneten Ziele / Oberziele:
Geht es um Produktentwicklung, Produktverbesserung, Kostenreduktion, Mitbewerbervergleich, Rezepturanpassung?

Definition des Projektziels:
Geht es um Ermittlung der Gesamtunterschiede beim Produkt, um Teilaspekte, um Erfassung der Akzeptanz oder Präferenz?

Auswahl und Untersuchung der Prüfmuster / Proben:
Prüfung, inwieweit die Prüfmuster geeignet sind für die jeweils vorgesehene sensorische Methode. Besonderheiten der sensorischen Qualität müssen im Prüfbogen bzw. Prüfprotokoll angeführt bzw. bei der Methodenwahl berücksichtigt werden.

Konzeption des Tests (Testdesign):
Auswahl der Testmethode (Analytik oder Hedonik), Rekrutierung und Schulung / Einweisung der Prüfer (Experten oder Laien / Verbraucher). Erstellung von Prüfbögen bzw. Prüfprotokolle unter Berücksichtigung der gewählten Auswertungsmethode (Statistik).

Durchführung der sensorischen Prüfung:
Probenvorbereitung und -darreichung, Zusammenstellung und Steuerung der Prüferpanels sowie Ergebnisfindung und -dokumentation.

Erfassung der Daten und Auswertung:
Daten ggf. elektronisch erfassen und mittels statistischer Methoden im Hinblick auf die Fragestellung auswerten.

Interpretation und Präsentation der Ergebnisse:
Interpretation der Daten, Berichterstellung und Formulierung der Antwort auf die Fragestellung inkl. Handlungsempfehlungen für die Praxis.

Vorgehensweise bei der Planung einer sensorischen Prüfung
Quelle: DLG-Grundlagenvokabular Sensorik, DLG-Verlag GmbH, Frankfurt, 2012

Die 6 Bausteine der Sensorik
Quelle: DLG-Grundlagenvokabular Sensorik, DLG-Verlag GmbH, Frankfurt, 2012

SENSORIK

Verkostungstechnik und sensorische Wahrnehmung

Der Ablauf einer objektiven sensorischen Verkostung umfasst in der Regel 6 Phasen. Während die Phasen 1 und 2 auch als die „sinnesphysiologischen Phasen" bezeichnet werden, deren Qualität bei den einzelnen Prüfern sowohl angeboren ist als auch vom Training und der regelmäßigen Schulung der Sinne abhängt, lassen sich die Phasen 3 bis 6 als „verstandesmäßige Phasen" umschreiben. Hierbei steht das Gelernte, vor allem aber die Erfahrung mit der sensorischen Prüftechnik und den Produkten im Vordergrund.

Im Rahmen einer Verkostung werden die sensorischen Produkteigenschaften zunächst mit den Augen, danach mit der Nase und anschließend mit dem Mund erfasst. Feste Lebensmittel, z. B. Brot, Wurst oder auch Obst und Gemüse, werden zudem mit den Händen und Fingern befühlt. Bei diesen Lebensmitteln spielt auch das Gehör eine Rolle bei der Beurteilung. Über die Sinnesorgane und ihre Rezeptoren empfangen und erkennen wir die Reize, merken uns die erfassten Reizeindrücke, vergleichen sie mit im Gehirn abgespeicherten Informationen und ordnen sie ein, bevor wir die Empfindungen durch Beschreiben wiedergeben und ggf. bewerten können.

1. Aufnehmen des Reizes über die Sinnesorgane und Rezeptoren
2. Erkennen des Reizes
3. Einprägen / Merken des Reizeindruckes
4. Einordnen und Vergleichen des Eindrucks mit (infolge Schulung) Bekanntem
5. Beschreiben und Wiedergeben der Art und Intensität des Eindrucks
6. Ggf. Ableiten einer Bewertung aus der Beschreibung

Ablauf einer sensorischen Verkostung
Quelle: DLG-Grundlagenvokabular Sensorik, DLG-Verlag GmbH, Frankfurt, 2012

Der Genusswert resultiert aus einer Vielzahl von Eigenschaften, die im Rahmen einer sensorischen Verkostung vom Prüfer aufgenommen und erkannt werden müssen sowie einzuordnen und zu versprachlichen sind. Das Beschreiben und Wiedergeben der sensorischen Wahrnehmung erfolgt in der Regel sowohl hinsichtlich der Produkteigenschaft (z. B. süß) als auch hinsichtlich der Ausprägung bzw. Intensität (z. B. zu süß, intensiv süß, leicht süß). Durch den Vergleich mit einem definierten Standard wird eine Produktbewertung ermöglicht. Eine zentrale Rolle während einer Verkostung spielt die Fähigkeit der Prüfer, ihre sensorischen Wahrnehmungen, z. B. Produktfehler oder positive Eigenschaften, in Worte zu fassen. Dies stellt eine Herausforderung dar, denn es fällt schwer, die richtigen Worte zur Erläuterung von Aussehen, Geruch, Geschmack oder Konsistenz zu finden. Häufig erläutern verschiedene Personen denselben Eindruck mit anderen Begriffen. Eine Diskussion und das Aneinander-vorbei-Reden sind vorprogrammiert. Die Etablierung eines einheitlichen Wortschatzes zur Beschreibung sensorischer Wahrnehmungen ist hilfreich, so dass jeder Prüfer unter „cremig" oder „knusprig" das Gleiche versteht.

Grundlagenvokabular Sensorik

Da ein definierter Fach-Wortschatz zur Unterstützung der Beschreibung wahrgenommener sensorischer Eindrücke bislang nur vereinzelt in Teilbereichen der Sensorik vorliegt, bleibt das Umsetzen der sensorischen Eindrücke in Sprache jedem Prüfer selbst überlassen, was in der täglichen Betriebspraxis häufig für Missverständnisse sorgt. Das „DLG-Grundlagenvokabular Sensorik" möchte mit den dort aufgeführten Begriffen diesbezüglich Abhilfe schaffen. Die Tabellen beinhalten bezogen auf die Prüfmerkmale Aussehen, Geruch, Geschmack und Textur beschreibende Begriffe, Definitionen und Referenzmaterialien, die für flüssige und feste Lebensmittel relevant sind. Diese unternehmens- und produktübergreifenden Attribute repräsentieren sowohl positive Produkteigenschaften als auch sensorische „Fehler", die z. B. aus mangelhafter Rohstoffqualität, unausgewogener Rezeptur oder fehlerhafter Produktion resultieren können. Die Begriffslisten stellen eine Auswahl dar und sollen eine Hilfestellung bei der sensorischen Beschreibung von Produkten bieten.

SENSORIK

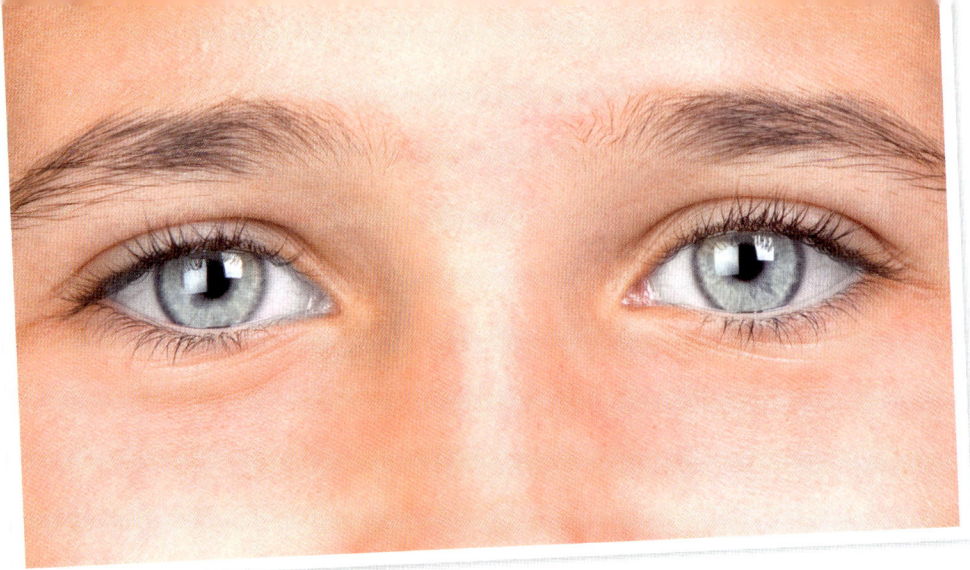

Prüfmerkmal Aussehen

Das „Auge isst mit", so heißt es im Volksmund. Der erste Eindruck des äußeren Erscheinungsbildes bestimmt vordergründig das Kaufverhalten, denn das Aussehen ist das einzige Beurteilungskriterium des Verbrauchers unmittelbar am Regal. Auch das professionelle Prüfen beginnt in der Regel mit der optischen Prüfung, d. h. der Beurteilung des Aussehens durch die Augen.

Diese sind das wichtigste Sinnesorgan des Menschen und für etwa 70 Prozent der täglichen Wahrnehmungen verantwortlich. Die mit den Augen erfassten Sinneswahrnehmungen erfolgen noch vor der Erfassung von Geruch und Geschmack. Ca. 50-60 % des Gehirnes sind mit der Verarbeitung von visuellen Eindrücken beschäftigt. Die Augen nehmen sämtliche äußerlich sichtbaren Produkteigenschaften wie Farbe, Form, Größe und Struktur von Lebensmitteln wahr. Hinzu kommen Eindrücke wie Glanz oder Trübung. Kräftige Farben signalisieren wertvolle Zutaten und Frische, blasse Farben lösen im Gehirn eine automatische Ablehnung aus.

Die Funktion der Augen und der Sehvorgang sind sehr komplex. Das auf das Auge treffende Licht gelangt durch die Hornhaut, die Linse und den Glaskörper auf die Netzhaut. Die Linse bündelt das einfallende Licht, und durch ihre unterschiedlichen Krümmungsgrade wird das Bild scharf eingestellt. Die Regenbogenhaut bzw. Iris kann sich unterschiedlich weit öffnen und dadurch die Intensität eines einfallenden Lichtstrahls regulieren. Rezeptorzellen auf der Netzhaut, die sogenannten Stäbchen und Zapfen, erfassen die Sinneseindrücke und wandeln das Licht in elektrische Nervenimpulse um. Über den Sehnerv werden diese Impulse an die Sehzentren im Gehirn weitergeleitet. Aus der Summe der übertragenen Nervenimpulse erzeugen sie dort das Bild, das wir als Ausschnitt der Realität betrachten.

Durch die Verknüpfung des Gesehenen mit Erfahrungen und Gefühlen wird das Lebensmittel erkannt und die Entscheidung hinsichtlich des Lebensmittelverzehrs getroffen. Durch seine vielfältigen Funktionen kann der Sehsinn die chemischen Sinne Geruch und Geschmack dominieren. Da es sich bei dem visuellen Sinn um einen Fernsinn handelt, können Reize über weite Distanzen wahrgenommen werden.

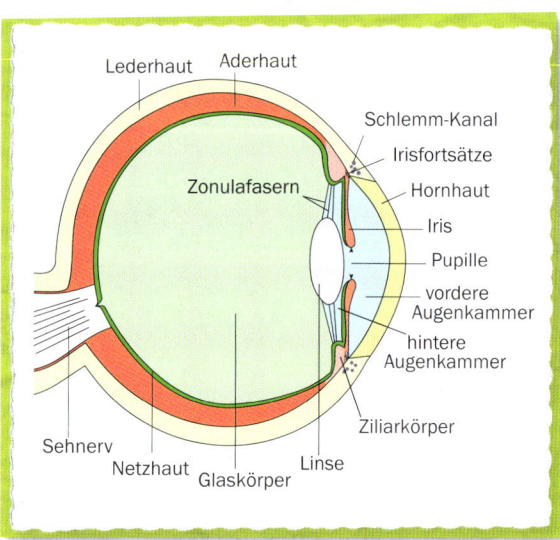

Querschnitt durch das Auge

Quelle: DLG-Grundlagenvokabular Sensorik, DLG-Verlag GmbH, Frankfurt, 2012

Sensorische Begriffe zur Beschreibung des Aussehens

EIGENSCHAFTEN	BESCHREIBUNG	REFERENZ
aneinanderhaftend	Produkt mit schwer trennbaren Produktteilen	Prepack-Käsescheiben, Schinkenaufschnitt, Räucherlachsscheiben
abgetrocknet	Produkt mit Flüssigkeitsverlust, Volumenreduzierung, runzeliger Oberfläche	altes, trockenes Brot, luftgetrocknete Salami
deformiert	Produkte außer Form oder mechanische Beschädigungen der Produkt-Oberfläche (aufgeplatzt, abgetrennt, aufgebläht, eingedrückt, gebrochen, geplatzt, geschrumpft, zerdrückt, zerquetscht, zerbrochen, zusammengefallen)	eingefallenes Soufflé, zerbrochenes TK-Gemüse, Krumenrisse bei zu trockenem Brot, aufgesprungene Hülle einer Heißwurst, abgetrennte Panade
dünn	Lebensmittel mit kleinem Volumen, Produkt niedriger Höhe bzw. geringer Schnittbreite, flach, zierlich, schmal	italienische Pizza (flacher Teig), Knäckebrot, Fladenbrot, Butterkeks
fein	Produkt mit hohem Zerkleinerungsgrad, kleinteiliges Produkt	Puderzucker, feine Bratwurst
flach	Produkt mit geringer Höhe, siehe dünn	Pfannkuchen
Fremdteile	Produkt mit unerwünschten vom Produkt stammenden Teilen bzw. produktfremden Teilen	Knochensplitter in Wurst, Schalenreste in Gemüseerzeugnissen, Kerne in Obsterzeugnissen, Sand in Spinat, fremde Pflanzenteile
geplatzt	zerrissene Oberfläche bzw. Schale, siehe deformiert	geplatztes Brühwürstchen infolge zu starker Erhitzung
glasig	leicht durchscheinendes Produkt	gedünstete Zwiebeln, ungarer Fisch, Harzer Käse
glatt	Produkt-Oberfläche ohne Unebenheiten bzw. Masse ohne feststellbare Teilchen	Oberfläche einer Milchschokolade, Mayonnaise oder Butter
grob	niedriger Zerkleinerungsgrad, großteiliges Produkt	grobe Bratwurst, gehackte Mandeln, gehackte Nüsse
hohl	Produkt mit poriger Struktur	Inneres vom Kuchen oder Brot
homogen	einheitliches Produkt, gleichmäßige Stückeverteilung, Stückgrößen und Farbverteilungen, keine Entmischungen oder Oberflächenveränderungen	Mayonnaise, Schokoladen-Nuss-Brotaufstrich, Haferflocken, Reis, Salatdressing
kantig	Produkt-Oberfläche mit Unebenheiten bzw. Masse mit feststellbaren Teilchen	Unterseite von Luftschokolade, Rand eines Butterkekses
matt	Produkt mit schwach leuchtender, stumpfer Oberfläche, glanzlos	Oberfläche von Keksen, Schokoladenoberfläche mit Fettfilm durch Fettaustritt
porig	festes Gewebenetzwerk mit Hohlräumen bzw. blasigen Strukturen durchsetzt	Brotkrume, Luftschokolade
runzelig	Produkt mit faltiger Oberfläche	Panade bei Fleisch- oder Fischprodukten, Schale alter Äpfel
trüb	undurchsichtiges, milchiges, opakes bzw. lichtundurchlässiges Produkt	Apfelsaft naturtrüb, Orangensaft, Molke
verfärbt	Produkt mit unreiner, misslungener Farbgebung, entfärbt, ungewollte Farbveränderung	TK-Produkte / Gemüse mit Gefrierbrand, verbrannter Toast, überreife / alte Bananen
zerbrochen	mit oder ohne Absicht gebrochene Produkte bzw. Produktteile, siehe deformiert	grüne Bohnen, Schokolade, Kekse

Quelle: DLG-Grundlagenvokabular Sensorik, DLG-Verlag GmbH, Frankfurt, 2012

SENSORIK

Prüfmerkmal Geruch

Eine feine Nase bzw. einen guten Riecher benötigen Sensoriker nach der Erfassung des optischen Eindruckes, denn den Geruch des Lebensmittels erfährt man durch Einziehen von Luft in die Nase.

Der Geruchssinn arbeitet als Warnsystem und schützt vor dem Verzehr von verdorbenen Lebensmitteln. Er ist ein Fernsinn, denn als Trägermedium der Geruchstoffe fungiert die Luft. Der sehr empfindliche Geruchssinn ist ein chemischer Sinn, denn die Geruchswahrnehmungen werden durch lösliche, flüchtige chemische Stoffe hervorgerufen. Letztere geben uns wichtige Informationen über die Frische von Lebensmitteln, vor allem bei Fleisch, Gemüse und Obst. Der Mensch kann mindestens 10.000 Duftstoffe wahrnehmen. Allerdings ist die Geruchserkennung wie die Geschmackswahrnehmung stark von der Erziehung und Erfahrung abhängig. Viele Substanzen können auch in sehr niedrigen Konzentrationen wahrgenommen werden.

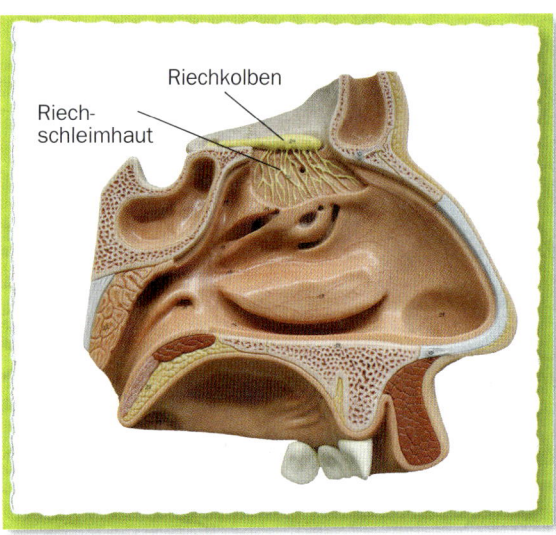

Querschnitt durch die Nase
Quelle: DLG-Grundlagenvokabular Sensorik, DLG-Verlag GmbH, Frankfurt, 2012

Der Geruchssinn steht mit dem Geschmackssinn in enger Verbindung. Allerdings ist die Sensibilität der Geruchsrezeptoren viel höher als die der Geschmacksrezeptoren. Die Riechsinneszellen, die als Rezeptoren für die Reizaufnahme verantwortlich sind, befinden sich in der Riechschleimhaut. Dort werden chemische Reize erkannt und als elektrisches Signal über Nervenfasern in den Riechkolben geleitet, wo eine Sortierung und Aufbereitung erfolgt, bevor die Informationen an die Gehirnregionen weitergeleitet werden. Durch den Vergleich bisher wahrgenommener Duftmerkmale erfolgt im Gehirn eine Einordnung des Geruchs im Zusammenhang mit dem optisch erfassten Produkt. Das Lebensmittel wird erkannt und bewertet.

Geruch wird sowohl direkt über Sinneszellen in der Riechschleimhaut der Nase als auch indirekt über die Mundhöhle und den Rachenraum empfangen und zum Riechepithel der Nase geleitet. Die Mundhöhle und die Nasenhöhle sind durch eine Öffnung miteinander verbunden, so dass beim Ausatmen, insbesondere nach dem Schlucken, gelöste flüchtige Aromastoffe aus der Nahrung bzw. Aromastoffe, die der Speisebrei abgibt, über diese Verbindung in den Rachen bis zur Riechschleimhaut gelangen. Wir riechen und schmecken also gleichzeitig. Wenn man sich beim Kauen zunächst die Nase zuhält und sie dann wieder öffnet und ein- bzw. ausatmet, verändert sich der Sinnes- bzw. Geschmackseindruck.

Das direkte Riechen, mit dem die flüchtigen Aromastoffe erfasst werden, erfolgt durch leichtes Schnüffeln, denn bestimmte Stoffe können auch Schmerz oder Reizungen, z.B. Tränen beim Zwiebelschälen, hervorrufen. Zu häufiges Schnüffeln verfälscht den Geruchseindruck durch Gewöhnung bzw. Ermüdung des Geruchssinnes. Bei angehaltenem Atem ist eine Geruchswahrnehmung nicht möglich. Zur Schulung werden meist standardisierte Aromen bzw. Referenzsubstanzen eingesetzt.

Sensorische Begriffe zur Beschreibung des Geruchs

EIGENSCHAFTEN	BESCHREIBUNG	REFERENZ
angebrannt	starke Empfindung nach Asche, Brandgeruch	angebrannte Milch, zu stark gerösteter Toast
Bittermandel	Aromaeindruck nach Marzipan	Benzaldehyd, Bittermandelöl, Mandelkerne, Steinobstkerne
blumig	aromatischer Eindruck nach Blumen und Pflanzen	frische Himbeeren, Veilchen, Rosen, Nelken, ß-Phenylethanol, Geraniol
buttrig	Aromaeindruck nach Butter	Butter, Diacetyl, Buttergebäck
faulig	Eindruck von mikrobiellem Verderb	Pyridin, faule Eier, Schwefelwasserstoff, Ethylmercaptan, Dimethylsulfid
fischig	aminige Geruchsnoten	alter Fisch, Trimethylamin
fruchtig	Aromaeindruck von reifem Obst	alle Arten reifer Früchte, Ethylhexanoat
grasig	frisch geschnittenes Gras, Synonym zu grün	gemähte Wiese, Olivenöl, cis-3-Hexenol
grün	Synonym zu grasig oder Eindruck von unreifem Obst	frisch geschnittenes Gras, unreife grüne Früchte
hefig	Aromaeindruck nach Weinhefe, Hefeweizen	Hefeteig, Sauerteig, Biernote bei hefigem Joghurt
karamellartig	nussig, süße Empfindung, i.d.R. entstanden durch chemische Verbindungen aus Oxidation von Zucker, Geruch nach verbranntem, erhitztem Zucker	Karamellbonbon, Toffee, gebrannte Mandeln, karamellisierter Zucker, geröstetes Malz (Bier), Maltol, Isomaltol
käsig	Aromanote kurzer und mittellanger Fettsäuren, Geruch nach Schweiß	reifer Käse, Schweißgeruch, Buttersäure
medizinisch	chemischer Eindruck, Synonym zu ätherisch	Desinfektionsmittel, Jod, Trichlorphenol
modrig	feuchter, leicht fauliger Eindruck, feuchter Modergeruch	Geosmin, schimmliges Brot, Waldpilze, feuchter Keller, 2-Methylisoborneol, 2,4,6-Trichloranisol
nach Pappe / Karton	kartonartiger Geruch, Geruch nach feuchtem Altpapier durch Übergang von Verpackungsnoten auf Lebensmittel	feuchtes Filterpapier, Altpapier
nussig	Nussaroma	Walnuss, Haselnuss, Pyrazine, Filbertone
ranzig	Empfindung ausgelöst durch Produkte aus Fettoxidation	alte Salami, altes überlagertes Speiseöl, oxidiertes Fett, überalterte Kartoffelchips, Buttersäure, ranziger Käse
rauchig	Aromanote nach Produkten aus Räucherprozess, Räucherrauch	Schinken, Räucherfisch, überräucherte bzw. geräucherte Salami
röstig	würzig, aromatischer, pikanter Eindruck, meistens ausgelöst durch chemische Verbindungen, die aus Maillard-Reaktionen von Eiweißen oder Zuckern und Kohlenhydraten entstanden sind	Weißbrotkruste, 2-Acetyl-1-Pyrrolin, angebratene Fleischkruste, Kaffeearoma, Melanoidine
stechend	brennend, beißender Geruch	Essigsäure

Quelle: DLG-Grundlagenvokabular Sensorik, DLG-Verlag GmbH, Frankfurt, 2012

SENSORIK

Prüfmerkmal Geschmack
(„Erweiterte Geschmacksempfindung")

Auf den Geschmack kommen Sensoriker, sofern Aussehen und Geruch als positiv bzw. fehlerfrei eingeschätzt wurden. Bei der Verkostung erfassen Prüfer die Lebensmittel bewusst mit den Lippen und / oder Schneidezähnen, transportieren sie mit der Zunge in den Mund und zerkauen sie mit den Backenzähnen. Die Zerkleinerung und Oberflächenvergrößerung sowie das Einspeicheln unterstützen das Herauslösen der geschmacksgebenden Stoffe und die Wahrnehmung der Produkteigenschaften.

Der Geschmackssinn öffnet dem Menschen über die Zunge, die Mundhöhle, den Rachen und die obere Speiseröhre sowie die dortigen Geschmacksrezeptoren die Tür zum Erkennen und zum sinnlichen Genuss von Lebensmitteln. Sinnesphysiologisch lässt sich das reine Geschmacksempfinden, auch Grundgeschmack genannt, eindeutig erklären. Bei der praktischen sensorischen Verkostung hingegen spricht man von Geschmack als erweiterter Geschmacksempfindung, denn es handelt sich um ein Zusammenspiel verschiedener Sinneseindrücke und eine Vermischung von Geruch, Grundgeschmack und Tastsinneseindrücken.

Der Geschmackssinn, d. h. die Sinnesempfindung über die Geschmacksknospen der Zunge, ist ein chemischer Sinn und ein Nahsinn. Erfassen lassen sich die wasser- bzw. speichellöslichen Lebensmittelinhaltsstoffe nur dann, wenn sie direkt auf die Zungenregionen gelangen. Durch das Zerkleinern und Einspeicheln beim Kauen lösen sich die Inhaltsstoffe der Speisen und entfalten ihre Geschmacksnuancen. Über die Zunge werden fünf Grundgeschmacksarten erfasst: süß, salzig, sauer, bitter und umami, ein herzhaft würziger, durch in eiweißhaltiger Nahrung vorkommendes Glutamat hervorgerufener

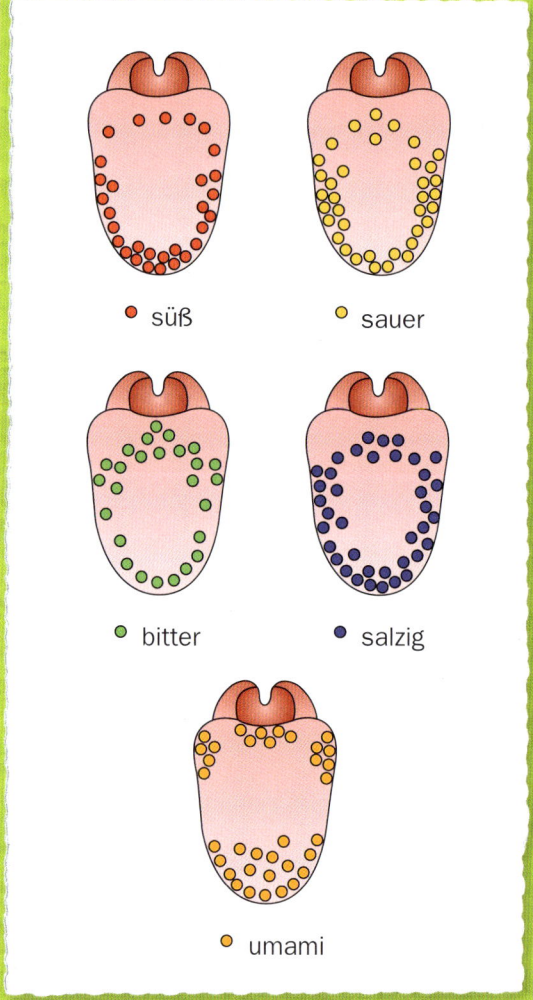

Zungenlandschaft
Quelle: DLG-Grundlagenvokabular Sensorik, DLG-Verlag GmbH, Frankfurt, 2012

Eindruck. Rezeptoren im Mundraum und auf der Zunge können daneben die Textur und die Temperatur von Speisen erfassen. Auch weiterführende Empfindungen wie adstringierend (zusammenziehend) gehören aus praktischer Sicht zu den gustatorischen Eindrücken, wenngleich sie – wie die Empfindung „scharf" – als Schmerzempfindung zu bewerten sind und die Weiterleitung der Reize zum Gehirn über den Nervus trigeminus (Gesichtsnerv) erfolgt. Hierüber werden v. a. die Eigenschaften brennend, scharf, beißend etc. übermittelt.

Damit eine Substanz den Geschmackssinn stimulieren kann, muss sie im Speichel gelöst sein. Am Zungenrand und Zungengrund, am weichen Gaumen, im Schlund und am Kehldeckel befinden sich Papillen, die verschiedene Geschmacksknospen enthalten. Bei Berührung mit im Speichel gelösten Stoffen erfolgt dort eine Reizung und es wird die Reiz-Weiterleitung sowie die Geschmackserkennung im Gehirn ausgelöst. Seitens der Papillen unterscheidet man die v. a. an der Zungenspitze liegenden Pilzpapillen von den am Zungengrund liegenden großen Wallpapillen und Blattpapillen.

Etwa die Hälfte aller Geschmacksknospen befindet sich in den Wallpapillen. Ein Superschmecker hat etwa 1.000 Geschmacksknospen pro Quadratzentimeter auf der Zunge, ein Normalkonsument etwa 200. Andere Konsumenten bringen es nicht einmal auf 11 bzw. 12 Knospen pro Quadratzentimeter. Letztere benötigen viele und sehr starke Reize, um etwas zu schmecken. Unser Geschmacksempfinden ist nicht jeden Tag gleich. Einfluss nehmen die Geschmacksknospen, die sich ab- und aufbauende Gebilde sind, sowie die Menschen selbst, zum Beispiel durch den Verzehr von Genussmitteln. Generell nimmt auch die Anzahl der Geschmacksknospen bzw. deren Regenerationsfähigkeit mit zunehmendem Alter ab, allerdings gleichen die Erfahrung und das sensorische Gedächtnis diesbezüglich den Verlust etwas aus. Die Fähigkeit der Zungenregionen die Grundgeschmacksarten zu erfassen ist weitläufig. Salzig und bitter werden verstärkt im hinteren Zungenbereich erkannt und umami intensiver im vorderen Zungenbereich.

Im Rahmen einer sensorischen Prüfung werden die Lebensmittel in mehreren kleinen Portionen verkostet. Oftmals nehmen die Prüfer die Bestandteile in den Mund und spucken nach der Entscheidungsfindung die Reste wieder aus. Wichtig ist zur Aufrechterhaltung der sensorischen Wahrnehmungs-

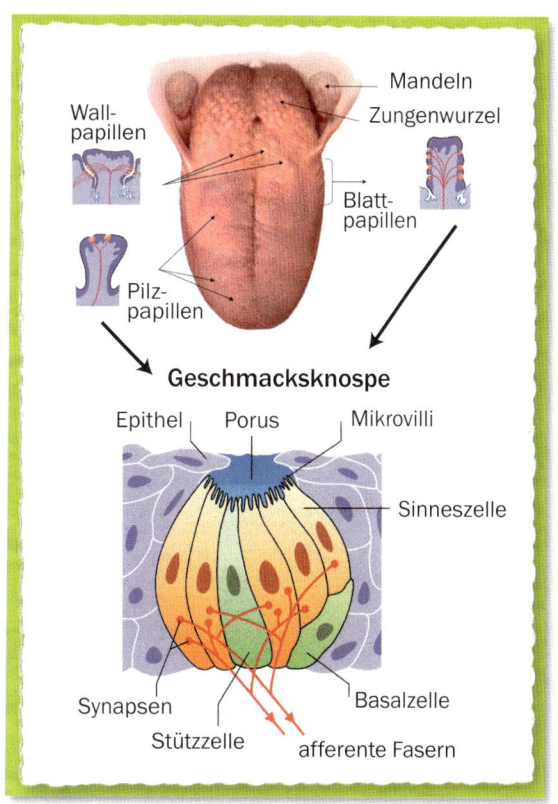

Die Zunge und ihre Papillenstruktur
Quelle: DLG-Grundlagenvokabular Sensorik, DLG-Verlag GmbH, Frankfurt, 2012

fähigkeit eine definierte Probenreihenfolge, eine begrenzte Probenanzahl und die Neutralisation der „Geschmackssinne", was durch geschmacksneutrales bzw. kohlensäurearmes Wasser oder salzarmes Brot zwischen den Verkostungen erreicht wird.

SENSORIK

Sensorische Begriffe zur Beschreibung des Geschmacks

EIGENSCHAFTEN	BESCHREIBUNG	REFERENZ
adstringierend	Nervus trigeminus: komplexe Empfindung, begleitet von Zusammenziehen der Haut oder Schleimhautoberfläche im Mund	gerbstoffreiche Getränke z.B. Schwarztee, Kakitannine, Schlehentannine, Alaun, Tanninsäure, Quercetin
alkalisch	schlüpfrig, basischer Aromaeindruck	verdünnte basische Substanzen, u. a. Natriumhydroxid, Laugengebäck
alt	durch Alterung bedingte sensorisch erfassbare Produktveränderung	alle Lebensmittel betreffend, produktspezifisch unterschiedliche Aromeneindrücke
beißend	Nervus trigeminus: Sinneseindruck auf der Zunge, der infolge von Substanzen wie kohlensäurehaltigem Wasser entsteht	kohlensäurehaltige Getränke, saure hochkonzentrierte Brausegetränke
bitter	Grundgeschmacksart	Koffein, Chinin, Chicorée, Hopfen
brandig	Eindruck von übermäßig erhitztem, geröstetem Produkt, siehe brennend	stark geröstete Nüsse, stark gebrannte Kaffeebohnen
brennend *	Nervus trigeminus: Empfindung von Wärme und Schärfe im Mund, siehe scharf	Alkohol (pur), Chilli, Pfeffer, angebranntes Toastbrot, Capsaicin
fad	geschmacksarm, aromaarm, mild	wenig gesäuerter, sehr milder Joghurt, schwach gewürztes Schnitzel
herb	komplexe Empfindung, v. a. aufgrund des Vorliegens organischer Säuren wie Phenole, Gerbstoffe, Röststoffe	Grapefruitsaft, dunkle Schokolade
kühlend	Empfindung abnehmender Temperatur	Pfefferminzbonbon, L-Menthol, Eukalyptus
leimig	klebrig-fade Empfindung im Mundraum	überkochte Rinderbrühe (Knochen geben leimigen Geschmack ab)
metallisch	prickelnde, z. T. kühle Empfindung auf der Zunge, erinnert an Eisen	Eisen-(II)-sulfat, eisenhaltige Brausetabletten
rezent	herzhaft, pikant z. T. säuerlicher Aromaeindruck	Roquefort-Käse, dunkles Hefe-Weizenbier
salzig	Grundgeschmacksart	Natriumchlorid(lösung), Salzhering, Käse, Wurst
sauer	Grundgeschmacksart	Citronensäurelösung, Weinsäurelösung, Äpfelsäurelösung, fermentierte Milch
schal	abgestandenes Produkt ohne Geschmack, gering gewürztes Produkt, siehe fad, leer	abgestandenes Mineralwasser, fad gewürztes Fleisch
scharf *	Nervus trigeminus: z.T. schmerzhafte, stechende, brennende Empfindung im Mund, siehe brennend	Chili, scharfer Pfeffer, Capsaicin, Piperin, intensiv scharf gewürzte Erzeugnisse
süß	Grundgeschmacksart	Saccharose, Dextrose, Süßstoffe, Honig
umami	Grundgeschmacksart	Aminosäuren oder Nukleotide (Mononatriumglutamat, Dinatriumionosinat), Sojasauce
wärmend	Sinneseindruck, ausgelöst durch Alkohole oder Gewürze	Branntwein, hochprozentige Spirituosen / Schnaps, Ingwer, Pfeffer

*Anmerkung: Scharf und brennend sind gleichartige Empfindungen unterschiedlicher Intensität und Dauer; zuerst ist die Empfindung scharf, bei längerer konstanter Einwirkung brennend.

Quelle: DLG-Grundlagenvokabular Sensorik, DLG-Verlag GmbH, Frankfurt, 2012

Prüfmerkmal Textur / Konsistenz / Haptik

Textur, Konsistenz und Mundgefühl eines Lebensmittels sind mitentscheidend für dessen Qualität. Sie werden durch Tasteindrücke und die durch Hände bzw. Finger und / oder Mund wahrgenommenen Berührungseindrücke oder den durch die Kaubewegung entstehenden Eindruck an Zunge, Mundhöhle und Rachen ermittelt.

Zum Hautsinn gehören alle Empfindungen, die durch Sinneszellen und deren Rezeptoren in der Haut bzw. unmittelbar darunter oder in den Schleimhäuten vermittelt werden. Darunter fallen der Berührungssinn / Tastsinn, der Temperatursinn und der Schmerzsinn. Der Tastsinn ist ein Nahsinn. Er fällt wie der Gehörsinn unter die Gruppe der mechanischen Sinne. Der jeweilige Reiz wird direkt über die Haut bzw. Schleimhaut aufgenommen. Die Tastkörperchen sind in der Haut des gesamten Körpers, in den Schleimhäuten und in der Mundhöhle verteilt. An den Fingerspitzen, im Mund und auf der Zunge sind besonders viele dieser Rezeptoren, so dass man hiermit gut fühlen kann. Haptische Eindrücke umfassen die mit den Händen und Fingern beim Betasten von Lebensmitteln oder beim Schneiden mit dem Messer wahrnehmbaren Eigenschaften sowie über Zunge, Mundhöhle und Rachen beim Kauvorgang aufgenommene Empfindungen, an denen keine Geschmacksreize beteiligt sind. Der Tastsinn vermittelt über Rezeptoren in der Ober- und Lederhaut Eindrücke für Druck, Berührung und Vibrationsempfinden. Der Tastsinn auf der Zunge erfasst über auf dem Zungenrücken verteilte Fadenpapillen mechanische, beim Kauen entstehende Eindrücke. Über die Rezeptoren in der Mundhöhle, auf der Haut und den Schleimhäuten erhält das Gehirn Informationen die Produktmerkmale Textur (zart, knackig …), Form (rund, kantig …) und Konsistenz (flüssig, fest …) betreffend. Der Temperatursinn ermöglicht über Warm- und Kaltrezeptoren in Haut- und Unterhautgewebe temperaturabhängige Empfindungen. Der Schmerzsinn vermittelt über die freien Nervenendigungen des Nervus trigeminus in der Haut und im Gewebe unangenehme Empfindungen wie stechend oder brennend.

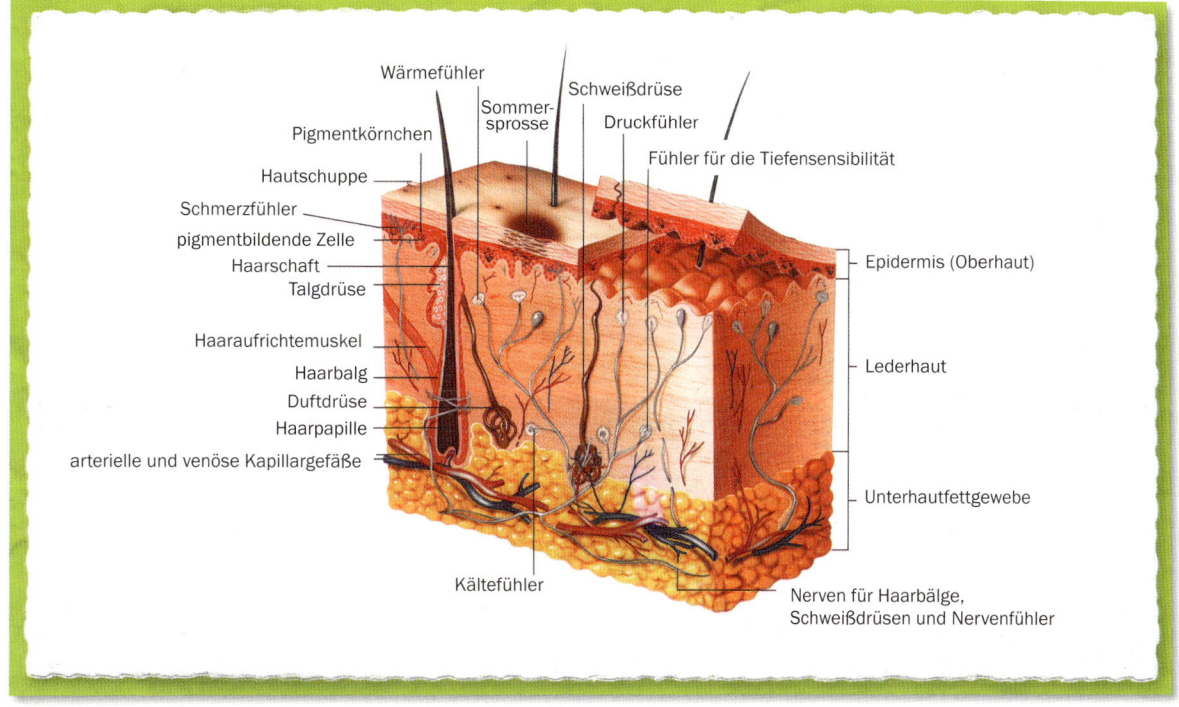

Querschnitt der Haut

Quelle: DLG-Grundlagenvokabular Sensorik, DLG-Verlag GmbH, Frankfurt, 2012

SENSORIK

Sensorische Begriffe zur Beschreibung von Textur, Konsistenz, Mundgefühl, Haptik

EIGENSCHAFTEN	BESCHREIBUNG	REFERENZ
blättrig	Produkt mit blättriger Struktur	Produkte aus Blätterteig: Plunderstückchen, Schweinsöhrchen, Krokant
breiig	zähflüssiges / halbfestes Produkt, das an der Zunge ballt und ein leicht klebendes Mundgefühl auslöst	Grießbrei, Kartoffelpüree
cremig	homogenes, streichfähiges Produkt ohne feststellbare Teilchen, das ein angenehmes Mundgefühl bewirkt	Joghurt, Pudding, Frischkäsezubereitung, Soße, gebundene Suppe
elastisch	Produkt mit hoher Elastizität, welches beim Kauen, d.h. unter Krafteinwirkung, seine Form verändert und anschließend wieder die Ausgangsform annimmt, federnd, gummiartig	Gummibärchen, frisches Brot, Götterspeise, Lakritz
gummiartig	elastisches Produkt mit hohem Kauwiderstand	Gelatine, Gummibärchen
hart	Produkt mit hoher Festigkeit	Bonbons, Bitterschokolade
inhomogen	Produkt, welches infolge seiner uneinheitlichen Merkmale im Mund ein ungleichmäßiges Gefühl auslöst (Gegenteil von homogen)	Gulasch, Soße mit Mehlklümpchen
klebrig	Produkt, mit hohem Haftungsgrad, welches anhaltend, hartnäckig an Zähnen und / oder Mundhöhle haftet	Karamellbonbons z.B. Toffee, Honig
klumpig	inhomogenes Produkt mit flüssigen und festen, aggregierten Bestandteilen	Fleischsoße mit Mehlkügelchen, Mayonnaise mit Fettkügelchen, Ketchup mit Tomatenmarkkügelchen
knackig	Produkt mittlerer Sprödigkeit, welches beim ersten Biss mit stark hörbarem Bruch zerbricht	Knackwurst, frisches Obst, rohes Gemüse
locker	Produkt, welches aus einem Netzwerk luftgefüllter Hohlräume besteht und daher ein leichtes, weiches Mundgefühl bewirkt	Biskuit, Eischnee, Milchschaum, Mousse
mehlig	Produkt wird im Mund als trockene, anhaftende, staubige Masse empfunden, mittlerer Klebrigkeitsgrad	bemehltes Brot, unzureichend erhitzte Soße, gekochte Kartoffeln mit hoher Trockensubstanz
saftig	Produkt, welches infolge der freien Flüssigkeit im Mund ein feuchtes, frisches Mundgefühl auslöst	Schichtkäse, Früchte (Orange, Apfel) auch als Kompott, Obstkuchen
sandig	Produkt, welches kleine, getrennte, feste Teilchen enthält und ein ungleichmäßiges, raues, trockenes Mundgefühl auslöst	Sand in Muscheln, Garnelen
schmelzend	Produkt mit sehr niedrigem Grad an Kaubarkeit, Produkt löst sich automatisch ohne Kauvorgang im Mund auf	Eiscreme, Milchschokolade
sprudelnd	Produkt, welches im Mund infolge von Gasbläschen ein prickelndes Gefühl auslöst	Sekt, Brause, kohlensäurehaltiges Mineralwasser
steif	Produkt extrem geringer Elastizität, starr	Milchschaum, geschlagenes Eiweiß ungekochte Nudeln, rohe Spaghetti
trocken	Produkt, welches im Mund eine Verminderung der freien Flüssigkeit bewirkt	Trockenobst, altes Brot, Cracker
weich	Produkt mit geringem Zusammenhalt, welches einer Verformung durch Kauen kaum Widerstand entgegensetzt, zart, mürbe	überreifer Camembert, Biskuit, Kartoffelpüree
zäh	Produkt mit starkem Zusammenhalt, der nur unter hohem Kraftaufwand durch Kauen überwunden werden kann, ledrig	altes Rindfleisch, Rohschinken

Quelle: DLG-Pocket Wissen, Grundlagenvokabular Sensorik, DLG-Verlag GmbH, Frankfurt, 2012

Weitere Merkmale zur Textur lassen sich durch das Hören erfassen. Der Gehörsinn ist ein Fernsinn und ein mechanischer Sinn. Mit dem Ohr werden Geräusche von außen und von innen wahrgenommen. Knuspert und knackt z. B. Obst oder Gebäck nicht lange, laut oder intensiv genug beim Kauen, so ist dies ein Hinweis, dass es nicht mehr frisch ist. Die Schallwellen der Geräusche gelangen über die Ohrmuschel des Außenohres zum Trommelfell im Mittelohr, das dabei in harmonische Schwingungen versetzt wird. Dadurch wird der die Schallwellen bündelnde und verstärkende Hammer-Amboss-Steigbügel-Knöchelchen-Komplex in Bewegung gebracht und leitet die Reize an das ovale Fenster weiter. Hier wechselt die mechanische Reizweiterleitung von der Luft ins wässrige Milieu der Haarzellen an der Schnecke im Innenohr. Die dort ausgelösten Reize werden über Nervenimpulse im Hörnerv in die Gehirnregionen weitergeleitet und dort interpretiert. Mit dem Gehörsinn ist es am schwierigsten, Qualitätsmerkmale von Lebensmitteln zu erfassen.

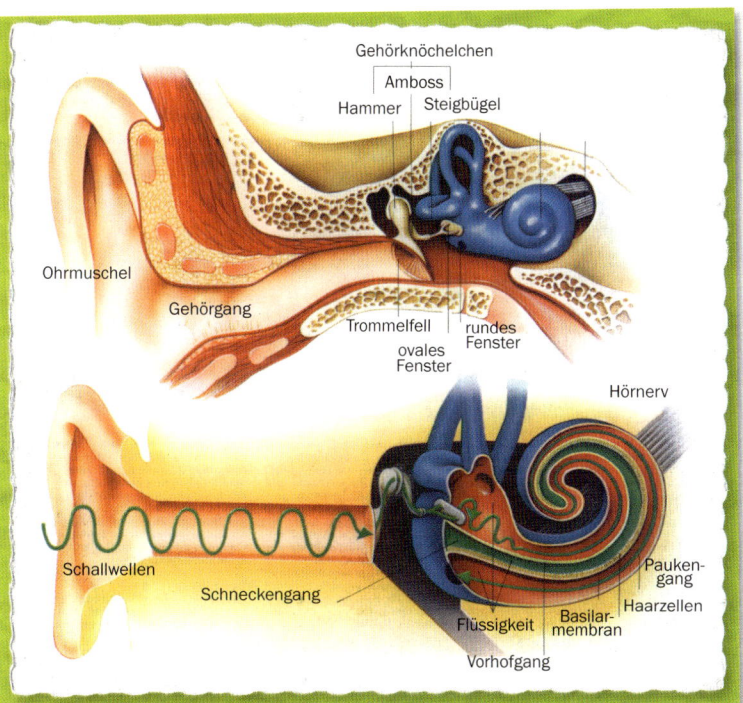

Querschnitt durch das Ohr
Quelle: DLG-Grundlagenvokabular Sensorik, DLG-Verlag GmbH, Frankfurt, 2012

DLG e.V.

Aufgabe der DLG e.V. ist die Förderung des Fortschritts in der Lebensmittelwirtschaft durch den fachlichen Austausch zwischen Forschung und Praxis. Das Vernetzen von Experten in unabhängigen Fachgremien sichert die wissenschaftliche Aktualität und die Praxisrelevanz der fachlichen Arbeit. Den Kern der DLG-Aktivitäten bilden die DLG-Qualitätsprüfungen von Lebensmitteln auf Basis der sensorischen Analyse, das Angebot von Fortbildungen, Publikationen sowie die Nachwuchsförderung in den Bereichen Lebensmittelsensorik, Lebensmitteltechnologie und Qualitätsmanagement.

www.DLG.org

Obst
& TROCKENFRÜCHTE

KERNOBST	40
STEINOBST	44
ZITRUSFRÜCHTE	46
BEERENOBST	50
EXOTISCHE FRÜCHTE	54
MELONEN	62
SCHALENOBST	64
TROCKENFRÜCHTE	68

OBST & TROCKENFRÜCHTE

Aprikosen

Mirabelle

Rambutan

Obst

Im Obstregal herrschen paradiesische Zustände. Das Angebot ist riesig, und nur der aufmerksame Beobachter bemerkt jahreszeitliche Schwankungen. Aus aller Welt kommen die Früchte ins Land, und niemand wundert sich mehr über Beeren im Herbst oder Aprikosen im Winter. Entfernungen und Grenzen sind für Obst kein Thema und viele Exoten haben sich längst einen Stammplatz im Handel erobert.

Winterorange

Pepino

Nektarine

Cherimoya

Ananas

Birne Doktor Guyot

Himbeeren

„Die süßesten Früchte sind nur für große Tiere …" heißt es in einem alten Schlager, doch heute kann jeder essen, was ihm schmeckt. Quer durch die Bevölkerungsschichten wird Obst aller Art konsumiert – laut Statistik lässt sich jeder Bundesbürger pro Jahr etwa 115 kg schmecken. Das jedoch stellt die Ernährungsexperten keineswegs zufrieden. Sie empfehlen, fünf Mal am Tag ca. eine Hand voll Obst und Gemüse zu essen – wovon zwei Portionen Obst sein sollten.

Wenn die Deutschen sich aus dem überdimensionalen „Obstkorb" bedienen, greifen sie in erster Linie nach Bewährtem: Bananen, Orangen, Mandarinen, Clementinen und Tafeltrauben sind die Renner. An der Spitze der Hitliste stehen jedoch mit Abstand die Äpfel, und bei den Beeren erhalten Erdbeeren eindeutig den Vorzug. Wer allerdings glaubt, Obst sei erst in unseren Tagen so begehrt, der irrt gewaltig.

Obst im Wandel der Zeiten

In grauer Vorzeit pflückten sich die Menschen von den Bäumen, was gerade greifbar war. Doch irgendwann begann man damit, Obstbäume für den Eigenbedarf zu pflanzen. Somit ist der Obstbau eine uralte menschliche Gewohnheit. Beweise dafür gibt es zur Genüge: Schon in den ägyptischen Pyramiden wurden Granatapfel- und Dattelsamen gefunden, sicher gedacht für das Anlegen eines Obstgartens im Jenseits. Homer beschreibt im 8. Jahrhundert v. Chr. mit blumigen Worten die Früchte im Garten des Phäakenkönigs Alkinoos. Der griechische Philosoph und Mathematiker Pythagoras pries 500 v. Chr. bereits vegetarische Kost, indem er seinen Anhängern „tragende Äste abwärts ziehendes Obst und am Weinstock schwellende Trauben" wärmstens ans Herz legte.

In unseren Breiten nahm der Obstbau seinen Anfang, als die Römer um 100 v. Chr. gen Norden zogen. 300 Jahre später reichten die Anbaugebiete bereits bis an die Mosel. Im Jahr 800 befahl Karl der Große, den Obstbaum als Kulturgewächs in die Reihe der landwirtschaftlichen Nutzpflanzen aufzunehmen. 1582 erließ Kurfürst Karl August v. Sachsen obstbaumfördernde Gesetze. So musste jedes frisch verheiratete Paar zwei Obstbäume pflanzen.

Mit Beginn des Industriezeitalters entwickelte sich in Deutschland der Erwerbsobstbau, und von da an durften Äpfel, Birnen usw. nicht mehr einfach so aussehen, wie die Natur sie schuf. Nur optisch einwandfreies Obst fand Abnehmer, was natürlich zu einer Auslese führte. Ihren ersten schweren Dämpfer erhielt die ursprünglich vorhandene Sortenvielfalt 1890 durch die Empfehlung des „Deutschen Pomologenvereins", sich auf bestimmte Sorten zu beschränken und „unwerte Sorten" zu vernichten. Noch dramatischer entwickelte sich die Situation 1950. Damals gab es staatliche Abholzprämien für Obstbäume, und man baute nur noch wenige Standardsorten an. Streuobstwiesen mussten dem wirtschaftlicheren Plantagenanbau weichen, und der Obst-Import aus anderen Ländern nahm seinen Anfang.

Was ist eigentlich Obst?

Der Begriff „Obst" stammt aus dem Althochdeutschen. „Obez" hieß „Zukost" und bezeichnete alles, was außer Brot und Fleisch auf den Tisch kam. Heute ist „Obst" der Sammelbegriff für Früchte und Samen, die zum menschlichen Genuss bestimmt sind.

Obst wächst an meist mehrjährigen Bäumen und Sträuchern und entwickelt sich aus befruchteten Blüten. Typisch für den Geschmack von Obst ist eine Verbindung von Süße und Säure.

Einige Früchte, die wir üblicherweise beim Obst einordnen, gehören eigentlich gar nicht dazu. Melonen beispielsweise sind botanisch gesehen ein Gemüse, werden aber wie Obst verwendet.

Das Gleiche gilt für Rhabarber, der noch nicht einmal nach Frucht aussieht. Er ist ein Stängelgemüse, doch die langen Stiele ergeben hocharomatische Kompotte, Konfitüren und Kuchen. Angeboten wird Rhabarber in drei Sorten: grünstielig – grünfleischig und rotstielig – rotfleischig. Die dicksten Stangen und das beste Aroma liefert grünfleischiger Rhabarber.

OBST & TROCKENFRÜCHTE

Erdbeeren

Babybananen

Kaktusfeige

Curuba

Pinova-Apfel

Heute können wir uns wieder über eine große Auswahl freuen, und das nicht nur dank der Äpfel, Birnen usw. aus aller Welt. Der heimische Anbau geht bei allem Zwang zur Wirtschaftlichkeit erneut in Richtung Vielfalt. Die Obstbäume allerdings sehen anders aus als früher. Sie sind kleinwüchsig und stark tragend und liefern formschöne Früchte mit ausgewogenem Geschmack, die sich gut verkaufen lassen. Obstbauern erinnern sich jedoch gelegentlich an schon fast vergessene Sorten, die als Neuzüchtungen wieder eine Chance erhalten.

Wie frisch vom Baum

Wirtschaftlicher Obstbau hat nichts mit Hobbygärtnerei zu tun, sondern ist eine Wissenschaft für sich. Auswahl von Jungpflanzen, Veredelung, Schnitt, Düngung, Schädlingsschutz usw. – der Obstbauer kennt sich aus. Selbst die ideale Erntezeit wird nicht allein nach optischen Gesichtspunkten ermittelt. Vielmehr geben chemisch-physikalische Messungen des Stärke-, Zucker- und Säuregehalts objektive Hinweise auf den Reifezustand.

Ernte bedeutet noch immer viel Handarbeit. Das baumfrische Obst wird dann zunächst bei den Erzeugergesellschaften gelagert, und zwar in klimatisierten Räumen. Hier herrscht eine der jeweiligen Fruchtart exakt angepasste Atmosphäre. Am Beispiel der Südtiroler Äpfel lässt sich der Weg von der Plantage bis ins Obstregal anschaulich verfolgen:

Apfel für Apfel wird vom Baum genommen und sorgfältig in den Erntesack gelegt, denn jede Druckstelle mindert den Wert. Nach dem vollautomatischen Waschen und Sortieren werden die Früchte in speziellen Kühlzellen bei 1 bis 3 °C und stark reduziertem Luftsauerstoff gelagert. In einer solchen Atmosphäre verlangsamt sich der Reifeprozess extrem. Das Obst hält quasi „Winterschlaf" und bleibt in diesem Zustand baumfrisch bis in den Frühsommer des folgenden Jahres. Deshalb also haben Äpfel keine Saison mehr. Der Transport zum Handel erfolgt auf Abruf. Die Früchte wechseln aus den Kühlzellen direkt über in Kühlfahrzeuge und werden auf schnellstem Weg ausgeliefert.

Tipp für Obst

Obst vor dem Verzehr gründlich waschen und möglichst mit Küchenkrepp trockenreiben, denn auf den meisten Früchten befinden sich Reste von Pflanzenschutzmitteln oder anderen Chemikalien. Für festes Obst mit stabiler Schale sollte man heißes Wasser verwenden.

Spickzettel Obst

- Obst wird eingeteilt in Kernobst, Steinobst, Beerenobst, Zitrusfrüchte, Exoten, Trockenfrüchte und Schalenobst.
- Nahezu alle Obstsorten werden im Handel rund ums Jahr angeboten.
- Äpfel sind mit Abstand das Lieblingsobst der Deutschen.
- Die meisten Früchte sind leicht verderblich und müssen fachgerecht gelagert werden.
- Obst ist (bis auf wenige Ausnahmen) sehr kalorienarm, aber reich an Vitaminen, Mineralstoffen und Ballaststoffen.

Drei-Klassen-Gesellschaft

Limette

Obst kommt in unterschiedlichen Qualitäten auf den Markt. Zur besseren Orientierung werden die Früchte entsprechend den EG-Vermarktungsnormen in drei Klassen eingestuft. In welche Klasse eine Frucht gehört, hängt von Form, Farbe und Größe ab.

- Klasse Extra = höchste bzw. hervorragende Qualität. Die Früchte sind sortentypisch in Form, Entwicklung und Färbung und weisen alle die Sorte kennzeichnenden Eigenschaften auf.
- Klasse I = gute Qualität
Alle sortentypischen Merkmale sind vorhanden. Leichte Fehler hinsichtlich Form, Entwicklung und Farbe werden toleriert, sofern sie wesentliche Eigenschaften wie z. B. die Haltbarkeit nicht beeinträchtigen.
- Klasse II = marktfähige Qualität.
Diese Früchte erfüllen keine höheren Anforderungen, doch Mindesteigenschaften sind gegeben. Fehler sind zulässig hinsichtlich Form, Entwicklung und Farbe, sofern nicht wesentliche Eigenschaften wie z. B. die Haltbarkeit beeinträchtigt werden.

Folgende Obstarten müssen nach europäischen Normen klassifiziert sein: Äpfel, Birnen, Erdbeeren, Kiwis, Pfirsiche, Nektarinen, Tafeltrauben und Zitrusfrüchte (Orangen, Clementinen, Mandarinen, Zitronen).

Andere Früchte wie Ananas, Annonen, Aprikosen, Cherimoyas, Esskastanien, Feigen, Grapefruit, Haselnüsse in Schale, Heidelbeeren, Himbeeren, Honigmelonen, Limetten, Mangos, Pampelmusen, Pflaumen, Pomelos, Rhabarber, Beerenfrüchte, getrocknete Walnüsse in der Schale und Wassermelonen können nach den Europäischen Normen klassifiziert werden. Für weitere Früchte (z.B. Babacos, Cashewnüsse, Kokosnüsse, Litschis, Mangostanen, Nashis, Papayas, Paranüsse, Pecannüsse, Physalis, Pistazien, Preiselbeeren, Schälnüsse, Sharonfrüchte) ist eine Klassenangabe unzulässig.

Die Klassifizierung von Früchten setzt in jedem Fall voraus, dass sie bestimmte Mindesteigenschaften aufweisen. Die Früchte müssen frisch aussehen, genügend entwickelt, genügend reif und sorgfältig gepflückt sein. Sie dürfen keine mechanischen Beschädigungen aufweisen, müssen gesund, sauber und frei von Schädlingen bzw. Schädlingsfraß etc. sein. Und die Früchte dürfen keinen Fremdgeruch oder -geschmack und keine anormale äußere Feuchtigkeit aufweisen.

Kennzeichnung nach Vorschrift

In den Regalen des Handels wird Obst lose oder vorverpackt in Netzen, Beuteln, Schalen usw. angeboten. Für beide Varianten gibt es Unterschiede bei der vorgeschriebenen Kennzeichnung.

Bei *loser Ware* kann die Auszeichnung am Regal erfolgen. Sie muss gut sichtbar und lesbar sein und folgende Angaben enthalten:

- Artikelbezeichnung (freiwillig)
- Preis pro kg bzw. pro 100 g oder pro Stück
- Sortenangabe (nur bei Äpfeln, Birnen, Pfirsichen/Nektarinen, Tafeltrauben und Orangen)
- Klasse (nicht bei allen Arten verpflichtend, teilweise freiwillig, teilweise unzulässig)
- Ursprungsland. Zusätzliche Angabe des Anbaugebiets ist freiwillig.
- Zusatzstoff/Behandlungsstoff.

Die Kennzeichnung *vorverpackter Ware* muss direkt an der Verpackung erfolgen und erfordert zusätzlich

- Name und Anschrift des Herstellers, Verpackers oder Verkäufers,
- Packungspreis,
- Füllgewicht oder Stückzahl,
- offenes oder codiertes Abpackdatum.

Lagern – aber richtig

Manche Früchte, die man in noch nicht voll ausgereiftem Zustand kauft, können zu Hause bei Zimmertemperatur nachreifen: Äpfel, Aprikosen, Bananen, Birnen, Feigen, Guaven, Heidelbeeren, Kiwis, Mangos, Nektarinen, Pfirsiche, Papayas, Passionsfrüchte, Pflaumen und Zwetschen. Nicht nachreifende Früchte sind Ananas, Brombeeren, Clementinen, Erdbeeren, Granatäpfel, Grapefruits, Himbeeren, Kirschen, Limetten, Litschis, Mandarinen, Orangen, Trauben und Zitronen.

Obst sollte nicht zu lange, nicht zu hell und nicht zu warm gelagert werden, da es ansonsten bis zur Hälfte seiner Vitamine verlieren kann. Äpfel und Pflaumen halten sich, verpackt in einem dünnen Folienbeutel, gut im Gemüsefach des Kühlschranks. Beeren und Steinobst bleiben etwa zwei Tage im Kühlschrank frisch. Südfrüchte dagegen mögen's nicht so kalt. Sie sind in einem kühlen Keller oder Vorratsraum besser aufgehoben.

Reife Äpfel und Birnen geben Ethylen ab, ein schwach riechendes Gas. Es beeinträchtigt die Haltbarkeit anderer, dicht daneben liegender Früchte. Abstand ist unbedingt angesagt, auch für Gemüse. Nur Bananen, die nachreifen sollen, profitieren von Äpfeln und Birnen.

Feige

Physalis

Sternfrucht

Was drin ist im Obst

Formen und Farben, Duft und Geschmack – Obst regt alle Sinne an und ist einfach unwiderstehlich. Die Früchte versprechen gesunden Genuss, denn sie bringen eine geballte Ladung wertvoller Inhaltsstoffe mit.

- Fitmacher wie Vitamin C, Vitamine der B-Gruppe und Vitamin A.
- Mineralstoffe wie Kalium, Calcium, Magnesium und Eisen.
- Kohlenhydrate in Form von Frucht- und Traubenzucker, der besonders schnell in Energie umgesetzt wird.
- Kohlenhydrate in Form von Stärke, die eine anhaltende Energieversorgung sichert.
- Ballaststoffe zur Anregung der Darmtätigkeit.
- Pektine eliminieren im Darm giftige Zersetzungsprodukte von Bakterien.
- Gerbsäure unterstützt die Arbeit der Pektine und schützt vor Entzündungen der Darmschleimhaut.

Ernährungsfachleute empfehlen 250 bis 300 g Obst als Tagesration. Doch bitte beachten: Nur Obst im besten Reifezustand wird seinem guten Ruf in vollem Umfang gerecht.

OBST & TROCKENFRÜCHTE

Kernobst

Braeburn

Als Kernobst bezeichnet man Früchte, die ein Kerngehäuse mit einzelnen Kernen besitzen. Dazu zählen neben Äpfeln, Birnen und Quitten auch die Mispeln. Doch diese kleinen, runden, gelbbraunen Früchte mit ihrem säuerlichen Geschmack sind heute kaum noch bekannt und wachsen nur noch gelegentlich wild an sonnigen Waldrändern.

Äpfel

Mit welcher Apfelsorte Eva einst ihren Adam verführte, bleibt ein Geheimnis. Verwunderlich ist es jedoch nicht, dass er schwach wurde. Denn Äpfel haben ein unwiderstehliches Aroma. Dabei zeigt jede Sorte einen ganz eigenen Charakter. Die Geschmacksabstufungen reichen von zuckersüß über säuerlich bis herb, und es gibt knackig-saftige oder auch eher mehlige Sorten. Weltweit kennt man etwa 20 000 verschiedene Apfelsorten, rd. 1000 werden in Deutschland gezogen. Von wirtschaftlicher Bedeutung sind hierzulande allerdings nur etwa 100 Sorten.

Anbaugebiete

Das mit über 14 000 Hektar größte zusammenhängende Obstanbaugebiet Mitteleuropas und gleichzeitig das nördlichste der Welt liegt im „Alten Land" entlang der Elbe. Der Apfelbaum hat hier einen Anteil von 77 %. Auch in Baden-Württemberg wächst viel Obst – am Neckar und vor allem am Bodensee. Hier, am „Schwäbischen Meer", werden allein 20 verschiedene Apfelsorten kultiviert. Ein weiteres großes Anbaugebiet liegt im milden Rhein-Klima zwischen Bonn und Köln.

Das eigene Obst erhält Konkurrenz durch die Importe aus anderen Ländern. Ein großer Teil der Äpfel im Handel stammt aus Italien, vor allem aus Südtirol. Aber es kommen auch Lieferungen aus Neuseeland, Südafrika, Australien, Argentinien, Chile und den USA.

Im Regal des Handels liegen in erster Linie Tafeläpfel, und das sind Früchte von bester Qualität. Äpfel mit sehr hohem Säuregehalt gehen als Wirtschaftsäpfel in die Verarbeitung und kommen zum Beispiel als Apfelmus oder Kompott auf den Markt. Mostäpfel sind hart und säurereich. Aus ihnen entsteht nicht nur vergorener Apfelmost, sondern auch Apfelsaft und Essig.

Tipps für Äpfel

- Äpfel und Birnen sollte man möglichst ungeschält verzehren, da direkt unter der Schale die wertvollsten Nährstoffe sitzen.
- Nach dem Schälen oder Schneiden das Fruchtfleisch von Äpfeln und Birnen, die nicht sofort gegessen werden, mit Zitronensaft beträufeln, dann wird es nicht braun.
- Die kleinen, sauren Holzäpfelchen, die es im Herbst nur kurze Zeit gibt, sind roh kein Genuss. Aber sie enthalten besonders viel Pektin und eignen sich deshalb hervorragend für Gelee.

Nährwert eines Apfels

(durchschnittlich je 100 g)

kcal/kJ	60/251
Eiweiß	0,2 g
Fett	0,6 g
Kohlenhydrate	13,5 g
Wasser	84,4 g
Ballaststoffe	1,0 g
Vitamine	Carotin, E, B_1, B_2, B_6, Niacin, C, Biotin
Mineralstoffe	Natrium, Kalium, Calcium, Magnesium, Eisen

Elstar

Fuji

Granny Smith

Pink Lady

Morgenduft

Golden Delicious

Jonagold

Pinova

Sorten gibt's!

Boskoop	alte Sorte; würzig, kräftig, weinsäuerlich; ideal zum Backen und Kochen.
Braeburn	knackig, saftig, süß-säuerlicher Geschmack.
Cox Orange	alte Sorte; saftig, feines Orangenaroma.
Elstar	Kreuzung aus Golden Delicious und Ingrid Marie; saftig, sehr aromatisch, süß-säuerlich.
Fiesta	saftig, süß-säuerlich, aromatisch.
Fuji	Kreuzung aus Ralls Janet und Delicious; knackig-fest, saftig, süß.
Gala	sehr süß, knackig.
Gloster	Kreuzung aus Richard Delicious und Glockenapfel; saftig, leicht säuerlich, mildes Aroma.
Golden Delicious	alte Sorte; saftig, süß, aromatisch.
Goldparmäne	süß-säuerlich, knackig, saftig, zuweilen nussiger Geschmack.
Granny Smith	knackig, sehr saftig, säuerlich, geringer Zuckergehalt, kein ausgeprägtes Aroma.
Gravensteiner	alte deutsche Sorte; fein-aromatisch, gut duftend.
Idared	Kreuzung aus Jonathan und Wagner; saftig, fein säuerlich.
Ingrid Marie	feine, aromatische Säure, etwas mürbe.
James Grieve	alte schottische Sorte; fein aromatisch, gut duftend.
Jonagold	Kreuzung aus Golden Delicious und Jonathan; saftig, süß-säuerlich, aromatisch.
Morgenduft	alte Sorte; fest, süß-säuerlich.
Pink Lady	Kreuzung aus Lady Williams und Golden Delicious; süß-sauer, saftig, hoher Zuckergehalt.
Pinova	Kreuzung aus Golden Delicious und Clivia; fest, glattschalig, knackig.
Red Delicious	alte Sorte; fest, saftig, süß, aromatisch.
Royal Gala	Kreuzung aus Kidds Orange und Golden Delicious; knackig-fest, süß, aromatisch, wenig Säure.
Summerred	Kreuzung aus McIntosh und Golden Delicious; fest, saftig, süß-säuerlich.
Winesap	alte Sorte; fest, süß-säuerlich, sehr saftig.

Red Delicious

Royal Gala

Winesap

OBST & TROCKENFRÜCHTE

Abate Fetel

Conference

Birnen

Birnen sind eine sehr alte Obstart und haben ihre Wurzeln im Kaukasus. Heute werden sie rund um den Erdball angebaut. Angeblich gibt es weltweit etwa 2 500 Sorten, und rd. 700 davon wachsen in Deutschland. Wirtschaftlich gesehen erreicht der Birnenanbau jedoch längst nicht die Bedeutung des Apfelanbaus. Für die meisten Birnensorten ist das Klima hierzulande nicht gerade ideal. Weitere Nachteile: Birnen haben eine kurze Genussreife, und man kann sie nicht lange lagern. Das heißt, dieses Obst muss schneller vermarktet werden als beispielsweise Äpfel.

Wo sie wachsen

Hauptanbaugebiete in Deutschland sind die Gegend um den Bodensee und Stuttgart, die Regionen um Bonn, Ingelheim und Weisenheim sowie das Südufer der Unterelbe.

Die wichtigsten Lieferländer sind Italien, Frankreich, Belgien, Holland und Spanien für Sommerbirnen. Gute Ware kommt aber auch von weit her – zum Beispiel aus Südafrika, Argentinien und Chile.

👍 Tipps für Birnen

- Wer einen säureempfindlichen Magen hat, sollte sich an Birnen halten. Sie gelten als das säureärmste Obst und schmecken deshalb so angenehm süß. Der Nährwert von Birnen ähnelt dem von Äpfeln.
- Bei Zimmertemperatur werden Birnen schnell überreif. Länger frisch bleiben sie, wenn man sie in der Gemüseschale des Kühlschranks aufbewahrt – am besten in einem gelochten Folienbeutel.
- Birnen nie mit anderem Obst zusammen in eine Schale legen, auch nicht mit Äpfeln. Birnen scheiden selbst Ethylen aus, reagieren aber auf das Ethylen der Äpfel empfindlich und reifen dadurch sehr viel schneller.

Sorten zum Anbeißen
Abate Fetel
Die Abate Fetel ist besonders groß und zeigt eine längliche Flaschenform. Die Schale kann grünlich-gelb bis gelb-rosa sein, gelegentlich mit bräunlichen Rostflecken und feiner Schuppung. Das saftige Fruchtfleisch schmeckt süß und ist schnittfest.

Alexander Lucas Butterbirne
Die Alexander Lucas Butterbirne hat eine gedrungene Form und eine gelbliche, glänzende Schale. Die Birne ist süß, aber nicht sehr aromatisch.

Bunte Julibirne
Die Bunte Julibirne ist die früheste Birne aus deutscher Ernte. Sie reift Ende Juli, hat die klassische Birnenform und zartes, saftiges Fleisch. Sie schmeckt am besten roh.

Conference
Die Conference ist eine große, flaschenförmige Birne mit knackig-feinem und sehr saftigem Fruchtfleisch.

Frühe von Trevoux
Die Frühe von Trevoux ist eine mittelgroße, bauchige Birne mit fein gepunkteter Schale und gelb-roten Backen. Das saftige, weiche Fruchtfleisch kann manchmal etwas mehlig sein. Die Birne schmeckt säuerlich und aromatisch.

Gellerts Butterbirne
Gellerts Butterbirne wirkt gedrungen, hat ein etwas grobkörniges, saftiges Fleisch und eine harte Schale. Die Birne enthält relativ viel Gerbsäure und schmeckt intensiv süß-sauer. Man isst die Frucht vorwiegend roh.

Gute Luise
Die Gute Luise ist mittelgroß und hat eine grob gesprenkelte, grüne Schale mit gelben Backen. Das weiche, saftige Fleisch schmeckt säuerlich frisch und aromatisch. Das ideale Tafelobst, aber auch zum Kochen verwendbar.

Jules Guyot
Die Jules Guyot ist weich und sehr saftig. Äußerlich ähnelt sie der Williams Christbirne, schmeckt aber nicht ganz so aromatisch. Man sollte diese Birne nicht lange lagern.

Kaiser Alexander
Die Kaiser Alexander (Bosc's Flaschenbirne) ist mittelgroß bis groß, flaschenförmig und oft dickbauchig. Die grünlich-gelbe bis hellbraune oder auch kupferbraune Schale wirkt rau und trocken. Das weißlich bis gelblich gefärbte Fruchtfleisch ist saftig und süß, schmeckt angenehm würzig und doch mild.

Jules Guyot

Gellerts Butterbirne

Rote Williams Christ

Williams Christbirne

Kaiserkrone
Die Kaiserkrone ist eine große, bauchige Birne mit bräunlich-gelber, ziemlich fester Schale und grobkörnigem, saftigem Fruchtfleisch. Der typische Birnengeschmack ist frisch und lieblich zugleich

Kochbirnen
Kochbirnen sind klein, grün und hart. Roh schmecken sie nicht besonders, doch beim Kochen entfalten sie ihr Aroma.

Köstliche von Charneux
Die Köstliche von Charneux (Bürgermeisterbirne) hat festes Fleisch und schmeckt sehr süß und aromatisch. Sie ist zum roh Essen und zum Kochen geeignet.

Santa Maria
Die Santa Maria (Frühe Morettini) ist mittelgroß und von schlanker Form. Die glatte, grün-gelbe Schale zeigt sich auf der Sonnenseite hellrot verwaschen. Das cremefarbene Fruchtfleisch ist fest und saftig, sein Geschmack fein-würzig, angenehm süß-säuerlich und ein wenig wie fein parfümiert.

Williams Christbirne
Die Williams Christbirne gilt als edelste aller Birnen. Sie ist mittelgroß, hat eine dünne, goldgelbe bis zimtfarbene Schale und weiches, sehr zartes und saftiges Fruchtfleisch. Es schmeckt sehr aromatisch, mild-süß und leicht nach Vanille. Zudem duftet die Birne intensiv.

Birnenquitte

Quitte

Quitten

Wie Äpfel und Birnen, so gehören auch Quitten zur Familie der Rosengewächse. Die Früchte sind hart und leuchtend gelb und wiegen zwischen 300 und 500 g. Die dünne Schale trägt einen wolligen Belag, der sich leicht abreiben lässt.

Entsprechend der Form unterscheidet man Apfelquitten und Birnenquitten. Vorwiegend zwei Sorten werden im Handel angeboten: Die apfelförmige „Champion" besitzt eine rippige Schale mit dichter Berostung und darunter gelbliches Fruchtfleisch, das vom Rand her strahlig verbräunt. Die „Konstantinopel" ist eine große, eher birnenförmige Frucht mit fünf Wülsten, wachsiger Schale und flaumiger Behaarung. Das weißlich-gelbe Fruchtfleisch zeigt am Rand bräunliche Stellen.

Quitten haben es in sich. Der Vitamin-C-Gehalt ist mit 13 mg je 100 g Fruchtfleisch beachtlich. Auch die Mineralstoffe Eisen (0,6 mg) und Phosphor (rd. 21 mg) sind reichlich enthalten.

Der Versuch, Quitten roh zu essen, scheitert kläglich, denn das Fruchtfleisch ist hart und holzig. Es wird erst durchs Kochen weich, und der säuerlich-herbe, intensiv aromatische Geschmack kann sich entfalten. Quitten enthalten viel Pektin und eignen sich somit ideal für Konfitüren, Gelee und zum Kandieren. In Rotwein eingelegte Quittenscheiben sind ein Hochgenuss zu Käse. Eintöpfe mit Fleisch erhalten durch Quitten eine orientalische Note.

OBST & TROCKENFRÜCHTE

Steinobst

Als Steinobst bezeichnet man Früchte mit einem verholzten Kern, der von weichem Fruchtfleisch umgeben wird. Blutrote Kirschen, saftige Pfirsiche, süße Pflaumen – Steinobst bereichert das Angebot vom Frühsommer bis in den Herbst. Die Früchte sind bei uns oder zumindest im südlichen Europa heimisch.

Sauerkirschen

Süßkirschen

Aprikosen

Pfirsich

Süß, saftig und gesund

Aprikosen
Sie sind orange-gelb, haben eine samtige Haut und festes, nicht besonders saftiges Fruchtfleisch. Der Geschmack ist leicht säuerlich und sehr aromatisch. Aprikosen enthalten das meiste Carotin von allen Obstsorten – 1,8 mg je 100 g.
Ursprung: Italien (Sorte „Ambrosia") und Frankreich (Sorte „Nancy").
Verwendung: roh, als Kompott oder als Kuchenbelag.

Kirschen
Wenn die Kirschen reif sind, beginnt der Sommer. Kirschen erfreuen nicht nur den Gaumen, sondern auch das Auge. Die Farben reichen von hellgelb über verschiedene Rottöne bis hin zu fast schwarz. Es gibt große und kleine Kirschen, runde und eher ovale. Kleine Vitaminbomben sind sie alle. Eingeteilt werden Kirschen in drei Gruppen:

Süßkirschen: Die vorwiegend dunklen Herzkirschen haben weiches, sehr saftiges Fleisch. Die gelben oder hellroten Knorpelkirschen (auch Knubberkirschen, Krammelkirschen und Kracher genannt) sind fest und knackig. Die Sorten tragen Namen wie „Souvenir des Charmes", „Große schwarze Knorpel", „Schwarze Herz", „Große Prinzessin".
Sauerkirschen: Sie besitzen eine ausgeprägtere Fruchtsäure als Süßkirschen. Die dunklen Weichseln und die gelben bis hellroten Amarellen sind weichfleischig mit färbendem Saft. Die bekanntesten Sorten sind „Morellenfeuer" und „Schattenmorelle".
Bastardkirschen: Diese Kreuzung aus Süß- und Sauerkirschen hat wenig Bedeutung auf dem deutschen Markt. Bastardkirschen tragen Namen wie „Königin Hortense", „Rote Mai" oder „Schöne aus Chateney".

Ursprung: Die Kirschen im Handel stammen zu 80 % aus europäischen Ländern. Kirschen aus Deutschland sind stark vertreten, denn immerhin stehen hierzulande etwa 15 Mio. Kirschbäume.
Verwendung: Süßkirschen genießt man am besten von der Hand in den Mund. Sauerkirschen sind ideal für Kompotte, Konfitüren, Säfte und Kuchen.

gelbe Pflaumen

Weinbergpfirsich

Reneklode

Nektarine

Mirabelle

Zwetschen

Pflaumen

Nektarinen

Eine gelungene Kreuzung aus Pfirsich und Pflaume ergibt die Nektarine. Sie hat eine glatte Haut und relativ festes Fruchtfleisch, das sich leicht vom Kern lösen lässt. Nektarinen sind saftig, angenehm süß und aromatisch.

Ursprung: Mittelmeerländer, Südafrika, Kalifornien, Chile.
Verwendung: In erster Linie für den Frischverzehr geeignet.

Pfirsiche

Sie zählen zu den beliebtesten Steinfrüchten schlechthin. Sie haben eine samtige Haut, sind süß und saftig und schmecken sehr aromatisch. Angeboten werden zwei Varianten: die eher festen weißfleischigen Pfirsiche, bei denen sich der Stein nur schwer vom Fruchtfleisch löst, und die etwas größeren, sehr saftigen gelbfleischigen Pfirsiche. Die bekanntesten Sorten im Handel sind „South Heaven" (weißfleischig) und „Red Heaven" (gelbfleischig).

Weinbergpfirsiche: Gelegentlich werden auch wieder Weinbergpfirsiche angeboten, eine sehr alte und selten gewordene Pfirsichsorte, die tatsächlich in der Nähe von Wein am besten gedeiht. Die Früchte haben ein ausgeprägt herb-fruchtiges Aroma, das sich wunderbar in Konfitüre entwickelt.

Ursprung: Mittelmeerländer, Südafrika, Australien, Amerika.
Verwendung: Frischverzehr, Konfitüren, Kompotte, Kuchenbelag.

 Tipp für Zwetschen

Beim Entsteinen von Zwetschen werden die Finger braun. Deshalb am besten mit Handschuhen arbeiten.

Pflaumen und Zwetschen

Die Mitglieder dieser großen Familie sorgen häufig für Verwirrung, weil man als Verbraucher nie so recht weiß: Ist das eine Pflaume oder eine Zwetsche (bzw. Zwetschge, wie es im süddeutschen Raum heißt)? Von diesen Steinfrüchten gibt es etwa 2000 verschiedene Sorten, doch wir beschränken uns auf die gängigsten:

Pflaumen sind blauviolett, aber auch rot und gelb. Ihre kugelige Form ziert eine ausgeprägte „Bauchnaht". Der Stein sitzt fest am sehr saftigen Fruchtfleisch und lässt sich schwer entfernen.
Zwetschen (Zwetschgen) sind tiefblau und haben eine längliche Form, die in spitzen Enden ausläuft. Das feste Fruchtfleisch löst sich leicht vom Stein und ist deutlich süßer als bei Pflaumen. Zwetschen enthalten nämlich mehr Fruchtzucker und weniger Wasser. Eine der bekanntesten Sorten ist die „Bühler Frühzwetschge" mit frischer Säure.
Renekloden (auch Reineclauden oder Ringlotten) sind kugelförmig, gehören zu den sogenannten Edelpflaumen und unterscheiden sich von ihren „gewöhnlichen" Verwandten schon durch die Farbe. Sie sind je nach Sorte grün, gelb oder rot. Das saftige, aromatisch-süße Fruchtfleisch löst sich schwer vom Kern.
Mirabellen sind ebenfalls Edelpflaumen und nur etwa kirschgroß. Auf der glatten, gelben Haut finden sich manchmal rote Bäckchen oder Pünktchen. Das feste Fruchtfleisch schmeckt sehr süß.

Ursprung: Deutschland ist größter Pflaumenproduzent in Europa und gleichzeitig größter Importeur. Eingeführt werden Früchte außerhalb unserer Saison vor allem aus Südafrika und Chile.
Verwendung: Alle Sorten schmecken frisch ausgezeichnet und ergeben köstliche Kompotte. Zwetschen sind ideal als Kuchenbelag.

OBST & TROCKENFRÜCHTE

Zitrusfrüchte

Sie haben leuchtende Farben und rundliche Formen, sie duften anregend und schmecken unglaublich erfrischend. Kein Wunder, dass schon Goethe dem Zauber der Zitrusfrüchte erlag und ihnen ein berühmtes Gedicht widmete: „Kennst du das Land, wo die Zitronen blühn, im dunklen Laub die Goldorangen glühn?" Er meinte damit Italien, doch die Urheimat der Zitrusfrüchte ist Südostasien. Lediglich die Grapefruit stammt wahrscheinlich von den Westindischen Inseln. Botaniker vermuten, dass alle Zitrusfrüchte durch Kreuzungen aus den drei Grundarten Pampelmuse, Zitronatzitrone und Mandarine entstanden sind. Und – wer hätte das gedacht – botanisch gesehen sind Zitrusfrüchte Verwandte der Beeren.

Mandarinen

Heute kommen Zitrusfrüchte aus den Mittelmeerländern und wachsen außerdem in allen subtropischen Zonen rund um den Erdball. Die weltweite Ernte liegt bei etwa 104 Mio. Tonnen pro Jahr. Deutschland importiert rd. 1,2 Mio. Tonnen, und jeder Bundesbürger verzehrt etwa 13 kg jährlich. Zusammen mit Bananen stellen Zitrusfrüchte ca. 20 % des Frischobstangebotes im Handel.

Fremde Stoffe auf der Schale
Zitrusfrüchte dürfen nach der Ernte auf verschiedene Weise nachbehandelt werden. Erlaubt sind beispielsweise Überzugsmittel und Konservierungsstoffe.

Überzugsmittel: Nach der Ernte werden Zitrusfrüchte gewaschen und verlieren dabei ihre natürliche Wachsschicht, die vor Austrocknung und Schädlingsbefall schützt. Deshalb werden die Früchte mit natürlichen oder künstlichen Wachsen nachbehandelt. Sie sind beim Verkauf mit dem Hinweis „gewachst" zu kennzeichnen. Zugelassen sind außerdem Überzugsmittel, die eine glänzende Oberfläche verleihen. Pflicht zur Kennzeichnung besteht erst ab einer bestimmten verwendeten Höchstmenge.

Blutorange

Zitrone

Grapefruit

Clementine

Winterorange

Pomelo

Konservierungsstoffe: Nach der Ernte darf die Oberfläche von Zitrusfrüchten mit zugelassenen Mitteln konserviert werden. Darauf ist bei der Kennzeichnung hinzuweisen.

Tipps für Zitrusfrüchte

- Zitrusfrüchte sollten vor dem Schälen gründlich mit heißem Wasser gewaschen und mit Küchenkrepp trockengerieben werden.
- Nach dem Schälen auch die Hände waschen, um keine eventuell anhaftenden Reste von Konservierungsstoffen oder Wachs aufs Fruchtfleisch zu übertragen.

Echte Vitaminbomben

Arm an Kalorien, aber reich an Vitaminen und dazu herrlich erfrischend – Zitrusfrüchte geben Schwung. Schon eine Grapefruit oder zwei bis drei Orangen decken den gesamten Tagesbedarf eines Erwachsenen an Vitamin C. Bemerkenswert sind auch die sekundären Pflanzenstoffe, denen man früher keine Bedeutung für die Ernährung zusprach. Inzwischen ist jedoch die gesundheitsfördernde Wirkung nachgewiesen. Zu den sekundären Pflanzenstoffen gehören beispielsweise die Flavonoide. Sie befinden sich in den Randschichten fast aller Obst- und Gemüsearten und sollen unter anderem zellschützend und entzündungshemmend wirken und das Krebsrisiko senken. Deshalb wird empfohlen, beim Schälen von Zitrusfrüchten das weiße Gewebe unter der Schale nicht vollständig zu entfernen.

OBST & TROCKENFRÜCHTE

Saftige Früchte zur Wahl

Grapefruit

Orange

Blutorange

Am beliebtesten sind …

Orangen

Orangen (Apfelsinen). *Winterorangen* kommen von November bis Juni aus Spanien, Marokko und Israel ins Land. Von März bis November ist die Zeit der *Sommerorangen* aus Südafrika, Brasilien und Argentinien. Sizilien liefert Orangen fast das ganze Jahr.
Orangen verraten ihren Reifegrad nicht durch die Farbe der Schale. Eine helle Frucht kann genauso reif sein wie eine in Dunkelorange. Auch grünliche Flecken kann man getrost ignorieren. Die Schalenfarbe hängt nämlich nicht von Sonne und Wärme ab, sondern von den Temperaturschwankungen zwischen Tag und Nacht.
Die wichtigsten Orangen-Sorten: „Navel" (süß, kernlos), „Valencia Lates" (tief orangefarbig, sehr saftig, dünne, glatte Schale), „Shamouti" (oval, hellorange, leicht schälbar), dazu die Blutorangen „tarocco", „moro" und „sanguinello" aus Sizilien.

Eine leckere Alternative zu Orangen versprechen …

Mandarinen, Satsumas, Clementinen und Tangerinen

Sie sind deutlich kleiner als Orangen, lassen sich problemlos schälen und dann leicht in einzelne Segmente zerteilen. Alle vier Sorten gehören zwar zur gleichen Familie, doch es gibt feine Unterschiede:

Mandarinen haben eine dünne Schale und zartes, saftiges Fruchtfleisch. Sie schmecken süß und aromatisch, bloß stören die vielen kleinen Kerne. Auf den Markt kommen Mandarinen etwa von Oktober bis März.

Satsumas werden von Oktober bis Dezember vorwiegend aus Spanien importiert. Die ursprüngliche Heimat der Früchte ist jedoch die japanische Insel Kinschu. Satsumas haben eine dünne, ledrige Schale und schmecken süß. Sie enthalten weniger Kerne als die Mandarinen.

Clementinen wurden aus Mandarinen und Pomeranzen gezüchtet und liegen von November bis Januar im Handel. Die Schale der Clementinen ist kräftig dunkelorange, das Fruchtfleisch kernarm oder sogar kernlos, und die Früchte schmecken sehr süß und aromatisch.

Tangerinen sind kleiner als all ihre „Schwestern" und haben ein tief orangerotes Fruchtfleisch. Es ist zart und süß, aber nicht sehr saftig.

Zitrone

Limette

Kumquats

Pomelo

Erfrischend herb im Geschmack sind …

Grapefruits, Pomelos und Sweeties

Grapefruits und ihre Verwandten sollte man keinesfalls „in einen Topf werfen", denn jede Variante besitzt einen eigenen Charakter.

Grapefruits entstanden wahrscheinlich durch eine natürliche Kreuzung zwischen Orangen und Pampelmusen. Grapefruits sind rund und haben eine gelbe bis leicht rötliche Schale, die sich schwer vom Fruchtfleisch löst. Deshalb löffelt oder presst man Grapefruits am besten aus. Angeboten wird die Frucht in drei Sorten: Die gelbe Grapefruit hat einen ausgeprägt herben Geschmack. Die rosafarbene Grapefruit ist schon etwas milder, und die roten Sorten („Star-Rubi", „Rubi-Red") enthalten am wenigsten Bitterstoffe.

Grapefruits werden umgangssprachlich auch als Pampelmusen bezeichnet. Echte Pampelmusen jedoch sind riesige Früchte mit bis zu 30 cm Durchmesser und 6 kg Gewicht. Sie haben eine dicke Schale und schmecken je nach Sorte sehr bitter. Auf den deutschen Markt kommen Pampelmusen nur selten.

Pomelos sind eine spezielle Kreuzung aus Grapefruit und Pampelmuse. Die birnenförmige, grüngelbe Frucht mit dicker Schale löst sich leicht vom Fruchtfleisch. Pomelos schmecken süßlich-herb und weniger bitter als Grapefruits. Pomelos können über 2 kg wiegen und werden in rot- und weißfleischigen Sorten angeboten. Am besten eignen sie sich für Marmeladen und Gelees oder als Zutat im Obstsalat. Früher wurde auch die Pampelmuse als Pomelo bezeichnet.

Sweeties wurden in Israel aus Grapefruit und Pomelo gezüchtet. Sie haben eine dicke grün-gelbe Schale und saftiges Fruchtfleisch, das sich gut filetieren lässt. Der Geschmack ist süß und nicht ganz so bitter wie der von Grapefruits.

Die sauersten Zitrusfrüchte sind …

Zitronen, Limetten und Bergamotten

Pur kann man sie kaum essen, doch ihr Saft verfeinert viele Speisen und Getränke. Kultiviert werden die Früchte in Südeuropa.

Zitronen haben eine leuchtend gelbe Farbe und sehr saftiges Fruchtfleisch mit Kernen. Es enthält 3,5 bis 7 % Zitronensäure und etwa 50 mg Vitamin C je 100 g – weit mehr als die meisten anderen Früchte. Die Farbe einer Zitrone sagt nichts über ihren Reifezustand aus, wohl aber der Glanz. Vollreife Früchte haben eine leicht glänzende Schale, was man allerdings nur bei unbehandelter Ware beurteilen kann. Kleine Zitronen mit dünner, glatter Schale liefern in der Regel mehr Saft als große Früchte mit dicker, grober Schale. Auch weiche Zitronen sind saftiger als solche mit festem Fruchtfleisch.

Limetten (Limonen) sind kleiner und dünnschaliger als Zitronen und mehr grün als gelb. Sie enthalten etwa doppelt so viel Saft wie ihre größeren Schwestern. Limetten schmecken angenehm säuerlich, leicht bitter und haben ein ganz besonderes Aroma.

Die *Bergamotte* und die *Cedrat-* oder *Zitronatzitrone* werden bei uns im Lebensmittelhandel kaum verkauft. Aber das Öl der Bergamotte findet in der Küche Verwendung (Earl Grey Tee ist z.B. damit aromatisiert) und aus der Schale der Cedratzitrone wird das zum Backen verwendete Zitronat gewonnen, Orangeat aus Pomeranzenschalen (vgl. Backzutaten).

Die kleinsten Zitrusfrüchte sind …

Kumquats

Die kirsch- oder pflaumengroßen Früchte sehen aus wie Orangen im Miniformat. Da Kumquats nicht chemisch behandelt werden, kann man sie komplett essen. Die dünne Schale schmeckt süß und würzig, das Fruchtfleisch herb-säuerlich.

 Tipps rund um Zitronen

- Angeschnittene Zitronen bewahrt man am besten in einem Glas mit Schraubdeckel im Kühlschrank auf.
- Zitronenschale zum Würzen nur sehr dünn abreiben, da die darunter liegende weiße Schicht bitter ist.
- Zitronen vor dem Auspressen kurz mit leichtem Druck zwischen den Händen rollen, dann geben sie mehr Saft.
- Verschrumpelte Zitronen einige Minuten in heißes Wasser legen, dann werden sie wieder prall und lassen sich besser auspressen (nur bei unbehandelten Früchten empfehlenswert).
- Werden nur einige Tropfen Zitronensaft gebraucht, die ganze Zitrone mit einer Gabel einstechen und den Saft herausdrücken.

OBST & TROCKENFRÜCHTE

Beerenobst

Brombeeren

Beeren sind die süßeste Verführung überhaupt. Obwohl viele kleine Früchte die Beere in ihrem Namen tragen, gehören zu den „Beeren" botanisch gesehen nur die sogenannten „Schließfrüchte", deren Samen vom Fruchtfleisch eingeschlossen werden. Johannisbeeren, Heidelbeeren und Stachelbeeren zählen beispielsweise dazu. Himbeeren und Brombeeren dagegen sind „Sammelsteinfrüchte". Sie setzen sich aus vielen kleinen Einzelfrüchtchen mit Samen zusammen. Daher die zahllosen Kernchen in diesen Beeren. Die Erdbeere wiederum ist eine „Sammelnussfrucht" und damit eine „Scheinfrucht". Denn die große Frucht besteht aus mehreren Einzelfrüchten, die auf dem hochgewölbten Blütenboden zusammengewachsen sind.

Klein, aber fein

Brombeeren
Die blauschwarzen Brombeeren wachsen an dornigen Büschen wild an sonnigen Waldrändern, werden aber auch kultiviert. Dann sind sie wesentlich größer, aber nicht mehr ganz so aromatisch. Eine vollreife Brombeere erkennt man daran, dass sie sich leicht vom Stiel lösen lässt. Frisch schmecken die süßen Früchte ausgezeichnet, und sie ergeben aromatische Konfitüren, Marmeladen und Gelees.

Erdbeeren

Walderdbeeren

Erdbeeren sind die Lieblingsbeeren der Deutschen. Es gibt über 1000 verschiedene Sorten, von denen natürlich nicht alle im Handel landen. Dass Erdbeere nicht gleich Erdbeere ist, bemerkt selbst der Nichtfachmann. Die Größen reichen von mini bis maxi, die Farben variieren von Hell- bis Dunkelrot, und es gibt alle möglichen Formen – rund, kegelig, oval usw. Man sollte allerdings von der Größe und der Makellosigkeit einer Frucht nicht unbedingt auf den Geschmack schließen. Meist bieten die kleinen, weniger perfekten Beeren weit mehr. Das wunderbare Aroma entfaltet sich überhaupt nur dann, wenn die Früchte vollreif und ganz rot sind.

Heimische Freiland-Erdbeeren gibt es – abhängig von der Wetterlage – von Ende Mai bis Juli. Man erkennt schon am Duft, dass diese Früchte schmecken. Die wichtigsten Anbaugebiete liegen an der Bergstraße, am Rhein, in Baden und Niedersachsen, denn Erdbeeren brauchen ein mildes Klima und viel Sonne. Durch Importe aus europäischen Nachbarländern sowie im Winter aus Chile, Ecuador, Mexiko und Israel stehen Erdbeeren ganzjährig zur Verfügung.
Erdbeeren schmecken frisch am besten. Man kann sie aber auch als Kuchenbelag verwenden oder zu köstlichen Konfitüren verarbeiten.

Keine kultivierte Erdbeere kommt der Walderdbeere in Aroma und Duft auch nur nahe. Selten werden Walderdbeeren im Handel angeboten, und wenn, dann mit Qualitätsverlust und zu einem hohen Preis. Waldbeeren selbst zu pflücken und roh zu essen ist heute bedenklich, weil sich auf den Früchten Larven des gefährlichen Fuchsbandwurms befinden können.

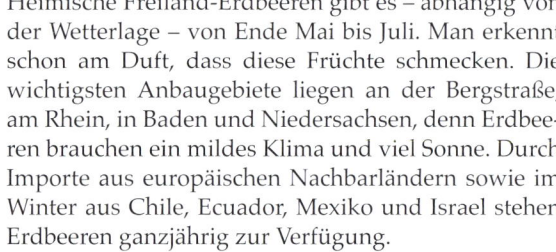

Prall und gesund
Erdbeeren gelten als äußerst gesund. Nachgewiesen sind über 350 wertvolle Inhaltsstoffe, wobei Ernährungsfachleute neben dem hohen Vitamin-C-Gehalt vor allem die geballte Ladung an Mineralien wie Natrium, Calcium und das entwässernde Kalium hervorheben.

Heidelbeeren

Heidelbeeren

Wer im Wald Heidelbeeren (auch Blaubeeren, Schwarzbeeren, Waldbeeren oder Bickbeeren) nascht, verrät sich durch blaue Lippen. Süß und aromatisch schmecken die kleinen, kugeligen, mattblauen Früchtchen. Sie wachsen an niedrigen, buschigen Sträuchern, die botanisch zu den Heidekrautgewächsen gehören. Vorwiegend im Bayerischen Wald und in der Oberpfalz werden Heidelbeeren zur Reifezeit im Juli und August kommerziell für den Verkauf gesammelt.

Aus der Lüneburger Heide stammen die im Handel erhältlichen Kulturheidelbeeren. Sie sind größer, haben eine feste Schale und grüngelbes Fruchtfleisch. Kulturheidelbeeren schmecken gut, doch fehlt ihnen das ganz typische Aroma der wilden Verwandten. Generell schmecken Heidelbeeren frisch am besten. Aber auch Heidelbeerquark oder Heidelbeerpfannkuchen sind ein Genuss. Verarbeiten lassen sich die Früchte zu Konfitüren und Gelees oder aber auch zu Saft.

Himbeeren

Oft fast so groß wie kleine Erdbeeren sind Himbeeren, die im Handel angeboten werden, dazu saftig, aromatisch und absolut wurmfrei. Sie stammen aus Kulturen, die sehr einheitlich aussehende Früchte liefern. Wild an halbschattigen Waldrändern wachsende Himbeeren muss man selber sammeln. Sie sind lange nicht so perfekt und manchmal von einem Wurm bewohnt, aber dafür unübertroffen im Aroma. Doch Vorsicht, auch hier besteht Gefahr durch den Fuchsbandwurm. Frisch verzehrt sind Himbeeren am besten. Ihr Aroma kommt aber auch in Konfitüren, Gelees, Saft und Sirup sehr gut zur Geltung.

Johannisbeeren

Johannisbeeren, im süddeutschen Raum auch „Träuble" und in Österreich „Ribisl" genannt, gibt es in vielen Sorten und Farben. Die Tönungen reichen von grünlich-weiß über gelblich, rosa und rot bis zu tiefschwarz. Von allen Beerenarten besitzen Johannisbeeren die meiste Säure. Deshalb werden sie roh höchstens vom Strauch genascht oder eventuell gezuckert gegessen, in der Hauptsache jedoch zu Gelee, Konfitüre, Grütze und Saft verarbeitet. Auch Johannisbeerkuchen ist ein „Gedicht". Zur Verfügung stehen heimische Johannisbeeren in den Monaten Juni und Juli.

Rote Johannisbeeren sind die gängigste Sorte. Sie schmecken säuerlich-herb.

Schwarze Johannisbeeren schmecken säuerlich-bitter und eignen sich vor allem zum Verarbeiten. Dabei entwickeln die Beeren aber ein herrliches Aroma, das in Saft besonders ausgeprägt zur Geltung kommt. Schwarze Johannisbeeren haben den höchsten Vitamin-C-Gehalt aller Beeren und liefern reichlich Kalium.

Weiße Johannisbeeren bietet der Handel relativ selten an, da sie schnell verderben. Die Beeren sind kleiner als ihre roten und schwarzen Schwestern, haben aber einen ausgezeichneten, süß-säuerlichen Geschmack.

Erdbeeren

Himbeeren

Rote Johannisbeeren

Schwarze Johannisbeeren

👍 Tipp für Erdbeeren

Erdbeeren immer kurz unter fließendem Wasser waschen und erst anschließend den Blütenansatz entfernen. Diese Reihenfolge verhindert, dass wertvolle Vitamine und Aromastoffe aus den Früchten gespült werden.

OBST & TROCKENFRÜCHTE

Preiselbeeren
Wild wachsende Preiselbeeren findet man an sonnigen Hängen, in lichten Kiefernwäldern, auf Heideböden oder in Hochmooren. Der Volksmund kennt viele Bezeichnungen für die knallroten, kugeligen Früchtchen – Riffelbeeren, Fuchsbeeren, Krachbeeren, Kronsbeeren und noch einige mehr. Preiselbeeren haben einen herb-säuerlichen Geschmack, doch roh kann man sie nicht essen. Das Aroma kommt in Konfitüren, Kompotten oder Saft voll zur Geltung.

Schwarzer Holunder
Die Beeren haben einen apart herben Geschmack. Wegen ihres hohen Vitamin C-Gehalts dienen sie als Saft und Sirup gerne als Hausmittel zur Immunstärkung und kommen geschmacklich sowie farblich gut in Eis-Sorbets, Milchshakes, Cocktails und Schorlen zur Geltung. Holunderbeeren sollten immer vor dem Verzehr erhitzt werden, da so der in ihnen enthaltene Giftstoff Sambunigrin zerstört wird. Als Gelee oder Konfitüre schmecken sie gut zu frischem Brot und Gebäck und geben Grill- und Wildgerichten den letzten Pfiff.

Cranberries
Cranberries (Große Moosbeeren) sind kultivierte Preiselbeeren und gehören genau wie diese zur Familie der Heidekrautgewächse und der Gattung Heidelbeeren. Sie sollen wegen ihres hohen Gehalts an der Gerbsäure Tannin bei Blasenentzündungen wirksam sein. Ursprünglich stammen Cranberries aus Amerika, wurden inzwischen aber auch in Deutschlands Moorgebieten angesiedelt. Cranberries sind hell- bis dunkelrot und wesentlich größer als Preiselbeeren, werden aber genauso verwendet. Beim Kochen platzen Cranberries hörbar auf. Dann sofort vom Herd nehmen, denn sonst werden sie bitter.

Stachelbeeren
Stachelbeeren gehören zur Familie der Steinbrechgewächse. Je nach Sorte haben die Beeren eine glatte oder leicht behaarte Haut, durch die man die kleinen Samen im Fruchtfleisch erkennen kann. Es gibt weiße, grüne, gelbe und rote Stachelbeeren, alle schmecken leicht herb-säuerlich.
Stachelbeeren werden schon Ende Mai aus Ungarn geliefert, im Juli kommt die heimische Ernte auf den Markt. Importe aus Holland und Polen verlängern die Saison bis in den September. Stachelbeeren kann man roh essen, doch besonders gut eignen sie sich für Konfitüre, Grütze, Kompott, Torten und Kuchen.

Cranberries

Stachelbeeren

Loganbeeren

Beeren-Spezialitäten

Boysenbeeren
Sie sind eine Kreuzung aus Loganbeere, Himbeere und Brombeere und nach ihrem „Erfinder", dem Kalifornier Rudolf Boysen benannt. Boysenbeeren sind sehr groß, tiefrot bis schwarz und schmecken feinsäuerlich. Sie eignen sich gut für Konfitüre, Sirup und Beerenwein. Die Hauptanbaugebiete liegen in Neuseeland.

Jostabeeren
Sie wurden aus Stachelbeere und schwarzer Johannisbeere gezüchtet und sehen aus wie dunkelviolette bis schwarze Stachelbeeren. Das grünliche Fruchtfleisch unter der glatten, haarlosen Haut enthält viele Samen wie die Stachelbeere, doch der Geschmack ist anders. Bei der Jostabeere paart sich erfrischende Säure mit heidelbeerartigem Aroma. Eine hervorragende Frucht für Gelees und Saft.

Japanische Weinbeeren (Rotborstige Himbeeren)
Sie gehören wie Himbeere und Brombeere zu den Sammelsteinfrüchten. Die Beeren sind hell- bis dunkelrot, sehr klein, weich und saftig und schmecken leicht säuerlich. Die Früchte werden bis zur Reife von Kelchblättern umschlossen und sind dadurch gut vor Schädlingen geschützt. Japanische Weinbeeren schmecken roh oder als Konfitüre.

Loganbeeren
Sie entstanden aus einer Kreuzung zwischen Brombeere und Himbeere. Das Ergebnis sind längliche Früchte, größer als Himbeeren, von rotbrauner bis schwarzvioletter Farbe. Die Loganbeere ist sehr saftig und besitzt ein säuerliches Aroma.

Taybeeren
Sie wurden aus Himbeere und Brombeere gekreuzt, und heraus kam eine Frucht, die von Würmern verschmäht wird. Die dunkelrote Taybeere sieht aus wie eine längliche Himbeere, ist angenehm süß-sauer und hat ein hervorragendes Aroma. Die Frucht schmeckt frisch und eignet sich bestens als Kuchenbelag.

Jostabeeren

> ## 👍 Tipps für Trauben
> - Beim Kauf unbedingt darauf achten, dass Tafeltrauben nicht überlagert sind. Aber sie sollten vollreif sein, da zu früh geerntete Früchte nicht nachreifen.
> - Tafeltrauben müssen vor dem Verzehr unbedingt gründlich gewaschen werden. Dabei sollen neben Staub und Schmutz auch eventuelle Reste von Pflanzenschutzmitteln entfernt werden. Am besten wäscht man Trauben unter fließendem lauwarmem Wasser und teilt dabei die Fruchtstände vorsichtig etwas auseinander, damit alle Stellen erreicht werden. Auf jeden Fall immer die ganze Traube waschen und nie die abgezupften Beeren, denn dabei würden wertvolle Vitamine weggespült.

Weintrauben

Italia

Sultana

Muscat

Datteltrauben

Tafeltrauben

Weintrauben gehören zur Familie der Rebengewächse und werden seit mindestens 5000 Jahren vom Menschen kultiviert. Schon die alten Ägypter stellten Wein her und verwendeten ihn bei ihren Tempelritualen. In der Antike gab es kein Gelage ohne Wein und frische Trauben, und die Römer sorgten für die Verbreitung der Reben bis ins nördliche Europa. Ab dem 15. Jahrhundert eroberte die Weinrebe andere Kontinente, und heute ist sie überall auf der Welt heimisch, wo die klimatischen Bedingungen stimmen. Ungeachtet dessen gilt der Mittelmeerraum mit seinem warmen, gemäßigten Klima als weltweit größtes und kommerziell wichtigstes Anbaugebiet.

Etwa 85 % aller Trauben weltweit werden für die Weinproduktion angebaut. Diese sogenannten Kellertrauben sind für den Verzehr meist ungeeignet, da sie sehr viel Säure enthalten. Außerdem scheinen die relativ kleinen Beeren vorwiegend aus dicker Schale und Kernen zu bestehen.

Nur etwa 10 % der Welternte sind Tafeltrauben und die restlichen 5 % werden zu Rosinen getrocknet. Tafeltrauben gibt es weiß und rot. Sie schmecken angenehm süß und aromatisch, haben eine dünne Schale und viel Fruchtfleisch und werden auch kernlos angeboten. Inzwischen gehören Tafeltrauben ganzjährig zum Obstsortiment. Im Frühjahr reisen die Früchte aus Südafrika, Chile, Argentinien und Brasilien an. Von Juli bis November kommen sie vor allem aus Italien, Griechenland, Frankreich, Spanien und der Türkei. Auch Israel und Ägypten gehören zu den Lieferanten. Und im Winter decken Glashaustrauben aus Belgien und Holland den Bedarf.

Eingeteilt wird das Tafeltrauben-Angebot in
- *weiße Sorten* (grüne, gelbe bis bernsteinfarbene Trauben),
- *dunkle Sorten* (rote, blaue bis schwarze Trauben).
- *Datteltrauben* nach der dattelartigen Form der Beeren. Sie haben eine feste Schale und stehen in der Rispe nicht so dicht nebeneinander. Das macht diese Trauben weniger anfällig für den Verderb. Datteltrauben schmecken säuerlich bis süß und haben kein ausgeprägt charakteristisches Aroma. Die bekanntesten Sorten: „Regina" und „Victoria".
- *Muskattrauben* sind sehr groß und bestechen durch ihr feines Muskataroma. Sie werden weiß und blau angeboten. Wichtigste Sorten: „Uva", „Italia", „Alexandriner Muskat", „Regina di Vigneti".
- *Kernlose Trauben* gibt es weiß und blau. Sie sind klein bis mittelgroß, sehr süß, saftig und aromatisch. Besonders beliebt sind die Sorten „Thompson Seedless", „Sultana" und „Flame Seedless".

Ein weißlicher Belag auf den Trauben ist kein Rückstand von Pflanzenschutzmitteln, sondern der sogenannte „Duftfilm" oder „Nebeltau". Er entsteht bei der Reifung durch die Temperaturunterschiede zwischen Tag und Nacht und schützt die Beeren vor Verletzungen sowie vorzeitigem Verderb. Geschmack und Qualität der Trauben werden in keiner Weise beeinträchtigt. Der Belag verschwindet normalerweise beim Waschen.

Kleine Power-Früchte

Tafeltrauben sind reich an Vitaminen und Mineralstoffen und enthalten viel Traubenzucker, der schnell ins Blut geht und sofort Energie liefert.

Schalen und Kerne liefern wichtige Ballaststoffe, die den Darm anregen. Dunkle Trauben gelten als besonders gesund, weil sie Anthozyane enthalten. Diese sekundären Pflanzenstoffe fördern die Durchblutung und kräftigen die Venen, was zum allgemeinen Wohlbefinden beiträgt. Außerdem soll ihr Verzehr Herz- und Kreislauferkrankungen und sogar Krebs vorbeugen.

OBST & TROCKENFRÜCHTE

Exotische Früchte

Sie haben kräftige Farben und oft eine außergewöhnliche Form, sie schmecken ganz anders als heimische Früchte und bringen willkommene Abwechslung in den Obstkorb. Einige Exoten sind uns schon so vertraut wie Äpfel und Birnen. Bananen, Melonen, Kiwis und auch die Ananas gehören zum Standardangebot in der Obstabteilung.

Pitahaya rot

Pitahayas

Die meisten Exoten stammen aus tropischen und subtropischen Gebieten der Erde – aber durchaus nicht alle. Feigen beispielsweise wachsen auch im Mittelmeerraum. Doch obwohl das Gros der Exoten eine relativ lange Reise hinter sich hat, erreichen die Früchte ihr Ziel in bester Qualität. Damit dies so ist, dürfen die Früchte bei der Ernte normalerweise noch nicht vollreif sein. Sie werden deshalb in einem früheren Stadium gepflückt – Fachleute sprechen von der „Pflückreife". Direkt von der Plantage kommen die Früchte in spezielle Kühlcontainer und liegen hier quasi im „Winterschlaf", der das weitere Reifen unterbindet.

Normalerweise reisen Exoten kostengünstig in Schiffen und nur ausnahmsweise im Flugzeug („Flugobst"). Der Großhandel lagert die Früchte bei produktspezifisch geregelter Temperatur und Luftfeuchtigkeit bis zur Auslieferung an den Einzelhandel. Manche Exoten reifen in dieser Zeit nach, so zum Beispiel Bananen. Die noch dunkelgrünen Früchte werden in temperierten Reifezellen exakt dosiertem Reifegas (Ethylen) ausgesetzt, reifen dadurch gleichmäßig und nehmen innerhalb von vier bis acht Tagen ihre sonnengelbe Farbe an. Es gibt aber auch Exoten, die erst im Handel oder beim Verbraucher nachreifen.

Appetit auf Vielfalt

Das Angebot an exotischen Früchten ist nur schwer überschaubar. Abgesehen von den Standardsorten ändert es sich laufend, denn immer wieder kommen Neuheiten auf den Markt. Und die Verbraucher sind durchaus experimentierfreudig.

Ananas

Sie entstammt einer großen Familie aus über 100 Sorten, von denen jedoch nur wenige den deutschen Markt erreichen. Botanisch gesehen ist die Ananas eine Schein- und Sammelfrucht, die aus dem Blütenstiel und zahlreichen Einzelbeeren gebildet wird. Ein Hinweis darauf sind die von außen deutlich sichtbaren „Augen". Die Ananas wächst nicht, wie häufig angenommen, auf Palmen, sondern an einer niedrigen Staude relativ nah am Boden.

Ananas-Früchte werden immer reif geerntet. Ob das Äußere grün oder braun ist, sagt nichts über die Reife aus. Man erkennt sie vielmehr am ausgeprägten Duft und daran, dass die Schale auf Fingerdruck leicht nachgibt. Das gelbe Fruchtfleisch ist saftig und schmeckt angenehm süß-sauer. Besonders aromatisch ist die „Smooth Cayenne", die bis zu 2 kg schwer sein kann. Wenig Säure und dafür mehr Süße verspricht die „Gold Ananas" oder „Extra-Sweet-Ananas". Deutlich süßer als ihre großen Schwestern schmeckt die „Baby-Ananas".

Ursprung: Costa Rica, Elfenbeinküste, Südafrika.

Verwendung: Ananas schmeckt pur, passt in Obstsalate, ergibt zum Beispiel zusammen mit Eis erfrischende Desserts und ist das Tüpfelchen auf dem i in diversen Feinkostsalaten (zum Beispiel Eiersalat). Nach dem Kauf sollte die Ananas möglichst innerhalb von ein bis zwei Tagen verbraucht werden. Andernfalls lagert man sie bei 8 bis 10 °C aufrecht oder auf einer weichen Unterlage.

Avocado

Diese birnenförmige Frucht besitzt als „Herz" einen großen Stein, eingelagert in hellem Fruchtfleisch. Von allen bekannten Obst- und Gemüsearten hat die Avocado den höchsten Fettgehalt (einfach und mehrfach ungesättigte Fettsäuren, kein Cholesterin). Außen ist sie je nach Sorte hell- oder dunkelgrün, dunkelviolett oder fast schwarz. Die Haut kann glänzend, rau oder runzlig sein. Reif ist die Avocado, wenn sie auf Fingerdruck leicht nachgibt. Sie besitzt kein ausgeprägtes Aroma, doch kann man einen nussartigen Geschmack erahnen. Die besten Früchte sind die runzlige „Hass" und die rauschalige „Fuerte".

Ursprung: Die Urheimat liegt in Mexiko und Guatemala. Auf den deutschen Markt kommen Avocados vorwiegend aus Spanien, Israel, Südafrika und Kenia.

Verwendung: Die Haut und das Fruchtfleisch der Avocado rundherum einritzen und die Frucht in zwei Hälften teilen. Den Stein entfernen, die Haut abschälen und das Fruchtfleisch sofort mit Zitronensaft beträufeln, damit es nicht dunkel wird. Es lässt sich hervorragend pürieren und mit pikanten oder süßen Zutaten verfeinern.

Baby-Ananas

Avocado

Ananas

Babaco

Babaco

Die grüne Frucht mit fünfeckigem Querschnitt wird 20 bis 30 cm lang und bis zu 1,5 kg schwer und ist auf dem deutschen Markt noch wenig vertreten. Babacos sind kernlos und schmecken wie eine Mischung aus Erdbeere, Ananas und Papaya.

Ursprung: Ecuador und Neuseeland.

Verwendung: Man kann die Früchte ungeschält roh essen und ihren Geschmack eventuell mit etwas Zucker oder Honig zusätzlich heben. Auch in Obstsalaten sind Babacos eine Bereicherung. Die Früchte halten sich sogar ohne Kühlung bis zu vier Wochen.

 Tipp: So schneidet man die Ananas auf

1. Ananas samt Schopf längs halbieren.
2. Jede Hälfte nochmals längs teilen.
3. Aus jedem Viertel den holzigen Strunk in der Mitte herausschneiden.
4. Fruchtfleisch mit einem scharfen Messer von der Schale trennen, aber auf der Schale liegen lassen.
5. Fruchtfleisch erst längs und dann quer in gleichmäßige Stücke schneiden.

OBST & TROCKENFRÜCHTE

Apfelbananen

Curuba

Cherimoya

Datteln

Banane

Banane
Sie gilt als „erfolgreichste Frucht aller Zeiten", denn sie ist die einzige mit eingebautem „Reißverschluss". In unseren Geschäften sind die krummen Früchte längst keine „Exoten" mehr. Bananen wachsen an über fünf Meter hohen Stauden, immer 10 bis 14 Früchte zusammengefasst zu „Bananen-Händen". Den Reifegrad einer Banane erkennt man an der Schale: je mehr Grün, desto unreifer, je gelber, desto reifer. Vollreif ist die Frucht, wenn die Schale kleine braune Punkte zeigt. Mehr Braun kündigt Überreife an. Eine reife Banane enthält wenig Säure. Das weiche, gleichmäßig hellgelbe Fruchtfleisch schmeckt aromatisch süß.
Standardsorte ist die gelbe *Obstbanane*, die überall im Handel angeboten wird.
Rote Bananen haben unter der rotbraunen Schale ein zartrosa Fruchtfleisch und schmecken erfrischend, aber etwas herber als Obstbananen.
Apfelbananen sind kleiner und erinnern mit ihrem fein säuerlichen Aroma an Äpfel.
Babybananen sind ebenfalls klein und haben ein sehr intensives Bananenaroma.
Kochbananen (Platanos) sind wegen ihres hohen Stärkegehalts roh kein Genuss. Sie lassen sich aber ähnlich wie Kartoffeln zubereiten und schmecken so sehr interessant.
Ursprung: Spanien, Afrika, Karibik, Lateinamerika.
Verwendung: Mit Ausnahme der Kochbanane werden alle Bananen roh gegessen oder in den Obstsalat geschnitten.

Chayote
Schlanke, grün-gelbliche 7 bis 20 cm lange Frucht von birnenähnlicher Form. Weiche, gefurchte Schale, runzlig bis wellig und oft weich bestachelt. Das weiße bis grünliche Fruchtfleisch sondert einen klebrigen Saft ab. Geschmack leicht süßlich und gurkenähnlich.
Ursprung: Brasilien, Costa Rica, Kenia.
Verwendung: die Frucht wird geschält, der Länge nach halbiert und nach Entfernen des Kernes gedünstet oder gebacken. Wegen des geringen Eigengeschmacks vielseitig verwendbar.

Cherimoya (Annone)
Sie ist etwa faustgroß und ihre Form ähnelt der einer Riesenerdbeere. Die Cherimoya wird auch „Rahmapfel" oder „Cremefrucht" genannt, denn unter ihrer grüngelben, ledrigen Haut befindet sich cremiges, weißes Fruchtfleisch. Die schwarzen Kerne sind ungenießbar, aber das Fruchtfleisch schmeckt sahnig und irgendwie nach Banane, Vanille und Erdbeere.
Ursprung: Spanien, Israel, Chile, Peru, Sri Lanka.
Verwendung: Gut geeignet für Obstsalate und Desserts. Häufig kommt das Fruchtfleisch püriert oder als Saft zum Einsatz.

Curuba
Sie ist die Frucht einer immergrünen Kletterpflanze und gehört wie die Maracuja zur Gattung der Passionsfrüchte. Die grüngelbe bis gelbe Curuba gleicht entfernt einer gerade gewachsenen, aber dafür dicken Banane. Das Fruchtfleisch ist jedoch geleeartig – gelblich bis orange und von einem weißen Häutchen umgeben. Die Curuba duftet angenehm und schmeckt säuerlich-aromatisch, ähnlich einem Apfel.
Ursprung: Kolumbien, bei uns noch wenig vertreten.
Verwendung: Zum Rohgenuss die Frucht längs halbieren und auslöffeln. Sie eignet sich auch als Zutat zu Milchshakes, Joghurts, Cremes, Sorbets usw.

Dattel
Der Prophet Mohammed soll, so wird berichtet, während seines Aufenthalts in der Wüste nur von einer Handvoll Datteln täglich gelebt haben. Tatsache ist, dass diese Früchte ein wichtiger Eisenlieferant sind. Schon drei bis vier Datteln enthalten den Tagesbedarf eines Erwachsenen.
Datteln wachsen in großen Dolden an weiblichen Palmen. Vollreif sind die Früchte je nach Sorte etwa daumendick und 3 bis 6 cm lang. Sie haben eine glatte, gelbliche, rötliche oder braune Haut, die saftigweiches, süßes Fruchtfleisch umhüllt. In dessen Mitte liegt ein länglicher, harter Stein. Datteln werden meist tiefgekühlt importiert und für den Verkauf aufgetaut.
Sorten: Besonders aromatisch sind die „Königsdatteln" (Deglet nour). Zuckersüß und saftig sind die „Persepolis Mosafati Datteln". Sie werden entsteint und unbehandelt geliefert.
Ursprung: Tunesien, Iran, aber auch Nord- und Südafrika, Israel, Griechenland, Irak, Australien, USA und Mexiko.
Verwendung: Pur sind frische Datteln eine Köstlichkeit. Sie lassen sich auch mit Frischkäse, Marzipan oder Walnusskernen füllen. Sehr delikat: Datteln mit Speck umwickeln und grillen.

Chayote

Gesunder Snack
Bananen kann man nicht nur bequem „auspacken" und problemlos aus der Hand essen, sie führen dem Körper auch schnell Energie zu. Kohlenhydrate haben in Bananen immerhin einen Anteil von 20 %. Dazu kommen zehn verschiedene Vitamine, neben anderen Vitamin C, B_1, B_2, B_6, Folsäure, E und Karotin sowie eine Fülle an Mineralstoffen, u. a. Kalium, Magnesium, Calcium, Mangan, Eisen und Phosphor. Kalorienmäßig liegen Bananen – wie viele Exoten – im Vergleich zu anderen Früchten im oberen Bereich. 100 g enthalten rd. 96 kcal.

Durian
Sie ist die Frucht des bis zu 40 m hohen Durio- oder Zibetbaums und wird auch – zu Recht – „Stinkfrucht" oder „Baumkäse" genannt. Die Durian ist etwa kopfgroß, gelbgrün und rundum mit Stacheln bewehrt. Unter diesem Mantel liegt das ziemlich widerlich riechende, cremige Fruchtfleisch. Kaum zu glauben, dass es trotzdem hervorragend schmeckt – irgendwie nach Mandeln, Vanillepudding, Karamell und Sherry. Die großen, gelbbraunen Fruchtsamen sind essbar. Die Durian ist vitaminhaltig und mit 141 kcal je 100 g durchaus nahrhaft.
Ursprung: Asien.
Verwendung: Man schneidet die Frucht an den „Nähten" auf, teilt sie und löffelt den Inhalt aus. Die Samen können geröstet werden.

Feige
Je nach Sorte sind Feigen gelb, grün, blau oder fast schwarz und tropfen- oder birnenartig geformt. Dunkle Früchte schmecken intensiv süß, helle meist mildsäuerlich. Die volle Reife ist erreicht, wenn die Früchte sich dunkelviolett färben und an der Unterseite etwas durchfeuchten. Auch bildet sich auf der Schale mit zunehmender Reife ein weißer Film aus kristallisiertem Zucker. Überreif sind Früchte mit fleckiger Schale.
Ursprung: Mittelmeerraum, Brasilien, Südafrika, Kalifornien.
Verwendung: Man kann Feigen halbieren und auslöffeln oder vierteln und das Fruchtfleisch herausschneiden. Oder man zieht die Haut ab und schneidet die Früchte zum Beispiel für Obstsalate in Scheiben. Im Kühlschrank bleiben Feigen einige Tage frisch, doch dürfen sich die Früchte gegenseitig nicht berühren.

Feijoa (Ananas-Guave)
Die dunkelgrüne Frucht hat eine runde, länglich-ovale oder birnenähnliche Form und ist mit der Guave verwandt. Unter der glatten oder leicht gerunzelten Schale befindet sich gelblich-weißes Fruchtfleisch mit Kernchen. Es schmeckt angenehm säuerlich bis süßwürzig und etwas parfümiert.
Ursprung: Südamerika, Afrika, Asien.
Verwendung: Man schneidet die Frucht auf und löffelt sie aus. Das Fruchtfleisch lässt sich püriert zu Desserts verarbeiten.

Granadilla
Die etwa hühnereigroße Frucht gehört zur Familie der Passionsfrüchte. Die Granadilla hat eine orangefarbene, poröse Schale und geleeartiges Fruchtfleisch mit süß-säuerlichem Aroma.
Ursprung: Mittelmeerraum, Afrika, Südamerika.
Verwendung: Granadillas werden halbiert und ausgelöffelt.

Granatapfel
Die „Liebesfrucht" ist prall und dunkelrot, hat die Form einer Zwiebel und kann bis zu 500 g wiegen. Ein wahrer Genuss sind lediglich die blassroten Samen, die säuerlich-süß bis herb schmecken und entfernt an Johannisbeeren erinnern.
Ursprung: Südeuropa, Ägypten, Iran.
Verwendung: Die Frucht zuerst rollen oder etwas kneten, damit sich die Samen besser lösen lassen. Dann den Granatapfel halbieren und auslöffeln. Man kann die Samen auch für Obstsalate und Desserts verwenden. Nicht zuletzt lässt sich der Granatapfel auspressen und der Saft (Grenadine) für Cocktails etc. verwenden. Im Gemüsefach des Kühlschranks bleiben Granatäpfel wochenlang frisch.

OBST & TROCKENFRÜCHTE

Guave

Kakis

Karambole

Kaktusfeige

Jackfrucht

Guave
Sie hat Apfel- oder Birnenform, und ihre weiche Schale ist gelb oder gelbrötlich gefärbt. Das – je nach Sorte – weiße, grünliche, gelbe, lachsfarbene bis rötliche Fruchtfleisch enthält viele Kerne, doch gibt es inzwischen auch kernarme Züchtungen. Die Guave schmeckt zartsäuerlich, gleich einer Mischung aus Birne, Quitte und Feige. Wenn die Frucht reif ist, verströmt sie einen intensiven Duft, und die Schale gibt auf Fingerdruck leicht nach. Die Guave gehört zu den Vitamin-C-reichsten Früchten.
Ursprung: Südamerika, Mexiko, Südafrika, Israel, Thailand, Indien, einige Mittelmeerländer.
Verwendung: In erster Linie als Frischobst. Man sollte die Guave schälen und sie dann wie einen Apfel essen. Geeignet auch für Obstsalate, Quarkspeisen oder als Kuchenbelag

Jackfrucht
Die Jackfrucht, auch Jakobsfrucht genannt, wird bis zu 90 cm lang und 10 bis 40 kg schwer. Die gelb bis grün gefärbte Schale ist mit kleinen Noppen übersät. Im Inneren der Frucht finden sich sechseckige taubeneigroße Einzelfrüchte mit angenehmem Duft und hellgelbem saftigem, süßen Fruchtfleisch, dessen Geschmack an Feigen erinnert.
Ursprung: Thailand, Malaysia, Brasilien.
Verwendung: Mit einem großen Sägemesser aufschneiden, in zwei Teile reißen, die Fruchtstücke herausbrechen, aufreißen, den Kern entfernen. Die Fruchtstücke werden roh verzehrt. Der 2 cm große Samenkern ist essbar, wenn er gekocht wird.

Kaki (Persimone)
Sie ist etwa so groß wie eine Tomate und trägt am Stielansatz vier grüne Kelchblätter. Man nennt die orangefarbene bis rote Frucht auch „Kakipflaume" oder „Kakiapfel". Im geleeartigen Fruchtfleisch der Kaki sitzen Kerne und ihr süßer Geschmack erinnert an Birnen und Aprikosen. Kakis müssen vollreif sein, sonst schmecken sie sehr herb. Sie enthalten viel Gerbsäure, die mit der Reife schwindet. Eine reife Kaki ist weich und die Schale hat einen glasigen Schimmer.
Die *Sharon* ist eine kernlose und gerbsäurearme Kaki-Züchtung, die leicht nach Vanille, Birnen und Aprikosen schmeckt.
Ursprung: Ostasien, Brasilien, Israel, Italien, Spanien.
Verwendung: Man schneidet die Kaki unterhalb der Kelchblätter auf und löffelt sie aus.

Kaktusfeige
Kaktusfeigen sind Kakteenfrüchte und recht wehrhaft. Ihre dunkelgelbe, rötliche oder tiefbraune Haut ist übersät von kleinen, warzenartigen Erhebungen, aus denen feine Stachelhärchen sprießen. Das gelborange bis rote, saftige Fruchtfleisch enthält viele kleine Kernchen, die mitgegessen werden. Kaktusfeigen schmecken zartsüß bis leicht säuerlich und erinnern an Birnen.
Ursprung: Italien, Israel, Spanien, Südafrika, Australien, Mittel- und Südamerika.
Verwendung: Früchte halbieren und auslöffeln oder die Haut abziehen und in Scheiben schneiden, zum Beispiel für Obstsalate. Gut gekühlt und mit Limettensaft beträufelt ist der Geschmack besonders fein. Kaktusfrüchte wegen der Stacheln nie mit bloßen Händen, sondern nur mit Handschuhen anfassen.

Karambole
Eine äußerst dekorative Frucht, die wegen ihrer Form auch „Sternfrucht" heißt. Die grünliche Farbe weist auf einen säuerlichen Geschmack hin, eine gelbe bis bernsteinfarbene Karambole schmeckt süß und gleichzeitig pikant säuerlich und ist sehr saftig. Braune Rippen sollte man wegschneiden, denn sie enthalten Bitterstoffe.
Ursprung: Brasilien, Thailand, Malaysia, Israel.
Verwendung: Die Karambole wird samt Haut frisch verzehrt. Wenn man die Frucht quer aufschneidet, entstehen attraktive Sterne, die sich gut zum Dekorieren von Desserts, Gläsern usw. eignen.

Kiwano
Dass sie auch „Hornfrucht" heißt, wird optisch deutlich, denn die längliche Kiwano trägt warzenartige Stacheln wie Hörner auf der orangegelben Haut (unreif ist die Frucht grün). Das dunkelgrüne, geleeartige Fruchtfleisch mit vielen Kernen liegt geschmacklich zwischen Banane und Limette und ist herrlich erfrischend. Eine leichte Gurkennote im Geschmack weist auf die Verwandtschaft mit Gurken und Melonen hin. Kiwanos werden von Januar bis Juni angeboten.
Ursprung: Neuseeland.
Verwendung: Frucht quer halbieren und das Fleisch samt Kernen auslöffeln, eventuell mit etwas Zitronensaft beträufeln.

Kiwis

Litschis

Mango

Lulos

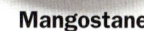
Mangostane

Kiwi (chinesische Stachelbeere)
Sie ist klein, länglich-oval, olivgrün und ringsherum leicht behaart. Unter der Haut liegt das grüne, sehr saftige Fruchtfleisch, das erfrischend süß-säuerlich schmeckt – ein wenig nach Melone, Stachelbeere und Erdbeere. Eine einzige Kiwi deckt mehrfach den Tagesbedarf eines Erwachsenen an Vitamin C. Eine Neuzüchtung ist die etwas kleinere *Gold Kiwi*. Sie hat goldgelbes Fruchtfleisch und schmeckt süßer als ihre grüne Schwester.
Ursprung: Neuseeland, Chile, Italien, Griechenland, Frankreich.
Verwendung: Kiwi halbieren und auslöffeln oder die Schale mit einem Gemüseschäler entfernen und die Frucht in Scheiben schneiden. Sie eignet sich ideal für Obstsalate, Desserts und als Tortenbelag.

Litschi (Chinesische Haselnuss)
Die etwa pflaumengroße Litschi stammt ursprünglich aus China. Sie hat eine dünne, schuppige Haut, deren Farbe sich mit zunehmender Reife von Rosa über Scharlachrot bis zu Rotbraun verändert. Das Fruchtfleisch ist weiß, glasig und zart. Es schmeckt mild-säuerlich, besitzt ein dezentes Rosenaroma und einen leichten Muskatton. Unter dem Fruchtfleisch sitzt ein großer rot-brauner Kern, der nicht mitgegessen wird.
Ursprung: Afrika, Florida, Hawaii.
Verwendung: Die spröde Schale lässt sich wie bei einem Ei abpellen. Dann wird das Fruchtfleisch pur gegessen oder für Fruchtsalate verwendet. Es harmoniert auch mit Reis, Fisch und Geflügel.

Lulo
Die runden Früchte mit 3 bis 6 cm Durchmesser sind zunächst grün wie unreife Tomaten. Mit der Reife wird die ledrige Schale gold-orange und die Lulo sieht einer Orange gleich. Das hellgrüne, geleeartige Fruchtfleisch, das viele kleine essbare Samen enthält, hat einen angenehm süßsäuerlichen, aromatischen Geschmack, der an Guave, Ananas und Cherimoya erinnert.
Ursprung: Kolumbien, Ecuador, Peru.
Verwendung: Die Frucht quer aufschneiden und auslöffeln. Auch zur Zubereitung von Drinks und Desserts geeignet.

Mango
Sie gilt als die Frucht aller Früchte, denn sie besitzt ein unvergleichliches Aroma. Die Schale der Mango zeigt je nach Sorte Tönungen von Grün über Gelb und Orange bis Tiefrot, oft mit andersfarbigen „Backen". Das goldgelbe, sehr saftige Fruchtfleisch hat einen süß-herben Geschmack und ist in der Mitte fest mit dem großen Fruchtkern verbunden. Allerdings versprechen nur wirklich reife Früchte den vollen Genuss. Man erkennt sie am Duft und daran, dass die Schale auf Fingerdruck leicht nachgibt.
Die besten Sorten: die rötliche „Tommy Atkins", die rotbackige „Kent", die große und vorwiegend grüne „Keitt" und die kleine „Sensation".
Ursprung: Süd- und Mittelamerika, Südafrika.
Verwendung: Die Mango wird frisch verzehrt, Fruchtsalaten beigegeben, zu Cremes verarbeitet usw. Orientalischen und asiatischen Gerichten gibt die Mango eine typische Note. Unreife Mangos reifen bei Zimmertemperatur in acht bis zehn Tagen nach. Zu keinem Zeitpunkt dürfen Mangos in den Kühlschrank, da sich das Fruchtfleisch durch die Kälte braun verfärbt.

Mangostan
Sie ist eine der köstlichsten Tropenfrüchte – etwa so groß wie eine Tomate, violett, weinrot oder braunrot. Die dicke, ledrige Schale umhüllt weißes, in Segmente unterteiltes Fruchtfleisch mit essbaren grünen Kernen. Die Mangostane schmeckt süß, ein bisschen säuerlich und sehr aromatisch. Sie wird immer reif geerntet, per Luftfracht verschickt und kommt zu einem entsprechend hohen Preis auf den Markt.
Ursprung: Südostasien, Mittelamerika, Brasilien.
Verwendung: Man isst sie frisch und am besten gut gekühlt. Vorsicht: Austretender Saft verursacht auf der Kleidung schwer entfernbare Flecken.

Tipp: Mango schneiden – kein Problem

Eine Mango zu schälen, das Fruchtfleisch vom Kern zu lösen und zu schneiden, erfordert ein wenig Geschick, denn die Frucht „glitscht" bei der Arbeit nur allzu leicht aus der Hand. So geht's leichter:

1. Mango senkrecht auf ein Brett stellen. Mit einem scharfen Messer das Fruchtfleisch links und rechts am Kern entlang abschneiden. Man erhält so drei Mango-Teile, wobei im mittleren der Kern liegt.
2. Das Fruchtfleisch mit einem Löffel aus den Schalen der beiden seitlichen Teile lösen und in Stücke oder Spalten schneiden.
3. Die Schale vom mittleren Teil mit einem Messer oder Kartoffelschäler entfernen. Das Stück auf ein Brett legen, gut festhalten und das Fruchtfleisch vom Kern schneiden bzw. schaben.

OBST & TROCKENFRÜCHTE

Maracujas

Papaya

Nashi

Physalis

Pepino

Maracuja
Die runde oder leicht ovale Frucht mit dicker, grüngelber Schale gehört zur Familie der Passionsfrüchte. Das Fruchtfleisch schmeckt sehr erfrischend, etwas weinsäuerlich und aromatisch. Die Maracuja enthält viel Provitamin A und Vitamin B_2.
Ursprung: Mittelmeerraum, Afrika, Südamerika, Australien, Neuseeland, Indien, Taiwan, Kalifornien.
Verwendung: Die Frucht halbieren und auslöffeln. Sie verfeinert Obstsalate, Süßspeisen und Mixgetränke.

Nashi
Sie gehört zur Gattung der Birnen. Die Nashi sieht aus wie ein blassgrüner Apfel, ist sehr erfrischend und saftig und entfaltet beim Hineinbeißen ein leicht säuerliches Birnenaroma. Der chinesische Nashi-Typ gleicht äußerlich und geschmacklich eher einer Birne und hat weiches Fruchtfleisch mit vielen Kernen. Neuzüchtungen aus Japan sind knackig, nahezu kernlos und besitzen eine sehr dünne Haut.
Ursprung: Asien, Neuseeland, Australien, Chile.
Verwendung: Man isst die Frucht wie einen Apfel. Die Nashi verfeinert aber auch Obst- und Rohkostsalate und eignet sich hervorragend für Konfitüren oder Mus.

Papaya
Sie wächst in dicht gedrängten Gruppen an bis zu zehn Meter hohen Bäumen und wird deshalb auch „Baummelone" genannt. Eine reife Papaya ist bis zum Stielansatz gelb. Dunkle Flecken auf der Schale nehmen keinen Einfluss auf die Qualität. Das Fruchtfleisch ist appetitlich orange bis hellrot und butterweich. Es ist süß, enthält aber keine Säure und wirkt dadurch manchmal etwas fad.
Ursprung: Brasilien, Costa Rica, Venezuela, USA, Asien, Afrika.
Verwendung: Frucht schälen, längs halbieren, die Kerne entfernen, das Fruchtfleisch in Scheiben schneiden und mit Limettensaft beträufeln. Papayas passen gut zu Schinken, Krabben, Fisch und Geflügel.

Pepino (Mellowfrucht/Melonenbirne)
Sie ist rund oder länglich, läuft oben spitz zu und hat eine cremefarbene Schale mit dunkelroten bis violetten Streifen. Das Fruchtfleisch ist gelb bis lachsfarben, sehr saftig, süß und duftend. Die Pepino ähnelt einer Mischung aus Melone und Birne und hat einen hohen Gehalt an Provitamin A und Vitamin C.
Ursprung: Peru, Chile, Neuseeland.
Verwendung: Man kann sie mit oder ohne Schale essen, die Kerne werden entfernt. Fruchtstücke sind gekühlt und mit Zucker, Zitronensaft und Ingwer verfeinert eine leckere Nachspeise.

Physalis (Kapstachelbeere)
Die Früchte sind so groß wie Kirschen, haben bei voller Reife die kräftige Farbe von Orangen, und jede einzelne Beere wird von der Natur in bräunliche, papierartige Blütenkelche „verpackt". Physalis schmecken aromatisch süß-sauer nach einer Mischung aus Ananas, Passionsfrucht und Stachelbeere.
Ursprung: Afrika, Asien, Südamerika, Indien.
Verwendung: Physalis werden roh direkt aus dem Blütenkelch genascht. Die attraktiven Früchtchen eignen sich hervorragend zum Dekorieren von Speisen.

Pitahaya
Diese bizarren Kakteenfrüchte kommen von Stacheln befreit auf den Markt. Die Schale der gelben Pitahaya ist warzig, darunter liegt das wasserhelle Fruchtfleisch. Die rote Pitahaya hat eine glattere Oberfläche, das Fruchtfleisch ist rot. Die Samen sind essbar. Beide Varianten schmecken süß und erfrischend.
Ursprung: Südamerika.
Verwendung: Die Pitahaya wird halbiert und ausgelöffelt.

Rambutan
Groß wie eine Kastanie wirkt die Rambutan äußerst wehrhaft. Ihre Oberfläche ist bedeckt mit zahllosen wolligweichen bis borstigen Haaren oder Stacheln. Doch unter der rauen Schale verbirgt sich exotisch duftendes Fruchtfleisch, milchig weiß, durchsichtig und saftig. Es schmeckt süß-säuerlich und sitzt fest am mandelähnlichen Kern.
Ursprung: Asien.
Verwendung: Zum Frischverzehr die Rambutan einschneiden und das Fruchtfleisch entnehmen. Mit Zimt und Zucker oder Vanillezucker bestreut schmeckt es besonders lecker.

Rote Passionsfrucht (Purpurgranadilla)
Diese Schwester von Granadilla, Maracuja und Curuba ist blau oder purpurfarben und nur etwa so groß wie ein Hühnerei. Bei voller Reife wird die Schale schrumpelig, doch das Fruchtfleisch darunter versöhnt. Es schmeckt angenehm weinsäuerlich und besticht durch ein leichtes Aprikosenaroma.
Ursprung: Südafrika, Kenia, Australien.
Verwendung: Frucht halbieren und auslöffeln. Alle Passionsfrüchte, voran die Maracuja, ergeben einen herrlich aromatischen Saft.

Salak
Die birnenförmig zugespitzte Frucht wird 2,5 bis 10 cm lang und etwa 5 cm breit. Die glänzende braunrote Schale bedecken dichte Schuppen, weshalb die Frucht auch Schlangenhautfrucht genannt wird. Das feste elfenbeinfarbige Fruchtfleisch besteht aus drei Teilen, die mit dünnen Häutchen überzogen sind. Der darin befindliche braune Kern ist nicht essbar. Reife Salaks schmecken angenehm süß-säuerlich.
Ursprung: Südostasien.
Verwendung: Die Frucht wird von der Spitze her eingeschnitten, geschält und das Häutchen entfern, das Fleisch roh gegessen.

Tamarillo (Baumtomate)
Äußerlich erinnert die rote oder gelbliche Frucht an eine Tomate. Reife Früchte sind rot und druckweich. Die Tamarillo ist saftig, schmeckt herb-süß und erinnert leicht an Aprikosen.
Ursprung: Südamerika.
Verwendung: Die Frucht halbieren und auslöffeln. Oder schälen und das Fruchtfleisch in Obstsalate geben oder als Beilage zu Fleisch reichen.

Tamarinde
Die fingerdicken Früchte von ca. 5 bis 15 cm Länge wirken etwas eingeschnürt wie große Erdnüsse. Die Schale hat eine hellbraune Farbe. Darunter befindet sich das in Aussehen und Geschmack unterschiedliche Fruchtmark. Bei der süßen Tamarinde ist es bräunlich, innen musartig und sehr süß. Das Mark der süß-sauren Tamarinde ist rotschwarz. Tamarinden sind Bestandteil der Worcestsauce.
Ursprung: Thailand.
Verwendung: Die Schale wird aufgebrochen, das Fruchtmark herausgelöst und mit heißem Wasser übergossen. Nach 20 Minuten kann man es durch ein Sieb streichen und das entstandene Mus mit Zucker aufkochen und kühl stellen.

Ugli
Die grapefruitähnliche unregelmäßig geformte Frucht ist eine Kreuzung aus Tangerine, Grapefruit und Orange von bis zu 16 cm Größe mit einer gelbgrünen, rauen und ziemlich dicken Schale. Das zarte und saftige Fruchtfleisch, meist von oranger Farbe, enthält kaum Kerne. Es schmeckt sehr süß wie eine Mischung aus Orange und Mandarine.
Ursprung: Jamaika.
Verwendung: Die Frucht wird wie eine Orange geschält, das Fruchtfleisch in die einzelnen Segmente geteilt und frisch gegessen. Oder man trinkt den frisch gepressten Saft.

OBST & TROCKENFRÜCHTE

Melonen

Obwohl Melonen botanisch gesehen zur großen Familie der Kürbisgewächse und somit zum Gemüse zählen, kommen sie meistens als Obst auf den Tisch. Hauptsaison haben die süßen runden Früchte hierzulande von Juni bis September. Etwa 60 % aller Melonen werden in Asien angebaut, der Hauptlieferant für Deutschland ist allerdings Spanien. Sie kommen als Stückware in den Handel. Das vielfältige Melonenangebot lässt sich in zwei Hauptgruppen aufteilen, die auch zwei unterschiedlichen Gattungen zuzurechnen sind: die aromatischeren, kleineren Zuckermelonen und die großen saftigen Wassermelonen.

Kantaloupemelone

Honigmelone

Zuckermelonen

Die ursprünglich aus tropischen und subtropischen Gebieten stammende Zuckermelone wächst als Beerenfrucht an einer einjährigen Rankpflanze. Zuckermelonen können kopfgroß und bis zu 4 kg schwer werden. In ihrem Inneren befindet sich ein Hohlraum in dem viele weiße, flache Samen sitzen, die sich leicht entfernen lassen. Zuckermelonen bestehen zu rund 90 % aus Wasser, zu knapp 10 % aus Zucker, Vitaminen und Mineralstoffen, darunter Calcium, Vitamin C und besonders bei den Sorten mit orangefarbenem Fruchtfleisch Provitamin A. Je nach Sorte und Reifegrad variieren der Zucker- und Nährstoffgehalt. Reife Melonen erkennt man an einem leichten Farbumschlag, das heißt grünliche Varianten werden gelber bzw. heller. Auch ein aromatischer Duft und ein Blütenende, das sich leicht eindrücken lässt, weisen darauf hin, dass die Melone reif ist. Die Gattung der Zuckermelone bringt eine Fülle an Sorten hervor, die sich wiederum in drei Gruppen unterteilen lassen: die Honigmelonen, die Kantaloupemelonen und die Netzmelonen.

Honigmelonen
Man erkennt sie an ihrer leuchtend gelben, manchmal auch grünen Farbe und der dünnen relativ glatten Schale. Die länglichen Honigmelonen sind größer als die Vertreter der anderen Gruppen. Die Farbe des Fruchtfleischs reicht von fast weiß bis hellgrün. Ihr Geschmack ist honigsüß und leicht aromatisch. Ihre Schwester, die Tendral-Melone ist nicht ganz so bekannt, aber deshalb nicht weniger köstlich. Auch sie ist länglich, aber dunkelgrün und stark genarbt. Ihr Fruchtfleisch ist hellgelb und ähnelt geschmacklich der Honigmelone.
Ursprung: Spanien, Italien
Verwendung: als Vorspeise mit luftgetrocknetem Schinken, als Dessert, für Cocktails und Obstsalate

Galiamelone

Netzmelone

Wassermelone

Kantaloupemelonen

Sie verdanken ihren Namen dem Ort Cantalupo bei Rom, wo sie schon vor 500 Jahren angebaut wurden. Die eher kleinen, runden Melonen sind häufig stark gerippt. Die Farbe der Schale reicht je nach Sorte von hellgrün bis hin zu ockergelb, meist markieren dunkelgrüne Streifen die einzelnen Rippen. Die Schale der Kantaloupemelonen ist nicht genetzt.

Zur Familie der Kantaloupemelonen zählt die sehr aromatische, bei uns meist aus Frankreich kommende süße Charentais-Melone. Auch optisch ein Genuss ist ihr kräftig orangefarbenes, an Aprikosen erinnerndes Fruchtfleisch, das sich unter der gelben bis sandfarbenen Schale verbirgt.

Auch Ogen-Melonen gehören zur Familie. Diese in Israel gezüchtete Sorte ist relativ klein und hat eine glänzende, glatte, grüne Schale. Das leicht säuerlich, aber dennoch aromatisch schmeckende Fruchtfleisch ist gelb-grün.

Ursprung: Italien, Spanien, Israel
Verwendung: als Vorspeise mit luftgetrocknetem Schinken, als Dessert, für Cocktails und Obstsalate

Netzmelonen

Die grün-gelbe Schale der runden Netzmelonen ist von einem hellen, korkartigen Netz überzogen. Ihr Fruchtfleisch ist je nach Sorte orange oder grün. Die zur Familie der Netzmelonen zählenden großen Galiamelonen haben eine eher gelbe Schale und ein hellgelbes bis fast weißes Fruchtfleisch.

Ursprung: Mittelmeerländer
Verwendung: als Vorspeise mit luftgetrocknetem Schinken, als Dessert, für Cocktails und Obstsalate

Wassermelonen

Ihre Größe und ihr Gewicht machen es leicht, die Wassermelonen von den anderen Melonenarten zu unterscheiden. Unter der dunkelgrünen, harten Schale liegt leuchtend rotes, sehr saftiges Fruchtfleisch, was bei einem Wassergehalt von rund 93 % nicht verwunderlich ist. Meistens ist das Fruchtfleisch von kleinen schwarzen und weißen Kernen durchzogen, doch mittlerweile sind auch schon kernlose Sorten im Angebot.

Ursprung: Türkei, Spanien, Ungarn, Griechenland
Verwendung: Wassermelonen eignen sich aufgrund ihres mild schmeckenden, leicht süßen Fruchtfleischs hervorragend als Durstlöscher. Ein besonderer Genuss ist das Fruchtfleisch, wenn es in Würfel geschnitten und eisgekühlt oder sogar gefroren serviert wird. Gern wird sie auch in Scheiben geschnitten und aus der Hand gegessen.

OBST & TROCKENFRÜCHTE

Schalenobst

Der Begriff „Schalenobst" fasst zusammen, was gemeinhin als „Nüsse" bezeichnet wird. Die Familie ist riesig und bringt Sorten von sehr unterschiedlichem Aussehen und ebenso unterschiedlichem Geschmack hervor. Zwischen der kleinen Pistazie und der großen Kokosnuss scheinen Welten zu liegen, dennoch haben alle Nüsse einiges gemeinsam: Sie sind ungemein nahrhaft, enthalten extrem wenig Wasser und schützen ihren begehrten Inhalt durch eine mehr oder weniger harte Schale.

Erdnüsse

Knackige Auswahl

Cashewnüsse …

… sind sehr helle, kleine, nierenförmige Nüsse und werden meist geschält angeboten. Sie haben einen mandelartigen, süßlichen Geschmack und gewinnen durchs Rösten zusätzlich Aroma.

Edelkastanien …

… sind essbare Kastanien und nicht verwandt mit den Rosskastanien. Edelkastanien verbergen sich in einer borstigen Hülle mit sehr spitzen Stacheln. Die Kastanie selbst hat eine braune Fruchtschale mit kurzer Spitze. Der mehlige, wohlschmeckende Kern darunter ist noch von einer sehr dünnen braunen Haut umgeben.

Es gibt zwei Arten, Maronen und Esskastanien: Maronen schmecken kräftig und sahnig. Sie haben Herzform und eine flache, dreieckige Unterseite. Maronen lassen sich leichter schälen als Esskastanien. Diese sind kleiner und runder und schmecken nicht ganz so fein. Geröstete „Maroni" duften verführerisch und sind im Winter ein heißer Genuss. Doch auch in der Küche lassen sich Maronen vielfältig verwenden.

👍 Tipps für Maronen

- So schält man Maronen: Schale an der Spitze kreuzförmig einritzen und dann im Backofen bei 200 °C so lange backen, bis die Schale aufspringt. Die Maronen noch heiß aus der Schale brechen und die dünne braune Haut von den Kernen entfernen.
- Ob Maronen frisch und nicht verwurmt sind, verrät das Gewicht und lässt sich einfach testen: Die Maronen in lauwarmes Wasser legen. Nur Früchte, die sinken, sind zum Verzehr geeignet.

Cashewnüsse

Edelkastanien

Haselnüsse

Kokosnuss

Erdnüsse …

… sind eigentlich gar keine Nüsse, sondern gehören wie Erbsen und Bohnen zur Familie der Hülsenfrüchte. Aus der englischen Bezeichnung „peanut" („Erbsennuss") wird das deutlich. Aber auch das „Erd" hat seine Berechtigung, denn Erdnüsse entwickeln sich unter der Erde. Die Blütenstiele der buschigen Erdnusspflanze wachsen nach der Selbstbestäubung Richtung Boden und bohren sich ein. In der Erde reifen die Samen in den Hülsen heran.

Die Erdnuss besteht aus einer holzigen, netzrunzligen, leicht brüchigen, hellbraunen Schale in der meist zwei bis drei weiße Kerne liegen. Sie sind von einem dünnen, braunen Häutchen umhüllt, das sich leicht entfernen lässt. Erdnüsse kommen geschält und ungeschält auf den Markt. Geschälte Erdnüsse sind meist geröstet; es gibt sie mit und ohne Salz, pikant gewürzt oder mit Honig.

Haselnüsse …

… wachsen sogar in heimischen Gärten und sind jedem Kind vertraut. Die Nuss mit etwa zwei Zentimeter Durchmesser hat eine braune, harte Schale. Neue Ware erkennt man am etwas helleren Ton. Der aromatische Kern wird noch von einem braunen Häutchen überzogen. Um es zu entfernen, legt man Haselnüsse bei mittlerer Hitze etwa zehn Minuten in den Backofen. Anschließend rubbelt man die Haut mit Hilfe eines Tuches ab.

Kokosnüsse …

… erfordern handwerkliches Geschick von dem, der ihre Schale knacken möchte. Doch der Aufwand lohnt sich, denn das weiße Fruchtfleisch der Kokosnuss ist wunderbar aromatisch, und das im Hohlraum enthaltene Kokoswasser schmeckt sehr erfrischend. In erster Linie werden aus Kokosnüssen Öle und Fette gewonnen. Hierzulande nutzt man das Fruchtfleisch vor allem als Zutat für Süßwaren.

👍 Tipp für Kokosnüsse

So knackt man eine Kokosnuss:
- In zwei der drei Augen einen etwas dickeren Nagel schlagen und wieder herausziehen.
- Dann das Kokoswasser in ein Gefäß abfließen lassen.
- Jetzt die Kokosnuss gut festhalten, und die Schale mit einem Hammer aufschlagen.
- Das freigelegte Fruchtfleisch in Streifen schneiden und frisch verzehren.

OBST & TROCKENFRÜCHTE

Macadamianüsse

Paranüsse

Pistazien

Mandeln

Macadamianüsse ...
... gelten als die edelsten aller Nüsse. Sie stammen ursprünglich aus den Regenwäldern Australiens, wo sie bereits 1857 von dem Wissenschaftler McAdam entdeckt wurden. Die Nüsse haben eine dicke, raue oder glatte Schale, darunter sitzt der weiße Kern. Macadamianüsse werden geschält angeboten – geröstet, gesalzen und ungesalzen. Eine Versuchung sind sie auch mit Schokolade- oder Karamellüberzug.

Mandeln ...
... gibt es als bittere und süße Variante. Mandelkerne sind flach und in ungeschälter Form von einem braunen Häutchen überzogen. Geschälte Mandeln werden blanchiert, damit sie ihre weiße Farbe behalten. Mandeln verwendet man hauptsächlich zum Backen. Eine Handvoll süßer Mandeln, gut gekaut, ist aber auch ein „Geheimrezept" gegen Sodbrennen. Bittermandeln dürfen nicht roh gegessen werden, denn sie entwickeln giftige Blausäure. Diese verflüchtigt sich jedoch beim Backen, sodass gesundheitliche Schäden ausgeschlossen sind.

Maronen ...
... zählen zu den Edelkastanien (siehe Edelkastanien).

Paranüsse ...
... sind die Samen des südamerikanischen Brasilnuss- bzw. Paranussbaumes. Wegen der Hauptverbreitung am Amazonas entlang werden sie auch „Amazonasmandeln" genannt. Paranüsse sind drei bis fünf Zentimeter lang, dreikantig und haben eine sehr harte, holzige Schale. Sie birgt den weißen Kern, der von einer dünnen Samenhaut umgeben ist. Besser schälen lässt sich die Nuss, wenn man sie zuvor 15 Minuten in kochendes Wasser legt.

Pekannüsse ...
... sehen aus wie große Eicheln und ähneln im Kern den Walnüssen. Die Schale der Nuss ist so dünn, dass man sie mit der Hand leicht zerdrücken kann. Der Kern füllt die Schale völlig aus und hat einen milden Geschmack.

Pistazien ...
... werden nach der Ernte in Wasser eingeweicht, von der roten Samenhülle befreit, getrocknet und anschließend häufig geröstet und gesalzen. Beim Rösten springen die Schalen an der Naht auf. Nur ein geringer Teil der Welternte kommt geschält auf den Markt. Pistazienkerne sind grün und haben einen milden Nussgeschmack. Sie werden wegen ihres hohen Ölgehalts allerdings schnell ranzig.

Walnüsse ...
... gibt es ganzjährig, doch die Hauptangebotszeit ist Oktober bis Januar. Nach der Ernte werden die Nüsse aus ihrer grünfleischigen Außenhaut geholt, gewaschen, getrocknet und zum Teil mit Bleichmittel behandelt. Die Nusskerne haben ein intensives Aroma und schmecken noch besser, wenn man sie von ihrer dünnen Haut befreit. Sie lässt sich gut entfernen, wenn man die Kerne zuvor mit kochendem Wasser übergießt und sofort kalt abschreckt.

So gesund sind Nüsse

Nüsse haben es in sich. Sie enthalten viel Eiweiß, Kohlenhydrate und natürlich Fett (je nach Sorte bis zu 73 %). Rund 600 kcal je 100 g Nüsse sind nicht gerade diätverdächtig, doch das Fett in den Nüssen ist gesund. Es liefert hauptsächlich mehrfach ungesättigte, also essenzielle und damit lebenswichtige Fettsäuren. Forschungen zeigen, dass Walnüsse bei gesunden Personen den Cholesterinspiegel stärker senken als Fisch und somit das Risiko für eine Erkrankung der Herzkranzgefäße herabsetzen. Dafür genügt täglich eine Handvoll ganzer oder ca. drei Esslöffel zerhackte Walnüsse.
Bemerkenswert ist auch der Gehalt an Vitaminen und Mineralstoffen. Nüsse decken mehrfach den Tagesbedarf an Vitamin E und enthalten die meisten Vitamine des B-Komplexes, also Nervennahrung pur. Dazu kommen Mineralstoffe wie Phosphor, Eisen, Kalzium, Magnesium und Kalium.

Pekannüsse

Walnüsse

Kürbiskerne

Studentenfutter
Die Mischung aus ungesalzenen Nüssen, getrockneten Früchten und manchmal auch Kernen schmeckt natürlich nicht nur zukünftigen Akademikern. Es ist ein gesunder Snack, der wegen der leicht verdaulichen Kohlenhydrate, vielen Mineralstoffen, Eisen und Omega-3-Fettsäuren die Leistungsfähigkeit steigert und gut für das Gehirn sein soll.

Kerne und Samen

Wer gern knabbert – in der Schule, neben der Arbeit, unterwegs – kann sich bei den Samen bedienen. Ob pur oder geröstet, sie schmecken, machen satt und sind dabei auch noch gesund.

Pinienkerne

Sonnenblumenkerne

- *Kürbiskerne* sind die großen, dunklen Samen der Kürbisse. In ihnen stecken die Vitamine A, B und E und viele Mineralstoffe wie Zink, Phosphor, Eisen und Magnesium. Dazu kommen anregende ätherische Öle. Medizinisch nachgewiesen ist die positive Wirkung von Kürbiskernen bei Prostataproblemen.
- *Pinienkerne* sind die Samen der großen Pinienzapfen. Die weißen länglichen Kerne enthalten viel Vitamin B_1 – zuständig für den Kohlenhydrat-Stoffwechsel und die Nerven. Pinienkerne kann man ohne Fett in der Pfanne rösten und dann Obstsalate, Rohkostsalate oder auch Pasta damit verfeinern. Pinienkerne sind ein unverzichtbarer Bestandteil des italienischen Pesto.
- *Sonnenblumenkerne* sind keineswegs nur Vogelfutter, sondern auch für die menschliche Knabberlust gedacht. Die kleinen, hellen Kernchen enthalten viel Eiweiß und ungesättigte Fettsäuren (zum Beispiel Linolsäure und Linolensäure).

OBST & TROCKENFRÜCHTE

Trockenfrüchte

Früchte werden seit Menschengedenken durch Trocknen haltbar gemacht. So konnte man in früheren Zeiten einen Vorrat anlegen und das Obst über den Winter retten. Heute sind wir das ganze Jahr über mit Frischobst bestens versorgt, trotzdem erfreuen sich Trockenfrüchte großer Beliebtheit. Sie schmecken köstlich, eignen sich bestens als gesunder Snack zwischendurch und sind darüber hinaus vielseitig verwendbar.

Ananasring

Apfelringe

Aprikosen

Bananenchips

Guave

Äpfel, Birnen, Zwetschen und zahllose exotische Früchte werden in Plantagen eigens fürs Trocknen angebaut. Teilweise trocknen die Früchte noch in der Sonne, doch meist wird die Feuchtigkeit mit modernen Verfahren unterschiedlicher Art entzogen. Durch das Trocknen erhöht sich der Zucker- und damit der Nährstoffgehalt der Früchte erheblich. Beispielsweise haben 100 g frische Pflaumen einen Brennwert von etwa 50 kcal, getrocknet liefert dieselbe Menge rund 222 kcal. Hitzeempfindliche Vitamine wie Vitamin C gehen beim Trocknen zwar zu einem großen Teil verloren, doch der Mineralstoffgehalt pro 100 g Frucht ist deutlich höher. Bemerkenswert sind zudem die Ballaststoffe, die die Verdauung unterstützen.

Trockenobst darf mit Schwefeldioxid behandelt werden. So erreicht man u. a. einen guten Schutz gegen Pilzbefall. Hauptsächlich aber geht es um kosmetische Korrekturen. Dunkle Früchte lassen sich bleichen, helle behalten ihre appetitliche Farbe. Ab einer Menge von 10 mg pro kg Trockenfrucht ist der Schwefelzusatz zu deklarieren. Auf der Packung steht dann „geschwefelt" oder „Konservierungsstoff (E220)". Schwefeldioxid wird nachgesagt, verschiedene Enzyme im Körper zu hemmen sowie Vitamin B_1 zu zerstören.

Süß und aromatisch

Die Auswahl an Trockenfrüchten ist keineswegs vollständig, sondern umfasst lediglich die beliebtesten Sorten.

Ananas
Ob in Stücken oder Ringen, Ananas schmeckt wunderbar süß und aromatisch. Noch saftig und relativ weich sind die Früchte aus Kolumbien und Mexiko, denn sie enthalten eine gewisse Restfeuchtigkeit. Kleiner, trockener und dadurch dunkler sind die Ringe aus Honduras. Thailand liefert kandierte Ananasringe.

Apfelringe
Sie erscheinen ein wenig zäh, schmecken aber angenehm säuerlich. Sie entstehen aus großen, spätreifen Früchten mit kleinem Kerngehäuse und gut ausgebildeter Säure.

Aprikosen
Sie sind besonders beliebt wegen ihres intensiven süß-säuerlichen Geschmacks und der saftigen Konsistenz.

Bananenchips
Zwei Varianten werden angeboten: Getrocknete Bananenscheiben sind knackig und teils ungesüßt, teils mit Honig verfeinert. Ganze, ohne jede Zusatzstoffe getrocknete Bananen kommen u. a. aus Ecuador und Costa Rica.

Birnen
Birnenschnitze haben die Bauern früher im Backofen gedörrt. Heute kann man sie fix und fertig kaufen, sogar aus biologischem Anbau.

Cranberries
In Scheiben geschnitten, leicht gezuckert und dann getrocknet schmecken die saftigen Beeren hervorragend, und sie sind als Backzutat beliebt. Wer beispielsweise keine Rosinen mag, ersetzt sie einfach durch Cranberries. Besonders lecker: in Apfelsaftkonzentrat getrocknete Beeren.

Datteln
Sie trocknen in der Sonne oder schonend in speziellen Umluftkammern und bleiben sehr saftig.

Feigen
Beim Trocknen verlieren die Feigen ihre ursprüngliche Birnenform und verändern sich zu dicklichen, runden Scheiben. Sogenannte „Naturalfeigen" bleiben nach dem Trocknen unbehandelt. Auf den Früchten bildet sich ein weißer, glanzloser Überzug aus kristallisiertem Traubenzucker, der zusätzlich konserviert. Bearbeitete Feigen werden nach dem Trocknen u. a. mit Salzwasser oder Wasserdampf behandelt, in Form gepresst und wieder getrocknet. Die Früchte erhalten dadurch eine dunkle Färbung und einen schönen Glanz.

Mangos
Scheiben von Früchten im besten Reifezustand werden ohne Zusätze schonend getrocknet und schmecken süß und aromatisch.

Pfirsiche
Schnitze vollreifer Pfirsiche werden in Zitronen- oder Salzwasser getaucht und in der Sonne getrocknet.

Pflaumen
Sie schmecken zuckersüß, doch an der Luft trocknen sie weiter und werden hart. Dabei entsteht ein weißlicher Belag aus kristallisiertem Zucker. Trockenpflaumen gelten als äußerst verdauungsfördernd. Man genießt sie pur oder verwendet sie für Kompotte.

Weinbeeren
Wenn Weintrauben getrocknet werden, entstehen …
… *Rosinen*. Diese großen, fleischigen Beeren enthielten früher noch Kerne. Die fehlen heute, doch geblieben sind gelegentlich noch die kleinen Stiele. Zu Rosinen trocknet man verschiedene Traubensorten aus aller Welt, vor allem aber die „Thompson Seedless" aus Kalifornien.
… *Sultaninen* stammen von der Sultana-Traube. Sie sind kernlos, hellgelb, sehr süß und liegen in der Größe zwischen Rosinen und Korinthen.
… *Korinthen* sind kleinbeerig, kernlos und von dunkelbrauner bis schwarzer Farbe. Sie werden aus blauen Trauben gewonnen und haben einen kräftigen Geschmack.
Nicht die Korinthen, wohl aber Rosinen und Sultaninen werden teilweise geschwefelt, um sie zu bleichen. Das muss dann auf der Packung vermerkt sein. Auch ungeschwefelte Produkte kann man im Haushalt problemlos monatelang aufbewahren.

Gemüse
& SALATE

BLATTGEMÜSE	76
SALATE	78
FRUCHTGEMÜSE	84
HÜLSENFRÜCHTE	96
KOHLGEMÜSE	104
STÄNGELGEMÜSE	108
ALGEN	112
SPROSSEN & KEIME	113
WURZEL- UND KNOLLENGEMÜSE	114
ZWIEBELGEMÜSE	130
SPEISEPILZE	132

GEMÜSE & SALATE

Gemüse und Salate

Wer zählt die Arten, kennt die Sorten? Beim Gemüse beweist Mutter Natur einmal mehr Phantasie. Da gibt es alle Farben, die unterschiedlichsten Formen und die Geschmacksvarianten scheinen unendlich zu sein. Dank dieser Vielfalt wird Gemüse auf dem Teller niemals langweilig und hat längst den Aufstieg von der „bloßen" Beilage zum Hauptgericht geschafft.

Blumenkohl

Früher, als Gemüse und Salate noch ausschließlich draußen auf heimischen Feldern wuchsen, aß man sich durch die Jahreszeiten.

Doch seitdem die Möglichkeit besteht, Pflanzen in unseren Breiten das nötige Klima zum Gedeihen rund ums Jahr zu bieten und außerdem Gemüse von weither ins Land zu holen, steht nahezu jederzeit das gesamte Angebot zur Verfügung.

Ware aus dem Freiland

Das beste Gemüse wächst unter freiem Himmel und möglichst nicht allzu weit vom Ort des Verkaufs entfernt. Im Idealfall stammt es aus ökologischem Anbau. Freilandgemüse richtet sich naturgemäß weitgehend nach der Saison, wobei es durchaus Überschneidungen geben kann. Man unterscheidet in

- Frühlingsgemüse: zum Beispiel Frühkartoffeln, Gemüsezwiebeln, Karotten, Kohlrabi, Mangold, Ra-

Gelbe Tomaten

Eichblattsalat

Porree (Lauch)

Palerbsen

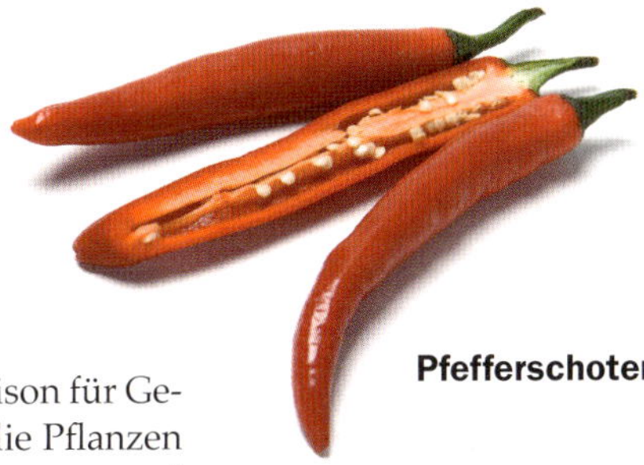

Pfefferschoten

dieschen, Spargel, Spinat, Spitzkohl, Weißkohl, Wirsing.
- Sommergemüse: zum Beispiel Artischocken, Auberginen, Blumenkohl, Brokkoli, Erbsen, Fenchel, grüne Bohnen, Kohlrabi, Porree, Mangold, Möhren, Paprika, Radieschen, Rettiche, Salate, Salatgurken, Sellerie, Tomaten, Zucchini, Zuckerschoten, Zwiebeln.
- Herbstgemüse: zum Beispiel Chinakohl, Fenchel, Kartoffeln, Kürbis, Mais, Meerrettich, Pilze, Rote Bete, Rotkohl, Spinat, Weißkohl, Wirsing.
- Wintergemüse: zum Beispiel Chicorée, Grünkohl, Feldsalat, Hülsenfrüchte, Rosenkohl, Rotkohl, Weißkohl.

Immer wieder taucht scheinbar fremdartiges Gemüse im Handel auf, das sich bei näherer Betrachtung als heimische und lediglich in Vergessenheit geratene Sorte entpuppt. Gerade diese Gemüsearten – wie etwa Rauke (Rucola) oder Pastinaken – schmecken oft sehr interessant und sind eine willkommene Abwechslung.

Der Folien-Trick

Diese Methode dient dazu, die jeweilige Saison für Gemüse zu verlängern. Im Freiland werden die Pflanzen unter Folientunneln oder -abdeckungen gezogen und so vor negativen Witterungseinflüssen geschützt. Bei schönem Wetter lässt sich die Folie entfernen. Dank dem Anbau unter Folie kann beispielsweise die Spargel-Saison schon einige Wochen früher beginnen.

Gemüse hinter Glas

Während beim Freilandanbau zum Säen, Ernten usw. vielfach Maschinen eingesetzt werden, herrscht im Gewächshaus noch Handarbeit vor. Die perfekt klimatisierten Glashallen bieten den Pflanzen das ganze Jahr über ideale Wachstumsbedingungen. Regen und Kälte bleiben draußen. Sonnenlicht dringt durch, bei Bedarf erfolgen künstliche Beleuchtung und Beheizung. Die Pflanzen stehen auf Mutterboden oder Substrat und erhalten wohldosierte Mengen an Wasser und Dünger. Angebaut werden vor allem Salate, Tomaten, Gurken, Paprikaschoten und überhaupt alle empfindlichen Sorten. Das Gemüse ist zart, sieht makellos und sehr einheitlich aus, doch der Geschmack kann selten mit dem von Freilandgemüse mithalten. Auch der Nährwert ist meist geringer und die Ökobilanz schlechter.

 Wie gefährlich ist Nitrat?

Gemüse enthält mehr oder weniger viel Nitrat. Dieser für Pflanzen lebenswichtige Nährstoff wird bei Lichtmangel (frühmorgens, vom Herbst bis zum Frühjahr und im Treibhaus) gespeichert, ebenso bei Überdüngung. An sich ist Nitrat völlig harmlos, doch es kann sich in giftiges Nitrit verwandeln. Das passiert beispielsweise, wenn Gemüse langsam abkühlt und wieder langsam aufgewärmt oder warmgehalten wird. Im Zusammenhang mit Eiweiß besteht die Gefahr, dass krebserregende Nitrosamine entstehen. Für Säuglinge ist Nitrit außerdem gefährlich, weil es den Sauerstofftransport im Blut behindert.

Einen eher **hohen** Nitratgehalt haben beispielsweise Eissalat, Endiviensalat, Feldsalat, Fenchel, Kopfsalat, Radieschen, Rettich, Rote Beete, Spinat und Steinmangold.

Einen **mittleren** Nitratgehalt haben beispielsweise Auberginen, Blumenkohl, Chinakohl, Frühmöhren, Grünkohl, Kohlrabi, Kopfkohl, Sellerie, Wirsing und Zucchini.

Einen **niedrigen** Nitratgehalt haben beispielsweise Erbsen, grüne Bohnen, Gurken, Kartoffeln, Knoblauch, Paprika, Porree (Lauch), Rosenkohl, Tomaten und Zwiebeln.

Nitrat ist kein Grund, auf Gemüse zu verzichten. Man sollte das Gemüse lediglich nach der Zubereitung sofort verzehren oder schnell abkühlen lassen und wieder aufwärmen. Bei Freiland- und Öko-Gemüse ist der Nitratgehalt ohnehin von Haus aus niedriger als bei Treibhausware.

GEMÜSE & SALATE

... und ab zum Verkauf

Frisch aus dem Boden oder von der Staude ist Gemüse noch nicht „reif" für den Verkauf, denn die Verbraucher erwarten saubere, küchenfertig vorbereitete Ware. Doch nach der Ernte ist Eile angesagt, da Gemüse schnell welkt und an „inneren Werten" verliert.

Möhren

Rosenkohl

Radicchio

Je nach Art wird das geerntete Gemüse ordentlich geputzt und bei Bedarf gewaschen, dann nach Größe und Gewicht sortiert, gewogen, eventuell gebündelt (zum Beispiel junge Karotten mit Kraut) und verpackt. Gemüse kommt lose oder vorverpackt in Netzen (zum Beispiel Zwiebeln), Folienbeuteln (zum Beispiel Kartoffeln) oder Schalen (zum Beispiel Tomaten) in den Handel.

Normen und Klassen

Genau wie Obst, so wird auch Gemüse entsprechend den EU-Vermarktungsnormen vorschriftsgemäß in eine von drei Güteklassen eingestuft. (Für einige Arten gibt es nur zwei Stufen.) Ausschlaggebend für die Qualitätszuordnung sind nicht Geschmack oder Nährstoffgehalt, sondern bestimmte äußere Merkmale wie Größe, Gewicht und Aussehen.

- **Klasse Extra** = höchste bzw. hervorragende Qualität. Die Erzeugnisse sind sortentypisch in Form, Entwicklung und Färbung und weisen alle die Sorte kennzeichnenden Eigenschaften auf.
- **Klasse I** = gute Qualität. Leichte Fehler hinsichtlich Form, Entwicklung und Farbe werden toleriert, sofern sie wesentliche Eigenschaften wie z. B. die Haltbarkeit nicht beeinträchtigen.
- **Klasse II** = marktfähige Qualität. Diese Erzeugnisse erfüllen keine höheren Anforderungen, doch Mindesteigenschaften sind gegeben. Fehler sind zulässig hinsichtlich Form, Entwicklung und Farbe, sofern nicht wesentliche Eigenschaften wie z. B. die Haltbarkeit beeinträchtigt werden.

Grundsätzlich muss Gemüse sauber, trocken und unbeschädigt sein, darüber hinaus gesund und gut entwickelt. Nicht toleriert werden Schädlingsbefall, Fremdkörper und Fremdgerüche.

Verpflichtend ist eine Klassifizierung nach europäischen Normen für Gemüsepaprika, Salate (Kopf- und Blattsalate) und Tomaten.
Anderes Gemüse wie bspw. Artischocken, Auberginen, Blumenkohl, Brokkoli, Gurken, Möhren, Rosenkohl, Spargel und Zucchini können nach den europäischen Normen klassifiziert werden.
Unzulässig ist eine Klassenangabe z. B. bei Kartoffeln, Kräutern und Kürbissen.

Kennzeichnung im Klartext

Lose Ware erfordert ein gut sichtbares und lesbares Schild am Gemüseregal mit folgenden Angaben:
- *Artikelbezeichnung* (freiwillig).
- *Preis* pro kg bzw. pro 100 g oder pro Stück bzw. Bund.
- *Klasse* (nicht bei allen Arten verpflichtend, teilweise freiwillig, teilweise unzulässig).
- *Ursprungsland*. Zusätzliche Angabe des Anbaugebiets ist freiwillig.
- Bei Kartoffeln: *Kochtyp* (freiwillig).
- *Zusatzstoff/Behandlungsstoff*.

🖊 Vitamin-Killer

Gemüse sollte möglichst oft roh und natürlich frisch verzehrt werden, denn nur so ist es wirklich reich an Vitaminen. Sie reagieren empfindlich auf äußere Einflüsse:

VITAMINE	HITZE	LICHT	SAUERSTOFF	KOCHVERLUST
A	−	++	++	10–30 %
D	−	+	+	wenig
E	−	+	+	50 %
K	−	+	−	wenig
C	+	−	+	30 %
B1	−	++	+	30–50 %
B2	+	+	−	bis 50 %
B6	+	+	−	bis 40 %
B12	−	+	+	ca. 10 %
Folsäure	+	−	−	bis 90 %
Niacin	−	−	−	bis 30 %
Pantothensäure	+	−	−	bis 45 %
Biotin	−	+	−	bis 70 %

− nicht empfindlich   + empfindlich   ++ sehr empfindlich

🖊 Spickzettel Gemüse

- Gemüse wird eingeteilt in Fruchtgemüse, Blattgemüse und Salate, Stängelgemüse, Kohlgemüse, Wurzel- und Knollengemüse, Zwiebelgemüse und Speisepilze.
- Bei heimischer Freilandware unterscheidet man Frühlings-, Sommer-, Herbst- und Wintergemüse.
- Gemüse sollte möglichst schnell verbraucht und bis dahin dunkel und kühl gelagert werden.

Fenchel

Aubergine

Schalotten

Salatherzen

Spinat

Vorverpackte Ware muss direkt an der Verpackung ausgezeichnet werden, und zwar zusätzlich mit
- *Name und Anschrift* des Herstellers, Verpackers oder Verkäufers,
- *Packungspreis*,
- *Füllgewicht* oder *Stückzahl*,
- offenem oder codiertem *Abpackdatum*.

So bleibt Gemüse frisch

Der Weg vom Feld zum Verbraucher ist letztendlich ein Wettlauf mit der Zeit. Denn Gemüse bleibt nur sehr begrenzt frisch und kann innerhalb von 24 Stunden nahezu die Hälfte seines Vitamingehalts einbüßen. Gemüse „atmet" Feuchtigkeit und Kohlendioxid (CO_2) aus und schlafft dabei nach und nach immer mehr ab. Um dies zu verhindern, wird Gemüse in „kontrollierter Atmosphäre" gelagert. Das bedeutet, dass in den Lagerräumen die Luft künstlich mit Kohlendioxid angereichert und der Sauerstoffgehalt verringert wird. Unter diesen Bedingungen reduziert sich der Stoffwechsel im Gemüse auf ein Minimum. Dadurch bleiben Frische und Nährstoffe oft über Monate nahezu völlig unverändert erhalten.

Im Haushalt sollte Gemüse möglichst schnell verbraucht werden. Während der Aufbewahrungszeit mögen es die Produkte dunkel und zumindest kühl. Spinat beispielsweise verliert bei 20 °C in zwei Tagen etwa 79 % seines Vitamin-C-Gehalts. Im Kühlschrank reduziert sich der Verlust zumindest auf ca. 33 %. Allerdings ist der Kühlschrank nicht für alle Gemüsearten geeignet. Die Kälte im Gemüsefach kommt beispielsweise Blattsalaten, Radieschen, Karotten, Rosenkohl und Blumenkohl entgegen. Gurken, Paprikaschoten, grüne Bohnen und Kartoffeln dagegen fühlen sich im Keller wohler.

Die Größe von Gemüse lässt Rückschlüsse auf die Haltbarkeit zu. Am längsten frisch bleiben meist die mittelgroßen Vertreter ihrer Art. Was sehr groß oder sehr klein ausfällt, wird schneller welk.

Tipps für Gemüse

- Am besten Gemüse aus der Region kaufen, denn es lässt den höchsten Gehalt an Vitalstoffen erwarten.
- Entsprechende Gemüsearten möglichst dünn schälen, weil knapp unter der Schale viele Vitamine und Mineralstoffe sitzen.
- Gemüse gründlich, aber nur kurz waschen und nicht lange ins Wasser legen. Denn dabei lösen sich Vitamine und werden weggeschüttet.
- Gemüse erst kurz vor dem Verzehr erhitzen und nicht lange warm halten. Wenn's sein muss, lieber schnell abkühlen und später erneut aufwärmen.
- Auf knappe Garzeiten achten und wenig Kochwasser verwenden, das kommt den Vitaminen zugute.
- Schonend zubereiten lässt sich Gemüse beispielsweise durch Dünsten, im Tontopf, im Schnellkochtopf oder im Wok. Das Nonplusultra ist ein Dampfgarer.

Was ist Gemüse?

Der Begriff „Gemüse" kommt aus dem Mittelhochdeutschen und beinhaltet „Mus". Gemeint war damit gekochter Brei aus allerlei Nutzpflanzen. Heute ist „Gemüse" der Sammelbegriff für unterschiedliche essbare Teile von krautigen, wild oder kultiviert wachsenden, vorwiegend einjährigen Pflanzen. Nicht nur Blätter, Stängel, Wurzeln usw. zählen dazu, sondern auch Früchte. Im Gegensatz zu Obst wird Gemüse in erster Linie gekocht verzehrt. Ein weiterer Unterschied: Die meisten Gemüse schmecken erst in Verbindung mit Kräutern und Gewürzen richtig gut. Während es sich bei Gemüse um Blätter, Stängel, Wurzeln, Knollen oder auch Früchte handeln kann, sind Salate immer irgendwelche Blätter. Sie können klein sein wie bei Feldsalat oder überdimensional wie beispielsweise bei Mangold.

GEMÜSE & SALATE

Blattgemüse

Zum Blattgemüse zählen Pflanzen, deren Blätter und Stiele zum Verzehr geeignet sind. Die größte Gruppe bilden die Salate, die in erster Linie roh gegessen werden. Anderes Blattgemüse kommt gedünstet, geschmort, gedämpft oder gebacken auf den Tisch, und manche Sorten machen als Salat ebenso von sich reden wie warm zubereitet.

Spinat

Spinat

Die Pflanze gehört zu den Gänsefußgewächsen und kommt ganzjährig auf den Markt, je nach Saison aus dem Freiland oder dem Gewächshaus. Der sogenannte *Wurzelspinat* hat zusammenhängende Blätter, weil die kompletten Pflänzchen direkt über der Wurzel abgeschnitten werden. *Blattspinat* besteht aus einzelnen Blättern. Der Unterschied liegt nicht im Geschmack, sondern lediglich darin, dass Wurzelspinat mehr Abfall verursacht.

Eingeteilt wird Spinat in *Frühlings-, Sommer-, Herbst- und Winterspinat*. Was in der ersten Jahreshälfte wächst, ist so zart, dass die Blätter auch als Salat hervorragend schmecken. Später hat die Pflanze kräftigere, teils gewellte Blätter, die man besser blanchiert. Ganz nach Bedarf kann das Gemüse püriert, gehackt oder als Blattspinat auf vielfältige Weise zubereitet werden; dabei sollte ein Hauch von Knoblauch niemals fehlen.

Blatt-Mangold

Sauerampfer

Die Warnung, dass man Spinat nicht aufwärmen darf, stammt wohl aus der Zeit vor Erfindung des Kühlschranks. Heute gilt für Erwachsene: Wenn Spinat schnell abgekühlt und nicht mehr als einen Tag in den Kühlschrank gestellt wird, kann man das Gemüse aufwärmen und dann sofort essen, also auf keinen Fall warm halten. Denn beim Warmhalten verwandelt sich das enthaltene Nitrat in giftiges Nitrit. Für Babys und Kleinkinder empfiehlt es sich, immer frischen Spinat zu kochen.

Mangold

Auch Mangold gehört zu den Gänsefußgewächsen, doch eine Verwandtschaft besteht nicht direkt mit dem Spinat, sondern mit Roter Bete. Genau genommen ist Mangold nämlich die Blattrosette einer Rübenart. Geschmacklich allerdings steht er einzig und allein dem Spinat nahe, nur ist Mangold noch würziger und kräftiger. Angeboten wird das Gemüse in zwei Sorten:

Blattmangold hat schmale Stiele und breite Blätter. Sie sind groß genug, um daraus beispielsweise Rouladen mit Fleisch-, Fisch- oder Käsefüllung zu machen. Oder die Blätter werden geschnitten und wie Spinat gedünstet.

Stielmangold besitzt breite, fleischige Stiele und Rippen mit kleinen Blättern, die abgestreift werden. Stiele und Rippen haben einen spargelähnlichen Geschmack. Man schneidet sie in Stücke, dünstet sie und richtet sie in einer hellen Sauce wie Spargel oder Schwarzwurzeln an.

Frisch ist Mangold nur dann, wenn er glänzende grüne Blätter hat und richtig knackig wirkt. Blätter und Stiele dürfen keine braunen Flecken zeigen. Die Blätter werden am Wurzelansatz abgetrennt und einzeln gründlich gewaschen, da sich Erde in den Rillen der Blattrippen festsetzt.

Sauerampfer

Einst war es selbstverständlich, im Frühling den wild wachsenden, zarten Sauerampfer von den Wiesen zu holen, dann geriet er in Vergessenheit und wurde zum Glück wiederentdeckt. Heute stammt er aus Kulturen und bereichert gelegentlich das Angebot im Handel.

Sauerampfer schmeckt erfrischend säuerlich und so richtig nach Frühling. Die sattgrünen Blätter enthalten so viel Vitamin C wie Zitronen und wirken blutreinigend, leicht abführend und appetitanregend. Sauerampfer verfeinert Salate, Dips, Saucen, Kräuterbutter, Quark, Kartoffelsuppe und vieles mehr. Und er ist das absolute Muss in einer „Frankfurter Grünen Sauce".

 Die Mär vom Eisen

Zu den Irrtümern unserer Tage gehört die Meinung, Spinat sei wegen seines Eisengehalts vor allem für Kinder ein Muss. Doch Ernährungswissenschaftler haben festgestellt, dass Generationen einem Kommafehler erlegen sind: Spinat liefert je 100 g nicht, wie lange behauptet, rund 30 mg Eisen, sondern ca. 3 mg, was für ein pflanzliches Lebensmittel aber immer noch beachtlich ist. Zudem enthält Spinat eine Fülle an Vitaminen und Mineralstoffen, darunter viel Provitamin A und Vitamin E und überdurchschnittlich viel Natrium, Kalium und Magnesium. Der relativ hohe Nitratgehalt lässt sich durch Blanchieren reduzieren.

Eisen aus Pflanzenkost kann der Mensch schlechter verwerten als aus tierischer Nahrung. Jedoch hilft Vitamin C, die Aufnahme im Darm zu verbessern – ein Glas Orangensaft zum (vegetarischen) Essen ist daher ein guter Tipp.

GEMÜSE & SALATE

Salate

Da haben wir den Salat – eine gebräuchliche Redewendung, wenn etwas durcheinander geraten ist. In der Salatschüssel jedoch sehen wir das Durcheinander positiv, denn hier gehört es sich nicht anders.

Salate liegen im allgemeinen Trend zu natürlicher, gesunder Ernährung. Und weil das Schönheitsideal schlank ist, machte die traditionelle Beilage eine rasante Karriere als Hauptgericht. Die Auswahl an Salatsorten ist riesengroß. Da gibt es solche, die ganz vom Dressing profitieren, und andere mit intensivem Eigengeschmack. Manche sind aromatisch-mild, andere herb bis bitter. Auch buhlt Salat mit Äußerlichkeiten ganz offen um die Gunst der Verbraucher. Die Blätter zeigen sich von hell- bis dunkelgrün, aber auch weiß, gelb oder dunkelrot. Geprahlt wird zudem mit Formen – krause und glatte Blätter, einige im Maxi- und manche im Miniformat. Kurz: Im Salatregal geht's erfrischend bunt zu, was das Auge erfreut und Appetit weckt. Dabei ist das Sortiment keineswegs konstant, denn immer wieder tauchen interessante Neuheiten auf.

Der beste Salat kommt aus dem Freiland. Er hat kräftige Blätter, einen intensiven Geschmack und enthält eine Extraportion Vitamine und Mineralstoffe. Da aber auch in der kalten Jahreszeit niemand auf Salat verzichten möchte, wird das gesamte Programm in Gewächshäusern gezogen. Dieser Salat hat meist lockere Köpfe mit zarten Blättern. Geschmack sowie Inhaltsstoffe können nicht ganz mit der Freilandware konkurrieren.

Ernährungsexperten empfehlen, sich möglichst an Freilandsalate zu halten und entsprechend der Saison zu kaufen. Denn bestimmte Sorten fürchten selbst die Kälte nicht. Vom Herbst bis zum Frühjahr sind Chicorée, Radicchio und Feldsalat dran. Dann folgen bis zum Sommer Kopf-, Eisberg- und Bataviasalat. Von Juni bis September stehen deutscher Lollo rosso und Eichblattsalat zur Verfügung. Endiviensalat wird fast das ganze Jahr draußen angebaut. Freilandsalate sind weniger mit Nitrat belastet. Das gilt ganz besonders für Ware aus ökologischem Anbau, die keinen Mineraldünger erhält. Auch der Verzicht auf Pestizide kommt Bio-Salaten zugute.

Salatmischungen

Beliebt – nicht nur bei Singles – sind fertige Salatmischungen aus der Tüte. Die Kunden bekommen große Vielfalt bei minimalem Aufwand, denn Waschen und Schnippeln entfallen. Der Salat muss nur noch angemacht werden. Wichtig aber ist, dass die Mischungen gekühlt werden und das Mindesthaltbarkeitsdatum beachtet wird. Denn da der Fertigsalat zerkleinert ist, wird er anfälliger für Mikroorganismen. Während der ganze Salatkopf noch einen natürlichen Schutz besitzt, bieten die vielen Schnittstellen an den Salatblättern, kombiniert mit Sauerstoff und Feuchtigkeit in der Tüte, den Keimen gute Wachstumsbedingungen.

Damit Salat nicht schlapp macht

Bei Salat ist Frische das A und O. Sie zeigt sich in fest geschlossenen Köpfen und knackigen Blättern. Im

 Tipps für Salate

- Blattsalate sind ein besonderer Augenschmaus, wenn verschiedene Farben und Formen miteinander gemischt werden.
- Zu einem gesunden Salat gehören auch frische Kräuter.
- Sprossen und Keime, Kerne und Samen bereichern einen Salat mit Vitalstoffen und Geschmack.
- Einige Salate wie Chicorée oder Endiviensalat kann man auch dünsten und als Gemüse genießen.
- Salat bedeutet keineswegs ausschließlich Blätter, er darf auch anderes Gemüse enthalten – Tomaten, Gurken, gegrillte Zucchini, Radieschen, gebratene Pilze usw. Obst – passend zur Jahreszeit – kann das Tüpfelchen auf dem i sein: Orangen, Äpfel, Trauben, Mangos – einfach ausprobieren.
- Croûtons (geröstete Weißbrotwürfel) werden ganz zum Schluss über den Salat gestreut und nicht untergemischt, da sie sonst weich werden.

Haushalt kann man Salat ein bis zwei Tage im Kühlschrank lagern, am besten eingewickelt in eine perforierte Folie oder ein feuchtes Tuch.

Beim Salatputzen sollte man die äußeren Blätter, Strunk und Stiele wegwerfen, denn in diesen Teilen konzentrieren sich die meisten Schadstoffe. Gewaschen wird Salat kurz, aber gründlich unter fließendem Wasser. Dann müssen die Blätter in einem Sieb gut abtropfen oder – noch besser – in einer Salatschleuder getrocknet werden. Denn an nassem Salat bleibt die Salatsauce nur schwer haften. Übrigens: Salatblätter erst nach dem Waschen zerteilen, da sonst wertvolle Inhaltsstoffe ausgeschwemmt werden. Bei Radicchio sollte man den ganzen Kopf waschen und die Blätter erst dann abtrennen.

Dressing krönt den Salat

Hasen mundet Salat ohne alles, der menschliche Geschmack verlangt zumindest nach Essig und Öl, Salz und Pfeffer. Wobei dem Öl eine wichtige Funktion zukommt: Bestimmte Vitamine im Salat sind fettlöslich und können somit nur zusammen mit Öl verwertet werden. Außerdem liefern gute Öle wie z. B. Olivenöl zusätzliche Vitamine. Wichtig ist, dass man zuerst alle Zutaten mischt und Öl erst zum Schluss zugibt.

Rezepte für Salatdressings sind so zahlreich wie Sand am Meer. Manche basieren auf Öl, andere auf Joghurt, Crème fraîche oder Sahne. Wichtig für den Geschmack sind in jedem Fall Kräuter und Gewürze, harmonisch aufeinander abgestimmt. Die Salatsauce darf erst ganz kurz vor dem Servieren über den Salat gegeben werden, da er sonst bei längerem Stehen zusammenfällt. Wer sichergehen will, dass die Blätter knackig bleiben, stellt Dressing und Salat getrennt auf den Tisch.

Übrigens müssen Salatsaucen nicht unbedingt hausgemacht sein. Der Handel bietet ausgezeichnete Fertigdressings an, und entsprechenden Trockenprodukten kann man noch durch eigenes Verfeinern den letzten Pfiff geben.

 Sehr empfehlenswert

Salat besteht vorwiegend aus Wasser, der beliebte Kopfsalat sogar zu 95 %. Die Kalorien sind gering, Vitamine und Mineralstoffe (vor allem Kalium und Magnesium) durchaus bemerkenswert. Dabei gibt es deutliche Unterschiede zwischen den Salatsorten. Löwenzahn beispielsweise liefert rund 160 mg Calcium je 100 g, während es Römischer Salat gerade mal auf ca. 6 mg bringt. Und Gartenkresse enthält bedeutend mehr Vitamin C als Eisbergsalat. Noch einige andere Stoffe bestimmen den Gesundheitswert von Salaten: Chlorophyll, der grüne Farbstoff in den Blättern, wirkt unter anderem antibakteriell und kann das Immunsystem stärken; Folsäure wird zur Zellbildung benötigt.

GEMÜSE & SALATE

Von Batavia bis zu Salatherzen

Barba di frati

Chicorée

Eichblattsalat

Barba di frati
(Mönchsbart, Hirschhorn-Wegerich)
Vom Aussehen her ähnelt das Wegerichgewächs stark dem Schnittlauch, aber geschmacklich ist es mit diesem gar nicht zu vergleichen. Am ehesten lässt sich der Geschmack mit herb-säuerlich beschreiben. Da die Pflanze besonders in Italien bekannt und reichlich verzehrt wird, wurde sie auch unter ihrem italienischen Namen bei uns bekannt. Köstlich schmeckt Barba de frati mit etwas Olivenöl und Knoblauch kurz pfannengebraten, zu Spaghetti, während der letzten Minuten ins Kochwasser gegeben und als Salat.

Batavia
Batavia ist ein Verwandter des Kopfsalats und sieht ihm durchaus ähnlich. Die leicht gekrausten Blätter haben allerdings eine grün-rote Färbung und ähneln in der knackigen Konsistenz sowie im würzigen Geschmack eher dem Eisbergsalat. Der Batavia hat den Vorteil, dass er im Kühlschrank länger frisch bleibt und angemacht nicht so schnell zusammenfällt.

Chicorée
Chicorée besticht durch seine länglichen, knackigen Blätter und seinen bitteren Geschmack. Weil der nicht jedermanns Sache ist, gibt es inzwischen bitterstoffarme Züchtungen, die mit Strunk verwertet werden können. Roter Chicorée entstand aus einer Kreuzung mit Radicchio. Erreicht wurde dadurch lediglich eine interessante Färbung, aber kein neuer Geschmack.
Chicorée ist ein „Kind" der Dunkelheit. Die Wurzeln wachsen zunächst im Freiland, werden dann gerodet und kommen in der modernen Produktion von nun an mit keiner Erde mehr in Berührung. Aufrecht eingelegt in Kunststoffkisten und regelmäßig mit Nährstofflösung und Wasser versorgt, treiben die Wurzeln in völliger Dunkelheit innerhalb von 20 bis 25 Tagen aus. Unter diesen Bedingungen bildet sich kein Chlorophyll und deshalb behalten die Blätter die erwünschte weißgelbe Farbe. Einzeln werden die Kolben aus der Kiste genommen, von der Wurzel und unansehnlichen äußeren Blättern befreit und für den Verkauf verpackt.
Chicorée ist lange haltbar. Er bleibt im Gemüsefach des Kühlschranks bis zu acht Tage frisch. Werden die Kolben bei Licht gelagert, verändert sich die Farbe der Blätter und es verstärkt sich der bittere Geschmack. Aber gerade der Bitterstoff macht Chicorée so gesund. Er fördert unter anderem die Verdauung und wirkt harntreibend.

Eichblattsalat
Eichblattsalat bildet keine festen Köpfe, sondern kann eher als ein Büschel aus Blättern bezeichnet werden. Die weichen, dunkelgrünen bis rotbraunen Blätter ähneln in ihrer Form dem Eichenlaub und schmecken leicht nussig. Eichblattsalat wird schnell welk und hält im Kühlschrank, am besten bedeckt von einem feuchten Tuch, höchstens einen Tag. Schlaff gewordener Eichblattsalat „steht wieder auf", wenn man den Strunk kreuzweise einschneidet und den Salat bis zu den ersten Blättern in kaltes Wasser stellt. Die Salatsauce sollte grundsätzlich erst kurz vor dem Verzehr untergehoben werden, damit die Blätter stabil bleiben.

Eisbergsalat
Eisbergsalat heißt auch Krachsalat und das aus gutem Grund. Er sieht aus wie ein Kohlkopf, doch jedes ein-

zelne Blatt enthält viel Wasser und ist richtig knackig. Die Köpfe werden oft über 500 g schwer, und neben dem klassischen hellgrünen Typ gibt es jetzt auch eine rote Variante. Eine Spezialität ist der „Crisp-Salat" aus Holland – ein kleiner, lockerer Kopf mit gekräuselten Blättern. Eisbergsalat kann man pikant und süß zubereiten, und er lässt sich mit vielen anderen Salat- und Gemüsesorten kombinieren. In Folie verpackt hält er im Kühlschrank bis zu drei Wochen.

Endiviensalat

Endiviensalat hat gekräuselte Blätter, wobei die äußeren grün und die inneren gelb sind. Um diese Färbung zu erreichen, werden die Köpfe der klassischen Sorten einige Wochen vor der Ernte zusammengebunden, um den inneren Bereich vor Licht und damit vor der Grünfärbung zu schützen. Bei neuen Züchtungen ist dieser Trick nicht mehr erforderlich.

Angeboten wird Endiviensalat in zwei Sorten: *Friséesalat* ist mild im Geschmack und hat filigrane hellgrüne und gelbe Blätter. Die Blätter des *Escariol* sind breit, fest, nur wenig gekraust und am Rand gezahnt. Kenner schätzen am Endiviensalat, dass er bitter schmeckt. Das wirkt verdauungsfördernd, harntreibend und appetitanregend. Das zarte „Herz" des Salats allerdings ist frei von Bitterstoffen. Endivienblätter werden entweder in Stücke gezupft oder in sehr feine Streifen geschnitten. Als Salat harmonieren sie gut mit Zwiebeln, Knoblauch, Thymian, Zitrusfrüchten und Käse. Man kann Endiviensalat aber auch dünsten und warm servieren. Im Kühlschrank hält der Endivienkopf bis zu zwei Tage.

Feldsalat

Feldsalat hat viele Namen: Ackersalat (weil er früher an Feldrainen wuchs), Rapunzel, Nisselsalat, Nüsslisalat in der Schweiz oder Vogerlsalat in Österreich. Die kleinen winterharten Pflänzchen bilden Rosetten aus unterschiedlich geformten, dunkelgrünen Blättern und gehören zu den Baldriangewächsen. Damit ist der Feldsalat mit den anderen Blattsalaten gar nicht verwandt. Er enthält mehr Provitamin A und Vitamin C als Kopf- und Endiviensalat und ist neben der Petersilie einer der bedeutendsten Eisen-Spender.

Feldsalat hat als Wildform einen sehr intensiven, erdig-würzigen Geschmack. Den kultivierten Pflanzen ging davon leider viel verloren – vor allem jenen, die im Treibhaus wachsen. Die Pflänzchen werden von Hand geerntet und sind meist sehr sandig. Wie oft soll man Feldsalat waschen? Die Antwort lautet: bis er sauber ist. Er muss völlig trocken sein, bevor er mit dem Dressing in Berührung kommt. Andernfalls machen die Blättchen sofort schlapp.

Kopfsalat

Kopfsalat ist sicher Deutschlands bekanntester Salat und schmeckt erntefrisch am besten. Er hat große hellgrüne Blätter und ein gelbes Herz. Bei Freilandsalat intensiviert sich der ohnehin sehr milde Geschmack etwas, und die Blätter sind stabiler. Ein Kopf von draußen wiegt mindestens 150 g. Treibhaussalat bringt mindestens 100 g auf die Waage, und seine Blätter sind sehr zart und empfindlich. Eine Neuzüchtung hat rote Blätter.

Man muss Kopfsalat Blatt für Blatt sehr vorsichtig waschen. Meist wird er roh gegessen, gelegentlich auch fein geschnitten zum Dekorieren von Suppen verwendet.

GEMÜSE & SALATE

Novita

Löwenzahn

Portulak

Lollo rosso und
Lollo bianco

Löwenzahn
Löwenzahn muss jung sein und vor der Blüte geerntet werden, wenn er als Salat oder zum Würzen verwendet werden soll. Gezüchteter Löwenzahn ist kräftig genug, dass man ihn auch dünsten kann. Beim sogenannten Bleich-Löwenzahn wird durch entsprechende Maßnahmen erreicht, dass die inneren Blätter hell bleiben. Sie sind besonders zart und bekömmlich und weniger bitter als grüner Löwenzahn.

Lollo rosso und Lollo bianco oder biondo
Lollo rosso und Lollo bianco oder biondo sind aus Italien eingewandert und zählen zu den Schnitt- und Pflücksalaten. Der eine hat gekrauste rote, der andere grüne Blätter, und beide Sorten schmecken leicht herb und etwas nussig. Die Salate halten sich gut frisch.

Novita
Novita besteht aus einer großen, lockeren Rosette. Die hellgrünen Blätter sind am Rand leicht gewellt und schmecken mild nussartig. Sie sind zarter als Endivensalat, aber fester als Kopfsalat.

Portulak (auch Postelein)
Portulak gehört zu den vergessenen Sorten, die neu entdeckt wurden. Auf den Markt kommen die fleischigen jungen Blätter mit einem kleinen Stück Stängel. Der Geschmack ist fein-säuerlich und leicht nussig. Verwendet wird Portulak roh als Salat oder gedünstet als Gemüse. Man kann die Blätter auch frittieren und zur Dekoration von Speisen verwenden.

Radicchio
Radicchio (Aussprache: Radikjo) kommt aus Italien und gehört ebenfalls zu den bitteren Salaten. Seine weinroten Blätter bilden je nach Sorte etwa faustgroße geschlossene oder lockere Köpfe. Der *Radicchio di Treviso rosso precoce* sieht aus wie Chicorée mit roten Blatträndern. Der *Radicchio di Treviso rosso tardivo* hat purpurrote Blätter mit weißen Rippen und einen kurzen Wurzelstummel.
Radicchio wird gern mit anderen Blattsalaten gemischt, man kann ihn aber auch dünsten, braten und grillen oder als ganzen Kopf füllen. Wer den Radicchio nicht ganz so bitter mag, bereitet ihn ohne Blattrippen zu.

Radicchio

Römischer Salat

Rucola

Salatherzen

Römischer Salat
Römischer Salat (Romana oder Lattich) hat stabile grüne Blätter, die einen länglichen Kopf bilden. Der Salat schmeckt herzhaft und fällt auch unter schwereren Dressings nicht so schnell zusammen. Man kann Römischen Salat auch wie Spinat zubereiten und als Gemüse auf den Tisch bringen. Besonders zu empfehlen ist diese Salatsorte, wenn im Sommer deutsche Ware angeboten wird.

Rucola
Rucola gilt als italienische Spezialität, dabei war Rauke früher auch bei uns zu Hause. Die grünen Blätter gibt es fein gezahnt und breit wie Löwenzahn. Gute Qualität schmeckt pfeffrig-scharf und sehr aromatisch. Rucola verleiht jedem Salat eine pikante Note und ist ein idealer Begleiter für Tomaten. Die Italiener schneiden Rucola auch in Pasta oder Risotto, doch beim Erhitzen verlieren die Blätter viel von ihrem Aroma. Ein Genuss ist eine Pizza aus dem Holzofen mit frischen, ganzen Rucola-Blättern gekrönt. Und Rucola mit Olivenöl, Oliven, Kapern, Knoblauch und Pinienkernen zu Pesto püriert schmeckt so richtig nach Urlaub.

Rucola welkt schnell, man sollte ihn nach dem Kauf möglichst bald verwenden. Nicht mehr ganz frische Blätter in kaltes Wasser legen, dann werden sie wieder straff. Etwas mühsam, aber empfehlenswert ist es, die langen Stiele bis zum Blattanfang zu kürzen. Erstens isst sich Rucola so angenehmer und zweitens enthalten die Stiele besonders viel Nitrat.

Salatherzen
Salatherzen (Little-Gem-Salate) sind kleine Züchtungen aus Römischem Salat. Sie kommen ohne Umblätter auf den Markt, meist im Dreierpack. Das einzelne Herz wiegt bis zu 200 g und besteht aus festen, saftigen Blättern, die angenehm mildsüß schmecken. Salatherzen kann man nahezu komplett verwenden; sie lassen sich nicht nur roh vielseitig zubereiten, sondern auch dünsten. Im Kühlschrank und in Folie verpackt bleiben sie mehrere Tage knackfrisch.

GEMÜSE & SALATE

Fruchtgemüse

Nicht nur beim Obst, auch beim Gemüse gibt es Früchte. Sie entwickeln sich aus den Blüten von einjährigen Pflanzen. Das heißt, sie werden jedes Jahr neu gezogen.

Tomaten

Man nennt sie „Liebesäpfel" oder „Paradiesäpfel" („Paradeiser" in Österreich), und in früheren Zeiten galt das unverschämt rote Gemüse als die verkörperte Unsittlichkeit. Es gibt Stimmen, die behaupten, dass etwas dran gewesen sein mag, denn schon die Azteken glaubten an eine potenzfördernde Wirkung und gaben der Frucht den Namen „Tomatl", was so viel wie Schwellung bedeutet. Andere wiederum sagen, dass der mexikanische Name „Tomatl" soviel bedeutet wie stinkender Geruch, Geschmack, was der Grund dafür sein könnte, dass die Tomate bei uns früher verschmäht wurde.

Lange wurde die Tomate in unseren Breiten verkannt, doch vor gut 100 Jahren konnte sie endlich ihre unglaubliche Karriere starten. Heute ist sie das beliebteste Gemüse schlechthin, und jeder Bundesbürger verspeist jährlich im Durchschnitt 16 kg Tomaten in irgendeiner Form. Die Urheimat der Tomate liegt wahrscheinlich irgendwo in den Anden, doch heute wächst das Gemüse überall in den südlichen oder gemäßigten Zonen. Der Anbau in Deutschland reicht allerdings längst nicht mehr aus, um den Bedarf zu decken. Zudem erwartet man heute Tomaten zu jeder Jahreszeit. Also werden sie importiert – aus Holland, wo sie rund ums Jahr in Treibhäusern wachsen, oder aus warmen Ländern wie Italien, Spanien, den Kanarischen Inseln, Frankreich usw.

Botanisch gehört die einjährige Tomatenpflanze zu den Nachtschattengewächsen. Damit die Früchte reifen, brauchen sie Wärme und Sonne. Das einmalige Aroma bildet sich nur bei Freilandtomaten, die am Strauch rot werden durften, voll aus. Es gibt unzählige Tomatensorten; in den Handel kommen im Prinzip **fünf Grundtypen:**

Viel Gutes drin

Obwohl Tomaten zu über 90 % aus Wasser bestehen, sind sie reich an Vitalstoffen, Vitaminen und Mineralstoffen. Hervorzuheben ist ihr Gehalt an B-Vitaminen, Provitamin A, Vitamin C und E. Ihr Kaliumgehalt ist beachtlich und auch Calcium, Magnesium, Phosphor und Eisen kommen reichlich vor. Organische Säuren, vorweg die Zitronensäure, bestimmen mit den Geschmack. Die Kalorien kann man nahezu vergessen – nur rund 17 kcal pro 100 g. Tomaten mit ihren wertvollen Inhaltsstoffen haben eine positive Wirkung auf Herz, Kreislauf, Magen und das Nerven- und Immunsystem.

Kirschtomaten

Fleischtomate

Strauchtomaten

Ochsenherz-Tomate

Flaschen-Tomate

Gelbe Tomaten

Schwarze Tomaten

Grüne Tomaten

Runde Tomaten
Runde Tomaten haben den größten Marktanteil. Sie sind saftig und schmackhaft und eignen sich bestens für Salate oder aufs Brot.

Fleischtomaten
Fleischtomaten sind wesentlich größer und haben – wie der Name vermuten lässt – viel Fruchtfleisch und etwas weniger Saft. Das macht sie ideal für warme Gemüsegerichte. Die Ochsenherz-Tomate ist eine besonders stark gerippte Fleischtomate aus Italien. Sie schmeckt hervorragend in Salaten.

Strauchtomaten
Strauchtomaten (Rispentomaten) sind am Strauch ausgereift und wurden mit der Rispe gepflückt. Auf diese Weise behalten die Früchte ihr feines Aroma besonders gut. Strauchtomaten schmecken als Rohkost ausgezeichnet, eignen sich aber auch zum Kochen, Dünsten, Gratinieren oder als Grilltomaten.

Flaschentomaten
Flaschentomaten heißen so wegen ihrer länglichen Form. Manchmal findet man sie auch unter der Bezeichnung Eiertomaten. Sie kommen aus dem sonnigen Süden und bringen viel würziges Aroma mit. Die etwas dickere Haut lässt sich leicht abziehen. Flaschentomaten werden gern zum Kochen verwendet.

Kirschtomaten
Kirschtomaten (Cherry-, Cocktail- oder Party-Tomaten) gibt es auch an der Rispe. Sie haben das beste Aroma. Man genießt sie pur oder als Salat.

Tomaten in anderen Farben
Neben dem Klassiker in rot gibt es die Tomate auch in vielen weiteren Farben: weiß, gelb, orange, rosa, grün, braun. Schwarze (violette) Tomaten schmecken besonders würzig. Aber auch gestreifte und marmorierte Tomaten sind bekannt – dekorativ auf der Tafel.

Unreife Tomaten
Nicht ausgereifte, grüne Tomaten sollte man eigentlich gar nicht essen, denn sie enthalten – wie auch die grünen Stellen einer roten Tomate – das giftige Solanin. Dennoch gelten grüne Tomaten – zum Beispiel gebraten, süßsauer eingelegt oder in Form von Chutney – als Delikatesse. Das Gift wird durch die Verarbeitung zwar nicht beseitigt, wohl aber verdünnt. Trotzdem sollte man unreife Tomaten besser sehr sparsam genießen.

Getrocknete Tomaten
Frische, sonnengereifte Früchte werden halbiert und getrocknet, was sie richtig schrumpelig, dunkel und etwas zäh macht. Das Wasser ist raus, doch der volle Geschmack noch drin in der Frucht. Getrocknete Tomaten kann man in Öl, Kräutern und Knoblauch einlegen oder für leckere Pasta-Saucen und Suppen verwenden. (Man kann sie bereits in Öl eingelegt kaufen.)

👍 Tipps für Tomaten

- Tomaten lassen sich leicht häuten, wenn man sie in kochendes Wasser legt und je nach Größe bis zu zwei Minuten darin liegen lässt. Anschließend sofort mit eiskaltem Wasser „abschrecken", damit die Früchte nicht matschig werden.
- Beim Schneiden der Tomaten den grünen Blütenstielansatz entfernen, denn er enthält das giftige Solanin.
- Frische Tomaten nicht im Kühlschrank lagern, dort friert ihr Aroma ein. Die Früchte mögen Temperaturen zwischen 12 und 16 °C.
- Noch leicht grüne Tomaten kann man auf einer sonnigen Fensterbank nachreifen lassen.
- Basilikum ist das Tomaten-Gewürz schlechthin, aber auch Oregano harmoniert bestens.
- Zum Einfrieren werden Tomaten enthäutet, entkernt und in kleine Stücke geschnitten. So kann man sie jederzeit für Suppen und Saucen verwenden.
- Tomaten immer extra legen. Sie sondern Ethylen aus, das anderes Gemüse schneller welken lässt.

GEMÜSE & SALATE

Gelbe Paprika

Rote Paprika

Spanische Gemüsepaprika

Paprika

Schon vor Tausenden von Jahren wurde die Paprikapflanze in Mittel- und Südamerika kultiviert, und man darf davon ausgehen: Die Früchte waren feurig scharf. Der Leibarzt von Christoph Columbus brachte im 15. Jahrhundert erstmals Paprika mit nach Europa. Columbus hielt die Pflanze zunächst für eine Verwandte des Pfeffers und nannte sie „pimienta". Erst später taufte ein Botaniker die Gattung um in „Capsicum".

Von den etwa 30 Arten dieser zur Familie der Nachtschattengewächse zählenden Gattung werden heute ca. fünf kultiviert, wobei allein die „Capsicum annuum" nicht nur scharfe, sondern auch milde Sorten hervorbringt. Man betrachte nur die Chili und die Gemüsepaprika. Verantwortlich für die Schärfe ist der Stoff Capsaicin. Er sitzt vorwiegend in den Samenkörnern und den Innenrippen der Frucht. Die seit Anfang der 50er Jahre gezüchtete milde, je nach Sorte fast süße Gemüsepaprika enthält nahezu kein Capsaicin. Peperoni mit etwa fünf Mal mehr Schärfe gelten als „pikant". Scharfe ungarische Paprika enthalten zehn Mal mehr und Peperoncini fünfzig Mal mehr Capsaicin als Gemüsepaprika. Bei den scharfen Chilis erhöht sich der Gehalt um das Tausendfache.

Die Paprikapflanze ist eine Sonnenanbeterin und kann in unseren Breiten nur schwer gedeihen – es sei denn im Treibhaus. Das Gros der hierzulande angebotenen Ware stammt aus Holland. Daneben gibt es Importe unter anderem aus Spanien, Ungarn und Israel. Auf diese Weise sind Paprika das ganze Jahr über in allen Sorten erhältlich.

Gemüsepaprika

Man bezeichnet Paprikafrüchte allgemein als „Schoten", botanisch gesehen sind es jedoch hohle Beeren mit fleischiger Wand. Egal, alle bestechen durch ihre leuchtenden Farben und ihre dekorativen Formen. Die milden Früchte der Gemüsepaprika sind meist blockförmig mit sanften Wülsten und glatter, glänzender Haut. Es gibt grüne, grün-rote, gelbe, orange, rote und fast schwarze Früchte. Von der Farbe kann man auf den Geschmack schließen:
Grüne Paprika stehen am Anfang ihrer Reife und sind besonders knackig. Sie haben kein ausgeprägtes Aroma und schmecken manchmal leicht bitter.
Gelbe und orangegelbe Paprika stehen in der Reife zwischen Grün und Rot und schmecken mild-süßlich.
Rote Paprika sind reif und dadurch sehr aromatisch. Sie schmecken ausgeprägt süß.
Schwarze Paprika sind eine modische Spezialzüchtung und bringen geschmacklich den roten gegenüber nichts Neues. Beim Garen wird die Farbe heller.

Andere Sorten haben vor allem andere Formen. Zu den Spitzpaprika-Sorten gehören beispielsweise die hellgrüne *Spanische Gemüsepaprika* und die rote *Paprika Capia*. Die hellgrüne türkische *Dolma* ist dagegen klein und rund. Die dunkelrote *Tomatenpaprika* ist flacher als die normale Gemüsepaprika und hat kräftige Wülste. Und dann sind da noch die Mini-Züchtungen in allen Farben.

Grüne Paprika

Orange Paprika

Chilischoten

Gewürzpaprika

Mehr oder weniger Schärfe enthalten die Gewürzpaprika-Sorten. *Peperoni* in Grün und Rot sind noch gemäßigt, während die kleinen, roten *Chilis* nach Luft schnappen lassen. Nicht umsonst werden aus ihnen der scharfe Cayennepfeffer und die Tabasco-Sauce hergestellt.

In der Küche finden getrocknete ebenso wie frische Chilis immer mehr Liebhaber. Sie bereichern viele Gerichte durch ihre Schärfe, aber auch ihre inneren Werte sind nicht zu verachten. Chilis regen den Kreislauf und den Appetit an, sind gut für Herz und Gefäße und töten Krankheitserreger im Darm ab.

In der Küche lassen sich Paprika vielseitig verwenden – für Suppen und Saucen, zum Schmoren, Dünsten und Grillen. Besonders beliebt sind gefüllte Paprikaschoten. Nicht zuletzt schmecken die milden Gemüsepaprika-Sorten roh ausgezeichnet, vor allem die gelben und roten Exemplare. Und wegen des hohen Vitamin-C-Gehalts sollte man Paprika möglichst oft roh genießen. Im Kühlschrank bleiben Paprika einige Tage frisch.

Viel Vitamin C

Paprikafrüchte gelten als äußerst gesund, und das vor allem wegen ihres Vitamin-C-Gehalts, der höher liegt als bei jedem anderen Gemüse. Herausgefunden hat das bereits 1936 der ungarische Nobelpreisträger Prof. Dr. Albert Szent-Györgyi von der Universität in Szeged, der als Entdecker der Ascorbinsäure gilt. Heute rechnet man bei grünen Paprika mit einem durchschnittlichen Vitamin-C-Gehalt von 175 mg, bei roten Paprika mit 250 mg je 100 g. Die Früchte enthalten aber noch mehr Wertvolles – die Vitamine A, B_1, B_2, Niacin und reichlich Mineralstoffe, wobei besonders das Kalium zu Buche schlägt. Die Kalorien dagegen sind mit rund 20 kcal pro 100 g kaum der Rede wert. Positiv auswirken soll sich der Genuss von Gemüsepaprika auf Herz, Kreislauf, Durchblutung und Magen.

Tipps für Paprika

- Paprika nicht zusammen mit säurehaltigen Zutaten wie Wein oder Zitrone kochen, da die Früchte sonst ihre schöne Farbe verlieren und bräunlich werden.
- Wer die etwas schwer verdauliche Schale der Paprika abziehen möchte, legt die Frucht bei 200 bis 220 °C so lange in den Backofen, bis die Haut leicht bräunt und Blasen schlägt. Die Paprika dann in einem Frischhaltebeutel einige Minuten „schwitzen" lassen. Anschließend lässt sie sich problemlos schälen.
- In Stücke oder Streifen geschnitten kann man Paprika ohne vorheriges Blanchieren einfrieren.
- Vorsicht! Nach dem Schneiden von Chilis niemals in die Augen fassen. Das brennt höllisch.

GEMÜSE & SALATE

Gurken

Salatgurke

Gärtnergurke

Einlegegurken

In der Antike galt die Gurke als „Wasserflasche aus dem Gemüsegarten". Kein Wunder, besteht die Frucht doch tatsächlich zu ca. 98 % aus Wasser. Botanisch betrachtet gehört die Gurke zur Familie der Kürbisgewächse und ist eine fleischige Beerenfrucht. Früher waren Gurken an den Enden bitter und durften deshalb nur von der Mitte aus geschält werden. Inzwischen wurden die Bitterstoffe fast gänzlich weggezüchtet.

Auf den Markt kommen unterschiedliche Gurkensorten, von denen einige weiß oder gelb, die meisten aber grün sind:

Salatgurken
Salatgurken (Schlangengurken) sind ziemlich gerade gewachsen und bis zu 40 cm lang. In der kalten Jahreszeit kommen sie aus dem Treibhaus (vor allem aus Holland) und müssen dann mindestens 250 g wiegen. Für deutlich aromatischere Freilandgurken genügen 180 g. Ideal ist dieser Gurken-Typ für Salate und Rohkost.

Gärtnergurken
Gärtnergurken (Schmor- und Gemüsegurken) gibt es im Sommer und im Herbst aus dem Freiland. Sie sind deutlich kleiner als Salatgurken und haben eine stärker gerippte, etwas warzige Schale. Verwendet werden Gärtnergurken geschält und entkernt für gekochte oder geschmorte Gemüsegerichte, zum Füllen und auch zum Einlegen.

Einlegegurken
Einlegegurken stammen vorwiegend aus dem Freiland und sind meist relativ klein, dick, warzig und häufig krumm. Bekannte Vertreter sind die kurze „Walzengurke" oder die kleine „Traubengurke". Einlegegurken werden, wie der Name schon sagt, mit würzigen Beigaben wie Essig, Zucker, Salz, Kräutern, Knoblauch usw. eingelegt und konserviert. Die schweren, dicken Schälgurken werden von ihrer weißlichgrünen oder gelben Schale befreit, in Stücke geschnitten und zu leckeren Senfgurken verarbeitet.

> **👍 Tipps für Gurken**
> - Salatgurken aus dem Freiland möglichst nicht schälen, sondern nur gut waschen, da unter der Schale wertvolle Mineralstoffe sitzen. Treibhausgurken sollten dünn geschält werden.
> - Von allen Kräutern passt Dill am besten zu Gurken. Sie harmonieren außerdem mit Knoblauch und weißem Pfeffer.
> - Gurken mögen's warm, deshalb nicht im Kühlschrank aufbewahren. Die Kälte lässt sie schnell weich werden.
> - Gurkenbrei oder Gurkenscheiben ergeben eine die Haut straffende und Feuchtigkeit spendende Gesichtsmaske.

Zucchini

Grüne Zucchini

Mini-Zucchini

Gelbe Zucchini

Zucchini mit Blüte

Gelbe Zucchini aufgeschnitten

Der Name stammt aus Italien: „zucca" heißt Kürbis, und „zucchino" ist der kleine Kürbis (Mehrzahl „zucchini"). Tatsächlich gehören Zucchini zur Familie der Kürbisgewächse. Die Früchte stammen ursprünglich aus Mittelamerika und wanderten über Italien nach Deutschland ein. Hier wurden sie schnell heimisch, denn sie wachsen problemlos in den Gärten. Dort werden sie, wenn man nicht gut aufpasst und rechtzeitig erntet, lang wie ein Arm und dick wie ein Kürbis.

Solche Riesen-Zucchini sind fad und haben keinen „Biss" mehr. In den Geschäften werden kleine, 15 bis 20 cm lange Früchte angeboten, da sie am besten schmecken. Die meisten Zucchini sind grün, doch es gibt auch lange gelbe, runde und dicke, fast weiße Kürbiszucchini.

Der Geschmack von Zucchini ist nicht besonders ausgeprägt und lässt sich am besten noch mit leicht nussig beschreiben. Zucchini entwickeln sich erst durch die Zubereitung mit Gewürzen, wobei Knoblauch nie fehlen darf. Zucchini werden nicht geschält, lediglich Blüten- und Stielansatz werden abgeschnitten. Die kleinsten Früchte kann man gut für Rohkostsalate verwenden. Ansonsten eignen sich Zucchini zum Schmoren, Braten, Grillen sowie für Aufläufe und Gratins. Größere Zucchini lassen sich auch gut mit Hackfleisch oder Reis füllen. Im Kühlschrank halten die Früchte bis zu zwei Wochen.

Übrigens ist nicht nur die Frucht essbar, sondern auch ihre große, leuchtend gelbe Blüte. Gelegentlich werden Zucchiniblüten ganz frisch im Handel angeboten. Man kann sie in Bier- oder Weinteig tauchen und frittieren oder mit allen möglichen Zutaten füllen (z. B. Feta oder Hackfleisch, jeweils gut gewürzt) und in Teig ausbacken.

👍 Tipp für Zucchini

Salz macht Zucchini schlapp. Deshalb beim Braten oder Grillen erst salzen, wenn sie fast fertig sind. So behalten sie „Biss".

GEMÜSE & SALATE

Auberginen

Aubergine

Weiße Auberginen

Mini-Auberginen

Slim Jim

Ovale Aubergine

In der mediterranen Küche hat die Aubergine ihren festen Platz, seitdem sie irgendwann im 13. Jahrhundert von den Mauren nach Europa gebracht wurde. Ursprünglich stammt die Frucht wohl aus Indien und China. Heute wird sie in Italien, Spanien und Frankreich angebaut, im Winter kommt sie aus Israel, Marokko und den holländischen Treibhäusern zu uns.

Auberginen gehören zu den Nachtschattengewächsen. Die Wildform war weiß und hatte etwa die Größe eines Hühnereis. Daher auch der zweite Name *Eierfrucht*. Die Sorte Kits White Tomate kommt dieser Ahnin wohl sehr nahe. Die meisten Auberginen im Handel sind jedoch wesentlich größer. Es gibt gelbe, cremefarbene und gestreifte Früchte, doch am häufigsten werden die dunkelvioletten (auberginefarbenen) Sorten verkauft. Sie sind walzen- oder keulenförmig, bis zu 20 cm lang und 250 bis 800 g schwer. Angeboten werden aber auch Mini-Ausgaben und die sehr schlanke Slim Jim. Groß, dick und rund ist dagegen die Pala-Aubergine mit ihrer attraktiven rotweißen Färbung.

Reife Auberginen sind richtig prall, haben eine glatte, glänzende, fleckenfreie Schale und geben auf Fingerdruck leicht nach. Der grüne Stiel sieht frisch aus. Eine überreife Frucht erkennt man spätestens nach dem Aufschneiden: Das Fruchtfleisch ist schwammig, die kleinen Kernchen braun verfärbt. Eine harte, noch nicht ganz reife Aubergine muss unbedingt nachreifen, denn sie enthält zu viel Solanin (das Gift der Nachtschattengewächse) und schmeckt bitter.

Wegen des Solanins sollte man Auberginen grundsätzlich nie roh essen. Aber sie lassen sich ungeheuer vielseitig zubereiten – braten, grillen, füllen, gratinieren usw. Es gibt unzählige Rezepte, berühmt ist sicher „Moussaka", der griechische Auberginenauflauf. Da die Aubergine keinen ausgeprägten Eigengeschmack besitzt, braucht sie unbedingt Gewürze. Passend sind vor allem Mittelmeerkräuter wie Basilikum, Oregano, Thymian, Rosmarin und natürlich Knoblauch. Aber auch Zimt passt gut zu Auberginen.

Tipps für Auberginen

- Auberginenscheiben vor dem Zubereiten von beiden Seiten kräftig salzen und etwa 10 bis 30 Minuten liegen lassen. Sie „schwitzen" Wasser und damit Bitterstoffe aus. Anschließend mit Küchenkrepp gut abtrocknen. Obwohl viele Neuzüchtungen kaum noch Bitterstoffe haben, sollte man sie „schwitzen" lassen, denn durch den Wasserentzug nehmen die Auberginen beim späteren Braten weniger Fett auf.
- Auberginenscheiben saugen Fett auf wie ein Schwamm. Das lässt sich reduzieren, wenn man Auberginenscheiben nach dem Salzen und Abtrocknen und vor der Zubereitung in Mehl wendet.
- Etwas Zitronensaft verhindert das Nachdunkeln von geschnittenen Auberginen, und die Früchte nehmen beim Braten etc. weniger Fett auf.

Artischocken

Artischocke

Artischocken sind genau genommen ein Blütengemüse. Die mit der Distel verwandte Artischockenpflanze bildet bis zu zwei Meter hohe Stauden, von denen lediglich die bis zu 500 g schweren Blütenknospen mit einem kurzen Stück des Stiels zum Verzehr geeignet sind. Die Anordnung der Blütenblätter erinnert an einen Pinienzapfen.
Artischocken gibt es in unterschiedlichen Färbungen – grün, violett, rot oder rotbraun. Die deutschen Verbraucher bevorzugen grüne Artischocken mit breitem, fleischigem Boden. Der Geschmack hat eine leicht herbe, etwas bittere Note, wofür der Stoff Cynarin verantwortlich ist. Ihm jedoch wird nachgesagt, dass er bei Stoffwechselerkrankungen hilft und cholesterinsenkend wirkt. Artischocken machen jeden Magenbitter überflüssig.

Frische Artischocken haben fest geschlossene Blütenblätter und fühlen sich prall an. Der Stiel ist möglichst lang und unbiegsam. Die klassische Zubereitung verlangt, dass man Artischocken als ganzes Gemüse kocht, bis sich die einzelnen Blütenblätter leicht lösen lassen. Serviert wird die Knospe zusammen mit Saucen. Genossen wird die Artischocke als Fingerfood: Man zupft Blatt für Blatt ab, taucht es in eine Sauce und lutscht es aus. Das Leckerste ist der Boden, der am Schluss verzehrt wird, natürlich zuvor vom „Heu" befreit.

Zuckermais

Zuckermaiskolben

Minimaiskolben

Wie Getreide und Reis, so gehört auch Mais zur botanischen Familie der Gräser. Kultiviert wird er schon seit Tausenden von Jahren in Mexiko, wo er Grundnahrungsmittel der Mayas und Azteken war. Columbus brachte den Mais nach Europa, wo er lange Zeit nur als Zierpflanze in den Gärten reicher Leute stand und schließlich als Futtermittel Verwendung fand.
Zuckermais ist eine andere Sorte. Sie entstand erst Mitte des 19. Jahrhunderts wahrscheinlich aus einer Mutation. Zuckermais reift schneller und bildet kleine, zarte Körner, die auf Grund ihres hohen Fruchtzuckergehalts angenehm süß schmecken. Die Früchte in Form von Kolben entwickeln sich aus den weiblichen Blütenständen der bis zu zweieinhalb Meter hohen Maispflanze. Gut geschützt von festen grünen Blättern reifen die Kolben heran und werden geerntet, wenn die hell- bis goldgelben Körner auf Druck einen milchigen Saft absondern. Die geernteten Kolben verlieren allerdings während des Lagerns nach und nach ihren süßen Geschmack, weil sich der Zucker in den Körnern langsam in Stärke verwandelt. Deshalb ist es wichtig, dass Zuckermais möglichst frisch zum Verkauf kommt und bald gegessen wird.

Zuckermais stammt großenteils aus US-Importen. In Europa wird er in Frankreich, Spanien, England und Holland angebaut und in geringem Umfang auch in Deutschland. Einheimischer Zuckermais ist von Juli bis November auf dem Markt. Zuckermais kann man roh essen, doch meist wird er gekocht oder gegrillt. Das Gemüse braucht nicht mehr Zutaten als ein wenig zerlassene Butter und Salz. Und es widerspricht keineswegs dem guten Ton, bei Tisch die Körner genussvoll vom Strunk abzuknabbern. Eine Delikatesse ist übrigens auch der *Baby-Mais*. Er wird geerntet, wenn die Kolben erst etwa 10 cm lang sind. In erster Linie macht Baby-Mais Karriere als Mixed Pickles, aber er ergibt blanchiert und mit etwas Butter und Zucker serviert auch ein ausgezeichnetes Gemüse.

 Echt nahrhaft

Zuckermais gilt als eines der gehaltvollsten Gemüse. Die Körner bestehen zu 72 % aus Wasser. Der Rest setzt sich zusammen aus Kohlenhydraten (Glucose, Fructose, Saccharose), Fett und Eiweiß. Dazu kommen die Vitamine A, B_1, B_2, B_3, B_6 und C sowie wichtige Mineralstoffe wie Calcium, Kalium, Eisen und Natrium.

Für die Herstellung von Puffmais oder Popcorn verwendet man eine spezielle Maissorte. Sie hat Körner, in deren stärkehaltigem Speichergewebe Wasser gebunden ist, das beim Erhitzen auf ca. 250 °C verdampft. Es entsteht hoher Druck, und die Schale der Körner platzt auf. Die aufgeweichte Stärke dehnt sich schlagartig aus, kühlt blitzschnell wieder ab und erstarrt. Das Ergebnis ist Popcorn, das in süßer oder salziger Variante hergestellt wird.

GEMÜSE & SALATE

Kürbis

Muskatkürbis

Vor allem im Herbst haben sie Saison, die in Größe, Farbe und Form so unterschiedlichen Kürbisse. Ihre Heimat liegt in Südamerika, doch die meisten Sorten wachsen heute fast rund um den Erdball. Während sich die über 800 Kürbisarten in ihrer Form- und Farbenvielfalt scheinbar gegenseitig übertrumpfen wollen, sind sie sich hinsichtlich ihrer Inhaltsstoffe recht ähnlich. Kürbis zählt zu den kalorienarmen Lebensmitteln und ist reich an Calcium und Provitamin A.

Die große Familie der Kürbisse lässt sich in fünf Gruppen unterteilen, von denen wiederum drei für unseren Speiseplan von Bedeutung sind: die ab September geernteten Speise- oder Riesenkürbisse, die Moschuskürbisse – diese beiden Gruppen zählen zu den Winterkürbissen – und der ab Juli geerntete und zu den Sommerkürbissen gehörende Gartenkürbis.

Der **Speise- oder Riesenkürbis** liebt nährstoffreichen Boden und gedeiht auch in kühleren Gebieten. In Größe und Gewicht übertrifft er alle anderen Arten. Er ist groß und eher rund und seine harten Schale kann glatt, warzig oder gerippt und kräftig orange oder auch zart pastellig sein. Aufgrund seiner Größe wird er häufig in Stücken verkauft. Sein wenig ausgeprägt schmeckendes Fruchtfleisch eignet sich für viele gegarte Speisen, weniger zur Zubereitung als Salat. Den Riesenkürbis kann man häufig ausgehöhlt als Halloween-Kürbis bewundern. Manche Riesenkürbisse werden heute preiswert speziell als Halloween-Kürbis verkauft. Sie lassen sich zwar hervorragend aushöhlen, können geschmacklich aber getrost vergessen werden.

Hokkaidokürbis

Butternusskürbis

Zur Gruppe der Speisekürbisse zählt auch der sogenannte *Türkenturban*. Aufgrund seiner zweigeteilten Form – es sieht aus, als trage der Kürbis einen Turban – könnte man meinen, es sei ein großer Zierkürbis.

Der aromatische **Moschuskürbis** liebt es während des Wachstums warm, gedeiht aber auch in unseren Breitengraden. Auch ihn gibt es in den unterschiedlichsten Größen, Farben und Formen. Das aufgrund seines sehr hohen Provitamin A-Gehalts kräftig orange gefärbte Fruchtfleisch ist fest und schmeckt leicht nussig. Er ist ebenso wie der Riesenkürbis vielseitig verwendbar.

Der *Butternuss-Kürbis* gehört zur Familie der Moschuskürbisse. Die Farbe seiner glatten Schale variiert zwischen einem sehr hellen Orange und hellgrün. In der Form erinnert er an eine Keule oder sehr große Birne. Seinen Namen verdankt er seinem buttrig-weichen, nussartig schmeckenden Fruchtfleisch, das sowohl gekocht als auch roh mundet. Da der Butternuss eine relativ kleine Samenhöhle hat, liefert er viel Fruchtfleisch.

Der gleichfalls zu den Moschuskürbissen zählende *Muskatkürbis* hat seinen Namen von seinem süßlichen, muskatähnlichen Aroma. Seine braun-orange gefärbte Schale ist stark gerippt.

GEMÜSE & SALATE

Halloweenkürbis

Der 1-2 kg schwere *Hokkaidokürbis* ist ein kleinerer Vertreter der Moschuskürbisse. Im Gegensatz zu seinen großen Verwandten kann man bei ihm die Schale verzehren. Sein Fruchtfleisch ist kräftig orange, die Schale kann orange, aber auch grün sein.

Der *Eichelkürbis* ist eher oval, aber stark gerippt. Es gibt ihn mit gelber und mit grüner Schale, das Fruchtfleisch ist von eher blassem Orange.

Zu den **Gartenkürbissen** zählen die *Zierkürbisse* und die *Sommerkürbisse*. Sommerkürbisse werden jung und unreif geerntet und haben eine relativ weiche, häufig essbare Schale. Neben anderen zählen Rondini, Patissons oder Squashs, Spaghettikürbisse und Zucchini zur Gruppe der Sommerkürbisse.

Rondini erinnern an kleine, runde Zucchini, haben aber eine ganz glatte Schale und sind dunkelgrün. Ein wesentlicher Unterschied zwischen Rondini und Zucchini besteht darin, dass Zucchini roh mit Schale gegessen werden können, Rondini aber erst gegart werden müssen und häufig eine harte Schale haben. Man gart Rondini im Ganzen, halbiert sie und verzehrt sie mit Butter oder einer Sauce verfeinert.

Der *Patisson* oder *Squash* ist flach und untertassen- bis tellergroß und seine Farbpalette reicht von elfenbein über gelb bis hin zu hellgrün. Er wird mit Schale zubereitet und schmeckt mit Tomaten und Hackfleisch sehr gut. Besonders die Mini-Patissons sind sehr zart und können auch roh verzehrt werden.

Gelbe Patissons

Grüne Patissons

Spaghettikürbis

Tipp

- Winterkürbisse sind reif geerntete Kürbisse, was man an ihrer harten Schale erkennen kann.
- Reife Kürbisse klingen beim Klopfen an die Schale hohl.
- An dem verholzten Stiel erkennt man, dass der Kürbis reif geerntet wurde, nur dann kann man ihn aufbewahren.
- Frisch abgeschnittene Kürbisstücke erkennt man an ihren feuchten Schnittstellen; sie lassen sich bis zu einer Woche in einem Frischhaltebeutel im Kühlschrank aufbewahren.
- Ein Winterkürbis mit unverletzter Schale lässt sich bis zu einem halben Jahr an einem kühlen, trockenen und möglichst dunklen Platz lagern.
- Ein Kürbis sollte im Verhältnis zu seiner Größe schwer sein. Leichte Kürbisse liefern wenig Fruchtfleisch und viele Kerne.

Spaghettikürbisse verdanken ihren Namen ihrem faserigen Fruchtfleisch, das beim Kochen zerfällt, an Spaghetti erinnert und ebenso wie Spaghetti zubereitet werden kann. Je nach Größe der Kürbisse, die im Ganzen gekocht werden, liegt die Garzeit bei 30 bis 60 Minuten. Die weiße Schale des unreif geernteten Spaghetti-Kürbis färbt sich mit zunehmender Reife kräftig gelb und das Fruchtfleisch wird gleichzeitig faseriger. Sein Gewicht liegt bei 2-4 kg.

Das Angebot an *Zierkürbissen* ist riesig – man hat den Eindruck, jedes Jahr kommen neue auf den Markt. Die bunt gefärbten, fantasievoll geformten Kürbisse schmücken im Herbst so manches Haus. Manche Zierkürbisse sind zwar sehr schön, aber leider ungenießbar. Zierkürbisse bilden bedeutend weniger Fruchtfleisch aus und enthalten zudem Inhaltsstoffe, die zu Magenkrämpfen und Übelkeit führen können.

GEMÜSE & SALATE

Hülsenfrüchte

Hülsenfrüchte (Leguminosen) gehören zur Familie der Schmetterlingsblütler und zeichnen sich dadurch aus, dass die Samen der Frucht in länglichen Hülsen reifen. Frische Bohnen und junge Erbsen werden unter der Bezeichnung Schotengemüse angeboten, was eigentlich nicht stimmt, denn Schoten (zwei getrennte Kammern) sind botanisch gesehen keine Hülsen (nur eine Kammer). Trotzdem hat sich die Unterscheidung in frisches Schotengemüse und getrocknete Hülsenfrüchte eingebürgert. Frische Bohnen und Erbsen werden noch vor der vollen Reife im sogenannten Milchreifestadium geerntet und verkauft. Roh sollte man das Gemüse nicht essen, denn es enthält Giftstoffe (Proteinaseinhibitoren), die beim Kochen inaktiviert werden.

Borlotti-Bohnen

Haricots verts

Bohnen

Man unterscheidet Buschbohnen, Stangenbohnen und Ackerbohnen (Dicke Bohnen).

Buschbohnen
Buschbohnen sind niedrige Pflanzen mit kräftigen Stängeln. Die Früchte kommen in unterschiedlichen Größen auf den Markt. Die kleinen sind besonders zart und gut für Salat geeignet, während die mittelgroßen stabil genug sind für Gemüse.

Grüne breite Bohnen

Stangenbohnen
Stangenbohnen sind größer und kräftiger als Buschbohnen und ranken sich an langen Stangen oder Gerüsten hoch. Diese Art wird meist für Gemüse oder Suppen verwendet.

Ackerbohnen
Ackerbohnen (Dicke Bohnen, Puffbohnen) sind Feldfrüchte. Die Hülse ist fein behaart und nicht essbar. Die enthaltenen Bohnenkerne werden verwendet, solange sie jung und grün sind.

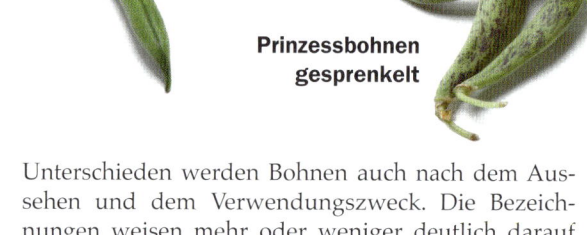

Brechbohnen

Prinzessbohnen gesprenkelt

Unterschieden werden Bohnen auch nach dem Aussehen und dem Verwendungszweck. Die Bezeichnungen weisen mehr oder weniger deutlich darauf hin:

Borlotti-Bohnen
Meist kommen die weiß-rot oder auch braun-rot gesprenkelten Bohnen bei uns getrocknet in den Handel, aber wenn man Glück hat, kann man sie im Sommer auch frisch in ihren dekorativen Schoten erwerben (siehe auch Kapitel getrocknete Hülsenfrüchte).

Brechbohnen
Brechbohnen sind gelbe oder grüne dickfleischige Buschbohnen. Sie lassen sich bei der Zubereitung in Stücke brechen.

Delikatessbohnen
Delikatessbohnen sind noch zarte, aber schon etwas größere Buschbohnen.

Grüne Bohnen
Grüne Bohnen nennt man generell alle grünen Sorten der Busch- und Stangenbohnen.

Haricots verts
Haricots verts sind extrem dünn und dadurch richtig knackig. Sie haben ein ausgeprägtes Bohnenaroma.

👍 Tipps für Bohnen & Erbsen

- Die Frische von Bohnen erkennt man daran, dass sich beim Auseinanderbrechen um die Bruchstelle Wassertropfen bilden.
- Fäden lassen sich leichter abziehen, wenn man die Bohnen vorher kurz blanchiert.
- Grüne Bohnen behalten ihre Farbe, wenn man dem Kochwasser einen Teelöffel voll Backpulver oder Natron beigibt.
- Frische Bohnen und Erbsen gewinnen an Geschmack, wenn man sie mit etwas Fett zubereitet. Man kann sie ungewaschen in einem gelochten Folienbeutel im Kühlschrank aufbewahren. So halten sie zwei bis drei Tage. Sie lassen sich gut einfrieren, doch man sollte sie zuvor blanchieren.

Wachsbohnen

Schlangenbohnen

Erbsen

Frische Erbsenschoten werden im Stadium der Vorreife geerntet, denn ausgereifte Früchte sind hart und trocken. Der feine, süßliche Geschmack und die zarte, etwas mehlige Konsistenz resultieren aus dem hohen Gehalt an Kohlenhydraten in Form von Zucker und Stärke. Gleichmäßig prall gefüllte Hülsen verraten gute Qualität.

Palerbsen

Frische Erbsen werden unter der Bezeichnung Zuckererbsen, Markerbsen und Palerbsen angeboten, die sich geschmacklich deutlich unterscheiden:

Zuckererbsen
Zuckererbsen (Kaiserschoten) verdanken ihren Namen dem ausgeprägt süßen Geschmack. Die kleinen, sehr zarten Früchte werden samt Schote gegessen. Vor der Zubereitung muss der eventuell vorhandene Faden von der Hülsennaht abgezogen werden. Es gibt jedoch auch schon fadenfreie Züchtungen.

Zuckererbsen

Markerbsen
Markerbsen sind ebenfalls zart und süß. Die Samen sehen runzlig aus, werden beim Kochen aber weniger mehlig.

Palerbsen
Palerbsen sind glatte Kügelchen, die viel Stärke enthalten. Beim Kochen werden sie entsprechend mehlig.

Prinzessbohnen
Prinzessbohnen sind frühreife Buschbohnen und die Adeligen in der Bohnenfamilie.

Spargelbohnen (Schlangenbohnen)
Sie ähneln in ihrem Aussehen grünen Stangenbohnen, sind aber mit einer Länge von bis zu 90 cm wesentlich länger und auch nicht so lange haltbar. Spargelbohnen bekommt man in asiatischen Lebensmittelgeschäften.

Schnittbohnen
Schnittbohnen sind breite, flachhülsige Stangenbohnen, die auch Fäden haben dürfen. In der Küche werden sie meist schräg „geschnippelt".

Wachsbohnen
Wachsbohnen nennt man die gelben, zarten Sorten der Busch- und Stangenbohnen.

Okraschoten

Okraschoten

Griechenland- oder Türkei-Urlauber kennen sie gut, denn im sonnigen Süden kommt dieses Gemüse häufig auf den Tisch. Die Okras gehören zur Familie der Malvengewächse und haben einen mild-herben, säuerlich-pikanten Geschmack.

Die gelben oder grünen Okras sind bis zu 15 cm lange, sechskantige, fleischige Schoten mit kleinen, runden, weichen Samen. Die Frucht wird komplett gegessen, aber niemals roh. Man schneidet den Stielansatz ab, ohne dabei die Frucht zu verletzen, kappt meist auch die dünne Spitze und verarbeitet Okras zu Suppen, Gemüsegerichten und Eintöpfen. Beim Kochen tritt milchiger Schleim aus, der zur Konsistenz des Gerichts beiträgt. Reduzieren lässt sich dies, indem man die Schoten zuerst in kochendem Wasser mit einem Schuss Essig blanchiert, mit kaltem Wasser abschreckt und abtropfen lässt.

📝 Nahrhafte Kost

Hülsenfrüchte sind weitaus nahrhafter als andere Gemüsearten. Was das Eiweiß betrifft, überrunden Hülsenfrüchte mit einem Gehalt von 20 bis 25 % selbst Getreide um das Doppelte. Kombiniert man in einer Mahlzeit beide Arten, ist das Eiweiß so hochwertig wie in Fleisch. Mit Ausnahme von Sojabohnen sind Hülsenfrüchte fettarm, enthalten aber reichlich B-Vitamine, Eisen, Kalium, Calcium, Magnesium und Phosphor, eine Reihe von Spurenelementen und Lecithin. Die komplexen Kohlenhydrate liefern dem Körper anhaltend Energie. Und Hülsenfrüchte machen satt, denn der hohe Ballaststoffanteil füllt den Magen.

Menschen mit Gicht sollten Hülsenfrüchte meiden. Sie enthalten Purine, die im Körper zu Harnsäure umgewandelt werden. Zu viel Harnsäure reichert sich im Blut an und kann Gichtanfälle verursachen.

GEMÜSE & SALATE

Getrocknete Hülsenfrüchte

Kidney-Bohnen

Die Erbsensuppe, der Bohneneintopf, das Linsengemüse – sie füllten früher als nahrhafte Kost hungrige Mägen. Heute liegen Gerichte aus getrockneten Hülsenfrüchten voll im Trend der „gehobenen Küche" und werden sogar von Starköchen zelebriert. Zugegeben – heute verwendet man edle Zutaten, und die Hülsenfrüchte liegen längst nicht mehr so schwer im Magen. Die Hersteller bieten geschälte Ware an, die nicht nur leichter verdaulich ist, sondern auch schneller gar wird. Geschälte Hülsenfrüchte enthalten allerdings etwa 13 % weniger Zellulose und damit auch weniger Ballaststoffe.

Hülsenfrüchte werden auf der ganzen Welt angebaut und sind in armen Regionen oft das wichtigste Grundnahrungsmittel. Importiert werden getrocknete Hülsenfrüchte vorwiegend aus Ländern, in denen es heiß und trocken ist. Nur unter diesen Bedingungen können vor allem Bohnen und Linsen voll ausreifen und trocknen. Sie kommen unter anderem aus Afrika und Südamerika. Lediglich Erbsen sind temperaturmäßig weniger anspruchsvoll und werden auch in EU-Ländern erzeugt.

Importierte Ware wird einer Qualitätsprüfung unterzogen. Entscheidend sind dabei Kriterien wie Größe und einheitliche Form, glatte Schale, gute Färbung, arttypischer Geruch, Sauberkeit und das Fehlen von Ungeziefer. Die Beurteilung erfolgt somit nur nach dem äußeren Erscheinungsbild, während Geschmack und Nährwert unberücksichtigt bleiben.

Vor der Zubereitung sollten getrocknete Hülsenfrüchte gewaschen und verlesen werden, denn es können bei der Abfüllung eventuell kleine Steinchen oder Pflanzenreste in die Packung geraten sein. Anschließend werden Hülsenfrüchte, mit Ausnahme von Linsen, in reichlich Wasser eingeweicht – je älter die Samen, desto länger. Man rechnet normalerweise mit sechs bis zwölf Stunden. Das Kochen dauert dann je nach Sorte zwischen 45 Minuten und zwei Stunden (zum Beispiel Kichererbsen). Im Schnellkochtopf geht's schneller.

Getrocknete Hülsenfrüchte werden auch zum so genannten Blindbacken verwendet: Den Boden einer Kuchenform mit Teig auskleiden, Backpapier drauf legen und mit Hülsenfrüchten (am besten Erbsen) gleichmäßig bestreuen. Auf diese Weise kann der Teig beim Vorbacken nicht hoch steigen und wirft keine Blasen. Natürlich müssen Hülsenfrüchte und Papier später entfernt werden, bevor die Füllung auf den Kuchen kommt.

Tipps für Hülsenfrüchte

- Beim Kochen von getrockneten Hülsenfrüchten bildet sich Schaum auf der Wasseroberfläche. Man kann ihn abschöpfen oder überhaupt verhindern durch die Beigabe von einem Esslöffel Öl.
- Salz und säurehaltige Zutaten wie Zitronensaft oder Wein erst zugeben, wenn die Hülsenfrüchte fertig gegart sind. Andernfalls verlängert sich der Garprozess.
- Getrocknete Hülsenfrüchte trocken, dunkel und luftig lagern, dann halten sie bis zu einem Jahr und länger.
- Schwarze Stellen oder kleine schwarze Löcher in getrockneten Hülsenfrüchten sind ein Zeichen für Schädlingsbefall.
- Wer einen empfindlichen Magen hat, sollte das Einweichwasser wegschütten, denn es enthält einige unverdauliche Bestandteile. Zum Kochen dann frisches Wasser verwenden. Auch Gewürze wie Anis, Fenchel, Kamille, Kümmel und Koriander machen ein Gericht mit Hülsenfrüchten bekömmlicher.

Leckere Samen

Getrocknete Hülsenfrüchte sind die Samen von Bohnen, Erbsen und Linsen, die in der Fruchthülse reifen und an der Luft getrocknet werden. Erdnüsse zählen übrigens zur gleichen Familie, ebenso wie Johannisbrotschoten. Sie schmecken süß und etwas ranzig und haben für den Frischverzehr bei uns keine Bedeutung mehr.

Bohnen

Adzuki-Bohnen

Feuerbohnen

Flageolet-Bohnen

Adzuki-Bohnen
Adzuki-Bohnen stammen ursprünglich aus Japan, und eine besonders beliebte Sorte kommt von der Insel Hokkaido. Die Bohnen sind rot, haben eine relativ zarte Schale und schmecken angenehm süßlich. Sie eignen sich gut für Suppen, Aufläufe und Eintöpfe.

Augenbohnen
Augenbohnen sind klein und weiß und haben einen schwarzen oder gelben Fleck. Man nennt sie auch „China-Bohnen". Sie besitzen keinen ausgeprägten Eigengeschmack, kochen gut weich und nehmen den Geschmack von Gewürzen und anderen Zutaten auf. Amerikaner essen Augenbohnen gern zu Pökel-fleisch.

Borlotti-Bohnen
Borlotti-Bohnen kommen aus Italien, sind mittelgroß, rot, rot-braun oder rot-weiß gefleckt. Beim Weichkochen bleiben sie in Form und eignen sich gut für Salate.

Braune Bohnen
Braune Bohnen sind eine holländische Sorte und ähneln den Kidney-Bohnen. Braune Bohnen werden vor allem im ostfriesischen Raum gern für Suppen und Salate verwendet.

Cannellini-Bohnen
Cannellini-Bohnen kommen aus Italien und sind dort sehr beliebt. Die nierenförmigen kleinen, weißen Böhnchen werden beim Kochen weich. Man verwendet sie für Eintöpfe, als „Unterlage" für Thunfisch oder Fleisch und für Spaghetti-Saucen.

Feuerbohnen (Prunkbohnen)
Feuerbohnen (Prunkbohnen) erhielten ihren Namen von den feuerroten Blüten der Pflanze. Aber auch die getrockneten Bohnen sehen mit ihrer rotschwarzen Fleckzeichnung attraktiv aus. Zubereitet haben sie einen besonders würzig-aromatischen Geschmack.

Flageolet-Bohnen
Flageolet-Bohnen sind hellgrün und haben einen feinen Geschmack. Sie passen in Suppen, Saucen, Eintöpfe und Salate und werden auch gern als Beilage gereicht.

Kidney-Bohnen
Kidney-Bohnen sind dunkelrot, haben eine ziemlich feste Schale und nach dem Kochen eine mehlige Konsistenz. Der Geschmack ähnelt entfernt dem von Esskastanien. Kidney-Bohnen gehören traditionell zu „Chili con carne", dem feurigen Bohnen-Fleisch-Eintopf.

> **Tipp für Bohnen**
> Ob einzelne Bohnen gut oder schlecht sind, zeigt sich beim Einweichen in Wasser: Schlechte Kerne schwimmen oben.

GEMÜSE & SALATE

Sojabohnen

Tofu

Schwarze Bohnen

Weiße Bohnen

Puffbohnen
Puffbohnen haben viele Namen: Saubohnen, Pferdebohnen, Dicke Bohnen, Ackerbohnen und noch einige mehr. Die getrockneten Bohnen sind unscheinbar braun und eher flach. Sie haben einen kräftigen Geschmack, der sich gut in Suppen und Eintöpfen macht.

Schwarze Bohnen
Schwarze Bohnen sind außen schwarz und innen weiß. Sie schmecken würzig mit einer süßlichen Note und kochen mehlig, ohne die Form zu verlieren. Empfehlenswerte Gewürze: Chili, Ingwer, Kreuzkümmel und Knoblauch.

Sojabohnen
Sojabohnen sind hellgelb und etwa so groß wie Haselnüsse. Sie werden vorwiegend in Naturkostläden angeboten. Die getrockneten Samen behalten auch nach dem Garen ihren „Biss". Sie können wie andere Hülsenfrüchte zu unterschiedlichen Gerichten verarbeitet oder auch zum Brotbacken verwendet werden.

Im Prinzip könnten Sojabohnen die ganze Welt ernähren, und Sojamehl ist tatsächlich für Millionen von Menschen die wichtigste Eiweißquelle. Sojabohnen enthalten bis zu 41 % Eiweiß und rund 20 % Fett, dazu Vitamine, Mineralstoffe, Spurenelemente und Pythoöstrogene (hormonähnliche Substanzen). Soja werden alle möglichen positiven Auswirkungen auf die Gesundheit zugeschrieben.
Zudem wird Soja zur Herstellung zahlreicher Lebensmittel verwendet. Es steckt in Brat-, Back- und Streichfetten, in Fertigsuppen und -saucen, es gibt Sojamehl, -milch, -joghurt und -käse (Tofu) und vieles mehr. Ein Großteil der weltweit angebauten Sojapflanzen ist bereits genverändert.

Wachtelbohnen
Wachtelbohnen sind gesprenkelt wie Wachteleier. Sie kochen fest und sehen in Salaten dekorativ aus.

Weiße Bohnen
„Weiße Bohnen" ist ein Sammelbegriff für weiße und cremefarbene Bohnen in allen Größen und Formen. Diese Sorten kochen weicher als bunte Bohnen und besitzen keinen ausgeprägten Eigengeschmack. Dafür nehmen sie würzige Noten anderer Zutaten bereitwillig auf und eignen sich deshalb bestens für Eintöpfe, Suppen und Aufläufe. Auch leckeres Püree lässt sich aus weißen Bohnen herstellen.

Lima-Bohnen
Lima-Bohnen stammen ursprünglich aus Peru. Die recht großen weißlichen Samen behalten beim Kochen ihre Form. Deswegen eignen sie sich gut für warmes Gemüse und Salate.

Mungbohnen (Mungo-Bohnen)
Mung-Bohnen heißen auch „Grüne Sojabohnen". Sie sind erbsengroß, olivgrün und schmecken sehr aromatisch. In China und Indien verwendet man sie für Currys und Eintöpfe.

Perlbohnen
Perlbohnen sehen tatsächlich aus wie kleine, weiße Perlen. Da sie beim Kochen in Form bleiben, passen sie gut zu Salat.

Pinto-Bohnen
Pinto-Bohnen sind beige mit rotbraunen Sprenkeln. Sie behalten Farbe und Form auch bei längerem Kochen und werden gern als Gemüsebeilage, für Suppen, Eintöpfe und Salate verwendet.

gelbe Erbsen

Kichererbsen

grüne Trockenerbsen

Trockenerbsen

Zu Trockenerbsen werden die jungen, zarten Garten- oder Felderbsen verarbeitet. Je nach Bodenbeschaffenheit und Sonne können sie grün oder gelb sein. Wichtiger als die Farbe ist jedoch ein hoher Stärkeanteil, denn er bestimmt, wie mehlig Erbsen beim Kochen werden. Man sagt, je größer die Erbsen, desto zarter.

Trockenerbsen werden ungeschält und geschält angeboten. Bei geschälten Erbsen wird die zellulosereiche Außenschicht entfernt. Dann werden die Erbsen nach Größe, ganzen und halben Samen sortiert, gedämpft und anschließend oft geschliffen und poliert, um die Haltbarkeit zu erhöhen. Geschälte Erbsen haben zwar einige ihrer wertvollen Inhaltsstoffe verloren, sind dafür aber leichter verdaulich und beim Kochen schneller fertig. Beliebt ist auch der etwas süßlichere Geschmack.

Die Erbsensamen bestehen aus zwei nur leicht miteinander verbundenen Hälften, die vor allem von der Schale zusammengehalten werden. Geschälte Erbsen brechen deshalb leicht auseinander. Die Hersteller rechnen mit bis zu 50 % Bruch. Diese Ware kommt unter der Bezeichnung *Splitter-* oder *Spalterbsen* preisgünstig auf den Markt. Sie sehen zwar nicht so schön aus, doch Nährwert und Kocheigenschaften sind genauso wie bei ganzen geschälten Erbsen.

Trockenerbsen unterscheidet man zunächst nach der Farbe. *Gelbe Erbsen* gibt es groß und klein. Manche Sorten verkochen breiig, andere behalten ihre Form. *Grüne Erbsen* sind etwas kleiner und kugeliger als ihre gelben Schwestern, haben aber die gleichen Kocheigenschaften. Eine besonders stärkehaltige Sorte sind die glatten, kugelrunden *Palerbsen*. Als *Victoria-Erbsen* bezeichnet man Samen mit einem Durchmesser von mindestens 7,5 mm.

Die Industrie verarbeitet Trockenerbsen zu Erbsmehl und – mit Gewürzen, Salz und Mehl vermischt – zu Erbswurst. Sie ergibt, in Wasser gekocht, eine ganz passabel schmeckende Erbswurstsuppe. Die Erbswurst war vor über hundert Jahren ein frühes Convenienceprodukt.

GEMÜSE & SALATE

Linsen

Tellerlinsen

> ### Klein, aber wertvoll
>
> Linsen enthalten sehr viel Eisen, Kalium und Magnesium, außerdem die Vitamine A, B_1, B_2 und E sowie Lezithin. Allerdings bieten Linsen nicht alle essenziellen Aminosäuren und sollten deshalb immer mit ergänzenden Lebensmitteln wie Nudeln, Kartoffeln oder Reis und Gemüse kombiniert werden.

Spätzle und Linsen sind seit altersher das Nationalgericht der Schwaben. Linsengemüse ist jedoch auf der ganzen Welt beliebt und gilt längst nicht mehr „nur" als biedere Hausmannskost. Selbst die Edel-Gastronomie hat die Hülsenfrüchte entdeckt und serviert „Crevetten an roten Linsen" und andere kulinarische Höhenflüge.

Linsen werden nach Farbe und Größe unterschieden:

Grüne Linsen
Grüne Linsen sind ungeschälte runde, flache Samen und bei uns die bekannteste Sorte. Es gibt sie in unterschiedlichen Größen, wobei die kleinsten am besten schmecken. Die zunächst olivgrüne Farbe wandelt sich bei längerem Lagern in Braun, was jedoch dem guten Geschmack keinen Abbruch tut. *Braune Linsen* müssen lediglich länger kochen. Ob grün oder braun, diese Linsen sind die „Allrounder" in der Küche.

Grüne Linsen

Beluga-Linsen

Rote Linsen

Rote Linsen
Rote Linsen kommen meist geschält und oft als Bruch in den Handel. Von außen sind die sehr kleinen Linsen rostrot bis lila, der Kern ist kräftig orangerot und wird beim Kochen gelb. Rote Linsen zerkochen schnell zu Brei und haben einen milden Geschmack. Sie eignen sich bestens für Püree, Suppen, Saucen und orientalische Gerichte

Beluga-Linsen
Beluga-Linsen sind kleine, schwarze Samen, die im Aussehen an Kaviar erinnern. Sie schmecken sehr aromatisch und ergeben unter anderem einen köstlichen Brotaufstrich.

Du-Puy-Linsen
Du-Puy-Linsen stammen aus Frankreich und gelten als die aromatischsten Linsen. Sie sind klein, grün-braun gesprenkelt und haben einen feinen, nussigen Geschmack. Du-Puy-Linsen kochen eher fest und kommen in Eintöpfen, Aufläufen, Bratlingen und Aufstrichen hervorragend zur Geltung.

Riesenlinsen
Riesenlinsen sind mit einem Durchmesser von 7 mm die größten (und teuersten) Linsen überhaupt. Fast so groß sind die flachen *Tellerlinsen* von 6 bis 7 mm. *Mittellinsen* messen 5 bis 6 mm. Ein ausgeprägtes Aroma versprechen die dickbauchigen *Zuckerlinsen*. Diese kleinste Sorte hat nur 4 mm Durchmesser.

 Kichern Kichererbsen?

Niemand hat diese Hülsenfrüchte je kichern hören. Der Name entwickelte sich wohl aus dem Lateinischen: Aus „cicer arietinum" wurde im Althochdeutschen „Kihhira", woraus im Sprachgebrauch schließlich „Kicher" wurde. Kichererbsen stammen ursprünglich aus dem mittleren Osten. Sie sind gelblich oder rötlich, etwa so groß wie eine Haselnuss und besitzen eine unregelmäßig kantige Form. Kichererbsen kochen fest und haben einen leicht nussigen Geschmack. Sie eignen sich für Salate, Suppen, Eintöpfe, Aufläufe und Püree.
Aus gerösteten und gemahlenen Kichererbsen backt man Fladenbrot. Auch die arabische Spezialität Falafel (kleine ausgebackene Kugeln) wird aus Kichererbsen gemacht.

GEMÜSE & SALATE

Kohlgemüse

Die Gattung Kohl aus der Familie der Kreuzblütengewächse hat viele „Kinder", die auf den ersten Blick kaum eine Verwandtschaft erkennen lassen. Gegessen werden unterschiedliche Teile der jeweiligen Pflanzen: Weißkohl, Rotkohl, Wirsing und Spitzkohl sind Haupttriebe. Grünkohl und Chinakohl sind Blätter. Blumenkohl und Brokkoli sind Blüten. Kohlrabi gehört zu den Stängeln und Rosenkohl stammt von den Seitentriebknospen. Was die verschiedenen Arten unter dem Sammelbegriff „Kohlgemüse" vereint, ist auf alle Fälle der typische Kohlgeschmack. Auch der durch Schwefelverbindungen bedingte Geruch beim Zubereiten verrät den Kohl.

Kohl wird das ganze Jahr über angeboten, doch der beste Kohl hat Frost erlebt. Die Kälte sorgt für noch mehr Geschmack, denn die Stärke in den Blättern wird in Zucker verwandelt. Außerdem erhöht sich der Gehalt an Vitaminen und Mineralstoffen, und nicht zuletzt wird das Zellgewebe gelockert, was den Kohl bekömmlicher macht.

Als Klassiker gelten die Kopfkohlsorten Weißkohl, Rotkohl, Spitzkohl und Wirsing. Sie wachsen in Deutschland auf riesigen Feldern selbst noch ganz oben im Norden. Diese vier Kohlsorten können nach gemeinsamen Qualitätsnormen in die EU-Klassen I und II eingestuft werden. Demnach müssen die Köpfe dicht anliegende Deckblätter haben, ohne Schäden und von frischem Aussehen sein. Auch Grünkohl zählt zu den Klassikern, doch für ihn gibt es keine Güteklassen.

Weißkohl

Gesünder geht's nicht

Wahrscheinlich ist Kohl das gesündeste Gemüse überhaupt. Er liefert beispielsweise sehr viel Provitamin A, alle B-Vitamine sind enthalten und Vitamin E. Unschlagbar ist jedoch der Vitamin-C-Gehalt. Je nach Sorte deckt eine große oder kleine Portion Kohl (150-250 g) selbst den im Winter erhöhten Tagesbedarf eines Erwachsenen ab. Und kaum zu glauben: Selbst das Kochen ändert daran nichts, denn durch die Zusammensetzung von speziellen Co-Enzymen entsteht eine biochemische Verbindung. Sie gewährleistet, dass sich der Vitamin-C-Gehalt trotz Erhitzen kaum verändert. Bei den Mineralstoffen protzt Kohl mit Calcium, Magnesium, Eisen, Chrom und Mangan.

Kohlgemüse nimmt direkten Einfluss auf die Gesundheit. Es fördert die Verdauung, entgiftet den Darm und baut die Darmschleimhaut auf, schützt vor Magen- und Darmgeschwüren und kann einen zu hohen Cholesterinspiegel im Blut senken.

Tipps für Kohlgemüse

- Kohl wird leichter verdaulich, wenn man das frische Gemüse vor der Zubereitung zwei Tage ins Tiefkühlfach legt. Auch Kümmel im Kochwasser wirkt entblähend.
- Der penetrante Kohlgeruch beim Kochen lässt sich mildern oder sogar verhindern, wenn man eine größere Brotkruste mit in den Kochtopf gibt.

Brokkoli

Blumenkohl

Chinakohl

Blumenkohl …

… ist eine der beliebtesten Kohlarten. Bei ihm handelt es sich um den fleischig verdickten Blütenstand der Pflanze, wobei in erster Linie die weiße Version gefragt ist. Diese Farbe verdankt der Blumenkohl seinen schützenden Hüllblättern, die Sonnenlicht fern halten. In der Zwischenzeit gibt es aber auch schon „modisch" gelben, grünen und violetten Blumenkohl. Aus Sizilien kommt eine lila getönte Sorte, die jedoch beim Kochen grün wird. Wichtiger als die Färbung ist die Frische. Man erkennt sie an der fest geschlossenen Blume mit gleichmäßiger Wölbung, die nicht von durchwachsenden Blättchen gestört wird. Die umgebenden Blätter dürfen keinesfalls welk sein, und der Strunk unten soll angenehm duften.

Blumenkohl riecht stark beim Kochen, hat jedoch einen sehr feinen Geschmack. Er ist so bekömmlich, dass er sich sogar für Schonkost eignet. Die Zubereitungsarten reichen vom Salat über Suppe, Gemüsebeilage und Auflauf bis hin zum überbackenen oder gefüllten Blumenkohl.

Brokkoli …

… ist natürlich verwandt mit Blumenkohl. Anders als beim weißen „Bruder" wachsen die Röschen jedoch nicht zu einem geschlossenen Kopf zusammen, sondern sitzen auf verästelten Stielen. Da Brokkoli keine vor Licht schützenden Umblätter besitzt, färbt er sich kräftig blaugrün.

Brokkoli schmeckt fein-aromatisch und nicht sehr ausgeprägt nach Kohl. Die fleischigen Stiele erinnern im Geschmack an Spargel. Frisch ist Brokkoli, wenn die kleinen Blüten noch nicht aufgegangen sind und sich noch nicht gelb verfärbt haben. Blätter und Stiele müssen fest und grün sein. Wird Brokkoli in Folie gewickelt angeboten, sollte man ihm diesen Schutz bis zur Zubereitung lassen. Die Folie hält Brokkoli feucht, und nur so bleibt er frisch. Überhaupt ist dieses Gemüse licht-, wärme- und druckempfindlich und sollte möglichst schnell verarbeitet werden.

Chinakohl …

… hat seinen Ursprung in der nordchinesischen Provinz Kanton und wird in Südostasien schon seit mindestens 1500 Jahren kultiviert. Bei uns wurde der Chinakohl erst im 20. Jahrhundert bekannt. Der feste ovale oder zylindrische Kopf ohne Strunk wiegt zwischen 700 und 1500 g. Die knackigen Blätter sind gelb oder grün mit breiten, weißen Rippen und gekrausten Rändern. Chinakohl ist zarter als andere Kohlarten und hat einen milden Geschmack.

Den Japanern ist es gelungen, aus Chinakohl den Japankohl zu züchten. Er wächst schneller, hat eine gedrungenere Form und ist noch schmackhafter. Bei uns jedoch werden Chinakohl und Japankohl meist „in einen Topf geworfen".

Beide Kohlsorten werden roh als Salat oder gedünstet als Gemüse gegessen. Sie sind leicht verdaulich, blähen nicht und sind sogar als Schonkost geeignet. Im Kühlschrank bleibt das Gemüse bis zu zehn Tage frisch.

GEMÜSE & SALATE

Kohlrabi

Pak-Choi

Palmkohl

Romanesco

Grünkohl …

… (Braunkohl, Federkohl, Krauskohl usw.) hat seine größte Fan-Gemeinde in Nord- und Nordwestdeutschland, doch auch in Richtung Süden gewinnt er immer mehr Freunde. Grünkohl bildet keinen Kopf, sondern besitzt einen Strunk mit länglichen, stark gekrausten Blättern. Bei frischem Grünkohl sind sie je nach Sorte hellgrün oder kräftig dunkelgrün bis blaugrün. Gelbe Verfärbungen verraten die ältere Ware. Grünkohl zeigt einen intensiven, arttypischen Geschmack. Verarbeitet wird er zu deftigen Gerichten wie beispielsweise „Grünkohl mit Pinkel (Grützwurst)", bei denen an Fett nicht gespart wird.

Kohlrabi …

… bildet sich aus dem überirdisch wachsenden Teil der Wurzelknolle, die sich zu einer abgeplatteten Knolle verdickt. Die spiralig um die Knolle wachsenden Blätter hinterlassen auf Grund des zunehmenden Umfangs breite „Narben". Auf den Markt kommen weiße (hellgrüne) und blaue (violette bis dunkelrote) Kohlrabi. Die helle Sorte wird meist unter Glas oder Folie gezogen, ist sehr zart und mild. Man darf sie allerdings nicht lange lagern, denn das Gemüse wird dabei schnell holzig. Blaue Kohlrabis stammen vorwiegend aus dem Freiland. Sie sind größer und würziger, aber auch holziger.
Der Handel bietet Kohlrabi mit und ohne Laub an. Das Grün jedoch enthält mehr Nährstoffe als die Knolle und kann klein geschnitten für Suppen, Saucen und Salate verwendet werden. Also lieber Kohlrabi mit Laub kaufen.

Pak-Choi …

… stammt ebenfalls aus Südostasien und schmeckt ähnlich wie Chinakohl, sieht aber aus wie Mangold. Pak-Choi hat lange, dunkelgrüne, leicht gewellte Blätter mit weißen breiten Rippen. Diese kann man wie Spargel oder Schwarzwurzeln zubereiten, das Grün wie Spinat oder Mangold. Salz und Gewürze sollten vorsichtig dosiert werden, um den Eigengeschmack des Gemüses nicht zu stören.

Palmkohl

Die Blätter des im Herbst auf den Markt kommenden Palmkohls erinnern ein wenig an Palmwedel – daher wohl auch der Name. Sein Geschmack liegt zwischen Mangold und Wirsing, manchmal meint man auch eine Ähnlichkeit zu Brokkoli feststellen zu können. Sein Vorteil liegt in der schnellen Zubereitung. Die Blätter werden einfach in Stücke geschnitten, in Olivenöl oder Butter gedünstet und als Beilage zu Fleisch oder Fisch verzehrt.

Romanesco …

… ist ein hellgrüner Blumenkohl, dessen einzelne Röschen die Form spitzer Türmchen haben. Deshalb nennt man dieses Gemüse auch „Minarettkohl" oder „Türmchenblumenkohl". Er sieht jedoch nicht nur sehr dekorativ aus, sondern unterscheidet sich auch sonst von seinem Verwandten. Romanesco schmeckt etwas würziger, ist noch bekömmlicher und enthält mehr Vitamin C. Im Kühlschrank bleibt er höchstens drei Tage frisch.

Rosenkohl …

… wächst als Blattknospe an den Stängeln der Pflanze. Jedes einzelne „Röschen" sieht aus wie ein Kohlkopf im Miniformat. Eine Sorte hat runde, feste, hellgrüne „Röschen", die andere längliche, lockere, dunkelgrüne Knospen. Auf den Markt kommt geputzte und ungeputzte Ware.
Rosenkohl schmeckt sehr intensiv und kommt ausschließlich gegart auf den Tisch – beispielsweise als Gemüse, Auflauf oder Suppe. Da beim Putzen viel Abfall entsteht, rechnet man für vier Personen mit ca. 1250 g Rohware. Wenn Rosenkohl blanchiert wird, lässt er sich gut einfrieren.

Rotkohl

Spitzkohl

Rosenkohl

Wirsing

Rotkohl …

… (Rotkraut, Blaukraut) ist etwas kleiner und milder im Geschmack als der weiße „Bruder". Der sehr feste Kopf besteht aus kräftig violetten Blättern. Sie enthalten den pflanzeneigenen Farbstoff Anthocyan, der einen wichtigen Beitrag zum Gesundheitswert des Gemüses leistet. Anthocyan gehört zu den sekundären Pflanzenstoffen, stärkt das Immunsystem und wirkt entzündungshemmend.

Rotkohl ergibt feine Rohkostsalate, zum Beispiel zusammen mit Äpfeln und Orangen. Am bekanntesten ist Rotkohl jedoch als Gemüse. Wenn man beim Kochen einen Schuss Essig oder Zitronensaft zugibt, wird der Kohl kräftig rot. Eine Prise Natron dagegen macht ihn violettblau.

Spitzkohl …

… ist die weniger rustikale Ausgabe von Weißkohl. Spitzkohl wächst kegelförmig, und seine zarten, bläulichgrünen Blätter liegen locker übereinander. Er hat ein eher dezentes Kohlaroma und schmeckt mild – wie eine Mischung aus Wirsing, Blumenkohl und Nüssen. Spitzkohl wird aus heimischem Anbau nur von Mai bis Juli angeboten. Man bereitet ihn vorwiegend als Rohkost oder als Gemüse zu, doch mag er kein langes Schmoren oder Kochen. Kurzes Dünsten genügt völlig, dann haben die Blätter noch Biss.

Als Spitzkohl wird häufig auch das schwäbische Filderkraut bezeichnet, das auf den Fildern wächst, einer fruchtbaren Ebene bei Stuttgart. Es ist eine spitze Variante des Weißkohls, aber etwas feiner im Geschmack. Das berühmte Filderkraut wird zu hervorragendem Sauerkraut verarbeitet.

Weißkohl …

… heißt im Sprachgebrauch vielfach Weißkraut oder auch Kappes bzw. Kabis. Er gilt als typisch deutsches Gemüse, wird die Ernte doch zum großen Teil in Sauerkraut verwandelt. Ein Weißkohlkopf wiegt 1500 bis 2000 g. Top in Form ist er, wenn die hellgrünen Blätter glänzen und fest anliegen.

Weißkohl kann man kochen und dünsten, als Rohkost servieren oder zu Sauerkraut verarbeiten. Dies ist ein uraltes Verfahren, bei dem durch die Verbindung von Kochsalz und Kohlsäften konservierende Milchsäure entsteht. Rohes Sauerkraut gilt als besonders gesund, doch begehrt ist es vor allem als warmes Gemüse. Und in diesem Fall gilt: Sauerkraut schmeckt immer besser, je öfter es aufgewärmt wird.

Die alten Seefahrer nahmen Fässer voll Sauerkraut mit an Bord, denn auf den langen Reisen schützte der Verzehr die Mannschaft vor dem gefürchteten Skorbut, einer Vitamin-C-Mangelerkrankung. Wilhelm Busch hat dem Sauerkraut ein Denkmal gesetzt. Bei „Max und Moritz" heißt es: „Eben geht mit einem Teller Witwe Bolte in den Keller, dass sie von dem Sauerkohle eine Portion sich hole, wofür sie besonders schwärmt, wenn er wieder aufgewärmt."

Wirsing …

… hat viele Namen – Welschkraut, Pörschkraut, Savoyer-Kohl und noch einige mehr. Wirsing stammt ursprünglich aus dem nördlichen Mittelmeerraum und ist neben Weiß- und Rotkohl die dritte wichtige Kohlart. Wirsing hat einen lockeren Kopf aus krausen, gewellten Blättern. Sie sind je nach Sorte dunkelgrün bis gelb. Das Gemüse schmeckt sehr aromatisch und arttypisch kräftig. Am beliebtesten ist der Frühwirsing (Zartkohl), der sich besonders gut für Salate eignet. Traditionell wird Wirsing jedoch als Gemüse zubereitet. Die großen Blätter lassen sich auch mit Hackfleisch füllen und zu Rouladen verarbeiten.

GEMÜSE & SALATE

Stängelgemüse

Zu dieser Gruppe gehören Stangensellerie, Stielmus, Gemüsefenchel und auch der Rhabarber, der jedoch entsprechend seiner Verwendung allgemein zum Obst gezählt wird. Das berühmteste Stängelgemüse ist jedoch der Spargel. So unterschiedlich die Vertreter der Gruppe auch aussehen mögen, sie haben eines gemeinsam: Als Gemüse verwendet werden Stängel oder Sprossen der jeweiligen Pflanze.

Bleichspargel

Spargel

Etwas vom Schönsten am Frühsommer ist der Spargel. Natürlich gibt es ihn inzwischen rund ums Jahr, doch so köstlich wie in der Saison schmeckt das Gemüse sonst nie. Sie beginnt je nach Witterung in der zweiten Aprilhälfte, und pünktlich am 24. Juni wird der letzte Spargel gestochen. Und je weniger Zeit zwischen Ernte und Kochtopf liegt, desto besser das Aroma. Morgens gestochen, mittags auf dem Teller – das geht nur mit heimischem Spargel. Importe aus den Nachbarländern sind nicht schlecht, doch das Bessere ist bekanntlich des Guten Feind.

Spargel zählt, wie zu erwarten, zur Familie der Spargelgewächse, die etwa 300 Arten umfasst. Kulinarisch interessiert nur der „Asparagus officinalis", die in Europa gebräuchlichste Kulturart. Spargelpflanzen wachsen gern auf wasserdurchlässigen, sandigen Böden. Bei einer Temperatur von etwa 12 °C treiben die Wurzelstöcke mehrere weiße Sprossen nach oben. Hat der Boden 16 °C erreicht, kann meist die Ernte beginnen.

Was Farben verraten

Immer häufiger wird Spargel unter Folien gezogen. Klare Thermofolien sind dazu da, für eine schnellere Erwärmung des Bodens zu sorgen und so die Ernte um etwa zwei Wochen vorzuziehen. Der Spargel wird dann durch die Folie hindurch gestochen. Der Nachteil: So manche Spargelstange streckt ihren Kopf vorwitzig aus der Erde, und der verfärbt sich an der

> **Bozener Sauce**
>
> Spargel lässt sich vielseitig zubereiten. Mit neuen Kartoffeln und Schinken ist Spargel ein Klassiker. Man serviert ihn nur mit zerlassener Butter oder mit Sauce Hollandaise. Würziger schmeckt Sauce Béarnaise (mit Kräutern) und ein lukullisches Erlebnis ist die „Bozener Sauce":
> Aus 4 harten Eiern das Eigelb entnehmen, durch ein Sieb streichen und mit 6 EL Olivenöl, 2 EL Sahne, 1 EL Dijon-Senf und 2 EL Weißweinessig verrühren. Eiweiß, 1 EL Kapern, 1 Zwiebel und ½ Bund glatte Petersilie fein hacken, alles unter die Eigelbmasse mischen und zum Spargel reichen.

Grüner Spargel

Sonne violett. Gefragt ist aber in erster Linie rein weißer Spargel. Abhilfe schaffen schwarze Folien. Darunter erwärmt sich zwar der Boden nur unwesentlich schneller, aber der Spargel kann sich nicht verfärben. Zur Ernte muss die Folie allerdings erst umständlich abgenommen werden.

Bleichspargel

Die Verbraucher unterscheiden Spargel nach der Farbe. Hierzulande konzentrieren sich die Spargelbauern vorwiegend auf weiße Ware. Für diesen Bleichspargel werden lange Reihen von sandigen Dämmen aufgeschüttet, die den Sprossen den Weg zum Licht verlängern. Bei günstigen Temperaturen wächst Spargel pro Stunde etwa 75 mm und muss oft zwei Mal am Tag abgeerntet werden – und zwar bevor ihn Sonnenstrahlen treffen. Weißer Spargel schmeckt besonders mild und fein aromatisch.

Violetter Spargel

Violetter Spargel wird besonders von den Franzosen geschätzt, doch auch bei uns findet er seine Liebhaber. Er schmeckt kräftiger und etwas würziger. Gestochen wird diese Sorte, wenn die Köpfe schon leicht durch die Erdoberfläche gestoßen sind und sich im Licht violett verfärbt haben.

Grüner Spargel

Grüner Spargel ist dem ursprünglichen Wildspargel noch am ähnlichsten und braucht keine Erdwälle. Die Sprossen wachsen aus der Erde heraus, bilden im Licht Chlorophyll und verfärben sich grün. Die Ernte beginnt, wenn die Stangen 20 bis 25 cm lang sind. Grüner Spargel ist besonders zart und hat einen herzhaft-würzigen Geschmack. Man braucht höchstens das untere Drittel der Stange zu schälen.

Beim Spargel ist die Frische das wichtigste Qualitätskriterium. Sie zeigt sich unter anderem daran, dass die Spargelenden nicht hohl, nicht bräunlich verfärbt und nicht ausgetrocknet sind. Beim leichten Zusammendrücken eines Schnittendes sollte Saft austreten, der angenehm duftet. Frische Spargelstangen sind fest und nicht biegsam. Sie geben auf leichten Druck nicht nach und lassen sich gut mit dem Fingernagel einritzen.

Spargel zählt nicht gerade zu den billigen Gemüsesorten, doch auch hier kann man sparen. Für Salate, Suppen, Saucen, Gratins oder Aufläufe kann man sogenannten Bruchspargel verwenden. Dabei handelt es sich um gebrochene, ungleichmäßig dicke Stangen.

Rostet Spargel?

Unter Spargelrost versteht man einen leichten Pilzbefall, der jedoch keinen weiteren Einfluss auf Geschmack und Qualität nimmt. Rost zeigt an, dass der Spargel nicht unerlaubt gewässert wurde. Dabei würden nämlich nicht nur die Roststellen verschwinden, sondern auch wertvolle Vitamine.

GEMÜSE & SALATE

Gemüsefenchel

Spargel in der Küche

Gefürchtet ist das Spargelschälen als langwierige Arbeit. Mit dem Küchenmesser mag das stimmen, doch mit einem speziellen Spargelschäler braucht zumindest der Könner für 1 kg nur einige Minuten.

- Geschält wird Spargel grundsätzlich von oben nach unten, wobei natürlich der Kopf unangetastet bleibt.
- Spargel soll dünn (aber nicht zu dünn) und rundum gleichmäßig und lediglich im unteren Teil etwas dicker geschält werden.
- Erst nach dem Schälen die unteren Enden kürzen. Bei sehr frischem Spargel genügen ein bis zwei Zentimeter, bei älterer Ware dürfen es vier bis fünf Zentimeter sein. Die Stücke lassen sich für Suppen und Saucen verwenden.

Zum Kochen empfiehlt es sich, den rohen Spargel schon mal portionsweise mit Hilfe von Küchengarn zu bündeln. In den Kochtopf (nicht aus Aluminium, das verfärbt den Spargel grau) wird so viel Wasser eingefüllt, dass die Stangen gerade bedeckt sind. Im speziellen Spargeltopf stehen die Stangen und brauchen quasi nur ein „Fußbad". Ins Wasser gibt man pro Liter ½ Teelöffel Salz, einen Teelöffel Butter, eine Prise Zucker (mindert eventuell vorhandene Bitterstoffe) und nur bei weißem oder violettem Spargel eventuell einen Spritzer Zitronensaft. Die Garzeit beträgt beim hellen Spargel je nach Stangenstärke zwischen 10 und 25 Minuten, Grüner Spargel ist in 8 bis 10 Minuten fertig.

Spargel auf Vorrat – das geht! Man kann die frischen Stangen sehr gut einfrieren, sollte sie zuvor aber auf keinen Fall blanchieren. Das mindert nur den Geschmack und den Vitamingehalt. Tiefgefroren hält der Spargel bei -18 °C mindestens sechs bis acht Monate. Für die Zubereitung lässt man ihn nicht erst auftauen, sondern gibt ihn sofort ins kochende Wasser.

> ### Kleiner Spargel-Knigge
>
> Früher durfte Spargel beim Essen auf keinen Fall mit einem Messer in Berührung kommen. Es entsprach dem guten Ton, die Stangen längs mit den Fingern in den Mund zu schieben. Der Grund für diese Sitte lag in den verchromten Messerklingen, die Spargel zum Rosten brachte. Heute sind die Messer rostfrei, und deshalb darf Spargel ganz normal geschnitten werden. Wer trotzdem die Finger nimmt, begeht jedoch keinen Fauxpas.
>
> Ein Wort zum Wein: Empfohlen werden zu Spargel weiße, trockene Sorten. Ein guter Sauvignon beispielsweise passt immer. Wer möchte, kann aber zum Spargel auch einen Rosé trinken, ohne sich damit als Banause zu outen. Wichtig ist, dass der Geschmack von Wein und Spargel harmoniert.

Gemüsefenchel

In den Mittelmeerländern schätzt man ihn schon immer, bei uns erobert er mehr und mehr die Gaumen der Gourmets. Fenchel schmeckt angenehm süßlich und intensiv nach Anis, was nicht jedermanns Sache ist. Fenchel gehört zur Familie der Doldenblütler. Er besteht aus einer flachen oder rundlichen weißgrünen Knolle mit dicken Stielen und fein gefiederten, dillähnlichen Blättern.

Die im Handel angebotenen Fenchelknollen wiegen zwischen 150 und 300 g. Für die Zubereitung wäscht man die Knollen gründlich, schneidet den Wurzelansatz ab und kürzt die Stängel und die äußeren Blätter. Fenchel lässt sich roh für Salate verwenden oder nach Belieben dünsten, dämpfen, schmoren oder überbacken. Das zarte Kraut wird gehackt und über das Fenchelgericht gestreut.

Fenchel bleibt etwa zwei Wochen frisch, wenn man die Knolle in Frischhaltefolie wickelt und im Gemüsefach des Kühlschranks lagert. Vorsicht, die Knolle ist druckempfindlich und reagiert mit braunen Stellen, die schnell weich werden.

Der Aberglaube macht auch vor Fenchel nicht halt. Angeblich wird das Eindringen böser Geister verhindert, wenn man am Tag des Heiligen Johannes (24. Juni) Fenchelkraut an Tür und Fenster hängt.

> ### Viel Aroma
>
> Fenchel schmeckt und duftet nach Anis, da er süßliches Mentholöl und kampferartiges Fenchon enthält. Wertvoll für die Ernährung machen ihn die sonstigen Inhaltsstoffe: Zucker, Stärke, Eiweiß, Provitamin A, die Vitamine B_1, B_2, B_6, C und E sowie Calcium, Kalium, Phosphor und Eisen.

Rhabarber

Stangensellerie

Rhabarber

Auch wenn Rhabarber botanisch gesehen zu den Gemüsen zählt – denn die Pflanze ist eine mehrjährige Staude –, so wird er in unseren Küchen doch wie Obst zubereitet. Mit Rhabarber lassen sich köstliche Kompotte, Konfitüren, Kuchen und Desserts zubereiten. Hauptsaison hat Rhabarber in den Monaten ohne „r", Mai, Juni, Juli (im August ist die Saison schon vorbei). Seinen säuerlichen Geschmack verdankt er der enthaltenen Zitronen- und Apfelsäure. Die in geringen Mengen enthaltene Oxalsäure verursacht das stumpfe Gefühl an den Zähnen.
Rhabarber wird lose oder im Bund in den Sorten grünstielig und grünfleischig, rotstielig und rotfleischig sowie rotstielig und grünfleischig angeboten. Die Stangen der grünstieligen Sorte sind meistens dicker als die rotstieligen.
Von Januar bis März ist der bei uns eher seltene, in England aber häufig anzutreffende unter Folie vorgezogene Rhabarber, häufig auch als Himbeerrhabarber bekannt, auf dem Markt. Vor allem seiner Farbe – ein leuchtendes Pink – verdankt er seine Beliebtheit, denn gerade am Ende des Winters freut man sich über jeden Farbklecks im Speiseplan.

Stangensellerie

Er wird auch Stauden- und Stielsellerie genannt und gehört zur botanischen Familie der Doldenblütler. Die Pflanze wächst buschig und liefert bis zu 50 cm lange grüne Stängel. Sie sind fleischig, haben zarte Blätter und einen kräftigen Geschmack. Die Variante Bleichsellerie hat eine sehr helle Farbe, weil die Pflanzen zum Schutz vor Sonne mit Erde oder Folie abgedeckt werden. Die Stangen sind zart und saftig und feiner im Geschmack. Man kann sie als erfrischenden Snack aus der Hand knabbern.

Die Frische von Staudensellerie zeigt sich daran, dass sich die Stängel nicht biegen, sondern nur brechen lassen. Die Blätter sind saftig grün. Für die Zubereitung wird Staudensellerie dünn geschält, bei Bleichsellerie ist das nicht nötig. Die Blätter eignen sich klein geschnitten zum Würzen. Legt man sie einige Stunden in kaltes Wasser, kräuseln sie sich und sehen beispielsweise in Salaten sehr dekorativ aus.

Stielmus

Dieses Gemüse ist auch als Rübstiel bekannt und gehört eigentlich zu den Speiserüben und somit zum Wurzelgemüse. Gegessen wird jedoch nicht die Wurzel, vielmehr sind die zarten, hellgrünen Stängel gefragt. Sie ergeben ein ausgezeichnetes Gemüse und lassen sich im Prinzip zubereiten wie Chinakohl.

GEMÜSE & SALATE

Algen – Gemüse aus dem Wasser

Wakame

Nori-Algen

Kombu

Sie sind grün oder braun und zählen zu den ältesten Lebewesen überhaupt. Algen waren schon auf dieser Welt, als der Mensch noch lange auf sich warten ließ. Die Einzeller haben vor Milliarden von Jahren dazu beigetragen, Stickstoff in ein Sauerstoff-Gemisch zu verwandeln. So erhielt die Erde eine Atmosphäre, in der sich Leben entwickeln konnte.

Heute sind etwa 30 000 im Salz- und Süßwasser lebende Arten bekannt und 160 davon gelten als essbar. In der japanischen Küche spielen Algen schon immer eine wichtige Rolle, und seitdem Sushi und andere Spezialitäten aus dem „Land der aufgehenden Sonne" auch in Europa zunehmend Freunde finden, tauchen Algen immer häufiger im Sortiment des Handels auf.

Die meisten Algen stammen nach wie vor aus Wildsammlungen. Nur wenige wie die Nori oder die Wakame werden kultiviert. Meereskulturen gibt es hauptsächlich in Japan, China, Korea, Chile und auf den Philippinen. Problematisch ist das Meeresgemüse, weil es Giftstoffe wie Quecksilber, Cadmium, Blei, Arsen und Benzpyren in großen Mengen einlagert. Bio-Produkte sind eher selten. Bisher befasst sich die EU-Bio-Verordnung nicht mit Algen, jedoch hat eine US-amerikanische Kontrollstelle Richtlinien für die ökologische Algengewinnung aufgestellt.

Aus der Vielfalt der Algen werden hierzulande bestimmte Sorten getrocknet angeboten:
Arame-Algen stammen aus Japan und haben ein mildes, leicht würziges Aroma.
Dulse-Algen wachsen im Nordatlantik und sind besonders reich an Eisen und Vitaminen. Sie schmecken sehr kräftig und werden nach kurzem Einweichen gekocht oder roh gegessen.
Hijiki-Algen werden einige Stunden im eigenen Saft weich gedünstet und verfärben sich dabei schwarz. Sie schmecken kräftig nach Meer und bestehen getrocknet zu 34 % aus Mineralstoffen.
Kombu-Algen wachsen in dichten Unterwasserwäldern vor der japanischen Insel Hokkaido sowie im Nordatlantik vor Island, wo man die Algen „Kelp" nennt. Sie bilden bis zu 100 m lange Wedel, auf deren Oberfläche sich beim Trocknen am Strand kleine weiße Kristalle absetzen, die natürliches Glutamat enthalten.
Nori-Algen werden in Japan an Netzen kultiviert, von Hand geerntet, gewaschen, getrocknet und zu Blättern gepresst. Man röstet sie und verwendet sie als Hülle für Sushi oder Reis-Snacks. Zerbröselt ergeben die Blätter ein gutes Würzmittel. Die Nori werden als einzige Algen vor der Verwendung nicht eingeweicht.
Wakame-Algen sind lang und federartig. Die Japaner ziehen sie an Land vor und siedeln die kleinen Algen in Meeresgärten um. Die Wurzeln der Wakame sind besonders mineralstoffreich und werden „Mekabu" genannt. Wild wachsende Wakame sind zarter und intensiver im Geschmack und werden von Kennern bevorzugt.

Algen haben generell einen fremdartigen, leicht fischigen Geschmack. Er harmoniert am besten mit asiatischen Gerichten. Mit Ausnahme der Nori müssen alle Algen zunächst fünf bis fünfzehn Minuten eingeweicht werden. Längere Zeiten verringern den typischen Eigengeschmack.

 Vor- und Nachteile

Algen sind nährstoffreicher als jedes „normale Gemüse". Die Unterwasserpflanzen bestehen vor allem aus Eiweiß und Ballaststoffen und enthalten viele Mineralstoffe wie Kalium, Calcium, Magnesium, Eisen und – bei Meeresalgen – Jod. Dazu kommen noch Vitamine der B-Gruppe, A und C.

Doch ist der z. T. sehr hohe Jodgehalt nicht unproblematisch. Besonders in Jodmangelgebieten kann sich die menschliche Schilddrüse verändert haben und auf ein plötzliches hohes Jodangebot mit bedrohlicher Überfunktion reagieren. Hier kann bereits eine Portion von 10 g ausreichen. Laut Bundesinstitut für Risikobewertung gelten als empfindliche Risikogruppe gegenüber einem Jodüberschuss Schwangere und Frühgeborene, Neugeborene, Kleinkinder und ältere Menschen, die im Jodmangel aufgewachsen sind oder eine funktionelle Autonomie (Überfunktion durch „Knotenkröpfe") haben, sowie Patienten mit einer genetischen Disposition für eine Autoimmunkrankheit, bei der die Schilddrüse entzündet ist. Auch für Gichtkranke sind Algen aufgrund ihres hohen Puringehalts nicht zu empfehlen.

Sprossen & Keime

Sojakeimlinge
Champagnerlinsen

Mungbohnensprossen
Sprossenmix

Radieschenkeimlinge

Frisch gekeimte Pflanzensamen werden als Sprossen oder Keime bezeichnet. Zum Keimen eignen sich in erster Linie Getreidekörner, Hülsenfrüchte und Ölsaaten. Es besteht die Möglichkeit, Sprossen zu Hause selbst zu ziehen, aber der Handel bietet auch eine große Auswahl an fertig gekeimten Samen an. Kressesprossen, Mungbohnenkeimlinge (Sojasprossen), Bambussprossen, Rettichsprossen und Alfalfa gehören häufig zum Standardsortiment. Egal, für welche man sich entscheidet, Sprossen sollten frisch und knackig sein; sie lassen sich in einem Frischhaltebeutel im Kühlschrank 2-3 Tage aufbewahren. Nicht mehr frische Sprossen erkennt man zum Beispiel an ihren braunen Enden. Sprossen und Keime bereichern viele Gerichte, sowohl kulinarisch als auch ernährungsphysiologisch gesehen. Sie sind im Geschmack knackig, frisch, nussig oder scharf. Zudem stecken in jedem Samenkorn nicht nur alle Inhaltsstoffe der Pflanze in konzentrierter Form, sondern beim Keimen verändern sich einige Nährstoffe und viele Vitamine vermehren sich, so dass Sprossen und Keime hinsichtlich ihrer Inhaltsstoffe fast jedes andere Lebensmittel übertreffen. Das wird inzwischen sogar für Brot („Essener Brot") genutzt.

Was passiert beim Keimen?

Um Samen zum Keimen zu bringen, ist Wasser notwendig. In Kombination mit Wärme und Sauerstoff wird im Samenkorn ein Prozess in Gang gesetzt: Enzyme werden aktiv, Vitamine werden gebildet und Nährstoffe wie zum Beispiel die Kohlenhydrate werden umgebaut. So enthalten Weizenkeime im Vergleich zum Weizenkorn insgesamt weniger Stärke, dafür ist der Gehalt an Fructose und Glucose gestiegen.

Das heißt, Stärke – ein langkettiges, schwer zu verdauendes Kohlenhydrat – wird teilweise in kurzkettige, vom Organismus leicht zu verwertende Kohlenhydrate wie Glucose oder Fructose umgebaut. Dadurch sind viele Keime im Vergleich zum Samenkorn besser verdaulich, was sich besonders bei den Keimen aus Hülsenfrüchten positiv bemerkbar macht.

Auch der Eiweißgehalt vieler Samen nimmt beim Keimen zu. Zudem wird das oft sehr hochwertige Eiweiß im Keimling teilweise schon in seine Bausteine, die Aminosäure, aufgespaltet – ein Vorgang, der sich normalerweise erst bei der Verdauung abspielt.

Hinsichtlich des Vitamingehalts sind zwischen Samen und Keimling ebenfalls signifikante Unterschiede zu verzeichnen. In einigen Sprossen steigt der Vitamin-C-Gehalt um das Vierfache und auch der Gehalt an B-Vitaminen erhöht sich enorm.

Alfalfa (Luzerne) ist hinsichtlich ihres Vitamin- und Mineralstoffgehalts nahezu unübertroffen. Alfalfa enthält große Mengen an Eisen, Calcium, Kalium und Magnesium sowie reichlich B-Vitamine und Vitamin E. Die Sprossen schmecken gut auf Butterbrot gestreut oder in verschiedenen Salaten.

Bockshornklee ist Bestandteil vieler Currymischungen und auch die Sprossen daraus schmecken würzig-pikant. Bekannt geworden ist das aus Bockshornkleesamen wachsende Kraut in erster Linie als Heilpflanze. Noch heute wird es zur besseren Verdauung blähenden Gerichten zugegeben. Bockshornkleesamen sind reich an Provitamin A, Vitamin C und besonders Eisen.

Erbsenspargel sind Sprossen, gezogen aus grünen Erbsen, aber viel länger als herkömmliche Sprossen. Die nach ein paar Tagen Keimzeit gewachsenen Sprossen sehen aus und schmecken wie Minispargel und sind eine dekorative Beigabe zu vielen Gerichten.

Kichererbsenkeime schmecken nussig. Sie enthalten besonders die Vitamine A, B und C und auch die Mineralstoffe Calcium, Phosphor und Kalium kommen reichlich vor. Kichererbsen sollten ebenso wie Mungbohnen vor dem Verzehr blanchiert werden.

Kresse gibt's in jedem Supermarkt im Schälchen zu kaufen, die Keime lassen sich ganz leicht mit einer Schere abschneiden. Kressekeime enthalten ätherische Senföle, viel Vitamin C, Provitamin A und B-Vitamine sowie die Mineralstoffe Calcium, Eisen, Kalium und Phosphor. Ebenso wie Alfalfa schmeckt Kresse hervorragend auf frischem, mit Butter bestrichenem Brot.

Die Keime der grünen *Mungbohnen* werden häufig auch unter dem Namen *Sojasprossen* verkauft. Sojasprossen sind aber größer als Mungbohnen-Keime und auch nicht so zart. Da Mungbohnen einen enzymhemmenden Stoff enthalten, der beim Garen zerstört wird, sollten die Keime vor dem Verzehr blanchiert werden. Damit die Keime knackig bleiben, empfiehlt es sich, sie nach dem Blanchieren sofort kurz in eiskaltes Wasser zu tauchen.

Radieschen- und *Rettichsprossen* schmecken scharf und würzig. Dafür verantwortlich sind die ätherischen Öle, die gleichzeitig entzündungshemmend wirken. Rettich würzt Kräutersoßen und schmeckt auf Butterbrot gestreut.

Sonnenblumenkeime enthalten wie auch die Kerne viel Fett und Vitamin E. Sonnenblumenkeime leicht anrösten, abkühlen lassen und über den Salat streuen.

Weizen und Roggen, die bedeutendsten Brotgetreide, schmecken auch als Keime hervorragend. Sie sind reich an B-Vitaminen und Vitamin E und schmecken in Aufläufen und Quiches.

GEMÜSE & SALATE

Wurzel- und Knollengemüse

Es gibt Pflanzen – und gar nicht so wenige – deren Bestes unter der Erde wächst: Wurzeln und Knollen. Sie haben den Weg nach oben geschafft und stehen als Gemüse hoch in der Gunst der Verbraucher. Kein Wunder, denn Wurzeln und Knollen sind sehr nahrhaft und gesund und lassen sich ungeheuer vielseitig zubereiten. Die verschiedenen Arten stehen im Prinzip ganzjährig zur Verfügung, denn auch dieses Gemüse wird außerhalb der eigentlichen Saison zumeist im Treibhaus gezogen. Trotzdem – aus dem Freiland schmeckt's halt besser, und deshalb haben eben doch viele Arten ihre Zeit.

Möhren

Hase mit Brille?

Warum tragen Hasen nie eine Brille? Ein alter Witz: Weil sie viel Karotten fressen. Tatsächlich haben Möhren von allen Gemüsearten den mit Abstand höchsten Gehalt an Carotin, das im Körper in Verbindung mit Fett in Vitamin A umgewandelt wird. Und Vitamin A beeinflusst unter anderem das Sehvermögen. Weitere enthaltene Vitamine sind z. B. B_1, B_2, C und E, dazu Mineralstoffe und noch einiges mehr. Ihren angenehm süßlichen Geschmack verdanken Möhren einem relativ hohen Zuckergehalt. Bei jungen Bundmöhren kann er bis zu 6 % betragen. Kein Wunder, dass Babys und Kleinkinder so gern Karotten essen.

Frisch und knackig: Möhren

Heißen diese knackigen Wurzeln in kräftigem Orange nun Möhren oder Karotten? Gemeint ist in jedem Fall die gleiche Pflanze, und die Bezeichnung orientiert sich allgemein an Größe und Form dessen, was in der Erde steckt. Demnach sind Möhren länglich und eher walzenförmig oder spitz zulaufend. Karotten sind kürzer und dicker. Die Namensgebung ist jedoch auch regional bedingt. Im Sprachgebrauch werden die Bezeichnungen beliebig verteilt, und es gibt noch viel mehr: gelbe Rüben, Mohrrüben, Rübli, Woddeln usw. Eine klarere Unterscheidung ermöglichen die Anbau- und Erntezeiten. Möhren stehen das ganze Jahr zur Verfügung, aber nicht immer erntefrisch und aus dem Freiland.

Die ersten im Jahr, etwa ab Mai, sind die *Frühmöhren*. Sie stammen aus dem Treibhaus oder teilweise sogar schon vom freien Feld und zeigen sich besonders zart, saftig und süß. Eine einzelne Frühmöhre darf nicht schwerer als 150 g sein. Teilweise werden Frühmöhren gebündelt samt grünem Kraut angeboten.

Sommermöhren sind bereits deutlich größer und schwerer. Sie kommen von Juni bis September auf den Markt.

Spät- und Dauermöhren haben eine eher kegelförmige oder zylindrische „Figur" und wiegen pro Stück mindestens 50 g. Meist sind diese Sorten jedoch recht groß und schwer und haben dadurch einen höheren Ballaststoff-Anteil als ihre Verwandten. Spät- und Dauermöhren sind von November bis März auf dem Markt und stammen vorwiegend aus eingelagerten Beständen.

Unterschieden werden Möhren schließlich noch nach der Sauberkeit. Möhren, die gereinigt und entlaubt angeboten werden, heißen Waschmöhren. Dagegen sind sogenannte Sandmöhren ungewaschen und lediglich von grober Erde befreit.

Das Gemüse ist sehr vielseitig verwendbar. Man kann Möhren nach Hasenart roh knabbern, als gesunden Snack zwischendurch. Für Rohkostsalate eignen sich Möhren bestens, sie werden jedoch auch als Gemüse zubereitet oder zu Eintöpfen und Suppe verarbeitet. Frühmöhren braucht man nicht zu schälen, sondern nur gründlich abzubürsten. Das Kraut kann gehackt und als Gewürz verwendet werden.

Im Kühlschrank halten sich Möhren einige Tage. Bei Bundware muss man jedoch unbedingt das Laub entfernen, denn es entzieht den Möhren die Feuchtigkeit. Frische Möhren erkennt man daran, dass sie sich nicht biegen, sondern nur brechen lassen.

Scharfe Sache: Rettiche

Rettich
Er gehört zu den ältesten Kulturpflanzen und war somit auch schon im alten Ägypten bekannt. Dort soll er laut Überlieferung den Arbeitern beim Bau der Pyramiden „auf die Sprünge" geholfen haben.

Der Rettich kommt in unterschiedlichen Farben aus dem Boden – weiß, rosa, violett und schwarz. Unter der farbigen Außenhaut ist das Fleisch jedoch immer weiß. Es enthält unter anderem viel Senföl, was für die berüchtigte Schärfe sorgt. Die meisten Rettiche sind hinten breit, laufen vorn spitz zu und in einem dünnen Wurzelfaden aus. Es gibt aber auch runde Varianten sowie kleine und große Ausgaben. Der in Bayern beliebte „Radi" ist ein weißer Riesenrettich, der in keinem Biergarten fehlen darf. Der „Radi" wird spiralförmig in hauchfeine Scheiben geschnitten und gesalzen, damit er „weint". Das macht ihn mehr aromatisch als beißend scharf.

Rettiche eignen sich am besten für gemischte Rohkostsalate. Rettichsaft mit Honig soll gegen Husten helfen. Angeboten werden Rettiche ganzjährig, die Hauptsaison dauert jedoch von Mitte April bis Ende Juni. Die Frische eines Rettichs zeigt sich am Blattkraut, das nicht welk sein sollte.

weißer Rettich

roter Rettich

GEMÜSE & SALATE

Steckrübe

Radieschen

Meerrettich

Radieschen
Sie sind klein und rund, außen rot oder zur Hälfte weiß und innen weiß, schön knackig und eigentlich sehr scharf. Doch leider wurde so mancher Sorte diese Schärfe weggezüchtet. Man isst Radieschen pur mit etwas Salz bestreut oder verwendet sie für Salate. Je frischer Radieschen sind, desto besser schmecken sie.

Angeboten werden Radieschen mit einem Schopf aus grünen Blättern (lassen sich fein gehackt über Suppen und Saucen streuen) und nach Größe sortiert. Sie dürfen nicht holzig oder pelzig sein.

Im Kühlschrank kann man Radieschen ein oder zwei Tage frisch halten. Man entfernt das Laub und schlägt die Wurzeln entweder in ein feuchtes Tuch ein oder verstaut sie in einer luftdicht verschlossenen Dose. Oder noch besser: Man legt den ganzen Bund mit den Blättern nach unten in eine Schüssel mit Wasser.

Meerrettich
Der Schärfste in der Rettich-Familie ist der Meerrettich, auch Kren genannt. Bei ihm handelt es sich um eine dicke Pfahlwurzel mit ruppiger bräunlicher Außenhaut und hellem Fleisch. Frisch geernteten Meerrettich gibt es in allen Monaten mit „r", also von September bis April, denn die Pflanze ist winterhart. Meerrettich ist lange lagerfähig. Im Kühlschrank hält die Wurzel, eingeschlagen in ein feuchtes Tuch, viele Wochen. Meerrettich wird gerieben für Saucen und als Gewürz verwendet. Gegen das Verfärben hilft etwas Zitronensaft, und wenn man Meerrettich vor dem Reiben eine Stunde in Milch legt, mildert sich die Schärfe.

Alte Newcomer: Rüben

Herbstrüben

Sie sind eher unscheinbar in Farbe und Gestalt, waren in schlechten Tagen das Essen armer Leute und gerieten mit zunehmendem Wohlstand in Vergessenheit. Doch jetzt sind sie wieder da und sogar dabei, sich die „feine Küche" zu erobern.

Herbstrüben
Herbstrüben sind kleine, runde Rübchen mit weißem Fleisch und rosa bis purpurfarbener oder auch grüner Haut. Sie werden gekocht oder püriert, schmecken aber ebenfalls lecker als Auflauf oder Eintopf.

Mairüben
Mairüben gelten als die zartesten und feinsten ihrer Art. Sie sind etwa so groß wie eine Kinderfaust und kugelig bis blattrund. Die gelbbraune Haut bedeckt weißes Fleisch, das am besten gedünstet oder glasiert schmeckt und sich gut für Eintöpfe oder Salat eignet. Die Blätter kann man wie Spinat zubereiten.

Steckrüben
Steckrüben (Kohlrüben, Wrucken, bayrisch: Dotschen) sind rund und bis zu 1,5 kg schwer. Bei großen Exemplaren besteht allerdings die Gefahr, dass sie holzig sind. Deshalb sollte man sich lieber für kleinere entscheiden. Steckrüben besitzen eine rötliche Schale und gelbliches Fleisch, das angenehm würzig und leicht süß schmeckt. Von allen Wurzelarten liefern Steckrüben die wenigsten Kalorien. Verwendet werden Steckrüben als herzhaftes Gemüse oder in Eintöpfen.

Teltower Rübchen
Teltower Rübchen (Märkische Rüben) sind weißfleischig und klein, haben einen mild-süßlichen Geschmack und sind als Gemüse einfach delikat. Sie werden vorwiegend in den Sandböden der Mark Brandenburg angebaut.

... und noch mehr Unterirdische

Knollensellerie
Knollensellerie ist als dicke, runde, ruppige Wurzel eher unscheinbar, aber nichtsdestotrotz vielseitig zu verwenden. Knollensellerie enthält ätherische Öle und schmeckt anregend aromatisch. Er gehört unbedingt ins Suppengemüse, doch man kann ihn auch kochen, dämpfen, frittieren, backen oder mit anderem Gemüse zu Eintopf verarbeiten. Angeboten wird Knollensellerie das ganze Jahr, im Oktober und November hat er Hochsaison. Frische zeigt sich in einer harten Knolle, die beim Draufklopfen nicht hohl klingt. Die Schale soll unverletzt sein und darf keine faulen oder weichen Stellen aufweisen.

Knollenziest (Stachys sieboldii)
Der Knollenziest (Chinesische Artischocke, Japanische Kartoffel) gehört zur Familie der Lippenblütler (Lamiaceae). Er kommt ursprünglich aus Nordchina und wurde erstmals Ende des 18. Jahrhunderts in dem französischen Ort Crosne angebaut, wodurch er den Namen Crosne du Japon bekam.
Der überirdisch wachsende Teil der Pflanze wird etwa 30-40 cm hoch und entwickelt an seinen krautigen Stängeln nesselartige, raue Blätter. Als Gemüse verwendet werden aber nur die 7-8 cm langen, 1-2 cm dicken Wurzeln, die in unregelmäßigen Abständen eingeschnürt sind und zu den Enden hin spitz

Knollensellerie

GEMÜSE & SALATE

Rote Bete

Knollenziest

Pastinake

zulaufen, was ihnen ein raupenähnliches Aussehen verleiht. Die dünne weiße bis perlmuttfarbene Haut muss nicht abgeschält werden, allerdings ist das Reinigen der Wurzel etwas mühsam – eine Wurzelbürste tut hier gute Dienste.

Geschmacklich liegt der Knollenziest zwischen Artischocken und Schwarzwurzeln; er ist zart und saftig. Man kann ihn dünsten, braten, in Essig einlegen und sogar roh essen, wie es in China und Japan üblich ist. Die Wurzel enthält keine Stärke, sondern stattdessen den Mehrfachzucker Stachyose. Angeboten wird die winterharte Pflanze von Oktober bis März. Optimale Lagerbedingungen findet sie an einem kühlen Ort (max. 2 °C) mit hoher Luftfeuchtigkeit, was wichtig ist, da die Wurzeln sonst austrocknen. Bei höheren Lagertemperaturen kann es passieren, dass die Knollen austreiben und sich ein unangenehmer Geschmack entwickelt. Bei uns bekommt man Knollenziest aus Japan, gelegentlich sind auch Importe aus Frankreich auf dem Markt.

Pastinaken

Pastinaken (Hammermöhre, Moorwurzel) gehörten im 18. Jahrhundert zu den wichtigsten Grundnahrungsmitteln in Deutschland, wurden aber dann von Kartoffeln und Karotten ausgebootet. Jetzt erleben Pastinaken eine Renaissance in der Küche. Die weißen bis cremefarbenen Wurzeln duften etwas nach Sellerie und schmecken würzig-nussig mit süßer Note. Pastinaken haben einen höheren Nährwert als Möhren und Steckrüben. Man bereitet Pastinaken wie Karotten zu oder brät sie wie Kartoffeln in der Pfanne. Auch im Gemüseeintopf machen sie sich gut.

Petersilienwurzeln

Petersilienwurzeln sehen den Pastinaken ähnlich und kommen ab Oktober auf den Markt. Die weißfleischigen Wurzeln werden geschält und dann gekocht und zu feinem Püree oder Suppen verarbeitet. Gedünstet und mit Waldhonig glaciert sind Petersilienwurzeln etwas ganz Besonderes. Die Blätter der Wurzel lassen sich wie glatte Blattpetersilie zum Würzen verwenden.

Rote Bete

Rote Bete (Rote Rüben) sind runde, plattrunde oder ovale Wurzeln, außen unscheinbar braun und innen tiefrot. Die Schale darf nicht verletzt werden, sonst fließt „Blut". Man kocht die Wurzeln am Stück und schält sie erst anschließend. Rote Bete haben einen kräftigen, leicht erdigen Geschmack und wirken appetitanregend. Auf den Tisch kommen sie als Salat, Gemüse oder Suppe.

Die Saison für Rote Bete reicht von Anfang September bis Anfang November. Bis in den März hinein wird der Markt mit eingelagerter Ware versorgt.

Süßkartoffel

Schwarzwurzeln

Topinambur

Yams

Schwarzwurzeln
Schwarzwurzeln werden auch als „Spargel des Winters" bezeichnet und brauchen diesen Vergleich wirklich nicht zu fürchten. Den Namen verdanken die Wurzeln ihrer braunschwarzen Rinde, doch darunter liegt schneeweißes Fleisch mit spargelähnlichem, aber deutlich kräftigerem Aroma. Schälen sollte man Schwarzwurzeln nur mit Handschuhen, denn der austretende Saft (ein Zeichen von Frische!) hinterlässt dunkle Flecken auf der Haut. Damit sich die geschälten Wurzeln nicht braun verfärben, legt man sie sofort in Essigwasser. Man kann Schwarzwurzeln roh als Salat zubereiten, die ganzen Stangen dünsten und wie Spargel mit einer Sauce Hollandaise etc. servieren oder auch panieren und ausbacken. Dazu braucht man gut geformte, einwandfreie Wurzeln.

Süßkartoffeln
Süßkartoffeln (Bataten) sind keine Kartoffeln. Es besteht auch keine entfernte Verwandtschaft, denn Süßkartoffeln gehören zu den Windengewächsen. Ursprünglich stammt die Pflanze aus Mittel- und Südamerika, doch heute wird sie hauptsächlich in China angebaut. Die Wurzeln sehen sehr uneinheitlich aus. Manche sind walzen- oder spindelförmig, andere länglich oder rundlich. Meist haben sie ein spitzes Ende. Süßkartoffeln können bis zu 30 cm lang und bis zu 1 kg schwer sein. Manche Wurzeln sind purpurrot, andere gelb oder bräunlich. Die Fleischfarbe reicht von zartgelb bis tieforange.
Bataten mit dunklerem Fleisch gelten als besonders aromatisch und lassen sich gut kochen. Den Geschmack vergisst man angeblich nie wieder. Er ist süß und gleichzeitig leicht scharf. Zubereiten kann man Süßkartoffeln im Grunde wie unsere Kartoffeln. In Folie gewickelt und im Backofen gegart, sind sie köstlich. Auch Püree aus ihnen schmeckt ausgezeichnet, und kandierte Süßkartoffeln muss man ganz einfach probieren.

Topinambur
Topinambur (Erdartischocke, Erdapfel, Erdbirne) gehören zur Familie der Korbblütler und stammen aus Nordamerika. Die Pflanzen wachsen jedoch auch wild in Deutschland und fallen durch ihre hübschen gelben Blüten auf, die wie kleine Sonnenblumen aussehen. Die essbaren Knollen werden, ähnlich wie Kartoffeln, an den Wurzeln gebildet und haben Birnen- oder Apfelform. Die dünne Schale ist hellbraun bis violett, das Fleisch je nach Sorte weiß, gelb, bräunlich, rot oder violett.
Topinambur-Knollen braucht man nicht zu schälen. Es genügt, sie unter fließendem Wasser gründlich abzubürsten. Verwenden lassen sich die Knollen gehobelt oder geraspelt zum Rohverzehr in Salaten. Zum Dünsten werden die Knollen in Würfel geschnitten. Beim Garen entwickelt sich ein süßlicher, nussartiger Geschmack, der bestens mit gerösteter Sesamsaat oder in Butter gebräunten Semmelbröseln harmoniert.

Yams
Die Yams-Wurzel ist hauptsächlich in den Tropen und nur in geringen Mengen in Mitteleuropa verbreitet. So ist es nicht verwunderlich, dass sich die Yams – im Gegensatz zur Süßkartoffel – in Europa noch nicht wirklich durchsetzen konnte. Jedoch erinnert die von einer dunkelbraunen bis schwarzen Haut umgebenen Knolle sowohl hinsichtlich ihres süßlichen Geschmacks als auch in ihrem Aussehen an Süßkartoffeln. Wie auch Kartoffeln darf man Yams nicht ungekocht verzehren, da sie einen toxischen Stoff enthalten, der erst beim Kochen zerstört wird. Hinsichtlich ihres Nährwertes ist der Gehalt an Provitamin A und Kalium erwähnenswert.

GEMÜSE & SALATE

Kartoffeln

So unscheinbar die braunen Knollen auch aussehen mögen, kein anderes Gemüse erreicht ihre Popularität. Das liegt zum einen natürlich daran, dass Kartoffeln ausgezeichnet schmecken. Entscheidend aber ist, dass sie sich unendlich variantenreich zubereiten und weiterverarbeiten lassen. Allerdings – die Konkurrenz ist groß. Vor allem Teigwaren, aber auch Reis machen den Kartoffeln den Platz auf dem Teller streitig. Lang vorbei sind die Zeiten, als der Pro-Kopf-Verbrauch in Deutschland bei über 180 kg lag. Heute errechnen die Statistiker ca. 57 kg, wovon ein großer Teil auf Kartoffel-Fertigprodukte entfällt. Pommes, Chips & Co. liegen vor allem bei der Jugend voll im Trend.

Siegeszug der Knolle

Ursprünglich kam die Kartoffel in der europäischen Pflanzenwelt gar nicht vor. Ihre Heimat liegt irgendwo in den Anden, wo sie nachweislich schon im 8. Jahrtausend v. Chr. zum täglichen Brot gehörte. Unseren Kontinent erreichten die ersten Exemplare im 16. Jahrhundert, als der spanische König Philipp mit anderen indianischen Produkten auch einige Kartoffelknollen erhielt. Sie wurden in die Erde gelegt und hoffähig – aber nicht als Nahrungsmittel, sondern als exotische Zierpflanze. Denn Kartoffelstauden blühen wunderschön. Dass Kartoffeln schließlich doch noch im Kochtopf landeten, verdanken wir – man weiß es nicht genau – vielleicht den Seefahrern. Sie fanden heraus, dass der Verzehr von Kartoffeln auf langen Reisen übers Meer vor Skorbut schützen konnte.

Hierzulande kamen Kartoffeln erstmals im 17. Jahrhundert auf den Tisch, und zwar zunächst in Süddeutschland. Von der Pfalz aus erreichten die „Erdäpfel" um 1720 Preußen, wo sie nach dem Motto „Was der Bauer nicht kennt, isst er nicht" auf eisige Ablehnung stießen. Dabei war die Ernährung der ständig wachsenden Bevölkerung schwierig geworden, und Getreidemissernten führten immer wieder zu Hungersnöten. Friedrich der Große, der „Alte Fritz", erkannte die wirtschaftliche Bedeutung der Kartoffel und befahl ihren Anbau. Doch den Widerstand seiner Bauern konnte er nur mit einem Trick brechen: Er ließ Kartoffeln von Soldaten bewachen, wodurch der Eindruck entstand, es müsse sich um etwas ganz Kostbares handeln. So kam der Kartoffelanbau über den Umweg der Begierde langsam in Schwung. Trotzdem wurden Kartoffeln erst im 19. Jahrhundert zu einer Selbstverständlichkeit auf deutschen Feldern.

Es lebe der Unterschied

Im Laufe der Jahrhunderte gelang es, Kartoffeln durch viele Kreuzungen so zu züchten, dass die für uns in Geschmack und Eigenschaften optimalen Sorten herauskamen. Kartoffeln sind weitgehend resistent gegen vielerlei Krankheiten und Ungeziefer und dabei völlig anspruchslos. Sie gedeihen auf allen Böden und das äußerst ertragreich. Die Zucht hat zwar die ideale Knolle geschaffen, aber keine Einheitsknolle. Speisekartoffeln unterscheiden sich nicht nur im Aussehen, sondern vor allem im Geschmack und in den Kocheigenschaften.

In der gesamten EU sind etwa 450 Kartoffelsorten erfasst, in Deutschland rd. 120 zum Anbau zugelassen. Doch nicht alles, was auf den Feldern wächst, ist „salonfähig". Etwa die Hälfte der jährlichen Ernte ist für Speisekartoffeln bestimmt. Der Rest wandert in die Industrie und landet später als Kartoffelerzeugnis oder Stärke in der Küche. Auch Brennereien haben einen hohen Bedarf an Kartoffeln, und ein kleiner Teil wird zu Viehfutter.

Das heute vorhandene Kartoffel-Pflanzgut umfasst eine riesige Anzahl von Sorten und wird sorgsam gehütet. Eine Genbank in der Nähe von Rostock verfügt über 2140 Muster von Kulturkartoffel- und knapp 140 Muster von Wildkartoffelarten aus Süd- und Mittelamerika. Die Aufgabe der Genbank besteht darin, Samen und Knollen zu sammeln und so die Erhaltung der vorhandenen Vielfalt auf Dauer zu sichern.

Vom Wachsen und Reifen

„Im Märzen der Bauer die Rösslein anspannt …", heißt es in einem alten Lied. In unseren Tagen fährt er mit dem Traktor aufs Feld, doch noch immer werden Kartoffeln im März und April gesetzt. Das heißt, die sogenannten Mutterknollen kommen in den Boden und entwickeln sich alsbald in zwei Richtungen: Oben erscheinen Laub und Blüten, unten im Verborgenen bilden sich die Kartoffeln.

Erntezeit ist je nach Sorte von Mai bis Oktober, und entsprechend werden die Kartoffeln eingeteilt in sehr frühe und frühe, mittelfrühe und mittelspäte bis sehr späte Sorten. Da Kartoffeln für den Winter eingelagert werden, stehen die späten Sorten noch zur Verfügung, wenn im Juni die neue Ware auf den Markt kommt. Somit sind Kartoffeln ein Ganzjahresprodukt.

Sehr frühe und frühe Kartoffeln

Sehr frühe und frühe Kartoffeln werden in den wärmsten Gegenden Deutschlands schon Ende Mai geerntet. Schluss mit Frühkartoffeln ist exakt am 10. August. Die Frühen schmecken richtig nach Frühling und haben eine solch zarte Schale, dass man sie mitessen kann. Es genügt, die Kartoffeln gut unter fließendem Wasser abzubürsten. Frühkartoffeln gelten unter anderem als ideale Begleiter für Spargel. Zum Einlagern sind Frühkartoffeln meist ungeeignet. Aufbewahren muss man sie unbedingt im Dunkeln, da die Knollen sonst schnell grün werden. „Cilena" ist die in Deutschland bekannteste frühe Sorte.

Mittelfrühe Kartoffeln

Mittelfrühe Kartoffeln werden ab Mitte August geerntet und stehen in üppiger Auswahl zur Verfügung. Diese Sorten sind für alle Kartoffelgerichte bestens geeignet und im Sommer natürlich besonders als Grill- und Folienkartoffeln beliebt. Am häufigsten angebaut wird in Deutschland die Sorte „Secura".

 Abschiedsworte an Pellka

Jetzt schlägt deine schlimmste Stunde,
Du Ungleichrunde,
Du Ausgekochte, du Zeitgeschälte,
Du Vielgequälte,
Du Gipfel meines Entzückens.
Jetzt kommt der Moment des Zerdrückens
Mit der Gabel! – Sei stark!
Ich will auch Butter und Salz und Quark
Oder Kümmel, auch Leberwurst in dich stampfen.
Musst nicht so ängstlich dampfen.
Ich möchte dich doch noch einmal erfreun.
Soll ich Schnittlauch über dich streun?
Oder ist dir nach Hering zumut?
Du bist so ein rührend junges Blut. –
Deshalb schmeckst du besonders gut.
Wenn das auch egoistisch klingt,
So tröste dich damit, du wundervolle
Pellka, dass du eine Edelknolle
Warst, und dass dich ein Kenner verschlingt.

Joachim Ringelnatz
Gedichte, Gedichte (1933)

GEMÜSE & SALATE

Trüffelkartoffeln (Vitelotte)

Mittelspäte bis sehr späte Kartoffeln

Mittelspäte bis sehr späte Kartoffeln brauchen die längste Zeit zum Reifen und kommen ab Mitte September bis Ende Oktober aus dem Boden. Auch sie sind Allrounder in der Küche und eignen sich bestens zum Einlagern. Ein Vorrat an Kartoffeln ist eigentlich nicht mehr erforderlich, denn rund ums Jahr sind die braunen Knollen im Lebensmittelhandel präsent. Wer trotzdem die Lieblingssorte daheim jederzeit greifbar haben möchte, sollte den Kartoffeln die Kühlschrankkälte ersparen. Sie bevorzugen einen gut durchlüfteten, kühlen Raum mit einer Temperatur zwischen 4 und 8 °C. Unter 3 °C ändert sich der Geschmack, Kartoffeln werden süß. Dunkel und trocken soll es sein, denn bei Licht werden Kartoffeln grün und fangen an zu keimen und bei Nässe faulen sie. Als Behälter für größere Mengen eignen sich beispielsweise Steigen aus Holz, in denen die Kartoffeln locker bis zu einer Höhe von 40 cm aufgeschüttet lagern können. Bei zu viel Gewicht bekommen die übereinander liegenden Knollen Druckstellen und verderben schneller.

Klasse Typen

Voll Ackererde direkt aus dem Boden – so können Kartoffeln nicht ins Gemüseregal. Der Gesetzgeber verlangt, dass die Knollen unter anderem sauber und fest sind, keine schweren Beschädigungen aufweisen, gesund und frei von inneren Mängeln sind, arttypisch riechen und keinen fremden Geschmack haben. Lose Keime und grüne Stellen führen zum Ausschluss vom Verkauf, und die Kartoffeln müssen sortenrein sein. Die vorgeschriebene Kennzeichnung auf der Verpackung muss folgende Angaben enthalten:

- Name der Sorte
- die Bezeichnung „Speisekartoffeln" oder „Speisefrühkartoffeln"
- Kochtyp (freiwillig)
- Füllgewicht in kg
- Name und Anschrift des Erzeugers oder Abfüllers

Seit Sommer 2011 ist eine Klassenangabe für Speisekartoffeln nicht mehr zulässig.

Als *Drillinge* bezeichnet man Kartoffeln einer speziellen Größensortierung, unabhängig von der Kartoffelsorte. Dabei handelt es sich um kleine Kartoffeln mit einem Durchmesser zwischen 25 und 40 mm. Drillinge sind nicht nur ideal fürs Raclette-Essen, man kann aus den Kleinen auch ausgezeichnete „Grünkohlkartoffeln" bereiten. Die gekochten und gepellten Kartoffeln werden in Butter und Zucker goldbraun karamellisiert und als süße Beilage zum herzhaften Grünkohl serviert.

> **Das Powerpaket**
>
> Kartoffeln haben es faustdick unter der Schale. Gemeint sind damit nicht etwa die Kalorien, denn die fallen mit 68 kcal bzw. 285 kJ/100 g moderat aus. Üppig versorgt ist die Kartoffel mit wertvollen Inhaltsstoffen. Sie liefert leicht verdauliche Kohlenhydrate in Form von Stärke, pflanzliches Eiweiß und Ballaststoffe. Dazu kommen elf Vitamine, darunter in größerem Umfang B_1, B_2, B_6, C, Niacin und Panthothensäure. Des Weiteren sind 15 verschiedene Mineralstoffe und Spurenelemente nachgewiesen. Hoch ist der Gehalt an Kalium, Magnesium und Eisen, und auch Fluor, Kupfer, Zink, Phosphor und Kobalt sind zu erwähnen. Kartoffeln machen angenehm satt und regen die Verdauung an. Um all das Gute in den Knollen ausnutzen zu können, sollte man sie möglichst erst nach dem Kochen schälen, denn die Schale verhindert, dass sich Nährstoffe verflüchtigen.

Kochtyp

Der Kochtyp kann auf der Verpackung angegeben sein. Innerhalb der EU werden die bisherigen Bezeichnungen fest kochend, vorwiegend fest kochend und mehlig kochend in international gültigen Buchstaben A, B, C und D ausgedrückt. Hinter dem Sortennamen kann zusätzlich das Kürzel für die jeweilige Kocheigenschaft stehen – „f", „vf" und „m".

A oder A-B = fest kochend (f)

Die Kartoffeln haben ein festes, kerniges Fleisch und behalten diese Konsistenz auch beim Kochen. Man spricht von „Speckkartoffeln" oder „Salatkartoffeln". Sie zeigen im Anschnitt eine glatte, feuchte Schnittfläche und eignen sich nicht nur für Salat, sondern auch hervorragend für Bratkartoffeln, Gratins, Puffer, Rösti oder Chips und überzeugen sogar als Pellkartoffeln. Festkochende Kartoffeln sind mit der Farbe **Grün** gekennzeichnet.

B-A oder B = vorwiegend fest kochend (vf)

Beim Kochen liegen diese Kartoffeln in der Festigkeit zwischen fest kochenden und mehlig kochenden Sorten. Geeignet ist der Kochtyp für Brat-, Pell- und Salzkartoffeln und generell für alle Gerichte mit Sauce. Vorwiegend festkochende Kartoffeln sind mit der Farbe **Rot** gekennzeichnet.

B-C oder C = mehlig kochend (m)

Diese Kartoffeln gehören meist zu den späten Sorten und haben einen höheren Stärkegehalt. Die mehlige Konsistenz kommt der Zubereitung von Püree, Suppen, Knödeln, Klößen, Reibekuchen, Eintöpfen, Kroketten, Pommes frites oder Folienkartoffeln sehr entgegen.
Mehligkochende Kartoffeln sind mit der Farbe **Blau** gekennzeichnet.

C-D oder D

Hierbei handelt es sich um keinen eigenen Kochtyp. Diese Buchstaben wurden eingeführt für sehr stark mehlig kochende, trockene Sorten, die beim Kochen locker werden oder zerfallen.
Hier gibt es **keine** Farbkennzeichnung.

> **Tipps für Kartoffeln**
> - Gekochte Kartoffeln lassen sich leichter schälen solange sie noch warm sind.
> - Nährstoffschonend lassen sich Kartoffeln im Dampfkochtopf garen.
> - Flecken auf Silberbesteck reibt man mit einer rohen Kartoffelscheibe einfach weg.

> **Den Blicken verborgen**
>
> Die Kartoffelpflanze ist eine Staude und gehört zu den Nachtschattengewächsen – eine Familie, aus der bekanntlich manch Giftiges kommt. In diesem Fall sind es die Samenfrüchte, die aus den hübschen weißen, rosa oder lila Blüten entstehen. Ihr Verzehr führt zu Vergiftungserscheinungen. Das Gute – nämlich die Knollen – liegt unter der Erde.
>
> Die Pflanzkartoffeln (Mutterknollen) bilden Wurzeln und bis zu 25 Tragfäden aus, die sogenannten Stolonen. An deren Ende entstehen als Verdickungen die Kartoffeln. Sie bilden das Nährstoffdepot der Pflanze und sind deshalb auch für uns so wertvoll.
> Kartoffeln sind ein lichtscheues Gemüse. Liegen sie nicht dunkel, verfärben sie sich grün, und es bildet sich Solanin. Dieser giftige Stoff kann Magenkrämpfe und Durchfall verursachen.
> Vorwiegend grüne Kartoffeln muss man wegwerfen, kleinere grüne Stellen kann man großzügig ausschneiden. Auch Keime älterer Kartoffeln enthalten Solanin und müssen vor der Zubereitung komplett entfernt werden.

GEMÜSE & SALATE

Frühe Sorten*

Augusta
(mehlig kochend) hat eine gelbe Schale mit roten Augen. Ihr Fruchtfleisch ist nach dem Kochen tiefgelb und eignet sich gut für Püree.

Belana
(fest kochend) ist oval mit sehr flachen Augen. Ihre Schale und auch das Fruchtfleisch sind tiefgelb, sodass sie optisch jeden Salat bereichert.

Bellarosa
(vorwiegend fest kochend) erkennt man an ihrer roten Schale. Sie hat flache bis mitteltiefe Augen und ihr Fruchtfleisch ist hellgelb.

Camilla
(mehlig kochend) heißt eine ovale Sorte mit mitteltiefen Augen und gelber Schale. Ihr Fruchtfleisch ist gelb.

Cilena
(fest kochend) ist länglich und eher birnenförmig. Ihr guter Geschmack prädestiniert sie für Salate. Sie bleibt in der Farbe schön gelb und zeigt nach dem Kochen eine feste, sämige Konsistenz.

Elfe
(vorwiegend fest kochend) hat flache Augen und eine ovale Form. Ihre Schale und auch ihr Fruchtfleisch sind gelb. Sie eignet sich sehr gut zum Braten und für Gratins.

Finka
(vorwiegend fest kochend) ist eine sehr frühe Sorte. Sie hat flache Augen und eine ovale Form. Ihre Schale ist gelb, ihr Fruchtfleisch tiefgelb, so dass sie auch als Folienkartoffel toll aussieht.

Franceline
Die rotschalige Kartoffel mit dem gelben Fruchtfleisch zählt zu den frühen bis mittelfrühen Sorten. Es gibt sie vorwiegend fest kochend und auch fest kochend.

Gunda
(mehlig kochend) ist oval mit mitteltiefen Augen. Ihre Schale und auch ihr Fruchtfleisch sind gelb.

Leyla
(vorwiegend fest kochend), eine sehr frühe Sorte, die mit ihrer ovalen Form, der glatten Schale und der tiefgelben Fleischfarbe als „Schönheitskönigin" unter den Kartoffeln gilt. Dazu ist sie geschmacklich absolut Spitze.

Marabel
(vorwiegend fest kochend) ist eine noch recht junge Sorte. Ihr gelbes Fleisch, das sich unter einer gelben Schale verbirgt, hat einen sehr angenehmen Geschmack.

Presto
(vorwiegend fest kochend) ist eine sehr frühe Sorte mit ovaler Form und flachen Augen. Sowohl ihr Fruchtfleisch als auch ihre Schale sind gelb.

Tabea
(vorwiegend fest kochend) hat eine ovale Form mit flachen Augen. Unter ihrer gelben Schale verbirgt sich gelbes Fruchtfleisch.

Afra
(mehlig kochend) hat flache Augen und eine gelbe Schale. Ihr Fruchtfleisch ist nach dem Kochen tiefgelb.

Agria
(vorwiegend fest kochend) ist relativ groß und lang-oval. Unter der gelben Schale mit flachen Augen sitzt gelbes Fleisch, das bei feiner Struktur etwas lockerer kocht, jedoch ohne zu zerfallen. Die Sorte besitzt einen ausgeprägten Geschmack.

Amandine
Die Kartoffel mit der feinen Schale und dem zarten Geschmack zählt zu den fest kochenden Sorten. Häufig wird sie als Drilling verkauft, was eine Kartoffel bezeichnet, deren Durchmesser 40 mm nicht überschreitet.

Bintje
(mehlig kochend) kommt aus Holland und hat längst auch die deutschen Verbraucher erobert. Kein Wunder, denn die ovale Knolle mit hellgelbem Fleisch zeichnet sich durch einen guten Geschmack aus.

Solara
(vorwiegend fest kochend) hat eine glatte gelbe Schale und sehr flache Augen. Das Fleisch ist tiefgelb und behält diese schöne Farbe und die feine Konsistenz auch nach dem Kochen. Im Winterlager hält die Sorte bis ins Frühjahr.

Esprit
(vorwiegend fest kochend) ist eine ovale Kartoffel mit flachen Augen. Ihre Schale und auch ihr Fruchtfleisch sind gelb.

Filea
(fest kochend) ist länglich-oval mit flachen Augen. Unter der gelben Schale verbirgt sich tiefgelbes Fruchtfleisch.

Grandifolia
(vorwiegend fest kochend) ist eine langovale Knolle mit intensiv gelber Fleischfarbe und sehr aromatischem Geschmack. In sonnigen Jahren kann die Herbsternte etwas lockerer und mehliger kochen. Die Sorte gilt als gute Lagerkartoffel.

Granola
(vorwiegend fest kochend) wird hauptsächlich in Norddeutschland angebaut und kommt im September aus der Erde. Die runde Knolle mit genetzter Schale und gelbem Fleisch besitzt einen milden Geschmack und lässt sich sehr gut einkellern.

Hansa
(fest kochend) erfreut sich vor allem in Norddeutschland großer Beliebtheit. Sie fällt eher schmal aus, hat eine glatte Schale und gelbes Fleisch und wird geschmacklich hoch bewertet. Ab September ist die Sorte im Handel und wird auf Grund ihrer guten Lagerfähigkeit bis zum Juni des nächsten Jahres verkauft.

Laura
(vorwiegend fest kochend) ist oval mit flachen Augen. Die auffallend rote Schale umgibt tiefgelbes Fruchtfleisch. Diese Sorte gibt es auch aus biolo-

Mittelfrühe Sorten*

Tabea

Finka

Marabel

Presto

Esprit

Afra

* Die Reifezeit ist nicht mit dem Zeitpunkt des Angebots zu verwechseln. Hier handelt es sich um die Anzahl der Vegetationstage im Feld. Eine frühe Sorte kann durchaus auch im Winter, eine späte Sorte durchaus als Frühkartoffel angeboten werden.

GEMÜSE & SALATE

gischem Anbau. Sie eignet sich sehr gut zur Herstellung von Pommes frites.

Linda
(fest kochend) ist bekannt für ihren aromatischen, feinen Geschmack. Die längliche Knolle hat tiefgelbes Fleisch und erfreut sich auch im ökologischen Landbau großer Beliebtheit.

Liu
(vorwiegend fest kochend) ist bekannt als universelle Speisesorte. Die rundovale Frucht mit flachen Augen und gelbem Fleisch wird von einer unempfindlichen Schale geschützt.

Maja
(vorwiegend fest kochend) besitzt unter ihrer rauen Schale schönes, gelbes Fleisch und schmeckt besonders kräftig.

Milva
(vorwiegend fest kochend) hat eine ovale Form und flache Augen. Sie hat eine gelbe Schale und gelbes Fruchtfleisch.

Naturelle
(mehlig kochend) ist groß und länglich oval. Die robuste Sorte eignet sich für den biologischen oder integrierten Anbau und ist noch relativ neu auf dem Markt.

Nicola
(fest kochend) gilt als Delikatess-Sorte. Unter der hellgelben Schale hat sie gelbes Fleisch, das einen sehr feinen Geschmack und auch noch im Winter gute Speisequalität verspricht. Die längliche Sorte ist bis in den Februar hinein im Handel.

Satina
(vorwiegend fest kochend) ist eine junge Sorte mit besten Marktchancen. Die rundovalen Knollen mit gelber Schale und gelbem Fleisch versprechen gleich bleibende Qualität.

Selma
(fest kochend) entspricht exakt den Vorstellungen, die sich Verbraucher von einer Kartoffel machen: langovale Form, flache Augen, helle Schale, gelbes Fleisch. Die Sorte behält ihre ausgezeichnete Qualität bis ins Frühjahr.

Simone
(fest kochend) ist von langovaler Form mit flachen Augen. Ihre gelbe Schale umgibt gelbes Fruchtfleisch. Simone ist eine robuste Sorte, die es auch aus biologischem Anbau gibt.

Steffi
(vorwiegend fest kochend) ist eine ovale Kartoffel mit flachen Augen, gelber Schale und gelbem Fruchtfleisch.

Solara
(vorwiegend fest kochend) ist oval mit flachen Augen. Sie hat eine gelbe Schale und gelbes Fruchtfleisch und zeichnet sich durch beste Schäleigenschaften aus. Solara hat einen kräftig angenehmen Geschmack.

Mittelspäte bis sehr späte Sorten*

Jelly
(vorwiegend fest kochend) hat eine ovale Form mit flachen Augen. Ihre Schale und auch ihr Fruchtfleisch sind gelb.

Marena
(vorwiegend fest kochend) ist rundlich-oval und hat flache Augen, eine gelbe Schale und gelbes Fruchtfleisch.

Tizia
(vorwiegend fest kochend) besticht durch ihre länglich-ovale Form und die rote Schale, unter der sich tiefgelbes Fruchtfleisch verbirgt.

* Die Reifezeit ist nicht mit dem Zeitpunkt des Angebots zu verwechseln. Hier handelt es sich um die Anzahl der Vegetationstage im Feld. Eine frühe Sorte kann durchaus auch im Winter, eine späte Sorte durchaus als Frühkartoffel angeboten werden.

Nicht alltägliche Kartoffeln

Alte Kartoffelsorten werden neu entdeckt. Hier eine Auswahl für Feinschmecker:

Bamberger Hörnchen
Das Bamberger Hörnchen (fest kochend) ist eine Landsorte, die schon vor 150 Jahren in Deutschland angebaut wurde. Die relativ kleine, schmale und leicht gebogene Knolle wird auch „Fingerling" genannt. Ihr Fleisch ist von fester und doch cremiger Konsistenz. Der Geschmack ist fein und harmonisch.

La Ratte
Die La Ratte (fest kochend) wird manchmal als „Bamberger Hörnchen" ausgegeben, weil sie ähnlich aussieht. Es handelt sich aber um eine alte französische Sorte mit gelbem Fleisch und nussigem Geschmack.

Blauer Schwede
Der Blaue Schwede (fest kochend) hat eine blaue Schale und violettes Fleisch, das seine Farbe auch beim Kochen behält. Eine sehr schmackhafte Kartoffel.

Pink Fir Apple
Die Pink Fir Apple oder Rosa Tannenzapfen (fest kochend) war schon vor 1850 bekannt. Sie ist meist schmal und lang, bringt aber auch andere, interessante Formen zustande. Unter der rosa Schale hat die Kartoffel gelbes Fleisch, das sehr würzig schmeckt. Eine ausgezeichnete Salatkartoffel und auch als Pellkartoffel ein Genuss.

Odenwälder Blaue
Die Odenwälder Blaue (mehlig kochend) hat eine blaue Schale und weißes Fleisch.

Schwarze Ungarin
Die Schwarze Ungarin (mehlig kochend) ist eine Landsorte aus Ungarn. Unter ihrer schwarzen Schale kommt weißes Fleisch hervor, das sehr gut schmeckt.

Vitelotte
Die Vitelotte oder Trüffelkartoffel gilt als „blaues Wunder" und sieht richtiggehend giftig aus. Die etwa 10 cm lange und etwas mehr als daumendicke Kartoffel hat eine dunkelblaue Schale und violett-blaues Fleisch, das seine Farbe auch beim Kochen behält. Es schmeckt sehr intensiv, leicht erdig mit einem süßlichen Nussaroma.

GEMÜSE & SALATE

Produkte aus Kartoffeln

Pioniere auf dem Gebiet der Kartoffelverarbeitung tüftelten schon vor dem Zweiten Weltkrieg an der Idee, Fertig- bzw. Halbfertigprodukte herzustellen. Ziel war es, Kartoffeln über diesen Umweg lange haltbar und unabhängig von den Launen der Natur jederzeit verfügbar zu machen. Die schnelle Zubereitung, verbunden mit wenig Aufwand, sollte die Hausfrauen überzeugen. Das Konzept ging auf, wenn auch mit etwas Verspätung. 1949 kamen „Knödel halb und halb" auf den Markt und bereiteten den Weg für eine der erfolgreichsten Produktgruppen aller Zeiten. Angeführt wird sie heute von Pommes frites und nahen Verwandten.

Etwa die Hälfte aller in Deutschland angebauten Kartoffeln wird zu fertigen oder halbfertigen Erzeugnissen verarbeitet. Dabei handelt es sich um Sorten mit speziell herausgezüchteten Eigenschaften. Für Trockenprodukte beispielsweise benötigt man mehlig kochende Kartoffeln mit einem hohen Stärkegehalt, da sie dem Produkt eine besonders gute Konsistenz verleihen. Für Nassprodukte dagegen sind fest kochende Sorten mit wenig Stärke besser geeignet.

Die Kartoffeln kommen direkt vom Feld zum Hersteller, wo sie eine strenge Qualitätsprüfung bestehen müssen. Für gut befundene Ware wartet in Lagerhäusern auf die Verarbeitung. Die zur Verwendung abgerufenen Kartoffeln werden gründlich gewaschen und anschließend auf Bändern zum Dampfschäler transportiert. Der Dampf erhitzt die Knollen nur an der Oberfläche, die Schale platzt auf und lässt sich mit Hilfe von Bürsten und Wasser problemlos entfernen. Diese schonende Methode sorgt dafür, dass die wertvollen Inhaltsstoffe der Kartoffeln weitgehend erhalten bleiben. Die geschälten Kartoffeln können nun weiterverarbeitet werden beispielsweise zu

- Trockenprodukten (Püree, Suppen, Puffer, Klöße, Knödel- und Kloßmehl usw.),
- konservierten Nassprodukten, die in Folien, Gläsern oder Dosen angeboten werden (Bratkartoffeln, Bauernfrühstück, Rösti, geschälte Kartoffeln, Kartoffelsalat usw.),
- vorgebackenen Produkten, die in erster Linie tiefgefroren auf den Markt kommen (Pommes frites, Kroketten, Kartoffelpuffer, Bratkartoffeln usw.),
- rohen tiefgefrorenen Produkten (Klöße, Knödel usw.),
- frischen gekühlten Produkten (Schupfnudeln, Gnocchi usw.),
- Knabberartikeln, die in Beuteln verkauft werden (Chips, Sticks usw.).

Die meistverkauften Erzeugnisse

Pommes frites & Co.
Sie sind die absoluten „Überflieger" unter den Kartoffelprodukten. Erfunden – oder besser aus der Not geboren – wurden sie in Belgien. Dort war es im 18. Jahrhundert üblich, kleine Flussfische in heißem Öl zu braten. Da es im Winter aber an Fischen mangelte, wurden kurzerhand längliche Kartoffelstücke knusprig gebacken. Die Idee machte Schule, und im Laufe der Jahrzehnte wurden tiefgekühlte Pommes frites für die Fritteuse daraus. 1978 kamen die ersten TK-Kartoffelstäbchen zur Zubereitung im Backofen auf den deutschen Markt, und damit begann ein neues Pommes-Zeitalter.

Zur Herstellung von Pommes frites verwendet man gut geformte Kartoffeln mit hohem Stärkegehalt. Sie werden im Dampf geschält und anschließend sortiert, denn nur absolut makellose Knollen kommen in Frage. Die Kartoffeln durchlaufen Messerraster und werden dabei in Stäbchen geschnitten. Dann folgt das Blanchieren in 70 °C heißem Wasser, dann ein Trockenprozess und schließlich das Vorfrittieren in reinem Pflanzenöl. Nach dem Abschütteln von überschüssigem Fett auf einem Vibrationsband geht es für ca. zwanzig Minuten in den Kühltunnel, wo bei -30 °C schockgefrostet wird. Jetzt fehlt nur noch die Verpackung und ab geht's in den Handel.

Am Gesamtumsatz mit Pommes frites sind die Sorten für den Backofen mit über 80 % beteiligt. Kein Wunder, denn diese Art der Zubereitung macht weitaus weniger Arbeit, und die Pommes haben zudem einen geringeren Fettgehalt.

Angeboten werden die Kartoffelstäbchen in unterschiedlichen Schnittformen. Die meisten messen etwa 5 cm, doch es gibt auch besonders lange Varianten. Im Standardschnitt beträgt der Durchmesser ca. 11 mm, im Feinschnitt nur 6 mm. Die sogenannten „Pommes alumettes" sind fast so dünn wie ein Streichholz. Es gibt aber auch mega-dicke Frites. Die Kanten der Stäbchen können gerade oder gewellt sein.

Neben den „normalen" Stäbchen umfasst das Sortiment auch fein gewürzte Sorten – und nicht nur Pommes. Köstlich schmecken gewürzte Kartoffelschnitze mit und ohne Schale, Kartoffelscheiben mit Smiley-Gesichtern, Kartoffelspiralen und manches mehr. Immer wieder liegen Neuheiten in der Tiefkühltruhe.

Kroketten
Raus aus der Tiefkühltruhe, rein in den Backofen. Auch bei Kroketten läuft die Backofen-Variante der Frittier-Ware den Rang ab. Kroketten bestehen aus Püreeflocken oder -granulat, gemischt mit Stärke, Gewürzen und Salz. Die Formen sind sehr phantasievoll – Walzen, Bällchen, Zapfen usw. Um 1 kg Kroketten herzustellen, werden etwa 2 kg Kartoffeln verarbeitet. Als Trockenprodukt hat Krokettenpulver die gleichen Bestandteile. Es wird mit Wasser angerührt, zu Kroketten geformt und frittiert.

Kartoffelpüree
Für 1 kg Kartoffelpüree als Trockenprodukt benötigt man rd. 6 kg mehlige Kartoffeln. Sie werden gekocht, vermust, mit weiteren Zutaten vermischt und in einer hauchdünnen Schicht auf einer beheizten Walze getrocknet. Die so entstehenden Püreeflocken werden später in kochende Milch oder heißes Wasser eingerührt. Sie quellen auf und ergeben ein zartes, feines Kartoffelpüree.

Kartoffelklöße und -knödel

Als Trockenprodukt gibt es Klöße und Knödel in Kochbeuteln einzeln verpackt. Der jeweiligen Art entsprechend bestehen sie aus Püreepulver oder rohen geriebenen Kartoffeln, jeweils vermischt mit Stärke als Bindemittel und Gewürzen. Zum Kochen fertig vorbereitete Klöße liegen auch in der Tiefkühltruhe. Kloßteig wird in Pulverform zum Anrühren mit Wasser und eigenhändigem Formen angeboten oder auch fix und fertig als Frischteig im Kühlregal.

Rösti

Diese Schweizer Spezialität besteht aus geschnetzelten und blanchierten oder bissfest gegarten Kartoffeln, gewürzt mit Salz und Zwiebeln. Im Original sind Rösti flach und rund, doch inzwischen kommen sie auch oval oder dreieckig in den Handel.
Rösti gibt es fix und fertig aus der Tiefkühltruhe. Man legt sie zum Braten unaufgetaut in die Pfanne. Frittieren empfiehlt sich nicht, denn Rösti zerfallen leicht. Wer Eigenleistung erbringen will, nimmt fertigen Rösti-Frischteig zum selber Formen. Und schließlich gibt es das Trockenprodukt, das mit Wasser zum Teig gerührt wird.

Reibekuchen (Kartoffelpuffer)

Als Trockenprodukt enthalten sie roh geriebene und getrocknete Kartoffeln, Kartoffelpüree, Kartoffelstärke, Salz und eventuell Gewürze und Kräuter. Natürlich werden Reibekuchen auch tiefgekühlt angeboten.

Kartoffelsuppe

Das Trockenprodukt besteht aus Kartoffelpüreeflocken, vorgegartem Suppengemüse, eventuell Speck, Kräutern und Gewürzen. In Wasser einrühren, kurz erhitzen, schon ist die Suppe fertig.

Kartoffelchips

Aus etwa 4 kg Kartoffeln, die viel Trockensubstanz haben müssen, gewinnt man 1 kg Chips. Die Kartoffeln werden in hauchdünne Scheiben geschnitten, getrocknet, in heißem Fett gebacken und gewürzt. In der Frischhaltepackung bleiben sie herrlich knusprig.

Kartoffeln im Glas

Kleine geschälte Kartoffeln werden blanchiert, mit Sud meist in Gläser abgefüllt und sterilisiert.

Vergolden statt verkohlen

Die Warnung vor Krebs förderndem Acrylamid, das bei der Zubereitung von Lebensmitteln entstehen kann, hat die Verbraucher aufgeschreckt. Voraussetzung für die Bildung ist das Vorhandensein von Zucker und der Aminosäure Asparagin, und beides findet sich vor allem in Getreide und Kartoffeln. Begünstigt wird das Entstehen von Acrylamid durch die Einwirkung von Hitze zum Beispiel beim Braten, Rösten und Frittieren.

Im Tierversuch wirkte Acrylamid Krebs erzeugend und Erbgut verändernd. Unbekannt ist, welche Menge beim Menschen eine Gesundheitsgefährdung verursacht. Trotzdem empfehlen Fachleute, den Acrylamidgehalt in Lebensmitteln so niedrig wie irgend möglich zu halten. Beim Backen, Braten, Rösten und Frittieren lautet deshalb das Motto: „Vergolden statt verkohlen", denn bei starker Bräunung bildet sich vermehrt Acrylamid. Folgende Vorsichtsmaßnahmen sollten Kartoffelfreunde treffen:

- Bratkartoffeln am besten aus gekochten Kartoffeln herstellen.
- Zum Braten von Kartoffeln Margarine statt Öl verwenden, um eine stellenweise Überhitzung und Austrocknung zu vermeiden.
- Kartoffeln nicht scharf anbraten und bei mittleren Temperaturen langsam goldbraun garen.
- Pommes frites im Backofen höchstens bei 200 °C (Umluft 180 °C) bräunen, auch wenn auf der Verpackung höhere Temperaturen empfohlen werden. Und die Pommes bereits goldgelb herausnehmen.
- Beim Frittieren die Temperatur von 175 °C nicht überschreiten und so kurz wie möglich frittieren.
- Kleine Portionen frittieren, mindestens aber 100 g pro Liter Öl.

GEMÜSE & SALATE

Zwiebelgemüse

Wenn eine Hyazinthe samt Blättern aus ihrer Zwiebel erblüht, benötigt sie nur Wasser. Alle fürs Wachstum erforderlichen Nährstoffe sind in der Zwiebel gebündelt und jederzeit abrufbar. Für Zwiebelpflanzen ist die Zwiebel im Boden so etwas wie eine üppig gefüllte Vorratskammer, und für die menschliche Ernährung sind diese geballten Nährstoffreserven nicht minder wertvoll.

Zum Zwiebelgemüse zählen Zwiebeln, Knoblauch und Porree. Auch Schnittlauch und Bärlauch gehören zur Familie, doch beide werden zu den Küchenkräutern gerechnet. Die Pflanzen haben eine auffallende Gemeinsamkeit: den strengen bis beißenden Geruch, verursacht durch schwefelhaltige ätherische Öle. Er tut sich meist dann besonders hervor, wenn das Gemüse geschnitten und zubereitet wird.

Zwiebeln

Die scharfen Vertreter dieser Art – die Gewürzzwiebeln – rühren uns beim Schneiden zu Tränen. Gemüsezwiebeln sind nicht annähernd so aggressiv. Einwandfreie Qualität versprechen Zwiebeln, wenn sie fest, äußerlich trocken und ohne Beschädigung sind. Solche Zwiebeln lassen sich – dunkel und kühl – lange lagern.

Rote Zwiebeln

Haushaltszwiebeln

Schalotten

Haushaltszwiebeln
Haushaltszwiebeln (Küchenzwiebeln) werden am meisten nachgefragt. Sie sind die schärfsten und würzigsten Vertreter ihrer Art und sehr saftig. Haushaltszwiebeln haben unterschiedliche Farben (von Weiß bis Hellbraun) und es gibt sie in allen Größen. Haushaltszwiebeln werden auch gebrauchsfertig vorbereitet angeboten, zum Beispiel granuliert und getrocknet, als Röstzwiebeln oder als gefriergetrocknete Zwiebelringe. Gehackte Zwiebeln (und Knoblauch ebenso) gibt es auch tiefgefroren.

Rote Zwiebeln
Rote Zwiebeln haben eine dunkelrote, glänzende Schale, und auch das Fruchtfleisch ist rot durchzogen. Diese Zwiebeln schmecken deutlich milder als Haushaltszwiebeln und sind sehr aromatisch. Verwendet wird die dekorative rote Sorte gern für Salate.

Gemüsezwiebeln
Gemüsezwiebeln sind groß und ausgesprochen mild. Sie haben eine hellbraune Schale und zartes, saftiges Fruchtfleisch, das sich gut aushöhlen lässt. So kann man Gemüsezwiebeln zum Beispiel mit Hackfleisch füllen und schmoren. Aber auch gegrillt oder gebacken sind sie sehr schmackhaft.

Schalotten
Schalotten sind die kleinsten Mitglieder der Familie und schmecken mild-aromatisch. Genau genommen handelt es sich um kleine Zehen mit gemeinsamer Hül-

Tipps für Zwiebeln
- So kann man vermeiden, dass beim Schneiden von Zwiebeln Tränen fließen: Die Zwiebel vor dem Schneiden in eiskaltes Wasser tauchen, unter der Dunstabzugshaube schneiden oder eine (Schwimm-)Brille aufsetzen.
- Gegen Zwiebelgeruch an den Händen hilft Einreiben mit Zitronensaft.
- Gegen unangenehmen Zwiebel- oder Knoblauchatem einige Minzeblätter oder Petersilie kauen.

Weiße Zwiebeln

Frühlingszwiebeln

le, ähnlich wie beim Knoblauch. Allerdings lösen sich die Zehen voneinander, und jede einzelne wird noch von einer eigenen Schale geschützt. Am häufigsten angeboten werden die rundlichen Jersey-Schalotten mit rötlicher Schale und leicht rosa getöntem Fleisch. Echte Schalotten haben eine silbergraue Haut.

Frühlingszwiebeln

Frühlingszwiebeln (Lauchzwiebeln) kommen im Frühsommer frisch in den Handel. Sie sind klein, rundlich und weiß und sitzen am unteren Ende von grünen Röhrenblättern, die bei der Zubereitung mit verwendet werden. Frühlingszwiebeln schmecken mild und aromatisch. Sie werden für Salate oder auch als Gemüse verwendet.

Silber- und Perlzwiebeln

Silber- und Perlzwiebeln haben eine weiß bis silbrig schimmernde Außenhaut und erreichen einen Durchmesser von 15 bis 35 mm. Sie werden nur sehr selten frisch angeboten. Das Schälen ist mühsam, doch die mild bis würzig schmeckenden Zwiebelchen ergeben ein hervorragendes geschmortes Gemüse. Normalerweise begegnet man Silberzwiebeln bei den Mixed Pickles – sauer oder süß-sauer eingelegt.

Porree (Lauch)

Obwohl er keine Knolle bildet, zählt er dennoch zum Zwiebelgemüse. Porree besteht aus einem dicken, bis zu 40 cm langen, fest geschlossenen Schaft mit dünnen Wurzeln. Von unten her ist er zunächst weiß, wird dann grünweiß, bis er in breiten, kräftigen, sich voneinander lösenden grünen Blättern endet. Porree wird nach zwei Sorten unterschieden:

Sommerporree ist schlank und rank, und der weiße Schaft hat hellgrüne Blätter. Diese eher zarte Sorte besitzt ein feines Aroma und eignet sich gut zum Würzen oder für Rohkostsalat. Der Schaft des *Winterporrees* ist kurz und dick und hat dunkelgrüne bis blaugrüne Blätter. Der Schaft schmeckt mild, die Blätter würzig-streng. Winterporree wird für Gemüse oder Gratins verwendet.

Wenn Porree nicht gründlich gewaschen wird, beißt man später auf Sand. Der lässt sich durch einfaches Abwaschen nicht entfernen. Man schneidet den Porree der Länge nach auseinander und kann nun die Hälften unter fließendem Wasser gründlich waschen.

Knoblauch

Er wächst nach alter Überlieferung dort, wo der Teufel beim Verlassen des Paradieses den Fuß hingesetzt hat. Vielleicht rührt daher der Aberglaube, dass Knoblauch vor bösen Geistern und vor allem vor Blut saugenden Vampiren schützt. Tatsächlich werden dem Knoblauch gesundheitsfördernde Eigenschaften (wie antibakterielle und leicht antibiotische Wirkung, Senkung des Blutdruckes) nachgesagt.

Die Knoblauchknolle, ob weiß oder rosa, setzt sich aus mehreren Zehen zusammen. Jede Zehe umhüllt ein eigenes weißes oder violettes Häutchen, die ganze Knolle wird von einer trockenen, dünnen Schale umschlossen. Zum Verkauf kommt Knoblauch frisch, halbtrocken und trocken, jeweils mit kurzem Schaft, der bei trockenem Knoblauch nicht länger als 3 cm und bei frischem bzw. halbtrockenem nicht länger als 10 cm sein darf. Trockene Ware wird gern in Bündeln aus mehreren Knollen angeboten. Dekorativ sind die geflochtenen Knoblauchzöpfe aus trockenen oder halbtrockenen Knollen.

Ein Hauch von Knoblauch darf eigentlich selbst in der deutschen Küche fast an keinem Gericht fehlen. Südländische Speisen sind ohne Knoblauch unvorstellbar, aber er gehört auch zu vielen indischen, arabischen und asiatischen Spezialitäten.

Knoblauch

Porree

Appetitanregend

Zwiebelgemüse enthält Vitamine und vor allem Mineralstoffe und Spurenelemente. Die Kalorien sind mit 23 bis 30 kcal je 100 g knapp bemessen.

Um so wichtiger die sekundären Pflanzenstoffe, die eine positive Auswirkung auf die Gesundheit haben. Unter anderem wirken Senföl mit organisch gebundenem Schwefel und schwefelhaltige Aminosäuren appetitanregend und verdauungsfördernd, können den Cholesterinspiegel senken und das Wachstum unerwünschter Bakterien hemmen. Deshalb sind zerstampfte Zwiebeln oder Zwiebelsaft ein bewährtes Hausmittel gegen Erkältungen und Ohrenschmerzen.

Auch wird den Stoffen ein positiver Einfluss auf Herz und Kreislauf sowie ein gewisser Schutz von Krebs zugeschrieben.

GEMÜSE & SALATE

Speisepilze

Pfifferlinge

Pilzkenner müsste man sein! Dann würde der Wald im Spätsommer und frühen Herbst den Tisch reich decken. Bei feuchter, warmer Witterung sprießen die Pilze über Nacht aus dem Boden. Doch nicht alle sind bekömmlich, und manche „bösen" Pilze sehen den „guten" zum Verwechseln ähnlich. Also besser Finger weg von Pilzen, wenn man sie nicht hundertprozentig kennt. Oder die fragwürdigen Exemplare bei einer Pilzberatungsstelle begutachten lassen.

Pilze sind **vorwiegend Wald-, manchmal auch Wiesenbewohner**. Was so verführerisch zum Mitnehmen lockt, sind die Früchte unterirdisch wachsender Mikroorganismen. Sie bestehen aus einem feinen, verzweigten Fadengeflecht, dem Myzel, das sich direkt unter der Erdoberfläche oder auch an Bäumen ansiedelt. Allerdings – nicht jedes Jahr ist ein gutes Pilzjahr, und nicht immer wachsen Pilze an denselben Stellen. Man muss sich schon die Mühe machen und sie suchen.

Pilzsammler brauchen neben genügend Fachwissen einen Korb (niemals eine Plastiktüte, denn darin schwitzen Pilze), ein Messer und einen „Riecher" für Pilzplätze. Der Pilzfreund nimmt nur junge, festfleischige Exemplare mit und lässt alle stehen, die unbekannt sind oder ungeeignet erscheinen. Es ist eine Unsitte, Pilze umzuwerfen und liegen zu lassen. Man dreht den Pilz vorsichtig durch leichtes Biegen heraus oder schneidet den Stiel knapp über dem Boden mit dem Messer ab. Das ist praktischer, denn Wurzeln mit Erde dran verschmutzen unnötigerweise den Korb. Der Pilz wird überhaupt am besten an Ort und Stelle gesäubert.

Pilze sind ein Hochgenuss. Wer sie mag, lässt dafür alles andere stehen. Sie lassen sich auf unterschiedlichste Weise zubereiten – dünsten, braten, grillen, marinieren und einige können sogar roh gegessen werden. Die idealen Begleiter für das köstliche Aroma sind Zwiebeln, Knoblauch, Salz, Pfeffer, etwas Chili, Kräuter, Sahne oder Crème fraîche – mehr brauchen Pilze nicht.

Was Nährstoffe betrifft, tun sich Pilze nicht besonders hervor. Sie sind kalorienarm, bestehen zu 90 % aus Wasser und liefern Mineralstoffe und Vitamine (vor allem der B-Gruppe und D). Das Eiweiß ist für Menschen nur bedingt verwertbar. Der Wert von Pilzen liegt in erster Linie im kulinarischen Bereich.

Pilze verderben leicht und sollten grundsätzlich schnell verbraucht werden. Und wenn vom Pilzgericht etwas übrig bleibt? Früher hieß es: auf keinen Fall aufwärmen! Das Pilzeiweiß wird durch die Einwirkung von Sauerstoff und Bakterien zersetzt und bildet giftige Abbauprodukte – ein Vorgang, der sich beim Aufwärmen beschleunigt.

Im Zeitalter des Kühlschranks lässt sich diese Gefahr bannen. Nach wie vor gilt, dass man Pilze nie lange bei Zimmertemperatur herumstehen lassen oder warm halten sollte. Reste stellt man sofort in den Kühlschrank. Erst kurz vor der nächsten Mahlzeit werden die Pilze herausgenommen und auf mindestens 70 °C erhitzt. So bleiben sie bekömmlich.

📝 Spickzettel Pilze

Wer reiche „Beute" aus dem Wald nach Hause bringt, kann die Pilze auf unterschiedliche Weise konservieren und so einen Vorrat für die pilzfreie Zeit im Jahr anlegen. Die älteste Methode ist das Trocknen: Man fädelt die Pilze auf Küchengarn und hängt sie in einen warmen, luftigen Raum zum Trocknen. Die modernste Methode ist das Einfrieren: Frische Pilze in Scheiben schneiden, kurz blanchieren, in Folienbeutel füllen und ab in die Tiefkühltruhe. Zum Zubereiten gibt man sie tiefgefroren in die Pfanne oder den Topf. Und schließlich lassen sich Pilze einlegen: in Scheiben oder Stücke schneiden, kochen, in Gläser schichten, nach Belieben mit dem Kochsud, Essigwasser oder Öl übergießen und mit Kräutern und Knoblauch würzen.

Pilze aus dem Wald

Steinpilze

Sie sind im Handel eher eine Rarität. Nur wenige Sorten werden angeboten und wenn, dann zur Pilzsaison im Spätsommer und Herbst. In Deutschland stehen die beliebtesten Waldpilze, nämlich Steinpilze und Pfifferlinge, unter Artenschutz. Sie dürfen zwar für den eigenen Verzehr, nicht aber für den Verkauf gesammelt werden. Deshalb kommen die angebotenen Pilze fast immer aus Osteuropa.

Seit der Reaktorkatastrophe in Tschernobyl 1986 sind Waldpilze auch hierzulande in bestimmten Gebieten noch für lange Zeit radioaktiv verseucht. Für importierte Waldpilze gilt in der EU ein Grenzwert von 600 bq je kg. Gesunde Erwachsene können demnach guten Gewissens ein bis zwei Mal pro Woche ein Gericht aus osteuropäischen Waldpilzen genießen. Kranke Menschen oder Schwangere sollten vorsichtshalber auf Zuchtpilze ausweichen.

Doch Waldpilze sind nicht nur von Strahlen, sondern auch von Schwermetallen belastet. Vor allem Cadmium und Quecksilber werden gespeichert und setzen sich vorwiegend in Röhren und Lamellen fest. Diese Teile sollte man deshalb vor der Zubereitung entfernen. Die Weltgesundheitsorganisation (WHO) hält 250 g Waldpilze pro Woche für unbedenklich.

Ein weiteres Problem bei Waldpilzen ist der Fuchsbandwurm. Seine Eier können sich auf Pilzen (und anderen Waldfrüchten) befinden und schwere Erkrankungen hervorrufen. Deshalb Waldpilze niemals roh verzehren. Beim Erhitzen auf 100 °C, was beim Braten und Kochen erreicht wird, sterben die Bandwurmeier zuverlässig ab.

Waldpilzsorten im Handel

Maronenröhrlinge

Pfifferling

Er wird auch „Schwammerl", „Eierschwamm" oder „Reherl" genannt, wächst in Laub- und Nadelwäldern und kommt von Juni bis Oktober auf den Markt. Pfifferlinge haben einen trichterförmigen Hut mit Lamellen an der Unterseite und weißes Fleisch, das höchst aromatisch schmeckt. Die eher kleinen Pilze fallen durch ihre orangegelbe Farbe sofort ins Auge und duften angenehm, sofern sie wirklich frisch sind. Zur Familie der Pfifferlinge gehört auch die Herbsttrompete.

Steinpilz

Als geschmacklich unübertroffener Vertreter seiner Art gilt der Steinpilz, den man auch als „Herrenpilz" oder „Edelpilz" kennt. Er wächst in Laub- und Nadelwäldern und hat einen hell- bis dunkelbraun gefärbten, fleischigen Hut, der bei Prachtexemplaren bis zu 25 cm Durchmesser erreichen kann. Die Röhren an der Unterseite des Hutes verfärben sich im Lauf des Wachstums von Weiß über Gelb in Olivgrün. Der dicke, rundliche Stiel ist weißlich bis hellbraun und wie mit einem feinen Netz überzogen. Das weiße Fleisch schmeckt sehr aromatisch – mild-nussig und irgendwie nach Wald. Steinpilze sind sehr druckempfindlich und bekommen an den betroffenen Stellen schnell „blaue Flecken". Ältere, große Pilze werden gern von Würmern heimgesucht, deshalb sollte man beim Kauf die kleineren Exemplare bevorzugen.

Butterpilz

Er wächst im Spätherbst unter Nadelbäumen, bevorzugt im Gras unter Föhren. Erste Versuche, Butterpilze unter weitgehend natürlichen Bedingungen zu züchten, verliefen positiv. In seinen jungen Tagen trägt der Butterpilz einen halbkugeligen Hut, der sich später flach wölbt. Er erreicht 5 bis 12 cm Durchmesser, ist gelb- bis schokoladenbraun und je nach Witterung trocken oder feucht-schleimig. Die Röhren an der Unterseite sind zunächst hellgelb und werden mit zunehmendem Alter olivgelb. Der kräftige Stiel trägt einen Ring. Unterhalb ist die Farbe gelblich bis bräunlich, oberhalb gelb mit braunen Pünktchen. Das weiße bis gelbliche Fleisch des Pilzes duftet angenehm und verfärbt sich nicht nach dem Schneiden. Vor der Zubereitung sollte man die Haut vom Hut abziehen.

Maronenröhrling

Der kastanienbraune polsterförmige Hut des Pilzes kann bis zu 12 cm Durchmesser erreichen. Die gelbgrünen Röhren an der Unterseite verfärben sich bei Berührung blau, was dem Geschmack aber keinen Abbruch tut. Der Stiel ist in Bodennähe hellbraun, weiter oben rötlich. Maronenröhrlinge duften und schmecken angenehm und passen gut ins Pilzragout, werden aber beim Kochen etwas schleimig.

Herbsttrompeten

👍 Tipps für Pilze

- Waldpilze mit einer weichen Bürste vom Schmutz befreien oder vorsichtig unter fließendem Wasser abwaschen. Auf keinen Fall im Wasser liegen lassen, da sich die Pilze vollsaugen und Aroma verlieren. Die nassen Pilze sofort abtrocknen.
- Bei Zuchtpilzen genügt es, sie mit einem feuchten Tuch abzureiben.
- Pilze erst ganz zum Schluss würzen, sonst werden sie zäh.
- Bei den meisten Pilzen braucht man nur ein kleines Stück vom Stielende abzuschneiden. Lediglich Austernpilze, Shiitake-Pilze und Mu-Err-Pilze haben zähe Stiele, deshalb ganz entfernen.
- Nicht mehr ganz frische Pilze verraten sich je nach Sorte durch angetrocknete Hutränder, schmierige Hüte, weiches Fleisch und einen leicht fischigen Geruch.

GEMÜSE & SALATE

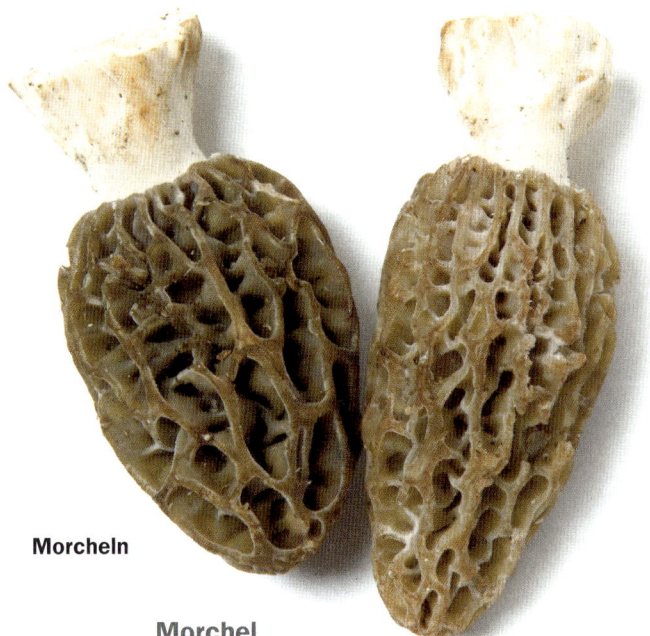

Morcheln

Trompetenpilze, getrocknet

Champignons

Morchel

Sie sieht wenig Vertrauen erweckend aus, hat aber einen ausgesprochen feinen Geschmack. Die Morchel besteht aus einem weißen hohlen Stiel, unten deutlich breiter als oben, und einem hohen graubraunen Hut mit wabenähnlicher Struktur. Seine Form variiert von birnenförmig-oval bis spitzkegelig (Spitzmorchel, bis zu 30 cm hoch). Morcheln sind selten geworden, doch sie wachsen nicht nur im Wald und an feuchten Waldrändern, sondern beispielsweise auch in Gärten. Schon von April bis Juni kommen die Pilze aus dem Boden, und nur während dieser Zeit werden sie gelegentlich frisch im Handel angeboten. In erster Linie stehen Morcheln getrocknet zur Verfügung.

Trüffel

Sie sieht aus wie eine etwas verunstaltete Kartoffel und wächst etwa 10 cm unter der Erde, bevorzugt in einer Symbiose mit Wurzeln von Eichen, Pappeln, Linden und Weiden. Die Bäume bestimmen letztendlich die Farbe und den Geschmack der Pilze, die Form hängt von der Bodenbeschaffenheit ab. Um Trüffeln zu finden, bedarf es der feinen Nase von Hunden und Schweinen. Die Natur hat es so eingerichtet, dass die Pilze gefressen und wieder ausgeschieden werden müssen, um sich zu vermehren. Also senden sie einen Sexuallockstoff aus, der weibliche Schweine zum Suchen animiert. Da sie die Trüffeln mit Begeisterung selbst fressen, werden heute vorwiegend entsprechend trainierte Hunde eingesetzt, denen es nur um den Spaß beim Suchen geht.

Der ganze Aufwand lohnt sich, denn diese Pilze haben einen unvergleichlichen Duft und ein Aroma, das Kenner als eine Mischung aus Humus, Nüssen und Oliven beschreiben. Die besten Trüffeln kommen aus dem Périgord in Frankreich. Die bis zu apfelgroßen Knollen mit schwarzer Oberfläche sind innen silbrig-weiß marmoriert und duften leicht nach Moschus. Erntezeit ist von Dezember bis März. Erstklassig schmecken auch die weißen Trüffeln aus dem italienischen Piemont, die vor allem um das Städtchen Alba wachsen („Alba-Trüffel") – braune Knollen mit festem, hellbraunem Fleisch. Diese Sorte kann 1 kg und mehr wiegen. Geerntet wird von Oktober bis Ende Dezember.

Die Trüffel gilt als Königin der Pilze und ist gleichzeitig der teuerste Speisepilz der Welt. Ein Kilo weißer Trüffel kostet bis zu 6000 Euro. Und weil es „gute" und „schlechte" Trüffeljahre gibt, variiert der Preis. Kein Wunder, dass die Pilze grammweise verkauft werden. Da immer weniger Trüffeln gefunden werden, versucht man, sie zu kultivieren. Einige Erfolge machen Mut, doch letztendlich wurde noch keine Methode gefunden, die auf umfangreiche und hochwertige Trüffelernten hoffen lässt.

Die Trüffel wird nicht wie andere Pilze zubereitet, sondern dient zum Verfeinern von Speisen. Damit sich der typische Geruch voll entfaltet, bedarf es eines Geschmacksträgers. Am besten dafür geeignet sind Butter und Eigelb. Deshalb wird die Trüffel hauchdünn über Omeletts, Spiegeleier oder Pasta gehobelt. Vor der Verwendung wird die Knolle nicht gewaschen, sondern nur sorgfältig abgebürstet und mit einem scharfen Messer ganz dünn geschält.

Bestimmte Lebensmittel werden mit Trüffel-Zusatz angeboten – beispielsweise Pasteten und Wurst. Auch gibt es eingelegte Trüffeln. Doch nicht immer, wenn Trüffel drauf steht, ist auch Trüffel drin. Häufig werden andere Pilzsorten verwendet. Auf dem Etikett jedoch muss stehen, ob es sich um echte Trüffelsorten handelt.

Konservierte Pilze

Verschiedene Pilzsorten – Steinpilze, Pfifferlinge, Trompetenpilze, Maronen usw. – werden sortenrein oder als Mischung getrocknet angeboten. Sie schmecken besonders intensiv, und schon kleine Mengen genügen, um beispielsweise Suppen oder Saucen zu verfeinern oder einem etwas faden Pilzragout mehr Aroma zu geben. Vor der Verwendung werden die Pilze etwa 20 Minuten in lauwarmem Wasser eingeweicht.

Tiefgefroren werden in erster Linie Champignons und Mischpilze verkauft. Diese Produkte haben oft mehr Aroma und Geschmack als frische Pilze, die nicht mehr ganz taufrisch sind.

Champignons, Pfifferlinge und Mischpilze kommen auch in Dosen in den Handel. Aber sie können geschmacklich weder tiefgefrorener und schon gar nicht frischer Ware das „Wasser reichen".

Pilze aus Kulturen

Wer gern Pilze isst, kann sich das Vergnügen zu jeder Jahreszeit gönnen. Der Handel bietet eine Reihe von Speisepilzen aus Kulturen. Am bekanntesten sind Champignons, die schon seit etwa 350 Jahren gezüchtet werden. In der Regel wachsen Zuchtpilze in geschlossenen Räumen auf speziellen, der jeweiligen Sorte entsprechenden Substraten. Daher ist die Schadstoffbelastung äußerst gering. Dies gilt besonders für Pilze aus ökologischem Anbau, die auch auf Substraten aus ökologischer Produktion gezogen werden.

Austernpilz

Zitronenseitlinge

Shantare (asiatische Pilze)

Champignon und Egerling

„Champignon" ist Französisch und heißt nichts anderes als „Pilz". Schon um 1650, zur Zeit des Sonnenkönigs Ludwig XIV, wurden Champignons durch einen Zufall „entdeckt". Nach dem Abräumen der Melonenbeete in Gärten um Paris wuchsen auf dem ausgebrachten Pferdedung bestimmte Pilze, die so gut schmeckten, dass die Gärtner sie gezielt kultivierten. Erst im 18. Jahrhundert kam man drauf, dass die Pilze auch im Dunkeln gedeihen. Jetzt wurden alte Stollen und Kasematten um Paris für die Pilzzucht genutzt.

Jahrhunderte lang war nur der braune Champignon, der Egerling, bekannt. Der weiße Pilz entstand um 1930 durch eine spontane Mutation und gefiel dermaßen, dass er in dieser Form weitergezüchtet wurde. Der braune Champignon kommt erst seit dreißig Jahren wieder zu Ehren. Es gibt ihn auch im Großformat, dann heißt er „Riesen-Egerling" oder „Parapluie" („Regenschirm").

Heute werden Champignons in klimatisierten Räumen auf Pferdedung oder Strohsubstrat gezogen. Es gibt Sorten mit geschlossenen Hüten, mit an der Unterseite geöffneten Hüten und mit flachen Hüten. Alle Varianten sind gleich gut.

Weiße Champignons schmecken mild-aromatisch, *braune Champignons (Egerlinge)* deutlich würziger und den Waldpilzen ähnlicher. Für die Zubereitung werden Kultur-Champignons nicht gewaschen, sondern lediglich abgebürstet. Bei größeren Pilzen kann man die Haut vom Hut abziehen. Verwenden lassen sich Champignons für alle vorstellbaren Pilzgerichte.

Austernpilz

Er stammt wahrscheinlich aus Südostasien, wo sie an morschen Baumstümpfen wachsen. Heute findet man diese Pilze fast überall in den Wäldern, auch in Deutschland. In Kulturen werden Austernpilze auf Strohsäcken oder Holz von Laubbäumen gezogen.

Der elfenbeinfarbene Hut der Austernpilze ist muschelförmig und kann bis zu 20 cm Durchmesser erreichen. An der Unterseite verlaufen Lamellen hinunter zum kurzen Stiel. Das saftige, feste Fleisch erinnert an Kalbfleisch (daher auch „Kalbfleischpilze") und schmeckt vollwürzig nach Waldpilzen. Vor der Zubereitung werden Austernpilze einfach mit Küchenkrepp abgewischt, wobei sich auch ein weißlicher Belag entfernen lässt. Die Pilze können auf vielerlei Weise zubereitet werden. Besonders lecker sind sie gegrillt mit einem Hauch von Knoblauch.

Kräuterseitling

Der Neuling in der Runde der Zuchtpilze begeistert die Kenner. Der Kräuterseitling gehört wie auch der Zitronenseitling zur Familie der Austernpilze. Er hat einen kleinen beigen bis dunkelbraunen Hut und einen weißen, glatten, dickfleischigen Stiel. Der Pilz mit dem ausgeprägten Waldaroma wird im Ganzen verwendet und ist wunderbar zart.

Pilze aus Asien

Kochen im Wok ist in und die asiatische Küche beliebt. Zu den unbedingt erforderlichen Zutaten gehören Pilze. Die meisten haben rein äußerlich wenig gemein mit denen aus deutschen Wäldern. Der Großteil asiatischer Pilze kommt getrocknet oder in Dosen auf den Markt, nur wenige wie zum Beispiel der Shiitake sind frisch zu haben.

Chinesische Morcheln werden meist getrocknet angeboten. In Geschmack und Aussehen ähneln sie den deutschen Morcheln.

Enokitake-Pilze werden vorwiegend in Japan auf Baumstämmen oder Sägemehl gezüchtet. Sie sind hellgelb, haben lange, dünne Stiele, einen winzigen Hut und wachsen büschelweise. Das Fleisch ist weich und trotzdem bissfest, hat einen milden Geschmack und duftet leicht fruchtig. Manchmal werden frische Enokitake-Büschel in Folie angeboten. Gute Ware ist frei von schmierigen Stellen und braunen Stielen und muss glänzende Köpfe haben.

Mu-Err-Pilze sind schwarz und werden oft fälschlicherweise als „Chinesische Morcheln" bezeichnet. Sie wachsen wild an Birken-, Holunder- und Walnussbäumen und werden auf Holz gezüchtet. Die Pilze sind schwarz und haben eine flache, gewellte Form. Daher auch die Bezeichnung „Wolkenohren". Meist kommen Mu-Err-Pilze in Dosen oder getrocknet in den Handel. Trockene Pilze müssen vor der Verwendung etwa 30 Minuten eingeweicht werden und verfünffachen dabei ihr Volumen. In frischem Zustand sollten die Pilze durchschimmerndes bräunliches Fleisch aufweisen. Ob als getrocknete Pilze eingeweicht oder frisch, diese Sorte besitzt eine gallertartige Konsistenz. Der Geschmack ist neutral und nimmt bei der Zubereitung mit anderen Lebensmitteln deren Aroma an.

Poku-Pilze sind ebenfalls schwarz und werden in Dosen angeboten. Die ganzen Pilze sind mit ihrem guten Geschmack sowie farblich eine beliebte Zutat für Suppen und andere asiatischen Gerichte.

Shiitake-Pilze (Tonko-Pilze) wachsen auf abgestorbenem Eichen-, Buchen- und Kastanienholz. Der Shiitake besitzt einen hell- bis dunkelbraunen Hut mit 5 bis 12 cm Durchmesser. Die Lamellen sind weiß oder zartgelb, das Fleisch ist weiß und fest. Der Pilz hat einen sehr feinen, angenehmen Geschmack, und schon kleine Mengen genügen, um ein Gericht zu würzen. Vor der Zubereitung wird der Shiitake lediglich trocken gesäubert. Er eignet sich zum Dünsten, Braten und Frittieren, man kann ihn einlegen oder trocknen.

Der Shiitake-Pilz ist nicht nur fester Bestandteil der asiatischen Küche, sondern auch der Heilkunst. Nachgewiesen wurde, dass der Pilz unter anderem die Immunabwehr stärkt. Er regt die menschlichen Körperzellen zur Produktion von Interferon an, das Entzündungen hemmt und Viren in Schach hält. Täglich 50 bis 100 g frisch zubereitete Shiitake-Pilze bilden einen hochwirksamen Grippeschutz.

Strohpilze werden traditionell auf Reisstroh kultiviert. Mit ihrem geschlossenen bräunlichen Hut gleichen sie kleinen Champignons, doch haben die Pilze eine zarte, etwas schwammige Konsistenz und einen neutralen Geschmack.

Black Fungus

Shiitake-Pilze

Kräuter
& GEWÜRZE

BLÜTENGEWÜRZE	141
BLATT- UND KRAUTGEWÜRZE	142
FRUCHT- UND SAMENGEWÜRZE	149
WURZELSTOCK- UND ZWIEBELGEWÜRZE	155
RINDENGEWÜRZE	156
GEWÜRZMISCHUNGEN	157
SALZ	160

KRÄUTER & GEWÜRZE

Koriander

Die Würze macht's

Ob Hausmannskost oder Exotisches, ohne Kräuter und Gewürze wäre beides langweilig und fad. Die viel gerühmte „Kunst des Würzens" ist allerdings tatsächlich eine Kunst. Sie erfordert Fingerspitzengefühl im wahrsten Sinne des Wortes, Erfahrung und letztendlich Mut zum Experimentieren.

Kräuter, die vor der Haustür wachsen, wurden schon in grauer Vorzeit verwendet, um Nahrungsmittel schmackhafter zu machen. Doch als exotische Gewürze aus fernen Ländern das Begehren nach der verführerischen Welt der Aromen weckten, bekamen Gewürze eine völlig andere Bedeutung und spielten jahrtausendelang eine wirtschaftliche und politische Rolle ähnlich wie in unseren Tagen das Erdöl.

Die ersten, die sich in großem Stil auf den einträglichen Gewürzhandel spezialisierten, waren lange vor unserer Zeitrechnung die Phönizier. Später übernahmen die Araber diesen Job und brachten Gewürze aus Indien und Indonesien ins Abendland. Die Städte Genua und Venedig verdankten Reichtum und Macht vom 10. bis zum 15. Jahrhundert dem Gewürzhandel.

Zunächst musste die wertvolle Ware allerdings von Südostasien über Land nach Europa gebracht werden – ein langer und gefährlicher Transport, der sein Ziel nicht immer erreichte. Doch dann entdeckten die Portugiesen 1498 den Seeweg nach Indien und übernahmen dank dieses Vorteils für etwa hundert Jahre das Gewürzmonopol. Anschließend ging es an die Holländer über, was allerdings nichts an den „gepfefferten" Preisen für die Verbraucher änderte. Leisten konnten sich den Luxus nur reiche Leute. Der „kleine Mann" kam erst zum Zug, als die Engländer Anfang des 17. Jahrhunderts ihre Ostindienkompanie gründeten und in den Gewürzhandel einstiegen: Man senkte den Preis für die Gewürze, setzte größere Mengen um und verdiente mehr denn je.

Vielfalt klar geordnet

Heute sind selbst die einstmals teuersten Gewürze wie Safran, Muskat und Vanille für jedermann erschwinglich, obwohl das Gros der Gewürze nach wie vor aus tropischen oder zumindest warmen Regionen der Erde stammt. Die sogenannten Gewürzmühlen kaufen in den besten Anbaugebieten ein und stellen hohe Ansprüche an die Qualität der Rohstoffe.
Unter „Kräutern" versteht man immer frische Gemüsepflanzen wie Petersilie, Schnittlauch, Basilikum, Dill, Kerbel usw. Sie sind das ganze Jahr über frisch im Handel zu haben. Für den jederzeit greifbaren Vorrat stehen einige Sorten tiefgefroren zur Verfügung.

Die meisten frischen Kräuter gibt es auch in getrockneter Form. Dann heißen sie „Würzkräuter" und zählen zu den Gewürzen. Als „Gewürze" bezeichnet man naturbelassene Teile von sehr unterschiedlichen Pflanzen, die in der Regel getrocknet und mechanisch bearbeitet wurden – zum Beispiel gemahlen, gerebelt oder geschrotet. Mittlerweile kommen auch einige unzerkleinert in den Handel (zum Beispiel Muskatnüsse).

Um die Vielfalt der Gewürze übersichtlicher zu machen, werden sie in Gruppen eingeteilt. Ausschlaggebend für die Zuordnung ist, von welchem Teil der jeweiligen Pflanze das Gewürz stammt.

Tipps für den Vorrat

- Trockene Kräuter und Gewürze fest verschlossen, trocken und kühl aufbewahren.
- Frische Kräuter kann man im Kühlschrank lagern – entweder in nasses Küchenpapier gewickelt oder in einem Glas mit Wasser.
- Die meisten frischen Kräuter können eingefroren werden. Man wäscht sie, trocknet sie gut ab, schneidet sie und portioniert sie in kleine Beutel, Dosen oder Eiswürfelbehälter.
- Zum Trocknen werden Kräuter büschelweise in einem luftigen dunklen Raum aufgehängt oder man breitet sie auf Papier aus. Bei 50 °C können die Kräuter auch langsam im Backofen trocknen. Anschließend zerreibt man sie und füllt sie in luft- und lichtdichte Behälter.
- Eingelegt in Essig oder Öl halten Kräuter an einem dunklen, kühlen Platz nahezu unbegrenzt. Allerdings sind sie in dieser Form nicht für jeden Bedarf geeignet.
- Gewürze in Gläsern gehören in den Schrank, denn Licht schadet der Würzkraft. Fürs Gewürzbord eignen sich lichtdichte Dosen aus Kunststoff (zum Beispiel auch die Originalverpackung) oder Aluminium. Ungeeignet sind Papierbehälter, denn sie schützen nicht vor Feuchtigkeit und lassen das Aroma der Gewürze entfliehen.
- Generell sollten trockene Gewürze innerhalb von einem Jahr verbraucht werden. Was nicht mehr arttypisch riecht, ist wertlos. Lediglich Stückware hält deutlich länger. Seltene Gewürze kauft man am besten nur in kleinen Mengen.

KRÄUTER & GEWÜRZE

Rote Peperoni

Grüne Peperoni

Es gibt
- Blatt- und Krautgewürze (Basilikum, Bohnenkraut, Dill usw.),
- Frucht- und Samengewürze (Pfeffer, Kümmel, Kardamom usw.),
- Blütengewürze (Gewürznelken, Safran),
- Wurzelstock- und Zwiebelgewürze (Ingwer, Knoblauch) und
- Rindengewürze (Zimt).

Kleine Ursache – große Wirkung

Speisen aller Art verdanken ihren Geschmack, ihren Duft und ihren typischen Charakter zu einem wesentlichen Teil den beigegebenen Kräutern und Gewürzen. Dass diese Kleinigkeiten eine solch große Wirkung erzielen, liegt an bestimmten Inhaltsstoffen. Eine herausragende Rolle spielen die ätherischen Öle. Sie sind leicht flüchtig und nicht nur für das Aroma, sondern auch für den Duft eines Gewürzes zuständig. Manche Gewürze enthalten Scharfstoffe (zum Beispiel Pfeffer und Paprika), andere Knoblauch- oder Senföl (zum Beispiel Schnittlauch oder Meerrettich). Beides macht sich erst beim Zerkleinern in starkem Geruch und pikantem Geschmack bemerkbar. Wieder andere Gewürze sind wegen ihrer Bitterstoffe begehrt, die verdauungsanregend wirken.

Generell schmeicheln Gewürze keineswegs nur dem Gaumen, sie beeinflussen auch das Wohlbefinden und nehmen Einfluss auf die Gesundheit. Nicht umsonst gelten zahlreiche Kräuter und Gewürze seit eh und je als Heilmittel, doch sind längst noch nicht alle Wirkungen der Gewürze vollständig erforscht. Als gesichert gilt, dass Kräuter und Gewürze generell den Appetit anregen. Auch weiß man, dass sie die Ausnutzung der Nährstoffe in den Speisen unterstützen. Frische Kräuter können Vitamine (vor allem Vitamin C) und Mineralstoffe liefern und damit Salate oder Gemüse aufwerten. Und nicht zuletzt eignen sich Kräuter und Gewürze hervorragend dazu, eine sparsame Verwendung von Salz raffiniert auszugleichen.

Nie dürfen die Gewürze den Eigengeschmack der Hauptzutaten überdecken. Falsch gewürzte oder überwürzte Gerichte sind oft kaum noch zu retten. Es gibt Gewürze, die sollte man nur mit der Messerspitze dosieren – zum Beispiel Chili oder Nelken. Andere wie edelsüßer Paprika dürfen löffelweise beigegeben werden. Eine Faustregel lautet: Lieber etwas zu zaghaft würzen, dann kann man immer nachbessern. Auch der Zeitpunkt des Würzens will beachtet sein:
- Kalte Gerichte wie Kräuterquark, Kräuterbutter, Dips usw. sollten mindestens eine Stunde vor dem Verzehr fix und fertig zubereitet sein. So erhalten die ätherischen Öle die Chance, sich in der Fettemulsion richtig zu entfalten.
- Warmen Speisen werden zarte Kräuter und gemahlene Gewürze oft erst kurz vor Ende der Kochzeit oder sogar vor dem Servieren zugegeben, denn beim langen Erhitzen verflüchtigen sich die ätherischen Öle. Außerdem entwickeln manche Gewürze wie zum Beispiel Oregano, Paprika oder Curry unangenehme Bitterstoffe, vor allem beim Braten in heißem Fett. Derbe Kräuter wie Lorbeer, Thymian, Rosmarin oder Chilischoten dürfen von Anfang an in den Topf oder die Pfanne.

 Helfer beim Würzen

Kräuter und Gewürze „am Stück" müssen vor der Verwendung meist zerkleinert werden. Dafür ist ein scharfes Messer wichtig, aber eben nicht alles. Die Arbeit lässt sich mit vielerlei praktischen Geräten erleichtern:

- Ein Wiegemesser ist ideal für frische Kräuter wie beispielsweise Petersilie.
- Gewürzmühlen gibt es nicht nur für Pfeffer, sondern auch für andere Gewürze wie Knoblauch, Chili, Kümmel, Kräuter, Meersalz usw. Manche haben einen integrierten Auffangbehälter für das Gewürz. So muss man nicht direkt über dem dampfenden Kochtopf mahlen und kann exakt dosieren. Bei Gewürzmühlen zählt einzig und allein die Qualität des Mahlwerks.
- Knoblauch-Fans kommen um eine Knoblauchpresse nicht herum. Das Gerät wird in allen möglichen Materialien angeboten, doch auf Dauer bewähren sich nur die Pressen aus Edelstahl. Sie sind stabil genug und können in der Spülmaschine gereinigt werden. Eine Knoblauchmühle zerdrückt die Zehen nicht, sondern schneidet kleine Würfel.
- In einem Mörser aus Porzellan, Keramik, Marmor oder Granit mit unglasiertem oder aufgerautem Boden lassen sich Gewürze leicht zerkleinern. Auch zum Zubereiten von Gewürzpasten ist ein Mörser praktisch.
- Für Muskatnüsse benutzt man eine Reibe oder eine spezielle Mühle.
- Mit einer scharfen Schere lassen sich Kräuter wie Schnittlauch oder Dill gleichmäßig schneiden.

Blütengewürze

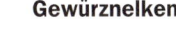
Gewürznelken

Safranfäden

Gewürznelken

Eine Größe von beachtlichen 20 m und ein Alter von bis zu 100 Jahren erreicht der zur Familie der Myrtengewächse zählende Nelkenbaum in der freien Natur, doch in Plantagen hält man ihn in einer Höhe von 5 bis 6 m, um die Ernte zu erleichtern.

Die Heimat der weitverzweigten, dicht belaubten, immergrünen Bäume sind die Molukken. Da die Bäume am besten im tropischen Seeklima wachsen, liegen auch die heutigen Anbaugebiete vor allem auf Sansibar und Madagaskar.

Die aus Samen oder Stecklingen gezogenen Bäume beginnen im 6. Jahr zu tragen und bringen dann an ihren Zweigspitzen zahlreiche rote Blütenknospen hervor, die Gewürznelken. Zweimal im Jahr werden die Blütenknospen kurz vor dem Aufblühen geerntet und getrocknet. Dabei nehmen die Nelken ihre typisch braune Farbe an. Die Erntemenge liegt bei jährlich 2 bis 4 kg Gewürznelken pro Baum.

Gewürznelken haben einen intensiven, süßlichen Geruch, ihr Geschmack ist scharf-feurig und sehr würzig, was auf den außergewöhnlich hohen Gehalt an ätherischen Ölen zurückzuführen ist. Ein Indiz für qualitativ hochwertige Ware ist der Wassertest: Gewürznelken mit einem hohen Gehalt an ätherischen Ölen schwimmen senkrecht im Wasser oder gehen unter; minderwertige Ware schwimmt dagegen waagerecht an der Wasseroberfläche, was auf ihren geringen Gehalt an ätherischen Ölen hinweist.

Verwendung: Die intensiv duftenden, stark würzenden Nelken sind wahre Allrounder. Sie kommen in der häuslichen Küche in Fleischgerichten, in Fischsud, in Rotkohl und Sauerkraut, in Soßen, Ragout, Süßspeisen, Kuchen, Getränken und auch Kompotten – häufig als ganze Nelke – zum Einsatz. Und was wäre Glühwein ohne sein typisches Nelkenaroma? Das ätherische Öl der Gewürznelken verleiht Magen- und Kräuterlikören ihre heilende Kraft. Zudem sind Nelken Bestandteil vieler Gewürzmischungen wie des chinesischen Fünf-Gewürze-Pulvers, von Sauerbraten-Gewürz, Lebkuchengewürz, Garam Masala, Currypulver oder Ras el Hanout.

Wirkung: Nelkenöl hat eine antibakterielle, magen-, leber- und herzstärkende Wirkung.

Kapern

Die eingelegten Blütenknospen des Echten Kapernstrauches werden seit der Antike als pikante Kochzutat verwendet und galten sogar als Aphrodisiakum. Die geschlossenen Knospen werden im Frühjahr von Hand geerntet und sind roh ungenießbar. Sie müssen zunächst welken und werden anschließend in grobem Meersalz, Salzlake, Essig oder Öl eingelegt. Dabei entstehen die Stoffe für den typischen Geschmack. Kapern sollten geschlossen, oliv- bis bläulich grün und möglichst klein sein.

Verwendung: Eingesalzene Kapern müssen gewässert werden. In warme Gerichte kommen Kapern meist erst zum Schluss. Andere Gewürze nur sparsam verwenden.

Safran

Safranfäden sind die roten Narben einer hellviolett blühenden Krokusart (Crocus sativus), die in aufwändiger Handarbeit durch Abzwicken geerntet und anschließend sofort in der Sonne oder über schwacher Hitze getrocknet werden. Die typische Krokusblüte bringt aus ihrem Fruchtknoten einen etwa zehn Zentimeter langen Griffel hervor, der an seiner Spitze eine leuchtend orangefarbene, dreigliedrige Narbe trägt. Während der rund zweiwöchigen Blütezeit werden die orangeroten Narben täglich geerntet.

Da die gesamte Ernte von Hand erfolgt und die Ausbeute sehr gering ist – um die 150 000 Narben ergeben 1 kg getrocknete Safranfäden –, ist echter Safran das teuerste Gewürz weltweit. So kommt es, dass Safran auch aus anderen Krokusarten gewonnen wird, die hinsichtlich Geschmack und Färbevermögen aber nicht mit dem echten Safran konkurrieren können. Gemahlener Safran wird häufig durch wertlose, färbende Zusätze wie z.B. Kurkuma verfälscht, um ihn preisgünstiger anbieten zu können. Qualitativ hochwertigen Safran erkennt man an den kräftig rotbraunen, ganzen Narbenfäden, die sich fettig anfühlen. Safran kommt entweder in Form von Fäden oder gemahlen als Pulver in den Handel.

Der in den Narben des echten Safran enthaltene Farbstoff Crocin löst sich in Wasser sofort auf und verleiht Speisen eine intensiv gelbe Farbe. Die geringe Menge von 0,01 g Safran färbt 3 l Wasser gelb, allerdings ohne ihm ein besonderes Aroma zu verleihen. Der Geruch von Safran ist schwer und intensiv, der Geschmack scharf, würzig und etwas bitter.

Die Heimat des Safrans liegt vermutlich in Kleinasien oder Griechenland, wo er auch heute noch angebaut wird. Nachdem das edle Gewürz fast vergessen war, brachten es die Araber wieder nach Europa und gaben ihm auch gleich den Namen mit „Za'fran" – „gelb sein". In Spanien, Südfrankreich, Ungarn, Persien und Italien entstanden Anbaugebiete, von denen Spanien heute die größte Bedeutung hat.

Verwendung: Safran kommt in vielen Gerichten der orientalischen und mediterranen Küche zum Einsatz, wobei nicht nur sein kräftiger Geschmack, sondern vor allen Dingen seine intensive Farbe eine wichtige Rolle spielen. So macht Safran nicht nur den Sandkuchen „gel", er ist unverzichtbarer Bestandteil in der französischen Bouillabaisse, in der spanischen Paella und auch ein orientalischer Pilaw oder ein marokkanischer Couscous verlangen nach Safran. Risotti und anderen Reisgerichten verleiht er eine appetitanregende Farbe und auch so manches Dessert profitiert von seinem Färbevermögen. Safran sollte nicht zu lange kochen, also gibt man ihn immer erst zum Schluss an die gegarten Speisen.

KRÄUTER & GEWÜRZE

Blatt- und Krautgewürze

Bärlauch

Bohnenkraut

Klassische Küchenkräuter

Bärlauch

Lange vergessen, erlebte der Bärlauch in den letzten Jahren eine Renaissance. Er wächst wild in Laub- und Auenwäldern, aber auch in Parkanlagen und unter Büschen. Dabei bleibt Bärlauch bestimmt nicht unbemerkt. Denn erstens verbreitet er einen intensiven Knoblauchduft, und zweitens hat die Pflanze hübsche weiße Blüten. Gepflückt werden allerdings nur die Blätter, und zwar vor der Blüte etwa von März bis Mai. Rein optisch könnte es dabei zu einer Verwechslung mit den ähnlich aussehenden giftigen Maiglöckchen-Blättern kommen, doch verrät sich Bärlauch durch den typischen Geruch.

Verwendung: Bärlauch wird in erster Linie frisch verwendet, man kann ihn aber auch einfrieren. Geeignet für Salate, Suppen, Saucen, Pesto, Kräuterquark, Brotbelag und die Zubereitung als Gemüse wie Spinat.

Wirkung: Bärlauch wirkt antibakteriell und antimykotisch. Er schützt das Herz, fördert Durchblutung und Verdauung, entgiftet den Körper.

Beifuß

Wahrscheinlich gab eine geheimnisvolle Eigenschaft der Pflanze ihren Namen: Einst glaubte man, etwas Kraut am Bein oder im Schuh könne den Wanderer vor schneller Ermüdung schützen. Der bis zu zwei Meter hoch wachsende Beifuß wird auch Gänsekraut genannt, weil dieses Gewürz in keinem Gänsebraten fehlen darf. Ein weiterer Name – Wilder Wermut – weist auf den herb-aromatischen, leicht bitteren Geschmack hin. Beifuß ist ein heimisches Wildkraut, das an warmen, sonnigen Plätzen gedeiht. Als Gewürz verwendet man nur die Blütenrispen, die vor der Blüte geerntet werden. Sie kommen getrocknet und gerebelt in den Handel.

Verwendung: Beifuß eignet sich frisch oder getrocknet zum Würzen aller fetten Speisen wie beispielsweise Gänse-, Enten-, Schweine- oder Hammelbraten, Aal, Saucen, Schmalz oder Käsegerichte, aber auch für Gemüse aus Kohl, Möhren und Hülsenfrüchten. Das Gewürz verfeinert außerdem Kräuteröl und -essig.

Wirkung: Beifuß verbessert die Verdaulichkeit üppiger Mahlzeiten und gilt als Stärkungsmittel.

Bohnenkraut

Die etwa 30 cm hohe strauchartige Pflanze stammt ursprünglich aus dem Mittelmeerraum. Im 9. Jahrhundert kam sie angeblich im Gepäck von Benediktiner-Mönchen über die Alpen, und seither wächst Bohnenkraut auch hierzulande in den Gärten. Es schmeckt intensiv würzig und ausgesprochen pfeffrig, was ihm den Namen Pfefferkraut eintrug.

Verwendung: Frisch oder getrocknet und gerebelt eignet sich Bohnenkraut bestens für Gerichte aus grünen und gelben Bohnen, Kohl und Hülsenfrüchten, für Fisch, Geflügel, Leber, Kartoffel-, Gurken-, Tomaten- und Fleischsalat, Gemüse, Suppen sowie für Würzessig und -öl; typisches Wurst-Gewürz.

Wirkung: Bohnenkraut stärkt den Magen, verhindert Blähungen und wirkt antiseptisch.

Borretsch

Er heißt auch Gurkenkraut oder Gurkenkönig wegen seines gurkenähnlichen Geschmacks. Und er heißt Herzfreude oder Liebäuglein wegen seiner hübschen blauen Blüten, die ebenfalls essbar sind. Die Pflanze wird etwa 60 cm hoch und hat haarige, saftige Blätter, die man sehr jung verwenden sollte.

Verwendung: Borretsch ist nicht zum Trocknen geeignet und wird somit ausschließlich frisch verwendet. Die jungen Blätter – sehr fein gehackt – würzen Gurkengerichte und Gurkensalat sowie andere Salate, Kräuterquark, Kräuterbutter, Geflügel, Hackfleisch und Fisch. Borretsch ist eines der sieben Kräuter für die „Frankfurter Grüne Sauce". Nudeltaschen (Ravioli) lassen sich mit Borretsch füllen. Die Blüten kann man zum Dekorieren von Speisen verwenden oder in Eiswürfel einfrieren und Getränken zugeben.

Wirkung: Borretsch wirkt herzstärkend, entzündungshemmend, verdauungsfördernd und blutreinigend.

Dill

Koriander

Kerbel

Die „Frankfurter Grüne Sauce" ist eine kalte Kräutersauce, die zu Fleisch, Fisch oder Pellkartoffeln gereicht wird. Sieben Kräuter sind ein Muss: Borretsch, Kerbel, Kresse, Petersilie, Pimpinelle, Sauerampfer und Schnittlauch. Je nach Saison und Belieben können weitere Kräuter zugefügt werden. Man schlägt Öl, Essig, Knoblauch, Salz und Pfeffer auf, gibt Zwiebeln und hartgekochte, gehackte Eier dazu, verrührt alles mit Schmand, saurer Sahne oder Sahne und hebt die fein gehackten Kräuter unter.

Dill

Frischer Dill unterm Kopfkissen verhindert Alpträume, Schnarchen und Mondsüchtigkeit. Wer's für Aberglauben hält, soll's probieren. Sicher ist, dass nur frischer Dill herrlich aromatisch schmeckt und duftet. Bei tiefgefrorenem oder getrocknetem Kraut muss man notgedrungen Abstriche machen. Die Pflanze wird bis zu einem Meter hoch, alle oberirdischen Teile lassen sich verwenden. Am besten sind jedoch die jungen gefiederten Blätter.
*Verwendung: Dill würzt Salate, Suppen, Saucen, hartgekochte Eier, Kräuterquark, Gemüse aller Art, Fleischgerichte sowie Fische und Meeresfrüchte. Das Kraut sollte nie gehackt, sondern besser mit der Schere oder einem scharfen Messer geschnitten werden. Man kocht Dill nicht mit, sondern gibt ihn erst kurz vor dem Servieren zu den Speisen. Getrocknete Dillspitzen können höher dosiert werden.
Blüten, Fruchtdolden und die leicht nach Anis schmeckenden Samen des Dills werden zum Einlegen von Gurken, Heringen, Essiggemüse, Sauerkraut und Kürbissen verwendet sowie für Kräuteressig.*
Wirkung: Dill wirkt Blähungen entgegen und macht einen „guten" Magen.

Fenchelkraut

Wie vieles andere, so brachten einst die Römer auch den Fenchel mit in unsere Breiten. Im Handel wird der Gemüsefenchel angeboten (siehe Fenchel), dessen Stängel und Blätter zum Würzen verwendet werden können. Fenchelsamen gibt es getrocknet. Alle Teile der Pflanze schmecken ähnlich wie Anis.
Verwendung: Fenchelgrün ist ideal für Salate und verfeinert Fleischfüllungen und Fischgerichte. Die Samen verwendet man für Brot und Gebäck, zum Einlegen von Gurken, für Eintöpfe oder man gibt sie – nach italienischer Art – gemahlen über gegrilltes Fleisch.
Wirkung: Fenchel hilft gegen Blähungen und Magenschmerzen.

Kerbel

Ein wenig erinnert Kerbel mit seinen gefiederten Blättern an Petersilie, er ist jedoch deutlich zarter und ganz anders im Geschmack. Der süßliche Duft und das Anis-Aroma entfalten sich vor allem bei frischem Kerbel. Im Trockengewürz ist leider kaum noch etwas davon erhalten.
Verwendung: Kerbelsuppe ist die Frühlingssuppe schlechthin. Aber auch Salate, Rohkostplatten, Gemüse, Eier- und Fischgerichte, Kräuterquark und Kräuterbutter profitieren vom typischen Kerbelgeschmack.
Wirkung: Kerbel ist im Frühling einer der ersten frischen Vitaminlieferanten. Das Kraut wirkt appetitanregend, harntreibend und fördert den Stoffwechsel.

Koriander

Koriander erinnert im Aussehen gleichfalls ein wenig an Petersilie, riecht aber völlig anders – den eigentümlichen, süßlichen Geruch mag nicht jeder. Das Kraut, auch mit dem spanischen Namen Cilantro bezeichnet, braucht man besonders für die südamerikanische und asiatische Küche (Thailand, Vietnam). In der deutschen Küche finden die Samenkapseln Verwendung, die auch eine Zutat des Lebkuchengewürzes – und des Currypulvers – sind.
Verwendung: Das Kraut erst sehr spät zum Ende des Kochvorgangs beigeben. (Die Samenkapseln werden am besten frisch gemahlen verwendet und entfalten trocken in der heißen Pfanne geröstet ihr Aroma.)
Wirkung: Das Kraut enthält viel Vitamin A und C, Eisen und Calcium. Es wirkt durch seine ätherischen Öle appetitanregend, verdauungsfördernd, krampflösend und lindert Magen- und Darmleiden.

KRÄUTER & GEWÜRZE

Daikonkresse

Daikonkresse rot

Shisokresse

Liebstöckel

Gartenkresse

Kresse

Am häufigsten verwendet wird die Gartenkresse. Ihr Geschmack ist pikant mit einer leichten Schärfe. Gartenkresse kommt in kleinen Kästchen meist auf Substrat gezogen in den Handel.
Brunnenkresse ist eine Wasserpflanze und wächst wild in Bächen, wird inzwischen aber auch kultiviert. Sie schmeckt herb-pikant, etwas nach Rettich, etwas nach Senf und leicht bitter.
Kapuzinerkresse blüht üppig in Gärten und gilt vor allem als Zierpflanze. Doch lassen sich Blätter und Blüten in der Küche verwenden.
Daikon-Kresse wird in Kunststoffschälchen angeboten. Sie wächst aus den Samen einer japanischen Rettichart, schmeckt würzig und ist relativ großblättrig.
Shisokresse gibt es häufig in Asien- oder Bioläden. Die pfeffrig schmeckende Pflanze, deren Aroma an Kreuzkümmel und Zimt erinnert, lässt sich auch leicht selber ziehen.
Verwendung: Kresse jeder Art verfeinert Salate, Quark, Suppen, Saucen, Kartoffelgerichte und manches mehr. Brunnenkresse eignet sich nicht nur zum Würzen, man kann auch Salat daraus bereiten. Das Gleiche gilt für Kapuzinerkresse, deren saftige Blätter einen würzigen, rettichscharfen Salat ergeben. Dekorativ zum Garnieren sind die orangegelben, ebenfalls essbaren Blüten. Die Samen der Kapuzinerkresse verwendet man, eingelegt in Essig und Öl, als Ersatz für Kapern.
Wirkung: Kresse enthält Vitamin C und soll gegen Frühjahrsmüdigkeit helfen.

Liebstöckel

Geschmack und Duft erinnern an „Maggi", weshalb der Liebstöckel auch „Maggikraut" heißt. Die würzigen ätherischen Öle stecken nicht nur in den Blättern, sondern auch in Samen und Wurzeln. Alle Teile sind frisch sowie getrocknet verwertbar.
Verwendung: Die Blätter dienen in erster Linie zum Würzen von Suppen, verfeinern aber auch Eintöpfe, Fleischragouts, Braten, Saucen, Gemüse und Salate. Ganze Zweige und getrocknete gerebelte Blätter kann man mitkochen. Fein gehackte frische Blätter werden kurz vor dem Servieren über die Speisen gestreut.
Wirkung: Liebstöckel fördert die Verdauung und das Ausscheiden von Schlackenstoffen aus dem Organismus.

Lorbeerblätter

Seit der Antike ist Lorbeer das Symbol für Ruhm und Sieg. Zeus höchstpersönlich soll es gewesen sein, der dem Laub zu ewiger Ehre verhalf. Um nämlich die Nymphe Daphne vor dem in Liebe entflammten Apoll zu schützen, wurde sie kurzerhand in einen Lorbeerbusch verwandelt. Von da an trugen Götter den Lorbeerkranz ebenso wie römische Kaiser und Feldherren bei ihren Triumphzügen. Aber auch Dichter, Sänger und die erfolgreichsten Sportler wurden mit Lorbeer ausgezeichnet.

Der Lorbeer ist ein immergrüner Baum, der in allen Mittelmeerländern wächst. Im Herbst werden die bis zu 10 cm langen, 3 cm breiten lederartigen Blätter geerntet und langsam im Schatten getrocknet. Sie enthalten nicht nur viel ätherisches Öl, sondern auch Gerb- und Bitterstoffe. Diese Komposition verleiht dem Lorbeer seinen typischen würzig-herben Geschmack. Das Aroma getrockneter Blätter ist doppelt so intensiv wie das von frischen Blättern, und erst beim Kochen kommt es voll zur Entfaltung. Blätter von guter Qualität sind hellgrün und nicht gebrochen. Angeboten wird Lorbeer auch gemahlen.
Verwendung: Schon ein Lorbeerblatt genügt, um Sauerkraut und Rotkohl, Eintöpfe, Schmorgerichte, Suppen, Saucen, Sülzen, Wildbeizen, eingelegtes Gemüse und noch etliches mehr zu aromatisieren. Vor dem Servieren sollte man Lorbeerblätter aus den Speisen entfernen.
Wirkung: Lorbeer wirkt appetitanregend und ist magenfreundlich.

Kapuzinerkresse

Lorbeer

Pfefferminze

Petersilie glatt

Minze
Sie hat einen hohen Gehalt an ätherischen Ölen und Menthol, was ihr den unverwechselbaren, sehr erfrischenden Geruch und Geschmack verleiht. Minze ist dabei, nicht nur als Pfefferminztee, sondern auch als Würzkraut von sich reden zu machen. Die Natur kennt zahlreiche Minzearten, mit behaarten Blättern und unbehaarten, mit krausen Blättern und mit glatten, und einige davon sind in unseren Breiten heimisch. Die kleinblättrige Minze, die häufig wild in den Gärten wächst, schmeckt leicht pfeffrig, ihre rotblättrige „Schwester" richtiggehend scharf. Das kräftigste Aroma besitzt die dunkelgrüne englische Minze. Mild ist die Thai-Minze, und die großblättrige grüne Minze geht ins Süßliche. Die Apfelminze hat gelb umrandete Blätter und zusätzlich zum Minzaroma einen deutlichen Apfelgeruch. Die Ananasminze ist an den Rändern cremeweiß gefärbt und schmeckt ebenso wie die Orangenminze fruchtig mild. Die Schoko-Minze erinnert an „After Eight". Die Krauseminze enthält kein Menthol und hat ein Aroma wie Kaugummi.

Die englische Minze entstand 1696 durch die Kreuzung verschiedener Minzearten und gehört seither zur englischen Küche wie der Tower zu London. Minze wird mitgekocht oder frisch über Speisen gestreut. Hammelbraten mit Pfefferminzsauce ist auf der Insel ein Nationalgericht.

Verwendung: Man kann Minzeblätter frisch oder getrocknet verwenden, sollte sie jedoch nie mit anderen Kräutern kombinieren und stets vorsichtig dosieren. Für duftenden Tee oder erfrischende Sommerdrinks ist Minze ja bekannt. Für den Minze-Tee nach arabischer Art benötigt man allerdings echte Nane-Minze. In der Küche lassen sich Salate, Suppen und Marinaden mit Minze-Blättchen würzen.
Wirkung: Minze ist krampflösend und schmerzlindernd, wirkt entzündungshemmend und kühlend.

Petersilie
Mit ihr kann man eigentlich nichts falsch machen. Petersilie hat ein feinwürziges, aber unaufdringliches Aroma, das zu beinahe jedem Gericht passt (mit Ausnahme von Süßspeisen) und mit vielen anderen Kräutern und Gewürzen harmoniert. Petersilie wird in der krausen wie in der glatten Variante das ganze Jahr über frisch angeboten, auch im Topf. Getrocknete oder tiefgefrorene Petersilie ist ein Notbehelf, denn sie besitzt nicht mehr das volle Aroma.
Verwendung: Petersilie unterstützt den Eigengeschmack der Speisen. Mit dem Wiegemesser fein geschnitten, wird das Kraut erst ganz zum Schluss den jeweiligen Gerichten beigegeben. Lediglich krause Petersilie sowie getrocknete bzw. tiefgefrorene Blätter dürfen ganz kurz mitkochen. Beim Garnieren kalter Platten und beim Anrichten von Tellergerichten ist Petersilie ein beliebter Farbtupfer und zudem wichtiger Bestandteil des Bouquet garni.
Wirkung: Petersilie enthält viel Vitamin C und stärkt die Abwehrkräfte. Sie wirkt entwässernd und krampflösend.

Exakt zwölfeinhalb Jahre nach der „Grünen Hochzeit" feiert ein Paar die „Petersilienhochzeit". Die einstigen Hochzeitsgäste überreichen an diesem Tag kleine Petersiliensträuße, die wieder Würze ins Eheleben bringen sollen.

Pimpinelle (Kleine Bibernelle)
Sie wird bis zu 60 cm hoch und hat rundliche, am Rand gezahnte Blätter, die am zartesten sind, wenn sie geerntet werden, bevor der Blütenstiel zu treiben beginnt. Der Geschmack ist leicht brennend, nussartig und erinnert an Gurke. Zum Trocknen eignen sich die Blätter nicht, und auch beim Tiefgefrieren verlieren sie ihr Aroma. Nur ganz frisch sind sie eine Bereicherung für Speisen.
Verwendung: Pimpinelle-Blättchen verfeinern Salate, Suppen, Saucen, Sommergemüse, Fischmarinaden und Kräutermayonnaisen. Das Kraut lässt sich gut mit Petersilie, Schnittlauch, Kerbel und Estragon kombinieren.
Wirkung: Pimpinelle ist appetitanregend und fördert die Bildung von Magensäften.

KRÄUTER & GEWÜRZE

Schnittlauch
Neben der Petersilie ist Schnittlauch das bekannteste Küchenkraut. Er schmeckt frisch und hat ein leichtes Zwiebelaroma, was darauf hinweist, dass er zur Familie der Lauch- und Zwiebelgewächse gehört. Schnittlauch wird rund ums Jahr frisch angeboten, auch im Topf. Außerdem gibt es das Kraut tiefgefroren und gefriergetrocknet. Letztere Variante gewinnt etwas an Aroma, wenn man sie vor der Verwendung kurz einweicht. Doch die volle Würzkraft besitzt nur der frische Schnittlauch.

Chinesischer Schnittlauch stammt – wie der Name vermuten lässt – ursprünglich aus Asien und erfreut sich in der deutschen Küche immer größerer Beliebtheit. Er hat einen milden Knoblauchgeschmack und heißt deshalb auch Schnittknoblauch. Ein weiterer Unterschied zu herkömmlichem Schnittlauch sind die flachen Blätter.

Verwendung: Schnittlauch passt zu Salaten, Kartoffeln, Kräuterquark, Kräuterbutter und allen salzigen warmen Gerichten. Man kocht Schnittlauch nie mit und schneidet ihn am besten mit der Schere in kleine Röllchen Die Blüten des Chinesischen Schnittlauchs lassen sich frittieren.

Wirkung: Schnittlauch wirkt appetitanregend, antibakteriell und entwässernd und hat einen positiven Einfluss auf die Blutgefäße.

Ysop (Josephskraut)
Der seltsame Name lautete ursprünglich „Hyssop" und setzt sich aus den griechischen Wörtern „Hys" für „Schwein" und „Ops" für „Antlitz" zusammen. Und tatsächlich ähneln die Blüten der Pflanze in der Form einem Schweinerüssel.

Die strauchartige Pflanze mit ihren hübschen, meist blauen Blüten wird bis zu einem Meter hoch und ziert vielfach Gärten. Die Blätter eignen sich hervorragend als Gewürz. Der leicht bittere Geschmack liegt irgendwo zwischen Oregano und Salbei.

Verwendung: Frisch besitzt Ysop das beste Aroma. Es würzt Braten, Eintöpfe, Hülsenfrüchte, Kartoffel- und Tomatengerichte, herzhafte Saucen, Salate sowie Kräuteressig und -öl. Selbst in Aprikosen- und Pfirsichkuchen macht sich Ysop gut.

Wirkung: Ysop ist reich an Vitamin C. Das Kraut gilt als entzündungshemmend und verdauungsfördernd.

Zitronengras (Lemongras)
Das tropische Gras wird bis zu zwei Meter hoch und duftet intensiv nach Zitrone. Man kennt über 50 Arten, wobei die bei uns verwendete Variante dünnen Frühlingszwiebeln ähnelt. Zitronengras schmeckt kräftig säuerlich, frisch und zitronenartig mit einem Hauch von Rosenduft. In Gerichten ist das Aroma intensiv, aber nicht dominant.

Verwendung: Nur die ganz jungen, zarten Blätter kann man – fein gehackt – mitessen. Ansonsten sind die Stängel faserig. Sie werden mitgekocht und zum Schluss wieder entfernt. Zitronengras passt zu exotischen Gerichten, aber auch zu pikanten Fleischspeisen, Geflügel, Fisch- und Meeresfrüchten, Saucen, Marinaden und Dips. Für Fleischspieße kann man anstelle von Holzstäben auch Zitronengrasstängel verwenden. Sie verleihen dem Fleisch ein ausgezeichnetes Aroma.

Wirkung: Zitronengras soll anregend und erfrischend wirken und das Konzentrations- und Denkvermögen fördern.

Zitronenmelisse
Das Kraut wird wild wachsend bis 120 cm hoch. Die Blätter duften und schmecken zitronenähnlich, ohne jedoch Säure zu liefern. Zitronenmelisse gedeiht in jedem Garten, und der Lebensmittelhandel bietet sie im Topf an.

Verwendung: Zitronenmelisse wird ganz frisch verwendet. Trocknen bringt nichts, denn das Aroma verflüchtigt sich schnell. Mit den Blättern würzt man Salate, helle Saucen beispielsweise zu Spargel, Cremesuppen, Möhren-, Kürbis und Tomatengerichte und Lammbraten. Auch passt Zitronenmelisse zu Süßspeisen wie Quark- oder Zitronencreme und macht sommerliche Drinks noch erfrischender.

Wirkung: Zitronenmelisse fördert die Verdauung und wirkt beruhigend, krampflösend und bakterienhemmend.

Zitronenmelisse wird seit jeher zur Herstellung von Likören und Parfüms verwendet. Schon 1611 kamen Karmeliter-Mönche auf die Idee, aus den getrockneten Blättern einen „Melissengeist" herzustellen. Er ist heute noch immer ein gefragtes Produkt.

Basilikum

Thai-Basilikum

Estragon

Lavendel

Typische mediterrane Kräuter

Basilikum

Wurde im Mittelalter ein Strauß Basilikum überreicht, galt dies als Aufforderung zum Liebesspiel. Heute darf man ohne Hintergedanken einen Topf Basilikum als Gastgeschenk mitbringen. In der mediterranen Küche hat das Kraut seit jeher seinen festen Platz, und auch bei uns gehört es längst ins Gewürz-Repertoire. Die Pflanze wird bis zu 60 cm hoch, hat spitzovale glänzende Blätter und duftet angenehm.

Es gibt etwa 60 verschiedene Basilikum-Sorten, die sich in Blattgröße und -farbe unterscheiden. Der Geschmack variiert je nach Zusammensetzung der ätherischen Öle. Basilikum aus dem Mittelmeerraum besitzt eine süßlich-pfeffrige Schärfe und ist sehr aromatisch. Die rotblättrige Variante hat einen etwas herberen Geschmack. Das ostafrikanische Strauch-Basilikum schmeckt strenger und leicht nach Kampfer.

Zunehmend attraktiv für die Verbraucher sind auch Züchtungen für die thailändische Küche: Thai-Basilikum (bai horapa) hat violette Stängel und grüne Blätter, duftet nach Anis und schmeckt nach Lakritze. Frisches Zitronenaroma liefert das Zitronenbasilikum (bai manglak). Das „Heilige Basilikum" (bai kapru) schmeckt scharf und leicht brennend. Die Blätter sind sehr robust und können sogar frittiert werden. Zimtbasilikum hat eine deutliche Zimt-Note.

Verwendung: Ganz frisch würzt Basilikum am besten. Man kann es notfalls einfrieren, wenn man die Blätter mit Öl oder Butter vermischt und in Eiswürfelbehälter füllt. In Italien werden Basilikumzweige in ein Tongefäß geschichtet, leicht gesalzen, mit Olivenöl bedeckt und kühl gestellt. Die Blätter verlieren zwar an Farbe, lassen sich aber gut für Suppen, Saucen oder Risotto verwenden. Und ganz nebenbei entsteht köstliches Basilikum-Öl.

Getrocknetes Basilikum darf mitgekocht werden, frisch gibt man es direkt vor dem Servieren zu den Speisen. Basilikum passt zu fast allen Fleisch-, Fisch- und Gemüsegerichten mit mediterranem Touch. Es würzt Salate, vor allem aber Tomaten und Tomatengerichte. Ein Klassiker in der südländischen Küche ist Basilikum-Pesto.

Wirkung: Basilikum ist appetitanregend, beruhigt das Nervensystem und hat eine wohltuende Wirkung auf Magen und Darm.

Für Basilikum-Pesto wird frischer Basilikum mit frischem Knoblauch, Olivenöl, Salz, Pfeffer und hellbraun gerösteten Pinienkernen püriert. Zum Schluss rührt man frisch geraspelten Parmesankäse hinein.

Estragon

Das bis zu 120 cm hohe Kraut hat schmale Blätter, von denen nur die jungen, zarten verwendet werden. Der Geschmack ist ausgesprochen eigenwillig – leicht pfeffrig, anisartig und insgesamt erfrischend-aromatisch. Es gibt zwei Arten von Estragon: Russischer Estragon ist winterhart und wächst auch in unseren Breiten. Er enthält jedoch kein Estragol, ein Bestandteil des ätherischen Öls, und hat dadurch einen weniger ausgeprägten Geschmack. Ein unübertroffen feines Aroma besitzt dagegen der „Bruder" aus Frankreich.

Verwendung: Verwendet wird das Kraut frisch oder getrocknet. Estragon gibt Fleisch-, Geflügel- und Fischgerichten das gewisse Etwas. Er verfeinert außerdem Saucen, Mayonnaisen, Remouladen, Dips, Marinaden, Salatdressings, Senf, Kräuteressig- und öl. Estragon ist unverzichtbar in der berühmten „Sauce Béarnaise" und gehört auch an die „Sauce Vinaigrette".

Wirkung: Estragon regt den Appetit an und wirkt wohltuend auf den Magen.

Lavendel

Der Lavendel ist ein aromatischer Strauch der 100, manchmal 200 Zentimeter hoch wird. Das Aroma ähnelt dem des Rosmarins und ist bitter bis würzig, die Blätter erst graufilzig, dann grün, die Blüten violett gefärbt.

Verwendung: Junge Blätter und weiche Triebe verfeinern Gerichte vor allem der südländischen Küche wie Eintopf, Fisch, Geflügel, Lammfleisch. Verwendung auch in Saucen und Salaten. Lavendel ist Teil der Gewürzmischung Herbes de Provence.

Wirkung: Lavendel wirkt beruhigend, gegen Blähungen und innere Unruhe, Nervosität, Magenbeschwerden. Lavendelöl wird als Badezusatz und für Aromalampen verwendet.

KRÄUTER & GEWÜRZE

Majoran
Der Halbstrauch ist bei uns einjährig, in Mittelmeerländern überwintert er problemlos. Die Pflanze hat gleich mehrere gute Seiten: Mit ihren graugrünen elliptischen Blättern und den weißlila Blüten ziert sie jeden Garten. Sie gilt als Heilkraut und wird natürlich zum Würzen verwendet. Die Blätter schmecken herzhaft aromatisch mit leichter Bitternote.
Verwendung: Man verwendet Majoran frisch oder getrocknet. Er gilt als typisches Wurstgewürz, passt aber auch zu Fleisch-, Geflügel- und Wildgerichten sowie Innereien. Kartoffelspeisen aller Art profitieren von Majoran, ebenso wie Tomaten oder Bohnengerichte.
Wirkung: Majoran wirkt unter anderem magenstärkend, entwässernd und antiseptisch.

Oregano (Dost)
Wenn man der Überlieferung glauben darf, wurde Oregano einst von der schönen Aphrodite als Symbol der Freude geschaffen. Der Name leitet sich vom griechischen „Oros gano" ab, was „Bergwonne" bedeutet. Oregano wird oft auch als „wilder Majoran" bezeichnet, und tatsächlich schmeckt er ähnlich wie Majoran – nur etwas schärfer und weniger holzig. In der italienischen Küche ist Oregano unentbehrlich.
Verwendung: Der Handel bietet Oregano getrocknet und auch frisch in Töpfen an. Er ist das wichtigste Gewürz für Pizza und Pasta, für Tomaten, Auberginen und Zucchini. Auch Kartoffelsuppe und verschiedene Fleisch- und Fischgerichte lassen sich mit Oregano verfeinern.
Wirkung: Oregano regt den Appetit an, fördert die Verdauung, wirkt desinfizierend und antibakteriell.

Rosmarin
An den holzigen Stielen des immergrünen Strauchs wachsen dunkelgrüne nadelartige Blätter. Sie enthalten kampferähnliche ätherische Öle und Gerbstoffe, wodurch Rosmarin leicht bitter-würzig schmeckt.
Verwendung: Rosmarin gibt es frisch im Topf und getrocknet. Das Kraut wird mitgekocht oder -geschmort, denn das Aroma entfaltet sich erst nach und nach. Frischen Rosmarin gibt man am besten als kompletten Zweig zu und entfernt ihn, wenn das Gericht fertig ist. Doch sollte man Rosmarin sparsam dosieren, denn er entwickelt sich sehr intensiv und unterdrückt andere Kräuter. Rosmarin gehört selbstverständlich zu italienischen Gerichten und harmoniert hervorragend mit Fleisch und Gemüse aller Art. Bratkartoffeln mit Rosmarin beispielsweise muss man probieren!
Wirkung: Rosmarin wirkt appetitanregend, verdauungsfördernd und belebend.

Salbei
Im 17. Jahrhundert „bezahlten" die Chinesen drei Kisten Tee für eine Kiste Salbei, denn sie glaubten, Salbei verlängere das Leben. Tatsache ist, dass die ätherischen Öle im Salbei äußerst belebend wirken. Salbei hat graugrüne filzige Blätter, die würzig-bitter schmecken und ihr Aroma erst beim Kochen richtig entfalten. Man verwendet die Triebspitzen bzw. die jungen Blätter, wobei wegen der hohen Würzkraft sparsames Dosieren ratsam ist.
Verwendung: Salbei wird frisch im Topf und getrocknet als Pulver angeboten. Er sollte stets mitgekocht, -geschmort oder -gebraten werden. Salbei würzt Fleisch, Geflügel, Fisch, Suppen, dicke Bohnen, Erbsen, Käsegerichte, Eierspeisen usw. Das berühmteste Salbei-Gericht ist wohl „Saltimbocca alla romana" – Kalbsschnitzel mit Salbei.
Wirkung: Salbei soll den Kreislauf, Leber und Galle anregen und unter anderem entzündungshemmend wirken.

Thymian
Seine Heimat ist der Mittelmeerraum, wo der niedrige Strauch mit seinen kleinen weißen oder rosa Blüten ganze Hänge überzieht und dafür sorgt, dass die Luft nach Kräutern duftet. Die kleinen, kräftigen Blätter schmecken leicht pfeffrig und sehr aromatisch. Thymian steht in verschiedenen Sorten zur Verfügung: Zitronen- und Orangenthymian, Lavendelthymian und Kümmelthymian.
Verwendung: Thymian gibt es im Topf oder getrocknet, wobei getrockneter Thymian etwa die dreifache Würzkraft von frischem hat. Also vorsichtig dosieren. Verwendet wird Thymian nicht nur in der italienischen, sondern auch in der deutschen Küche für nahezu alle Fleisch- und Gemüsegerichte.
Wirkung: Thymian macht munter, stärkt die Nerven und wirkt keimtötend.

Frucht- und Samengewürze

Cayenne-Pfeffer

Chili

Sternanis

Rote Peperoni

Anis und Sternanis

Die kleinen grünlichgelben bis graugrünen Körnchen sind die reifen getrockneten Spaltfrüchte der einjährigen Anispflanze. Sie stammt ursprünglich aus dem östlichen Mittelmeerraum, wird aber heute in vielen Ländern angebaut. Anis schmeckt süßlich-herb und kommt in ganzen Samen oder gemahlen in den Handel.
Sternanis ähnelt in Geruch und Geschmack dem Anis, ist aber gar nicht mit ihm verwandt. Das süßlich-würzige Aroma des Sternanis ist feuriger, schwerer und deutlich aromatischer. Sternanis wächst an einem immergrünen Baum, der einer Zypresse gleicht und vor allem in Südostasien angebaut wird. Die sternförmigen Sammelfrüchte werden samt den enthaltenen Samen unreif geerntet und an der Sonne getrocknet. Sternanis ist ganz oder gemahlen im Angebot.
Verwendung: Anis ist seit jeher das typische Gewürz für Brot und Backwaren und in der Weihnachtsbäckerei unentbehrlich. Er passt zudem gut zu Kompotten, Desserts und Kuchen und – sparsam eingesetzt – zu Fleisch- und Gemüsegerichten. Auch Sternanis würzt Plätzchen, Pflaumen- und Apfelkompott oder Obstsuppen. Kenner verwenden ihn gern für Grog oder schwarzen Tee, denn Sternanis verleiht den Getränken ein ganz besonderes Aroma.
Wirkung: Anis ist appetitanregend, verdauungsfördernd und beruhigend bei Schlaflosigkeit und Nervosität.

Cayennepfeffer (Chili, Chilipfeffer)

Das schärfste aller Gewürze ist mit Pfeffer gar nicht verwandt, wohl aber mit Paprika. Cayennepfeffer wird aus kleinen gelben oder roten Chilischoten hergestellt. Sie wachsen in Südamerika und anderen heißen Zonen der Erde an krautigen Halbsträuchern, werden getrocknet und zu Pulver verarbeitet. Auch ganze Chilischoten sind im Handel – frisch und getrocknet. Das rote Gewürz besitzt keinen spezifischen Eigengeschmack, sondern sorgt lediglich für Schärfe.
Verwendung: Unverzichtbar ist Cayennepfeffer in allen südamerikanischen, indischen, spanischen und chinesischen Gerichten, die scharf sein müssen. In der deutschen Küche dosiert man ihn vorsichtiger. Verwendet wird Cayennepfeffer für Gulasch, Schmorbraten, scharfe Grillsaucen, Paprika- und Eiergerichte und deftige Suppen. Das Pulver gibt man an die fertigen Speisen, ganze Chilis dürfen mitkochen und werden entfernt sobald das Gericht scharf genug ist.
Wirkung: Cayennepfeffer soll den Blutkreislauf anregen, Erkältungen vorbeugen und bei Magenbeschwerden Linderung verschaffen.

Chili- und Peperonischoten

Frische Chilischoten in Grün, Orange oder Rot sind feurig scharf und werden auch eingelegt angeboten. Getrocknete Chilischoten brennen wie die Hölle und müssen sehr vorsichtig dosiert werden. Größer, fleischiger, saftiger und ebenfalls scharf, aber deutlich milder als Chilischoten sind Peperoni bzw. Pfefferschoten. Auch Peperoni gibt es eingelegt in unterschiedlichen Schärfegraden.
Verwendung: Chilischoten sind das Gewürz der südamerikanischen, indischen und asiatischen Küche, Peperoni das der mediterranen Gerichte. Was wären Pizza, Pasta und Geschmortes ohne Peperoni? Zum Zerkleinern getrockneter Chilischoten eignet sich eine Mühle. Frischer Chili und Peperoni werden in feine Ringe geschnitten und den Speisen zugegeben. Wer's weniger „heiß" mag, schlitzt die Schoten längs auf und kratzt die Kernchen heraus, denn sie enthalten am meisten Schärfe. Doch Vorsicht – die Schärfe haftet an den Händen. Es brennt höllisch, wenn man sich zufällig an den Mund, die Nase oder gar an die Augen fasst.
Wirkung: Die scharfen Schoten fördern die Durchblutung, wirken antibakteriell und infektionshemmend.

KRÄUTER & GEWÜRZE

Kümmel

Kardamom

Kreuzkümmel

Gewürzpaprika

Gewürzpaprika

Wie die Chilipflanze, so stammt auch die Paprikapflanze aus Südamerika. Heute gilt Ungarn als „Hochburg" des Anbaus, denn schließlich ist Paprika das ungarische Nationalgewürz.

Die roten, spitz zulaufenden Früchte der Paprikapflanze enthalten den brennend scharfen Stoff Capsaicin, der vorwiegend in den Samen und Scheidewänden sitzt. Die Schoten werden an der Luft getrocknet und anschließend gemahlen. Die Schärfe des Pulvers lässt sich steuern, indem mehr oder weniger Scheidewände und Samen verarbeitet werden. Für Gewürzpaprika gibt es fünf Schärfegrade:

- Delikatesspaprika = sehr mild, fein aromatisch, färbt Speisen feurig rot;
- Edelsüßpaprika = mild, kräftig rot;
- Halbsüßpaprika = mittelscharf, kräftig rot;
- Rosenpaprika = scharf, färbt Speisen intensiv rot.
- Scharfpaprika = beißend scharf (bietet der Lebensmittelhandel hierzulande nicht an).

Verwendung: Paprika würzt Gulasch, Schnitzel, Reisgerichte, Kartoffeln, pikante Nudelsaucen, Gemüse, Geflügel, fette Braten und Käse und noch vieles mehr. Paprika sollte nicht in siedendes Fett gegeben werden, sonst entwickelt sich ein bitteres Aroma. Am besten ist es, die Speisen erst kurz vor Ende der Garzeit bei reduzierter Hitze zu würzen.

Wirkung: Paprika regt den Appetit und die Darmtätigkeit an.

Kardamom

Nach Safran und Vanille ist Kardamom das teuerste Gewürz. Produziert wird es weltweit in den Tropen, das Gros der Welternte stammt jedoch aus Indien. Gleichmäßige Temperaturen, Feuchtigkeit und Schatten lassen die Waldpflanze gedeihen. Sie bildet schilfähnliche zwei bis drei Meter hohe Blatttriebe und daneben ca. 60 cm hohe Blütentriebe. Die Samenkapseln müssen geerntet werden, bevor sie vollreif sind. Andernfalls platzen sie beim anschließenden Trocknen auf. In den jeweils drei Fächern der Kapseln liegen lediglich fünf bis acht schwarzbraune Samen, die zu Pulver vermahlen werden. Kardamom duftet intensiv aromatisch und schmeckt feurig-würzig.

Verwendung: Kardamom kommt in der deutschen Küche – abgesehen von der Weihnachtsbäckerei selten zum Einsatz, verleiht jedoch vielen Speisen einen besonderen Pfiff: beispielsweise Gulasch, Schweine-, Kalb- und Hammelbraten, Lebergerichten, Fischen und Krustentieren, Spargel, Schmorgurken, Kompotten und Puddings. Unbedingt erforderlich ist das Gewürz für viele indische und asiatische Gerichte. Kaffee mit einer Prise Kardamom ist in arabischen Ländern eine Spezialität.

Wirkung: Kardamom soll magenstärkend wirken und Blähungen vertreiben.

Kreuzkümmel (Cumin)

Wie der Kümmel, so gehört auch der Kreuzkümmel zur Familie der Doldenblütler. Die Pflanze ist einjährig und bildet 5 bis 6 mm lange Samen, die aussehen wie Kümmelkörner. Doch der Geschmack ist grundverschieden. Kreuzkümmel schmeckt frisch, intensiv würzig, etwas bitter und leicht scharf. Er gilt als ausgesprochenes Mischgewürz, das mit allen anderen exotischen Gewürzen harmoniert. Kreuzkümmel ist beispielsweise Bestandteil vieler Curry-Mischungen. Die deutschen Verbraucher sind gerade dabei, das Gewürz zu entdecken.

Verwendung: Wichtig ist Kreuzkümmel für indische, arabische, türkische und lateinamerikanische Gerichte. Generell passt das Gewürz gut zu Lamm-, Hühner- und Putenfleisch sowie Gerichten aus Hülsenfrüchten. Wegen seines charakteristischen Geschmacks sollte man Kreuzkümmel vorsichtig dosieren.

Wirkung: Kreuzkümmel gilt als magenstärkend und verdauungsfördernd.

Muskatnuss gemahlen

Ganze Muskatnüsse

Kümmel

Wahrscheinlich ist er das älteste Gewürz Europas, denn hier wurde Kümmel schon 3000 Jahre vor unserer Zeitrechnung benutzt. Das brachten archäologische Ausgrabungen von neolithischen Pfahlbauten zu Tage. Kümmelkraut gedeiht überall und liefert seine Spaltfrüchte als Gewürz. Sie enthalten ein starkes ätherisches Öl und schmecken herzhaft aromatisch mit einem leicht herben Unterton. Kümmel gibt es als ganze Körner und gemahlen.

Verwendung: Brot und Backwaren werden mit Kümmel ebenso gewürzt wie Kohlgerichte, Kartoffeln, fette Fleischspeisen, Wurst und Käsezubereitungen. Ganze Kümmelkörner sollte man erst direkt vor der Verwendung zerstoßen.

Wirkung: Kümmel fördert zuerst den Appetit und dann die Verdauung, indem er vor allem fette Gerichte bekömmlicher macht.

Muskatnuss

Schon im 6. Jahrhundert besaßen arabische Seefahrer gute Handelskontakte nach Indien und dem Fernen Osten, kauften Gewürze und unter anderem auch Muskat ein und brachten die begehrte Ware nach Europa. Aber erst als die Portugiesen 1512 die Gewürzinseln entdeckten, kam der Handel mit Muskatnüssen richtig in Schwung. Zuerst hielten die Portugiesen, dann die Holländer das Monopol auf den Verkauf und erzielten horrende Preise. Doch 1770 gelang es Franzosen, einige Samen des Muskatnussbaumes zu entführen und auf der Insel Réunion östlich von Madagaskar zu pflanzen.

Ursprünglich stammt der bis zu 15 m hohe immergrüne Muskatnussbaum von den Molukken, heute wird er vor allem in Westindien, Indonesien, in Brasilien sowie auf Madagaskar und Mauritius gepflanzt. Ein einziger Baum liefert im Jahr über 2000 Früchte. Dabei handelt es sich botanisch gesehen um einsamige Beeren mit etwa 5 cm Durchmesser. Unter dem Fruchtfleisch liegt ein karminroter Samenmantel, der eine steinige Samenschale umhüllt. Sie enthält den Samenkern, den wir getrocknet als Muskatnuss kennen. Zum Schutz vor Ungeziefer werden Muskatnüsse meist in Kalkmilch getaucht. Dies verrät eine weißliche Oberfläche, während naturbelassene Muskatnüsse dunkelbraun sind. Der getrocknete Samenmantel kommt unter der Bezeichnung „Muskatblüte" oder „Macis" in den Handel.

Muskatnüsse schmecken feurig süß mit stark aromatischer Schärfe und einer leichten Bitternote. Muskatblüten sind feiner und milder im Geschmack. Nüsse und Blüten gibt es ganz oder gemahlen, wobei das geriebene Gewürz schnell Aroma verliert.

Verwendung: Muskat ist dank seiner hohen Würzkraft ein typisches Prisen-Gewürz, das man den Speisen sparsam zugibt. Am besten, man reibt die Nuss kurz vor Beendigung der Garzeit direkt in die Gerichte. Fast alles gewinnt durch Muskatnuss: Gemüse, Kartoffelbrei, Reis, Nudeln, Fleisch- und Geflügelbrühen, helle Saucen, Frikassees, Hackfleischgerichte usw. Selbst Süßes wie Desserts, Milchmixgetränke und natürlich Weihnachtsplätzchen macht Muskat noch leckerer. Muskatblüten sind den feinen Gerichten vorbehalten – beispielsweise Bouillons, Krustentieren, Salaten und Pastetenfüllungen.

Wirkung: Muskatnuss hilft bei Blähungen und stärkt den Magen. Doch Vorsicht – Dosen von mehr als fünf bis zehn Gramm wirken giftig.

KRÄUTER & GEWÜRZE

Frischer grüner Pfeffer

Weißer Pfeffer

Grüner Pfeffer

Schwarzer Pfeffer

Pfefferbeeren Rosa

Pfeffer

„Geh hin, wo der Pfeffer wächst", sagt man zu Zeitgenossen, die man sich weit weg wünscht. Und tatsächlich wächst Pfeffer sehr weit weg – nämlich in tropischen Ländern wie beispielsweise Indien, Malaysia, Indonesien, Sri Lanka, Thailand, Madagaskar oder Brasilien. Pfeffer ist eines der ältesten Gewürze und diente bis ins Mittelalter auch als Zahlungsmittel und Wertanlage. Die Gewürzhändler verlangten „gepfefferte Preise" und erwarben sich großen Reichtum, weshalb man sie „Pfeffersäcke" nannte.

Pfeffer ist ein Rankgewächs, das an langen Holzstangen oder dünnen Bäumen gepflanzt wird und bis zu 10 m hoch klettert. Die in Rispen wachsenden Steinfrüchte der Pflanze kommen als Pfefferkörner auf den Markt. Die verschiedenen Pfeffersorten stammen alle vom selben Strauch und ergeben sich lediglich durch unterschiedliche Erntezeitpunkte.

- *Grüner Pfeffer*: Die Körner werden unreif geerntet und anschließend sofort in Salz- oder Essiglake eingelegt. Auch Gefriertrocknung ist möglich. Grüner Pfeffer schmeckt intensiv aromatisch.
- *Schwarzer Pfeffer*: Die unreif geernteten grünen Beeren werden in der Sonne getrocknet. Das macht sie schwarz und runzelig. Schwarzer Pfeffer schmeckt brennend-scharf. Er wird in ganzen Körnern und gemahlen angeboten.
- *Weißer Pfeffer*: Man lässt die Beerenfrüchte voll ausreifen. Sie werden nach der Ernte etwa eine Woche lang gewässert und anschließend vom Fruchtfleisch befreit. Die gewaschenen Samen trocknen in der Sonne und nehmen dabei ihre hellbeige Farbe an. Weißer Pfeffer schmeckt scharf-aromatisch und kommt in ganzen Körnern und gemahlen in den Handel.
- *Roter Pfeffer*: Voll ausgereifte rote Beeren werden zur Vermeidung der Fermentation sofort nach der Ernte in Lake eingelegt. Der Geschmack ist schärfer als bei grünem Pfeffer.
- *Bunter Pfeffer*: Schwarze, weiße und rosa Pfefferkörner werden gemischt und in der Pfeffermühle gemeinsam frisch gemahlen. So ergibt sich ein runder, sehr aromatischer Geschmack mit dezenter Schärfe.

Neben den Pfeffersorten in drei Farben gibt es Pfefferarten, die bei uns noch wenig bekannt sind:

- *Langer Pfeffer* ist ein tropischer Kletterstrauch, der etwa 3 cm lange Zapfen mit dicht an dicht sitzenden Körnern bildet. Sie werden durchs Trocknen hellbraun und sind so scharf wie schwarzer Pfeffer. Gleichzeitig haben sie einen zuckrigen, leicht säuerlichen Geschmack.
- *Rosa Pfeffer* ist eigentlich gar keine Pfefferart, denn er stammt von einem südamerikanischen Baum. Die nicht ganz reifen Beeren werden rosarot geerntet und verarbeitet wie echter Pfeffer. Sie schmecken nur leicht scharf, etwas süßlich und aromatisch-würzig. Große Mengen allerdings sind giftig.

Verwendung: Mit Ausnahme von Süßspeisen gibt es eigentlich kein Gericht, zu dem Pfeffer nicht passen würde. Helle Gerichte würzt man meist mit weißem Pfeffer, herzhafte Speisen mit schwarzem Pfeffer. Ganze Körner werden mitgekocht, mit gemahlenem oder zerstoßenem Pfeffer wird ganz zum Schluss gewürzt. Grüner und roter Pfeffer macht sich gut in Salaten, Eiergerichten oder Tatar und gibt Kurzgebratenem den richtigen Pfiff. Langer Pfeffer ist ideal für Wildgerichte. Rosa Pfeffer ist relativ weich und kann nicht mit der Pfeffermühle, sondern nur mit einer speziellen Gewürzmühle gemahlen werden. Man verwendet ihn aber meist als ganze Körner – zum Beispiel für Salate und Fischgerichte.

Wirkung: Pfeffer regt den Appetit an, fördert die Verdauung, und seine Schärfe wärmt den Körper.

Piment

Man nennt dieses Gewürz auch „Nelkenpfeffer", „Allgewürz" oder „Jamaikapfeffer". Es stammt vom Nelkenpfefferbaum aus der Familie der Myrtengewächse, der in den Tropen gedeiht und um die neun Meter hoch wird. Aus den weißen Blüten bilden sich Beeren, die grün geerntet werden. Nach dem Trocknen sehen sie aus wie große, braune und etwas runzelige Pfefferkörner und heißen Piment. In diesem Gewürz vereint sich die Schärfe des Pfeffers mit dem Aroma von Nelken, Zimt und Muskat. Angeboten wird Piment in ganzen Körnern und gemahlen.

Verwendung: Eine markante Note verleiht Piment beispielsweise Suppen, Fleischbrühen, dunklen Saucen, Ragouts, Hackfleisch- und Kohlgerichten, eingelegtem Gemüse, Marinaden oder Fischsud. Auch bei der Weihnachtsbäckerei ist Piment mit von der Partie.

Wirkung: Piment ist magenfreundlich und soll Blähungen mindern.

Senfkörner

Die Senfpflanze ist ein krautiges Gewächs, das heute in ganz Europa und Nordamerika angebaut wird. In länglichen Schoten reifen je nach Sorte weiße bis gelbe oder braune bis schwarze Körner heran. Sie enthalten viel Eiweiß und Öl, das in manchen Ländern zu Speiseöl verarbeitet wird. Der „weiße Senf" hat eine angenehme, aromatische Schärfe, während der „schwarze Senf" sehr viel schärfer und brennender ist. Aus gemahlenen Senfkörnern wird Speisesenf hergestellt.

Verwendung: Senfkörner braucht man vor allem zum Einlegen von Gurken, Kürbissen, Mixed Pickles, grünen Tomaten und Kohl, aber auch für Marinaden und Beizen sowie zum Würzen von Sülzen, sonstigen Aspikgerichten und pikanten Saucen. Die Senfkörner können ganz oder zerstoßen verwendet werden.

Wirkung: Ganze Senfkörner geben Senföl an den Magen ab und können dadurch eine überhöhte Säureproduktion dämpfen.

Sesam

„Sesam öffne dich", befahl Ali Baba, und die Schatzkammer tat sich auf. Der Zauberspruch aus dem orientalischen Märchen ist der Realität abgeschaut. Denn einst warteten die Araber ungeduldig darauf, dass sich die reifen Sesam-Fruchtkapseln nach der Ernte endlich öffneten und die Samen verarbeitet werden konnten.

Sesam gedeiht in den heißen Zonen der Erde und wird unter anderem im südlichen Indien, in Afrika und Mittelamerika angebaut. Das einjährige Kraut entwickelt hübsche rosa Blüten, die aussehen wie Glockenblumen. Die Samen der Pflanze sind weiß, gelb, braun oder schwarz und haben einen angenehmen Nuss-Geschmack, der sich bei mäßigem Rösten erst richtig entwickelt.

Sesamsamen bestehen bis zu 60 % aus hochwertigem Öl. Es ist frei von Geruch und Geschmack, wird selbst in der Tropenhitze nicht ranzig und lässt sich zu Speiseöl ebenso verarbeiten wie zu Seife oder Maschinenschmiere. In China nutzt man die Tatsache, dass Sesamöl mit rußender Flamme brennt: Aus diesem Ruß wird Tinte hergestellt, mit der sich die Schriftzeichen malen lassen.

Verwendung: In der indischen und asiatischen Küche wird seit jeher mit Sesamsamen gewürzt. Bei uns ist Sesam eine beliebte Zutat für vegetarische Gerichte. Leicht geröstete Samen verfeinern beispielsweise Salate, Joghurt und Obstsalate. Hauptsächlich aber werden Brot und Brötchen mit Sesam gewürzt.

Wirkung: Es heißt, Sesam mache einen flachen Bauch. Die Samen verhindern nämlich, dass Speisen im Magen gären und blähen. Auch soll Sesam vor Schläfrigkeit schützen.

KRÄUTER & GEWÜRZE

Wacholderbeeren

Vanilleschote

Vanille

Vanilleschoten sind die Früchte einer tropischen Kletterorchidee, die an Bäumen und Pfählen emporrankt. Ihre Urheimat ist Mexiko, wo schon die Azteken unter anderem ihr berühmtes Schokoladengetränk („chocolatl") mit Vanille aromatisierten. Als die Spanier 1519 Mexiko eroberten, brachten sie das feine Gewürz nach Europa, behielten aber Anbau und Handel für 300 Jahre fest in der Hand. Schösslinge aus Mexiko auszuführen, war bei Todesstrafe untersagt. Holländer und Franzosen wagten es trotzdem und zogen prächtige Orchideen, doch sie trugen keine Früchte. Erst um 1864 gelang der Anbau auf der französischen Insel Bourbon (heute Réunion). Man hatte erkannt, dass es die zur Befruchtung der Blüten notwendigen Insekten nur in Mexiko gibt, und löste das Problem durch künstliche Bestäubung. Jetzt konnte Vanille endlich in anderen tropischen Ländern kultiviert und bedeutend billiger angeboten werden. Heute sind Madagaskar und Réunion die wichtigsten Produzenten.

Die junge Vanillepflanze braucht vier Jahre, bis sie endlich Früchte trägt. Sie blüht einige Wochen, doch jede Blüte öffnet sich nur ein Mal für wenige Stunden am Vormittag und muss dann künstlich bestäubt werden. Mit einem Bambusstäbchen schafft ein Plantagenarbeiter in der kurzen Zeit etwa 1000 Blüten. Ein halbes Jahr später sind die Vanilleschoten kurz vor der Reife. Noch grün müssen sie geerntet werden, damit sie nicht aufplatzen.

Den einmaligen Duft, das typische Aroma und ihr endgültiges Aussehen bekommen die Schoten erst durch eine spezielle Art der Aufbereitung. Sie werden in heißes Wasser getaucht, in Tücher gehüllt, in der Sonne zum Schwitzen gebracht und anschließend getrocknet. Diese Behandlung bewirkt eine Gärung (Fermentation), wodurch die Schoten viel Gewicht verlieren und sich in schwarzbraune, fettig glänzende, biegsame Vanillestangen verwandeln. Sie sind 10 bis 20 cm lang und sehen auf Grund abgesonderter Vanillekristalle oft aus wie bereift. Hochwertige Ware wird in dicht verschlossenen Glasröhrchen auf den Markt gebracht.

Vanillestangen enthalten als wichtigsten Aromastoff das Vanillin, das sich heute auch künstlich herstellen lässt. Der Grundstoff stammt jedoch nicht aus der Vanilleschote, sondern ist das aus dem Gewürznelkenöl gewonnene Eugenol. Allerdings kann Vanillin echte Vanille nicht ersetzen, denn deren Geschmack entsteht durch eine Komposition verschiedener Aromastoffe. Die beste Qualität verspricht die Bourbon-Vanille aus Madagaskar, von Réunion und den Komoren im Indischen Ozean. Vergleichbar ist die Vanille aus Mexiko, die aber mehr Süße enthält.

Verwendung: In erster Linie kommt Vanille bei süßen Speisen zum Einsatz. Sie verfeinert Puddings, Fruchtsuppen und -saucen, Schlagsahne, Quark und Joghurt, Kompotte, Marmeladen, Kuchen, Tortenfüllungen, Kekse, Schokoladengetränke und vieles mehr. Weniger bekannt ist, dass Vanille auch Fleisch-, Fisch- und Gemüsegerichten eine exotische Note geben kann. Man schneidet die Vanilleschote der Länge nach auf und schabt Fruchtmark und Samen direkt in die Speisen. Die Schote kann kurz mitkochen und wird vor dem Servieren entfernt.

Wirkung: Der Duft von Vanille entspannt Körper und Seele. Ein echtes Wellness-Gewürz.

Wacholderbeeren

Der Wacholder ist ein zypressenartig wachsendes Nadelgehölz, das auf der ganzen nördlichen Erdhalbkugel gedeiht. Er ist seit jeher fest verwurzelt in abergläubischen und mythischen Vorstellungen. So hieß es einst, der Rauch von verbranntem Wacholderreisig schütze vor Pest, bösen Geistern und Hexen.

Die Früchte des Wacholders sind eigentlich keine Beeren, sondern kugelförmige Beerenzapfen. Im Juli des ersten Jahres kann man noch drei Schuppen erkennen, später nicht mehr. Die Wacholderbeeren bleiben über den Winter grün und hart. Erst im Sommer des folgenden Jahres werden sie fleischig und beim Reifen schwarzblau. Die Ernte erfolgt von Hand. Anschließend müssen die Wacholderbeeren an einem schattigen, luftigen Platz trocknen. Die kleinen Kugeln haben einen hohen Gehalt an ätherischen Ölen, Harzen, Bitter- und Gerbstoffen und Zucker. Daraus resultieren der harzige Geruch und der bitter-würzige, leicht süße Geschmack.

Verwendung: Wacholderbeeren kocht man ganz oder zerdrückt mit. Sie würzen alle Wildgerichte, Schweine- und Hammelfleisch, deftige Fleischragouts, Aufläufe, Fischmarinaden und natürlich Kohlgerichte, bei denen Wacholderbeeren den strengen Geruch und Geschmack mildern.

Wirkung: Wacholderbeeren tun Magen und Darm gut und sind harntreibend.

Wurzelstock- und Zwiebelgewürze

Ingwer

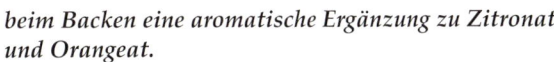

Knoblauch-Granulat

Knoblauch

Galgant
Seine Heimat liegt in Südostasien, heute wird Galgant vorwiegend in Thailand, Malaysia und Indonesien angebaut. Der zur Familie der Ingwergewächse zählenden Wurzel gehören verschiedene Unterarten an, von denen als Gewürzpflanze eigentlich nur der Thai-Ingwer eine Rolle spielt. Verwendet wird die gelbliche Wurzel, die ein unverzichtbarer Bestandteil in vielen thailändischen Gewürzpasten ist.

Ingwer
Die schilfartige Ingwerstaude gedeiht nur im gleichmäßig feuchtwarmen Klima der Tropen und wird bis zu zwei Meter hoch. Was wir als Ingwer kennen, ist im Boden verborgen: ein fleischiger Wurzelstock, der sich knorrig verzweigt. Der dickste Teil wird zu kandiertem Ingwer verarbeitet. Die kleineren Seitenwurzeln werden getrocknet und kommen ungeschält oder geschält, mit Kalkwasser gebleicht oder ungebleicht als Stücke in den Handel. Auch zu Pulver vermahlen ist Ingwer erhältlich.

China gilt als Ursprungsland des Ingwers und gehört nach wie vor zu den wichtigsten Produzenten. Viele andere tropische Länder haben sich ebenfalls auf Ingwer spezialisiert, und auch in Australien wird er in großem Umfang kultiviert. Chinesischer Ingwer schmeckt blumig und sehr exotisch und brennt lediglich leicht auf der Zungenspitze. Australischer Ingwer besitzt ein feines Zitronenaroma und enthält Scharfstoffe, die sich im gesamten Mund- und Rachenraum ausbreiten.

In der indischen, indonesischen und chinesischen Küche ist Ingwer ein alltägliches Gewürz. Der individuelle, sehr aromatische, scharfe Geschmack gibt einer Vielzahl von salzigen und süßen Gerichten eine fremdartig-pikante Note. Die Industrie verarbeitet Ingwer unter anderem zu Süßigkeiten, Konfitüre und Gebäck. Eine englische Spezialität sind „Ginger Ale" und „Ginger Beer". Und nicht zuletzt ist Ingwer ein Bestandteil des Curry.

Verwendung: Frischer Ingwer wird dünn geschält und fein gehackt oder geraspelt den Speisen zugegeben. Er passt beispielsweise gut in Reis-, Pilz-, Fisch- und Wildgerichte, würzt Nudel- und Fleischaufläufe, Suppen, Saucen, Marinaden, Spinat, Kürbis-, Karotten- und Lauchgemüse sowie eingelegte Gurken. Ingwerpulver eignet sich für Backwaren, Weihnachtsgebäck, Obstsalate und Getränke. Kandierter und eingelegter Ingwer ist eine Beilage zu Fleisch, Wild, Fisch und Geflügel. Gezuckerte Ingwerwürfel sind beim Backen eine aromatische Ergänzung zu Zitronat und Orangeat.

Wirkung: Ingwer ist appetitanregend und fördert die Verdauung. Auch bewährt sich Ingwerpulver bei Reisekrankheit, Wetterfühligkeit und Schwindelgefühlen. Seine Scharfstoffe unterstützen das Immunsystem. Dank der vielen ätherischen Öle soll Ingwer Schmerzen bei Migräne und Arthritis lindern sowie Übelkeit und Blähungen beheben.

Knoblauch
Er ist berühmt und berüchtigt. Mit seiner scharfen Würze, die selbst einem faden Gericht noch Geschmack verleiht, hat Knoblauch die Welt erobert. Die Knoblauchfahne nach dem Genuss allerdings kann der Grund für Ehedramen sein.

Knoblauchknollen gibt es im Handel frisch und getrocknet. Sie bestehen aus dicht an dicht sitzenden Zehen, von denen jede einzelne in ein Häutchen „verpackt" ist. Je nach Gericht genügt schon eine Zehe, um eine Speise zu würzen. Ein wesentlich dezenter schmeckender Ersatz sind gefriergetrocknete Knoblauchstückchen, die gemahlen werden. Und nicht zuletzt gibt es Knoblauch granuliert und als Pulver. Beides würzt intensiv, erreicht jedoch nicht das Aroma von frischen Zehen.

Verwendung: Knoblauchzehen entfalten ihren Geschmack erst dann so richtig, wenn man sie schält und den Speisen zerkleinert zugibt. Die Knoblauchpresse leistet hier gute Dienste. Man kann die Zehen aber auch fein hacken, wobei sich das Aroma durch die Zugabe von etwas Salz noch intensiver entwickelt. Verwenden lässt sich Knoblauch für nahezu alle Gerichte (mit Ausnahme von Süßspeisen), wobei die Dosierung im wahrsten Sinne des Wortes Geschmackssache ist. Gemahlener Knoblauch sowie Granulat und Pulver eignen sich gut zum Nachwürzen.

Wirkung: Knoblauch ist seit jeher als Heilmittel bekannt. Es hat sich bestätigt, dass er den Blutdruck senken, die Durchblutung fördern und die Verdauung anregen kann. Auch wirkt Knoblauch desinfizierend.

KRÄUTER & GEWÜRZE

Kurkuma

Kurkuma gemahlen

Kurkuma

Lieferant ist eine tropische Pflanze mit hohen, schilfähnlichen Blättern. Sie bildet wie der Ingwer knollige Wurzeln mit fingerartigen Verzweigungen. Bei der Ernte wiegt ein solches Rhizom bis zu 3 kg. Es wird zerteilt, gereinigt, überbrüht oder gekocht, an der Sonne getrocknet, geschält und für den europäischen Markt meist gemahlen. Getrocknete Stücke sind hierzulande eine Seltenheit.

Kurkuma hat einen erdig-bitteren, leicht pfeffrigen Geschmack, aber wenig Aroma. Stark vertreten ist jedoch der gelbe Farbstoff, denn nicht von ungefähr heißt Kurkuma auch „Gelbwurz".

Verwendung: Ähnlich wie Safran lässt sich auch Kurkuma zum Färben aller möglichen Lebensmittel verwenden – beispielsweise für Reis, Couscous, Paella, Dressings, Saucen, Rühreier, Mayonnaisen und Puddings. Auch kurzgebratenem Fleisch und gegrillten Hähnchen verleiht Kurkuma eine appetitliche Farbe.

Wirkung: Kurkuma regt die Magentätigkeit an und schützt unter anderem vor chronischen Entzündungen. In der indischen und chinesischen Medizin wird Kurkuma seit jeher als Heilmittel genutzt.

Rindengewürze

Zimt gemahlen

Zimtstangen

Zimt

Dieses Gewürz hat ein wahrhaft biblisches Alter, denn im Alten Testament wird es mehrfach erwähnt. Und wenn man dem Kräuterbuch eines chinesischen Kaisers glauben darf, wird Zimt in China schon seit über 5000 Jahren verwendet. In Mitteleuropa ist Zimt dagegen erst seit einigen hundert Jahren bekannt.

Der immergrüne Zimtbaum ist ein Lorbeergewächs und kommt in zahlreichen verschiedenen Arten vor. Aus seiner Rinde wird Zimt gewonnen, wobei Stangenzimt und gemahlener Zimt von unterschiedlichen Baumarten stammen.

Stangenzimt kommt fast ausschließlich aus Sri Lanka (ehemals Ceylon) und heißt „Ceylon-Canehl". Der Baum wird durch Beschneiden kurz gehalten und treibt dadurch meterlange, saftige Triebe. Sie werden geschnitten und so geschält, dass längs aufgeschnittene Rindenröhren entstehen. Von diesen entfernt man die äußere, bittere Borkenschicht und schiebt bis zu zehn Stück der glatten, weißen, dünnen Innenrinden ineinander. Auf gleiche Länge geschnitten trocknen die Zimtstangen im Schatten und nehmen dabei die für Canehl typische hellbraune Farbe an. Ceylon-Canehl schmeckt mild-süßlich und aromatisch.

Gemahlener Zimt wird aus der Rinde älterer chinesischer Zimtbäume hergestellt. Diese Rinde – man nennt sie „Cassia" – ist dicker als Canehlrinde. Sie wird nur unvollständig von der bitteren Borkenschicht befreit und nach dem Trocknen gemahlen. So entsteht rotbraunes bis dunkelbraunes Pulver. Es schmeckt kräftig-würzig und leicht herb-bitter. Häufig wird es mit Ceylon-Zimt veredelt.

Verwendung: Stangenzimt verfeinert alles, was gesüßt wird – Kompotte, Obstspeisen, Marmeladen, Punsch, süßsauer eingelegte Früchte usw. Auch passt er hervorragend zu Wildragouts und -saucen sowie indischen Curry-Gerichten. Gemahlener Zimt ist ideal für süße Reisgerichte, Obstsalate, Kuchen, Torten und Weihnachtsgebäck.

Wirkung: Zimt regt den Appetit an und unterstützt die Verdauung.

Curry

Gewürzmischungen

Kräuter und Gewürze sind vergleichbar mit einem Orchester: Jedes einzelne Gewürz ist für sich allein sehr gut, doch in nahezu jedem Gericht vereinen sich mehrere würzende Zutaten. Nur wenn alle perfekt miteinander harmonieren, entsteht jener runde Geschmack, der einer Speise den typischen Charakter verleiht. Die optimale Zusammenstellung und die richtige Gewichtung zu finden, erfordert Erfahrung und eine gewisse Fachkenntnis in Bezug auf Gewürze. All jenen, die beim Würzen eher unsicher sind, verhelfen fix und fertige Gewürzmischungen zum Erfolg. Einfacher geht's wirklich nicht.

Wissen sollte man, dass sich die Produkte prinzipiell unterscheiden: Reine Gewürzmischungen bestehen nur aus Gewürzen und Würzkräutern. Gewürzmischungen enthalten neben mindestens einem Gewürz und bestimmten Geschmack gebenden Zutaten auch Geschmacksverstärker und Trennmittel. An Gewürzsalzen ist Kochsalz zu mindestens 40 % beteiligt, Gewürze haben nur einen Anteil von etwa 15 %. Weitere Zutaten sind Gewürzzubereitungen und aminosäurehaltige Würzen.

Die Auswahl an Gewürzmischungen ist schwer zu überschauen, und ständig kommen neue Produkte vor allem aus dem Ethno-Food-Bereich dazu. Deshalb hier nur eine unvollständige Auswahl, wobei es sich bei den Inhaltsangaben lediglich um gängige Zusammenstellungen handelt. Doch hat jeder Hersteller letztendlich seine eigene Rezeptur.

Klassische Mischgewürze
Bratengewürz …
… ist ideal für gebratenes Fleisch aller Art.
Zusammensetzung: Curry, Knoblauch, Kümmel, Lorbeer, Majoran, weißer Pfeffer, Piment, Salbei, Zwiebel.

Brathendlgewürz …
… wird mit Öl verrührt und aufs Grillhähnchen gepinselt.
Zusammensetzung: Curry, Delikatesspaprika, Ingwer, Knoblauch, Rosenpaprika, Zwiebel.

Brotgewürz …
… ist für rustikale Brot- und Gebäckarten gedacht.
Zusammensetzung: Anis, Fenchel, Koriander, Kümmel.

Gewürz für Chili con Carne …
… wurde komponiert für den Tex-Mex-Eintopf aus Hackfleisch, roten Bohnen, Tomaten und Chili.
Zusammensetzung: Cayennepfeffer, Knoblauch, Kreuzkümmel, Lorbeer, Majoran, Oregano, Paprika, Salz, Thymian, Zucker, Zwiebel, außerdem Glutamat und Stärke.

Curry …
… ist eine Gewürzmischung, die je nach Sorte und Hersteller aus zehn oder auch 40 zu Pulver verarbeiteten Einzelgewürzen bestehen kann. Curry-Sorten unterscheiden sich in Schärfe, Aroma und in der Farbe. Die Tönung reicht von gelb über olivgelb-grünlich bis orangerot. Das charakteristische Gelb wird von Kurkuma bestimmt.
Grundsätzlich kommt Curry in zwei Varianten auf den Markt: Currygewürz enthält ausschließlich Gewürze. Currypowder besteht aus Gewürzen und Streckmitteln wie Hülsenfruchtmehl, Stärke, Dextrose und Kochsalz.
Curry schmeckt süßlich-scharf bis hin zu sehr scharf und riecht aromatisch. Das Gewürz passt zu exotischen Reisgerichten, allen Arten von Fleisch- und Geflügelragouts, Fisch und Meeresfrüchten, Eiergerichten, Salat- und Fondue-Saucen, Chutneys, Früchten und Nüssen.
Zusammensetzung von Currygewürz: Chili, Gewürznelken, Ingwer, Kardamom, Koriander, Kreuzkümmel, Kurkuma, Muskatblüte, Muskatnuss, Piment, schwarzer Pfeffer, Zimt.

„Curry" wird nicht nur die Gewürzmischung genannt. Auch fertige, mit Curry gewürzte Speisen beispielsweise aus Geflügel oder Fisch werden als „Geflügelcurry" oder „Fischcurry" bezeichnet.

> ### 👍 Tipps für Gewürze
> - Der geschätzte „Hauch von Knoblauch" beispielsweise an Salaten wird erzielt, indem man die Salatschüssel vor dem Befüllen mit einer Knoblauchzehe ausreibt.
> - Gewürze, die vor dem Servieren wieder aus den Speisen entfernt werden sollen, füllt man zum Mitkochen in ein Teeei.

KRÄUTER & GEWÜRZE

Chinesische Fünf-Gewürze-Mischung

Kräuter der Provence

Einmach-Gewürz …
… wird benötigt für alle eingelegten Gemüse wie beispielsweise Gurken, Mixed Pickles und Zwiebeln oder auch für eingelegte Heringe.
Zusammensetzung: Chili, Dillsaat, Gewürznelken, Ingwer, Koriander, Lorbeer, schwarzer Pfeffer, Piment, Senfkörner, Wacholderbeeren.

Fines Herbes …
… sind eine französische Kräutermischung, die helle Fleisch- und Fischgerichte, Omeletts, Salatsaucen, Quarkzubereitungen und vieles mehr würzt.
Zusammensetzung: Estragon, Kerbel, Petersilie, Schnittlauch.

Fischgewürz …
… ist ideal für gekochten und gedünsteten Fisch.
Zusammensetzung: Gewürznelken, Koriander, Lorbeerblätter, Oregano, Paprika, Piment, Suppengrün, Wacholderbeeren.

Glühweingewürz …
… enthält alles, was dem beliebten Heißgetränk Duft und Aroma verleiht.
Zusammensetzung: Fenchel, Gewürznelken, Orangenschalen, Stangenzimt, Sternanis, Zitronenschalen.

Gyrosgewürz …
… verleiht dem griechischen Fleischgericht vom Spieß den Geschmack nach Sommer und Urlaub.
Zusammensetzung: Knoblauch, Koriander, Kreuzkümmel, Majoran, Oregano, schwarzer Pfeffer, Thymian, Zwiebel.

Knoblauchpfeffer …
… würzt gegrilltes Fleisch und Steaks.
Zusammensetzung: Knoblauch, verschiedene grob geschrotete Pfeffersorten.

Kräuter der Provence …
… werden meist aus nur drei oder vier getrockneten Kräutern gemischt, es können jedoch auch mehr sein. Immer dabei sind Rosmarin und Thymian. „Herbes de Provence" passen zu gegrilltem Fleisch, Auberginen, Tomaten und anderem Gemüse oder Kartoffelgratin.
Zusammensetzung: Rosmarin und Thymian, außerdem können enthalten sein: Basilikum, Bohnenkraut, Estragon, Koriander, Lavendel, Lorbeer, Majoran, Muskat, Orangenschalen, Oregano, Salbei, Ysop.

Lebkuchengewürz …
… wird nicht nur für Lebkuchen, sondern auch für Spekulatius und Printen verwendet. Auch Pflaumenmus lässt sich damit verfeinern.
Zusammensetzung: Anis, Gewürznelken, Ingwer, Kardamom, Muskatnuss, Muskatblüte, Piment, Sternanis, Zimt.

Pikantes Pfeffergewürz …
… gibt Fleisch-, Geflügel-, Fisch- und Gemüsegerichten sowie Saucen und Salatdressings den letzten Pfiff.
Zusammensetzung: Muskatblüte, Paprika, schwarzer Pfeffer, Schwarzkümmel, Zucker, Zwiebel.

Pizzagewürz …
… ist unverzichtbar bei Pizza, Tomatengerichten und mediterranen Saucen.
Zusammensetzung: Knoblauch, Muskatnuss, Oregano, grüne Paprikaschote, Petersilie, schwarzer Pfeffer, Rosmarin, Zwiebel.

Pommes-frites- und Bratkartoffel-Gewürzsalz …
… passt ebenfalls gut zu Rösti und Kartoffelpuffern.
Zusammensetzung: Knoblauch, Muskatblüte, Paprika, Pfeffer, Salz, Zwiebel, außerdem Glutamat.

Sauerbraten-Gewürz …
… ist auch für Wildgerichte geeignet.
Zusammensetzung: Gewürznelken, Ingwer, Koriander, Lorbeer, Muskatblüte, Paprikaflocken, schwarzer Pfeffer, Piment, Suppengewürz, Thymian, Wacholderbeeren, Zwiebel.

Umstrittenes Glutamat

Das weiße Pulver wird industriell durch Fermentation aus Melasse (Rückstand bei der Zuckerproduktion) gewonnen. Glutamat selbst ist eine Aminosäure, schmeckt leicht salzig und besitzt die Fähigkeit, den Eigengeschmack von Lebensmitteln bzw. Speisen zu intensivieren.
Der Gesetzgeber erlaubt bei der Herstellung von Lebensmitteln pro Kilogramm einen Glutamat-Zusatz von bis zu zehn Gramm. In der Zutatenliste muss ein Hinweis auf E 620 bis E 625 oder den Geschmacksverstärker Glutamat bzw. dessen Salze erfolgen. Für Gewürzmischungen allerdings gibt es keine Begrenzung, und so weiß man im Endeffekt nicht genau, wie viel Glutamat ein Fertigprodukt tatsächlich enthält.
In der asiatischen Küche wird traditionell besonders stark mit Glutamat gewürzt, was bei empfindlichen Menschen das sogenannte „Chinarestaurant-Syndrom" auslösen kann. Typisch dafür sind Symptome wie Kopfschmerzen, Übelkeit, Herzklopfen und Schwächegefühl. Auch starker Durst nach einem Restaurant-Besuch kann auf einen zu hohen Glutamat-Konsum hinweisen.

Virginia-Steakgewürz

Tomaten-Gewürzsalz …

… macht Tomatengerichte, frische Tomaten, Gurken und Salate noch schmackhafter.
Zusammensetzung: Knoblauch, Muskatblüte, Petersilie, Pfeffer, Salz, Zwiebel, außerdem Geschmacksverstärker und kolloide Kieselsäure als Trennmittel.

Virginia-Steakgewürz …

… wird mit Öl verrührt und würzt kurzgebratenes Fleisch.
Zusammensetzung: Edelsüß-Paprika, Knoblauch, Koriander, Liebstöckel, Muskatblüte, rote Paprikaflocken, Pfeffer, Piment, Sellerie, Zwiebel, außerdem kolloide Kieselsäure als Trennmittel.

Wild-Gewürzmischung …

… verwendet man für Beizen, Wild- und Fischgerichte.
Zusammensetzung: Basilikum, Cayennepfeffer, Kerbel, Koriander, Liebstöckel, Lorbeer, Muskatnuss, Oregano, Piment, Rosmarin, Sellerie, Steinpilze, Thymian, Wacholderbeeren, Zwiebel.

Zitronen- und Orangenpfeffer …

… gibt Wildgerichten und Hühnerfrikassee den letzten Pfiff.
Zusammensetzung: verschiedene Pfeffersorten, Orangen- und Zitronenschalen, Zucker.

Exotische Gewürzmischungen

Cajun-Gewürz …

… ist richtig scharf und passt zu Gerichten aus der amerikanischen Südstaatenküche.
Zusammensetzung: verschiedene Chili-Sorten, Knoblauch, Oregano, Pfeffer, Thymian, Zwiebel.

Chinesische Fünf-Gewürze-Mischung …

… sorgt für ein süßscharfes Aroma und passt zu Fleisch- und Geflügelgerichten, Marinaden und Beizen.
Zusammensetzung: Fenchel, Gewürznelken, Sternanis, Szechuan-Pfeffer, Zimt und oft auch Ingwer, Kardamom und Süßholzwurzel.

Garam Masala …

… ist eine indische Mischung, deren Zutaten im Original individuell den Speisen angepasst werden. Das Gewürz verwendet man zu Fleisch- und Gemüsegerichten der indischen und orientalischen Küche.
Zusammensetzung: Anis, Bockshornkleesaat, Cassia, Gewürznelken, Ingwer, Kardamom, Knoblauch, Koriander, Kreuzkümmel, Kümmel, Macis, schwarzer Pfeffer, Senfkörner, Zimt, eventuell Chili.

Ras el Hanout …

… ist eine marokkanische Gewürzmischung, die übersetzt „Chef des Ladens" heißt. Sie wird verwendet für Reis, Couscous und Fleischgerichte aus der nordafrikanischen Küche.
Zusammensetzung: Fenchel, Galgant, Gewürznelken, Ingwer, Kardamom, Koriander, Kreuzkümmel, Kubebenpfeffer*, Langpfeffer, Lorbeerblätter, Mönchspfeffer, Muskatnuss, Pfeffer, Schwarzkümmel, Zimt.

*bitterscharfer Pfeffer aus Südostasien

Satay-Gewürz …

… gibt asiatischen Fleisch- und Geflügelgerichten, Fleischspießen, Saucen und Marinaden eine exotische Note.
Zusammensetzung: Chili, Fenchel, Ingwer, Knoblauch, Koriander, Kreuzkümmel, Kurkuma, Muskatnuss, Paprika, Petersilie, Piment, Pilze, Pfeffer, Porree, Senfkörner, Sternanis, Tomate, Zimt, Zitronengras, Zwiebel, außerdem Glutamat, gekochte Hefebrühe, Steinsalz, Traubenzucker.

 Was ist was?

Bouquet garni:
Kräutersträußchen meist aus Petersilie, Thymian und Lorbeerblatt, eventuell ergänzt durch weitere Kräuter und Gemüseteile. Das Bouquet garni wird mit einem Faden zusammengebunden und zum Würzen in Suppen und Saucen gelegt.

Beize:
Saure Flüssigkeit, in die Fleisch oder Fisch eingelegt werden. Die Beize verleiht Geschmack, macht das Fleisch zart und konserviert. Für die Beize eignen sich unter anderem Essig, Rot- und Weißwein, Zitronensaft, Butter- und Sauermilch. Durch die Beigabe von Kräutern und Gewürzen werden unterschiedliche Geschmacksrichtungen erzielt.

Dip:
Dickflüssige, würzige Sauce, in die man Brotstücke, Cracker, gebratenes Fleisch oder Gemüsesticks kurz eintaucht und dann isst. Ein Dip basiert meist auf Joghurt, Quark, Crème fraîche oder Sahne, vermischt mit Gewürzen und Kräutern.

Dressing:
Salatsauce, die auf Essig und Öl oder auch auf Joghurt und Crème fraîche basiert und mit Gewürzen und Kräutern verfeinert wird.

Marinade: siehe Beize

Remoulade:
Mayonnaise mit Kräutern.

Vinaigrette:
Salatsauce aus Öl, Essig oder Zitronensaft sowie verschiedenen Gewürzen und Kräutern. Die Vinaigrette muss mindes-tens eine halbe Stunde stehen, damit sich die Aromen der Zutaten verbinden können. Vor dem Servieren wird die Sauce nochmals durchgeschlagen.

KRÄUTER & GEWÜRZE

Kochsalz

Salz

Steinsalz

Einst war Salz fast so wertvoll wie Gold und wurde sogar anstelle von Geld akzeptiert. Zu römischer Zeit erhielten Soldaten und Beamte, die entfernte Provinzen bereisten, als Gehalt eine Portion „salarium", also Salz. Nicht etwa zum Gebrauch in der Küche, sondern bei Bedarf zum Einwechseln gegen Bares. Daran erinnert noch der bei uns inzwischen antiquierte Begriff „Salär" für Lohn.

Geschenk der Natur

Heute ist Salz im Überfluss vorhanden und somit etwas ganz Alltägliches. Es steht in dreierlei Arten aus unterschiedlichem Ursprung zur Verfügung.

Steinsalz

Eingebettet im Gestein liegt das Steinsalz. Es wird bergmännisch abgebaut, dann grob gebrochen und gemahlen. Nach dem Entfernen unerwünschter Nebenbestandteile liegt die Reinheit von Steinsalz zwischen 98 und 99,5 %. Allerdings zieht Steinsalz leicht Feuchtigkeit an und rieselt wegen seiner kantigen Körnchen vergleichsweise schlecht. Für die Salzmühle ist es gut geeignet.

Von sich reden macht ein Steinsalz unter der Bezeichnung „Himalaja-Salz". Es soll angeblich ein Heilmittel gegen alle möglichen Zivilisationskrankheiten sein. Das rosafarbene Salz kommt in Brocken oder gemahlen auf den Markt und wird teuer verkauft. Allerdings stammt es meist gar nicht aus dem Himalaja, sondern aus der zweitgrößten Salzmine der Welt in Pakistan. Eine gesundheitliche Wirkung ist nach wie vor umstritten.

Meersalz

Durch Verdunstung von Meerwasser, in natürlichen oder künstlich angelegten Becken, entsteht Meersalz. In Südfrankreich beispielsweise, wo das Meer besonders salzhaltig ist, gewinnt man aus 1000 l Wasser etwa 23 kg Salz. Es erreicht nach dem Auswaschen eine Reinheit von 98 bis 99,8 %.

In der Bretagne wird eine der hochwertigsten Salzsorten erzeugt, das *Sel de Guérande*. Es ist naturbelassen, grob und grau, aber reich an Mineralstoffen und Spurenelementen. Für die Gewinnung leitet man Wasser aus dem Atlantik in etwa 60 cm tiefe Becken und lässt es langsam verdunsten. Dabei bilden sich Salzkristalle, die von Hand abgeschöpft und anschließend getrocknet werden.

Das teuerste Salz – es kostet 20 Euro und mehr pro Kilo – ist *Fleur de Sel* („Blume des Salzes") ebenfalls aus Frankreich. Mineralien und eine spezielle Algenart machen es zur hochwertigsten Salzsorte. Es ist weiß oder leicht rosa verfärbt, immer grob kristallin und hat einen fein-aromatischen, eher zurückhaltend salzigen Geschmack, der beim Kochen untergeht. Deshalb ist dieses Salz zum Kochen zu schade. Man verwendet es, um Speisen am Tisch nachzuwürzen. Allerdings ist es für den Salzstreuer zu grob und für die Salzmühle zu fein. Deshalb wird Fleur de Sel am besten in einem Mörser zerstoßen.

Siedesalz (Salz aus Sole)

Kochsalz (auch Siedesalz genannt) wird durch das Verdampfen von salzhaltigem Wasser (Sole) gewonnen. Was übrig bleibt, ist Speisesalz von höchster Reinheit (99,9 %).

Die Sole-Vorkommen sind schon vor etwa 250 Mio. Jahren entstanden, als Mitteleuropa noch von Meer bedeckt war. Als sich an bestimmten Stellen vor dem Festland die Erde hob, bildeten sich riesige Becken (Randmeere) ohne frischen Zufluss von außen. Das Meerwasser verdunstete nach und nach, das kristallisierte Salz lagerte sich in Schichten ab. So entstanden über Jahrmillionen bis zu 800 m dicke Salzstöcke, die vom Wind mit Staub und Erde bedeckt wurden. Sie sind bis heute erhalten, doch ein bergmännischer Abbau ist nicht möglich. Das Gestein enthält nämlich nur etwa 50 % Salz, der Rest sind andere Materialien wie Ton, Anhydrit und Polyhalit. So bleibt nur die Salzgewinnung über die Sole.

Natürliche Sole bildete sich teilweise ganz von selbst. Vor Jahrtausenden eingedrungenes Oberflächenwasser spülte das Salz aus dem Gestein und sammelte sich in Hohlräumen. Über Bohrungen lässt sich diese Sole abpumpen und zur Salzgewinnung nutzen.

Die Mengen an natürlicher Sole sind allerdings begrenzt, und deshalb hilft man der Bildung nach. Im Berg werden künstliche Hohlräume angelegt und mit Wasser gefüllt, wodurch sich das Salz aus dem Gestein löst. Hat das Wasser die höchst mögliche Sättigung von 26,5 % Salz erreicht, wird die Sole abgepumpt und in der Saline weiter verarbeitet.
In einer Verdampferanlage wird die Sole erhitzt. Das Wasser verdampft großenteils, das Salz kristallisiert. Es sinkt nach unten und bildet zusammen mit Restwasser einen Bodensatz, der in einer Zentrifuge entwässert und dann getrocknet wird. Das Ergebnis ist gut rieselfähiges Salz.
Damit es immer trocken und streufähig bleibt, werden Trennmittel zugesetzt. Für hochwertiges Salz verwendet man Calcium- und Magnesiumcarbonat, also Mineralstoffe, die in der Ernährung ohnehin eine wich-

tige Rolle spielen. So vorbereitet erhalten schließlich Spezialsalze ihre Zusätze – Jod, Fluorid, Folsäure oder auch Kräuter und Gewürze. Das fertige Salz wird vollautomatisch verpackt.

Spezialsalze nach Bedarf
Angereichertes Kochsalz
Es sieht aus und schmeckt wie gewohnt, doch es bietet einen gesundheitlichen Zusatznutzen. Speisesalz mit Jod beispielsweise kann dazu beitragen, den in Deutschland verbreiteten Jodmangel auszugleichen. Er ist die Ursache für Erkrankungen der Schilddrüse. Ein Erwachsener benötigt am Tag etwa 180 µg*, doch die Mahlzeiten liefern lediglich etwa 80 µg*. Mit 5 g jodiertem Salz lässt sich der Tagesbedarf decken. Manche Produkte enthalten zusätzlich zum Jod auch Fluorid. Dieses Spurenelement härtet den Zahnschmelz und beugt so Karies vor. Die Deutsche Gesellschaft für Ernährung empfiehlt 1 Milligramm Fluorid pro Tag, und diese Menge wird über den durchschnittlichen Salzkonsum erreicht. Einen weiteren Schritt in Richtung Gesundheit verspricht Salz, das zusätzlich noch das B-Vitamin Folsäure liefert. Sie beugt unter anderem Herz- und Kreislauferkrankungen vor und ist notwendig für die Zellteilung und -neubildung. Vor allem Schwangere sollten auf ausreichend Folsäure achten.

Mikrogramm = Millionstel Gramm

Meersalz

Fleur de Sel

Gewürzsalze
Diese Mischungen müssen entsprechend der gesetzlichen Vorschrift mindestens 40 % Salz und 15 % Gewürze enthalten. Auch Speisewürze kann drin sein. Gewürzsalze werden in zahlreichen Geschmacksrichtungen für bestimmte Speisen angeboten und sind so fein abgestimmt, dass kein zusätzliches Würzen erforderlich ist. Hier eine kleine Auswahl:
Kräutersalz enthält Gartenkräuter und eignet sich zum Würzen von Suppe, Salat, Gemüse, Quark und Käse.
Knoblauchsalz verbindet Knoblauch mit Gartenkräutern und eignet sich für Fleisch, Fisch, Gemüse und Salat.
Mozzarella-Tomaten-Salz ist eine Mischung aus Salz und italienischen Kräutern und gibt allen italienischen Gerichten die südliche Note.
Asiasalz ist mit Curry und Ingwer abgeschmeckt – unerlässlich für die asiatische Küche.
Kartoffelsalz mit Zwiebeln und Kräutern verfeinert alle Kartoffelgerichte.
Gemüsesalz enthält unter anderem ausgesuchte Gewürze und Grüntee. Bestens geeignet für alle feinen Gemüse.
Mexikosalz ist eine feurige Mischung mit Chili und Kräutern und würzt neben südamerikanischen Gerichten auch andere pikante Speisen.

Flüssiges Salz
Eine raffinierte Art des Salzens: Milde Natursole in einer Flasche mit Zerstäuber lässt sich präzise dosieren und hauchfein über die Speisen verteilen.

Diätsalze
Menschen mit Bluthochdruck sollten salzarm essen. Denn Natrium als Bestandteil von Kochsalz bindet Wasser, wodurch der Blutdruck steigt. Diätsalze basieren nicht auf Natrium, sondern auf Kalium und haben somit keine Wasser speichernde Wirkung. Neben Kalium sind Calcium, Magnesium und verschiedene Säuren enthalten, weshalb Diätsalze etwas anders schmecken als Kochsalz.

Nitritpökelsalz
Hier handelt es sich um eine Mischung aus Kochsalz und salpetersaurem Natrium. Nitritpökelsalz ist nicht für den Hausgebrauch gedacht, sondern zum handwerklichen oder industriellen Zubereiten und Konservieren von Fleischwaren. Um eine Verwechslung mit Kochsalz zu vermeiden, wird Nitritpökelsalz eingefärbt.

Salz fürs Leben
Salz in der Suppe oder anderen Speisen bzw. Lebensmitteln reizt keineswegs nur den Gaumen, sondern hat eine lebenswichtige Bedeutung für den menschlichen Organismus. Er benötigt Wasser und Salz in einer ganz bestimmten Konzentration für die Stoffwechselvorgänge in den Zellen. Natrium und Chlor sorgen für ein gleich bleibendes Verhältnis zwischen Gewebswasser und Blutplasma. Außerdem ist Salz zuständig für die Regulierung des Wasserhaushalts sowie die Weiterleitung von Reizen in den Nervenbahnen, und es unterstützt das reibungslose Funktionieren der Organe.

Beim Schwitzen oder über den Urin scheidet der Körper ständig Wasser und damit Salz aus und ist auf Nachschub durch die Nahrung angewiesen. Ein Erwachsener braucht täglich 6 bis 8 g Salz, doch diese Menge sollte nicht aus dem Salzstreuer stammen. In den meisten Lebensmitteln verbirgt sich ohnehin Salz, weshalb 2 bis 3 g zusätzlich völlig genügen. In der Regel nimmt man zu viel Salz zu sich, doch überschüssiges Salz scheidet der gesunde Körper wieder aus. Dennoch warnen Ernährungsfachleute und Ärzte vor einem zu hohen Konsum, denn unter bestimmten Voraussetzungen kann Salz schuld an einem zu hohen Blutdruck sein.

> ### Was ist Salz?
> Salz würzt, doch genau genommen gehört es nicht zu den Gewürzen, die ja pflanzlichen Ursprungs sind. Salz dagegen ist ein anorganischer Mineralstoff. Er besteht bei allen Salzarten aus einer Verbindung der Elemente Natrium und Chlor – daher auch der chemische Name Natriumchlorid.

Milch
& MILCHPRODUKTE

MILCH	164
MILCHQUALITÄT	166
MILCH IM ÜBERBLICK	168
MILCHFRISCHPRODUKTE	170
KÄSE	174
KÄSEGRUPPEN	177
KÄSESORTEN	178

MILCH & MILCHPRODUKTE

Milch

Milch ist ein besonderer „Saft", ein Naturprodukt von hohem Wert für unsere Ernährung. Sie liefert fast alle lebensnotwendigen Nähr- und Aufbaustoffe in idealer Zusammenstellung. Kein Wunder, dass Milch zumindest in unserer Hemisphäre eines der wichtigsten Grundnahrungsmittel darstellt. Wie wir Milch genießen – pur oder in Form von Milchprodukten – bleibt dem persönlichen Geschmack überlassen.

Niemand weiß genau, wann der Mensch auf die Idee kam, die Milch von Kühen, Ziegen, Schafen, Eseln, Pferden und Kamelen zu trinken. Bei Ausgrabungen gefundene Tontafeln belegen jedoch, dass schon die Sumerer vor 5000 Jahren Milchkühe hielten und sogar einige Milchprodukte herstellten. Auch die alten Ägypter, Römer, Griechen und Germanen ließen sich bereits Milch schmecken, und asiatische Reitervölker verstanden es, nicht nur Kefir, sondern auch Trockenmilch herzustellen. Sie schöpften den Rahm der Milch ab und ließen ihn in flachen Gefäßen von der Sonne trocknen. So konnte die natürlich konservierte Milch problemlos als Proviant auf Kriegszügen mitgeführt und bei Bedarf mit Wasser angerührt werden.

Das Gute in der Milch

Dass Milch und Milchprodukte ausgezeichnet schmecken, ist nichts Neues. Was man allerdings weder schmecken noch sehen kann, ist das Gute in der Milch, sind ihre „inneren Werte". Die weiße Flüssigkeit besteht unverkennbar in erster Linie aus Wasser, doch darin gelöst befindet sich die Trockenmasse. Und sie setzt sich aus einer geballten Ladung an Nährstoffen zusammen: Zucker, Eiweiß, Fett, Vitamine und Mineralstoffe.

Milchzucker

Milch macht nicht nur müde Männer munter, sondern verleiht auch Frauen neue Power. Verantwortlich dafür sind Kohlenhydrate in Form von Milchzucker, auch Laktose genannt. Ein Liter Vollmilch bringt es auf etwa 48 g und wird dadurch zum schnellen Energiespender. Abgesehen davon hat Milchzucker eine verdauungsfördernde Wirkung und erleichtert die Aufnahme von Mineralstoffen wie Calcium, Magnesium und Zink.

Milchfett

In einem Liter homogenisierte Vollmilch schwimmen 41 g Fett als feinst verteilte Kügelchen, die man mit dem bloßen Auge nicht erkennt. In dieser Form ist das Fett leichter verdaulich. Im Milchfett befindet sich zudem der größte Teil der fettlöslichen Vitamine A, D, E und K. Bei naturbelassener Milch hat das Milchfett die Eigenschaft, an die Oberfläche zu steigen und eine Rahmschicht zu bilden.

Milcheiweiß

Die Hälfte des Eiweißbedarfs sollte durch tierisches Eiweiß (Protein), wie es auch die Milch liefert, gedeckt werden. Entscheidend für die biologische Wertigkeit eines Proteins ist der Anteil an essenziellen, also lebensnotwendigen Aminosäuren. Milcheiweiß hat diesbezüglich eine Menge zu bieten. Es setzt sich zu rd. 80 % aus Kaseinen und 20 % aus Molkenproteinen zusammen. Kaseine bestehen zu 41,6 % und Molkenproteine zu 46,1 % aus essenziellen Aminosäuren. Milcheiweiß hilft beim Aufbau und Erhalt der Körpersubstanz. Der tägliche Proteinbedarf hängt vom Lebensalter und vom Körpergewicht ab. Bei einem Erwachsenen liegt er zwischen 45 und 55 g pro Tag. Ein Liter Vollmilch liefert bereits rd. 34 g.

Vitamine

Milch enthält fettlösliche und wasserlösliche Vitamine. Die fettlöslichen sind Vitamin A für die Sehkraft, Vitamin D für den Knochenaufbau, Vitamin E für die Muskeln und die Bildung roter Blutkörperchen und Vitamin K für die Gerinnungsfähigkeit des Blutes. Wasserlöslich sind die Vitamine der B-Gruppe (zuständig unter anderem für den Stoffwechsel, die Energiegewinnung, den Aufbau neuer Proteine usw.) und Vitamin C, das widerstandsfähig gegen Infektionskrankheiten macht. Wenn bei der Verarbeitung von Milch Molke und Fett getrennt werden, sinkt der Vitamingehalt. Im Vergleich zu Vollmilch hat beispielsweise fettarme Milch nur noch halb so viele fettlösliche Vitamine.

Mineralstoffe und Spurenelemente

Frische Vollmilch

Besonders stark vertreten sind Calcium und Phosphor – in einer leicht aufnehmbaren Form und in einem ausgewogenen Mengenverhältnis. Beide Stoffe braucht der Organismus zum Aufbau und Erhalt von Knochen und Zähnen. Vor allem für Frauen ist die Calcium-Zufuhr wichtig, um Osteoporose (Knochenschwund) vorzubeugen. Empfohlen werden zurzeit zwischen 900 und 1200 mg Calcium täglich – eine Menge, die beispielsweise in einem halben Liter Milch und 60 g Käse enthalten ist.

Weitere wichtige Mineralstoffe und Spurenelemente in der Milch: Kalium (wichtig für den Flüssigkeitshaushalt im Körper sowie für die Funktionsfähigkeit von Muskeln und Nerven), Magnesium (leitet Nervenimpulse weiter und aktiviert die Enzyme für die Energiegewinnung), Jodid (unentbehrlich für die Schilddrüse) und außerdem Chlorid, Natrium, Zink, Eisen, Mangan und Fluorid.

 Spickzettel

- Milch ist ein Naturprodukt mit vielen lebenswichtigen Nährstoffen in optimaler Zusammenstellung.
- Milchfrischprodukte werden eingeteilt in „süße" Sahneerzeugnisse und gesäuerte Produkte.
- Milch kommt vorwiegend wärmebehandelt auf den Markt.
- Konsummilch gibt es in Fettstufen von 0,3 bis 4,8 %.
- Joghurt ist das beliebteste Sauermilchprodukt.

MILCH & MILCHPRODUKTE

Qualität ist kein Zufall

Auf dem Weg vom Euter in die Flasche muss absolute Hygiene gewährleistet sein.

Kühe produzieren heute kaum noch für den eigenen Bedarf, sondern für die Milchwirtschaft. Durch spezielle Züchtung sind wahre Hochleistungstiere entstanden, von denen manche im Jahr bis zu 10 000 l erzeugen. Vor etwa 150 Jahren lag die Milchleistung bei 1200 l. Das Melken ist nur noch selten Handarbeit. Normalerweise zapft eine Melkmaschine den Kühen zwei Mal pro Tag die Milch ab. Dabei muss absolute Hygiene gewährleistet sein, denn Milch ist ein „gefundenes Fressen" für Bakterien und Krankheitserreger. Überhaupt unterliegen die Erzeugerbetriebe zahlreichen Hygienebestimmungen und gesetzlichen Vorschriften. Dabei geht es unter anderem um artgerechte Tierhaltung, die Gesundheit der Kühe, Sauberkeit beim Melken, Futtermittel und eventuell verabreichte Medikamente. All das nehmen Kontrolleure regelmäßig in Augenschein. Nur die nach den strengen Kontrollen zugelassenen Betriebe erhalten das Genusstauglichkeitskennzeichen, ohne das keine Milchprodukte verkauft werden dürfen.

Bearbeitung der Milch

Die frisch gemolkene Milch wird sofort aus dem Stall gebracht, gefiltert und auf 8 bis 10 °C gekühlt. Diese Temperatur muss bis zum Abliefern in der Molkerei erhalten bleiben. Sofort nach der Anlieferung in der Molkerei entnimmt man der Milch vorschriftsgemäß Proben zum Test auf Frische, Reinheit, bakteriologische Beschaffenheit sowie Fett- und Wassergehalt. Die Untersuchungsergebnisse erlauben unter anderem Rückschlüsse auf die Hygiene im Erzeugerbetrieb und die Gesundheit der Kühe. Bei Unregelmäßigkeiten wird der Betrieb verwarnt und muss dann innerhalb von vier Monaten für Besserung sorgen. Andernfalls nimmt die Molkerei keine Milch mehr ab.

Kühe auf der Weide – ein friedliches Bild. Die Tiere sind mit Fressen beschäftigt und dabei äußerst wählerisch. Bestimmte Kräuter schmecken besser und erhalten den Vorzug. Was die Braunen, Schwarzen und Gefleckten natürlich nicht wissen: Die Qualität des Futters wirkt sich direkt auf die Qualität der Milch aus. Deshalb gilt beispielsweise Alpenmilch von Kühen, die auf „fetten" Almen grasen, als besonders hochwertig.

Die Umwandlung von Gras in Milch ist ein komplizierter Prozess im Verdauungssystem der Kuh. Die Kuh zermahlt das abgerupfte Gras, vermischt es mit Speichel und schluckt es hinunter. Der Brei landet im Pansen, wo spezielle Bakterien die Zellulose abbauen. Weiter geht's in den Netzmagen, wo aus dem Brei kleine Kügelchen werden. Sie stoßen der Kuh wieder auf ins Maul, und sie zerkaut die Nahrung in aller Ruhe nochmals. Daher die Bezeichnung „Wiederkäuer". Die erneut verschluckte Nahrung kommt diesmal in den Blättermagen und in den Labmagen, wo letztendlich dem Nahrungsbrei die Nährstoffe und das Wasser entzogen werden. Das Blut transportiert den Cocktail ins Euter. Dort übernehmen etwa zwei Milliarden Milchdrüsen die Umwandlung in Milch und synthetisieren dabei auch das Milchfett. Diese Milchproduktion funktioniert allerdings erst, wenn die Kuh gekalbt hat und anschließend regelmäßig gemolken wird.

Gibt das Labor „grünes Licht", wird die Milch auf etwa 40 °C erwärmt, in einen sogenannten Separator (Zentrifuge) geleitet und hohen Fliehkräften ausgesetzt. Dabei schleudert der Magermilch-Anteil nach außen, während sich der Rahm in der Mitte absetzt. Beide Bestandteile werden getrennt abgeleitet.
Auf das Separieren folgt das Standardisieren, also die Einstellung des Fettgehalts. Nur für Milch mit naturbelassenem Fettgehalt bleibt er unverändert bei 3,5 bis 4,5 %. Um einen bestimmten Fettgehalt zu erzielen, gibt es zwei Möglichkeiten: Man setzt der Magermilch nach dem Separieren wieder eine bestimmte Menge Rahm zu oder verdünnt nicht entrahmte Vollmilch mit Magermilch in einem bestimmten Verhältnis. Aus den unterschiedlich fetthaltigen Milchsorten lassen sich dann Milcherzeugnisse in den gleichen Fettstufen herstellen.

Rohmilch ist ein idealer Nährboden für Bakterien und somit ein leicht verderbliches Produkt. Der Gesetzgeber schreibt deshalb eine Wärmebehandlung vor, die Mikroorganismen abtötet und dadurch eine gewisse Haltbarkeit gewährleistet. Allerdings lassen sich dabei eine geschmackliche Veränderung sowie der Verlust einiger Inhaltsstoffe nicht vermeiden. Trotzdem bleiben der Milch ausreichend wertvolle Nährstoffe erhalten. Am schonendsten sind zwei Verfahren: Pasteurisieren und Ultrahocherhitzen. Das Sterilisieren erzielt die höchste Haltbarkeit, vernichtet aber die meisten Vitamine.

Pasteurisieren

Der französische Chemiker Louis Pasteur (1822 bis 1895) fand heraus, dass man Mikroorganismen durch Hitze abtöten kann. Bei dem nach ihm benannten Pasteurisieren wird die Milch nur 15 bis 30 Sekunden auf 62 bis 74 °C erhitzt und anschließend schnell auf 4 bis 5 °C gekühlt. Krankheitserreger überleben das Verfahren auf keinen Fall, ebenso wenig wie 98 % aller anderen Keime. Der frische Milchgeschmack und die Vitamine jedoch bleiben weitgehend erhalten. Und noch ein Vorteil: Beim Pasteurisieren wird das Milcheiweiß aufgeschlossen, und deshalb ist pasteurisierte Milch leichter verdaulich. Sie kommt als Frischmilch in den Handel und ist bei kühler Lagerung mindestens drei bis sechs Tage haltbar.

Hocherhitzen

Die sogenannte ESL-Milch (ESL = Extended Shelf Life) ist eine Milch, die mit einer Haltbarkeit von bis zu drei Wochen zwischen pasteurisierter und ultrahocherhitzter Milch liegt. Die Milch wird lediglich für einige Sekunden auf 85 bis 127 °C erhitzt. Dieses schonende Verfahren bewirkt, dass ESL-Milch gegenüber Rohmilch nur 10 % Vitamine einbüßt und sich der Geschmack kaum verändert. Auf der Verpackung stehen abgesehen vom Vermerk „hocherhitzt" Hinweise wie „länger frisch" oder „extra langer Frischegenuss".

Ultrahocherhitzen

Bis zu sechs Sekunden bei 135 bis 150 °C genügen, um Milch quasi keimfrei und bei Zimmertemperatur für mindestens sechs Wochen, meist aber sogar für drei bis vier Monate haltbar zu machen. Natürlich kostet das Verfahren etwas Geschmack und gegenüber Rohmilch ca. 20 % der Vitamine, doch sind die Verluste deutlich geringer als beim Sterilisieren. Ultrahocherhitzte Milch wird als H-Milch in sterilen, lichtdichten Verpackungen angeboten. Auf der Verpackung muss angegeben werden „ungeöffnet mindestens haltbar bis …".

Sterilisieren

Zum Sterilisieren wird die Milch abgefüllt, keimdicht verschlossen und dann für 10 bis 20 Minuten auf 110 bis 120 °C erhitzt. So entsteht eine Konserve, die ohne Kühlung ein halbes bis ein Jahr haltbar ist. Allerdings wird der Nährwert in jeder Hinsicht stark reduziert, und der Geschmack verändert sich deutlich. Für Säuglinge und Kleinkinder sollte man sterilisierte Produkte nicht verwenden. Sie eignen sich in erster Linie zum Zubereiten von Speisen, die ohnehin gekocht werden müssen.

Kondensieren

Haltbar wird Milch auch durch das Kondensieren, also durch Wasserentzug. Man erwärmt die Milch, manchmal mit Zugabe von Zucker, in einem Vakuumbehälter so lange, bis ein Teil des Wassers verdampft ist. Zurück bleibt konzentrierte und gleichzeitig sterilisierte Milch. Entsprechend hoch ist der Nährwert, denn in der Trockenmasse konzentrieren sich Fett, Eiweiß, Milchzucker und Mineralstoffe. Durch völligen Wasserentzug entsteht Trockenmilch bzw. Milchpulver.

Homogenisieren

Nach der Wärmebehandlung wird Milch meist homogenisiert, um die Bildung einer Rahmschicht an der Oberfläche (Aufrahmen) zu verhindern und den Geschmack sowie die Bekömmlichkeit weiter zu verbessern. Beim Homogenisieren presst man die Milch unter hohem Druck durch haarfeine Düsen, wobei sich das in der Milch schwimmende Fett in winzigste Kügelchen zerkleinert und gleichmäßig in der Flüssigkeit verteilt. So kann es nicht mehr hochsteigen.

Nach all den Behandlungen ist für die Milch der Weg durch die Molkerei fast beendet. Es fehlen nur noch das Kühlen und das Abfüllen. Milch kommt vorwiegend in der Mehrwegflasche, der Kartonverpackung oder im Kunststoffschlauch auf den Markt – laut Verpackungsverordnung ökologisch vertretbare Verpackungen. Sie entbinden pasteurisierte und ultrahocherhitzte Milch von der ansonsten bestehenden Pfandpflicht. Als nicht umweltfreundlich gilt die Einweg-Kunststoffflasche.

Auf der Verpackung steht alles, was der Verbraucher über den Inhalt wissen muss. Der Gesetzgeber verlangt folgende Angaben: Milchsorte, Menge, ovales europäisches Identitätskennzeichen, Hinweis auf das Homogenisieren, Hinweis auf die Wärmebehandlung (pasteurisiert, ultrahocherhitzt, sterilisiert), Fettgehalt in Prozent, Name und Adresse der Molkerei und Mindesthaltbarkeitsdatum mit Angabe der speziellen Lagerung.

Kühe produzieren heutzutage Milch kaum noch für ihr Kalb, sondern für die Milchwirtschaft.

Das für Milch und Milchprodukte vorgeschriebene europäische Genusstauglichkeitskennzeichen (Identitätskennzeichen) befindet sich auf der Verpackung von Milch und Milchprodukten.

MILCH & MILCHPRODUKTE

Milch im Überblick

Die sogenannte Konsummilch (Rohmilch, Vollmilch, fettarme Milch und entrahmte Milch) wird mit unterschiedlichem Fettgehalt angeboten. Sie stammt von der Kuh, genau wie kondensierte Milch und Trockenmilch.

Rohmilch und Vorzugsmilch

Sie steht nur selten im Kühlregal des Handels, sondern darf – unter bestimmten Bedingungen – direkt ab Hof vermarktet werden und findet sich dann z. B. in Hofläden der Erzeugerbetriebe oder wird direkt „vom Milchmann" an den Verbraucher geliefert. Allerdings unterliegen solche Betriebe noch strengeren Hygieneanforderungen und Kontrollen. Rohmilch ist nämlich ein höchst empfindliches Produkt, da sie bis aufs Filtern und Kühlen völlig unbehandelt bleibt. Der natürliche Fettgehalt liegt zwischen 3,8 und 4,8 %.

Wird Rohmilch noch auf dem Bauernhof abgepackt, kann sie als Vorzugsmilch in den Handel kommen. Dort muss das Naturprodukt jedoch innerhalb von 24 Stunden verkauft werden. Bevor man Roh- bzw. Vorzugsmilch für Säuglinge oder Kleinkinder verwendet, ist Abkochen empfohlen. Dabei gehen allerdings wertbestimmende Bestandteile verloren, sodass man mit wärmebehandelter Milch besser fährt. Roh- bzw. Vorzugsmilch hält gekühlt etwa zwei Tage.

Vollmilch

Die am meisten gefragte standardisierte Sorte ist Vollmilch mit mindestens 3,5 % Fett. Es gibt aber auch Vollmilch mit natürlichem Fettgehalt (3,5 bis 4,5 %). Das heißt, hier wurde auf das Trennen und anschließende Zusammenfügen von Magermilch und Rahm verzichtet. Abgesehen von der notwendigen Wärmebehandlung ist Vollmilch so, wie die Kuh sie schuf.

Fettarme Milch

Sie wird teilentrahmt und der Fettgehalt auf 1,5 bis 1,8 % eingestellt. Eine Anreicherung mit Milcheiweiß ist möglich, muss aber auf der Verpackung vermerkt sein.

Entrahmte Milch

Man nennt sie auch Magermilch wegen des extrem niedrigen Fettgehalts von maximal 0,3 %. Magermilch kann mit Milcheiweiß angereichert werden.

Kondensierte Milch

Man unterscheidet die verschiedenen Erzeugnisse in Dosen, Fläschchen, Beuteln, Portionspackungen oder Tuben nach dem Gehalt an Trockenmasse und Fett. Ohne Kühlung hält Kondensmilch mindestens ein Jahr.
Kondensmilch als Standardsorte, die man vor allem für Kaffee oder Tee verwendet, enthält mindestens 25 % Trockenmasse und nicht weniger als 7,5 % Fett.
Kondensmagermilch beschränkt sich auf mindestens 20 % Trockenmasse bei bis zu 1 % Fett.
Teilentrahmte Kondensmilch hat je nach Sorte 1,5 bis 7,5 % Fett.
Kondensierte Kaffeesahne (Kondenssahne) besteht aus Sahne, die auf 26,5 % Trockenmasse und mindestens 15 % Fett eingedickt wurde.
Gezuckerte Kondensmilch gibt es in verschiedenen Fettstufen und mit Zucker gesüßt.

Trockenmilch (Milchpulver)

Zur Herstellung wird meist Magermilch oder Vollmilch das Wasser nahezu völlig entzogen. Zurück bleibt reine Trockenmasse, die sich durch Zugabe von Wasser jederzeit wieder in flüssige Milch verwandeln lässt. Instant-Milchpulver ist körnig, enthält Lezithin als Emulgator und löst sich in kaltem wie warmem Wasser sofort auf, ohne zu klumpen. Trockenmilch ist lange haltbar (trocken und kühl sechs bis zwölf Monate) und im Haushalt ideal als Platz sparender „Vorrat für alle Fälle". Die Industrie verwendet Trockenmilch beispielsweise zur Herstellung von Käse, Joghurt, Süß- und Backwaren usw.

Laktosefreie Milch

Normale Kuhmilch enthält ca. 4,7 % Milchzucker. Es gibt Schätzungen, nach denen in Deutschland bis zu einem Viertel der Gesamtbevölkerung diesen Milchzucker (Laktose) nicht verarbeiten kann, weil im Dünndarm zu wenig oder gar kein Enzym gebildet wird, das den Milchzucker verdaut (Laktase). Man nennt dies Laktose-Intoleranz. Die möglichen Folgen bei Milchgenuss: heftige Durchfälle, Magenkrämpfe, Blähbauch, Völlegefühl und weitere, meist länger anhaltende Beschwerden. Um laktosefreie Milch herzustellen, wird der Milch das Enzym Laktase zugesetzt. Nach einer bestimmten Reaktionszeit ist der Milchzucker in Glukose und Galaktose gespalten. Der Kaloriengehalt bleibt gleich, doch schmeckt die behandelte Milch leicht süßlich, da die Süßkraft der Spaltprodukte deutlich höher ist als die der Laktose.

Ersatz für Kuhmilch

Wer den etwas anderen Geschmack sucht oder Kuhmilch nicht verträgt, kann auf Milch von Schaf und Ziege oder von Pflanzen ausweichen.

Schafsmilch

Lange vor der Kuh war das Mutterschaf eine geschätzte Milchlieferantin. Schafsmilch wird ein guter Geschmack nachgesagt, ebenso wie ein hoher ernährungsphysiologischer Wert. Bemerkenswert ist der Vitamingehalt, der Fettanteil liegt bei 6,8 %. Nachgewiesen wurde unter anderem, dass Schafsmilch bei Stoffwechselerkrankungen zur Linderung und Heilung beitragen kann.

Ziegenmilch

Nährwert und Trockenmasse unterscheiden sich nur unwesentlich von Kuhmilch, allerdings enthält Ziegenmilch etwa doppelt so viel Vitamin A und vier Mal so viel Vitamin D. Außerdem sind Eiweißaufbau und Fettverteilung bekömmlicher, und deshalb wird Ziegenmilch häufig sogar von Kuhmilch-Allergikern besser vertragen. Ziegenmilch enthält 2,7 bis 3,5 % Fett und schmeckt (leider) deutlich nach Ziege. Frische Ziegenmilch ist häufig nur ab Hof erhältlich. In Form von Käse allerdings wird sie in nahezu jedem Supermarkt verkauft. Abgepackt gibt es sie als H-Milch.

Getreidemilch

Sie ähnelt Kuhmilch im Aussehen und wird bei Kuhmilch-Allergikern als Ersatz verwendet. Empfehlenswert allerdings nur für Erwachsene, da der Nährwert für Kinder zu gering ist. Getreidemilch enthält etwa die gleichen Vitamine und Mineralstoffe wie Kuhmilch, aber weniger Eiweiß,

Schafsmilch

Kondensierte Milch

Sojamilch

Gezuckerte Kondensmilch (Milchmädchen)

Kokosmilch

weniger gesättigte Fettsäuren und keine Laktose. Hergestellt wird Getreidemilch aus fermentiertem Getreide oder Mehl (Hafer, Dinkel, Roggen oder Einkorn). Zur Geschmacksverbesserung können Enzyme zugesetzt werden.

Kokosmilch

Dabei handelt es sich nicht etwa um das Wasser im Inneren der Kokosnuss, sondern um den Saft aus geriebenem und dann gepresstem Kokosfleisch. Die sogenannte „erste Milch" ist eine unverdünnte, dicke Flüssigkeit. Für die „zweite Milch" werden Kokosraspeln vor dem Pressen mit heißem Wasser verknetet, wodurch sich das Kokosaroma noch intensiviert. Bleibt Kokosmilch ein paar Tage stehen, setzt sich an der Oberfläche eine cremige Schicht ab. Sie wird abgeschöpft und kommt als Kokossahne in den Handel. Kokosmilch gibt es gesüßt oder ungesüßt in Dosen oder auch als Trockenprodukt zum Anrühren mit Wasser. Verwendet wird Kokosmilch vor allem zur Zubereitung indischer und thailändischer Gerichte oder Drinks. Sie soll gegen Sodbrennen, Gastritis und Verstopfung helfen und kann dank ihres hohen Mineralstoffgehalts den Elektrolythaushalt beispielsweise nach schweißtreibenden sportlichen Aktivitäten ausgleichen.

Mandelmilch

Sie wird aus frisch gemahlenen Mandeln oder Mandelpaste (Spezialität auf Sizilien: „pasta di mandorla") gewonnen. Man übergießt die Produkte mit heißem Wasser, lässt die Mischung mehrere Stunden ziehen und filtert dann die Mandelmilch ab. Sie kann gesüßt und auch mit Vanille oder Zimt verfeinert werden.

Reismilch

Sie duftet nach frischem Reis und schmeckt meist leicht süßlich. Zur Herstellung werden Reiskörner eingeweicht und anschließend püriert. Möglich ist der Zusatz von Reisöl, Salz, Zucker und Aromen sowie von Vitaminen und Mineralstoffen. Verwendet wird Reismilch gern in der veganen Küche.

Sojamilch

Hinsichtlich Eiweißgehalt, essentiellen Aminosäuren, Eisen, Phosphor und B-Vitaminen ähnelt Sojamilch der Kuhmilch. Calcium ist in dem pflanzlichen Produkt allerdings deutlich weniger enthalten. Sojabohnen werden in Wasser eingeweicht und als Mischung vermahlen. Dann filtert man die festen Bestandteile ab und erhitzt die Milch auf 135 bis 150 °C. Dies vernichtet die giftigen und verdauungshemmenden Substanzen und macht das Produkt haltbar. Es kommt unter der Bezeichnung „Sojadrink" oder dickgelegt als „Tofu" auf den Markt.

Bei Säuglingen sollte man vorsichtig sein. Die Deutsche Gesellschaft für Kinder- und Jugendmedizin (DGKJ) rät, Sojanahrung nur bei Babys einzusetzen, die unter angeborener Milchzuckerunverträglichkeit oder Galaktosämie (eine seltene angeborene Stoffwechselstörung) leiden. Der Grund: Die in der Bohne enthaltenen Isoflavone entfalten hormonähnliche Wirkungen im Körper und docken an Rezeptoren in Geschlechtsorganen, Leber oder Gehirn an. Deswegen werden sie auch Phytoöstrogene genannt. Ob und welche Auswirkungen dies im späteren Leben hat, ist noch nicht geklärt.

Auch Frauen in den Wechseljahren wird Soja nicht mehr uneingeschränkt empfohlen, da die Phytoöstrogene Krebszellen schneller wachsen lassen könnten. Dass Japanerinnen seltener unter Brustkrebs leiden, muss nichts mit der erhöhten Sojaaufnahme zu tun haben: Asiatinnen leben anders als westliche Frauen. Isoflavone entfalten möglicherweise nur während der Pubertät ihre krebsschützende Wirkung.

Tipps rund um Milch

- Milch brennt beim Kochen nicht so leicht an, wenn man den Topf vor dem Einfüllen der Milch mit kaltem Wasser ausspült und nicht abtrocknet.
- Damit sich auf gekochter Milch keine Haut bildet, gibt man sofort nach dem Aufkochen einen kleinen Eiswürfel hinein.
- Milch nimmt leicht Fremdgerüche an. Deshalb nie neben stark riechenden Produkten aufbewahren.

MILCH & MILCHPRODUKTE

Milchfrischprodukte – das Beste aus Milch

Crème double

Aus Milch lässt sich viel Feines herstellen, wobei der Fachmann unterteilt in „süße" Sahneprodukte und gesäuerte Erzeugnisse.

Süßrahmprodukte
Aus dem Rahm der Milch werden unterschiedliche Sahneerzeugnisse hergestellt, die sich auch im Fettgehalt deutlich unterscheiden. Je mehr Fett, desto cremiger und vollmundiger das Produkt.

Crème double
Dabei handelt es sich um Sahne mit 40 bis 45 % Fett. Das löffelfeste Produkt wird zum Verfeinern von Saucen und Süßspeisen verwendet.

Kaffeesahne (Kaffeerahm, Trinksahne)
Üblich im Handel sind Produkte mit 10, 12 und 15 % Fett, meist durch Ultrahocherhitzen oder Sterilisieren haltbar gemacht. Schlagen lässt sich Kaffeesahne nicht, doch sie verfeinert Kaffee, Tee, Suppen und Saucen.

Sahne
Beim Zentrifugieren der Rohmilch in der Molkerei trennen sich Rahm und Magermilch. Der Rahm – reich an Fett, Eiweiß und fettlöslichen Vitaminen – wird zu Butter oder zu Sahne weiterverarbeitet. Sahne gibt es, genau wie Milch, unterschiedlich haltbar gemacht und durch Mischen mit entrahmter Milch in verschiedenen Fettstufen. Ein Produkt mit nur 10 % Fett lässt sich nicht schlagen, eignet sich aber gut zum Kochen. Die herkömmliche Sahne dagegen enthält 25 bis 29 % Fett. Schlagsahne mit mindestens 30 % lässt sich besonders leicht schlagen. Noch mehr Fett – nämlich mehr als 30 % – steckt in Schlagsahne „extra". Sie wird beim Schlagen standfest.

Klappt es nicht mit dem Steifwerden, ist die Sahne vielleicht zu warm, noch zu frisch oder schon zu alt. Gelegentlich liegt das Problem aber auch an der Zusammensetzung des Milchfetts oder dem Fett- und Eiweißgehalt – also an Faktoren, auf die man als Verbraucher keinen Einfluss hat. Frische Sahne hält sich im Kühlschrank etwa 15 Tage und ultrahocherhitzte bis zu zwölf Wochen. Sterilisierte Sahne bleibt ohne Kühlung bis zu einem Jahr unverändert.

Sprühsahne
Sie kommt aus der Sprühdose (mit Treibgas) und besteht aus je nach Sorte mehr oder weniger Schlagsahne, Zucker, Milcheiweiß, Emulgator, Stabilisator und meist Vanillearoma. Es gibt auch Produkte mit Eierlikör- oder Schoko-Geschmack. Treibgas (Distickstoffmonoxid) befördert die Sahne durch eine Garniertülle direkt auf Kuchen, Desserts, Obst usw. Ungeöffnet ist Sprühsahne ohne Kühlung lange haltbar (entsprechend Mindesthaltbarkeitsdatum). Vor dem Gebrauch sollte man das Produkt einige Stunden kühlen. Die Dose mit der restlichen Sahne gehört unbedingt in den Kühlschrank, wo sie sich noch einige Tage hält.

Produkte aus gesäuerter Milch
Lässt man frisch gemolkene Milch ungekühlt stehen, verändert sie sich ohne weiteres Zutun oft schon innerhalb eines Tages: Sie beginnt zu gären und wird sauer. Milchsäurebakterien, die ganz natürlich in der Milch vorhanden sind, haben einen Teil des Milchzuckers in Milchsäure verwandelt. Das Eiweiß gerinnt, und die Milch wird dick. Damit ist sie nicht verdorben – ganz im Gegenteil. Gesäuerte Milch schmeckt erfrischend, fördert die Verdauung, ist besonders bekömmlich und länger haltbar als Frischmilch.

Der Versuch, Milch aus dem Supermarkt auf gleiche Weise zu säuern, muss allerdings scheitern. Sie bekommt lediglich einen miserablen Geschmack, denn es fehlen die für das Säuern notwendigen Milchsäurebakterien. Sie wurden bei der Wärmebehandlung der Milch abgetötet. In der Molkerei löst man das Problem durch die Zucht spezieller Bakterienstämme. Diese sogenannten Reifungskulturen werden der Milch zugesetzt und leisten ganze Arbeit. Durch die Wahl bestimmter Kulturen lässt sich auch der spätere Geschmack des Produkts beeinflussen.

Die Herstellung von Sauermilchprodukten beginnt mit der Einstellung des Fettgehalts der Milch von extrem mager (höchstens 0,3 % Fett) bis sahnig (mindestens 10 % Fett). Macht die Molkerei keine Angaben, wurde Vollmilch mit 3,5 bis 4 % Fett verwendet.

Kaffeesahne

Sahne

Sprühsahne

Zum Säuern wird die pasteurisierte und homogenisierte Milch mit Reifungskulturen „geimpft", wie der Fachmann sagt, und dann bei bestimmten Temperaturen „bebrütet". Dies fördert die Aktivität der Milchsäurebakterien, und die Milch gerinnt. Sobald der gewünschte Säuregrad erreicht ist, wird die Arbeit der Bakterien durch schnelles Kühlen beendet. Das Säuern ist übrigens eine natürliche Art der Konservierung und verleiht den Produkten im Vergleich zu nur pasteurisierter Milch eine längere Haltbarkeit.

Wenn sich die Bakterien ans Werk machen, entstehen zweierlei Formen von Milchsäure: rechtsdrehende L(+)-Milchsäure und linksdrehende D(-)-Milchsäure. Die Bezeichnung „drehend" bezieht sich auf eine physikalische Eigenschaft und wird im „Lebensmittellexikon" so beschrieben: „Bringt man die Milchsäure (im Labor) unter linear polarisiertes Licht, so wird die Polarisationsebene des Lichts nach rechts (plus) oder links (minus) gedreht." Rechtsdrehende Milchsäure wird auch vom Körper selbst hergestellt und kann deshalb schneller aufgenommen werden als die linksdrehende Variante. Für einen gesunden Erwachsenen ist das jedoch unerheblich. Säuglingen dagegen sollte man linksdrehende Milchsäure eher ersparen. Herkömmlicher Joghurt enthält normalerweise beide Milchsäure-Arten, und es kommt lediglich auf die Gewichtung an. Steht auf der Verpackung „mit L(+)-Milchsäure", ist die zwar drin, verborgen bleibt jedoch ihr prozentualer Anteil.

Durch das Säuern entsteht generell eine stichfeste Konsistenz. Bestimmte Produkte werden direkt im Becher gesäuert und sind ideal zum Löffeln. Möglich ist aber auch eine Säuerung im Großraumtank. Gerührter Fruchtjoghurt beispielsweise wird nach dem Säuern mit dem jeweiligen Fruchtzusatz verrührt und anschließend abgefüllt. Soll ein trinkbares Produkt entstehen, muss die gesäuerte Milch bzw. der Fruchtjoghurt vor dem Abfüllen sämig gerührt werden.

Sauermilchprodukte gibt es nicht nur „natur", sondern auch mit einem Fruchtzusatz, der unter der gesäuerten Milch im Becher liegen oder mit der Milch leicht verrührt sein kann. Folgende Zusätze dürfen in Milchprodukten enthalten und müssen auf der Verpackung deklariert sein: Früchte und Fruchtstücke, Fruchtsäfte oder Sirup, Aromastoffe, Zucker, Bindemittel und Konservierungsstoffe. Anzugeben ist auch die Fruchtart sowie die Höhe des prozentualen Anteils an Früchten:

- Für Fruchtjoghurt und den Hinweis „mit Früchten" sind mindestens 6 % Fruchtanteil vorgeschrieben.
- Fruchtzubereitungen müssen mindestens 3,5 % Fruchtanteil aufweisen.
- Bei Produkten mit dem Hinweis „mit Fruchtgeschmack" kann der Fruchtanteil unter 3,5 % liegen.

Buttermilch

Bei der Herstellung von Süßrahmbutter aus Rahm bleibt Milchflüssigkeit übrig. Sie wird leicht mit Milchsäurebakterien gesäuert – fertig ist die Buttermilch. Fällt die Milchflüssigkeit bei der Produktion von Sauerrahmbutter an, entfällt das zusätzliche Säuern. Angeboten wird Buttermilch in zwei Grundsorten: Reine Buttermilch enthält keinerlei Zusätze. Sie ist leicht sämig-eingedickt und schmeckt angenehm vollmundig. Steht lediglich Buttermilch auf der Verpackung, können bis zu 10 % Wasser oder 15 % Magermilch oder Milchpulver zugesetzt sein. Buttermilch ist mit nur maximal 1 % Fett ein kalorienarmes Lebensmittel und enthält ansonsten die wertvollen Stoffe aus der Milch, jedoch in anderen Gewichtsanteilen. Seit eh und je gilt Buttermilch nicht nur als gesundes Getränk, sondern auch als Pflegemittel für die Haut.

MILCH & MILCHPRODUKTE

Joghurt

Heidelbeerjoghurt

Erdbeerjoghurt

Zitronenjoghurt

Crème fraîche
Dieser Sauerrahm hat einen lieblich-sauren Geschmack und eine sahnige, streichfähige Konsistenz. Crème fraîche ist so stabil, dass sie selbst in heißen Speisen weder sofort zerläuft noch ausflockt. Diese Eigenschaften verdankt das Produkt einer speziellen Herstellungsweise: Man setzt frischer Sahne wenig Milchsäurebakterien zu und reduziert den Wassergehalt durch schonendes Verdampfen. Der Fettgehalt lässt sich dabei auf 30 bis 40 % einstellen. Crème fraîche gibt es „natur" oder mit aromatischen Zusätzen wie Kräutern, Knoblauch, Tomaten usw. Verwendet wird das Produkt vor allem zum Verfeinern von Suppen, Saucen und Salatdressings.

Dickmilch
Sie lässt sich gut löffeln und schmeckt besonders mild. Angeboten wird Dickmilch in den verschiedenen Fettstufen der Milch sowie als Sahne-Dickmilch mit 10 % Fett.

Joghurt
Er ist der absolute Star unter den Sauermilchprodukten. Es gibt ihn pur oder mit Früchten, und seine Beliebtheit verdankt Joghurt vor allem der großen Vielfalt an Geschmacksrichtungen. Kaum eine Frucht, die nicht Karriere im Joghurt macht. Auch Zusätze wie Müsli, Schokolade usw. sind möglich. Zudem gilt Joghurt als natürliches und gesundes Produkt. Er enthält wertvolle Nährstoffe, ist äußerst bekömmlich und fördert die Verdauung.
Manche Bakterienkulturen machen einen Joghurt richtig sauer. Die Verbraucher mögen das allerdings weniger. Geschätzt wird vor allem „Joghurt mild" mit seinem zart-säuerlichen Geschmack. Den verdankt das Produkt der Verwendung spezieller Bakterienkulturen, die nur einen Teil des Milcheiweißes gerinnen lassen. Hergestellt wird Joghurt stichfest, gerührt oder als trinkbares Produkt. Vier Fettstufen stehen zur Wahl: Sahne-Joghurt (mindestens 10 % Fett), Vollmilch-Joghurt (mindestens 3,5 % Fett), fettarmer Joghurt (1,5 bis 1,8 % Fett) und Magermilch-Joghurt bzw. Joghurt aus entrahmter Milch (höchstens 0,3 % Fett).

 Tipps für die Milchfrischen

- Sahne lässt sich fester schlagen, wenn sie einen Tag im Kühlschrank steht und somit eine Temperatur von 5 bis 6 °C hat.
- Saure Sahne mit wenig Fett flockt nicht aus, wenn man sie mit Mehl oder Stärke verrührt den heißen Speisen zugibt.
- Sauermilchprodukte wie Joghurt oder Buttermilch sind nicht mehr genießbar, wenn sich der Packungsdeckel hochwölbt. Lediglich Kefir hat genau dann seinen optimalen Geschmack erreicht, denn der Deckel weist auf genügend Kohlensäure hin.

Probiotische Joghurt-Produkte (Bioghurt, Bifighurt usw.) sind laut Hersteller ganz besonders gesund. Begründet wird dies mit der Verwendung lebender Mikroorganismen wie beispielsweise Laktobazillen und Bifidobakterien. Sie sollen angeblich der Magensäure trotzen und lebend im Darm landen, um dessen Gesundheit positiv zu beeinflussen. Nachgesagt wird probiotischen Produkten zudem eine cholesterinsenkende, krebsschützende und immunstärkende Wirkung. Erwiesen ist aber bisher lediglich, dass probiotischer Joghurt vor allem dann bei Durchfall helfen kann, wenn dieser durch die Einnahme von Antibiotika verursacht wurde. Ansonsten zeigen neuere Untersuchungen, dass sich die Kulturen höchstens bei täglichem und lebenslangem Konsum vermehrt im Darm ansiedeln. Um die Darmflora zu beeinflussen, sind nach Ansicht von Fachleuten pro Tag 100 bis 1000 Millionen Bakterien nötig. Das setzt einen regelmäßigen Verzehr probiotischer Produkte voraus.

Wärmebehandelter Joghurt wird bei der Herstellung zweifach erhitzt, das zweite Mal auf über 50 °C. Das Produkt bleibt dadurch ohne Kühlung bis zu zwei Monate haltbar. Dafür muss man Abstriche beim Geschmack und gesundheitlichen Wert machen.

Joghurt mit Bindemittel enthält Stärke oder Gelatine und hat dadurch eine dicke Konsistenz. Die Zutaten müssen deklariert werden.

Joghurt mit Milcheiweiß verdankt seine bessere Standfestigkeit dem Zusatz von Milcheiweiß. Es muss auf der Verpackung ausgewiesen sein.

Kefir

Kefir ist ein spritziges, erfrischendes Produkt und gilt als gesündestes Sauermilchprodukt überhaupt. Zur Herstellung wird eine Mischung aus Milchsäurebakterien und Hefekulturen verwendet. Die Kefirpilze vergären einen Teil der Milchsäure in Alkohol und Kohlensäure. Der Alkoholgehalt beträgt jedoch nur 0,1 bis 0,6 % und ist somit selbst für Kinder unbedenklich. Auf den Markt kommt Kefir zum Löffeln und als Getränk sowie in vier verschiedenen Fettstufen.

Wenn im Kefir-Becher die Kohlensäure den Deckel wölbt, ist das Produkt darunter ein Hochgenuss. Kenner wissen, dass Kefir zum Ende des Mindesthaltbarkeitsdatums am allerbesten schmeckt.

Saure Sahne (Sauerrahm)

Dabei handelt es sich um frische Sahne, die mit Hilfe von Milchsäurebakterien gesäuert und dickgelegt wurde. Sauerrahm gibt es in Fettstufen von 10 bis 30 %. Zum Verfeinern heißer Speisen eignet sich am besten ein Produkt mit hohem Fettgehalt. Bei magerem Rahm flockt das Milcheiweiß leicht aus.

Schmand

Schmand ist eine alte bäuerliche Bezeichnung für Sahne. Heute versteht man darunter löffelfesten Sauerrahm mit mindestens 20 % Fett.

Trinkmolke

Sie fällt automatisch bei der Käseherstellung an und enthält das besonders hochwertige Molkeneiweiß sowie Milchzucker, Vitamine und Mineralstoffe. Gemischt mit Säften und Aromastoffen ergibt Molke ein kalorienarmes, erfrischendes Getränk.

Schmand

Trinkmolke

Nährwerte

Milch und Milchprodukte	kcal/kj je 100 g
Buttermilch	35/144
Crème fraîche (40 % Fett)	378/1582
Dickmilch (3,5 % Fett)	61/254
H-Milch (3,5 % Fett)	64/267
H-Milch (1,5 % Fett)	47/195
Joghurt (1,5 % Fett)	44/182
Joghurt (3,5 % Fett)	61/254
Kefir	61/254
Kondensmilch (10 % Fett)	176/737
Sauerrahm (10 % Fett)	117/490
Sahne (30 % Fett)	309/1291
Vollmilch (3,5 % Fett)	64/267
Trinkmilch (1,5 % Fett)	47/195
Vorzugsmilch	67/279

MILCH & MILCHPRODUKTE

Käse

Munsterkäse

„Und Circe setzte die Männer auf prächtige Sessel und Throne, mengte geriebenen Käse mit Honig in das Gericht, damit sie der Heimat gänzlich vergaßen." So schrieb Homer im 8. Jahrhundert v. Chr. Ein ewiges Geheimnis bleibt jedoch, ob es am Käse lag, dass die Herren der griechischen Schöpfung (mit Ausnahme von Odysseus) tatsächlich nicht mehr nach Hause kamen. Dass Mann sich heute noch von einem köstlichen Käse becircen lässt, ist durchaus vorstellbar …

Käse ist erstklassige Milch am Stück, und die ungeheure Vielfalt verführt zum Schwelgen. Neben dem allgegenwärtigen Kuhmilchkäse stehen heute auch Schafs-, Ziegen- oder Büffelmilch-Spezialitäten hoch im Kurs. Doch die meisten Käsesorten werden aus Kuhmilch hergestellt. In jedem Fall sind alle wertvollen Nähr- und Aufbaustoffe der Milch in konzentrierter Form enthalten: Eiweiß, Fett, Vitamine und Mineralstoffe.

Niemand kann sagen, wie viel Käsesorten es auf der Welt gibt. Es zählen ja nicht nur jene, die im Supermarkt etc. verkauft werden, sondern auch Sorten, die nur eine regionale Bedeutung haben. Man geht von weltweit über 4000 Käsesorten aus. In Deutschland sind es mehr als 150 Produkte von zart-schmelzend bis würzig-pikant und von sahnig-weich bis hart. Doch die Verbraucher schlemmen sich nicht nur genüsslich durch heimischen Käse, sondern auch durch zahlreiche importierte Sorten aus Holland, Dänemark, der Schweiz, Italien, Spanien oder Griechenland. Als das „Käseland" schlechthin gilt Frankreich. Selbst General de Gaulle tat einst einen Seufzer, der in die Annalen einging: „Wie soll man ein Land regieren, das 325 Käse hat?" Was der Präsident nicht ahnte: Frankreich stellt mindestens 1000 verschiedene Käsesorten her.

Spickzettel

- Die Käsesorten im Handel werden vorwiegend aus Kuhmilch hergestellt, doch es gibt auch Spezialitäten aus Ziegen- und Schafsmilch.
- Entsprechend seiner Konsistenz wird Käse in Gruppen eingeteilt: Hartkäse, Schnittkäse, halbfester Schnittkäse, Weichkäse und Frischkäse.
- Weichkäse und halbfestem Schnittkäse werden teilweise Schimmelpilzkulturen (Weiß-, Rot- und Blauschimmel) zugesetzt.
- Teilt man Käse nach der Gerinnungsart ein, gibt es Sauermilchkäse und Süßmilchkäse.
- Die meisten Käse werden aus pasteurisierter Milch hergestellt, einige auch aus Rohmilch.
- Mit Ausnahme von Frischkäse müssen alle Käse reifen.
- Schmelzkäse wird aus verschiedenen Käsearten geschmolzen und streichfähig oder schnittfest angeboten.

Wie Milch zu Käse wird

Am Anfang ist die Rohmilch. Sie kann nach dem obligatorischen Reinigen ohne weitere Behandlung zu Rohmilchkäse verarbeitet werden. Für die meisten Käsesorten verwendet man jedoch erhitzte (pasteurisierte) Milch. Das Pasteurisieren tötet gesundheitsschädliche Keime ab, gleichzeitig aber leider auch einen Teil der geschmacksbildenden Enzyme. Deshalb schmeckt Rohmilchkäse kräftiger als die gleiche Sorte aus pasteurisierter Milch.

Je nachdem, welchen Fettgehalt ein Käse haben soll, verdünnt man die Milch mit Magermilch oder gibt Rahm zu. So lassen sich Fettstufen von weniger als 10 % bis zu höchstens 87 % Fett i. Tr. einstellen. Derart vorbereitet muss die Milch gerinnen. Jetzt fällt die Entscheidung, ob Sauermilchkäse oder Süßmilchkäse entstehen soll:

Sauermilchkäse

Entrahmte Milch wird mit Milchsäurebakterien „geimpft". Diese verwandeln den Milchzucker in Milchsäure, die wiederum das Milcheiweiß gerinnen und eindicken lässt. Die dickgelegte Milch wird nochmals erhitzt. Anschließend trennt sich in einem Konzentrator die Molke von der Käsemasse und fließt ab. Zurück bleibt lockerer Frischkäse, der durch Homogenisieren seine typische cremige Konsistenz erhält und anschließend in Becher abgefüllt werden kann.

Zur Herstellung von festem Sauermilchkäse formt man die Käsemasse nach Bedarf, reichert sie eventuell mit Kräutern und Gewürzen an und lagert sie bei relativ warmer Temperatur. Das Trocknen und Reifen dauert etwa zwei Wochen. Während dieser Zeit erhält der Käse eine Spezialbehandlung und dadurch seinen typischen Charakter.

Sauermilchkäse mit Schimmel (zum Beispiel Hand-, Korb- und Stangenkäse) wird nach dem Formen mit Schimmelpilzkulturen besprüht. Es gibt auch Produkte, die teilweise mit Labquark hergestellt oder zu einem gewissen Anteil mit Rotschmiere-Bakterien behandelt werden.

Sauermilchkäse mit Rot- oder Gelbschmiere (zum Beispiel Mainzer, Harzer oder Romadur) besprüht man nach dem Formen mit speziellen Bakterienkulturen. Sie bilden nach und nach eine schmierige rote oder gelbe Schicht, die dem Käse einen besonders pikanten Geschmack und Duft verleiht.

Süßmilchkäse

Die meisten Käse sind Süßmilchkäse. Zum Dicklegen der Milch verwendet man Lab – ein Ferment, das Eiweiß ohne Säure gerinnen lässt. Häufig wird zusätzlich eine geringe Menge Milchsäurebakterien zugegeben, um den Geschmack und die spätere Reifung des Käses zu verbessern.

Schon nach wenigen Minuten beginnt die Milch zu gerinnen, doch man lässt dem Prozess mehrere Stunden Zeit. Dann hat sich die Milch in eine gallertartige Masse – die sogenannte Gallerte – verwandelt. Sie besteht aus Eiweiß und Molke, die nun voneinander getrennt werden müssen.

Ein wichtiges Instrument bei der Käseherstellung ist die Käseharfe – ein mit feinen Metallfäden bespanntes Rührgerät. Mit der Käseharfe wird die Gallerte kreuz und quer zerschnitten, wodurch sich die Molke von den festen Bestandteilen löst. Es entsteht der sogenannte Käsebruch, der sich aus geballten Käsekörnern zusammensetzt. Je kleiner die Stücke, desto fester wird später der Käse, weil mehr Molke abfließen kann. Und je gleichmäßiger geschnitten wird, desto besser die Konsistenz des fertigen Käses. Leichtes Erhitzen sowie vorsichtiges Rühren und Kneten fördern die Trennung von der Molke. Bei großen Käsesorten wie beispielsweise „Emmentaler" hebt man den Bruch mit einem Leinentuch aus dem Kessel und lässt die Molke abfließen. Kleine Käse wie Camembert werden oft noch von Hand abgeschöpft. Der Bruch kommt in gelochte Förmchen, damit die restliche Flüssigkeit ablaufen kann. Bei der industriellen Fertigung wird der Bruch häufig mit Druck ausgepresst und gleichzeitig geformt – zum Rad, zur Kugel, viereckig, zylindrisch usw.

 ## Rohmilchkäse

Zu Rohmilchkäse verarbeitet man Milch quasi frisch aus dem Euter von Kühen, Schafen oder Ziegen. Für manche Produkte bleibt die Milch auch bis zum nächsten Tag stehen, damit sie aufrahmen kann. Soll der Käse magerer werden, schöpft man Rahm ab. Ohnehin ist der Fettgehalt heute entsprechend den gesetzlichen Vorschriften meist standardisiert.
Auf jeden Fall bleibt die Rohmilch naturbelassen, wird also weder pasteurisiert noch homogenisiert. Erlaubt ist lediglich ein Erwärmen auf maximal 40 °C. Dabei überleben zwar die erwünschten Mikroorganismen, aber auch unerwünschte wie Krankheitskeime etc. halten die Temperatur problemlos aus. Deshalb hat der Gesetzgeber strenge Auflagen für Rohmilchkäse erlassen. Qualitätskontrollen werden häufiger durchgeführt als bei Käse aus pasteurisierter Milch. Die zugelieferte Milch wird täglich analysiert, und die Bauernhöfe samt ihrer Kühe unterliegen regelmäßigen Kontrollen.
Rohmilchkäse aus hochwertiger Milch hat ein unvergleichliches Aroma und einen meist kräftigen und intensiven Geschmack. Je nach Jahreszeit, Reifegrad und Herkunft schmeckt ein und dieselbe Sorte immer wieder ein wenig anders. Kenner rühmen gerade diesen Individualismus. Allerdings kann Rohmilchkäse wegen der möglicherweise enthaltenen Keime für Menschen mit geschwächtem Immunsystem unbekömmlich sein.
Unbedenklich ist der Genuss von Hartkäse wie beispielsweise Emmentaler, denn das Herstellungsverfahren mit Salzbad und langer Reifezeit macht schädlichen Mikroorganismen den Garaus. Unpasteurisierte Frisch- und Sauermilchkäse dürfen in Deutschland nicht in den Handel kommen und für Weichkäse bestehen Beschränkungen.

MILCH & MILCHPRODUKTE

Rollino

Harzer Käse

Hartkäse

Mit Ausnahme von Frischkäse brauchen alle Käse nach dem Formen ein Salzbad. Das Salz erfüllt eine Reihe von wichtigen Aufgaben: Es festigt die Laibe, begünstigt die Rindenbildung, fördert die Reifung, erhöht die Haltbarkeit, wehrt schädliche Bakterien ab, verleiht dem Käse einen ausgewogenen Geschmack.

Ruhen und Reifen

Nächste Station ist der kühle Reifekeller. Hier lagert der Käse – je nach Sorte eine Woche oder viele Jahre – auf Holzregalen und darf in aller Ruhe seinen eigenständigen Charakter und die typischen Merkmale wie Geschmack, Aroma, Aussehen und Konsistenz ausbilden. Entscheidend daran beteiligt sind Temperatur, Luftfeuchtigkeit und der Luftaustausch im Raum. Auch an der sorgfältigen Pflege darf es nicht fehlen. Der Käse wird regelmäßig gewendet, abgerieben oder gebürstet. Beispielsweise erfordert Käse, der eine feste Rinde haben soll, mehrfaches Abreiben mit Salzlösung. Andere Käse werden immer wieder mit Schimmelpilz- oder Bakterienkulturen besprüht, damit sich Weißschimmel, Gelb- oder Rotschmiere bilden.

Nach dem Reifen werden manche Produkte zum Schutz der Rinde mit Öl eingerieben oder in Paraffin getaucht. Das Entstehen von Rinde lässt sich aber auch unterbinden. Der Käse wird sehr trocken gelagert und noch unreif in Folie unter Vakuum eingeschweißt. So kann der Käse zwar noch reifen, aber keine Rinde bilden.

Geheimnisvolle Löcher

Wie kommen die Löcher in den Käse? Diese Frage bewegt Käsefreunde jeden Alters. Zur Beruhigung sei gesagt: Die Löcher werden nicht von eifrigen Schweizern gebohrt, sondern entstehen auf natürliche Weise während des Reifens. Der Grund: In der frischen Käsemasse, genauer gesagt in der Molke, befinden sich Milchsäurebakterien, die den Milchzucker in Milchsäure umwandeln. Im weiteren Verlauf entstehen durch Gärung Gase, vor allem Kohlensäure. Diese können wegen der Käserinde nicht entweichen und bilden deshalb im Käse Hohlräume. Rohmilch enthält mehr Bakterien als pasteurisierte Milch. Deshalb sind die Löcher im Rohmilchkäse wie beispielsweise „Emmentaler" besonders groß und zahlreich. Einfluss nimmt auch die Temperatur. Bei wärmerer Lagerung entstehen größere Löcher. Wenn's kälter ist, fallen die Löcher klein aus wie beim „Tilsiter". Schlitzförmige Löcher sind typisch, wenn der Käse in Schichten geschöpft wird (zum Beispiel Cheddar) oder wenn beim Einfüllen des Käsebruchs in die Form Luftblasen eingeschlossen werden. Größe, Form und Verteilung der Löcher informieren den Fachmann über den Verlauf der Reifung und geben Aufschluss über die Qualität des Käses. Sind Löcher nicht erwünscht, muss der Käsebruch mit so wenig Molke wie möglich geschöpft werden.

Die Kunst der Veredelung

Sie wurde in Frankreich erfunden, wo man die Käseherstellung geradezu zelebriert. Der „Affineur" ist einer, der sozusagen rohen „Diamanten" den nötigen Schliff verpasst bzw. guten Käse durch „Affinage" (Veredelung) zu etwas ganz Besonderem macht. In kleinen französischen Käsereien oder bei Bauern auf dem Land fahndet der Affineur (den es übrigens längst auch mit deutschem Pass gibt) nach traditionell hergestellten Käsesorten, für die sich der Aufwand des Veredelns lohnt. Diese Sorten erfahren dann eine Behandlung, die speziell ihrem Charakter entspricht und ihn voll zur Geltung bringt. Je nach Sorte wird der Käse beispielsweise durch eine entsprechende Lagerung oder Behandlung der Oberfläche zu seinem Besten verändert. Solche Spezialitäten erhält man meist nur in kleinen Geschäften mit ausgesuchtem Sortiment.

 Erlaubte Zusatzstoffe

Entsprechend der Zusatzstoffzulassungsverordnung dürfen bei der Käseherstellung bestimmte Zusatzstoffe verwendet werden: als Farbstoffe Beta-Karotin und Lactoflavin, eingeschränkt Anatto und Chlorophylle, als Konservierungsstoffe Natamycin (Oberfläche) und Sorbinsäure. Alle Zusatzstoffe sind auf der Zutatenliste auszuweisen.

 Was ist Lab?

Natürliches Lab stammt aus dem Magen von Kälbern. Es enthält das Enzym Chymosin, das die Milch gerinnen lässt. Gewinnen lässt sich Lab aber auch aus Schimmelpilzkulturen (mikrobielles Lab). In Deutschland noch nicht, aber in vielen anderen Ländern zugelassen ist gentechnisch hergestelltes Lab.

Die Gruppen-Ordnung

Um Käse-Vielfalt übersichtlicher zu gestalten, ordnet man die Produkte entsprechend ihrer Konsistenz in fünf grundsätzliche Gruppen ein:
- Frischkäse
- Weichkäse
- Halbfester Schnittkäse
- Schnittkäse
- Hartkäse

Die Zugehörigkeit zu einer der Gruppen wird vom Gehalt an Trockenmasse bestimmt, der aber nicht auf der Verpackung bzw. dem Preisschild in der Bedienungstheke steht. Jeder Käse setzt sich aus Wasser und trockenen Bestandteilen zusammen. Entzieht man das Wasser, bleiben als Trockenmasse Fett, Eiweiß, Kohlenhydrate, Vitamine und Mineralstoffe zurück. Je härter der Käse, desto höher der Anteil an Trockenmasse. Ein reifer Hartkäse beispielsweise besitzt nur noch wenig Wasser, aber dafür viel Trockenmasse. Bei Frischkäse dagegen überwiegt das Wasser.

„Analog-Käse" („Kunst-Käse") ist ein Käse-Imitat, das nicht oder weitgehend nicht aus Milch hergestellt wird. Er wird z. B. bei Fertigprodukten oder der Zubereitung von Speisen, wie Pizza oder beim Überbacken von Brötchen verwendet. Lebensmittel mit Käse-Imitaten müssen für den Verbraucher klar erkennbar sein. So dürfen beispielsweise Brötchen mit Käse-Imitat nicht „Käsebrötchen" heißen. In Speisekarten oder an der Ladentheke darf nicht der Eindruck entstehen, dass sie mit Käse überbacken sind.

Chaumes

Ziegenkäse

Die Sache mit dem Fett

Ein wesentlicher Bestandteil von Käse ist das Milchfett, und der Europäische Gerichtshof stellte eindeutig klar: „Ein Käse, dessen Milchfett durch Pflanzenfett ersetzt wurde, ist kein Käse mehr." Also dürfen sich beispielsweise derartige Diät-Produkte nicht „Käse" nennen.

Der Gesetzgeber schreibt auch vor, dass bei jedem Käse der Fettgehalt auf der Verpackung oder dem Preisschild anzugeben ist. Da heißt es dann beispielsweise „50 % Fett i. Tr.". Die Abkürzung steht für „Fett in Trockenmasse", was bedeutet: Der Fettanteil befindet sich nicht im gesamten Käse, sondern nur in der wasserfreien Trockenmasse. Unter diesem Gesichtspunkt wird klar: Im gesamten Käse steckt tatsächlich deutlich weniger Fett, als die Prozentzahlen befürchten lassen. Wie viel, kann man leicht ausrechnen.
Beispiel:
Besteht ein Schnittkäse mit 30 % Fett i. Tr. zu etwa 50 % aus Trockenmasse, so sind das bei 100 g gerade mal 50 g. Davon sind wiederum 30 % Fett, also ca. 15 g.

Als Faustregel kann gelten: Der tatsächliche Fettgehalt ist bei Schnittkäse „über den Daumen" etwa halb so hoch wie die Angabe „Fett i. Tr.". Wer beim Einkauf einen Taschenrechner dabei hat, verschafft sich schnell Klarheit durch Multiplizieren der angegebenen Fett-i.-Tr.-Zahl mit 0,3 bei Frischkäse, 0,5 bei Weichkäse, 0,6 bei Schnittkäse und 0,7 bei Hartkäse. Allerdings sind auch dies nur Richtwerte, da der Trockenmassegehalt je nach Käsesorte unterschiedlich ist.

Fettgehaltsstufen

Grundsätzlich sieht die Käse-Verordnung acht Fettgehaltstufen vor, in denen sich alle angebotenen Käsesorten wiederfinden müssen:

Magerstufe	weniger als 10 % Fett i. Tr.
Viertelfettstufe	mindestens 10 % Fett i. Tr.
Halbfettstufe	mindestens 20 % Fett i. Tr.
Dreiviertelfettstufe	mindestens 30 % Fett i. Tr.
Fettstufe	mindestens 40 % Fett i. Tr.
Vollfettstufe	mindestens 45 % Fett i. Tr.
Rahmstufe	mindestens 50 % Fett i. Tr.
Doppelrahmstufe	mindestens 60 % und höchstens 87 % Fett i. Tr.

Wassergehalt

Eine weitere Klassifizierung der Käsesorten erfolgt nach dem Wassergehalt in der fettfreien Käsemasse. Die Abkürzung lautet Wff (englisch: water fat free) und bezieht sich auf den gesamten Käse, aber ohne Fettanteil. Für die einzelnen Käsegruppen ergeben sich demnach folgende Wff-Werte:

Frischkäse	über 73 %
Weichkäse	über 67 %
Sauermilchkäse	60 bis 73 %
Halbfester Schnittkäse	61 bis 69 %
Schnittkäse	54 bis 63 %
Hartkäse	56 % und weniger

Als weitere Käsegruppe, allerdings mit nicht festgelegtem Wassergehalt, gilt der Pasta Filata Käse.

MILCH & MILCHPRODUKTE

Sorten von zart bis hart

Bio-Schafsmilchkäse

In jeder Käsegruppe gibt es sogenannte Standardsorten. Deren Herstellung, Beschaffenheit und Eigenschaften sind in der Käseverordnung genau festgelegt. Zu den Standardsorten gehören beispielsweise Emmentaler, Gouda, Edamer, Tilsiter, Camembert, Brie, Romadur, Speisequark, Mozzarella, Schichtkäse und Harzer Käse. Bei den „freien Sorten" handelt es sich um teils bekannte, teils neue Sorten auf dem Markt. Bei diesen Produkten hat der Hersteller mehr Spielraum beispielsweise hinsichtlich der verwendeten Milchart, des Fett- und Trockenmassegehalts sowie der Zutaten. Bei der Kennzeichnung dürfen jedoch keine Angaben gemacht werden, die zur Verwechslung mit einer Standardsorte führen könnten.

Kontrollierte Herkunftsbezeichnungen

Manche in- und ausländischen Käse tragen ein Gütesiegel. Üblich sind kontrollierte Herkunftsbezeichnungen, die vor Nachahmung und Namensmissbrauch schützen. Für Deutschland hat die Europäische Kommission zwei Bezeichnungen festgelegt:

- **g. g. A. = geschützte geografische Angabe**
  Das Produkt stammt aus einem festgelegten Gebiet, die Herstellung muss jedoch nicht in allen Schritten dort erfolgen. Bei Käse muss nicht einmal die Milch aus der angegebenen Gegend stammen. Die Qualität des Produkts wird somit mehr von der Art der Herstellung bestimmt als von der Region.

- **g. U. = geschützte Ursprungsbezeichnung**
  (englisch: PDO = Protected Designation of Origin, französisch: AOP = Appellation d'Origine Protégée)
  Hier muss von der Milch bis zum fertigen Käse alles in der genannten Region gewonnen und verarbeitet werden. Das Produkt wird somit zu einem guten Teil vom Charakter des Gebiets geprägt.

Auch andere Länder verleihen Gütesiegel an Produkte, die besondere Qualitätskriterien erfüllen: In Italien steht DOP für *Denominazione di Origine Protetta* (früher DOC) auf den Produkten, in Spanien AO = *Apelación Oficial* und in Frankreich AOC = *Appellation d'Origine Contrôlée*. Im Prinzip bedeuten diese Siegel, dass der jeweilige Käse aus einem fest umrissenen Gebiet stammt und den dort gesetzlich festgelegten Vorschriften zur Herstellung und Zusammensetzung entspricht und die typischen Eigenschaften aufweist.

Die Franzosen allerdings machen bereits Zugeständnisse. So muss AOC-Käse nicht mehr aus Rohmilch, sondern darf auch aus pasteurisierter Milch hergestellt werden. Erlaubt sind außerdem eine Erweiterung des Milcheinzugsgebiets und die künstliche Beschleunigung der Reifung. Das AOC-Siegel ist oft mit dem AOP-Siegel erbunden, das die geschützte Herkunft bestätigt (entspricht g. U.).

Am liebsten Bio-Käse

Immer mehr Verbraucher achten beim Käse-Einkauf auf das bundeseinheitliche Bio-Siegel oder die diversen Siegel von Öko-Verbänden wie Demeter, Bioland, Naturland usw. Man findet es inzwischen auf allen Käsearten. Bio-Käse wird ausschließlich mit natürlichen Zutaten hergestellt, also ohne chemische Zusätze wie künstliche Konservierungs- und Farbstoffe. Die tierischen Bio-Milch-Lieferantinnen – Kühe, Ziegen und Schafe – führen ein artgerechtes Leben und fressen das ganze Jahr über biologisches Grünfutter. Auf Silage wird ebenso verzichtet wie auf den Zusatz von Leistungsförderern und Antibiotika. Die Einhaltung der strengen Auflagen unterliegt regelmäßigen Kontrollen.

Frischkäse

Alle Käsesorten, die keine Reifung brauchen, werden als Frischkäse bezeichnet. Sie schmecken säuerlich-mild, haben eine weiche, oft gut streichfähige Konsistenz und werden in acht Fettstufen angeboten, also von der Mager- bis zur besonders cremigen Doppelrahmstufe.

Speisequark

Aus 4 kg pasteurisierter Magermilch erhält man 1 kg Speisequark. Dickgelegt wird die Milch von Milchsäurebakterien und Lab, wodurch der angenehm frische, mild-säuerliche Geschmack entsteht. Nach dem Abtrennen der Molke durch Zentrifugieren wird die gewünschte Fettstufe (alle acht Stufen sind möglich) durch Zugabe von Sahne eingestellt, die Mischung cremig geschlagen, gekühlt und in Becher abgefüllt. Die gängigsten Sorten haben in der Magerstufe weniger als 10 % Fett i. Tr., in der Halbfettstufe mindestens 20 % Fett i. Tr. und in der Fettstufe 40 % Fett i. Tr. (Sahnequark). Speisequark enthält generell viel Wasser und wenig Trockenmasse. Dadurch ist der absolute Fettgehalt selbst in der höchsten Stufe nie übermäßig hoch. Magerquark besitzt am meisten Milcheiweiß.

Speisequark ist die offizielle Bezeichnung für ein Produkt, das landauf, landab unterschiedliche Namen hat. In Bayern heißt es Topfen, im Schwäbischen Luckeleskäs, in Baden Bibbeleskäs, im Rheinland Klatschkäse, in Hessen Sibbkäs, in Mitteldeutschland Matz und in Ostpreußen Glumse.

Schichtkäse

Wenn dickgelegte Milch nach dem Abtrennen der Molke nicht wie Quark glattgerührt, sondern geschnitten und in viereckige Formen geschöpft wird, entsteht Schichtkäse. Wesentlich ist dabei, dass jede Schicht eine andere Fettstufe hat und deutlich erkennbar ist. Der Frischkäse hat ein säuerliches Aroma, schmeckt kräftiger als Quark und lässt sich in Scheiben schneiden. Außer in der Magerstufe wird Schichtkäse in allen Fettstufen produziert und meist in 500-g-Bechern angeboten.

Körniger Frischkäse

Feta

Körniger Frischkäse
Er wird auch als „Hüttenkäse" oder „Cottage Cheese" angeboten. Tatsächlich stammt das Produkt ursprünglich aus den USA. Typisch ist die grobkörnige Konsistenz. Bei der Herstellung wird dickgelegte Magermilch unter Rühren erwärmt. Dadurch ballt sich das Eiweiß zu Körnern zusammen. Sie werden mit kaltem Wasser ausgewaschen und häufig mit gesalzenem Rahm vermischt. Körniger Frischkäse wird üblicherweise mit 20 % Fett i. Tr. angeboten und ist ausgesprochen eiweißreich. Der sahnig-frische Geschmack harmoniert besonders gut mit Obst.

Feta/Salzlakenkäse
Es handelt sich hier um einen Salzlakenkäse. Das Wort „Feta" kommt aus dem Griechischen und bedeutet „Schnitte" oder „Scheibe". Original-Feta wird aus reiner roher Schafsmilch, eventuell mit einem Zusatz von Ziegenmilch produziert. Hierzulande gibt es inzwischen jedoch auch Produkte aus pasteurisierter Kuhmilch. Das Besondere an Feta: Er wird in Würfel, Quader oder Scheiben geschnitten und vier bis sechs Wochen in Salzlake eingelegt. So entwickelt er seinen mild-aromatischen, mäßig säuerlichen Geschmack. Die weiße bis cremefarbene Käsemasse enthält 45 bis 50 % Fett i. Tr. und 52 bis 56 % Trockenmasse. Der Kochsalzgehalt liegt bei 3 bis 5 %. Innerhalb der EU bleibt die Bezeichnung Feta seit 2007 griechischen Erzeugnissen vorbehalten, entsprechende Erzeugnisse aus anderen Ländern müssen als Salzlakenkäse deklariert werden.

Mascarpone
Italien lässt grüßen mit Mascarpone – einem Doppelrahm-Frischkäse, der aus Sahne, 30 % Fett, aus Kuh- oder Büffelmilch hergestellt wird. Die Sahne-Milch-Mischung wird auf mindestens 75 °C erhitzt und mit Hilfe von Zitronensaft oder Weinessig dickgelegt. Mascarpone, der rund 80 % Fett i. Tr. aufweist, muss man möglichst frisch verwenden. Zur Herstellung von Tiramisu ist er unentbehrlich, aber auch für andere Desserts sowie für Tortenfüllungen und Saucen eignet sich Mascarpone bestens.

Pasta filata
In diese Kategorie gehören vor allem italienische Käsespezialitäten, die aus „pasta filata" – aus „gezogenem Teig" – bestehen. Man nimmt frischen Käsebruch, schneidet ihn in Stücke, überbrüht diese mit heißem Wasser („Brühkäse") und knetet die Masse zu einem elastischen Teig. Er lässt sich beliebig formen, beispielsweise zur Kugel oder „Birne", quadratisch, zylindrisch oder zu einem langen Strang.

Mozzarella ist bei uns der bekannteste Frischkäse dieser Art und gehört inzwischen laut Käseverordnung zu den Standardsorten. Mozzarella wird traditionell

Mozzarella – Pasta filata

Mozzarellakugeln

aus Büffelmilch hergestellt. Wegen des milderen Geschmacks und auch wegen der großen Nachfrage verwendet man aber gelegentlich auch Kuhmilch, eventuell mit Büffelmilch gemischt. Aus dem weißen Käseteig zieht man einen dicken Strang und schneidet ihn in Stücke. So entstehen 50 bis 100 g schwere Kugeln oder „Kuchen" mit mindestens 45 % Fett i. Tr. Sie kommen meist in Salzlake eingelegt und in Folie eingeschweißt auf den Markt.

Mozzarella besitzt eine gummiartige Konsistenz und lässt sich gut in glatte Scheiben schneiden. Seine Beliebtheit verdankt der Frischkäse vor allem der rein weißen Farbe, die perfekt zu Tomaten und Basilikum passt. Auf der Pizza wird Mozzarella weich und zieht lange Fäden. Er besitzt keinen ausgeprägten Eigengeschmack, drängt sich somit nirgends vor und verlangt nach Gewürzen. Für Liebhaber gibt es auch gereiften und dadurch festen sowie geräucherten Mozzarella.

In der Konsistenz dem Mozzarella ähnlich ist der *Scamorza* aus den Abruzzen. Er wird meist in Birnenform oder zum Zopf geflochten angeboten.

Doch nicht nur Frischkäse, auch Weich-, Schnitt- und Hartkäsespezialitäten werden im Filata-Verfahren hergestellt. Der *Caciocavallo* aus Süditalien ist gleichmäßig fest und je nach Reifezeit zum Schneiden oder Reiben geeignet. Er hat einen pikanten Geschmack und kommt birnen- oder spindelförmig geformt und mit Wachs umhüllt auf den Markt.

Halbhart ist der *Provolone* und je nach Herstellung süßlich oder würzig. Er wird teils phantasievoll geformt und mit einer Paraffinschicht ummantelt.

Burrata ist ein Weichkäse aus Kuhmilch und Sahne.

MILCH & MILCHPRODUKTE

Ricotta

Camembert

Ricotta
Ricotta entsteht aus der Molke, die bei der Hart- und Schnittkäse-Produktion „abfällt". Sie wird erhitzt und gerinnt durch die natürlich enthaltene Säure, manchmal aber auch durch Zusatz von Säure. Das Eiweiß flockt aus und wird abgeschöpft. Ricotta wird aus Schafs- oder Kuhmilch hergestellt und schmeckt mild und leicht süßlich. Alle Fettstufen sind möglich, wobei Ricotta aus Schafsmilch (Ricotta di pecora) am fettesten ist (70 bis 78 % i. Tr.). Ricotta gibt es auch gesalzen (Ricotta salata), gebacken (al forno) und geräuchert (affumicata).

Weitere Molkenkäse sind der norwegische *Braunkäse*, der im alemannischen Raum oder auch in Österreich erzeugte *Ziger* und der griechische *Manouri*.

Weichkäse
Im Trockenmasse-Anteil liegt Weichkäse zwischen 38 und 52 %. Er darf aus erhitzter Milch oder aus Rohmilch hergestellt werden, wobei Rohmilchkäse nach EU-Recht besonders strengen Hygienebestimmungen unterliegt. Weichkäse gibt es in unterschiedlichen Arten:
- mit weißem Oberflächenschimmel,
- mit blaugrünem Innenschimmel,
- mit weißem Oberflächenschimmel und Blauschimmel im Teig („Weiß-Blau-Käse"),
- mit Rot- oder Gelbschmiere.

Hergestellt wird Weichkäse mit Milchsäurebakterien und Lab. Die Edelpilzkulturen gibt man entweder gleich in den Teig oder sie werden auf die geformten Käselaibe aufgesprüht. Auch mit Bakterienkulturen für Rot- und Gelbschmiere erfolgt die Behandlung oberflächlich. Weichkäse hat eine geschmeidige Konsistenz und reift langsam von außen nach innen. Je höher die Temperatur, desto schneller vollzieht sich der Prozess. Junger Käse ist meist schnittfest und verrät sich häufig durch einen weißen Kern. Oft sorgen jedoch spezielle Bakterienkulturen für gleichmäßiges Durchreifen. In vollreifem Zustand entfaltet Weichkäse seinen optimalen Geschmack und ist cremig-weich.

Weichkäse mit Edelschimmel

Big Banon
Er stammt aus Frankreich, aus der Nähe von Beaujolais und wird aus Kuhmilch hergestellt. Sein elfenbeinfarbener Teig hat eine cremige Konsistenz und einige Bruchschlitze und -löcher. Die etwa 500 g schweren Laibe werden in Kastanienblätter gewickelt und kalt gelagert. Dadurch entwickelt der Big Banon innerhalb von zwei Wochen seinen säuerlichen, eigenwillig herben Geschmack. Der Fettgehalt liegt bei 50 % Fett i. Tr.

Der *Banon Chèvre* wird aus Ziegenmilch hergestellt und stammt aus der Provence. Er kommt als nur etwa 80 g schwerer, kleiner Laib auf den Markt, wie der Big Banon mit Kastanienblättern umwickelt. Der Banon Chèvre riecht nach Weinlaub, schmeckt mild bis würzig und hat zwischen 45 und 60 % Fett i. Tr.

Blauschimmelkäse
Bei dieser Käseart handelt es sich um Käse mit blauem bzw. blaugrünem Innenschimmel. Bei der Herstellung wird meist der Käsebruch noch vor dem Abschöpfen der Molke mit Schimmelkulturen „geimpft". Damit sich der Pilz gleichmäßig im Teig verteilt, wird der Käse während des Reifens mehrfach mit langen Nadeln pikiert. So kann Sauerstoff eindringen und das Wachstum der Pilze unterstützen.

Die meisten Käse mit Innenschimmel gehören zur Gruppe der halbfesten Schnittkäse. Doch beim Weichkäse gibt es einen weltberühmten Vertreter, den *Gorgonzola*. Dieser Italiener stammt ursprünglich aus der gleichnamigen Stadt in der Lombardei und wird aus pasteurisierter Kuhmilch hergestellt. Der zylindrische Laib mit etwa 12 kg Gewicht braucht 60 bis 80 Tage zum Reifen. Je nach verwendeten Schimmelkulturen entsteht ein milder „Dolce" oder ein schärferer „Piccante". Gorgonzola besitzt eine leicht rötliche Rinde. Der weiße bis strohfarbene Teig ist stark von blaugrünen Pilzadern durchzogen und hat eine fast streichfähige Konsistenz. Mit durchschnittlich 48 % Fett i. Tr. ist der Gorgonzola ein vollfetter Weichkäse. Es gibt ihn aber auch noch gehaltvoller mit Sahne oder Mascarpone zubereitet.

Ein französischer Vertreter ist der *Bleu de Bresse* aus Kuhmilch. Dieser Weichkäse trägt einen „Mantel" aus zartem, weißem Edelschimmel, der bei voller Reife meist eine leicht rötliche Schmiere an den Rän-

Gorgonzola – Blauschimmelkäse

Neufchâtel

Brie

dern bildet. Der geschmeidige bis brüchige cremefarbene Teig ist von Blauschimmel durchzogen. Angeboten wird der Bleu de Bresse in flacher Tortenform und mit 50 % Fett i. Tr.

Brie
Typisch für den Brie sind die flache Tortenform und der weiße Edelschimmel, der sich beim vollreifen Käse manchmal an den Rändern leicht rötlich färbt. Hergestellt wird Brie aus Kuhmilch. Sein cremefarbener Teig hat eine je nach Sorte geschmeidige oder etwas brüchige Konsistenz. Der junge Brie schmeckt mild und fein-säuerlich. Bei Vollreife wird der Geschmack leicht pikant.

Camembert
Kein anderer französischer Käse ist so bekannt wie er. Seine Heimat ist die Normandie, wo nur die Milch aus einem begrenzten Bereich verarbeitet werden darf und lange vorreifen muss. Auch die Form des Camemberts (ein flacher runder Laib) sowie der Fettgehalt von mindestens 45 % i. Tr. sind vorgeschrieben. Früher stellte man den Weichkäse nur aus Rohmilch her, heute ist pasteurisierte Milch durchaus üblich. In Deutschland verwendet man für Camembert nur erhitzte Milch, und er kommt in fast allen Fettstufen auf den Markt.

Der Camembert ist ein flacher Käse mit samtiger weißer Schimmeldecke, die mit zunehmender Reifung eine blaugraue Färbung annimmt. Bei uns ist der ganz junge Camembert besonders beliebt. Er hat einen elastischen cremefarbenen Teig, schmeckt mild-milchig und duftet nach Champignons. Darf der Käse reifen, nimmt der Teig eine gelbliche Färbung an und wird weich und „speckig". Der Geschmack verändert sich bis zu streng-würzig.

Chaource
Dieser französische Käse aus Kuhmilch beginnt seine Karriere fünf Tage nach der Herstellung als Frischkäse. Lässt man ihn 30 Tage reifen, wird er als Weichkäse eingestuft. Je nach Reifezustand ist die Oberfläche glatt und cremeweiß bis zu leicht rotschmierig. Auch der Teig verändert sich von cremeweiß zu gelblich und von zart zu fest. Der Anfangs fruchtige bis leicht säuerliche Geschmack wird mit zunehmender Reife kräftiger. Angeboten wird der Chaource mit 50 bis 55 % Fett.

Corsica
Dieser Weichkäse aus Schafsmilch mit 50 % Fett i. Tr. wird nach korsischer Schäfertradition hergestellt. Er schmeckt mild-würzig bis kräftig. Seine Weißschimmelrinde verfärbt sich mit zunehmender Reife rötlichbraun. Der Teig ist geschmeidig und hat kleine Bruchlöcher.

Neufchâtel
Dieser Weichkäse stammt aus dem französischen Departement Seine-Maritime in der Normandie und soll bereits seit dem Jahr 1035 bekannt sein. Der Neufchâtel trägt das AOC-Gütesiegel und muss demnach besonders strenge Qualitätskriterien erfüllen. Der junge Käse hat eine feine Schimmelschicht, die sich mit zunehmender Reife rötlich verfärbt. Der geschmeidige Teig besitzt einen weißen Kern. Anfangs schmeckt der Neufchâtel aromatisch-mild mit frischer, säuerlicher Note. Mit zunehmendem Alter wird der Käse pikant und leicht salzig. Auf den Markt kommt der Neufchâtel unterschiedlich geformt und in verschiedenen Größen. Tradition hat jedoch die Herzform („Cœur de Neufchâtel"). Der Fettgehalt i. Tr. liegt zwischen 45 und 60 %.

Weißer Prinz
Er stammt aus Österreich und wird aus Schafsmilch hergestellt. Der weiße Schimmelrasen überzieht einen hellen, cremigen Teig mit unregelmäßig großen Rundlöchern. Der Weiße Prinz besitzt den typischen Schafsmilchgeschmack und hat ein mildes Aroma, das mit zunehmendem Alter pikanter wird. Der Fettgehalt liegt bei 50 % i. Tr.

MILCH & MILCHPRODUKTE

Chaumes

Munsterkäse

Limburger

Weichkäse mit Rot- und Gelbschmiere
Alle Käse mit Rot- und Gelbschmiere, egal welcher Herkunft, vereint der kräftige Geschmack.

Chaumes
Dieser runde Weichkäse stammt aus dem Südwesten Frankreichs und hat längst auch den deutschen Handel erobert. Den sahnig-geschmeidigen Teig umhüllt eine schmierige, gelborange Rinde. Beliebt ist der Chaumes wegen seines vollwürzigen bis pikanten Geschmacks.

Epoisses de Bourgogne
Angeblich wurde diese französische Kuhmilch-Spezialität schon zu Beginn des 16. Jahrhunderts von Zisterzienser-Mönchen erfunden. Weitergegeben wurde das Rezept aber sicher von Bäuerinnen. Napoleon soll den Käse besonders geschätzt haben, und noch zu Beginn des 20. Jahrhunderts war der Epoisses de Bourgogne sehr beliebt. Dann geriet er in Vergessenheit und tauchte erst nach dem Zweiten Weltkrieg wieder aus der Versenkung auf. Heute steht der Weichkäse mit Rotkultur bei Feinschmeckern hoch im Kurs. Sie loben den intensiven, leicht alkoholischen Geschmack, den er dem „Marc de Bourgogne" verdankt, einem Tresterbrand. Während des Reifens wird der Käse nämlich regelmäßig mit einer Mischung aus Salzwasser und Schnaps gewaschen, wobei man den alkoholischen Anteil ständig erhöht. Der Fettgehalt des Käses liegt bei 50 % i. Tr.

Langres
Er wird aus Kuhmilch hergestellt und trägt das AOC-Gütesiegel, wonach der Käse besonders strenge Qualitätskriterien zu erfüllen hat. Der Langres überrascht unter der klebrig-feuchten, rot glänzenden Rinde mit einem festen, geschmeidigen Teig. Der Käse mit 50 % Fett i. Tr. schmeckt etwas salzig, dabei aber mild und gleichzeitig würzig. Kenner genießen ihn so, wie es in seiner Heimat, der Champagne, schon immer üblich war: Vor dem Verzehr wird in die typische kleine Mulde auf der Oberfläche des Käses etwas Champagner oder Marc de Champagne gefüllt.

Limburger
Bevor man ihn sieht, riecht man ihn. Und beim Limburger mit seiner feuchten, gelbrötlich geschmierten Oberfläche hält der kräftige Geschmack, was der Duft verspricht. Hergestellt wird der Käse aus pasteurisierter Kuhmilch nach einem uralten Rezept aus der belgischen Grafschaft Limburg. Es verlangt unter anderem häufiges Schmieren mit Rotschimmel-Kulturen während des drei bis vier Wochen dauernden Reifens. Der Limburger hat einen weißen bis hellgelben Teig mit wenig Bruchlöchern und kann im Kern noch etwas bröckelig sein. Angeboten wird der Käse in fünf Fettstufen bis zur Rahmstufe. Typisch ist die Ziegelform, weshalb man den Limburger auch „Backsteinkäse" oder „Stangenkäse" nennt.

Nahe Verwandte des Limburger sind der *Romadur* und der *Weinkäse*. Romadur schmeckt etwas milder als Limburger, hat einen weicheren Teig und wird in 100- bis 200-g-Stangen angeboten. Der geschmeidige Weinkäse ist zum runden Laibchen mit 62,5 g geformt und schmeckt so mild, dass er besonders gut zum Wein passt.

Livarot
Um den runden Käse in Form zu halten, wurde er früher während des Reifens mit Riedgrashalmen umwickelt, später dann mit Papier. Weil das aussah wie ein Offiziersstreifen, erhielt der Käse den Spitznamen „Colonel". Er hieß aber auch „Fleisch der Armen", weil er im 19. Jahrhundert in seiner Heimat, der Normandie, der am meisten verzehrte Käse war. Bis heute hat sich das Herstellungsverfahren nur wenig geändert. Der Kuhmilch-Käse (50 % Fett i. Tr.) muss mindestens drei Wochen reifen und wird während dieser Zeit jeden zweiten Tag mit Salzwasser abgerieben und gewendet. Käsefreunde bevorzugen den Livarot gut gereift. Wenn der Finger auf Druck im Teig versinkt, ist der Käse optimal. Dann entfaltet er seinen kräftig-pikanten Geschmack und duftet intensiv. Duftet er jedoch nach Ammoniak, zeigt dies an, dass der beste Reifegrad bereits überschritten ist.

Bonbel

Esrom

Havarti

Munster
Deutscher Munster-Käse wird aus pasteurisierter Milch hergestellt, schmeckt trotz Rotschmiere aromatisch mild und kommt in der Vollfett- sowie in der Rahmstufe auf den Markt. Das Original jedoch stammt aus dem französischen Munstertal im Elsass und ist deutlich pikanter. Sennereien stellen den Käse aus roher Kuhmilch her („Munster fermier"), Molkereien verwenden pasteurisierte Milch. In Frankreich wird der Munster in flachen runden Laiben produziert und hat mindestens 40 % Fett i. Tr. Der Käse hat einen gelben, geschmeidigen Teig, umhüllt von einer orangeroten Rinde mit gelbgrauen Schattierungen.

Tourrée de l'Aubier
Diesen Käselaib umgibt ein Ring aus Fichtenholz, der dem Tourrée de l'Aubier im Laufe des Reifens sein einzigartiges und sehr ausgeprägtes Aroma verleiht. Zum Servieren wird der Käse samt Ring geschnitten. Das Holz entfernt man erst direkt vor dem Verzehr.

Halbfester Schnittkäse
Diese Käsesorten füllen die Lücke zwischen Weichkäse und Schnittkäse. Im Gegensatz zu Weichkäse reift halbfester Schnittkäse von innen nach außen. Der Trockenmasse-Anteil liegt zwischen 44 und 56 %, was für die Konsistenz bedeutet: Halbfeste Schnittkäse sind gerade noch fest genug, um sich schneiden zu lassen. Geschmacklich ist in dieser Gruppe von mild bis streng alles vertreten. Eine Sonderstellung nehmen die Schimmelkäse ein. Sie schmecken deutlich kräftiger als die Weichkäse-„Kollegen", und die Beschaffenheit kann von weich bis hart variieren.

Bel Paese
Unter diesem geschützten Markennamen („Schönes Land") ist der Käse in Italien die Nummer eins unter den Schnittkäsen, und auch in deutschen Käsetheken hat sich der Bel Paese längst einen festen Platz erobert. Offiziell laufen Käse ähnlicher Art unter dem Begriff „Italico".
Der Bel Paese ist ein geschöpfter Butterkäse aus pasteurisierter Kuhmilch. Meist kommt er mit etwa 50 % Fett i. Tr. auf den Markt. Der Käse hat eine glatte, goldgelbe Rinde über einem weichen, strohfarbenen Teig ohne Löcher. Der zarte, leicht säuerliche Geschmack macht den Bel Paese so beliebt.

Bonbel
Der französische Käse wird in rechteckiger Blockoder abgeflachter Kugelform angeboten. Geschmacklich ist er sehr mild, aber aromatisch. Der glatte, hellgelbe Teig hat wenige kleine Löcher und ist von einer wachsartigen gefärbten Schutzrinde überzogen, die den Käse vor dem Austrocknen bewahrt.

Butterkäse
Das Produkt wird aus Kuhmilch hergestellt und reift langsam bei niedrigen Temperaturen und hoher Luftfeuchtigkeit. Dabei bildet sich der sehr milde, etwas säuerliche Geschmack. Der glatte gelbliche Teig kann von einer gelbbraunen bis rötlichen Haut umhüllt sein. Angeboten wird Butterkäse in der Vollfett-, Rahm- und Doppelrahmstufe.

Esrom
Dieser Käse in flacher Rechteckform stammt aus Dänemark und wird aus pasteurisierter Kuhmilch hergestellt. Der Esrom reift bis zu fünf Wochen und hat einen Fettgehalt von mindestens 45 % i. Tr. Typisch für den Esrom ist der weiche, gelbliche Teig mit unregelmäßigen kleinen Löchern, geschützt von einer dünnen, fettigen, gelb- bis rotbraunen Rinde. Der Käse schmeckt etwas säuerlich und pikant.

Havarti
Wie der Esrom, so kommt auch der Havarti aus Dänemark. Er wird aus pasteurisierter Kuhmilch erzeugt und reift bis zu neun Wochen. Die Oberfläche des meist brotförmigen Käses ist mit rotgelber Schmiere behandelt und wird durch eine Paraffinschicht oder eine Folie geschützt. Der weiße bis hellgelbe Teig besitzt kleine, unregelmäßig verteilte Löcher und hat einen pikanten, mild säuerlichen Geschmack. In den Handel kommt der Havarti mit 45 und 60 % Fett i. Tr.

Mondseer
Bereits im vorigen Jahrhundert galt er als „Käse der Adelshäuser" und wurde europaweit exportiert. Auf einer Käsemesse in Triest 1882 erhielt der Mondseer seine erste internationale Medaille. Der Kuhmilch-Käse (45 % Fett i. Tr.) mit Rotkultur hat einen weichen Teig mit Schlitzlochung und schmeckt nach etwa sechswöchiger Reifung angenehm fein-würzig.

MILCH & MILCHPRODUKTE

Tête de Moine

Weißlacker

Saint-Paulin
Früher wurde der Käse ausschließlich in französischen Klöstern aus Rohmilch hergestellt. Um 1930 kam der erste Saint-Paulin aus pasteurisierter Kuhmilch auf den Markt und ist heute der beliebteste halbfeste Schnittkäse in Frankreich. Der Käse reift drei bis vier Wochen. Sein weicher Teig hat einen milden, leicht würzigen Geschmack und wird von einer orangefarbenen Rinde umhüllt. Der Fettgehalt liegt bei 40 bis 50 % i. Tr.

Saint-Nectaire
Der Käse aus Kuhmilch kommt aus der Auvergne und hat 45 % Fett i. Tr. Zum Reifen lagert man ihn auf Roggenstroh in feuchten, kühlen Höhlen oder Naturkellern. Während der etwa zwei Monate dauernden Reifezeit wird der Käse immer wieder mit Salzwasser eingerieben. Dadurch entwickelt sich eine duftende rotgraue Rinde, von Edelpilzflecken überzogen. Der Saint-Nectaire ist etwas salzig, fein-herb und erdig mit einer leichten Gewürz- und Walnuss-Note.

Steinbuscher
Der Kuhmilchkäse mit Rotschmiere hat jung einen milden, später einen pikanten bis scharfen Geschmack und duftet intensiv. Der gelbe, geschmeidig-weiche Teig hat vereinzelt kleine Löcher und wird von einer goldbraunen bis rötlichen Rinde umhüllt. Typisch für den Steinbuscher ist die quadratische Form.

Tête de Moine
Dieser Rohmilchkäse aus dem Schweizer Jura hat ein blumig-würziges Aroma und enthält mindestens 51 % Fett. i. Tr. Wer den Tête de Moine (Mönchskopf) stilgerecht genießen will, wird ihn nicht einfach schneiden, sondern mit einem Spezialgerät – der Girolle – schaben. Zuerst entfernt man von dem 700 g bis 2 kg schweren zylindrischen Laib die Oberfläche und schabt dann Rosetten ab.

Weißlacker
Er kommt als Würfel auf den Markt und heißt in seiner süddeutschen Heimat auch „Bierkäse". Der Weißlacker reift sehr langsam und hat keine Rinde. Während des Reifens wird die Oberfläche regelmäßig mit Salzwasser bestrichen, wodurch sich ein gelblicher, lackartiger Schmierfilm bildet.

Halbfester Edelpilzkäse
Er gehört zur Gruppe der halbfesten Schnittkäse und wird wegen des blauen Edelschimmels im Teig auch „Blauschimmelkäse" genannt. Es gibt Sorten aus roher oder pasteurisierter Kuhmilch, aus Schafsmilch oder aus einer Kuhmilch-/Schafsmilch-Mischung. Die Konsistenz ist leicht krümelig und dabei doch geschmeidig, der Geschmack deutlich pikant. Der Fettgehalt liegt zwischen 45 und 60 % i. Tr.

Bleu d'Auvergne
Er stammt, wie der Name verrät, aus der Auvergne und wird aus Kuhmilch hergestellt, bei manchen Sorten gemischt mit etwas Ziegenmilch. Der Bleu d'Auvergne reift bis zu zwei Monate und entwickelt dabei seinen aromatisch-pikanten, jedoch nicht übermäßig scharfen Geschmack. Der Fettgehalt liegt bei 50 % i. Tr. Man serviert den Käse gern zusammen mit Nüssen, rohen Champignons, bitteren Salaten oder auf Haselnussbrot. Der Bleu d'Auvergne trägt das AOC-Gütesiegel.

Bleu de Gex
Sein typisches Aroma und den je nach Reife milden bis pikanten, leicht haselnussartigen Geschmack verdankt der Bleu de Gex der verarbeiteten Milch. Sie darf nur von den Montbéliarde-Kühen stammen, die auf den saftigen Weiden des französischen Jura grasen. Der Käse hat 50 % Fett i. Tr. und ist mit dem AOC-Siegel ausgezeichnet.

Cabrales
Dieser spanische Käse mit 44 % Fett i. Tr. wird aus nicht pasteurisierter Kuh-, Schafs- und Ziegenmilch hergestellt und verdankt sein einzigartiges Aroma nicht zuletzt dem ungewöhnlichen Reife-Verfahren. Man wickelt den Cabrales traditionell in Platanenblätter und lagert ihn mindestens sechs Monate in den luftigen Kalksteinhöhlen der Picos de Europa im Norden Spaniens. Der Käse hat eine leicht bröcklige Konsistenz und schmeckt ausgesprochen herzhaft.

Danablu
Dieser dänische Kuhmilch-Käse mit blauem Innenschimmel schmeckt pikant und riecht auch so. Trotz Schnittfestigkeit ist der Teig weich und streichbar, denn er wird bei der Herstellung nicht gepresst. Der Danablu hat 50 % Fett i. Tr.

Fourme d'Ambert

Roquefort

Fourme d'Ambert
In der Auvergne südwestlich von Lyon ist der Fourme d'Ambert zu Hause. Er gehört, wie auch der sehr ähnlich *Fourme de Montbrison*, zu den würzigsten Blauschimmelkäsen Frankreichs, und beide tragen das AOC-Gütesiegel. Zur Herstellung verwendet man Kuhmilch, der Bruch wird meist mit grobkörnigem Meersalz angereichert. Der zylinderförmige Fourme d'Ambert schmeckt kräftig nach Pilzen und Nüssen, ist stark von blauen Pilzadern durchzogen und bildet eine gelblich Rinde. Der Fettgehalt beträgt 50 % i. Tr.

Friesisch Blue
Dieser rotgeschmierte Käse mit Blauschimmel wird aus Rohmilch hergestellt und handgeschöpft. Nach ca. zehn Wochen Reifen ist der Friesisch Blue cremig und schmeckt ähnlich pikant wie Roquefort, aber gleichzeitig sanft. Der Fettgehalt beträgt mindestens 50 % i. Tr.

Roquefort
So einmalig wie sein pikanter Geschmack, so ungewöhnlich ist die Herstellung dieses berühmten französischen Käses aus reiner Schafsmilch. Viele Käsereien in Südfrankreich produzieren den Roquefort aus reiner Schafsmilch, „impfen" ihn mit speziellen Schimmelkulturen und transportieren dann die zylindrisch geformten, etwa 3 kg schweren Käse umgehend nach Roquefort im Departement Aveyron. Dort, in den kilometerlangen, mehrstöckigen Kalksteinhöhlen des Berges Combalou, reift der Roquefort etwa vier Monate. In dieser Zeit entwickeln sich der Schimmel im Teig und damit auch der würzige, typische Roquefort-Geschmack. Zum endgültigen Ausreifen muss der Käse noch bis zu zehn Monate in kühlen Kellern ruhen. Dann endlich ist der Roquefort so, wie man ihn kennt: Er besitzt eine rindenlose, gelbliche, manchmal leicht schmierige Oberfläche und einen weichen, leicht bröckeligen, cremefarbenen Teig, durchzogen von blaugrünen und grauen Schimmelpilzadern mit 50 bis 60 % Fett i. Tr.

Stilton

Einige Käse-Spezialitäten liegen zum Reifen monatelang in Höhlen. Hier herrscht eine natürliche, für die Käse optimale Atmosphäre, die sich in normalen Lagerkellern trotz ausgereifter Technik nicht nachempfinden lässt. Temperatur, Feuchtigkeit und Luftzirkulation sind perfekt aufeinander abgestimmt und verschaffen dem Käse ein Klima, in dem er sich optimal entwickeln kann. In Frankreich werden unter anderem Roquefort, Saint-Nectaire oder Bleu de Corse (auf Korsika) den Höhlen überlassen, und in Spanien reift beispielsweise der Cabrales im Berg. Auch Schweizer Emmentaler wird teilweise noch traditionell nach dieser Art gereift. Er lagert in der Emmi-Höhle in Kaltbach (Kanton Luzern), die tief und weit verzweigt in den Santenberg hineinreicht. Hier herrschen ganzjährig 12,5 °C und 94 % Luftfeuchtigkeit. Der Emmentaler aus Kaltenbach schmeckt unvergleichlich aromatisch und zeichnet sich durch eine dunkle Rinde aus.

Stilton
In England gilt er als „König aller Käse". Benannt ist der Stilton nach der gleichnamigen Ortschaft in der mittelenglischen Grafschaft Cambridgeshire. Hergestellt wird er aus vollfetter pasteurisierter Kuhmilch, wobei man etwa 78 l für einen rd. 8 kg schweren Käse benötigt. Die zylindrischen Laibe reifen vier bis sechs Monate und entwickeln eine runzelige, graubraune Rinde mit Anflügen von weißem Schimmel. Junger Stilton hat einen elfenbeinfarbenen, noch etwas bröckeligen Teig mit dezenter blauer Marmorierung. Mit zunehmendem Alter wird der Käse dunkler und von kräftigen, blaugrünen Pilzadern gleichmäßig durchzogen. Der Stilton besitzt ein ausgeprägt nussiges Aroma. Sein anfangs fruchtig-würziger Geschmack wird mit zunehmender Reife pikanter. Der Fettgehalt liegt bei 48 % i. Tr. Kenner betrachten den Stilton als typischen Saisonkäse. Am besten ist der im Sommer produzierte Käse, der im Spätherbst und Winter auf den Markt kommt.

MILCH & MILCHPRODUKTE

Appenzeller

Dorfkäse

Schnittkäse/Halbhartkäse
Käse aus dieser Gruppe sind zwar fest, haben aber dennoch eine saftige und geschmeidige Konsistenz. Der Gehalt an Trockenmasse liegt zwischen 49 und 61 %. Schnittkäse kommt zum Schutz gegen Austrocknen entweder in Folie eingeschweißt oder mit einem Überzug aus Paraffin etc. auf den Markt. Übliche Formen sind Kugel, Block oder „Wagenrad".

Appenzeller
Im Schweizer Kanton Appenzell und in den Nachbarkantonen wird der Käse aus roher Kuhmilch hergestellt. Unter der festen Rinde mit gelbbrauner Schmiere befindet sich gelblicher Teig mit wenigen, etwa erbsengroßen Löchern. Der Käse hat einen würzigen Geschmack und wird in den drei Grundsorten „Classic", „Surchoix" und „Extra" angeboten, die sich vor allem durch die Reifezeit (drei bis sechs Monate) und das damit verbundene Geschmacksvolumen unterscheiden.

Bündner Käse
Dieser Bergkäse wird nach überlieferten Rezepturen von ausgesuchten Schweizer Sennereien in über 1000 m Höhe von Hand gekäst. Die Sorten mit 45 % Fett i. Tr. reifen zwischen zwei und vier Monate und entwickeln dementsprechend einen Geschmack von samtig-mild bis temperamentvoll-würzig. Die milden mageren Produkte haben nur 25 % Fett i. Tr. und sind vier bis acht Wochen gereift. Der Bündner Bergkäse mit Weißschimmel ist mild mit einem feinen Champignon-Aroma.

Danbo
Der Käse kommt als viereckiger Laib auf den Markt und hieß früher „Steppenkäse". Der Danbo ist fest und geschmeidig zugleich, hat einen weißlichen bis gelben Teig mit wenigen kirschsteingroßen Löchern und schmeckt sahnig-mild bis herzhaft-pikant mit fein säuerlicher Note. Die gelbe Naturrinde wird von einer gelben oder roten Paraffinschicht geschützt. Angeboten wird der Kuhmilchkäse mit 20, 30 und 45 % Fett i. Tr.

Dorfkäse
Der Rohmilchkäse (50 % Fett i. Tr.) reift mindestens drei Monate und hat unter der bräunlich-gelben Rinde einen feinen, geschmeidigen Teig mit gleichmäßiger haselnussgroßer Lochung. Dorfkäse schmeckt mild-aromatisch mit einem typischen Heu-Aroma und kommt meist in 6-kg-Laiben auf den Markt.

Edamer
Man erkennt den Edamer in der Käsetheke an seiner Kugel-, Block- oder Brotform und der kräftig gelben oder roten Paraffinschicht. Darunter verbirgt sich eine feste, trockene, strohgelbe Rinde. Der stroh- bis goldgelbe Teig hat wenige erbsengroße Löcher. Der Edamer darf zwei bis vier Monate reifen, man genießt ihn meist jung. Dann hat er einen sehr milden Geschmack, der mit zunehmendem Alter etwas kräftiger wird. Mehr Charakter als der Käse aus pasteurisierter Kuhmilch hat der heute eher seltene Rohmilch-Edamer. Der Käse stammt ursprünglich, wie der Name schon sagt, aus dem kleinen Städtchen Edam, wird aber inzwischen auch anderswo hergestellt. Holländische Produkte haben meist etwa 40 % Fett i. Tr. Deutscher Edamer ist von der Dreiviertelfettstufe bis zur Rahmstufe mit 50 % Fett i. Tr. erhältlich.

Der Geheimratskäse wird auch „kleiner Bruder des Edamer" genannt und nicht nur in Holland, sondern ebenso in Deutschland und Österreich hergestellt. Dem Edamer ähnelt der kugelige Geheimratskäse äußerlich durch die rote Paraffinschicht sowie in Geruch und Geschmack, allerdings sind die Laibe kleiner. Der Fettgehalt liegt bei mindestens 45 % i. Tr.

Fontina
Er wird nach einem jahrhundertealten Rezept aus dem Aosta-Tal in den italienischen Alpen hergestellt. Seit eh und je verwendet man vollfette rohe Kuhmilch von Kühen, die im Sommer auf Gebirgsweiden grasen und im Winter das vor Ort erzeugte Heu erhalten. Die Milch muss innerhalb von zwei Stunden nach dem Melken verarbeitet werden. Die 8 bis 18 kg schweren Laibe reifen etwa drei Monate auf Kiefernholzregalen in Grotten, die extra zu diesem Zweck in den Fels der Berghänge geschlagen wurden. Man wendet die Laibe täglich, salzt sie am einen und bürstet sie am anderen Tag. So entwickelt sich eine dünne, ockergelbe und etwas ölige Rinde über einem blassgelben, elastisch-weichen Teig mit wenigen kleinen Löchern und mindestens 45 % Fett i. Tr. Junger Fontina zergeht im Mund, besitzt ein süßlich-mildes Aroma und den Duft nach würzigen Almweiden. Später wird der Käse dunkler und schmeckt erdig-fruchtig mit leichter Nussnote.

Edamer

Fontina

**Gouda
(jung, alt und mittelalt)**

Maasdamer

Moosbacher

Leerdammer

Gouda

Der weltweit bekannteste holländische Käse verdankt seinen Namen der holländischen Stadt Gouda, von deren Markt aus der Käse einst seine Karriere begann. Heute wird Gouda in vielen Ländern hergestellt. Unter anderem gehört er in Deutschland zu den Standardsorten. Der Käse hat einen schnittfesten elfenbeinfarbenen bis gelben Teig mit vereinzelten, bis zu erbsengroßen Löchern. Der Geschmack reicht je nach Alter von süßlich-mild bis sehr würzig. Reift der Gouda in Folie, bildet sich keine Rinde. Offen gereifter Käse dagegen besitzt eine feste gelbe Rinde, die meist mit gelbem Kunststoff überzogen wird. Gouda kommt in Blockform oder als rundes „Rad" mit etwa 12 kg in den Handel. Es gibt vier Fettstufen von 30 bis 50 % i. Tr. und drei Altersstufen: *Junger Gouda* ist vier bis acht Wochen alt und hat einen sahnig-milden, leicht süßen bis säuerlichen Geschmack. *Mittelalter Gouda* reift zwei bis sechs Monate und entwickelt ein kräftiges bis herzhaft würziges Aroma. *Alter Gouda* darf mindestens sechs, oft aber bis zu 18 Monate reifen, was ihm einen herzhaft würzigen, nussartigen Geschmack verleiht. Eine Spezialität im Frühling ist der *Mai-Gouda*. Zu seiner Herstellung verwendet man die Milch von Kühen, die erstmals nach den Wintermonaten wieder frisches, zartes Gras auf den Weiden fressen können. Mai-Gouda hat einen etwas höheren Fettgehalt und schmeckt besonders rahmig-mild.
Gouda-Bauernkäse (48 % Fett i. Tr.) wird direkt auf dem Bauernhof aus vollfetter Rohmilch erzeugt. Die bis zu 30 kg schweren Laibe reifen in den Lagern des Handels bis zum Verkauf noch etwa drei Monate aus.

Leerdammer, Maasdamer

Diese holländischen Schnittkäsesorten liegen in Geschmack (nussartig mild bis würzig) und Konsistenz zwischen dem Gouda und dem Emmentaler. Der hellgelbe Teig hat viele mindestens kirschgroße Löcher, die Rinde ist kräftig gelb. Die großen Laibe sind an der Oberseite leicht gewölbt und von einer Paraffinschicht überzogen. Die Käse werden meist mit 45 % Fett i. Tr. angeboten.

Moosbacher

Er kommt aus der Steiermark und ist der meistexportierte Käse Österreichs. Der Großlochkäse aus pasteurisierter Kuhmilch hat 45 % Fett i. Tr. und einen saftigen Biss. Die Reifung mit Rotkulturen verleiht dem Moosbacher seinen typischen Charakter. Der schon vielfach prämierte Käse schmeckt je nach Sorte mildsüß bis würzig-kräftig, hat ein außergewöhnlich fülliges Aroma und verströmt einen feinen Duft.

Pyrenäenkäse

In den Pyrenäen werden viele Käsesorten (ca. 50 % Fett i. Tr.) hergestellt. Früher verwendete man ausschließlich Schafsmilch, heute auch Kuh-, Ziegen- oder Mischmilch. Die meisten Käse schmecken mild und etwas nach Haselnüssen. Vollwürzig schmeckt der *Ossau-Iraty* mit AOC-Gütesiegel, ein Schafskäse ausschließlich aus der Milch von Maneck- und Basco-Béarnaiser Schafen. Pyrenäenkäse wiegen zwischen 4 und 6 kg und haben einen leicht gewölbten Rand. Manchmal ist die Rinde von einer schwarzen Wachsschicht überzogen.

MILCH & MILCHPRODUKTE

Tilsiter

Raclette

Raclette
Ursprünglich stammt dieser zartschmelzende, vollfette Schnittkäse aus der Schweiz. Er wird aus roher oder pasteurisierter Kuhmilch hergestellt und hat häufig eine Rinde mit Rotschmiere. Der weiße bis hellgelbe Teig zeigt wenige kleine Löcher und ist so weich, dass er sich gut schneiden lässt. Raclette reift zwischen zwei und sechs Monaten und schmeckt mild-würzig. Je älter er ist, desto gleichmäßiger schmilzt der Käse, ohne dabei Fett abzusetzen. Der Fettgehalt schwankt zwischen 50 und 53 % i. Tr.

Einst war Raclette-Käse im langen Winter eine wichtige Eiweißquelle für die Bergbevölkerung. Man ließ ein halbiertes Käserad am Holzfeuer von einer Seite her anschmelzen, streifte den weichen Käse mit einem Messer ab und aß ihn zu Kartoffeln oder Brot. Moderne Tischgeräte (für geviertelte oder halbierte Laibe) mit Heizspirale leisten im Prinzip den gleichen Dienst, sind aber deutlich praktischer. Am einfachsten schmilzt man den Käse im Raclette-Gerät mit kleinen Pfännchen.

Tilsiter
In Deutschland zählt er zu den Standardsorten, doch der „gebürtige" Ostpreuße wird heute in vielen Ländern hergestellt. Aus Dänemark beispielsweise kommt ein Käse dieser Art unter dem Namen „Havarti". Der Tilsiter wird aus roher oder pasteurisierter Kuhmilch gekäst. Die Reife dauert etwa sechs Monate. Während dieser Zeit wird der Käse immer wieder mit Salzwasser und Rotschmiere eingerieben. Der elastische Teig ist ziemlich feucht und enthält viele gerstenkorngroße Löcher und kleine Schlitze. Die Geschmacksskala reicht von mild über leicht würzig bis zu kräftig pikant, und der Käse duftet intensiv. Der Fettgehalt i. Tr. reicht von 30 bis 60 %. Angeboten wird Tilsiter auch mit Kümmel, Dill oder Pfeffer.

Tomme de Savoie
„Tomme" ist eine Sortenbezeichnung aus den Savoyen, die normalerweise mit dem Namen des Dorfes verbunden ist, aus dem der Käse stammt. Oft stellt man Tommes her, wenn die Kuhmilch für einen großen Käse wie den Beaufort nicht ausreicht. Der Tomme de Savoie besitzt eine dicke dunkelgraue Rinde mit gelben und roten Flecken. Der Teig ist blassgelb und direkt unter der Rinde graugelb, glatt und selten etwas gelocht. Der Käse hat einen eigenständigen Geschmack, der milder ausfällt, als der typische Kellergeruch vermuten lässt.

Wilstermarsch-Käse
Die Spezialität aus Schleswig-Holstein kommt in Laib- oder Brotform in den Handel und schmeckt im Alter von vier Wochen säuerlich und etwas herb. Der mit zwei bis drei Monaten vollreife Käse aus Kuhmilch schmeckt pikant bis scharf. Der weißliche Teig ist im Anschnitt glänzend, hat feinporige Bruchlöcher und enthält 45 bis 50 % Fett i. Tr. Da der Käsebruch bei der Herstellung erwärmt und mit heißem Wasser übergossen wird, entsteht keine Rinde, sondern lediglich eine glatte Haut.

Hartkäse
Hartkäse enthält mindestens 62 % Trockenmasse (Chester 60 %). Je länger dieser Käsetyp reifen darf, umso trockener ist er – aber auch umso aromatischer und kräftiger im Geschmack. Jungen Hartkäse kann man noch mit dem Messer schneiden, alter Käse lässt sich nur noch reiben.

Beaufort
Den gigantischen runden Hartkäse aus den Savoyer Alpen nannte der französische Gastronom und Schriftsteller Jean Anthelme Brillat-Savarin im 19. Jahrhundert „Prinz der Gruyères" – also jener Käse-Familie, in der sich die großen, harten Sorten vereinen. Nicht zu verwechseln ist dieser Käse mit dem Schweizer Gruyère bzw. Greyerzer.
Der Beaufort (48 % Fett i. Tr.) wird ausschließlich aus Rohmilch hergestellt. Lieferanten sind die Tarentaises, mahagonifarbene Kühe aus der Alpenregion. Man benötigt etwa 540 l Milch für ein durchschnittlich großes Käserad mit 45 kg Gewicht. Zwischen 20 und 70 kg darf ein Beaufort wiegen. Am aromatischsten ist er von November bis März. Dieser Käse ist sechs Monate gereift und enthält die „Sommermilch". Sein hellgelber Teig unter der feuchten, klebrigen Rinde schmeckt fruchtig und würzig. Beaufort aus Wintermilch hat einen weißen Teig. Pur zu einem Glas Weiß- oder Rosé-Wein ist der Käse ein Hochgenuss. Man kann ihn aber auch für Gratins, Aufläufe oder zum Käsefondue verwenden.

Bergkäse
Ursprünglich war Bergkäse ein typisches Sommerprodukt der hochgelegenen Almen vor allem im Allgäu. Es gab keinen Kühlschrank, und man konnte die Milch nicht täglich ins Tal bringen. Also wurde sie meist inklusive Rahm zu Käse verarbeitet. Heute wird Bergkäse auch im Tal produziert, doch noch immer entsteht er aus Rohmilch. Der mattgelbe Teig hat nur wenige kleine Löcher und schmeckt kräftig-würzig mit nussähnlicher Note. Die Laibe wiegen 15 bis 50 kg.

Cheddar
Die gleichnamige Stadt im Südwesten Englands ist seit jeher für ihre Käseherstellung bekannt und gab dem Cheddar seinen Namen. Man verarbeitet vollfette pasteurisierte Kuhmilch zu etwa 30 kg schweren Blöcken oder Zylindern ohne Rinde oder mit Schutzrinde aus Wachs und Öl. Der Cheddar (48 % Fett i. Tr.) hat eine spröde bis wachsartige Konsistenz und schmeckt kräftig und irgendwie nussig. Da die Käsemasse bei der Herstellung geschichtet wird, enthält der Teig kleine Schlitze. Traditionell wird der weißliche Käse mit dem Pflanzenfarbstoff Annato gelborange bis rötlich eingefärbt.
In Deutschland produzierter Cheddar wird meist zu Schmelzkäse verarbeitet.
Ein enger Verwandter des Cheddar ist der *Double-Gloucester*. Zur gleichen Familie zählt außerdem der rötliche *Leicester*.

Chester
Eigentlich heißt dieser englische Käse „Cheshire", doch er wird einfach Chester genannt. In Form und Fettgehalt (mindestens 48 % Fett i. Tr.) gleicht er dem Cheddar, doch der Teig ist seidig glatt und der Geschmack sahnig-mild. Traditionell wird der weißliche Käse mit dem Pflanzenfarbstoff Annato gelborange bis rötlich eingefärbt. Chester gibt es auch mit blauem Innenschimmel, der einen kräftigen Geschmack verleiht.

Comté
Im Jura, wo Frankreich an die Schweiz grenzt, liegt in herrlicher Alpenlandschaft die Heimat des Comté. Zu seiner Herstellung wird ausschließlich rohe Milch von Montbéliarde-Kühen verwendet. Während der Reifezeit von vier bis zwölf Monaten bilden sich im Käseteig haselnuss- bis kirschgroße Löcher. Je nach Sorte, Jahreszeit und Reifedauer schmeckt der Comté aromatisch-fruchtig bis nussartig. Er kommt mit 45 % Fett i. Tr. in Form großer Räder mit fast 80 cm Durchmesser und rd. 35 kg Gewicht auf den Markt.

Emmentaler
Ihn kennt jedes Kind, meist einfach unter der Bezeichnung „Schweizer Käse". Hergestellt wird echter Emmentaler aus Rohmilch von Emmentaler Kühen, für deren Fütterung und Haltung exakte Vorschriften bestehen. Der Käse reift drei bis sechs Monate und kommt als großer Laib mit trockener Rinde zum Verkauf. Das Typische am Emmentaler sind die kirschgroßen Löcher im elfenbeinfarbenen bis gelblichen Teig. Der Käse hat 45 % Fett i. Tr., besitzt eine glatte, elastische Konsistenz und schmeckt aromatisch, mild-pikant mit nussartiger Süße. Schweizer Emmentaler für den Export trägt den roten Stempel „Switzerland". Die Kennzeichnung „Allgäuer Emmentaler" steht auf Produkten aus dem Allgäu.

MILCH & MILCHPRODUKTE

Manchego

Parmesan

Greyerzer oder Gruyère

Greyerzer oder Gruyère
Das kleine Städtchen Gruyère im Kanton Freiburg gab dem Käse seinen Namen. Er wird aus roher Kuhmilch geschöpft und reift langsam bei niedrigen Temperaturen. Der runde Laib wiegt bis zu 50 kg und trägt eine körnige, rötlich-braune Naturrinde. Der zartgelbe Teig ist mittelfest und geschmeidig und kann wenige erbsengroße Löcher aufweisen. Greyerzer schmeckt pikant und hat 45 % Fett i. Tr.

Jarlsberg
Der Kuhmilchkäse stammt aus Südnorwegen und gilt als Legende. Bereits 1830 kannte man Käse dieser Art, doch das Rezept geriet in Vergessenheit. Erst 1956 kam es wieder zum Vorschein und wurde den heutigen geschmacklichen Vorstellungen angepasst. Der Hartkäse mit 45 % Fett i. Tr. reift etwa drei Monate und entwickelt eine feste, trockene Rinde, die zum Schutz mit Paraffin überzogen wird. Der Teig ist weißlich bis gelb und enthält gleichmäßig verteilte Bruchlöcher mit bis zu 1 cm Durchmesser. Dem milden, nussartigen Geschmack verdankt der Jarlsberg seine Beliebtheit. Er kommt in bis zu 10 kg schweren Laiben auf den Markt.

Manchego
Diese spanische Spezialität mit 50 % Fett i. Tr. wird in der Region La Mancha aus der Milch der Manchega-Schafe hergestellt und ist ursprungsgeschützt. Der Manchego muss laut spanischem Gesetz mindestens zwei Monate reifen. Als Tafelkäse ist der drei bis sechs Monate alte Manchego besonders zu empfehlen. Nach einem Jahr oder mehr eignet sich der Käse auch zum Reiben. Eng verwandt mit dem Manchego sind der *Serena*, der *Roncal* und der *Idiazbal* aus dem Baskenland.

Parmesan
„Parmesan" ist entgegen der verbreiteten Meinung keine Käsesorte, sondern laut gültiger Definition die Gattungsbezeichnung für geriebenen, getrockneten Hartkäse jeglicher Art. Er muss allerdings den Anforderungen der Käseverordnung entsprechen. Von Parmesan wird erwartet, dass er angenehm duftet und mild, würzig oder pikant schmeckt. Er muss mindestens 32 % Fett i. Tr. enthalten und einen Trockenmasseanteil von mindestens 60 % aufweisen.

Der echte Parmesan, der „*Parmigiano-Reggiano*", wurde schon im 12. Jahrhundert im Enza-Tal zwischen Parma und Reggio nell'Emilia hergestellt. Inzwischen gilt der Parmigiano als König der italienischen Käse. Etwa 16 l entrahmte rohe Kuhmilch benötigt man zur Herstellung von nur 1 kg Parmesan, und jedes Käserad wiegt durchschnittlich 38 kg. Der Käsebruch wird traditionell in großen Tüchern aus dem Kessel gehoben, wobei die Molke abtropft. Während einer kurzen Ruhepause in Formen bilden sich die Laibe. Sie werden anschließend drei Wochen lang immer wieder in Salzlake getaucht. Eine weniger arbeitsaufwändige Methode ist es, den Bruch zu salzen und langsam zu pressen. In klimatisierten Lagerräumen reifen die Laibe je nach Art mindestens zwölf Monate, meist aber zwei Jahre und länger. Dabei entsteht eine gelbe Rinde über körnigem und leicht brüchigem Teig, der keine Löcher haben darf. Parmigiano hat mindestens 32 % Fett i. Tr. und schmeckt ausgesprochen würzig und aromatisch. Entsprechend dem Alter kommt der Käse in drei Qualitätsstufen auf den Markt: „fresco" ist ein Jahr gereift, „vecchio" zwei Jahre und „stravecchio" drei Jahre und mehr. Ein Stempel auf der Rinde informiert über Hersteller und Herkunft.

Grana Padano
Grana Padano ähnelt dem Parmesan und ist etwas günstiger im Preis. Es handelt sich um einen Extrahartkäse aus der Poebene und einigen weiteren Gegenden in Norditalien.

Pecorino

Provolone piccante

Provolone dolce

Sbrinz

Pecorino

Der wohl bekannteste Schafsmilch-Hartkäse ist der Pecorino aus Süd- und Mittelitalien. Als Tafelkäse verwendet man jungen Pecorino mit mindestens 36 % Fett i. Tr. sowie die beiden besonders milden und wenig gesalzenen Sorten *Pecorino dolce* und *Pecorino toscano*. Je älter der Pecorino, desto würziger sein Geschmack. Lange gereifter Pecorino ist hart und eignet sich besser zum Reiben. Pecorino romano ist ursprungsgeschützt und darf nur in bestimmten Regionen wie dem Latium, einem kleinen Teil der Toscana und Sardinien hergestellt werden. Man erkennt die Spezialität unschwer am stilisierten Schafskopf.

Eine beliebte Vorspeise in Italien ist Pecorino mit Rucola: Den Käse mit dem Hobel in hauchdünne Scheiben raffeln und auf einem Teller verteilen. Den Rucola draufgeben und mit einer Marinade aus Olivenöl, Balsamico, Zitronensaft, Salz, Pfeffer und Knoblauch übergießen. Den Salat mit halbierten Cocktailtomaten „einkreisen". Guten Appetit!

Provolone

Dieser fadenziehende Käse aus roher Kuhmilch wird im Filata-Verfahren hergestellt. Man überbrüht den Käsebruch mit heißem Wasser und verknetet ihn zu einem geschmeidigen Teig, der sich gut modellieren lässt. Er wird rund, zylindrisch und häufig wurst- oder keulenartig geformt, mit Schnüren umwickelt und zum Reifen drei bis mindestens zehn Monate wie Schinken aufgehängt. Der Provolone (45 % Fett i. Tr.) trägt eine gelbe Paraffinschicht über dem cremefarbenen bis hellgelben, etwas krümeligen Teig mit vielen kleinen Rissen. Der Geschmack hängt ab von der Reife und auch davon, ob zum Dicklegen der Milch Kälber- oder Ziegenlab verwendet wurde. So kann der Provolone milchig-süß (dolce) bis kräftig (piccante) sein.

Sbrinz

Dieser vollfette Extrahartkäse (45 % Fett i. Tr.) aus Rohmilch ist eine uralte Spezialität aus der Innerschweiz. Er reift 18 Monate oder mehr und hat dann eine harte, trockene goldbraune Rinde. Der gelbliche Teig ist mürbe und bröckelig und zeigt keine oder höchstens wenige stecknadelkopfgroße Löcher. Das kräftige Aroma gewinnt an Würze, je älter und härter der Käse ist. Weil man den Sbrinz traditionell mit einem speziellen Hobel in hauchdünne Späne schneidet, heißt der Käse auch „Hobelkäse".

 Tipp für Käse

Käse lässt sich leichter reiben, wenn man ihn vorher für kurze Zeit ins Gefrierfach legt.

MILCH & MILCHPRODUKTE

Graukäse

Olmützer Quargel

Bauern-Handkäs

Harzer

Sauermilchkäse
In vollreifem Zustand schmeckt und duftet Sauermilchkäse ausgesprochen würzig, um nicht zu sagen streng. Der hohe Gehalt an saurer Molke verleiht zudem ein fein-säuerliches Aroma. Aber genau diesen eigenwilligen Charakter rühmen die Liebhaber dieser Käseart. Sie genießen ihn am liebsten pur zu herzhaftem Brot. Hier eine Auswahl der bekanntesten Sauermilchkäse-Sorten:

Bauern-Handkäs
Er trägt rötliche Schmiere mit etwas weißem Edelschimmel auf der Oberfläche. Der Teig ist gelblichglasig mit hellen Stellen und hat einen leicht pikanten Geschmack. Manchmal wird der Bauern-Handkäs mit Kümmel bestreut. Er besitzt nur knapp 2 % Fett i. Tr.

Graukäse
Dieser österreichische Sauermilchkäse aus Tirol hat eine dünne Rinde mit kleinen Rissen und blau- oder grüngrauem Schimmel. Der gelbweiße marmorierte Teig ist trocken bis speckig. Graukäse schmeckt säuerlich und wird mit zunehmender Reife schärfer. Er kommt in Laib-, Brot- oder Stangenform auf den Markt und liefert bis zu 2 % Fett i. Tr.

Harzer
Er stammt ursprünglich aus dem Harz, hat sich inzwischen aber auch andere Gegenden erobert. Der Käse mit Rot- oder Gelbschmiere schmeckt kräftig pikant und wird zur Unterstützung des Geschmacks nach der Reifung mit ganzem Kümmel bestreut. In den Handel kommt der Harzer als 40-g-Laibchen oder Rollen aus mehreren „Talern" („Harzer Roller"). Der Käse enthält nur 1 % Fett i. Tr.

Korbkäse
Ein Sauermilchkäse mit Edelschimmel, geformt zu 200 g schweren und etwa 3 cm hohen Zylindern. Bei jungem Korbkäse ist der Teig weiß und leicht bröckelig, mit zunehmender Reife wird er bräunlich und gallertartig. Korbkäse liefert normalerweise nur 1 % Fett i. Tr.

Mainzer
Er hat Rot- oder Gelbschmiere auf der Oberfläche und einen festen, geschmeidigen Teig. Der Geschmack ist je nach Reife mild-pikant bis pikant, und der Käse duftet unverkennbar. Manchmal ist er auch mit Kümmel bestreut. Mit Essig, Öl und rohen Zwiebeln angerichtet, wird der Käse zum „Handkäs mit Musik". Auf den Markt kommt der Mainzer in der Magerstufe.

Quargel (Olmützer Quargel)
Er wird aus Sauermilchquark hergestellt und trägt Rotschmiere. Der Teig ist hellgelb und geschmeidig, der Geschmack säuerlich pikant bis kräftig. Der Quargel kommt in 125-g-Rollen, unterteilt in kleine Scheiben, auf den Markt. Meist hat der Käse nur 0,3 % Fett i. Tr., doch gibt es inzwischen auch Quargel mit 10 % Fett i. Tr.

Käse aus Ziegen- und Schafsmilch
Ziegenkäse wird in Deutschland immer beliebter. Allerdings kommen die meisten dieser Spezialitäten aus dem benachbarten Ausland. Ganz groß sind die französischen Sorten, von denen es über 100 gibt – Banon chèvre, Picandou, Sainte-Mauré, Valencay, Crottin de Chavignol, Selles-sur-cher, Boule de Perigord fermier, Chabisfeuille, Chèvredou, Florette usw. Auch Spanien liefert erstklassigen Ziegenkäse – zum Beispiel den Quesos Ortiz, den Queso de Murcia oder den D. O. Zamorano.

Hergestellt wird Ziegenkäse genauso wie Käse aus Kuhmilch, und er kommt als Frisch-, Weich- und Hartkäse auf den Markt. Besonders groß ist die Auswahl an Weichkäsesorten. Häufig erkennt man Ziegenkäse schon an der Form: Er ist klein und rund mit sehr unterschiedlichen Oberflächen. Es gibt Produkte mit weißem Schimmel ringsum, mit trockener Haut, mit Rinde oder mit einer Schicht aus Kräutern, Gewürzen oder Holzasche. Französische Ziegenkäse sind gern in

Schafskäsezubereitung

Picandou

"Obazda" aus Bayern

Schmelzkäse

Wein-, Kastanien- oder Platanenblätter verpackt. Die Geschmackspalette reicht von mild bis sehr kräftig. Ein ausgereifter Ziegenkäse kann bis zu 60 % Fett i. Tr. haben, doch üblich sind 48 % i. Tr.

Jedoch sind nicht alle Ziegenkäse „Ziege pur". Manche werden aus einer Ziegen-Kuhmilch-Mischung hergestellt. Sind mindestens 50 % Ziegenmilch drin, heißt das Produkt „Halb-Ziegenkäse". Steht „mit Ziegenmilch" auf dem Etikett, müssen davon mindestens 15 % enthalten sein.

Schafskäse wird hergestellt, wo immer Schafe weiden – in Spanien, Frankreich, Italien, Griechenland oder auf dem Balkan. Selbst deutsche Bio-Bauern präsentieren inzwischen eine interessante Palette. Einige der bekanntesten Sorten sind Hartkäse, doch es gibt auch Weichkäse und Frischkäse. Schafskäse schmeckt aromatisch würzig und kann sehr mild sein. Einer der bekanntesten ist der griechische *Feta*.

Käseerzeugnisse

Käse lässt sich mit entsprechenden Zutaten zu Käseerzeugnissen verarbeiten, die wiederum einen individuellen Charakter besitzen und sich großer Beliebtheit erfreuen.

Käse- und Frischkäsezubereitungen

Käsezubereitungen werden meist aus Weich- oder Schnittkäse unter Zusatz von Joghurt, Quark oder Butter hergestellt und sind somit streichfähig. Zum Verfeinern verwendet man Gewürze, Kräuter, Gemüse usw. Leckere Beispiele sind der „Obazda" aus Bayern oder der „Liptauer" aus Österreich.

Wenn Frischkäse jeder Art mit Gewürzen, Kräutern, Gemüse, Früchten, Konfitüre usw. gemischt wird, entstehen *Frischkäsezubereitungen*. Der Fruchtanteil darf bis zu 30 %, der Anteil anderer Zutaten bis zu 15 % betragen. Selbstverständlich müssen die Zusätze bei Käse- sowie bei Frischkäsezubereitungen deklariert werden. Eine bekannte Spezialität ist der rahmigmilde Rollino (65 % Fett i. Tr.) – eine Frischkäserolle, spiralförmig mit Kräutern durchzogen.

Käsekompositionen sind pastetenartige Produkte, die sich aus mehreren Sorten Käse und/oder Käsezubereitungen zusammensetzen können.

Schmelzkäse und -zubereitungen

Zur Herstellung von *Schmelzkäse* verwendet man mehrere unterschiedliche Käsearten, je nach Bedarf frisch oder in verschiedenen Reifestufen. Der Käse wird zerkleinert, mit Schmelzsalzen vermischt, unter Druck mit heißem Dampf zum Schmelzen gebracht und zu einem homogenen Teig verarbeitet. Die Festigkeit der verwendeten Ausgangskäse bestimmt, ob der Schmelzkäse streichfähig oder schnittfest ist. Dementsprechend wird der Teig in Folien gehüllt, in Formen gefüllt oder als schnittfähiger Block verpackt. Beliebt sind auch vorgeschnittene Scheiben zum Beispiel für Toast. Angeboten wird Schmelzkäse in unterschiedlichen Fettstufen. Bei Nennung einer bestimmten Käsesorte (beispielsweise „Chester-Scheiben") muss das Produkt zu 75 % aus dieser Sorte bestehen.

Schmelzkäsezubereitungen enthalten bis zu 15 % Geschmackszutaten – Kräuter, Gewürze, Pilze, Gemüse, Früchte, Schinken, Salami usw. Zum Binden sind Stärke und Speisegelatine zugelassen. Auf der Verpackung muss dann stehen „mit Bindemittel".

Für *Kochkäse* verarbeitet man Sauermilchquark, Schnittkäse und Schmelzsalze zu einer pikanten Masse, die je nach Fettstufen der Ausgangskäse 10 bis 60 % Fett i. Tr. enthalten kann. Der Käse ist streichfähig und wird gern mit Kümmel verfeinert.

Was ist Räucherkäse?

Als Räucherkäse kommen Schnitt- oder Hartkäse sowie Käseerzeugnisse (Schmelzkäse) in den Handel. Die Produkte werden nach dem Reifen bzw. Herstellen noch kurz geräuchert, häufig über Buchen- oder Fichtenspänen. So gewinnt der Käse ein besonderes Aroma und ist zudem länger haltbar. Häufig wird Räucherkäse auch mit Schinken angeboten.

MILCH & MILCHPRODUKTE

Käse richtig genießen

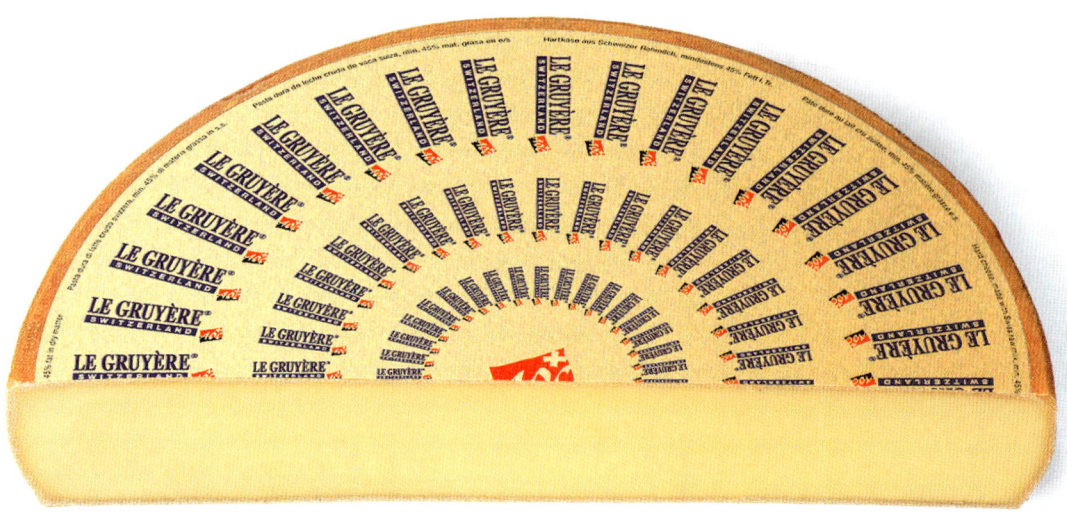

Käse ist viel mehr als ein Brotbelag. In der warmen Küche entstehen aus Käse die feinsten Suppen, Saucen, Gratins, Soufflés, Kuchen usw. In der kalten Küche ist Käse nicht minder vielseitig: Käsesalate oder Gemüsesalate mit Käse sind unwiderstehlich und variantenreiche Käseplatten unter Freunden äußerst beliebt. Käse und Wein sind seit jeher zwei, die zusammengehören. Allerdings harmoniert nicht jede Partnerschaft, und keineswegs muss es zum Käse immer Rotwein sein. Ein paar Grundregeln helfen dem kulinarisch interessierten Laien zu einer gelungenen Verbindung:

- Käse und Wein aus derselben Region passen in der Regel gut zusammen.
- In Säure, Süße und Geschmacksintensität sollten sich Käse und Wein nicht zu ähnlich, aber beim Aroma einig sein.
- Je härter der Käse, desto mehr Gerbstoffe darf der Wein haben.
- Je weicher der Käse, desto mehr Säure darf der Wein aufweisen.
- Gegensätze ziehen sich an: Zu sehr salzigem Käse kann ein edelsüßer Wein munden oder auch einer mit viel Säure.
- Sauermilchkäse braucht als Begleiter einen halbtrockenen oder edelsüßen Wein.
- Frischkäse, junger rindenloser Käse und Ziegenkäse vertragen einen fruchtigen und säuerlichen Weißwein.
- Weichkäse mit weißem Edelschimmel verträgt sich gleichermaßen mit leichten und kräftigen Rotweinen. Weichkäse mit Rot- oder Gelbschmiere verlangt gleichermaßen nach einem gehaltvollen Rot- oder Weißwein.
- Edelpilzkäse will entweder einen kräftigen Rotwein oder einen Süßwein.
- Schnittkäse harmoniert mit trockenem Weißwein ebenso wie mit leichtem Rotwein.
- Zu Hartkäse gehört entweder ein gehaltvoller Weißwein oder ein samtiger Rotwein. Sehr altem, salzigem Hartkäse stellt man einen Süßwein an die Seite.
- Serviert man eine Käseplatte, orientiert sich der Wein nach dem kräftigsten Käse.

Käse schneiden

Kenner kaufen Käse meist bevorzugt am Stück, das an der Bedienungstheke frisch abgeschnitten wird. Tatsächlich, so schmeckt Käse am allerbesten. Wer's bequemer mag, lässt sich – sofern möglich – gleich Scheiben schneiden. Man kann sie aber nicht so lange aufbewahren. Im Kühlregal gibt es Käse am Stück und in Scheiben vorverpackt. Die Auswahl ist jedoch geringer als an einer gut sortierten Theke.

Ein großes Stück Käse, das im Haushalt geschnitten werden muss, überfordert häufig die Möglichkeiten eines normalen Messers. Viel besser geht es mit speziellen Werkzeugen:

- An einem Käsemesser mit gelochter Klinge bleibt das abgeschnittene Käsestück nicht so leicht kleben.
- Kleinere Scheiben zum Beispiel für den Brotbelag lassen sich mit einem Käsehobel schneiden.
- Zumindest für Weichkäse sehr zu empfehlen ist ein Käsedraht, der den Käse nicht drückt.
- Eine Käsereibe ist grob genug, um selbst den härtesten Käse fein zu zerkleinern. Notfalls tut es aber auch eine Gemüsereibe.

Käse aufbewahren

Käse verändert sich ständig. Je wärmer es ist, desto schneller reift er. Je trockener das Klima, desto schneller trocknet auch der Käse. Damit die Qualität erhalten bleibt, muss Käse unter möglichst optimalen Bedingungen aufbewahrt werden. Ideal ist ein kühler, nicht zu feuchter Keller oder eine entsprechend temperierte Speisekammer. Ganze Käselaibe lagert man unversehrt am besten auf einem Holzregal. Ohne Kühlung halten sie so bis zu drei Wochen, mit Kühlung mehrere Monate. Käsestücke kann man unter eine Käseglocke legen – zusammen mit einer halbierten Tomate, die vor dem Austrocknen schützt. Die Lagertemperatur sollte allerdings 12 °C nicht überschreiten.

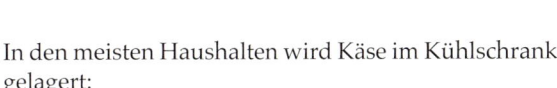

In den meisten Haushalten wird Käse im Kühlschrank gelagert:

- Lose Ware packt man in Frischhaltefolie ein und verstaut sie im Gemüse- oder Käsefach.
- Milde und stark duftende Käsesorten müssen getrennt voneinander gelagert werden. Auch Käse mit Edelschimmel brauchen viel Abstand von anderen Sorten, weil sie die Schimmelpilze übertragen können.
- Abgepackten Käse am Stück belässt man in der Verpackung. So halten Weichkäse- und Schnittkäsesorten ungeöffnet gut eine Woche, Hartkäse bedeutend länger. Nach dem Öffnen der Verpackung reduziert sich die Haltbarkeit.
- Abgepackter Käse in Scheiben bleibt ungeöffnet bis zu zwei Wochen frisch, nach dem Öffnen nur zwei bis drei Tage.
- Käse mit Rotschmiere sollte man bald essen, denn lange Kühlung zerstört das Aroma.
- Käse mit Weißschimmel darf nur voll ausgereift in den Kühlschrank. Jungen Käse dagegen lässt man bei 15 bis 17 °C vollends reifen. Anschließend kann er zwei bis drei Tage gekühlt gelagert werden.
- Frischkäse gehört immer in den Kühlschrank.
- Schmelzkäse benötigt originalverpackt keine Kühlung. Erst nach dem Öffnen der Verpackung muss er in den Kühlschrank.
- Wird Hartkäse im Haushalt frisch gerieben, sollte man ihn möglichst sofort verbrauchen oder einfrieren. Gekaufter Reibkäse hält verschlossen bis zum angegebenen Datum und nach dem Öffnen der Verpackung noch zwei bis drei Wochen.
- Zum Einfrieren ist Käse (mit Ausnahme von Reibkäse) nicht geeignet, denn Konsistenz und Geschmack verändern sich.

Seinen köstlichen Geschmack und sein Aroma kann Käse nur dann voll entfalten, wenn er die richtige Temperatur hat. Nur Frischkäse wird direkt aus dem Kühlschrank serviert. Die meisten anderen Käsearten nimmt man zumindest eine halbe Stunde vor dem Verzehr aus der Kälte und aus der Verpackung, Hartkäse am besten zwei Stunden früher.

Verunsichert sind viele Verbraucher beim Thema „Käserinde". Generell gilt: Natürliche Rinde ist im Prinzip essbar. Trotzdem schmecken Hartkäse, Schnittkäse und halbfester Schnittkäse oft besser, wenn die Rinde etwa einen halben Zentimeter vom Rand weggeschnitten wird. Zum Weichkäse dagegen gehört die Rinde dazu, sie ist ein Geschmacksträger. Einige Käsesorten sind mit dem Konservierungsstoff Natamycin, einem Antibiotikum, behandelt oder mit gefärbtem Wachs oder Folie überzogen. Solche Schichten entfernt man grundsätzlich.

Und noch etwas: Schimmel an Hart- und Schnittkäse kann man großzügig abschneiden. Dann ist der Käse zum Verzehr geeignet.

Wertvolle Nährstoffe

Käse ist nichts anderes als konzentrierte Milch. Das heißt, deren Nährstoffe sind – in konzentrierter Form – auch im Käse vorhanden:

- Hochwertiges Eiweiß liefert dem Körper essenzielle Aminosäuren. Ideal ist es, wenn diese von Aminosäuren aus kohlenhydrathaltigen Lebensmitteln wie Brot, Nudeln, Kartoffeln usw. ergänzt werden.
- Das Fett im Käse hat einen niedrigen Schmelzpunkt nahe der Körpertemperatur, ist in feinste Kügelchen verteilt und dadurch leicht verdaulich. Außerdem ist Fett nicht nur ein Geschmacks- und Aromaträger, sondern ermöglicht dem Organismus auch die Ver-wertung der ebenfalls vorhandenen fettlöslichen Vitamine A, D, E und K.
- Die wichtigsten Vitamine im Käse: Vitamin A mit der Vorstufe Beta-Karotin für Sehkraft und Haut, Vitamine der B-Gruppe (vor allem B2 und B12) für Stoffwechsel, Blutbildung, Nerven und Abwehrkräfte.
- Die wichtigsten Mineralstoffe im Käse: Calcium für den Aufbau von Knochen und Zähnen, Magnesium für Muskeln und Nerven.

Fleisch
& WILD

RINDFLEISCH	202
KALBFLEISCH	206
SCHWEINEFLEISCH	208
LAMM- UND SCHAFFLEISCH	210
HACKFLEISCH	212
INNEREIEN	213
WILD	214
EXOTISCHES FLEISCH	216

FLEISCH & WILD

Fleisch

Die Fleischtöpfe sind gut gefüllt in Deutschland, doch ist der Verzehr rückläufig, wozu der Trend zu vegetarischer Ernährung beiträgt. Jeder Bundesbürger lässt sich pro Jahr knapp 60 kg Fleisch schmecken – gekocht, gebraten, gedünstet, geschmort, gegrillt und gelegentlich auch roh als fein geschnittenes Carpaccio oder Tatar. Fleisch gibt es im Überfluss und ist für jedermann erschwinglich. Doch das war nicht immer so.

Es muss wohl gleich nach der Vertreibung aus dem Paradies gewesen sein, dass der Mensch Appetit auf Fleisch verspürte. Allerdings – vor den Genuss hatten die Götter den Schweiß gesetzt, denn die Tiere besaßen schnelle Beine. So regelte sich der Konsum ganz von selbst. Erst als die herumziehenden Nomaden in der Jungsteinzeit vor etwa 10 000 Jahren unter anderem damit begannen, Wildtiere zu zähmen, rückte Fleisch in greifbare Nähe.

Die heutigen Nutztierrassen entwickelten sich über Jahrtausende hinweg durch Selektion und gezielte Züchtung. In unseren Breiten spezialisierte man sich vor allem auf Rinder, Schweine, Schafe und Geflügel. Im Süden und Osten Europas ist Fleisch von Ziegen, Eseln und Pferden gefragt, in arabischen Ländern sind Kamele genauso bewährte Fleischlieferanten wie der Strauß in Australien oder Afrika. Letzterer allerdings hat auch die deutschen Feinschmecker überzeugt und wird inzwischen sogar hierzulande für die Pfanne gezüchtet. Noch exotischere Spezialitäten wie Fleisch von Krokodilen, Alligatoren oder Schlangen treffen nicht den breiten Geschmack der Bevölkerung, doch man findet sie bereits im einschlägigen Handel.

Neben dem Fleisch von Schlachttieren kommt heimisches Wildbret zum Verkauf. Hase, Kaninchen, Reh, Hirsch, Wildschwein, Federwild usw. sind frisch zumindest in der jeweiligen Jagdsaison erhältlich. In der restlichen Zeit des Jahres kann man sich teilweise aus der Tiefkühltruhe versorgen.

> **Spickzettel**
> - Bei Fleisch unterscheidet man solches von Schlachttieren wie Schweinen, Rindern usw. und von Wildtieren wie Hasen, Rehen etc.
> - Die vorgeschriebene Rindfleischetikettierung ermöglicht die Rückverfolgung des Fleischs von der Bedienungstheke bis zur Geburt des Tieres.
> - Die Fleischqualität hängt wesentlich von Herkunft und Haltung der Schlachttiere ab.
> - Fleisch wird nicht sofort nach dem Schlachten verkauft, sondern muss erst noch „abhängen".
> - Hackfleisch muss normalerweise am Tag der Herstellung verkauft werden.

Qualität im Blickpunkt

Einst war der Sonntagsbraten die Krönung der Woche. Heute kommt bei vielen Menschen täglich Fleisch auf den Tisch, denn man kann es sich leisten. Fleisch ist ein Massenprodukt geworden, das teilweise zu Schleuderpreisen über den Ladentisch geht. Doch immer mehr Verbrauchern wird bewusst, dass billiges Fleisch nicht gleichbedeutend sein kann mit bester Qualität. Die Qualität steht nämlich in unmittelbarem Zusammenhang mit der Herkunft des Tieres, seiner Haltung und Fütterung. So wird Fleischkauf wieder zur Vertrauenssache, denn die Verbraucher wollen wissen, woher das Fleisch kommt und unter welchen Bedingungen es gelebt hat.

Hilfestellung soll dabei eine Vielzahl von Gütesiegeln leisten. Manche stehen allerdings lediglich für die Herkunft aus einer bestimmten Region. Andere sind solchem Fleisch vorbehalten, das nach strengen Vorschriften von Verbänden oder Erzeugergenossenschaften produziert und kontrolliert wurde. Das QS-Zeichen beispielsweise steht für geprüfte Qualitätssicherung bei der Herstellung von Lebensmitteln und bezieht alle Produktionsstufen mit ein. Das bedeutet: Die Erzeugung erfolgt nach einheitlichen Kriterien und wird von Anfang bis Ende dokumentiert und kontrolliert.

Das meiste Vertrauen genießen Gütesiegel, die eine ökologische und damit artgerechte Tierhaltung garantieren. Das Fleisch stammt von Tieren, die natürliches Futter erhalten, frei von genmanipulierten Pflanzen. Tiermehl war schon immer tabu, und die vorbeugende Behandlung mit Antibiotika sowie der Einsatz wachstumsfördernder Mittel ist verboten. Ein Braten von solchen Tieren ist zwar etwas teurer, aber eben auch gesünder und geschmackvoller.

Fleisch von gut gehaltenen Tieren schmeckt besser. Dem trägt z. B. die „Aktion Tierwohl" Rechnung, die ausgehend von der Definition von Kriterien für das Wohlbefinden der Tiere, die über die gesetzlichen Anforderungen hinausgehen (z. B. werden männliche Ferkel nicht kastriert) Haltungsbedingungen festlegt. Das Schlachtgut wird dann überprüft und aufgrund der Ergebnisse werden neue, erhöhte Anforderungen festgelegt. Es geht dabei um eine fortlaufende Verbesserung der Lebensbedingungen der Tiere.

Zu immer mehr Protesten führen die qualvollen und überflüssigen Tiertransporte quer durch Europa. Letztendlich haben es die Verbraucher in der Hand, diese Praxis zu ändern, indem sie konsequent Fleisch von Tieren aus der Region bevorzugen. Nicht allein aus ethischen Gründen, sondern auch im Hinblick auf die Fleischqualität. Sie leidet nämlich erheblich unter dem durch Massenhaltung und Transport bedingten Stress.

Stress führt zu einer Überproduktion des Hormons Adrenalin, was im Fleisch wiederum einen beschleunigten Abbau der „tierischen Stärke" Glykogen zu Milchsäure bewirkt. Das Ergebnis ist das sogenannte PSE-Fleisch – blasses (Pale), weiches (Soft) und wässriges (Exudative) Fleisch, das in der Pfanne schrumpft, trocken wird und zäh und fad schmeckt.

Von minderer Qualität ist auch das DFD-Fleisch – dunkel (Dark), fest (Firm) und trocken (Dry). Es kommt bei stressbelasteten Schweinen vor, häufiger noch bei Rindern. Das dunkelrote, stumpfe Fleisch hat eine trockene, leimige Konsistenz und einen faden Geschmack. Es reift nicht durchs Abhängen, sondern geht schnell in Fäulnis über.

Generell darf in Deutschland nur Fleisch von gesunden Tieren auf den Markt gebracht werden. Herstellung, Verarbeitung und Verkauf unterliegen dem Lebensmittel-, Bedarfsgegenstände- und Futtermittelgesetzbuch. Die zahlreichen Vorschriften sollen dazu beitragen, die Verbraucher vor Gesundheitsgefährdung, wirtschaftlichem Schaden und Täuschung zu schützen. Besondere Bedeutung kommen dem Fleischhygienegesetz und der Fleischhygiene-Verordnung

FLEISCH & WILD

zu. Sie bestimmen unter anderem, dass jedes einzelne Tier vor der Schlachtung von einem Amtstierarzt für gesund befunden wird. Nach der Schlachtung untersucht ein staatlich bestellter Fleischbeschauer das Fleisch und stellt fest, ob es frei ist von Bakterien, Würmern, Finnen, Trichinen (zum Beispiel bei Schweinen), Toxinen usw. Besonders wichtig ist der BSE-Test. Er wird unter anderem bei allen geschlachteten Rindern durchgeführt, die älter als 48 Monate sind. Nur für einwandfrei erklärtes Fleisch erhält den Genusstauglichkeitsstempel und kann somit zum Verkauf gebracht oder verarbeitet werden.

Zart oder zäh?
Der fachgerechte Umgang mit schlachtfrischem Fleisch entscheidet mit darüber, ob ein Braten zart und saftig oder trocken und zäh wird. Beispielsweise führt zu schnelles Abkühlen nach dem Schlachten zu einer starken Verkürzung der Muskelfasern („cold shortening effect"), und solches Fleisch wird beim Zubereiten zwangsläufig zäh. Vor allem aber muss schlachtfrisches Fleisch erst einmal reifen (man sagt auch „abhängen"), bevor es verkauft wird.

Während des Reifens passiert im Fleisch folgendes: Durch den natürlichen Abbau von Muskelzucker (Glykogen) bildet sich Milchsäure. Sie lockert das Bindegewebe um die einzelnen Muskelfasern auf. Gleichzeitig wird Eiweiß durch Enzyme in kleinste Teilchen zerlegt. Das Zusammenspiel beider Vorgänge macht das Fleisch zart, saftig, geschmackvoll und leichter verdaulich. Dafür verliert es seine appetitlich rote Farbe und sieht eher bräunlich aus. Je nach Tierart und Alter dauert das Reifen unterschiedlich lang. Schweinefleisch braucht nur 2 bis 3 Tage, Lammfleisch 7 bis 10 Tage, Kalbfleisch 10 bis 15 Tage, Rindfleisch zum Kochen 4 bis 7 Tage und Rindfleisch zum Braten 10 bis 14 Tage, Steaks 3 bis 4 Wochen. Beim Reifen hängen die geschlachteten Tiere traditionell am Stück (daher „abhängen") in rundum gefliesten Kühlräumen, in denen Sauberkeit oberstes Gebot ist. Die amtlichen Kontrolleure überprüfen die Einhaltung der Hygienevorschriften während des Kühlens ebenso wie beim Transport zum Handel und später im Geschäft.

Beim Abhängen reift Fleisch unter Sauerstoffeinfluss. Eine andere Methode des Reifens erfolgt unter Luftabschluss. Dabei wird das Tier spätestens am vierten Tag nach der Schlachtung zerlegt. Die Einzelteile werden in Folienbeutel eingeschweißt und vakuumiert. So kann das Fleisch bis zur gewünschten Zartheit reifen. Dabei sinkt allerdings der pH-Wert stark ab, was zu einer raschen Säuerung führt, die ein empfindlicher Gaumen später herausschmeckt. Ein besseres Ergebnis bringt die Reifung in speziellen Kunststoffboxen. Ladenfertig hergerichtete Stücke werden so beschwert, dass Saft austritt, welcher das Fleisch während des Reifens ringsum hermetisch abschließt. Der Fleischgeschmack bleibt auf diese Weise unverändert.

Fleisch gibt Lebenskraft
Erstklassiges Fleisch leistet einen wichtigen Beitrag zu ausgewogener Ernährung, denn es versorgt den Körper mit lebenswichtigen Aufbau-, Kraft- und Schutzstoffen:
- Fleisch enthält besonders hochwertiges tierisches Eiweiß, das reich ist an lebensnotwendigen Aminosäuren. Der menschliche Organismus kann diese bedeutend besser verwerten als Aminosäuren aus den meisten pflanzlichen Lebensmittel, da tierisches Eiweiß aufgrund seines Aminosäure-Musters fast restlos in körpereigenes Eiweiß umgewandelt werden kann. Ideal ist es, wenn man beide Eiweißarten kombiniert. Dann verbessern tierische Proteine die Verwertbarkeit pflanzlicher Eiweißstoffe.
- Fett ist bekanntlich Energiespender und nur im Übermaß problematisch für Gesundheit und schlanke Linie. Fleisch enthält heute bedeutend weniger Fett als noch vor einigen Jahrzehnten. Selbst Schweine werden mager gezüchtet, denn die Verbraucher wollen weniger Speck und mehr Muskelfleisch. Und beim Zuschneiden von Fleisch wird das Fett meist von vornherein entfernt.
- Bei den Vitaminen glänzt Fleisch vor allem mit dem B-Komplex. Schon 150 g Rindfleisch enthalten beispielsweise die Tagesmenge eines Erwachsenen an Vitamin B_{12}, das unter anderem für die Blutbildung wichtig ist. Schweinefleisch wiederum enthält reichlich Vitamin B_1 – mehr als die meisten pflanzlichen Lebensmittel. Vitamin B_1 fördert den Energiestoffwechsel und macht starke Nerven. Vitamin B_6 beeinflusst den Stoffwechsel, verbessert die Eiweißverwertung und hilft beim Aufbau roter Blutkörperchen. Auch Niacin ist am Stoffwechsel beteiligt. Und nicht zuletzt enthält Fleisch die Vitamine A, D und E.
- Fleisch ist der Hauptlieferant für das Spurenelement Eisen, zuständig für den Sauerstofftransport im Blut. Die Aufnahme lässt sich noch verbessern, wenn zum Fleisch Vitamin-C-reiche Lebensmittel gegessen werden (zum Beispiel Gemüse). Neben Eisen sind im Fleisch eine Reihe weiterer Mineralstoffe vorhanden wie z.B. Calcium, Kalium, Magnesium, Jod und Selen.

Fleisch in der Küche
Nach dem Kauf sollte Fleisch zu Hause sofort ausgepackt, in eine Schüssel oder auf einen Teller gelegt und abgedeckt in die kälteste Zone des Kühlschranks gestellt werden. Aber nicht neben stark riechende Lebensmittel wie Käse oder Fisch, denn Fleisch nimmt Fremdgerüche bereitwillig an. Innerhalb von drei Tagen sollte es zubereitet werden. Rindfleisch hält einen Tag länger, wenn man es mit Öl bestreicht.

Beim Zubereiten sollte Fleisch möglichst durchgegart werden. Diese Forderung bringt Steak-Freunde aller-

---

 Kennzeichnung von Fleisch

Die Lebensmittelinformations-Verordnung und die Zusatzstoff-Zulassungsverordnung verlangen bei Fleisch folgende Angaben:
- Verkehrsbezeichnung inkl. Name der Tierart, von der das Fleisch stammt (z. B. „Schweinekotelett")
- Gewicht
- Mindesthaltbarkeitsdatum oder Verbrauchsdatum (z. B. bei Hackfleisch)
- Gegebenenfalls der Hinweis „unter Schutzatmosphäre verpackt"
- Name und Anschrift des Herstellers, Verpackers oder eines in der EU niedergelassenen Verkäufers
- Hinweis auf Knochen, wenn das Fleisch einen nicht deutlich erkennbaren Knochenanteil enthält
- Zutatenverzeichnis bei mehr als einer Zutat (zum Beispiel Käse und Schinken bei „Cordon bleu")
- Bei ganz oder teilweise aufgetautem Fleisch der Hinweis „Aufgetaut – sofort verbrauchen"

dings in Gewissenskonflikte. Aber man kann nur bei völlig durchgegartem Fleisch sicher sein, dass eventuelle Krankheitserreger abgetötet wurden. Sie sterben erst, wenn beim Fleisch eine Kerntemperatur von mindestens 80 °C erreicht ist. Reste von Fleischgerichten sollten nicht lange warm gehalten, sondern rasch abgekühlt und im Kühlschrank aufbewahrt werden. Beim späteren Aufwärmen ist wieder die Kerntemperatur von über 80 °C erforderlich.

Tiefgefrorenes Fleisch lässt man am besten im Kühlschrank auftauen und legt es dazu in ein Sieb mit Auffangschale für das Auftauwasser. Rohes Fleisch und Auftauwasser sollten nicht mit anderen Lebensmitteln in Kontakt kommen – vor allem nicht mit solchen, die bei der Zubereitung nicht erhitzt werden.

Bei der Zubereitung von Fleisch gibt es die unterschiedlichsten Garmethoden:

Kochen
Um eine Fleischbrühe herzustellen, legt man das Fleisch grundsätzlich in kochendes Wasser. So bleiben die wasserlöslichen Vitamine und Mineralstoffe besser erhalten. Knochen dagegen setzt man mit kaltem Wasser an, damit die Aromastoffe optimal an die Brühe abgegeben werden können.

Schmoren
Das Fleisch wird in etwa 200 °C heißem Fett angebraten. Dann kommt heiße Flüssigkeit dazu, die das Fleisch etwa zur Hälfte bedecken sollte. Im geschlossenen Topf lässt man das Fleisch bei mittlerer Temperatur fertig garen. Dabei bleiben die Nährstoffe mit Ausnahme der Vitamine weitgehend erhalten.
Profis schmoren gern im Backofen, weil hier durch die Rundumhitze eine besonders gleichmäßige Bräunung erzielt wird. Das Fleisch wird zuerst auf dem Herd angebraten, anschließend mit Flüssigkeit aufgegossen, in den Backofen geschoben und ohne Deckel bei 180 °C geschmort.

Dünsten
Dieses Verfahren schont die Nährstoffe am besten und empfiehlt sich für Fleisch vom Kalb oder Huhn. Im geschlossenen Topf lässt man es im eigenen Saft und wenig Fett bei mittlerer Temperatur (ca. 100 °C) garen. Die Flüssigkeit ergibt eine gute Saucengrundlage.

Sautieren
Dünn geschnittenes Kurzbratgut wie Leber, Nieren oder Geschnetzeltes lässt sich in einer geeigneten Stielpfanne garschwenken. Das Fett, am besten eine Butter-Öl-Mischung, darf nicht zu heiß sein.

Braten
Stücke zum Kurzbraten garen in der Pfanne und bräunen dabei. Die Pfanne muss heiß sein, das Fett eine Temperatur von 250 °C haben. Legt man das Fleisch in das heiße Fett, schließen sich die Poren sofort, der Saft bleibt im Fleisch. Fleischstücke, die nicht paniert sind, werden erst nach dem Braten gesalzen. Salz zieht nämlich Flüssigkeit aus dem Fleisch und macht es trocken. Große Braten werden im Backofen zubereitet, und zwar so: Fleisch würzen, in die Fettpfanne legen, etwas Fett und reichlich Gemüse dazugeben. Das Ganze ca. 15 Minuten bei 250 °C braten, dann mit Wasser oder Wein ablöschen und bei 200 °C weiterbraten. Den Braten immer wieder mit Flüssigkeit begießen, und nachher den Bratensaft für die Sauce verwenden.

Besonders zart wird Fleisch beim sogenannten Niedrig-Temperatur-Braten. Das Fleisch wird scharf angebraten und dann langsam bei nur 80 °C gegart. Je nach Größe des Bratens kann der Vorgang Stunden dauern, doch das Fleisch schmeckt köstlich.

Garen im Wok
Dieses traditionelle chinesische Verfahren überzeugt längst auch die Feinschmecker hierzulande. Fleisch und Gemüse werden in mundgerechte Bissen geschnitten und kurz pfannengerührt. Die Gerichte sind äußerst schmackhaft, erfordern wenig Fett, und die Nährstoffe bleiben weitgehend erhalten.

Poelieren
Dieses Verfahren aus der „Haute Cuisine" liegt irgendwo zwischen Dünsten und Braten und wird auch als „Braundünsten" bezeichnet. Man legt das Fleischstück auf ein Bett aus Gemüse und Schinkenresten, übergießt es mit heißer Butter und gart das Ganze bei mittlerer Hitze zugedeckt im Backofen. Kurz vor Garzeitende wird der Deckel abgenommen, damit das Fleisch bräunen kann.

Grillen
Fleisch ist im Grillraum schnell zubereitet. Das Grillgut wird auf den Rost gelegt oder auf den Drehspieß gesteckt. Gewürzt wird vor dem Grillen, gesalzen erst danach. Leichtes Bestreichen mit Öl fördert den Geschmack und die Bräunung.

Garmethoden ohne Fett
Wenn man zartes Fleisch zum Garen in Aluminiumfolie wickelt, bleibt es besonders saftig, da keine Feuchtigkeit entweichen kann. Nur bräunen kann es nicht. Auch im Bratschlauch aus hitzebeständigem Kunststoff gart Fleisch im eigenen Saft. Die eleganteste Lösung für fettfreies Garen bietet jedoch der „Römertopf", eine Deckelkasserolle aus unglasiertem Ton. In ihm gelingt das gewürzte Fleisch bei 225 °C im Backofen genauso wie auf der Herdplatte. Soll der Braten im Ofen bräunen, nimmt man den Deckel etwa zwanzig Minuten vor Ende der Garzeit ab.

 SB-Fleisch hygienisch verpackt

Fleisch, das in Selbstbedienung verkauft wird, muss vorschriftsmäßig verpackt sein. Dazu gehört unter anderem, dass keine direkte Berührung möglich ist. Dreierlei Angebotsformen sind üblich:

- Das Fleisch liegt in einer flachen Kunststoffschale und ist in Klarsichtfolie „eingeschrumpft". Diese Verpackung bietet Schutz, verlängert aber nicht die Haltbarkeit.
- Das Fleisch ist in einer Folie vakuumverpackt. Die Folie liegt so dicht an wie eine Haut („Skin-Verpackung") und verlängert die Haltbarkeit des Produkts. Derart verpackt kann Fleisch auch eingefroren werden.
- Das Fleisch hat eine Schutzgasverpackung (Atmosverpackung), was bedeutet: Der Verpackung aus Kunststoff wurde die Luft entzogen und diese durch Stickstoff ersetzt. In dieser Atmosphäre bleibt das Fleisch länger frisch. Auf der Verpackung muss stehen „Unter Schutzatmosphäre verpackt".

FLEISCH & WILD

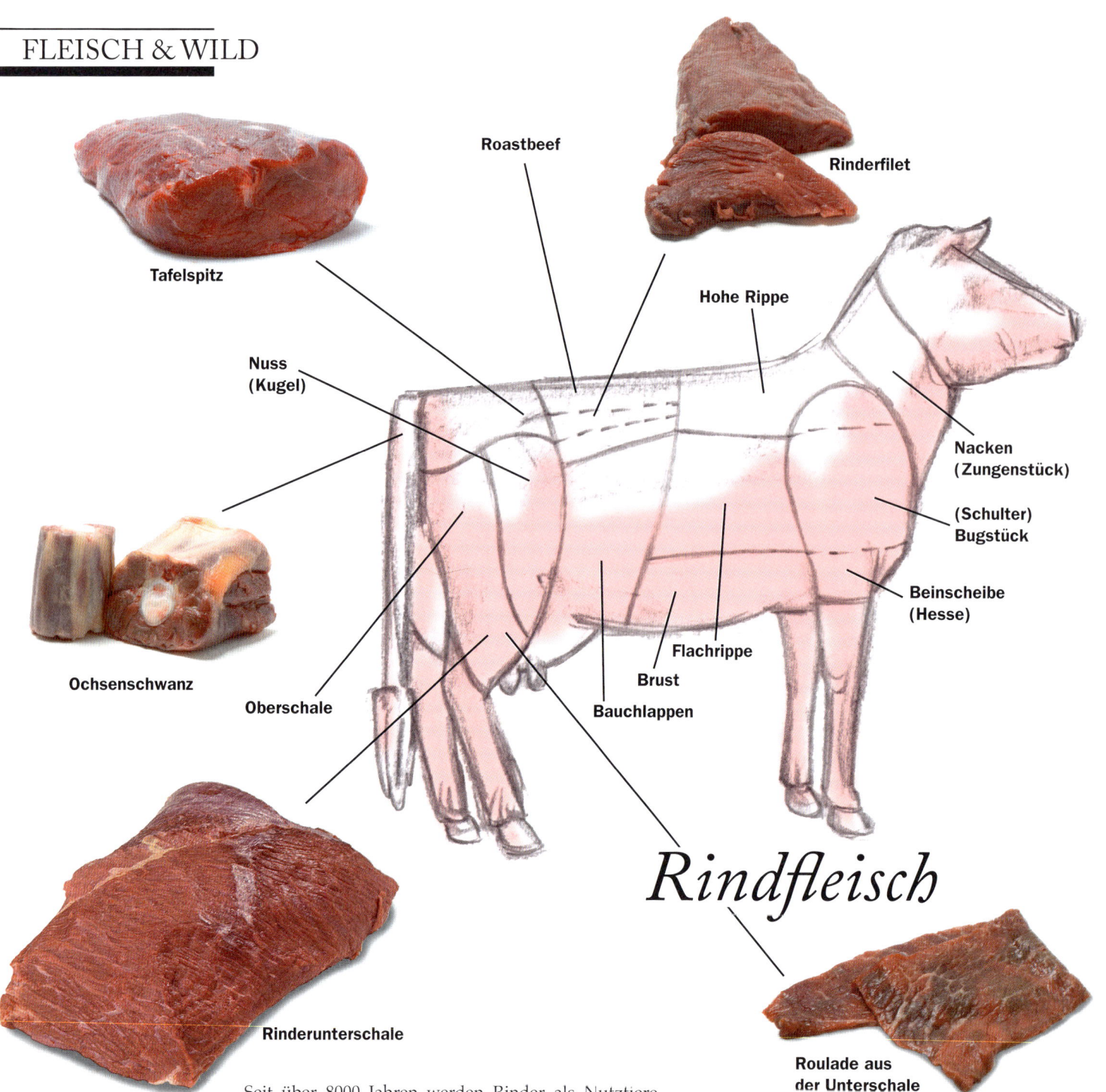

Rindfleisch

Seit über 8000 Jahren werden Rinder als Nutztiere gehalten – zum Arbeiten, für die Milch- und für die Fleischgewinnung. Urahn aller Rinder ist der Auerochse, der einst in Europa lebte. Aus ihm entstanden Hunderte von Rinderarten, doch für die menschliche Ernährung werden lediglich etwa 30 genutzt. Bei den heutigen Züchtungen steht die Leistung im Vordergrund. Es gibt reine Milch- und reine Fleischrassen und solche, die in beiden Bereichen Spitze sind. In Deutschland werden vorwiegend die sogenannten Zweinutzungsrinder gezogen. Die Haltung der Tiere nimmt wesentlichen Einfluss auf die Fleischqualität. Drei Mastmethoden sind in der Rinderzucht üblich:

Intensivmast

Die Rinder werden ausschließlich im Stall gehalten und mit Silo- und Kraftfutter, Vitaminen und Mineralstoffen ernährt. Die Fütterung ist darauf ausgelegt, dass die Tiere meist schon in gut zehn bis zwölf Monaten das maximale Mastgewicht von 430 bis 600 kg erreichen. Die Intensivmast erbringt mageres Fleisch, das von Ochsen ist besonders zart und saftig. Speziell für die Intensivmast gezüchtet sind die französischen Charolais-Rinder.

Weidehaltung

Die Rinder leben fast ausschließlich im Freien. In Argentinien beispielsweise stehen riesige Weideflächen zur Verfügung, aber auch in Großbritannien und einigen afrikanischen Ländern ist die Weidehaltung üblich. Die Tiere liefern hervorragendes, zart marmoriertes Fleisch mit einem relativ geringen Fettgehalt. Typische Rassen sind Herford- und Angus-Rinder. Letztere sieht man auch auf deutschen Weiden immer häufiger.

Bei argentinischem Rindfleisch kommen Kenner ins Schwärmen. Es ist ausgesprochen zart und schmeckt hervorragend. Kein Wunder, denn die Rinder bewegen sich das ganze Jahr im Freien und haben unendlich viel Weideland zur Verfügung. Sie setzen ohne jeglichen Kraftfutterzusatz genügend Muskelfleisch an. Die Qualitätskontrollen in Argentinien sind sehr streng, denn der größte Teil des Fleischs wird exportiert. Bisher wurde aus diesem Land kein BSE-Fall bekannt.

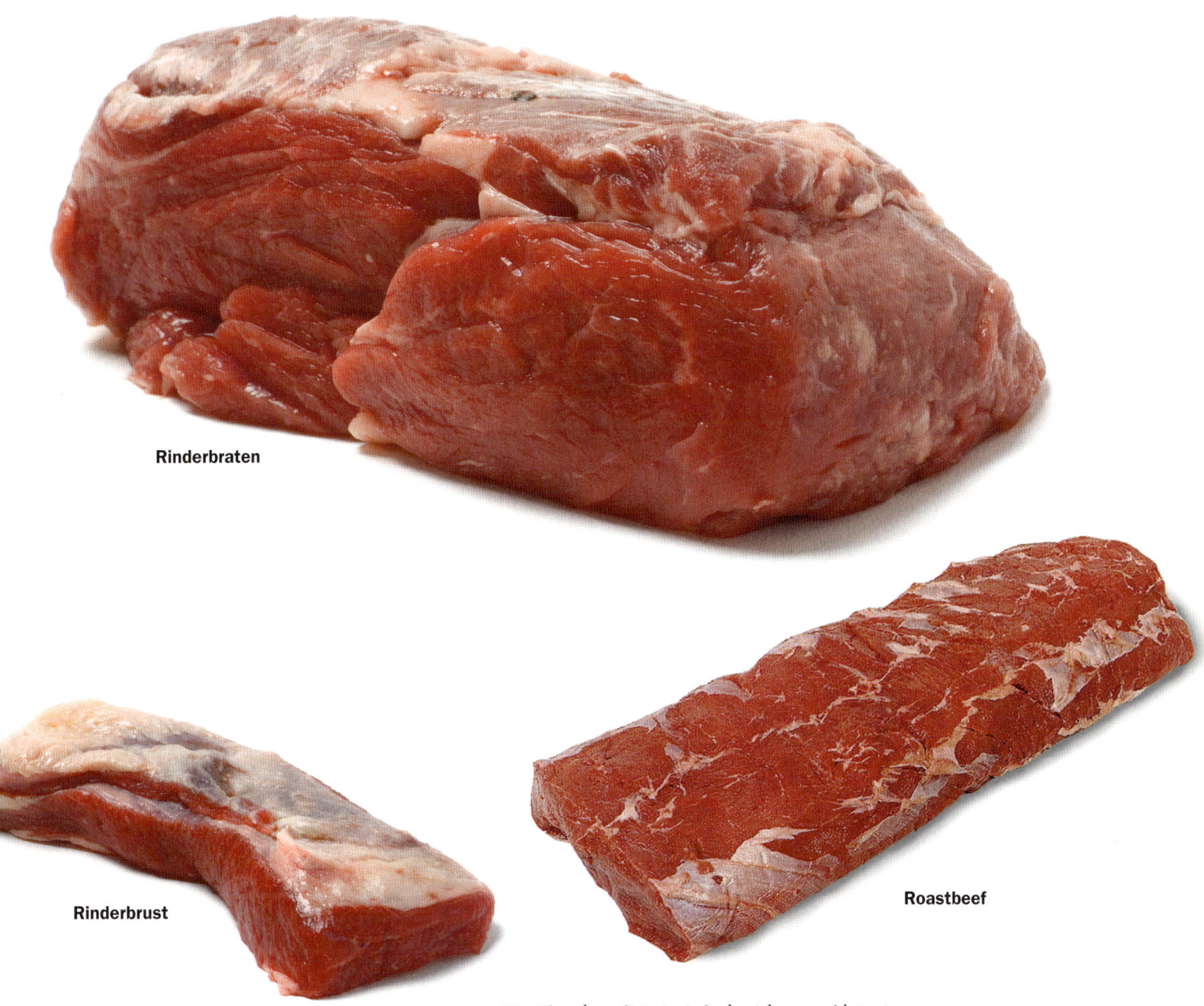

Rinderbraten

Rinderbrust

Roastbeef

Weidehaltung mit Zufütterung

Die ersten 12 bis 14 Monate ihres Lebens verbringen die Rinder auf der Weide. Dann kommen sie für weitere hundert Tage in eingezäunte Parzellen („foodlots") im Freien und werden durch Zufütterung auf das Schlachtgewicht gemästet. Das Fleisch dieser Tiere ist stark marmoriert und äußerst geschmackvoll.

In der Region der japanischen Stadt Kobe wird eine wohl einzigartige Rindermast praktiziert. Die Kobe-Rinder erhalten ein besonderes Kraftfutter auf der Basis von Getreide, Rüben und Kartoffeln. Eine Ration Bier soll den Appetit anregen. Jedes Tier wird täglich ein bis zwei Stunden lang von Hand massiert. Diese Behandlung sorgt dafür, dass sich auf dem Muskelfleisch nur eine dünne Fettschicht bildet. Das Fleisch ist fein und gleichmäßig marmoriert. Die aufwändige Pflege erlaubt es einem Bauern nicht, mehr als fünf bis sechs Rinder zu halten. Doch der Verkauf eines einzigen Tieres im Jahr ernährt die ganze Familie. Kobe-Rinder liefern das teuerste Rindfleisch der Welt.

Die Fleischqualität ist jedoch nicht nur abhängig von der Herkunft der Rinder, sondern auch von Alter und Geschlecht. Färsen, Ochsen, Jungbullen und Jungkühe liefern sehr unterschiedliches Fleisch:

Färsen sind ein bis zwei Jahre alte Kühe, die noch nicht gekalbt haben. Das feinfaserige, leicht marmorierte Fleisch ist kräftig rot, zart und saftig und schmeckt sehr aromatisch.

Ochsen sind kastrierte männliche Rinder im Alter von zwei bis drei Jahren. Das Fleisch von Jungochsen schmeckt kräftig, ist feinfaserig, saftig und von feinen Fettadern durchzogen. Weide-Mastochsen liefern festes und besonders herzhaft schmeckendes Fleisch. Es ist rot bis mittelrot und von hellgelben Fettadern durchzogen.

Jungbullen sind geschlechtsreife männliche Rinder im Alter von höchstens zwei Jahren. Ihr Fleisch ist hell- bis mittelrot, deutlich gefasert und sehr mager.

Jungkühe sind weibliche Rinder, die mit höchstens fünf Jahren und damit spätestens nach dem zweiten Kalben geschlachtet werden. Die Tiere geben dunkelrotes Fleisch mit mittelfeinen Fasern und hellen, stärkeren Fettadern. Je nach Alter des Tieres ist der Geschmack zart bis kräftig.

FLEISCH & WILD

Rinderfilet

Tafelspitz

Teilstücke aus dem Vorderviertel

Brust
Die Brustspitze kommt mit Brustbein (wie gewachsen) in den Handel und ist ein preiswertes Stück. Der Brustkern ist deutlich fleischiger und eignet sich bestens als Suppenfleisch, für Eintöpfe oder zum Pökeln.

Bugstück (Schulter)
Der Dicke Bug ist wenig durchwachsen und ideal für Schmorbraten und Rouladen. Der Mittelbug liefert Kochfleisch, das dem Tafelspitz in nichts nachsteht, aber preiswerter ist. Auch Sauerbraten gelingt aus diesem Stück hervorragend. Das Schaufelstück verwendet man unter anderem für gebeizte Braten, Sauerbraten und Gulasch. Das Falsche Filet unterscheidet sich vom echten Filet durch eine kompaktere, grobfaserige Konsistenz. Es ergibt die besten Schmor- und Spickbraten, Fleisch von jungen Tieren schmeckt sogar als Steak.

Hohe Rippe
Dieses Fleisch ist von feinen Fettadern durchzogen und dadurch saftig und geschmackvoll. Es eignet sich bestens zum Kochen, aber auch zum Braten und Grillen. Der magere Kern ohne Knochen ergibt wunderbare Steaks. Die Amerikaner nennen es „Rib Steak" oder „Prime Roast". Die Franzosen bezeichnen das Mittelstück als „Côte de Bœuf".

Flachrippe (Quer-, Zwerchrippe)
Sie ist mäßig mit Fett durchzogen und wird gern, mit dem Knochen, als Kochfleisch verwendet.

Zungenstück (Nacken)
Das Zungenstück ist sehr saftig und somit für alle Schmorgerichte geeignet, außerdem für Rollbraten oder Hackfleisch. Ein gut gereiftes Stück wird sogar als (preiswertes) Steak wunderbar zart.

Beinscheibe (Hesse)
Die Hesse des Rindes wird quer in Scheiben gesägt. Das Fleisch rund um den markhaltigen Röhrenknochen ist kernig. Beim Kochen von Suppen und Saucen gehen die ganze Kraft und das intensive Aroma aus der Beinscheibe in die Flüssigkeit über.

Teilstücke aus dem Hinterviertel

Bauchlappen (Flanke)
Dieses Teil wird auch „Dünnung" genannt und ergibt eine kräftige Bouillon.

Keule
Die große Hinterkeule unterteilt der Fachmann in Hüfte und Hüftdeckel, Oberschale, Unterschale und Kugel. Aus diesen Bereichen stammen viele leckere Einzelstücke.
Die *Hüfte* (Blume) liefert besonders zartes, saftiges Fleisch, das von feinsten Fettadern durchzogen ist. Es eignet sich bestens zum Braten und langsamen Schmoren. Aus der Hüfte wird beispielsweise das Fleisch für Rouladen, Tafelspitz, Gulasch oder Beefsteaks geschnitten.
In früheren Zeiten ging traditionell das beste Stück Fleisch nach dem Schlachten an den Bürgermeister und den Pfarrer. Wohl deshalb nennt man noch heute das besonders schmackhafte Stück in einer Nische zwischen Hüfte und Kugel *Bürgermeister-*, *Pastoren-* oder *Pfaffenstück*. Es eignet sich bestens als Braten, zum Schmoren (Rouladen, Gulasch, Ragout), für Fondue und sogar für Steaks.
Die *Nuss,* auch Kugel, Blume oder Knopfstück genannt, ist ein absolut mageres, kaum durchzogenes Stück aus dem vorderen Teil der Keule. Man schneidet aus diesem Fleisch Rouladen, verwendet es für Schmorbraten oder dreht es durch den Fleischwolf zu Tatar.
Die *Oberschale* ist zart und mager. Das Fleisch ergibt große Braten und Rouladen, dicke Beefsteaks und Tatar.
Die *Unterschale* (Schwanzstück) besteht aus magerem Muskelfleisch, das man ebenfalls für Braten und Rouladen oder für Gulasch verwendet.
Die *Schwanzrolle* bietet mageres Fleisch zum Schmoren oder Kurzbraten.

BSE

Bovine Spongiforme Enzephalopathie (BSE) ist eine schwammartige Erkrankung des Gehirns von erwachsenen Rindern. Der sogenannte „Rinderwahnsinn" ging 1986 von Großbritannien aus und betrifft auch Rinder in Deutschland. Allerdings konnte die Seuche, dank massiver Gegenmaßnahmen, eingedämmt und weitgehend unter Kontrolle gehalten werden. Beispielsweise wurde die Verfütterung von Tiermehl an Rinder verboten, denn Tiermehl ist nachweislich ein Übertragungsweg für BSE. Außerdem schreibt das Fleischhygienerecht die Untersuchung aller geschlachteten Rinder im Alter von mehr als 24 Monaten vor. Und nicht zuletzt soll die Rindfleischetikettierung für mehr Transparenz und Sicherheit sorgen. Beim Menschen kann der BSE-Erreger die Creutzfeldt-Jakob-Krankheit auslösen, eine tödlich verlaufende neurologische Erkrankung. Sie tritt jedoch sehr selten auf. Fachleute gehen von einem Fall pro einer Million Menschen aus.

Rumpsteak aus dem Roastbeef

Zungenstück

Roastbeef (Zwischenrippenstück)
Aus dem vorderen Teil des Rückens stammt das Roastbeef. Gut gereift zergeht es nach dem Zubereiten auf der Zunge. Man sollte es allerdings niemals durchbraten oder -grillen, sondern zumindest rosa servieren. Das Fleisch eignet sich als Rumpsteak, Entrecôte oder am Stück als Braten.

Filet (Lende)
So bezeichnet man das teuerste Stück vom Rind. Es ist äußerst zart und feinfaserig und liegt unterhalb des Rückens. Auf den Teller kommt das Filet als Braten, Steak, Gulasch, Chateaubriand, Medaillon und Tournedo. Die Filetspitzen braucht man für Geschnetzeltes oder auch fürs Fondue.

Hinterhesse
Die Hinterhesse verwendet man genau wie die vordere Hesse am besten zum Kochen.

Ochsenschwanz
Er bietet besonders kerniges Fleisch. Es wird als Suppeneinlage (Ochsenschwanzsuppe) oder Bratenbeilage geschätzt.

Steaks für Kenner (und solche, die es werden wollen)
Die besten Steaks gibt es – angeblich – in Amerika. Der feine Unterschied zu deutschen Steaks liegt vor allem im Zuschnitt des Fleischs. In Deutschland sind folgende Stücke im Handel:
- Das *Beefsteak (Kluftsteak)* stammt aus der Oberschale, ist 2 bis 3 cm dick und wiegt 200 bis 300 g.
- Aus dem breiten Ende des Filets (Kopfstück oder Filetmittel) schneidet man das *Chateaubriand* – etwa 6 cm dick und bis zu 500 g schwer.
- Das *Entrecôte* ist ein 5 bis 6 cm dickes Zwischenrippenstück aus der Mitte des Roastbeefs und wiegt 400 bis 500 g.
- *Filetsteaks* stammen aus der Mitte des Filets. Das Fleisch ist mindestens 2 cm dick und wiegt etwa 150 g.
- Aus der Spitze des Filets gewinnt man das kleine *Filet Mignon*, nur etwa 80 g schwer und 2 bis 3 cm dick.
- *Filetspitzen* für Geschnetzeltes oder *Filet-Gulasch* liefern die schmalen Enden des Filets.
- Das *Hüftsteak (Huftsteak)* stammt natürlich aus der Hüfte. Es ist 2 bis 3 cm dick und wiegt etwa 150 g.
- Aus dem hinteren Teil des Roastbeefs wird das *Rumpsteak* geschnitten. Es hat einen einseitigen Fettrand, sollte 2 bis 3 cm dick sein und 200 bis 300 g wiegen.
- *Tournedos* sind kleine runde Fleischscheiben aus dem schmaleren Ende des Filets – 4 bis 6 cm dick und 100 bis 150 g schwer.

Ein Steak perfekt zu braten, verlangt Fingerspitzengefühl. Köche können den Zustand beim Drücken auf das Fleisch in der Pfanne erkennen, doch wer nicht jeden Tag Steaks brät, verlässt sich notgedrungen auf ungefähre Zeitangaben. Denn jede Pfanne und jeder Herd brät ein wenig anders. Man kennt beim Steak vier Garzustände:
- *Blau* (bleu, raw) bedeutet „fast roh". Das Steak* brät pro Seite etwa eine Minute. Dann hat es außen eine dünne, braune Kruste und ist innen noch roh.
- *Rot* (saignant, rare) bedeutet „blutig". Das Steak* brät auf jeder Seite ca. zwei Minuten. Anschließend ist es unter der knusprig braunen Kruste rosa und im Kern noch blutig.
- *Rosa* oder *englisch* (à point, medium) bedeutet „halb durch". Das Steak* brät pro Seite drei bis vier Minuten. Unter der braunen Kruste ist das Fleisch durchweg rosa.
- *Durch* (bien cuit, well done) bedeutet „durch". Das Steak* brät pro Seite etwa fünf Minuten und ist dann völlig durchgebraten.

*ca. 200 g Fleisch, 4 bis 5 cm hoch

 Herkunftsnachweis

Für einen lückenlosen Herkunftsnachweis von der Geburt bis zum Ladentisch schreibt die EU für Rindfleisch eine entsprechende Etikettierung vor. Frisches, gekühltes und gefrorenes Fleisch wird demnach wie folgt gekennzeichnet:
- Referenznummer, mit deren Hilfe eine Verbindung zwischen Fleisch und Tier hergestellt werden kann.
- „Geboren in …" (Name des Mitgliedsstaats oder Drittlands).
- „Geschlachtet in …" (Name des Mitgliedstaats oder Drittlands sowie Zulassungsnummer des Schlachtbetriebs).
- „Gemästet in …" (Namen sämtlicher Mitgliedsstaaten oder Drittländer).

Stammt das Fleisch von einem Tier, das in ein und demselben Mitgliedsstaat bzw. Drittland geboren, aufgezogen und geschlachtet wurde, genügt die Angabe der Herkunft und „Zerlegt in…" mit Name des Mitgliedsstaats oder Drittlands und Zulassungsnummer des Zerlegungsbetriebs. Vorgeschrieben für Hackfleisch sind die Referenznummer, „Geschlachtet in …" und „Hergestellt in …". Sind Herstellungs- und Herkunftsland nicht identisch, muss die Herkunft genannt werden.

FLEISCH & WILD

Kalbfleisch

Wenn es um Kalbfleisch geht, geraten manche in Verzückung, anderen wiederum ist es nicht kräftig genug. Doch zum Glück bleibt Geschmack eben Geschmackssache. Das mild-aromatische Fleisch ist feinfaseriger als Rindfleisch und dadurch sehr zart. Der geringe Fettgehalt macht Kalbfleisch leicht verdaulich und sogar für Schonkost geeignet.

Als Kalbfleisch wird Fleisch von Rindern beiderlei Geschlechts bezeichnet, die bis drei Monate alt sind und bis zu 150 kg wiegen. Danach spricht man vom Jungrind. Am besten schmeckt das Fleisch von vier bis acht Wochen alten Tieren. Die wenigsten Kälber bleiben heute noch bei der Mutter, denn deren Milch kommt in die Molkerei. Meist werden die Kälber in kleinen Boxen gehalten und mit einer speziellen Futtermischung großgezogen. Die sogenannte Mutter-Kalb-Haltung gibt es vorwiegend dort, wo die Fleischproduktion im Vordergrund steht.

Kalbfleisch hat seinen Preis – schon gar, wenn es aus ökologischer Erzeugung stammt. Hier wird eine artgerechte Aufzucht praktiziert, was unter anderem bedeutet, dass Kälber auf die Weide dürfen. Ihr Fleisch ist hellrot und sehr aromatisch. Fleisch aus konventioneller Haltung dagegen hat eine blassere Farbe. Weißes Fleisch ist ein Indiz für Eisenmangel, bewusst herbeigeführt durch eine Fütterung ohne Gras.

Einige der berühmtesten Gerichte werden aus Kalbfleisch hergestellt, zum Beispiel das echte Wiener Schnitzel, Zürcher Geschnetzeltes oder Ossobuco aus Italien. Die besten Teile zum Braten stammen aus dem Rücken (unter anderem Koteletts) und aus der Keule (Schnitzel etc.). Der Fleischer teilt das Kalb im Prinzip ähnlich auf wie das Rind, doch gibt es – bedingt durch die Größe des Tiers – weniger Teilstücke.

> **Ernährungs-Tipps**
>
> Kalbfleisch ist aufgrund seines hohen Eiweiß- und relativ geringen Fettgehalts aus ernährungsphysiologischer Sicht zu empfehlen. Zudem eignet es sich aufgrund seiner feinen Faserstruktur und der noch nicht voll ausgebildeten Muskeln auch hervorragend für Schonkost.

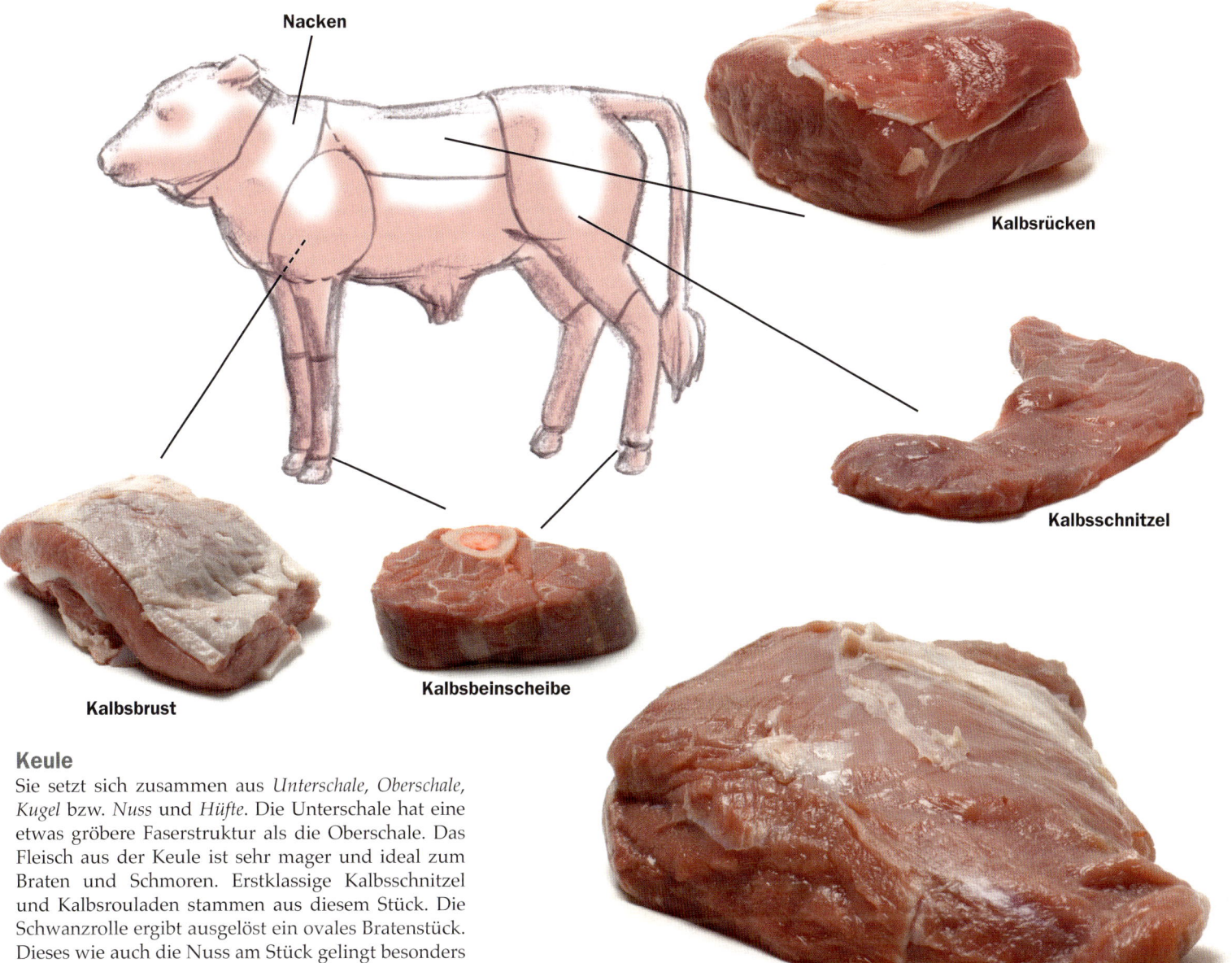

Keule
Sie setzt sich zusammen aus *Unterschale*, *Oberschale*, *Kugel* bzw. *Nuss* und *Hüfte*. Die Unterschale hat eine etwas gröbere Faserstruktur als die Oberschale. Das Fleisch aus der Keule ist sehr mager und ideal zum Braten und Schmoren. Erstklassige Kalbsschnitzel und Kalbsrouladen stammen aus diesem Stück. Die Schwanzrolle ergibt ausgelöst ein ovales Bratenstück. Dieses wie auch die Nuss am Stück gelingt besonders saftig, wenn man das Fleisch mit dünnen Speckscheiben umwickelt.

Rücken
Der Kalbsrücken besteht aus dem vorderen Kotelettstück und dem hinteren Sattelstück. Aus dem *Kotelettstück* werden zarte, saftige Koteletts geschnitten. Das ganze Stück wird als „Karree" bezeichnet und lässt sich hervorragend braten.

Das *Sattelstück* liegt zwischen dem Kotelettstück und der Keule. Aus diesem Bereich stammen Kalbsrückensteaks und der Kalbsnierenbraten mit den angewachsenen, in Fett eingebetteten Nieren.

Filet
Im Rücken unterhalb des Nierenstücks sitzt das Kalbsfilet. Das Fleisch ist keulenförmig-schlank, sehr mager und fein gefasert. Man brät es idealerweise rosa am Stück oder zu Kalbsmedaillons bzw. -nüsschen geschnitten. Auch ergibt Kalbsfilet köstliches Geschnetzeltes und ist als Fonduefleisch unübertroffen.

Nacken/Hals
Das Fleisch enthält kleine Knorpel, ist gut mit Fett durchwachsen und deshalb sehr saftig. Am Stück wird es mit oder ohne Knochen angeboten. Man verwendet das relativ preiswerte Nackenfleisch für kleine Braten, Gulasch, Frikassees, Ragouts oder zum Kochen von Brühe. Aus der Mitte des Nackens lassen sich Koteletts schneiden.

Schulter (Bug)
Aus der oberen Schulter gewinnt man große, magere Braten. Das Fleisch der vorderen Schulter („flacher Bug") empfiehlt sich beispielsweise für Ragouts. Besonders zart ist das Schulterfilet von der rückwärtigen Schulter. Es eignet sich sogar für Steaks.

Brust
Gefüllte Kalbsbrust ist legendär, doch bewährt sich das Brustfleisch auch als Rollbraten, Ragout und Braten. Die Brustspitze ist relativ mager und wird gern zum Kochen und Schmoren verwendet.

Dünnung (Bauch, Lappen)
Als Dünnung bezeichnet man das flache, mit Fett durchwachsene Bauchfleisch. Belegt mit einer Schinkenscheibe, einem dünnen Schnitzel oder einer Farce (Mischung aus Brot, Kräutern, hartem Ei, Gemüse, Fleisch etc.) lässt sich das Fleisch zu einem leckeren Braten rollen.

Haxe
Die Hinterhaxen sind fleischiger als die Vorderhaxen, doch das Fleisch schmeckt gleichermaßen kernig. Es kann am Stück oder in Scheiben geschmort, gebraten oder gegrillt werden und eignet sich auch für Eintöpfe und Suppen.

FLEISCH & WILD

Schweinefleisch

Schweinefleisch steht unangefochten an der Spitze der Beliebtheitsskala. Es ist nicht nur schmackhaft und ungeheuer vielseitig, sondern auch preisgünstiger als anderes Fleisch. Angeboten wird vorwiegend das Fleisch von sechs bis neun Monate alten Schweinen mit etwa 100 kg Gewicht. Junge Tiere liefern zartes, hellrotes Fleisch mit feiner Faserstruktur. Bei älteren Schweinen ist das Fleisch dunkler, die Fasern sind gröber, und der Fettanteil ist größer. Angeboten wird normalerweise Fleisch von weiblichen oder von kastrierten männlichen Tieren, was geschmacklich keinen Unterschied macht. Eberfleisch darf nur dann gehandelt werden, wenn kein nachweisbarer Ebergeschmack vorhanden ist. Da sich dieser Nachweis nicht erbringen lässt, findet man derartiges Fleisch nicht im Handel.

Früher kannte man das Schwein als dick und rund. Heutige Schweine jedoch sind schlank und rank, denn sie haben um fast 50 % weniger Fett als ihre Vorfahren. Den eher langen, schmalen Tieren wurden zudem vier Rippen mehr angezüchtet. So kann jetzt jedes Schwein 16 statt 12 Koteletts liefern. „Schwein gehabt" haben leider nur wenige Tiere, deren Fleisch zum Verkauf kommt. Denn die vorwiegend praktizierte Schweinemast ist alles andere als eine artgerechte Haltung. Nur ein geringer Prozentsatz des angebotenen Schweinefleischs stammt aus ökologischer Erzeugung, also von Tieren, die auf Stroh liegen, sich bewegen können, oft Auslauf ins Freie haben und weder mit Wachstumsförderern noch vorbeugend mit Antibiotika behandelt werden. Aber auch hier gilt: Je mehr Verbraucher nach Bio-Fleisch fragen, desto besser stehen die Chancen für künftige Schweine-Generationen.

Teilstücke vom Schwein

Nur etwa 60 % des erzeugten Schweinefleischs kommen als Frischfleisch in den Handel, der Rest geht in die Wurstproduktion. Doch ein Blick in die Fleischtheke zeigt: Schwein hat viele gute Seiten.

Keule (Schinken, Schlegel)

Das beste Stück vom Schwein ist die Keule. Sie wird eingeteilt in *Oberschale* (Kluft), *Nuss* (Maus), *Hüfte* (Schinkenspeckstück) und *Unterschale* (Schinkenstück). Aus all diesen Teilen schneidet der Fleischer die begehrten Schnitzel und Schinkenbraten. Oberschale und Nuss sind sehr mager, das Fleisch aus der Nuss begeistert sogar Fondue-Freunde. Hüfte und Unterschale haben einen dünnen Fettrand und ergeben besonders saftige Braten. Auf den Markt kommt das Fleisch aus der Keule nicht nur frisch, sondern auch als Roh- und Kochschinken.

Rückenspeck

Er bedeckt den Rücken des Schweins und wird frisch und unbehandelt auch als „grüner Speck" bezeichnet. In der Küche verwendet man den fetten Speck zum Spicken von Braten oder zum Bardieren. Der gepökelte und geräucherte Rückenspeck ist ein Geschmacksträger und verfeinert Suppen, Eintöpfe usw.

Kotelettstrang (Karree, Karbonade, Rippenstück)

Von der Keule bis zum Nacken zieht sich der Kotelettstrang mit dem innen liegenden Filet. Der Rückenspeck wird vor dem Verkauf meist völlig entfernt. Aus dem hinteren Teil des Kotelettstrangs kommen die Filet- oder Lummerkoteletts, der vordere Bereich liefert die Stielkoteletts mit mehr Knochen. Beide Kotelett-Sorten werden frisch gebraten oder gegrillt. Außerdem kommen sie gepökelt und geräuchert als „Kasseler" in den Handel. Im Ganzen oder ausgelöst ergibt der Kotelettstrang einen ausgezeichneten Braten. Aus dem ausgelösten Kotelettstrang kann man auch „Schmetterlingssteaks" schneiden – etwa 2 cm dicke Fleischscheiben, die nicht völlig durchtrennt und dann auseinander geklappt werden.

Filet (Lende)

Das magerste und zarteste Stück vom Schwein ist das Filet, das auch „Lende" oder „Lummer" heißt. Es sitzt an der Unterseite des hinteren Kotelettstrangs, und der „Kopf" reicht bis in die Keule hinein. Als Ganzes ergibt das Filet einen zarten Braten. Es wird jedoch auch in Scheiben geschnitten und als Medaillons, Nüsschen oder Steaks kurzgebraten. Ebenfalls beliebt ist es als Geschnetzeltes oder Fondue-Fleisch.

Nacken (Hals, Kamm)

Der Nacken als Fortsetzung des Kotelettstrangs ist gut durchwachsen und dadurch sehr saftig. Ob „wie gewachsen" oder „ausgelöst", den Nacken kann man braten und schmoren. Mit Knochen in Scheiben geschnitten ergeben sich Koteletts, ohne Knochen Schweinenackensteaks. Nacken-Kasseler sind gepökelt und angeräuchert.

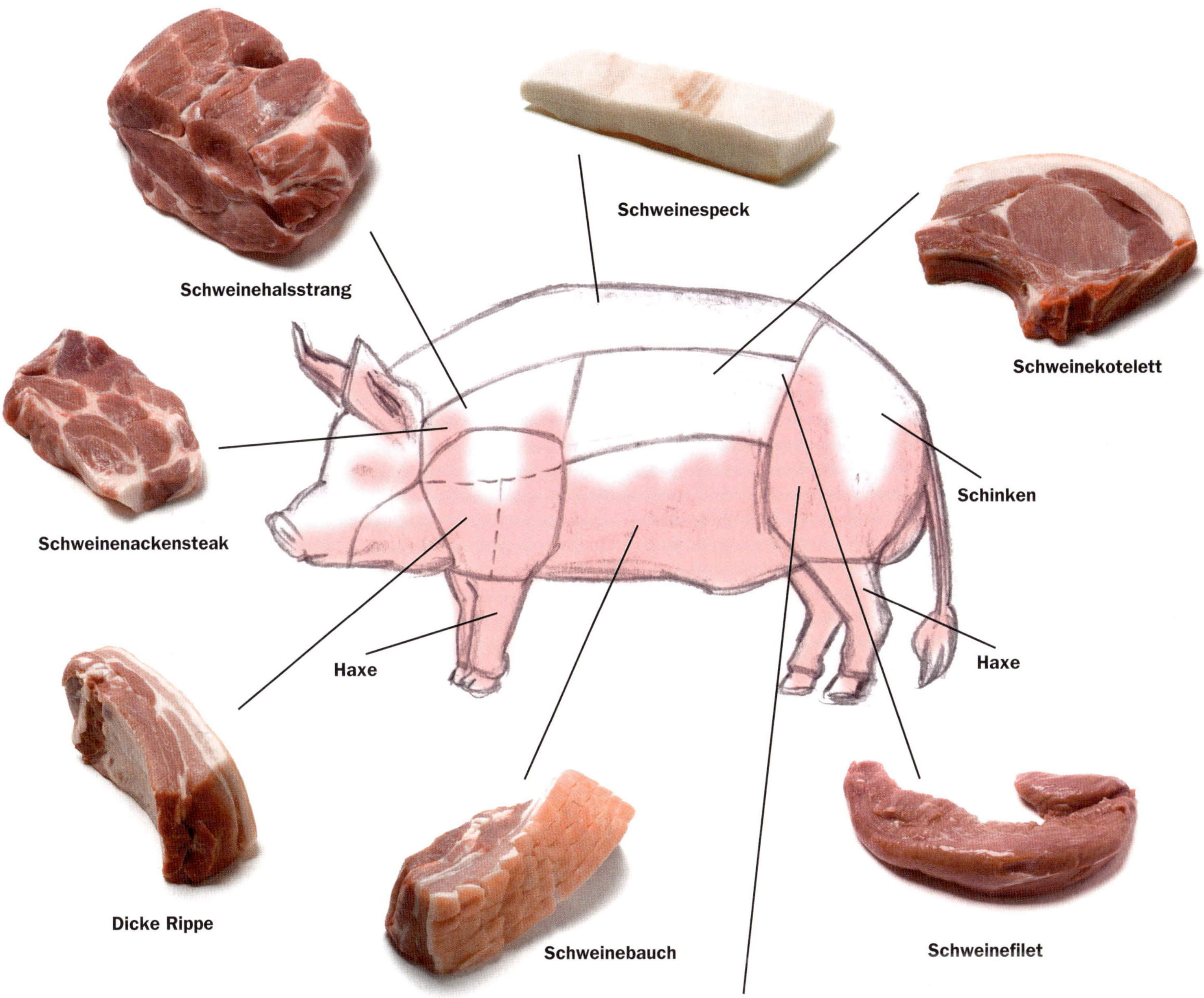

Schweinehalsstrang · **Schweinespeck** · **Schweinekotelett** · **Schweinenackensteak** · **Schinken** · **Dicke Rippe** · **Haxe** · **Haxe** · **Schweinebauch** · **Schweinefilet** · **Schweineschnitzel**

Schulter (Schaufel, Bug, Blatt)

Direkt an den Nacken schließt die schaufelförmige Schulter an. Sie besitzt grobfaseriges Muskelfleisch mit relativ hohem Sehnenanteil. Man teilt die Schulter in „flache Schulter", „falsches Filet" und „dicke Schulter". Angeboten wird das Fleisch „wie gewachsen" mit Knochen, Fett und Schwarte für saftige Schmorbraten. Ausgelöst ist es bedeutend magerer und bestens geeignet für Gulasch, Ragouts oder Rollbraten. Auch Hackfleisch wird aus der Schulter hergestellt. Das „flache Schulterstück" gilt vorwiegend als Kochfleisch. Geräuchert kommt es in Süddeutschland als „Schäufele" auf den Tisch.

Dicke Rippe (Brustspitze, Brust)

Zwischen Schulter und Bauch liegt die dicke Rippe. Sie besteht aus grobfaserigem, stark durchzogenem Fleisch, das sich bestens zum Kochen (zum Beispiel für Eintöpfe), Braten, Schmoren und Grillen eignet.

Bauch

Er ist kräftig mit Fett durchwachsen und von Rippenknochen durchzogen. Bauch gibt es geräuchert, gesalzen oder gedörrt. Der Handel verkauft ihn als Bauchfleisch und als Leiterchen. Bauchfleisch (je nach Region auch „Bauchspeck", „Wammerl" oder „durchwachsener Speck" genannt) wird meist 5 bis 7 cm hoch und in rechteckiger Form angeboten und gehört beispielsweise in Eintöpfe und ins Kraut. Das Leiterchen ist ein mit Rippenknochen durchzogenes Stück, das als „Spareribs" bei keinem Grillfest fehlen darf.

Haxe (Eisbein, Surhaxe, Stelze)

Als Schweinshaxe bezeichnet man jenen Bereich der Beine, der zwischen Knie- bzw. Ellenbogengelenk und den Fußwurzelgelenken liegt. Die Vorderhaxen sind fleischiger als die Hinterhaxen. Gepökelte Haxen werden gekocht oder geschmort, frische Haxen gebraten oder gegrillt.

 Was ist ein Spanferkel?

Der Name kommt aus dem Altgermanischen, wo „spänen" so viel wie „säugen" heißt. Tatsächlich ist das Spanferkel ein Schwein, das noch gesäugt wird. In den Handel kommen drei bis sechs Wochen alte und bis zu 20 kg schwere Tiere. Im Durchschnitt werden sie jedoch mit etwa sechs Wochen und ca. 12 kg Gewicht geschlachtet. Das Fleisch ist zart und hell und hat einen milden Geschmack. Das Spanferkel wird gewürzt und am Grill gebraten. Das dauert bei einem großen Ferkel mindestens sechs Stunden. Von 20 kg Ferkel werden etwa 18 Leute satt.

FLEISCH & WILD

Lamm- und Schaffleisch

Seit biblischen Zeiten gilt das Lamm als symbolisches Opfertier und ist darüber hinaus schon immer als Braten begehrt. Das Osterlamm hat auch in deutschen Küchen Tradition. Dagegen reagierten die Verbraucher auf Schafsfleisch lange zurückhaltend, denn man befürchtete den durchaus penetranten Hautgoût von altem Hammelfleisch. Inzwischen jedoch wurden Lamm- und Schafsfleisch als Spezialität entdeckt, die sich mit ihrer Vielseitigkeit wachsender Beliebtheit erfreut.

Im Vergleich zu anderen Schlachttieren haben Schafe Glück: Sie werden nach wie vor artgerecht auf der Weide gehalten und kennen den Stall – wenn überhaupt – nur vom Winter. Die Tiere ernähren sich natürlich, und der Einsatz von mastfördernden Mitteln und vorbeugender Behandlung mit Antibiotika ist unüblich. Große Schafherden findet man vorwiegend in Norddeutschland. Importiert wird frisches Lammfleisch aus Irland. Das Lammfleisch in der Tiefkühltruhe stammt vorwiegend aus Neuseeland, und Kenner behaupten, es könne geschmacklich mit deutschen Produkten nicht mithalten.

Schafe lassen sich, auch was das Fleisch betrifft, nicht „über einen Kamm scheren". Offiziell wird eingeteilt in Lammfleisch und Schaffleisch.

Lammfleisch stammt von Tieren, die jünger als zwölf Monate sind. Sie haben einen geringen Fettansatz und liefern im Verhältnis viel zartes Fleisch, das sich durch einen mild-aromatischen Geschmack auszeichnet, der am besten bei drei bis vier Monate alten Lämmern zur Geltung kommt. Als Schaffleisch kommt Fleisch von Tieren auf den Markt, die älter sind als ein Jahr. Genauer und aussagekräftiger sind jedoch frühere Bezeichnungen, die mehr differenzieren:

- Das *Milchlamm* ist zum Schlachtzeitpunkt zwischen zwei und sechs Monate alt und war in der Regel noch nie auf der Weide. Weil es somit kein frisches Gras gefressen hat, ist das Fleisch hell und sehr zart. Die sogenannten „Osterlämmer" kommen um die Weihnachtszeit auf die Welt und werden kurz vor Ostern, also mit drei bis vier Monaten, geschlachtet. Wenn sie zuvor schon kurz auf die Weide durften, schmeckt das Fleisch besonders aromatisch.
- Das *Weidemastlamm* kann bis zu einem Jahr alt sein und verbrachte mehrere Monate auf der Weide. Das Fleisch ist feinfaserig, dunkelrosa, nur leicht mit Fett durchwachsen und schmeckt angenehm würzig.
- Als *Hammel* bezeichnet man kastrierte männliche oder weibliche Tiere ohne Nachwuchs, die nicht älter sind als zwei Jahre. Hammelfleisch ist dunkelrot, fest, kräftig marmoriert und intensiv im Geschmack.
- Weibliche und kastrierte männliche Tiere, die älter als zwei Jahre sind, bezeichnet man schlicht als *Schaf*. Schaffleisch ist dunkelrot, grobfaserig und stark mit Fett durchzogen.
- Der *Schafbock* ist älter als ein Jahr und männlich. Sein Fleisch schmeckt ausgesprochen streng und wird selten angeboten.

👍 Tipps für Lamm-Genießer

- Damit sich Koteletts und Fleischscheiben beim Braten nicht wölben, schneidet man die Fettränder im Abstand von ca. 2 cm ein. Beim Braten vom Rücken wird die Fettschicht rautenförmig eingeschnitten. So können auch die Gewürzaromen besser eindringen.
- Lammfleisch immer sehr heiß auf den Tisch bringen (Teller vorwärmen), denn das Fett erstarrt bereits zwischen 30 und 50 °C und schmeckt dann „talgig".
- Lammfleisch braucht Gewürze. Perfekt wird es mit „Kräutern der Provence" und Knoblauch. Auch andere Kräuter wie beispielsweise Pfefferminze, Estragon, Fenchel und Petersilie harmonieren hervorragend mit dem Lammgeschmack.
- Zum Kurzbraten ist Lammfleisch mit hellem Fett zu empfehlen. Fleisch mit gelbem Fett (ältere Tiere) wird zäh und hat einen aufdringlichen Geschmack.

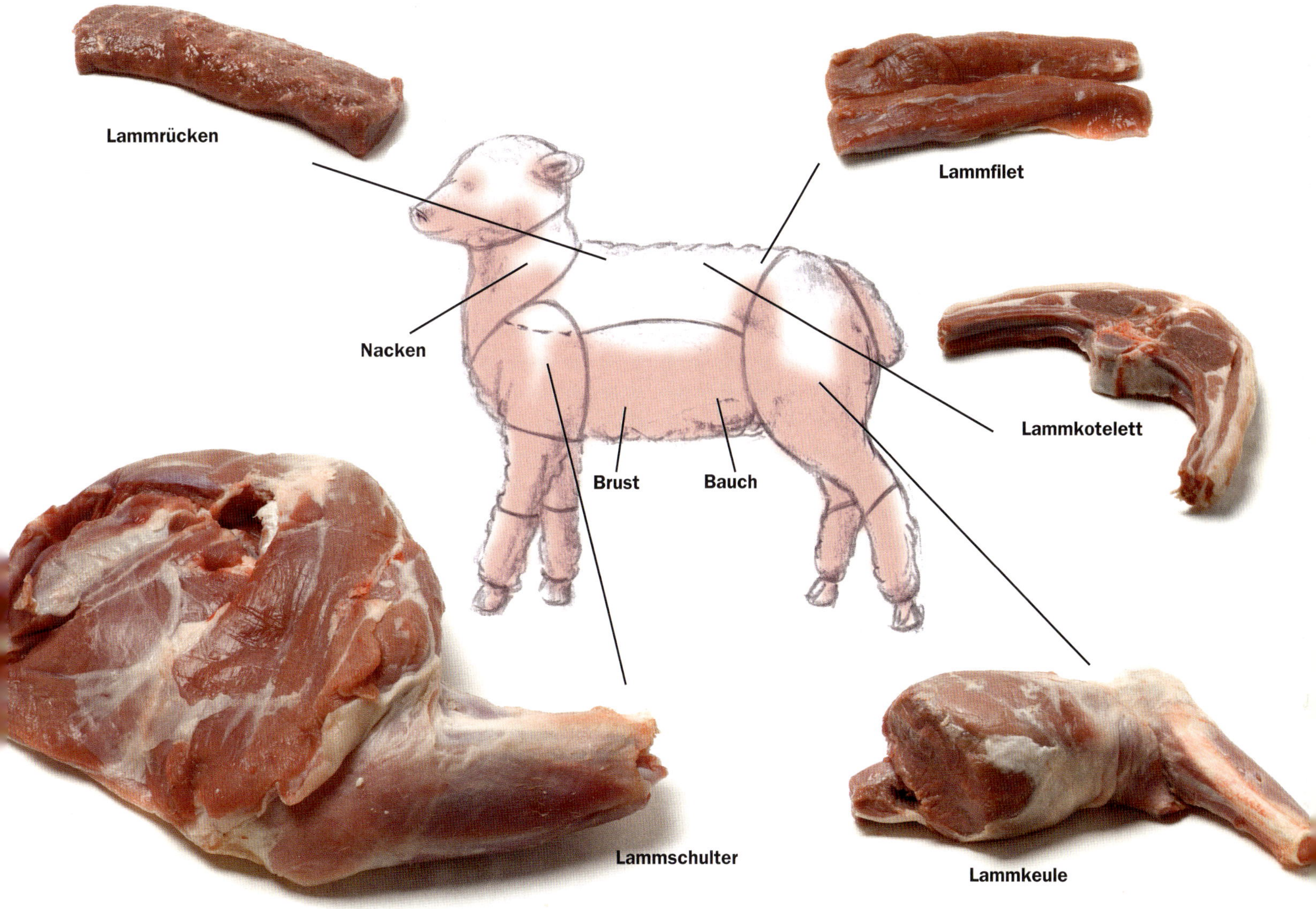

Lammrücken

Nacken

Lammfilet

Lammkotelett

Brust **Bauch**

Lammschulter

Lammkeule

Die guten Stücke vom Lamm

Keule (Schlegel)
Sie ist mager und fleischig und das beste Bratenstück vom Lamm. Die Keule wird mit und ohne Knochen angeboten und eignet sich zum Braten im Ofen und zum Grillen. Aus der Keule stammen auch die Lammsteaks und Lammnüsschen zum Kurzbraten sowie Fleisch für Lammgulasch und Fleischspieße.

Rücken (Kotelettstück, Sattel, Lammkarree)
Das zarteste Fleisch liefert der Rücken. Man kann ihn am Stück braten (Lammnierenbraten) oder aufteilen in Koteletts und Chops (2 bis 3 cm dicke Scheiben) zum Kurzbraten oder Grillen. Unter dem Rücken sitzt das Lammfilet, das sich besonders gut zum Schmoren eignet.

Nacken (Hals, Kamm)
Das Fleisch ist mit feinem, weißem Fett durchzogen und sehr saftig. Angeboten wird es ausgelöst oder mit Knochen „wie gewachsen". Ein ganzer Nacken ergibt einen großen Schmorbraten. Das Fleisch eignet sich aber auch gut für Eintöpfe (zum Beispiel „Irish Stew") und Ragouts.

Schulter (Blatt, Bug)
Alle Teilstücke sind zart und saftig. Man erhält sie mit und ohne Knochen und in gerollter Form. Vor dem Zubereiten wird der Fettrand entfernt. Ideal ist Fleisch von der Schulter für Eintöpfe, Gulasch, Rollbraten, Fleischspieße und auch zum Grillen.

Brust (Brustspitze)
Das flache Fleischstück ist mit Fett durchzogen und saftig. Es wird für Eintöpfe und Suppen verwendet.

Bauch (Flanke, Dünnung)
Der flache Bauchlappen ist mit Fett durchwachsen. Man erhält ihn mit oder ohne Knorpel und Rippen. Verwendet wird das Fleisch für Rollbraten, Ragouts, Eintöpfe, Suppen und Gulasch.

Haxe
Das kräftige Fleisch ist saftig und schmeckt kernig. Haxen eignen sich zum Grillen und Braten. Gepökelte Haxen werden gekocht oder geschmort.

Oder vielleicht Ziege?

Lammfleisch hat sich inzwischen einen Platz auf dem Teller erobert, bei Ziegenfleisch sind die Verbraucher vorsichtiger. Zu Unrecht genießt es den Ruf, zäh zu sein und streng zu schmecken. Tatsächlich liefern die artgerecht gehaltenen Tiere nämlich erstklassiges, feinfaseriges und mageres Fleisch mit mild-aromatischem Geschmack. Besonders zu empfehlen ist das Fleisch von drei bis vier Monate alten Ziegenlämmern. Noch zarter und weicher ist „Kitzfleisch" von Tieren unter drei Monaten. Ihr Fleisch eignet sich sogar als Schonkost. Das Alter des Schlachttiers erkennt man in erster Linie an der geringen Fettschicht. Nur beim alten Tier erscheint sie glasig. Kenner schneiden das Fett erst nach dem Zubereiten weg, denn es fördert den Geschmack. Übrigens muss Ziegenfleisch im Gegensatz zu Schaffleisch nicht heiß serviert werden, weil das Fett eine andere Zusammensetzung hat. Der Fettgeschmack bleibt auch beim Abkühlen neutral.

FLEISCH & WILD

Hackfleisch

Mett (Hackepeter)

Tatar

Rinderhack

Gemischtes Hack

Schweinehack

Lange bevor der „Hamburger" zum Kult-Objekt wurde, gehörten Hackfleischgerichte zu den Standardprodukten der Hausmannskost. Der Hackbraten, aber noch viel mehr die kleinen, runden, mit brauner Kruste in der Pfanne gebratenen Fleischpflanzerl, Frikadellen, Laibchen, Bouletten und wie sie alle heißen sind einfach unwiderstehlich. Hackfleisch lässt sich ungeheuer vielseitig würzen und zubereiten und schmeckt dadurch immer wieder anders.

Als Hackfleisch (auch Gehacktes, Gewiegtes, Faschiertes oder Haschee genannt) bezeichnet man frisches, grob entsehntes Muskelfleisch, das durch den Wolf gedreht wurde und eine mehr oder weniger feine Struktur besitzt. Zur Verwendung zugelassen ist Fleisch von Schweinen, Rindern, Schafen und Ziegen. Ausgenommen sind Teile, die stark von Mikroorganismen belastet sein können (zum Beispiel Bauchfleisch). Aus demselben Grund darf Fleisch von Geflügel und Wild nicht als Hackfleisch verkauft werden.

Durch das Zerkleinern erhält Fleisch eine größere Oberfläche und bietet damit mehr Raum für Bakterien, die ein Gesundheitsrisiko darstellen können. Deshalb ist Hackfleisch ein Produkt, das im Verkauf wie auch im Haushalt ganz besondere Aufmerksamkeit erfordert. Der Handel hat die Hackfleischverordnung zu beachten. Sie bestimmt unter anderem, dass Hackfleisch – ob frisch durchgedreht oder vorverpackt – am selben Tag verkauft werden muss. Eine Ausnahme bildet SB-Ware in einer Verpackung mit Schutzgas. Solches Hackfleisch ist nicht ganz so leicht verderblich und kann deshalb im Kühlregal bei einer Temperatur von 2 °C mehrere Tage (in der Regel eine Woche) angeboten werden. Auf der Verpackung ist das Verfallsdatum anzugeben. Wenn Hackfleisch tiefgefroren wird, muss das sofort nach der Herstellung passieren. Vorgeschrieben sind hygienisch einwandfreie Verpackungen und eine Kerntemperatur von mindestens minus 18 °C, die bis zum Verkauf gewährleistet bleibt. Unter diesen Bedingungen darf Hackfleisch bis zu sechs Monate nach Herstellungsdatum in der Tiefkühltruhe angeboten werden.

Gerade gekauftes Hackfleisch gehört im Haushalt sofort in die kälteste Zone des Kühlschranks und sollte noch am selben Tag zubereitet werden. Denn nicht mehr einwandfreies Hackfleisch kann Salmonellen enthalten, die zu schweren Erkrankungen führen. Im Gegensatz zur weit verbreiteten Meinung verlängert kurzes Anbraten die Haltbarkeit nicht, sondern beschleunigt das Bakterienwachstum. Hackfleisch – ob frisch oder tiefgefroren – muss immer völlig durchgebraten und beim eventuellen Aufwärmen wiederum stark erhitzt werden. Frisches Hackfleisch sollte man im Haushalt besser nicht einfrieren. Möglich ist das Tiefkühlen jedoch für fertig zubereitete Produkte.

Pures Fleisch und Zubereitungen
Hackfleisch ist nicht gleich Hackfleisch. Man kennt es mal mager und mal fett, mal grob und mal fein.

Tatar (Beefsteak-Hack, Schabefleisch)
Verwendet wird ausschließlich sehnen- und fettgewebsarmes Rindfleisch ohne jeden Zusatz. Tatar ist einheitlich rot und hat den geringsten Fettgehalt (höchstens 6 %) von allen Hackfleischsorten.

Rinderhack
Hierfür wird grob entsehntes Fleisch durch den Wolf gedreht. Man erkennt es am geringen Anteil von Weiß im roten Fleisch. Der Fettgehalt darf nicht mehr als 20 % betragen.

Schweinehack
Es besteht aus grob entfettetem Schweinefleisch. Schweinehack darf höchstens 35 % Fett enthalten. Fein oder grob durchgedreht und fertig gewürzt wird es als Mett angeboten und gern roh gegessen.

Gemischtes Hackfleisch (Halb und Halb)
Es besteht je zur Hälfte aus grob entsehntem Rind- und grob entfettetem Schweinefleisch. Der Fettanteil darf bei maximal 30 % liegen.

Lammhackfleisch
Entfettetes Lammhackfleisch enthält zwischen 16 und 20 % Fett. Es wird vor allem für die osteuropäische und orientalische Küche benötigt (zum Beispiel für gefülltes Fladenbrot oder Cevapcici).

Bratfertige Hackfleischzubereitungen wie Frikadellen, Klopse usw. müssen zu mindestens 70 % aus Fleisch bestehen. Für Hamburger und Hacksteaks stehen in der Hackfleischverordnung gesonderte Vorschriften. Sie befasst sich aber auch mit anderen Produkten aus zerkleinertem Fleisch, die ganz oder teilweise roh sein können. Von Fleischfüllungen über diverse Würste, Brät, zerkleinerte Innereien und Erzeugnisse aus Innereien und gestückeltem Fleisch oder Innereien auf Spießen bis hin zum mechanisch gemürbten Fleisch (zum Beispiel geklopfte Steaks) bleibt nichts unreglementiert. Wenn solche Produkte aus Wild- oder Geflügelfleisch hergestellt werden, dürfen sie nur tiefgefroren bei minus 18 °C zum Verkauf kommen.

Innereien

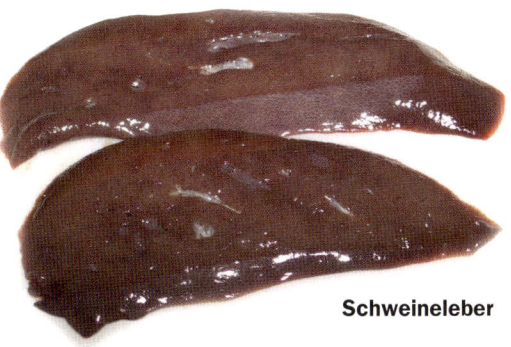
Schweineleber

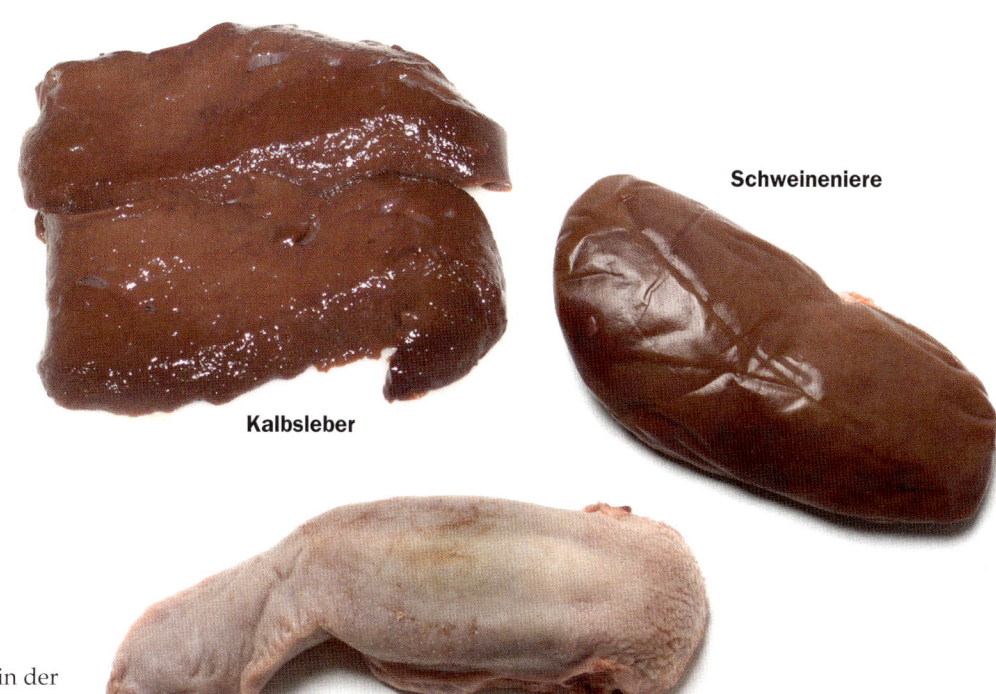
Kalbsleber
Schweineniere
Schweinezunge

Alle essbaren Organe der Schlachttiere tauchen in der Küche als Innereien auf. Der Handel bietet heute nur noch die „inneren Werte" von jungen Tiere an, denn hier ist die Belastung durch Fremdstoffe wie beispielsweise Schwermetalle oder Medikamente extrem gering. Trotzdem empfehlen Ernährungsfachleute, Innereien nur alle zwei bis drei Wochen auf den Tisch zu bringen. Innereien vom Rind (zum Beispiel Hirn) zählen in Zeiten von BSE zum Risikomaterial und kommen nicht auf den Markt.

Die gängigsten Innereien sind Bries, Herz, Hirn, Leber, Lunge, Nieren und Zunge. Verzehrbar sind jedoch auch noch andere Organe wie der Magen (zum Beispiel Kutteln), die Milz oder das Euter. Im Handel findet man diese Produkte jedoch normalerweise nicht oder erhält sie höchstens auf Bestellung. Generell sind Innereien leicht verderbliche Produkte. Sie müssen am Schlachttag verkauft werden. Zuhause sollte man sie innerhalb von zwölf Stunden zubereiten – oder einfrieren. Nur Hirn und Bries eignen sich dazu nicht.

Bries (Milcher, Midder, Schweser)

Bekannt ist vor allem das Kalbsbries, doch es gibt auch Bries vom Lamm. Bei diesem Organ handelt es sich um die Thymusdrüse, die sich bei heranwachsenden Tieren in der Brusthöhle befindet und nach der Wachstumsphase wieder zurückbildet. Äußerlich ähnelt das Bries dem Hirn, hat aber eine festere und dabei doch äußerst zarte Konsistenz. Das ca. 250 bis 350 g schwere, zarte Bries gilt in jeder Form als teure Delikatesse, ob gekocht, gedünstet, geschmort, gebraten, gegrillt oder gebacken. Beliebt ist gewürfeltes Bries als Suppeneinlage.

Herz

Das Herz besteht aus magerem, zartem und doch festem Muskelfleisch. Es schmeckt eigentlich gar nicht typisch nach Innereien, sondern erinnert eher an Wild. Am feinsten ist das Herz vom Kalb und vom Lamm. Ein guter Fleischer befreit die Herzkammern von Blutresten und entfernt von vornherein das Fett und die harten Teile im oberen Bereich.

Hirn

Die zarte, grauweiße und vitaminreiche Masse stammt vom Kalb oder Lamm. Schweinehirn kommt meist in die Wurst, Rinderhirn wird als BSE-Risikomaterial vernichtet. Aus Hirn lassen sich unter anderem feine Pasteten, Ragouts und Suppeneinlagen herstellen.

Leber

Je jünger das Tier, desto besser die Leber, und je frischer die Leber, desto köstlicher schmeckt sie. Am teuersten ist Kalbsleber – hellbraun, glatt im Anschnitt, sehr zart und mild im Geschmack. Die dunkelbraune Schweineleber hat eine eher poröse Konsistenz und schmeckt kräftiger. Sie sollte vor der Zubereitung in Milch eingelegt werden, was die Zartheit fördert und den Geschmack mildert. Eine Delikatesse ist auch die Leber vom Lamm. Leber eignet sich am besten zum Kurzbraten oder Dünsten. Man kann sie aber auch grillen oder backen. Wichtig: Erst nach dem Zubereiten salzen, sonst wird die Leber hart. Im ersten Drittel der Schwangerschaft sollten Frauen besser auf Leber verzichten. Der hohe Vitamin-A-Gehalt könnte dem Ungeborenen schaden.

Lunge (Beuschel)

Angeboten wird vor allem die Lunge vom Kalb, gelegentlich auch vom Lamm. Schweinelunge landet meist in der Wurstherstellung. Das Atmungsorgan besitzt keine Muskulatur und hat eine eher schwammige Konsistenz. Lunge ist sehr kalorienarm und enthält weniger Vitalstoffe als andere Innereien. Zu den bekanntesten Gerichten gehört das „Saure Lüngerl".

Nieren

Ob Kalb, Schwein oder Lamm, jedes Tier besitzt zwei Nieren. Sie sollten so frisch wie möglich verwendet werden und sind gerade wegen ihres spezifischen Geschmacks beliebt. Die hellen Kalbsnieren sind am zartesten und wiegen etwa 250 g. Man schmort, dünstet, brät oder grillt sie am besten mit der dünnen Fettschicht. Die rosaroten Schweinenieren wiegen nur etwa 125 g und sollten vor der Zubereitung zur Milderung des Geschmacks über Nacht in Milch eingelegt werden. Feinschmecker schätzen diese Innereien vor allem als „saure Nieren".

Zunge

Die Zunge ist ein Muskel und von jungen Tieren besonders zart und saftig. Schweinezungen (ca. 350 g), Rinderzungen (1 bis 2 kg) und Kalbszungen (etwa 500 g) kommen frisch, geräuchert oder gepökelt auf den Markt. Nach dem Kochen muss die Haut der Zunge abgezogen werden.

FLEISCH & WILD

Hase, Reh und anderes Wild

Der Hirsch – hier im Bild ein Damhirsch – ist das größte Wild in unseren Wäldern.

Keine Frage – Wild bereichert den Speisezettel. Das Fleisch schmeckt völlig anders als jenes von Schlachttieren, eben typisch nach Wild. Aus heimischen Wäldern stammt das Fleisch von Hasen, Kaninchen, Rehen, Hirschen und Wildschweinen. Dazu kommen Importe vor allem aus Osteuropa, und nicht zuletzt wird die Nachfrage durch Wild aus Gehegen gedeckt. Als Saison für Haarwild gilt vor allem die Winterzeit, obwohl bestimmte Tiere auch schon mitten im Sommer erlegt werden. Die Jagdzeiten in Deutschland sind zwar in der „Bundesjagdzeitenverordnung für jagdbare Arten" festgelegt, können aber von den Ländern individuell geändert werden

Wildfleisch ist eiweißreich, fettarm und so leicht verdaulich, dass es sich sogar für Schonkost eignet. Die Fettqualität unterscheidet sich deutlich von herkömmlichem Fleisch. Das Fett im Wildfleisch enthält bedeutend mehr ungesättigte Omega-3-Fettsäuren, die für den menschlichen Organismus besonders wertvoll sind. Schuld daran ist das Futter, denn Wildtiere sind absolute Selbstversorger. Deshalb enthält das Fleisch auch garantiert keine Rückstände von Medikamenten oder Hormonpräparaten.

Trotzdem fragen sich die Verbraucher, ob Wildfleisch tatsächlich gesundheitlich unbedenklich ist. Auch Jahrzehnte nach Tschernobyl fürchtet man noch immer die Strahlenbelastung. Die Auswirkungen des Reaktorunfalls machten sich in Deutschland nur gebietsweise bemerkbar (vor allem in Bayern), und hier ist generell die radioaktive Belastung von Wildfleisch rückläufig. Doch von Tierart zu Tierart gibt es Unterschiede, die wiederum mit den Nahrungsgewohnheiten zusammenhängen. Rotwild beispielsweise ist weniger belastet als Schwarzwild, weil Wildschweine bestimmte Pilze fressen. Gehege-Wild, das zugefüttert wird, hat besonders niedrige Werte. Der gesetzlich festgelegte Grenzwert für Cäsium liegt bei 600 Becquerel pro Kilogramm. Höher belastetes Fleisch darf nicht in den Handel gelangen.

Vielen Verbrauchern liegen hygienische Bedenken im Magen, geschürt von entsprechenden Wildfleisch-Skandalen der letzten Zeit. Geht es nach dem Fleischhygienegesetz, kann Wildbret jedoch guten Gewissens verzehrt werden. Was Züchter, Importeure und Fleischer verkaufen, wird zuvor wie anderes Fleisch von Amtstierärzten sorgfältig unter die Lupe genommen. Man kann Wild natürlich auch direkt vom Forstamt bzw. von einem Jäger beziehen. Wenn Jäger nachweislich über eine der Fleischhygieneverordnung entsprechende Wildkammer verfügen, dürfen sie frisch zerlegtes Wild in kleinen Mengen ohne amtliche Fleischuntersuchung an Privatpersonen (nicht an Fleischereien oder Gaststätten) abgeben. Doch gelten auch hier gesetzliche Vorschriften. Jeder Jäger hat die Pflicht, geschossenes Wild umgehend aufzubrechen und auszuweiden. Stellt er dabei Anzeichen für eine eventuelle Erkrankung oder Verletzungen fest, muss eine amtliche Fleischuntersuchung durchgeführt werden. Fleisch von gesunden Tieren muss sofort bei 4 bis 7 °C gelagert werden. Das Gleiche gilt für Tiere im Haar- oder Federkleid, für die jedoch ein eigener Kühlraum zur Verfügung stehen muss.

Der Gesetzgeber verbietet es übrigens, Wildfleisch als Hackfleisch oder Carpaccio auf den Markt zu bringen. Denn wie Geflügel, so gilt auch Wild als besonders anfällig für schädliche Mikroorganismen.

So ist Wildfleisch ein Genuss

Im Haushalt gilt für Wildfleisch dasselbe wie für anderes Fleisch: auf Sauberkeit achten. Haarwild lässt man im Fell aber ohne Därme noch einige Tage abhängen, was in der kalten Jahreszeit problemlos im Freien erfolgen kann. Mageres Fleisch kann bei minus 2 bis plus 2 °C etwa zwei Wochen gelagert werden, fettes Wildschwein hält nicht so lange – es sei denn, man legt es in eine Beize. Frisches Fleisch braucht Luft und sollte nie übereinander liegen. Große Stücke hängt man am besten an einem Haken auf.

Professionell tiefgefrorenes Wildfleisch bleibt ungespickt acht bis zehn Monate haltbar. Nach dem Auftauen ist es bereits mürb, sollte jedoch vor dem Zubereiten noch gebeizt werden. Dabei entwickelt das Fleisch seinen optimalen Geschmack. Wichtig ist auch für Wildfleisch, dass es beim Auftauen nicht im eigenen Saft liegt, und das Auftauwasser umgehend weggeschüttet wird.

Wildfleisch enthält wenig Fett und kann deshalb beim Zubereiten trocken werden. Verhindern lässt sich das durchs traditionelle Spicken: Man zieht vor dem Braten schmale Speckstreifen mit einer speziellen Spicknadel durch das rohe Fleisch. Möglich ist das natürlich nur bei einem dicken Bratenstück, und Kenner stört ohnehin, dass beim Spicken zarte Fleischfasern zerstört werden.

Einen Ausweg bietet das Bardieren. Dabei wickelt man Speckscheiben um das Fleisch und befestigt sie mit Küchengarn. Sie sollten aber etwa eine Viertelstunde vor Ende der Garzeit entfernt werden, denn der Braten muss ja noch bräunen.

Wild lässt sich auf vielerlei Weise zubereiten. Man kann es kochen, schmoren, dünsten, braten oder grillen. Ernährungsexperten empfehlen jedoch, das Fleisch nicht mehr rosa, sondern nur noch gut durchgegart zu genießen. Das bedeutet, es braucht für etwa zehn Minuten eine Kerntemperatur von mindestens 80 °C. Geübte Köche prüfen den Garzustand mit dem Finger: Lässt sich das Fleisch tief eindrücken, ist es noch sehr rot. Leichtes Nachgeben weist auf rosa hin. Leistet das Fleisch Widerstand, ist es durch. Wer dem Gefühl nicht traut, benutzt ein Bratthermometer.

Fleischlieferanten aus Wald und Flur

Wildfleisch ist tatsächlich noch ein reines Naturprodukt, denn die Tiere verbringen ihr Leben vom ersten Tag bis zum Schuss in völliger Freiheit und damit absolut artgerecht. Und das schmeckt man eben.

Hasen und Wildkaninchen

Den Feldhasen kennt jedes Kind, denn er bringt schließlich die Ostereier. Auf dem Teller landen deutsche Hasen nur noch selten, denn sie zählen bereits zu den bedrohten Tierarten. In den letzten Jahrzehnten haben vor allem der veränderte Lebensraum, der Straßenverkehr und Krankheiten die Population so stark dezimiert, dass es nicht mehr viel zu schießen gibt. Wildkaninchen dagegen vermehren sich wie die sprichwörtlichen Karnickel. Auf den Markt kommen Hasen und Wildkaninchen „am Stück" (ausgenommen) mit und ohne Fell sowie in Teilstücken, jeweils frisch oder tiefgefroren. Als Braten eignen sich der Rücken und die Keulen. Das Fleisch von Hals, Bauchlappen und Vorderläufen ist ideal zum Schmoren, und Hasenleber gilt als Delikatesse. Das Fleisch der Tiere schmeckt bedeutend würziger als jenes von Haushasen. Am zartesten ist es von Wildhasen, die nicht älter als ein Jahr sind.

Rehe

Zum Rehwild zählen die männlichen Rehböcke, die weiblichen Ricken, Schmalrehe (Ricken, die nicht geboren haben) und Jungtiere (Kitze). Wieviel Tiere in einem Revier leben, orientiert sich an dessen Größe, der jährliche Abschuss wird festgelegt. Generell steht genügend heimisches Rehfleisch zur Verfügung. Angeboten werden vorwiegend folgende Teilstücke:
Keule (Schlegel): am Stück oder aufgeteilt, gespickt oder ungespickt, als Schnitzel, Steaks oder Rouladen.
Rücken: ganz (ca. 2 bis 3 kg) oder in Teilen, als Medaillons oder Nüsschen.
Schulter (Blatt, Schaufel): kleine Braten, Schmorfleisch.
Hals, Brust, Vorderläufe: klein geschnittenes Fleisch für „Rehpfeffer", Pasteten, Terrinen, Suppen.
Innereien: Herz, Nieren und Leber für Füllungen, Saucen, Pasteten usw.

Hirsche

Sie bilden das Rotwild – männliche Hirsche, weibliche Hirschkühe und Jungtiere (Spießer, Schmalhirsche). Hirsche sind das größte Wild in unseren Wäldern, ein starker Hirsch kann bis zu 150 kg wiegen. Nur die männlichen Tiere bilden das bekannte verzweigte Geweih, das sich so mancher stolze Jäger über den Esstisch hängt. Zu sehen bekommt man das scheue Wild meist nur an einer Futterstelle im Winter oder im Gehege. Das meiste Hirschfleisch stammt heute von solchen Tieren. Am besten schmeckt es, wenn die Hirsche nicht älter als zwei Jahre sind. Solches Fleisch sollte man als Braten bzw. zum Kurzbraten verwenden. Das Fleisch von älteren Tieren eignet sich mehr zum Kochen und Schmoren. Die üblichen Teilstücke vom Hirsch entsprechen dem vom Reh.

Wildschweine

Das urig aussehende Borstenvieh liebt den Schutz des Waldes und hat hierzulande nur den Jäger zum Feind. Er bezeichnet Wildschweine als Schwarzwild, das in Rotten aus männlichen Keilern, weiblichen Bachen, jungen Frischlingen (bis zu einem Jahr alt) und Überläufern (zwei Jahre alt) lebt. Wildschweinfleisch ist dunkel und hat einen sehr würzigen Geschmack. Zarten Genuss versprechen vor allem Frischlinge, generell sollte man Fleisch von jungen Tieren bevorzugen. Das von älteren Wildschweinen muss zwei bis drei Tage abhängen und anschließend gebeizt werden. Als Teilstücke werden angeboten:
Keule: Braten, Steaks, Rouladen.
Rücken: ganz oder in Stücken.
Schulter: Braten.
Hals, Brust, Bauch: klein geschnitten für Schmorgerichte.
Wildschweine besitzen zwar eine Fettschicht, doch das Fleisch ist nicht von Fett durchzogen und deshalb eher trocken. Beim Braten kann man das ausgleichen durch Bardieren oder Spicken mit Speck. Ragouts gewinnen, wenn sie mit Speck zubereitet werden.

Gämsen und Mufflons

Gämsen zählen zur Familie der ziegenartigen Hornträger und leben in den höchsten Höhen der Alpen. Wer sie erlegen will, muss ihnen in die steilsten und felsigsten Gebiete folgen, was sehr mühsam und nicht selten gefährlich ist. Die Bestände sind gering, weshalb Gämsen relativ wenig gejagt werden. Das Fleisch hat einen kräftigen Geschmack und ist nur von sehr jungen Tieren zart. Die Teilstücke entsprechen weitgehend dem von Rehwild. Zu den Spezialitäten aus Gamsfleisch gehören unter anderem Gamsschinken und Gamssalami.

Mufflons sind Wildschafe, die allerdings nur noch auf Korsika und Sardinien in voller Freiheit leben. In Deutschland und anderen europäischen Ländern werden Mufflons teilweise gezüchtet. Der Fleischgeschmack ähnelt dem der Gämse, sodass Mufflonfleisch auch schon als „Gamsfleisch" deklariert auf den Markt gekommen sein soll.

FLEISCH & WILD

Die Jagd auf Antilopen unterliegt Vorschriften und Kontrollen.

Das etwas andere Fleisch

Welches Fleisch der Mensch isst, als appetitlich und „normal" betrachtet, hängt vom Kulturkreis ab. In Mitteleuropa ist Fleisch von Rindern, Schweinen, Geflügel und Wild selbstverständlich, und nur wenige denken angesichts des Steaks auf dem Teller an das „süße" Kälbchen etc. Doch schon bei Pferde- und Eselfleisch wehren die meisten Verbraucher ab. In Süd- und Osteuropa dagegen kommen diese Tiere ganz selbstverständlich auf den Tisch. Dass es Gegenden auf der Erde gibt, wo Hunde, Katzen, Affen oder Meerschweinchen gegessen werden, weckt bei uns das Grauen, während sich die Hindus in Indien nicht vorstellen können, eine Kuh zu schlachten, und in islamischen Ländern das Schwein abgelehnt wird.

Reisen in die entlegensten Teile der Erde einerseits und die Faszination alles Exotischen andererseits führen jedoch dazu, dass auch mancher deutsche Verbraucher kulinarisch zum Außergewöhnlichen bis Extremen tendiert. Heimisches Fleisch, so vielseitig es auch sein mag, kann offensichtlich nicht denselben Kick geben wie etwa ein Krokodilsteak oder gar ein Stück Schlange. So etwas wird nicht nur in ausgefallenen Spezialitäten-Restaurants serviert, sondern ist auch in einigen Fachgeschäften oder über den einschlägigen Versandhandel erhältlich. Das Fleisch einiger „Exoten" hat allerdings schon eine breite Verbraucherschaft überzeugt. So findet man beispielsweise Straußenfilet oder Bisonroastbeef auch in der guten deutschen Küche.

Antilope

Man nennt sie das „Reh der Savanne". In Afrika gibt es offensichtlich genügend wild lebende Antilopen, dass der Jagd nichts im Wege steht. Sie unterliegt ähnlichen Vorschriften und Kontrollen wie die Jagd in Deutschland. Antilopenfleisch ist mager und dadurch cholesterinarm und ein echtes, unbelastetes Naturprodukt. Es schmeckt etwas süßlich und kann zum Braten oder Schmoren verwendet werden.

Bison
Bisons (Büffel) sind riesige Wildrinder und nicht mit unseren Hausrindern verwandt. Ein Bulle kann bis zu einer Tonne wiegen. In geringem Ausmaß werden Bisons inzwischen auch in Deutschland gezüchtet, doch vorwiegend kommt das hier angebotene Fleisch aus den USA und Kanada. Dort ist genügend Platz vorhanden, um den Tieren den notwendigen Lebensraum zu bieten. Sie ziehen unbeeinflusst vom Menschen frei in der Prärie umher, bis sie zur Fleischgewinnung eingefangen werden. Bisons kennen keinen Stall, keine Fütterung, keine Leistungsförderer und keine Medikamente. Dementsprechend entwickelt sich das Fleisch: Es ist nicht marmoriert, enthält kaum Fett und dadurch sehr wenig Cholesterin, aber üppigst Nährstoffe wie leicht verdauliches Eiweiß, B-Vitamine, Eisen, Zink und Selen. BSE ist bei Bisons aus den Staaten bislang unbekannt, deshalb kann das Fleisch guten Gewissens auch „medium" gebraten werden. Vom Bison gibt es unter anderem Steak, Filet und Roastbeef, aber auch Schinken, Salami und diverse Würste.

Elch
Nordeuropa ist die Heimat der mächtigen Elche. Besonders beeindruckend sind die Bullen – groß wie ein Pferd und mit einem bis zu zwei Meter ausladenden Schaufelgeweih. Fleisch, das auf den Markt kommt, stammt nur teilweise aus der Jagd (in Skandinavien von September bis Oktober), denn Elche werden inzwischen auch gezüchtet. Das rote Fleisch ist sehr mager und cholesterinarm und lässt sich wie beispielsweise Rindfleisch in allen Varianten zubereiten. Als Spezialität gelten geräucherte Elchwurst und Elchsalami.

Esel
Seitdem das ehemalige Lasttier aus den Mittelmeerländern vom motorisierten „Esel" abgelöst wurde, bekommt man selbst in südlichen Regionen kaum noch Eselfleisch. Der Braten ist eine absolute Seltenheit, doch in Salami-Spezialitäten wird das Fleisch noch gelegentlich verarbeitet.

Känguru
Das australische Beuteltier ist inzwischen zumindest fleischmäßig auch auf den deutschen Markt übergesprungen. Das fettarme und eiweißreiche Fleisch schmeckt ähnlich wie Rehfleisch. Man kann es kurzbraten („medium") oder grillen und – genau wie heimisches Wild – mit Preiselbeeren servieren.

Krokodil und Alligator
Die wild lebenden Panzerechsen wurden wegen ihrer begehrten Haut fast ausgerottet. Inzwischen züchtet man die Tiere zur Leder- und Fleischgewinnung in Farmen. Hauptlieferanten sind Thailand und Australien. Das zarteste Fleisch stammt aus dem Schwanz, dem Rücken und den Schultern. Es schmeckt ähnlich wie Huhn und ist aus ernährungsphysiologischer Sicht nur zu empfehlen. Zubereiten lässt sich Krokodilfleisch wie jedes andere Fleisch.

Pferd
Die Problematik des Pferdefleischs liegt in den qualvollen Lebendtransporten quer durch Europa. Seit langem gehen Tierschützer auf die Barrikaden, um die Regierungen endlich zu einem Verbot dieser Grausamkeit zu bewegen. Doch bislang wurde nicht viel erreicht. Geradezu in Mode gekommen ist Fohlenfleisch. Die Tiere werden meist speziell zur Fleischgewinnung gezüchtet, und das bedeutet: sofortige Trennung von der Mutter nach der Geburt, Aufzucht ohne Bewegung und Sozialkontakte, kein Tag auf der Weide, Fütterung für schnelles Wachstum und ein kurzes Leben. Die Verbraucher müssen selbst entscheiden, ob der Verzehr von Pferde- und Fohlenfleisch ethisch vertretbar ist. Pferdefleisch hat einen süßlichen Geschmack und kommt unter anderem als Filet und Steak in den Handel. Auch Würste und Salami gibt es mit Pferdefleisch.

Schlange
Was in China seit Jahrtausenden Tradition hat, können deutsche Liebhaber des Exotischen für viel Geld in gewissen Spezialitäten-Restaurants genießen oder auch zu Hause auf den Tisch bringen: Schlangenfleisch. Doch es hat wohl kaum eine Chance auf Einstieg in die Fleisch-Hitparade.

Strauß und Emu
Der Strauß stammt aus Afrika, der Emu als etwas kleinere Variante aus Australien. Beide sind Laufvögel, die nicht fliegen, und zählen deshalb nicht zum Geflügel. In Deutschland gibt es bereits Landwirte, die Strauße in großzügigen Freilaufgehegen unter art- und tierschutzgerechten Bedingungen halten. Die Tiere werden natürlich ernährt und ohne künstliche Zusätze wie Wachstumsförderer etc. aufgezogen und gedeihen im mitteleuropäischen Klima besonders gut. Straußenfleisch ist dunkel und unvergleichlich zart, schmeckt wie feinstes Rindfleisch und enthält viel Eiweiß, aber wenig Fett (nur ca. 1,2 %) und entsprechend wenig Cholesterin. Angeboten wird überwiegend Fleisch aus den mächtigen Keulen. Die Unterkeule liefert eher Stücke zum Braten und Schmoren, während erstklassige Steaks und Filets aus der Oberkeule geschnitten werden. Straußenleber ist etwas dunkler als Kalbsleber, schmeckt aber ähnlich. Emu-Fleisch erinnert im Geschmack eher an Wild und kommt meist in Form von Steaks auf den Markt.

Panzerechsen werden heute meist in Farmen gezüchtet.

Nicht nur das Fleisch der Straußenvögel ist begehrt, sondern auch die Haut. Sie ergibt ein exklusives und sehr strapazierfähiges Leder für Bekleidung, Taschen, Schuhe usw. Außerdem finden Eier und Federn unter anderem im Kunsthandwerk Verwendung. Aus dem Unterhautfett des Emus wird ein Öl gewonnen, das entzündungshemmend und antirheumatisch wirken soll. Es wird auch bei trockener Haut verwendet und als begleitende Therapie bei Schuppenflechte eingesetzt.

Wurst
& SCHINKEN

BRÜHWURST	222
KOCHWURST	225
ROHWURST	226
AUSLÄNDISCHE WURSTSPEZIALITÄTEN	228
SCHINKEN	230

WURST & SCHINKEN

Wurst

Vielfalt, dein Name ist Wurst. Tatsächlich sind in Deutschland über 1500 Würste namentlich bekannt, doch genau genommen handelt es sich nicht um eigenständige Sorten. Denn ein und dieselbe Machart kann in München anders heißen als in Hamburg. Trotzdem bleiben noch gut 300 unterschiedliche Sorten – genug, um sich fast jeden Tag im Jahr eine andere Wurst aufs Brot zu legen.

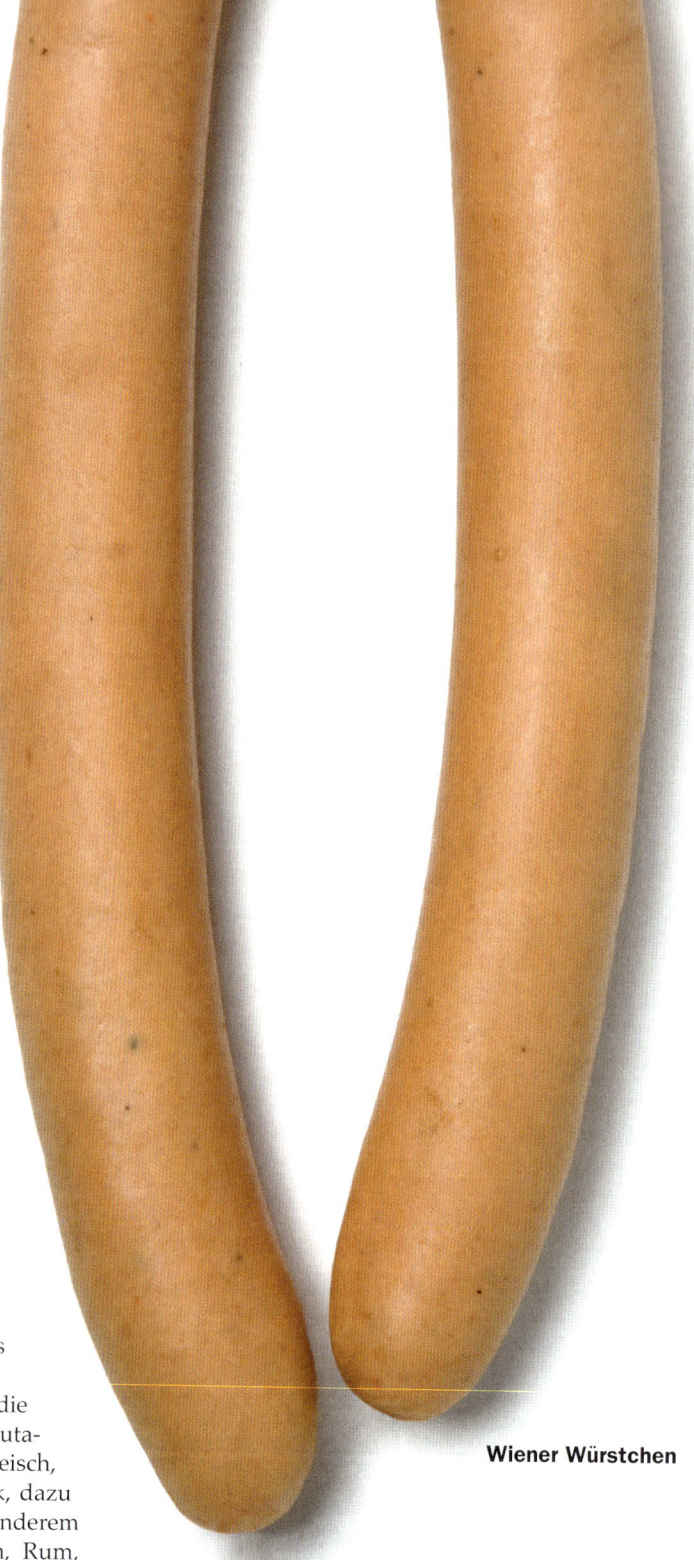

Wiener Würstchen

Niemand weiß genau, seit wann es den Menschen um die Wurst geht. Aber schon im Jahr 425 v. Chr. wird dieses Produkt in einer Komödie des Dichters Aristophanes erwähnt. Überliefert ist auch, dass die alten Römer große Wurstesser waren. Im Mittelalter war die Wurst- und Schinkenherstellung gang und gäbe, und es wurden bereits Vorschriften dafür erlassen. Beispielsweise bestimmte 1256 die Marktordnung von Landshut, dass Würste nur aus gutem Schweinefleisch herzustellen seien.

Auch heute legt der Gesetzgeber fest, was in die Wurst rein darf und was nicht. Die Grundzutaten sind je nach Sorte Rindfleisch, Schweinefleisch, Lammfleisch, Hühnerfleisch, Innereien, Speck, dazu Salz, Gewürze, Kräuter, Gemüse usw. Unter anderem kann auch ein „Schuss" Alkohol – Rotwein, Rum, Kirschwasser etc. – für ein besonderes Aroma sorgen. Letztendlich entscheiden Auswahl und Gewichtung der Zutaten über Geschmack und Qualität der Wurst. Für fast jede Wurstsorte ist ein Mindestanteil an Fleischeiweiß aus reinem Muskelfleisch vorgeschrieben, das als besonders hochwertig gilt. Je größer der Anteil an fett- und sehnenarmem Fleisch, desto besser die Qualität der Wurst. Und was das Fett betrifft: Ganz ohne schmeckt keine Wurst, doch der Trend geht eindeutig zu weniger Fett. Eine Untersuchung der Bundesanstalt für Fleischforschung in Kulmbach ergab, dass der Fettgehalt von Wurst bei durchschnittlich 28% liegt. Mitte der 90er-Jahre waren es noch 38%.

Die Wurst-Herstellung verläuft im Prinzip immer nach dem gleichen Schema. Fleisch und Speck werden im sogenannten Kutter (vom Englischen „to cut" = schneiden) zerkleinert, mit den übrigen Zutaten vermischt und anschließend in Natur- oder Kunststoffdärme, Blasen oder Mägen gefüllt. Je nach Art werden die Würste durch Kochen oder Backen gegart, durch Trocknen und/oder Räuchern haltbar gemacht oder

> **Spickzettel**
> - Das Wurst-Angebot wird in drei große Gruppen eingeteilt: Brühwurst, Kochwurst und Rohwurst.
> - Rohwurst gibt es nicht nur schnittfest, sondern auch streichfähig. Sie ist lange haltbar.
> - Je größer der Anteil an fett- und sehnenfreiem Fleisch, desto besser die Qualität der Wurst.
> - Wurst ist heute weitaus magerer als noch vor zehn Jahren. Am kalorienärmsten sind Produkte aus oder mit Geflügelfleisch.
> - Wurst gibt es in „Spitzenqualität", „mittlerer Qualität" und „einfacher Qualität".
> - Brüh- und Kochwürste sind Frischwürste mit relativ kurzer Haltbarkeit.

in Gläsern bzw. Dosen konserviert. Das gilt auch für die sogenannte Hausmacherwurst. Diese Bezeichnung vermittelt einen Eindruck von „ursprünglich" und „natürlich". Tatsächlich wird Hausmacherwurst meist nach überlieferten Rezepturen hergestellt, wie sie in früheren Zeiten bei Hausschlachtungen auf dem Land üblich waren.

Bei Wurst unterscheidet man drei grundlegende Arten: Brühwurst, Kochwurst und Rohwurst. Im Angebot sind jeweils verschiedene Qualitätsstufen. „Spitzenqualität" besteht aus sehnen- und fettgewebsarmem Fleisch. „Mittlere Qualität" enthält grob entfettetes und entsehntes Fleisch. Für „einfache Qualität" (sie muss gekennzeichnet sein) verwendet man sehnen- und fettgewebereiches Fleisch, das mit einem hohen Anteil von Schwarten und bei Kochwürsten auch Innereien verarbeitet wird. Welche Inhaltsstoffe erlaubt sind, und wie die Herstellung jeder einzelnen Wurstart zu erfolgen hat, steht in den „Leitsätzen für Fleisch und Fleischerzeugnisse des Deutschen Lebensmittelhandbuchs".

Gelbwurst

Kalorienarm – ja bitte

Weniger Fett und damit weniger Kalorien – das bedeutet bei Wurst der Zusatz „light" („leicht"). Derartige Erzeugnisse enthalten entsprechend der Nährwert-Kennzeichnungsverordnung tatsächlich mindestens 40 % weniger Fett als vergleichbare normale Produkte. In fettreduzierten Wurstwaren findet man meist zwischen 10 und 20 % Fett, doch mit den Kalorien schwindet häufig auch das Aroma, denn Fett ist bekanntlich ein Geschmacksträger. Ein neuartiges Herstellungsverfahren ermöglicht Produkte mit nur noch 2,5 % Fett, die dennoch schmecken.

Figur- und gesundheitsbewusste Verbraucher weichen gern auf Geflügelwurst aus, die von Natur aus fett- und damit kalorienärmer ist. In die Wurst kommt vor allem Hühner- und Truthahnfleisch. Das Fleisch von Enten, Gänsen oder Straußen spielt eine untergeordnete Rolle. Bei Geflügelwurst muss Geflügelfleisch in charakterbestimmender Menge enthalten sein, doch erlaubt der Gesetzgeber den Zusatz von maximal 20 % Schweine- oder Rindfleisch. Das muss zwar deklariert werden, doch die wenigsten Verbraucher achten darauf. Wer wirklich pures Geflügelfleisch in der Wurst möchte, sollte bei der Kennzeichnung auf den Hinweis „aus reinem Geflügelfleisch" achten.

Hergestellt wird Geflügelwurst genauso wie normale Wurst, und es gibt ebenfalls Brüh-, Koch- und Rohwurst. Besonders mager ist Geflügelwurst aus reinem Hähnchenfleisch, wobei das fettarme und zarte Brustfilet meist als Grobeinlage dient. Vom Truthahn verwendet man außer der Brust auch das Fleisch von Oberflügeln sowie von Ober- und Unterkeulen. Für Liebhaber des extra leichten Genusses empfiehlt sich Aspikware (zum Beispiel mit Truthahnfleisch).

👍 Tipps für den Vorrat

- Brüh- und Kochwurst, geschnittene Rohwurst und Aspikware bewahrt man im Kühlschrank auf – verpackt in Frischhaltefolie und eine verschlossene Box.
- Rohwurst am Stück mag's trocken, luftig und kühl. Ideal ist ein Keller mit ca. 10 °C. Im Zweifelsfall aber lieber im Kühlschrank als zu warm lagern.
- Brüh- und Kochwurst lässt sich – am Stück und geschnitten – einfrieren. Magere Wurst hält etwa drei, fette eher zwei Monate. Man sollte die Wurst im Kühlschrank auftauen und dann möglichst schnell verbrauchen.

Natur- und Kunstdarm

Etwa die Hälfte der deutschen Wurstwaren wird im **Naturdarm** angeboten. Dieses natürliche „Verpackungsmaterial" gewinnt man beim Schlachten vorwiegend von Schweinen, Rindern und Schafen. Die zarteste Hülle, der *Saitling*, ist der besonders aufbereitete Dünndarm vom Schaf. Die Därme werden vor der Verwendung entsprechend den Hygiene-Vorschriften gereinigt und durch Salzen und Trocknen konserviert. Naturdärme haben gleich mehrere gute Eigenschaften: Sie schließen das Wurstbrät nicht hermetisch ab, sondern lassen Sauerstoff durch, was die Reifung fördert. Beim Trocknen der Wurst kann Feuchtigkeit entweichen, andererseits kann beim Räuchern das Aroma eindringen.

Kunstdärme bestehen teils aus essbaren, teils aus nicht essbaren Materialien. *Naturindärme* sind essbare Collagenhüllen, die unter anderem für Brüh- und Rohwürste verwendet werden.

Fasergerüstdärme (meist nicht essbar) sind wasserdurchlässig und schrumpfen beim Räuchern mit der Wurst. Sie werden häufig für Rohwürste wie Salami verwendet.

Kunststoffdärme müssen vor dem Verzehr der Wurst entfernt werden und kommen vor allem bei dicken, großkalibrigen Produkten zum Einsatz. *Schäldärme* können bei Würstchen die Saitlinge ersetzen. Nach dem Räuchern wird die Pelle abgeschält. Das Würstchen umhüllt danach noch die sogenannte Eigenhaut, die sich durch das Brühen und Räuchern aus Fleischeiweiß bildet.

WURST & SCHINKEN

Lyoner

Gelbwurst

Leberkäse

Schinkenwurst

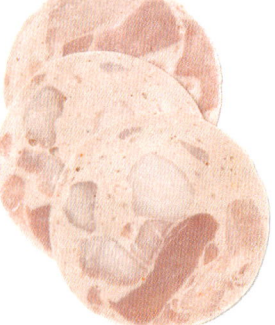
Bierschinken

Krakauer

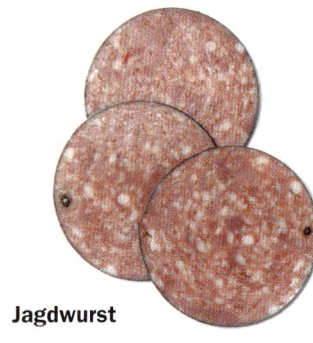
Jagdwurst

Brühwurst

Brühwurst bildet die größte deutsche Wurstfamilie und hat weltbekannte Mitglieder wie die Schinkenwurst, Frankfurter Würstchen, Wiener und nicht zuletzt die bayerische Weißwurst. Bei allen Brühwürsten handelt es sich um Frischwürste, die durch Hitzebehandlung haltbar gemacht werden. Zur Herstellung wird zerkleinertes rohes Fleisch mit den übrigen Zutaten und Nitritpökelsalz unter Zugabe von Wasser oder Eis (wegen der Kühlung) im Kutter fein zum sogenannten Brät zerkleinert. Beim anschließenden Erhitzen (je nach Wurstsorte zum Beispiel Brühen oder Backen) erreicht die Kerntemperatur etwa 70 °C. Weil dabei das Eiweiß im Fleisch gerinnt, ist das Produkt nach dem Abkühlen schnittfest. Manche Brühwürste erhalten durch Räuchern ein besonderes Aroma.

Brühwurst ist nicht gleich Brühwurst. Dazu tragen die unterschiedlichsten Gewürze bei, aber auch Zutaten wie beispielsweise Stückchen von Paprikaschoten, Pistazien, grüne Pfefferkörner, Käse, magere Fleischstücke als Einlage und vieles mehr. In den Handel kommt Brühwurst in allen drei Qualitätsklassen. Für Spitzenqualität verwendet man ausschließlich sehnenarmes Fleisch und entschwarteten Speck. Mittlere Qualität besteht aus Fleisch wie gewachsen, entschwartetem Speck oder anderem Fettgewebe. An Innereien ist nur die Leber erlaubt, und in einigen Regionen die Zugabe von gewürfeltem Herz. Brühwurst einfacher Qualität enthält bis zu zehn Prozent Schwarten und Sehnen. Bestimmte Brühwurstsorten gibt es nicht „einfach": Bierschinken, Bierwurst, Bockwurst, Frühstücksfleisch, Gelbwurst, Göttinger, Jagdwurst, Lyoner, Kochsalami, Mortadella und Schinkenwurst.

Zum Anbeißen gut

Brühwürste unterscheiden sich in Größe, Farbe, Form und Inhalt. Einige Sorten erfreuen sich ganz besonderer Beliebtheit.

Bierschinken

Er ist ein Spitzenprodukt und gehört zur Kategorie „mit Einlage", was bedeutet: In das feine Fleischbrät werden etwa walnussgroße Stücke von magerem Schweinefleisch eingearbeitet. Diese Einlage hat einen Gewichtsanteil von 50 %. Für manche Produkte verwendet man zusätzlich Pistazienkerne. Gewürzt wird mit Pfeffer oder auch Ingwer.

Bierwurst

Meist handelt es sich um Spitzenqualität mit dem Zusatz „extra". Solche Produkte enthalten mageres Schweinefleisch, Rinderbrät und klein gewürfelten Speck. Ihr besonderes Aroma verdankt Bierwurst einem Hauch von Knoblauch. Man sollte sie deshalb im Kühlschrank getrennt von anderen Wurstsorten aufbewahren.

Fleischwurst

Sie wird in den Qualitäten „Fleischwurst einfach", „Fleischwurst" und „Schinken-Fleischwurst" angeboten. Am häufigsten nachgefragt wird die einfache Qualität. Ihre persönliche Note erhält Fleischwurst durch die regional unterschiedliche Würzung. Sie kann nicht nur Pfeffer, Muskat und Knoblauch enthalten, sondern auch Ingwer, Koriander und Zimt. Angeboten wird Fleischwurst entweder in Stangenform oder als Ring bzw. Halbring.

Leberkäse

Ursprünglich war er eine bayerische Spezialität, doch inzwischen wird er auch jenseits des „Weißwurstäquators" hergestellt. Das feine Brät wird mild bis herzhaft gewürzt und in einer Kastenform gebacken. Dadurch erhält Leberkäse seine Form, vor allem aber seinen besonderen Geschmack. Inzwischen gibt es auch Leberkäse mit Einlagen wie Peperoni oder Käsestückchen.

Lyoner

Diese Brühwurst hat meist mittlere Qualität und besteht aus Rind- und Schweinefleisch. Manchen Sorten werden Speckwürfel zugegeben, die man im Anschnitt sieht. Auch Pistazienkerne können verwendet werden.

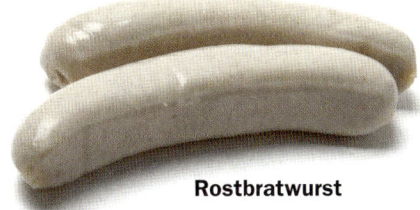
Rostbratwurst

Mortadella

Deutsche Mortadella wird wie Fleischwurst geräuchert und gebrüht, ist viel kleiner und schmeckt ganz anders als das italienische Original. Mortadella di Bologna hat ein XXL-Format, kann bis zu 100 kg wiegen und wird auf speziellen Schneidemaschinen geschnitten. Die Wurst besteht aus fein zerkleinertem Schweinefleisch, gewürzt mit Salz, Pfeffer und Zucker und vermischt mit fetten Speckwürfeln. Bei manchen Sorten sind auch Pistazien enthalten. Die Wurst wird bei 90 °C gegart und in den Qualitätsstufen „extra", „super" und „normale" angeboten. Mortadella ohne Herkunftsbezeichnung kann auch aus Rind- oder Lammfleisch hergestellt werden.

Die Geschichte der Mortadella reicht zurück bis in die Zeit, als man in Europa noch keinen Pfeffer kannte. Damals wurde die Wurst mit Myrtenbeeren gewürzt und „Myrtatella" bzw. „Murtadum facirem" genannt. Erst viel später wurde daraus „Mortadella".

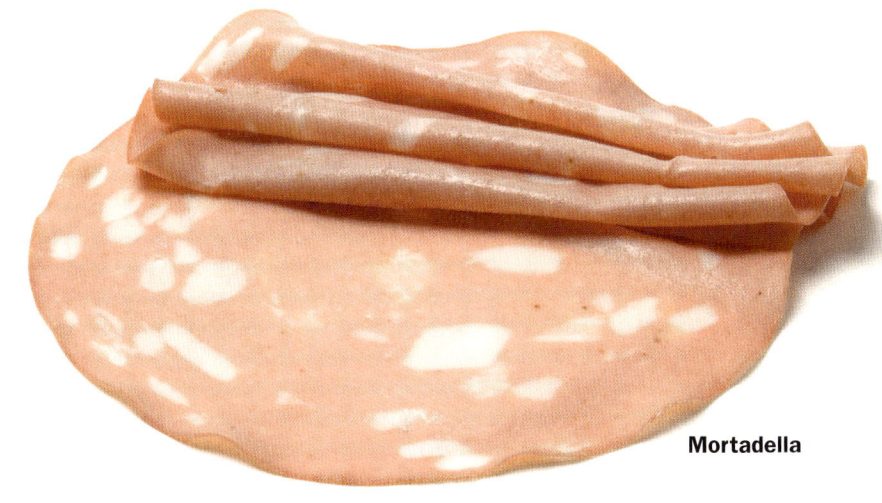
Mortadella

Rostbratwürste (Griller, Grillwürste)

Jede Region in Deutschland hat ihre Rostbratwurst, und auch im benachbarten Ausland kennt man diese Spezialität. Je nach Zerkleinerung des Bräts unterscheidet man in grobe und feine Bratwurst. Grobe Sorten bestehen vorwiegend aus magerem Schweinefleisch und Speck, feine Würste enthalten häufig Kalb- und Rindfleisch. Bratwürste sind meist ungebrüht und deshalb im Kühlschrank höchstens ein oder zwei Tage haltbar. Man kann das Brät auch aus der Pelle (Schweine- oder Schafsdarm) drücken und zur Zubereitung verschiedener Gerichte verwenden. Vor dem Braten oder Grillen kann man rohe Bratwürste kurz überbrühen, damit sie gleichmäßiger garen.

Nürnberger Rostbratwürste zählen zu den beliebtesten Vertretern ihrer Art. Majoran verleiht dem Brät seinen besonderen Geschmack. Jedes Würstchen misst nur 7 bis 9 cm und wiegt knapp 25 g, weshalb man traditionell stets gleich sechs oder zwölf serviert – mit Sauerkraut oder Kartoffelsalat und Meerrettich. Stilgerecht werden die Würste auf dem Grill über Buchenholzfeuer zubereitet, aber man kann sie auch in der Pfanne braten.

Blaue Zipfel sind ebenfalls eine fränkische Spezialität. Die rohen Bratwürste lässt man in einem Sud aus Essig, Zwiebeln, Lorbeerblatt, Pfefferkörnern, Nelken und Wacholderbeeren gar ziehen. Dabei laufen die Zipfel blau an.

Currywurst ist Kult, der Wurst-Imbiss schlechthin. Berlin und Hamburg streiten sich um die Ehre, dass diese Köstlichkeit dereinst in den eigenen Mauern erfunden wurde. Die Bezeichnung „Currywurst" sagt jedoch nur etwas über die Art der Zubereitung aus, nicht über die Wurst selbst. Es handelt sich um eine Brüh- oder Bratwurst, die in Stücke geschnitten und mit Ketchup oder roter Schaschliksauce und Curry serviert wird. In Berlin beispielsweise verwendet man zweierlei Wurstsorten: Die Würste mit Haut ähneln Bockwürsten und bestehen aus Schweine- oder auch Rindfleisch, sind gepökelt und leicht geräuchert. Die walzenförmigen Würste ohne Darm haben weißliches Brät und sind weder gepökelt noch geräuchert. Im Ruhrgebiet gibt es eine kräftig gewürzte Variante.

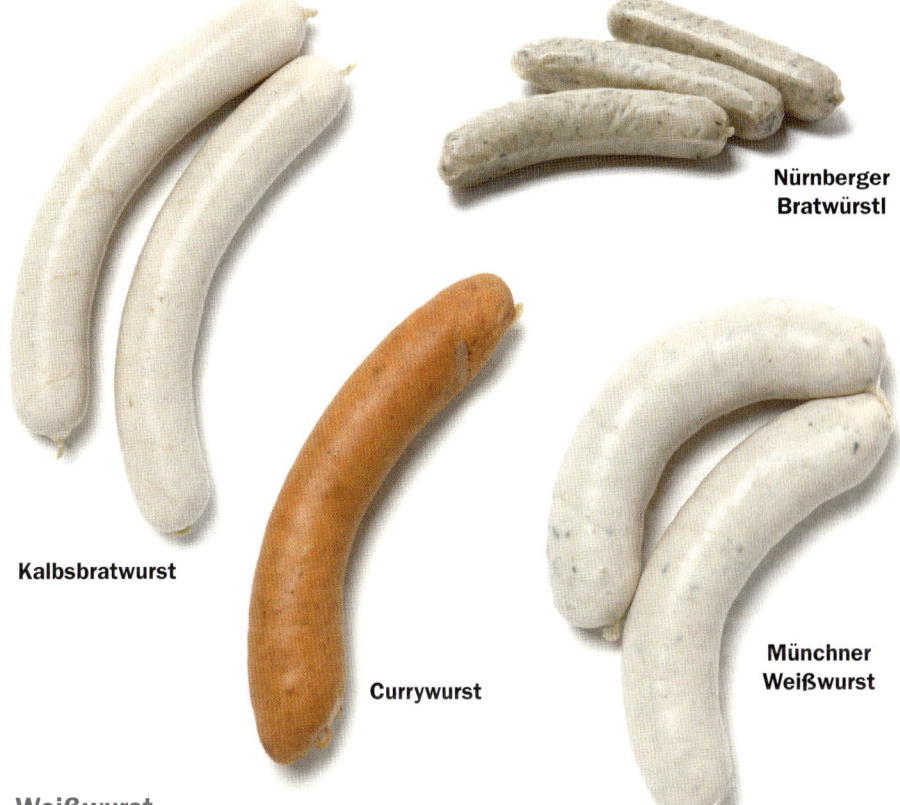
Nürnberger Bratwürstl

Kalbsbratwurst

Currywurst

Münchner Weißwurst

Weißwurst

Diese weltbekannte Münchner Spezialität wird aus fein gemahlenem Kalbfleisch, Schweinerückenspeck und gekochter Schweineschwarte hergestellt und nicht gepökelt. Dadurch hat die Weißwurst ihre weiße Farbe. Die Wurstmasse würzt man je nach Rezept mit Petersilie, Zitronenschale, Macis, Zwiebeln, Ingwer und Kardamom und füllt sie dann in Schweinedärme ab. Möglichst frisch ziehen Weißwürste in heißem aber nicht kochendem Wasser gar. Sie kommen im Sud auf den Tisch.

Früher hieß es, Weißwürste dürfen das Zwölf-Uhr-Läuten vom Kirchturm nicht hören. Man hat sie deshalb nur vormittags verzehrt, mit süßem Senf und Brezen. Die Regel stammt allerdings aus einer Zeit, in der es noch keinen Kühlschrank gab. Die leicht verderblichen Würste mussten deshalb bald nach der Herstellung zubereitet werden. Heute kann man Weißwürste selbst noch um Mitternacht genießen. An der Art des Verspeisens scheiden sich allerdings die Geister: Als zünftig gilt es, die Wurst quer zu halbieren, jede Hälfte in die Hand zu nehmen und aus der Pelle zu „zutzeln". Man kann die Wurst auch aus der Haut schälen und „nackt" essen. Doch auch derjenige, der sie samt Haut mit Messer und Gabel verzehrt, fällt selbst in München kaum noch unangenehm auf.

Bratwurst

WURST & SCHINKEN

Wiener Würstchen

Bockwurst

Würstchen

Diese mehr oder weniger kleinen Brühwürste kann man kalt essen, doch meist werden sie zum Verzehr kurz in heißem Wasser erwärmt. Nahezu jede Region in Deutschland hat ihr eigenes Würstchen (zum Beispiel Saitenwürstchen im Schwabenland), und es gibt durchaus relevante Unterschiede in der Zusammensetzung und im Geschmack. Einige Würstchen wie die Wiener oder Frankfurter kennt man auf der ganzen Welt.

Die meisten Würstchen haben eine dünne Hülle aus Naturdarm. Nicht so Würstchen, die in Gläsern, Dosen oder Schlauchfolie sterilisiert und dadurch zur lange haltbaren Konserve werden. Bei der Herstellung füllt man das Brät zunächst in Kunstdärme ab und räuchert die Würstchen. Anschließend wird die Pelle entfernt

Frankfurter Würstchen sind immer Spitzenqualität und müssen im Großraum Frankfurt hergestellt sein. Das sehr feine Brät besteht aus magerem Schweinefleisch und leicht gesalzenem Speck. Es wird in Saitlinge (feine Schafsdärme) mit 24 bis 26 mm Durchmesser abgefüllt und nicht gebrüht, sondern lediglich einer besonderen Art von kaltem Rauch ausgesetzt. Dabei entwickelt sich die typische gelbbraune Außenfarbe, während das Fleisch sehr hell bleibt. Frankfurter Würstchen sind nicht lange haltbar.

Wiener Würstchen gibt es in Mittel- und Spitzenqualität. Das Brät besteht aus dem Fleisch junger Bullen, magerem Schweinefleisch und etwas Speck. Die Würstchen werden geräuchert, wodurch sich das Äußere gelbbraun und das Fleisch rosa färben. Im Gegensatz zu echten Frankfurter Würstchen dürfen Wiener Würstchen überall auf der Welt hergestellt werden.

Was war zuerst da, das Wiener oder das Frankfurter Würstchen? Die Frage ist durchaus berechtigt: Der Frankfurter Metzger Johann Georg Lahner wanderte nach Wien aus und produzierte dort wiederum Würstchen, allerdings nicht aus Schweinefleisch, sondern aus Schwein und Rind. Die Wiener und selbst der Hof liebten die Spezialität und nannten sie „Frankfurter Würstchen". Sie wurden später auch in Deutschland bekannt, wo aber der Name bereits geschützt war. Deshalb nannte man die Würstchen nach Wiener Rezept „Wiener".

Bockwürstchen ähneln innerlich der Fleischwurst und werden normalerweise in mittlerer Qualität hergestellt. Das Brät steckt in einem Schweinedarm, der durch Räuchern und Brühen hart wird. Eine Variante der Bockwurst ist der „Knacker", den es in einfacher und mittlerer Qualität gibt. Das Brät besteht aus fettem Schweinefleisch, Speck und sehnenreichem Rindfleisch. Erhältlich sind Knacker als kleine, relativ dicke Würste im Rinder- oder Schweinedarm.

Polnische Krakauer sind genau genommen Brüh-Dauerwürste. Typisch ist das grobe Brät, das im Original aus 80 % Schweinefleisch, 10 % Rindfleisch und 10 % Speck besteht. Als Gewürze verwendet man Pfeffer, Kümmel und viel Knoblauch. Nach dem Abfüllen der Masse wird die Wurst goldbraun geräuchert, dann gebrüht und nach dem Abkühlen ein weiteres Mal geräuchert. Polnische sind durch diese Behandlung mindestens eine Woche haltbar.

Feinste Spezialitäten

■ **Galantinen**

Tierkörper oder auch Fleischstücke werden ausgebeint und mit feiner Farce gefüllt, dann mit Alufolie umwickelt und in Brühe pochiert. So entstehen beispielsweise Poulardengalantine, Kalbsbrustgalantine, Wildentengalantine oder Aalgalantine.

■ **Pasteten**

Man legt eine Kasten- oder Pastetenform mit Teig aus, füllt die Farce ein und gart das Ganze im Backofen. Leckere Beispiele sind Wildpastete, Schinkenpastete oder Lachs-pastete.

■ **Terrinen**

Die Farce wird in einen meist ovalen Steingut- oder Keramiktopf gefüllt, und das Gefäß wird mit einem Deckel verschlossen. So lässt man die Terrine im Wasserbad garen. Beliebt sind unter anderem Wildschweinterrine, Fasanenterrine und Hechtterrine.

Pfälzer Leberwurst

Grobe Leberwurst

Leberpastete

Rotwurst

Kalbsleberwurst

Zungenwurst

Sülze mit Gemüse

Sülzwurst (Weißer und Hausmacher Presssack)

Kochwurst

Gemeinsam haben alle Kochwürste, dass sie überwiegend aus vorgekochtem oder vorgebrühtem Fleisch, Fett, eventuell Innereien wie zum Beispiel Leber und Gewürzen hergestellt und nach dem Abfüllen nochmals gekocht werden. Manche Sorten gewinnen zusätzliches Aroma durch Räuchern. Kochwürste bietet der Handel nicht nur frisch, sondern auch konserviert in Dosen und Gläsern an. Eingeteilt wird das Sortiment in Leberwürste, Blut- und Rotwürste und Sülzwürste.

Leberwurst

Der Gesetzgeber verlangt, dass sie mindestens 10 % Leber enthält. Bei Spitzenprodukten sind es bis zu 30 %. Abgesehen von der Leber bestehen die Würste aus Kalb- oder Schweinefleisch, Speck und Gewürzen. Leberwurst gibt es fein oder grob und mit einem Fettgehalt zwischen 25 und 40 %. Zu den bekanntesten Sorten zählen Gutsleberwurst, Hausmacher Leberwurst, Kalbsleberwurst, Pfälzer Leberwurst, Zwiebelleberwurst, Bauernschmaus und Trüffelleberwurst. Leberpasteten sind die noblen Verwandten der Leberwurst. Sie enthalten mindestens 35 % Leber – normalerweise vom Schwein oder von der Pute – und sind raffiniert gewürzt. Verschiedene Kräuter, Pfefferkörner, Pilze, Preiselbeeren, Oliven usw. verleihen ein köstliches Aroma. Zu den absoluten Delikatessen gehören Gänse- und Entenleberpasteten sowie Wildleberpasteten.

Blut- und Rotwürste

Die Grundmasse bildet Blut von Schweinen, das mit zerkleinerten Schwarten gebunden wird. Dazu kommen Stücke von Fleisch, Zunge oder Speck. Spitzenprodukte bestehen zu über 50 % aus hochwertigem Fleisch und Speck. Die beliebtesten Sorten sind Blutwurst, Rotzungenwurst, Thüringer Rotwurst, Zungenrotwurst, roter und schwarzer Presssack, Schwarzwurst und Blunzen.

Sülzwürste

Schweinefleisch wird gekocht, geschnitten, mit gekochten Schwarten vermischt, gewürzt und mit Aspik bzw. Schwartenbrühe übergossen. Für einfache Produkte verwendet man auch Innereien. Die Fleischmasse wird in Kunstdärme oder Schweinemägen gefüllt und in Salzwasser gekocht. Auf diese Weise entstehen beispielsweise der Schwartenmagen oder der weiße Presssack. Bei hochwertigen Produkten liegt der Aspik-Anteil unter 50 %.

Sülzen

Darunter versteht man Zubereitungen von frischem oder gepökeltem Fleisch im mit Essig oder Wein gesäuerten Aspikbett. Verwendet werden unter anderem Stücke von Rind-, Kalb- oder Geflügelfleisch oder Schinken. Bei der Tellersülze beispielsweise wird das Fleisch kombiniert mit Scheiben von hartgekochtem Ei, Essiggurken oder Karotten. Aspik- oder Geleezubereitungen können neben Fleisch vom Rind, Kalb oder Truthahn auch Pilze oder anderes Gemüse enthalten und herzhaft gewürzt sein. Deutsches Cornedbeef ist gepökeltes Rindfleisch in Gelatine.

 Tipps für noch mehr Würze

Wurst und Senf sind zwei, die zusammengehören. Senf soll den Geschmack der Wurst aber nicht überdecken, sondern lediglich abrunden. Hier einige bewährte Partnerschaften:

- **Milde** Wurstsorten wie Gelbwurst, Fleischwurst oder Weißwurst harmonieren hervorragend mit süßem Senf.

- **Würzige** Wurstsorten wie Frankfurter Würstchen oder Bierschinken vertragen einen mittelscharfen Senf und auch Dijonsenf.

- Zu **kräftig** schmeckenden Wurstsorten wie beispielsweise Krakauern passt ein scharfer Senf.

WURST & SCHINKEN

Rohwurst

Rohwurst wird aus rohem Fleisch hergestellt. Schwein, Rind, Geflügel, Lamm, Wild – alle Sorten können verwendet werden. Dazu kommen Speck, Salz und je nach Sorte Kräuter und Gewürze. Rohwurst ist immer mit Nitritpökelsalz behandelt (Pökeln). Es verhindert zum einen, dass sich Bakterien ausbreiten können, vor allem das Botulinum-Bakterium, dessen Gift bereits in winzigsten Mengen tödlich ist. Zum anderen ist das Pökelsalz für die rote Farbe der Würste verantwortlich, indem es sich mit dem Muskelfarbstoff verbindet. Nicht gepökelte Ware ist blass und entspricht nicht den Kundenerwartungen.

Nach dem Abfüllen der zerkleinerten Fleischmasse in atmungsaktive Wursthüllen müssen die Würste in klimatisierten Räumen bei 15 bis 22 °C reifen. In dieser Zeit verlieren die Produkte Wasser und damit Gewicht. Gleichzeitig findet ein Fermentationsprozess statt, der nicht nur für Aromabildung und Schnittfestigkeit sorgt, sondern auch für eine lange Haltbarkeit der Wurst. Denn dadurch, dass der pH-Wert nach und nach in den sauren Bereich sinkt, können sich schädliche Bakterien nicht mehr vermehren. Manche Rohwürste werden nach dem Reifen geräuchert oder dürfen noch an der frischen Luft weitertrocknen und nachreifen.

Zum Streichen oder Schneiden

Rohwurst gibt es streichfähig und schnittfest. Streichfähige Sorten sind beispielsweise Teewurst und Streichmettwurst. Die Streichfähigkeit entsteht dadurch, dass der Magerfleischanteil der Wurst bei der Verarbeitung im Kutter vom zuvor sehr fein zerkleinerten Fettanteil völlig umschlossen wird. Dadurch kann während des Reifens nur wenig Wasser austreten.

Teewurst hat einen würzigen, feinsäuerlichen Geschmack und wird fein oder grob angeboten. Zur Herstellung verwendet man Schweinefleisch, teilweise auch Rindfleisch, Speck und Gewürze. Meist wird Teewurst in poröse Kunststoffdärme abgefüllt und über Buchenholz geräuchert. Während des anschließenden, bis zu zehn Tage dauernden Reifens entwickelt sich das typische Aroma. Der Fettgehalt liegt normalerweise zwischen 30 und 40 %, doch gibt es inzwischen auch kalorienreduzierte Teewurst.

Streichmettwurst wird aus Schweinemett, einem kräftig gewürzten Hackfleisch, hergestellt und meist durch Räuchern oder Trocknen haltbar gemacht. Die Rezepturen und somit auch Geschmack und Konsistenz unterscheiden sich von Region zu Region. Bekannte Sorten sind unter anderem Zwiebelmettwurst und Aalrauch-Mettwurst.

Bei der Herstellung von schnittfesten Rohwürsten werden Fleisch und Speck lediglich miteinander vermischt. Dadurch verliert die Wurst beim Reifen sehr viel Wasser und bis zu 40 % ihres Gewichts und gewinnt immer mehr an Schnittfestigkeit. Die Produkte gibt es mit grober, mittelfeiner und feiner Körnung. Zu den bekanntesten Sorten zählen unter anderem Cabanossi, Cervelatwurst, Katenwurst, Landjäger, Mettenden, Plockwurst und Schlackwurst. Die größte Rohwurst-Gruppe bilden jedoch die Salamis. Sie reifen bis zu sechs Monate, manche Sorten werden geräuchert und luftgetrocknet. Das „Mutterland" aller Salamis ist Italien, doch auch das deutsche Sortiment braucht sich nicht zu verstecken.

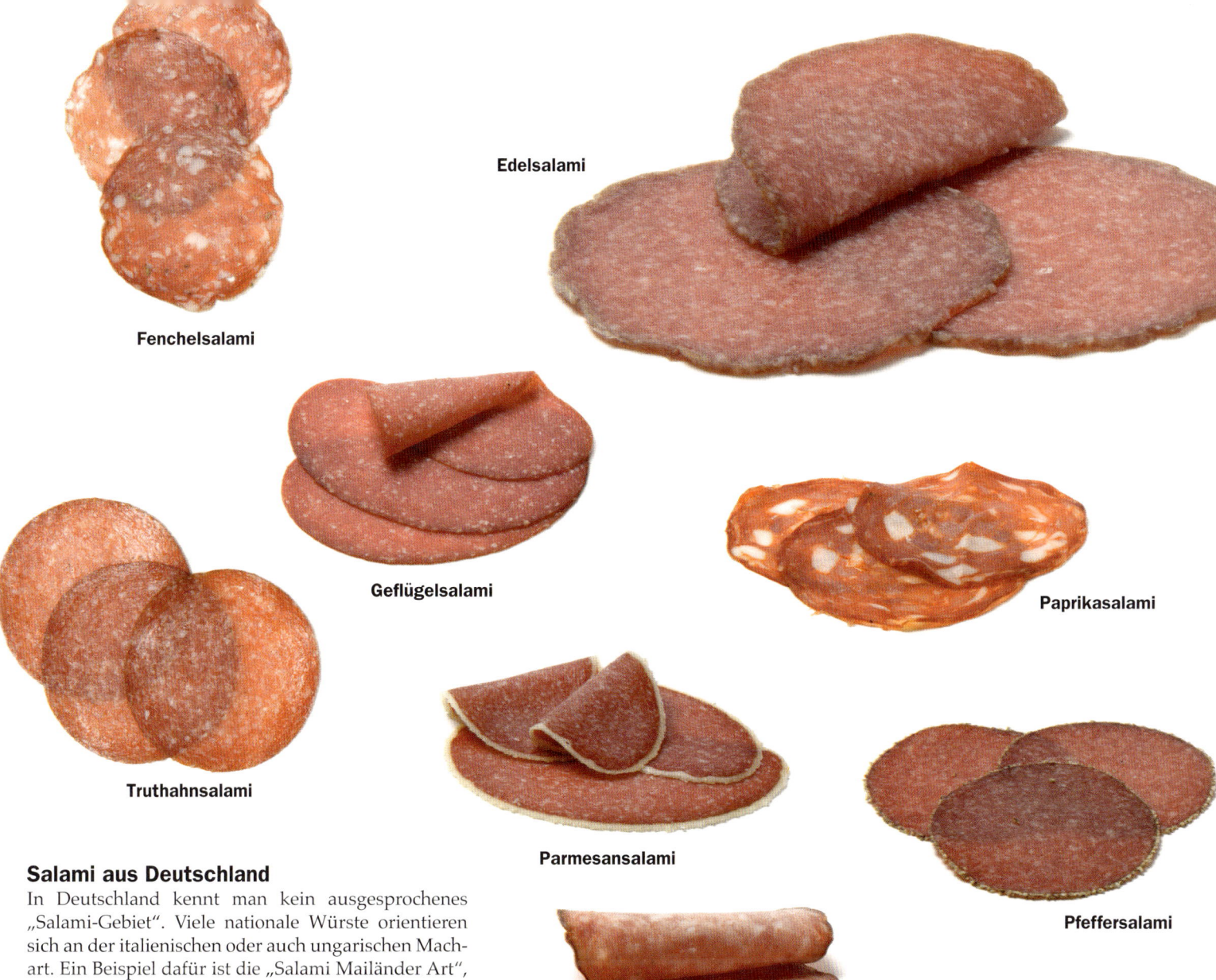

Salami aus Deutschland

In Deutschland kennt man kein ausgesprochenes „Salami-Gebiet". Viele nationale Würste orientieren sich an der italienischen oder auch ungarischen Machart. Ein Beispiel dafür ist die „Salami Mailänder Art", die der echten „Salame Milano" nachempfunden ist. Auch „Fenchelsalami" stammt ursprünglich aus der Toscana.

Edelsalami
Unter dieser Bezeichnung werden unterschiedliche Produkte angeboten wie etwa Salami im weißen Darm oder im Wabendarm, oft auch speziell gewürzt.

Geflügelsalami
Diese Produkte sind vergleichsweise kalorienarm. Truthahnsalami enthält neben Truthahnfleisch für einen kräftigeren Geschmack auch Schweinefleisch und Speck. Hähnchensalami besteht aus Hähnchenfleisch – ein mageres und leicht verdauliches Produkt.

Kirschwassersalami
Diese luftgetrocknete Spezialität aus Schweinefleisch und Speck stammt aus dem Schwarzwald und wird mit einem „Schuss" Schwarzwälder Kirschwasser verfeinert.

Knoblauchsalami
Die köstlichsten Varianten bestehen aus magerem Rind- und Schweinefleisch, enthalten ganze Knoblauchstückchen und werden über Buchenholz geräuchert.

Landrauchsalami
Diese mittelfeine, relativ magere Wurst erhält ihren besonderen Charakter durch das Räuchern, meist über Buchenholz.

Paprikasalami
Diese grobe, häufig luftgetrocknete Salami gewinnt durch Paprika nicht nur ihre rote Farbe, sondern auch ihren feurigen Geschmack.

Parmesansalami
Ihr besonderes Aroma verdankt sie der Ummantelung mit gereiftem Parmesankäse.

Pfeffersalami
Das Besondere an Pfeffersalami ist ihr „Mantel" aus schwarzem und weißem Pfefferschrot, der eine feine Schärfe verleiht. Es gibt auch Sorten, die mit einer Schicht aus grünen Pfefferkörnern umhüllt sind.

Wildsalami
An dieser Delikatesse kommen Feinschmecker nicht vorbei. Erhältlich ist unter anderem Hirschsalami mit leichter Knoblauchnote, Rehfleischsalami mit Cognac oder Gamssalami mit Wacholderaroma. Der Wildfleischanteil liegt bei gut 30 %.

Winzersalami
Diese mittelfeine Salami besitzt ein angenehmes Weinaroma.

WURST & SCHINKEN

Italienische Salami

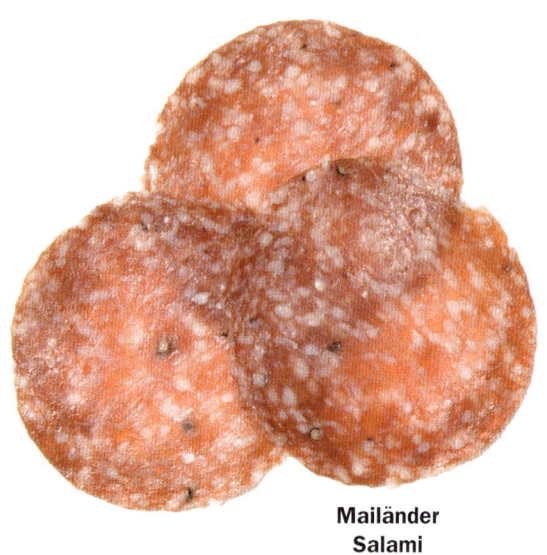

Mailänder Salami

Ausländische Wurstspezialitäten

Italienische Salami

Früher enthielt italienische Salami immer Esel- oder Maultierfleisch, heute bestehen die Rohwürste aus Schweine- und Rindfleisch. Alle sind luftgetrocknet, lediglich die *Salame Napoletano* und die *Salame Secondigliano* werden leicht angeräuchert. Ein Gewürz darf in keiner italienischen Salami fehlen: Knoblauch. Angeboten werden die italienischen Produkte in den Qualitätsstufen „extra", „prima", „seconda", „terza" und „inferiori". Ausschlaggebend ist die Qualität der Zutaten. Eine Salami „extra" darf nur Schweinefleisch enthalten, für alle anderen ist auch Rindfleisch zulässig. Aber auch hier heißt es: Keine Regel ohne Ausnahme. In Italien gibt es mindestens 40 Salamisorten, die sich oft deutlich unterscheiden. Im Norden bevorzugt man die milde Salami. Doch je weiter es den Stiefel hinuntergeht, desto pikanter werden die Würste. Auch sind sie im Süden oft kleiner und grobkörniger. Der Italiener liebt Salami hauchdünn geschnitten vor allem als Antipasto.

Salame Abruzzese

Diese kleine Salami aus den Abruzzen wiegt nur 200 bis 300 g. Sie wird aus magerer Schweineschulter hergestellt und hat eine feine Körnung mit vielen ganzen Pfefferkörnern. Der Geschmack ist aromatisch und leicht süßlich.

Salame Fabriano

Sie wird noch heute in Kleinbetrieben und auf Bauernhöfen in und um das Städtchen Fabriano zwischen Ancona und Perugia hergestellt. Die Rohwurst aus Schweinefleisch, Rindfleisch und Speck wird mit ganzen Pfefferkörnern, gemahlenem Pfeffer und Weißwein gewürzt und muss zwei bis vier Monate reifen. Danach hat sie etwa 25 % ihres Anfangsgewichts verloren und wiegt 400 bis 500 g.

Salame Felino

Sie stammt ursprünglich aus dem Dorf Felino südlich von Parma, wird aber heute überall in der Provinz Emilia hergestellt. Die Salame Felino besteht aus bestem Schweinefleisch und Rückenspeck, hat einen geringen Salzgehalt und wird mit Pfefferkörnern sowie zerdrücktem und in Wein eingelegtem Knoblauch gewürzt. Die Wurst reift drei bis sechs Monate in natürlicher Luft, besitzt ein typisches Aroma und einen leicht süßlichen Geschmack.

Salame Milano

Die berühmte Mailänder Salami wird heute vorwiegend industriell hergestellt und in Kunstdärme mit Netzimitation abgefüllt. Sie besteht zu je einem Drittel aus Schweinefleisch, Rindfleisch und Speck, wobei das Fleisch älterer Tiere bevorzugt wird. Fürs würzige Aroma sorgen gebrochener Pfeffer und zerstoßener und in Weißwein oder Chianti eingelegter Knoblauch. Die Salame Milano reift drei bis sechs Monate und hat ein feinkörniges Schnittbild mit einer deutlichen Trennung zwischen weißem Speck und rotem Fleisch. Der Fettgehalt ist mit ca. 40 % relativ hoch.

Salame del Montefeltro

Der Tradition entsprechend soll das Fleisch – nur aus Lende und Keule – von schwarzen Schweinen stammen. Die Wurst wird kräftig mit gemahlenem Pfeffer und Pfefferkörnern gewürzt. Nach dem zwei- bis fünfmonatigen Reifen hat die Salame del Montefeltro eine harte Konsistenz und ist von einer dünnen Schicht dunklem Schimmel bedeckt.

Salame Napoletano

Die Zutaten sind zu je einem Drittel Schweinefleisch, Jungochsenfleisch und Schweinespeck. Zum Würzen verwendet man zerdrückten und gemahlenen Pfeffer, rote Peperoni, Knoblauch und etwas Weißwein. Die Original-„Napoli" wird in Pferdedärme abgefüllt und einige Stunden über Pappelholz geräuchert. Dann folgt eine zwei- bis dreimonatige Reifezeit. Die Salami schmeckt sehr aromatisch und ziemlich scharf.

Französische Baguettesalami

Ungarische Salami

Salame Veronese

Spanische Salami

Spianata Romana
Für diese Spezialität aus Rom verwendet man sehr fein durchgedrehtes, mageres Schweinefleisch, das mit Speckwürfeln angereichert, leicht gewürzt und dann gepresst wird.

Salame d'oca
Das Dorf Mortara in der Lombardei wurde bekannt durch seine Gänse-Salami (oca = Gans). Sie muss zu mindestens 33 % aus Gänsefleisch bestehen (meist sind es aber etwa 50 %), der Rest entfällt auf Schweinefleisch und Speck. Das Original wird in die Haut des langen Gänsehalses abgefüllt.

Salame da Sugo
Diese Spezialität stammt aus dem Gebiet um Ferrara und wird aus der Keule und der Zunge vom Schwein hergestellt. Dazu kommen Gewürze und Kräuter. Man lässt die Würste an einem relativ warmen Ort reifen und dann an der Luft trocknen. Gegessen wird die Salame da Sugo nicht roh, sondern in Wasser oder Brühe gekocht. Dabei entsteht eine Sauce – der Sugo.

Salame tipo Varzi
Im Grenzgebiet zwischen der Lombardei und Emilia ist diese Salami zu Hause. Hergestellt wird sie aus sieben Teilen magerem Schweinefleisch und drei Teilen Bauchspeck. Das Fleisch wird zerkleinert und mit Wein übergossen, der zerstoßenen Knoblauch enthält. Beim Abfüllen in einen langen Darm unterteilt man diesen im Abstand von 30 cm mit Knoten und bindet ihn dann zusammen. So muss die Wurst zunächst einige Stunden in einem geheizten Raum trocknen, dann folgt das mehrmonatige Reifen an einem feuchten, kühlen Ort.

Salame Veronese
Die traditionelle Salami aus Verona gibt es mit Knoblauch („tipo all'aglio") und ohne Knoblauch („tipo dolce"). Beide werden aus Schweinefleisch und Speck hergestellt, wobei der Zusatz von 10 % Rindfleisch erlaubt ist. Die knoblauchhaltige Variante enthält Rückenspeck und dadurch 40 bis 50 % Fett. Für die „dolce" verwendet man Bauchspeck oder Speck von der Keule, was zu einem Fettanteil von 60 bis 70 % führt. Zwei bis vier Monate muss die Salame Veronese reifen und zeigt dann ein sehr feines Schnittbild.

Weitere Spezialitäten aus Italien sind die grobkörnige *Salame nostrano Veneto*, die *Salame gentile* mit besonders feinem Geschmack, die feinkörnige *Salame Gustovero* ohne Nitrit und Nitrat, die dünne *Salame Rimini* mit grobem Speck, die *Salame Toscano* mit 33 % grob gewürfeltem Speck oder die scharfe und sehr grobe *Salame Ventricina* mit Peperoni. Nahezu jede Region Italiens ist stolz auf ihre eigene, typische Salami. Manche Sorten wie Salame cacciatore schaffen sogar den Weg in die Geschäfte jenseits des Brenners.

Sonstige Spezialitäten

Ungarische Salami
Der Ungar Mark Pick hat diese Salami zunächst vom italienischen Produkt „abgekupfert" und 1883 erstmals in Szeged aus Schweinefleisch und Speck hergestellt. Schon bald allerdings erhielt die ungarische Variante einen völlig eigenständigen Charakter. Dafür sorgten nicht zuletzt Paprika und spezielle Gewürzmischungen. Ungarische Salami wird geräuchert und reift drei Monate, wonach die Haut von einer Edelschimmelschicht überzogen ist.

Französische Salami
Sie kommt vorwiegend luftgetrocknet auf den Markt und meist speziell gewürzt oder verfeinert. Es gibt Produkte mit Hasel- und Walnüssen, mit Pilzen oder mit Camembert. Baguette-Salami beispielsweise ist mittelgrob und von feinstem Edelschimmel überzogen.

Spanische Salami
Spanien ist bei uns zwar mehr für seinen Schinken als für Salami bekannt, doch gibt es auch auf der Iberischen Halbinsel ausgezeichnete Salamis. Beispiele sind *Gran Serrano Salami*, *Chorizo Salami de Pamplona* oder *Salami Futec*.

WURST & SCHINKEN

Rohschinken

Schinken

Schinken ist eine Delikatesse, die wir in erster Linie dem Schwein verdanken. Seine edelsten Partien werden zu rohen und gekochten Schinken verarbeitet, mit und ohne Knochen. Natürlich nicht von heute auf morgen, denn die Herstellung braucht Zeit. Doch das Ergebnis beweist, dass sich der Aufwand lohnt.

Die köstlichsten Schinken stammen von der Hinterkeule des Schweins. Sie besteht aus vier großen Muskelpartien, der Oberschale, der Unterschale, der Nuss und der Hüfte. Man kann die ganze Keule („Knochenschinken") oder einzelne Teilstücke zu Schinken verarbeiten.

Die Schweineschulter liefert das Fleisch für den *Vorderschinken,* der grobfaseriger und fettreicher ist als der *Hinterschinken*. Der besonders fettarme *Lachsschinken* wird aus dem Kotelettstrang gewonnen.

Neben dem Schwein gibt es aber auch noch andere Schinken-Lieferanten. Das Rind gehört dazu, dessen Schinken einen völlig eigenständigen Geschmack haben. Immer beliebter werden Schinken vom Truthahn oder Strauß. Lammschinken und erst recht Wildschinken bringen Kenner zum Schwärmen.

Wie Fleisch zu Schinken wird

Schinken unterscheiden sich nicht nur durch ihre tierische Herkunft, sondern auch durch die Herstellung. Zuerst wird bei allen Schinkensorten das rohe Fleisch mit Nitritpökelsalz gepökelt. Diese Behandlung entzieht dem Fleisch den Saft und macht es dadurch haltbarer. Dem Pökelsalz werden häufig Würzmischungen beigegeben, deren Zusammenstellung ein streng gehütetes Geheimnis des jeweiligen Herstellers bleibt.

Die beste Qualität bringt die sogenannte *Trockenpökelung*. Dabei werden die Schinken von Hand mit Pökelsalz und Gewürzen eingerieben und müssen dann etwa vier Wochen ruhen. Nach dem Abwaschen folgt eine zweite Ruhezeit von weiteren vier Wochen. In dieser Zeit wird das Fleisch gleichmäßig vom Salz durchdrungen. Der Fachmann spricht in diesem Zusammenhang vom „Brennen".
Bei der *Nasspökelung* liegen die Schinken in einer mit Würzstoffen angereicherten Salzlake. Sie werden so lange gewendet, gewaschen und wieder eingelegt, bis der erforderliche Salzgehalt im Fleisch erreicht ist.
Die schnellste Methode ist die *Spritzpökelung*. Dabei wird die Lake direkt ins Fleisch eingespritzt, und der Schinken maschinell gewendet und gepresst. Für hochwertige Schinken kommt dieses Verfahren nicht zum Einsatz.

Nach dem Pökeln trennen sich die Wege der Schinken. Aus den einen wird Rohschinken, aus den anderen gekochter Schinken.

Roh oder gekocht

Zur Herstellung von **Rohschinken** wird das gepökelte Fleisch meistens geräuchert. Beim Knochenschinken geschieht dies mit der gesamten Keule, also inklusive Röhrenknochen, Speck und Schwarte.

Das zum Räuchern verwendete Holz – zum Beispiel Buchenholz, Wacholder, Heidekraut oder harziges Tannenreisig – nimmt wesentlichen Einfluss auf den Geschmack des Schinkens. Aber auch hier lässt sich kein Hersteller „in die Karten schauen". Beim Kalträuchern bis 30 °C kann es einige Monate dauern, bis der Schinken seine optimale Reife erreicht hat, also mild und zart ist. Je höher die Temperatur beim Räuchern, desto intensiver der Rauchgeschmack.

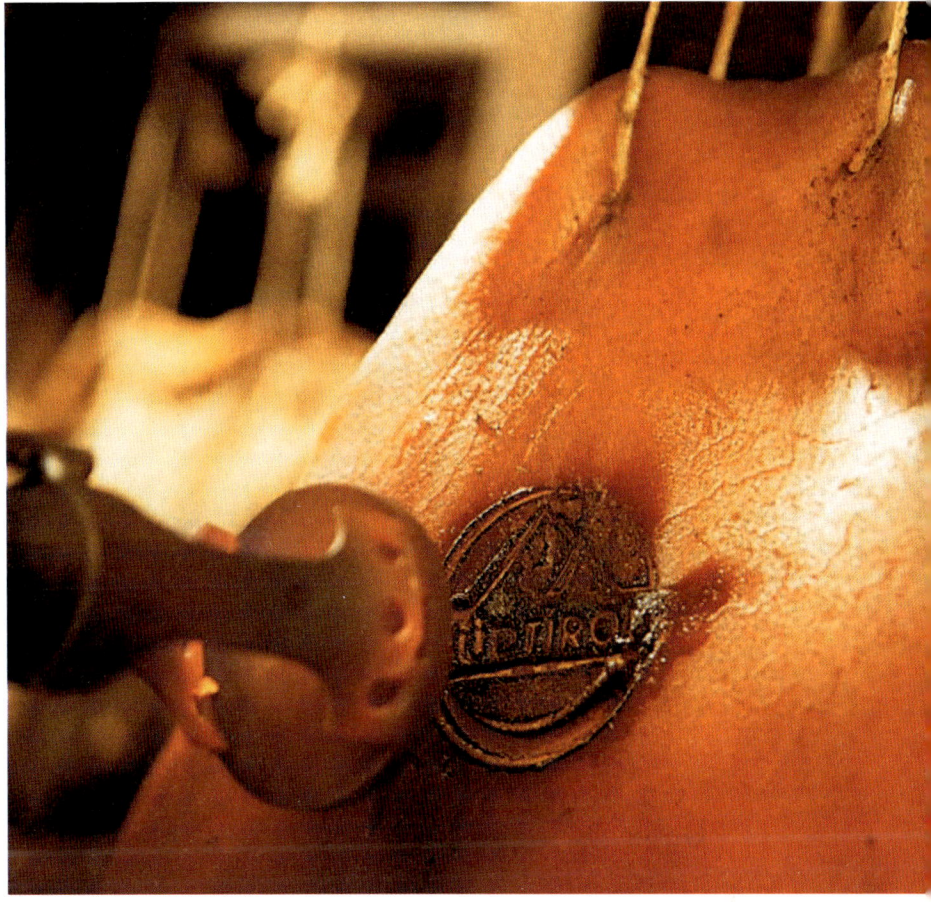

Südtiroler Speck: Das Original erkennt man an der Brandmarke auf der Schwarte.

Einige Rohschinken-Spezialitäten wie der *Parmaschinken* oder der *San Daniele* aus Italien, der *Bayonner Schinken* aus Frankreich oder der *Serrano* aus Spanien werden nicht geräuchert, sondern in mehrgeschossigen Reifehäusern viele Monate bei kontrollierter Temperatur und Luftfeuchtigkeit luftgetrocknet. Bei diesem Verfahren entwickeln sich ganz besondere Aroma- und Geschmacksstoffe. Der Südtiroler Speck wird sowohl geräuchert als auch an der Luft getrocknet und verbindet daher die Geschmackseigenschaften beider Reifungsverfahren.

Kochschinken stammen von Schweinen, die nicht mehr ganz jung und auch nicht zu mager sind. Nach dem Pökeln legt man das noch rohe Fleisch in runde, ovale oder rechteckige Formen. Dann werden die Schinken nicht gekocht, sondern lediglich bis zu einer Kerntemperatur von ca. 68 °C schonend gegart – in heißem Wasser, Dampf oder heißer Luft. Beim Garen nimmt der Schinken die Form des Behälters an und lässt sich dadurch später in gleichmäßige Scheiben schneiden.

Übrigens: Manche Produkte werden vor oder nach dem Garen kurz heiß geräuchert (bei mindestens 70 °C) und erhalten so ein besonderes Aroma.

> **Spickzettel**
> - Die meisten Schinken stammen vom Schwein, doch gibt es auch Schinken von Rind, Lamm, Wild und Geflügel.
> - Den besten Schinken liefert die Keule des Schweins.
> - Schinken gibt es roh oder gekocht.
> - Rohschinken wird durch Pökeln, Räuchern und Trocknen haltbar gemacht.
> - Kochschinken werden nach dem Pökeln gegart und manchmal leicht geräuchert.

WURST & SCHINKEN

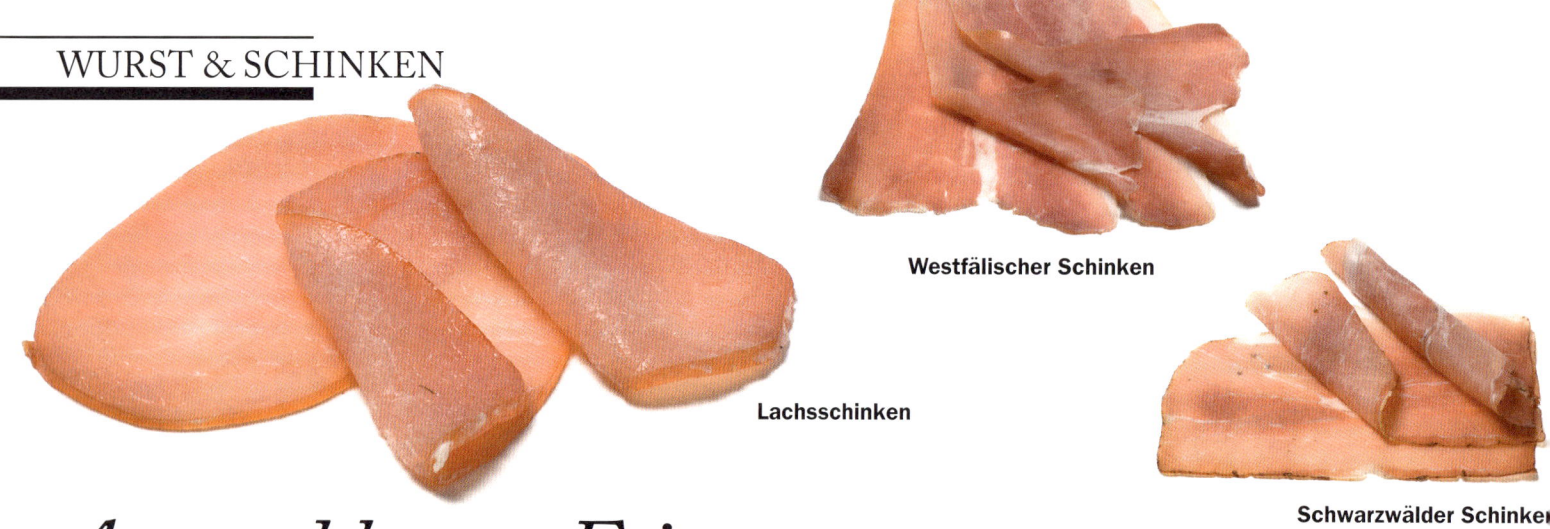

Westfälischer Schinken

Lachsschinken

Schwarzwälder Schinken

Rollschinken

Auswahl vom Feinsten

Der Verbraucher muss sich entscheiden zwischen rohem und gekochtem Schinken – oder lässt sich beide schmecken. Für Abwechslung ist in jeder Kategorie gesorgt.

Nussschinken

Rohschinken
Die Auswahl ist groß und reicht von mild bis würzig. Viele dieser Schinken werden noch handwerklich hergestellt, und einige der bekanntesten Spezialitäten werden aus Italien und Spanien importiert. Für die Vorratshaltung ist Rohschinken weitaus besser geeignet als Kochschinken.

Ammerländer Schinken
So darf sich nur ein Schinken nennen, der im Landkreis Ammerland hergestellt wurde und exakt definierten Qualitätsanforderungen entspricht. Der über 12 kg schwere Schinken samt Knochen wird mit Meersalz und einer besonderen Würzmischung aus Braunzucker, Pfeffer, Piment, Wacholder und einigen „Geheimzutaten" gepökelt und dann langsam über Buchenholzmehl geräuchert. Anschließend muss der Ammerländer Schinken noch einige Monate reifen, oft noch traditionell in einem Rauchhaus mit Schilfdach. Dann endlich haben sich das köstliche Aroma und der leicht süße Geschmack voll entwickelt.

Ardennenschinken
Dieser Kernschinken ohne Knochen ist in der Eifel und den belgischen Ardennen zu Hause. Er wird mild gesalzen, mit Wacholder geräuchert und gewinnt so seinen typisch würzigen Geschmack.

Holsteiner Katenschinken
Er ist der größte aller Schinken und besteht aus der gesamten Schweinekeule samt Knochen. Er wird monatelang trocken gepökelt und anschließend über harzfreiem Holz kalt geräuchert. So entwickelt der Schinken seinen mild-herben, etwas süßlichen Geschmack.

Lachsschinken
Er stammt aus dem Kotelettstrang und wird nur kurz kalt geräuchert. Lachsschinken ist zart, fettarm und schmeckt angenehm mild. Er kommt auch mit Speck umwickelt als *Lachsschinken Pariser Art* oder *Pariser Lachsfleisch* in den Handel. Analog zum *graved Lachs* (Fisch) gibt es auch das *Lachsschinken graved*: gebeizt und mit Dillkräutern gewürzt.

Nussschinken
Er wird aus dem Nussstück geschnitten, in ein Netz gebunden und zwei bis drei Tage kalt geräuchert.

Pfefferschinken
Er stammt aus dem edelsten Teil Keule, aus der Pape. Der Schinken wird nach dem Pökeln mit Pfeffer eingerieben und dann geräuchert.

Rollschinken
Fleischteile aus der Keule werden zu einer Rolle gebunden, trocken oder nass gepökelt und anschließend geräuchert. Rollschinken besitzt einen milden Rauchgeschmack.

Schwarzwälder Schinken
Ein fester, trockener, manchmal recht salziger Schinken mit kräftigem Raucharoma. Er wird ohne Knochen trocken gepökelt und über harzigem Tannenreisig kalt geräuchert.

Westfälischer Knochenschinken
Der ganze Schinken samt Knochen wird entweder über Buchenholz geräuchert oder mehrere Monate luftgetrocknet. Erstklassige Qualität: trocken, fest und mürbe.

Kochpökelware
Räucherspeck, durchwachsener Speck oder Wammerl besteht aus magerem Schweinebauch, der einige Tage gepökelt und dann kurz angeräuchert wird. Vom Kotelettstück stammt der Kasseler Rippenspeer. Er wird mild gepökelt, gekocht und leicht geräuchert.
Als *Bauern-Geselchtes* bezeichnet man nach traditioneller Bauernart hergestelltes Rauchfleisch. Die Fleischstücke vom Schwein werden gepökelt, geräuchert („geselcht") und dabei gleichzeitig gegart und gewinnen so einen ganz typischen Geschmack.

Formfleisch-Vorderschinken

Dabei handelt es sich um keinen echten Schinken, sondern um ein preiswertes Schinkenimitat. Zerkleinertes Fleisch wird mit Bindegewebe, Dickungs- und Bindemitteln, sonstigen Zusatzstoffen und Wasser zu einem Teig verarbeitet und in Formen zu einer schnittfesten Masse gegart. Lebensmittelindustrie und Gastronomie verwenden diesen Pseudo-Schinken teilweise als billigen Ersatz für echten Kochschinken (zum Beispiel auf Pizza).

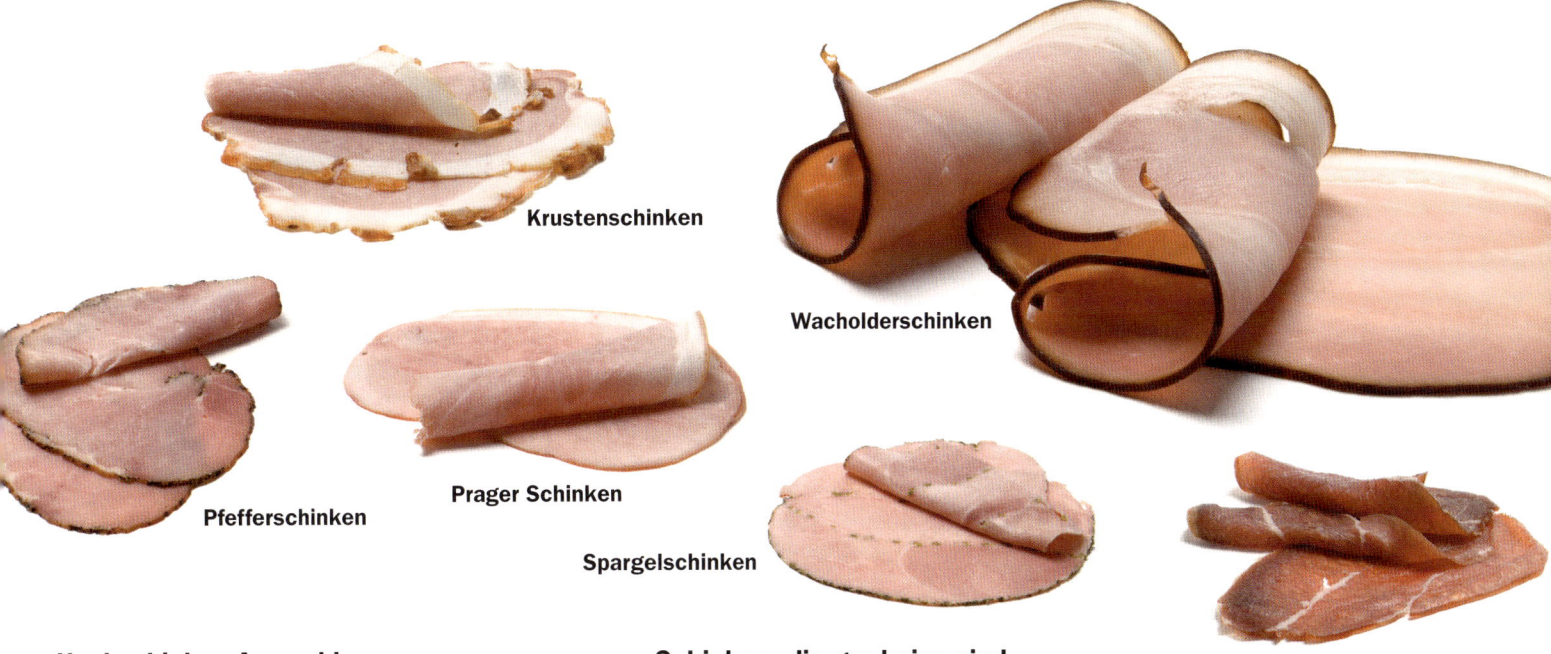

Kochschinken-Auswahl

Gekochter Schinken stammt immer von der Hinterkeule des Schweins. Wird er aus der Schulter geschnitten, bezeichnet man ihn als *gekochten Vorderschinken*. Sein Fleisch hat eine hellrote Farbe, ist fettreicher und gröber in der Faserung. Kochschinken muss bald verbraucht werden, denn er ist nicht so lange haltbar wie Rohschinken.

Farmerschinken
Er ist nur wenig mit Fett durchzogen und hat keinen Fettrand. Der Schinken wird leicht gewürzt und sanft geräuchert.

Krustenschinken (Krustenbraten)
Dies ist ein Schinken aus der Schweinekeule, der gebacken wird. Dadurch entwickelt sich die Schwarte besonders knusprig.

Prager Schinken
Er ist großvolumig, saftig und sehr mager im Fleisch mit einer leichten Fettauflage. Der Schinken schmeckt mild-würzig.

Rosmarinschinken
Er wird in einem Kräutersud gebeizt, mit geschnittenem Rosmarin aromatisiert und im eigenen Saft gegart. Weitere Gewürzschinken sind beispielsweise *Knoblauchschinken* oder *Pfefferschinken*.

Saftschinken
So nennt man einen sehr mageren Schinken, der dennoch saftig ist.

Spargelschinken
Dies ist bester Hinterschinken mit einer feinen Kruste aus grünem Spargel. Während des Reifens dringt das Spargelaroma ins Fleisch ein und verbindet sich harmonisch mit dem Schinkengeschmack.

Virginiaschinken
Der Schinken erster Klasse wird über Hickory-Holz geräuchert und mit Honig bestrichen. Daraus ergibt sich ein aromatisch-süßer Geschmack.

Wacholderschinken
Er wird mit Wacholder und einer speziellen Gewürzmischung nass gepökelt, anschließend über Buchenholz heiß geräuchert und gebraten. So entwickelt sich ein unvergleichlich würzig-aromatischer Geschmack mit deutlicher Wacholdernote.

Schinken, die gar keine sind

„Schinken" stammt – genau genommen – nur vom Schwein. Bei ähnlicher Herstellung wird jedoch auch Fleisch von anderen Tieren als „Schinken" oder Rauchfleisch bezeichnet.

Rindersaftschinken
Er ist mager und trotzdem saftig. Das Fleisch wird in einer delikaten Gewürzlake zwei bis drei Tage gepökelt und dann in einer Vierkantform gekocht.

Rinderrauchfleisch
Aus der Hinterkeule (Ober- oder Unterschale) junger Ochsen schneidet man das Rinderrauchfleisch. Es ist mager und fest und hat einen leicht salzigen und rauchigen Geschmack. Bei der Herstellung wird das rohe Fleisch mit Salzlake und Wein eingerieben, gepökelt, in luftdurchlässige Folie oder in eine Schweine- oder Rinderblase verpackt und mehrere Tage geräuchert.

Bündner Fleisch
Für diese teure Spezialität aus dem Schweizer Kanton Graubünden verwendet man zartes Fleisch aus der Keule junger Ochsen. Es wird in einer Lake aus Salz, Pfeffer, Wacholderbeeren und Gebirgskräutern leicht gepökelt und anschließend drei bis sechs Monate an der Luft getrocknet. In dieser Zeit verliert das Fleisch etwa 50 % seines Gewichts. Bündner Fleisch ist tief dunkelrot, würzig und so mager, dass es – hauchdünn geschnitten – auf der Zunge zergeht. Die italienische Variante heißt *Bresaola*.

Wildschinken
Sie können vom Reh, vom Hirsch oder vom Wildschwein stammen und werden aus der Keule des Tieres geschnitten. Das Fleisch wird gepökelt, leicht geräuchert und luftgetrocknet. Gelegentlich erhält man im Handel auch Elch- oder Rentierschinken aus dem hohen Norden Europas – Schinken mit einem milden Wildgeschmack.

Rindersaftschinken

Bündner Fleisch

Roastbeef

Pape – Blume – Kappe

Ein ganzer, fertig gereifter Schinken wird zum Verkauf in drei große Stücke geteilt. Das beste Stück in der Mitte des Schinkenstücks, den Kernschinken, nennt der Fachmann **Pape**.

Am magersten und besonders mild im Geschmack ist der Nussschinken, im Fachjargon die **Blume**.
Als **Kappe** bezeichnet man das herzhafte Schinkenstück aus der Hüfte.

WURST & SCHINKEN

Parma-Schinken

Südtiroler Schinken

Ausländische Spezialitäten

Südtiroler Speck

Südtiroler Speck g.g.A.

Dieser traditionelle Rohschinken, der auch als Südtiroler Schinken bezeichnet wird, sieht kernig aus mit seiner dunkelbraunen Oberfläche und der Gewürzkruste. Das Fleisch darunter hat eine appetitliche kirsch- bis braunrote Farbe, das weiße Fett einen leicht rötlichen Schimmer. Südtiroler Speck duftet mild und nussig-aromatisch. Der Geschmack ist kräftig, doch ohne dominante Rauchnote.

Hergestellt wird Südtiroler Speck aus frischen entbeinten Schweineschlegeln, die Verwendung von tiefgekühltem Fleisch ist verboten. Auf die zugeschnittenen Fleischstücke wird eine trockene Gewürzmischung aus Pfeffer, Knoblauch, Piment und Wacholderbeeren, gelegentlich auch Rosmarin, Koriander, Lorbeerblättern und Majoran aufgetragen. Salz verwendet man sparsam, denn beim fertigen Produkt darf der Salzgehalt 5 % nicht übersteigen. Das gewürzte Fleisch wird nun in speziellen Wannen gepökelt, Spritzpökelung ist selbstverständlich verboten. Nach etwa drei Wochen folgt das Räuchern bei höchstens 20 °C. Anschließend braucht der Speck nur noch Ruhe.

Während des 22 Monate dauernden Reifens bei etwa 15 °C und einer Luftfeuchtigkeit zwischen 60 und 90 % passiert einiges: An der Oberfläche des Specks tritt Feuchtigkeit aus, was im Zusammenspiel mit Sauerstoff zu einer dünnen Schimmelschicht führt. Sie nimmt Einfluss auf den Schinkengeschmack und bewahrt den Randbereich des Specks vor zu starkem Trocknen. Unter dem Schimmel reift der Speck gleichmäßig durch, wobei sich die Aromen von Gewürzen, Rauch und Fleisch optimal zu einem harmonischen Geschmack verbinden. Am Ende der Reifezeit wird der Schimmel mit Quellwasser abgewaschen.

Während des Reifens verliert der Speck mindestens 37 % seines Anfangsgewichts. Jedes Stück muss jedoch mindestens 3,7 kg wiegen, meist sind es zwischen 4,2 und 4,9 kg. In den Handel kommt der Speck erst nach einer abschließenden Qualitätskontrolle. Nur wenn die Reifezeit, das Verhältnis zwischen Magerfleisch- und Fettanteil, der Salzgehalt und der Geruch den Vorschriften entsprechen, erhält das Produkt die Auszeichnung „Südtiroler Markenspeck g.g.A.". Das Original erkennt man zum einen an der „Südtirol"-Brandmarke auf der Schwarte und an dem Markenzeichen auf der Verpackung: grün mit stilisierter „Südtirolmarke" im Zentrum.

Parma-Schinken (Prosciutto di Parma) g.U.

Diese Spezialität wurde einst in dem kleinen Dorf Langhirano am Fluss Parma „erfunden", und dort befindet sich noch immer das Zentrum der Herstellung. Ohnehin darf Parma-Schinken nur in der Provinz Parma in der norditalienischen Region Emilia-Romagna produziert, zerteilt und abgepackt werden.

Festgelegt sind auch die Schweinerassen, die für Parma-Schinken gut genug erscheinen: *Large White*, *Landrance* und *Duroc*. Die Schweine müssen aus den Regionen Emilia-Romagna, Venetien, Lombardei, Piemont, Molise, Umbrien, Toskana, Marken, Abruzzen, Latium und Friuli-Venezia Giulia stammen, bei der Schlachtung älter als neun Monate sein und mindestens 150 kg wiegen.

Nach der Schlachtung beginnt die langwierige Verwandlung zum Schinken. Zunächst wird Meersalz in die 10 bis 15 kg schweren Schweinekeulen einmassiert. Anschließend ruhen die Keulen etwa eine Woche im Kühlraum, dann wird erneut gesalzen und wieder, diesmal bis zu 18 Tage, gekühlt. Nach einer weiteren Salzmassage lässt man die Keulen etwa zwei Monate liegen. Salz und Kälte sorgen dafür, dass die Schinken kräftig an Feuchtigkeit und damit an Gewicht verlieren.

Zu guter Letzt werden die Schinken gewaschen und für das Lufttrocknen vorbereitet. Damit sie nicht zu stark austrocknen, reibt man sie auf der Fleischseite mit einer Mischung aus Schmalz, Salz, Reismehl und Pfeffer ein. Dann folgen mindestens zehn bis zwölf Monate des Reifens, oft sogar noch einige Wochen mehr. Die Schinken hängen wechselweise in Kühlräumen, temperierten Trockenräumen und riesigen Reifehallen mit gegenüberliegenden Fenstern, damit ein gleichmäßiger Luftstrom die Keulen umspielt.

Regelmäßig kontrolliert der Schinkenmeister den Verlauf der Reife. Zum Schluss nimmt ein unabhängiger Prüfer vom *Istituto Parma Qualità* den Schinken ab. Wichtiges Instrument dabei ist ein spitzer Pferdeknochen, der an fünf genau festgelegten Punkten ins Fleisch gestochen und wieder herausgezogen wird. Der Fachmann fühlt dabei die Konsistenz und erkennt am Geruch des Knochens, ob der jeweilige Schinken optimal durchgereift ist. Nur ein Schinken, der den hohen Qualitätsanforderungen des *Consorzio del Prosciutto di Parma* entspricht, erhält das begehrte Markenzeichen in die Schwarte eingebrannt: die fünfzackige Krone des Herzogtums Parma. Ein solches Qualitätsprodukt besticht durch seinen mildwürzigen Geschmack, die mürbe Beschaffenheit und das appetitliche rosa Fleisch mit der feinen Marmorierung.

San Daniele g.U.

Dieser luftgetrocknete Schinken ähnelt dem Parmaschinken. Der Geschmack ist aromatisch-süßlich, das Fleisch hat eine rosa-bräunliche Farbe und trägt eine schmale weiße Fettschicht. Der San Daniele stammt aus der kleinen gleichnamigen Stadt in Friaul, wo sich alles um die Schinkenproduktion dreht. Lieferanten sind in festgelegten Regionen Italiens aufgewachsene und geschlachtete Schweine einer bestimmten Rasse. Die Tiere müssen mit Molke und Getreide aus ökologischer Landwirtschaft gefüttert werden und beim Schlachten mindestens neun Monate alt sein.

Die Keulen wiegen nicht weniger als 11 kg. Überflüssige Schwarte und Teile des Fetts werden entfernt, Knochen und Pfote bleiben dran. Das Fleisch wird mehrfach mit Meersalz eingerieben, massiert, gewaschen, erneut gesalzen und schließlich zu einer mandolinenähnlichen Form gepresst. Dann hängen die Keulen in gut durchlüfteten Hallen und trocknen mindestens 13 Monate. Optimal gereift kommt der Schinken in den Handel. Als Beweis für seine Echtheit trägt er ein Brandzeichen mit den Initialen „SD" (San Daniele) und ein DOC-Siegel (Denominazione di origine controllata) mit Datumsangabe auf der Schwarte.

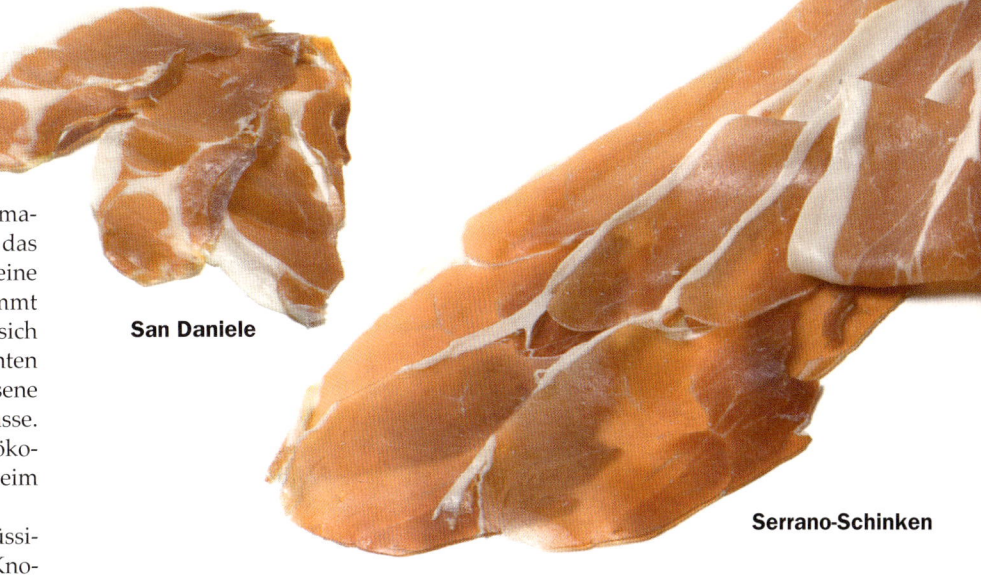

San Daniele

Serrano-Schinken

Serrano-Schinken g.t.S.

„Serrano" ist keine Herkunftsbezeichnung, sondern steht für einen nach traditionellen Methoden hergestellten Schinken. Serrano-Schinken entsteht aus den Keulen heller Hausschweine, die vor allem mit Getreide gefüttert und im Alter von fünf bis sechs Monaten geschlachtet werden. Nach dem fachgerechten Zuschnitt der Keulen werden diese mit Meersalz gepökelt. Völlig von Salz bedeckt ruht ein etwa 12 kg schwerer Schinken neun bis zehn Tage bei 2 bis 5 °C und hoher Luftfeuchtigkeit. Dann wird er mit warmem Wasser gewaschen und 40 bis 60 Tage zum Trocknen aufgehängt. Anschließend folgt die 114 Tage dauernde Reifungsphase bei exakt gesteuerter Klimatisierung. Zum Schluss wiegt die Keule mit Knochen noch mindestens 6,3 kg. Er hat glänzendes rosa bis purpurrotes Fleisch, längs von feinen weißen Fettadern durchzogen, und eine helle Fettschicht. Das Fleisch besitzt eine feste, dichte Konsistenz und ist dabei unvergleichlich zart. Der Geschmack ist intensiv aromatisch und nur wenig salzig. Je nach Reifezeit gibt es Serrano-Schinken in den Stufen *Bodega* (8–11 Monate), *Reserva* (12–15 Monate) und *Gran Reserva* (mehr als 15 Monate gereift).

Aus der Vielzahl spanischer Serrano-Schinken heben sich jene mit dem Gütezeichen des *Consorcio del Jamón Serrano Español* qualitativ deutlich hervor. Die Produktion unterliegt strengen Richtlinien, die weit über die EU-Vorgaben hinausgehen. Das Gütesiegel wird in Form eines stilisierten „S" auf der Schwarte eingebrannt.

Ibérico

Das Besondere an diesem berühmten spanischen Schinken ist sein einmaliger Geschmack. Ihn verdankt der Ibérico schwarzen Schweinen, die als Nachfahren mediterraner Wildschweine gelten. Als Zeichen für die Herkunft bleibt die schwarze Klaue („pata negra") an jedem Schinken dran. Die hochbeinigen Schweine leben halbwild im Süden und Südwesten Spaniens in großen Eichenwäldern. Das Jahr über ernähren sie sich von allem, was ihnen schmeckt, doch im Herbst haben sie eine Leibspeise: die Eicheln. Davon vertilgt jedes Schwein täglich zwischen 6 und 10 kg. Nach mindestens zwölf Monaten ist das fette Leben vorbei. Die Schweine haben sich 160 bis 180 kg Gewicht angefuttert und werden geschlachtet.

Nachdem die ausgelösten Schinken völlig ausgeblutet sind, bedeckt man sie komplett mit Meersalz und lässt sie etwa zehn Tage ruhen. Anschließend kommen die Schinken vier bis sechs Wochen in ein kühles Lager, und werden dann einige Monate in luftigen Räumen zum Trocknen aufgehängt. In dieser Zeit verlieren die Schinken viel Wasser und etwa ein Drittel ihres Gewichts. Gleichzeitig bildet sich das Aroma aus, und das Fett verteilt sich im Muskelfleisch.

Letzte Station ist der Reifekeller, wo eine gleich bleibende Temperatur von ca. 10 °C herrscht. Die Schinken reifen dort mindestens sechs Monate, wobei sich auf der Oberfläche eine Schicht aus Edelschimmel bildet. Er verleiht den Schinken ein nussiges Aroma. Zwischen 18 und 24 Monaten nach der Schlachtung ist der Ibérico endlich bereit für den Verkauf und wiegt dann zwischen 5,5 und 8 kg. Seine Form ist schmaler als die des Serrano-Schinkens. Bei optimaler Reife hat die äußere Fettschicht einen gelblichen Ton und gibt auf leichten Druck nach. Das Fleisch ist zart marmoriert und besitzt einen sehr eigenständigen, ausgesprochen aromatischen Geschmack.

Angeboten wird Ibérico-Schinken in zwei Qualitätsstufen: Das Spitzenprodukt ist der *Real Ibérico de Bellota*. Er stammt von Schweinen, die sich vor der Schlachtung vorwiegend von Eicheln ernährt haben. Den *Real Ibérico* dagegen liefern Schweine, die nach dem Eichel-„Festfressen" noch mit Trockenfutter gemästet wurden. Ebenfalls ein hochgelobter „Pata Negra" ist der *Jabugo* aus dem gleichnamigen Ort in der Provinz Huelva.

Coppa Parma

Dieser Schinken wird aus dem Schweinenacken hergestellt. Der rohe Schinken wird gesalzen, gepresst und luftgetrocknet. Sein Fleisch hat einen mild-würzigen Geschmack und ist leicht mit Fett durchzogen.

Bayonner Schinken

Er stammt aus dem Südwesten Frankreichs, aus dem Baskenland. Dort wird der Bayonner Schinken noch teilweise nach überlieferten Rezepturen handwerklich gefertigt. Eine Besonderheit ist das Pökeln mit Steinsalz, anschließend muss der Schinken etwa 180 Tage trocknen bei exakt gesteuerter Temperatur und Luftfeuchtigkeit. Während dieser Zeit gewinnt er seinen nussig-milden Geschmack, seinen intensiven Duft und die appetitliche goldene Außenfarbe.

Geflügel
& EIER

GEFLÜGEL	**238**
HÜHNER	**240**
ENTEN, GÄNSE & CO.	**241**
GEFLÜGEL IN DER KÜCHE	**243**
WILDGEFLÜGEL	**245**
HÜHNEREIER	**246**
QUALITÄT, GESCHMACK & FRISCHE	**249**
EI-FRISCHETEST	**250**
ANDERE EIER	**251**

GEFLÜGEL & EIER

Geflügel

Eigentlich könnte man sieben Tage in der Woche leckere Geflügelgerichte auf den Tisch bringen, ohne dass es langweilig wird. Denn die Auswahl an Geflügelfleisch reicht vom ordinären Hühnerbein bis hin zum edlen Perlhuhnbrüstchen.

Die Vorteile von Geflügelfleisch liegen auf der Hand: Es ist meist fett- und kalorienarm und lässt sich unendlich vielseitig zubereiten. Die Rezepte sind international, vor allem in der Asia-Küche spielt Geflügel eine zentrale Rolle. Allerdings – nicht alles was Flügel hat, eignet sich für den Kochtopf. Der bleibt in erster Linie dem sogenannten Schlachtgeflügel vorbehalten. Gemeint ist damit Haus- und Mastgeflügel wie Hähnchen, Kapaune (kastrierte gemästete Hähne, Importware), Stubenküken, Suppenhühner, Enten, Gänse, Truthühner und Perlhühner. Auch Wildgeflügel wie Wildenten, Rebhühner, Schnepfen und Fasane landet in der Küche. Wachteln und Tauben stammen meist aus Zuchtbetrieben.

 Spickzettel

- Zur Kategorie Schlachtgeflügel zählt das Haus- und Mastgeflügel.
- Außer Schlachtgeflügel kommt auch Wildgeflügel auf den Markt.
- Der Handel bietet Geflügel frisch, gefroren und tiefgefroren an.
- Erhältlich ist Geflügel in den Handelsklassen A und B.
- Hähnchen ist das beliebteste Geflügel in Deutschland.
- Frisches Wildgeflügel gibt es zur jeweiligen Jagdsaison oder teilweise aus Zuchten.

Haus- und Mastgeflügel

Das Ziel der Geflügelzucht sind Tiere mit möglichst hoher Fleischleistung. Dabei stehen die fleischigsten Körperpartien wie Brust und Keule im Mittelpunkt des Interesses. Im Verhältnis zum gesamten Körper hat die Wachtel das meiste Brustfleisch, gefolgt von Pute, Perlhuhn, Huhn, Gans und Ente. Bei der Keule liegt das Huhn auf Platz eins. Leider führte die starke Nachfrage nach Geflügel zur automatisierten Massenproduktion mit Käfig-Mastbatterien und bestenfalls äußerst beengter Bodenhaltung. (In Deutschland ist Bodenhaltung für Schlachtgeflügel vorgeschrieben.) Immer mehr Verbraucher sind jedoch bereit, beim Einkauf etwas mehr für artgerecht gehaltenes Freilandgeflügel auszugeben. Dieses Fleisch schmeckt nicht nur besser, sondern ist auch gesünder.

Das meiste Geflügel wird noch vor der Geschlechtsreife geschlachtet und im Handel als Jungmastgeflügel angeboten. Nach der Geschlechtsreife eignen sich die Tiere nur noch für die Suppe oder zum Schmoren. Auf den Markt kommt Geflügel in unterschiedlichen Herrichtungsformen – „grillfertig" (ohne Innereien), „bratfertig" bzw. „mit Innereien" (Hals und Innereien liegen in einem Beutel bei) oder „teilweise ausgenommen" (alles drin bis auf den Darm). Der Verbraucher hat zudem die Wahl zwischen frischem, tiefgefrorenem und gefrorenem Geflügel:

Frischgeflügel

Am hochwertigsten ist frisches Geflügel. Der Handel lagert es – in Folie fachgerecht verpackt – in der Kühltheke bei 0 bis 2 °C. Bei ununterbrochener Kühlung lassen sich diese Produkte bis zu sieben Tage aufbewahren. Der Kühlschrank im Haushalt bietet allerdings keine solch optimalen Bedingungen. Aber auch bei höchstens 4 °C hält sich Frischgeflügel drei bis fünf Tage.

Die Qualität von Frischgeflügel erkennt man an einigen Merkmalen: Das Tier muss einen frischen Geruch haben, gut ausgeblutet und sorgfältig gerupft sein und eine reine, unverletzte Haut haben. Kenner geben jungem Geflügel den Vorzug. Bei sogenanntem Magergeflügel wie Huhn oder Pute erkennt man das jugendliche Alter unter anderem am biegsamen Brustbeinfortsatz und am hellen, mageren, feinfaserigen Fleisch. Beim Fettgeflügel (Enten, Gänse usw.) ist die Fleischfarbe immer dunkelrot und sagt somit nichts übers Alter aus. Frischgeflügel kommt normalerweise ohne Innereien in den Handel.

Tiefgefrorenes Geflügel

Geflügel wird unmittelbar nach dem Schlachten, Rupfen, Ausnehmen und Reinigen schockgefrostet. Dabei erreicht die Kerntemperatur innerhalb einer Stunde -18 °C. Diese Temperatur darf bis zum Verbraucher nicht überschritten werden. Qualitativ unterscheidet sich das Geflügel beim Tiefgefrieren nicht von frischer Ware, doch leidet die Zellstruktur des Fleisches durch das Auftauen. Weil die Zellwände teilweise von spitzen Eiskristallen verletzt werden, tritt beim Auftauen vermehrt Zellsaft aus. Deshalb ist tiefgefrorenes Geflügel nach dem Zubereiten meist trockener und zäher als frisches. In der unbeschädigten Verpackung kann man Fettgeflügel bei -18 °C etwa acht Monate lagern, Magergeflügel etwa zwölf bis 18 Monate.

Gefrorenes Geflügel

Das Geflügelfleisch wird durch Schockfrostung auf eine Kerntemperatur von mindestens minus zwölf Grad Celsius gefroren. Es ist keine Tiefkühlware! Nur kurzfristig ist ein Anstieg um höchstens drei Grad Celsius zulässig. Gefrorenes Geflügel wird praktisch nur angeboten, wenn die für tiefgefrorene Ware geforderte Mindesttemperatur von minus 18 Grad Celsius nicht durchgängig eingehalten werden kann.

Handelsklassen und Kennzeichnung

Der Handel bietet Geflügel in den Klassen A und B an. Ausschlaggebend für die Einstufung sind optische, sensorische und physikalische Kriterien. Bewertet werden unter anderem Gesamteindruck, Bemuskelung bzw. Fleischansatz an Brust und Schenkeln und Fettabdeckung. Als qualitätsmindernd gelten Verfärbungen, Verletzungen, schlechtes Rupfen und Frostbrand.

- *Handelsklasse A:*
  vollfleischige Tiere, gleichmäßige Fettverteilung, einwandfrei gerupft, ohne Verletzungen und Verfärbungen.
- *Handelsklasse B:*
  Gesundes Geflügel, ungleichmäßige Fettverteilung, geringe Verletzungen und Verfärbungen.

Geflügel, das den Anforderungen beider Klassen nicht entspricht, wird industriell verarbeitet.

Der Gesetzgeber schreibt vor, wie Geflügel gekennzeichnet sein muss:
- Verkehrsbezeichnung für ganze Tiere (Ente, Suppenhuhn etc.) und Teilstücke (Brust, Schlegel usw.)
- Handelsklasse (A oder B)
- Angebotszustand (frisch, tiefgefroren, gefroren)
- Herrichtungsform (zum Beispiel „bratfertig")
- Name und Anschrift des Herstellers, Verpackers oder des in der EU niedergelassenen Verkäufers
- Gewicht
- Kilopreis und Verkaufspreis
- Mindesthaltbarkeitsdatum bei gefrosteter Ware, bei Frischgeflügel der Hinweis „verbrauchen bis …" bei angegebener Lagertemperatur
- Betriebskennung: Veterinär-Zulassungsnummer des Schlacht- bzw. Zerlegebetriebs inklusive Länder-Kennbuchstaben (zum Beispiel DE für Deutschland)

Neben diesen zwingenden Angaben sind freiwillige Angaben möglich. So trägt beispielsweise Geflügel, das in Deutschland geschlüpft ist, aufgezogen und geschlachtet wurde, die dreibuchstabige Herkunftsbezeichnung D/D/D. Das QS-Prüfzeichen ist an strenge Auflagen gebunden und signalisiert Qualitätssicherheit vom Erzeuger bis zum Verbraucher.

GEFLÜGEL & EIER

Hähnchen

Hähnchenflügel

Hähnchenschenkel

Hühner

Das Huhn, das goldene Eier legt, gibt es noch immer nicht. Doch für ein normales Ei am Tag reicht es allemal. Erbringt ein betagtes Huhn selbst diese Leistung nicht mehr, hat es seine Pflicht getan, wandert in den Topf und sorgt noch für eine gehaltvolle Hühnerbrühe. Andere Hühnergerichte werden manchmal aus Junghennen, vorwiegend aber aus jungen Hähnchen zubereitet, da sie das zarteste Fleisch haben.

Hähnchen sind in Deutschland das beliebteste Geflügel. Sie werden aus Holland oder Frankreich importiert, doch ganz oben auf der Hitliste stehen Tiere aus artgerechter heimischer Haltung. Deutsche Markenhähnchen werden ausschließlich in die Handelsklasse A eingestuft. Sie kommen brat-, grill- oder kochfertig in den Handel und sind in der Qualität Spitze. Das kommt nicht von ungefähr, denn deutsche Hähnchen erhalten ausgewogenes Futter und werden während der gesamten Mastzeit bis zur Schlachtung amtstierärztlich kontrolliert.

Hähnchen
Unter dieser Bezeichnung kommen nicht nur Hähne, sondern auch Hühner auf den Markt. Die Tiere sind erst fünf bis sechs Wochen alt und wiegen 750 bis 1400 g.

Neben ganzen Hähnchen gibt es auch Hähnchenteile:
- Viertel und Hälften,
- ganze Schenkel mit und ohne Rückenstück,
- Ober- und Unterschenkel,
- Flügel mit und ohne Rückenstück,
- Brüste mit sowie ohne Haut und Knochen,
- Brustschnitzel und -filets,
- Innereien (Leber, Herz, Magen),
- Geschnetzeltes und Frikassee,
- Hühnerklein.

Nach den europäischen Vermarktungsnormen für Geflügelfleisch entfallen die früher üblichen Bezeichnungen „Poularde" für fleischige Hähnchen mit einem Gewicht von mindestens 1100 g und „junger Hahn" für Hähnchen mit einem Gewicht von mindestens 1700 g.

Stubenküken
Der Name täuscht: Früher wurden auf Bauernhöfen die Küken in der warmen Stube großgezogen, heute gibt es Rotlicht im Stall. Stubenküken sind vier bis fünf Wochen alte Hähnchen mit etwa 700 g Gewicht.

Bresse-Hühner
Der größte „Hühnerstall" Frankreichs liegt in dem Gebiet Bresse nördlich von Lyon. Die Masthähnchen werden hier in Gehegen mit Freilauf gehalten und fressen besonders hochwertiges Futter. Hühner aus der Bresse haben goldgelbes Fleisch und kommen mit dem AOC-Gütesiegel (Appellation d'Origine Contrôlée) auf den Markt. Es gibt die Sicherheit, dass die Tiere aus dem angegebenen Gebiet stammen und entsprechend den dort geltenden strengen Vorschriften aufgezogen wurden.

Kapaune
Ein Kapaun (nur Importware) ist männlich, wird aber lange vor der Geschlechtsreife im Alter von zehn Wochen kastriert. Die Schlachtung erfolgt erst mit acht Monaten. Kapaune haben ein zartes, durchwachsenes Fleisch.

Hahnenkämme
In einigen mediterranen Ländern gelten Hahnenkämme als Delikatesse. Sie werden mit einer Nadel pikiert, in kaltes Wasser gelegt und zum Ausbluten etwa zwölf Stunden in den Kühlschrank gestellt. Dann kocht man die Kämme in frischem Wasser etwa 30 Minuten, lässt sie abtropfen, reibt sie mit Salz ein und zieht die dünne Haut ab. Nach dem Säubern werden die Hahnenkämme mit Gemüse in Hühnerbrühe etwa zwei Stunden geköchelt. Man kann sie auch panieren und in Butter braten oder mit Hühnerfarce füllen und in Fett backen.

Hähnchenunterschenkel

Hühnchenbrust

Masthühner
Darunter versteht man weibliche Hühner, die vor Erreichen der sexuellen Reife im Alter von etwa fünf Monaten geschlachtet werden. Zu diesem Zeitpunkt ist das Fleisch besonders zart und saftig.

Suppenhühner
Mit etwa 15 bis 18 Monaten haben Legehennen ihr Soll erfüllt und werden zu Suppenhühnern. Sie haben ein Gewicht von 1,2 bis 2,5 kg. Ihr Fleisch ergibt nicht nur kräftige Brühen, sondern wird auch als Ragout und Frikassee geschätzt.

Perlhühner
Beide Geschlechter dieser kleinen Haushühner mit silbergrauem bis dunkelblauem, gepunktetem Gefieder landen in der Pfanne. Perlhühner sind dann immerhin etwa sechs Monate alt und wiegen bis zu einem Kilo. Sie haben dunkles, saftiges Fleisch, das entfernt an Fasan erinnert.

Enten, Gänse & Co.

Der große Braten kommt auch heute meist zu besonderen Anlässen ins Rohr: ein Truthahn zum Erntedankfest, eine Gans zu Weihnachten oder eine Ente, weil Sonntag ist. Enten sind das ganze Jahr über frisch im Angebot, Gänse und Truthühner vor allem im Herbst und Winter. Doch die Tiefkühltruhe macht's möglich, sich jedes Geflügel jederzeit zu gönnen. Und wer keine Großfamilie verköstigen muss, greift auf Geflügelteile zurück. Aber auch bei diesem Geflügel gilt: Noch immer sind die meisten Zuchtanlagen eine einzige Qual für die Tiere. Sie werden auf engstem Raum und oft im Halbdunkeln gemästet und erleiden schwere körperliche und psychische Schäden. Man sollte beim Kauf auf die Herkunft des Geflügels achten und Tieren vom Bio-Bauernhof den Vorzug geben.

Enten
Ente ist nicht gleich Ente, denn es gibt viele Hausgeflügel-Rassen. Am häufigsten wird die *Peking-Ente* gehalten, die wegen ihres recht hohen Fettanteils besonders aromatisches Fleisch liefert. Ganz junge Peking-Enten wiegen etwa 1,5 bis 2 kg. Man erkennt sie an dem noch nicht vollständig verknöcherten Brustbein. Ältere Tiere mit vier bis sechs Monaten bringen 2 bis 3 kg auf die Waage.

Moschus- oder Warzenenten kommen als *Barbarie-Enten* in den Handel. Die frühere Bezeichnung „Flugenten" ist nicht mehr gültig, obwohl diese Tiere ihre Flügel noch eher zum Fliegen benutzen als normale Hausenten. Barbarie-Enten haben einen deutlich höheren Brustfleischanteil und mageres Fleisch mit intensivem Geschmack. Weibliche Enten wiegen zwischen 1,8 und 2 kg, Erpel sind mit 2,5 bis 3,5 kg schwerer. Geschlachtet wird normalerweise im Frühsommer und im Spätherbst.

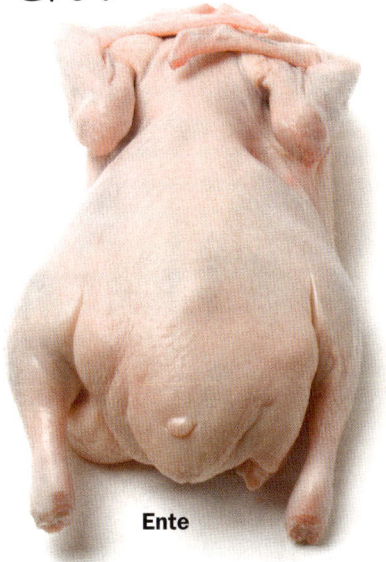

Ente

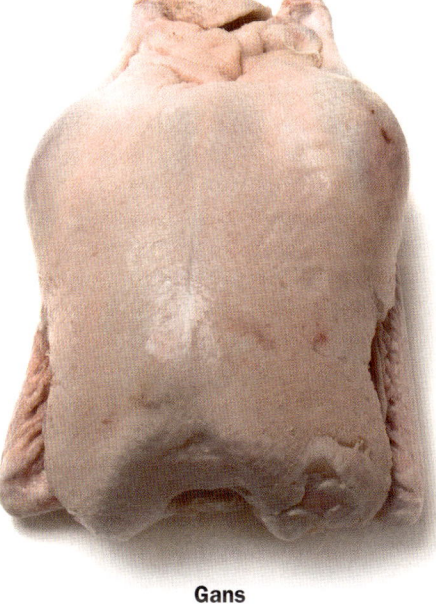

Gans

Aus der Kreuzung zwischen Barbarie- und Peking-Enten entstehen *Mulard-Enten*. Am geschmackvollsten sind junge Tiere mit rd. 2,8 kg, ältere Exemplare bringen mindestens ein Kilo mehr auf die Waage.

Gänse
Die meisten Tiefkühl-Gänse stammen aus Polen oder Ungarn. Wer auf artgerechte Haltung achtet, bevorzugt deutsche Grasgänse. Sie laufen frei und werden gar nicht oder nur kurz gemästet. Das Fleisch ist sehr aromatisch. Sogenannte Hafermastgänse müssen während der dreiwöchigen Endmastzeit täglich eine bestimmte Menge Hafer fressen. Das Angebot umfasst
- Frühmastgänse (ca. 10 bis 12 Wochen alt, 2 bis 3,4 kg),
- junge Gänse (etwa 7 bis 9 Monate alt, 4 bis 6 kg),
- Gänse (älter als 1 Jahr, über 6 kg, meist nur auf Bestellung im Handel erhältlich).

GEFLÜGEL & EIER

Pute

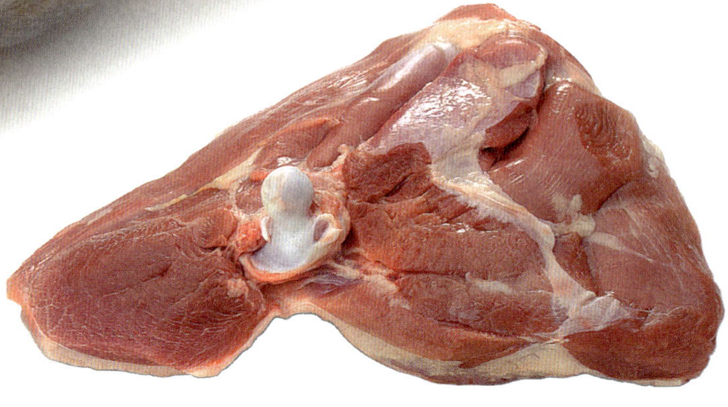

Putenoberkeule

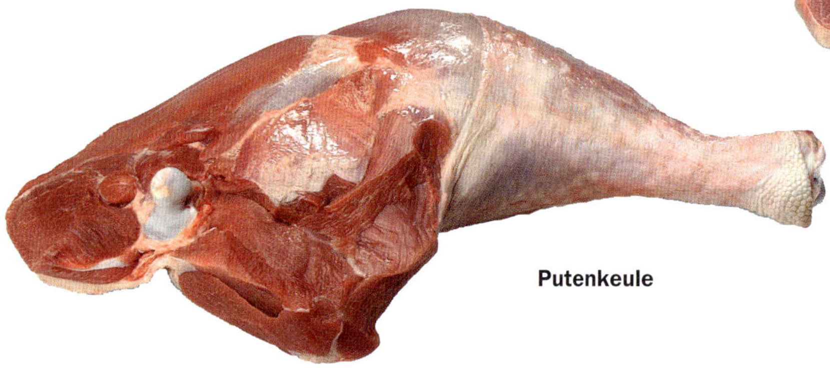

Putenkeule

Truthühner
Dieses Geflügel verspricht kalorienarmes, leicht verdauliches und sehr schmackhaftes Fleisch. Bei uns werden vor allem weibliche Tiere, die Puten, angeboten. Die besonders zarten Baby-Puten haben etwa drei Monate Mast hinter sich und wiegen 2 bis 3 kg. Sie kommen hauptsächlich in der Advents- und Weihnachtszeit auf den Markt. Große Puten erreichen 8 bis 10 kg, doch die Truthähne (Puter) sind mit bis zu 18 kg noch deutlich gewichtiger. Speziell zur Produktion von Geflügelteilen werden besonders große Rassen gezüchtet und etwa 22 Wochen gemästet.

Tauben
Es gibt Zuchttauben und Wildtauben. Die meisten werden küchenfertig aus Ungarn, Frankreich oder Belgien importiert und stehen ganzjährig zur Verfügung. Älter als zehn Wochen sollen Tauben nicht sein. Am besten schmecken Tiere mit vier bis sechs Wochen und einem Gewicht von 250 bis 500 g.

Wachteln
Im Handel sind meist küchenfertig vorbereitete Wachteln aus italienischen oder japanischen Zuchten erhältlich. Gute Ware kommt aus Frankreich. Wachteln aus der Bresse wiegen 170 bis 200 g, aus dem Teichgebiet der Dombes etwa 250 g. Die Tiere haben zartes, aromatisches Fleisch und werden frisch oder tiefgefroren angeboten. Wilde Wachteln stehen bei uns unter Naturschutz.

Teile und Innereien
Ganze Enten, Gänse und Truthähne erfordern viele Esser. Für kleinere Portionen gibt es Geflügelteile:

Ente
Besonders beliebt sind frische oder geräucherte Brust und Schenkel mit Knochen. Entenleber ist eine Rarität, die man selten im Handel bekommt. Geflügelmäster verkaufen die Spezialität meist direkt an Gourmet-Restaurants.

Gans und Pute
Frische oder geräucherte Brust und Keulen sind am meisten gefragt. Gänseleber gibt es in Dosen.

 Stopfleber

Das Stopfen von Gänsen und Enten, damit sie eine Fettleber bekommen, ist schlichtweg Tierquälerei. Deshalb verbietet das Tierschutzgesetz in Deutschland, Österreich und der Schweiz dieses Verfahren. Wer trotzdem nicht auf Stopfleber verzichten will, kauft hochpreisige Importware. In bester Qualität kommt sie im Winter auf den Markt. Im Sommer ist die Leber kleiner und fettärmer. Getrüffelte Gänseleber, Gänseleberparfait und Gänseleberpasteten mit Trüffel gibt es fertig in Dosen oder speziellen Formen.

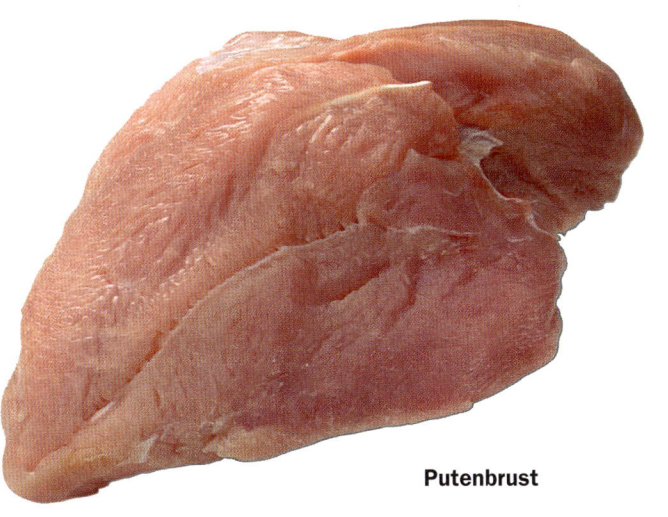
Putenbrust

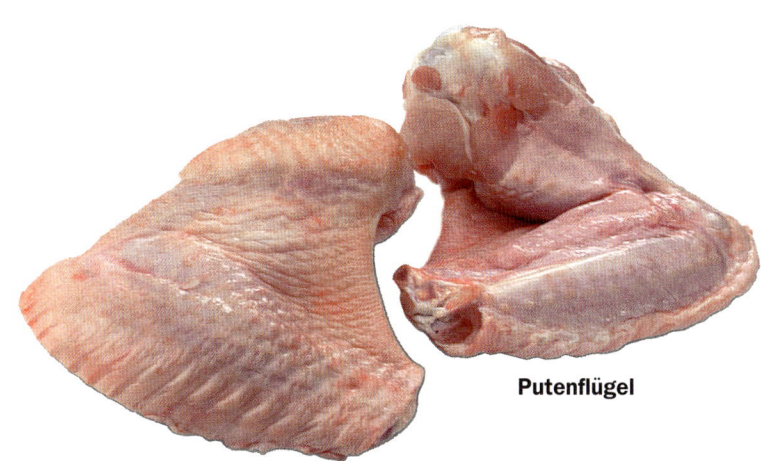
Putenflügel

Geflügel in der Küche

Truthühner liefern das vielseitigste Angebot: Oberkeulen mit Knochen, teilentsehnte Unterkeulen, Ober- und Mittelflügel (Grillflügel), Schnitzel, Filets, Brust und Innereien wie Magen, Herz und Leber. Letztere schmeckt fast genauso wie Kalbsleber.

Auftauen

Tiefgefrorenes oder gefrorenes Geflügel muss vor dem Zubereiten auftauen. Dabei ist Hygiene oberstes Gebot. Geflügel sollte langsam auftauen, da es sonst beim Zubereiten zäh wird. Der beste Platz ist im Kühlschrank bei 4 °C. Man legt das Tier ohne Verpackung (wichtig!) so auf ein Gitter oder in ein Küchensieb, dass austretende Flüssigkeit in eine Schüssel etc. ablaufen kann und der Vogel nicht mehr mit dem eigenen Saft in Berührung kommt. Außerdem ist Abdecken wichtig, damit die Haut nicht austrocknet. Auftauendes Geflügel braucht unbedingt Abstand zu anderen Lebensmitteln, die vor dem Verzehr nicht durchgegart werden (zum Beispiel Salat oder Milchprodukte), um eine Übertragung eventuell vorhandener Salmonellen zu vermeiden.

Salmonellen siedeln sich nicht nur, aber mit besonderer Vorliebe auf Geflügel und in rohen Eiern an. Bei Temperaturen zwischen 7 und 40 °C fühlen sich die Bakterien am wohlsten und vermehren sich ungehemmt. Um sie sicher abzutöten, muss das Lebensmittel mindestens zehn Minuten lang auf über 70 °C erhitzt und völlig durchgegart werden. Überhaupt ist im Haushalt häufig der falsche Umgang mit Lebensmitteln schuld am Salmonellenbefall. Förderlich ist neben zu geringer Erhitzung auch eine zu warme oder zu lange Lagerung oder mangelnde Hygiene bei der Zubereitung (Auftauwasser!). Zwar verlangt der Gesetzgeber, dass Geflügel in den Zuchtbetrieben gegen Salmonellen geimpft wird, trotzdem gibt es keine hundertprozentige Sicherheit. Werden Salmonellen auf den Menschen übertragen, kann es zu schweren Erkrankungen kommen. Typische Anzeichen sind hohes Fieber, starke Bauchschmerzen, Durchfall und Erbrechen.

Je größer das Geflügel, desto länger dauert das „Entfrosten", doch die Tiere müssen unbedingt durch und durch aufgetaut sein. Andernfalls garen sie ungleichmäßig. Ein Hähnchen braucht etwa 16 Stunden, ein Suppenhuhn 24 Stunden, eine Ente 26 Stunden, eine Gans 36 Stunden und eine Pute mindestens 38 Stunden. Das Auftauwasser grundsätzlich wegschütten, denn es kann Salmonellen enthalten.

Nach dem Auftauen nimmt man die Innereien heraus (sofern noch vorhanden), wäscht das Tier gründlich innen und außen und trocknet die Haut mit Küchenpapier ab. Danach sollte das Geflügel möglichst bald zubereitet und gut durchgegart werden. Empfehlenswert ist eine Kerntemperatur von mindestens 70 bis 80 °C. Übrigens: Die bei der Vorbereitung benutzten Geräte und Arbeitsflächen müssen gründlich mit heißem Wasser und Spülmittel gereinigt werden

Garzeiten

Wie lange es dauert, bis Geflügelfleisch gar ist, hängt von der Größe ab. Ein Brathähnchen braucht nur etwa eine Stunde, größere Hühner ca. 90 Minuten und eine Ente zwei Stunden. Für eine Gans oder einen Truthahn muss man mindestens dreieinhalb Stunden rechnen, und auch ein Suppenhuhn kann zwei bis drei Stunden kochen.

Vor dem Braten muss man ganzes Geflügel dressieren, damit es seine Form nicht verliert. Die Flügel werden am Rücken verschränkt, die Schenkel an den Körper gedrückt, dann wird alles mit Küchengarn umwickelt und fixiert. Bei gefülltem Geflügel näht man die Öffnung zu. Bardieren ist bei Truthahn mit magerem Fleisch empfehlenswert: Man bindet Speckscheiben um Brust und Schenkel, damit das Fleisch saftiger wird.

Reich an Vitalstoffen

Im Vergleich zum Muskelfleisch von Rind und Schwein besitzt Geflügelfleisch eine besonders vorteilhafte Nährstoff-Zusammensetzung. Das Brustfleisch vom Huhn beispielsweise enthält weniger Fett, der Gehalt an Vitaminen und Mineralstoffen ist aber durchaus vergleichbar, manchmal sogar höher (Niacin, Calcium). Das Fett von Gänsen, Enten und Puten und auch das vom Huhn besitzt einen hohen Anteil an ungesättigten Fettsäuren. Hinsichtlich der Kalorien ist die Wachtel mit rd. 120 kcal je 100 g am magersten, gefolgt vom Brathuhn mit rd. 130 kcal. Eine Gans bringt es auf rund 340 kcal/100 g.

GEFLÜGEL & EIER

Tranchieren einer Ente

Zubereitungsarten
- Zum *Braten* in der Pfanne eignen sich kleine Tiere und Geflügelteile. Man brät sie bei hoher Temperatur an, damit sich die Fleischporen schnell schließen und der Saft im Fleisch bleibt. Dann auf mittlerer Hitze fertig braten.
- Im *Ofen* wird vor allem ganzes Geflügel gebraten. Weil zum Anbraten große Hitze benötigt wird, muss man den Ofen gut vorheizen. Bei fettem Geflügel empfiehlt es sich, das Fleisch seitlich anzustechen. So kann flüssiges Fett ablaufen. Die erste Hälfte der Bratzeit verbringt das Geflügel mit der Brust nach unten, dann umdrehen und immer wieder mit Bratensaft begießen. Die Haut wird knusprig, wenn man sie zum Ende der Bratzeit mit Salzwasser oder einer Marinade aus Öl und Honig einstreicht.
- Zum *Schmoren* brät man das Geflügel zuerst ringsum kräftig an. Dann wird je nach Bedarf Brühe, Wasser oder Wein aufgegossen. Deckel drauf und alles bei milder Hitze fertig garen. So bleibt das Fleisch zart und aromatisch.
- Zum *Grillen* steckt man ganze Hähnchen auf einen Spieß, Teile können auf dem Rost brutzeln. Durch Einpinseln mit Würzölen wird die Haut schön knusprig.
- Geflügelteile eignen sich zum *Frittieren*. Zuvor werden sie in Panade oder Ausbackteig gewälzt. Nach 20 Minuten bei 180 °C in der Fritteuse können sie gegessen werden.

Tranchieren
Tranchieren geht mit einem scharfen Messer und einer Geflügelschere ganz einfach:
1. Den Vogel mit dem Rücken auf ein großes Brett (idealerweise mit Saftrinne) legen und beidseitig zwischen Brust und Schenkel einschneiden, bis das Hüftgelenk sichtbar wird. Die Schenkel seitwärts wegklappen und am Gelenk abtrennen.
2. Die Flügel unterhalb der Brust abschneiden.
3. Die Brüste entlang des Brustbeins einschneiden und vorsichtig ablösen.
4. Die Bruststücke vom Flügelansatz zur Brustspitze hin in gleichmäßige Scheiben schneiden.
5. Die beiden großen Keulen zwischen Ober- und Unterschenkel einschneiden und das Kniegelenk durchtrennen.
6. Den Ober- und Unterschenkelknochen herauslösen und das Fleisch in Stücke schneiden.

Der Handel bietet vielerlei Geflügelteile an, die sich individuell portionieren lassen. Für die schnelle Küche gibt es fertig gewürzte, panierte oder gefüllte Produkte.

Vogelgrippe - (k)ein Problem?

Die Vogelgrippe oder Geflügelpest ist eine durch den Virus H5N1 hervorgerufene meldepflichtige Tierseuche. Betroffen sind vor allem Wildvögel, die jedoch das Virus auf Hausgeflügel übertragen können. Die Erkrankung verläuft meistens tödlich. Auch der Mensch kann sich mit der Vogelgrippe infizieren. Voraussetzung dafür ist jedoch nach derzeitigem Stand der Erkenntnis ein sehr enger und ständiger Kontakt mit befallenen Tieren. Die Übertragung von Mensch zu Mensch ist bisher nicht nachgewiesen und würde zu einer sogenannten Pandemie führen.

In Deutschland wird alles dafür getan, um die Einschleppung des Geflügelvirus in Nutztierbestände bzw. eine weitere Verbreitung zu verhindern. Geflügelprodukte, die im Handel angeboten werden, stammen aus gesunden Beständen und können ohne Bedenken gekauft und zubereitet werden. Tierärzte kontrollieren vor der Schlachtung den einwandfreien Gesundheitszustand, und noch in der Schlachterei erfolgt die amtliche Fleischbeschau.
Auch bei Eiern gibt es keinen Grund zur Zurückhaltung.

Wildgeflügel

Der Jäger spricht von „Federwild" und meint damit alles, was in freier Natur fliegt und mit der Flinte vom „Himmel" geholt werden kann. Auf dem Teller landen Fasane, Rebhühner, Schnepfen, Stock- und Krickenten und Wildtauben. Andere Vögel wie Auer-, Birk- und Rackelhähne, Wachteln, manche Wildenten und Schwäne bleiben zumindest hierzulande verschont, denn sie stehen unter Artenschutz.

Wildgeflügel wird geschätzt wegen des ausgeprägten Wildgeschmacks und sollte möglichst immer frisch zubereitet werden. Kenner verzichten auf Produkte aus der Tiefkühltruhe (werden ohnehin nur gelegentlich angeboten) und legen ein Festessen mit Federwild in die jeweilige Jagdsaison: Bejagt werden Fasane von Oktober bis Januar, Rebhühner von September bis Dezember, Schnepfen in den Monaten September, Oktober, März und April, Wildenten von Mitte August bis Januar und Wildtauben von August bis April. Frisches Wildgeflügel ist kaum im Supermarkt zu finden. Man kauft es im Spezialhandel oder direkt beim Jäger. Allerdings lässt sich der Bedarf nur zu etwa einem Drittel mit heimischen Tieren decken, der Rest wird aus Nachbarländern importiert. Manche Arten gibt es inzwischen auch in guter Qualität aus Zuchtbetrieben, doch fehlt eben das typische Wildaroma.

Wildgeflügel ist notgedrungen teurer als Zuchtgeflügel. Den hohen Preis rechtfertigt vor allem junges Federwild, das am besten schmeckt. Man erkennt das jugendliche Alter am noch biegsamen Brustbein, einem dicken Schnabel und den hellen „Ständern", wie die Füße in der Fachsprache heißen. Wasservögel sollten möglichst bald zubereitet werden. Anderes frisch erlegtes, noch ungerupftes Flugwild (zum Beispiel Fasane) lässt man nach dem Entfernen der Därme mehrere Tage bei niedrigen Temperaturen abhängen (im Winter gern im Freien), damit das Fleisch die nötig Reife erreicht. Gerupfte Tiere lassen sich bei minus 2 bis plus 2 °C bis zu zwei Wochen lagern. Wildgeflügel kann man auch im Federkleid tiefgefrieren und so acht bis zehn Monate halten.

Fasan
Das größte und gleichzeitig geschmackvollste Wildgeflügel ist der Fasan aus der Familie der Hühnervögel. Geschossen werden bevorzugt die bunten Hähne, denn sie haben zarteres Fleisch als die unscheinbar braunen Hennen. Zur Jagdsaison sind Fasane küchenfertig oder bereits ausgenommen, aber noch im Federkleid erhältlich. Gerupfte Tiere werden am besten sofort in eine Beize gelegt. Damit das Fleisch beim Braten nicht austrocknet, umwickelt man es mit Speckscheiben. Wer nicht unbedingt einen wilden Fasan will, kauft einen gezüchteten Vogel. Den gibt es ganzjährig – frisch oder tiefgefroren und küchenfertig vorbereitet.

Rebhuhn
Ganzjährig erhält man Rebhühner aus Züchtungen oder tiefgekühlt, frisch nur in der Jagdsaison. Ältere Tiere verraten sich durch gerundete Flügelspitzen und dunkelgraue Ständer. Damit das Fleisch zart wird, sollte man es vor der Zubereitung etwa zwei Tage in Beize legen. Unnötig ist das bei jungen Rebhühnern mit etwa 250 g. Das Geflügel eignet sich besonders gut zum langsamen Schmoren.

Schnepfe
Wald- und Sumpfschnepfen sind Zugvögel, denen der sogenannte „Schnepfenstrich" zum Verhängnis wird. Man schießt Schnepfen nämlich dann, wenn sie im Herbst gen Süden fliegen oder im Frühjahr zurückkehren. Die Herbstschnepfe hat fetteres und zarteres Fleisch als die Frühjahrsschnepfe. Schnepfen wiegen nur etwas über 400 g, und es empfiehlt sich, sie küchenfertig vorbereitet zu kaufen.

Wildente
Stockenten sind mit durchschnittlich 1100 g die größten heimischen Enten, Krickenten mit nur 300 g die kleinsten. Beide haben ein kerniges, mageres Fleisch und sind sehr schmackhaft. Kenner bevorzugen Enten, die im Herbst geschossen werden. Vor der Zubereitung darf man nicht vergessen, die Fettdrüse in der Nähe des Bürzels zu entfernen. Das Fleisch schmeckt sonst tranig. Küchenfertige Stockenten gibt es übrigens das ganze Jahr über tiefgekühlt.

Wildtaube
Pro Person rechnet man mindestens zwei Wildtauben. Dabei sind diese Vögel bereits größer als Haustauben. Meist werden Ringeltauben (erkennbar an dem ringförmigen weißen Halsfleck) geschossen. Junge Tiere haben zartes, geschmackvolles Fleisch. Weil es sehr mager ist, werden die Vögel vor dem Braten mit Speckscheiben umwickelt. Wer Tauben erhält, die nicht küchenfertig vorbereitet sind, muss umgehend den schnell säuernden Kropfinhalt entfernen, damit das Fleisch den schlechten Geschmack nicht annimmt.

GEFLÜGEL & EIER

Eier

Jenes Ei, das in die Weltgeschichte einging und sprichwörtlich wurde, ist das „Ei des Kolumbus". Bevor der Seefahrer einst zur großen Entdeckungsfahrt startete, soll er gesagt haben: „Wenn man ein Ei aufschlägt, dann kommt das Gelbe zum Vorschein, jeder weiß es. Und ich weiß, dass ich auf Ostasien treffe, wenn ich nach Westen fahre." Natürlich – Kolumbus hat sich getäuscht und Amerika entdeckt, doch mit dem Ei hatte er Recht.

Alle Vögel legen Eier, von denen einige, wie etwa die kleinen Wachteleier, als Delikatesse gelten. Auch die größte Ei-Version, das Straußenei, hat Liebhaber. Doch wenn man allgemein von „Eiern" spricht, sind damit nur Hühnereier gemeint. Die meisten kommen aus Geflügelfarmen, wo jede Henne etwa 15 Monate lang mit Legen beschäftigt ist. Dann muss sie ihren Platz räumen für eine jüngere Kollegin.

Bis Ende 2008 war in Deutschland die Käfighaltung erlaubt. Käfighaltung ist hygienisch und wirtschaftlich, hat aber den Nachteil, dass die Hennen nicht artgerecht leben können. In der EU gelten seit 2012 die Mindestanforderungen der „ausgestalteten Käfige": Die Hühner müssen Sitzstangen zum Ruhen und Schlafen haben, die Eier in ein geschütztes, abgedunkeltes Nest legen können, zudem muss ein abgetrennter Scharrraum (z. B. auch zum Staubbaden) vorhanden sein.

In Deutschland wurde die Käfighaltung durch die „Kleingruppenhaltung" ersetzt, deren Anforderungen höher sind als die EU-Vorgaben für einen ausgestalteten Käfig. Sie sieht eine Fläche von 800 – 900 cm² pro Henne vor, die Aufteilung des Raumes in Einstreufläche, Nest und Sitzstangen, abgedunkelte Nester zur ungestörten Eiablage und eine Gruppengröße von mindestens 28 bis 60 Hennen sowie eine Bewegungsfläche bis zu 4,8 m². Somit können die Hennen feste Sozialstrukturen und eine Rangordnung innerhalb der Gruppe zu bilden; das entspricht ihrem naturgemäßen Leben.

Auch die Bodenhaltung ist für Hennen nicht unbedingt das „Gelbe vom Ei". Sie leben im geschlossenen Stall bei künstlicher Beleuchtung, doch sie haben zumindest eine gewisse Bewegungsfreiheit. Für neun Hennen muss mindestens 1 m² nutzbare Fläche zur Verfügung stehen. Ein Teil der Bodenfläche besteht aus Gitterrosten, der andere Teil aus Einstreu, und es gibt Nester. So können die Tiere scharren, mit den Flügeln schlagen, Staubbaden und die Eier artgerecht ablegen.

„Da lachen ja die Hühner" ist eine Redewendung, die wahrscheinlich von Freilandhühnern geprägt wurde. Ihnen gönnt der Gesetzgeber mindestens 4 m² Auslauffläche pro Huhn und ein Stallgebäude zum Zurückziehen bei Einbruch der Dunkelheit oder bei schlechter Witterung. Die Tiere haben Luft und Sonne, können sich frei bewegen, nach Herzenslust im Gras picken, ein Staubbad nehmen und ihre Eier in Nester legen. Allerdings kann die drohende Vogelgrippe diesem Vergnügen schnell ein Ende bereiten und das Geflügel unters Dach verbannen. In diesem Fall dürfen die Eier aber trotzdem den Hinweis „aus Feilandhaltung" auf der Verpackung führen.

Eier aus ökologischer Landwirtschaft (Bio-Eier) stammen von Hennen mit Auslauf. Die EU-Richtlinien schreiben den Mindeststandard vor. Er verlangt unter anderem dass im Auslauf jedem Huhn mindestens 4 m² Fläche zur Verfügung stehen. Im Stall dürfen sich nicht mehr als sechs Tiere einen Quadratmeter teilen. Das Futter muss ökologisch erzeugt sein, und zugekaufte Hennen müssen normalerweise aus ökologischen Zuchten stammen. Selbstverständlich ist das systematische Schnäbelkürzen verboten, ebenso wie bestimmte Futterzusätze (zum Beispiel Leistungs- und Wachstumsförderer, synthetische Aminosäuren oder Antibiotika). Die Öko-Verbände haben für ihre Mitglieder noch deutlich strengere Vorgaben. So erhält jedes Huhn 10 m² Freifläche und hat Anspruch auf mindestens 20 cm einer abgerundeten Sitzstange. Auch wenn drohende Vogelgrippe den Auslauf ins Freie verwehrt, leben die Hennen nicht schlecht. Die artgerechte Haltung bleibt durch geräumige Ställe mit überdachten Auslaufflächen und viel Licht und Frischluft bestmöglich gewährt.

Das Ei im Detail

Was war zuerst – das Huhn oder das Ei? Noch wurde diese Frage nicht zufriedenstellend geklärt. Aber auf alle Fälle ist das Ei ein kleines Wunder der Natur. Die geniale Form ermöglicht es dem Huhn, das Ei – wenn auch unter großer Anstrengung – auszustoßen. Und obwohl die Eierschale so dünn ist, zerbricht sie nicht. Im Zentrum des Eis liegt der gelbe Dotter. Er wird umhüllt von dünn- und dickflüssigen Eiklarschichten mit der eingelagerten Hagelschnur. Das Eiweiß wiederum ist umgeben vom dünnen Schalenhäutchen, und den Abschluss bildet die mit feinsten Poren versehene Kalkschale. Über ihr liegt das Oberhäutchen, dem besondere Bedeutung zukommt: Es schützt das Ei vor dem Eindringen von Mikroorganismen, die zum Verderb führen würden. Das Eioberhäutchen trocknet durch die natürliche Wärme des Eies ein, behält aber seine schützende Funktion. Auch Eierschale und Eiklar sind von der Natur antibakteriell ausgestattet.

Am stumpfen Ende des Eis liegt eine Luftblase. Beim frischen Ei ist sie klein. Weil aber durch die poröse Kalkschale nach und nach Feuchtigkeit aus dem Ei verdunstet, vergrößert sich die Luftkammer mit der Zeit immer mehr. Auch die Festigkeit von Eigelb und Eiklar nimmt ab. Schlägt man ein frisches Ei auf, wölbt sich der Dotter hoch, und das Eiklar bildet einen festen Hof. Beim älteren oder alten Ei ist der Dotter flach und das Eiweiß flüssig. Die Farbe des Dotters – ob hellgelb oder tief orange – hängt vom Futter ab, dem man natürliche Farbstoffe zugeben kann. Auch der Geschmack des Eis und die Schalenstärke lassen sich über das Futter beeinflussen, nicht jedoch die Farbe der Schale. Bestimmte Hühnerrassen legen braune, andere weiße Eier. Meist haben die braunen eine etwas dickere Schale, die beim Kochen nicht so leicht platzt. Auch die Größe des Eis ist einerseits rasse- und andererseits altersbedingt. Junge Hennen legen kleine und mit zunehmendem Alter immer größere Eier.

Das Ei als Keimzelle des Lebens muss alle lebenswichtigen Nähr- und Aufbaustoffe enthalten. Und was dem Küken gut tut, ist auch für den Menschen von hohem Wert. Eier sind reich an Vitaminen und Mineralstoffen und das Eiweiß besitzt von allen Grundnahrungsmitteln die für den Menschen höchste Wertigkeit. Die Inhaltsstoffe sind allerdings nicht gleichmäßig im gesamten Ei verteilt. Das Eiklar enthält beispielsweise um ein Drittel weniger Eiweiß als der Dotter und fast gar kein Fett. Im Dotter sammeln sich neben Eiweiß und Fett auch mehr Vitamine und Mineralstoffe.

Wo Licht ist, ist auch Schatten – das gilt selbst beim Ei. Es steht zu Recht im Ruf, eine „Cholesterinbombe" zu sein, denn ein Eigelb enthält rund 300 mg von diesem Stoff. Im menschlichen Organismus kommen zwei verschiedene Arten Cholesterin vor, das „gute" Cholesterin und das „schlechte" Cholesterin. Ein Übermaß an schlechtem Cholesterin im Körper wird jedoch verantwortlich gemacht für schwere Erkrankungen wie Arterienverkalkung, Schlaganfall und Herzinfarkt. Deshalb lautet bisher die Empfehlung der Ernährungsexperten, pro Woche nicht mehr als zwei bis drei Eier zu essen – die in diversen Lebensmitteln „versteckten" bereits mitgerechnet. Doch jüngste Studien aus den USA lassen Eier-Freunde wieder hoffen.

Was ist drin im Ei

Der verzehrbare Anteil eines Hühnereis mit 60 g enthält:

- Eiweiß 7,68 g
- Fett 6,78 g
- Kohlenhydrate 0,42 g
- Vitamin D 1,74 µg
- Vitamin K 5,34 µg
- Vitamin B_1 0,05 mg
- Vitamin B_2 0,17 mg
- Vitamin B_{12} 1,14 µg
- Biotin 15,0 µg
- Selen 6,0 µg
- Calcium 30,24 mg
- Natrium 78 mg
- Eisen 1,2 mg
- Energie 388 kJ

Tatsächlich ist Cholesterin für den menschlichen Organismus unentbehrlich. Er braucht es für die Zellen, zur Herstellung von Hormonen usw. und produziert deshalb Cholesterin selber. In jedem erwachsenen Körper befinden sich naturgemäß etwa 150 g Cholesterin. Wird nun mit der Nahrung zusätzlich Cholesterin aufgenommen, stellt der gesunde Körper den nötigen Level umgehend wieder her: Er blockt einerseits die Cholesterin-Aufnahme über den Darm ab und drosselt andererseits die eigene Produktion. Bei 80 bis 85 % der Menschen hierzulande funktioniert das problemlos, und die dürfen guten Gewissens Eier essen. Zurückhaltung ist jedoch unter anderem für all jene angesagt, die an Diabetes oder einer Störung des Fett- und Cholesterinstoffwechsels leiden. Im Ei selber, so stellten Wissenschaftler der

Spickzettel

- Die Eier im Handel können von Hennen aus Kleingruppen-, Boden- oder Freilandhaltung stammen.
- Eier kommen in der Güteklasse A und in vier Gewichtsklassen auf den Markt.
- Jedes Ei im Handel muss mit einem Stempel-Code versehen sein, der Auskunft über die Art der Hennenhaltung und die Herkunft der Eier gibt.
- Eier sind reich an lebenswichtigen Nährstoffen.
- Der Handel darf Eier ab Legedatum nur bis zum 22. Tag verkaufen.
- Im Haushalt gehören rohe Eier in den Kühlschrank.

GEFLÜGEL & EIER

Kansas State University (USA) fest, soll es eine Art „Cholesterin-Bremse" geben. Gemeint ist damit das als Emulgator enthaltene Lezithin. Es kann Cholesterin so binden, dass der Stoff zumindest teilweise vom Körper nicht aufgenommen, sondern ausgeschieden wird. Nachgewiesen wurde dies allerdings nur bei Ratten.

Tatsächlich aber unterscheiden sich Eier nicht nur in der Form und in der Farbe, sondern auch hinsichtlich Größe, Qualität und Frische. So mancher Verbraucher steht ob des breiten Angebots etwas ratlos vor dem Eierregal im Handel. Wie soll man sich zurechtfinden angesichts von Gewichtsklassen, Güteklassen, Buchstaben und Zahlenkombinationen? Dabei will die EU-weit gültige Kennzeichnungsverordnung doch eigentlich Klarheit schaffen.

Eindeutige Kennzeichnung

Der Handel bietet braune und weiße Eier an, stückweise oder in Vierer-, Sechser bzw. Zehnerkartons. Jedes einzelne Ei muss mit einem Zahlen-Buchstaben-Code gestempelt sein, der Auskunft gibt über die Art der Hühnerhaltung, das Herkunftsland, den Legebetrieb und den Stall. Nur direkt ab Hof verkaufte Eier brauchen keinen Stempel. Theoretisch könnte beispielsweise auf einem Ei stehen 0 DE 8888231, was sich so entschlüsseln lässt:

- 0 bedeutet „ökologische Erzeugung", statt der 0 eine 1 „Freilandhaltung", 2 „Bodenhaltung" und 3 „Kleingruppenhaltung".
- DE steht für die Herkunft aus Deutschland, alle anderen europäischen Lieferländer haben ebenfalls eigene Abkürzungen: AT = Österreich, BE = Belgien, DK = Dänemark, ES = Spanien, FI = Finnland, FR = Frankreich, GR = Griechenland, IE = Irland, IT = Italien, LU = Luxemburg, NL = Niederlande, PT = Portugal, SE = Schweden, UK = Großbritannien.
- Die folgenden sieben Ziffern kennzeichnen den Legebetrieb und den Stall, in dem das Eier legende Huhn lebt. Wer mehr über den einzelnen Betrieb wissen will, holt sich unter www.was-steht-auf-dem-ei.de Informationen aus dem Internet. Allerdings sind nicht alle Legebetriebe gelistet.

Die erforderlichen Angaben auf der Verpackung legt die Kennzeichnungsverordnung ebenfalls fest: Zahl der verpackten Eier, Güte- und Gewichtsklasse, Art der Legehennenhaltung, Name und Anschrift des Abpack-Betriebs mit Kennnummer der Packstelle sowie das Mindesthaltbarkeitsdatum mit Hinweis „bei Kühlschranktemperatur aufbewahren, nach Ablauf des Mindesthaltbarkeitsdatums durcherhitzen".

Weitere Informationen auf der Verpackung wie Verkaufspreis, Erzeugergebiet, Fütterung der Hennen, Legedatum usw. sind freiwillig. Oft wird auf beigelegten Zetteln über besonders vorbildliche Hennenhaltung berichtet. Wer Eier aus der eigenen Region kaufen möchte, sollte auf die freiwillige Ursprungskennzeichnung auf der Verpackung achten.

Güte- und Gewichtsklassen

Eier werden in zwei Güteklassen eingeteilt, nämlich A und B. Im Handel werden nur frische A-Eier angeboten, die jedoch älter als sieben Tage sein können. Die Einstufung setzt die Erfüllung festgelegter Kriterien voraus:

- Die Schale muss sauber und unverletzt sein. Eier dürfen nicht gewaschen oder gereinigt werden.
- Das Eiklar muss durchsichtig und frei von fremden Einlagerungen sein und eine gallertartige Konsistenz aufweisen.
- Der Dotter darf beim Durchleuchten nur schattenhaft sichtbar sein, sich beim Drehen nicht wesentlich aus der zentralen Lage bewegen und keine fremden Ein- oder Auflagerungen haben.
- Die Luftkammer darf nicht höher als 6 mm und nicht beweglich sein. A-Eier mit einer höchstens 4 mm hohen Luftkammer können eine Banderole mit dem Hinweis „Extra bis …" oder „Extra frisch bis …" tragen. Zum angegebenen Datum muss der Handel die Banderole entfernen und die Eier wie alle anderen anbieten.
- Der Keim darf nicht sichtbar entwickelt sein.
- Das Ei darf keine Fremdgerüche aufweisen.

Eier, die den hohen Ansprüchen der Klasse A nicht genügen, werden in die Klasse B eingestuft und der industriellen oder handwerklichen Lebensmittelherstellung überlassen.

Je nach Rasse und Alter eines Huhns fallen Eier unterschiedlich groß aus und kommen entsprechend sortiert auf den Markt. Auf der Verpackung steht

- S für „klein" (unter 53 g),
- M für „mittel" (53 bis unter 63 g),
- L für „groß" (63 bis 73 g),
- XL für „sehr groß" (73 g und mehr).

Das größte Angebot findet man in den Klassen M und L. In Backrezepten geht man normalerweise von M-Eiern aus.

Auch Eier, die stückweise angeboten werden, müssen eindeutig gekennzeichnet sein.

Qualität, Geschmack & Frische

Mindesthaltbarkeit

Der Gesetzgeber bestimmt, wann ein Ei als frisch anzusehen ist. Die Mindesthaltbarkeit wird ab dem Legedatum gerechnet und beträgt 28 Tage. Im Handel werden die Eier normalerweise zunächst nicht gekühlt.

Der antibakterielle Selbstschutz des Eis währt 14 bis 21 Tage, und die Temperatur im Verkaufsraum reicht aus zum Frischhalten. Ab dem 18. Tag allerdings ist Kühlung bei 5 bis 8 °C vorgeschrieben, und diese Temperatur sollte dann unbedingt bis zum Verbrauch im Haushalt beibehalten werden. Wird nämlich ein gekühltes Ei plötzlich der Wärme ausgesetzt, schwitzt es und bietet damit Krankheitserregern einen idealen Nährboden. Der Handel darf Eier ohnehin nur bis inkl. des 21. Tages (ab Legedatum) an seine Kunden verkaufen. Sollten Eier noch nach diesem Termin vorrätig sein, gehen sie zur Verarbeitung an die Lebensmittelindustrie oder Handwerksbetriebe wie Bäckereien etc.

Eier sind empfindlich, nicht nur, was die Schale betrifft. Sie nehmen manches übel und honorieren falsche Behandlung mit Qualitätsverlust und verringerter Haltbarkeit. So vertragen Eier beispielsweise keine hohen Temperaturschwankungen. Direkte Sonneneinstrahlung macht die Schale poröser und damit angreifbar für Keime. Vor den „Duftwolken" stark riechender Produkte wie Knoblauch oder Fisch bietet die Schale ohnehin keinen Schutz. Das Ei schmeckt im Fall des Falles eben leicht nach solchen „Nachbarn".

Eier zu waschen, ist generell tabu – selbst dann, wenn sich auf der Schale Kotrückstände etc. befinden. Wasser kann nämlich Bakterien durch die Schale ins Innere des Eis spülen. Deshalb sollte man lieber versuchen, den Schmutz abzubürsten oder mit Küchenpapier zu entfernen.

Im Haushalt gehören frisch gekaufte rohe Eier sofort in den Kühlschrank, denn dort halten sie am längsten. Man sollte sie nicht im Eierkarton aufbewahren, denn Papier zieht Feuchtigkeit an und bildet unter Umständen einen Nährboden für Bakterien. Der ideale Platz ist das spezielle Eierfach mit einem Klappdeckel, der Fremdgerüche abhält. Oder man bringt die Eier in einer verschlossenen Box unter – generell mit der Spitze nach unten.

Den besten Geschmack haben Eier, die drei bis zehn Tage alt sind. Sie können bis zum angegebenen Mindesthaltbarkeitsdatum roh verarbeitet werden – zum Beispiel zu „Tiramisu" oder anderen Desserts. Ist das Datum überschritten, sind die (gekühlten) Eier trotzdem noch lange verwendbar, doch eben nur zum Kochen oder Backen bei mehr als 70 °C. Hart gekochte Eier, die nach dem Kochen mit kaltem Wasser abgeschreckt wurden und eine intakte Schale haben, halten sich im Kühlschrank bis zu zwei Wochen. Wurde aufs Abschrecken verzichtet, können die Eier bei Zimmertemperatur bis zu einem Monat aufbewahrt werden. Am längsten, nämlich sieben bis zehn Wochen ab Kochdatum, halten sich mit Wachsfarben gefärbte Eier. Das Wachs verschließt die Poren der Schale und versiegelt so den Inhalt.

Übrigens: Harte Eier, deren Dotter am Rand blaugrün verfärbt sind, sind nicht verdorben, sondern wurden lediglich zu lange gekocht. Dadurch kommt es zu einer chemischen Reaktion, bei der sich im Eiweiß Schwefelwasserstoff bildet und im Eigelb Eisen frei wird. Dort, wo Eiweiß und Dotter aneinander stoßen,

---

Tipps rund ums Ei

- Damit Eier beim Kochen möglichst nicht platzen, sticht man sie am dicken Ende mit einem Eierpiekser an und legt sie dann ins Wasser.
- Ein Schuss Essig im Kochwasser bewirkt, dass nicht so viel Eiweiß aus einem geplatzten Ei ausläuft.
- Ein rohes Ei mit Sprung in der Schale lässt sich trotzdem kochen, wenn man es zuvor mit Alufolie umwickelt. Oder das Ei in ein Sieb legen und etwa eine Minute über heißen Wasserdampf halten. Dadurch erstarrt das Eiweiß vorab an der aufgebrochenen Stelle und läuft nicht mehr aus.
- Ob Eigelb, Eiklar oder die Masse aus beidem, alles kann man gut einfrieren und dann beispielsweise zum Backen verwenden. Eigelb lässt sich auch bis zu zwei Wochen im Kühlschrank aufbewahren, wenn man es in eine Tasse gibt und mit einer Schicht Öl bedeckt. Sie lässt sich, soll das Eigelb verwendet werden, problemlos abschütten.
- Eischnee wird besser steif, wenn man eine Prise Salz oder ein paar Tropfen Zitronensaft mitschlägt.
- Für Baiser den Eischnee gut steif schlagen und dann erst Zucker dazugeben.
- Ob ein Ei roh oder gekocht ist, lässt sich leicht feststellen: Man dreht es auf einer Tischplatte um die eigene Achse. Ein rohes Ei dreht sich langsam, ein gekochtes schnell.

GEFLÜGEL & EIER

Ein frisches Ei bleibt quer auf dem Boden liegen.

Der Ei-Frischetest

Ein sieben Tage altes Ei hebt sich am dicken Ende etwas an.

Ein zwei bis drei Wochen altes Ei steht im Wasser Kopf.

verbinden sich die beiden chemischen Substanzen zu blaugrün gefärbtem Eisensulfid. Ein kleiner Schönheitsfehler, den man jedoch ohne Bedenken hinunterschlucken kann.

Frischetest

Dass sich Eier in der Küche unendlich vielseitig verwenden lassen, weiß jedes Kind. Doch woran erkennt man den Frischezustand eines Eis?

- Eindeutigen Aufschluss darüber gibt das *Durchleuchten:* Bei einem ganz frischen Ei sieht man den Dotter lediglich schwach. Die Luftkammer ist noch kaum ausgeprägt. Nach etwa sieben Tagen erkennt man den Dotter schemenhaft, jedoch ohne feste Umrisse, und die Luftkammer ist ca. 6 mm hoch. Ist das Ei dann zwei bis drei Wochen alt, zeichnet sich der Dotter deutlich ab, ebenso wie die vergrößerte Luftkammer.
- Im Haushalt bringt der *„Wassertest"* die Frische an den Tag: Das Ei in ein Glas mit Wasser geben. Ist es frisch, bleibt es quer auf dem Boden liegen, denn die noch winzige Luftkammer gibt keinen Auftrieb. Nach etwa sieben Tagen ist die Luftkammer vergrößert, wodurch sich das Ei am dicken Ende etwas anhebt. Ein zwei bis drei Wochen altes Ei enthält bereits so viel Luft, dass es im Wasser quasi Kopf steht. Nach mehr als 28 Tagen steigt ein Ei an die Wasseroberfläche.
- Auch beim *Aufschlagen* verrät sich die Frische: Den festen, hoch gewölbten Dotter umgibt dickflüssiges Eiklar, das wiederum auf einer dünneren Eiweißschicht liegt. Nach etwa sieben Tagen ist der Dotter noch immer kugelig gewölbt, doch das zuvor dickflüssige Eiweiß läuft schon deutlich auseinander und erscheint dünner. Beim alten Ei breitet sich das Eiweiß wässrig aus, und das Eigelb ist flach.

Übrigens: Trübes Eiweiß deutet nicht unbedingt auf Verderb hin, es kann auch ein Indiz für Frische sein. Denn ein oder zwei Tage nach dem Legen enthalten Eier noch eine geringe Menge Kohlendioxid. Das Gas beeinflusst nicht die Qualität, sondern trübt lediglich das Eiweiß.

Eingelegte Eier

Bei jedermann beliebt sind Soleier, und sie lassen sich leicht herstellen. Man kocht Eier hart, klopft die gesamte Schale leicht an, legt die Eier in ein großes Glas mit Schraubdeckel und übergießt sie mit gekochtem Gewürzsud aus Wasser, Chilischoten, Wacholderbeeren, Pfefferkörnern, Senfkörnern, Salz und Lorbeerblatt. Glas gut verschließen, und die Soleier mindestens zwei Tage ziehen lassen. Dann nach Geschmack pikant servieren mit Chutney, Ketchup, Senf, Essig und Öl usw.

Nicht als Delikatesse, sondern als Vorrat für den Winter dienten früher Eier in Wasserglas. Zwar wird heute in den Zuchtbetrieben die ganzjährige Legefreude der Hennen künstlich gefördert, doch normalerweise stellt ein Huhn in der dunklen Jahreszeit das Legen weitgehend oder völlig ein. Deshalb war es sinnvoll, schon im Sommer Vorsorge zu treffen. Man schichtete die Eier mit der Spitze nach unten in ein Gefäß und bedeckte sie mit sogenanntem Wasserglas (Natriumsilikat), einem alten Konservierungsmittel. Die gallertartige Masse verhinderte den Zutritt von Sauerstoff, und so blieben die Eier bis zu einem Jahr frisch.

Die etwas anderen Eier

Taubeneier

Ob weiß, ob braun, Hühnereier sind alltäglich. Oft schmecken noch nicht mal Kenner den Unterschied zwischen dem frischen Ei eines glücklichen Federviehs und dem einer armen Käfighenne. Essbare Eier von anderen Vögeln sehen auch anders aus, und einige besitzen einen sehr individuellen Geschmack.

Chinesische Eier
Man nennt sie auch „Tausendjährige Eier", was natürlich maßlos übertrieben ist. Doch werden Enten- oder Hühnereier zur Herstellung dieser Spezialität immerhin bis zu 100 Tage lang gelagert – eingebuddelt in eine Mischung aus Erde, Kalk, Holzkohlenasche, Reisschalen und Salzwasser. Während dieser Zeit wird das Eiklar geleeartig und bernsteinfarben, das Eigelb quarkähnlich und grün. Gleichzeitig entsteht ein wenig appetitanregender Fäulnisgeruch. Die so konservierten Eier isst man ungekocht mit diversen Saucen.

Enteneier
Sie sind mit 60 bis 75 g größer als Hühnereier und haben eine dickere Schale. Der Geschmack ist kräftiger und leicht ölig. Enteneier sind weitaus anfälliger für Salmonellen und Paratyphusbakterien und müssen deshalb mindestens zehn Minuten gekocht werden. Der Gesetzgeber verlangt einen entsprechenden Stempelaufdruck. Beim Kochen verfärbt sich das Eiklar bläulich, das Eigelb wird orange.

Fasaneneier
Eier von gezüchteten Hennen sind weiß, leder- oder olivfarben. Wildvögel dagegen produzieren braun oder schwarz gefleckte Eier, die im freien Feld für Neströuber nicht so leicht zu entdecken sind. Fasaneneier werden zum Verzehr hart gekocht.

Gänseeier
Sie sind wesentlich größer als Hühnereier und wiegen bis zu 200 g. Gänseeier schmecken etwas ölig. Es empfiehlt sich, sie nur ganz frisch zu verwenden und mindestens zehn Minuten zu kochen.

Möweneier
Die Größe der Möweneier unterscheidet sich je nach Möwenart. Die Eierschalen sind jedoch meist grünlich bis graubräunlich gefleckt. Der Geschmack ist kräftig und leicht fischig. Man sollte die Eier mindestens acht Minuten kochen. An der deutschen Küste ist das Sammeln von Möweneiern zum Schutz der Tiere inzwischen verboten.

Perlhuhneier
Sie wiegen nur etwa 25 g und haben eine bräunlichgesprenkelte, harte Schale. Der Geschmack ist würziger als der vom Hühnerei. Perlhuhneier isst man weich oder hart gekocht (Kochzeit drei bis fünf Minuten).

Rebhuhneier
Sie haben einen feinen Geschmack und sind weiß, leder- oder olivfarben. Die Eier wilder Rebhühner tragen braune oder schwarze Flecken. Rebhuhneier werden hart gekocht im Salat, eingelegt oder in Aspik serviert.

Straußeneier
Die flugunfähigen Riesenvögel legen entsprechend große Eier, die bis zu 1,5 kg wiegen. Das reicht gut und gern für zehn Personen. Man kann das Straußenei in etwa 40 Minuten hart kochen. Oder man schlägt mit Hammer und Meißel ein Loch in die Schale, holt den Inhalt heraus und brät ihn gut durch.

Wachteleier
Ein Wachtelei ist nicht mal halb so groß wie ein Hühnerei, hat eine hübsch gesprenkelte Schale und kann weich oder hart gekocht gegessen werden. Dekorativ sind harte halbierte Wachteleier auf kalten Platten oder im Salat. Im Feinkostregal des Handels gibt es die Eier roh oder gekocht in Gläsern.

Zwerghuhneier
Zwerghühner unterschiedlicher Rassen legen Eier, die meist nur halb so groß sind wie normale Hühnereier. Geschmacklich gibt es kaum einen Unterschied, ebenso wenig wie bei der Verwendung.

Wachteleier

Straußenei

Fisch
& MEERESFRÜCHTE

SUSHI UND SASHIMI	257
SÜSSWASSERFISCHE	258
SALZWASSERFISCHE	261
MEERESFRÜCHTE	268
TINTENFISCH	268
KRUSTENTIERE	269
MUSCHELN & MEERESSCHNECKEN	272
FISCHERZEUGNISSE	274

FISCHE & MEERESFRÜCHTE

Fisch

Als die ersten Menschen nach Essbarem Ausschau hielten, gerieten irgendwann auch Fische ins Netz. Und weil sie reichlich vorhanden waren, erhielten sie einen festen Platz auf dem Speisezettel.

Viele Kulturen betrachten Fisch seit eh und je als Symbol für Fruchtbarkeit und Nahrungsfülle. Selbst in der Bibel spielen die Tiere eine wichtige Rolle. Dass Christen selbst in der Fastenzeit nicht völlig vom Fleisch fallen, verdanken sie dem Apostel Petrus. Weil er die Fische im See Genezareth mit Wohlwollen betrachtete, schlossen seine Anhänger, dass Fischgenuss selbst an Tagen mit verordneter Enthaltsamkeit keine Sünde sei. Diese Auslegung übernahmen später auch die Klöster nur zu gern. Mönche legten Teiche an und waren damit in der Fastenzeit fein raus.

Bis heute gilt in vielen Haushalten der Freitag als traditioneller Fisch-Tag. Das ist ganz im Sinne von Ernährungsexperten, die mindestens eine Fischmahlzeit pro Woche empfehlen. Die Auswahl an Fischen ist groß, etwa 45 verschiedene Arten stehen hierzulande zum Verzehr bereit. Die Verbraucher entscheiden sich zu etwa 90 % für Fische aus dem Meer. Das Angebot wird zu einem guten Teil aus Nord- und Ostsee gedeckt. Die deutsche Hochseefischerei ist für Seelachs, Kabeljau, Rotbarsch und Hering zuständig, die Küsten- und Kutterfischerei bringt unter anderem Dorsch (junger Kabeljau), Merlan, Schellfisch, Scholle und Seezunge an Land. Fisch-Importe stammen aus dem Mittelmeer, dem Atlantik und dem Pazifik, denn dank moderner Technik und schnellen Transportmöglichkeiten gelangen Fische selbst von weit her frisch in den deutschen Handel.

Allerdings gibt es ein großes Problem: Die Meere können den weltweiten Bedarf an Fisch kaum noch decken. Industrielle, hochmoderne Fangflotten plündern die Ozeane – und das auch an immer weiter entfernten Orten und in immer größeren Tiefen. Oft werden dabei auch junge Fische getötet, sodass das Nachwachsen der Bestände gefährdet ist. Dies ist v.a. bei Fischen der Fall, die spät geschlechtsreif werden und/oder Nachkommen haben (z. B. der Dornhai, Lieferant der „Schillerlocke"). Kriterien für nachhaltige Fischerei und entsprechende Kennzeichnung der Produkte vergibt die Organisation „Marine Stewardship".

Ein Ausweg scheinen die Züchtung in Aquakulturen zu sein. Aber auch hier ist nicht alles Gold: Es entstehen Monokulturen mit den gleichen Problemen wie an Land, z. B. ökologische Schäden am Standort, Krankheiten in den Beständen, Medikamente etc. Als Alternative bieten sich Waren aus Betrieben an, die nach Öko-Richtlinien (z. B. Naturland) arbeiten.

Bitte beachten!

> ### 📎 Gelebte Nachhaltigkeit
>
> Einige Fischarten werden zum Schutz vor Überfischung und zur Arterhaltung aus Nachhaltigkeitsgründen bei EDEKA nicht gehandelt. Hierbei handelt es sich im Einzelnen um
> - **Aal**
> - alle **Hai**-Produkte (z. B. auch Schillerlocke, da aus Dornhai hergestellt)
> - alle **Rochen**-Arten und
> - alle **Wildstör**-Arten
>
> Bitte begründen Sie unseren freiwilligen Verzicht bei etwaigen Kundenwünschen im Verkaufsgespräch.

Knurrhahn

Der feine Unterschied

Für das Fischangebot gibt es eine Reihe von Unterscheidungsmerkmalen, die man als Verbraucher kennen sollte. Zunächst werden Fische nach ihrer Herkunft in Salzwasser- und Süßwasserfische unterschieden. In beiden Kategorien gilt der Fettgehalt als Maßstab für eine weitere Unterteilung:
- *Fettfische* haben einen durchschnittlichen Fettgehalt von über 10 %. Beispiele: Aal, Heilbutt, Hering, Makrele, Sprotte, Wels.
- *Mittelfette Fische* haben einen Fettgehalt zwischen 1 und 10 %. Beispiele: Dornhai, Forelle, Karpfen, Katfisch, Rotbarsch, Sardelle, Sardine, Seehecht, Seezunge, Thunfisch.
- *Fettarme Fische* haben einen Fettgehalt von weniger als 1 %. Beispiele: Dorsch, Flunder, Hecht, Schellfisch, Scholle, Seelachs, Zander.

Des Weiteren werden bzw. wurden Fische unterschieden in Konsumfische und Feinfische:
- *Konsumfische* wie Hering, Makrele, Scholle, Kabeljau, Seelachs, Rotbarsch, Flunder, Karpfen usw. standen früher in großen Mengen zur Verfügung und waren entsprechend preiswert. Inzwischen jedoch wurden einige Arten unter anderem durch Überfischung rar und somit entsprechend teuer.
- *Feinfische* wie Aal, Äsche, Blaufelchen, Forelle, Hecht, Heilbutt, Heringshai, Lachs, Schleie, Seezunge oder Zander waren und sind nach wie vor hochpreisig, aber eben auch von besonders feinem Geschmack.

Angebotsformen

Fisch kommt bedarfsgerecht in den Handel. Die Verbraucher erwarten unterschiedliche Angebotsformen, die jeweils bestimmte Vorzüge aufweisen:

Frischfisch

Bis zu 15 % des Fischverbrauchs entfallen auf Frischfisch. Er ist völlig unbehandelt ebenso wie gereinigt, ausgenommen und zerteilt erhältlich. Sofort nach dem Fang wird Frischfisch stark gekühlt, jedoch ohne dass sein Gewebe gefriert. Man lagert ihn auf schmelzendem Eis oder bei höchstens 2 °C Temperatur. Frischfisch gibt es weitgehend das ganze Jahr über entweder aus „freier Wildbahn" oder aus Aquakulturen. Zum Verkauf kommt er erst, wenn Amtstierärzte die Ware begutachtet und „grünes Licht" gegeben haben. Einst war Frischfisch ein Privileg der Küstenbewohner, heute erhält man ihn dank optimaler Kühlmöglichkeiten selbst im hintersten Binnenland in bester Qualität. Die Frische von Fisch in der Bedienungstheke kann sogar ein Laie beurteilen, denn die Tiere haben
- glänzende Haut mit klarer Schleimschicht,
- fest sitzende Schuppen,
- klare Augen mit gewölbter Linse,
- hellrote Kiemen,
- festes, elastisches Fleisch, in dem auf Fingerdruck keine Mulde bleibt,
- helles geronnenes Blut im Inneren,
- weder einen typischen Fisch- noch einen Ammoniakgeruch.

Tiefkühlfisch

Der Fisch wird sofort nach dem Fang bei minus 40 °C noch auf dem Schiff tiefgefroren oder an Land gebracht und dort gefrostet. Es gibt ganze Fische (auch ausgenommen) mit und ohne Kopf, Fischstücke mit und ohne Gräten, Koteletts, Steaks, Filets usw. Tiefkühlfisch ist qualitativ mit Frischfisch vergleichbar und in der Tiefkühltruhe lange haltbar (magerer Fisch 5 bis 7 Monate, fetter Fisch 2 bis 4 Monate, Filets bis zu 5 Monate). Da viele Stücke bereits küchenfertig vorbereitet sind, macht die Zubereitung deutlich weniger Arbeit.

Konservierter Fisch

Zu den natürlichen Konservierungsmethoden gehören Erhitzen, Salzen, Räuchern und Trocknen. Fischerzeugnisse in Dosen oder Gläsern werden pasteurisiert oder sterilisiert; für bestimmte Produkte sind Konservierungsstoffe erlaubt.

> **Spickzettel**
> - Für den Verzehr geeignete Fische kommen aus dem Süßwasser und aus dem Salzwasser.
> - Es gibt Fettfische, mittelfette Fische und fettarme Fische.
> - Fisch kommt frisch, tiefgekühlt und unterschiedlich konserviert auf den Markt.
> - Fisch muss im Handel wie im Haushalt kühl gelagert werden.

FISCHE & MEERESFRÜCHTE

Kennzeichnung im Handel

Fische, Meeresfrüchte und Fischerzeugnisse müssen im Verkauf EU-weit einheitlich gekennzeichnet werden. Entweder sind die geforderten Informationen auf der Verpackung oder bei loser Ware in der Bedienungstheke auf einem Schild anzugeben:

- *Handelsbezeichnung:* Name der Fisch-, Krebs- oder Weichtierart entsprechend dem deutschen Lebensmittelbuch, zusätzlich der wissenschaftliche Artname (lateinische Bezeichnung).
- *Produktionsmethode:* bei Seefischen heißt es „gefangen in …", das FAO*-Fanggebiet muss genannt werden; bei Süßwasserfischen heißt es „aus Binnenfischerei …" mit Angabe des Herkunftslandes; bei Zuchtfischen heißt es „aus Aquakultur …" oder „gezüchtet in …" mit Angabe des Herkunftslandes.
- *Fanggebiet:* bei Seefischen ist das FAO*-Fanggebiet zu nennen (zum Beispiel „Pazifischer Ozean"); bei Süßwasserfischen ist das Ursprungsland zu nennen; bei Fischen aus Aquakulturen muss auf alle Fälle jenes Land genannt werden, in dem die Fische zuletzt gelebt haben. Möglich ist zusätzlich die Angabe, wo die Fische geboren und aufgezogen wurden.

Erforderlich sind detaillierte Angaben auch, wenn im Handel gemischte Fische angeboten werden. Für jede Art sind Produktionsmethoden und Fanggebiete zu nennen. Unterscheiden sich bei Fischen gleicher Art die Produktionsmethoden oder Fanggebiete, müssen zumindest für die mengenmäßig stärker vertretenen Fische exakte Angaben gemacht werden. Notwendig ist dann der zusätzliche Hinweis, dass die Fische aus verschiedenen Fanggebieten und/oder Produktionsmethoden stammen.

Fische, die gefroren waren, müssen mit dem Hinweis „aufgetaut" gekennzeichnet werden. Dies gilt für Filets und Räucherfisch, nicht für verarbeitete Produkte. Als „gefroren" gilt die Waren, wenn sie auf minus 18 Grad gekühlt wurde. Das kurzfristige Frosten von Räucherfisch beim Aufschneiden muss nicht gekennzeichnet werden, ebenfalls nicht die Tiefkühlung zwecks Nematodenprävention.

Vorgeschrieben ist die Kennzeichnung für alle frischen, gekühlten, gefrorenen, tiefgekühlten, getrockneten, gesalzenen und geräucherten Fische, Fischfilets und anderes Fischfleisch, Krebstiere und Weichtiere und andere wirbellosen Wassertiere. Ausgenommen sind Fischzubereitungen mit Saucen oder Marinaden, Vollkonserven, Salate, Kaviar und Kaviarersatz, panierte Fischerzeugnisse, Schlemmerfilets sowie panierte Krebs- und Weichtiererzeugnisse.

*Food and Agriculture Organization of the United Nations

… *und ab in die Küche*

Vom ganzen Fisch kann eine Menge Abfall übrig bleiben …

… ein pures Fischfilet hingegen kann man bis auf den letzten Bissen verspeisen.

Damit sich die Familie am Fisch nicht hungrig isst, müssen beim Einkauf die Portionen richtig berechnet werden. Vom Fischfilet benötigt man für ein Hauptgericht rd. 200 g, für eine Vorspeise 100 bis 150 g pro Person. Ganzer Fisch sieht oft üppig aus, doch es entsteht relativ viel Abfall. Bei Fischen mit großem Kopf (zum Beispiel Seeteufel) rechnet man etwa 500 g pro Person, bei Fischen mit mehr Körperanteil genügen 350 bis 400 g. Von Trockenfisch, der beim Einweichen sein Volumen etwa verdoppelt, sind 150 g ausreichend.

Im Handel muss Frischfisch kühl gelagert werden, und im Haushalt gilt das Gleiche. Man nimmt den Fisch aus der Verpackung, legt ihn in eine Schüssel oder ein Sieb (nicht aus Kunststoff), deckt den Behälter mit Frischhaltefolie ab und stellt den Fisch in die untere Kühlschrankzone. So hält er sich notfalls bis zum nächsten Tag. Besser ist es jedoch, den Fisch innerhalb weniger Stunden zuzubereiten. Zum Einfrieren in der heimischen Tiefkühltruhe eignen sich Fische, die vorher küchenfertig hergerichtet wurden.

Fisch vorbereiten

Wer einen ganzen Fisch kauft, kann ihn im Handel küchenfertig vorbereiten lassen oder selbst Hand anlegen: Am Anfang steht das Entschuppen, das heißt: Große Schuppen stören und werden entfernt, kleine können dran bleiben. Am einfachsten geht die Arbeit mit einem profimäßigen „Entschupper", doch genügt auch ein großes Messer. Man setzt es am hinteren Ende des Fischs leicht schräg an, zieht es nach vorn durch und löst so die Schuppen ab. Erspart bleibt diese Behandlung lediglich Fischen, die „blau" zubereitet werden, denn hierfür muss die Schleimschicht unversehrt bleiben.

Nach dem Entschuppen kommt das Ausnehmen: Man legt den Fisch auf die Seite und schneidet den Bauch vom Schwanz bis zum Kopf auf. Dabei auf keinen Fall zu tief einstechen, um die Galle nicht zu verletzen. Nun werden die Eingeweide vorsichtig herausgenommen, am Schlund abgeschnitten und die Kiemen entfernt. Sollte es erforderlich sein, kann man den Fisch auch vom Rücken her ausnehmen. Nach dem Aufschneiden muss dann zunächst die Gräte entfernt werden.

Jetzt fällt die Entscheidung, wie der Fisch auf den Tisch kommen soll – ob mit Kopf und Schwanzflosse oder ohne. In jedem Fall werden Bauchflosse, Rückenflosse und seitliche Flosse mit einer Schere abgeschnitten.

Zum Schluss wäscht man den Fisch unter fließendem Wasser von außen und sehr gründlich von innen. Sind noch Blutreste vorhanden, werden sie mit einem Messer entfernt.

Fisch zubereiten

Perfektes Garen ist beim Fisch das A und O und bedeutet: Fisch sollte schonend und damit so kurz wie möglich gegart werden, damit Geschmack und Inhaltsstoffe erhalten bleiben und das Fleisch saftig ist. Zu langes Garen macht den Fisch trocken, faserig und geschmacklos. Für die Zubereitung bieten sich unterschiedliche Garmethoden an.

- Beliebt ist das *Pochieren* oder *Blaukochen*. Man bringt einen Sud aus Wasser, Zitronensaft und Salz oder Weinessig zum Kochen, schaltet die Hitze herunter, legt den Fisch in die Garflüssigkeit und lässt ihn je nach Größe 10 bis 15 Minuten garziehen. Noch mehr Aroma bringt ein Gemüsesud aus Wasser, Salz, Pfefferkörnern, etwas Essig, Petersilie, Karotten- und Lauchstücken. Das Gemüse wird etwa eine Minute gekocht und soll anschließend ohne Hitze zehn Minuten ziehen. Dann wird der Topf wieder auf die Herdplatte gestellt, der Fisch eingelegt. Nach 15 Minuten bei reduzierter Hitze ist er gar.
- Beim *Dünsten* gart der Fisch entweder im eigenen Saft oder in Flüssigkeit wie Brühe oder Wein. Besonders köstlich gelingt Fisch auf einem Gemüsebett. Man schneidet Karotten, Lauch und Sellerie in Streifen, gibt das Gemüse in eine feuerfeste Form, gießt Wein zu, gibt Butterflöckchen aufs Gemüse, legt den Fisch auf sein „Bett", deckt die Form ab und dünstet den Fisch etwa 15 Minuten im Backofen.
- Am schonendsten gart Fisch beim *Dämpfen*. Dazu benötigt man einen speziellen Fischtopf mit Siebeinsatz. Man gibt gesalzenes Wasser eventuell mit Kräutern und Gewürzen in den Topf, legt den gewürzten Fisch aufs Siebteil, deckt den Topf zu, bringt die Flüssigkeit zum Kochen und dämpft den Fisch ca. 20 Minuten.
- Das *Braten* geht am schnellsten. In einer Pfanne wird Butter aufgeschäumt und der gewürzte Fisch mit oder ohne Panade eingelegt. Fischfilet brät man zunächst von beiden Seiten je eine Minute stark an und dann nochmals bei schwächerer Hitze vier Minuten pro Seite. Ein ganzer Fisch braucht allerdings je nach Größe 15 bis 20 Minuten.
- Im Backofen lässt sich Fisch wunderbar *schmoren*, und zwar auf unterschiedliche Art. Ganze Fische legt man auf ein Gemüsebett, gibt Wein oder Sahne dazu und schmort das Ganze bei etwa 180 °C zunächst mit und dann ohne Deckel. Fertig ist der Fisch, wenn sich die Rückenflosse leicht löst. Eine Delikatesse ist im Salzmantel geschmorter Fisch. Dafür vermischt man grobes Meersalz mit geschlagenem Eiweiß, streicht einen Teil davon auf ein Backblech, legt den Fisch darauf und bedeckt ihn mit der restlichen Salz-Eiweißmasse. Dann bei 220 °C etwa 30 Minuten backen und in der Salzkruste servieren. Besonders saftig gelingt Fisch, wenn man ihn gut gewürzt oder auch gefüllt in Alufolie oder Pergamentpapier schmort – je nach Größe etwa 30 bis 50 Minuten bei 200 °C.
- *Grillen* ist ein kulinarisches Sommervergnügen. Für den Gartengrill benötigt man gut vorgeglühte Holzkohle. Ganze gewürzte und eingeölte Fische werden von beiden Seiten gegrillt. Je größer die Fische, desto mehr Abstand brauchen sie von der Glut (beim Elektrogrill von der Heizspirale). Fischfilets grillt man – gewürzt und geölt – am besten in Alufolie eingewickelt.

- Zum *Räuchern* ist ein spezieller Räucherofen erforderlich. Er wird mit Räuchermehl geheizt, das dem Fisch ein köstliches Aroma verleiht.

Die Basis für Fischsuppen und -saucen bildet ein Fond, der sich einfach herstellen lässt. Man dünstet Fischabfälle (keine Haut und Kiemen von fetten Fischen) zusammen mit klein geschnittenem Gemüse in Butter an, gibt Wasser und Wein dazu und lässt die Mischung etwa 30 Minuten leicht köcheln. Dann wird die Brühe abgefiltert und für Suppe verwendet. Um einen Fond für Saucen zu erhalten, muss der Sud durch Einkochen auf etwa die Hälfte reduziert werden. Wer die Arbeit scheut, kauft Fertigprodukte in Gläsern oder Dosen.

Sushi und Sashimi

Das japanische Nationalgericht Sushi findet auch bei uns immer mehr Liebhaber. Es besteht aus kaltem gesäuertem Reis, vorwiegend rohem Fisch und getrocknetem und geröstetem Seetang (Nori). Möglich sind weitere Zutaten wie Gemüse und Ei. Zum Würzen verwendet man Wasabi, eine scharfe Paste aus grünem japanischen Meerrettich, und Sojasauce. Als Beilage gibt es süßsauer eingelegten Ingwer. Serviert wird Sushi in optisch ansprechenden mundgerechten Stücken.

Eine weitere Lieblingsspeise der Japaner ist Sashimi. Dieses Gericht besteht aus rohem Fisch und Meeresfrüchten und wird nicht auf Reis serviert. Die 3 bis 4 mm dicken Fischfilets müssen absolut frisch sein. Sie bleiben meist ungewürzt und werden kunstvoll angerichtet serviert.

Sushi und Sashimi haben in den letzten 15 Jahren Europa erobert.

Gesunde Kost, aber …

Fisch ist leicht verdaulich und hat eine ideale Eiweißzusammenstellung. Schon 200 g Fischfilet decken den Tagesbedarf eines Erwachsenen zu ca. 70 %. Das Fett ist von besonderer Qualität. Es besitzt einen hohen Anteil wertvoller Omega-3-Fettsäuren, die nachweislich einen positiven Einfluss auf Herz und Blutdruck ausüben und Ablagerungen in Blutgefäßen vorbeugen.

Nicht zuletzt liefert Fisch wichtige Vitamine und Mineralstoffe: die fettlöslichen Vitamine A und D, wasserlösliche Vitamine der B-Gruppe und Mineralien wie Kalium, Magnesium, Eisen und Selen. Wichtig ist außerdem der Jodgehalt. 200 g Schellfisch beispielsweise liefern die vom Organismus für zwei Tage benötigte Jodmenge. Dass Fisch trotz allem nicht uneingeschränkt als gesund gelten kann, liegt an der möglichen Belastung mit Schadstoffen. Betroffen sind in erster Linie Seefische, in denen man Schwermetalle, Rückstände von Pflanzenschutzmitteln und Gifte wie beispielsweise Quecksilber oder Dioxin findet. Allerdings dürfen keine Fische verkauft werden, die die gesetzlich vorgeschriebenen Höchstgrenzen überschreiten. Fische aus Zuchtteichen sind – je nach Fütterung – deutlich weniger belastet.

FISCHE & MEERESFRÜCHTE

Kleines Fisch-Lexikon
Süßwasserfische

Karpfen

Aal (Anguilla anguilla)
Lebensraum: Binnengewässer, Nord- und Ostsee
Länge/Gewicht: bis zu 120 cm / bis zu 7 kg
Fleisch: fest, grätenfrei, fettreich, würzig
Besonderheiten: Aale werden im Atlantik (Sargassosee) geboren, wandern von dort in die europäischen Flüsse und kehren nach zehn bis zwölf Jahren ins Meer zurück. Dort laichen sie und sterben. Der Zyklus beginnt von neuem. Die besten Aale werden in den europäischen Gewässern gefangen.
Arten: Je nach Wachstumszustand gibt es Weidenblatt (die Larven der Aale), Steigaal, Blankaal und Gelbaal. Glasaale sind Jungtiere aus dem Atlantik und aus Aquakulturen. In europäischen Gewässern finden sich Spitzkopfaal und Breitkopfaal (nach Ernährung und Geschlecht verschieden).
Angebotsformen: geräuchert (ca. 80 %), frisch in Gelee, Marinade
Zubereitung: Aalsuppe, Aal grün

Aalrutte (Lota lota)
Lebensraum: seichte Fließgewässer und Seen
Länge/Gewicht: meist 30 bis 40 cm, manchmal bis zu 80 cm / bis zu 5 kg schwer
Fleisch: weiß, wohlschmeckend, leicht verdaulich, Leber besonders delikat
Besonderheiten: Der Fisch hat wie der Aal eine glatte, schuppenlose Haut, die vor der Zubereitung abgezogen werden muss.
Zubereitung: pochieren („blau"), dünsten, räuchern

Barsch (Egli) (Perca fluvialis)
Lebensraum: europäische Flüsse und Seen
Länge/Gewicht: bis zu 40 cm / rd. 1 kg
Fleisch: fest, viele Gräten
Besonderheiten: gefräßiger Raubfisch
Arten: Flussbarsch, Kaulbarsch, Zander
Zubereitung: filetieren und braten

Blaufelchen (Coregonus wartmanni)
(siehe Renke)

Forelle (Salmo trutta)
Ursprünglich leben Forellen in fließenden Gewässern, es gibt jedoch auch Meeresforellen. Die meisten Fische auf dem Markt stammen heute aus Teichwirtschaft. Sie kommen lebend, auf Eis, geräuchert und tiefgefroren in den Handel. Zubereitung: „blau", braten („Müllerin-Art"), dünsten, räuchern.

Bachforelle (Salmo trutta fario)
Lebensraum: kalte Bäche (Gebirgsbäche)
Besonderheiten: Der Fisch hat sehr kleine Schuppen und passt seine Färbung der Umgebung an. Sein Geschmack hängt deutlich von der Qualität des Wassers ab.
Länge/Gewicht: 30 bis 60 cm / 0,5 bis 2 kg

Claresse®
Lebensraum: Nur Aquakultur.
Gewicht: 1 kg (Filet: 200 – 400 g).
Besonderheiten: Neue Züchtung aus zwei Welsarten. Gibt es in der Natur nicht. Soll fast so viel Omega-3-Fettsäuren wie Lachs enthalten.
Zubereitung: Filet, das eine appetitliche weiße Farbe annimmt.

Lachsforelle (Meerforelle) (Salmo trutta trutta)
Lebensraum: Süßwasser und Salzwasser
Besonderheiten: Die wilden Fische leben etwa fünf Jahre im Süßwasser, schwimmen dann ins Meer und kehren zum Laichen ins Süßwasser zurück. Lachsforellen haben einen graublauen bis schwarzen Rücken mit gelben und roten Flecken sowie rosarotes Fleisch, das seine Farbe bei der Zubereitung nicht verliert.
Länge/Gewicht: mehr als 1 m, auf den Markt kommen kleinere Exemplare

Regenbogenforelle (Onkorhynchus mykiss)
Lebensraum: Flüsse, Seen, klare Gebirgsbäche, Zuchtteiche
Besonderheiten: Typisch ist ein seitlicher Streifen, der in allen Regenbogenfarben schimmert. Zuchtforellen erhalten durch die Fütterung mit dem aus Krebstieren stammenden Karotinoid Astaxanthin lachsrotes Fleisch. Solche Fische kommen als „Lachsforellen" in den Handel.
Länge/Gewicht: bis zu 80 cm / bis zu 10 kg, im Handel normalerweise jedoch deutlich kleiner

„Forelle Müllerin" ist eine Zubereitungsart, bei der man den Fisch in Mehl wendet und dann von beiden Seiten in brauner Butter brät. Anschließend wird die Forelle mit etwas Zitronensaft beträufelt und mit frischer brauner Butter übergossen.

Forelle

Regenbogenforelle

Lachs

Hecht (Esox lucius)
Lebensraum: große Seen und Teiche
Länge/Gewicht: bis zu 1,5 m / 30 kg
Fleisch: bei jungen Tieren zart, später oft trocken, viele feine Gräten
Besonderheiten: Raubfisch
Zubereitung: braten (bis zu 500 g), dünsten (große Fische), verarbeiten zu Farce und Klößchen

Karpfen (Cyprinus carpio)
Lebensraum: Seen, langsam fließende Gewässer, in erster Linie Zuchtteiche
Länge/Gewicht: in freier Natur bis zu 120 cm und 30 kg, am besten schmecken Fische mit 1 bis 2 kg
Fleisch: weich, etwa 5 % Fettgehalt, der Geschmack hängt sehr von der Fütterung ab, Teichkarpfen schmecken oft „moosig"
Besonderheiten: Beim Garen in siedendem Salz-Essig-Wasser färbt sich der Karpfen blau.
Arten: Wildkarpfen (mit vollständigem Schuppenkleid), Schuppenkarpfen (höherer Rücken als der Wildkarpfen), Spiegelkarpfen (mit einigen großen, metallisch glänzenden Schuppen), Zeilkarpfen (mit einer oder mehreren Reihen von Spiegelschuppen an den Körperseiten entlang), Lederkarpfen (ohne oder mit vereinzelten Schuppen)
Zubereitung: „blau", backen

Zu kaufen gibt es Karpfen lebend oder zumindest frisch und tiefgefroren.

Lachs (Salmo salar)
Lebensraum: vorwiegend Salzwasser, zeitweise Süßwasser, Aquakulturen
Gewicht: aus Zuchten meist bis zu 4 kg
Fleisch: hell, zart, ca. 14 % Fett- und 20 % Eiweißgehalt
Besonderheiten: Lachse werden im Süßwasser geboren, wandern dann als Jungfische (Salme) flussabwärts ins Meer, bleiben dort einige Jahre und kehren dann zum Laichen in ihre Heimatregion zurück.
Zubereitung: pochieren, dünsten, braten, grillen, beizen, räuchern

Wildlachse sind längst zu einer teuren Rarität geworden. Ihr Fleisch ist unübertroffen zart, das Aroma besonders fein. Die Qualität von Zuchtlachsen zum Beispiel aus Aquakulturen in Schottland oder Norwegen hängt von der Fütterung (vorwiegend Hering und Kapelan) und der Reinheit des Wassers ab. Die Rosafärbung des Fleischs wird durch die Zufütterung von Garnelenmehl erzielt, das Karotin enthält. Zuchtlachse stehen ganzjährig zur Verfügung, sollen aber von Oktober bis Dezember am besten schmecken.

Saibling

Renke (Blaufelchen) (Coregonus wartmanni)
Lebensraum: vorwiegend Bodensee und oberbayerische Seen
Länge/Gewicht: ca. 50 cm / rd. 2 kg
Fleisch: hell, fest, sehr wohlschmeckend
Besonderheiten: Relikte der ausgehenden Eiszeit, verblieben in Seen der Holsteinischen Schweiz und Süddeutschlands
Zubereitung: „blau", in Butter braten („Müllerin-Art"), dämpfen, räuchern

Saibling (Salvelinus)
Lebensraum: kalte Quellbereiche von Bächen und Flüssen, Zuchtteiche
Länge/Gewicht: 30 bis 40 cm / 0,5 bis 1 kg
Fleisch: fest, lachsfarben, sehr aromatisch
Besonderheiten: Der Saibling wurde im 19. Jahrhundert aus den USA eingeführt und kreuzte sich mit heimischen Fischarten.
Zubereitung: pochieren, dämpfen, in Butter braten

Der Saibling wird nur noch sehr selten in freier Natur gefangen. Die Fische im Handel stammen üblicherweise aus Zuchten.

 Graved Lachs

Diese Spezialität haben sich die Skandinavier ausgedacht, um Lachs über die Fangsaison hinaus haltbar zu machen. Ursprünglich wurde er nur gesalzen, doch heute bevorzugt man mehr Aroma. Eine entgrätete, aber nicht enthäutete Lachsseite wird mit Salz, Zucker, Pfeffer und Dill eingerieben, in eine Wanne gelegt und beschwert. Das Salz entzieht dem Fisch Flüssigkeit, und je länger Graved Lachs in dieser Beize liegt, desto würziger schmeckt er. Serviert wird er in hauchdünnen Scheiben mit einer Honig-Senf-Sauce oder Meerrettichsahne.

FISCHE & MEERESFRÜCHTE

Wels

Zander

Schleie (Tinca tinca)
Lebensraum: stehende oder schwach fließende Gewässer, Zuchtteiche
Länge/Gewicht: bis zu 65 cm / bis zu 6 kg, bevorzugt werden Fische mit ca. 500 g
Fleisch: zart, fett
Besonderheiten: Die Schleie besitzt eine schleimige Oberhaut.
Zubereitung: meist „blau"

Stör (Störe: Acipenseridae)
Lebensraum: vor allem im Kaspischen Meer, an der Wolga-Mündung, in sibirischen Flüssen, in Gewässern der Ukraine, Bulgariens, Rumäniens, Chinas, auch in den USA und Kanada
Länge/Gewicht: je nach Art bis zu 5 m / bis zu 1 t
Fleisch: ausgezeichneter, teils leicht nussiger Geschmack
Besonderheiten: Stör ist nicht nur wegen seines Fleischs, sondern vor allem als Kaviar-Lieferant gefragt. Bedrohte Art, teilweise aus Aquakultur.
Arten: Hausen (größter Stör mit bis zu 9 m Länge und 1500 kg, Rogen-Anteil mindestens 12 % des Gewichts, liefert Beluga-Kaviar), Osjotr-Stör (bis zu 2 m lang und 200 kg schwer), Scherg/Sternhausen (bis zu 1,5 m lang und 25 kg schwer, 1 bis 3 kg Rogen), Waxdick (höchstens 4 m und 160 kg), Sterlet (nur 1 m lang und 6 kg schwer).
Angebotsform: meist geräuchert
Verwendung: pochieren, grillen, kurzbraten

Der Stör gehört zu den ältesten noch existierenden Tierarten. Er schwimmt seit über 250 Millionen Jahren in Meeren und Flüssen und gehörte bis etwa Mitte des 19. Jahrhunderts zu unserer heimischen Fischfauna. Umweltverschmutzung und die Gier nach Stör-Rogen – dem Kaviar – führten dazu, dass der Fisch heute unter das Washingtoner Artenschutzabkommen fällt. Vom Aussehen her gleicht der Stör einem Haifisch, doch es besteht keine Verwandtschaft. Störe ziehen nur zum Laichen in die Flüsse. Die Nachkommen bleiben etwa zwei Jahre im Süßwasser und wandern dann ins Meer.

Tilapia (afrikanischer Buntbarsch) (Tilapia)
Familie: Buntbarsche
Lebensraum: tropische und subtropische Gewässer, Aquakulturen
Länge/Gewicht: bis zu 50 cm / bis zu 6 kg
Fleisch: sehr weich, süßlicher, erlesener Geschmack
Zubereitung: eignet sich vor allem für exotische Gerichte

Viktoriabarsch (Nilbarsch) (Lates niloticus)
Lebensraum: Nil, Niger, Seneral, Viktoriasee
Die im Viktoriasee ausgesetzten Nilbarsche haben eine starke Änderung im ökologischen Gleichgewicht verursacht. Es gibt auch Viktoriabarsche aus nachhaltigen Aquakulturen.
Länge/Gewicht: bis zu 1,80 m / bis zu 70 kg
Fleisch: weiß, fest, kräftig im Geschmack
Besonderheiten: hoher Gehalt an Omega-3-Fettsäuren, beliebter Speisefisch
Zubereitung: braten, backen, dünsten

Wels (Waller, Catfisch) (Silurus glanis)
Lebensraum: warme Seen mit weichem Untergrund, Flüsse, Zuchtteiche
Länge/Gewicht: bis zu 3 m / ca. 300 kg
Fleisch: kaum Gräten, fett, sehr aromatisch
Besonderheiten: Raubfisch mit breitem Kopf und langen Bartfäden
Arten: Catfisch (Zwergwels, frisch oder tiefgekühlt aus Zuchtteichen in den USA), bekannt sind „Donauwaller" und „Bodenseewaller"
Zubereitung: braten, backen, dünsten, grillen, beizen

Zander (Sander lucioperca)
Lebensraum: mittel- und osteuropäische Seen und Flüsse, Zuchtteiche
Länge/Gewicht: bis 1,25 m / bis 19 kg, aus Zuchten nur ca. 50 cm / bis 2 kg
Fleisch: weiß, sehr wenig Gräten, zart, saftig
Besonderheiten: Schlanker Raubfisch, der auch in der Donau lebt und dann „Fogosch" genannt wird
Zubereitung: backen, kurzbraten

Salzwasserfische

Blauleng (Molva dyptergia)
Familie: Dorsche
Lebensraum: vor allem vor der norwegischen Küste und westlich der Färöer Inseln
Länge/Gewicht: durchschnittlich 1 m / ca. 22 kg
Fleisch: weiß, fest, wenig Fett (nur ca. 0,6 %)
Besonderheiten: Kommt hierzulande nur als Filet frisch oder tiefgekühlt auf den Markt.
Zubereitung: kurzbraten

Dornhai (Squalus acanthius)
Familie: Knorpelfische
Lebensraum: Nordatlantik
Länge/Gewicht: mindestens 70 cm / ca. 10 kg
Fleisch: fest, nur 2 % Fett, besonders reich an Omega-3-Fettsäuren, 17 % Eiweiß
Angebotsformen: der geräucherte Bauchlappen als „Schillerlocken", frische enthäutete Rückenfilets unter der Bezeichnung „Seeaal", in England Komponente für „fish and chips"

Zur Herstellung der beliebten „Schillerlocken" werden die grätenlosen Bauchlappen des Dornhais in etwa 25 cm lange Streifen geschnitten und bei etwa 60 °C über Buchen- oder Erlenholz geräuchert. Das dauert etwa eine Stunde, während der sich die Streifen leicht kringeln. Sie haben weißes Fleisch und schmecken angenehm würzig.

Drachenkopf (Drachenkopfartige: Scorpaeniformes)
Familie: Panzerwangen
Lebensraum: Mittelmeer, Atlantik vom Senegal bis zur südlichen Biskaya
Länge: 20 bis selten 50 cm
Fleisch: mager, relativ weich, aromatisch, nach der Zubereitung rötlich
Besonderheiten: Der träge Bodenfisch trägt giftige Stacheln an der Rückenflosse.
Angebotsformen: ganzer Fisch oder Filets
Zubereitung: pochieren, dünsten, braten

Flunder (Platychthis flesus)
Familie: Plattfische
Lebensraum: Nordostatlantik, Schwarzes Meer, Mittelmeer, Nord- und Ostsee
Länge/Gewicht: 25 bis maximal 50 cm / bis ca. 3 kg
Fleisch: sehr fettarm (0,5 %), 17 % Eiweiß
Besonderheiten: Der Fisch lebt auch im Süßwasser (zum Beispiel im Rhein), wandert zum Laichen ins Meer und bleibt dann meist im Salzwasser.
Angebotsformen: frisch, geräuchert
Zubereitung: braten, backen, grillen

Gelbstriemen (Blöker) (Sarpa salpa)
Familie: Barsche
Lebensraum: Mittelmeer, wärmere Regionen des Atlantiks
Länge: bis zu 35 cm
Fleisch: zart, aromatisch

Goldbrasse (Dorade Royale) (Sparus auratus)
Familie: Meerbrassen
Lebensraum: Atlantik, Mittelmeer
Länge/Gewicht: durchschnittlich 30 cm / knapp 2 kg, häufig auch kleinere Fische im Angebot
Fleisch: fest, wenig Gräten, feines Aroma, geschmackvollster Fisch unter den etwa 200 Brassen-Arten
Besonderheiten: Zartes Goldband zwischen Stirn und Augen, das jedoch beim toten Fisch meist nicht mehr sichtbar ist.
Zubereitung: füllen, im Salzmantel backen, grillen, braten, dünsten, kochen

Dorade Royale

Forellenkaviar

Deutscher Kaviar

Kaviar

Die teuerste Delikatesse der Welt liefert nicht der Stör, sondern das Stör-Weibchen. Für die geforderte Qualität muss es allerdings je nach Art zwischen 7 Jahre (Hausen) und 20 Jahre (Scherg) alt sein. Der Fisch wird in einer Tiefe von etwa 20 m gefangen, betäubt und sofort an Land gebracht. Dort werden die unbefruchteten Fischeier entnommen und innerhalb von etwa zehn Minuten verpackt. Frisch kommt der Kaviar in versiegelten 1,8-kg-Dosen auf den Markt, wird aber auch pasteurisiert in Gläsern verkauft. Bei optimaler Kühlung von nicht weniger als minus 2 °C halten sich die wertvollen Fischeier etwa ein Jahr. Übrigens hat Kaviar durchaus gesundheitliche Werte. Er enthält viel Lecithin, etwa 16 % Fett und 25 bis 30 % Eiweiß.

Beluga-Kaviar
Diese teuerste Sorte besitzt einen fein-sahnigen Geschmack und besonders zarte Schalen. Jedes Ei hat einen Durchmesser von etwa 3,5 mm und ist stahl- bis silbergrau.

Osietra-Kaviar
Die Eier sind kleiner und hartschaliger als beim Beluga. Osietra-Kaviar schmeckt feinnussig und besitzt ein völlig eigenständiges Aroma. Die Eier von älteren Tieren sind goldbraun, die von jüngeren Stören dunkelbraun.

Sevruga-Kaviar
Diese preiswerteste Sorte besteht aus kleinen, mittel- bis stahlgrauen, sehr dünnschaligen Eiern. Sie haben ein kräftiges und würziges Aroma.

Der Stör ist nicht der einzige Fisch, dem man nach dem Rogen trachtet. Für den teuren echten Kaviar gibt es preiswerten Ersatz. Steht „Deutscher Kaviar" auf der Verpackung, muss auch die Herkunft genannt werden – zum Beispiel „aus Seehasenrogen" oder „aus Dorschrogen". Geschmacklich ist ohnehin keine Verwechslung mit echtem Kaviar möglich. Weitere Alternativen sind der Ketakaviar vom Keta- oder Buckellachs, Forellenkaviar oder Felchenkaviar. Alle eignen sich gut zum Garnieren kalter Platten etc.

Die Japaner verwenden für Sushi gern den Rogen vom fliegenden Fisch (Tobbiko) oder vom Kabeljau (Taroko).

FISCHE & MEERESFRÜCHTE

Heilbutt (Hippoglossus hippoglossus)
Familie: Plattfische
Lebensraum: Nordatlantik
Länge/Gewicht: bis zu 4 m / bis zu 300 kg
Fleisch: weiß, zart, relativ fettarm (rd. 2,3 % Fett), gut 20 % Eiweiß
Arten: schwarzer Heilbutt (aus arktischen Gewässern, 13 % Fett)
Angebotsformen: portioniert frisch oder tiefgefroren, geräuchert
Zubereitung: dünsten

Hering (Cupea harengus)
Familie: Heringsfische
Lebensraum: nördliche Weltmeere
Länge/Gewicht: bis zu 35 cm / etwa 300 g, häufig auch kleiner
Fleisch: je nach Jahreszeit 8 bis 22 % Fett, 17 % Eiweiß
Angebotsformen: frisch, in diversen Fischzubereitungen
Zubereitung: marinieren, braten, räuchern

Die Qualität von Heringen hängt vom Ernährungszustand der Fische ab:
- Der zarteste und geschmackvollste Hering ist der *Matjes*. So bezeichnet man „jungfräuliche" Fische (was keineswegs immer stimmt), die im Frühling reichlich Plankton „geschlemmt" haben und etwa ab Sommeranfang prall gefüllt sind mit wertvollen Nähr- und Aufbaustoffen.
- Wurde ein Fisch nicht als Matjes gefangen, bildet er etwa ab September die Geschlechtsorgane aus und benötigt dazu die angesammelten Nähr- und Aufbaustoffe. Trotzdem hat der Fisch noch eine gute Qualität. Man spricht von *Vollhering* oder *Vollfetthering*.
- Nach dem Ablaichen im Herbst heißt der Hering *Ihle*. Er ist mager und nur noch von geringem Wert.
- Um den Winter zu überstehen, frisst sich der Hering im Herbst noch einmal Fett an. Wird er jetzt gefangen, kommt er als *Salzhering* auf den Markt.
- Der *Winterhering* ist selbst als Salzhering zu mager.

Heringshai (Lamna nasus)
Familie: Knorpelfische
Lebensraum: in nahezu allen Meeren der Welt
Länge/Gewicht: bis zu 4 m / bis zu 230 kg
Fleisch: mager (1 % Fett), 22 % Eiweiß, erinnert geschmacklich an Kalbfleisch
Besonderheiten: Harmloser Haifisch, der dicht unter der Wasseroberfläche nach Schwarmfischen jagt.
Angebotsformen: vorwiegend Filets; frisch, tiefgefroren, geräuchert
Zubereitung: dünsten, braten, grillen

Kabeljau (Dorsch) (Gadus morhua)
Familie: Dorschartige Fische
Lebensraum: Nordatlantik, Nord- und Ostsee, europäische Westküste
Länge/Gewicht: 60 bis 80 cm / ca. 2 kg
Fleisch: fest, weiß, kalorienarm (0,3 % Fett), 17 % Eiweiß, hoher Gehalt an Vitamin A und D
Besonderheiten: Der Jungfisch wird als Dorsch bezeichnet, der geschlechtsreife Fisch als Kabeljau. An der Nord- und Ostsee und am Atlantik spricht man meist nur vom Dorsch.
Angebotsformen: frisch (ganz oder als Filet), tiefgefroren, getrocknet als Stock- und Klippfisch
Zubereitung: braten, dünsten

Dorschleber, also die Leber des jungen Kabeljaus, ist ein Leckerbissen. Man erhält sie mit Öl und Gewürzen konserviert. In erster Linie jedoch wird aus Kabeljau-Leber Lebertran gewonnen.

Kleingefleckter Katzenhai (Scyliotrhinus canicula)
Familie: Knorpelfische
Lebensraum: Mittelmeer, Atlantik, Nordsee
Länge/Gewicht: je nach Art ca. 80 cm / 1 kg
Fleisch: bei Fischen aus manchen Gebieten schmackhaft
Besonderheiten: Harmloser Grundhai, der sich von Krebsen, Würmern, Weichtieren und kleinen Fischen ernährt.
Zubereitung: kochen (Fischsuppe), dünsten, braten

Knurrhahn

Makrele

Petersfisch

Knurrhahn (Knurrhähne: Triglidae)
Familie: Panzerwangen
Lebensraum: Atlantik, Nord- und Ostsee, Mittelmeer, Schwarzes Meer
Länge/Gewicht: bis 70 cm/bis 6 kg, häufig kleiner
Fleisch: nach der Zubereitung weiß, fest, aromatisch, süßliche Note
Besonderheiten: Der Fisch kann in seiner Schwimmblase ein knurrendes Geräusch erzeugen, daher der Name Knurrhahn.
Arten: Roter Knurrhahn (Chelidonchthys lucernes), Grauer Knurrhahn (Eutrigla gurnardus, nur ca. 35 cm, 0,5 bis 1,5 kg), Seekuckuck (Chelidonichtys cuculus, grätenreiches Fleisch)
Zubereitung: kochen (zum Beispiel Fischsuppe), dünsten (ganzer Fisch); wegen vieler Stacheln vom Fischhändler vorbereiten lassen.

Pilchard (siehe Sardine) (Sardina pilchardus)

Rotbrasse (Dorade Rose) (Pagellus erythrinus)
Familie: Meerbrassen
Lebensraum: Küstengebiete, vor allem Mittelmeer
Länge/Gewicht: ca. 30 cm/2 kg
Fleisch: weiß, geschmackvoll
Besonderheiten: Schwarmfisch, Einzelgänger leben auch im Brack- und Süßwasser
Zubereitung: schmoren, grillen

Makrele (Scomber scombrus)
Familie: Makrelen
Lebensraum: Nordatlantik, Nordsee, Mittelmeer
Länge/Gewicht: 35 bis 60 cm/500 g bis 3 kg
Fleisch: saftig, aromatisch, 9 bis 15 % Fett, reich an Omega-3-Fettsäuren
Besonderheiten: Bei frisch gefangenen Fischen hat das Fleisch eine rötliche Färbung.
Angebotsformen: frisch, geräuchert, als Vollkonserve
Zubereitung: kochen, dünsten, braten, grillen

Meeräsche (Mulet) (Meeräschen: Mugilidae)
Familie: Meeräschen
Lebensraum: Mittelmeer, Atlantik, Nordsee, mittlere Ostsee, tropische Meere
Länge/Gewicht: 25 bis 70 cm/bis zu 3 kg
Fleisch: schmackhaft
Besonderheiten: Der getrocknete gesalzene Rogen der Meeräsche (auch von Thunfisch und Schwertfisch) ist als Bottarga/Poutargue eine Spezialität der italienischen und südfranzösischen Küche
Zubereitung: dünsten, braten, gratinieren

Merlan (Wittling) (Merlangius merlangus)
Familie: Dorsche
Lebensraum: Schwarzes Meer, Nordsee, westliche Ostsee, Mittelmeer, Atlantik
Länge/Gewicht: ca. 30 bis 40 cm/rd. 300 g
Fleisch: weiß, fest, fettarm, leicht verdaulich, sehr schmackhaft
Besonderheiten: gefräßiger Raubfisch
Angebotsformen: als ganzer Fisch, geräuchert, getrocknet
Zubereitung: braten, schmoren, dünsten

Pangasius (Pangasionodon hypophthalmus)
Familie: Schlankwelse
Lebensraum: Mekong-Delta, für den Export aus Aquakulturen
Länge/Gewicht: meist ca. 70 cm/2 kg
Fleisch: von schneeweiß (beste Qualität) über weiß und pink bis hellgelb, saftig, mild bis neutral im Geschmack

Petersfisch (Saint Pierre) (Zeus faber)
Familie: Petersfische
Lebensraum: Mittelmeer, Ostatlantik von Südafrika bis Norwegen, rund um Japan, Neuseeland, Australien
Länge/Gewicht: höchstens 70 cm/maximal 8 kg, im Handel nur bis etwa 800 g
Fleisch: sehr weiß, fest, wohlschmeckend
Besonderheiten: Der Fisch trägt einen schwarzen, gelb umrandeten Fleck auf beiden Seiten und hat einen besonders großen Kopf. Nur etwa 40 % des Fischs sind verwertbar.
Angebotsform: frisch
Zubereitung: dünsten, braten, backen

FISCHE & MEERESFRÜCHTE

Red Snapper

Rotbarsch

Sardellen

Pollack (Steinköhler, Wrackfisch) (Pollachius pollachius)
Familie: Dorsche
Lebensraum: Nordatlantik (bis zur spanischen Küste) und angrenzende Meere
Länge/Gewicht: 50 bis 60 cm / ca. 2,5 kg oder mehr
Fleisch: etwas trocken, wohlschmeckend
Besonderheiten: gefräßiger Raubfisch
Angebotsformen: als Filet tiefgefroren, wird in Tiefkühlprodukten als „Alaska-Seelachs" bezeichnet
Zubereitung: kochen, braten, backen

Red Snapper (Snapper) (Lutjanus malabaricus)
Familie: Barsche
Lebensraum: tropische Gewässer
Länge/Gewicht: bis zu 1 m / über 20 kg
Fleisch: weiß, fest, fast ohne Gräten, schmeckt ähnlich wie Hummer
Besonderheiten: Junge Fische sind kräftig rosarot, erwachsene Fische signalrot. Manche Arten haben andere Färbungen.
Arten: Bourgeois, Bordomar
Zubereitung: für alle Garverfahren geeignet

Rochen (Gattung: Batoidea/Rajidae)
Familie: Knorpelfische
Lebensraum: alle Meere, für einige Arten Süßwasser
Länge/Gewicht: 90 cm bis 2 m / maximal 50 kg
Fleisch: feiner Geschmack
Besonderheiten: Der Fisch hat einen abgeplatteten Körper und große, mit dem Kopf verwachsene Brustflossen, die aussehen wie Flügel.
Angebotsformen: Rochenflügel abgezogen und entknorpelt
Zubereitung: pochieren, dünsten, braten

Rotbarbe (Mullus barbatus)
Familie: Barsche
Lebensraum: Mittelmeer, östlicher Atlantik
Länge/Gewicht: bis 30 cm / ca. 500 g, kleinere Fische sind beliebter
Fleisch: hell, zart, leicht verdaulich, Leber gilt als Delikatesse
Besonderheiten: Die blassrote Haut der Fische verfärbt sich bei Erregung tiefrot.
Zubereitung: Rotbarben haben keine Galle und können unausgenommen gegrillt werden.

Rotbarsch (Sebastes marinus)
Familie: Stachelköpfe
Lebensraum: Nordatlantik
Länge/Gewicht: bis zu 1 m / bis zu 15 kg
Fleisch: weiß-rosa, fest, sehr schmackhaft, ca. 3,5 % Fett, 18 % Eiweiß
Besonderheiten: Der Rotbarsch besitzt scharfe Stacheln an den Kiemen-, Rücken- und Brustflossen
Arten: Großer Rotbarsch oder Goldbarsch und Schnabelrotbarsch
Angebotsformen: meist als Filet
Zubereitung: pochieren, kochen, dünsten, braten, backen

Sardelle (Anchovis) (Engraulis encrasicolus)
Familie: Heringsfische
Lebensraum: Schwarzes Meer, Mittelmeerküste, Atlantik, Nordsee
Länge: ca. 12 cm
Besonderheiten: Schwarmfisch, seitlicher Silberstreifen
Angebotsformen: als gesalzene und in Öl eingelegte Filets, frisch, tiefgefroren
Zubereitung: Garnitur für Salate, harte Eier, Pizza, Nudelsaucen

Schellfisch

Seelachs

Sardine

Sardine (Sardina pilchardus)
Familie: Heringsfische
Lebensraum: Mittelmeer, Atlantikküsten
Länge: 13 bis 16 cm (Jungfische), ausgewachsene Sardinen heißen Pilchard (bis zu 30 cm)
Fleisch: durchschnittlich 4,5 % Fett, über 19 % Eiweiß
Besonderheiten: Schwarmfisch
Angebotsformen: als Ölsardinen, frisch, tiefgefroren
Zubereitung: grillen (roh)

Schellfisch (Melanogrammus aegelfinus)
Familie: Dorsche
Lebensraum: West- und Nordatlantik, Nordsee
Länge/Gewicht: ca. 1 m / 12 kg
Fleisch: hell, feiner Geschmack, sehr kalorienarm (0,1 % Fett), 18 % Eiweiß
Besonderheiten: Schwarmfisch
Angebotsformen: frisch als ganzer Fisch und Filet, tiefgefroren, geräuchert
Zubereitung: kochen, dünsten

Scholle (Goldbutt) (Pleuroncetus platessa)
Familie: Plattfische
Lebensraum: westeuropäische Küstengewässer, Nord- und Ostsee
Länge/Gewicht: bis zu 95 cm / 7 kg, im Handel sind Fische mit ca. 40 cm / 400 g
Fleisch: bei jungen Tieren etwas weich, später fest und wohlschmeckend, sehr wenig Fett (0,8 %), 17 % Eiweiß
Angebotsformen: ganz oder als Filet, frisch oder tiefgekühlt
Zubereitung: braten

Schwertfisch (Xiphias gladius)
Familie: Schwertfische
Lebensraum: Schwarzes Meer, Nordsee, Nordost-Atlantik, tropische Meere
Länge/Gewicht: ca. 3 bis 5 m / 50 bis 200 kg
Fleisch: fest, aromatisch, reich an Vitaminen und Mineralstoffen
Besonderheiten: Der Oberkiefer ist zu einem spitzen Schwert gestaltet, das bis zu einem Drittel der Gesamtlänge des Fisches ausmachen kann.
Angebotsformen: meist als Koteletts, frisch oder tiefgefroren
Verwendung: braten, grillen

Scholle

Seehecht (Merluccius merluccius)
Familie: Dorsche
Lebensraum: Südküste Afrikas, Südamerika, Nordsee, Atlantik
Länge/Gewicht: bis zu 1 m / bis zu 10 kg
Fleisch: weiß, fest, nur etwa 2,5 % Fett
Angebotsformen: frisch als ganzer Fisch, tiefgefroren als Filet
Zubereitung: kochen, schmoren, zum Fischfondue

Seelachs (Köhler) (Pollachius virens)
Familie: Dorsche
Lebensraum: Nordatlantik, nördliche Nordsee, Skagerrak, Kattegatt
Länge/Gewicht: bis zu 1,2 m / bis zu 7 kg
Fleisch: fest, zart, perlgrau (wird beim Garen weiß), pikanter Geschmack, 0,8 % Fett, 17 % Eiweiß
Angebotsformen: frisch und tiefgefroren als ganzer Fisch oder Filet, getrocknet als Klipp- und Stockfisch, als „Lachsersatz"
Zubereitung: dünsten, backen, braten

FISCHE & MEERESFRÜCHTE

Seezunge

Seeteufel

Steinbeißer

Steinbutt

Seeteufel (Anglerfisch, Lotte) (Lophius piscatorius)
Familie: Armflosser
Lebensraum: Atlantik, Nordsee, Mittelmeer
Länge/Gewicht: bis zu 1,7 m/bis zu 45 kg, im Durchschnitt 1 m/9 kg
Fleisch: weiß, mager, grätenfrei, sehr aromatischer Geschmack, ähnlich wie Langusten
Besonderheiten: Der hässliche Fisch besitzt einen großen Kopf, der etwa halb so lang wie der Körper ist. Eine der Stacheln an der Rückenflosse ist zur leuchtenden „Angel" umgestaltet, die zum Anlocken von Beute dient.
Angebotsform: meist nur das Schwanzstück
Zubereitung: dünsten, schmoren, braten, grillen

Seezunge (Solea solea)
Familie: Plattfische
Lebensraum: Mittelmeer, Atlantik, Nord- und Ostsee
Länge/Gewicht: ca. 60 cm/2 kg
Fleisch: fest, zart, sehr fein im Geschmack, nur 1,4 % Fett, 18 % Eiweiß
Besonderheiten: Die Seezunge wird von Kennern als bester Seefisch überhaupt bezeichnet und ist entsprechend teuer.
Angebotsformen: frisch oder tiefgefroren
Zubereitung: dünsten, braten

Sprotte (Sprattus sprattus)
Familie: Heringsfische
Lebensraum: Mittelmeer, Nordatlantik, Nord- und Ostsee
Länge: ca. 16 cm
Fleisch: schwankender Fettgehalt, ca. 9 bis 18 % Eiweiß
Besonderheiten: Schwarmfisch
Angebotsformen: geräuchert („Kieler Sprotten"), Vollkonserven, selten frisch

Steinbeißer (Seewolf, Katfisch) (Cobitis taenia)
Familie: Barsche
Lebensraum: Nordatlantik
Länge/Gewicht: bis zu 1,25 m/25 kg
Fleisch: weiß, fest, relativ fett, sehr wohlschmeckend
Besonderheiten: Der Fisch kann mit seinem kräftigen Gebiss mühelos Austern und Muscheln knacken – daher der Name Steinbeißer.
Angebotsformen: Scheiben in Form von Karbonaden („Karbonadenfisch"), geräuchert
Zubereitung: braten, backen

Steinbutt (Scophthalmus maximus)
Familie: Plattfische
Lebensraum: Nord- und Ostsee, Nordatlantik, auch Zuchtfarmen
Länge/Gewicht: bis zu 1 m/bis 20 kg, im Handel nur bis etwa 5 kg
Fleisch: weiß, fest, leicht nussiger Geschmack, nur 1,8 % Fett
Besonderheiten: Fische mit weniger als 1 kg werden als „Baby-Steinbutt" verkauft. Am wohlschmeckendsten ist der sogenannte „Hotel-Steinbutt" mit mehr als 3 kg Gewicht.
Angebotsformen: frisch und tiefgefroren
Zubereitung: dünsten, backen, grillen

Stint (Osmeris esperlanus)
Familie: Heringsfische
Lebensraum: Seen, Flussmündungen, Nord- und Ostsee
Länge: 15 bis 30 cm
Fleisch: guter Geschmack
Besonderheiten: durchsichtige Schuppen, typischer Geruch
Zubereitung: braten, frittieren

Lachsersatz

Der sogenannte Lachsersatz wird meist aus Seelachs hergestellt. Das entgrätete Fleisch wird mit Salz gebeizt, in dünne Scheiben geschnitten, lachsrot gefärbt und kalt geräuchert. Zur Verlängerung der Haltbarkeit legt man die Scheiben in Öl ein, manchmal auch mit Gewürzen verfeinert. Bei der Verarbeitung anfallende Abschnitte kommen als „Seelachsschnitzel in Öl" auf den Markt.

Thunfisch

Zackenbarsch

Streifenbrasse (Dorade Grise)
(Spondyliososma cantharus)
Familie: Meerbrassen
Lebensraum: Mittelmeer, Angola bis Südnorwegen
Länge: durchschnittlich 30 bis 40 cm / knapp 2 kg
Fleisch: weich, zart
Zubereitung: dünsten, braten, grillen

Thunfisch (Thunfische: Thunnus)
Familie: Makrelen
Lebensraum: Mittelmeer, Pazifik, Nord- und Südatlantik
Länge/Gewicht: je nach Art 80 cm bis 3 m / bis zu 400 kg
Fleisch: sehr guter Geschmack, wenig Gräten, reich an Fett (15,5 %) und Eiweiß (21,5 %)
Arten: Weißer Thunfisch (färbt sich beim Garen rosa), Bonito (fast grätenlos), Roter Thunfisch (größter Vertreter seiner Art, wird beim Garen rot), Gelbflossen-Thunfisch (lebt in tropischen und subtropischen Meeren, wird meist für Sushi und Sashimi verwendet)
Angebotsformen: frisch zum Beispiel als Steaks, in Öl als Konserve
Zubereitung: braten, grillen

> *Getrockneter Thunfisch ist in Spanien sehr beliebt und wird Mojama genannt. Die Spezialität besteht aus bis zu 1 m langen und etwa 8 cm breiten Lendenstücken. Sie werden gesalzen, geräuchert und an der Luft getrocknet. Man genießt Mojama fein geschnitten mit Olivenöl und Mandeln oder im Salat.*

Weißbrasse (Pagrus)
Familie: Brassen
Lebensraum: Mittelmeer
Zubereitung: für alle Arten geeignet, am besten vom Grill

Wolfsbarsch/Seebarsch/Loup de mer
(Dicentrarchus labrax)
Familie: Barsche
Lebensraum: Ostatlantik, Mittelmeer, Nordsee
Länge/Gewicht: bis zu 1 m / 10 kg
Fleisch: zart, würzig, wenig Gräten
Besonderheiten: Raubfisch
Zubereitung: pochieren, dämpfen, im Salzmantel backen

Zackenbarsch (Sägebarsche: Serranidae)
Familie: Sägebarsche
Lebensraum: tropische und subtropische Meere, einige Arten in den gemäßigten Zonen des Atlantiks und der Nordsee
Länge/Gewicht: bis zu 1,70 m in europäischen Gewässern, sonst bis zu 3 m und 450 kg
Fleisch: weiß, fest, geschmackvoll
Besonderheiten: Kräftig gefärbter Fisch, der seine Farbe verblassen lassen kann, um sich auf dem Gewässergrund zu tarnen.
Zubereitung: dünsten, braten, überbacken

Sägebarsche gibt es in über 500 Arten und 30 Gattungen. Die meisten Arten leben in tropischen und subtropischen Gebieten, nur wenige in gemäßigten Gewässern. Als Speisefische verwendete Arten sind:
- *Wrackbarsch (ca. 2 m lang),*
- *Schriftbarsch (lebt im Mittelmeer),*
- *Brauner Zackenbarsch (sehr mageres Fleisch, wird in Frankreich „Vieille Pintade" genannt – „Perlhuhn"),*
- *Juwelenbarsch/Kardinalfisch/Erdbeergrouper (roter Fisch, schmeckt ähnlich wie Hummer),*
- *Weinroter Zackenbarsch/Croissant (lebt vorwiegend bei den Seychellen),*
- *Forellenbarsch,*
- *Weißflecken-Zackenbarsch (Vieille Platte) und*
- *Tomaten-Zackenbarsch (Vieille Rouge).*

Zahnbrasse (Dentex dentex)
Familie: Brassen
Lebensraum: östlicher Atlantik, Mittelmeer
Länge/Gewicht: bis zu 100 cm, normal 35 bis 70 cm / gut 12 kg
Fleisch: edler Geschmack
Zubereitung: kochen, schmoren, braten, grillen
Arten: *Dickkopfzahnbrasse, Großaugenzahnbrasse, Kongo-Zahnbrasse, Marokkanische Zahnbrasse*

 Haifischflossen – nein danke

Haifischflossensuppe gilt vor allem in Südostasien, aber auch bei uns als Delikatesse. Und nur wegen ihrer Flossen müssen alljährlich im Pazifik etwa 60 000 Leoparden-, Silberschwanz- und Grauhaie ihr Leben lassen. Man schneidet ihnen bei lebendigem Leib die Flossen ab und wirft die Körper ins Meer zurück, wo die Haie qualvoll verenden. Diese brutale Methode – das sogenannte „Finning" – ist bisher leider nur in Neuseeland und den USA verboten.

Es bleibt einmal mehr den Verbrauchern überlassen, derartige Tierquälerei durch Konsumverweigerung zu beenden.

FISCH & MEERESFRÜCHTE

Meeresfrüchte

Man braucht sie nur zu „pflücken", die Früchte des Meeres. So werden jene essbaren Wassertiere genannt, die keine Wirbeltiere sind und somit nicht zu den Fischen oder Walen gehören: Tintenfische, Krustentiere, Muscheln und Schnecken. An den Küsten werden Meeresfrüchte seit eh und je für die Ernährung genutzt. Bei uns gehören sie nicht zum „täglich Brot", sondern zu den teuren Delikatessen.

Weil sie schwimmen können, nennt man sie Fische – doch es sind keine. Tintenfische sind Kopffüßler und zählen zu den Weichtieren wie auch beispielsweise Schnecken oder Muscheln. Es gibt über 1000 Tintenfischarten, zu denen unter anderem die Gruppen der Oktopusse (Kraken) mit acht Armen sowie die zehnarmigen Sepien und Kalamare gehören. Die meisten Tintenfische besitzen eine Drüse, in der sich Tinte bildet. Bei Gefahr wird die Tinte ausgestoßen, was nicht nur das Sehvermögen, sondern wahrscheinlich auch den Geruchssinn von Angreifern beeinträchtigt. Zu den genialen Überlebensformeln gehört auch, dass abgetrennte Arme wieder komplett nachwachsen. Von allen Weichtieren haben Tintenfische das am höchsten entwickelte Gehirn. Wissenschaftler vergleichen beispielsweise die Intelligenz einer Krake mit der einer Ratte.

Tintenfisch

Tintenfische leben in allen Weltmeeren und in allen Tiefen. Manche Tiere halten sich am Boden auf, andere schwimmen im freien Wasser. In deutschen Gewässern soll es etwa 13 Arten geben. Obwohl Tintenfische immer interessanter für die menschliche Ernährung werden, gehören sie noch nicht zu den bedrohten Arten. Das Fleisch der Tiere ist fest und hat einen würzigen Geschmack. Es ist frisch (auch küchenfertig ausgenommen und gereinigt), tiefgefroren und als Konserve erhältlich.

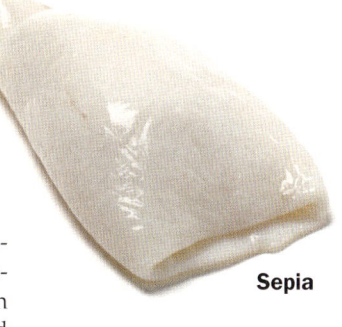
Sepia

Oktopus

Oktopus (Krake) (Kraken: Octopoidae)
Er ist ein Höhlenbewohner und geht nur zur Nahrungs- und Partnersuche aus dem Haus. Der Oktopus erweist sich als Weltmeister im Tarnen. Er kann Farbe und Form in Sekundenschnelle wechseln und sich perfekt der Umgebung anpassen. Oktopusse sind Riesen mit bis zu 8 m langen Fangarmen. Bis zu einer Länge von 40 cm sind die Arme jedoch geschmacklich am besten. Vor dem Garen wird frischer Oktopus mürbe geschlagen, was sich beim tiefgefrorenen Kraken erübrigt. Das Fleisch eignet sich zum Schmoren und Grillen oder kleingeschnitten als Zutat zum Meeresfrüchtesalat.

Sepia (Sepien: Sepiida)
Rund um die Mundöffnung der Sepia sitzen acht normale und zwei längere Fangarme. Der muskulöse Mantel um den gedrungenen Körper läuft in Flossensäumen aus. Im Rückenbereich des Tieres befindet sich eine innere Schale (Schulp) aus Kalk, die man gern Käfigvögeln zum Schnabelwetzen überlässt. Die im Mittelmeer gefangene Sepia misst 20 bis 30 cm und ist mit ihren 500 bis 800 g besonders schmackhaft. Die Zwerg-Sepia hat nur eine Länge von 3 bis 6 cm. Diese Tiere werden gedünstet oder im Salat gegessen.

Kalmar (Kalmare: Teuthilda)
Er ist wahrscheinlich das größte wirbellose Tier. In der Tiefsee leben wahre Ungeheuer mit bis zu 8 m langem Körper und 14 m langen Fangarmen. Doch solch überdimensionale Leckerbissen eignen sich höchstens für Pottwale. Zum Verkauf fängt man Kalmare mit etwa 50 cm Länge. Kalmare haben einen gestreckten, torpedoförmigen Körper und sind in der Lage, sich blitzschnell auf Beute zu stürzen. Wenn's sein muss, können die Hochleistungsschwimmer 3 m pro Sekunde zurücklegen. Während der Paarungszeit schließen sich Kalmare zu Schwärmen zusammen und sind dadurch eine ergiebige Beute für Fischer. Kalmare lassen sich vielseitig zubereiten. Der Körper kann gefüllt und geschmort oder in Ringe geschnitten, in Teig gewendet und frittiert werden („Calamari"). Besonders zart sind die gegarten Fangarme. Zwerg-Kalmare („Calamaretti", nur 6 bis 9 cm lang) werden gedünstet.

Hummer

Flusskrebs

Krustentiere

Die Vielfalt dieser mehr oder weniger gepanzerten Krebstiere scheint unendlich zu sein. Vor dem Garen sind die meisten irgendwie bräunlich, doch beim Kochen erröten sie. Feinschmecker behaupten, dass Krustentiere umso besser schmecken, je kälter das Wasser war, in dem sie gefangen wurden. Der Handel bietet die meisten Tiere bereits gekocht und tiefgefroren an.

Flusskrebs (Procambarus clarkii)
Lebensraum: Süßwasser
Herkunft: Ostblockländer, Griechenland, Türkei, USA
Gewicht: ca. 80 g
Typische Merkmale: zwei Zangen, lange Fühler
Flusskrebse lebten früher auch in deutschen Flüssen, sind aber hierzulande inzwischen fast ausgestorben. Das Fleisch der Tiere ist sehr schmackhaft, ähnlich dem des Hummers. Angeboten werden Flusskrebse lebend, die Schwänze auch tiefgefroren und konserviert.

Hummer (Lobster) (Homarus)
Lebensraum: Mittelmeer, Atlantik, Nordsee
Länge/Gewicht: bis zu 50 cm / 1,5 kg
Typische Merkmale: zwei große Scheren, starker Schwanz
Importe: meist aus nordischen Ländern, USA und Kanada
Frischer Hummer kommt lebend in den Handel. Zur Zubereitung wird er mit dem Kopf voraus in kochendes Wasser gegeben und verfärbt sich dann erst rot. Diese Methode ist heute umstritten, denn das Tier stirbt nicht etwa schnell, sondern qualvoll langsam. Als besondere Delikatesse gelten das feste, aromatische Schwanzfleisch, die im Kopf liegende Leber und die unter dem Schwanz verborgenen Eier. Um an das Fleisch in den Scheren heranzukommen, bedarf es einer Hummerzange und -gabel. Auf den Markt kommen auch ganze tiefgefrorene Hummer mit meist etwa 400 g. Das ausgelöste Fleisch aus Schwanz und Scheren ist ebenfalls tiefgekühlt oder als Dauerkonserve im Handel.

FISCH & MEERESFRÜCHTE

Languste

Nordseekrabben

Scampi

Kaisergranat (Scampo, Tiefseekrebs)
(Nephrops norvegicus)
Lebensraum: Kattegat und Skagerrak, vor der norwegischen Küste, Mittelmeer
Länge: bis zu 24 cm
Typische Merkmale: ähnlich dem Hummer, jedoch sehr schmale Scheren
Der Kaisergranat ist orange- bis lachsrot und lebt in Tiefen bis zu 300 m. In Restaurants oder auch im Handel findet man die Krebse unter der Bezeichnung *Scampi*, genauso wie übrigens Garnelen. Verzehrt wird beim Kaisergranat vor allem das Fleisch aus dem Hinterleib (Schwanz). Jenes aus den Scheren lohnt sich nur bei sehr großen Tieren. Kaisergranat-Schwänze gibt es frisch und tiefgefroren, blanchiert oder ganz roh, mit und ohne Schale.

Königskrabbe (Paralitodes camtschaticus)
Lebensraum: nördlicher Pazifik vor Japan, vor Alaska, Barentssee
Länge/Gewicht: Rückenpanzer ca. 25 cm/bis zu 10 kg, Beinspannweite bis zu 1,8 m
Typische Merkmale: sechs Beine, zwei Zangen, verschiedene Farben (meist rot, aber auch blau und braun)
Königskrabben sind so dekorativ, dass sie häufig als Blickfang für kalte Buffets verwendet werden. In den Handel kommen die Tiere bereits gekocht und tiefgefroren. Das Fleisch aus den Beinen gibt es als „Kingcrab-Meat" in Konserven.

Languste (Palinurus pencillatus)
Lebensraum: Ostatlantik, Mittelmeer, Karibik
Länge/Gewicht: ca. 50 cm / 0,5 bis 2 kg
Typische Merkmale: zwei bis zu 70 cm lange Fühler
Diese Tiere kommen ebenfalls lebend zum Verkauf. Die Zubereitung verläuft auf die gleiche Weise wie beim Hummer, und genauso verfärbt sich die Languste rot. Da die Languste keine Scheren hat, enthält nur der Hinterleib Fleisch. Es ist etwas trocken, hat aber einen guten Geschmack. Angeboten werden ganze Langusten auch tiefgefroren. Zudem findet man ausgelöstes Fleisch in der Tiefkühltruhe oder bei den Feinkostkonserven.

Langustine (Langustenartige: Palinuridae)
Lebensraum: Mittelmeer
Länge: höchstens 25 cm
Typische Merkmale: lange, schmale Scheren
Sie gleicht dem Kaisergranat und wird teilweise unter dieser Bezeichnung angeboten. Man verwendet Langustinen für Fischsuppe oder Meeresfrüchtesalate.

Meerspinne (Seespinne) (Seespinnen: Majidae)
Lebensraum: Ostatlantik, Mittelmeer
Länge: bis zu 18 cm
Typische Merkmale: zehn spinnenartige Beine, dreieckiger Körper
Meerspinnen zählen zu den Krabben. Lebende Exemplare werden wie Hummer gekocht. Unter dem Panzer sitzt sehr aromatisches Fleisch. Das in den Beinen holt man mit einer Hummergabel heraus. Einfacher ist die Zubereitung vorgegarter oder tiefgekühlter Meerspinnen.

Verwirrung um Garnelen

Bei der Benennung dieser Krustentiere kommen selbst Fachleute ins Schleudern: In Frankreich heißt die Garnele „Crevette". In Spanien nennt man die etwas größeren Garnelen „Camarones" und die etwas kleineren „Gambas". Früher hießen in Spanien viele Garnelenarten aus dem Südostpazifik „Langostinos", heute wird der Begriff für alle Garnelen angewendet. Die französische „Langoustine" ist ein Kaisergranat, der im Deutschen oft als „Scampi" verkauft wird. „Shrimps" wiederum sind kleinere Garnelen, von denen man mehr als 200 Stück für 1 kg braucht.

Wer Scampi und Garnelen auseinander halten will, orientiert sich am besten an den Greifwerkzeugen: Scampi besitzen lange Scheren, Garnelen nur sehr kleine. Außerdem haben Scampi ein geriffeltes, Garnelen ein ziemlich glattes Gehäuse. Selbst bei den ausgelösten Schwänzen deuten Indizien auf die Herkunft hin: Die Schwanzspitzen von Scampi laufen schmetterlingsförmig aus, die von Garnelen schmal.

Für den Laien schwer verständlich ist die Einteilung in Größen- und Gewichtsklassen. Garnelen mit Kopf werden in Kilogramm klassifiziert, Garnelen ohne Kopf dagegen in englischen Pfund (1 lb = 454 g).

Bei einer Sortierung lässt die Stückzahl pro kg bzw. lb Rückschlüsse auf die Größe der Garnelen zu. So wiegt beispielsweise bei 40 bis 50 Garnelen pro kg eine einzelne Garnele zwischen 20 und 25 g. Die gleiche Stückzahl pro lb ergibt ein Einzelgewicht von 9 bis 11 g.

Die Kennzeichnung U 10/kg bzw. U 10/lb steht für besonders große Garnelen, von denen weniger als zehn auf ein kg bzw. lb gehen.

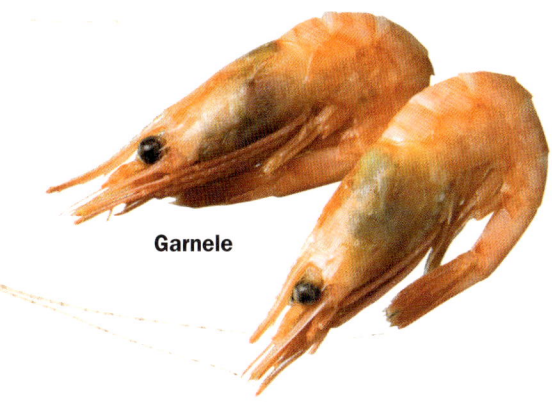
Garnele

Taschenkrebs

Surimi – ein Imitat

Mit der asiatischen Esskultur schwappte auch Surimi auf den deutschen Markt – ein Krebsfleisch-Imitat, das in Japan lange Tradition hat. Zur Herstellung verwendet man vorwiegend das Fleisch des Alaska-Pollacks, eines Fisches aus dem Nordpazifik. Es wird ohne Haut und Gräten mit kochsalzhaltigem Wasser ausgewaschen, zu einer weißen Masse zerkleinert und gepresst. Durch die Zugabe von Sorbit und Phosphaten entsteht eine viskose Konsistenz. Geschmack erhält das Produkt erst durch diverse Zutaten wie Gewürze, Stärke, Hühnereiweiß und Aromastoffe. Bei der Verarbeitung in speziellen Maschinen lassen sich muskelfaserähnliche Strukturen erzeugen. Die Masse wird zu Stücken, Stäbchen, Krebsscheren usw. geformt und anschließend gedämpft, gebraten, gegrillt oder frittiert. Die Oberfläche wird krebsfleischähnlich gefärbt. Damit es jedoch zu keinen Verwechslungen mit echten Krebsfleischprodukten kommt, verlangt der Gesetzgeber den Hinweis „Surimi – Krebsfleischimitat aus Fischmuskeleiweiß geformt" auf der Verpackung.

Surimi

Nordseekrabbe
(Crangon crangon)
Lebensraum: Nord- und Ostsee, atlantische Küsten, Mittelmeer
Länge: 5 bis 8 cm

Nordseekrabben leben auf dem sandigen Meeresgrund im Flachwasser und werden vor allem in der wärmeren Jahreszeit gefangen. Da sie schnell verderben, werden sie gleich an Bord der Kutter gekocht. Frische Krabben kommen geschält und ungeschält zum Verkauf. Geschälte Krabben gibt es auch tiefgefroren und als Konserve.

Nordseekrabben sind eigentlich gar keine Krabben, sondern Garnelen. Die Bezeichnung „Krabbe" wird normalerweise für Kurzschwanz-Krebse verwendet.

Riesengarnele (King Prawn, Hummerkrabben) (Hummerkrabben Pandalidae)
Lebensraum: Süßwasserflüsse in Südostasien, Meere, Aquakulturen
Länge/Gewicht: bis zu 35 cm lang / 150 g
Arten: *Giant Tiger Prawn* (größte Meerwasser-Garnele), *Rote Riesengarnele* (aus südamerikanischen Gewässern, kräftig rote Farbe), *Rosenberg-Garnele* (Süßwasser-Garnele)

Bei Riesengarnelen handelt es sich um sogenannte Freshwater-Garnelen aus Flüssen und Flussmündungen und um die besonders hochwertigen Seawater-Garnelen aus dem Meer. Über ein Drittel des Weltbedarfs stammt aus Zuchten. Das Fleisch schmeckt mehr oder weniger neutral oder auch leicht süßlich. Erhältlich sind Riesengarnelen roh, gekocht, tiefgefroren oder als Konserve.

Schwimmkrabbe (Schwimmkrabben: Portunidae)
Lebensraum: Mittelmeer, Atlantikküste, Nordsee
Länge: 10 bis 12 cm
Typische Merkmale: flacher Körper, scharf gezackte Vorderseite

Schwimmkrabben sind Krebse und nicht ganz einfach zu knacken. Doch ihr Fleisch schmeckt ausgesprochen fein und aromatisch.

Taschenkrebs (Cancer pagurus)
Lebensraum: Mittelmeer und alle europäischen Küstengewässer
Länge: 5 bis 20 cm
Typische Merkmale: Brustpanzer, kräftige Scheren

Das Fleisch der Taschenkrebse ist als sehr schmackhaft bekannt, und die Leber soll geradezu ein Hochgenuss sein. Gelegentlich werden Taschenkrebse lebend angeboten. Normalerweise kauft man sie jedoch tiefgefroren oder konserviert.

Tiefseegarnelen (Grönlandshrimps) (Penaeidae)
Lebensraum: nördliche Meere, Indopazifik
Länge: bis zu 12 cm
Typische Merkmale: fehlende Schere am ersten Beinpaar, manche Arten tragen Leuchtorgane

Tiefseegarnelen sind vorwiegend tiefgefroren und gekocht im Handel. Gekochte Tiere haben eine gleichmäßige hellrote Farbe, die Schwänze sind innen weiß.

Sonstige Krustentiere
Chinagarnele: knapp 20 cm lang, sehr schmackhaft.
Bärenkrebs: verwandt mit den Langusten, aber mit stark abgeflachtem Körper.
Bananengarnele: meist grauer Körper, Beine mit gelben oder cremefarbenen Schenkeln.
Eismeergarnele: rosa bis kräftig rot, wird nur gefischt.
Heuschreckenkrebs (Cannocchia): klein, länglich, seltsam geformter Schwanz, vor allem in Italien beliebt.
Weiße Garnele: ca. 23 cm lang, vorwiegend aus Aquakulturen.

Gefrostete Garnelen

Garnelen werden mit unterschiedlichen Verfahren tiefgefroren:
- **I.Q.F.-Frostung** (Individually Quick Frozen): Sofort nach dem Einfrieren werden die Garnelen in Wasser getaucht bzw. mit Wasser besprüht und dadurch quasi glasiert. So sind sie vor Frostbrand geschützt.
- **Kontaktfrostung:** Die Garnelen werden in Formen tiefgefroren und erhalten keine Glasur. Diese Produkte lassen sich problemlos einzeln entnehmen.
- **Blockfrostung:** Die Garnelen liegen in einer Form, werden mit Wasser übergossen und dann tiefgefroren. Man kann die Garnelen nicht einzeln entnehmen, sondern muss den gesamten Block auftauen.

FISCH & MEERESFRÜCHTE

Muscheln & Meeresschnecken

Austern

Amerikanische Auster

Muscheln bereichern den Speisezettel, doch nach alter Regel nur in den Monaten mit „R". Sind somit Mai, Juni, Juli und August muschelfreie Zeit? Früher, als es noch an Kühlmöglichkeiten mangelte, war der Verzicht durchaus empfehlenswert. Aber auch heute kann man Muscheln im Sommer nicht uneingeschränkt empfehlen. In manchen Gebieten führt nämlich die Sonne zu einer starken Vermehrung giftiger Meeresalgen, die dann von den Muscheln aus dem Wasser gefiltert und aufgenommen werden. Ohnehin sind Muscheln im Herbst und Winter besser ernährt und dadurch schmackhafter.

Mindestens 25 000 Muschelarten sind bisher bekannt. Die essbaren werden vorwiegend in Muschelfarmen gezüchtet. Hier wachsen sie beispielsweise an Plattformen aus Eukalyptusholz oder an Kunststoffseilen. Nach der Ernte werden die Muscheln gründlich gewaschen und gebürstet und kommen weitgehend sandfrei in den Handel.

Muscheln mögen zwar nicht jedermanns Sache sein, gesund sind sie aber allemal. Sie enthalten neben über 80 % Wasser etwa 9 % Eiweiß, nur 1,2 % Fett, die Vitamine A, B_1, B_2, Biotin und Folsäure sowie die Mineralstoffe Calcium, Eisen, Jod, Magnesium, Phosphor und Zink.

Austern (Ostreidae)

Casanova musste es schließlich wissen: Er behauptete, dass mindestens 50 Austern, mit dem eigenen Saft geschlürft, die Manneskraft stärken. Von den über 100 Austernarten kommen allerdings nur vorwiegend zwei für den menschlichen Verzehr in Frage. In Europa findet man die größten Austernzuchten an der französischen, niederländischen und englischen Küste. Der Geschmack der Austern wird stark von ihrer Herkunft beeinflusst.

- Die *flache Auster* (europäische Auster, Kulturauster, Ostrea edulis) ist flach, fast rund, misst bis zu 11 cm und hat eine hellgraue, grünliche oder gelbliche Farbe. Das grauweiße Fleisch ist zart, weich und eher mild im Geschmack.
- *Tiefe Austern* haben eine längliche (ca. 15 cm), gewölbte Form und eine schiefergraue oder bräunliche, zerklüftete Schale. Am bekanntesten ist die „Portugiesische Felsenauster" (Crassostrea angulata). Die besten dieser Art werden in Frankreich in speziellen Teichen, den sogenannten „Claires" gezüchtet. Die Tiere ernähren sich von einer bestimmten Kieselalge und haben deshalb zart grünlich gefärbtes Fleisch mit kräftigem Geschmack.

Die seltensten und teuersten Austern sind „Belon-Austern" aus Frankreich. Sie schmecken kräftig, fast wie Fleisch. Sehr beliebt und preiswerter sind die „Fines de claires" und „Claires de Marennes". Weitere Franzosen: „d'Arcachon", „Bouzigue" und „Gravettes". Aus Holland kommen die „Imperial-" und „Zeeland-Austern", aus Belgien „Oostender Austern", aus Dänemark „Limfjordaustern", aus England „Colchesters" und „Whitstables" und aus Irland „Galways" und „Corks". Auch in Deutschland werden Austern gezüchtet, die „Sylter Royal". Wahre Riesenaustern mit einer Länge bis zu 30 cm sind die in japanischen und chinesischen Gewässern gezüchteten „Pazifischen Felsenaustern" und „Japanischen Austern" mit besonders stark gewölbter Schale. An der gesamten amerikanischen Atlantikküste werden Austern gezüchtet, die im Aussehen den europäischen ähneln: Bekannte Namen sind „Blue Point", „Cape Cod", „Chatam", „Box oyster", „Atlantic oyster" und „Kent Island".

Frische Austern kauft man nur lebend mit fest geschlossener Schale. Selbst eine Auster mit nur schwach geöffneter Schale ist nicht mehr genießbar. Angeboten werden Austern auch tiefgefroren (meist gefüllt) sowie gedämpft, gekocht, gebacken oder geräuchert als Konserven. Getrocknete Austern eignen sich für Suppen und Saucen und werden meist für asiatische Gerichte verwendet.

Je frischer man Austern verzehrt, desto besser. Zum kurzzeitigen Aufbewahren werden die Austern mit der gewölbten Schale nach unten in eine Schüssel geschichtet, mit einem feuchten Tuch bedeckt und in den Kühlschrank gestellt. Kein Eis und kein Wasser dazugeben! Fest geschlossene Austern gleichen einer Festung. Zum Öffnen taugt nur ein spezielles Austernmesser mit stumpfer Klinge und kräftiger Spitze. Man legt die Auster mit der Wölbung nach unten auf ein Tuch, damit sie nicht wegrutschen kann. Dann steckt man eine Messerspitze in eine kleine Öffnung am Schalenrand, fährt damit einmal ringsherum und kann nun die obere Schale abheben. Normalerweise serviert man das Fleisch samt Wasser in der gewölbten Schale. Doch wer glaubt, Austern können nur roh gegessen werden, der irrt. Sie lassen sich pochieren, braten, backen und gratinieren.

Grünschalmuscheln

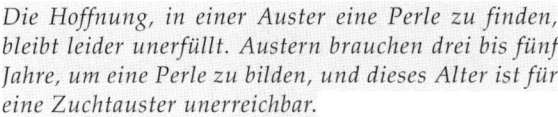
Miesmuscheln

Jakobsmuschel

Die Hoffnung, in einer Auster eine Perle zu finden, bleibt leider unerfüllt. Austern brauchen drei bis fünf Jahre, um eine Perle zu bilden, und dieses Alter ist für eine Zuchtauster unerreichbar.

Entenmuscheln (Pollicipes pollicipes)

Diese Meeresbewohner haben weder etwas mit Enten noch mit Muscheln zu tun. Tatsächlich handelt es sich um Krebse, deren Körper von Kalkplatten bedeckt ist und die ihre Verwandtschaft zu Seepocken erkennen lassen. Entenmuscheln sitzen fest an Felsen oder auf Treibgut und haben einen langen, muskulösen Stiel, der als Delikatesse gilt. An der spanischen Atlantikküste gedeihen wohl die besten Entenmuscheln, sie sind dort als „Percebes" bekannt. Entenmuscheln schmecken ähnlich wie Krebsfleisch und werden meist in den Schalen auf Gemüse serviert.

Herzmuscheln (Cerastoderma edule)

Diese hübschen Muscheln messen bis zu 5 cm und haben eine herzähnliche Form. Von der Spitze zum breiteren Bereich verlaufen abgerundete Rippen, die Färbung reicht von sehr hellem Gelb bis Braun. Herzmuscheln sitzen im schlammigen Meeresboden und sind deshalb ziemlich sandig. Man genießt sie gedünstet mit Kräutern, in der Pasta und zu Reisgerichten.

Jakobsmuscheln (Coquilles St. Jacques) (Pecten maximus)

Sie gehören mit 5 bis 15 cm Durchmesser zu den größten und schmackhaftesten essbaren Muscheln. Die Schale der Jakobsmuschel hat strahlenförmige Rippen und ist so harmonisch geformt, dass sie einem Ölkonzern als Markenzeichen dient. Die wichtigsten Fanggebiete liegen im Atlantik nördlich der Britischen Inseln, doch findet man Jakobsmuscheln auch im Mittelmeer. Das feste, weiße Fleisch der Jakobsmuscheln ist von orangefarbenem Rogen (Corail) umgeben, der als besondere Delikatesse gilt. Das Fleisch schmeckt nussig und etwas süßlich. Man kann es pochieren, braten, gratinieren oder dünsten und auch zum Füllen von Fischen sowie für Fischterrinen verwenden. Auf den Markt kommen Jakobsmuscheln lebend, ausgelöst und tiefgefroren sowie als Konserve.

Miesmuscheln (Pfahlmuscheln) (Mytilus)

Sie gehören zu den beliebtesten Muschelarten und werden normalerweise von September bis März gegessen. „Mies" deutet nicht auf den Geschmack hin, denn der ist ausgezeichnet. Vielmehr kommt die Bezeichnung aus dem Mittelhochdeutschen, wo „mies" ganz einfach „Moos" heißt. Miesmuscheln sind oval, 5 bis 7 cm lang, grau bis blau-violett gefärbt und haben eine zweiklappige Schale. Sie leben in allen Meeren, werden aber auch an der französischen, holländischen, deutschen und italienischen Küste an Holzpflöcken gezüchtet. Miesmuscheln werden lebend und nahezu sandfrei verkauft. Die Schalen müssen fest geschlossen sein oder sich zumindest bei Berührung sofort schließen. Der angenehme Duft nach Seewasser zeugt für Frische. Beim Kochen öffnen sich die Schalen. Muscheln, die geschlossen bleiben, gehören in den Abfall. Miesmuscheln kann man pochieren, dünsten oder gratinieren.

Grünschalige Neuseeland-Miesmuscheln werden an langen Tauen gezüchtet. Die Muscheln sind mit 10 bis über 20 cm Länge deutlich größer als ihre europäischen Verwandten, lassen sich aber genauso zubereiten.

Schwertmuscheln (Ensis ensis)

Sie sind stabförmig, etwa 15 cm lang und kommen an vielen Küsten vor. Auch an der Nordsee gibt es Schwertmuscheln. Sie stecken im sandigen Meerboden und können nur bei Ebbe gefangen werden. Das jedoch erfordert Erfahrung und Geschick, denn die Tiere graben sich blitzschnell ein. Schwertmuscheln schmecken gedünstet und gegrillt.

Venusmuscheln (Vongole) (Veneridae)

Sandige, schlammige Böden in fast allen Meeren bilden den Lebensraum für Venusmuscheln. Die porzellanartigen Schalen sind oft bunt gezeichnet. Die echte Venusmuschel besitzt graue Schaleninnenseiten und hat einen nussartigen Geschmack. Eine Verwandte mit gold- oder rosafarbigen Innenseiten gilt als weniger schmackhaft. Venusmuscheln kommen lebend und tiefgefroren in den Handel. Man verwendet sie für Pasta, Pizza, Risotto, Paella und Meeresfrüchte-Salate.

Wellhornschnecken (Buccinum undatum)

Wellhornschnecken leben entlang der Küsten des Nordatlantiks. Das spiralförmig gewundene Gehäuse der Schnecke erreicht eine Länge von knapp 8 bis 15 cm. Man kocht Wellhornschnecken in einer Bouillon und genießt das schmackhafte Fleisch zusammen mit einer Vinaigrette.

Stachelige Meeresbewohner

Seeigel haben einen kugeligen Körper und sind – mit Ausnahme der Region um Mund und After – ringsum von Stacheln bedeckt. Die Tiere kommen vom Nordatlantik bis nach Portugal vor und leben auf felsigem Grund ebenso wie in Seegraswiesen. Man kennt etwa 850 Arten. Auf den Tellern von Gourmets landen vorwiegend die Steinseeigel und Purpurseeigel. Man schneidet den stacheligen Panzer auf und löffelt den Inhalt aus, eventuell mit etwas Zitrone beträufelt.

FISCH & MEERESFRÜCHTE

Aus Fisch und Fischteilen, Krusten- und Weichtieren lässt sich viel Feines machen. Verpackt in Dosen, Gläser oder Folien gibt es Produkte, die durch Marinieren, Braten, Kochen, Räuchern, Trocknen, Salzen oder Tiefgefrieren für mehr oder weniger lange Zeit konserviert wurden.

Fischerzeugnisse

Rollmops

Der Handel bietet zwei Arten von Fischkonserven an, die sich in der Haltbarkeit unterscheiden:
- Dauerkonserven halten sich bei richtiger Lagerung ohne Kühlung mehr als ein Jahr. Der Inhalt wird in luftdicht verschlossenen Dosen auf ca. 110 °C erhitzt und dadurch sterilisiert. Alle zum Verderb führenden Bakterien werden sicher abgetötet, deshalb sind Konservierungsstoffe überflüssig. Auf der Verpackung steht entweder das Jahr der Herstellung oder das Mindesthaltbarkeitsdatum. Als Dauerkonserven kauft man beispielsweise Ölsardinen, Thunfisch oder Fischfilets in Saucen.
- Halbkonserven (Präserven) werden lediglich schonend bei weniger als 100 °C pasteurisiert. Dieses Verfahren eliminiert allerdings nicht alle schädlichen Mikroorganismen. Deshalb sind Halbkonserven meist nur etwa 6 Monate haltbar (siehe Mindesthaltbarkeitsdatum) und müssen kühl gelagert werden. Als Halbkonserven gibt es unter anderem Bismarckhering, Rollmops, Anchosen und häufig auch Bratheringe.

Angebotsformen
Fischerzeugnisse sind auf unterschiedliche Weise küchen- oder tafelfertig vorbereitet.

Anchosen
Sardellen, Sprotten und kleine Heringe werden mit Salz, Zucker und Gewürzen gereift und anschließend in pikante oder süßsaure Aufgüsse, in Saucen oder in Öl eingelegt. Gelegentlich kommt auch Gemüse dazu. Die Verwendung von Konservierungsstoffen ist erlaubt. Beispiele: Anchovis, Appetitsild, Gabelbissen.

Bratfisch
Diese Fischerzeugnisse werden mit oder ohne Panierung gebraten, gebacken, geröstet oder gegrillt, dann entweder mit einem Essigaufguss versehen oder in Saucen bzw. Öl eingelegt. Die Verwendung von Konservierungsstoffen ist möglich. Beispiele: Brathering, Bratrollmops, kleine Aale ohne Kopf (Aalbricken). Angeboten werden kühlpflichtige Bratfisch-Marinaden, Halb- und Vollkonserven.

Gelee-Erzeugnisse
Gebratene, geröstete oder gegrillte Fische werden unter anderem auch in Gelee eingelegt. Sie kommen kühlpflichtig sowie als Halb- oder Vollkonserve zum Verkauf. Beispiel: Brathering in Gelee.

Kochfisch

Gedämpfte oder gekochte Fische bzw. Fischteile, teilweise mariniert in Essig, Genusssäuren und Salz, werden mit oder ohne pflanzliche Beilagen in Gelee eingelegt oder mit Aufgüssen oder Saucen versehen. Die Verwendung von Konservierungsstoffen ist möglich. Die Produkte kommen kühlpflichtig sowie als Halb- oder Vollkonserve in den Handel.

Marinaden

Fische oder Fischteile werden in eine Marinade aus Essig, Genusssäuren und Salz eingelegt und so quasi „kalt gegart". Die Säure lässt das Fischeiweiß gerinnen und bindet den typischen Fischgeruch. Das Fischfleisch nimmt eine feste Konsistenz an und wird appetitlich weiß. So vorbereitet, können die Fische in Öl, Mayonnaisen, Cremes, Saucen, gewürzte, saure oder süßsaure Aufgüsse etc. eingelegt und eventuell auch mit Gemüse kombiniert werden. Konservierungsstoffe sind erlaubt. Beispiele: Bismarckhering, Rollmops, Gabelrollmops.

Salzfisch

Durch das Salzen wird die Reifung des Fisches gefördert und so eine mürbe Konsistenz erreicht. Außerdem verlängert Salz die Haltbarkeit. Manche Fische werden zusätzlich geräuchert. Es gibt mild gesalzene Produkte mit 6 bis 20 g Salz pro 100 g Fischgewebswasser und mindestens 12 % Fett sowie hart gesalzene Fische mit über 20 g Salz pro 100 g Fischgewebswasser und geringerem Fettgehalt. Beispiele: Matjes, Herings- und Sardellenfilets in Öl oder Aufguss sowie Lachsersatzscheiben und -schnitzel in Öl.

Tiefgefrorene Fischerzeugnisse

Zum einen handelt es sich dabei um gekochte, gebratene, gesalzene, marinierte oder geräucherte Fischerzeugnisse. Zum anderen gibt es Fische, Fischteile und -portionen, die speziell zubereitet wurden – zum Beispiel paniert, mit Backteig ummantelt, mit unterschiedlichen Auflagen versehen oder als Fischgerichte. Zu den beliebtesten Produkten zählen Fischstäbchen (Fischanteil mindestens 65 %).

Trockenfisch

In vielen Küstenregionen gilt Trockenfisch als Spezialität. Fische wie Kabeljau, Seelachs oder Schellfisch werden sofort nach dem Fang geköpft, ausgenommen und zum Trocknen im Freien aufgehängt oder in speziellen Anlagen entwässert. Die bekanntesten Trockenfische sind der gesalzene Klippfisch und der ungesalzene Stockfisch. Das Trocknen macht die Fische lange haltbar, doch leider leidet auch der Geschmack. Vor der Verarbeitung weicht man sie in Wasser ein, dabei nehmen sie fast wieder ihr ursprüngliches Format an. Man kann Trockenfisch in Butter dünsten, panieren und braten, für Suppen und Saucen verwenden oder auch einfach trocken knabbern.

Gutes vom Hering

Einst war Hering ein Arme-Leute-Essen, inzwischen ist er salonfähig geworden und kommt in den besten Familien auf den Tisch. Angeboten wird der Fisch in einer Vielzahl köstlicher Zubereitungen.

Brathering

Bismarckhering

Diese Spezialität besteht aus Heringsfilets, die mit Essig und Salz mariniert und mit Zwiebeln, Senf- und Pfefferkörnern gewürzt werden. Bismarckheringe gibt es fix und fertig in Gläsern oder Dosen.

Zu den Leibspeisen des essfreudigen Reichskanzlers Otto von Bismarck (1815-1898) gehörte der Hering. Der Kanzler soll geäußert haben: „Wäre Hering so selten wie Kaviar oder Hummer, würde er als Delikatesse betrachtet." Die Chronisten streiten sich, wer erstmals auf die Idee kam, den Hering nach dem Gründer des Deutschen Reichs zu benennen. Im Gespräch ist ein Gastwirt in Flensburg, doch es kann auch sein, dass Stralsunder Bürger dem Kanzler eine besondere Ehre erweisen wollten. Zumindest aber hat sich die Vermutung Bismarcks erfüllt – der Hering gilt als Delikatesse.

Brathering

Frische Heringe werden in Mehl gewendet oder paniert, gebraten und dann in eine Marinade aus Wasser, Essig, Salz, Pfeffer, Wacholderbeeren, Lorbeerblatt, Senfkörnern, etwas Zucker und Zwiebelringen eingelegt. Der Handel bietet Bratheringe in der Dose und im Glas an.

Matjesfilets

Der Matjes ist ein Hering der Spitzenklasse. Er wird im besten Ernährungszustand gefangen, noch bevor sich die Geschlechtsorgane (Rogen und Milch) ausgebildet haben. Die Filets werden zunächst mild gesalzen und müssen dann mit Hilfe von biologischen Enzymen (Fermenten) etwa acht Wochen reifen. In dieser Zeit werden die anfangs festen Heringe zart, leicht verdaulich und aromatisch. Die Filets enthalten zwischen 12 und 20 % Fett und sind schon für sich allein ein Genuss. Sie werden aber auch mit Kräutern und Gewürzen, geräuchert („Lachsheringe") sowie eingelegt in Sud oder diverse Saucen usw. angeboten. Fettheringe sind im gleichen Ernährungszustand wie Matjes, jedoch stark gesalzen.

Rollmops

Diese saure Köstlichkeit besteht aus einem mit Essig marinierten Heringsfilet, das um eine geviertelte Essiggurke und ein Stück Zwiebel gerollt und mit einem Holzspieß festgesteckt wird. Die Füllung muss weniger als 20 % des Gesamtgewichts ausmachen. Ein geräuchertes Filet lässt sich genauso zum Räucher-

FISCH & MEERESFRÜCHTE

Schillerlocke

Bismarckheringe

Heringssalat

rollmops zubereiten, und der Gabelrollmops ist ein Bissen in mundgerechter Größe. Der Rollmops wird in Gläsern mit einem Sud aus Essig und Gewürzen konserviert. Beliebt ist auch Rollmops (Hering) in Gelee. Der wie oben vorbereitete Fisch ohne Holzspieß wird von Speisegelatine luftdicht umschlossen.

Wer am Abend zu tief „ins Glas geschaut" und am nächsten Morgen einen Brummschädel hat, braucht ein „Katerfrühstück". Dabei ist der Rollmops unverzichtbar. Zusammen mit viel Mineralwasser ersetzt er dem Körper jene Salze und Mineralstoffe, die durch den Alkoholkonsum übermäßig ausgeschieden wurden. Wenn der Elektrolyt-Haushalt wieder stimmt, fühlt man sich gleich viel besser.

Vollheringe (Vollfettheringe)

Vollheringe sind weibliche und männliche Heringe, die vor dem Laichen gefangen werden. Die männlichen Fische (Milchner) liefern Sperma, das als sogenannte Heringsmilch meist für Marinaden verwendet wird. Weibliche Tiere (Rogner) enthalten noch unbefruchtete Fischeier, den Rogen. Man kann ihn braten und räuchern oder gesalzen als Kaviarersatz verwenden.

Würzige Heringszubereitungen

Der Länge nach oder gerollt liegen Heringsfilets in Dosen – umgeben von würzigen Saucen (beispielsweise Tomaten-, Senf- oder Currysauce). Beliebt sind auch landestypische Zubereitungen (Schweden-Art usw.). Eine besondere Spezialität sind über Buchenholz geräucherte Heringsfilets mit Haut, die in Öl eingelegt werden (Bücklingsfilets).

Heringssalate

Heringsfilet-Stücke werden mit klein geschnittenen Zwiebeln, Essiggurken, Roten Beten, Äpfeln usw. gemischt und mit einem pikanten Dressing angerichtet.

Räucherfische

Zum Räuchern lassen sich Meeresfische und Fische aus dem Süßwasser gleichermaßen verwenden. Die beliebtesten Räucherfische sind Lachs, Aal, Stör und Forelle, doch werden auch Heringe, Makrelen, Sprotten, Heilbutt, Rotbarsch und Dornhai geräuchert.

Das Räuchern ist eine uralte handwerkliche Kunst und setzt Geschicklichkeit und Erfahrung voraus. Zuerst werden die Fische ausgeweidet, gesäubert, je nach Art filetiert und gesalzen. Lachs beispielsweise teilt man in Seiten, vom Stör schneidet man dicke, bis 2 kg schwere Filetstücke aus dem Rücken, Aal und Forelle werden am Stück geräuchert.

Beim Räuchern kommen ausschließlich Laubhölzer zum Einsatz. Sie verleihen dem Fisch sein typisches Aroma und das appetitliche Aussehen. Aal, Forelle und Stör werden etwa drei Stunden lang heiß geräuchert bei Temperaturen zwischen 60 und 80 °C. Für Lachs eignet sich vorwiegend die Kalträucherung. Dabei bleibt die Temperatur unter 30 °C und entsprechend lange – nämlich mehr als 24 Stunden – dauert der Vorgang. Nur Stremel-Lachs macht eine Ausnahme, denn er wird heiß geräuchert.

Räucherfisch ist eine Delikatesse, die es verdient, stilvoll serviert zu werden:

- Dünne Scheiben von geräuchertem Lachs legt man auf Toast und reicht Meerrettichsahne dazu. Aus Spargel und Lachs lassen sich appetitliche Röllchen zubereiten.
- Geräucherte Forellenfilets gehören zu den beliebtesten Vorspeisen. Man kombiniert sie mit Meerrettichsahne und Baguette.
- Geräucherter Aal wird filetiert, mit Salz und Pfeffer gewürzt und auf Schwarzbrot oder frischen Brötchen angerichtet. Aal mit Rührei ist ein besonderer Genuss.
- Geräucherter Stör, in etwa 2 mm dünne Scheiben geschnitten und mit Pfeffer gewürzt, harmoniert am besten mit Schwarzbrot.

Öle
& FETTE

PFLANZLICHE FETTE	282
SPEISEÖL	282
MARGARINE	287
FESTE PFLANZENFETTE	289
FRITTIEREN – ABER RICHTIG	290
TIERISCHE FETTE	292
BUTTER	292
SCHLACHTFETTE	295

ÖLE & FETTE

Öle und Fette

Neben Kohlenhydraten und Eiweiß ist Fett einer der Hauptnährstoffe. Ohne Fett gäbe es kein Leben, der menschliche Organismus ist auf die Zufuhr durch die Nahrung angewiesen. Die Problematik liegt in der eigentlich nötigen Ausgewogenheit der Ernährung bzw. darin, dass beim Essen häufig Vernunft und Genuss miteinander in Konflikt geraten.

Mit wachsendem Wohlstand in den letzten hundert Jahren ist der Fettkonsum ständig gestiegen. Denn seitdem sich jedermann vor allem Fleisch und Wurst täglich leisten kann, kommt fetteres Essen auf den Tisch. Aber auch fette Milchprodukte sowie Butter und Sahne sind beliebt – und all das aus gutem Grund: Fettes schmeckt besser, weil Fett ein hervorragender Geschmacks- und Aromaträger ist. Kein Wunder also, dass die Kalorienzufuhr heute in unseren Breiten zu durchschnittlich 40 % in Form von Fett erfolgt – und das sind nach Ansicht von Ernährungsexperten mindestens 10 % zu viel. Ärzte sehen im übermäßigen Fettkonsum die Ursache für eine Reihe von Zivilisationskrankheiten wie zu hohe Blutfettwerte oder Herz- und Kreislauferkrankungen.

Kürbiskerne

Trotzdem sollte man Fett nicht verteufeln, denn es erfüllt bedeutende Aufgaben im menschlichen Organismus:

- Fett ist der wichtigste Energiespender, denn es hat von allen Nährstoffen den höchsten Brennwert. Ein Gramm Fett enthält 9 kcal (37 kJ) und ist damit etwa doppelt so kalorienreich wie Kohlenhydrate oder Eiweiß. Wird dem Körper allerdings zu viel Fett zugeführt, lagert er den Überschuss für „Notzeiten" in Form von Fettpolstern ein.
- Fett liefert Fettsäuren, die entsprechend ihrem molekularen Aufbau in gesättigte, ungesättigte und mehrfach ungesättigte Fettsäuren unterteilt werden (siehe „Nährstoffe, Bausteine des Lebens", Seite 5). Unverzichtbar sind die mehrfach ungesättigten Fettsäuren (essenziellen Fettsäuren), da sie der Körper nicht selbst herstellen kann, aber dringend für verschiedene Körperfunktionen benötigt.
- Fett macht's möglich, dass die fettlöslichen Vitamine A, D und E für den Organismus verwertbar werden. Sie sind unentbehrlich unter anderem für die Sehkraft, den Knochenbau und das Wachstum (siehe „Nährstoffe, Bausteine des Lebens", Seite 5).
- Fett schützt innere Organe wie Niere und Gehirn und dient als Polster beweglicher Organe.

Fett kann entweder tierischer oder pflanzlicher Herkunft sein. Beide Fettarten unterscheiden sich nicht im Energiegehalt, wohl aber hinsichtlich der Fettsäuren. Tierische wie pflanzliche Fette enthalten gesättigte und ungesättigte Fettsäuren, aber jeweils in anderer Zusammensetzung.

Tierische Fette
Zu ihnen gehören Butter, Schmalz und Talg. Sie liefern vorwiegend gesättigte Fettsäuren, die man mit Maßen aufnehmen sollte. Zu große Mengen können den Cholesterinspiegel im Blut erhöhen.

Pflanzliche Fette
Sie gibt es in Form von Speiseölen sowie als feste und streichbare Fette. Die meisten Pflanzenfette sind (mit Ausnahme von Kokos- und Palmkernfett) reich an mehrfach ungesättigten Fettsäuren. Besonders hervorzuheben ist dabei die Linolsäure, die den Cholesterinspiegel im Blut senkt.

Mischungen
Es sind Streichfette, in denen pflanzliche Fette mit Joghurt, Buttermilch o. Ä. gemischt sind. Oft ist der Fettgehalt relativ niedrig. Nach Definition der Europäischen Kommission sind Streichfette „*Erzeugnisse mit einem Fettgehalt von mindestens 10 % und höchstens 90 % Massenanteil, die bei einer Temperatur von 20 °C fest bleiben. … Die Bezeichnungen ‚Butter' und ‚Margarine' dürfen nur für Erzeugnisse mit einem Fettgehalt von mindestens 80 % verwendet werden.*"

Ernährungsexperten empfehlen, gesättigte Fettsäuren aus Lebensmitteln tierischen Ursprungs im gleichen Verhältnis aufzunehmen wie mehrfach ungesättigte Fettsäuren aus pflanzlicher Kost. In der Praxis gelingt das jedoch kaum. Tierische Fette werden nämlich nicht nur pur verwendet, sondern sind in vielen Lebensmitteln versteckt. Fettes Fleisch, Wurst, Milchprodukte und Convenienceprodukte tragen mehr oder weniger unbemerkt dazu bei, dass oft zu viel tierisches Fett konsumiert wird.

Welche Art von Fettsäuren ein Nahrungsfett vorwiegend enthält, verrät seine Konsistenz. Bei Zimmertemperatur zeigt sich deutlich: Je höher der Gehalt an gesättigten Fettsäuren, desto fester ist das Fett. Und je mehr ungesättigte Fettsäuren vorhanden sind, desto weicher bzw. flüssiger ist das Fett.

Genau wie Vitamine reagieren auch Fettsäuren empfindlich auf Hitze, Licht und Sauerstoff. Das bedeutet, dass bei der Herstellung, Lagerung und Verarbeitung von Fetten und Ölen einige Inhaltsstoffe verloren gehen. Gewonnen werden die verschiedenen Produkte je nach Rohstoff durch Schmelzen, Pressen, Extrahieren oder Auswaschen. Verunreinigungen werden entfernt, bestimmte Sorten gemischt, veredelt oder gehärtet. Das Ergebnis sind im Typ sehr unterschiedliche Öle und Fette, die jeden Bedarf decken.

Spickzettel

- Fette können tierischen oder pflanzlichen Ursprungs sein.
- Fette können fest, streichfähig oder flüssig sein.
- Tierische Fette enthalten vorwiegend gesättigte Fettsäuren, die man in nicht zu großen Mengen konsumieren sollte.
- Pflanzliche Fette enthalten vorwiegend ungesättigte bzw. mehrfach ungesättigte Fettsäuren. Letztere kann der Körper nicht selbst herstellen, sie müssen deshalb mit der Nahrung zugeführt werden.

ÖLE & FETTE

Pflanzliche Fette

Speiseöl

Die im Handel angebotenen Speiseöle sind durchweg pflanzlicher Herkunft. Gewonnen werden sie aus ölhaltigen Keimen, Samen, Saaten, Kernen und Früchten ganz unterschiedlicher Pflanzen. Trägt das Öl den Namen einer Ölpflanze, besteht es zu mindestens 97 % aus diesem Rohstoff. Steht „rein" oder „sortenrein" auf der Verpackung, handelt es sich zu 100 % um das Öl der genannten Pflanze. Zur Ölgewinnung kommen dreierlei Verfahren zum Einsatz:

Extraktionsverfahren
Das Extraktionsverfahren gewährleistet die größte Ausbeute und ermöglicht die Herstellung von vergleichsweise preiswertem Öl. Die jeweiligen Rohstoffe werden nach dem Reinigen zu einem Brei zerkleinert und mit einem Lösungsmittel übersprüht, um das Öl herauszulösen. Man erhält auf diese Weise ein noch stark mit Trüb- und Schleimstoffen sowie Pflanzenresten belastetes Rohöl, das raffiniert werden muss. Dieser mechanische und chemische Reinigungsprozess entfernt auch Geruchs-, Geschmacks- und Farbstoffe. Zurück bleibt ein helles, klares, weitgehend neutrales Öl. Es ist lange haltbar und sehr hitzebeständig und eignet sich für alle Arten der Zubereitung.

Heißpressverfahren
Das Heißpressverfahren kommt ohne Lösungsmittel aus. Der Rohstoff-Brei wird erhitzt und unter starkem Druck ausgepresst. Die Ausbeute entspricht etwa der beim Extraktionsverfahren. Auch dieses Öl muss raffiniert werden.

Kaltpressverfahren
Das Kaltpressverfahren ist die schonendste und gleichzeitig teuerste Art, Öl zu gewinnen. Die zerkleinerten Rohstoffe werden weder chemisch behandelt noch erhitzt, sondern lediglich langsam und vorsichtig gepresst. Dabei bleibt das Öl allerdings nicht wirklich kalt, denn es entsteht Reibungswärme, die laut EU-Bestimmungen bis zu 60 °C erreichen darf. Unter bestimmten Voraussetzungen ist diese Temperatur durchaus erwünscht. Sie eliminiert nämlich freie Fettsäuren, die sich beispielsweise in Oliven bei längerem Lagern bilden können und den Geschmack und die Qualität des Öls mindern. Als Faustregel gilt jedoch: Je niedriger die Temperatur, desto hochwertiger das Öl, desto geringer die Ausbeute und desto höher der Preis.

Kaltgepresstes Öl wird nie raffiniert. Die hochwertigsten Sorten werden noch nicht einmal gefiltert. Man erkennt es daran, dass sich die Schwebstoffe auf dem Flaschenboden absetzen. Bei solchem Öl sind die wertvollen Fettsäuren und Vitamine in vollem Umfang erhalten. Kaltgepresste Öle schmecken kräftig und haben eine intensive Farbe, sind aber nicht sehr lange haltbar. Man sollte sie normalerweise innerhalb von etwa sechs Monaten verbrauchen. Eine doppelt so lange Haltbarkeit haben „dampfveredelte" Öle. Sie werden nach dem Filtern in einen Vakuumbehälter gefüllt und reinem Wasserdampf ausgesetzt. Er inaktiviert bestimmte Enzyme, die für das schnelle Verderben von Fett verantwortlich sind.

Auf der Verpackung von kaltgepresstem Öl steht in der Regel der Hinweis „kaltgepresst", „nativ", „naturrein" oder „naturbelassen". Sonderregelungen gibt es für Olivenöl. Verwenden sollte man kaltgepresstes Öl vorwiegend für die „kalte Küche", denn beim Erhitzen verliert es sein Aroma und die wertvollen Inhaltsstoffe.

Sorten zur Wahl
Es gibt Speiseöle, die nur aus einer Pflanzenart gewonnen werden. Andere sind Mischungen aus verschiedenen Ölen. Wird in der Bezeichnung der Pflanzenname genannt (zum Beispiel „Sonnenblumenöl"), darf kein anderes Öl beigemischt sein.

Distelöl (Safloröl)
Saflor ist eine krautige Pflanze, die auch „falscher Safran" oder „Färberdistel" genannt wird. Aus ihren Samen wird das Distelöl gewonnen. Es hat unter allen Speiseölen den höchsten Gehalt an Linolsäure (mindestens 75%) und liefert viel natürliches Vitamin E. Kaltgepresstes Distelöl schmeckt leicht nussig. Raffiniertes Distelöl besitzt kaum Geschmacksstoffe und eignet sich gut zum Kochen und Braten. Distelöl kommt auch als Diät-Speiseöl auf den Markt und wird zu hochwertigen Margarinesorten verarbeitet.

Erdnussöl

Maiskeimöl

Leinöl

Distelöl

Kürbiskernöl

Erdnussöl
Erdnüsse enthalten viel Fett und sind deshalb als Lieferanten für Öl begehrt. Es wird mit Hilfe des Extraktionsverfahrens gewonnen und raffiniert. Erdnussöl ist klar und fast farblos und schmeckt sehr mild. Es enthält bis zu 80 % ungesättigte Fettsäuren, wobei durchschnittlich 31 % auf Linolsäure entfallen. Erdnussöl wird häufig für die Margarineherstellung verwendet.

Haselnussöl
Haselnussöl wird aus den Kernen des Hanselnussstrauchs gewonnen, kaltgepresst und in der Regel raffiniert. So entsteht ein gelbes bis gelbbraunes, klares Öl mit nussartigem Geruch und Geschmack. Es eignet sich nur für kalte Gerichte und kann vor allem Salaten eine besondere Note geben.

Kürbiskernöl
Das bekannteste Kürbiskernöl stammt aus der Steiermark. Speziell für die Ölgewinnung wird eine bestimmte Kürbissorte angebaut, die pro Stück durchschnittlich 150 Kerne liefert. Für einen Liter Öl benötigt man rd. 2,5 kg getrocknete Kerne aus etwa 30 Kürbissen. Die Kerne werden kaltgepresst und ergeben auf Grund ihres Chlorophyll- und Karotingehalts ein tief dunkelgrünes Öl. Der Geschmack ist ausgeprägt nussig und unverwechselbar. Kürbiskernöl enthält viele Vitamine, Mineralstoffe und Spurenelemente. Damit davon nichts verloren geht, sollte man Kürbiskernöl nur kalt verwenden. Bei dunkler und kühler Lagerung unter 20 °C hält das Öl bis zu zwölf Monate. Angebrochene Flaschen sind im Kühlschrank am besten untergebracht.

Leinöl
Hergestellt wird Leinöl aus den reifen Samen von Flachs (Lein). Für die Speiseölgewinnung beschränkt man sich vorwiegend auf die Kaltpressung. Leinöl ist gelbgrün und hat einen würzigen Geschmack. Er kann, bedingt durch den hohen Gehalt an ungesättigten Fettsäuren, bei längerer Lagerung bitter werden. Deshalb kauft man Leinöl besser nur in kleinen Mengen, die schnell verbraucht werden.

Maiskeimöl
Aus den fettreichen Keimen der Maiskörner wird Maiskeimöl vorwiegend durch Extraktion gewonnen. Es ist gelb und neutral im Geschmack und wird vielfach zur Margarine-Herstellung verwendet. Maiskeimöl gilt als besonders hochwertig, weil es bis zu 85 % ungesättigte Fettsäuren enthält, davon über die Hälfte mehrfach ungesättigt. Auch Vitamin E ist viel vorhanden. Die meisten „inneren Werte" hat kaltgepresstes und unraffiniertes Maiskeimöl, das zudem viel Lezithin bietet und meist im Naturkost- oder Reformbereich angeboten wird. Dieses Öl sollte man nur für kalte Speisen verwenden.

 Tipps für Kürbiskernöl

- Qualität hat auch beim Kürbiskernöl ihren Preis. Billig-Ware aus Osteuropa oder China oder „gestrecktes" Kürbiskern-Salatöl kann hochwertigem Kürbiskernöl mit geschützter geografischer Herkunftsbezeichnung (zum Beispiel aus der Steiermark) nicht „das Wasser reichen".
- Kürbiskernöl darf weder bitter noch nach Fruchtfleisch oder Fett schmecken.
- Qualität zeigt sich unter anderem darin, dass ein Tropfen Kürbiskernöl auf einem Salatblatt nicht zerfließt, sondern haftet.

ÖLE & FETTE

Mandelöl

Natives Olivenöl

Olivenöl

Mandelöl

Mandelöl ist eine echte Spezialität und nicht überall zu haben. Für die Gewinnung werden süße Mandeln verwendet, die über 60 % Öl enthalten können, das vorwiegend aus Öl- und Linolsäure besteht. Raffiniertes Mandelöl ist hellgelb, kaltgepresstes Öl dunkelgelb. Die dünnflüssigen Produkte schmecken mild und haben einen charakteristischen Geruch. Man darf Mandelöl erhitzen, aber nicht zum Braten verwenden. Es verfeinert beispielsweise Gemüse, indem man das Öl kurz vor dem Servieren unterrührt. Lecker ist auch Müsli mit Joghurt und Mandelöl. Wegen der Lichtempfindlichkeit sollte das Öl dunkel aufbewahrt werden.

Mohnöl

Mohnöl ist ein Produkt aus dem Delikatess-Sortiment. Das Öl wird aus den reifen Samenkapseln des rot blühenden Grau- und Blaumohns vorwiegend durch Kaltpressung gewonnen. Mohnöl ist reich an mehrfach ungesättigten Fettsäuren. Es schmeckt zart nussig und intensiv aromatisch und passt zu Salaten, Rohkost, Gemüse, Nachspeisen und Müsli.

Olivenöl

Der Olivenbaum ist eine der ältesten Kulturpflanzen der Erde und kann bis zu 1000 Jahre alt werden. Das klassische Anbaugebiet ist der Mittelmeerraum. Von hier stammen 75 % der Welt-Olivenproduktion. Das begehrte Olivenöl liefern die Früchte des Baums. Sie werden samt den Kernen zerkleinert, der Brei wird kaltgepresst. Das Ergebnis ist eine Flüssigkeit aus Öl und Wasser. In einer Zentrifuge wird das Öl abgetrennt und anschließend gefiltert, um trübe Bestandteile zu entfernen. Unvollständig gefilterte Öle kommen als naturtrübe Produkte in den Handel. Raffiniert wird Olivenöl nur dann, wenn es zu viele freie Fettsäuren enthält.

Olivenöl muss nach Oliven schmecken und riechen. Den individuellen Charakter eines Produkts bestimmt jedoch seine Herkunft. So kann ein Öl mild oder kräftig fruchtig schmecken oder auch ein Begleitaroma beispielsweise nach Äpfeln, Kräutern, Artischockenblättern oder Bittermandeln haben. Den Geruch darf man nicht überbewerten. Auch mild riechendes Olivenöl kann kräftig schmecken. Die Färbungen reichen von zartem über intensives Gelb bis hin zu Olivgrün und werden von der Olivensorte, der Anbauregion und dem Erntezeitpunkt bestimmt. Der Handel bietet Olivenöl hauptsächlich in den Güteklassen „Natives Olivenöl extra", „Natives Olivenöl" und „Olivenöl" an:

- *Natives Olivenöl extra* ist naturreines Öl der höchsten Qualitätsstufe. Es handelt sich um das erste Öl, das durch sanften Druck aus dem Olivenbrei fließt. Es schmeckt mild-aromatisch und hat eine hellgrüne Farbe. Dieses „jungfräuliche Öl" kennt man auch noch unter der Bezeichnung „extra vergine" oder „kaltgepresst". Es ist das teuerste Olivenöl, denn die Ausbeute beim Pressen liegt nur bei etwa 12 %.
- *Natives Olivenöl* ist ebenfalls naturrein. Es enthält jedoch mehr freie Fettsäuren, sodass es geschmacklich nur zu einer mittleren Qualität reicht. Olivenöl ist ein Verschnitt aus raffiniertem und nativem Olivenöl. Es hat einen milden Geschmack und riecht unter Hitzeeinwirkung weniger stark als anderes Öl.
- *Oliventresteröl* gewinnt man aus dem Trester (Rückstand aus Kernen, Schalen und Fruchtfleisch), der nach dem Pressen von Oliven zurückbleibt. Lösungsmittel entziehen den letzten Rest von Öl. Rohes Oliventresteröl ist nicht zum Verzehr geeignet. Es wird raffiniert und kommt gemischt mit nativem Olivenöl auf den Markt.

Olivenöl ist seit Jahrtausenden fester Bestandteil der als besonders gesund geltenden Ernährungsweise in den Mittelmeerländern. Es enthält bis zu 80 % Ölsäure – eine einfach ungesättigte Fettsäure, die zu einer Senkung des Cholesterinspiegels im Blut beitragen kann. Außerdem ist Olivenöl reich an Vitamin E. In der Küche eignet es sich für kalte wie auch für warme Speisen. Zum Braten und Frittieren verwendet man am besten die Güteklasse „Olivenöl", denn diese Sorte ist bis zu 210 °C erhitzbar. „Natives Olivenöl" sollte nicht heißer als 180 °C werden, damit der gute Geschmack erhalten bleibt. Wenn Olivenöl dunkel und nicht über 16 °C gelagert wird, hält es mindestens 18 Monate.

> ### 👍 Tipps für Olivenöl
> - Ein paar Tropfen Olivenöl, vor dem Servieren an gedünstetes Gemüse gegeben, runden den Geschmack ab.
> - Fleisch wird beim Braten oder Grillen besonders zart, wenn man es zuvor einige Stunden in eine Marinade aus Olivenöl, Thymian, Pfeffer und Knoblauch legt.
> - Eine köstliche Vorspeise: geröstete Weißbrotscheiben mit fein gehacktem Knoblauch bestreichen und mit Olivenöl beträufeln.

Rapsöl

Sesamöl

Sojaöl

Haselnussöl

Rapsöl

Raps zählt in Deutschland zu den bedeutendsten Kulturpflanzen, und etwa 74 % der angebauten Rapssaat werden zu Speiseöl verarbeitet. Zurzeit deckt dieses Öl hierzulande rd. 58 % des Speiseölbedarfs, und das meist unbemerkt. Häufig ist Rapsöl nämlich Teil einer Mischung, die schlicht als „Pflanzenöl", „Speiseöl" oder „Tafelöl" in den Handel kommt. Auch das für Margarine verwendete Öl ist zu ca. 45 % Rapsöl.
Seit Mitte der 80er Jahre gibt es pures Rapsöl, das sich durchaus mit den hochwertigsten Ölen messen kann. Was die Fettsäuren betrifft, weist kein anderes Öl eine ernährungsphysiologisch derart günstige Zusammensetzung auf. Rund 90 % der in Rapsöl vorkommenden Fettsäuren sind ungesättigt und davon mehr als die Hälfte einfach ungesättigt. Der Gehalt an Cholesterin beeinflussender Ölsäure wird nur noch von Olivenöl übertroffen, das aber nicht wie Rapsöl über ein solch optimales Verhältnis zwischen Linolen- und Linolsäure verfügt. Neben Seefisch ist Rapsöl der wichtigste Lieferant für Omega-3-Fettsäuren.

Der Handel bietet Rapsöl in zwei Sorten an:
- *Feines Rapsöl* ist die gängige Bezeichnung für das raffinierte Produkt. Es ist hellgelb, schmeckt und riecht neutral und lässt sich bis 180 °C erhitzen. In der geschlossenen Flasche bleibt die Qualität bis zu vier Jahre unverändert.
- *Kaltgepresstes Rapsöl* hat eine honig- bis bernsteingelbe Farbe und einen nussigen Geschmack. Es eignet sich nur für kalte oder leicht erwärmte Gerichte und ist höchstens sechs Monate haltbar.
- Etwas milder im Geschmack sind Produkte mit dem Hinweis *„dampfveredelt"* oder *„Rapsöl erster Pressung"*. Sie werden mit Wasserdampf behandelt, was die Haltbarkeit auf etwa ein Jahr erhöht.

Sesamöl

Sesamöl wird aus den hellen und dunklen Samen der tropischen Sesampflanze gewonnen. Helles Sesamöl benötigt vor allem die Margarine-Industrie, es wird meist raffiniert und schmeckt neutral. Dunkles Sesamöl verwendet man in der asiatischen Küche für Salate, zum Marinieren von Fleisch und für Wok-Gerichte. Es entsteht aus gerösteten Samen, ist vorwiegend kaltgepresst und hat einen leicht nussigen Geschmack. Kaltgepresstes Sesamöl sollte nach dem Öffnen der Flasche innerhalb von zwei Monaten verbraucht werden.

Sojaöl

Sojabohnen sind mit etwa 18 % Fettgehalt so wenig ergiebig, dass sich Pressen nicht lohnt. Das Öl wird deshalb vorwiegend durch Extrahieren gewonnen und anschließend raffiniert. Da aber die Sojabohne als Futterpflanze in großen Mengen angebaut wird, ist das Öl ein reichlich anfallendes Nebenprodukt.

Zum Einsatz kommt Sojaöl vor allem in Speise- und Tafelöl-Mischungen, Margarine, Back- und Frittierfetten sowie in Fischkonserven. Es enthält bis zu 65 % mehrfach ungesättigte Fettsäuren, hat einen milden Geschmack und eine hellgelbe Färbung. In der Küche ist Sojaöl ein echtes Allround-Produkt.

Spickzettel

- Pflanzliches Fett gibt es als flüssiges Öl sowie in streichfähiger und fester Form.
- Kaltgepresste Speiseöle enthalten Aromastoffe und Vitamine und sollten beim Kochen nicht stark erhitzt werden.
- Raffinierte Pflanzenöle schmecken neutral, sind hitzestabil und dadurch in der Küche vielseitig verwendbar.

Tipps für den Umgang mit Fett

- Fett spritzt angeblich nicht, wenn man erst etwas Salz und dann das Fleisch in die Pfanne gibt.
- Eine Prise Salz soll Speiseöl in der Flasche klar und dünnflüssig halten.
- Ob Fett die richtige Brattemperatur hat, lässt sich einfach testen: den trockenen Stiel eines Holzkochlöffels ins Fett halten. Steigen ringsum kleine Bläschen auf, kann das Fleisch hinein.

ÖLE & FETTE

Sonnenblumenöl

Walnussöl

Sonnenblumenöl
Große Felder mit goldgelben Sonnenblumen kennt man vor allem aus Frankreich und Osteuropa, doch auch im Süden Deutschlands gehören sie wieder zum Sommer. Wenn die Köpfe schwer werden, haben sich im Blütenkorb die Samen ausgebildet, bis zu 2000 Kerne pro Blume. In den Kernen steckt das begehrte Sonnenblumenöl. Es enthält etwa 65 % ungesättigte Fettsäuren, die vorwiegend aus Linolsäure bestehen, und ist reich an Vitamin E.

Kaltgepresstes (natives) Sonnenblumenöl ist gelblich gefärbt und verleiht mit seinem nussigen Aroma kalten Speisen einen individuellen Geschmack. *Extrahiertes* und *raffiniertes Öl* schmeckt neutral. Raffiniertes Sonnenblumenöl wird vielfach zur Margarine-Herstellung verwendet.

Bei niedrigen Temperaturen kann es passieren, dass Sonnenblumenöl trüb wird. Der Qualität tut das keinen Abbruch, wohl aber dem optischen Eindruck. Lösen lässt sich das Problem mit Hilfe der Winterisierung. Dabei wird Sonnenblumenöl auf 5 bis 10 °C gekühlt, die sich bildenden Trübstoffe werden abgetrennt. Durch diese Behandlung bleibt Sonnenblumenöl sogar im Kühlschrank klar.

In Russland bezeichnet man Sonnenblumenöl als „Fastenöl". Einst soll ein Bauer den wertvollen Inhalt der kleinen Kerne erkannt und geschickt genutzt haben. Er presste das Öl aus und verwendete es während der langen Fastenzeit anstelle des verbotenen tierischen Fetts. Dass dieses Beispiel alsbald Schule machte, zeigte sich schon bald an weiten Sonnenblumenfeldern um das Heimatdorf des findigen Bauern.

Traubenkernöl
Trauben liefern Saft und Wein und als rare Spezialität das Traubenkernöl. Es wird durch Kaltpressung oder Extrahieren aus den Kernen gewonnen, die jedoch lediglich 6 bis 20 % Öl enthalten. Traubenkernöl besteht bis zu 90 % aus ungesättigten Fettsäuren (vor allem Linolsäure) und ist üppig ausgestattet mit Vitamin E. Extrahiertes Traubenkernöl ist hellgelb und geschmacksneutral. Kaltgepresstes Öl hat eine leicht trübe gold-grüne Färbung. Es schmeckt nussig und intensiv nach Frucht. Verwendet wird es vor allem für Salate und Rohkost, aber auch als Beize für Fisch und Fleisch oder als Zutat für verschiedene Dips. Außerdem kann man mit Traubenkernöl braten. Ob extrahiert oder kaltgepresst, jede Sorte besitzt einen hohen Rauchpunkt und lässt sich bis 220 °C erhitzen.

Walnussöl
Wer seinen Salat gern nussig mag, sollte ihn mit Walnussöl anmachen. Hergestellt wird es aus gut ausgereiften Walnusskernen. 2 bis 3 kg große Nüsse aus Südeuropa, Nordafrika und Asien ergeben etwa einen Liter Öl, das überwiegend durch Kaltpressung gewonnen wird. Haupterzeugerland ist Frankreich, wo die Kerne vor dem Pressen langsam geröstet werden, was dem Öl ein ganz besonderes Aroma verleiht. Walnussöl ist klar, die Färbung reicht von grünlich über hellgelb bis goldgelb, der Geschmack ist unverwechselbar nussig. Das Öl besteht zu ca. 90 % aus mehrfach ungesättigten Fettsäuren (vor allem Linolsäure). Da es von Haus aus eher wenig Vitamin E enthält, wird dieses meist zugesetzt. Verwendet wird Walnussöl vor allem für Salate. Es harmoniert unter anderem hervorragend mit Himbeer- oder Sherryessig. Auch Gemüse (Öl kurz vor dem Servieren unterheben), Desserts, Müsli und Joghurt lassen sich mit Walnussöl verfeinern. Erhitzen sollte man es nicht und nach dem Öffnen der Flasche auch nicht länger als sechs Monate aufbewahren.

Weizenkeimöl
Goldgelbes Weizenkeimöl wird aus dem wertvollsten Teil von Getreide, nämlich den Keimen gepresst. Es zeichnet sich aus durch ein zartes Getreidearoma und wertvolle Inhaltsstoffe. Bemerkenswert sind die Vitamine der B-Gruppe und vor allem Vitamin E, von dem 215 mg in 100 g Öl enthalten sind. Weizenkeimöl sollte man möglichst frisch und nur für kalte Speisen verwenden. Angeboten wird es auch als Diät-Öl.

Öl-Mischungen
Mischungen aus verschiedenen raffinierten Pflanzenölen werden als „Speiseöl", „Tafelöl" oder „Pflanzenöl" bezeichnet und kommen meist unter einem Markennamen in den Handel. Ein Hinweis auf die verwendeten Öle ist nicht erforderlich. Wenn er jedoch erfolgt, müssen alle entsprechend ihrer Art und ihrem Anteil aufgelistet werden. Öl-Mischungen enthalten meist weniger ungesättigte Fettsäuren als sortenreine Öle, und die beim Raffinieren verlorenen Vitamine werden häufig nachträglich zugesetzt. Speise-, Tafel- oder Pflanzenöl ist preiswert und eignet sich für alle Zubereitungsarten, also auch zum Braten und Frittieren.

Diät-Speiseöle
Diese hochwertigen Speiseöle können aus mehreren Pflanzenölen bestehen und haben den höchsten Gehalt an essenziellen Fettsäuren und Vitaminen. Linolsäure muss zu mindestens 70 % enthalten sein. Diät-Speiseöle schmecken neutral und sollten nur für kalte Speisen verwendet werden, damit alle wertvollen Inhaltsstoffe erhalten bleiben.

Pflanzenmargarine

Haushaltsmargarine

Margarine

Margarine ist ein streichfähiges Fett. Sie eignet sich – je nach Sorte – zum Kochen, Backen, Braten und als Brotbelag. Margarine spritzt nicht beim Erhitzen und ist auch gekühlt noch geschmeidig. Im Laufe der Jahrzehnte wurde der Geschmack ständig verbessert, sodass Margarine heute als echte Konkurrenz für Butter gilt.

Die Bezeichnung „Margarine" prägte schon 1819 der Pariser Chemie-Professor Michel Eugène Chevreul. Er entdeckte bei seinen Forschungen über Rinderfett wie Perlen glänzende Kristalle im Reagenzglas und nannte sie „Margarinsäure", abgeleitet vom griechischen Wort „margaron" für „Perle". Geschmolzener Rinder-Feintalg erhielt die Bezeichnung „Oleomargarin" und war lange Zeit der wichtigste Rohstoff für Margarine.

Erfunden wurde die Margarine jedoch nicht von Chevreul, sondern erst fünfzig Jahre später von Hypolite Mège-Mouriès. Der Apotheker-Assistent beschäftigte sich vorwiegend auf dem Nahrungsmittelsektor und wurde von Chevreul gefördert. Auf dessen Vermittlung hin erhielt Mège-Mouriès den Auftrag von Kaiser Napoleon III., nach einem preiswerten Ersatz für Butter zu suchen, um die Verpflegung der Soldaten zu verbilligen. Und tatsächlich gelang es Mège-Mouriès, ein Streichfett auf der Basis von Rindertalg und Magermilch herzustellen. Er nannte das neue, schön glänzende Produkt „Margarine" und ließ sich das Herstellungsverfahren 1869 patentieren.

Schon bald wurde Margarine über die französischen Grenzen hinaus bekannt und geschmacklich immer weiter verbessert. Um eine Verwechslung mit Butter auszuschließen, erließ der deutsche Kaiser Wilhelm II. 1897 ein Margarine-Gesetz. Demnach durfte Margarine nur als quadratischer Würfel, abgestumpfter Kegel oder in einem runden Becher angeboten werden. Vorgeschrieben waren auch der Aufdruck „Margarine" und ein roter Signalstreifen auf der Verpackung. Um reine Butter eindeutig von einem Margarine-Butter-Gemisch unterscheiden zu können, musste der Margarine grundsätzlich Kartoffelmehl zugegeben werden, das sich bei einer chemischen Untersuchung leicht feststellen ließ. Erst 1985 wurden diese Vorschriften aufgehoben. Seither kann Margarine auch im typischen Butter-Format angeboten werden.

Die Verwendung von Rindertalg ist bereits seit 1902 nicht mehr erforderlich. Denn damals fand der deutsche Chemiker Wilhelm Normann heraus, dass man flüssige Öle mit Hilfe von reinem Wasserstoff härten kann. Von nun an wurde der Rindertalg durch feste Pflanzenöle ersetzt, und dabei ist es bis heute geblieben.

Margarine ist ein streichfähiges Emulsionsfett, das zu mindestens 80 % aus Fett besteht. Vorwiegend verarbeitet man pflanzliche Öle wie Soja-, Sonnenblumen-, Raps-, Erdnuss-, Baumwollsaat- und Maisöl, außerdem Kokos- und Palmfett. Neben Öl enthält Margarine Wasser und/oder Magermilch, Emulgatoren (zum Beispiel Lezithin), den natürlichen Farbstoff Beta-Karotin, Salz, Säuerungsmittel und Aromastoffe. Zugesetzte Vitamine müssen ausgewiesen sein, ebenso wie Sorbinsäure. Nur dieser Konservierungsstoff ist zugelassen, wird aber selten eingesetzt.

Bei der Margarine-Herstellung werden – vereinfacht gesagt – raffinierte flüssige Öle mit den verschiedenen Zutaten vermischt und in einen festen bzw. streichfähigen Zustand versetzt. Da sich Öl und Wasser bzw. wasserhaltige Flüssigkeiten naturgemäß gegenseitig abstoßen, wird die notwendige innige Verbindung durch ein Verfahren erreicht, das man Emulgieren nennt.

Der erste Schritt besteht darin, die Fette mit fettlöslichen Vitaminen, Emulgator und Farbstoff zu mischen. Dann wird eine flüssige Lösung aus Wasser, entrahmter Milch (eventuell mit Milchsäurebakterien versetzt) und Salz hergestellt. Die beiden Gemische aus Fett und Flüssigkeit werden nun zu einer cremigen Masse emulgiert und anschließend in einem Schnellkühler zu streichfähiger Margarine gewalzt und geknetet. Der gesamte Vorgang erfolgt unter Luftausschluss, ist in wenigen Minuten beendet und das Produkt kommt zu keinem Zeitpunkt mit Menschenhand in Berührung.

ÖLE & FETTE

Diät-Margarine

Halbfettmargarine

Margarine in Variationen
Der Handel bietet sehr unterschiedliche Margarine-Sorten an, die meist einen Markennamen tragen. Auf der Verpackung steht jedoch auch die jeweilige Verkehrsbezeichnung, die den Hersteller zur Einhaltung bestimmter Kriterien verpflichtet.

Margarine
Margarine kann aus pflanzlichen und/oder tierischen Fetten bestehen. Sie enthält mindestens 80 aber höchstens 90 % Fett, wobei der Milchfettanteil höchstens 3 % des Fettgehalts betragen darf.

Haushaltsmargarine/Standardmargarine
Dieses einfache Produkt kann aus pflanzlichen oder tierischen Fetten oder aus einer Mischung beider Fettarten bestehen. Der Anteil ungesättigter Fettsäuren ist geringer als bei anderen Sorten. Haushaltsmargarine verträgt höhere Temperaturen und wird in erster Linie zum Kochen, Braten und Backen verwendet.

Pflanzenmargarine
Der Hinweis „pflanzlich" kann zusammen mit der Verkehrsbezeichnung verwendet werden, wenn das Produkt mindestens 98 % pflanzliches Fett enthält. Wird auf eine bestimmte Ölpflanze verwiesen (zum Beispiel „Sonnenblumenmargarine"), stammen von ihr in der Regel 98 % des Fetts. Tierische Fette werden generell bis zu 2 % toleriert. In den zu Pflanzenmargarine verarbeiteten Fetten müssen mehr als 50 % der Fettsäuren in ihrer natürlichen Form enthalten sein. Der Anteil an Linolsäure hat bei mindestens 15 % zu liegen. Ein als „linolsäurereich" bezeichnetes Produkt enthält mindestens 30 % Linolsäure. Häufig sind diese Margarinesorten mit den Vitaminen A, D und E in vorgeschriebener Höhe angereichert, was auch in der Zutatenliste vermerkt ist. Um die wertvollen Inhaltsstoffe zu schonen, sollte linolsäurereiche Margarine nur kalt verwendet werden.

Halbfettmargarine
Sie muss mindestens 39 % und darf höchstens 41 % Fett enthalten. Damit ist Halbfettmargarine bedeutend kalorienärmer. Wegen ihres hohen Wassergehalts eignet sie sich jedoch nicht zum Braten. Die Verpackung informiert über die empfohlene Verwendung.

Dreiviertelfettmargarine
Dieses auch als „fettreduzierte Margarine" bezeichnete Produkt kann bis zu 62 % Fett enthalten. Damit ist der Wasseranteil so gering, dass sich Dreiviertelfettmargarine auch zum Braten, Kochen und Backen verwenden lässt.

Diät-Margarine
Wird Margarine oder Halbfettmargarine mit dem Hinweis „Diät" oder „Diätetisch" verkauft, darf das Produkt nur aus pflanzlichen Ölen und Fetten bestehen. Diät-Margarine enthält mindestens 50 % mehrfach ungesättigte Fettsäuren im Gesamtfett. Auf der Verpackung kann stehen „besonders reich an mehrfach ungesättigten Fettsäuren". Der Gehalt an Natrium beträgt höchstens 40 mg auf 100 g, was zum Hinweis „streng natriumarm" berechtigt. Man sollte Diät-Margarine nicht erhitzen.

Reformhaus-Margarine
Für die Herstellung werden ausschließlich natürliche Zutaten und ungehärtete, nicht umgeesterte Pflanzenöle und Fette verwendet. Teilweise sind die Öle kaltgepresst. Reformhaus-Margarine ist streng kochsalzarm. Sie wird auch als Diät-Margarine angeboten.

Margarineschmalz
Man nennt sie auch „Schmelzmargarine" und verwendet sie wie Butterschmalz zum Braten, Kochen und Backen. Margarineschmalz enthält mindestens 99 % tierisches oder pflanzliches Fett und ist damit quasi wasserfrei.

Novel-Food-Margarine
Neuartige Produkte, die innerhalb der EU nicht oder nur in sehr geringem Umfang verbreitet sind, fallen unter die Novel-Food-Verordnung und müssen ein Zulassungsverfahren durchlaufen. Dazu gehören Streichfette, die gegen überhöhten Cholesterinspiegel wirken sollen. Sie enthalten Phytosterine, (sekundäre Pflanzenstoffe), die die Aufnahme von Cholesterin aus der Nahrung und die Bildung von Cholesterin im Körper selbst mindern. Allerdings muss der Verbraucher täglich eine bestimmte Menge Phytosterine essen (weswegen es mittlerweile eine Range dieser Produkte gibt). Kritiker sind der Meinung, dass diese cholesterinsenkenden Produkte Arzneimittel sind.

Margarine-Spezialitäten
Koch- oder Tafelmargarine
Sie wird in Gastronomie und Gemeinschaftsverpflegung zum Kochen und Braten verwendet. Für den gewerblichen Bedarf unterscheidet man Backmargarine, Ziehmargarine (vorwiegend zur Herstellung von Blätterteig) und Crememargarine (zur Herstellung von Füllungen und Garnierungen).

Gehärtete Fette
Durch das Härten werden die physikalischen und ernährungsphysiologischen Eigenschaften eines Fetts verändert. So lässt sich flüssiges Öl in streichfähiges oder festes Fett verwandeln, das unter anderem in der Margarineherstellung sowie als Koch-, Brat-, Back- oder Siedefett Verwendung findet. Allerdings werden bei dem Verfahren die besonders gesunden ungesättigten Fettsäuren ganz oder teilweise in gesättigte Fettsäuren umgewandelt, von denen man bekanntlich weniger aufnehmen sollte. Außerdem entstehen beim Härten sogenannte Transfettsäuren, die für eine Erhöhung des Cholesterinspiegels verantwortlich sein können. Ernährungsexperten raten deshalb dazu, den Konsum an gehärteten Fetten einzuschränken.

Feste Pflanzenfette

Kokosfett

Palmkernfett

Wenn es in der Küche heiß hergeht, muss Fett seine Belastbarkeit beweisen. Beim Braten und Frittieren ist normales Pflanzenöl (mit wenigen Ausnahmen) überfordert. Es spritzt, qualmt und verbrennt bei hohen Temperaturen. Festes Pflanzenfett dagegen läuft selbst bei großer Hitze zur Hochform auf.
Eine Faustregel bringt es auf den Punkt: Je mehr ungesättigte Fettsäuren ein Pflanzenfett enthält, desto weicher bzw. flüssiger ist es. Und je mehr gesättigte Fettsäuren vorhanden sind, desto härter ist das Fett. Dieses feste Pflanzenfett hat einen entscheidenden Vorteil: Der hohe Rauchpunkt erlaubt langes Erhitzen bis zu 280 °C. Auch schadet es der Qualität nicht, wenn das Fett abkühlt, erneut erhitzt oder gelagert wird. Festes Pflanzenfett enthält kein Wasser, schmeckt weitgehend neutral, ist unempfindlich gegenüber Luftsauerstoff und dadurch lange haltbar.

Lieferanten für feste Pflanzenfette sind zum einen Kokosnüsse, zum anderen die Früchte der Ölpalme, die in Westafrika und Südostasien wächst. Aus den jeweiligen Rohstoffen wird durch Pressen oder Extrahieren flüssiges Fett gewonnen, in Formen gegossen und durch leichte Kühlung zum Erstarren gebracht. Dementsprechend kommen feste Pflanzenfette als eckige Stücke oder Platten in den Handel („Plattenfett"). Diese Produkte bleiben bei Zimmertemperatur unverändert fest und schmelzen erst beim Erhitzen.

Der Bedarf an festem Pflanzenfett ist mittlerweile so groß, dass er sich nicht mehr allein durch Fette mit natürlicher Festigkeit decken lässt. Der Ausweg: Andere Fette, die bei Zimmertemperatur flüssig bleiben, werden künstlich gehärtet. Das am häufigsten praktizierte Verfahren ist das Hydrieren. Dabei wird Wasserstoff unter Druck und hohen Temperaturen am Fett angelagert. Dadurch verändert sich der molekulare Zustand der ungesättigten Fettsäuren so, dass in gewissem Ausmaß gesättigte Fettsäuren entstehen. Jetzt ist das Fett in der Lage, bei Zimmertemperatur zu erstarren. Doch zuvor wird es noch raffiniert, um den neutralen Geschmack und eine helle Farbe zu erzielen.

Kokosfett
Aus Kopra, dem fettreichen getrockneten Kernfleisch der Kokosnuss, wird Kokosfett hergestellt. Kopra enthält bis zu 70 % Fett, das erst bei einer Temperatur um 30 °C zu schmelzen beginnt. Kokosfett ist rein weiß, schmeckt leicht nach Nüssen und hat einen zarten Schmelz. Der Handel verkauft es unter Bezeichnungen wie „Reines Kokosfett" oder „100 % Kokosfett". Die Industrie verwendet es für die Margarine-Herstellung oder als Überzugsmasse für Süßwaren.

Palmkernfett
Den getrockneten Samenkernen aus den Früchten der Ölpalme wird durch Wärmezufuhr und Extrahieren das Fett entzogen. Dieses Kernfett gleicht dem Kokosfett in Geschmack und Farbe, enthält aber mehr Ölsäure. Palmkernfett eignet sich zum Kochen, Braten und Backen und findet – wie Kokosfett – auch in der Margarine-Herstellung Verwendung.

Palmöl
Es wird aus dem zuvor von Samenkernen befreiten Fruchtfleisch der Ölpalme gepresst. Beim Erstarren nimmt es eine butterähnliche Konsistenz an. Palmöl ist orangerot, was auf einen hohen Karotin-Gehalt (Provitamin A) hinweist. In Margarine sorgt der Palmöl-Zusatz für eine schöne Farbe und den gewünschten Vitamingehalt. Bei der Verarbeitung zu Speisefett wird Palmöl gebleicht. Es hat dann eine gelbliche Färbung und einen neutralen Geschmack.

Soft-Fette
Ein pflanzliches Fett, das sich stark erhitzen lässt, ohne zu verbrennen, bei Zimmertemperatur nicht zerläuft und selbst in gekühltem Zustand noch streichfähig bleibt – das gibt es tatsächlich. Die geschmeidigen Soft-Fette vereinen die guten Gebrauchseigenschaften von festem Fett und Speiseöl. Sie schmecken neutral und lassen sich problemlos über 200 °C erhitzen. Hergestellt werden Soft-Fette entweder aus gehärtetem Fett oder durch Mischen fester und flüssiger Fette. Man spricht in diesem Zusammenhang von „Umesterung". Dabei werden die Fettsäuren in einem Fett zwar nicht verändert, aber umgelagert und das Schmelzverhalten bzw. die Festigkeit verändert sich.

Pflanzencreme
Diese Pflanzenfett-Zubereitung ist cremig-flüssig und besteht aus pflanzlichen Ölen, Wasser, Sauermolke, Emulgator, Lezithin, Salz, Sorbinsäure zur Konservierung, Säuerungsmittel, Zitronensäure, Aroma (zum Beispiel Butteraroma), Farbstoff und Karotin. Geeignet ist Pflanzencreme zum Braten, Kochen, Dünsten, Abschmelzen, Backen und Verfeinern. Die richtige Fetttemperatur zum Braten ist erreicht, wenn keine Bläschen mehr zu sehen sind.

ÖLE & FETTE

Country Wedges

Frittieren – aber richtig

Ob Frittiertes schön knusprig und optimal gebräunt ist und köstlich schmeckt, hängt im Prinzip von vier Kriterien ab: dem Fett, der Frittiertemperatur, dem richtigen Umgang mit dem Frittiergut und der Fettpflege.

Fett

Nicht jedes x-beliebige Fett ist zum Frittieren geeignet. Das Fett muss hohe Temperaturen ertragen, ohne zu verbrennen. Es darf nicht spritzen, und es soll neutral schmecken. Empfehlenswert sind raffinierte Pflanzenöle wie Sonnenblumenöl, Sojaöl oder einfaches Olivenöl mit einem Rauchpunkt von 225 bis 240 °C. Auch festes Pflanzenfett, das ausdrücklich zum Frittieren empfohlen wird, verspricht ein gutes Ergebnis. Man zerteilt die Riegel in kleine Stücke und legt sie zum Schmelzen auf den Boden der Fritteuse oder des Frittiertopfs (auf keinen Fall in den Frittierkorb).

Wie viel Fett man zum Frittieren braucht, hängt von der Menge des Frittierguts ab, denn es will schwimmen. Je 100 g Frittiergut sind ein bis eineinhalb Liter Fett erforderlich.

Temperatur

Fachleute raten dazu, Frittierfett nicht über 175 °C zu erhitzen – selbst dann nicht, wenn der Zubereitungshinweis zum Beispiel auf einer Pommes-Frites-Verpackung eine höhere Temperatur nennt. Der Grund: Werden bestimmte Lebensmittel beim Braten oder Frittieren zu stark erhitzt, können gesundheitsschädliche Stoffe entstehen. Betroffen sind vor allem Produkte aus Getreide oder Kartoffeln, da sie Zucker (Glucose, Fructose) und die Aminosäure Asparagin enthalten. Diese Bausteine reagieren miteinander, wodurch sich das Krebs erregende Acrylamid bildet. Abgesehen davon sind Temperaturen über 190 °C für das Frittiergut ohnehin unbekömmlich. Es wird innen nicht richtig gar, weil sich ringsherum zu schnell eine feste Kruste bildet. Und nicht zuletzt erhöht Hitze den Fettverbrauch.

Allerdings ist auch eine zu niedrige Temperatur nicht ideal. Unter 150 °C dauert das Frittieren so lange, dass die Lebensmittel zu viel Fett aufsaugen und nicht knusprig werden. Das Anschmelzen des Fetts sollte bei 60 bis 80 °C erfolgen, dann erst wird auf 175 °C hochgeheizt. Eine elektrische Fritteuse hält in der Regel die Temperatur exakt. Schwieriger ist die Steuerung, wenn in einem Topf auf dem Herd frittiert wird. Man kann die Fetttemperatur mit einem Thermometer messen oder sich anderweitig behelfen: Färbt sich ein Weißbrotwürfel im Fett schnell goldbraun, ist die Frittiertemperatur richtig. Ein weiteres Indiz für ausreichend Hitze sind kleine Bläschen, die sich um den Stiel eines Holzkochlöffels bilden, den man ins Fett hält.

Rösti-Taler

Smilies

Rösti-Ecken

Kroketten

Mandelbällchen

Dollars

Frittiergut

Frittiert wird grundsätzlich in kleinen Portionen zu etwa 100 g. Die Lebensmittel werden nie ins kalte, sondern erst ins optimal temperierte Fett gegeben. Sie sollten absolut trocken sein, damit das Fett nicht spritzt. Weil tiefgekühlte Produkte dem Fett viel Hitze entziehen, lässt man sie vor dem Frittieren an- oder auftauen.

Fettpflege

Je nach Frittiergut lässt sich ein- und dasselbe Fett vier bis sechs Mal verwenden – vorausgesetzt, es wird nach jedem Gebrauch gefiltert. Beim Frittieren entstehen nämlich Abbau- und Zersetzungsprodukte, die aus dem Fett entfernt werden müssen. Elektrische Fritteusen haben einen eingebauten Filter. Wer im Topf frittiert, nimmt ein Haarsieb, legt es mit Küchenkrepp aus und filtert das flüssige Fett direkt in ein verschließbares Gefäß. Wichtig ist auch, die Fritteuse bzw. den Frittiertopf gründlich zu reinigen.

An einem kühlen, dunklen Platz hält sich das Fett – luftdicht abgedeckt – sechs bis acht Wochen. Beim Wiederverwenden darf es auf keinen Fall mit frischem Fett gemischt werden. Dass Fett endgültig unbrauchbar geworden ist, signalisieren ein stechender Geruch sowie harzartige Ablagerungen am Rand des Frittierbehälters. Doch sollte man es so weit gar nicht erst kommen lassen.

Entsorgt wird altes Fett auf keinen Fall über den Ausguss. Einmal in der Kanalisation, lässt es sich in den Kläranlagen nur noch mit großem Aufwand wieder aus dem Wasser entfernen. Am besten, man wartet, bis das Fett kalt und damit fest ist. So kann es in den Hausmüll gegeben werden.

ÖLE & FETTE

Tierische Fette

Süßrahmbutter

Sauerrahmbutter

Butter

Niemand weiß genau, wann die Butter erstmals aufs Brot kam. Auf ihre Herstellung verstanden sich schon die alten Griechen und Römer. Sie verfeinerten allerdings nicht ihr Fladenbrot mit Butter, sondern schmierten Butter als heilende Salbe auf Wunden. Im frühen Mittelalter avancierte Butter zum Leckerbissen für reiche Feinschmecker. Doch als die Klöster immer intensiver Milchwirtschaft betrieben, kam auch das gewöhnliche Volk nach und nach auf den Geschmack

Der Begriff „Butter" entstand erst gegen Ende des Mittelalters, und zum Handelsartikel wurde das Milchprodukt im 13. Jahrhundert. Das „Buttern" war jedoch äußerst mühsam. Man füllte Milch in breite Schüsseln, schöpfte den Rahm ab und stampfte ihn in einem Fass so lange, bis sich das Milchfett von der Flüssigkeit trennte. Doch trotz dieser Mühsal wurde Butter immer begehrter.

Das änderte sich erst, als man der guten Butter einen „Strick" aus ihren gesättigten Fettsäuren drehte. Diese sollten für einen zu hohen Cholesterinspiegel mitverantwortlich zeichnen und überhaupt ungesund sein. Margarine dagegen – vorwiegend aus pflanzlichen Fetten mit gesunden ungesättigten Fettsäuren – kam ganz groß raus. Bis heute tobt der Streit zwischen Butter-Befürwortern und Butter-Gegnern. Trotzdem lassen sich die Verbraucher keineswegs die Butter madig machen, denn sie kann mit besten Eigenschaften trumpfen:

- Butter hat einen unvergleichlich feinen, aromatischen Geschmack.
- Butter enthält etwa 55 % gesättigte, 21 % einfach ungesättigte und 3 % mehrfach ungesättigte Fettsäuren (hauptsächlich Linolsäure). Diese für den menschlichen Organismus günstige Zusammenstellung der Fettsäuren macht Butter zu einem äußerst bekömmlichen, leicht verdaulichen Fett.
- Butter liefert die Vitamine A, B_1, B_2, D und E. Auch der Mineralstoff Calcium ist vertreten. Im Sommer, wenn das Vieh frisches Grünfutter frisst, ist der Gehalt an Vitalstoffen besonders hoch.

 Butter und Cholesterin

Cholesterin kommt nur in tierischen Produkten vor und ist für den menschlichen Organismus unverzichtbar. Cholesterin stabilisiert die Zellmembranen und dient als Ausgangsstoff für die Bildung sogenannter Steroidhormone (zum Beispiel Östrogen oder Testosteron), der Gallensäure und des Vitamins D. Aktuelle wissenschaftliche Erkenntnisse besagen, dass der normale Verzehr von Nahrungscholesterin bei den meisten gesunden Menschen keine Auswirkung auf den Cholesterinspiegel im Blut hat. Es kommt – wie so oft – auf ein vernünftiges Maß an. Der Cholesteringehalt in Butter ist ohnehin vergleichsweise gering. 20 g liefern 48 mg Cholesterin. In einem Ei dagegen stecken ca. 314 mg.

Von der Milch zur Butter

Gesunde Kühe geben erstklassige Milch – den Rohstoff für Butter. Die Qualität der Milch beeinflusst das Endprodukt wesentlich, was selbst der Laie bemerkt: „Sommerbutter" ist besonders streichfähig und hat eine gelbliche Färbung, weil Kühe mit frischem Gras Karotin aufnehmen. „Winterbutter" dagegen ist weiß und etwas härter.

Hergestellt wird Butter aus dem Rahm der Milch. Er wird durch Zentrifugieren (Schleudern) abgetrennt und hat einen Fettgehalt von 35 bis 45 %. Kurzzeitiges Erhitzen vernichtet unerwünschte Mikroorganismen im Rahm, der nach dem Abkühlen in die Butterungsmaschine gefüllt wird. Rotierende Schlagwerke bewirken, dass sich die Fettkügelchen im Rahm zusammenballen (agglomerieren) und von der Buttermilch trennen, die abfließt. Das Fett bleibt zurück und wird nun zu einer feinen Masse geknetet, die durch Lochscheiben gepresst wird. Als Strang kommt die Butter aus der Anlage und ist fertig zum vollautomatischen Formen und Verpacken.

Die Streichfett-Verordnung der Europäischen Gemeinschaft erlaubt in Butter höchstens 16 % Wasser. Butter ohne jeden Zusatz hat 82 % Fettanteil. Der Verbraucher kann wählen zwischen drei Butter-Grundsorten:

Sauerrahmbutter

Zur Herstellung von Sauerrahmbutter werden süßem Rahm bestimmte Milchsäurekulturen zugesetzt, die einen Reifeprozess bewirken. Er verleiht der Butter einen herzhaft frischen, zart säuerlichen Geschmack und Geruch.

Süßrahmbutter

Sie wird aus frischem, süßem Rahm gebuttert. Das ergibt einen sahnig-milden Geschmack. Süßrahmbutter hat den Vorteil, dass sie beim Erhitzen nicht ausflockt und zudem gut bindet. Eine feine Sache bei der Zubereitung von Saucen.

Mildgesäuerte Butter

Süßrahmbutter wird durch die Zugabe bestimmter Säuerungsmittel (Milchsäurekulturen, Milchsäurekonzentrat oder Milchsäure) nachträglich gesäuert. Der Geschmack ist leicht säuerlich und liegt zwischen Süß- und Sauerrahmbutter.

Freiwillige Handelsklassen

Die allgemeine Verkehrsbezeichnung für in- und ausländische Butter lautet schlicht „Butter". Steht „Landbutter" auf der Verpackung, stammt das Produkt direkt aus einem Milcherzeugerbetrieb und ist aus Rohmilch (unpasteurisierter Milch) hergestellt. Deutsche Unternehmen stufen ihre Butter häufig auf freiwilliger Basis in Handelsklassen ein und geben damit den Verbrauchern einen Anhaltspunkt für Qualität.

Für die Einstufung in eine Handelsklasse muss die Butter nach bestimmten Kriterien beurteilt werden. Das Spitzenprodukt Deutsche Markenbutter erreicht auf einer 5er-Werteskala jeweils mindestens vier Punkte für Geruch, Geschmack, Aussehen, Streichfähigkeit und Geschmeidigkeit. Deutsche Molkereibutter erzielt mindestens drei Punkte für jede Eigenschaft.

Joghurt-Butter

Kräuterbutter

Auch ausländische Butter darf sich „Markenbutter" nennen, sofern sie die Anforderungen der deutschen Butterverordnung erfüllt. Auf der Verpackung muss das Herkunftsland genannt werden, die Kennzeichnung hat den deutschen Richtlinien zu entsprechen. Geschmacklich kann sich Butter aus Irland, Dänemark, Holland, Italien usw. von deutschen Produkten deutlich unterscheiden. Schließlich stammt die Milch meist von anderen Rinderrassen, die anderes Futter erhalten.

Spezielle Butter-Sorten
Halbfettbutter/Dreiviertelfettbutter

Wer fettbewusst essen will, verwendet „magere" Butter. *Halbfettbutter* hat nur 39 bis 41 % Fett. Um das Wasser (52 bis 57 %) zu binden, werden häufig Gelatine und Emulgatoren zugegeben. Auch der Zusatz von Salz, Genusssäuren (zum Beispiel Zitronensäure) und dem Konservierungsstoff Sorbinsäure ist erlaubt. Gefärbt wird Halbfettbutter mit Beta-Karotin. Wegen des hohen Wassergehalts eignet sich das Produkt nicht zum Backen und Braten. Angeboten wird Halbfettbutter auch unter der Bezeichnung „fettarme Butter", „light Butter" oder „leichte Butter".

Dreiviertelfettbutter enthält 60 bis 62 % Milchfett und wird ansonsten wie Halbfettbutter hergestellt. Dreiviertelfettbutter kommt auch unter der Bezeichnung „fettreduzierte Butter" in den Verkauf.

Joghurt-Butter

Frische Butter wird mit Joghurt verfeinert und hat dadurch rd. 16 % weniger Fett. Joghurt-Butter schmeckt leicht und erfrischend säuerlich und kommt streichzart aus dem Kühlschrank.

Gesalzene Butter

Dabei handelt es sich um Süßrahmbutter, die leicht gesalzen wurde. Übersteigt der Salzgehalt 0,1 %, muss auf der Verpackung der Hinweis „gesalzen" stehen.

👍 Tipps für Butter

- Butter lässt sich besonders gut schaumig schlagen, wenn man die Rührschüssel zuvor mit heißem Wasser ausspült und die Butter mit etwas Mehl bestaubt.
- Butter und Butterschmalz immer gut abgedeckt aufbewahren, denn die Produkte nehmen leicht Fremdgerüche an.
- Kleingebäck bekommt einen noch besseren Geschmack, wenn man flüssige Butter vor der Verwendung leicht bräunt.
- Butter lässt sich problemlos einfrieren und bei Bedarf auftauen, ohne dass die Qualität leidet.

ÖLE & FETTE

Butterschmalz

Butterzubereitungen

Zutaten wie Kräuter, Gewürze usw. geben Butter einen völlig neuen Charakter. Die bekannteste Butterzubereitung ist die Kräuterbutter, doch es gibt noch mehr würzige Spezialitäten: Knoblauchbutter, Pfefferbutter, Steak- und Grillbutter, Gorgonzolabutter, Trüffelbutter, Sardellenbutter, Lachsbutter usw. oder auch süße Varianten mit Schokolade, Früchten, Honig oder Nüssen verfeinert. Butterzubereitungen passen ideal zu gebratenem Fleisch oder Fisch, sind die Basis für zahlreiche Suppen und Saucen, geben Teigwaren, Gemüse, Kartoffelgerichten und Reis den richtigen Pfiff und runden viele Speisen harmonisch ab. Kalte Butterspezialitäten sind nicht zuletzt ein leckerer Brotaufstrich. Sämtliche Zutaten eines Produkts müssen natürlich auf der Verpackung stehen.

Butterschmalz (Butterfett)

Dieses Küchenfett wurde einst in den Alpenregionen aus der Not geboren. Die Senner stellten Butter her, besaßen aber keine Kühlvorrichtung. So entstand die Idee, Butter zu Schmalz zu verarbeiten und dadurch ohne Kühlung lange haltbar zu machen. In Süddeutschland und in der Schweiz wird Butterschmalz schon seit Generationen verwendet.

Ausgangsprodukt für Butterschmalz ist nach wie vor Butter. Sie wird geschmolzen und dann mit hoher Geschwindigkeit zentrifugiert, um Wasser, Milcheiweiß und Milchzucker abzutrennen. Zurück bleibt Fett alias Butterschmalz. Es wird nochmals kurz auf 100 °C erhitzt, damit das restliche Wasser verdampft, und nach dem Abkühlen mit Luft aufgeschlagen, um es weich und geschmeidig zu machen. Butterschmalz hat einen niedrigen Schmelzpunkt und einen hohen Rauchpunkt (ca. 205 °C). So eignet es sich gleichermaßen zum Backen, Braten, Kochen, Dünsten, Schmoren und Frittieren. Dabei verleiht es allen Speisen den beliebten Buttergeschmack. Ungekühlt ist Butterschmalz wochenlang haltbar, im Kühlschrank sogar Jahre. Die in der indischen Küche verwendete geklärte Butter (Ghee) kann man notfalls durch Butterschmalz ersetzen.

Mischfette

Diese Kombination aus Milch- und Pflanzenfetten in unterschiedlichem Verhältnis vereint in sich die Vorzüge der tierischen und pflanzlichen Fette. Angeboten werden unterschiedliche Produkte mit diversen Zusatzstoffen, die auf der Verpackung angegeben sein müssen. Mischschmalz enthält mindestens 99 % Fett, Mischfett mindestens 80 und höchstens 90 %, Dreiviertelmischfett 60 bis 62 % und Halbmischfett 39 bis 41 %. Mischfetterzeugnisse, die keine Standardprodukte sind, haben einen Fettgehalt zwischen 20 und 62 %.

Was auf der Verpackung steht

Verkehrsbezeichnung, ggf. Handelsklasse	Butter, Deutsche Markenbutter, Deutsche Molkereibutter
Buttersorte bei Deutscher Marken- und Molkereibutter	Süßrahmbutter, Sauerrahmbutter, mildgesäuerte Butter
ggf. Fettgehalt	dreiviertelfett: 60 bis 62 % Fett, halbfett: 39 bis 41 % Fett
Gewicht	z. B. 250 g
Mindesthaltbarkeitsdatum	„bei 6–8 °C mindestens haltbar bis …", oder „gekühlt mindestens haltbar bis …"
Hersteller oder Verpacker	z. B. Molkerei
Zutatenverzeichnis	z. B. bei Butterzubereitungen
Angabe der amtlichen Überwachungsstelle und Hinweis auf das Bundesland, das die amtliche Qualitätskontrolle durchgeführt hat	bei Markenbutter
EU-Genusstauglichkeits-Kennzeichen	
Gütezeichen	bei Deutscher Markenbutter mit dem Aufdruck „in Deutschland geprüfte Markenware"

Was ist Teebutter?

Teebutter ist laut österreichischem Lebensmittel-Codex eine Butter der höchsten Qualitätsstufe. Der Name geht zurück auf das Jahr 1904. Damals bezog das englische Königshaus erstmals Butter aus dem oberösterreichischen Ort Schärding. Sie wurde zu Teegebäck verarbeitet, das sich die Royals zum „five o' clock tea" schmecken ließen. Seit damals nennt man Butter auch „Milch der Könige".

Schlachtfette

Griebenschmalz

Lieferanten für Schlachtfette sind Haustiere wie Rinder, Schweine und Gänse, die bei der Fleischbeschau für „tauglich" befunden wurden. Das Schlachtfett stammt aus ausgesuchten Fettgeweben und wird eingeteilt in weicheres Schmalz und härteren Talg. Die Tierart wird jeweils mitgenannt – also beispielsweise Schweineschmalz oder Rindertalg.

Auf die Gewinnung von Schlachtfetten verstanden sich schon die alten Römer, und am Prinzip hat sich bis heute nichts geändert. Lediglich wurden die hygienischen Bedingungen verbessert und die Produktionsmengen vergrößert. Für das Ausschmelzen des Fettes kommen zwei Verfahren zum Einsatz. Das Trockenschmelzen entspricht dem im Haushalt üblichen „Auslassen". Das heißt, fettreiche Teile der Schlachttiere (zum Beispiel Wamme, Rücken- und Bauchspeck, Fett von Eingeweiden) werden langsam erwärmt und geschmolzen – bei der industriellen Verarbeitung unter Druck oder Vakuum oder in speziellen Rührgefäßen. Immer häufiger kommt jedoch das Nassschmelzverfahren zum Einsatz. Dabei wird das Fett unter Druck mit heißem Wasserdampf verflüssigt.

Nach der Schmelze enthält das Fett noch feste Stoffe wie beispielsweise Grieben, die durch Filtern und Klären entfernt werden. Nach dem Abfüllen in Behälter wird das reine Fett bis zum Erstarren gekühlt. Übrigens: Das Bleichen oder Raffinieren ist bei Schlachtfetten nicht erlaubt. Der größte Abnehmer von Schlachtfetten ist die Industrie, die daraus Seifen und Kerzen herstellt. Bäckereien verwenden Schlachtfette als Back- und Ziehfette zum Beispiel für Blätterteig. Für den Haushalt ist vor allem das Schmalz interessant.

Schlachtfett-Sorten

Schweineschmalz
Im Gegensatz zu Rindertalg ist Schweineschmalz weich und gut streichfähig. Es stammt aus den fetten Körperbereichen des Schweins, hat eine salbenartige bis körnige Konsistenz und eine glänzende weiße Farbe. Schweineschmalz schmilzt bei 36 bis 42 °C und enthält noch etwas Wasser, weshalb man das Fett nur bedingt zum Frittieren empfehlen kann. Bestens geeignet ist es zum Braten und Schmoren, zum Backen von Schmalzgebäck und auch als Brotaufstrich. Für die kalte Verwendung sind zwei Schmalz-Spezialitäten besonders gefragt: Griebenschmalz und Flomen- oder Liesenschmalz.

Griebenschmalz
Als Grieben oder Grammeln bezeichnet man die knusprigen Rückstände ausgelassener Speckteile. Sie sind im Griebenschmalz enthalten, das aus dem Flomen oder dem Rückenspeck von Schweinen hergestellt wird. Je nach Region wird Griebenschmalz beispielsweise gern zusammen mit Apfel-, Birnen- oder Zwiebelwürfeln ausgelassen oder auch mit Kräutern wie Majoran und Thymian gewürzt. Griebenschmalz ist bei Zimmertemperatur weich und gut streichfähig und wird geschätzt als herzhafter Aufstrich für dunkles Brot.

Flomen- oder Liesenschmalz
Als Flomen oder Liesen bezeichnet man das besonders feine und helle Fettgewebe der Schweinebauchwand. Flomenschmalz schmeckt besonders gut als Aufstrich für dunkle, herzhafte Brote.

Rindertalg
Rindertalg stammt aus dem Fettgewebe des Rinds. Er ist grauweiß bis gelb (je nachdem, wie reich an Karotin das Futter des Rinds war), hart, spröde und nicht streichfähig. Dementsprechend kann man im Haushalt mit Rindertalg wenig anfangen. Lediglich bestimmte Blätter- und Pastetenteige werden mit Rindertalg hergestellt, und auch für englische Gerichte wie Mincemeat oder Plumpudding scheint Rindertalg das beste Fett zu sein. Die Industrie benötigt Rindertalg zur Produktion bestimmter Margarine-Sorten.

Rindernierenfett
Dieser Talg aus dem Fettgewebe rund um die Rindernieren eignet sich gut zum Braten und Backen.

Gänseschmalz

Gänseschmalz

Gänseschmalz stammt aus dem Brust- oder Eingeweidefett von Gänsen. Es ist weich, leicht körnig und durchscheinend gelblich-weiß. Weil sich Gänseschmalz bereits bei etwa 25 °C verflüssigt, wird es zur besseren Festigung häufig mit bis zu 10 % Schweineschmalz gemischt. (Der Anteil steht auf der Verpackung.) Das gemischte Schmalz ist heller und billiger als reines Gänseschmalz. Verwenden lässt sich Gänseschmalz als Brotaufstrich, für Schmor- und Gemüsegerichte oder Eintöpfe.

Welches Fett wofür?

Butter, Margarine	Rauchpunkt bei etwa 110 °C, deshalb nur kurz oder leicht erhitzen; geeignet zum Andünsten oder nachträglichen Verfeinern von Speisen und als Brotaufstrich.
Butterschmalz	kann bis 205 °C erhitzt werden; geeignet für alle Zubereitungsarten bis hin zum Frittieren und Ausbacken.
Raffinierte Pflanzenöle	können je nach Sorte weit über 200 °C erhitzt werden; ideal für alle Zubereitungsarten, auch zum Frittieren.
Kaltgepresste Pflanzenöle	nur für die „kalte Küche" oder zum Verfeinern von Gerichten kurz vor dem Servieren geeignet.
Feste Pflanzenfette/Soft-Fette	hoher Rauchpunkt; ideal zum Braten und auch zum Frittieren.
Pflanzencreme	gut zum Braten; Diät-Pflanzencreme nicht erhitzen.
Schmalz	geeignet zum Braten, Schmoren, Backen und als Brotaufstrich

Brot
& BACKWAREN

BROT	298
BRÖTCHEN	305
KUCHEN & TORTEN	306
DAUERBACKWAREN	305
WÜRZIGES KNABBERGEBÄCK	314

BROT & BACKWAREN

Brot

Dinkel-Kastenbrot

Stangenweißbrot

Nach wie vor ist Brot unser wichtigstes Grundnahrungsmittel. Jung und Alt schätzen es gleichermaßen; etwa 60 kg lässt sich jeder Bundesbürger jährlich schmecken. Langweilig wird Brot nie, denn nirgendwo sonst gibt es eine solche Vielfalt wie hierzulande. Handwerk und Industrie stellen mehrere hundert Sorten her, von denen aber viele vor allem regionale Bedeutung haben.

Brot gehört neben Fleisch zu den ältesten Nahrungsmitteln. Die Urform wurde vor etwa 8000 Jahren „erfunden", als die Menschen damit begannen, Samen von Gräsern zu sammeln, zu mahlen und mit Wasser zu verrühren. So entstand ein nahrhafter Mehlbrei, der irgendwann auf heißen Steinplatten oder in der Asche zu flachen Fladen gebacken wurde. Vor etwa 4000 Jahren modifizierten die alten Ägypter das Verfahren und stellten Laibbrote unter Verwendung eines Teiglockerungsmittels her. Dieses Verfahren übernahmen später auch die Europäer.

Man nehme ...

Im Prinzip braucht man zum Brotbacken nur Mehl, Wasser, Salz und Sauerteig oder Hefe für die Teiglockerung. Weitere Zutaten wie Gewürze, Körner und Samen, Milch, Fett usw. werden individuell je nach Brotsorte zugefügt. Seit einiger Zeit verwenden nicht nur Industriebetriebe, sondern auch kleine Bäckereien verstärkt fertige Backmischungen. Was drin ist im Brot, bleibt den Verbrauchern zumindest an der Bedienungstheke meist verborgen. Denn unverpacktes Brot unterliegt keiner direkten Kennzeichnungspflicht. Theoretisch könnte der Käufer zwar eine Zutatenliste einsehen, in der Praxis macht das kaum jemand. Wer sichergehen will, dass keine Zusätze wie Enzyme, Emulgatoren oder andere chemische Backhilfsmittel enthalten sind, sollte auf Bio-Produkte zurückgreifen.

Ohne Teiglockerungsmittel, die durch Gärung den Teig „aufgehen" lassen, wäre Brot nach wie vor ein flacher Fladen. Für Weizenbrote verwendet man Hefe. Natursauerteig lockert vorwiegend schwere Roggenteige. Mischbrote können beide Lockerungsmittel enthalten.

Nussbrot mit Sonnenblumenkernen

Hefe
Sie setzt sich aus Kleinstlebewesen (Hefepilzen) zusammen, die unter anderem Kohlensäure produzieren. Als Folge bläht sich der Teig auf. Hefe verleiht dem Brot einen frischen, süßlichen Geschmack.

Natursauerteig
Er wird aus Mehl und Wasser hergestellt. Lässt man diese Mischung einige Zeit stehen, vermehren sich enthaltene Bakterien und bewirken eine Gärung. Was so einfach klingt, erfordert in der Praxis große Fachkenntnis, ständige Kontrollen und etwa 15 Stunden Zeit. Der fertige Natursauerteig wird dem Brotteig in bestimmtem Verhältnis zugesetzt. Je höher der Anteil an Roggenmehl, desto mehr Sauerteig ist erforderlich. Er macht das Brot locker und sorgt für den typischen feinsäuerlichen Geschmack. Brot mit Natursauerteig ist saftig und bleibt länger frisch als Hefebrot.

Der Geschmack des Brotes hängt von den Zutaten, sein Aussehen von deren Verarbeitung ab. Eine fachmännische „Teigführung" erfordert gründliches Vermischen aller Komponenten und richtiges Kneten des Teigs: Weizenteig möglichst schnell, Roggenteig eher langsam. Der fertige Teig wird in Stücke geschnitten, die in der Wirkmaschine ihre Form erhalten. Ob rund, oval oder länglich, die Oberfläche muss glatt und gleichmäßig sein. Je höher der Weizenmehl-Anteil, desto besser lässt sich der Teig verarbeiten. Deshalb gibt es bei Weizenbroten mehr Formen als bei Roggenbroten.

Bei geregelter Temperatur und Luftfeuchtigkeit müssen die Teigstücke noch einige Zeit ruhen. Sie gären und entwickeln ihr Volumen. Gebacken werden die Brote entweder freigeschoben, angeschoben, in Kastenformen oder in Backröhren. Dabei entstehen unterschiedliche Krusten bzw. Oberflächen, die Einfluss nehmen auf den Geschmack eines Brotes.

Freigeschobene Brote
Sie sind rund oder oval und liegen im Backofen so nebeneinander, dass sie sich nicht berühren. Auf diese Weise kann sich ringsum eine gleichmäßige Kruste bilden. Auch die lange Backzeit – ein Laib von 1000 g beispielsweise bleibt bei 230 bis 250 °C zwischen 55 und 65 Minuten im Ofen – sorgt für eine ausgeprägte Kruste. Solche Brote schmecken intensiver und sind saftiger als krustenarme Sorten.

Angeschobene Brote
Sie liegen eng nebeneinander und werden nach dem Backen getrennt. So haben sie nur oben eine knusprige Kruste, während man seitlich die weiche Krume sieht.

Kastenbrote
Sie werden in der Form gebacken und bilden dabei eine mehr oder weniger feste Kruste. Toast- und Grahambrote sind Kastenbrote.

Dampfkammerbrote
Dampfkammerbrote wie beispielsweise Pumpernickel entwickeln keine Kruste. Der Brotteig wird in fest verschließbaren Backröhren im Dampf bei nicht mehr als 100 °C mehrere Stunden gegart. Bei diesem schonenden Verfahren bleiben die wärmeempfindlichen Vitamine weitgehend erhalten.

Brote, die als Schnittbrote in den Handel kommen, werden nach dem Backen gekühlt, geschnitten und verpackt. Manche Hersteller pasteurisieren die Brote mit Hilfe von Heißluft, um die Haltbarkeit zu verbessern. Der Hinweis „Ohne Konservierungsstoffe" auf der Verpackung bedeutet, dass der einzige zugelassene Konservierungsstoff Sorbinsäure nicht verwendet wurde.

BROT & BACKWAREN

Roggenmischbrot

Weizenmischbrot

Ciabatta

Brote für jeden Geschmack

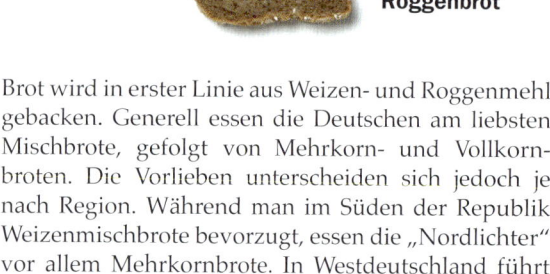

Roggenbrot

Brot wird in erster Linie aus Weizen- und Roggenmehl gebacken. Generell essen die Deutschen am liebsten Mischbrote, gefolgt von Mehrkorn- und Vollkornbroten. Die Vorlieben unterscheiden sich jedoch je nach Region. Während man im Süden der Republik Weizenmischbrote bevorzugt, essen die „Nordlichter" vor allem Mehrkornbrote. In Westdeutschland führt Vollkornbrot die Hitliste an, während im Osten die Roggenmischbrote an erster Stelle stehen.

Zu den deutschen Grundsorten gehören Weizenbrot, Roggenbrot, Mischbrot und Vollkornbrot. Manche Sorten, vor allem Mischbrote, werden unter Gattungsnamen angeboten, die für bestimmte Mehlmischungen, Backverfahren, Formen oder Krustenarten stehen. Dabei ist der Gattungsname auch dann keine Herkunftsbezeichnung, wenn ein Brot „Frankenlaib", „Heidebrot" oder „Rheinisches Schwarzbrot" heißt – es sei denn, es steht „Echt" oder „Original" dabei.

Grundsorten

Weizenbrot (Weißbrot)

Weizenbrot muss mindestens 90 % Weizenmehl enthalten, der Rest kann ein anderes Mehl sein. Oft werden Milch, Fett und Zucker zugesetzt. Je nach verwendeten Mehlen ist Weizenbrot heller oder dunkler sowie mild oder nussig im Geschmack. Hergestellt wird es meist mit Hefe. Weizenbrot darf nicht lange lagern, denn es trocknet schnell aus.

Roggenbrot

Roggenbrot muss mindestens 90 % Roggenmehl enthalten, das in verschiedenen Ausmahlungsgraden verwendet wird. Sauerteig sorgt für eine grobporige Krume und einen ausgeprägt säuerlich-aromatischen Geschmack. Ein Zusatz von Weizenmehl kann ihn mildern. Roggenbrote sind flacher, kompakter und meist dunkler als Weizenbrote und bleiben viel länger frisch.

Weizenmischbrot

Weizenmischbrot besteht zu mehr als 50 %, aber weniger als 90 % aus Weizenmehl. Meist wird es mit Roggenmehl gemischt, um dem Brot mehr Geschmack und längere Frische zu verleihen. Als Teiglockerungsmittel kommt überwiegend Hefe zum Einsatz („Hefebrot"). Ist jedoch der Roggen-Anteil hoch, verwendet man zusätzlich Sauerteig.

Roggenmischbrot

Roggenmischbrot enthält mindestens 51 % Roggenmehl, der übrige Teil ist meist Weizenmehl. Die Teiglockerung erfolgt vorwiegend mit Sauerteig. Bei einem hohen Weizenanteil wird zusätzlich Hefe verwendet. Roggenmischbrot schmeckt würzig-aromatisch.

Vollkornbrot

Vollkornbrot besteht zu mindestens 90 % aus Vollkornschrot, also mehr oder weniger grob gemahlenem Getreide samt Schalen und Keim. Auch ganze Körner können enthalten sein. Das Brot hat einen hohen Anteil an Vitaminen, Mineralstoffen, Eiweiß und Ballaststoffen. Wird Schrot ohne Keim verarbeitet, darf sich das Brot lediglich Schrotbrot nennen. Verwendet werden Weizen- oder Roggenschrot. Die Roggen-Sorte schmeckt würzig bis kräftig säuerlich, das Weizenbrot mild bis nussartig-würzig.

Spezialbrote

Neben den Grundsorten haben die Verbraucher die angenehme Qual der Wahl zwischen zahlreichen Spezialbroten. Für sie verwendet man Mehle aus anderen Getreidesorten wie Dinkel und Kamut oder Mischungen mit Hafer-, Gerste-, Hirse-, Reis- und Maismehl. Auch Gewürze, Körner und Saaten kommen zum Einsatz. Spezialbrote gibt es von sehr hell (zum Beispiel Baguette) bis fast schwarz (Pumpernickel) und in den unterschiedlichsten Formen.

Baguette
Das berühmte französische Stangenweißbrot von bis zu einem Meter Länge hat eine lockere, aromatische Krume und eine knusprige Kruste. Allerdings bleibt es nur wenige Stunden frisch. Angeboten wird die Brotform inzwischen auch als Roggen- oder Mehrkorn-Baguette.

Bierbrot
Bierbrot ist ein Mischbrot aus Roggen- und Weizenmehl, das nicht mit Wasser, sondern mit Bier hergestellt wird. Der Alkohol verdampft beim Backen, doch das Malz gibt Geschmack. Bierbrot ist besonders würzig, wenn dunkles Bier verwendet wird.

Buchweizenbrot
Hergestellt wird Buchweizenbrot aus Buchweizen-, Roggen- und Weizenmehl. Als Treibmittel wird Sauerteig verwendet. Es gibt auch eine glutenfreie Variante aus Buchweizen- und Guakernmehl (Verdickungsmittel), Maisstärke, glutenfreiem Maisferment, Salz, Zucker und Hefe (zu Gluten s. Kasten S. 305).

Buttermilchbrot
Hier handelt es sich meist um ein Weizenmischbrot, das mit Buttermilch und Hefe hergestellt wird.

Ciabatta
Ciabatta heißt zu Deutsch „Hausschuh", und tatsächlich erinnert die Form des Brotes an einen langen, eher flachen Latschen. Gebacken wird die italienische Spezialität aus Weizenmehl, Wasser, Öl, Salz und Hefe. Ciabatta schmeckt aromatisch, hat eine weiche, grobporige Krume und eine zartsplittrige Kruste. In Italien steht das Brot zu jeder Mahlzeit auf dem Tisch. Wenn man es in Alufolie hüllt, bleibt es bis zum nächsten Tag schmackhaft und wird durch kurzes Aufbacken im Ofen wieder knusprig. Ciabatta gibt es auch verfeinert mit Oliven, Trockentomaten, Nüssen oder mit Kräutern und Gewürzen.

Dinkelbrot
Es schmeckt würzig und etwas nussartig und wird auch als Mischbrot und Vollkornbrot angeboten.

Fladenbrot
Fladenbrot ist rund, flach und weich. Es gibt kleine und große Varianten. Die Grundzutaten sind Weizenmehl, Wasser, Salz und Hefe. In Italien wird das Brot mit Olivenöl und mediterranen Kräutern zubereitet. In der Türkei bestreut man den Fladen vor dem Backen mit Sesam oder schwarzem Kümmel. Die Spezialität aus dem Süden erfreut sich hierzulande wachsender Beliebtheit. Fladenbrot macht jede Party mit und wird zu südländischen Speisen am Tisch gebrochen.

Gersterbrot (Gerstelbrot)
Es wird nicht aus Gerste gebacken, sondern ist ein Roggen- oder Roggen-Weizen-Mischbrot mit Sauerteig. Seinen typischen Charakter erhält Gersterbrot dadurch, dass die Teigstücke noch vor der Endgare bei 400 bis 600 °C unter offenem Feuer kurz geflämmt („gegerstelt") werden. Dadurch entsteht eine kräftige, würzig-aromatische Kruste. Gersterbrot wird angeschoben oder im Kasten gebacken.

Gewürzbrote
Sie können aus allen Mehlarten gebacken sein und enthalten würzende Zutaten. Der im Namen genannte Geschmack muss deutlich erkennbar sein. Zu den typischen Sorten zählen Kümmelbrot, Leinsamenbrot und Sesambrot.

Grahambrot
Im Original wird dieses besonders leicht verdauliche Vollkornbrot aus geschrotetem Weizen ohne Zusatz von Salz und Treibmittel hergestellt. Dadurch ist der Säuregehalt sehr niedrig. Das meist in Kastenform gebackene „Gesundheitsbrot" ist nach dem amerikanischen Schiffsarzt Sylvester Graham benannt, der im 19. Jahrhundert nach Möglichkeiten suchte, das menschliche Leben mit Hilfe gesunder Ernährung zu verlängern.

BROT & BACKWAREN

Kürbisbrot

Karottenbrot

Holzofenbrot (Steinofenbrot)

Knäckebrot

Haferbrot
Haferbrot ist immer ein Mischbrot. Da Hafermehl kein Klebereiweiß enthält, muss es mit Weizenmehl kombiniert werden. Hafer enthält vergleichsweise viel Fett und ist reich an B-Vitaminen sowie Eisen und Kalium. Aufgrund seines hohen Gehalts an ungesättigten Fettsäuren wird Haferbrot eine cholesterinsenkende Wirkung nachgesagt.

Holzofenbrot (Steinofenbrot)
Dieses herzhafte Roggen- oder Roggenmischbrot wird mit Natursauerteig gebacken. Meist handelt es sich um runde Laibe mit kräftiger Kruste. Das Backen im geschlossenen Steinbackofen hat mindestens 2000 Jahre Tradition. Bei uns war es bis Ende des 19. Jahrhunderts selbstverständlich, dass jeder Bauer sein eigenes Brot produzierte. Bis heute kommen aus dem Holzofen deftige, sehr aromatische Bauern- bzw. Landbrote. Vorgeschrieben ist, dass Holzofenbrot in Öfen aus Stein, Kunststein oder Schamotte gebacken wird. Der Backraum darf nur direkt mit unbehandeltem Holz beheizt werden, bis die Steine ausreichend Hitze gespeichert haben. Nach dem Reinigen der Fläche schiebt der Bäcker die Teiglinge frei ein und nutzt die Speicherhitze zum Backen.

Kamutbrot
Kamutbrot wird aus dem Mehl einer sehr alten, ursprünglichen Weizenart (Kamut) hergestellt und ist reich an Vitalstoffen. Selbst die Vollkorn-Variante hat eine helle Farbe. Auch Weizen-Allergiker können Kamutbrot genießen, wenn für den Brotteig anstelle von Backhefe glutenfreies Backferment verwendet wurde.

Karottenbrot
Es verdankt seinen aromatischen Geschmack und die saftige Konsistenz dem Zusatz von Karotten. Ansonsten handelt es sich um ein kerniges Roggenmischbrot, dem gelegentlich auch Saaten (zum Beispiel Sesam) oder Kräuter (beispielsweise Rosmarin) zugesetzt werden. Es bleibt einige Tage frisch.

Kartoffelbrot
Kartoffelbrot entsteht aus Hefeteig, für den Weizenmehl und gekochte Kartoffeln zu gleichen Teilen verarbeitet werden. Man kann auch Mehlmischungen verwenden. Kartoffelbrot wird meist als runder Laib freigeschoben gebacken.

Kastanienbrot
Diese herbstliche Spezialität aus Kastanien-Gegenden wird unter anderem in Südtirol hergestellt. Man verwendet dafür Kastanienmehl gemischt mit Weizen- oder Dinkelmehl und Hefe als Treibmittel. Gewürzt wird häufig mit Rosmarin und Pinienkernen.

Kleiebrot
Kleiebrot wird aus Weizen- oder Dinkelmehl gemischt mit den gemahlenen Frucht- und Samenschalen (Kleie) des Getreidekorns hergestellt. Das Brot ist reich an Vitaminen und Mineralstoffen und wirkt wegen des hohen Ballaststoffgehalts verdauungsfördernd.

Knäckebrot
Das Brot aus 4 bis 6 mm dünnen, knusprigen Scheiben ist eine skandinavische Spezialität. Der luftig geschlagene Teig aus Roggen- oder Weizenmehl (auch Voll- oder Mehrkorn) oder aus Mehlmischungen wird dünn ausgewalzt und anschließend 8-10 Minuten gebacken. Beim anschließenden Trocknen sinkt der Wassergehalt auf 5 %. Leckere Varianten enthalten beispielsweise ganze Getreidekörner, Sesam, Buttermilch oder Früchte. Auch gibt es Knäckebrot ohne Gluten und Laktose.

Kommissbrot
Kommissbrot ist ein Roggen- oder Roggenmischbrot und kommt in Kastenform oder als angeschobenes Brot auf den Markt. Die Oberfläche ist mehlig-stumpf, die Krume dunkel und dichtporig. Kommissbrot schmeckt kräftig. Seinen Namen erhielt das Brot, weil es in Kriegszeiten von den Feldküchen aus einfachen Zutaten für die Soldaten gebacken wurde.

Mehrkornbrot

Olivenbrot

Nussbrot

Kartoffelbrot

Rosinenbrot (Stuten, Klöben, Klaben)

Pane italiano

Pumpernickel

Kürbisbrot
Diese Sorte gibt es in vielerlei Varianten. Das Grundrezept erfordert Weizenmehl, Hefe, Butter, Zucker, Salz und Kürbisfruchtfleisch. Je nach Hersteller kommen weitere Zutaten in den Teig – Karotten, Nüsse, Apfelstückchen, Milch, Joghurt, Zitronensaft, Zimt, Ingwer usw. Kürbisbrot ist saftig und schmeckt süßlich. Als Laib hat es eine herzhafte Kruste, doch es wird auch gern als Kastenbrot gebacken.

Leinsamenbrot
Es wird aus Weizen und Roggen (Mehl oder Schrot) und mindestens 8 % Leinsamen hergestellt. Leinsamen enthält wertvolle Fettsäuren und Vitamine und wirkt verdauungsfördernd.

Mehrkornbrote
Diesen Brottyp gibt es mit drei, vier, sechs oder mehr Körnerarten. Jede muss mit mindestens 5 % vertreten sein. Vorgeschrieben ist mindestens ein Brotgetreide, also Weizen oder Roggen. Daneben können auch Dinkel, Gerste, Hafer oder Mais enthalten sein.

Nussbrot
Nussbrot ist ein Mischbrot aus Weizen- und Roggenmehl, das seinen Geschmack der Beigabe von Nüssen verdankt. Meist werden Walnüsse oder Haselnüsse (auch geröstet) verwendet, doch auch andere Nusssorten sind möglich, ebenso wie der Zusatz von Sonnenblumenkernen oder Sojaschrot.

Olivenbrot
Olivenbrot wird aus Roggen- und Weizenmehl hergestellt, mit ganzen oder zerteilten Oliven angereichert und mit Meersalz und Oregano gewürzt. Das Brot bleibt zwei bis drei Tage frisch.

Pane italiano
Dabei handelt es sich im Prinzip um ein Weizenbrot mit besonderen Zutaten. Es enthält Olivenöl und eine italienische Kräuter- und Gewürzmischung. Durch weitere Zutaten wie eingelegte Tomaten, Oliven, Rucola, Pesto, Salami, Knoblauch, Chili usw. entstehen eigenständige Brotsorten, die unterschiedlich geformt sein können – zum Beispiel als Ring, als Knoten oder Fladen (italienisch „focaccia", französisch „fougasse").

Pumpernickel
Pumpernickel ist eine westfälische Spezialität aus Roggenschrot, die in geschlossenen Formen mindestens 16 Stunden mehr gekocht als gebacken wird. Dabei entsteht keine Kruste, aber eine feste, saftige und sehr dunkle Krume. Weil sich beim Backen ein Teil der Getreidestärke in Zucker umwandelt, schmeckt Pumpernickel leicht süß.

Rosinenbrot (Stuten, Klöben, Klaben)
Rosinenbrot wird mit Weizenmehl und Hefe gebacken und muss mindestens 15 % Rosinen, Sultaninen oder Korinthen enthalten.

Sandwichbrot
Sandwichbrot wird aus Weizenmehl hergestellt und hat eine besonders feine, watteartige Krume. Die extragroßen Scheiben können wie Toastbrot getoastet werden, ergeben aber mit reichem Belag auch ungeröstet schmackhafte Sandwiches.

BROT & BACKWAREN

Brezel

Schüttelbrot

Schüttelbrot
Schüttelbrot ist ein runder, dünner, trockener Fladen mit 10 bis 30 cm Durchmesser, dessen Konsistenz eine Härteprobe für die Zähne bedeutet. Hergestellt wird die Südtiroler Spezialität aus Roggenmehl in verschiedenen Ausmahlungsgraden bis hin zum Vollkornmehl. Die Faustregel lautet: Je dunkler das Mehl, desto härter das Brot. Gelegentlich sorgt Sauerteig für etwas mehr Volumen, und Malzmehl lässt das Brot schöner bräunen. Salz und eine Mischung aus verschiedenen Gewürzen bestimmen das Aroma. Seit jeher üblich sind Kümmel, Koriander und Fenchel, doch heute kommen auch andere Geschmacksrichtungen auf den Markt – Schüttelbrot mit Knoblauch, Oregano, Zwiebeln usw. Gegessen wird Schüttelbrot beispielsweise zum Wein oder zu Käse und Speck.

Schüttelbrot erhält seine Form tatsächlich durchs Schütteln – eine traditionelle Technik, die Geschick und Übung erfordert: Die Teiglinge werden auf ein rundes bemehltes Holzbrett gelegt, das der Bäcker schnell im Kreis dreht, und ständig leicht in die Höhe geworfen. So lockert sich der Teig, nimmt an Umfang zu und wird gleichzeitig immer dünner. Es dauert nur wenige Sekunden, bis der Teig noch etwa einen halben Zentimeter dick ist. Jetzt kommt das Schüttelbrot für 15 bis 30 Minuten in den Ofen, wo ihm alle Feuchtigkeit entzogen wird.

Toastbrot
Normalerweise handelt es sich um ein helles Weizenbrot. Der Teig enthält Fett, Milch und Zucker, wird in Kastenformen gebacken und entwickelt eine feine Krume. Inzwischen verwendet man aber auch andere Mehlsorten wie Roggen, Hafer und Gerste. Es gibt Vollkorn-Toast und Produkte mit Schrot, Kleie oder gewürzt mit Sesam. Beliebt ist Butter-Toast, der mit mindestens 5 kg Butter auf 100 kg Mehl hergestellt wird. Toastbrot ist nicht sehr lange haltbar und entwickelt sein Aroma erst durchs Toasten.

Weißbrot
ist aus Weizenmehl und wird vorwiegend als freigeschobener Laib oder in Form von Wecken und Stangen angeboten. Es schmeckt sehr mild und frisch am allerbesten. Länger als drei Tage sollte man es nicht aufbewahren.

Weizenkeimbrot
Es wird mit mindestens 10 % Weizenkeimen gebacken, während ein normales Brot aus vollem Weizen nur 3 % Keime enthält. Im Weizenkeimbrot stecken somit neben Fett(-säuren) aus den Keimen besonders viel Vitamine und Mineralstoffe.

> **Tipps rund ums Brot**
>
> Lieber öfter kleine Mengen Brot kaufen, damit es schnell verbraucht wird. Im Sommer auf das länger frisch bleibende Roggenbrot umsteigen.
> - Brot schmeckt am besten, wenn man es nach Bedarf frisch aufschneidet.
> - Zur Aufbewahrung von ganzem Brot ist ein Brotkasten oder ein Steinguttopf ideal, in den man es mit der Schnittfläche nach unten legt.
> - Schnittbrot lässt man in der Verpackung und entnimmt die Scheiben erst kurz vor dem Verzehr. Anschließend den Beutel wieder gut verschließen.
> - Schimmelbefall lässt sich durch einwandfreie Hygiene verhindern. Reste und Krümel müssen regelmäßig aus dem Brotbehälter entfernt werden. Einmal pro Woche wäscht man ihn mit Essigwasser aus und reibt ihn gründlich trocken. Schimmliges Brot sofort wegwerfen.
> - Der Kühlschrank ist kein guter Platz für Brot; dort trocknet es schneller aus.
> - Zum Einfrieren (in möglichst frischem Zustand) ist Brot gut geeignet, auch scheibenweise. Es sollte im Folienbeutel bei Zimmertemperatur auftauen.

> **Spickzettel**
>
> Zu den Brot-Grundsorten gehören Weizenbrot, Roggenbrot, die daraus gebildeten Mischbrote und Vollkornbrot.
> - Die Grundzutaten für Brot sind Mehl, Wasser, Salz und zur Teiglockerung Hefe (für Weizenbrot) oder Sauerteig (für Roggenbrot).
> - Roggenbrot bleibt deutlich länger frisch als Weizenbrot.
> - Weizenbrötchen sind in Deutschland die beliebteste Brötchensorte.

Brötchen – knusprig frisch

Laugenstange

Baguettebrötchen

In Bayern heißen sie „Semmeln", im Schwäbischen „Wecken", in Berlin „Schrippen", im hohen Norden „Rundstück" – Brötchen haben recht unterschiedliche Namen. Regionale Gepflogenheiten führen zu einer Angebotsvielfalt, die wohl einmalig ist auf der Welt. In Deutschland gibt es etwa 1200 Brötchensorten.

Das klassische Brötchen wird aus einem ungesüßten Weizen-Hefeteig gebacken. Es ist rund oder länglich und meist sternförmig oder längs eingeschnitten. Dadurch erhöht sich der Krustenanteil, was wiederum den Geschmack fördert. Das Weizenbrötchen ist bei den Bundesbürgern nach wie vor am beliebtesten; es wiegt durchschnittlich 50 g und liefert rd. 140 kcal.

Den zweiten Platz nehmen Voll- oder Mehrkornbrötchen ein, und an dritter Stelle stehen Roggenbrötchen. Die Brötchen-Grundteige lassen sich durch Beigaben geschmacklich verändern. Für „Milchbrötchen" wird der Teig mit Milch, für „Fettbrötchen" mit Fett und für „Kartoffelbrötchen" mit Kartoffelstärke angereichert. Gewürze, Zwiebeln, Speck oder Nüsse werden eingearbeitet, die Oberflächen bestreut mit grobem Salz, Mohn, Sesam, Kümmel, Sonnenblumenkernen, Kürbiskernen, Getreidekörnern usw. „Käsebrötchen" sind mit Käse überbacken. Süßen Varianten setzt man Zucker oder Rosinen zu. Als phantasievoll erweisen sich nicht nur die Rezepturen, sondern auch die Formen. Teige werden gewickelt, gedreht, geflochten, kunstvoll geschlungen oder zu Stangen gezogen.

Die traditionelle Herstellung von Brötchen braucht Zeit. Der Teig muss über viele Stunden ruhen, damit sich die Konsistenz und das Aroma optimal entwickeln. Doch häufig wird das Verfahren mit Hilfe verschiedener Teig-Zusätze wie Enzyme und Emulgatoren abgekürzt. Diese Stoffe müssen bei lose verkaufter Ware nicht deklariert werden. In den meisten Bäckereibetrieben verzichtet man ohnehin auf die althergebrachte Teigführung und greift auf vorgefertigte Backmischungen zurück.

Laugengebäck

Es gehört zu den „Feinen Backwaren" und hat einen berühmten Vertreter: die Laugenbrezel. Aber auch Laugenbrötchen, -hörnchen und -stangen werden angeboten, eventuell zusätzlich mit Käse überbacken oder mit Kümmel und Salz bestreut. Für den Teig verwendet man vorwiegend Weizenauszugsmehl. Die Teigrohlinge werden in eine Lauge aus stark verdünnter Natron- oder Natriumhydroxidlösung getaucht. Sie neutralisiert sich beim Backen und bewirkt die typische glänzend-braune Oberfläche.

Roggenbrötchen

Laugenkäsegebäck

Laugenbrezeln sind vor allem in Süddeutschland zu Hause. Das Schlingen der Brezeln erfordert eine bestimmte Technik und Übung. Ein ausgerollter Teigstrang wird an beiden Enden gefasst, in Schwingung versetzt und durch eine ruckartige Bewegung in der Mitte um sich selbst gedreht. Die Enden werden angedrückt – fertig ist die Brezel. Ihre Herkunft verrät sie durch kleine Abweichungen in der Form. Bei bairischen Brezeln, die dort „Brezen" heißen, sitzen die „Ärmchen" höher, und der „Bauch" ist nicht so ausgeprägt. Schwäbische Brezeln halten die „Ärmchen" sehr tief, und der ziemlich dicke Bauch wird mit einem Schnitt versehen, der weiß aufgeht. In Bayern werden auch sehr große Brezen gebacken und beispielsweise in Biergärten oder auf dem Oktoberfest verkauft.

Schon vor hunderten von Jahren war die Brezel in Klöstern eine Fastenspeise. Für den Namen stand das römische Wort „bracellus" bzw. „braccium" Pate, was „Ärmchen" bedeutet. Angeblich soll die Brezelform ein Kind mit verschlungenen Armen symbolisieren.

Mehrkornbrötchen

Produkte zum Fertigbacken

Sie sind der ideale Vorrat im Haus. Es gibt Baguettes, Ciabatta, Bäckerbrötchen, Mehrkornbrötchen, Brötchen-Mischungen usw. Die Produkte haben eine längere Haltbarkeit und werden erst kurz vor dem Verzehr im Backofen fertig gebacken. Sie lassen sich auch einfrieren und direkt aus der Kühlung in den Ofen schieben. Ein breites Sortiment an Brötchen, Baguettes und Croissants präsentiert der Handel außerdem in der Tiefkühltruhe.

BROT & BACKWAREN

Kuchen & Torten

Nichts geht über Selbstgebackenes, doch die Konkurrenz ist groß. Der Verbraucher bekommt Kuchen, süße Teilchen und Torten von bester Qualität täglich frisch an der Bedienungstheke und eine ganze Reihe von Kuchen auch im SB-Regal. Außerdem liegt ein verführerisches Angebot in der Tiefkühltruhe.

Marmorkuchen

Den Charakter eines Kuchens bestimmt der Teig. Er kann mit diversen Zutaten (gemahlenen Nüssen, Schokolade oder Kakao, Zitrone, Eierlikör usw.) verfeinert oder mit Obst kombiniert werden.

Hefeteig besteht aus Weizenmehl, Milch, Backhefe, Zucker, Eiern und Fett. Beim „Gehen" an einem warmen Ort vergrößert er sein Volumen. Hergestellt werden beispielsweise Hefezöpfe, -kränze und -kuchen (zum Beispiel Gugelhupf), Blechkuchen (beispielsweise „Zwetschgendatschi"), Christstollen, Schnecken, Buchteln und anderes süßes Kleingebäck.

Rührteig aus Mehl, Zucker, Eiern und Fett lässt sich schnell und problemlos zusammenrühren und geschmacklich vielfältig gestalten. Er kommt ohne Hefe

gedeckter Apfelkuchen

Apfelstrudel

Hefezopf

Kuchen wie von Muttern

Erdbeerkuchen

Linzer Schnitte

Rosinenfladen

Marmorkuchen

Apfeltasche

und Milch aus. Wenn genügend Eier zugegeben werden, ist kein Backtriebmittel nötig. Meist wird aber Backpulver verwendet. Hergestellt werden beispielsweise Sandkuchen, Marmor- oder Nusskuchen, „versunkener" Apfelkuchen, Muffins usw. Biskuitteig ist ein besonders leichter, zarter Rührteig ohne Fett. Gebacken ergibt er Tortenböden oder Platten für leckere Biskuitrollen, gefüllt mit unterschiedlichen Cremes.

Mürbteig enthält grundsätzlich Mehl, Fett und Zucker, manchmal Ei. Er besitzt eine feste, bei der Verarbeitung aber brüchige Konsistenz. Mürbteig bildet die Grundlage für Obstkuchen aller Art oder für Quark- bzw. Käsekuchen. In der Weihnachtsbäckerei ist Mürbteig unentbehrlich.

Für *Brandteig* werden Wasser bzw. Milch und Fett zum Kochen gebracht, dann kommt Mehl dazu. Die Masse wird gerührt, bis sie sich vom Topfboden löst. Diesen Vorgang bezeichnet man als „Abbrennen". Wenn der Teig etwas ausgekühlt ist, gibt man alle weiteren Zutaten (beispielsweise Ei, Zucker, Käse, Gewürze) dazu, erhitzt den Teig noch einmal und formt ihn anschließend. Brandteig benötigt kein Triebmittel, denn beim Backen übernimmt Wasserdampf die Lockerung. Dementsprechend bildet Brandteig große Hohlräume im Inneren, die sich hervorragend zum Füllen mit Sahne, Pudding, Früchten usw. eignen. Hergestellt werden unter anderem Windbeutel, Profiteroles und „Liebesknochen".

Strudelteig ist ein sehr elastischer Teig ohne Zucker und mit nur wenig Fett. Er wird so lange ausgerollt und gezogen, bis die Teigplatte fast durchsichtig erscheint, und anschließend gefüllt. Klassiker aus Strudelteig sind Apfel- und Quarkstrudel. Der Teig eignet sich aber auch als Boden für Pies und Blechkuchen.

Blätterteig zuzubereiten ist sehr aufwändig. Der feste, geschmeidige Teig besteht aus Mehl, Salz und Wasser. Diesen Teig rollt man aus, setzt ein großes Stück Butter darauf, schlägt den Teig über der Butter zusammen und rollt alles wieder aus. Durch mehrfaches Zusammenfalten und Wiederausrollen des Teigs erreicht man seine typisch blättrige Struktur. Aus Blätterteig stellt man vorwiegend süßes oder auch herzhaftes Kleingebäck her. Wer sich nicht an die Eigenproduktion wagt, verwendet fertigen Blätterteig aus dem Kühlregal oder der Tiefkühltruhe.

Quark-Öl-Teig ist ein unkomplizierter Ölteig aus Mehl, Quark, Öl, Milch und Backpulver. Er kann für süße Kuchen mit Zucker und für herzhaftes Gebäck mit Salz zubereitet werden. So ergibt sich eine ideale Unterlage beispielsweise für Obst- oder Zwiebelkuchen. Im Prinzip lässt sich der Teig genauso verwenden wie Hefeteig.

Süßes Kleingebäck (süße Stückchen, süße Teilchen)

Sie haben die unterschiedlichsten Formen und werden vorwiegend aus Hefeteig (zum Beispiel für Schneckennudeln, Rohrnudeln, Hörnchen, Krapfen) oder Blätterteig (für Apfeltaschen, Knusperkissen usw.) hergestellt. Beliebt sind Füllungen aus Fruchtzubereitungen, Konfitüre, Cremes oder Pudding.

BROT & BACKWAREN

Schwarzwälder Kirschtorte

Käsesahnetorte

Prinzregententorte

Sachertorte

Torten – zarte Lust

Eine Torte ist ein besonders feiner Kuchen aus mehreren Teigschichten, die vorwiegend aus Biskuit- oder Mürbteig bestehen und gelegentlich auch kombiniert werden. Für die Füllungen dazwischen gibt es unendlich viele Rezepturen. Man verwendet geschlagene Sahne, unterschiedlich aromatisierte Cremes, Quark, frische oder kandierte Früchte, Nüsse usw. Häufig sind Torten überzogen mit einer Creme, Glasur oder Kuvertüre und haben eine verzierte Oberfläche. Hier eine Auswahl der bekanntesten Torten:

Schwarzwälder Kirschtorte, die Spezialität aus dem Schwarzwald, genießt Weltruf. Der Boden besteht aus Mürbteig, für die Teigschichten verwendet man mit Kirschwasser getränkten Schokoladenbiskuit, für die Füllung süße Kirschen und Sahne. Die ganze Torte wird mit einer Sahneschicht überzogen und mit Kirschen und Schokostreuseln dekoriert.

Käsesahnetorte hat einen Mürbteigboden und eine Füllung aus Quark, Sahne, Eiern und Gelatine, gern leicht aromatisiert mit Zitrone oder Vanille, die von einer dünnen, mit Puderzucker bestreuten Biskuitschicht bedeckt wird. Gelegentlich enthält die Füllung auch Mandarinen oder andere Früchte.

Sachertorte ist eine Wiener Spezialität aus einem lockeren Schokoladenteig. Nach dem Backen halbiert man den Kuchen quer, bestreicht die untere Hälfte dick mit Marillen- bzw. Aprikosenkonfitüre und setzt die obere Hälfte wieder drauf. Nun wird die Torte rundum mit Konfitüre bestrichen und nach dem Trocknen mit einer Schokoladenglasur überzogen.

Erfunden wurde die Sachertorte 1832 von Franz Sacher. Er war damals Küchenjunge des Fürsten Metternich und kreierte für einen besonderen Anlass die Schokoladentorte als Nachtisch. Der Sohn des Erfinders, Edward Sacher, gründete 1876 das gleichnamige Hotel in Wien, wo das Originalrezept bis heute gehütet wird. Von hier aus gehen Sachertorten in alle Welt.

Linzer Torte gilt als die älteste bekannte Torte überhaupt. Das Rezept tauchte schon vor 350 Jahren in einem Kochbuch auf. Der Teig besteht aus Mehl, Butter, Puderzucker, gerösteten Haselnüssen, Ei, Backpulver und Gewürzen wie Vanille, Zitrone, Zimt und Nelkenpulver. Die Füllung aus Johannisbeerkonfitüre wird mit einem Teiggitter belegt.

Prinzregententorte stammt aus München. Sie besteht aus sechs bis acht Biskuitschichten, die alle mit Schokoladencreme bestrichen sind. Die gesamte Torte erhält einen Schokoladenüberzug.

BROT & BACKWAREN

Dauer-backwaren

Der wohl größte Fan von Dauerbackwaren ist das „Krümelmonster" aus der Fernsehserie „Sesamstraße". Doch auch bei den Zuschauern jeden Alters stehen Kekse & Co. hoch im Kurs. Was da geknabbert wird, sind – auf einen kurzen Nenner gebracht – „feine Backwaren" mit niedrigem Wassergehalt und dadurch längerer Haltbarkeit. Solche Produkte haben eine erstaunlich lange Tradition.

Schon die alten Römer hatten eine Vorliebe für schmackhaftes, trockenes Gebäck, das sich problemlos über längere Zeit bevorraten ließ. Es trug die Bezeichnung „panis bis coctum", was bei den Italienern später zum „biscotto" wurde. Die Franzosen und Engländer machten daraus „biscuit", was die Deutschen schließlich als „Biskuit" übernahmen. Schon 1911 stand das englische Wort „cakes" für den „Keks" Pate, 1941 wurde die Schreibweise in den „Duden" übernommen.

Heute ist die Auswahl an Dauerbackwaren riesig. Es gibt süße Varianten und salzige Knabberartikel.

Süß und verführerisch

So unterschiedlich die Produkte auch aussehen und schmecken, die Grundzutaten gleichen sich. Verwendet werden Mehl, Süßungsmittel (Zucker, Honig usw.), Fett, Milch, Eier und Zusatzstoffe (zum Beispiel Backtriebmittel zur Teiglockerung). Dass trotzdem jedes Produkt einen eigenen Charakter besitzt, liegt unter anderem an der individuellen Zusammenstellung und Gewichtung einzelner Komponenten. Spezielle Zutaten wie Nüsse, Mandeln, Marzipan und dominante Gewürze spielen eine entscheidende Rolle und auch Form und Backtechnik wirken sich auf das Produkt aus. Konservierungsstoffe, Antioxidantien (Stoffe zum Schutz vor Verderb durch Oxidation) sowie künstliche Aroma- und Farbstoffe sind für süße Dauerbackwaren tabu.

Kekse
Kekse werden auf Gitter- oder Stahlbändern gebacken. Sie durchlaufen bis zu 100 m lange Backöfen mit Heizzonen von 150 bis 350 °C und sind in wenigen Minuten fertig. Der Fachmann unterscheidet zwischen „Hartkeksen" aus relativ fettarmem Teig und „Mürbekeksen" aus fettreicherem Teig. Zur Kategorie der Kekse gehören außerdem Biskuitgebäck und Blätterteiggebäck.

Hartkekse
Sie sind relativ harte Dauerbackwaren, die nicht so leicht zerbrechen. Bei der Armee gehören sie zur Standardausstattung der Soldaten.

Butterkekse
Sie werden normalerweise aus Weizenmehl hergestellt und enthalten 10 % Butter oder 8,2 % Butter-reinfett. Andere Fette sind nicht zulässig. Manche Hersteller verwenden für Butterkekse auch Mehl aus Dinkel oder Einkorn.

Milchkekse
Milchkekse müssen mindestens 20 l Vollmilch oder die entsprechende Milchtrockenmasse auf 100 kg Getreidemahlerzeugnisse und/oder Stärke enthalten.

Milchbutterkekse
Sie müssen sowohl den Anforderungen für Butterkekse als auch denen für Milchkekse entsprechen.

Albertkekse
Sie enthalten laut Vorschrift 9,9 kg Fett auf insgesamt 100 kg Getreidemahlerzeugnisse und/oder Stärke.

Mürbekekse
Mürbekekse sind weicher (mürber) und meist süßer als Hartkekse.

Spekulatius
Er besteht aus Mürbteig, als Gewürzspekulatius verfeinert mit Mandeln, Zimt, Nelken, Kardamom und Muskatnuss. Der rohe Teig wird in eine geschnitzte Holzform gepresst und mit dem Abdruck des entsprechenden Motivs gebacken. Spekulatius ist ein typisches Gebäck für die Advents- und Weihnachtszeit.

Butterkekse

Biskuit-Dauergebäck

Blätterteiggebäck

Sandgebäck
Es hat eine feine, „sandige" Konsistenz. Es besteht aus einem Teig, der meist zu gleichen Teilen Butter und Zucker enthält, dazu Mehl/Speisestärke und Ei. Hergestellt werden einfache oder mit Konfitüre gefüllte Plätzchen. Manche sind verfeinert mit Zucker-, Schokolade- oder Kokosstreuseln. Auch Spritzgebäck (Dressiergebäck) wird aus Sandteig hergestellt, indem man ihn mit Hilfe von Spritztüllen verschieden formt („dressiert").

Biskuit-Dauergebäck
Biskuit-Dauergebäck hat einen Vollei-Anteil, der mindestens 2/3 des Gewichts der verwendeten Menge an Getreidemahlerzeugnissen und/oder Stärke ausmacht. Zu den bekanntesten Sorten zählen die „Löffelbiskuits", Grundlage jeder „Tiramisu". Auch Anisplätzchen gehören zum Biskuitgebäck.

Blätterteiggebäck
Blätterteiggebäck wird süß oder pikant (zum Beispiel als Käsestangen) angeboten.

Waffel-Dauergebäck
Der dünnflüssige Waffelteig wird zwischen zwei erhitzten Flächen gebacken und erhält dabei seine wabenähnliche Struktur. Es gibt flache und gerollte, einfache und zusammengesetzte, ungefüllte und gefüllte Waffeln (beispielsweise mit Schokolade oder Nuss). Bei „Karlsbader Oblaten" oder anderen Marken mit Herkunftsangabe liegt die jeweilige Füllung zwischen Waffelblättern. Für solche Produkte ist die Bezeichnung „Oblaten" üblich. (Diese Oblaten dürfen nicht mit den sogenannten „Backoblaten" verwechselt werden, die bei Lebkuchen in Gebrauch sind.)

Mürbekekse

Florentiner

BROT & BACKWAREN

Waffel-Dauergebäck

Russisch Brot

Spitzkuchen

Zwieback

Zwieback

Hergestellt wird Zwieback aus den Grundzutaten Mehl, Fett, Zucker, Ei bzw. Eigelb, Milch und Hefe. Wie der Name vermuten lässt, wird Zwieback zwei Mal gebacken. Zuerst kommt er am Stück in den Ofen, dann schneidet man diesen „Einback" in ein Zentimeter dicke Scheiben und röstet sie von beiden Seiten. Dabei bilden sich der angenehm süßliche Geschmack und die fein krümelige Konsistenz. Der Handel bietet Zwieback auch in verfeinerten Varianten an – zum Beispiel mit Überzug aus Kokosflocken oder Schokolade, mit Vollkornmehl hergestellt oder mit Trockenfrüchten angereichert.

Klassischer Zwieback ist relativ fettarm, reich an Kohlenhydraten und leicht verdaulich. Er eignet sich gut als Magenschonkost und Babynahrung. Da Zwieback leicht Feuchtigkeit aus der Umgebungsluft aufnimmt und dadurch seine krosse Konsistenz verliert, muss er immer luftdicht verpackt aufbewahrt werden.

Wegen seiner langen Haltbarkeit gehörte Zwieback jahrhundertelang zur üblichen Verpflegung von Seeleuten und Soldaten. Daher stammen noch die Bezeichnungen „Schiffszwieback" oder „Feldzwieback", wobei es sich um sehr einfache Produkte gehandelt hat. Das deutsche Wort „Zwieback" bzw. „zweygeback" tauchte erstmals um 1450 im Kölner Raum auf.

Russisch Brot

Das in Form und Geschmack außergewöhnliche Dauergebäck gilt als Dresdner Spezialität. Es wird in Form von Buchstaben und Zahlen gebacken, und zwar aus Weizenmehl, Eiweiß, Puderzucker und Karamellsirup. Typisch für Russisch Brot ist die dunkelbraune, glänzend-glatte Oberfläche.

Über die tatsächliche Herkunft von Russisch Brot und wie es zu seinem Namen kam, weiß man nichts Genaues. Spuren führen tatsächlich nach Russland, wo derartiges Gebäck im Zarenreich als „Bukwi" verkauft wurde. Als sicher gilt, dass der Dresdner Bäckergeselle Ferdinand Wilhelm Hanke um 1844 das Rezept für das Buchstaben-Gebäck von der Walz aus St. Petersburg mit in die Heimat brachte.

Lebkuchen und ähnliche Produkte

Sie sind in jeder Hinsicht anders als andere Backwaren. Lebkuchen haben einen charakteristischen, aromatisch-intensiven Geschmack, eine angenehm weiche Konsistenz, eine dunkle Krume und sehr unterschiedliche Formen. Die Grundzutaten sind seit Jahrhunderten unverändert: Mehl, Stärke, Zucker, Eier, Milch, Honig, Hirschhornsalz oder Pottasche, dazu Gewürze wie Anis, Kardamom, Nelken, Ingwer, Muskatblüte, Piment, Zimt usw. Zum Verfeinern verwendet man Marzipan, Mandeln, Nüsse, Rosinen, diverse Trockenfrüchte, Konfitüren und Fruchtzubereitungen.

Lebkuchen kündigen schon früh im Herbst die Advents- und Weihnachtszeit an. Sie schmecken frisch am besten, sind aber bei sachgemäßer Lagerung lange haltbar, zum Beispiel in luftdicht verschlossenen Dosen. Ansonsten trocknen Lebkuchen schnell aus und werden hart.

Weltweit berühmt sind „Nürnberger Lebkuchen", die dereinst in fränkischen Klöstern „erfunden" wurden. Zuerst backten die Mönche Pfefferkuchen und Honigkuchen und entwickelten daraus die Lebkuchen. Im Mittelalter kamen fromme Patres auf die geniale Idee, den Teig auf die „hostia oblata", also auf Oblaten zu setzen. So verschmutzten die Backbleche weniger, was wiederum die lästige Spülarbeit erleichterte. (Die Backoblaten werden aus einem dünnflüssigen Teig hergestellt, der aus Mehl oder Stärke und Wasser gemacht wird, und sind nicht mit den als Oblaten bezeichneten Waffeln zu verwechseln. Übrigens werden auch „Esspapier" und Hostien aus Oblatenteig hergestellt.) Oblatenlebkuchen wurden nachweislich schon 1395 von Nürnberger „Lebzeltern" (Lebkuchenbäckern) hergestellt. 1643 genehmigte der Rat der Stadt die Gründung einer Lebkuchenzunft samt „Lade und Herberg". Die Meisterwürde zu erreichen, war allerdings schwierig und teuer, doch bot sich manch jungem Bäcker ein praktikabler Ausweg: die Einheirat in eine Meister-Familie. Die Lebkuchen-Rezepturen wurden von einer Generation an die andere weitergegeben. Das älteste erhaltene Rezept stammt aus dem 16. Jahrhundert: „1 Pfd. Zucker, ½ Seidlein oder 1/8erlein Honig, 4 Loth Zimet, 1 ½ Muskatrimpf, 2 Loth Caramumlein, ½ Quentlein Pfeffer, 1 Diethäuflein Mehl – ergibt 5 Loth schwer."

Dominosteine

Nuss-Spitzkuchen

Oblatenlebkuchen

Oblatenlebkuchen

Ob rund oder rechteckig, der Teig sitzt immer auf einer Oblate. Der Unterschied zwischen Feinen Oblatenlebkuchen, Nuss-, Haselnuss-, Walnuss-, Mandel-, Marzipan- oder Makronenlebkuchen liegt im Verhältnis der enthaltenen Kerne bzw. Ölsamen zu Mehl und Stärke. Das hochwertigste Produkt, der Elisenlebkuchen, besteht zu mindestens 25 % aus Mandeln und/oder Haselnüssen und/oder Walnüssen und zu höchstens 10 % aus Getreideerzeugnissen oder zu 7,5 % aus Stärke. Elisenlebkuchen gibt es auch mit den Prädikaten „Spitzenqualität", „extrafein" und „edel".

Der Elisenlebkuchen wird in Nürnberg seit 1808 unter diesem Namen gebacken. Ein Lebzelter benannte die süße Spezialität nach seiner hübschen Tochter.

Weiße Lebkuchen auf Oblaten haben einen hellen, lockeren Teig, dem Biskuit ähnlich. Die Lebkuchen sind immer rechteckig und weder glasiert noch gefüllt, aber gelegentlich mit Orangeat, Zitronat oder Mandeln verziert. Die Produkte müssen mindestens 15 % Vollei und/oder eine entsprechende Menge Eiprodukte enthalten und dürfen zu nicht mehr als 40 % aus Getreideerzeugnissen und/oder Stärke bestehen.

Braune Lebkuchen

Sie werden aus Teig geformt oder geschnitten und nicht auf Oblaten gebacken. Üblich sind Formen wie Sterne, Herzen, Glocken oder Brezeln, teils mit Zucker- oder Schoko-Überzug oder mit Nüssen und Mandeln verziert. Der Teig besteht zu mindestens 50 Teilen aus Zucker (auch Zuckersirup oder Honig) auf 100 Teile Getreideerzeugnisse und/oder Stärke. Braune Mandellebkuchen oder Nusslebkuchen enthalten mindestens 20 % Mandeln und/oder Nusskerne.

Printen

Printen sind Braune Lebkuchen, meist rechteckig und je nach Sorte saftig-weich oder knusprig-hart. Ihre Konsistenz verdanken sie der Verarbeitung von Zuckerrüben-Sirup, den typischen Geschmack einer speziellen Auswahl exotischer Gewürze. Das genaue Rezept behalten die Bäcker für sich. Berühmt sind die „Aachener Printen", die auch mit Schokoladenüberzug, Zuckerglasur, Nüssen, Mandeln, Marzipan und Kräutern angeboten werden.

Honigkuchen

Er gehört ebenfalls zur Familie der Braunen Lebkuchen. Hier stammt der Zucker zu mindestens 50 % aus Honig.

Pfeffernüsse

Die kleinen, runden Lebkuchenstücke schmecken besonders würzig. Sie haben meist eine dicke, weiße Zuckerglasur oder sind mit Schokolade überzogen.

Spitzkuchen

Typisch ist die dreieckige Form des Lebkuchenteigs, der gefüllt oder ungefüllt sein kann. Er wird mit Nüssen oder Mandeln gespickt und häufig mit Schokolade überzogen.

Dominosteine

Haben eine mundgerechte Würfelform, sind von einer Schokoladenglasur überzogen und bestehen aus mehreren Lebkuchen-Schichten, zwischen denen sich Marzipan bzw. Persipan und Fruchtgelee befinden.

Magenbrot

Der Name erinnert daran, dass dieses Gebäck magenfreundliche Gewürze wie Nelken, Zimt, Sternanis und Muskatblüte enthält. Die braune Farbe des Teigs entsteht durch die Zugabe von Kakao. Nach dem Backen wird der Teig rautenförmig zugeschnitten und mit einer dünnen Zucker-Schokoladenglasur überzogen.

Soßenlebkuchen

Diese einfachen, nur schwach gesüßten Lebkuchen werden zum Verfeinern und Binden dunkler Saucen beispielsweise zu Sauerbraten oder Wildgerichten verwendet. Auch Rotkohl gewinnt durch sie an Geschmack. Der Lebkuchen wird fein geschnitten oder gerieben, in Flüssigkeit (Wasser, Milch, Sahne oder Wein) eingeweicht und in der Sauce mitgekocht.

Makronen-Dauergebäck

Makronen bestehen aus geriebenen oder geraspelten Mandeln oder Nüssen, Eiweiß, in Ausnahmefällen Eigelb, und Zucker. Die Masse wird auf Oblaten oder Papier dressiert und gebacken. „Makronen" dürfen lediglich Mandeln enthalten. Ist das Gebäck mit anderen Nüssen hergestellt, muss es beispielsweise „Haselnussmakronen" oder „Walnussmakronen" heißen. Möglich ist ein Überzug aus Schokolade. Kokosmakronen werden aus Kokosraspeln hergestellt und dürfen neben Zucker und Eiweiß bis zu 3 % Mehl enthalten.

BROT & BACKWAREN

Würziges Knabbergebäck

Laugenbrezeln

Tortilla-Chips

Mohnkräcker

Käsestangen

Die Deutschen knabbern gern – vor dem Fernseher, im Kino, zum Wein, auf Partys und Empfängen und auch einfach zwischendurch. Knabberartikel sind unwiderstehlich durch ihre knusprige Konsistenz, die phantasievollen Formen und viel Geschmack von mild über salzig bis zu pikant. Sie haben eine mundgerechte Größe und sind „Fingerfood" par excellence. Die meisten Produkte werden aus Getreide hergestellt, doch einige der beliebtesten verdanken wir der Kartoffel.

Laugengebäck
Es ist das begehrteste Knabbergebäck schlechthin. Die Verbraucher greifen in erster Linie zu Salzstangen und -brezeln, es gibt aber auch andere Formen wie Sticks, Fischchen, Taler usw. Hergestellt werden die knackigen Produkte aus Weizenmehl und Wasser. Der feste Teig lässt sich beliebig formen. Vor dem Backen nehmen die Teiglinge ein Tauchbad in flüssiger Natronlauge. Durch diese Behandlung färbt sich die Oberfläche beim Backen glänzend braun und das Gebäck nimmt seinen typischen Geschmack an. Zum Schluss wird es mit grobem Salz oder auch mit Gewürzen wie Kümmel oder Sesam bestreut.

Chips
Platz zwei der Beliebtheitsskala nehmen die Chips ein, und sie werden aus Kartoffeln hergestellt.

Für Kartoffelchips und Kartoffelsticks verwendet man rohe Kartoffeln mit hohem Stärkegehalt. Sie werden in hauchdünne oder auch extra dicke, geriffelte Scheiben bzw. in feine Streifen geschnitten, in reinem Pflanzenöl frittiert und anschließend mit Salz oder Gewürzen verfeinert. Würzige Chips gibt es für jeden Geschmack – von mild bis feurig scharf, mit exotischen oder mediterranen Gewürzen, mit Zwiebeln, Tomaten, Knoblauch und vielem mehr. Immer wieder kommen neue Varianten auf den Markt. Knusprig frisch bleiben Chips nur in der Verpackung, deshalb sollten sie nach dem Öffnen möglichst bald verzehrt werden.

Eine interessante Variante sind Stapelchips, die aus gewürztem Kartoffelpüree hergestellt werden. Spezialmaschinen rollen das teigartig verarbeitete Püree zu einer Bahn und stechen gleichmäßig runde oder ovale Formen aus. Diese Chips lassen sich nach dem Frittieren stapeln und werden bruchsicher verpackt. Angeboten werden Stapelchips genau wie normale Kartoffelchips in vielen Geschmacksrichtungen, außerdem fettreduziert oder völlig fettfrei.

Extruderprodukte
Diese luftigen, knusprigen Knabberartikel werden mit Hilfe einer Spezialmaschine (Extruder) hergestellt, die Teigmassen unter hohem Druck und hoher Temperatur gleichmäßig aus einer formgebenden Öffnung herauspresst. Durch Druckabfall nach dem Herauspressen dehnt sich das Produkt schlagartig aus, Wasser verdampft und die gewünschte lockere Struktur stellt sich ein. Hergestellt werden Extruderprodukte aus Mais, Reis, Weizen, Hafer, Tapioka und gelegentlich auch aus Kartoffeln.

Die bekanntesten Vertreter ihrer Art sind Erdnussflips oder -locken. Sie bestehen hauptsächlich aus Maisgrieß. Der Erdnussanteil liegt bei maximal 32 %. Im Extruder wird der Grieß unter hohem Druck bei 200 bis 250 °C durch eine Düse gepresst, bläht sich dabei explosionsartig auf und wird sofort in kleine Stücke geschnitten. Sie müssen nur noch kross getrocknet und in einer großen Trommel mit frisch gemahlenen Erdnüssen gewürzt werden. Eine andere Methode: Man tunkt die Flips in eine Masse aus Kokosfett, Erdnussbutter und Salz.

Laugengebäck

Kartoffelchips

Erdnussflips

Pellets (wie z. B. viereckige Flips) werden meist aus einem Kartoffel- oder Weizenmehlteig hergestellt. Auch dieser Teig wird durch eine Düse gedrückt, getrocknet und dann geröstet oder in Öl ausgebacken. Die dabei verdampfende Restflüssigkeit lässt die Pellets auf das Sieben- bis Neunfache ihres Volumens aufpuffen. Nach dem Abtropfen des Öls würzt man das Gebäck mit Käse, Paprika, Chili, Kräutern usw.

Kräcker
Sie sind flach, meist rund oder viereckig und werden aus Weizenmehl, Pflanzenfett und Hefe knusprig gebacken. Der Teig ist gesalzen, mit Kräutern gewürzt oder auch mit Käse verfeinert. Kräcker schmecken gut zum Wein und dienen auch als Unterlage für Appetithäppchen mit Frischkäse, Lachs usw.

Blätterteiggebäck
Man nehme Weizenmehl, Butter, Milcheiweiß und Salz und backe daraus leichte, knusprige Plätzchen, Stäbchen, Löckchen oder Flûtes (Stangen, meist etwas gedreht). Noch leckerer schmeckt das Gebäck, wenn es mit Käse, Kümmel oder Sesam gewürzt wird.

Grissini
Die italienischen Knabberstäbchen, die von fingerdick bis strickadeldünn angeboten werden, bestehen aus Weizenmehl, Olivenöl oder Pflanzenmargarine, Sauerteig, Mehl und Salz. Je dünner die Grissini, desto knackiger sind sie. Dickere Varianten werden auch gewürzt angeboten – mit Rosmarin, Pesto, Knoblauch, Sesam usw. Grissini schmecken köstlich zu Wein, Prosecco, Speck, Käse, Oliven und Salaten. In Italien sind sie fester Bestandteil eines jeden Brotkorbs.

Bruschette und Panini
Auch diese Spezialitäten verdanken wir den Italienern. Bruschette sind geröstete Weißbrotscheiben, die mit gut gewürzten gestückelten Tomaten belegt werden. Als Knabberartikel aus der Tüte gibt es Bruschette oder Panini (kleine Brötchen-Hälften) in verschiedenen Geschmacksrichtungen – beispielsweise nur mit Olivenöl und Knoblauch oder mit reichlich mediterranen Kräutern, Tomaten, Chili, Crème fraîche, Käse usw. Zur Wahl stehen die Produkte auch aus Roggenteig, Weizensauerteig oder Vollkornteig.

Schüttelbrot
Ebenfalls ein italienisches Produkt ist das Südtiroler Schüttelbrot, eine Spezialiät, die durch Trocknen lange haltbar wird. Die dünnen, harten Fladenbrote gibt es auch mit kleinem Durchmesser als Snack.

Tortilla-Chips/Nachos
Ursprünglich aus Mexiko stammen die Tortilla-Chips, aus Spanien die Nachos. Beide Sorten werden aus Maismehl, Pflanzenöl und Salz hergestellt und entweder scharf mit Chili, mit Salz oder mit Käse gewürzt. Ideal sind die Produkte vor allem zum Dippen in leckere Saucen. Köstlich schmecken dazu eine feurige „Salsa" auf Tomatenbasis, Käsesauce, Avocadopüree oder Sour Cream aus Frischkäse, Schmand und Salz.

Getreide

& GETREIDEPRODUKTE

WEIZEN, ROGGEN & CO.	319
ALTE SORTEN – NEU ENTDECKT	322
PSEUDOGETREIDE	323
REIS	324
GETREIDEERZEUGNISSE	328
MEHL	328
FRÜHSTÜCKSCEREALIEN	330
TEIGWAREN	332

GETREIDE & GETREIDEPRODUKTE

Getreide

Roggen

Korn fürs Leben

Getreide ist nach Ansicht von Fachleuten unverzichtbarer Bestandteil unserer Ernährung. Wir essen es in Form von Brot, Kuchen, Teigwaren, Frühstückscerealien und zahlreichen anderen Produkten.

Wer weiß, vielleicht hat die Spezies Mensch überhaupt nur deshalb überlebt, weil sie rechtzeitig Getreide als Nahrungsgrundlage entdeckte. In der Steinzeit wurden erstmals die Samen bestimmter Wildgräser zwischen flachen Steinen zerrieben und mit Wasser zu einem nahrhaften Brei verrührt. Der Rest ist reine Spekulation: Wahrscheinlich trocknete irgendwann zufällig der Brei in der Sonne zu einem harten, haltbaren Fladen. Dieses erste Brot konnten die damaligen Nomaden problemlos auf ihren Wanderungen mitnehmen.

Die Möglichkeit, Nahrung durch eigenes Aussäen zu produzieren, ließ die herumziehenden Jäger und Sammler schließlich sesshaft werden. Natürlich fiel der Ackerbau zunächst bescheiden aus. Das erste Korn war klein und wenig ergiebig. Es bedurfte sorgfältiger Zucht und Auslese über Jahrtausende, bis sich aus Wildgräsern unsere bekannten Getreidearten entwickelten.

Durch und durch wertvoll

Getreide hat einen hohen Nährwert, wobei sich die einzelnen Sorten etwas unterscheiden. Durchschnittlich enthält ungeschältes Korn 11,7 % bis 13,7 % Wasser, 8 % bis 13 % Eiweiß und 1,7 % bis 7,1 % Fett. Dazu kommen Mineralstoffe und Spurenelemente wie Kalium, Phosphor, Magnesium, Calcium und Eisen. Reichlich vorhanden sind die Vitamine B_1, B_2, Niacin, B_6 und E. Und das volle Korn liefert wertvolle Ballaststoffe.

Weizen, Roggen & Co.

Heute werden weltweit sieben Grund-Getreidearten kultiviert: Weizen, Roggen, Gerste, Hafer, Mais, Reis und Hirse. Sie sind auf den einzelnen Kontinenten von unterschiedlicher Bedeutung. In Afrika beispielsweise steht Hirse im Vordergrund, in Asien der Reis. In Europa wiederum werden vorwiegend Weizen und Roggen, aber auch Hafer und Gerste angebaut, wobei sich durchaus nicht jedes Getreide für jede Region eignet. Über die Qualität entscheiden neben dem Saatgut vor allem Bodenbeschaffenheit und Witterung. Und wie für Wein, so gibt es auch für Getreide gute und schlechte Jahre.

Die heutigen Getreidesorten sind im Vergleich zu ihren wilden Vorfahren ungeheuer ertragreich. Dicht gedrängt sitzen große Körner an den Ähren. Im Durchschnitt liefert beispielsweise Weizen auf 2 m² Ackerfläche etwa 1 kg Mehl. Und so unscheinbar jedes einzelne Korn aussehen mag, es ist ein kleines Wunderwerk der Natur.

Von außen sieht man nur die oberste raue Schale, unter der weitere Schichten liegen. Alle bestehen aus unverdaulicher Zellulose, doch sind wertvolle Mineralstoffe und Spurenelemente eingelagert. Die unterste Schicht (Aleuronschicht) enthält viel Eiweiß, Fett, Mineralstoffe und vor allem B-Vitamine. Bei der Verarbeitung des Korns werden alle diese Schichten entfernt. So entsteht gehaltvolle Kleie, die häufig als Viehfutter dient, aber auch Cerealien beigemischt wird.

Unter den Schalen liegen Mehlkörper und Keimling. Der Mehlkörper setzt sich aus Stärke (Kohlenhydraten) und Eiweiß (Kleber) zusammen und wird zu verschiedenen Mahlprodukten verarbeitet. Am stumpfen Ende des Korns sitzt der Keimling. Er ist für die Vermehrung zuständig und dementsprechend üppig mit Nährstoffen versorgt. Dazu zählen Eiweiß, Fett, Mineralien sowie die Vitamine B und E. Doch weil das Fett schnell ranzig wird, entfernt man den Keim vor dem Vermahlen. Lediglich bei Vollkornmehl bleibt er unangetastet.

Klassisches Brotgetreide

Nur zwei der Grund-Getreidearten eignen sich wirklich gut zum Backen: Weizen und Roggen. Aus ihnen lässt sich Gebäck mit lockerer, poriger Krume herstellen. Deshalb bezeichnet man Weizen und Roggen auch als „Brotgetreide".

Weizen

Von allen Getreidearten besitzt Weizen die besten Backeigenschaften. Der Grund dafür liegt im ausgewogenen Verhältnis zwischen Stärke, Eiweiß und Kleber (Gluten), einem Eiweißstoff. Weizen bildet kräftige, oben stumpf auslaufende Ähren mit rundlich dicken Körnern, die meist sechszeilig angeordnet sind und sehr kurze Grannen tragen. Der Geschmack von Weizen ist mild-neutral und leicht nussig. Das Getreide wird unterschieden in Weichweizen und Hartweizen.

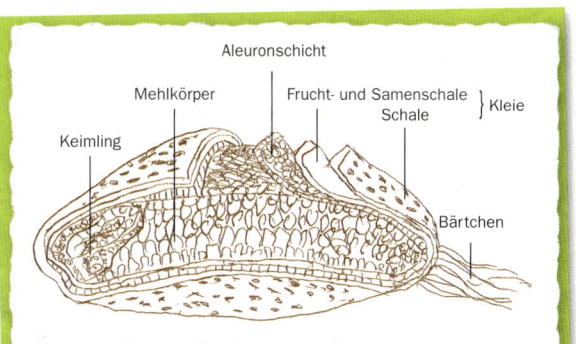

Getreidekorn (schematische Darstellung)

- *Weichweizen* wächst fast überall auf der Welt. Er hat weiches Korn, einen weißen Mehlkörper und wird zu Mehl, Grieß und Schrot verarbeitet. Weichweizen bildet die Grundlage für Brot- und Backwaren, Kuchen, Frühstückscerealien (Flocken, Flakes, Pops usw.) sowie für Graupen und Grütze.
- *Hartweizen* wächst überwiegend im Mittelmeerraum, Vorderasien, den USA und Kanada. Die bekannteste Sorte, der „Durum-Weizen", benötigt warmes, trockenes Klima. Hartweizen enthält viel Eiweiß (12 bis 14 %) und ist formstabiler beim Kochen. Hartweizengrieß ist geschmacks- und geruchsneutral und verleiht unter anderem italienischen Teigwaren die berühmte Bissfestigkeit. Verwendet wird er auch für Puddings, andere Süßspeisen, Bulgur oder Couscous.

Bulgur ist ein Weizengericht und seit jeher das Grundnahrungsmittel im Nahen und Mittleren Osten. Die traditionelle Herstellung erfordert Zeit: Geschälter Weizen wird eingeweicht, dann in wenig Wasser bis zu drei Stunden gekocht, anschließend an der Luft getrocknet und zu guter Letzt grob geschrotet. Die Industrie schafft das rationeller und bleicht Bulgur in Natronlauge appetitlich hellgelb. Bei Produkten aus biologischem Anbau wird darauf verzichtet. In der Küche lässt sich Bulgur vielseitig verwenden – als Beilage zu Fleisch, Fisch und Gemüse, als Suppeneinlage, und auch eine süße Zubereitung ist möglich.

Couscous, das nordafrikanische Nationalgericht, wird aus Hartweizengrieß hergestellt. Wer die aufwändige Zubereitung scheut, verwendet am besten ein Instant-Produkt. Die traditionelle Methode: Den Grieß salzen, mit etwas lauwarmem Wasser anfeuchten und etwa zehn Minuten quellen lassen; dann mit den Händen

GETREIDE & GETREIDEPRODUKTE

Dinkel

Grünkern

Gerste/Graupen

durchwalken und ca. 40 Minuten in einem Spezialtopf, der sogenannten Couscoussière, garen. Dort quillt der Couscous in einem Sieb über dem Gericht, das unten im Topf gart. (Notfalls genügt auch das Garen über Wasserdampf in einem mit einem Tuch ausgelegten Sieb.) Zum Schluss würzen und mit Butter oder Öl vermischen. Couscous schmeckt zu Gemüse, lässt sich aber auch süß mit Früchten zubereiten.

Roggen

Er ist anspruchslos, was Bodenbeschaffenheit und Klima betrifft und gedeiht überall bis hinauf in den Norden Europas. Roggen hat schmale, spitz zulaufende Ähren mit meist vierzeilig angeordneten schlanken Körnern. Die Grannen sind etwa halb so lang wie die Ähren. Das Korn ist nicht so proteinhaltig wie Weizen, dafür aber reicher an Mineralstoffen.

Roggenmehl ist dunkel und eher rau im Geschmack. Es enthält mehr essenzielle Aminosäuren und Wasser bindende Schleimstoffe (Pentosane), die das Roggenbrot so „saftig" machen, als Weizenmehl, aber etwas weniger Stärke und Eiweiß. Roggenteige müssen immer gesäuert und mit ausreichend Wasser hergestellt werden. Aus Roggenmehl lässt sich kräftig-aromatisches Brot backen, Roggenflocken werden in Müslis gemischt.

Dinkel

Botanisch gesehen ist er eng mit dem Weichweizen verwandt. Bis zu Beginn des 19. Jahrhunderts war Dinkel im mitteleuropäischen Raum die am häufigsten angebaute Getreideart, wurde dann vom ertragreicheren Weizen verdrängt und geriet fast in Vergessenheit. Doch jetzt erscheint Dinkel wieder auf den Feldern. Das anspruchslose Getreide wächst auch auf sehr kargen Böden und in Mittelgebirgslagen und trägt goldbraunes Korn. Das Korn ist etwas länglicher als ein Weizenkorn und fest mit den Spelzen verwachsen. Dadurch muss Dinkel in einem eigenen Arbeitsgang entspelzt werden und ist etwa doppelt so teuer wie anderes Backgetreide.

Gemahlen ergibt Dinkel ein eiweißreiches Mehl mit hohem Klebergehalt. Es schmeckt etwas nussig und eignet sich sehr gut zum Backen. Die Klebereiweiße binden Wasser, sodass Dinkelbrot länger weich und frisch bleibt. Gern wird Dinkelmehl auch mit Weizenmehl gemischt verarbeitet. Wer eine Weizenallergie hat, kann herkömmliches Weizenmehl durch Dinkelmehl ersetzen.

Bewährte Grundsorten

Gerste

Sie zählt zu den ältesten Getreidearten, wurde Gerste doch nachweislich schon mindestens 5000 Jahre v. Chr. angebaut. Heute wächst sie überall auf der Welt – in tropischen Ländern genauso wie im Norden und selbst in hohen Gebirgslagen. Gerste bildet schlanke Ähren mit zwei- oder mehrzeilig angeordneten Körnern. Die weichen Grannen sind länger als die Ähren.

Bei Gerstenkörnern ist der Mehlkörper fest mit den Spelzen verwachsen. Sie müssen mechanisch entfernt werden, wodurch die wertvollsten Teile des Korns verloren gehen. Nach dem Schälen folgt das Schleifen und Polieren. So entstehen glatte, rundliche Körner, die man Graupen nennt. Perlgraupen sind Körner, die in mehrere Stücke zerteilt und dann poliert wurden. Unter Rollgerste versteht man sehr große, grobe Graupen. Gerste enthält kaum Klebereiweiß und ist deshalb zum Backen ungeeignet. Mehl und Graupen lassen sich jedoch für Breie, Suppen, Saucen und Pudding verwenden. Das Gros der Gerstenernte wird jedoch in Brauereien verarbeitet.

Grünkern

Wenn Dinkel zwei bis drei Wochen vor der Reife geerntet wird, erhält man Grünkern. Die weichen, grünen Körner haben einen breiigen Kern und wurden früher über der rauchenden Glut von Buchenhölzern sorgfältig gedarrt. Heute trocknet man das Korn rationeller in Heißluftanlagen und erzielt den Räuchereffekt durch eine zusätzliche Befeuerung mit Harthölzern. Nach dem Darren wird der Grünkern entspelzt.

In den Handel kommen ganze Körner, Graupen, Mehl, Grieß und Flocken. Der Geschmack ist würzig und leicht nussartig und kommt in Aufläufen, Suppen, Bratlingen, Klößen und Brotaufstrichen gut zur Geltung. Ganze Körner lassen sich wie Reis zubereiten. Zum Brotbacken ist Grünkernmehl nicht geeignet, doch das Mischen mit Weizenmehl macht's möglich, herzhafte Pfannkuchen oder Waffeln herzustellen.

📝 Spickzettel

- Die Grundgetreidearten sind Weizen, Roggen, Gerste, Hafer, Mais, Reis und Hirse.
- Weizenmehl hat von allen Mehlen die besten Backeigenschaften.
- Vollkorngetreide ist das ungeschälte Korn inklusive Keim. Es enthält die meisten Vitalstoffe.
- Zum sogenannten Brotgetreide gehören Weizen und Roggen. Auch Dinkel wird heute wieder gern zum Brotbacken verwendet.
- Pseudogetreide ist nicht mit herkömmlichem Getreide verwandt, lässt sich aber ähnlich oder genauso verwenden.

Hafer

Er gehört zu den Süßgräsern und reift in Rispen. Weder an Boden noch Klima stellt Hafer besondere Ansprüche und wird in den feucht-kühlen Breiten Europas und Nordamerikas ebenso kultiviert wie in Australien und Neuseeland. Bekanntlich bringt Hafer Pferde auf Trab, und tatsächlich hat es dieses Getreide in sich. Es enthält viel Fett (7 %) mit einem hohen Anteil ungesättigter Fettsäuren, hochwertiges Eiweiß sowie viel Eisen, Magnesium, Vitamin K und B-Vitamine. Wegen seiner Schleimstoffe ist Hafer ideal zur Behandlung von Magen- und Darmerkrankungen. Angebaut wird Hafer in erster Linie als Tierfutter. Für die menschliche Ernährung stellt die Industrie eine Reihe von Hafererzeugnissen her: Flocken, Grütze, Mehl, Kleie oder Knabberprodukte. Große Haferflocken ergänzen Müslimischungen, kleine Flocken eignen sich unter anderem für Haferschleim, Suppen oder Aufläufe.

Hirse

Sie gehört ebenfalls zur Familie der Süßgräser, kommt in verschiedenen Arten vor und wächst sogar dort, wo's sehr heiß und trocken ist. In Deutschland kennt man Hirse vorwiegend als Vogelfutter (Kolbenhirse), doch in vielen Gebieten Asiens und Afrikas bildet das Getreide die wichtigste Nahrungsgrundlage. Hirse reift in Rispen. Die Körnchen sind klein und rundlich und variieren in der Farbe zwischen weißgrau, gelb und rötlichbraun. Sie enthalten je nach Art 60 bis 80 % Kohlenhydrate, bis zu 6 % Fett, 6 bis 20 % Eiweiß und liefern überdurchschnittlich viel Mineralstoffe und Spurenelemente (vor allem Eisen, Magnesium, Kupfer Mangan und Silizium) sowie die Vitamine B_2 und B_6. Hirse kommt als ganzes geschältes Korn oder gelegentlich auch in Form von Flocken auf den Markt. Man kocht das Getreide wie Reis und verwendet es für Suppen oder Brei.

Mais

Er stammt ursprünglich aus Mexiko, wird aber heute vorwiegend in den USA, China und Brasilien angebaut. Etwa ein Drittel der weltweiten Getreideernte entfällt auf Mais, der unter anderem in Mittelamerika das wichtigste Grundnahrungsmittel ist. Mais hat von allen Getreidearten die größten Körner. Sie reifen meist goldgelb an dicken Kolben, die von weiblichen Blütenständen in den Blattscheiden gebildet werden. Es gibt aber auch Sorten mit rotem und blauem Korn. Mais besitzt einen hohen Fettgehalt (bis zu 5 %), viel Kohlenhydrate in Form von Stärke und Mineralstoffe sowie die Vitamine E und Betacarotin. Das Eiweiß jedoch ist von der biologischen Wertigkeit her nicht so hoch wie bei anderen Getreidearten.

Die Lebensmittelindustrie verarbeitet das Getreide beispielsweise zu Öl, Traubenzucker, Zuckersirup, Stärke (unter anderem zum Binden von Fertigprodukten wie Suppen und Saucen), Grieß, Mehl, Cornflakes und zahllosen Knabberartikeln. Frische Körner ergeben ein feines Gemüse, Kolben von Zuckermais (siehe Zuckermais) sind mit Butter oder gegrillt ein Genuss, und amerikanischer Whiskey verdankt ihm seinen typischen Charakter. Und was wäre Kino ohne Popcorn? Es entsteht durch Erhitzen einer speziellen Maissorte.

Hafer

Hirse

Mais

Zur Herstellung von Maisgrieß (unentbehrlich für Polenta) und Maismehl (für Brot, Kuchen und Klöße) werden die Maiskörner zunächst vom Keim befreit und dann gemahlen. Dabei gehen wichtige Inhaltsstoffe verloren, denn gerade in den Keimen sitzt das meiste Fett sowie das fettlösliche Vitamin E. Wird Mais inklusive Keim verarbeitet, entsteht Vollmehl. Es sollte jedoch innerhalb von drei bis vier Monaten verbraucht werden, denn das enthaltene Fett wird relativ schnell ranzig und gibt dem Mehl einen bitteren Geschmack. Aus Maiskeimen gewinnt man hochwertiges Öl, das reich ist an ungesättigten Fettsäuren.

Gluten (Kleber)

Gluten (Betonung auf der zweiten Silbe) ist ein Eiweiß, das einen Teig plastisch und elastisch, locker und feinporig macht. Viele Menschen reagieren auf Gluten empfindlich und müssen Gluten meiden. Die Krankheit heißt **Zöliakie**. Glutenhaltig sind die Getreidesorten Weizen, Roggen, Gerste, Hafer, Dinkel, Einkorn, Emmer, Kamut und alle Produkte daraus.

Gluten und glutenhaltige Zusätze müssen seit 2005 deklariert werden („glutenfrei" und/oder mit dem Symbol der durchgestrichenen Ähre). Nach der EG-Verordnung Nr. 41/2009 der europäischen Kommission darf die Angabe „sehr geringer Glutengehalt" nur verwendet werden, wenn der Glutengehalt des Lebensmittels maximal 100 mg/kg beträgt.

Enthält das Erzeugnis weniger als 20 mg/kg Gluten, darf es den Hinweis „glutenfrei" tragen. Die Verordnung gilt seit dem 1. Januar 2012 verbindlich.

GETREIDE & GETREIDEPRODUKTE

Alte Sorten – neu entdeckt

Buchweizen

Der konventionelle Landbau ist auf Ertrag ausgerichtet und beschränkt sich deshalb auf die gängigen Getreidesorten. Alte Sorten wie Einkorn, Emmer und Kamut neu zu beleben und als interessante Alternative zu herkömmlichem Getreide zu kultivieren bleibt eine Domäne der ökologischen Betriebe. Und die Verbraucher entdecken, dass diese „uralten" Spezialitäten eine Bereicherung des Speisezettels sind.

Einkorn

Diese Getreideart ist lediglich insofern mit dem Weizen verwandt, als beide vor etwa 10 000 Jahren einen gemeinsamen Vorfahren besaßen. Das Einkorn verbreitete sich ausgehend vom Gebiet zwischen Euphrat und Tigris über Kleinasien nach Europa, wo es in der Bronzezeit stark kultiviert wurde. Wahrscheinlich hat sich auch der „Ötzi", der berühmte Mensch aus dem Eis, von Einkorn ernährt.

Einkorn enthält viel Gutes: komplexe Kohlenhydrate, wertvolles Eiweiß (15 %), essenzielle Aminosäuren, reichlich Mineralstoffe (vor allem Zink, Magnesium und Eisen) und sehr viel Carotinoide. Sie verleihen dem Einkornmehl eine intensiv gelbliche Farbe. Aus dem Mehl kann man herzhaft schmeckendes Brot backen, am besten Kastenbrot, weil der Teig zum Verlaufen neigt. Gut geeignet ist Einkornmehl auch für Spätzle, Pfannkuchen, feine Backwaren wie Kekse oder auch für Flocken. Die Produkte haben einen fein-aromatischen, leicht nussigen Geschmack.

Emmer

Er ist das sogenannte „Zweikorn" und ging dereinst aus Wildformen des Einkorns hervor. Emmer hat hartes Korn und ähnelt darin dem Hartweizen. Der Gehalt an Beta-Carotin liegt niedriger als beim Einkorn, jedoch noch immer doppelt so hoch wie beim Weizen. Bei den Mineralstoffen fällt besonders der hohe Zink-Gehalt auf.

Emmermehl bzw. -grieß hat eine appetitliche, dunkle Färbung und einen würzigen Geschmack. Es eignet sich auf Grund des hohen Klebergehalts hervorragend zur Herstellung von eierfreien Teigwaren, aber auch für Klöße, Waffeln oder Mürbteig. Brot schmeckt herzhaft und bleibt lange frisch.

Kamut

Dieses Getreide ist eine Hartweizenart und vor etwa 6000 Jahren aus dem wilden Emmer hervorgegangen. Die alten Ägypter bauten im fruchtbaren Niltal den ersten Weizen an und nannten ihn „Kamut", was so viel wie „Seele der Erde" bedeutet. Dieses Brotgetreide war heilig und wurde den Toten mit auf die Reise ins Jenseits gegeben. Irgendwann geriet Kamut in Vergessenheit, bis es der Zufall wollte, dass 1948 in einer Grabstätte bei Dashare eine steinerne Kiste gefunden wurde. Sie enthielt ungewöhnlich große Getreidekörner, von denen ein amerikanischer Pilot eine Handvoll mitnahm. Er gab 36 Körner an einen Freund weiter, der sie seinem Vater nach Montana schickte. Der Farmer säte die Körner aus, und sie keimten tatsächlich. Doch wegen des geringen Ertrags wurde das Experiment nicht weiter verfolgt.

Erst 1977 erinnerte man sich an ein Musterglas mit Samen und begann gezielt mit der biologischen Vermehrung. Der amerikanische Farmer Bob Quinn untersuchte die spezielle Weizenart über mehr als ein Jahrzehnt und ließ sie 1990 unter dem Namen „Kamut" als eingetragenes Warenzeichen schützen. Dasselbe Produkt kommt deshalb auch unter anderen Namen wie „Ägyptisches Urgetreide" oder „Pharaonengetreide" auf den Markt.

Kamut wurde nie verändert, besitzt also noch die gleichen Eigenschaften wie vor 6000 Jahren. Dazu gehören der leicht nussige Geschmack und der überdurchschnittliche Nährwert. Kamut enthält bis zu 40 % mehr Proteine, dazu mehr ungesättigte Fettsäuren und Mineralien als moderne Weizensorten. Vor allem der Gehalt an Zink, Magnesium und Selen ist weitaus höher als bei anderen Vollkornmehlen. Von Bedeutung sind außerdem die Vitamine C, E und Betacarotin.

Kamutmehl ist ideal für alle Back- und Teigwaren, die man auch mit Dinkel oder Weizen zubereiten kann.

Pseudogetreide für Kenner

Kamut

Amaranth

Quinoa

Die Bezeichnung verrät, worum es sich handelt: Genau genommen gehört Pseudogetreide gar nicht zu den Getreidearten. Trotzdem gibt es eine Gemeinsamkeit, und das sind die stärkehaltigen Körner. Sie lassen sich wie Getreidekörner verwenden, zum Beispiel als Beilage zubereitet wie Reis oder im Müsli. Allerdings fehlt Pseudogetreide das für die Teiglockerung wichtige Klebereiweiß Gluten. Deshalb muss man das Mehl zum Brotbacken mit Weizen-, Roggen- oder Dinkelmehl mischen. Für eine glutenarme Ernährung ist Pseudogetreide empfehlenswert.

Amaranth
Die Pflanze gehört zu den Fuchsschwanzgewächsen, stammt aus Lateinamerika und wird dort schon seit etwa 7000 Jahren angebaut. Sie ist anspruchslos was Boden und Klima betrifft und wächst in Peru sogar in Höhen über 4000 m. Die kleinen gelblichen Körner haben es in sich. Sie enthalten ein Drittel mehr Protein als Weizen, sind reich an ungesättigten Fettsäuren, Vitamin C und Eisen und sie enthalten das in Pflanzen seltene Vitamin B_{12}. Bemerkenswert sind außerdem die essenziellen Aminosäuren Lysin und Methionin, die in den meisten Getreidearten nur in geringen Mengen vorkommen.
Auf den Markt kommt Amaranth als ganzes Korn, Mehl, Flocken und als Popcorn. Der Geschmack ist leicht nussig. Ganzes Korn kann genau wie Reis zubereitet und als Beilage serviert werden. Es bereichert aber auch Gemüsepfannen, Aufläufe und Süßspeisen.

Buchweizen
Er heißt auch „Heidekorn" und ist das bekannteste und am häufigsten verwendete Pseudogetreide. Buchweizen aus der Familie der Knöterichgewächse stammt ursprünglich aus kargen Gebieten Zentralasiens, wird aber heute in Holland und Süddeutschland kultiviert. Die Pflanze bildet dreikantige, dunkelbraune, 4 bis 6 mm lange Früchte, die an Bucheckern erinnern. Sie enthalten wertvolles Eiweiß und ähneln in der Zusammensetzung dem Getreide.
Angeboten wird Buchweizen als ganzes geschältes Korn, geschrotet oder als Mehl. Man verwendet Buchweizen für Brot, Brei, Suppen, Klöße, verschiedene Pfannkuchenarten usw. Besonders beliebt ist Buchweizen-Grütze.

Quinoa
Das Gänsefußgewächs wird auch „Gold der Inkas" genannt, denn im südamerikanischen Hochland war Quinoa lange das wichtigste Grundnahrungsmittel. Heute wird dieses Pseudogetreide in Mexiko, in den Anden und an den Hängen der Rocky Mountains angebaut. Die Pflanze bringt kleine, scheibenförmige, milchigweiß bis rot gefärbte Früchte hervor, die in ihren Wertstoffen denen von Amaranth ähneln und sich auch genauso wie Amaranth verwenden lassen.

> **Tipps für Getreide**
> - Ganze Getreidekörner können luftig, kühl und trocken über Jahre gelagert werden. Der besonders fettreiche Hafer allerdings behält nur etwa ein Jahr seine Qualität.
> - Grob zerteiltes oder bearbeitetes Getreide wie Schrot, Graupen oder Flocken sollte innerhalb von sechs Monaten verbraucht werden.

GETREIDE & GETREIDEPRODUKTE

Reis
ein Geschenk des Himmels

Wildreis

Tatsache ist, dass Reis in Indonesien und China schon mindestens 2800 Jahre v. Chr. in großem Stil angebaut wurde. Von hier aus verbreitete sich das Getreide über die Welt und ist heute für die Hälfte der Menschheit das wichtigste Grundnahrungsmittel. In Asien gibt es die größten Anbauflächen, doch sie decken in erster Linie den Eigenbedarf. Heute sind die USA neben Thailand und Vietnam der weltgrößte Reis-Exporteur.

Getreide aus dem Wasser

Botanisch gehört Reis zur Familie der Getreidegräser und kommt in vielen Arten vor. Die bedeutendste Rolle spielt „Oryza sativa" mit ihren Sorten „Japonica", „Indica" und „Javanica". Die Pflanze erreicht eine Höhe von 80 bis 120 cm und trägt an jedem schlanken Halm zehn bis zwanzig überhängende Rispen, von denen jede bis zu 200 Samenkörner aufweist. Das einzelne Reiskorn ist ähnlich aufgebaut wie andere Getreidekörner. Unter der äußeren Strohhülse liegt, fest um Kern und Keim geschmiegt, die mehrschichtige „Silberhaut", die unter anderem wertvolle Mineralien, Vitamine und Eiweißstoffe enthält. Der Kern besteht vorwiegend aus Stärke.

Um zu gedeihen, braucht die Reispflanze vor allem zweierlei: Wärme von mindestens 30 bis 35 °C und viel Wasser. In den traditionellen Reis-Ländern bedeutet der Anbau mühevollste Handarbeit. Vorgezogene Sprösslinge werden in extra überflutete Felder gesetzt, gehegt und gepflegt. Die reifen Rispen mit den Körnern werden von Hand geschnitten und nach dem Trocknen gedroschen. Entweder man schlägt die Reisbündel über einen Rost oder lässt Büffelgespanne über die Ähren stampfen.

In den USA geht alles einfacher. Vom Flugzeug aus wird direkt in überschwemmte Flächen gesät und die Ernte übernehmen riesige Mähdrescher. Sie „spucken" den noch nicht enthülsten Rohreis aus, das sogenannte „Paddy-Korn". Nach dem automatisierten Trocknen und Dreschen verbleibt an den Körnchen lediglich die bräunliche Silberhaut. Man bezeichnet diesen Reis als Cargo-, Natur-, Braun- oder Vollkornreis.

Sorgfältige Verarbeitung

Per Schiff reist der Cargo-Reis nach Europa und wird weiter ins jeweilige Bestimmungsland transportiert. In den dortigen Reismühlen beginnt die Verarbeitung mit dem Sieben und Säubern des Korns. Marken-Reis wird besonders sorgfältig kontrolliert, bevor er als Natur-, Braun- oder Vollkornreis in den Handel kommt.

Die Herstellung von Weißreis erfordert mehr Aufwand. Die Körner werden geschliffen und dabei von der Silberhaut und dem fetthaltigen Keim befreit. Dadurch hat der Reis eine schöne weiße Farbe und ist länger haltbar. Allerdings fehlen ihm wertvolle Mineralien und Vitamine. Der Weißreis wird noch poliert und vor dem Verpacken ein weiteres Mal sortiert.

Der Parboiled-Trick

Dass geschälter Reis so wenig „innere Werte" besitzt, ließ Wissenschaftler nicht ruhen. Sie entwickelten eine Veredelungstechnik, die dem Reis bis zu 80 % seiner verlorenen Wertstoffe zurückgibt.

Beim sogenannten Parboiled-Verfahren wird dem frisch geernteten Paddy-Korn in einem Vakuumbehälter die Luft entzogen. Dann löst heißes Wasser die Vitamine und Mineralstoffe aus den Silberhäutchen heraus und weicht die Reiskerne auf. Jetzt wird starker Druck erzeugt, der die gelösten Stoffe tief in das Korn hineinpresst. Anschließend härtet Wasserdampf die Oberflächen der Reiskerne, um die Nährstoffe dauerhaft zu versiegeln. Ein weiterer Vorteil des Verfahrens: Der Reis klebt beim späteren Kochen nicht zusammen, sondern bleibt locker und körnig.

Nach dieser Vorbehandlung wird der Reis von den Strohhülsen befreit und als Parboiled Braunreis inklusive Silberhäutchen in die Importländer verschickt. Dort wird er wie Weißreis gereinigt, geschliffen und poliert, wobei die typische gelbliche Farbe von Parboiled-Reis zum Vorschein kommt.

Drei Reistypen

Reis gibt es in unterschiedlichen Korngrößen bzw. -formen, die auch in den Kocheigenschaften variieren:

Langkornreis

Er hat in Deutschland einen Marktanteil von über 80 %. Die einzelnen Körner sind 6 bis 8 mm lang und messen 1,5 bis 2 mm im Durchmesser und sehen leicht glasig aus. Eines der Spitzenprodukte ist Patna-Reis. Den Zusatz „Patna" darf Langkornreis der Sorte „Indica" tragen, wenn die durchschnittliche Kornlänge mindestens 6,4 mm beträgt. Patna-Reis ist wegen seiner ausgezeichneten Kocheigenschaften ideal für vielerlei Speisen wie Gemüseeintöpfe, Füllungen oder asiatische Gerichte und gilt als ausgesprochen „saucen-freundlich".

Rundkornreis (Milchreis)

Er ist kalkig-weiß und hat eine gedrungene Form. Das Korn misst 5 bis 5,2 mm bei einem Durchmesser von 2 bis 2,5 mm. Beim Kochen werden die Körner weich und klebrig, weil sie viel Stärke abgeben. Dadurch erhalten die Speisen eine cremige, weiche Konsistenz. Für italienische Risotti empfiehlt sich beispielsweise der „Arborio" mit etwa drei Mal so großen Körnern wie normaler Rundkornreis. Er kocht zwar cremig, behält jedoch „Biss". Rundkornreis eignet sich besonders gut für Milchreis, Reisauflauf und andere Süßspeisen.

Mittelkornreis

Er hat 5 bis 6 mm lange und 1,5 bis 2 mm dicke Körner und lässt sich ebenfalls für Risotto verwenden. Für die berühmte spanische „Paella" empfiehlt sich der milde Bahia, der auch leckere Süßspeisen ergibt.

Naturreis

Parboiled Langkornreis

Basmati-Reis

Drei Grundsorten

Weißreis

Er hat eine zart weiß schimmernde Oberfläche und einen feinneutralen Geschmack. Bei eingehaltener Kochzeit bleibt Weißreis trocken und körnig. Eine der bekanntesten Sorten ist der Patna-Reis, ein Langkornreis. Weißreis ist lange haltbar.

Puffreis ist Weißreis, der mit Druck und Dampf behandelt wurde. Die Körner blähen sich nach der Druckminderung auf und behalten diese Form. Verwendet wird Puffreis vor allem für Müslis, Schokolade und andere Süßwaren.

Parboiled-Reis

Er wird im Parboiled-Verfahren veredelt, was nicht nur den Gehalt an Vitaminen und Mineralstoffen sichert, sondern auch die Kocheigenschaften optimiert, da er locker und körnig bleibt. Im rohen Zustand ist dieser Reis gelblich, er wird jedoch beim Kochen schneeweiß. Er ist ergiebiger als normaler Weißreis.

Naturreis (Braunreis, Vollkornreis)

Dieser Reis ist nicht geschliffen. Er besitzt somit noch Silberhäutchen und Keim und damit auch die meisten Vitamine und Mineralstoffe. Naturreis ist vor allem in der Vollwertküche beliebt. Er sättigt auf angenehme Weise, die enthaltenen Vitalstoffe mobilisieren den Stoffwechsel und kurbeln die Verdauung an. Man muss mit einer deutlich längeren Kochzeit rechnen, und Naturreis ist nicht so lange haltbar wie beispielsweise Weißreis.

Reis-Spezialitäten

Das Angebot an Reis-Spezialitäten ist ungeheuer vielfältig. Es gibt höchst exotische Sorten, die nur eine Nische besetzen (beispielsweise grüner Reis aus Thailand), sowie Spezialsorten, die sich im Handel bereits etabliert haben. Hier eine Auswahl:

Duftreis

Das Besondere: Duftreis entwickelt beim Kochen einen blumigen Duft und schmeckt herrlich aromatisch. Die bekannteste Sorte ist der *Basmati-Reis* aus den traditionsreichen Anbaugebieten am Fuße des Himalaja. Die geschliffenen Körner sind sehr lang, schlank und weiß. Ungeschliffener Basmati-Reis ist braun und hat einen leicht nussigen Geschmack. Die USA liefern „Reis nach Basmati-Art".

Jasminreis stammt aus Thailand, wird aber auch in Italien angebaut. Der Langkornreis duftet frisch und blumig und schmeckt intensiv aromatisch. Die weiße Sorte ist noch feiner als die naturbelassene braune Variante. Beim Kochen wird Jasminreis locker und körnig und entwickelt Volumen. Er ist ideal für exotische Gerichte.

Klebreis

Durch den hohen Stärkegehalt klebt Klebreis beim Kochen zusammen. Dadurch kann man ihn problemlos mit Stäbchen oder auch – zu kleinen Bällchen geformt – mit den Fingern essen. Traditionell wird Klebreis zu asiatischen Fleisch-, Gemüse- und Currygerichten serviert. *Sushi-Reis* ist eine spezielle Sorte – ein weißer geschälter Rundkornreis, der nur leicht klebt.

GETREIDE & GETREIDEPRODUKTE

Camargue-Reis

Risotto-Reis

Rundkorn-/Milchreis

Roter Reis oder Camargue-Reis
Er stammt ursprünglich aus Indien und ist eine Kreuzung aus Wildreis und Kulturreis. Die Pflanze wächst auf tonhaltigen Böden, deshalb färbt sich das Korn rot. Seit den 80er Jahren wird der Reis auch in der Camargue angebaut. Er kommt unpoliert als Naturreis in den Handel und ergibt eine dekorative Beilage für alle Gerichte.

Wildreis
Er stammt von einer etwa 1,80 m hohen Wasserpflanze, die nur in bestimmten Seegebieten Nordamerikas bzw. Kanadas wächst und vom Kanu aus geerntet wird. Die dabei abfallenden Körner versinken im Wasser, treiben wieder aus und sichern so den Bestand. Mit neuen Züchtungen ist es gelungen, Wildreis großflächig zu kultivieren und so preiswerter zu gewinnen (zum Beispiel in Kalifornien). Er muss aber mit „Paddy Grown" gekennzeichnet sein, um eine Verwechslung mit dem echten Wildreis auszuschließen.
Wildreis hat schwarze, längliche Körner und schmeckt nussartig. Er enthält hochwertiges Eiweiß und ist reich an Mineralstoffen. Stark vertreten sind vor allem Eisen, Kalium und Magnesium. Wildreis pur ist eine herzhafte Beilage, doch meist wird er gemischt mit Naturreis oder Parboiled-Reis angeboten.

Die richtige Wahl

Angebotsformen
Die Verbraucher bevorzugen losen Reis; 40 % Marktanteil entfallen auf den Kochbeutel-Reis. Er vereinfacht das Kochen, denn er ist vorportioniert für ein oder zwei Personen und lässt sich ohne Aufwand zubereiten. Der Beutel aus perforierter Folie schwimmt wie ein Kissen im Wasser. So kann der Reis nicht am Topfboden festkleben und gelingt bei Einhaltung der Kochzeit garantiert perfekt. Angeboten werden geschälte oder ungeschälte Langkorn-Reissorten und auch Parboiled-Reis.
Kochbeutel-Reis braucht zum Kochen genauso lang wie loser Reis. Wer's eilig hat, greift deshalb zu *Schnellkochreis*. Er wird vom Hersteller vorgedämpft und anschließend wieder getrocknet. Durch diese Behandlung bleibt die Kornoberfläche rau, und der Reis nimmt das Wasser beim Kochen schneller auf. Er gart je nach Sorte in höchstens zehn Minuten. Sogenannter *Blitzreis* ist schon in fünf Minuten fertig, und *Expressreis* stellt man im geöffneten Folienbeutel nur noch für zwei Minuten in die Mikrowelle. Ein Produkt, das als schnelle Mahlzeit bereits fertig gewürzt oder auch mit Gemüse angereichert ist.

Qualitätsstufen
Zu den gesetzlich vorgeschriebenen Informationen auf der Reis-Verpackung gehört neben Name bzw. Firma und Ort des Herstellers bzw. Vertreibers, Mindesthaltbarkeitsdatum und Füllmenge auch die Qualitätsstufe. Entsprechend dem Bruchreis-Anteil gibt es vier Kategorien:
Spitzenreis besteht vorwiegend aus ganzen Körnern. Der Bruch-Anteil beträgt höchstens 5 %. Standardreis enthält maximal 15 % gebrochene Körner, Haushaltsreis bis zu 25 %. Bei Bruch-Reis muss man mit mehr als 40 % Bruch rechnen. Grundsätzlich gilt: je mehr gebrochene Körner, desto mehr Stärke tritt beim Kochen aus, und desto mehr klebt der Reis.

Risotto-Reis
Dieser geschliffene Rundkornreis enthält mehr Stärke als Langkornreis. Rundkornreis kann viel Flüssigkeit aufnehmen und wird doch nicht breiig. Am bekanntesten ist der großkörnige *Arborio* aus Italien mit seinen Untertypen *Carnaroli* und *Roma*. Ebenfalls als klassischer Italiener gilt der Risotto-Reis *Ribe natur*. Er erfordert etwa 70 Minuten Kochzeit und bleibt bissfest trotz sämiger Konsistenz. Die Sorte eignet sich auch für Paella und Salate. Als Weißreis braucht der Ribe nur 20 Minuten zum Garen und ist ideal für Milchreis und andere Süßspeisen.

Schwarzer Reis
Diese Sorte wird in Japan und Thailand angebaut. Schwarzer Reis ist ungeschliffen und besitzt eine schwarze Haut über weißem Kern. Zum Kochen benötigt man für eine Tasse Reis die sechsfache Menge Wasser. Verwendet wird die Sorte vorwiegend für Süßspeisen.

 Kleines Korn ganz groß

Reis strotzt nur so vor wertvollen Kohlenhydraten und biologisch hochwertigem Eiweiß. Natur- und Parboiled-Reis liefern zudem viele B-Vitamine, Vitamin E, Pantothensäure und Folsäure. An Mineralstoffen sind vor allem Magnesium, Phosphor und Kalium stark vertreten. Nicht zuletzt liefert Reis die wertvollen Omega-3- und Omega-6-Fettsäuren. Was die Ballaststoffe betrifft, enthält Naturreis etwa drei Mal so viel wie polierter Reis. Wichtig für Allergiker: Reis ist glutenfrei.

Das körnige Getreide übt auf den ganzen Organismus eine wohltuende Wirkung aus. Reis sättigt angenehm, ist leicht verdaulich und auch für Schonkost geeignet. Und er macht nicht dick, denn 100 g gekochter Langkornreis enthalten nur rund 100 kcal.

Reis in der Küche

Die Bundesbürger entdecken immer mehr ihre Vorliebe für Reis. Der Trend zur asiatischen Küche tut da ein Übriges. Pro Kopf und Jahr werden laut Statistik 3,3 kg verzehrt, doch damit liegt Deutschland in Europa noch immer weit hinten. Spanier schaffen immerhin 6,4 kg und in Italien liegt der Verbrauch bei 5,5 kg. Das alles ist jedoch verschwindend gering gegenüber Asien, wo die Bewohner teilweise 150 kg Reis im Jahr verzehren.

Jasminreis

Die verschiedenen Garverfahren

Die trockenen Reiskörnchen machen es schwer, sich die Menge nach dem Kochen vorzustellen. Tatsächlich genügen schon 125 g für zwei Beilagen-Portionen oder als Hauptgericht pro Person. Reis zu kochen, ist denkbar einfach, wenn man sich an die empfohlene Zeit hält. Bei perfekt gegartem Reis hat das einzelne Korn zwar noch „Biss", aber keinen harten Kern mehr. Für die Zubereitung bieten sich vier bewährte Methoden an: Wasser-Methode, Quell-Methode, Risotto-Methode und Dämpf-Methode. Alle spielen sich im Topf auf dem Herd ab. Die Mikrowelle bringt keinen Vorteil, denn harter Reis braucht immer die gleiche Zeit, um im kochenden Wasser zu quellen.

Wasser-Methode

Sie empfiehlt sich in erster Linie für normalen geschälten Langkornreis. Man lässt etwa die sechsfache Menge gesalzenes Wasser sprudelnd kochen, gibt den Reis hinein und schüttet ihn nach dem Garen über einem Sieb ab. Duftreis braucht eine Spezialbehandlung. Er wird zunächst acht Minuten nach der Wasser-Methode gekocht und dann in ein Sieb geschüttet. Man lässt im Topf etwas Butter schmelzen, fügt den noch heißen, feuchten Reis hinzu, rührt kurz um und lässt ihn abgedeckt auf der ausgeschalteten Kochplatte noch fünf bis zehn Minuten ziehen. Auf diese Weise können sich das feine Aroma und der unwiderstehliche Duft voll ausbilden.

Quell-Methode

Verwendet wird nur so viel Wasser, wie der Reis aufnehmen kann. Das bedeutet etwa doppelt so viel Flüssigkeit wie Reis. Bei schwacher Hitze lässt man den Reis im geschlossenen Topf garziehen, bis das Wasser komplett aufgesaugt ist.
Naturreis, Wildreis und Wildreis-Mischungen sollten unbedingt nach der Quell-Methode zubereitet werden. Vitamine, Mineralien und Aromastoffe lösen sich teilweise im Wasser. Da jedoch das verwendete Wasser komplett vom Reis „geschluckt" wird, bleiben die wertvollen Bestandteile erhalten.

Risotto-Methode

Diese italienische Variante eignet sich am besten für Mittelkorn- oder Risottoreis. Der Reis wird mit etwas Fett (zum Beispiel Olivenöl oder Butter) und einer gehackten Zwiebel glasig gedünstet und dann mit Wein oder Prosecco abgelöscht. Unter stetem Rühren gießt man immer dann heiße Brühe zum Reis, wenn die Flüssigkeit aufgesaugt ist. Der Reis quillt aus und wird cremig, soll aber noch „Biss" haben. Die Garzeit beträgt 15 bis 20 Minuten.

Dämpf-Methode

Sie braucht insgesamt am meisten Zeit. Reis wird gewaschen, in wenig Wasser mindestens zwei Stunden eingeweicht und anschließend in einem Dämpfeinsatz über kochendem Wasser je nach Sorte sechs bis zwanzig Minuten gegart.

Reis auf Vorrat

Reis eignet sich bestens für die Vorratshaltung. Er verlangt lediglich einen kühlen, trockenen Platz und ist nicht lichtempfindlich. Allerdings nimmt er leicht Fremdgerüche an und muss deshalb von anderen geruchsintensiven Produkten ferngehalten werden. Richtig gelagert hält Weißreis (auch Parboiled-Reis) zwei bis drei Jahre, Naturreis (auch Parboiled-Reis) und Wildreis (100 %) ein bis zwei Jahre. Diese kürzere Haltbarkeit ergibt sich daraus, dass Natur- und Wildreis Fett enthalten, das mit der Zeit ranzig wird.

Patnareis

Gekochter Reis ist im Kühlschrank in einer abgedeckten Schüssel sechs bis acht Tage haltbar. Zum Aufwärmen gibt man zwei Esslöffel Wasser dazu und stellt den Reis kurz in die Mikrowelle. Auch in einer Pfanne mit Butter lässt sich Reis schnell erwärmen. Tiefgefroren kann Reis sechs bis acht Monate „auf Eis" liegen. Zum Auftauen gibt man ihn etwa fünf Minuten in kochendes Wasser und schüttet ihn über einem Sieb ab.

Hätten Sie's gewusst?

In Japan, dem Land des Reises, wird Reis so hoch geschätzt wie Autos. „Honda" heißt übersetzt „Hauptreisfeld", und der „Toyota" ist ein „Reiches Reisfeld". Wenn ein Brautpaar aus der Kirche kommt, wird es von den Hochzeitsgästen traditionell mit Reis beworfen. Er ist ein Symbol der Fruchtbarkeit und soll reichen Kindersegen bringen.

Eine chinesische Weisheit besagt:

*Willst du eine Stunde glücklich sein,
dann betrinke dich.
Willst du drei Tage glücklich sein,
dann heirate.
Willst du ein Leben lang glücklich sein,
dann iss täglich Reis.*

GETREIDE & GETREIDEPRODUKTE

Getreideerzeugnisse

Sago (Perlsago)

Sie klappert schon lange nicht mehr, die „Mühle am rauschenden Bach". Heute sind Mühlen hochtechnisierte Industriebetriebe, in denen Getreide elektronisch gesteuert verarbeitet wird. Keine Hand berührt das Mahlgut, bis es schließlich in Papiertüten abgefüllt und fertig für den Verkauf ist.

Mehl

Aus den verschiedenen Getreidesorten lassen sich unterschiedliche Mahlprodukte herstellen. Getreide kann sehr fein oder auch grob gemahlen sein, und ein wesentliches Unterscheidungsmerkmal ist der Ausmahlungsgrad. Er besagt, wie viel der äußeren Randschichten des Korns mitverarbeitet wurden. Der Verbraucher kann sich an der in einer Zahl ausgedrückten „Mehltype" orientieren. Als Faustregel gilt: Mehl mit einer hohen Zahl enthält viel Randschichten und damit auch viele Vitamine, Mineralstoffe und Ballaststoffe. Eine niedrige Zahl bedeutet, dass die Randschichten fast ganz fehlen.

Typen gibt's!

Die Mehltype wird nicht „über den Daumen" ermittelt, sondern ist exakt messbar. Wenn man Mehl verbrennt, bleiben Mineralstoffe in Form von Asche übrig. Das Gewicht dieser Asche ergibt die Mehltype. Beispiel: Verbrennen 100 g Weizenmehl Trockensubstanz (d. h. Weizenmehl, dem alle Feuchtigkeit entzogen wurde) zu nicht mehr als 405 mg Asche, handelt es sich um Mehl der Type 405. Mehl mit Randschichten hinterlässt beim Verbrennen mehr Mineralstoffe, somit steigt die Typenzahl.

Weizenmehl gibt es in folgenden Typen:
- 405 für Kuchen und Feingebäck
- 550 für Brötchen, Hefe- und helles Kleingebäck, Pizzateig
- 630 etwas dunkler als 550
- 812 für dunkleres Kleingebäck
- 1050 für Graubrote und dunklere Weizenbrote
- 1200 mit Schalenanteil zum Backen dunkler Brote
- 1600 Backschrot für Schrotbrote
- 1700 Vollkornmehl für Vollkornbackwaren

Roggenmehl gibt es in folgenden Typen:
- 610 hellstes Roggenmehl für Mischteige
- 815 für helles Kleingebäck und Mischteige
- 997 für helle Roggen- und Mischbrote
- 1150 für Graubrote
- 1370 für Mischbrote und Kommissbrote
- 1740 Backschrot für Schrotbrote
- 1800 Vollkornmehl für Vollkornbackwaren

Dinkelmehl gibt es in folgenden Typen:
- 405 für Kleingebäck und Kuchen, als Saucenbinder
- 630 für Hefegebäck, Brötchen und Pizzateig
- 1050 dunkles Mehl zum Brotbacken

 Tipps für den Vorrat

- Mehl im Haushalt nicht in luftdicht verschlossene Behälter umfüllen, sondern am besten in der Papierverpackung lassen. Es braucht Luft, damit es nicht muffig oder gar schimmlig wird.
- Mehl braucht einen trockenen Platz, denn eindringende Feuchtigkeit macht es klumpig.
- Da Mehl leicht Fremdgerüche annimmt, muss es weit entfernt von stark riechenden Produkten gelagert werden.
- Sauberkeit ist das A und O, damit sich im Mehl keine ungebetenen „Mitesser" einnisten.

Mahlprodukte von fein bis grob

Mehl

Mehl ist generell die feinste Mahlstufe von Getreide, doch selbst hier gibt es noch Unterschiede in der Feinheit:

Glattes Mehl wird ganz extrem fein vermahlen, fühlt sich samtig an und ballt leicht zusammen. Am gebräuchlichsten ist Weizenmehl der Type 405, das in der Feinheit zwischen glatt und griffig liegt und sich universell einsetzen lässt.

Griffiges Mehl wirkt locker, denn es besteht im Vergleich zu glattem Mehl aus etwas gröberen Teilchen. Man verwendet es gern für Teigwaren oder Klöße aber auch zum Backen.

Doppelgriffiges Mehl ist noch etwas gröber in der Körnung und dadurch stets rieselfähig. Man kann es in Flüssigkeit einrühren, ohne dass es staubt oder klumpt. Teige werden mit diesem Mehl besonders elastisch und lassen sich gut formen und ausrollen. Doppelgriffiges Mehl ist ideal für schwierige Teige und eignet sich außerdem bestens zum Binden von Suppen und Saucen.

Auszugsmehl nennt man sehr helles Mehl, das keine Kleie mehr enthält. Bei *Vollkornmehl* dagegen werden Randschichten und Keime des Korns mitverarbeitet. Wegen des hohen Fettgehalts in den Keimen ist Vollkornmehl jedoch nicht so lange haltbar.

Die meisten Mehle werden frisch vermahlen abgefüllt und enthalten keine Zusatzstoffe. Manche Hersteller reichern jedoch bestimmte Typen mit Ascorbinsäure (Vitamin C) an. Dieser Zusatz stabilisiert die Inhaltsstoffe, verbessert das Gashaltevermögen und lässt Hefeteige besser gelingen.

Grieß

Er wird aus dem Mehlkern körnig gemahlen, enthält sehr viel Eiweiß und besitzt eine gute Quellfähigkeit. Verwendet wird Grieß für Suppen, Saucen und Puddings.

Dunst

Dunst ist feinkörniger als Grieß und ideal beispielsweise für Strudelteig oder feines Hefegebäck.

Schrot

So bezeichnet man das am gröbsten vermahlene Getreide, das auch die Randschichten des Korns enthält. Die Keime sind jedoch nur bei Vollkornschrot mit dabei. Verbacken wird Schrot zu kernigen Broten.

Kleie

Sie besteht aus den Randschichten und dem Keim des Korns. Broten beigemischt, liefert Kleie wertvolle Vitamine und Mineralien sowie verdauungsfördernde Zellulose.

Keime

Keime bleiben nur in den Vollkornprodukten erhalten und werden ansonsten schon vor der Verarbeitung vom Korn entfernt. Von Natur aus schmecken Keime leicht bitter und sind wegen des enthaltenen Fetts nicht lange lagerfähig. Vor allem Weizenkeime sind eine gern verwendete Zutat für Brot, Müslis, Suppen und Salate und ergeben außerdem ein gutes Öl.

Spezial-Mehle

Instantmehl

Dieses Mehl erhält eine spezielle Behandlung, die bewirkt, dass es beim Einrühren in Flüssigkeit nicht klumpt. Die feinen Mehlkörnchen verteilen sich gleichmäßig, noch bevor die Stärke zu quellen beginnt. Mit Instantmehl gebackener Kuchen wird fester und braucht etwas mehr Flüssigkeit als im Rezept angegeben. Ideal ist das Mehl zum Binden von Suppen und Saucen.

Backmischungen

Sie enthalten Mehl und eine Reihe weiterer Zutaten zum Backen – Zucker, Treibmittel, Aromen usw. Frisch zugeben muss man Eier, Fett und Flüssigkeit. Backmischungen sind so vorbereitet, dass selbst Ungeübte kaum etwas falsch machen können. Die Auswahl ist riesig. Es gibt Backmischungen für

- Kuchen und Torten,
- süßes Kleingebäck wie Muffins, Plätzchen usw.,
- Grundteige (Rührteig, Hefeteig, Brandteig, Obstkuchenteig usw.),
- Waffeln, Pfannkuchen, Kaiserschmarrn,
- Pizza,
- Brot und Brötchen.

Verschiedene Stärken

Getreidestärke

Getreidestärke wird aus Weichweizen, Mais und Reis gewonnen. Man löst das Eiweiß aus dem stärkehaltigen Mehlkern, bevor man ihn verarbeitet. Mit Getreidestärke gebacken, gelingt Feingebäck noch besser. Auch eignet sich Stärke zum Binden von Suppen und Saucen.

Kartoffelstärke bzw. Kartoffelmehl

Dieses Produkt wird aus mehligen Kartoffeln hergestellt. Gebäck wird lockerer, wenn man etwa ein Drittel der Mehlmenge durch Kartoffelstärke ersetzt. Auch zum Binden von Suppen und Saucen, Desserts und Cremes ist die Stärke ideal.

Sago

Sago wird aus dem stärkehaltigen Mark der fernöstlichen Sagopalme gewonnen. Man verarbeitet es zu kleinen weißen Perlen, die in Flüssigkeit gallertartig aufquellen. Sago-Perlen, die heute in den Handel kommen, werden jedoch meist aus Kartoffelmehl hergestellt und sind dadurch preiswerter. Man verwendet Sago vor allem für Rote Grütze und Kaltschalen.

Tapioka

Tapioka ist ein Stärkemehl aus der getrockneten Wurzel der südamerikanischen Maniok-Pflanze. Es wird in Form von feinen weißen Kügelchen oder dünnen Flocken angeboten. Tapioka schmeckt nahezu neutral und eignet sich gut zum Binden von klaren Suppen und Saucen. Sie erhalten eine samtige, geschmeidige Konsistenz. In der asiatischen Küche wird Tapioka häufig verwendet – ebenso wie das Pfeilwurzmehl (Arrow root). Letzteres wird aus der Marantastaude, einer Verwandten der Maniok-Pflanze, gewonnen und hat die gleichen Eigenschaften wie Tapioka.

Buchweizenmehl

Kleie (Weizenkleie)

Roggenmehl

Hafermehl

Maismehl

Gerstenmehl

GETREIDE & GETREIDEPRODUKTE

Frühstückscerealien

Maisflocken (Cornflakes)

Dass diese Produkte einen positiven Einfluss auf das Wohlbefinden und die Gesundheit haben, wurde inzwischen wissenschaftlich untermauert. Eine Studie der Cardiff University, Wales, ergab, dass der tägliche Verzehr von Frühstückscerealien unter anderem zur emotionalen Ausgeglichenheit und einer höheren Stresstoleranz beiträgt. Für die Verbraucher steht jedoch im Vordergrund, dass Frühstückscerealien ausgezeichnet schmecken und Abwechslung bieten. Dementsprechend boomt das Geschäft mit den Getreideprodukten, und das Angebot ist riesig:

Müslis gibt es in zahllosen Mischungen, Flakes und Pops in den unterschiedlichsten Geschmacksrichtungen, Getreideriegel in immer wieder neuen Zusammensetzungen. Flocken werden aus allen Getreidesorten hergestellt: Weizenflocken werden aus Weich- und Hartweizen (Durumflocken) gepresst und empfehlen sich unter anderem für Diätkost. Dinkelflocken schmecken intensiver als Weizenflocken, Roggenflocken noch deutlich kräftiger. Gerstenflocken gehören zur Vollwerternährung. Hirseflocken liefern relativ viel Fett. Maisflocken sind besonders knusprig. Reisflocken verwendet man für Brei. Die größte Bedeutung kommt jedoch den Haferflocken zu.

Haferflocken

Sie sind die Klassiker unter den Getreideprodukten. Hafergrütze soll schon den alten Germanen ungewöhnliche Kraft verliehen haben. Bei den Bauern war Haferbrei früher das Hauptnahrungsmittel für Familie und Gesinde. Erst als Kartoffeln die Teller eroberten, wurde Hafer weitgehend zum Tierfutter degradiert. Doch dass Haferschleim nahrhaft ist und selbst Kranken bestens bekommt, geriet nicht in Vergessenheit.
Heute haben Haferflocken einen festen Platz auf dem Frühstückstisch. Meist werden sie gemischt mit anderen Getreideflocken, Früchten, Milch oder Joghurt oder in Müslimischungen verzehrt. Aber nicht nur das. Es gibt leckere Kochrezepte mit Haferflocken, von der Suppe bis hin zum Apfelkuchen.
Die Herstellung von Haferflocken beginnt mit dem Reinigen, Sortieren und Entspelzen der Haferkörner. Nach Größe sortiert, werden sie kurz gedämpft und dann gedarrt. Durch diese Behandlung wird die Getreidestärke aufgeschlossen und dadurch leichter bekömmlich. Außerdem bekommen die Haferflocken ihren leicht nussigen Geschmack.

- Ganze Haferkörner werden unverändert gewalzt und verwandeln sich so zu besonders großen, kernigen Flocken.
- Aus geschroteten Körnern entstehen kleinere, sehr zarte Flocken. Sie verkochen leicht zu Brei.
- Gemahlene Haferkörner (Hafermehl) werden zu Schmelz- oder Instantflocken verarbeitet. Sie lösen sich in kalter Flüssigkeit sofort auf.
- Aus Hafergrütze, dem mehr oder weniger grob geschroteten Korn, stellt man Porridge her, den englischen Frühstücksbrei.

Ernährungsbewusste Leute gönnen sich schon beim Frühstück gesunde Kost und beginnen den Tag mit Haferflocken, Cornflakes oder Müsli. Das Wort „Cerealien" nimmt dabei niemand in den Mund. Der Begriff ist jedoch sehr alt und geht zurück auf die römische Göttin Ceres, zuständig für Ackerbau und Fruchtbarkeit. Die Römer feierten ihr zu Ehren alljährlich die Cerealien, ein Fest ähnlich dem heutigen Erntedankfest, und verwendeten die Bezeichnung auch für Getreide. Da Haferflocken & Co. aus Getreide hergestellt werden, haben Fachkreise den Sammelbegriff „Frühstückscerealien" geprägt.

 Flocken haben's in sich

Hafer – und auch die aus ihm hergestellten Flocken – gilt als wertvollstes Getreide überhaupt. Das liegt vor allem am Eiweiß, das wegen seines überdurchschnittlichen Gehalts an Aminosäuren eine besonders hohe biologische Wertigkeit besitzt.
Auch enthält Hafer mehr Fett als anderes Getreide. Von den 70 % ungesättigten Fettsäuren entfallen allein 40 % auf die Linolsäure.
Stark vertreten sind im Haferkorn die B-Vitamine sowie Mineralstoffe und Spurenelemente (vor allem Calcium, Eisen, Mangan und Zink). Lediglich beim Gehalt an Kohlenhydraten und Ballaststoffen liegt Weizen vorn.

Dinkelflocken

Gersteflocken

Hirseflocken

Haferflocken

Müsli

Cornflakes

Ihre Erfindung verdanken wir dem Zufall. Um 1900 bereitete William Keith Kellogg in Michigan (USA) einen Maisteig für Brot zu und wurde dabei unterbrochen. Der Teig trocknete und war somit eigentlich unbrauchbar. Doch Mr. Kellog hatte die Idee, Flocken daraus zu formen und sie zu rösten. Mit Milch vermischt, schmecken sie gut. Die ersten Cornflakes waren geboren, und diese geniale Erfindung machte weltweit Karriere. Noch heute besteht das typisch amerikanische Frühstück aus Cornflakes, Früchten und Milch. Allerdings liefern die modernen Flakes viel mehr Geschmack als die einstigen Prototypen. Außerdem werden ähnliche Produkte auch aus Weizen oder Reis hergestellt.

Das Gros der Cornflakes entsteht nach wie vor aus Mais. Das Korn wird ohne den ölhaltigen Keim zum sogenannten „Grit" zerkleinert, zu Brei gekocht und mit Malz, Zucker und Salz aromatisiert. Der Maisbrei wird getrocknet und dann von speziellen Walzen zu den bekannten Flocken geformt. Sie kommen in einen Röstofen, wo sie ihre knackige Konsistenz und das leichte Karamell-Aroma erhalten. Hochwertige Cornflakes erkennt man daran, dass sich in der Packung wenig Bruch befindet und die Flakes keine weißen Flecken haben, die auf unzureichendes Verkochen des Grits hinweisen.

Bekannte Hersteller reichern Cornflakes mit Vitaminen und Eisen an und erreichen durch Zutaten wie Honig, Erdnüsse, Früchte, Milch, Joghurt usw. abwechslungsreiche Geschmacksrichtungen. Auch mit Frucht oder Schokolade gefüllte Produkte werden angeboten.

Müslis

Das Original-Müsli ist eine Schweizer Erfindung. Vor etwa hundert Jahren stellte der Arzt Maximilian Bircher-Benner eine gesunde Rohkost für seine Patienten zusammen. Sie sollte als „Bircher-Müesli" in die Geschichte eingehen.

Müsli ist eine trockene Mischung aus verschiedenen rohen oder gerösteten Getreideflocken, Grütze, Kleie, Samen und je nach Sorte geschmacksgebenden Zutaten wie Zucker, Honig, Schokolade, Nüssen und Früchten aller Art. Müsli wird meist in Milch oder Joghurt eingerührt und gern mit frischem Obst angereichert. Eine Portion versorgt den Organismus üppig mit Nähr- und Vitalstoffen und kann mühelos eine ganze Mahlzeit ersetzen.

GETREIDE & GETREIDEPRODUKTE

Teigwaren

Fettuccine

Sie werden im Sprachgebrauch ganz einfach „Nudeln" genannt und sind nicht nur die Stars unter den Beilagen. Längst haben Nudeln auch die Domäne Hauptgang erobert, wobei sich die Zubereitungsarten deutlich an der italienischen Küche orientieren. Ohnehin verdanken wir dem südlichen Nachbarland die schier unendliche Vielfalt der Nudelformen.

Eigentlich müsste man dem Erfinder der Nudeln ein Denkmal setzen, doch er ist leider unbekannt. Das „Urheberrecht" beanspruchen einerseits die Chinesen und andererseits natürlich die Italiener für sich. Angeblich soll Marco Polo um 1290 einige Nudeln von seiner Chinareise mit nach Venedig gebracht haben. Wie auch immer, dass Teigwaren zum kulinarischen Kulturgut wurden, geht allein auf das Konto der Italiener. Bereits im 15. Jahrhundert soll es etwa 200 verschiedene handgefertigte Nudelsorten gegeben haben. In Neapel wurde frische Pasta auf offener Straße verkauft, und im 18. Jahrhundert entstanden nahe der Stadt die ersten Nudel-Fabriken.

Nur Gutes drin

Bis heute sind die Zutaten für Nudeln grundsolide: Weizengrieß, Wasser und eventuell Eier. Für bunte Nudeln verwendet man färbende Beigaben wie zum Beispiel Safran (gelb), Spinat (grün), Tomatenmark (rot), Rote Bete (violett) oder Tintenfischtinte (schwarz). Hochwertige Pasta enthält keinerlei künstliche Zusätze wie Konservierungs-, Aroma- oder Farbstoffe und verzichtet auf Stabilisatoren, Emulgatoren und andere Hilfsmittel.

Qualitativ einfache Teigwaren werden aus Weichweizengrieß hergestellt. Hier sind Eier für Kocheigenschaften und Farbe zwingend erforderlich. Beim Zubereiten saugen solche Nudeln allerdings viel Wasser auf und lassen sich nie bissfest kochen.

Wirklich gute Teigwaren erfordern Hartweizengrieß. Er verleiht ihnen nicht nur die goldgelbe Farbe, sondern in zubereiteter Form vor allem eine elastische Konsistenz. Hartweizennudeln kochen „al dente". Auch diesen Nudel-Typ gibt es mit Eiern, doch sie dienen allein dem Verfeinern des Geschmacks. Italienische Premium-Produkte werden immer mit Eiern hergestellt, wobei vier bis fünf Stück auf jedes Kilo Teig kommen.

„Al dente" bedeutet so viel wie „mit Biss". Darunter versteht man, dass Nudeln beim Draufbeißen noch etwas Widerstand leisten, aber wiederum nicht zu viel. In Italien werden Teigwaren meist bedeutend härter serviert, als es dem durchschnittlichen deutschen Geschmack entspricht.

Das deutsche Lebensmittelrecht sieht für Nudeln verschiedene Qualitätsstufen vor:
- *Teigwaren ohne Ei*
  Sie dürfen ausschließlich aus Weizengrieß und Wasser hergestellt werden, haben eine blassgelbe Farbe und sind von einfacher Qualität. Werden Nudeln dagegen als „Eierfreie Teigwaren" deklariert, kann eine geringe Menge Ei enthalten sein. Für Hartgrießnudeln ist Hartweizengrieß vorgeschrieben. Er verleiht eine bräunlich-gelbe Farbe.
- *Teigwaren mit Ei*
  Eiernudeln enthalten mindestens 100 g Ei auf 1 Kilo Grieß, wobei meist flüssiges pasteurisiertes Voll-Ei verwendet wird.

Eiernudeln mit hohem bzw. sehr hohem Eigehalt müssen pro Kilo mindestens 200 g bzw. 300 g Ei bieten. Frischei-Nudeln werden unter Verwendung frischer, im Produktionsbetrieb aufgeschlagener Eier hergestellt. Auch hier gibt es wieder die Unterteilung in Nudeln mit normalem, hohem und sehr hohem Eigehalt.

Herstellung trockener Nudeln

Wichtig bei der Herstellung des Nudelteigs ist die grammgenaue Dosierung der Zutaten. Computergesteuert werden Grieß, Wasser, Eier usw. zusammengeführt, sorgfältig vermischt und maschinell durchgeknetet, bis eine geschmeidige, kompakte Masse entsteht. Ihr wird eingeknetete Luft in einer Vakuumkammer entzogen – die Voraussetzung für bläschenarme, transparente Nudeln.

Der Teig für trockene Nudeln enthält etwa 30 % Feuchtigkeit und lässt sich gut formen. Für flache Nudeln (zum Beispiel Lasagne oder Bandnudeln) wird er zu einer hauchdünnen Bahn gewalzt und dann geschnitten oder ausgestanzt. Für geformte Nudeln wie Spaghetti oder Farfalle wird der Teig durch entsprechend geformte Matrizen gepresst.

So vorbereitet müssen die Nudeln trocknen – ein Vorgang, der entscheidend die Qualität beeinflusst und deshalb große Fachkenntnis und Sorgfalt erfordert. Bei zu langsamem Trocknen leidet der Geschmack. Zu schnelles Trocknen macht die Nudeln spröde, und sie zerfallen später womöglich beim Kochen. In Heißluftöfen mit verschiedenen Klimazonen gelingt es, den Teigwaren die Feuchtigkeit kontinuierlich und im genau richtigen Maß zu entziehen. Bei Spaghetti beispielsweise dauert der Prozess etwa 13 Stunden. Fertige Nudeln enthalten höchstens noch 13 % Wasser, meist aber weniger.

Die Qualität getrockneter Nudeln kann man nicht nur schmecken, sondern auch sehen: Hochwertige Produkte haben eine glatte bzw. höchstens leicht raue Oberfläche ohne Risse und ohne farbige oder weiße Punkte im Teig. Hartweizennudeln sind kräftig gelb und mit Ei noch intensiver gefärbt. Hält man eine trockene Nudel gegen das Licht, wirkt sie in gewisser Weise transparent.

Wie hausgemacht

Wer's eilig hat und Nudeln wirklich im Handumdrehen zubereiten will, bedient sich am Kühlregal bei „Pasta fresca" – frischen Nudeln. Und auch hier gibt es Qualitätsunterschiede. Ein Kriterium ist beispielsweise der Wassergehalt, für den das deutsche Lebensmittelgesetz keine Begrenzung nennt. Deshalb enthalten manche deutschen Frisch-Nudeln bis zu 60 % Wasser. Italienische Pasta dagegen ist mit höchstens 30 % vergleichsweise trocken. Deshalb bleibt sie beim Zubereiten besser in Form.

Im Herstellungsbetrieb wird der Teig für frische Nudeln ohne Füllung (zum Beispiel Tagliatelle) dünn ausgewalzt und dann gekühlt. In diesem Zustand lässt er sich exakt schneiden oder stanzen.

Für gefüllte Nudeln werden parallel zum Teig die unterschiedlichsten Füllungen zubereitet – aus Rind- und Schweinefleisch, Schinken, Käse, Lachs, Spinat, Pilzen, Kräutern usw. Maschinell werden die Füllungen auf ausgestanzte Teigblättchen exakt portioniert und diese so raffiniert geschlossen, dass unterschiedliche Formen entstehen – viereckige Ravioli, runde Tortellini, hütchenartige Fagottini usw.

Aromadicht in Folienbeuteln oder -schalen versiegelt und gekühlt kommen frische Nudeln in den Handel.

Vollkornnudeln

Cannelloni

Frisch und lecker auf den Tisch

Nudeln kochen ist ein Kinderspiel, und trotzdem gilt es einiges zu beachten:
- Die richtige Menge trockener Nudeln pro Person: Für eine Vorspeise genügen 60 bis 80 g. Ein Hauptgericht erfordert 120 bis 150 g. Als Beilage kalkuliert man 80 bis 100 g und als Suppeneinlage 20 bis 30 g.
- Trockene Nudeln erfordern einen großen Topf und viel Wasser. Man rechnet mindestens einen Liter pro 100 g Teigwaren. Erst wenn das Wasser sprudelnd kocht, kommen etwa 10 g Salz je Liter dazu.
- Man gibt die Nudeln ins sprudelnde Wasser hinein, rührt um und bringt das Wasser schnell wieder zum Kochen. Während der gesamten Kochzeit, die es genau einzuhalten gilt, soll das Wasser kräftig sprudeln.
- Kurz vor Ende der angegebenen Kochzeit testen, ob die Nudeln den richtigen „Biss" haben oder eventuell noch ein, zwei Minuten brauchen.
- Die fertigen Nudeln über ein Sieb abgießen. Für eine flüssige Sauce sollten sie gut abtropfen, für eine sämige Sauce dürfen die Teigwaren etwas feucht bleiben.
- Frische Nudeln legt man ebenfalls ins kochende Salzwasser, lässt sie dann aber bei schwacher Hitze lediglich kurz ziehen (entsprechend den Angaben auf der Verpackung). Nach dem Abgießen werden sie sofort angerichtet.

Beim Kochen von Hartweizennudeln tritt kaum Stärke aus, und das Wasser bleibt weitgehend klar. Die Pasta zerfällt nicht. Perfekt gekocht und damit „al dente" ist eine Nudel, wenn sie auf Daumendruck elastisch reagiert. Spaghetti offenbaren beim Durchschneiden ihre „Seele": Sie haben den richtigen Biss, wenn noch ein kleiner, weißer Punkt in der Mitte zu sehen ist.

👍 Tipps für Teigwaren

- Nudeln nach dem Kochen nicht mit Wasser abspülen, ausgenommen, sie werden für Salat verwendet.
- Kein Öl ins Kochwasser geben. Lieber öfter umrühren, um zu verhindern, dass die Nudeln zusammenkleben. Öl gibt den Nudeln eine fette Oberfläche, wodurch sie Sauce nicht mehr so gut annehmen.
- Spaghetti sind lang und passen zum Kochen nicht ohne weiteres in den Topf. Trotzdem werden sie nicht zerbrochen, sondern nach und nach ins Wasser geschoben.
- Nudeln kühlen sehr schnell aus. Deshalb serviert man sie am besten in einer vorgewärmten Schüssel.

GETREIDE & GETREIDEPRODUKTE

Egal welche Form sie haben, Nudeln bleiben Nudeln – und schmecken trotzdem immer wieder anders. Das liegt vor allem an den unendlichen Möglichkeiten, Nudeln mit verschiedensten Saucen zu kombinieren. Kenner wählen dabei die Formen ganz bewusst aus:

- Für mehr oder weniger breite Teigwaren wie Lasagne, Tagliatelle oder Farfalle eignen sich schwere Saucen aus Käse, Milch oder Sahne auch mit Fleisch, Fisch oder Pilzen.
- Spaghetti schmecken köstlich nur mit Salbeibutter oder pikant als „aglio, olio, peperoncino" (Knoblauch, Öl und Peperoni), vertragen aber auch Saucen auf Tomaten-, Sahne- oder Kräuterbasis. Klassiker sind „spaghetti carbonara" (mit Sahne und Speck) und „spaghetti bolognese" (mit Tomaten und Hackfleisch). Für Gemüsesaucen muss das Gemüse sehr fein geschnitten werden, damit es an den Nudeln haftet. Die dünnsten Spaghetti (Spaghettini, Capellini usw.) dürfen nicht von der Sauce „erschlagen" werden. Oft genügen schon ein wenig Pesto oder etwas Butter bzw. Olivenöl und Parmesan. Feinschmecker raspeln gern Trüffel über die Nudeln.
- Kräftig gewürzte Saucen, gern auch mit Fleisch- oder Gemüsestücken, passen zu allen Nudeln, die Sauce aufnehmen können – Makkaroni, Penne, Orecchiette usw. Dicke Röhren wie Cannelloni werden mit Gemüse oder Hackfleisch gefüllt und überbacken.
- Für Suppen und Eintöpfe eignen sich kleinere Formen wie Nudelringe, Cavatelucci oder Gnocchetti sardi.
- In Salaten sind dekorativ geformte Nudeln gefragt – beispielsweise Ruote oder auch Farfalle.
- Nudelaufläufe sind eine Köstlichkeit. Weil Teigwaren an sich geschmacksneutral sind, lassen sie sich nicht nur pikant, sondern auch süß zubereiten – ganz nach Geschmack mit Nüssen, Schokolade, Früchten, Vanillesauce usw.
- Frische gefüllte Pasta braucht eigentlich nur etwas Butter, ein paar Kräuter und Gewürze und geriebenen Parmesan oder Trüffel.

Übrigens: Die manchmal komplizierten italienischen Nudel-Namen muss man sich für den Einkauf gar nicht merken, sondern lediglich eine Zahl. Jede Sorte trägt nämlich traditionell eine immer gleiche Nummer auf der Verpackung.

Trockene Nudeln sind ideal für die Vorratshaltung und stellen wenig Ansprüche. Sie müssen lediglich vor Feuchtigkeit und stark riechenden Nachbarn (z. B. Seife) geschützt werden. Frische Nudeln gehören in den Kühlschrank, ebenso wie Reste gekochter Nudeln. Sie sollten innerhalb von zwei Tagen verzehrt werden. Zum Aufwärmen eignet sich die Mikrowelle, oder man wendet die Nudeln kurz in einer Pfanne mit zerlassener Butter.

In Formen schwelgen

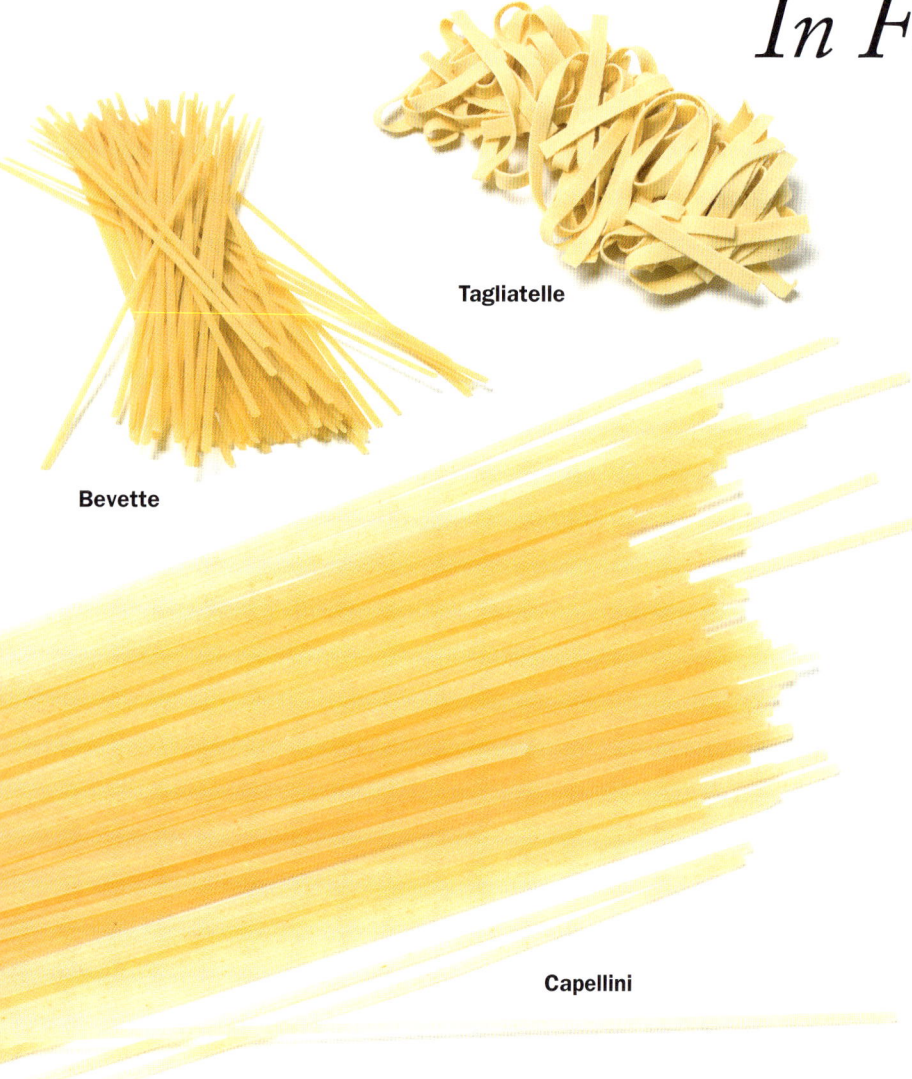

Bevette

Tagliatelle

Capellini

Auf der ganzen Welt soll es etwa 600 verschiedene Nudelformen geben, die meisten davon natürlich in Italien. Aber auch in Deutschland kennt man über 60 Ausformungen, wobei Spaghetti die Hitliste anführen. Entstanden sind die Formen nicht nur aus Lust an der Spielerei, sondern vor allem aus praktischen Erwägungen: Nudeln werden vielseitig verwendet und zubereitet, und so muss die Form dem jeweiligen Gericht entsprechen. Um die Nudel-Vielfalt übersichtlicher zu gestalten, teilt man ein in Langware, Kurzware, Suppeneinlagen und spezielle Teigwaren. Das Angebot wird geprägt von italienischen Namen, die auch deutsche Hersteller großenteils benutzen.

Langware

Zu dieser Gruppe zählen röhren-, band- oder schnurförmige Teigwaren:

Bevette
Schmale Bandnudeln mit leichter Wölbung. Bevette stammen ursprünglich aus Genua und werden traditionsgemäß „al pesto" oder mit Venusmuscheln serviert.

Bucatini
Lange Röhrennudeln; sie schmecken sehr gut mit klassischem Tomaten-Sugo oder „al Amatriciana" (mit Tomaten, Zwiebeln, Speck).

Capellini
Sehr dünne Spaghetti, die gern mit Meeresfrüchten oder Trüffel serviert werden. Noch feiner sind die zu Nestern gerollten Capellini d'angelo (Engelshaar), eine Spezialität aus der Emilia-Romagna. Sie werden nur mit Butter und Parmesan gegessen.

Eliche

Chitarra
Lange, spaghettiähnliche Nudeln mit einem viereckigen Profil. Zur Herstellung legt man eine dünne Teigplatte auf eine Unterlage aus sehr eng stehenden, dünnen Stahlsaiten („Chitarra" heißt „Gitarre") und drückt den Teig durch. Traditionell isst man diese Nudeln in Italien zu einer Sauce aus Tomaten und Lammfleisch.

Eliche
Wie ein Korkenzieher gedrehte Nudeln, die ideal sind zum „gabeln" cremiger Saucen.

Fettuccine
Schmale, zu einem Nest gerollte Bandnudeln, auch in Rot, Grün oder Schwarz zu haben. Sie passen zu Sahnesaucen, Pilzen, hellem Fleisch und Lachs.

Lasagne
Glatte oder gewellte Nudelplatten, die es auch grün (mit Spinat) und dunkelbraun (aus Vollkorngrieß) gibt. Sie werden in eine Form geschichtet, mit Bechamelsauce, Tomaten, Hackfleisch oder Gemüse bedeckt und mit Käse bestreut im Ofen überbacken. Manche Lasagne-Blätter muss man vorkochen, andere können roh verwendet werden, benötigen dann aber mehr Sauce.

Linguine
Flache Spaghetti für cremige Saucen.

Makkaroni
Lange Hohlnudeln, die Saucen gut aufnehmen und sich auch für Aufläufe eignen.

Pappardelle
Etwa 2,5 cm breite Bandnudeln, häufig mit gewelltem Rand. Es gibt sie auch mit Spinat grün gefärbt. Sie eignen sich gut für feine, cremige Saucen.

Ruvida
Eine lange, sehr dünne Spaghetti-Art, geformt wie eine überdimensionale Haarnadel. Diese Nudeln isst man bevorzugt zu pikanten Saucen.

Spaghetti
Die liebsten Nudeln von Italienern und Deutschen werden in unterschiedlichen Längen angeboten. Das Normalmaß liegt bei etwa 30 cm, es gibt aber auch Meterspaghetti.

Spaghettini
Sie sind dünner und kürzer als Spaghetti und kommen unter anderem schwarz (mit Sepia-Tinte gefärbt) auf den Markt. Sie harmonieren bestens mit Saucen von Meeresfrüchten.

Tagliatelle
Lange, flache Bandnudeln, breiter als Fettucine und häufig mit Spinat (grün) oder Tomatenmark (rot) gefärbt. Sie sind köstlich zu Butter-, Sahne- und Käsesaucen oder zu Saucen mit Fleisch, Gemüse, Steinpilzen, Lachs usw.

Tagliolini
Etwas schmälere Bandnudeln als Tagliatelle.

Zite
Röhrennudeln, die je nach Sorte in Länge und Dicke variieren. Zite stammen ursprünglich aus Apulien und gelten als die Urform sämtlicher Röhrennudeln, also auch der Makkaroni. Der Name leitet sich ab von „zitella" = „Jungfer". Früher wurde diese Pasta traditionell bei Hochzeiten serviert.

Pappardelle

Spaghetti

Capellini d'angelo

Zite

Lasagne

GETREIDE & GETREIDEPRODUKTE

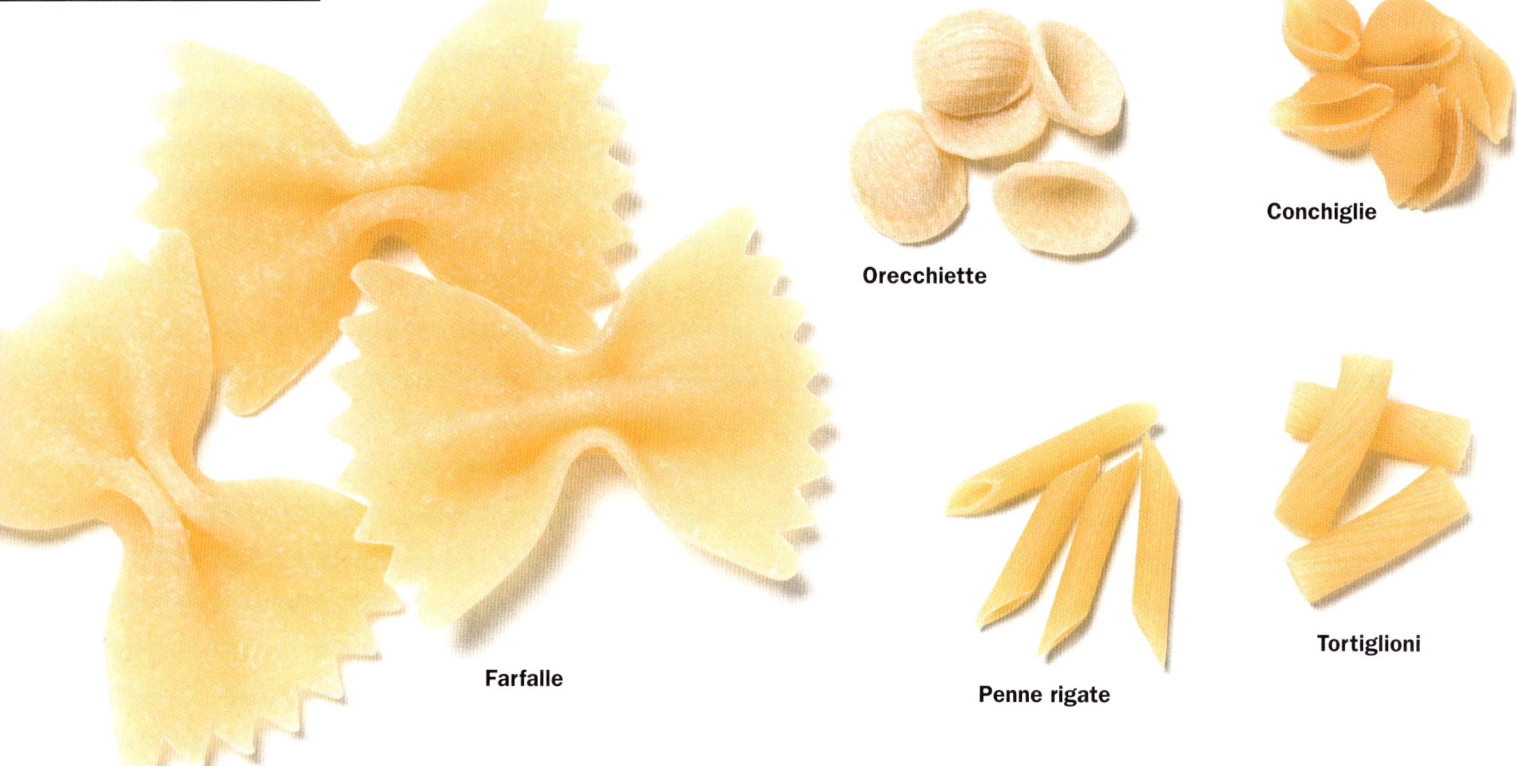

Conchiglie

Orecchiette

Tortiglioni

Farfalle

Penne rigate

Ditalini rigati

Midolline

Kurzware
Zu dieser Gruppe gehören in Größe und Aussehen sehr unterschiedliche Nudeln. Sie können hohl, glatt oder gerillt, gedreht oder phantasievoll geformt sein und sind allesamt ideal für Saucen:

Cannelloni
Dicke Röhrennudeln, meist schon vorgekocht. Man kann sie mit gehacktem Fleisch oder Gemüse füllen und mit Käse überbacken „al forno" servieren.

Conchiglie
Muschelförmige Nudeln von unterschiedlicher Größe. Diese Form entstand Ende des 18. Jahrhunderts, als es Ziehwerkzeuge erstmals möglich machten, hohle und gebogene Teigwaren herzustellen.

Farfalle
Dekorative Nudeln, die wie ein Schmetterling oder Schleifchen geformt sind. Als Beilage besonders beliebt.

Garganelli
Kurze eingerollte Nudeln, die an beiden Enden spitz zulaufen und offen sind. Die äußere Fläche ist gerillt, die innere glatt.

Gnocchi
Sie sind rundlich geformt, haben eine gerillte Oberfläche und einen kleinen Hohlraum.

Eigentlich sind Gnocchi kleine Klößchen aus Kartoffelteig, auch gefüllt mit Pesto, Tomaten oder Lachs. Sie werden in Salzwasser gekocht und mit leckeren Saucen oder überbacken serviert. Im Kühlregal werden frische Gnocchi angeboten.

Lumachette
Wie Hörnchen geformte Nudeln, die man beispielsweise mit Käse überbacken oder für Suppen und Eintöpfe verwenden kann.

Makkaroncini
Kurze Version der langen Rohrnudeln.

Orecchiette
Nudeln mit einer Vertiefung, die sie aussehen lässt wie kleine Öhrchen.

Penne rigate
Hohle Nudeln mit gerippter Oberfläche und schräg geschnittenen Enden. In dieser Familie gibt es einige Varianten: Pennoni rigati sind kürzer und haben eine glatte Oberfläche, Penne zite sind länger und dünner, Penne mezzo ziti nur halb so lang und dünn.

Rigatoni
Kurze, gerade geschnittene Röhrennudeln mit gerippter Oberfläche und mehr als einem Zentimeter Durchmesser.

Ruote
Nudeln in der Form von Rädern mit sechs Speichen, auch „tricolore" in gelb, rot und grün erhältlich. Im Salat sehen diese Nudeln besonders dekorativ aus.

Suppeneinlagen
Die klassischen deutschen Suppennudeln sind feine kurze Suppennudeln, Fadennudeln, Nudelnester, Buchstaben, Sternchen und Reibteig (Ribele). Aus Italien kommen noch ein paar Varianten mehr, die meist auch für Eintöpfe verwendet werden:

Anelli
Ringförmige Nudeln in unterschiedlicher Größe. Die kleinste Ausführung heißt Occhi di pernice („Augen des Rebhuhns").

Cavatelucci
Sie sehen aus wie kleine Muscheln und sind etwa zwei Zentimeter lang. Man kann sie auch mit Sauce essen. Cavatelli sind kleiner und machen sich am besten als Suppeneinlage.

Ditalini rigati
Etwa 1 cm lange, außen gerillte Röhrennudeln, die aussehen wie geschnittene Makkaroni. Tubettini sind nur 6 mm lang. Beide Sorten eignen sich besonders gut für gebundene Suppen.

Funghini
Sie sehen aus wie kleine Pilze in unterschiedlicher Größe.

Gnocchetti sardi
Sehr kleine gerillte Muschelnudeln.

Risoni
Kleine Nudeln in Form von Reiskörnern.

Risoni

Ravioli

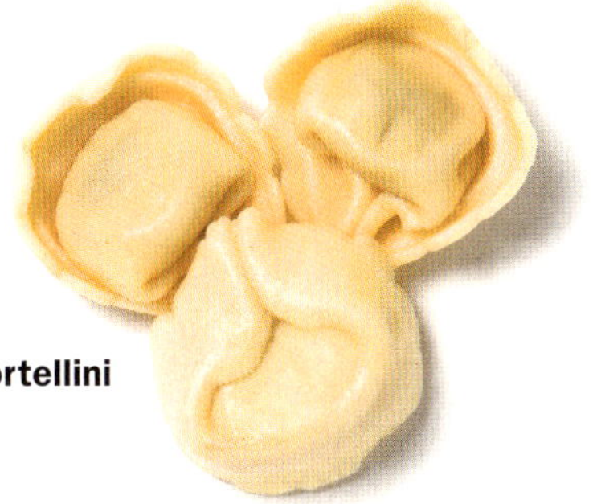

Tortellini

Glasnudeln

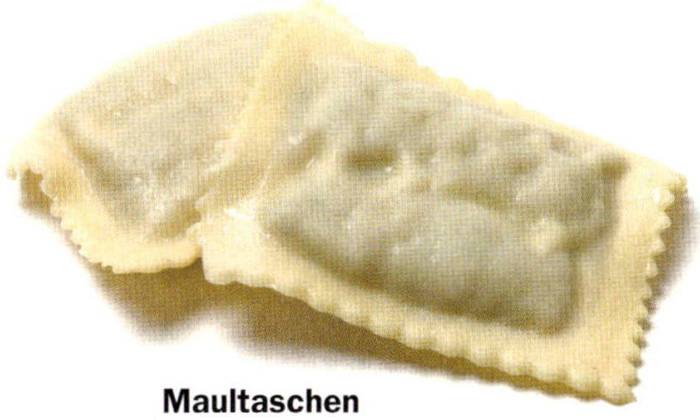

Maultaschen

Reisnudeln

Spezielle Teigwaren

Aromanudeln

Sie werden in unterschiedlichen Formen und mit einer Vielfalt von Aromen angeboten: Bärlauch, Chili, Knoblauch, Rotwein, Curry, Steinpilze, Ingwer, Lemon usw.

Gefüllte Nudeln

Maultaschen sind eine schwäbische Spezialität. Sie bestehen aus meist rechteckigen Teigtaschen, gefüllt mit einer Masse aus Hackfleisch, Speck, Spinat, Zwiebeln, Ei und Gewürzen. Es gibt auch reine Gemüse-Maultaschen. Traditionell werden die Nudeln in einer Fleischbrühe serviert, verfeinert mit Schnittlauchröllchen und gedünsteten Zwiebelringen. Als Suppeneinlage werden die Maultaschen in schmale Streifen geschnitten. Man kann diese auch mit Ei rösten. Mit Käse überbackene Maultaschen schmecken ebenfalls köstlich.

Ravioli sind die bekanntesten italienischen Nudeltaschen in verschiedenen Formen – quadratisch, dreieckig, halbrund, rund, manchmal mit gerädeltem Rand. Man kennt große und auch sehr kleine Varianten (Suppen-Ravioli). Die Teigtaschen enthalten häufig Fleisch, aber auch Füllungen aus Ricotta und Spinat, Käse und Nüssen, Artischocken oder Steinpilzen werden angeboten. Ravioli gibt es getrocknet, frisch aus dem Kühlregal sowie tiefgefroren und als Fertiggericht in Dosen. Übrigens: In Südtirol heißen Ravioli Schlutzkrapfen oder Schlutzer. Man füllt sie gern entsprechend der Saison – beispielsweise mit Spargel, Kürbis oder Kastanien.

Tortellini sind runde, dicke Teigtaschen, um deren Entstehung sich eine pikante Legende rankt: einst soll Venus, die Göttin der Liebe, in einem Wirtshaus in Bologna abgestiegen sein. Der Koch spähte durchs Schlüsselloch ins Zimmer der Schönen und sah ihren Bauchnabel. Tief beeindruckt soll der Koch anschließend die nabel-ähnlich gefalteten Tortellini entworfen haben. Heute werden sie ähnlich abwechslungsreich gefüllt wie Ravioli und bevorzugt mit Sahnesauce oder auch überbacken serviert. Der Handel bietet Tortellini getrocknet, gekühlt oder als tiefgefrorene Fertiggerichte.

Glasnudeln

Diese asiatische Spezialität besteht aus langen, zarten, dünnen Nudeln mit glasiger und leicht brüchiger Konsistenz. Zur Herstellung verwendet man die Stärke von Reis, Soja- oder Mungobohnen, Weizen oder Kartoffeln. Noch feucht werden Glasnudeln gebündelt und zur Zubereitung nur etwa zwei Minuten gekocht. Sie schmecken neutral und lassen sich beispielsweise für asiatische Gemüsegerichte und Suppen verwenden.

Reisnudeln

Diese feinen, weißen Nudeln werden aus Reismehl in unterschiedlichen Längen und Stärken hergestellt. Reisnudeln weicht man lediglich kurz ein und lässt sie gut abtropfen. Dann kann man sie braten oder als Suppeneinlage verwenden.

Spätzle

Sie stammen aus dem Schwabenland. Aus Weizenmehl, vielen Eiern, Salz und Wasser wird ein zäher, glatter Teig hergestellt, den geübte Hausfrauen in der klassischen Art mit dem Messer direkt vom Brett ins kochende Salzwasser schaben. Einfacher geht's mit einer Spätzlepresse, die lange, gleichmäßig dicke Spätzle formt. Presst man den Teig durch ein grobes Lochsieb, entstehen runde Knöpfle. Spätzle gibt es natürlich auch fertig zu kaufen. Sie sind weicher und voluminöser als andere Nudeln und schmecken unwiderstehlich. Man serviert sie als Beilage mit Braten- oder Rahmsauce, zu Linsen und Saitenwürstchen oder auch mit Käse überbacken und mit Röstzwiebeln bestreut.

Gute Energiespender

Nudeln bestehen vorwiegend – nämlich bis zu 75 % – aus Kohlenhydraten, die hervorragend sättigen und lange Energie spenden. Auch der Gehalt an Vitalstoffen kann sich sehen lassen. Nudeln liefern Vitamine und Mineralstoffe. Ohne Ei sind Nudeln cholesterinfrei. In 100 g rohen Teigwaren stecken etwa 350 kcal. Gekocht mit einer Sauce aus Tomaten und Parmesan entsteht eine komplette Mahlzeit mit knapp 500 kcal. Das zeigt: Nudeln sind wirklich keine Dickmacher.

Würzige Fertigprodukte

ESSIG	341
DRESSING	344
WÜRZIGE SAUCEN UND PASTEN	347
SENF	354

WÜRZIGE FERTIGPRODUKTE

Würzige Fertigprodukte

Essig (und Öl) für den Salat, Senf für die Bratwurst, Ketchup zu Pommes – viele Lebensmittel und Gerichte werden mit würzigen Fertigprodukten kombiniert oder verfeinert. Wer es versteht, den Kochlöffel virtuos zu schwingen, macht sich die Vielfalt des Angebots zu Nutze und ist für Experimente in der Küche aufgeschlossen.

Durch deutsche Küchen weht ein frischer Wind – natürlich bildlich gesprochen. Tatsächlich aber hat sich das Kochverhalten in den letzten Jahrzehnten radikal verändert. Ein Grund dafür sind die kleiner werdenden Familien und der ausgeprägte Wunsch, sich leicht und gesund zu ernähren. Dazu kommt der begrüßenswerte Einfluss von außen, der den Speiseplan gewaltig bereichert. Gerichte, die man auf Fernreisen kennen gelernt hat, werden daheim ins Repertoire integriert.

Stand früher das von A bis Z Selbstgemachte hoch im Kurs, bedient man sich heute ganz selbstverständlich der Convenienceprodukte. Zum einen sparen sie Zeit, zum anderen leisten sie einen wesentlichen Beitrag zum Gelingen der Speisen – nicht zuletzt dann, wenn es um die Würze geht. Essig, Dressings, Würzsaucen, Würzpasten und Senf geben einer Vielzahl von Gerichten eine ganz besondere Note.

> **Spickzettel**
> - Essig wird aus alkoholhaltigen Flüssigkeiten wie Wein, Obstwein oder Branntwein hergestellt.
> - Würzpasten sind eingedickte Produkte auf der Basis von Gemüse oder Fleisch.
> - Dressings sind fertig gewürzte Salatsaucen und werden in verschiedenen Geschmacksrichtungen angeboten.
> - Würzsaucen teilt man ein in Produkte auf Tomaten- und Gemüsebasis, emulgierte und flüssige Saucen.
> - Bei Senf kennt man die Grundsorten extrascharf und scharf, mittelscharf, mild und süß.

Mehr als nur sauer: *Essig*

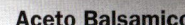

Aceto Balsamico

Neben süß, salzig und bitter ist unser Geschmackssinn auf sauer programmiert. Und „sauer macht lustig", sagt ein bekanntes Sprichwort. Dieses „lustig" kommt allerdings vom alten Wort „gelüstig", was man heute wohl mit „appetitanregend" übersetzen würde. Tatsächlich fördert Saures den Appetit, und gutes Essen wiederum hebt die Stimmung.

Essig ist am säuerlichen Geschmack von Lebensmitteln häufig direkt oder indirekt beteiligt. Man verwendet ihn pur zum Beispiel zum Einlegen von Gurken, anderem Gemüse und Obst, zum Marinieren von Fisch und Fleisch, für hausgemachte Salatsaucen oder sogar als gesundheitsfördernden Drink. Auch beim Kochen ist Essig unentbehrlich. Ein „Schuss" sichert beispielsweise Rotkohl die schöne Farbe und macht Linsengerichte erst richtig schmackhaft. Nicht zuletzt bildet Essig oft die Basis für fertige Salatdressings, ist in manchem Senf enthalten und selbstverständlich in Sauerkonserven. Generell wird Essig seit jeher als natürlicher Konservierungsstoff genutzt.

Die Herstellung von Essig war schon bei den vorchristlichen Kulturvölkern gang und gäbe. Kein Wunder, denn dieses Produkt entsteht quasi von selbst. Wenn man eine alkoholische Flüssigkeit eine Zeitlang offen stehen lässt, verwandelt sie sich in Essig. Die dafür verantwortlichen Bakterien (Acetobacter-Arten) befinden sich überall in der Luft. Vereinfacht dargestellt, „schlucken" sie den Alkohol und lassen Essig zurück. Babylonier, Griechen, Römer und Germanen produzierten auf diese Weise Essig aus Wein, Bier oder Obstwein.

Wie Alkohol zu Essig wird
Im Wesentlichen hat sich an der bewährten Methode bis heute nichts geändert. Hergestellt wird Essig aus Wein, Obstwein oder Branntwein, und auch bei der industriellen Versäuerung bzw. Oxidation sind Essigbakterien unverzichtbare Helfer. Für die Essig-Gewinnung bieten sich zwei unterschiedliche Verfahren an:

Fesselgärung ist die traditionelle Art der Säuerung. Sie verläuft rein biologisch und dauert etwa sechs Tage. Die Vergärung von Alkohol zu Essig erfolgt, indem alkoholische Flüssigkeit ständig über Buchenholzspäne rieselt, auf denen Essigbakterien kultiviert werden; von unten werden die Späne mit Luft durchströmt.

Das Submersverfahren nutzt die Industrie zur rationellen Herstellung sämtlicher Essigsorten. Der gesamte Vorgang spielt sich in riesigen Tanks aus Edelstahl oder Holz ab. Die Essigbakterien schwimmen in einer Maische aus Wasser, Alkohol, Nährstoffen und etwas Essig, werden ständig belüftet und tun ihre Arbeit innerhalb von ca. 24 Stunden.

Der frische Essig ist sehr sauer, hat einen stechenden Geruch und wird als „grüner Essig" bezeichnet. Um sein mildes Aroma zu entwickeln, muss er mehrere Monate oder sogar Jahre in Holzfässern reifen – je länger, desto besser. Während der Lagerzeit werden Säuregrad und Geschmack ständig kontrolliert. Wie viel Säure die verschiedenen Essigsorten enthalten müssen, ist gesetzlich festgelegt: 5 % für Kräuter- und Obstessig, 6 % für Balsam- und Weinessig.

Nach der Reifung wird der Essig gefiltert und dadurch von Schweb- oder Trübstoffen befreit. Der Fachmann spricht von „Schönung". Eine weitere Behandlung – das Pasteurisieren – verleiht dem Essig seine Haltbarkeit. Beim kurzen Erhitzen auf 85 °C werden die Essigbakterien abgetötet. Rot- und Weißweinessige beispielsweise sind damit fertig zum Abfüllen. Andere Essigsorten müssen noch gemischt oder gewürzt werden. Im Fachjargon heißt das „Typisierung".

Sauer und gesund

Essig kommt ohne chemische Zusätze aus und hat wertvolle Inhaltsstoffe. Je nach Sorte sind bis zu 18 Aminosäuren (Grundbausteine zur Eiweißbildung im Körper), dazu die Vitamine A, B und C sowie Fruchtsäuren, Mineralstoffe und Spurenelemente enthalten. Nachweislich bringt Essigsäure die Verdauung in Schwung, hilft beim Abbau von Fetten und Kohlenhydraten, regt den Stoffwechsel an und soll sogar Depressionen lindern. Der menschliche Organismus stellt selbst Essigsäure her und kann deshalb mit der Nahrung zugeführte Essigsäure komplett abbauen. Das gilt übrigens nicht für Zitronensäure, mit der man gelegentlich den Essig in Salatsaucen ersetzt.

Essigsorten

Essigessenz dunkel

Rotweinessig

Branntweinessig

Aceto Balsamico
Das Original – der Aceto Balsamico Tradizionale – stammt aus der italienischen Provinz Modena bzw. der Region Reggio Emilia und hat dort eine jahrhundertealte Tradition. Zur Herstellung des Balsamico verwendet man den Most aus spät verlesenen weißen Trebbiano-Trauben. Er wird durch Kochen stark reduziert, dann gefiltert und anschließend nacheinander in verschiedenen, immer kleiner werdenden Holzfässern (Eiche, Kastanie, Kirsche, Esche, Maulbeere) viele Jahre auf Dachböden gelagert. Im Winter stoppt die Gärung, im Frühling kommt sie wieder in Gang, und jedes Fass verleiht Geschmack und Farbe. Im Laufe der Zeit wird der Essig immer dickflüssiger und geschmackvoller. Zum Schluss ist er sirupartig, dunkelbraun, würzig-aromatisch und leicht süß.

Etwa drei Jahre dauert es, bis der Wein in Essig verwandelt ist. Der gesamte Reifungsprozess nimmt jedoch mindestens zwölf Jahre in Anspruch. Alter Balsamico, der über 25, manchmal bis zu 50 Jahre reifen durfte, gilt als Kostbarkeit und wird genau wie alter Wein entsprechend teuer gehandelt. Die Bezeichnung „Balsamico" ist allerdings nicht geschützt, und der allgemein in Supermärkten angebotene Balsamico hat mit dem „Aceto Balsamico Tradizionale di Modena" nichts zu tun. Das deutlich billigere Produkt besteht meist aus Rotweinessig, gemischt mit eingedicktem Traubensaft, und wird mit Zuckerkulör braun gefärbt. Bessere Sorten enthalten eine kleine Menge echten Balsamico. Für den normalen Hausgebrauch reichen solche Produkte aus. Je besser die Qualität, desto ergiebiger ist der Balsamico. Vom Echten genügen schon wenige Tropfen, um dunklen Salaten, Antipasti, Käse, Fleisch und Fisch ein besonderes Aroma zu verleihen. Angeboten wird auch Weißer Balsamico. Er entsteht in einem weitaus kürzeren Herstellungsprozess als sein dunkler „Bruder", ist hellgelb und hat ein süßsaures Aroma mit leicht fruchtiger Note. Weißer Balsamico passt gut zu hellen Blattsalaten, Meeresfrüchten und auch Fruchtsalaten.

Branntweinessig (Tafel- oder Speiseessig)
Branntwein aus Zuckerrüben, Getreide oder Kartoffeln wird zu Essig vergoren. Reiner Branntweinessig schmeckt frisch und sauer, doch wird er gern auch mit anderen Sorten gemischt oder mit diversen Zusätzen aufgepeppt.

Zitronenessig beispielsweise kann aus Branntweinessig mit Zitronensaft bestehen. Typisch für dieses Produkt ist eine natürliche Trübung.

Wein-Branntwein-Essig ist ein Verschnitt, der meist zu 25 % aus Wein- und zu 75 % aus Branntweinessig besteht. Auf dem Etikett muss das genaue Mischungsverhältnis angegeben sein.

Kräuter-Branntweinessig enthält Kräuterauszüge oder -aromen. Verwendet werden Kräuter wie Basilikum, Thymian, Estragon und Dill.

Reiner Estragon-Essig kann mit Branntwein- oder Weißweinessig hergestellt sein.

Echter Weinessig
Er wird – wie der Name schon sagt – aus Wein hergestellt, wobei man alkoholreichere Produkte aus dem Süden verwendet. Weinessig entsteht zu 100 % aus weißem oder rotem Wein, der Säureanteil beträgt mindestens 6 %. Das ausgeprägte Weinaroma prädestiniert diese Produkte für die „feine Küche". Feinschmecker empfehlen *Rotweinessig* besonders für Saucen und Marinaden zu Wild und Braten. *Weißweinessig* schmeckt in Salatsaucen, ist Basis der „Sauce Vinaigrette" und verfeinert Fisch- und helle Fleischgerichte. Begehrte Weißweinessig-Sorten kommen aus der Champagne, aus Spanien stammt der feine Sherry-Essig.

Weinessig-Spezialitäten
Himbeeressig ist weißer Weinessig, verfeinert mit Himbeerextrakt. Er schmeckt mild und feinaromatisch und eignet sich als Basis für die Vinaigrette zu sommerlichen Salaten. Außerdem passt Himbeeressig gut zu Fleisch- und Wurstsalaten sowie zu Salaten mit Obst. Chicorée und Radicchio nimmt der Essig das Bittere.

Johannisbeeressig wird aus rotem Weinessig mit Johannisbeerextrakt hergestellt. Der aromatische, süßsäuerliche Geschmack harmoniert mit Rohkost- und Obstsalaten. Auch eignet sich Johannisbeeressig gut zum Marinieren von Fleisch.

Estragon-Essig

Obstessig

Er wird meist aus Apfelwein hergestellt. Aber auch der Wein aus anderen Früchten – sogar aus Himbeeren und Rosinen – lässt sich für Obstessig verwenden. Ideal ist dieser Essig für Salate. Apfelessig enthält wichtige Mineralien wie Kalium, Magnesium, Calcium, Schwefel, Eisen, Fluor, Silizium usw. und soll sich wohltuend auf die Gesundheit auswirken. Mit Wasser vermischt wird Apfelessig als natürliches Heilmittel getrunken.

Reisessig

Er kommt aus dem asiatischen Raum und heißt auf Japanisch „Su". Reisessig wird aus Reiswein hergestellt und schmeckt wegen des geringen Säuregehalts angenehm mild. In Deutschland wird vor allem weißer Reisessig angeboten, es gibt aber auch rote und schwarze Produkte. Weißen Reisessig verwendet man beispielsweise zum Säuern von Sushi-Reis, zum Marinieren von Fisch und Fleisch und für Rohkostsalate.

Malzessig

Naturbelassener Malzessig wird aus vergorener Malzmaische hergestellt und hat eine helle Farbe. Eine dunkle Färbung wird durch die Zugabe von Karamell erreicht. Für den Salat ist Malzessig zu scharf, doch passt er ausgezeichnet zu mariniertem Gemüse, eingelegten Nüssen und gebratenem Fleisch. In Nordeuropa würzt man Fisch mit Malzessig, in England zählt er zu den beliebtesten Essigsorten. Als Einleg-Essig wird er zusammen mit passenden Gewürzen angeboten.

Essigessenz

Sie hat mit biologisch gewonnenem Essig nichts zu tun. Essigessenz ist synthetisch erzeugte Essigsäure, die weder ein Aroma noch wertvolle Inhaltsstoffe besitzt. Der Säuregehalt liegt zwischen gut 15 und 25 %. Pur ist Essigessenz stark ätzend, weshalb man sie nur mit Wasser verdünnt verwenden darf. Das empfohlene Mischungsverhältnis steht auf der Verpackung, ebenso wie der Warnhinweis „Vorsicht, nicht unverdünnt genießen!" Essigessenz wird im Haushalt auch zur Reinigung, z. B. zum Entkalken von Töpfen oder Wasserhähnen, verwendet.

Einleg-Essig

Das Einlegen in Essig ist eine altbewährte Möglichkeit, leicht verderbliche Lebensmittel auf natürlichem Weg haltbar zu machen. Verwenden kann man Essig mit mindestens 5 % Essigsäure, der die eingelegten Lebensmittel völlig bedecken muss. Wichtig ist die Beigabe bestimmter Gewürze. Der Handel bietet deshalb bereits fertig gewürzte Essig-Mischungen an. Gurkenaufguss beispielsweise ist komplett gewürzt, gesalzen und gesüßt und eignet sich nicht nur für Gurken, sondern auch für allerlei anderes Gemüse. Malzessig, der sich besonders gut zum Einlegen eignet, werden die nötigen Gewürze beigelegt – Lorbeerblätter, Cayennepfeffer, Chili, Zimt, Ingwer, Senf- und Pfefferkörner. Gemüse sollte vor dem Einlegen gesalzen oder leicht gedämpft werden, um den Wassergehalt zu reduzieren.

Kräuteressig

Weinessig (Weißweinessig)

👍 Tipps rund um Essig

- Wenn man beim Eierkochen dem Wasser etwas Essig beigibt, platzen die Eierschalen nicht so leicht.
- Geschälte rohe Kartoffeln, in Essigwasser gelegt, verfärben sich nicht.
- Mit einem Esslöffel Essig im Kochwasser wird Suppenfleisch zarter.
- Zwiebelgeruch an den Händen lässt sich durch Abspülen mit Branntweinessig beseitigen.
- Selbstgebackenes Brot bekommt eine knusprige Kruste, wenn man die Oberfläche etwa zehn Minuten vor Ende der Backzeit mit Malzessig bestreicht.

WÜRZIGE FERTIGPRODUKTE

Dressing

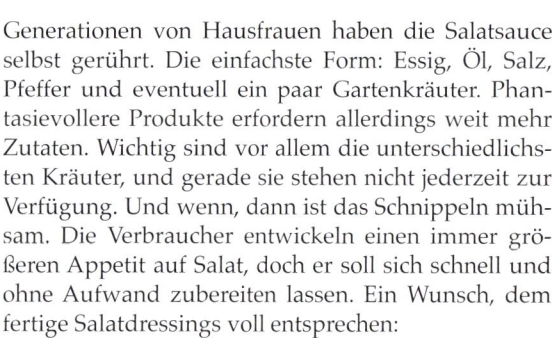

Knackig-frischer Salat – schön und gut. Aber zum lukullischen Highlight wird er erst durchs passende Dressing. So nennt man heute das, was früher schlicht die Salatsauce war. Doch das englische Wort ist durchaus treffend. Es leitet sich ab von „to dress", was so viel bedeutet wie „kleiden, schmücken, zubereiten". Und genau in diesem Sinn krönt das Dressing den Salat.

Generationen von Hausfrauen haben die Salatsauce selbst gerührt. Die einfachste Form: Essig, Öl, Salz, Pfeffer und eventuell ein paar Gartenkräuter. Phantasievollere Produkte erfordern allerdings weit mehr Zutaten. Wichtig sind vor allem die unterschiedlichsten Kräuter, und gerade sie stehen nicht jederzeit zur Verfügung. Und wenn, dann ist das Schnippeln mühsam. Die Verbraucher entwickeln einen immer größeren Appetit auf Salat, doch er soll sich schnell und ohne Aufwand zubereiten lassen. Ein Wunsch, dem fertige Salatdressings voll entsprechen:

- Fertige Salatdressings gibt es in vielen, äußerst raffinierten Geschmacksrichtungen für jede Art von Salat.
- Die Zutaten sind so perfekt aufeinander abgestimmt, dass hausgemachtes Dressing kaum mithalten kann.
- Frische Produkte – sogenannte Nassdressings – kommen direkt aus der Flasche auf den Salat – einfacher geht's wirklich nicht.
- Die Packungsgrößen orientieren sich am Bedarf. Die praktischen Portionspackungen sind ideal für Singles, für unterwegs oder den Imbiss im Büro. Aus Dressing-Flaschen kann sich die ganze Familie bedienen, und im Kühlschrank bleiben die Produkte lange frisch. Ungeöffnete Flaschen kann man sich ohne Kühlung auf Vorrat legen.
- Trockendressings sind sehr lange haltbar und auch für jene geeignet, die gern noch etwas Eigenleistung erbringen wollen. Die Produkte lassen sich schnell anrühren und ganz nach Geschmack individuell verfeinern.

Hergestellt werden Dressings aus hochwertigen Rohstoffen: Essig, Öl, Gemüse, Kräutern, Gewürzen, Senf, Milchprodukten wie Joghurt, Crème fraîche oder Buttermilch – um nur einige zu nennen. Entsprechend der jeweiligen Rezeptur werden die Zutaten computergesteuert dosiert und gemischt. Damit sich Öl und Essig nicht wieder trennen, gibt man natürliche Stabilisatoren dazu (zum Beispiel Johannisbrotkernmehl). Gemüse kommt zerkleinert und schonend gedünstet in die Mischung. Das fertige Dressing wird kurz erhitzt (pasteurisiert) und dadurch ohne Konservierungsstoffe lange haltbar gemacht. Nun bleibt nur noch das Abfüllen in Flaschen, Beutel, Becher oder andere Verpackungen.

Dressing-Variationen

Ein und dasselbe Dressing für jeden Salat – wie langweilig! Abwechslung ist angesagt, und die Palette der Fertig-Dressings lässt keinen Wunsch offen. Feinschmecker orientieren sich bei ihrer Wahl an der Art des Salates: Blattsalate verlangen nach einem leichten Dressing mit vielen Kräutern. Gemüse- und Rohkostsalate sind stabil genug für gebundene Dressings mit feiner Würze. Feinkostsalate (Kompositionen aus Meeresfrüchten, Fleisch, Wurst, Käse, Nudeln, Reis, Gemüse, Früchten usw.) können auch schwere Dressings mit Remoulade oder Mayonnaise vertragen.

Joghurt-Dressing

Gartenkräuter-Dressing

American Dressing

Thousand Islands Dressing

American Dressing
Das Dressing basiert auf Magermilchjoghurt, pflanzlichem Öl und Branntweinessig. Seinen Charakter prägen vor allem fruchtiges Tomatenmark, viele Kräuter, Zwiebeln, Zitronensaft und Eigelb. Passt besonders gut zu Gemüse, aber auch zu Salaten und Rohkost.

Balsamico-Dressing
Einen Hauch von Italien bringt Balsamico-Dressing an Tomaten, gemischte Salate, Rucola-Salat und Mozzarella. Es enthält unter anderem Aceto Balsamico di Modena, Traubensaft, Olivenöl und Basilikum.

Crème-fraîche-Dressing
Es basiert auf Buttermilch, Magermilchjoghurt, Crème fraîche, pflanzlichem Öl und Branntweinessig, verfeinert mit Zwiebeln, Senf, Eigelb, Zitronensaft und französischen Kräutern. Die sahnig-pikante Note passt zu allen gemischten Salaten.

French Dressing
Pflanzliches Öl und Branntweinessig werden unter anderem kombiniert mit Tomatenmark, Senf, Zitronensaft, Eigelb, Zwiebeln und typischen Kräutern der französischen Küche. Ideal für gemischte Salate, Krabbencocktail und gekochte Eier.

Gartenkräuter-Dressing
Pflanzliches Öl, Branntweinessig, Senf, Eigelb werden fein abgeschmeckt mit etwas Knoblauch, Petersilie und anderen Gartenkräutern. Ein „Gedicht" für Nudel- und Eiersalate.

Italienisches Dressing
Die Mischung aus Weinessig und pflanzlichem Öl wird abgeschmeckt mit mediterranen Kräutern wie Oregano, Basilikum, Thymian und natürlich etwas Knoblauch. Ideal für Blattsalate.

Joghurt-Dressing
Es vereint in sich den milden Geschmack von Magermilchjoghurt und die Würze von Kräutern. Produkte mit Petersilie und Gartenkräutern harmonieren besonders mit grünen und gemischten Salaten oder Kartoffelsalat und schmecken zu Tomaten oder als Dip zu Gemüsesticks. Angeboten werden Joghurt-Dressings auch mit betonter Knoblauch-Note (ideal zu Tomaten oder Bauernsalat), mit Zitronenaroma (unter anderem für Blattsalate oder Chicorée), mit Frühlingszwiebeln, Bärlauch usw.

Kräuter-Dressing
Dieses Produkt wird unter anderem völlig fettfrei angeboten. Wasser, Branntwein- und Weinessig werden gemischt und mit aromatischen Kräutern, Gewürzen, Zwiebeln und Paprikastückchen aufgepeppt. So bleiben Blattsalate und gemischte Salate angenehm „mager".

Thousand Islands Dressing
Das Dressing nach original amerikanischem Rezept schmeckt mild und lieblich. Es enthält unter anderem pflanzliches Öl, Branntweinessig, Tomatenmark, Senf, Paprika- und Gurkenstückchen und Zwiebeln. Ein Genuss zu Krabbencocktail und hartgekochten Eiern.

Durch eine romantische Geschichte kam das Dressing „Thousand Islands" zu seinem Namen: Um 1900 begann George Boldt, Manager des noch heute berühmten Hotels „Waldorf Astoria" in New York, mit dem Bau eines Schlosses auf einer der 1000 Inseln im St. Lawrence River. Es sollte ein Geschenk für seine geliebte Frau Louise sein. Einmal segelte das Paar gemeinsam mit dem Koch des Hotels, Oscar Tschirky, auf die Insel zu, als dieser entdeckte: Die Zutaten für das geplante Essen waren an Land vergessen worden. Doch das konnte Oscar nicht schocken. Er zauberte aus allen vorhandenen Produkten in der Kombüse einen Salat mit köstlichem Dressing aus tausenderlei Zutaten. Es schmeckte George und Louise Boldt so gut, dass die Salatsauce unter dem Namen „Thousand Islands Dressing" schon bald auf der Speisekarte des „Waldorf Astoria" stand. Das Schloss allerdings wurde nie fertig gestellt, denn Louise Boldt starb 1904 überraschend an einem Herzinfarkt. Das Rezept jedoch blieb erhalten und ist noch heute auf der ganzen Welt bekannt.

Vinaigrette
Diese französischen Dressings basieren auf einer Öl-Branntweinessig-Mischung und enthalten besonders viele Kräuter. Manche Produkte haben eine bestimmte Geschmacksrichtung (zum Beispiel „Dill").

WÜRZIGE FERTIGPRODUKTE

Mayonnaise und Co.

Mayonnaise

Aioli

Salatmayonnaise
Sie enthält mindestens 50 % Fett, der Eigelbgehalt ist nicht vorgeschrieben. Bei mehr als 7,5 % darf ein Hinweis auf Eigelb in der Kennzeichnung stehen. Salatmayonnaise kann Verdickungsmittel und Farbstoff enthalten. Die leichte, cremige Konsistenz macht das Produkt ideal für Kartoffel- und Nudelsalate oder Dips. Es passt außerdem gut zu Pommes frites, Fleisch und Fisch. Salatmayonnaise wird meist in Gläsern angeboten.

Salatcreme
Sie muss mindestens 25 % Fett enthalten, doch meist sind es zwischen 30 und 40 %. Häufig wird Salatcreme mit Joghurt angereichert, was ihr einen besonders frischen Geschmack verleiht. Verdickungsmittel sind erlaubt. Man verwendet Salatcreme für Kartoffel- und Feinkostsalate und streicht sie – gut gewürzt – auf Sandwiches. In der „warmen Küche" verfeinert Salatcreme Aufläufe, Gratins und Saucen. Verkauft wird das Produkt vorwiegend in Gläsern oder Bechern.

Remoulade
Dabei handelt es sich um eine Mayonnaise oder Salatmayonnaise mit Kräutern und würzigem Gemüse (Gurken, Karotten, Zwiebeln, Weißkohl, Blumenkohl, Kapern usw.). Man verwendet Remoulade zum Verfeinern von Sandwiches, gekochten Eiern, kaltem Braten, Fisch, gegrilltem Gemüse usw. Angeboten wird das Produkt in Tuben und Gläsern.

Sandwich-Creme
Dieser leckere Brotaufstrich besteht im Prinzip aus Mayonnaise, die mit verschiedenen Zutaten angereichert ist. Angeboten wird Sandwich-Creme inzwischen in vielen Geschmacksrichtungen – beispielsweise mit Oliven, Tomaten, Paprika, Kürbis, Avocado, Bärlauch, Nüssen usw., fein abgeschmeckt mit diversen Gewürzen und Kräutern. Auch auf Tofu-Basis ist Sandwich-Creme zu haben.

Aioli
Diese Creme wird aus Knoblauch, Olivenöl und Salz hergestellt. Als Emulgator dienen Milch, Eigelb oder etwas gekochte Kartoffel. Als kalte Beigabe ist Aioli köstlich zu grilltem Fleisch, Fisch, Gemüse, harten Eiern. Oder man streicht die Creme auf geröstetes Brot. Unersetzlich zur Bouillabaisse.

Mayonnaise
Die Grundzutaten sind Pflanzenöl und Eigelb (eventuell etwas Eiweiß), meist verfeinert mit Essig, Zitronensaft, Senf, Zucker und Gewürzen. Mayonnaise enthält mindestens 80 % Fett und 7,5 % Eigelb bezogen auf den Fettgehalt. Verdickungsmittel wie Weizenmehl, diverse Stärkearten oder Gelatine und Farbstoffe sind tabu. Wird auf der Verpackung ausdrücklich auf die Verwendung von frischem Eigelb bzw. Eiklar hingewiesen, dürfen die Eier höchstens zehn Tage alt sein und müssen kurz vor der Verarbeitung aufgeschlagen werden.

Verwendet wird Mayonnaise vor allem zum Verfeinern und Garnieren – zum Beispiel von Sandwiches, harten Eiern, kalten Platten usw. Auch zu Saucen für Feinkostsalate lässt sich Mayonnaise verarbeiten. Der Handel bietet Mayonnaise in Gläsern, Tuben und Beuteln an. In der angebrochenen Verpackung muss das empfindliche Produkt gut verschlossen im Kühlschrank aufbewahrt und innerhalb von drei Wochen verbraucht werden.

Würzige Saucen und Pasten

Natürlich kann man Würzsaucen und -pasten selbst herstellen. Rezepte gibt es zur Genüge, doch die Produkte erfordern oft eine Vielzahl an Einzelzutaten und Gewürzen. Zudem schreckt die aufwändige und nicht immer einfache Verarbeitung ab. Da lohnt sich der Griff zum Fertigprodukt. Sein Geschmack überzeugt und es steht jederzeit zur Verfügung.

Würzsaucen

Würzsaucen haben sich längst einen festen Platz in der Küche erobert. Der Bedarf steigt allgemein zur sommerlichen Grillsaison, aber auch Fondue-Freunde genießen das abwechslungsreiche Angebot. Würzsaucen sind sehr gefragt als leckere Dips, und der Trend zu exotischen Gerichten macht die würzigen Produkte unentbehrlich.

Saucen auf Tomaten- und Gemüsebasis

Ketchup
Die berühmteste und bei Kindern beliebteste Tomatensauce ist Ketchup. Es besteht aus meist doppelt konzentriertem Tomatenmark, das mit Essig, Zucker und einer Gewürzmischung abgeschmeckt wird. Und weil normales Tomaten-Ketchup womöglich langweilig würde, gibt es aufgepeppte Produkte beispielsweise mit Zwiebeln, Curry oder Chili.

Grillsaucen
Darunter versteht man Saucen-Spezialitäten, die meist kalt verwendet werden und besonders gut mit gegrilltem oder gebratenem Fleisch, Bratwurst, gegrillten Maiskolben oder Folienkartoffeln harmonieren. Sie schmecken je nach Sorte würzig bis feurig scharf und dürfen auch beim Fondue nicht fehlen. Die bekanntesten Grillsaucen sind Barbecue-Sauce (mit typisch rauchigem Aroma), Chili-Sauce (scharf, passt auch zu Geflügel und „Chili con carne"), Mexikanische Sauce (mit Mais, Paprika und scharfem Chili), Schaschlik-Sauce (mit Tomatenpaprika und grünem Pfeffer, auch für Pizza geeignet), Steak-Sauce (mit grünem Pfeffer und Mango, schmeckt auch heiß ausgezeichnet) und Zigeuner-Sauce (mit Zwiebeln und Tomatenmark, passt auch zu Pasta und Reis).

Schaschlik-Sauce

Asiatische Saucen
Abgeschmeckt mit typisch asiatischen Gewürzkompositionen, Gemüse und Früchten ermöglichen diese Saucen eine kulinarische Reise nach Fernost. Sie sind die passende Beilage zu Wok-Gerichten und Frühlingsrollen, werden aber auch gern zum Fondue serviert. Beliebt ist beispielsweise scharf-süße China-Sauce, unter anderem gewürzt mit geschrotetem Chili und Knoblauch. Andere Asia-Saucen enthalten Ananas, Zitronengras oder Kokosraspeln.

WÜRZIGE FERTIGPRODUKTE

Mango-Chutney

Cinesische Chilisauce

Chutneys und Relishes

Die Unterscheidung zwischen Chutneys und Relishes ist nicht ganz einfach. Beide stammen aus Indien und werden aus vielerlei Gemüse- und Obstarten hergestellt. Auch der pikante, süß-saure Geschmack ist beiden Sorten zu eigen. Abweichungen gibt es jedoch in der Konsistenz: Die Struktur des Chutneys ähnelt einer Marmelade, während das Relish mehr Gemüse- oder Obststückchen enthält. Auch schmeckt es meist etwas säuerlicher. Die Basis für Chutneys und Relishes bilden oft Mangos, Tomaten oder Zwiebeln, aber es werden auch zahlreiche andere Früchte und Gemüsesorten verwendet. Die jeweilige Frucht verleiht dem Produkt seinen typischen Charakter und wird im Namen genannt (zum Beispiel Mango-Chutney oder Curry-Paprika-Relish). Die süß-saure Geschmacksrichtung bewirken Zucker, Zitronensaft und Essig. Gewürzt wird traditionell mit Salz, Pfeffer, Chili, Ingwer, Koriander, Kreuzkümmel, Knoblauch, Kurkuma, Curry usw. Chutneys und Relishes serviert man kalt zu Reis, Fisch, Fleisch und Geflügel oder auch zum Fondue.

Emulgierte Saucen

Sie basieren auf einer emulgierten Mischung aus pflanzlichem Öl, Eigelb und Branntweinessig. Dazu kommen die unterschiedlichsten Gewürze und Zutaten aus dem Gemüse- und Fruchtbereich. Die Saucen haben viel Aroma und schmecken köstlich zum Fondue oder zu gebratenem Fleisch und Fisch und sind auch als Dips begehrt. Einige der bekanntesten emulgierten Saucen: Cumberland-Sauce (mit Johannisbeergelee und Portwein), Cocktail-Sauce (mit Weinbrand abgeschmeckt, ideal zu Meeresfrüchten und Geflügelsalat), Curry-Sauce (mit Ananas und Curry, köstlich zu Geflügel-, Fisch- und Reisgerichten und überbackenem Toast), Dänische Sauce (mit Gemüsestückchen, passt gut zu Fisch), Knoblauchsauce (mit Knoblauch und Kräutern, ideal zu gebratenem oder gegrilltem Fleisch und Fisch sowie zu Meeresfrüchten) und Tzatziki-Sauce (nach griechischem Rezept mit Joghurt, Knoblauch und Gurkenstückchen, unentbehrlich zu Gyros(!), Souvlaki, Lammkoteletts und Folienkartoffeln).

Flüssige Saucen

Austernsauce

Sie wird hergestellt aus Austernextrakt, Weizenmehl, Stärke, Klebreis, Salz und Zucker, hat eine nussbraune Farbe und ist weniger geschmacksintensiv als Sojasauce. Sie überträgt ihren fein süßen und leicht fleischigen Geschmack auf andere Zutaten und wird auch gerne als Dip für Fleisch, Geflügel und Gemüse oder als Zutat für Sauce genommen. Man sollte Austernsauce im Kühlschrank aufbewahren.

Bohnensauce, gelbe

Eine dickflüssige, nussbraune Sauce, die aus fermentierten gelben Sojabohnen, Mehl, Salz und Wasser hergestellt wird. Eine wichtige Würze in der asiatischen Küche.

Bohnensauce, schwarze

Sie wird aus fermentierten schwarzen Sojabohnen hergestellt und ist eine wichtige Zutat in der asiatischen Küche für Marinaden und dunkle, würzige Saucen. Man unterscheidet die scharfe Bohnensauce, die reichlich Chili und Knoblauch enthält von die milden Bohnensauce. Sie wird ohne Chilischoten und mit oder ohne Knoblauch angeboten.

Chinesische Chilisauce

Die pikante, orangerote Sauce wird hergstellt aus frischen Chilischoten, Essig, Salz und Pflaumen. Man nimmt sie sowohl zum Würzen als auch als Dip für knusprige Speisen. Kühl aufbewahren.

Fischsauce

Die dünnflüssige, bräunliche Sauce wird aus fermentiertem Fisch, Wasser und Salz hergestellt und riecht penetrant nach Fisch. Der Geruch weicht beim Kochen und macht einem würzigen Geschmack Platz. In der thailändischen Küche verwendet man Fischsauce anstelle von Salz. Serviert wird Fischsauce zu gegrilltem Fleisch und Geflügel.

Worcester-Sauce

Tabasco

Süß-saure Sauce

Hoisin-Sauce
Diese chinesische rotbraune, dicke, süße und zugleich leicht scharfe Sauce besteht aus fermentierten Sojabohnen, Weizenmehl, Salz, Zucker, Essig, Knoblauch, Chilischoten und Sesamöl. Sie dient als Dip und wird auch zum Kochen und Marinieren verwendet. Im Kühlschrank ist sie mehrere Monate haltbar.

Kejab Manis
Eine süße Sojasauce deren Heimat in Indonesien liegt (siehe Sojasauce).

Mirin
Eigentlich keine Sauce, sondern ein Wein, aber da der japanische süße Reiswein fast ausschließlich zum Kochen verwendet wird, soll er hier nicht fehlen. Mirin gibt japanischen Speisen eine süßliche Note.

Pfeffersauce
Sie verdankt ihre Schärfe den kleinen Chilis aus Südamerika. Die Schoten werden zerstampft, mit Salz vermischt und zum Reifen oft mehrere Jahre in Fässern gelagert. Dabei entwickelt sich das Aroma. Anschließend wird die Maische mit Branntweinessig verrührt. Nach dem Absieben der Schalen und Samenkörner bleibt Pfeffersauce zurück. Besonders scharf sind Produkte aus roten Chilis, etwas milder solche aus grünen Schoten. Die weltweit bekannteste Pfeffersauce ist „Tabasco", die ohne Dickungsmittel und Stabilisatoren hergestellt wird. Pfeffersaucen geben vielen Gerichten und Mix-Drinks eine feurige Note, doch sollte man sie besser nur tropfenweise dosieren.

Pflanzenwürze
Das Synonym für derartige Flüssigwürzen ist „Maggi", das 1886 von Julius Maggi als preiswerter Ersatz für Fleischextrakt erfunden wurde. Die Basis für Pflanzenwürze bilden beispielsweise Getreide- und Gemüseextrakte (unter anderem aus Mais- oder Sojaschrot), weitere Zutaten sind je nach Produkt Kochsalz, Sojasauce, Hefeextrakt, Natriumglutamat und Aromen. Häufig wird diese Würzsauce mit Zuckerkulör dunkel gefärbt. Verwenden lassen sich derartige Produkte zum Abschmecken nahezu aller Speisen, auch zum Nachwürzen direkt am Tisch.

Sataysauce
Ein köstlicher Dip für Geflügelspieße und Schweinefleisch ist diese nussig schmeckende Sauce, die aus Kokosmilch, Zucker, Schalotten, Sesam, Erdnüssen, Curry und Pflanzenöl hergestellt wird. Das fertige Produkt muss nur noch erhitzt werden.

WÜRZIGE FERTIGPRODUKTE

Sojasauce

Curry-Paste gelb

Ajvar

Sojasauce

Etwa 80 % aller japanischen Gerichte werden mit Sojasauce zubereitet. Diese Flüssigwürze erhält durch die aufwändige Herstellung einen völlig eigenständigen Charakter. Hochwertige Sojasauce wird in einem zeit- und kostenintensiven Verfahren gebraut und reift mehrere Monate. Zutaten sind Sojabohnen, Weizen, Wasser und Salz. Man erkennt dieses Qualitätsprodukt an der leichten Konsistenz, der transparenten rehbraunen Farbe und dem aromatischen, feinwürzigen Geschmack. Billige Sojasauce dagegen wird innerhalb von drei Tagen auf chemischem Weg hergestellt. Sie verrät sich durch eine meist dickflüssige Konsistenz und eine trübe, dunkle Farbe. Solch einfache Produkte enthalten Farbstoffe, Geschmacksverstärker und teilweise Konservierungsstoffe. Auf den Markt kommt Sojasauce in unterschiedlichen Sorten:

Japanische Sojasauce (Shoyu) hat ein sanftes Aroma und schmeckt vollmundig. Sie unterstreicht den Geschmack vieler Gerichte (Fleisch, Fisch, Schalentiere, Gemüse, Nudeln, Salate), eignet sich zum Beizen und als Grundlage für Dressings, Grillsaucen und Dips.

Süße Sojasauce enthält etwas Zucker und passt somit zu Gerichten, die ohnehin leicht gesüßt werden müssen. Wenn man gebratenes Fleisch oder Gemüse mit süßer Sojasauce bestreicht, glänzen die Lebensmittel appetitlich und erhalten eine schöne Karamellfarbe.

Chinesische Sojasauce wird entweder nur aus Sojabohnen oder mit einem Weizenanteil von weniger als 50 % hergestellt und in kürzerer Zeit gebraut als die japanische „Schwester". Je mehr Soja, desto dunkler ist das Produkt. Teilweise wird auch karamellisierter Zucker zugesetzt. Dunkle Sojasauce hat ein fruchtiges Aroma und einen feinen, weichen Geschmack. Man verwendet sie zum Kochen oder als Würzmittel am Tisch. Helle Sojasauce hat eine noch kürzere Produktionszeit, ist meist mit Zusatzstoffen versetzt und verfügt nicht über die Vollmundigkeit der japanischen Sojasauce.

Süß-saure Sauce

Sie passt zu allen süß-sauren Speisen, vor allem aber zu Gerichten mit Hühnerfleisch. Die Süß-saure Sauce enthält Wasser, Stärkesirup, Zucker, Ananas, Tomaten, modifizierte Maisstärke, Essigsäure, Salz, Farbstoffe und Stabilisatoren.

Teriyaki-Würzsauce

Die Basis ist Sojasauce, verfeinert mit Wein, Essig, Gewürzen und Zucker. Angeboten wird das Produkt speziell abgestimmt auf Fisch, Fleisch und Gemüse. Es eignet sich ganz besonders zum Marinieren von Grillgut.

Worcester-Sauce

Die Aussprache ist einfacher als die Schreibweise: man sagt „Wuster-Soße". Hauptzutaten für diese legendäre Würzsauce sind Essig, Soja, Wein, Melasse, Anchovis, Pfefferschoten, Chili, Ingwer, Schalotten, Knoblauch und Tamarindenpulver. Das genaue Rezept wird jedoch vom englischen Hersteller streng gehütet. Man verwendet Worcester-Sauce (auch: Worcestershire-Sauce) tropfenweise vor allem zu Ragoût fin, aber auch für Saucen, Suppen sowie Fleisch- und Fischgerichte.

Curry-Paste rot

Guacamole

Würzpasten

Auf einen einfachen Nenner gebracht, sind Würzpasten eingedickte und dadurch sehr geschmackskonzentrierte Produkte aus Gemüse oder Fleisch. Sie haben ihren Ursprung oft in fernen Ländern und lassen sich vielseitig verwenden – als Beilage zu Gegrilltem, als Basis für Saucen und Suppen, als Brotaufstrich, als Dip usw. Angeboten werden diese Würzpasten vorwiegend in Tuben und Dosen.

Tomatenmark
Tomatenmark ist wohl die bekannteste Würzpaste. Vollreife Tomaten – geschält und entkernt – werden durchpassiert und dann unter Vakuum eingedickt und pasteurisiert. Einfach konzentriertes Tomatenmark enthält rd. 14 % Trockenmasse, zweifach konzentriertes 28 % und dreifach konzentriertes Tomatenmark 36 % Trockenmasse. In der Küche verwendet man Tomatenmark vorwiegend als Basis für Saucen. Auch gewürzte Produkte sind auf dem Markt – zum Beispiel Tomatenmark mit Knoblauch oder mit Oregano.

Paprikapaste
Diese Würzpaste stammt ursprünglich vom Balkan und enthält nur Paprikaschoten und Salz. Das Fleisch reifer Früchte wird püriert, unter Vakuum konzentriert und dann pasteurisiert. Je nach Paprikasorte und Kernanteil entsteht eine milde oder scharfe Paste. Es gibt auch mit Tomatenmark gemischte Produkte. Paprikapaste verwendet man vor allem für Hackfleischgerichte und Eintöpfe.

Ajvar
Auch Ajvar verdanken wir der Balkan-Küche. Zur Herstellung verwendet man rote Paprika oder eine Mischung aus Paprika und Auberginen. Die Früchte werden geröstet, gehäutet und fein gehackt. Dann kommen Olivenöl, Essig oder Zitronensaft, Peperoni, Knoblauch, Pfeffer, Salz und eventuell weitere Gewürze dazu. Durch langsames Garen wird diese Mischung so lange reduziert, bis die Flüssigkeit eingekocht ist. Ajvar genießt man als Brotaufstrich oder zu gegrilltem Fleisch.

Chinesische Sesampaste
Aus gerösteten gemahlenen Sesamsamen wird eine dicke, aromatische Paste hergestellt. Vor der Verwendung muss man sie gründlich verrühren, da sich die festen Bestandteile absetzen. Die zum Kochen benötigte Menge muss zuvor mit etwas Öl oder Wasser verdünnt werden. Das orientalische Tahin ist anders im Geschmack.

Bohnenpaste, süße
Diese dicke rotbraune Paste aus gezuckerten Kidney- oder Adzukibohnen ist etwas ungewohnt für unseren Gaumen, in China aber eine beliebte Zutat für Desserts und als Füllung für Gebäck.

Bohnenpaste, scharfe
Sojabohnen, Chili, Salz und Zucker sind die Grundzutaten für diese sehr scharfe Paste. Ein in einigen Regionen Chinas unentbehrliches Würzmittel.

Currypaste, gelbe
Von den drei hier vorgestellten Currypasten die mildeste. Sie enthält Schalotten, Knoblauch, Zitronengras, roten Chili und Gewürze und eignet sich als Würzzutat für verschiedene Currys.

Currypaste, grüne
Frisch und herb im Geschmack harmoniert sie besonders gut mit Fisch, Meeresfrüchten und zartem Gemüse. Grüner Chili und Koriander sind hier die Geschmack gebenden Zutaten.

Currypaste, rote
Die beliebteste und berühmteste unter den Currypasten. Ihren intensiv-aromatischen Geschmack verdankt sie dem Zutaten-Mix aus roten Chilischoten, Zitronengras, Knoblauch, Schalotten, Kaffir-Limettenblättern und Galgant. Unverzichtbarer Bestandteil in roten Currys mit Fisch, Fleisch oder Gemüse.

WÜRZIGE FERTIGPRODUKTE

Olivenpaste schwarz

Geriebener Meerrettich

Pesto rot

Garnelenpaste
Fermentierte getrocknete und gemahlene Garnelen sind die Grundlage für Garnelenpaste. Man unterscheidet zwei Sorten: ein eher weiches Püree und eine feste salzigere Paste. Beide Sorten müssen vor Gebrauch mit etwas Wasser angerührt werden. Sie bereichern den Geschmack von weniger aromatischen Zutaten, z.B. Meeresfrüchte wie Tintenfisch. Garnelenpaste wird in Flaschen oder Gläsern angeboten.

Guacamole
Diese Avocadocreme ist eine Anleihe aus der mexikanischen Küche. Ideal zum Füllen von Tortillas oder Tacos, aber auch lecker als pikanter Brotaufstrich oder Dip. Die Basis bilden pürierte Avocados, dazu kommen Zwiebeln, Chilis, Tomatenstückchen, Zitronen- oder Limettensaft, Salz, Pfeffer und diverse andere Gewürze. Auch Crème fraîche, Joghurt oder Öl können die Paste verfeinern.

Harissa
Die scharfe Würzpaste aus Olivenöl, Chili, Salz und Gewürzen wie Knoblauch, Kreuzkümmel und Koriander dient als Beilage zu Couscous, aber auch als Brotaufstrich und Dip.

Geriebener Meerrettich
Er kommt in Tuben und Gläsern auf den Markt. Tafelfertige Produkte können Zutaten wie Essig, Rahm, Salatmayonnaise, Zitronensäure, Salz und Zucker enthalten. Man isst Meerrettich zu Würstchen, verwendet Meerrettichsahne zu Fisch oder gegrilltem Fleisch, würzt Saucen, Mayonnaise und Butter mit Meerrettich und verwendet ihn überhaupt immer dann, wenn aromatische Schärfe gefragt ist.

Misopaste, dunkel oder hell
Es gibt gelbe, rote, braune und weiße Misopasten. Als Grundzutat haben alle fermentierte Sojabohnen, denen Reis oder Gerste zugesetzt werden. Grundsätzlich schmecken die Sorten mit Gerste intensiver als die mit Reis. Die hellen Misopasten sind eher mild, manchmal sogar süßlich im Geschmack, während die dunkleren Misopasten salziger und intensiver schmecken. Wer Miso noch nicht kennt, sollte es mal mit einer mitteldunklen Sorte, dem Aware Miso, probieren. Miso ist eine beliebte Zutat in Suppen, verleiht aber auch Dips, Salatsaucen, Gemüse- und Reisgerichten ein unverwechselbares Aroma.

Olivenpaste
Aus grünen oder schwarzen Oliven, Olivenöl und Salz wird Olivenpaste hergestellt. Sie schmeckt köstlich auf geröstetem Weißbrot und zu gegrilltem Fleisch. Auch zum Würzen von mediterranen Saucen und Suppen kann man die Paste verwenden.

Pesto
Es gibt verschiedene Sorten dieser italienischen Würzpaste, die mit Kräutern, Ölsaaten, Käse, Olivenöl und Gewürzen hergestellt wird. Am bekanntesten ist Pesto Genovese mit Basilikum, Parmesan, Pinienkernen, Olivenöl u. a. Pesto Rosso, das rote Pesto, wird mit Tomaten, Tomatenmark, Basilikum und Olivenöl zubereitet. Mit Pesto, Pasta und Parmesan hat man jederzeit eine schnelle Mahlzeit parat, aber Pesto würzt auch viele andere italienische Gerichte.

Pesto grün

Sambal Oelek

Sataysauce

Wasabi-Paste

Sambal
Die Heimat dieser Würzpasten ist Indonesien, und Chilis sind die wichtigste Zutat. Sie verleihen je nach Verarbeitung mehr oder weniger Schärfe. Das bekannte Sambal Oelek (sehr scharf) besteht lediglich aus rohen, fein gehackten Chilischoten, Essig und Salz. Für Sambal Brandal (ebenfalls scharf) verwendet man Chilischoten, oft gemischt mit Zwiebeln, Öl, Zucker und Gewürzen. Relativ mild schmecken Sambal Badjak (gern mit Kokosmilch und Shrimps) und Sambal Manis (mit süßer Sojasauce). Sambal Trassie enthält Garnelen oder Krabbenpaste. Für „Nasi Goreng", das indonesische Nationalgericht, gibt es speziell gewürzte Pasten. Generell variieren die Zutaten für die verschiedenen Sambals, und je nach Hersteller können unter anderem auch Konservierungsstoffe enthalten sein. Verwendet werden Sambals zu fernöstlichen Gerichten oder auch als scharfer Dip.

Sardellenpaste
Liebhaber der fischigen Note schätzen Sardellenpaste. Sie besteht aus pürierten Sardellen, Öl und Salz. Verwendet wird das Produkt unter anderem zum Verfeinern von hartgekochten Eiern oder gegrilltem Fleisch, zum Garnieren kalter Platten oder auf Crostini.

Suppen- und Saucenpasten
Konzentrierte, eingedickte Brühe aus Fleisch, Hühnerfleisch, Schalentieren, Fischen oder auch Gemüse – selbstverständlich typgerecht perfekt gewürzt – bildet die Basis für Suppen und Saucen. Angeboten werden derartige Pasten vielfach auch in Würfelform, granuliert oder als Instantprodukt.

Tahin (Tahini)
Aus feingemahlenem und gepresstem Sesam hergestellt, lassen sich das dunkle, leicht bitter schmeckende Tahin aus ungeschältem Sesam und weißes Tahin ausschließlich aus geschältem Sesam unterscheiden. Beide Pasten schmecken nussig und sind unverzichtbarer Bestandteil der orientalischen Küche, z.B. als Zutat in der Kichererbsenpaste Hummus, aber auch als Brotaufstrich, z.B. unter Käse, ein Genuss.

Tamarindenpaste
Die Paste aus den braunen Hülsen des Tamrindenbaums gibt asiatischen Suppen, Currys, Chutneys und Saucen eine angenehme Säure mit einer leicht süßen Note im Hintergrund.

Tapenade
Sie stammt aus dem Süden Frankreichs und muss grundsätzlich zweierlei enthalten: Oliven für die Farbe (grün oder schwarz) und Kapern für das typische Aroma. Alle anderen Zutaten sind relativ variabel. Schwarze Tapenade wird zumindest mit Olivenöl, Knoblauch und Sardellenfilets angereichert und kann auch getrocknete Tomaten enthalten. Grüne Tapenade verlangt zusätzlich nach Basilikum und einer Reihe weiterer grüner Kräuter, wobei nichts vorschmecken darf. Tapenaden würzen Fleisch-, Fisch- und Nudelgerichte, schmecken köstlich auf Brot und sind als Dip unschlagbar.

Wasabi
Der japanische Meerrettich ist sehr scharf und sollte besser nur wohldosiert verzehrt werden. In seinem Heimatland Japan bekommt man ihn als frische grüne Wurzel, bei uns ist Wasabi nur als grüne Paste oder Pulver zum selber Anrühren erhältlich. Wasabi ähnelt in seinem Geschmack Meerrettich, kann aber auch Nuancen von Senf aufweisen. Sushi und Sashimi wären ohne Wasabi undenkbar.

WÜRZIGE FERTIGPRODUKTE

Senf

Die Redensart kommt nicht von ungefähr: Man kann tatsächlich fast überall seinen (Lieblings-) Senf dazugeben. Er gehört traditionell zu Würstchen, er passt zu Gegrilltem und Käse, verleiht Braten eine aromatische Kruste, verfeinert Saucen, Dressings und Dips, ist zum Garnieren kalter Platten unentbehrlich usw.

Senf à l'ancienne

Bei Senf ist der Geschmack eindeutig Geschmackssache. Für die einen soll er so scharf sein, dass er in die Nase steigt. Andere wiederum bevorzugen eine mild-würzige Note. Grundsätzlich stehen fünf Geschmacksstufen zur Wahl: extrascharf, scharf, mittelscharf, mild und süß. Den größten Marktanteil (rd. 70 %) hat der mittelscharfe Senf. Aufmerksame Beobachter erkennen im Land allerdings ein Nord-Süd-Gefälle: Während man in den nördlichen Bundesländern eher zu „scharf" tendiert, lieben die Bayern ihren süßen Senf, vor allem zu Weißwurst und Leberkäs. Doch nicht allein die Schärfe zählt beim Senf, sondern auch die Würze. Es gibt Senf mit Kräutern, Meerrettich, Früchten oder sogar „geistreich" verfeinert mit Wodka, Whisky oder Champagner.

Dabei ist Senf nicht nur eine geschmackliche Bereicherung, sondern auch ein gesunder Appetitanreger. Er macht Speisen bekömmlich, fördert die Verdauung, wirkt antibakteriell und trägt zur Stärkung des Immunsystems bei.

Mühlen mahlen Senf

Die Grundlage für jeden Senf sind Senfkörner. In erster Linie verwendet man die milde Gelbsaat und die scharfe Braunsaat, dazu noch einige Unterarten. Durch entsprechendes Mischen ist es möglich, unterschiedliche Geschmacksrichtungen zu erzielen. Die Verarbeitung erfolgt in mehreren Stufen:

1. Die Senfkörner werden von Staub, Spelzen, Fremdstoffen usw. befreit und anschließend maschinell poliert. Die dadurch absolut staubfreie Saat wird mit Walzen zu Schrot zerquetscht und dadurch für die weitere Bearbeitung „aufgeschlossen".
2. Der Senfschrot enthält Öl. Manche Hersteller pressen es in einem schonenden Verfahren weitgehend ab. Zurück bleibt der „Ölkuchen", der zerkleinert und zu Senfmehl aufbereitet wird.
3. Aus Senfmehl, Essig, Kochsalz und Gewürzen wird eine Maische gerührt, in der sich das charakteristische Aroma der jeweiligen Senfsorte bereits zu entwickeln beginnt.
4. Mit Hilfe einer Nassvermahlung erreicht man, dass sich die Senf-Bestandteile – vor allem das ölhaltige Senfmehl mit dem Essig – dauerhaft verbinden. Die langsam laufenden traditionellen Senfmühlen vermahlen die Maische mehrmals mit Hilfe von großen, schweren Granit- oder Sandsteinen. Moderne Hochleistungsmühlen, deren Mahlscheiben sich bis zu 3000 Mal pro Minute drehen, sind bedeutend schneller.
5. Der gemahlene Senf wird in geeignete Lagerbehälter gefüllt und darf nun zur Abrundung des Geschmacks in Ruhe reifen.

Senf kommt unterschiedlich verpackt in den Handel – in Gläsern, Tuben und Portionstütchen. Auch nach dem Öffnen ist das Produkt lange haltbar – vorausgesetzt, man erspart ihm Wärme, Luft und Licht. Im Kühlschrank lässt sich Senf am besten aufbewahren, und hier steht er zudem dunkel. Gut verschlossen in der Originalverpackung bewahrt er Aroma, Schärfe und Farbe und kann nicht antrocknen.

Senfkörner

Grundsorten

Extrascharfer und scharfer Senf
Ihre Schärfe verdanken diese Sorten der verarbeiteten Braunsaat, denn aus ihr bildet sich beim Maischen das scharfe Allylsenföl. Extrascharfer Senf enthält nur oder fast nur Braunsaat. Er ist ideal zu fetten Fleisch- und Wurstgerichten. Wird Braunsaat mit Gelbsaat gemischt, mildert sich die Schärfe zu scharfem Senf. Er passt gut zu Wiener Würstchen und Käse, würzt Saucen und Marinaden.

Mittelscharfer Senf
Er wird auch Delikatess- oder Tafelsenf genannt und enthält eine Mischung aus Gelb- und Braunsaat. Wein und Branntweinessig runden den Geschmack ab. Diese in Deutschland beliebteste Senfsorte macht Würstchen erst richtig lecker und darf bei keiner Brotzeit fehlen.

Milder Senf
Er besteht überwiegend aus Gelbsaat und läuft ebenfalls unter der Bezeichnung Delikatess- oder Tafelsenf. Milder Senf ist gut geeignet für Senfsaucen, Cumberlandsauce und zu Würstchen.

Süßer Senf
„Weißwurstsenf" heißt er in Bayern, wobei dieser Senf keineswegs nur zur Weißwurst schmeckt. Hergestellt wird er aus Gelb- oder Braunsaat. Die Körner werden nur grob vermahlen und erhalten häufig durch Rösten ein leichtes Karamellaroma. Der Zusatz von Zucker bringt die beliebte Süße. „Echt (original) Bayerischer Weißwurstsenf" oder „Münchner Weißwurstsenf" darf sich nur ein Produkt nennen, das tatsächlich aus Bayern bzw. aus München stammt.

Scharfer Senf

Mittelscharfer Senf

Süßer Senf

WÜRZIGE FERTIGPRODUKTE

Senf-Spezialitäten

Senf mit Pfeffer

Estragonsenf

Senf mit Honig und Dill

Kräutersenf

Bordeaux-Senf
Er wird aus ungeschälten weißen Senfsamen hergestellt und enthält neben Estragon zahlreiche andere Kräuter. Bordeaux-Senf ist mittelscharf und grobkörnig und schmeckt betont würzig.

Champagner-Senf
Diese mittelscharfe Sorte aus grob gemahlenen Senfkörnern ist mit Champagner verfeinert. Der fein-aromatische Geschmack passt besonders gut zu Senfsaucen und gedünstetem Fisch wie Seezunge, Lachs oder Zander. Auch zu gebratenem oder gegrilltem Fleisch ist Champagner-Senf ein Genuss.

Diät- oder Reformsenf
Er ist mild, denn er enthält keine scharfen Gewürze, sondern lediglich viele Kräuter. Anstatt Essig wird Zitronensaft zur Herstellung verwendet.

Dijon-Senf
Er ist extrascharf, mittelscharf oder mild und wird als grober sowie als feiner Senf angeboten. Jeder Hersteller macht aus seiner traditionellen Rezeptur ein Geheimnis. Auf alle Fälle muss Dijon-Senf strengen Qualitätsanforderungen genügen. Vorgeschrieben werden unter anderem die zu verwendenden Senfsaaten, und es ist festgelegt, wie hoch der Fettgehalt und der Schalenanteil im Senf sein dürfen. Die Grundzutaten für Dijon-Senf sind geschälte Samen von schwarzem Senf, saurer Traubensaft bzw. Wein und Salz. Er kann aber auch beispielsweise Zitrone, Apfelessig, grüne Pfefferkörner, Wacholderbeeren und andere „geheime" Zutaten enthalten. Empfehlenswert ist Dijon-Senf vor allem zum Zubereiten von Saucen und Marinaden und zum Würzen von Hackfleisch.

Senf aus Dijon ist eine weltbekannte Spezialität und galt schon immer als etwas Besonderes. Bereits im 13. Jahrhundert erhielt die französische Stadt das Monopol für die Senfherstellung in Frankreich. In Dijon wurde der Senf nicht wie andernorts mit Essig, sondern mit dem Saft unreifer Trauben bzw. mit Most angesetzt. So entstand die lateinische Bezeichnung „mustum ardens" – „brennender Most". Davon abgeleitet wurde das französische Wort „moutarde" für Senf. Die Engländer verwandelten es in „mustard", und im Deutschen wurde „Mostrich" daraus. So wird Senf in manchen Gegenden noch heute genannt.

Rôtisseur-Senf

Düsseldorfer Senf
Er gehört zu den extrascharfen Sorten. Seinen starken Geschmack gewinnt er dadurch, dass die Senfkörner nicht entölt werden. Nur Hersteller aus dem Düsseldorfer Raum dürfen diese Spezialität vertreiben.

Estragonsenf
Eine der beliebtesten Sorten ist der mittelscharfe Estragonsenf. Seine deutliche Estragon-Note harmoniert mit Wurst und passt in mediterrane Saucen.

Grillsenf
Der pikant-aromatische Senf erhält durch Paprikapulver sein gewisses Etwas. Man verwendet ihn gern zum Bestreichen von Fleisch, Fisch und Geflügel kurz vor dem Braten oder Grillen.

Kräutersenf
Er gehört zu den mittelscharfen bis milden Sorten und enthält eine Vielzahl von Kräutern. Kräutersenf eignet sich besonders gut zum Würzen von Hackbraten oder Frikadellen.

Meerrettichsenf
Je nach Meerrettichgehalt schmeckt dieser Senf scharf oder so extrascharf, dass die Augen tränen. Man verwendet ihn wohldosiert zum Verfeinern von Saucen oder zum Garnieren kalter Speisen.

Pfeffersenf
Der mittelscharfe Senf wird mit grob zerkleinerten grünen Pfefferkörnern hergestellt und erhält dadurch seinen pikant-würzigen Geschmack. Er eignet sich gut für Fondue-Saucen und Schmorgerichte sowie zum Beizen von Fleisch.

Rôtisseur-Senf
Er wird aus grob vermahlener Senfsaat hergestellt und ist mittelscharf. Das würzig-pikante Aroma bleibt auch bei starkem Erhitzen stabil. Deshalb verwendet man Rôtisseur-Senf bevorzugt zum Grillen sowie für Rinder- und Schweinebraten.

Senf à l'ancienne
Diese französische Spezialität wird aus ganzen Senfkörnern und Weißwein hergestellt und schmeckt angenehm mild. Senf à l'ancienne („nach alter Art") passt gut zu kaltem Braten und Roastbeef und verfeinert Dressings und dunkle Saucen.

Senfmehl
Dabei handelt es sich um fein gemahlene Senfsaat, die als Gewürz vor allem für Salatdressings, Saucen, Hackfleisch und Eiergerichte verwendet wird.

Tomatensenf
Er ist rot, denn er wird mit Tomaten verfeinert. Der mild-aromatische Geschmack passt gut zu Wild, Geflügel und Käse.

Vollkornsenf
Für diese körnige Sorte werden gelbe und braune Senfsaaten nur zum Teil vermahlen. Vollkornsenf ist mittelscharf und schmeckt würzig. Das prädestiniert ihn für leckere Senfsaucen.

Konserven

& TIEFKÜHLPRODUKTE

KONSERVEN	**360**
OBSTKONSERVEN	**364**
GEMÜSEKONSERVEN	**364**
SAUERKONSERVEN	**368**
FLEISCH-, WURST- & FISCHKONSERVEN	**370**
FERTIGGERICHTE	**371**
TIEFGEKÜHLTE LEBENSMITTEL	**373**
SPEISEEIS	**378**

KONSERVEN & TIEFKÜHLPRODUKTE

Frisch konserviert

Frische Lebensmittel haben leider die Eigenschaft, mehr oder weniger schnell zu verderben. Und seit eh und je geht es darum, dies zu verhindern. Das Urbedürfnis der Menschen, sich einen Vorrat für „magere" Zeiten anzulegen, führte im Laufe von Jahrtausenden zu unterschiedlichen Konservierungsmethoden.

Trocknen, Räuchern, Salzen, Säuern, Zuckern und Erhitzen sind traditionelle Verfahren, um Lebensmittel haltbar zu machen. Das gilt für den Haushalt ebenso wie für die industrielle Produktion, wo die einzelnen Methoden allerdings perfektioniert und durch moderne Verfahren ergänzt wurden. Das Gros der Lebensmittel wird heute ohne chemische Zusätze konserviert – durch Sterilisieren bzw. Pasteurisieren, Tiefkühlen oder Wasserentzug. Viele Produkte verdanken ihre lange Haltbarkeit aber auch dem Einsatz von Konservierungsstoffen.

Sterilisieren und Pasteurisieren

Das „Einmachen", „Einkochen" oder „Einlegen" von Früchten und Gemüse hat im Haushalt lange Tradition. Dass Hitze konserviert, ist also nichts Neues, doch die Industrie hat das Verfahren schonender und effizienter gemacht. In dicht verschlossenen Behältern werden die Lebensmittel unter ständiger Kontrolle bis zu einer bestimmten Kerntemperatur erhitzt. Dadurch sterben zum Verderb führende Mikroorganismen sicher ab. Die Nähr- und Vitalstoffe dagegen bleiben weitgehend erhalten, ebenso wie Farbe, Form und Konsistenz.

Das Pasteurisieren eignet sich für Lebensmittel, die durch ihren Zucker- oder Säuregehalt bereits einen gewissen natürlichen Schutz vor Mikroorganismen haben. Konfitüren, Obst- und Sauerkonserven gehören dazu. Sie werden im Wasserbad lediglich für etwa 30 Minuten auf weniger als 100 °C (meist zwischen 70 und 80 °C) erwärmt. Nach dem Pasteurisieren oder Sterilisieren ist für die Konserven ein rasches Abkühlen im Kältekanal wichtig, um ein Nachgaren des Inhalts zu vermeiden.

Zum Sterilisieren werden Lebensmittel, die selbst keinen natürlichen Abwehrmechanismus gegen schädliche Bakterien besitzen, in einem Druckbehälter (Autoklaven) auf 100 bis 130 °C erhitzt. Der Vorgang dauert nur wenige Minuten. Dabei gart beispielsweise Gemüse schonend vor, sodass später bei der Zubereitung nur noch kurzes Erwärmen erforderlich ist.

Tomaten   **Aprikosen**   **Birnen**   **Dosenfleisch**

Das professionelle Konservieren brachte 1794 der französische Koch Nicolas Appert ins Rollen. Er füllte Obst und Gemüse in Glasflaschen und erhitzte sie im Wasserbad. Die Produkte wurden haltbar und waren gleichzeitig so praktisch verpackt, dass sie Napoleons Truppen als Marschverpflegung dienen konnten. 1813 kam Appert auf die Idee, eine Blechdose mit gekochtem Gemüse zu füllen, zuzulöten und wie die Glasflaschen zu erhitzen. Diese Dose wurde 1851 auf der Weltausstellung in London geöffnet – und der Inhalt war einwandfrei. Damit konnte die Konservendose ihren Siegeszug antreten.

Tiefgefrieren

Unter Tiefgefrieren versteht man das industrielle Haltbarmachen von Lebensmitteln mittels schnellen Wärmeentzugs. Bereits 1876 stellte Karl von Linde die von ihm entwickelte Kältekompressionsmaschine vor, und vier Jahre später wurden die ersten Kühlhäuser gebaut. Bis man allerdings im Haushalt tiefgefrieren konnte, dauerte es noch einige Zeit. In den 50er Jahren schlossen sich Bäuerinnen zusammen, um Fleisch, Geflügel, Obst und Gemüse aus eigener Produktion in Gemeinschaftsanlagen zu frosten. Heute gibt es nahezu in jedem Haushalt die Möglichkeit zum Tiefgefrieren. Entscheidend für die Haltbarkeit ist beim professionellen wie beim privaten Einfrieren, dass die Kerntemperatur der Lebensmittel dauerhaft bei -18 °C oder darunter liegt.

Wasserentzug

Ob Tütensuppen, Päckchensaucen, kleine Fertiggerichte, Instant-Kaffee oder Hülsenfrüchte, alle diese Produkte werden durch Trocknen konserviert. Ein besonderes Verfahren ist dabei die Gefriertrocknung.

Konservierungsstoffe

Viele Lebensmittel werden durch den Zusatz von künstlichen Konservierungsstoffen haltbar gemacht. Diese verhindern oder hemmen das Wachstum von Mikroorganismen in und auf dem Produkt. Die am meisten verwendeten Zusätze sind Sorbinsäure, Benzoesäure, PHB-Ester und Ameisensäure. Konservierungsstoffe müssen auf der Verpackung angegeben sein, doch gibt es Ausnahmen (zum Beispiel für Honig, Kakaoerzeugnisse, Kaffeeextrakte und Getränke mit mehr als 1,2 % Alkohol). Außerdem entfällt die Kennzeichnung, wenn sich Konservierungsstoffe in einzelnen Zutaten verbergen.

Qualitativ einwandfreie Lebensmittel sind wichtig, trotzdem werden die künstlichen Konservierungsstoffe häufig kritisiert. Zwar dürfen sie nicht direkt gesundheitsschädlich sein, denn solche Zusätze verbietet der Gesetzgeber ausdrücklich. Trotzdem reagieren manche Menschen empfindlich – zum Beispiel mit Kopfschmerzen, Übelkeit, Durchfall oder Allergien. Sicher können hohe Dosen von Konservierungsstoffen auf Dauer zumindest das Wohlbefinden beeinträchtigen. Doch wer gelegentlich chemisch konservierte Lebensmittel isst, fügt der Gesundheit wohl kaum einen Schaden zu.

Spickzettel

- Haltbar gemachte (konservierte) Lebensmittel in Dosen oder Gläsern nennt man „Konserven".
- Konservierte Produkte stehen ganzjährig zur Verfügung.
- Beim Sterilisieren oder Pasteurisieren, Tiefgefrieren und Trocknen werden keine künstlichen Konservierungsstoffe eingesetzt.
- Vollkonserven sind extrem lange, Halbkonserven (Präserven) nur begrenzt haltbar.
- Tiefkühlprodukte sind oft reicher an Nähr- und Vitalstoffen als Frischware.
- Bei Tiefkühlkost darf die Kühlung von mindestens -18 °C vom Hersteller bis in den Haushalt nicht unterbrochen werden.

KONSERVEN & TIEFKÜHLPRODUKTE

Zucchini

Weiße Bohnen

Karotten

Ananas

Konserven

Ob Dosen oder Gläser – Konserven machen die Vorratshaltung leicht. Die meisten sind nahezu unbegrenzt haltbar, stellen kaum Ansprüche an ihre Umgebung und lassen sich problemlos und schnell zubereiten. Und das zu einem Preis, der alles in allem häufig unter dem von Frischprodukten liegt.

Konserven halten Lebensmittel aller Art unter Verschluss. Es gibt Obstkonserven, Gemüsekonserven, Sauerkonserven, Fleisch- und Wurstkonserven, Fischkonserven und Fertiggerichte. In den Regalen des Handels stehen über 350 verschiedene Artikel.

Sterilisierte Lebensmittel und pasteurisierte Sauerkonserven nennt man Vollkonserven. Sie sind ohne Kühlung und selbstverständlich ohne chemische Zusätze praktisch unbegrenzt haltbar – was bedeutet, dass sie nicht verderben. Doch geschmacklich verändern sich die Produkte mit der Zeit, und deshalb steht ein Mindesthaltbarkeitsdatum auf der Verpackung. Bis zum genannten Zeitpunkt bleibt die Qualität garantiert in jeder Hinsicht erhalten.

Pasteurisierte Fisch- und Fleischerzeugnisse sind sogenannte Halbkonserven oder Präserven. Sie haben eine begrenzte Haltbarkeit und sollten kühl gelagert werden.

Für Konserven bestimmte Obst- und Gemüsearten werden häufig speziell für diese Verarbeitung gezüchtet. Die Ernte erfolgt zum besten Zeitpunkt, die Produkte kommen auf schnellstem Weg zum Herstellungsbetrieb, wo Maschinen das Säubern, Schälen, Schneiden usw. übernehmen. Die ansonsten naturbelassene Rohware wird meist kurz blanchiert und dann quasi erntefrisch in die Verpackung gefüllt. Kurze Wege vom Feld zum Hersteller und die schonende Behandlung sorgen dafür, dass Nähr- und Vitalstoffe weitgehend erhalten bleiben.

Eingefüllt in Dosen oder Gläser, brauchen Obst und Gemüse noch einen Aufguss. Er besteht aus gezuckertem oder gesalzenem Wasser bzw. bei Sauerkonserven aus Essig und eventuell Gewürzen. Nach dem luftdichten Verschließen werden die Behälter sterilisiert oder pasteurisiert.

Hochwertige Massenware

Ausgangsmaterial für Lebensmitteldosen ist Weißblech. Dabei handelt es sich um dünnes Stahlblech mit einer vor Korrosion schützenden Auflage aus Zinn oder manchmal auch Chrom. Dosen bestehen üblicherweise aus drei Teilen – Rumpf, Boden und Deckel. Die Herstellung beginnt mit dem Zuschneiden von Blechstücken (Zargen) aus Weißblech. Eine Maschine formt Zarge für Zarge zu Rümpfen und verschweißt deren Nähte. Anschließend wird die dünne Blechwand mit umlaufenden Rillen versehen, wodurch sie mehr Stabilität erhält. Dann folgt das Auffalzen des Bodens. Nach der Prüfung auf Dichtigkeit sind die Dosen fertig für den Einsatz in der Lebensmittelindustrie, wo nach dem Befüllen der Deckel aufgefalzt wird.

Getränkedosen bestehen nur aus zwei Teilen, nämlich Rumpf und Deckel. Aus dem Blech werden runde Stücke ausgestanzt, durch Tiefziehen zu einem Napf geformt und auf Dosenformat gestreckt. Auf diese Weise geht die nur etwa 0,08 mm dünne Wand nahtlos in den etwas dickeren Boden über. Der Deckel ist traditionell aus Aluminium und wird aufgefalzt.

Dose oder Glas?

An dieser Frage scheiden sich die Geister. Beide Verpackungen haben Vorteile, die sich ausschließlich auf die Gebrauchstauglichkeit beziehen:

Dosen bestehen aus Weißblech, das nicht korrodiert. Sie sind leicht, absolut dicht, schützen den Inhalt vor Licht, vertragen sowohl Hitze wie auch Kälte, lassen sich im Vorratsschrank einfach stapeln und zerbrechen nicht, falls sie mal runter fallen. Allerdings: Die Verpackung verbirgt den Inhalt, an den man nur mit einem Dosenöffner gelangt (sofern die Dose keinen Ringpull-Deckel hat).

Vorsicht: Dosen mit gewölbtem Deckel oder Boden, sogenannte Bombagen, nicht mehr verwenden! Selten handelt es sich um versehentlich überfüllte Verpackungen. Normalerweise deutet die Verformung auf verdorbenen Inhalt hin. So etwas kann unter anderem durch Fehler bei der Produktion vorkommen, aber auch durch unsachgemäßen Transport oder falsche Lagerung.

Gläser gewähren Einblick, was den Appetit durchaus anregen kann. Der „Twist-off-Deckel" lässt sich mit leichtem Klack (ein Zeichen dafür, dass der Inhalt in einwandfreiem Zustand ist) aufdrehen und jederzeit wieder verschließen. Reste von Gemüse oder Obst kann man so für kurze Zeit problemlos im Glas aufbewahren – natürlich im Kühlschrank. Dafür sind Gläser zerbrechlich und schwerer als Blech.

Das Etikett verrät in jedem Fall, was hinter Glas oder Blech zu erwarten ist. Draufstehen müssen Verkehrsbezeichnung, Verarbeitungsform, Art der Aufgussflüssigkeit, Zutaten, Hersteller oder Vertreiber mit Adresse, Mindesthaltbarkeitsdatum und das Gewicht. Hier fallen häufig drei Zahlen auf: Die erste Zahl (zum Beispiel 720 ml) gibt das maximale Fassungsvermögen bzw. das genormte Nennvolumen an. Die zweite Zahl (zum Beispiel 700 g) ist die Füllmenge inklusive Aufgussflüssigkeit. Die dritte Zahl (zum Beispiel 370 g) bezeichnet das Abtropfgewicht.

👍 Tipps für Konserven

- Konserven stellen keine Ansprüche an die Lagertemperatur. Nur Frost bekommt ihnen schlecht.
- Vollkonserven können ein bis zwei Jahre im Schrank stehen. Halbkonserven dagegen brauchen Kühlung und sollten bald verzehrt werden.
- Glaskonserven müssen dunkel gelagert werden, da Licht beim Inhalt zu Farbveränderungen führen kann.
- Reste aus Dosen sollten in einen anderen Behälter (z. B. aus Porzellan oder Glas) umgefüllt und im Kühlschrank aufbewahrt werden, wo sie sich mindestens ein bis zwei Tage halten.

KONSERVEN & TIEFKÜHLPRODUKTE

Birnen

Sauerkirschen

Aprikosen

Obstkonserven

Etwa 70 % aller Haushalte verwenden regelmäßig Obstkonserven, hauptsächlich als Nachtisch, für Kuchen und Süßspeisen. Ganz oben auf der Hitliste stehen Pfirsiche und Ananas, gefolgt von Kirschen, Aprikosen und Apfelmus bzw. -kompott. Das Angebot an Obstkonserven ist riesig, denn von Apfel bis Zwetschge wird alles „unter den Deckel" gebracht. Manche Früchte (zum Beispiel Beeren oder die kleinen Calvados-Äpfel) kommen am Stück in die Verpackung. Bei Kern- und Steinobst und vielen anderen Früchten handelt es sich dagegen um Hälften, Viertel, Schnitze, Scheiben, Stücke, Würfel usw. Außerdem gibt es Kompotte und Fruchtmischungen.

Normalerweise erhalten konservierte Früchte einen mehr oder weniger süßen Aufguss:
- Bei sogenannten Dunst-Obsterzeugnissen besteht er aus Wasser und sonst nichts.
- Manche Produkte werden mit Fruchtsaft übergossen, der jedoch nicht immer von der jeweiligen Fruchtart stammen muss.
- Frische Früchte stattet die Natur mit durchschnittlich 10 % Fruchtzucker aus – zu wenig für den wahren Genuss. Deshalb liegt konserviertes Obst meist in Sirup, also einer Mischung aus Wasser und Zucker. Je nach Zuckergehalt bezeichnet man den Aufguss als „sehr leicht gezuckert" (mindestens 9 %), „leicht gezuckert" (mindestens 14 %), „gezuckert" (mindestens 17 %) oder „stark gezuckert" (mindestens 20 %).
- Zucker kann in Obstkonserven auch durch Süßstoff ersetzt sein. So spart man Kalorien und muss nicht auf den süßen Geschmack verzichten.

Der Aufguss kann noch weitere Zutaten enthalten – Traubenzucker, Genusssäuren, Gewürze, Pektine, oder Stärkesirup bei Preiselbeeren. Zulässig ist es außerdem, Himbeeren, Erdbeeren, Kirschen und Pflaumen mit Farbstoffen zu behandeln, da diese Früchte beim Konservieren ziemlich blass werden.

Klassische Obstkonserven

- Ananas (in Scheiben und Stücken, auch ungezuckert)
- Apfelkompott, Apfelmus
- Aprikosen
- Aprikosenmus/Aprikosen-Apfelmus
- Birnen (halbiert und geviertelt, vor allem die Sorte „Williams Christ")
- Brombeeren
- Erdbeeren
- Fruchtsalate und -cocktails
- Heidelbeeren
- Himbeeren
- Kirschen (süß/sauer, mit/ohne Stein*)
- Mandarinen
- Mirabellen
- Mispeln
- Orangen
- Pfirsiche (halbiert und als „Tortenpfirsiche" in Scheiben)
- Pflaumen
- Schwarze Johannisbeeren
- Stachelbeeren
- Zwetschen

*Das maschinelle Entsteinen ist nicht hundertprozentig zuverlässig. Laut Lebensmittelgesetz darf deshalb „entsteinte" Ware noch einige wenige Kerne enthalten – zum Beispiel acht Stück in einem 720-ml-Glas.

Apfelmus

Kiwi

Mandarinen

Litschi

Ananas

Erdbeeren

Exotische Obstkonserven

- Aloe Vera (gewürfelt oder geraspelt)
- Feigen (halbiert oder geviertelt, leicht gezuckert)
- Fruchtcocktails aus verschiedenen Exoten
- Guaven (geschält, in Scheiben, als Kompott)
- Jackfrucht* (gezuckerte oder gesalzene Stücke)
- Kiwis (in Scheiben)
- Kumquats (unzerkleinert oder in Scheiben)
- Litschis/Rambutans (als Kompott ohne Schale und Samenkern, auch ganze Früchte)
- Mangos (in Scheiben)
- Mangostane (ganze gezuckerte Früchte)
- Melonen-Bällchen
- Papayas (gewürfelt oder als Bällchen)

*größte Baumfrucht der Welt, wächst in den Tropen, vor allem in Südostasien

KONSERVEN & TIEFKÜHLPRODUKTE

Gemüsekonserven

Maiskölbchen

Tomaten

Karotten

Kartoffeln

Gemüse aus der Dose oder dem Glas lässt sich schnell zubereiten – ohne Putzen, ohne Schnippeln, ohne Abfall. Die Produkte müssen beim Zubereiten auf keinen Fall gekocht, sondern nur kurz erwärmt werden. Bohnen, Erbsen, Karotten, Pilze und Gemüsemischungen schmecken hervorragend, wenn man sie mit Salz, Pfeffer und Kräutern würzt und mit etwas Butter verfeinert.

Die Kohlarten kommen tafelfertig vorbereitet in den Handel, können aber noch individuell mit weiteren Zutaten versehen und abgeschmeckt werden.

Gemüsesaft ist zum Wegschütten zu schade. Er enthält neben Salz Mineralstoffe (zum Beispiel Kalium), die aus dem Gemüse in die Flüssigkeit „abgewandert" sind. Der Aufguss eignet sich bestens zum Zubereiten von Saucen oder auch Gemüsesuppen.

Bewährte Sorten für die „schnelle Küche"
Im Prinzip lässt sich nahezu jedes Gemüse konservieren – Kartoffeln, Lauch, Sellerie, Zwiebeln, Schwarzwurzeln, Paprika, Spinat, Rote Beete, Kartoffeln usw. Hier eine Auswahl der beliebtesten Gemüsekonserven:

Bohnen
Bei diesem Angebot läuft dem Bohnen-Freund das Wasser im Mund zusammen: Im Regal des Handels stehen große *„Saubohnen"*, kleine *weiße* und *rote Bohnen* (Kidney-Bohnen), *gelbe Wachsbohnen* und *Grüne Bohnen*. Letztere teilt man ein in *Schnittbohnen* (geschnittene grüne Busch- oder Stangenbohnen), *Brechbohnen* (in Stücke gebrochen) und *Prinzess- oder Delikatessbohnen* (kleine, ganze Bohnen).

Erbsen
Beliebt sind vor allem *Markerbsen*. Sie schmecken süßer als die stärkehaltigeren *Palerbsen*. Beide Sorten werden in fünf Sortierungen angeboten: „extra fein", „sehr fein", „fein", „mittelfein" und „Gemüseerbsen".

Gemüsemais
Konserviert werden zarte Maiskörner mit einem Aufguss aus Wasser und Salz. Auch ganze Maiskolben gibt es in der Dose.

Gemüsemischungen
Die gängigsten Mischungen sind junge Erbsen mit ganzen Mini-Karotten und Gemüseerbsen mit gewürfelten oder geschnittenen Karotten. Es gibt auch Mischungen aus Erbsen, Karotten und Spargel, Erbsen und Mais, Erbsen und Schwarzwurzeln und viele Kombinationen mehr. Tradition hat das „Leipziger Allerlei", dessen Zusammensetzung vorgeschrieben ist. Eine 850-ml-Dose muss mindestens 260 g Erbsen und 60 g Spargel enthalten, der Rest kann aus Karotten oder anderem Gemüse bestehen. Erlaubt sind die Erbsen-Sortierungen „extrafein", „fein" und „mittelfein".

Das „Leipziger Allerlei" soll, so wird erzählt, im frühen 19. Jahrhundert erfunden worden sein. Damals war Leipzig eine reiche Stadt und beherbergte auch weniger gern gesehene Leute. Diese zu vertreiben, lag dem Stadtschreiber Malthus Hempel am Herzen, und so unterbreitete er den Stadtvätern einen Vorschlag: „Verstecken wir den Speck und bringen nur noch Gemüse auf den Tisch, sonntags vielleicht ein Stückchen Mettwurst oder ein Krebslein aus der Pleiße dazu. Und wer kommt und etwas will, der bekommt statt Fleisch ein Schälchen Gemüsebrühe. So werden sich all die Bettler und Steuereintreiber nach Halle oder Dresden orientieren."

Erbsen

Champignons

Steinpilze

Rotkohl

Grünkohl
Bekannte Marken-Hersteller verwenden nur die feinsten Blätter des Kohls ohne harte Strünke. Der Grünkohl wird in einer traditionell gewürzten Brühe blanchiert und ist so tafelfertig vorbereitet.

Karotten
In den Sortierungen „extra klein", „klein" und „mittelgroß" kommen Karotten gewürfelt, geschnitten, geraspelt oder als ganzes, junges Gemüse in die Dose oder ins Glas.

Kartoffeln
Es gibt sie fertig geschält im Glas und in der Dose. Sie werden vor dem Abfüllen blanchiert.

Linsen
Sie werden zumindest mit Suppengrün im Aufguss oder tafelfertig gewürzt und mit Speck angeboten.

Pilze
Nur absolut einwandfreie Pilze dürfen konserviert werden. Gefragt sind in erster Linie Champignons – ganze Köpfe oder geschnitten. Aber auch Steinpilze, Pfifferlinge, Austernpilze und Mischpilze stehen zur Wahl. Werden Pilze vor dem Sterilisieren mit Salz oder Essig vorkonserviert, muss das auf der Verpackung stehen.

Rosenkohl
Jedes einzelne Röschen sieht aus wie ein Mini-Kohlkopf. Im Verarbeitungsbetrieb wird Rosenkohl blanchiert und nach dem Abfüllen in Dosen oder Gläser mit einem Salzwasser-Aufguss versehen. Man braucht ihn später nur noch zu erwärmen und – was besonders gut schmeckt – vor dem Servieren mit zerlassener Butter zu übergießen.

Rotkohl
Frisch geerntete Rotkohlköpfe werden geputzt, von äußeren Blättern befreit und fein gehobelt. Manche Hersteller dämpfen den Rotkohl, doch für hochwertige Konserven wird er in einem Aufguss aus Zucker, Essig und Gewürzen blanchiert. Das verleiht dem Kohl einen Geschmack „wie bei Muttern" und die Farbe bleibt besser erhalten. So vorbereitet ist der Rotkohl fertig zum Abfüllen und Pasteurisieren. Bei der Zubereitung im Haushalt kann man ihn weiter verfeinern – beispielsweise mit einem Schuss Rotwein, Schmalz, gehackten Zwiebeln, Johannisbeergelee, Wacholderbeeren, Nelken oder einem geriebenen Apfel. Wer sich die Arbeit sparen will, kauft gleich ein perfekt gewürztes Produkt wie „Apfel-Rotkohl". Kalter Rotkohl ergibt einen köstlich-aromatischen Rohkostsalat.

Spargel
Die Spargelsaison ist kurz. Um Spargel jederzeit genießen zu können, greifen viele Verbraucher gerne zu Spargel-Konserven. Es gibt ganze Stangen, Spargelköpfe und Brechspargel mit oder ohne Köpfe. Spargeldosen sollte man immer am Boden öffnen, um die empfindlichen Köpfe nicht versehentlich zu verletzen.

Tomaten
Dosentomaten sind manchmal geschmackvoller und teilweise auch gesünder als frische Tomaten (sofern sie nicht aus dem eigenen Garten stammen), aber sie eignen sich aufgrund ihrer Konsistenz fast nur zum Kochen. Der Grund: Tomaten zum Konservieren werden vollreif geerntet und stammen vorwiegend aus den südlichen Sonnenländern. Solche Früchte enthalten unter anderem viele wertvolle sekundäre Pflanzenstoffe, denen die Hitze beim Konservieren nichts anhaben kann. Als Konserven angeboten werden ganze geschälte Tomaten oder geschälte Tomaten in Stücken. Im Aufguss ist Tomatenpüree enthalten.

Wirsing
Die krausen Blätter des Wirsingkopfs werden gewaschen, geschnitten, in Gemüsebrühe blanchiert, abgefüllt und sterilisiert. Perfekt abgeschmeckt und tafelfertig kommt Wirsing im Haushalt aus der Dose oder dem Glas. Wer möchte, kann den Eigengeschmack des Gemüses noch mit etwas Schmalz oder Speck unterstreichen.

KONSERVEN & TIEFKÜHLPRODUKTE

Sauerkraut

Sauerkonserven

Essig und Milchsäure sind natürliche Konservierungsstoffe und geben bestimmten Gemüsearten einen angenehm säuerlichen Geschmack. Um solche Produkte haltbar zu machen, genügt normalerweise das Pasteurisieren. Milchsäure verwendet man in erster Linie für sogenanntes Gärungsgemüse wie Sauerkraut, Salzgurken und Sauerbohnen, aber auch Kürbisse und Paprika kann man mit Milchsäure konservieren. Alles andere aus dem „Gemüsegarten" wird in Essig eingelegt – Artischockenherzen, Champignons, Kürbis, Maiskölbchen, Mixed Pickles, Peperoni, Rote Bete, Rotkraut, Sellerie, Silberzwiebeln, Salate aus Karotten, Bohnen oder Weißkraut, gemischte Salate und vieles mehr. Zum Sortiment zählt man auch die italienischen Antipasti, die in Essig und Öl oder auch nur in Öl eingelegt sind.

Lust auf Sauerkraut

Diese Spezialität haben die Hausfrauen früher selbst als Wintervorrat hergestellt, und bis heute hält sich die Industrie an die altbewährten Rezepturen. Die Kohlköpfe kommen im Herbst noch vor dem ersten Frost vom Feld. Sie werden geputzt, fein geschnitten, gesalzen und anschließend fest in Gärbehälter eingestampft. Abgedeckt und beschwert muss das Kraut durchschnittlich fünf Tage ruhen und gären. Dabei verwandelt sich der natürlich enthaltene Zucker in Milchsäure, die dem Sauerkraut Aroma und den typischen Geruch verleiht. Nach dem Gären wird das Kraut kurz in der eigenen Lake blanchiert, abgefüllt in Dosen oder Gläser und pasteurisiert.

„Küchenfertiges Sauerkraut" ist dafür gedacht, dass es bei der Zubereitung im Haushalt gewürzt und mit entsprechenden Zutaten verfeinert wird. „Tafelfertiges Sauerkraut" dagegen wird vor dem Abfüllen fix und fertig gewürzt und in Schmalz gedünstet. Es braucht im Haushalt nur noch kurz aufgewärmt zu werden. Der Handel hält eine Reihe von tafelfertigen Spezialitäten parat:

Weinkraut verdankt seinen Namen zugesetztem Weißwein (mindestens 2 %), der einen feinen Geschmack verleiht. Wird Rieslingwein verwendet, entsteht ein spritziger Charakter, der sich bei Champagnerkraut mit Weintrauben noch verstärkt. Ananasweinkraut erhält durch kleine Ananasstückchen eine fruchtige Note. Sauerkraut nach Szegediner Art enthält Kartoffel- und Paprikastückchen und Schmalz. Fränkisches Sauerkraut ist mit geräuchertem Bauchspeck und Schmalz verfeinert.

Saure-Gurken-Zeit

Unter den Sauerkonserven sind Gurken die absoluten Renner. Sie kommen vorwiegend in Gläsern auf den Markt. Unterteilt wird das Angebot in
- Gewürzgurken und Cornichons (kleine Gewürzgurken),
- krumme Gurken,
- Gurken in Scheiben, gewürfelt oder als Sticks,
- Senf- und Zuckergurken.

Die Herstellung der Konserven beginnt mit der ungewöhnlichen Gurken-Ernte. Über die riesigen Felder fahren sogenannte „Gurkenflieger" – Zugmaschinen mit beidseits weit ausladenden Flügelträgern, auf denen bäuchlings Erntehelfer liegen. Sie pflücken die Gurken, während sich der Traktor im Schneckentempo vorwärts bewegt.

Im Herstellungsbetrieb werden die frisch geernteten Gurken auf ihre „inneren Werte" überprüft, sortiert, gewaschen und schließlich handverlesen. Denn nicht nur die Sorte, sondern auch Größe und Form bestimmen, in welchem Glas eine Gurke landet. Das Abfüllen erfolgt großenteils vollautomatisch, wobei die Gläser – falls erforderlich – bereits Gemüse und Kräuter enthalten. Dann kommt der Aufguss aus Essig, Gewürzen, Zucker und Salz dazu. Nach dem Verschließen sind die Gläser fertig zum Pasteurisieren.

Essiggurken

Senfgurken

Zucchini-Antipasti

Getrocknete Tomaten

Oliven

Peperoni

Grundsätzlich unterscheidet man bei Sauerkonserven drei Aufgusstypen:

- Klar gefilterter Essigaufguss enthält keine Kräuter, sondern gefilterte Kräuterauszüge. So bleibt der Aufguss klar, und der Geschmack verteilt sich gleichmäßig im Glas. Aber nicht nur Gurken (vor allem Cornichons) erhalten diesen Aufguss, sondern beispielsweise auch Sellerie, Kürbis oder Silberzwiebeln.
- Essigaufguss mit sichtbaren Zutaten wird verfeinert mit Senfkörnern, Dillspitzen oder Gemüsestückchen wie Paprika, Karotten, Sellerie und Zwiebeln. Das sieht unter anderem bei Gewürzgurken, Gurkenhappen oder Dillschnitten besonders appetitlich aus.
- Naturtrübe Lake ist typisch für milchsauer vergorene Gurken wie Salz-Dill-Gurken oder Saure Gurken. Die Lake kann auch klar gefiltert werden.

In Gurken schwelgen – die zahlreichen Spezialitäten machen's möglich. Hier eine fein-saure Auswahl, die zwangsläufig unvollständig bleiben muss:

- Balsamico-Gürkchen sind klein und knackig und haben einen Aufguss aus weißem Balsamico-Essig, verfeinert mit Tomatenstückchen.
- Cornichons sind kleine Gürkchen in einem Kräuteraufguss. Es gibt sie auch mit Dill oder mit Estragon und Zwiebeln („Pariser Cornichons").
- Dillschnitten sind knackige Gurkenscheiben mit einem kräuter-würzigen Aufguss, der Zwiebeln und Paprika enthält.
- Gewürzgurken sind besonders knackig. Man erhält sie scharf eingelegt mit Chili oder süß-würzig mit Kurkuma.
- Honiggurken sind mild-süße Stücke von Schälgurken mit einem Aufguss aus Obstessig und Bienenhonig.
- Minis sind extra kleine Cornichons mit aromatischen Zutaten wie beispielsweise Chili, Knoblauch, Estragon oder Aceto Balsamico.
- Moskauer Gurken sind nach russischer Art mit Borretsch und Koriander eingelegt.
- Pfeffergurken sind klein und besonders knackig. Sie liegen in einem scharfen Aufguss mit roten Chilischoten-Stückchen.
- Polnische Gurken werden nach einem original polnischen Rezept eingelegt. Der Aufguss enthält Borretsch, Dill, Koriander, Fenchel und Knoblauch.
- Salzgurken oder Salz-Dill-Gurken sind Gurken, die in Salzwasser mit Kräutern (zum Beispiel Dill) und Gewürzen durch Naturgärung herbsauer werden. Bei diesem Vorgang trübt sich die Lake ein.
- Senfgurken sind Schälgurken in einem Branntweinessig-Aufguss mit Senfsaat, Zucker und Salz.
- Spreewald-Gurken werden nach einem Originalrezept aus dem Spreewald hergestellt. Der Aufguss enthält unter anderem Zwiebeln und Dill.
- Ungarische Gurken sind feurig-würzig eingelegt mit Paprika und Chili.

Genuss aus dem Süden

Das Zauberwort heißt „Antipasto". Darunter versteht man in Italien eine Vorspeise, die unter anderem aus vielerlei eingelegten Gemüsearten besteht – Stücke von Paprikaschoten, gegrillte Auberginen- und Zucchinischeiben, Pilze, kleine Zwiebeln, getrocknete Tomaten, Peperoni, dicke weiße Bohnen und manches mehr. Das mühevolle Zubereiten ersparen konservierte Produkte, die in Essig, in Öl oder in einer Mischung aus beidem liegen. Der Aufguss ist verfeinert mit typischen Kräutern und Gewürzen.

Oliven gehören nicht nur auf jeden Antipasto-Teller, sondern werden zu vielen Gelegenheiten gegessen – zum Wein, zum Bier, als Snack zwischendurch usw. Konservierte Oliven gibt es schwarz und grün, klein und groß, mit und ohne Stein. Manche sind gefüllt mit Paprikapaste oder -stückchen, ganzen Mandeln, Knoblauchzehen oder Sardellenfilets. Andere werden reichlich mit mediterranen Kräutern gewürzt. Oliven kommen nicht nur aus Italien, sondern auch aus Spanien, Griechenland, Frankreich und der Türkei.

Pimientos sind kleine gefüllte Paprikaschoten. Ihr „Innenleben" ist absolut variabel. Es kann sich um Fleisch, Fisch oder auch Käse handeln. In Spanien werden Pimientos gern als „Tapas" serviert – kleine Häppchen, die man zum Wein oder zwischendurch genießt.

Gesundes Knabbern

Es gibt über 150 Olivenbaum-Sorten. Ein Baum trägt erst nach ca. 3 Jahren Früchte, und das nur in winziger Menge. Ab dem 10. Lebensjahr wird der Baum produktiv, d. h. aus seiner Ernte wird man Olivenöl gewinnen, bzw. die Oliven als Tafeloliven konsumieren können. Volle Reife erreicht der Olivenbaum jedoch erst nach 35 Jahren! Er braucht viel Licht und Sonne, und der reife Baum kann Wintertemperaturen bis −15 °C ertragen, solange der Temperaturbruch nicht zu brutal eintritt und nicht tagelang andauert.

Eingelegte Oliven sind entweder schwarz oder grün, je nach Reifezustand bei der Ernte. Grüne Oliven werden unreif gepflückt und vor dem Einlegen in Salzlake mit Lauge behandelt. Sie sind anschließend weniger bitter und haben festeres Fruchtfleisch. Schwarze Oliven sind reif geerntet; in Griechenland werden sie ohne Laugenbehandlung eingesalzen oder einer Milchsäuregärung unterzogen, wodurch ein besonders intensiver Geschmack erzielt wird. Oft verfeinert man die Lake, in der man die Oliven einlegt, noch durch Zugabe von Kräutern (Thymian, Oregano) oder Knoblauch.

Die Früchte sind gesund, denn sie haben viele ungesättigte Fettsäuren. 100 g grüne Oliven bringen 154 kcal mit – und sind damit ein leichte Alternative zu Chips & Co.

KONSERVEN & TIEFKÜHLPRODUKTE

Fleisch-, Wurst- und Fischkonserven

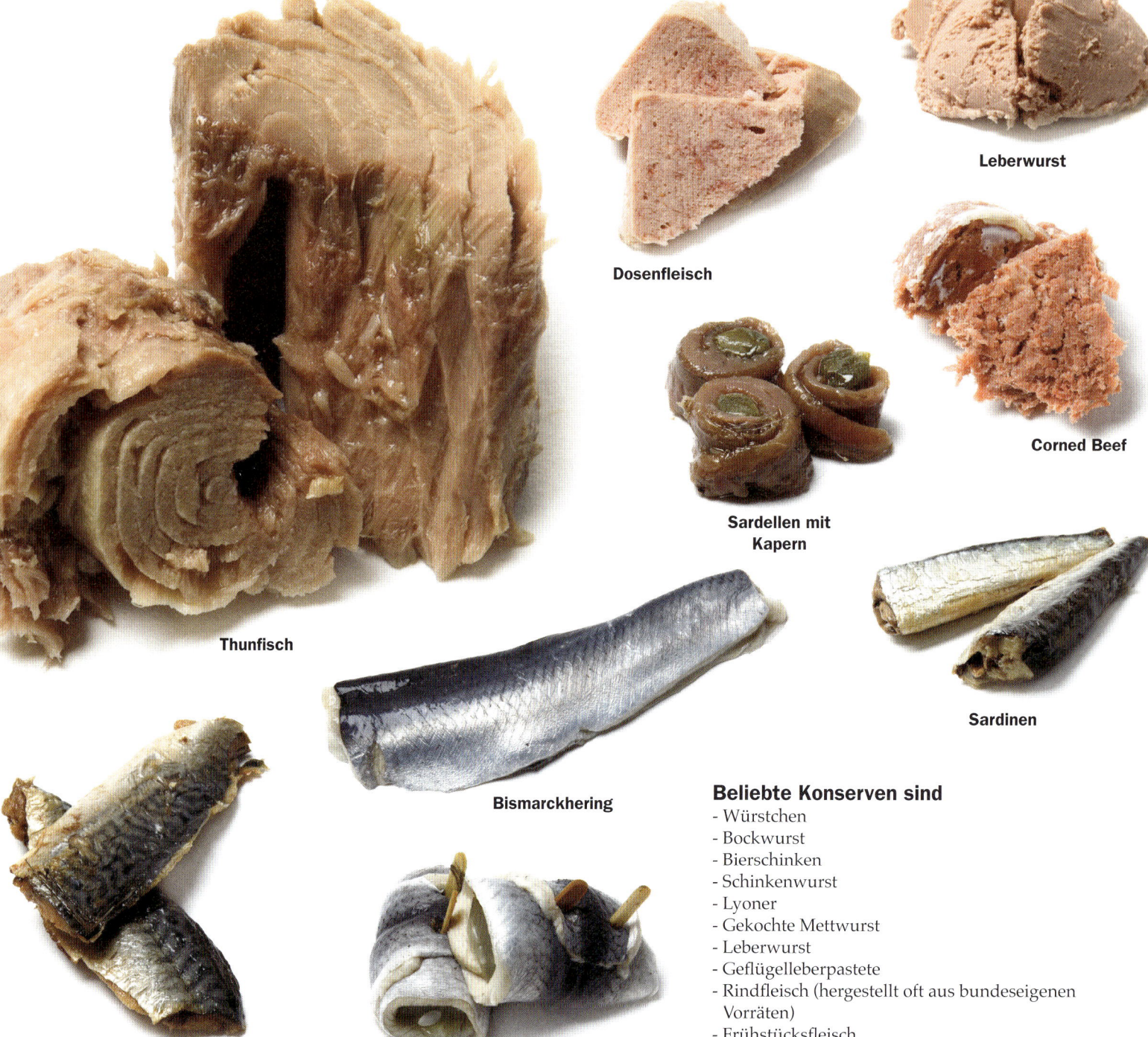

Dosenfleisch

Leberwurst

Sardellen mit Kapern

Corned Beef

Thunfisch

Sardinen

Bismarckhering

Makrele

Rollmops

Beliebte Konserven sind
- Würstchen
- Bockwurst
- Bierschinken
- Schinkenwurst
- Lyoner
- Gekochte Mettwurst
- Leberwurst
- Geflügelleberpastete
- Rindfleisch (hergestellt oft aus bundeseigenen Vorräten)
- Frühstücksfleisch
- Corned Beef
- Ragout fin (aus Kalb- und Geflügelfleisch mit Sauce)

Fleisch und Wurst
Braucht man diese Produkte noch? Jedes Lebensmittelgeschäft bietet Fleisch und Wurst frisch an der Bedienungstheke an oder zumindest vorverpackt im Kühlregal. Der Vorrat hält im Kühlschrank problemlos einige Tage. So fungieren Konserven im Haushalt wohl eher als Rettung für unvorhersehbare Notfälle. Ganz anders im Urlaub – beispielsweise auf der Fahrradtour, beim Camping, auf dem Hausboot oder auch im Ferienhaus. Wer sich hierfür mit Konserven eindeckt, kann ohne großen Aufwand jederzeit ein schmackhaftes Essen auf den Tisch zaubern.

Fisch
Rollmops und Thunfisch aus der Dose sind hierzulande die beliebtesten Fischkonserven, doch das Angebot verspricht bedeutend mehr Abwechslung. Fischfeinkost – dazu zählen unter anderem in Marinade eingelegte Fische und Bratfische – kommt meist als Halbkonserve (Präserve) auf den Markt. Das heißt, diese Produkte sind nur begrenzt haltbar und müssen kühl gelagert werden. Thunfische, Makrelen, Heringe, Sardellen und Sardinen werden überwiegend als Vollkonserven gehandelt und halten in der verschlossenen Verpackung bis zu zwei Jahre.

Linsensuppe

Kartoffelsuppe

Fertiggerichte

Fertiggerichte aus der Dose oder der Schale sind echte Convenienceprodukte. Sie lassen sich ohne Aufwand im Handumdrehen zubereiten und erfordern keine Kochkenntnisse. Ideal also für Singles, Berufstätige, ältere Menschen und überhaupt alle, die wenig Zeit in der Küche verbringen wollen.

Fachleute unterscheiden zwei Arten von Fertiggerichten: „Fertige Teilgerichte" enthalten nur die Hauptsache eines Menüs (zum Beispiel Rindsroulade mit Sauce) und können vom Verwender beliebig mit Beilagen kombiniert werden. „Fertiggerichte mit wesentlichen Bestandteilen" dagegen bilden eine komplette Hauptmahlzeit mit allem Drum und Dran – also Rippchen mit Kartoffelpüree und Sauerkraut oder Geschnetzeltes mit Reis und Gemüse. Dosen-Fertiggerichte gibt es auch auf der Basis von Teigwaren und Reis: Spaghetti Bolognese, Ravioli mit Tomatensauce oder die indonesischen Spezialitäten Bami-Goreng (mit Nudeln) und Nasi-Goreng (mit Reis).

Dosensuppen

Zu den gefragtesten Fertiggerichten gehören die Dosensuppen. Dabei handelt es sich um perfekt zubereitete Produkte, die im Haushalt nur noch erwärmt werden müssen. Je nach Sorte eignen sie sich als Hauptmahlzeit oder als Menü-Auftakt. Das Angebot reicht von klassischen klaren und gebundenen Suppen über herzhafte Eintöpfe bis hin zu in- und ausländischen Spezialitäten.

Eine Variante sind Suppen in konzentrierter Form. Sie werden entsprechend den Hersteller-Angaben mit Wasser verdünnt und dann erhitzt. Das Kühlregal bietet gekühlte Fertigsuppen in der Dose, im Mikrowellenbecher, im Glas und in der Weichpackung. Diese Produkte sind von absolut gehobener Qualität und zeichnen sich durch besondere Reichhaltigkeit aus. Nur kurz erhitzen, schon ist die Suppe servierbereit.

Tiefgekühlte Lebensmittel

Lebensmittel aller Art in den Kälteschlaf zu versetzen, ist eine der genialsten Errungenschaften moderner Technik. Denn bei diesem Konservierungsverfahren bleiben Nährstoffe, Geschmack, Form, Konsistenz und Farbe der Produkte optimal erhalten.

Gemüse, Obst, Fleisch, Fisch, komplette Gerichte und vieles mehr stehen heute tiefgekühlt zur Verfügung. Die Produkte bedeuten eine echte Konkurrenz zu frischer Ware und sind dieser sogar in mancher Hinsicht überlegen.

Obst und Gemüse beispielsweise gibt es ungeachtet der Saison rund ums Jahr und sie sind oft reicher an Vitaminen und Mineralstoffen als das, was frisch verkauft wird. Am Spinat wird das besonders deutlich: Er hat schon nach einem Tag Lagerung bei etwa 20 °C über 50 % seines Vitamin-C-Gehalts verloren. Bei vorschriftsmäßig gelagertem Tiefkühlspinat sind es nach vier Monaten nur rund 15 %.

Aus ernährungsphysiologischer Sicht bringt das Tiefkühlen weitere Vorteile:
- Da Gemüse vor dem Einfrieren meist blanchiert wird, reduziert sich die spätere Zubereitungszeit um die Hälfte, was wiederum die wertvollen Inhaltsstoffe schont.
- Allgemein schwer verdauliche Gemüse wie Kohl, Hülsenfrüchte oder Pilze werden durch den tiefen Frost bekömmlicher.
- Tiefgefrieren regt vor allem in tierischen Produkten die Enzymtätigkeit an, wodurch sich das natürliche Aroma intensiviert.

Schon die Römer kannten und genossen Speiseeis. Allerdings erforderte die Beschaffung der kühlen Köstlichkeit großen Aufwand. Man verarbeitete nämlich das Gletschereis von den Gipfeln der nächsten Gebirge.

... und ab in die Kälte

Die hohe Qualität der Tiefkühlprodukte wird verständlich, wenn man ihren Werdegang betrachtet. Die Tiefkühl-Industrie bezieht ihre Rohstoffe von ausgewählten Landwirten, Obstbauern und Tierzüchtern, die nach genau vorgegebenen Kriterien produzieren und solche Obst- und Gemüsesorten anbauen, die sich besonders gut fürs Tiefkühlen eignen. Die gesamte Wachstumsphase unterliegt laufenden Kontrollen, bis endlich der optimale Reifezustand – messtechnisch einwandfrei ermittelt – und damit der Erntetermin erreicht ist. Dann muss alles sehr schnell gehen, denn der Erhalt von Frische und wertvollen Inhaltsstoffen ist ein Wettlauf mit der Zeit.

Meist vergehen keine zwei Stunden, bis die Produkte im Verarbeitungsbetrieb landen. Auch hier ist Tempo angesagt. Die Rohware wird verlesen, gewaschen, geputzt und bei Bedarf zerkleinert. Dann folgt für die meisten Gemüsearten das Blanchieren in Dampf oder Wasser. Diese Behandlung tötet Mikroorganismen weitgehend ab und intensiviert die Farbe der Produkte. Außerdem verhindert das Blanchieren den Abbau von Vitaminen und sekundären Pflanzenstoffen während der Lagerzeit. Für Beeren mit ihrer zarten Konsistenz eignet sich das Blanchieren allerdings nicht. Doch diese Früchte sind dank der enthaltenen Säure stabil genug fürs Tiefkühlen.

Schlachttiere als Lieferanten von Tiefkühlfleisch erhalten ebenfalls besondere Aufmerksamkeit. Denn die Fleischqualität hängt ab von der Rasse, der Fütterung, dem Fettgehalt und dem Alter der Tiere. Verarbeitet wird nur ausreichend gereiftes Fleisch.

Moderne Schiffe machen's möglich, Fisch und Meeresfrüchte noch auf hoher See zu verarbeiten. Sie werden ausgenommen, gesäubert, filetiert, an Bord tiefgefroren und in Tiefkühlräumen gelagert. Lediglich Fische aus küstennahen Gebieten werden erst an Land gefrostet.

KONSERVEN & TIEFKÜHLPRODUKTE

Fischstäbchen

Tiefgefrieren – eine Wissenschaft für sich

Das Einfrieren in der heimischen Tiefkühltruhe bringt nicht dieselbe Qualität wie das industrielle Schockfrosten. Besonders deutlich wird dies beispielsweise bei Beeren. In Haushaltsgeräten „kriecht" die Kälte langsam in das Obst hinein und sprengt dessen Zellwände. Deshalb sind die Beeren beim Auftauen weich und haben ihr frisches Aussehen und ihren aromatischen Geschmack verloren.

Anders beim Schockfrosten, das den Lebensmitteln die Wärme schnell entzieht. Durch extrem niedrige Temperaturen zwischen -30 und -50 °C wird die äußere Schicht des Gefrierguts sofort versiegelt. Dadurch kann keine Feuchtigkeit austreten und Nährstoffe, Vitamine, Mineralstoffe und Aromen bleiben voll erhalten. Mikroorganismen, die für den Verderb verantwortlich sind, werden durch die Kälte inaktiviert oder sogar abgetötet. Das in den Lebensmitteln enthaltene Wasser erstarrt zu winzigen Eiskristallen, die dem Zellgefüge nicht schaden können. Es dauert je nach Gefriergut nur zwischen vier Minuten und zwei Stunden, bis die erforderliche Kerntemperatur von -18 °C oder weniger erreicht ist. Ein normales Haushaltsgerät braucht zwischen 15 und 25 Stunden.

Die meisten Lebensmittel werden vor dem Verpacken tiefgefroren, denn das geht schneller. Außerdem bleiben dabei Produkte wie Erbsen, Bohnen oder Pommes frites schüttfähig. Das ist dann von Vorteil, wenn Produkte erst zu einem späteren Zeitpunkt aus verschiedenen gefrorenen Rohwaren zusammengestellt werden (zum Beispiel Suppengemüse).

Moderne Verfahrenstechnik

Die Industrie nutzt unterschiedliche Verfahren, um Lebensmittel zu frosten:
- das Gefrieren in Kaltluft,
- das Gefrieren in flüssigen Gasen und
- das Kontaktgefrieren.

Gefrieren in Kaltluft

Dieser Vorgang spielt sich entweder in einem Gefriertunnel oder einer Gefrierkammer ab. In jedem Fall werden die Lebensmittel mit einem eisigen Kaltluftstrom konfrontiert.

Durch den *Gefriertunnel* laufen die Lebensmittel auf einem horizontal ausgerichteten Transportband, wobei ein Gegen- oder Quergebläse für entsprechende Kühlung sorgt. Möglich ist auch ein Spiraltransportband, das sich von oben nach unten durch einen Kaltluftstrom bewegt. Manche Produkte (zum Beispiel Erbsen) lassen sich im Schwebezustand tiefkühlen. Beim „Flow-Freezing-Verfahren" wird in den Gefriertunnel von unten Kaltluft eingeblasen, die das Gefriergut erfasst und verwirbelt.

In der *Gefrierkammer* gibt es mehretagige Ablageflächen, meist in sogenannten „Hordenwagen". Die Kaltluft wird gezielt um das Gefriergut herumgeführt.

Flüssiggasgefrieren

Dieses Verfahren arbeitet mit flüssigem Kohlendioxid (-78,5 °C) oder flüssigem Stickstoff (-196 °C). Beides sind natürliche Stoffe, die beispielsweise auch in Mineralwasser und in der Luft vorkommen. Ein Transportband führt das meist unverpackte Gefriergut durch einen Tunnel, in den von oben flüssiges Kohlendioxid mit -78,5 °C oder flüssiger Stickstoff mit -196 °C eingeleitet wird. Dadurch kühlen die Lebensmittel schnell auf die gewünschte Temperatur herab. Die flüssigen Gase gehen, bedingt durch die aus den Lebensmitteln austretende Wärme und die höhere Temperatur im Tunnel, in gasförmigen Zustand über. Das Gas wird abgesaugt, gereinigt, erneut verflüssigt und dem Kühlkreislauf wieder zugeführt.

Kontaktgefrieren

Frisch verpackte, relativ flache und etwa gleich hohe Lebensmittel wie Spinat oder Fisch liegen zwischen Platten, durch die ein Kältemittel mit -40 °C fließt. Ein hydraulisches System presst die Platten beidseitig fest an die Verpackungen, wodurch den Produkten schnell die Wärme entzogen wird.

Eiskalt bis in den Haushalt

Wenn Lebensmittel aus der Tiefgefrieranlage kommen, haben sie eine Temperatur von -18 °C, oft sogar weniger. Damit beginnt das, was Fachleute als Tiefkühlkette bezeichnen: Trotz mehrerer Stationen auf dem Weg zum Verbraucher darf Tiefkühlkost nicht wärmer als -18 °C werden.

Bis zum Transport an den Handel lagern die Produkte bei -24 °C oder kälter im Kühlhaus des Herstellers und erhalten hier sozusagen noch eine gewisse Temperaturreserve. Im Kühl-Lkw geht es weiter zum Großhandel und dann zum Einzelhandel, in dessen Tiefkühllager und Tiefkühlmöbeln wieder jene -18 °C herrschen. Akzeptabel ist lediglich, wenn die Temperatur der Produkte beispielsweise beim Verkaufsvorgang oder auf dem Weg in den Haushalt kurzzeitig auf -15 °C sinkt. Man sollte Tiefkühlkost jedoch unbedingt in geeigneten Kühltaschen oder zumindest dick in Zeitungspapier eingewickelt transportieren. Um Qualitätsverluste zu vermeiden, brauchen die Lebensmittel auf alle Fälle so schnell wie möglich wieder ihre „Wohlfühltemperatur" von -18 °C.

Tiefgekühlter Brokkoli

Produkte von verzehr– bis küchenfertig

Ein Blick in die Tiefkühltruhe bzw. Tiefkühlschränke des Handels zeigt: Hier gibt es fast nichts, was es nicht gibt. Übersichtlich gegliedert präsentiert sich eine appetitanregende Auswahl: Gemüse und Gemüsegerichte, Kartoffelprodukte, Pizza, Fleisch- und Fleischgerichte, Fisch- und Fischgerichte, Geflügel und Geflügelgerichte, Snacks, Backwaren, Kuchen und Torten, Speiseeis und noch einiges mehr. Die bewährten Standardprodukte werden immer wieder ergänzt durch Neuheiten und manche Trendprodukte verschwinden wieder sang- und klanglos. Unterteilen lässt sich das Angebot in vier grundsätzliche Gruppen:

Verzehrfertige Speisen
Darunter versteht man solche Produkte, die man aus der Verpackung nimmt und sofort isst. In erster Linie geschieht dies bei Speiseeis und Eiskonfekt.

Aufbereitfertige oder regenerierfertige Gerichte
Diese Speisen sind so vorbereitet, dass man sie nur noch erwärmen muss, eventuell nach Zugabe von Flüssigkeit. Rahm-Blumenkohl beispielsweise wird mit etwas Milch erhitzt, Spinat mit ein paar Esslöffeln Wasser. Es gibt Teilgerichte (Gemüse, Bratkartoffeln, Fischstäbchen etc.), die erst durch die Ergänzung mit weiteren Komponenten zum vollständigen Essen werden. Und es gibt Komplettgerichte, die für sich allein eine ganze Mahlzeit sind – Fleisch mit Beilagen, Suppen, Eintöpfe, Nudelgerichte, Pizzen usw.

Garfertige Produkte
Diese Lebensmittel machen noch ein wenig mehr Arbeit und erfordern zumindest Grundkenntnisse über den Umgang mit Topf und Pfanne. Die Produkte müssen nämlich noch gekocht (zum Beispiel Klöße), gebraten (panierter Fisch), gegrillt (gewürzte Fleischstücke), frittiert (Pommes frites) oder gebacken (Brötchen) werden.

Küchenfertige Produkte
Sie sind im Rohzustand, aber – je nach Art – bereits gewaschen, geschnitten, entsteint, ausgenommen, filetiert usw. Zubereitet werden die Produkte genau wie vergleichbare Frischwaren, allerdings mit wesentlich kürzeren Garzeiten.

Tiefgekühlte Erbsen

KONSERVEN & TIEFKÜHLPRODUKTE

Umgang mit der kalten Kost

Lagerung im Handel
Die Hersteller beliefern den Handel mit erstklassiger Tiefkühlkost, der damit die weitere Verantwortung für die Produkte übernimmt. Dass die Qualität erhalten bleibt, hängt von der sachgemäßen Lagerung ab.

Wie es darum steht, erkennen die Verbraucher an einigen Indizien:
- Die gut erkennbare Stapelhöhe in den Tiefkühlgeräten darf nicht überschritten werden. Denn sonst bekommen die oberen Produkte nicht mehr genügend Kälte ab.
- Finger weg von stark bereiften Produkten, denn sie wurden nicht richtig gekühlt.
- Produkte mit weißlichen oder rotbraunen Verfärbungen haben den sogenannten Gefrierbrand. Dabei handelt es sich um ausgetrocknete Randschichten, die zwar mikrobiologisch nicht bedenklich, aber im Prinzip ungenießbar sind. Es gibt verschiedene Ursachen wie stark schwankende Lagertemperaturen oder fehlerhafte bzw. nicht dicht anliegende Verpackungen, durch die Sauerstoff an den Inhalt gerät. Gefrierbrand betrifft vor allem tierische Lebensmittel, tritt aber auch bei Bohnen, Erbsen oder Kirschen auf. Wird der Makel erst bei der Zubereitung bemerkt, schneidet man die Stellen großzügig ab.
- Verschmutzte oder beschädigte Packungen nicht kaufen!

Lagerung Zuhause
Logisch, dass Tiefkühlkost auch im Haushalt nach entsprechender Kühlung verlangt. Was man beachten muss, steht auf der Verpackung. Das Mindesthaltbarkeitsdatum mit Monat und Jahr sagt aus, wie lange ein Produkt seine Qualität bei -18 °C (also im Drei-Sterne-Kühlfach oder in der Tiefkühltruhe) mindestens behält. Zusätzlich können Angaben gemacht werden über die Haltbarkeit im Ein- und Zwei-Sterne-Kühlfach. Das bedeutet aber nicht, dass die Produkte nach Ablauf des MHD verdorben sind. Nur bei tiefgekühltem Hackfleisch ist das Datum auf der Verpackung gleichzeitig das Verfallsdatum. Danach sollte Hackfleisch nicht mehr verwendet werden.

Gut verpackt
Welch wichtige Funktionen die Verpackung hat, wird bei Tiefkühlkost besonders deutlich. Vorrangig ist der Schutz des Inhalts vor schädlichen Einflüssen von außen, denn Druck, Stoß, Licht, Sauerstoff, Schmutz usw. können die Qualität mindern.

Als zweites dient die Verpackung der Information. Vorgeschrieben sind Angaben zum Inhalt wie handelsübliche Bezeichnung, Zutatenverzeichnis, Menge, Mindesthaltbarkeit, Name und Anschrift des Herstellers sowie spezielle Hinweise (zum Beispiel „nach dem Auftauen nicht wieder einfrieren" oder bei Hackfleisch

„nach dem Auftauen sofort verbrauchen"). Zusätzlich kann der Hersteller eine Anleitung zur Zubereitung, Tipps zum Verfeinern, eine Nährwerttabelle und eventuell Interessantes über Besonderheiten des Produkts aufdrucken.

Garen von Tiefkühlkost

Viele Produkte werden beim Zubereiten in tiefgefrorenem Zustand direkt in den Topf, die Pfanne, die Mikrowelle oder den Backofen gegeben.

Bei bestimmten Lebensmitteln empfiehlt sich jedoch das vorherige Auf- oder Antauen:

- *Auftauen* müssen Produkte, die roh verzehrt werden (zum Beispiel Obst, Torten), vom Hersteller bereits gegart sind (Backwaren etc.) oder weiterverarbeitet werden (Quark, Kartoffelteig, Kuchenteige, Hackfleisch usw.). Auch lässt man alles auftauen, was dicker als 6 cm ist – beispielsweise Fleisch, Geflügel und Fisch. Das Auftauen im Kühlschrank dauert übrigens mindestens doppelt so lang wie bei Zimmertemperatur. Am schnellsten geht es in der Mikrowelle.
- *Antauen* genügt, wenn beispielsweise Fleischstücke zerkleinert, Steaks oder Fischfilets gewürzt oder paniert oder Früchte entsteint bzw. püriert werden sollen.

Generell gilt: Nach dem Auf- oder Antauen müssen die Produkte bald verarbeitet bzw. verzehrt werden.

Sternekennzeichnung

Die Kennzeichnung auf den Tiefkühl-Verpackungen stimmt mit der Kennzeichnung an den Haushaltsgeräten überein:

STERNE	STEHT FÜR
*	mindestens −6 °C
**	mindestens −12 °C
***	mindestens −18 °C
****	−18 °C oder tiefer

Je tiefer die Temperatur, um so länger können tiefgefrorene Lebensmittel bei der Erhaltung vergleichbarer Qualität bevorratet werden. Im Ein-Sterne-Fach sollten Lebensmittel nicht länger als eine Woche lagern. Im Zwei-Sterne-Fach ist eine Lagerung bis drei Wochen möglich. Ab drei Sternen, können Lebensmittel mehrere Monate aufbewahrt werden.

Tipps für Tiefkühlkost

- Tiefgekühlte Lebensmittel kann man erneut einfrieren, wenn sie zuvor beim Zubereiten stark erhitzt (gekocht oder gebraten) wurden. Die Produkte schnell abkühlen lassen und sofort tiefkühlen.
- Generell kann ein zweites Einfrieren besser sein als mehrtägiges Aufbewahren von Resten im Kühlschrank.
- Wurden Tiefkühlprodukte im Kühlschrank oder in der Mikrowelle an- bzw. aufgetaut, kann man sie im Fall des Falles sachgemäß verpackt gleich wieder einfrieren.
- Geschmolzenes Speiseeis ist ganz besonders anfällig für Bakterien. Deshalb soll man es auf keinen Fall wieder tiefkühlen, sondern lieber wegwerfen.

KONSERVEN & TIEFKÜHLPRODUKTE

Speiseeis – einfach cool

Eiszeit ist für die Deutschen nicht nur im Sommer, sondern das ganze Jahr. Innerhalb von zwölf Monaten schleckt laut Statistik jeder vom Kind bis zum Greis über acht Liter Speiseeis. Von den rd. 70 angebotenen Sorten machen nach wie vor drei Geschmacksrichtungen das Rennen: Vanille – Schokolade – Erdbeer. Am liebsten wird industriell hergestelltes Eis verzehrt, das einen Marktanteil von etwa 80 % hält. Bevorzugt decken sich die Verbraucher mit Haushaltspackungen ein, die rd. 60 % des Sortiments im Handel stellen.

Natürlich sind Kinder die größten Eisschlecker der Nation. Eltern mag es beruhigen, dass Eis keineswegs den Magen verkühlt. Beim Schlucken liegt die Temperatur nämlich bereits bei acht bis zehn Grad plus. Speiseeis hat weniger Kalorien als die meisten anderen Naschereien, kann aber viel Wertvolles liefern: die fettlöslichen Vitamine A, D, E und K, die wasserlöslichen Vitamine B_1, B_2 und C, Mineralstoffe und bis zu 30 % mehr Eiweiß als eine vergleichbare Menge Frischmilch enthalten würde. Das in Eiscreme und Milchspeiseeis enthaltene Fett ist homogenisiert und damit besonders leicht verdaulich.

So wird Eis gemacht

Bei der Herstellung von Speiseeis ist Sauberkeit das A und O. Speiseeis besteht aus rohen und teilweise pürierten Zutaten und besitzt durch das Aufschlagen eine große Oberfläche, die einen idealen Nährboden für Bakterien bildet. Absolute Hygiene schon vor dem Einfrieren trägt dazu bei, die Belastung von vornherein so gering wie möglich zu halten.

Die Grundlagen für Speiseeis bilden in erster Linie frische Milch, Sahne oder andere Milchprodukte und Zucker. Je nach Sorte kommen geschmacksgebende Zutaten dazu – Früchte oder Fruchtzubereitungen, Nüsse, Mocca, Kakao, Schokolade usw. In einem überdimensionalen Mixer werden die Zutaten vermischt und zu einer glatten, geschmeidigen Masse verrührt. Nächster Arbeitsgang ist das Homogenisieren, bei dem sich das Fett in dem sogenannten Mix fein und gleichmäßig verteilt. Im Anschluss folgt das Pasteurisieren, um schädliche Keime abzutöten.

Jetzt kühlt man den Mix auf 2 bis 4 °C ab und gönnt ihm eine kurze Ruhepause, damit die einzelnen Komponenten ihren Geschmack voll entfalten können. Dann kommt der entscheidende Teil der Eis-Herstellung, das Gefrieren und Härten. Der Mix wird in Gefrieranlagen (Freezer) geleitet und beim Kühlen auf -4 bis -8 °C ständig verquirlt. Dadurch bilden sich nur allerfeinste Eiskristalle. Ähnlich wie beim Sahneschlagen wird Luft eingerührt, und so erhält das Speiseeis seine lockere Konsistenz. Damit ist es fertig zum Abfüllen in Formen und Tiefgefrieren auf etwa -30 °C (Härten). Die unterschiedlichen Eissorten erfordern jedoch eine individuelle Verarbeitung, wie das Beispiel „Steckerleis" zeigt: Die Stiele werden ins gehärtete Eis „eingeschossen" und die einzelnen Produkte eventuell anschließend in Schokoladen- oder Fruchtglasur getaucht.

Eiskalte Sorten

Die „Leitsätze für Speiseeis und Speiseeishalberzeugnisse" legen fest, woraus Speiseeis zu bestehen hat. Aufgeführt werden acht Speiseeis-Sorten, die neben den angegebenen Grundbestandteilen auch weitere Zutaten enthalten können – beispielsweise Dickungsmittel, Stabilisatoren oder Emulgatoren.

Kremeis …
… wird aus Eiern, Zucker, Milch (mindestens 50 % Anteil) und natürlichen Geschmacksstoffen hergestellt. Der Gesetzgeber verlangt mindestens 270 g Vollei oder 90 g Eidotter pro Liter Milch.

Rahm- oder Sahneeis …
… muss mindestens 18 % Milchfett aus Sahne enthalten.

Milchspeiseeis …
… besteht zu mindestens 70 % aus Milch und/oder Milcherzeugnissen wie beispielsweise Joghurt oder Quark. Bei überwiegender Verwendung von fermentierten Milchsorten kann in der Verkehrsbezeichnung darauf hingewiesen werden („Joghurteis").

Eiskrem …
… enthält Zucker, Milch oder Magermilch, Sahne oder Butter. Mindestens 10 % Milchfett sind vorgeschrieben. Für Einfacheiscreme genügen mindestens 3 %. Der Zusatz natürlicher Geschmacksstoffe ist erlaubt. Zulässig sind außerdem Überzüge aus Schokolade oder Pflanzenfett-Glasur.

Fruchteiskrem …
… ist Eiskrem mit mindestens 8 % Milchfett und fruchtiger Note. Verwendet werden ausschließlich Zutaten wie frisches Fruchtfleisch, Fruchtzubereitungen, Fruchtmark und Fruchtsaft.

Fruchteis …
… wird hergestellt aus Zucker, Wasser, frischen Früchten, Fruchtfleisch, Fruchtmark oder Fruchtsaft sowie natürlichen Geschmacksstoffen. Der Fruchtanteil muss mindestens 20 % betragen, bei Zitroneneis mindestens 10 %.

Fruchtsorbet …
… besteht ausschließlich aus Früchten und/oder Fruchtzubereitungen sowie Zucker. Milch oder Milchbestandteile werden nicht verwendet. Manche Produkte enthalten färbende Lebensmittel oder Aromen. Der Fruchtanteil beträgt mindestens 25 %, bei Zitrusfrüchten oder anderen sauren Früchten kann er mit mindestens 15 % etwas darunter liegen.

Wassereis …
… braucht keine der bisher genannten Mindestanforderungen zu erfüllen. Sein Fettgehalt liegt unter 3 %. Der Trockenmassegehalt von mindestens 12 % stammt von süßenden und/oder weiteren geschmacksgebenden Zutaten.

Der Vollständigkeit halber sollen noch drei weitere Eissorten erwähnt werden:

Kunstspeiseeis braucht keinerlei Mindestanforderungen hinsichtlich des Gehalts an Milch, Sahne, Ei oder Obst zu erfüllen. Es kann künstliche Geschmacksstoffe und (ausdrücklich zugelassene) künstliche Farbstoffe enthalten.

Softeis ist aufgeschäumtes Speiseeis. Es wird direkt vor dem Verkauf portionsweise in einem Gefrierapparat gefroren, ist cremig weich und hat nur eine Temperatur von -6 °C. Industriell hergestelltes Eis liegt dagegen mit -18 °C in der Tiefkühltruhe.

Frozen Yogurt ist ein in jüngerer Zeit sehr populär gewordenes Joghurt-Softeis, das in speziellen Frozen-Yogurt-Shops angeboten wird. Dieses Fast Food hat weniger Kalorien als traditionelles Speiseeis, kann aber keineswegs – trotz der Verwendung von Joghurt – als „health food" gelten, wofür es bisweilen gehalten wird.

Süßes

& DESSERTS

ZUCKER	382
ZUCKERERSATZSTOFFE	386
HONIG	388
SÜSSES AUFS BROT	394
SCHOKOLADE	398
PRALINEN	404
ZUCKERWAREN	406
DESSERTS UND BACKZUTATEN	412

SÜSSES & DESSERTS

Zucker

Sich das Leben zu versüßen, ist heute wirklich keine Kunst. Es gibt schließlich Zucker, und der steht in erstklassiger Qualität und allen möglichen Variationen jederzeit zur Verfügung. Doch das war nicht immer so.

„Naschkatzen" gibt es seit eh und je, und die Lust auf Süßes ist wahrscheinlich so alt wie die Menschheit. Allerdings musste die sich lange Zeit an Honig, süßes Obst und Beeren halten, bis endlich in asiatischen Ländern das Zuckerrohr kultiviert wurde. Es gilt als eine der ältesten Kulturpflanzen. Das Abendland kam erstmals durch die Kreuzzüge in den Genuss von Zucker. Später gelangte die begehrte Ware über den Gewürzhandel mit orientalischen Ländern nach Europa.

Das Problem war: Zucker ließ sich nur aus Zuckerrohr gewinnen, und diese Pflanze braucht zum Gedeihen tropisches Klima. Selbst als sich der Zuckerhandel durch Anpflanzungen auf Madeira, den Azoren und – nach der Entdeckung Amerikas – in der Karibik intensivierte, blieb Zucker bis Anfang des 19. Jahrhunderts ein süßes Privileg der Reichen und Mächtigen. Doch das änderte sich radikal, als es in Deutschland erstmals gelang, süße Runkelrüben zu züchten und daraus Zucker industriell herzustellen. Die erste Rübenzuckerfabrik entstand bereits 1801 im schlesischen Cunern.

Wie gesund ist Süßes?

Wissenschaftler haben es bestätigt: Das Bedürfnis nach Süßem ist angeboren. Noch bevor ein Baby sprechen kann, bevorzugt es – vor die Wahl gestellt – eindeutig den süßen Brei. Und im Alter, wenn das allgemeine Geschmacksempfinden nachlässt, bleibt in erster Linie Süßes ein Genuss.

Süßwaren können wie jedes andere Lebensmittel wertvolle Nährstoffe wie Eiweiß, Fett, Vitamine, Mineralien und Ballaststoffe enthalten. Bezeichnend ist jedoch der hohe Anteil an Kohlenhydraten. Sie fungieren als Energiespender für Gehirn und Nerven und liefern Brennstoff für die Muskeln. Wer konzentriert und leistungsstark arbeitet oder sportlich aktiv ist, dem liefert ein süßer Snack schnell Energie. Das gilt für Kinder wie für Erwachsene.

Ob die Leidenschaft für Süßes Leiden schafft, hängt einzig und allein von der Verzehrmenge ab. Wenn Kinder ihren Bedarf an Kohlenhydraten vorwiegend aus der Bonbontüte etc. decken, sich überhaupt einseitig ernähren und dazu am liebsten vor dem Bildschirm hocken, leisten selbstverständlich auch Süßigkeiten ihren Beitrag zu Übergewicht und anderen Zivilisationskrankheiten. Karies geht nicht allein auf das Konto von Schokolade & Co., sondern wird generell von kohlenhydrathaltigen Lebensmitteln (Brot, Nudeln, Obst usw.) unterstützt. Egal was man isst, gegen Karies hilft nur eine optimale Mundhygiene (zu der übrigens auch Kaugummikauen gehören kann). Unbegründet ist die Angst, dass Süßes zuckerkrank macht. Diabetes entsteht nicht durch Zuckerverzehr, sondern durch fehlendes Insulin, das für den Kohlenhydratstoffwechsel wesentlich ist. Weil Insulin von Diabetikern nicht oder nur unzureichend produziert wird, müssen sie die Kohlenhydratzufuhr reduzieren.

Natürlich – Süßes verführt. Es fördert das allgemeine Wohlbefinden und hebt die Stimmung, kann trösten und beruhigen. Aber Zucker liefert eben auch Kalorien. Maßhalten ist gar nicht so einfach – vor allem deshalb, weil man auch den in allen möglichen Lebensmitteln versteckten Zucker berücksichtigen muss. Die Deutsche Gesellschaft für Ernährung empfiehlt, dass zumindest Kinder je nach Alter nicht mehr als 150 bis 200 kcal täglich „erschlecken" sollen.

Roher Rohrzucker

 Spickzettel

- Zucker ist ein natürliches Produkt, das aus Pflanzen gewonnen wird.
- In Deutschland angebotener Zucker ist vorwiegend Rübenzucker.
- Zucker kommt in den beiden Qualitäten Weißzucker und Raffinade in den Handel, wobei Raffinade das Spitzenprodukt ist.
- Süßstoffe sind sogenannte Zuckerersatzstoffe und enthalten so gut wie keine Kalorien.

Werdegang von Zucker

Nach wie vor wird Zucker entweder aus Zuckerrohr oder aus Zuckerrüben hergestellt. In beiden Fällen lassen die Endprodukte keinen Unterschied erkennen. Zucker ist ein natürliches Produkt, das ohne chemische Veränderung aus der Pflanze gewonnen wird. Man verwendet keine Mittel zum Färben oder Bleichen, und die zur Saftreinigung eingesetzten Stoffe (Kalk und Kohlensäure) werden im Produktionsverlauf wieder vollständig ausgeschieden.

Anfallende Nebenprodukte finden reichlich Abnehmer: Abgeschleuderte Melasse (Zuckersirup, der nicht mehr kristallisiert werden kann) dient unter anderem zur Herstellung von Hefe, Alkohol, Milch- und Zitronensäure oder – mit Rübenschnitzeln vermischt – als wertvolles Tierfutter. Der bei der Saftgewinnung anfallende Karbonkalk ist ein geschätztes Düngemittel.

Rohrzucker aus Zuckerrohr

Etwa 55 % der Zucker-Weltproduktion entfallen auf Zuckerrohr. Die Pflanze gehört zur botanischen Familie der Gräser und wächst schilfartig. Die Stängel mit etwa 7 cm Durchmesser werden gut vier Meter hoch und enthalten auf bis zu zwei Drittel ihrer Länge lockeres, süßes, saftiges Mark. Es hat einen Zuckeranteil von bis zu 18 % und wird in Mühlen ausgepresst. Der Saft wird noch im Ursprungsland zu Rohrzucker verarbeitet. Zu den bedeutendsten Exportländern gehören Kuba, die Dominikanische Republik, die Philippinen und Brasilien.

Rübenzucker aus Zuckerrüben

Etwa 45 % der Zucker-Weltproduktion stammen aus der Rübe, und in Deutschland wird überwiegend Rübenzucker verkauft. Die unscheinbare Zuckerrübe gehört zur botanischen Familie der Fuchsschwanzgewächse und wurde gegen Ende des 18. Jahrhunderts aus der Runkelrübe gezüchtet. Zuckerrüben haben einen Zuckergehalt von 18 bis 20 %.

In Deutschland gehören Zuckerrübenfelder zum gewohnten Bild. Die Ernte beginnt Ende September, und innerhalb von 80 bis 100 Tagen ist die Verarbeitung zu Zucker erfolgt. Vom Acker kommen die Rüben in die Zuckerfabrik, wo sie gründlich gewaschen und dann in feine Schnitzel zerkleinert werden. In kontinuierlich arbeitenden Extraktionsapparaten wird der Zucker mit heißem Wasser aus den Schnitzeln herausgelöst. So entsteht ein Rohsaft, der jedoch noch viele Verunreinigungen enthält, die mit Hilfe natürlicher Stoffe wie Kalk und Kohlensäure gebunden werden. Zurück bleibt der sogenannte Dünnsaft mit etwa 15 % Zuckergehalt. Durch Eindicken in einer Verdampfungsanlage entsteht Dicksaft mit bis zu 75 % Zucker und anderen löslichen Rübeninhaltsstoffen.

In der nun folgenden Kochstation wird dem Dicksaft weiter Wasser entzogen. Ist ein bestimmtes Verhältnis von Zucker und Wasser erreicht, bilden sich zahllose kleinste Kristalle. Am Ende des Prozesses besteht die Masse zu je 50 % aus Zuckerkristallen und zähflüssigem Sirup. Nach dem Abkühlen wird die Masse in Zentrifugen geleitet und der Sirup abgeschleudert. Zurück bleibt gelblich-brauner Rohzucker, dem noch Sirupreste anhaften. Erst nach einer Wasser- und Dampfwäsche kommt der bekannte Weißzucker zum Vorschein. Nach dem Abkühlen und Trocknen ist er fertig zum Abpacken für den Verkauf.

Um Zucker von allerbester Qualität, die sogenannte Raffinade, zu erzeugen, muss der Weißzucker nochmals aufgelöst, erneut kristallisiert und gefiltert werden. So entsteht die schneeweiße, völlig reine Raffinade.

Einfachzucker (Monosaccharide) sind Trauben- und Fruchtzucker. Beide kommen vor allem in Früchten und Honig vor, doch in so geringem Maß, dass sich die Gewinnung nicht lohnt. Gemeinsam haben die beiden Zuckerarten, dass sie sofort in den Blutkreislauf übergehen.
Traubenzucker wird aus Stärke hergestellt, deren Molekül sich aus Traubenzuckereinheiten zusammensetzt. Wir kennen Traubenzucker in Form von Tabletten oder Pulver.
Fruchtzucker gewinnt man aus Rüben- oder Rohrzucker (Saccharose). Er hat die höchste Süßkraft überhaupt. Im Stoffwechsel kann Fruchtzucker ohne Insulin abgebaut werden, weshalb er sich in Maßen auch für Diabetiker eignet.

Zweifachzucker (Disaccharide) müssen vom Organismus erst in Einfachzucker gespalten werden, bevor sie verwertbar sind. Rohr- und Rübenzucker sind Zweifachzucker; sie bestehen zu gleichen Teilen aus Trauben- und Fruchtzucker. Zur Gruppe der Zweifachzucker gehören außerdem Milchzucker (Laktose) aus der Milch und Malzzucker (Maltose). Er entsteht als Zwischenprodukt bei der Stärkespaltung (beispielsweise beim Keimen von Gerste) und ist Hauptbestandteil des Malzextraktes.

Vielfachzucker (Polysaccharide) sind Stärke und Ballaststoffe wie Cellulose. In der Ernährungslehre zählen Ballaststoffe deshalb zu den Kohlenhydraten.

Zuckerhut

> ### Zucker genau betrachtet
> Zucker ist ein Kohlenhydrat und damit ein wertvoller Energiespender. Grüne Pflanzen sind von Natur aus in der Lage, durch Photosynthese selbst Zucker zu bilden. Sie brauchen ihn nur teilweise zur eigenen Ernährung und lagern den Rest ein. Entsprechend dem chemischen Aufbau unterscheidet man Zucker in Einfachzucker, Zweifachzucker und Mehrfachzucker.

SÜSSES & DESSERTS

Zucker ist nicht gleich Zucker

Brauner Zucker, grob

Hagelzucker

Puderzucker

Würfelzucker

Zuckersorten

Brauner Zucker
Er kommt unter der Bezeichnung Kandisfarin oder Rohrzucker in den Handel.

Einmachzucker
Zucker hat eine konservierende Wirkung, denn in hoher Konzentration hemmt er das Wachstum von Mikroorganismen und verringert den Abbau von Vitamin C. Beim Einmachen von Obst nutzt man diese Eigenschaften des Zuckers seit eh und je. Bei speziellem Einmachzucker handelt es sich um grobkörnige Raffinade, die sich besonders langsam auflöst und weniger schäumt als normaler Zucker. Weitere Gelierhilfen sind nicht erforderlich. Einmachzucker eignet sich nicht nur für Konfitüren und Gelees, sondern auch für Kompotte, Saft oder den Rumtopf.

Feinster Zucker
Darunter versteht man gemahlene, fein und gleichmäßig ausgesiebte Raffinade, die sich besonders leicht auflöst. Bestens geeignet ist Feinster Zucker unter anderem zum Schlagen von Eiweiß und Sahne, für feine Teige, Süßspeisen und Getränke.

Gelierzucker
Mit seiner Hilfe lässt sich der Geliervorgang verstärken und beschleunigen, was wiederum Vitamine, Farbe und Aroma der verarbeiteten Früchte schont. Hergestellt wird Gelierzucker aus Raffinade mit Zusätzen von Obstpektinen und Zitronen- oder Weinsäure. Man verwendet ihn im Verhältnis 1:1 – also 1 kg Obst auf 1 kg Gelierzucker.
Wer Zucker sparen will, nimmt einen Spezial-Gelierzucker mit besonders hoher Gelierkraft. Von ihm genügen 0,5 kg auf 1 kg oder sogar auf 1,5 kg Früchte. Allerdings enthält dieses Produkt einen Konservierungsstoff, um die durch den fehlenden Zuckeranteil verringerte konservierende Wirkung auszugleichen.

Hagelzucker
Er gleicht kleinen Hagelkörnern, von denen jedes einzelne aus einer Vielzahl zusammengeballter Zuckerkristalle besteht. Ideal ist Hagelzucker zum Bestreuen von Gebäck und Desserts.

Grundsorten

Entsprechend der deutschen Zuckerarten-Verordnung kommt Zucker in den Qualitäten Weißzucker und Raffinade auf den Markt. Diese Einstufung gilt in der gesamten EU. Ausschlaggebend für die Bewertung von Zucker sind seine Farbe und der Aschegehalt (Verunreinigungen durch Mineralstoffe).

Weißzucker
Weißzucker ist nicht rein weiß, sondern hat einen leicht gelblichgrauen Schimmer. Dieser wird verursacht von Melasse-Rückständen auf den Zuckerkristallen, wodurch sich auch der etwas sirupartige Beigeschmack erklären lässt. Weißzucker gilt als einfacher Verbrauchszucker und ist die billigste Sorte im Handel.

Raffinade
Wenn Weißzucker ein zweites Mal gereinigt wird, entsteht Raffinade – schneeweißer Zucker der Spitzenklasse von höchster Reinheit. Er wird in verschiedenen Korngrößen angeboten – beispielsweise als fein, mittel oder grob gemahlener Kristallzucker oder als Hagelzucker. Auch unterschiedliche Formen sind möglich (Würfelzucker usw.).

Was ist Dextrose?

Nichts anderes als Traubenzucker. Der Fachmann nennt ihn *Dextrose* oder *Glucose*. Die Bezeichnung Dextrose leitet sich aus dem Lateinischen ab (dexter = rechts) und hat ihren Ursprung in der Physik: Eine Lösung aus Traubenzucker besitzt die Eigenschaft, polarisiertes Licht, welches in einer Ebene schwingt, um einen gewissen Winkel aus dieser Ebene herauszudrehen. Bei Dextrose geschieht dies nach rechts. Diese Art von Zucker kann vom menschlichen Organismus besonders schnell verwertet werden. Deshalb liefert ein Stück Traubenzucker beispielsweise beim Sport kurzfristig neue Energie. Fructose dagegen ist linksdrehend und geht langsam ins Blut.

Kandis

Wer den Tee schnell süßen will, nimmt Raffinade. Wer sich Zeit zum Genießen nimmt, verwendet Kandis, der sich löst langsam auflöst und dem Getränk – Kenner schwören darauf – einen besonderen Geschmack verleiht. Doch bewährt hat sich Kandis nicht nur im Tee, sondern beispielsweise auch zum Backen von Honigkuchen und Printen, für Bratäpfel oder selbst gemachten Kirschlikör.

Kandis gibt es weiß oder braun und in verschiedenen Formen. Bei der Herstellung wird eine klare, hoch konzentrierte und erwärmte Zuckerlösung in Wannen mit Zwischenblechen gefüllt. Für braunen Kandis erhitzt man die Lösung so lange, bis sie karamellisiert und sich braun färbt. Beim Abkühlen setzen sich Kandiskristalle an den Wänden und Blechen ab. Später werden sie als getrocknete Kruste herausgebrochen, zerkleinert, in verschiedene Korngrößen abgesiebt und zu den diversen Angebotsformen verarbeitet.

Gut ausgebildete Einzelkristalle von braunem und weißem Kandis (zum Beispiel die großen Kluntjes) entstehen nur, wenn die Zuckerlösung während der Kristallisation ständig in Bewegung ist. Dadurch können die einzelnen Kristalle nicht zusammenbacken, sondern wachsen gleichmäßig bis zur gewünschten Größe.

Brauner Kandis erinnert an Bernstein und verleiht heißen Getränken wie Tee, Grog, Punsch oder Glühwein einen feinen Karamellgeschmack.

Krusten-Kandis/Stangenkandis besteht aus unregelmäßig geformten Kristallen mit wechselndem Farbenspiel. Er eignet sich besonders für Kräuter- und Früchtetees.

Grümmel-Kandis setzt sich aus lauter kleinen, braunen Kristallkrümeln zusammen und hat einen feinen Karamellgeschmack. In Tee oder Kaffee löst sich Grümmel relativ schnell auf.

Weißer Kandis hat klare, diamantenähnliche Kristalle. Mit seiner reinen, edlen Süße ist er der Klassiker für Tee-Fans. Am größten ist Kluntje-Kandis – unverzichtbar für die ostfriesische Teezeremonie. Er löst sich so langsam auf, dass ein Kluntje für mehrere Tassen reicht.

Kandisfarin

Dieser feinkristalline, hell- bis dunkelbraune Zucker wird aus braunem Kandissirup hergestellt und besitzt einen aromatisch-süßen Karamellgeschmack. Verwendet wird Kandisfarin vor allem zum Backen, denn er verbessert Aroma, Bräunung und Porung der Backwaren. Auch Cornflakes, Dickmilch und Müsli verleiht Kandisfarin einen besonderen Geschmack.

Puderzucker

Er ist fein wie Staub und wird aus Raffinade gemahlen. Im Haushalt wird Puderzucker verwendet für Kuchenglasuren, zum Bestäuben und Dekorieren von Kuchen und Gebäck sowie zur Herstellung von Marzipan und Marzipankonfekt.

Rohzucker

Roh-Rohrzucker wird aus Zuckerrohr hergestellt. Es gibt aber auch Rohzucker aus Zuckerrüben. Beide Sorten sind gelb-braun gefärbt und das Zwischenprodukt auf dem Weg zu weißem Zucker. Das heißt den Kristallen haften noch Sirupreste an. Verwendet werden die Produkte in erster Linie zum Backen.

Vanille- und Vanillinzucker

Zucker gemischt mit echter gemahlener Vanille oder natürlichem Vanillearoma kommt als Vanillezucker in den Handel. Vanillinzucker dagegen besteht aus Zucker und dem künstlich hergestellten Aromastoff Vanillin.

Vollzucker

Zur Herstellung wird gereinigter Zuckerrüben- oder Zuckerrohrsaft inklusive Melasse eingedickt und getrocknet. Dadurch enthält Vollzucker noch alle Mineralstoffe aus der Frucht. Er schmeckt leicht karamellartig und eignet sich gut für Süßspeisen und zum Backen.

SÜSSES & DESSERTS

Zuckerersatzstoffe

Wer es gerne süß mag, aber auf Zucker verzichten möchte, dem steht eine Vielzahl alternativer Süßungsmittel zur Verfügung.

Agavendicksaft

Ahornsirup

Zuckerrübensirup

Sirup und Dicksaft
Anstelle von Zucker kann man auch Sirup oder Dicksaft verwenden. Hergestellt werden diese Produkte aus Pflanzenteilen oder natürlichem Pflanzensaft.

Ahornsirup
Kanada ist das Land der Ahornbäume und somit neben den USA auch der wichtigste Lieferant von Ahornsirup. Er stammt heute aus riesigen Plantagen, wo 30 bis 40 Jahre alte Ahornbäume stehen. Man bohrt sie im Frühjahr an und fängt den auslaufenden Saft traditionell in Eimern auf. Plantagenbäume sind jedoch meist über Plastikschläuche und kilometerlange Leitungssysteme direkt mit der Fabrik verbunden. Dort wird der süße Nährsaft bis zu 50 Mal gekocht, bis dicklicher Sirup entsteht. Einen Liter gewinnt man aus 40 bis 50 Litern Saft.

Ahornsirup kommt in verschiedenen Graduierungen auf den Markt. Das Spitzenprodukt ist Sirup der Klasse A – hell, bernsteinfarben und mit mildem, karamellartigem Geschmack. Produkte der Klasse C sind dunkel, fast schwarz, und besitzen ein intensives Aroma. Die Klasse B liegt dazwischen. Ahornsirup enthält durchschnittlich 67 % Zucker (überwiegend Saccharose) und eignet sich zum Süßen von Süßspeisen, Müsli, Getränken und zum Backen. Wegen der begrenzten Haltbarkeit bewahrt man Ahornsirup am besten im Kühlschrank auf.

Zuckerrübensirup
Eingedickter Saft aus gekochten Rübenschnitzeln ergibt Zuckerrübensirup mit je nach Qualität 40 bis 60 % Zucker, Mineralstoffen und B-Vitaminen. Zuckerrübensirup ist beispielsweise zu Pfannkuchen, als Brotbelag oder beim Backen eine interessante Alternative zu Honig.

Malzextrakte
Diese Produkte sind konzentrierte wässrige Auszüge aus Gerstenmalz. Die Süße ist unterschiedlich ausgeprägt, der Malzgeschmack typisch. Malzextrakte enthalten Malzzucker, Traubenzucker und Dextrine und besitzen nur 40 % der Süßkraft von Zucker. Die Produkte sind zähflüssig und klebrig und eignen sich gut als Brotaufstrich, für Süßspeisen und zum Backen.

Apfel- und Birnendicksaft
Aus sieben bis neun Liter Apfel- oder Birnensaft lässt sich durch Einkochen nur ein Liter Sirup gewinnen. Er enthält rd. 85 % fruchteigenen Zucker und schmeckt angenehm mild-fruchtig. Dadurch eignet sich der Sirup gut zum Süßen von Desserts, Quark und Joghurt, Müsli und auch für süß-saure Hauptgerichte.

Agavendicksaft
Die Agave ist eine Kakteenart und bei uns nur als Zierpflanze bekannt. Doch ritzt man die Agave dort an, wo die Blätter zusammenlaufen, fließt ein süßlicher Saft heraus. Er wird bis auf einen Wassergehalt von 23 bis 25 % zu einem Dicksaft eingekocht, dessen Kohlenhydratanteil fast ausschließlich aus Fructose, also Fruchtzucker, besteht. Seine Süßkraft ist 1,2 Mal so hoch wie die von Haushaltszucker. Agavendicksaft ist auch für Diabetiker geeignet, da der Körper zum Abbau von Fructose kein Insulin benötigt.

Flüssiger Süßstoff

Steviapflanze

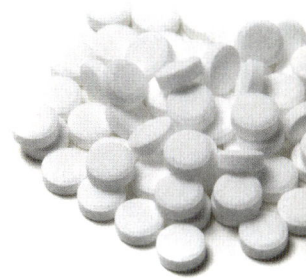

Süßstofftabletten

Süßstoffe

Wer Kalorien sparen will (oder aus gesundheitlichen Gründen muss), ist auf Zucker schlecht zu sprechen. Denn er liefert pro 100 g immerhin 400 kcal oder 1700 kJ. In Süßstoffen dagegen stecken gar keine oder extrem wenig Kalorien. Außerdem wirken sich Süßstoffe weder auf den Insulin- noch auf den Blutzuckerspiegel aus. Sie sind deshalb auch für Diabetiker geeignet. Die angebotenen Produkte werden synthetisch hergestellt und sind vom Gesetzgeber „abgesegnet".

Acesulfam K ist ein kalorienfreier Süßstoff und 130 bis 200 Mal süßer als Zucker. Der Körper verwertet Acesulfam K nicht, sondern scheidet es unverändert durch die Nieren aus. Der Süßstoff hat einen schnell wahrnehmbaren süßen Geschmack und ist hitzebeständig, kann also auch zum Kochen und Backen verwendet werden. In Verbindung mit anderen kalorienarmen Süßstoffen ergibt sich eine Kombination, die süßer ist als die Summe der einzelnen Süßstoffe.

Aspartam ist kalorienarm und etwa 200 Mal süßer als Zucker. Dadurch sind die benötigten Mengen so gering, dass man den Süßstoff praktisch als kalorienfrei bezeichnen kann. Aspartam enthält Aminosäuren, die auch in den meisten eiweißhaltigen Nahrungsmitteln vorkommen – in Fleisch, Getreide, Milchprodukten usw. Deshalb wird der Süßstoff im Körper ganz normal abgebaut. Aspartam hat einen guten Geschmack, ist jedoch nicht zum Kochen und Backen geeignet, da sich die Süßkraft durch Hitze verliert.

Cyclamat enthält keine Kalorien und ist etwa 30 bis 40 Mal süßer als Zucker. Im Allgemeinen wird Cyclamat unverändert durch die Nieren ausgeschieden. Der Süßstoff schmeckt gut, vor allem in Kombination mit Saccharin. Cyclamat eignet sich auch zum Kochen und Backen.

Neohesperidin DC wird aus einem Flavonoid (wasserlöslicher Pflanzenfarbstoff) der Zitrusfrüchte gewonnen. Der Süßstoff ist kalorienfrei und 400 bis 600 Mal süßer als Zucker. In Kombination mit anderen Süßstoffen steigt die Süßkraft noch um ein Vielfaches. Beim Einzelsüßstoff fällt ein Nachgeschmack nach Lakritze oder Menthol auf. Neohesperidin DC wird nur in unbedeutenden Mengen vom Körper aufgenommen und dann wie natürlich vorkommende verwandte Stoffe abgebaut.

Saccharin wurde bereits 1879 entdeckt und ist 300 bis 500 Mal süßer als Zucker. Der kalorienfreie Süßstoff wird vom Körper nicht resorbiert oder umgewandelt und schnell wieder unverändert über die Nieren ausgeschieden. Wegen seiner besseren Löslichkeit kommt meist Natrium-Saccharin zum Einsatz. Saccharin hat einen bitteren Nachgeschmack, deshalb wird es zum Ausgleich häufig mit Cyclamat gemischt. Der Süßstoff ist gefrier-, hitze- und säurebeständig und eignet sich somit als Tafelsüße genauso wie zum Kochen und Backen.

Stevia wurde 2011 als Süßstoff zugelassen. Es handelt sich um ein aus der in Südamerika beheimateten Pflanze Stevia rebaudiana gewonnenes Stoffgemisch. Es hat die bis zu 300-fache Süßkraft von Zucker, erzeugt keine Karies und eignet sich für Diabetiker. Enzymatisch gewonnenes Stevia hat keinen bitteren Bei- oder Nachgeschmack.

Sucralose ist ein neuer, sehr intensiver Süßstoff – 600 Mal süßer als Zucker. Er ist kalorienfrei und wird vom Körper unverändert ausgeschieden. Sucralose zeichnet sich durch eine sehr gute Stabilität und Wasserlöslichkeit aus und kann für viele Lebensmittel und Getränke verwendet werden.

Twin-Sweet, ein neu entwickelter Süßstoff, wurde vor kurzem vom Wissenschaftlichen Ausschuss für Lebensmittel der EU-Kommission (SCF) als sicher eingestuft. Twin-Sweet zerfällt, in Wasser gelöst, in die Süßstoffe Acesulfam und Aspartam.

Thaumatin ist ein natürlich vorkommendes Eiweiß und wird aus der westafrikanischen Katemfe-Frucht gewonnen. Da die Süßkraft von Thaumatin die des Zuckers um das 2000 bis 3000fache übersteigt, wird Thaumatin in so geringen Mengen eingesetzt, dass die 4 Kilokalorien pro Gramm nicht zu Buche schlagen. Die Süße von Thaumatin wird verzögert wahrgenommen, bleibt aber dafür länger erhalten. In höherer Konzentration macht sich ein lakritzeähnlicher Nachgeschmack bemerkbar. Die Süßkraft lässt bei längerem Kochen nach, doch wird die geschmacksverstärkende Wirkung von Thaumatin nicht beeinträchtigt. Meist wird Thaumatin mit anderen Süßstoffen kombiniert.

Zuckeraustauschstoffe

Zuckeraustauschstoffe gehören chemisch gesehen zur Gruppe der Zuckeralkohole. Ihr Geschmack gleicht dem von Haushaltszucker, doch sind sie nur halb so süß. Im Gegensatz zu Süßstoffen enthalten die Zuckeraustauschstoffe *Sorbit*, *Mannit*, *Xylit* und *Fructose* Kalorien, und zwar rund 4 Kilokalorien pro Gramm. Maltit und Isomalt liefern durchschnittlich 2,4 Kilokalorien je Gramm. Die Zuckeraustauschstoffe führen zu keinem nennenswerten Anstieg des Blutzuckers, da sie weitgehend insulinunabhängig verwertet werden und der Körper sie nur langsam resorbiert. Somit sind die Produkte für Diabetiker geeignet, müssen jedoch bei der Brennwertberechnung berücksichtigt werden. Bei empfindlichen Menschen und bei zu großem Verzehr können Zuckeraustauschstoffe abführend wirken.

SÜSSES & DESSERTS

Honig

Obwohl Bienen unsere Erde bereits seit 40 bis 50 Millionen Jahren bevölkern, kamen die Menschen erst vor etwa 40 000 Jahren dahinter, dass Honig eine Köstlichkeit ist. Welch tiefen Eindruck Honig hinterließ, bezeugen bis heute Redewendungen und Sprichwörter. Man „schmiert jemandem Honig ums Maul", Flitterwöchner befinden sich im „Honeymoon" („Honigmond") und Shakespeare philosophiert in „Wie es euch gefällt": „Ehrbarkeit mit Schönheit gepaart ist wie eine Honigbrühe über Zucker."

Die ältesten Zeichnungen von Honigsammlern wurden etwa vor 7000 Jahren an die Wände der Höhle von La Aranas in der Nähe von Valencia gezeichnet. Ein Beweis dafür, welch hohe Wertschätzung dieses geheimnisvolle Bienenprodukt dereinst genoss. Es war Heilmittel, Schönheitsmittel, Grabbeigabe, Zahlungsmittel und nicht zuletzt Nahrungsmittel, denn Zucker „erfanden" die Menschen erst sehr viel später. Den Juden galt Honig als Symbol für Reichtum und Überfluss. Ihnen war nach ihrer Flucht aus Ägypten ein Land verheißen, „in dem Milch und Honig fließt".

Klarheit über Honig

Die Deutsche Honigverordnung von 2004 definiert Honig im schönsten Amtsdeutsch so:

„Honig ist der natursüße Stoff der Bienen, ... indem die Bienen Nektar von Pflanzen oder Absonderungen lebender Pflanzenteile oder sich auf den lebenden Pflanzenteilen befindlichen Sekreten von an Pflanzen saugenden Insekten aufnehmen, durch Kombination mit eigenen spezifischen Stoffen umwandeln, einlagern, dehydrieren und in den Waben des Bienenstocks speichern und reifen lassen."

Festgelegt ist unter anderem, wie Honig für den Verkauf beschaffen sein muss:
- Honig dürfen weder eigene Bestandteile entzogen noch fremde Stoffe zugesetzt werden.
- Der Säuregrad darf weder vom Imker noch vom Abfüller künstlich verändert werden.
- Der Wassergehalt von Honig darf 21 % nicht überschreiten, bei Heidehonig 23 %. Gute Qualität enthält rd. 20 % Wasser.
- Honig darf einen bestimmten HMF-Wert nicht überschreiten, denn das würde eine Qualitätsminderung bedeuten. HMF (Hydroxymethylfurfural) ist ein Zuckerabbauprodukt, das unter Erwärmung durch Wasserabspaltung aus Fructose entsteht. Ausschlaggebend sind Höhe und Dauer der Temperatur, die auf den Honig einwirken. Ein erhöhter HMF-Wert ist verbunden mit einer zu niedrigen Diastasezahl, was auf einen durch unsachgemäße Behandlung verringerten Enzymgehalt hinweist.
- Erfüllt ein Produkt nicht die Anforderungen an den HMF-Wert und die Diastasezahl sowie Geruch und Geschmack, darf es nicht unter der Bezeichnung „Honig" oder „Bienenhonig" in den Handel kommen. Es kann jedoch als „Backhonig" angeboten werden.

Von der Blüte bis zum Verkauf

Honig ist ein 100 % reines Naturprodukt. Der Name kommt vom althochdeutschen „honang" = „der Goldfarbene", wobei die Farbe je nach Sorte von Weiß über Gelb, Beige und Braun bis hin zu Grün-Schwarz reichen kann. Ausschlaggebend für Farbe und Geschmack des Honigs sind die Blüten, aus denen der Nektar stammt bzw. die Herkunft des Honigtaus.

Über seinen köstlichen Geschmack sollte man nicht die „inneren Werte" vergessen, die Honig zu einer gesunden „Sünde" machen. Festgestellt wurden in Honig bisher 24 verschiedene Zuckerarten und etwa 180 Begleitstoffe. Honig besteht hauptsächlich aus Kohlenhydraten, von denen Glucose und Fructose den Hauptanteil ausmachen, und Wasser. Die bedeutendsten Begleitstoffe des Honigs sind die Mineralstoffe, dazu kommen noch Enzyme, antibakterielle Substanzen (Inhibine), Vitamine, Säuren, Aminosäuren und Proteine sowie Aromastoffe.

Fleißige Honig-Produzenten

„Fleißig wie eine Biene" ist sprichwörtlich richtig. Denn eine einzige Biene saugt am Tag mit ihrem Rüssel den süßen Nektar aus etwa 4000 Blüten. Für einen Liter sind etwa 20 000 Flugeinsätze nötig. Übrigens sammeln Bienen nicht nur Nektar, also das süße Sekret aus Blüten. Sie holen auch den Honigtau von Nadeln und Blättern der Bäume. Als Honigtau bezeichnet man die zuckerhaltigen Ausscheidungen von Insekten wie zum Beispiel den Blattläusen.

Was die Bienen sammeln, verdünnen sie mit ihrem Speichel. Die zuckerhaltigen Substanzen werden geschluckt und zunächst in der nur stecknadelkopfgroßen Honigblase verstaut. Bereits dort laufen mit Hilfe von körpereigenen Enzymen und Säuren biochemische Prozesse zur Umwandlung in Honig ab. Die Biene selbst „nascht" nur wenig. Sie transportiert den größten Teil ihrer süßen Ware zur Weiterverarbeitung in den Bienenstock.

Sammelbienen übergeben den Inhalt ihrer Honigblase an die fürs Honigmachen zuständigen Stockbienen. Zunächst muss die Lieferung bis auf einen Anteil von 16 bis 19 % entwässert werden. Dazu pumpen die Bienen den Nektar etwa 20 Minuten lang immer wieder aus ihrer Honigblase hoch, lassen ihn aus dem Rüssel tropfen und saugen die Flüssigkeit wieder auf. Bei diesem Vorgang verdunstet Wasser, denn im Stock herrschen 30 bis 35 °C. Schließlich wird der „halbreife" Honig in dünnen Schichten in Wabenzellen eingelagert. Damit Feuchtigkeit aus dem Stock entweicht, fächeln die Bienen ununterbrochen mit den Flügeln.

Bei der Honigherstellung kommt es jedoch nicht nur auf das Trocknen, sondern auch auf das Fermentieren an. Immer wieder saugen die Arbeiterinnen den Nektar aus den Waben in ihre Honigmägen, wo Enzyme den Zucker umwandeln. Nach und nach gewinnt der Honig Geschmack, Geruch, Farbe und die typische Konsistenz. Hat der Honig eine Konzentration von etwa 80 % erreicht, füllen die Bienen die Zellen in den Waben komplett auf. Den Abschluss bildet eine luftdichte Wachsdecke.

Im Bienenstock legen die Bienen ihren Wintervorrat in Form von Honig an.

Die Arbeit des Imkers

Freilich – freiwillig treten die Bienen ihr kostbares Gut nicht an den Menschen ab. Vor der sogenannten Ernte muss der Imker das Volk erst mal vertreiben – traditionell durch Räuchern oder durch ein Gebläse. Weniger aufregend für die Bienen ist der Einsatz von „Bienenfluchten". Das heißt, die Bienen können raus, aber nicht mehr rein in den Stock.

Der Imker entnimmt die eingehängten Wabenrahmen mit den verdeckelten Zellen, fegt verbliebene Bienen sorgfältig ab und öffnet die Zellen. Die Waben werden in eine Zentrifuge gehängt, und beim Drehen schleudert der Honig heraus, ohne sich dabei zu erwärmen. Der Hinweis „kaltgeschleudert" auf dem Etikett besagt somit nichts Außergewöhnliches. Aus der Zentrifuge fließt der Honig durch ein extrafeines Doppelsieb in Auffangbehälter, und wird so von noch anhaftenden winzigen Pflanzenteilchen oder Wachspartikeln gereinigt. Zum Mischen verschiedener Sorten, zum Abfüllen oder auch zum Sieben und Auflösen von Kristallen darf Honig dann auf höchstens 45 °C erwärmt werden.

Spickzettel

- Honig ist ein reines Naturprodukt, das nicht vom Menschen, sondern von Bienen produziert wird.
- Honig entsteht entweder aus Nektar oder aus Honigtau.
- Es gibt unzählige Honigsorten, am meisten verkauft wird der Mischhonig.
- Schleuderhonig ist die am häufigsten angebotene Honigart.
- Sortenhonig muss vorwiegend von der genannten Pflanze stammen.
- Das Kristallisieren des Honigs ist kein Qualitätsmangel, sondern ein natürlicher Prozess.

SÜSSES & DESSERTS

Süße Vielfalt

Akazienhonig

Berghonig

Um nur 1 kg Honig zu produzieren, müssen 350 bis 400 Bienen ihr Leben lang arbeiten. Betreut werden die etwa 1 Mio. Bienenvölker hierzulande von rd. 90 000 Imkern, die jährlich 20 000 bis 25 000 Tonnen Honig ernten. Und dennoch deckt diese Menge nur etwa 20 % des heimischen Bedarfs, denn die Deutschen sind mit ca. 1 kg pro Kopf und Jahr Weltmeister im Honigverzehr. Der Bedarf wird durch Importe aus Ländern gedeckt, in denen Bienen auf Grund des günstigeren Klimas noch fleißiger sein können. Dass der eingeführte Honig qualitätsmäßig den deutschen Bestimmungen entsprechen muss, versteht sich von selbst.

Honigarten

Unterschieden wird Honig zunächst einmal danach, was die Bienen in den Stock getragen haben:

Blütenhonig ist der Nektar aus Blüten (zum Beispiel Lindenblüten). Der gelbliche Honig ist cremig gerührt oder flüssig und hat – entsprechend der Blütensorte – einen aromatischen, teils kräftigen Geschmack. Die strengen Güterichtlinien des Deutschen Imkerbunds erlauben nur einen Wassergehalt von 18 %.

Honigtauhonig (beispielsweise Waldhonig) stammt aus den natürlichen Absonderungen von Blättern und Nadeln oder aus Sekreten bestimmter Insekten, die sich von Pflanzen ernähren. Der Honig schmeckt teilweise kräftig, und sein Farbton kann von hellbraun über grünlichbraun bis zu fast schwarz reichen.

Sortenhonig entsteht, wenn der Honig überwiegend von einer bestimmten Blüten- oder Pflanzenart („Tracht") stammt. Geschmack und Geruch müssen entsprechende Merkmale aufweisen. Eindeutig feststellen lässt sich die Herkunft eines Honigs über eine sogenannte Pollenanalyse, bei der unter dem Mikroskop tatsächlich die arttypischen Pollen ausgezählt werden.

Mischhonig wird beim Abfüllen aus verschiedenen Honigarten gemischt. Etwa 60 % des Angebots im Handel besteht aus Mischhonig.

Honig unterscheidet man auch nach Art der Gewinnung:
- Bei den meisten Sorten handelt es sich um Schleuderhonig, der durch Zentrifugieren aus den Waben geschleudert wird.
- Scheiben- und Wabenhonig befindet sich noch in den von Bienen gebauten Wachswaben und besteht immer aus Heidehonig. Die vergleichsweise teure Spezialität kommt in Scheiben geschnitten auf den Markt. Honig mit Wabenteilen ist flüssiger Honig, gemischt mit kleinen Wabenstücken.
- Presshonig ist eine Spezialität der Korbimker aus der Lüneburger Heide. Er wird nicht geschleudert, sondern durch Druck aus den Waben gepresst. Beim Seimhonig kommt noch Wärme dazu. Wegen des erhöhten Pollen- und Wassergehalts ist der Honig weniger lange haltbar.
- Eine Seltenheit ist heute Tropf-, Lauf- oder Senkhonig. Ihn lässt der Imker aus den entdeckelten Waben tropfen.

Honigsorten

Geschmack, Geruch, Farbe und Konsistenz der einzelnen Honigsorten werden davon bestimmt, auf welchen Pflanzen die Bienen ihre Nahrung gesammelt haben:

Akazienhonig

Die hängenden, zart duftenden Blüten der Scheinakazie (Robinie) liefern den Nektar für Akazienhonig, der vorwiegend aus Südosteuropa kommt. Er hat eine wasserhelle, grünlich-gelbe Farbe und einen feinsüßen, mild-aromatischen Geschmack. Akazienhonig ist dünnflüssig und kristallisiert auf Grund des hohen Fruchtzuckergehalts extrem langsam aus. Besonders gut eignet sich Akazienhonig zum Verrühren in Getränken.

Eichenwaldhonig

Bergblüten- und Gebirgsblütenhonig
Der Nektar stammt von Blüten, die in hohen Lagen oder Gebirgsregionen gedeihen. Der Honig hat einen feinblumigen, sehr aromatischen Geschmack. Das Farbspektrum reicht von Hellgelb über Goldgelb bis Goldbraun. Diese Honigsorte kann je nach Herkunft kristallin bis flüssig sein.

Buchweizenhonig
Er besticht durch ein ausgefallenes, kräftiges Aroma. Buchweizenhonig hat eine dunkelbraune bis rötliche Farbe und eine cremige Konsistenz. Er wird traditionell zum Backen von Lebkuchen verwendet.

Eichenwaldhonig
Im sonnigen Spanien gibt es ausgedehnte Korkeichenwälder, in denen Bienen üppig Honigtau finden. Der Honig hat eine dunkle Farbe, schmeckt vollmundig und besitzt ein unverwechselbares Aroma.

Erdbeerbaumhonig
Diese ausgefallene Spezialität lässt sich mit keinem anderen Honig vergleichen. Sie hat ein ungewöhnliches, bittersüßes Aroma. Erdbeerbäume gehören zu den Heidekrautgewächsen. Sie blühen nur kurz und erst sehr spät im Jahr. Ein sonniger Herbst ist Voraussetzung für die Produktion von Erdbeerbaumhonig.

Eukalyptushonig
Eukalyptusbäume liefern nicht nur Nektar, sondern auch Honigtau. So entsteht ein gelblich-brauner Honig mit feincremiger Konsistenz und fruchtig-würzigem Geschmack.

Heidehonig
Heidepflanzen wie „Erika" oder „Besenheide", die vor allem an den atlantischen Küsten Europas, dem Heidemoor und in lichten Wäldern wachsen, liefern den Nektar für Heidehonig. Er ist goldbraun mit rotem Unterton, sehr dickflüssig und kristallisiert leicht. Beim Schleudern und Sieben entstehen kleine Bläschen, die den Honig trüb wirken lassen. Sein Geschmack ist herb-aromatisch.

Kastanienhonig
Edelkastanien vor allem in Frankreich und Italien sind für Bienen eine ergiebige Nahrungsquelle. Sie finden an den Bäumen nicht nur Nektar, sondern auch Honigtau. Kastanienhonig ist bernsteinfarben bis dunkelbraun, zähflüssig bis kristallin und sehr enzymreich. Er zeichnet sich durch ein kräftig-herbes Aroma aus.

Kleehonig
Er schmeckt angenehm mild-würzig und wird wegen seines hohen Traubenzuckergehalts als schneller Energiespender geschätzt. Kleehonig wirkt perlmuttartig, ist hellbeige bis fast weiß, besitzt eine feincremige Konsistenz und neigt stark zum Kristallisieren. Ein großer Teil des angebotenen Kleehonigs stammt aus Kanada.

Landhonig
Er stammt von ländlichen Feld- und Wiesenblüten aus der ganzen Welt. Landhonig ist dunkelgelb, streichfest und hat einen herzhaften, kernigen Geschmack.

Lavendelblütenhonig
Wenn in der französischen Provence der blaue Lavendel blüht und duftet, sind die Bienen in ihrem Element. Lavendelblütenhonig hat ein feines, einzigartiges Lavendel-Aroma. Er ist hellgelb und von fein-cremiger Konsistenz.

 Qualität erkennen

Honig von guter Qualität hat beim Kauf
- ein gleichmäßiges Aussehen,
- eine zähflüssige oder feste Konsistenz,
- in kandiertem Zustand eine trockene Oberfläche (eine feine weiße Schicht ist kein qualitätsminderndes Merkmal),
- keinen Fremdgeruch.

SÜSSES & DESSERTS

Pinienhonig

Rapskleehonig

Lindenblüten- und Lindenhonig
Linden gehören zu den wenigen Bäumen, die auch noch am Abend von Bienen besucht werden. Lindenblütenhonig stammt ausschließlich aus den Blüten der Linden. Er ist zartgelb bis leicht grünlich und hat einen typischen, aber milden Geschmack. Lindenhonig enthält auch einen gewissen Anteil an Honigtau, was für einen kräftigeren Geschmack sorgt.

Obstblütenhonig
Er stammt aus den Obstanbaugebieten der Welt, ist hellgelb bis hellbraun und besitzt ein mildes bis fruchtiges Aroma.

Orangenblütenhonig
Schon sein lieblicher Duft erinnert an blühende Orangenhaine. Orangenblütenhonig ist feincremig und gelb, oft mit rötlichem Unterton. Er eignet sich unter anderem bestens für Desserts oder zum Verfeinern mediterraner Gerichte.

Pinienhonig
Dieser Honigtauhonig stammt überwiegend aus griechischen und türkischen Pinienwäldern. Er hat ein harziges, würzig-süßes bis leicht herbes Aroma.

Rapshonig
Auf großen Rapsfeldern finden Bienen reichlich Nektar und Pollen. Rapshonig ist fast weiß und schmeckt je nach Rapssorte zart bis kräftig. Wegen des hohen Traubenzuckergehalts kristallisiert er besonders schnell, gleichmäßig und fein.

Sonnenblumenhonig
Genau wie die Blüte, so hat auch Sonnenblumenhonig eine leuchtend sonnengelbe Farbe. Er ist cremig und schmeckt sehr aromatisch.

Tamariskenhonig
Die Tamariske ist ein strauchartiger Baum mit kleinen, rosaweißen Blüten. Er gedeiht auf trockenen, salzhaltigen Böden in warmen Klimazonen. Tamariskenhonig zeichnet sich aus durch seine Bernsteinfarbe und ein feinherbes Aroma.

Was ist drin im Glas?

Was drauf steht, ist auch drin im Honigglas. Deshalb lohnt sich beim Einkauf der Blick aufs Etikett. Es enthält neben den gewohnten Angaben (Name und Anschrift des Herstellers, Verkehrsbezeichnung, Füllmenge und Mindesthaltbarkeitsdatum) weitere interessante Informationen:

- Wenn der Honig überwiegend von einer Pflanze stammt und entsprechende sensorische, physikalische und mikroskopische Merkmale aufweist, darf die Pflanzenart genannt werden (beispielsweise „Kleehonig").
- Ein regionaler, territorialer oder topografischer Name ist nur zulässig, wenn der damit bezeichnete Honig ausschließlich aus der angegebenen Gegend stammt.
- Auslobungen wie „Auslese" oder „Auswahl" weisen darauf hin, dass der Honig überdurchschnittliche Eigenschaften hinsichtlich Geschmack, Konsistenz, Aussehen und Farbe erwarten lässt.
- Stehen auf dem Etikett Aussagen wie „kalt geschleudert", „mit natürlichem Fermentgehalt", „wabenecht" oder auch die Begriffe „feinste" oder „beste", wurde bei der Gewinnung, Lagerung und Abfüllung besondere Sorgfalt aufgewendet und der Honig hat nachprüfbare Qualitätsmerkmale.
- In der geschlossenen Verpackung ist Honig jahrelang haltbar – also weit über das (erst seit 2004) angegebene Mindesthaltbarkeitsdatum hinaus. Allerdings muss das Produkt nach dem Kauf richtig gelagert werden – kühl bei etwa 18 °C und dunkel.

Außerdem sollte man dickflüssigen Honig weder schütteln noch stark umrühren, denn das zerstört die Kristallstruktur und schadet dem Aussehen. Bei flüssigem Honig jedoch fördert Bewegung die Kristallisation. Abgesehen davon ist das Kristallisieren kein Makel, sondern ein ganz natürlicher Prozess, der vom Verhältnis zwischen Trauben- und Fruchtzucker bestimmt wird. Tannenhonig und Akazienhonig beispielsweise kristallisieren erst nach Jahren, Blüten- und Mischhonige nach einigen Wochen, Raps- und Kleehonig dagegen schon bald nach der Ernte.

Auskristallisierter Honig lässt sich durch Erwärmen wieder verflüssigen. Dabei stellt man das Glas am besten in ein warmes Wasserbad. Die Temperatur sollte aber 40 °C nicht überschreiten, da sonst wertvolle Inhaltsstoffe (zum Beispiel Enzyme) verloren gehen.

Sonnenblumenhonig

Tannenhonig
In Deutschland darf dieser Honigtauhonig nur von Weißtannen stammen, in anderen europäischen Ländern dagegen auch von Fichten. Tannenhonig ist eine teure Rarität, weil Tannen nicht in jedem Jahr blühen. Sein stark aromatischer, harzig-würziger Geschmack und Geruch erinnern deutlich an frische Tannennadeln. Tannenhonig hat eine dunkle, schwarz-grüne Farbe und kristallisiert sehr langsam.

Thymianhonig
In Südeuropa und Asien gedeiht der sonnenliebende, duftende Thymian. Seinen ätherischen Ölen verdankt der Honig ein volles, intensiv-herbes Kräuteraroma. Thymianhonig hat eine cremig-kristalline Konsistenz.

Waldhonig
Dieser bekannteste Honigtauhonig kann sowohl von Nadel- als auch von Laubbäumen stammen. Der dunkle Waldhonig hat meist einen besonders hohen Gehalt an Enzymen und Mineralstoffen und besticht durch einen herbwürzigen Geschmack.

Wildblütenhonig
Verschiedenste wild wachsende Blüten, zum Beispiel von Ginster oder Lupinen, liefern den Nektar für Wildblütenhonig. Er hat eine goldgelbe bis bernsteinfarbene Tönung und schmeckt je nach Sorte mild bis kräftig.

Sonstiges aus dem Honigregal

Blütenpollen
Beim Sammeln von Nektar kriechen die Bienen tief in die Blüten hinein und streifen dabei Blütenpollen (Blütenstaub) ab. Dieses „Nebenprodukt" dient den Insekten als Proteinquelle. Sie machen die Pollen mit etwas Nektar klebrig, so bleibt der Staub an den Beinen hängen und bildet sogenannte „Pollenhöschen". Im Stock werden die Pollen rund um das Brutnest oder in separaten Waben eingelagert.

Der Imker erntet die Pollen allerdings schon vorher – nämlich gleich bei der Heimkehr der Bienen. Er lässt die Sammlerinnen durch ein grobmaschiges Lochgitter laufen, die dicken Pollenpakete werden abgestreift und fallen nach unten in eine Schublade. Zur Konservierung werden die Pollen einige Tage schonend bei ca. 40 °C getrocknet und dann für den Verkauf verpackt.

Je nach Pflanze schmecken Pollen herb oder süßlich, und auch die Farben variieren. Da Blütenpollen reich sind an Eiweiß, Aminosäuren und Vitamin B, gelten sie als hochwertiges Nahrungsergänzungsmittel. Sie sollen eine positive Wirkung unter anderem auf das Nervensystem und die Fitness haben. Man isst Blütenpollen entweder pur oder vermischt sie mit Müsli, Joghurt oder Quark.

Tannenhonig

Gelee Royale
Der Futtersaft, mit dem die Honigbienen ihre Königinnen aufziehen, wird in Drogerien und Apotheken als Gelee Royale verkauft bzw. im Versandhandel vertrieben und findet neben *Propolis* (von den Bienen aus Knospen von Laubbäumen gewonnener, reichlich Flavonoide enthaltender Stoff zum Festigen und Überziehen der Waben) Verwendung in Nahrungsergänzungsmitteln und der Kosmetik.

Invertzuckercreme (Kunsthonig)
Heute nennt man das Produkt „Invertzuckercreme", früher hieß es „Kunsthonig" und wurde als Ersatz für Honig verwendet. Wichtigster Bestandteil ist Invertzucker, der durch die Spaltung von Rohr- oder Rübenzucker künstlich erzeugt wird. Durch das Vermischen mit Stärkezucker oder -sirup entsteht eine Creme, die auch mit Honig oder Honigaroma angereichert und mit zugelassenen Stoffen gefärbt werden darf. Beträgt der Anteil an echtem Honig mehr als 10 %, muss dies auf dem Etikett prozentual ausgewiesen sein. Invertzuckercreme ist hellgelb bis bräunlich und hat je nach Herstellung eine dickflüssige bis feste Konsistenz.

Türkischer Honig
Die Bezeichnung führt auf eine falsche Fährte, denn tatsächlich handelt es sich um gar keine Honigsorte. Die Süßware wird zwar mit Honig hergestellt, doch sind auch Zucker, Eiweißschnee und Gelatine enthalten, außerdem meist Nüsse und Mandeln. Manche Produkte haben eine Sesam-Kruste. Übrigens: Früher bezeichnete man weißen Nugat als Türkischen Honig.

SÜSSES & DESSERTS

Noch mehr Süßes aufs Brot

Neben Honig gibt es weitere, nicht minder beliebte süße Brotaufstriche: Konfitüre, Marmelade, Gelee, Mus, Nusscreme – um nur einige zu nennen. Sie selber herzustellen, erfordert Zeit, viel Sorgfalt und das nötige Know-how. Wer über das eine oder andere nicht verfügt, greift zu den fertigen Produkten aus dem Handel. Sie sind so gut wie hausgemacht – nicht selten sogar besser.

Konfitüre, Marmelade und Gelee

Von den ersten Beeren im Frühsommer bis zu den letzten Früchten im Herbst, nahezu jedes heimische Obst lässt sich zu süßem Brotaufstrich verarbeiten. Auch exotische Früchte kommen immer häufiger ins Glas. Die industrielle Herstellung funktioniert im Prinzip genauso wie die im Haushalt: Das Obst wird mit Zucker eingekocht, abgefüllt und sterilisiert. Allerdings kommt hier moderne Verfahrenstechnik zum Einsatz, und die gesamte Produktion unterliegt strengen Kontrollen.

Man benötigt frisches, qualitativ erstklassiges Obst im optimalen Reifezustand. Es wird je nach Art gewaschen, geschält, entstielt, entkernt, grob zur sogenannten „Pülpe" zerkleinert und immer häufiger sofort tiefgekühlt. Dies erlaubt, das Obst ohne Frischeverlust bis zur Verarbeitung zu lagern, und macht unabhängig von der Saison. Das Gleiche gilt, wenn die Früchte stark zu „Mark" zerkleinert und dann gefrostet werden. Generell erlaubt der Gesetzgeber, Konfitüre & Co. aus frischer und tiefgefrorener Rohware herzustellen. Die Verwendung getrockneter Früchte ist nur bei Aprikosen und Pflaumen gestattet. Ihnen steht die Qualitätsstufe „Konfitüre einfach" offen.

Die Verarbeitung beginnt, indem man die jeweilige Fruchtmasse mit den nötigen Zusatzstoffen mischt. Üblich ist Pektin, ein aus Äpfeln und Zitronen gewonnenes natürliches Geliermittel. Falls es den Früchten

Brombeerkonfitüre

Erdbeerkonfitüre

Feigenkonfitüre

Schwarzkirschkonfitüre

Orangenmarmelade

Johannisbeergelee

Quittengelee

an Säure mangelt, kommen Wein- oder Zitronensäure dazu. Zugelassen sind auch Laktate (Salze und Ester der Milchsäure) sowie Zitrate (Salze der Zitronensäure). Unter Dampf und Vakuum wird die Mischung bei etwa 80 °C schonend gekocht, wobei Aroma, Vitamine und Farbe der Früchte weitgehend erhalten bleiben. Während des Kochens wird die zum Gelieren exakt benötigte Menge an aufgelöstem und geläutertem Zucker zugegeben. Sobald die Masse ihre erforderliche Konsistenz erreicht hat, wird sie noch heiß vollautomatisch in Gläser abgefüllt. Nach dem luftdichten Verschließen der Gläser folgt noch das Sterilisieren mit anschließendem Abkühlen. Damit sind die Gläser fertig zum Etikettieren.

Der feine Unterschied, den die Konfitürenverordnung zwischen „Konfitüre" und „Marmelade" macht, interessiert zwar die wenigsten Verbraucher, ist aber tatsächlich vorhanden. Die Zusammensetzung entscheidet darüber, welche Bezeichnung bei einem industriell hergestellten Produkt auf dem Etikett stehen muss.

Konfitüre

Die beliebteste Sorte ist mit Abstand die Erdbeer-Konfitüre. Dann folgen die Sorten Kirsche, Aprikose, Himbeere, Brombeere, Pflaume, Orange, schwarze und rote Johannisbeere und schließlich Heidelbeere. Zur Herstellung verwendet man ganze frische Früchte (zum Beispiel Heidelbeeren), Pülpe oder tiefgefrorene Früchte. Auf den Markt kommt Konfitüre in zwei Qualitätsstufen, die sich vor allem im Fruchtgehalt unterscheiden:

Konfitüre extra muss zu mindestens 45 % aus Frucht bestehen. Bei Produkten aus Quitten, Hagebutten und schwarzen Johannisbeeren genügen mindestens 35 %. Wird das Produkt aus mehr als einer Fruchtsorte hergestellt, dürfen Äpfel, Birnen, Melonen, nicht steinlösende Pflaumen, Weintrauben sowie Gurken, Kürbisse und Tomaten nicht verwendet werden.

Konfitüre einfach hat weniger als 45 % Fruchtanteil, aber mindestens 35 %. Bei Produkten aus Quitten, Hagebutten und schwarzen Johannisbeeren genügen mindestens 25 %. Möglich ist auch die Verwendung von Fruchtmark sowie von Früchten, die mit Schwefeldioxid konserviert wurden.

Was beide Qualitätsstufen betrifft: Vorgeschrieben sind insgesamt 60 % Mindesttrockenmasse. Wird die Konfitüre aus ein oder zwei Fruchtarten hergestellt, müssen diese auf dem Etikett genannt werden, und zwar an erster Stelle jene Frucht mit dem höheren Gewichtsanteil. Somit hat beispielsweise eine Erdbeer-Rhabarber-Konfitüre mehr Erdbeeranteil. Bis zu vier Fruchtarten dürfen verarbeitet werden. Darauf weisen Bezeichnungen wie „Mehrfrucht-, Dreifrucht- oder Vierfruchtkonfitüre" hin.

Marmelade

Diese Bezeichnung ist Produkten aus Zitrusfrüchten vorbehalten. Zur Herstellung werden Pülpe, Mark, Saft und wässrige Auszüge aus Zitronen, Orangen und Grapefruits verwendet. Zulässig sind auch mit Schwefeldioxid konservierte Zitrusfrüchte. In 1 kg Marmelade müssen mindestens 200 g Zitrusfrüchte enthalten sein, der Trockenmassegehalt muss bei mindestens 60 % liegen. Die Zugabe von Zitrusschalen ist erlaubt. Auf dem Etikett muss stehen, ob die Schalen dick oder fein geschnitten sind.

Gelee

Die Herstellung ist einfach: Man kocht Fruchtsäfte, Fruchtsaftkonzentrate oder wässrige Auszüge aus Früchten so lange mit Zucker, bis die Flüssigkeit geliert. Besonders gut geeignet sind säuerliche Früchte wie bestimmte Apfelsorten, Johannisbeeren, Quitten, Himbeeren und Brombeeren.

Wie bei der Konfitüre so gibt es auch beim Gelee zwei Qualitätsstufen: *Gelee extra* besteht laut Verordnung zu mindestes 45 % aus Fruchtsaft, *Gelee einfach* zu mindestens 35, aber weniger als 45 %. Für beide Gelee-Arten können mehrere Fruchtarten verarbeitet werden. In diesem Fall sind für „Gelee extra" folgende Früchte tabu: Äpfel, Birnen, Melonen, nicht steinlösende Pflaumen, Weintrauben sowie Gurken, Kürbisse und Tomaten. Was die Kennzeichnung betrifft, gehen beide Gelee-Arten mit der Konfitüre konform.

> 👍 **Tipps für Konfitüre, Marmelade und Gelee**
>
> - Konfitüre, Marmelade und Gelee bewahrt man nach dem Öffnen der Verpackung am besten im Kühlschrank auf.
> - Originalverpackt sind die Produkte mindestens 18 Monate haltbar. Ware im Glas muss vor Licht geschützt werden.
> - Mit einem Löffel Konfitüre kann man Naturjoghurt oder Quark fruchtig aufpeppen.
> - Gelee kann man in der Mikrowelle oder im Wasserbad schmelzen und noch heiß über Obstkuchen oder kleine Fruchttörtchen geben. Beim Erkalten entsteht ein aromatischer Guss.
> - Feigenkonfitüre oder Marmelade aus Zitrusfrüchten wie Orangen oder Zitronen sind ideale Begleiter für Käse.

SÜSSES & DESSERTS

Rübenkraut

Pflaumenmus

Spezielle Brotaufstriche

In früheren Zeiten, als das Einmachen für Hausfrauen noch Ehrensache war, entstanden jene Rezepturen, nach denen heute die Industrie wieder leckerste Brotaufstriche herstellt:

Fruchtiges

Apfelkraut

Diese Spezialität war bereits den alten Germanen bekannt, die dereinst nicht lagerfähiges Fallobst zu Apfelkraut verarbeiteten, dessen eigener Zuckergehalt für die Konservierung ausreichte. Apfelkraut ist ein dunkelbrauner, durch Eindicken von Äpfeln hergestellter zäher Sirup. Die Vorschrift besagt heute, dass für 1000 g Apfelkraut mindestens 2700 g Äpfel verarbeitet werden. Während der Herstellung werden feste Bestandteile abgetrennt. Reichert man das Kraut zur Geschmacksverfeinerung mit Birnen an, ist der Birnenanteil auf 600 g begrenzt. Erlaubt ist die Zugabe von höchstens 400 g Zucker, wobei die Industrie das Gelieren häufig mit Pektin unterstützt. Der Wasseranteil darf nicht mehr als 35 % betragen.

Birnenkraut

Durch Eindicken von Birnen erhält man Birnenkraut. Für 1000 g sind mindestens 4200 g Birnen erforderlich. Gern werden Äpfel zugegeben, da sie besser gelieren, doch mehr als 700 g dürfen es nicht sein. Bei Birnenkraut wird ein Zuckergehalt von 300 g und ein Wasseranteil von 35 % akzeptiert.

Rübenkraut

Diesen zähen, schwarzbraunen Sirup findet man vor allem im Rheinland und in Westfalen in fast jedem Haushalt. Rübenkraut kommt morgens aufs Brot und mittags in die Sauerbratensauce. Zur Herstellung von Rübenkraut wird aus geschnitzelten Zuckerrüben der Saft gepresst und dieser ohne chemische Zusätze unter Vakuum eingedickt. Der Sirup enthält höchstens 22 % Wasser und ist nach deutschem Lebensmittelrecht bei 18 °C ausreichend streichfähig. Gern werden auch Rüben- und Apfelkraut zu gleichen Teilen gemischt. Das Produkt kommt dann als „Apfel-Rübenkraut", „Apfel-Rübensirup" oder „Gemischtes Kraut" auf den Markt.

Pflaumenmus (Latwerge)

Dieser dick eingekochte Brei aus Pflaumen oder Zwetschgen (Zwetschgenmus) ist eine Delikatesse auf frischem Brot. Industriell wird Pflaumenmus aus zerkleinerten Früchten (Pülpe), Fruchtmark oder tiefgefrorenen Früchten hergestellt. Auch Trockenpflaumen können verwendet werden, aber nicht mehr als 350 g pro 1000 g Mus. Auf dem Etikett ist dann ein entsprechender Hinweis erforderlich. Das Gesetz verlangt außerdem, dass auf 1000 g Pflaumenmus nicht mehr als 300 g Zucker kommen und der Wasseranteil bei nicht mehr als 50 % liegt. Gewürze wie Gewürznelken, Zimt und etwas Essig oder Rotwein machen Pflaumenmus noch köstlicher. Übrigens: „Powidl" ist die österreichische Variante von Pflaumenmus und wird im Original ohne Zucker und Gelierhilfe hergestellt.

Erdnusscreme

Nuss-Nougat-Creme

Nussiges

Erdnusscreme/Erdnussmus/Erdnussmark
Früher nannte man das Produkt in Deutschland „Erdnussbutter", doch diese Bezeichnung ist nicht mehr zulässig. Der Gesetzgeber will jede Verwechslung mit echter Butter verhindern. Auf alle Fälle ist Erdnusscreme ein recht üppiger Genuss. In 100 g stecken 650-700 kcal. Sie besteht zu rund 90 % aus gemahlenen Erdnüssen, Öl, Salz, Süßungsmitteln und Stabilisatoren. Biologisch erzeugte Produkte kommen auch ohne Stabilisatoren aus. Für Gesundheitsbewusste: Erdnusscreme enthält reichlich Vitamin H (Biotin) und Magnesium.

Maronencreme
Maronen sind Esskastanien, die in südlichen Ländern wachsen. Für 1000 g Creme werden vorschriftsgemäß mindestens 380 g geschälte Maronen mit Zucker zu einer Creme verarbeitet. Gelegentlich wird das Produkt auch mit Zutaten wie Vanille, Grand Marnier, Schokolade oder Orangenschalen verfeinert.

Nougatcreme
Hergestellt wird sie aus zerkleinerten Nusskernen, Zucker und Kakaoerzeugnissen, cremig gerührt mit Pflanzen- oder anderen Speisefetten, Milchprodukten oder Sojamehl. *Nuss-Nougat-Creme* muss mindestens 10 % Haselnüsse enthalten.
Wenn andere Nüsse die Grundlage bilden, müssen diese genannt werden (beispielsweise *Mandel-Nougat-Creme*). Über die genaue Zusammensetzung des Produkts gibt das Etikett Auskunft, wo alle Inhaltsstoffe aufgeführt sein müssen. Nougatcreme sollte kühl – idealerweise bei etwa 12 °C –, aber nicht kalt gelagert werden, da sie sonst ihre Streichfähigkeit verliert. Auch Wärme verträgt das Produkt nicht, denn die enthaltenen Nüsse können ranzig werden.

Schokoladiges

Schokoladen-Brotaufstriche
Neben dem klassischen Schokoladen-Brotaufstrich finden sich noch viele Varianten und Spezialitäten in Einzelhandel. Weiße Schokolade-Creme, auch mit Macadamia-Nüssen oder Erdbeerstückchen angereichert, findet sich wie Spezialitäten mit Aromen wie Espresso oder Orange immer öfters in den Regalen. Immer mehr werden auch Bio-Varianten angeboten – klassisch oder z. B. als Erdmandel-Creme.

Schokoladetäfelchen
Die schwäbische Stadt Untertürkheim ist nicht nur bekannt wegen der Autos mit Stern, sondern auch wegen ihrer Eszet-Schnitten, den hauchdünnen Schokoladetäfelchen, die hier bereits 1933 erstmals hergestellt wurden. Sie haben sich über die Jahrzehnte hinweg auch gegen die streichbare Konkurrenz behauptet und kommen heute in den Geschmacksrichtungen „Zartbitter", „Vollmilch", „Vollmilch-Nuss" und als „weiße Schoklade" in den Handel.

SÜSSES & DESSERTS

Schokolade

Schokolade macht glücklich – heißt es. Und sie ist nicht zum Essen, sondern zum Genießen da. Die Deutschen wissen das aus Erfahrung, denn jeder Bundesbürger lässt sich im Jahr mehr als 9 kg Schokolade und Schokoladenerzeugnisse schmecken.

Schokolade gefüllt

Vom Xocolatl zur Schokolade

Die Geschichte der Schokolade reicht weit zurück und beginnt – zumindest für uns – bei den alten Azteken. Als die spanischen Eroberer einst nach Mexiko kamen, lernten sie dort scharf gewürzten Kakao kennen. Dieser „xocolatl" schmeckte den Findringlingen zwar nicht, wirkte aber eindeutig belebend und stärkend. Also brachten sie die Neuheit mit nach Hause an den spanischen Hof. Die Köche fanden schnell heraus, wie man das Getränk verbessern konnte. Der Kakao wurde mit Rohrzucker gesüßt und mit Wasser, Milch oder Wein schaumig geschlagen. So entstand ein köstliches Getränk, das lange Zeit ein Privileg der Spanier blieb. Erst um 1606 tauchte es auch in anderen europäischen Ländern auf.

In Deutschland wurden Kakaoerzeugnisse zunächst lediglich in Apotheken als Heil- und Stärkungsmittel verkauft. Doch dann entdeckten die Spezerey-Händler (sie verkauften Gewürze und Lebensmittel aus den fernen Kolonien) das lohnende Geschäft mit dem exotischen Produkt. Man ersann neue Zubereitungen mit Milch, Eiern und Wein, denen dann schließlich die erste feste Schokolade folgte. Sie war natürlich so teuer, dass sich nur Wohlhabende das Vergnügen leisten konnten. Erst als um 1800 die maschinelle Produktion begann, kamen immer mehr Leute in den Genuss von Schokolade.

Die erste deutsche Schokoladenmanufaktur gründete 1756 Prinz Wilhelm von der Lippe in Steinhude. Später folgten Firmen, die bereits mit Dampfmaschinen arbeiteten. Nach der Abschaffung der Binnenzölle tauchten immer mehr Schokoladefabriken auf. Was sie produzierten, entsprach natürlich in keiner Weise dem heutigen Standard. Nachdem Henri Nestlé 1867 das Milchpulver erfunden hatte, gelang dem Schweizer Daniel Peter 1879 erstmals die Herstellung von Milchschokolade. Im selben Jahr machte Rodolphe Lindt das Conchieren publik – die Voraussetzung für Schokolade mit zartem Schmelz. Damit begann endgültig die Karriere der Schokolade zum hochwertigen und weltweit begehrten Genussmittel.

Spickzettel

- Schokolade besteht in erster Linie aus Kakaomasse.
- Ihren zarten Schmelz erhält Schokolade durch einen Arbeitsgang, den man Conchieren nennt.
- Tafelschokolade wird massiv oder mit diversen Füllungen angeboten.
- Pralinen sind Schokoladestücke in mundgerechter Größe mit festen, weichen oder flüssigen Füllungen.

Was drin sein darf und muss

Noch vor wenigen Jahren hatte jedes Land seine eigene Kakao- und Schokoladenverordnung. Heute gelten in der EU einheitliche Regelungen, in die das jeweilige nationale Recht aufgenommen wurde. Aus deutscher Sicht sind die Gesetze jetzt weniger streng. Verbindlich festgelegt ist unter anderem, woraus Schokolade hergestellt werden darf:

- Wichtigster Bestandteil jeder Schokolade ist die *Kakaomasse*. Dabei handelt es sich um gemahlene Kakaobohnen, die auf Grund ihres Fettgehalts kein Pulver, sondern eine zähflüssige Masse ergeben.
- Für manche Schokoladensorten benötigt man zusätzlich *Kakaobutter*. Sie wird durch Pressen von Kakaomasse gewonnen. Bei diesem Vorgang fällt einerseits die Kakaobutter an, andererseits der sogenannte Presskuchen, aus dem Kakaopulver hergestellt wird. Die vereinheitlichte Gesetzgebung erlaubt, dass die Kakaobutter bis zu 5 % durch andere pflanzliche Fette ersetzt wird. Hersteller bekannter Marken verzichten jedoch auf deren Verwendung.
- In Schokolade wird handelsüblicher, vorwiegend mittelfeiner *Haushaltszucker* mit einer Korngröße zwischen 0,5 und 1,25 mm verarbeitet.
- Für Milch- und Vollmilchschokolade benötigt man *Milchpulver* aus Kuhmilch. Frische Milch wird wegen ihres hohen Wassergehalts selten verwendet. Bei „Alpenmilch- oder Alpenvollmilch-Schokolade" muss die Milch aus dem Alpenraum stammen. Das Milchpulver kann auch durch *Sahnepulver* ersetzt oder ergänzt werden, um die Schokolade besonders cremig zu machen.
- Damit sich alle Zutaten homogen miteinander verbinden, wird ein *Emulgator* zugegeben. Meist handelt es sich dabei um aus Soja gewonnenes Lezithin. Eine Herstellung ohne Emulgatoren ist sehr aufwändig und deshalb nur bei sehr hochwertiger Ware üblich.
- Möglich sind eine Reihe von *geschmacksgebenden Zutaten*: Häufig verwendet werden Gewürze und Aromen. Ist eine Schokolade entsprechend benannt (zum Beispiel „Cappuccino-Schokolade"), muss sie zu mindestens 1 % aus dem Gewürz bzw. Aroma bestehen. Häufig verwendete Gewürze oder Aromen sind Vanille, Zimt, Kardamom, Macis, Pfeffer, Piment, Kaffee, Tee usw. Ölsamenfrüchte kommen gemahlen oder ganz zum Einsatz. Man verwendet unter anderem Haselnüsse, Mandeln, Erdnüsse, Walnüsse, Pistazien, Kolanüsse, Cashew-Kerne, Kokosnüsse, Pecan-Nüsse oder Macadamia-Nüsse. Vor allem für Riegel sind Cerealien aus verschiedenen Getreidearten sowie getrocknete Früchte eine häufige Zutat.
- Für Füllungen sind *alkoholische Produkte* zulässig. Verwendet werden vor allem Obstbrände (zum Beispiel Kirschwasser) und Liköre (Eierlikör usw.).

Die „Verordnung über Kakao- und Schokoladenerzeugnisse" legt auch den prozentualen Anteil einzelner Zutaten fest. In den Begriffsbestimmungen werden Mindestanforderungen gestellt und folgende Qualitäten genannt:

Schokolade

Dabei handelt es sich um ein Produkt aus Kakaoerzeugnissen und Zuckerarten mit mindestens 35 % Gesamtkakaotrockenmasse. Davon müssen mindestens 18 % Kakaobutter und 14 % fettfreie Kakaotrockenmasse sein. Wird Schokolade mit der Bezeichnung „Gianduja-Haselnuss" („Noisette") verbunden, sind mindestens 32 % Gesamtkakaotrockenmasse bei 8 % fettfreier Kakaomasse vorgeschrieben. Je 100 g dürfen nicht weniger als 20 g und nicht mehr als 40 g fein gemahlene Haselnüsse enthalten sein. Der Zusatz von ganzen oder stückigen Haselnüssen, Mandeln oder anderen Nüssen ist zulässig, wenn das gesamte Nussgewicht 60 % des Produkt-Gesamtgewichts nicht übersteigt. Bei Verwendung von Milch oder Milchtrockenmasse darf das Endprodukt nicht mehr als 5 % Milchtrockenmasse enthalten.

Für Haustiere tabu

Kakaoprodukte und somit auch Schokolade enthalten Theobromin. Diese für den Menschen mild anregende Substanz kann für Hunde, Katzen und Pferde tödlich sein. Betroffen sind natürlich in erster Linie Hunde, die liebend gern das fressen, was Herrchen oder Frauchen schmeckt. Der tierische Stoffwechsel kann Theobromin nur sehr langsam abbauen. Es bleibt deshalb lange im Blutkreislauf und kann zu epileptischen Anfällen, Herzinfarkt und inneren Blutungen und Tod führen. Für einen 10 bis 15 kg schweren Hund können etwa drei Tafeln Vollmilch- oder eine Tafel Zartbitterschokolade zum Tod führen.

SÜSSES & DESSERTS

Milchschokolade
Sie enthält neben Kakao und Zucker auch Milch bzw. Milcherzeugnisse. Vorgeschrieben sind mindestens 25 % Gesamtkakaotrockenmasse (davon mindestens 2,5 % fettfrei), 14 % Milchtrockenmasse und mindestens 3,5 % Milchfett. Insgesamt müssen Kakaobutter und Milchfett einen Fettgehalt von mindestens 25 % ergeben. Wird in der Bezeichnung „Milch" durch „Sahne" ersetzt („Sahneschokolade"), sind mindestens 5,5 % Milchfett gefordert. Eine „Magermilchschokolade" darf nicht mehr als 1 % Fett enthalten.
Wird Milchschokolade als „Gianduja-Haselnuss-Schokolade" bezeichnet (meist steht auf der Verpackung „Noisette"), liegt die Milchtrockenmasse bei mindestens 10 %. Je 100 g dürfen nicht weniger als 15 g und nicht mehr als 40 g fein gemahlene Haselnüsse enthalten sein. Der Zusatz von ganzen oder stückigen Haselnüssen, Mandeln oder anderen Nüssen ist zulässig, wenn das gesamte Nussgewicht 60 % des Produkt-Gesamtgewichts nicht übersteigt.

Haushaltsmilchschokolade
Sie enthält mindestens 25 % Gesamtkakaotrockenmasse (davon mindestens 2,5 % fettfrei) sowie mindestens 20 % Milchtrockenmasse und 5 % Milchfett. Der Gesamtfettgehalt aus Kakaobutter und Milchfett muss mindestens 25 % betragen.

Weiße Schokolade
Sie enthält keine Kakaomasse, sondern nur Kakaobutter (mindestens 20 %), Milch oder Milcherzeugnisse und Zucker. Die Milchtrockenmasse darf nicht weniger als 14 % betragen bei einem Anteil von mindestens 3,5 % Milchfett.

Gefüllte Schokolade
Der Anteil der Schokolade muss mindestens 25 % des Gesamtgewichts inklusive Füllung betragen. Bei einem geringeren Prozentsatz handelt es sich um eine mit Schokolade überzogene Zuckerware.

Der lange Weg zur Schokolade

Der wesentliche Bestandteil von Schokolade ist Kakao, und er wird aus Kakaobohnen hergestellt. Dabei handelt es sich um die mandelförmigen Samen der tropischen Kakaofrucht. Noch im Erzeugerland werden sie ausgelöst, fermentiert (vergoren) und getrocknet. So entsteht der Rohkakao, der nach strengen Qualitätskontrollen auf die Reise zum Schokoladenhersteller geht.

Hier werden die Kakaobohnen gereinigt und geröstet, wodurch sie weitgehend ihr endgültiges Aroma gewinnen. Spezielle Brechmaschinen befreien die Bohnen von ihren Schalen und zerkleinern die Rohware. Kakaomühlen vermahlen das Kerngut zu einer feinen, zähflüssigen Masse. Sie bildet die Grundlage für alle kakaohaltigen Erzeugnisse.

Je nach Schokoladensorte müssen nun die Zutaten zusammengestellt werden. Für Milchschokolade verwendet man Kakaomasse, Kakaobutter, Zucker und Milchpulver, für Bitterschokolade lediglich Kakaomasse und Zucker, manchmal auch Kakaobutter. Entsprechend der Rezeptur werden die Grundzutaten zusammen mit geschmacksgebenden Komponenten wie gemahlenen Nüssen, Kaffee, Gewürzen usw. gründlich zu einer pastosen Masse geknetet. Was der Schokolade jetzt noch fehlt, ist die nötige Feinheit. Um die zu erreichen, überlässt man die Masse schweren, übereinander liegenden Stahlwalzen, die gegeneinander rotieren. Sie zerquetschen Kakao und Zucker in feinste Teilchen, doch noch fehlt jene homogene Verbindung, die Voraussetzung ist für den zarten Schmelz.

Der nächste Arbeitsgang ist die Veredelung. Sie findet in speziellen Behältern, den Conchen (französisch „conche" = „Muschel") statt, die früher die Form einer Muschel hatten.
Beim Conchieren wird die feingewalzte Schokoladenmasse stundenlang bewegt, wobei sie sich durch Reibung erwärmt und eine homogene Konsistenz annimmt. Die Feuchtigkeit sinkt gleichzeitig auf weniger als 1 %. Ständiges Belüften während des Conchierens vertreibt unerwünschte Aromastoffe und fördert die Ausbildung des feinen Aromas. Je länger die Schokoladenmasse conchiert wird, desto feiner – und auch teurer – ist die fertige Schokolade.

Herstellung von Tafelschokolade

Die fertige Schokoladenmasse kann noch mit ganzen oder stückigen Nüssen, Mandeln, Rosinen, Ricecrispies usw. angereichert werden. Nach sorgfältigem Temperieren füllen Maschinen die flüssige Schokolade grammgenau und blasenfrei in Metall- oder Kunststoffformen mit den typischen Rippen. So ergeben sich massive Tafeln, die nach dem Durchlaufen eines Kühlkanals fertig sind zum Verpacken.

Gefüllte Tafeln werden überwiegend im „Hohlkörper-Verfahren" hergestellt: Eine mit Schokolade gefüllte Form wird derart gewendet, dass sich die Schokolade als gleichmäßige Schicht an den Wänden absetzt. Sie erhärtet durch Kühlung. In die so entstandenen Hülsen gießt man die flüssige oder halbflüssige Füllung – zum Beispiel Marzipan, Joghurt, Nougat oder Sahne-Trüffel. Feste Füllungen wie Waffeln oder Krokant werden maschinell eingelegt. Den Abschluss macht eine glatt gestrichene Schokoladenschicht, die später den Boden der Tafel bildet. Im Kühlkanal erhärtet die Schokolade und zieht sich etwas zusammen, wodurch sich die Tafel leicht aus der Form löst.

Hohle, massive und gefüllte Figuren

Da Schokolade beim Erwärmen flüssig und beim Erkalten wieder fest wird, lässt sie sich nahezu beliebig formen. Für Hohlfiguren werden Doppelformen verwendet, deren vordere und hintere Hälfte zusammengefügt das exakte Ebenbild einer Figur ergeben. Man füllt nur eine Hälfte mit Schokolade, verschließt die Form fest mit der anderen Hälfte. Durch maschinelles Drehen und Wenden der Form verteilt sich die Schokolade im Inneren gleichmäßig an den Wänden und erstarrt beim Abkühlen figurgenau. Das vorsichtige Entfernen der Form enthüllt die perfekte Hohlfigur.

Die Herstellung massiver Halb-Figuren ist einfach, da sie nur vorn ausgeformt und hinten flach sind. Flüssige Schokolade wird in eine entsprechende Negativform gegossen und nach dem Erstarren herausgeschlagen. Massive voll ausgeformte Figuren erfordern mehr Aufwand. Man verwendet zwei exakt aufeinander abgestimmte Klappformen, deren eine Hälfte den vorderen und deren andere Hälfte den hinteren Teil der Figur darstellt. In beide Hälften wird flüssige Schokolade gefüllt. Wenn sie bereits zu Erstarren beginnt, werden die Teile zusammengeklappt. Beim endgültigen Erstarren verbinden sich die beiden Schokoladehälften fest zur kompletten Figur.

Wie kommt die Füllung aus Nougat, Vanillecreme, Eierlikör usw. beispielsweise in ein Osterei? Es kommt darauf an, ob es sich um eine flüssige oder feste Füllung handelt. Für Artikel mit flüssiger Füllung stellt man zuerst eine Hohlfigur her und lässt lediglich eine kleine Öffnung zum Einfüllen frei. Ist die Füllung drin, wird das Loch mit einem Schokoladentropfen verschlossen. Ein fester Kern (zum Beispiel aus Nougat) kann zuerst als Ei etc. geformt und dann in flüssige Schokolade getaucht oder mit Schokolade übergossen werden. Durchs Erstarren entsteht ein „maßgearbeiteter" Überzug.

SÜSSES & DESSERTS

Schokolade gefüllt

Bitterschokolade

Vollmilchschokolade

Halbbitterschokolade

Schokoladen-Auswahl

Schokolade kann sehr unterschiedlich aussehen – nicht nur in der Form und Konsistenz, sondern auch in der Farbe. Die Tönungen reichen von Schwarz über Braunabstufungen bis zu cremigem Weiß. Die Farbe lässt direkt auf den Grundgeschmack schließen: Je dunkler die Schokolade, desto herber. Je heller, desto süßer und milder. Was die Zusammensetzung betrifft, sind die Produkte oft deutlich gehaltvoller, als es die Mindestanforderungen des Gesetzgebers verlangen. Das Schokoladenangebot im Handel wird jedem Geschmack gerecht:

Milchschokolade
Sie ist hell und schmeckt mild und süß. Bei den Bestandteilen sind generell Zucker und Milch gewichtiger als Kakao. Zur Wahl stehen in dieser Kategorie Magermilch-, Milch-, Vollmilch- und Sahneschokolade. Die Produkte gibt es pur oder angereichert mit Nüssen, Mandeln, Rosinen und anderen Früchten, Kaffee- oder Mokkapulver usw.

Gianduja-Haselnussschokolade (Noisette)
wird auf der Basis von Milchschokolade mit Haselnüssen hergestellt.

Halb- bzw. Zartbitterschokolade
Diese dunkle Schokolade besitzt einen ausgeprägten Kakaogeschmack mit leicht bitterer Note. Die Gesamtkakaotrockenmasse liegt bei mindestens 50 %, und es sind mindestens 18 % Kakaobutter enthalten.

Bittere bzw. herbe Schokolade
Sie ist fast schwarz und erhält durch mindestens 60% Gesamtkakaotrockenmasse einen sehr herben und dabei kräftigen Geschmack.

Weiße Schokolade
Sie enthält keinen braunen Kakao, sondern nur die cremefarbene Kakaobutter und schmeckt süß und milchig-mild. Angeboten wird weiße Schokolade auch mit Reisflocken, Nüssen oder Rosinen.

 Was Schokolade übel nimmt

- **Feuchtigkeit**
Sie bewirkt eine glanzlose Oberfläche, Zuckerreif oder Schimmelbildung.

- **Fremdgerüche**
Schokolade nimmt leicht einen Beigeschmack an. Also nicht neben stark riechenden Produkten lagern.

- **Schädlinge**
Auch Insekten und Maden mögen Schokolade, vor allem dann, wenn sie nusshaltige Füllungen enthält. Deshalb Schokolade nur in sauberer Umgebung aufbewahren.

- **Temperaturschwankungen**
Gefüllte Schokolade und Pralinen trocknen aus oder platzen. Kakaohaltige Füllungen verseifen. Auf der Oberfläche bildet sich bestenfalls bläulich-weißer Fettreif. Dieser Belag beeinträchtigt zwar nicht den Geschmack, wirkt aber unappetitlich. Eine echte Qualitätsminderung bedeutet dagegen der harte, weiße Zuckerreif. Schokolade sollte nicht über 20 °C, am besten zwischen 5 und 10 °C gelagert werden.

Weiße Schokolade

Aero-Schokolade

Blockschokolade

Gefüllte Schokolade
Milchschokolade, Zartbitterschokolade und weiße Schokolade werden auch als gefüllte Tafeln angeboten. Füllungen gibt es in unzähligen Geschmacksrichtungen. Zu den beliebtesten zählen Fruchtcremes (zum Beispiel Erdbeere, Orange und Zitrone), Nougat, Marzipan, Trüffel, Krokant, Fondant, Joghurt (auch mit Fruchtstückchen), Cappuccino und alkoholhaltige Cremes.

Aero-Schokolade
Durch ein besonderes Herstellungsverfahren enthält Aero-Schokolade viele kleine Luftbläschen und wirkt dadurch locker und leicht. Beim Hineinbeißen krümelt die Schokolade.

Blockschokolade (Haushaltsschokolade)
Dabei handelt es sich um eine einfache Schokolade mit einem relativ hohen Zuckeranteil von 50 bis 60 %. Meist sind zwischen 20 und 25 % Kakaobutter enthalten. Verwendet wird Blockschokolade vor allem zum Backen – zum Beispiel geschmolzen als Glasur.

Kuvertüre
Auch sie wird vorwiegend zum Überziehen von Torten, Kleingebäck und Pralinen sowie zum Garnieren verwendet. Sie besteht aus Kakaobutter (mindestens 31 %), Zucker, manchmal auch Milchfett und entfetteter Kakaomasse (kein entöltes Kakaopulver), die für den guten Geschmack verantwortlich zeichnet. Die besonders dunkle Edel-Kuvertüre beispielsweise hat 70 % Kakaoanteil. Es gibt auch weiße Kuvertüre, die neben Zucker und Kakaobutter vor allem Butterreinfett sowie Mager- und Vollmilchpulver enthält.

Schokoladenfiguren (Saisonartikel)
Ob Nikolaus oder Osterhase, Goldtaler oder Marienkäfer – in irgendeiner Form sind Schokoladenfiguren ganzjährig im Handel vertreten. Es gibt Hohlfiguren und unterschiedlich gefüllte Figuren aus heller, dunkler und weißer Schokolade. Alle sind typgerecht originell verpackt.

Riegel
Bei diesen Produkten ist Schokolade (meist Milchschokolade) die schönste Nebensache. Sie umhüllt die leckersten Füllungen aus Milch, Traubenzucker, Karamell, Nüssen, Puffreis, Kokosflocken, diversen Cremes usw. Bei Keksriegeln ummantelt die Schokolade beispielsweise Waffelblätter, Schokolade, Karamell, Früchte und Haselnusscreme in unterschiedlichen Zusammenstellungen. Auch Gebäckriegel tragen einen Schokoladenüberzug. Nicht zuletzt gibt es Riegel eiskalt aus der Tiefkühltruhe.

 Gesunde Verführung

Schokolade hat es in sich – vor allem jene, die außer Kakao und Zucker auch noch Milch, Nüsse und Früchte enthält. Neben reichlich Fett liefern diese Sorten wertvolle Nährstoffe wie Milcheiweiß, B-Vitamine und Mineralstoffe wie Calcium, Phosphor, Kalium und Magnesium. Nuss- und Mandelschokolade enthalten auch Vitamin E sowie essenzielle Fettsäuren. Allerdings, ein „mageres" Produkt ist Schokolade nicht gerade. In 25 g, also im Viertel einer Tafel, stecken rund 130 kcal bzw. 550 kJ.

SÜSSES & DESSERTS

Pralinen – einfach himmlisch

Pralinen sind die edelsten Schokoladenerzeugnisse. Sie sind – außen wie auch innen – ein Genuss.

Widerstand ist zwecklos: Pralinen sind die süßeste Verführung seit es Schokolade gibt und ein wirklich sinnlicher Genuss. Frische Pralinen duften köstlich. Sie erfreuen zuerst das Auge und dann den Gaumen und schmecken – warum auch immer – nach mehr. Selbst disziplinierte Menschen neigen bei einem entsprechenden Angebot zur Maßlosigkeit, und nie wurde die Macht von Pralinen besser dokumentiert als in dem sinnlichen Film „Chocolat".

Ganz offensichtlich ist die Praline eine deutsche Erfindung mit stark französischem Einfluss. Die Geschichte beginnt Ende des 17. Jahrhunderts. Damals gab es 350 deutsche Einzelstaaten, deren Verwaltung dem „Immerwährenden Reichstag" zu Regensburg oblag. Um die damit betrauten Herren bei Laune zu halten, kam ein deutscher Koch auf eine geniale Idee. Er stand im Dienst des von Sonnenkönig Ludwig XIV. als Beobachter nach Regensburg geschickten Herzogs Choiseu du Plessis-Praslin, wusste um die positive Wirkung lukullischer Genüsse und kreierte das „Reichstagskonfekt". Die überzuckerten Mandeln und Nüsse waren an sich nichts Ungewöhnliches, doch der Koch überzog sie zum ersten Mal mit der gerade in Mode gekommenen Schokolade. Ein voller Erfolg! Und dem Herzog zu Ehren wurde die Köstlichkeit „Praline" genannt.

Nach der „Verordnung über Kakao- und Schokoladenerzeugnisse" sind Pralinen Produkte in mundgerechter Größe. Sie bestehen entweder aus gefüllter Schokolade, aus einer einzigen Schokoladenart, aus zusammengesetzten Schichten oder einer Mischung von Schokoladenarten. Der Schokoladenanteil muss mindestens 25 % des Gesamtgewichts ausmachen. Was so „trocken" klingt, entpuppt sich in der Praxis als ungeheure Vielfalt. Pralinen unterscheiden sich in Form, Farbe und Inhalt. Sie können fest oder weich sein, flüssigen Inhalt haben – mit und ohne Alkohol. Beliebt sind feine Füllungen wie Marzipan, Nougat, Fondant, Trüffel, fruchtige oder alkoholische Cremes, Krokant, Nüsse, Mandeln, Spirituosen usw.

Pralinen werden hübsch verpackt angeboten, was sie zum idealen Geschenk macht. Allerdings heißt es in dem Film „Forrest Gump": „Das Leben ist wie eine Pralinenpackung. Du weißt nie, was du bekommst." Tatsächlich gibt es solche und solche Pralinen. Für echte Qualität sprechen jedoch eindeutige Indizien:
- Erstklassige Pralinen duften angenehm nach Schokolade.
- Die Schokoladenoberfläche ist rundum glatt, nicht schmierig und ohne helle Flecken. Auch dressierte Pralinen wirken nicht matt.
- Die Schokolade zerschmilzt zart auf der Zunge. Tut sie's nicht, sind außer Kakaobutter auch andere Fette enthalten.
- Schokolade und Füllung sind so aufeinander abgestimmt, dass jedes Aroma zur Geltung kommt, aber keines das andere überdeckt.

👍 Tipps für Pralinen

- Je frischer Pralinen sind, desto besser schmecken sie. Handgemachte Produkte sollten auf jeden Fall innerhalb von vierzehn Tagen, am besten aber gleich gegessen werden.
- Industriell hergestellte Pralinen sollte man in der Verpackung aufbewahren, denn sie bietet optimalen Aromaschutz und hält frisch.
- Die ideale Lagertemperatur für Pralinen liegt bei 18 bis 20 °C. Im Sommer kann man sie auch im Kühlschrank (in einer luftdichten Box) aufbewahren.
- Pralinen ziehen Fremdgerüche extrem an. Deshalb von Nachbarn wie Fisch, Käse etc. fernhalten und auch keinen Kochdünsten aussetzen.

Pralinen

Wie kommt die Füllung rein?

Für Pralinen sind drei Herstellungsverfahren gebräuchlich: das Überzugsverfahren, das Hohlkörperverfahren und das Schicht- und Schneideverfahren.

Überzugsverfahren

Die ersten Pralinen konnten nur mit dieser Methode hergestellt werden. Natürlich wurde das Überzugsverfahren inzwischen technisch perfektioniert und läuft vollautomatisch ab. Man formt zuerst die Pralinenkerne aus, die dann auf einem Gitterband in die Überzugsmaschine und durch einen frei fallenden Schokoladenschleier transportiert werden. Der Schokoladenschleier legt sich als gleichmäßige Schicht über die kleinen Stückchen. Manche Pralinen werden noch maschinell verziert. Feine Düsen spritzen beispielsweise andersfarbige Schokolade in Mustern auf die Oberflächen oder es werden Nüsse, Mandeln, Fruchtstückchen usw. aufgesetzt. Bei hochwertigsten Pralinen ist das Verzieren oft reine Handarbeit. Zu guter Letzt erstarrt die Schokolade im Kühltunnel und die Pralinen sind fertig zum Verpacken.

Mit Flüssigkeit gefüllte Weinbrandbohnen, Erfrischungsstäbchen etc. sind sogenannte Krustenpralinen, die nach entsprechender Vorbereitung ebenfalls im Überzugsverfahren („Pudergussverfahren") entstehen. Man benötigt flache Holzkästen, gefüllt mit feinem Mais- oder Weizenstärkepuder, und wie Pralinen geformte Gipsmodelle (zum Beispiel Bohnen). Diese Modelle werden in den Puder gedrückt und hinterlassen einen exakten Negativabdruck, der mit gekochter übersättigter Zuckerlösung, die auch Alkohol enthalten kann, ausgegossen und dann mit Puder überstäubt wird. Der Zucker kristallisiert an den gepuderten Flächen und bildet nach ein bis zwei Tagen eine stabile Kruste. Jetzt können die Körper entnommen, vom anhaftenden Puder gereinigt und mit Schokolade überzogen werden.

Hohlkörperverfahren

Es funktioniert im Prinzip genauso wie die Herstellung von Hohlkörper-Figuren: Wie Pralinen gestaltete Formen werden mit flüssiger Schokolade gefüllt und gedreht. Überschüssige Schokolade fließt ab, während an den Wänden eine dünne Schokoladenschicht verbleibt und durch Kühlung erstarrt. Die Formen erhalten nun eine flüssige oder cremige Füllung. Als Abdeckung wird eine dünne Schicht Kakaobutter aufgetragen und gekühlt. Diese erstarrte Schicht verhindert, dass der Schokoladenboden, der ganz zum Schluss aufgestrichen wird, in die Füllung sinkt. Nach nochmaligem Kühlen geht's weiter zur Verpackungsstation.

Schicht- und Schneideverfahren

Die Kunst liegt hier in der geschmacklichen und optischen Komposition verschiedener, übereinander gelegter Schichten beispielsweise aus Krokant, Marzipan, Nougat, Schokolade usw. Nach dem Kühlen werden mundgerechte Stücke geschnitten, die klar getrennte Schichten aufweisen. Manche dieser Pralinen werden mit Schokolade überzogen, doch meist verzichtet man darauf.

> **Was ist Trüffel?**
>
> Mit dem gleichnamigen Pilz hat diese süße Masse nichts zu tun. Ihre Grundbestandteile sind Schokolade, Zucker und Milchfett aus Butter, Sahne oder Kondensmilch. Für den individuellen Geschmack kommen meist Alkohol (zum Beispiel „Champagner-Trüffel") oder Früchte („Erdbeer-Trüffel") dazu. Die Trüffelmasse wird entweder in Hohlkörper gefüllt, oder sie erhält – mundgerecht portioniert – einen Überzug aus weißer, heller oder dunkler Schokolade.

SÜSSES & DESSERTS

Zuckerwaren

Erfinder der „Zuckerware" sind die Bienen. Ihr Honig war die erste Leckerei überhaupt, und nichts schmeckt süßer als Honig. Seine Klebrigkeit allerdings war ein kleines Handicap und verhinderte eine vielseitige Weiterverarbeitung. Die Stunde der „Zuckerbäcker" schlug erst, als zuerst Rohr- und dann Rübenzucker zur Verfügung standen.

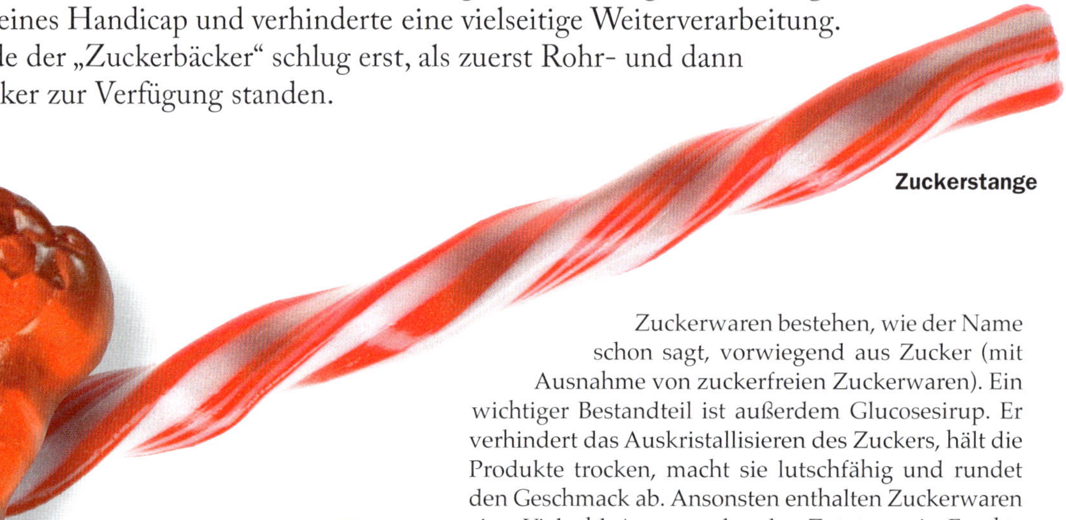

Zuckerstange

Zuckerwaren bestehen, wie der Name schon sagt, vorwiegend aus Zucker (mit Ausnahme von zuckerfreien Zuckerwaren). Ein wichtiger Bestandteil ist außerdem Glucosesirup. Er verhindert das Auskristallisieren des Zuckers, hält die Produkte trocken, macht sie lutschfähig und rundet den Geschmack ab. Ansonsten enthalten Zuckerwaren eine Vielzahl Aroma gebender Zutaten wie Fruchtextrakte, natürliche und künstliche Aromen, Genusssäuren, Milch- und Milcherzeugnisse, Spirituosen usw. Vielfach machen Farbstoffe die Produkte schön bunt. Die größte Gruppe innerhalb der Zuckerwaren bilden die Karamellen – im Sprachgebrauch ganz einfach Bonbons genannt.

Kaubonbons

Fruchtgummi

Bonbons – zum Lutschen gut

Hartkaramellen

Sie sind angenehm zum Lutschen, denn sie haben meist eine harte, glatte, abgerundete Oberfläche. Zur Herstellung werden Zucker und Glucosesirup gekocht und dann je nach Bedarf mit Säuren, Aromen, Farbstoffen usw. angereichert. Die heiße Masse gießt man in kleine Formen und lässt sie zu Bonbons erkalten. Ein anderes Verfahren: Aus der Zuckermasse werden lange Stränge geformt, in mundgerechte Stücke geschnitten und mit einem Muster geprägt. In einem hohlen Strang lassen sich fruchtige oder alkoholische Füllungen unterbringen.

Fruchtbonbons gibt es süß und sauer in vielen fruchtigen Varianten. Manchen werden Vitamine zugesetzt. Die appetitliche Farbe erreicht man durch natürliche Pflanzen- und Fruchtextrakte oder Farbstoffe. Zu den beliebtesten Fruchtbonbons gehören die „Drops".

Milchbonbons enthalten Sahne, Butter oder Kondensmilch. Durch höhere Temperaturen bei der Herstellung karamellisieren Zucker und Milcheiweiß, wodurch Milchbonbons ihren karamellartigen Geschmack und ihre goldbraune Farbe bekommen.

Kräuterbonbons verleihen beispielsweise einen frischen Atem oder beruhigen bei Husten oder Halsschmerzen, bei ihnen steht die Wirkung im Vordergrund. Die Produkte werden mit ausgesuchten Kräuterextrakten, ätherischen Ölen, Menthol, Eukalyptus usw. oder auch mit Malz hergestellt. Teilweise kommen noch Vitamine und Mineralstoffe dazu.

Kaschierte Bonbons entstehen dadurch, dass man – ähnlich wie beim Blätterteig – viele hauchdünne Schichten aus Fett- und Zuckermasse übereinander legt. Das Ergebnis sind besonders knusprige Produkte.

Brause

Weichkaramellen

Hartkaramellen

Fruchtbonbons

Stielbonbons, auch Lollies oder Lutscher genannt, sind bei Kindern besonders beliebt. Die Produkte gibt es in allen möglichen Größen, Farben und Geschmacksrichtungen und sie haben eines gemeinsam: den Stiel.

Bei zuckerfreien Bonbons wird der Zucker durch Zuckeraustauschstoffe (Isomalt, Mannit, Sorbit oder Xylit) und Süßstoffe (Acesulfam, Aspartam, Cyclamat usw.) ersetzt. Zuckerfrei hergestellt werden in erster Linie Husten- und Pfefferminzbonbons, aber auch immer mehr Frucht- und Erfrischungsbonbons. Zuckerfreie Komprimate beispielsweise entwickeln beim Lutschen eine kühlende Wirkung, weil die Zuckeraustauschstoffe während des Auflösens der Mundhöhle viel Wärme entziehen.

Weichkaramellen
Sie animieren eher zum Kauen als zum Lutschen. Für die weiche Konsistenz ist ein höherer Gehalt an Restwasser (6 bis 10 %) und Fett verantwortlich. Hergestellt werden Weichkaramellen aus Zutaten wie Zucker, Stärkesirup, Fett, Milch, Gelatine, Emulgatoren und Geschmacksstoffen. Die teilweise Einarbeitung von Fondant oder Puderzucker macht die Masse, die zum Strang gezogen und in Stücke geschnitten wird, besonders geschmeidig. Manchmal erhalten Weichkaramellen einen Schoko-Überzug.

Toffees sind typische Weichkaramellen. Sie haben häufig einen hohen Sahne-, Butter- oder Milchgehalt und schmecken in der klassischen Form nach Karamell. Es gibt aber auch Nuss- oder Kokos-Toffees.

Durchbeißer oder Fudge bestehen aus einer mikrofeinen Masse von weicher, nicht klebriger Konsistenz. Durchbeißen macht Spaß!

Kaubonbons sind ähnlich gut kaubar wie Kaugummi, nur eben nicht so lange. Die Konsistenz verdanken sie Zutaten wie Gelatine oder Gummi-Arabicum. In die Bonbonmasse wird Luft eingearbeitet, wodurch winzige Bläschen entstehen, die dem Produkt eine lockere Konsistenz verleihen.

Dragees
Dragees sind je nach Sorte hart oder weich, millimeterklein bis etwa pflaumengroß und oft kugelig oder linsenförmig-oval. Ihr Kern kann flüssig, weich oder fest sein und auch aus Nüssen aller Art, Mandeln oder Schokolade bestehen. Im sogenannten Dragierverfahren werden die vorbereiteten Dragee-Kerne in rotierenden Kesseln mit bis zu 150 hauchdünnen Schichten aus Zucker und/oder Schokolade oder anderen Glasuren überzogen. Als Abschluss erfolgt meist eine Art Wachs- oder Lackbehandlung, auch mit Blattgold oder Aluminiumpulver. Zu den typischen Dragees gehören beispielsweise Liebesperlen, Nonpareille (Streukügelchen), Wiener Mandeln (mit matter weißer oder pastellfarbener Zuckerschicht), Sansibar-Nüsse (aus mindestens 40 % Haselnüssen), gebrannte Mandeln, Hasel- oder Erdnüsse sowie Zucker- und Schokoladenstreusel.

Das Wort „Dragee" wird zum einen vom griechischen „tragemate" = „Naschwerk" abgeleitet, zum anderen vom französischen „dragoire" = „Zuckerschale". Möglicherweise stammt die Dragiertechnik ursprünglich aus der Arzneiherstellung. Mindestens seit 1391 werden Tabletten mit Zucker überzogen, weil sie so besser rutschen. Mandeln und Nüsse werden nachweislich bereits seit 1500 dragiert. Goethe soll während der Kanonade von Valmy zur Beruhigung „Zuckerdragees" von seiner Mutter gegessen haben.

Komprimate
Dabei handelt es sich um tablettenförmige Süßigkeiten, die aus Staub- und Traubenzucker mit einem gewissen Anteil an Binde- und Gleitmittel kalt gepresst (komprimiert) werden. Komprimate enthalten Aroma- und Farbstoffe.

Speckmaus

> 👍 **Tipp für Bonbons**
>
> Bonbons enthalten nur sehr wenig Wasser und können eigentlich nicht verderben. Die Qualität leidet jedoch entscheidend unter Feuchtigkeit und Fremdgerüchen. Man sollte Bonbons unbedingt in der Folienverpackung kühl, trocken und weit weg von stark riechenden Produkten lagern.

SÜSSES & DESSERTS

Von Gummibärchen und Schnecken

Gummisüßwaren

Lakritze

Gummi-Süßwaren

Sie sind bunt, schmecken nach mehr und machen keineswegs nur Kinder froh. Gummi-Süßwaren bestehen aus Zucker, Glucosesirup, Invertzucker und/oder Zuckeraustauschstoffen und Aromen. Die meisten figürlichen Produkte erhalten einen Säurezusatz (Zitronen- oder Milchsäure). Hütchen und die besonders zähen Pastillen dagegen sind überwiegend säurefrei. Die typische Elastizität erreicht man durch die Zugabe von gereinigtem Gummi-Arabicum (wird von Akazienbäumen gewonnen), Gelatine oder Stärke. Weingummis werden mit säuerlichem Wein hergestellt, wobei nur der Geschmack bleibt und der Alkohol verloren geht.

Die kräftigen Farben erreicht man durch den Zusatz von Saftkonzentraten oder zugelassenen Farbstoffen. Anregend sind aber vor allem die vielfältigen Formen. Es gibt Comic-Figuren, Tiere, Früchte, Schnuller, Colafläschchen, Bonbons, Pastillen, Ferraris, dick belegte Hamburger usw. Doch weltweit eine Berühmtheit ist der Gummibär. Er wurde 1922 in Deutschland „geboren" und hat sich zum Kult-Objekt gemausert. Seine Herstellung ist beispielhaft für alle anderen Vertreter aus der Familie der Gummiartigen.

Bevor die Produktion beginnt, muss ein „Bett" vorbereitet werden. Dazu schüttet man feinste Maisstärke in flache Holzkästen, streicht das Pulver glatt und drückt dann geformte Gipsstempel in die Fläche. So entsteht das genaue Abbild der Bärchen. Aus den zuvor genannten Zutaten wird eine zähflüssige Masse mit nur noch ca. 20 % Restwassergehalt gekocht und in die Formen gefüllt. Beim Lagern in einem Raum mit kontrollierter Temperatur und Luftfeuchtigkeit festigt sich die Gelatine. Die Bärchen trocknen so weit ab, bis man sie problemlos aus den Formen kippen kann. Nach dem Absieben der Maisstärke werden die Bärchen abgebürstet und abgeblasen. Zum Schluss erhalten sie einen Überzug aus pflanzlichen Ölen oder Bienenwachs. Appetitlich glänzend wandern die Bärchen in die Tüten.

Lakritze

Sie ist schwarz wie die Nacht und bittersüß wie die Liebe. Als „Dauerbrenner" erweist sich seit Jahrzehnten die Lakritzschnecke, es gibt aber auch Figuren, Stangen, Streifen usw. Hergestellt wird Lakritze aus Mehl, Zucker, Glucosesirup, Stärke und Aromen. Wichtigste Zutat ist jedoch das eingedickte Extrakt aus der Wurzel der Süßholzpflanze. Der deutsche Gesetzgeber verlangt, dass Lakritze davon mindestens 3 % enthält. Ihre Elastizität verdankt Lakritze der Zugabe von Geliermittel. Der Geschmack wird gern mit Zuckerlikör aufgepeppt. „Echte Lakritze" ist relativ hart, denn sie enthält besonders viel Süßholzextrakt. Weichlakritze dagegen besitzt eine softe Konsistenz, genauso wie Lakritzkonfekt. Es wird unter anderem mehrschichtig mit weißen oder farbigen Zwischenlagen angeboten.

Kaugummi – ein Welterfolg

Es muss wohl ein Urbedürfnis sein, das lange und genussvolle Kauen auf einer elastischen Masse. Schon vor mehr als 2000 Jahren kauten die Griechen das Harz des Mastix-Baumes. Die Mayas in Mittelamerika genossen „Chicle", den Saft des Sapotillobaumes, der noch bis ins 20. Jahrhundert die Grundlage für viele Kaugummis war. Die Indianer Nordamerikas kauten dem „weißen Mann" Fichtenharz vor, und der machte es nach.

Der Pionier schlechthin auf dem Kaugummi-Sektor war ein junger Amerikaner. William Wrigley junior startete seine Karriere 1891 als Seifenverkäufer und überreichte seinen Kunden mit der Ware immer als kleines Dankeschön ein Päckchen Backpulver. Schon bald war dieses Produkt gefragter als die Seife, und so sattelte Mr. Wrigley kurzentschlossen auf Backpulver um. Als Gratisgabe wählte er diesmal Kaugummi, und auch dieser wurde zum durchschlagenden Erfolg. Wrigley erkannte seine Chance und begann damit, alles am Kaugummi zu verbessern: das Produkt, das Herstellungsverfahren, die Verpackung und den Vertrieb. Und so eroberte der kleine Kaugummi zuerst Amerika, dann Australien und schließlich Europa und die ganze Welt.

Herstellung

Basis eines jeden Kaugummis ist die Kaumasse. Sie wurde früher aus dem Harz bestimmter Bäume gewonnen, doch damit lässt sich der Bedarf schon lange nicht mehr decken. Heute wird die Kaumasse synthetisch hergestellt und erfüllt dadurch höchste Erwartungen an Reinheit, Hygiene und gesundheitliche Unbedenklichkeit. Man kann einen Kaugummi also ohne Bedenken verschlucken.

Zur Herstellung von Kaugummi werden zunächst gummiartiger synthetischer Kautschuk und naturidentische Harze zu einer homogenen Masse verarbeitet. Diese wird getrocknet und zu Granulat vermahlen. Durch Erwärmen auf etwa 60 °C schmilzt das Granulat zu einem zähen Teig. Nun kommen weitere Zutaten dazu: der Weichmacher Glycerol (eine höhere Konzentration von Harzen und Glycerol macht den Kaugummi blasenfähig) sowie Zucker und Glucosesirup bzw. stattdessen immer häufiger Süßstoffe und Zuckeraustauschstoffe. Für den Geschmack sorgen Minzöl, andere natürliche und naturidentische Aromen sowie eine Vielzahl erfrischende Frucht- und Gewürzessenzen. All das verarbeiten Knetmaschinen zu einem schweren Teig.

Kaugummi-Streifen entstehen, indem Maschinen den Teig über mehrere Stufen immer weiter auswalzen, bis er die erforderliche Dicke von 2 mm erreicht hat. Während dieses Prozesses kühlt die Masse ab. Aus den Bahnen werden Streifen von 20 x 70 mm geschnitten und anschließend bei exakt gesteuerter Temperatur und Luftfeuchtigkeit gehärtet.

Kaugummi-Dragees

Kaugummi

Um Kaugummi in anderen Formen herzustellen, wird der warme Teig durch Düsen zu Endlosschnüren gepresst. Nach dem Kühlen lassen diese sich in portionsgerechte Stücke schneiden und maschinell formen – zu Kugeln, Kissen, Würfeln usw. Manche Kaugummis (zum Beispiel Dragees oder Kinderkaugummis für Automaten) werden noch in eine aromatische Zuckerlösung getaucht, die dann auf den Produkten erstarrt.

Damit Kaugummi bis zum Verbrauch seine Qualität behält, verpackt man ihn mehrschichtig in Folie und Papier. So kann die produkteigene Feuchtigkeit nicht entweichen und der Kaugummi bleibt elastisch. Auch Aroma und Geschmack sind sicher versiegelt. Die Verpackung schützt vor äußeren Einflüssen, informiert den Verbraucher über das Produkt und hat noch einen Zusatznutzen: Nach Gebrauch kann man den Kaugummi einwickeln und diskret im Mülleimer versenken.

Gesundes Vergnügen

Kaugummi ist beliebt bei Jung und Alt. Das Kauen macht Spaß und fördert auch das Wohlbefinden und die Gesundheit: Allerdings sollte der Kaugummi zuckerfrei sein.

- Kaugummi verspricht Genuss ohne Reue, denn die Kalorien kann man schlichtweg vergessen.
- Kaugummi erfrischt in Sekunden und macht Müde wieder munter.
- Gestresste Menschen entspannen sich beim intensiven Kauen.
- Die anhaltende Kaubewegung fördert die Durchblutung des Gehirns und erhöht so die Konzentrationsfähigkeit.
- Kaugummi erfrischt den Atem und verhindert lästige Mundtrockenheit.

Für Zähne und Zahnfleisch ist zuckerfreier Kaugummi geradezu ein Segen. Das Kauen ersetzt zwar nicht die Zahnbürste, unterstützt aber die tägliche Zahnpflege. Besonders geeignet sind hierfür zuckerfreie Produkte. Kaugummi entfernt Zahnbeläge (Plaque) und kann ihre Neubildung hemmen, stimuliert die Durchblutung des Zahnfleischs und regt die Speichelproduktion an. Auf diese Weise werden jene Säuren neutralisiert, die den Zahnschmelz angreifen. Spezielle Zahnpflege-Kaugummis beugen Zahnverfärbungen beispielsweise durch Tee, Kaffee oder Nikotin vor. Und wer Zahnersatz trägt, greift einfach zu Produkten, die nicht kleben.

SÜSSES & DESSERTS

Sonstige Zuckerwaren

Eiskonfekt

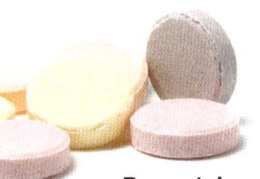
Brausetaler

Brausestangen

Kandierte Früchte

Brause
Sie ist bei Kindern extrem beliebt und wird vorwiegend in Form von Pulver, Tabletten oder Stäbchen angeboten. Die Produkte bestehen zu mindestens 50 % aus Zucker. Wird Süßstoff verwendet, darf der Anteil höchstens 0,5 % betragen. Weitere Zutaten sind Genusssäuren, Natriumbikarbonat sowie aromatisierende und färbende Stoffe. Künstliche Essenzen müssen deklariert werden. Es heißt dann auf der Verpackung beispielsweise „mit Pfirsichgeschmack".

Eiskonfekt
Mit Eis hat dieses Produkt nichts zu tun. Der kühle Eindruck beim Verzehr entsteht durch bestimmte Fette sowie Dextrose und Menthol. Hergestellt wird Eiskonfekt meist aus ungehärtetem Kokosfett oder anderen Fetten mit hoher Schmelzwärme. Für den Schokoladengeschmack sind mindestens 5 % (eventuell stark entöltes) Kakaopulver oder Kakaomasse verantwortlich. Eiskonfekt schmeckt gekühlt am besten.

Fondant
Das Wort kommt aus dem Französischen und bedeutet „schmelzend". Tatsächlich sind Fondant-Erzeugnisse so feinkristallin, dass sie auf der Zunge zergehen. Zur Herstellung wird eine Zuckerlösung gekocht, anschließend gekühlt und dann so stark zerrieben (tabliert), dass eine milchig-weiße Masse aus nicht mehr fühlbaren Zuckerkristallen entsteht. Sie enthält noch etwa 8 bis 12 % Wasser und kann gefärbt oder aromatisiert werden (zum Beispiel mit Pfefferminz- oder Fruchtgeschmack). Aus Fondant lassen sich alle möglichen Zuckerwaren – kandiert oder glasiert – herstellen: halbe Dottereier und knallgelbe Küken zu Ostern, Sterne zu Weihnachten, mit Schokolade überzogene Cremehütchen, mit Fondant gefüllte Pralinen usw.

Geleezuckerwaren
Sie haben meist die Form und die Farbe von Früchten und werden deshalb gelegentlich mit kandierten Früchten verwechselt. Tatsächlich aber handelt es sich um geformte (gegossene) Erzeugnisse – Himbeeren, Orangenscheiben, Ananas oder auch Ringe – mit abbeißbarer, weicher, etwas glasiger Beschaffenheit und gezuckerter Oberfläche. Der Geschmack ist fruchtig-säuerlich. Hergestellt werden Geleezuckerwaren aus Glukosesirup und Zucker. Als Geliermittel kommen Agar-Agar, Pektin und manchmal modifizierte Stärke zum Einsatz. Als Feuchthaltemittel setzt man Sorbit oder Invertzucker zu. Für den fruchtspezifischen Geschmack sind Aromen zuständig, außerdem werden Genusssäuren und Lebensmittelfarben eingearbeitet.
Fruchtpasten sind ähnlich wie Geleezuckerwaren, aber qualitativ hochwertiger. Sie enthalten Erzeugnisse aus Früchten (zum Beispiel Fruchtzubereitungen, Saftkonzentrate oder Fruchtmark) als charakteristische Zutat in wertbestimmender Menge. Außerdem werden natürliche Aromen verwendet. Ist eine Fruchtpaste nach einer Frucht benannt, sind ausschließlich deren Bestandteile enthalten.

Kandierte Früchte
Beim Kandieren geht es darum, die Zellflüssigkeit von Früchten aller Art, bestimmten Gemüsesorten (zum Beispiel Kürbis) oder Pflanzenteilen (Ingwer etc.) in einem langwierigen Verfahren durch eine speziell zubereitete Zuckerlösung zu ersetzen. Sollen die sogenannten „Kanditen" oder „Dickzuckerfrüchte" für Diabetiker geeignet sein, verwendet man Fructose. Manchmal wird die Originalfarbe mit zugelassenen Farbstoffen intensiviert. Beim Kandieren behalten die Früchte ihre Form. In den Handel kommen kandierte Früchte ganz oder in Stücken, abgetropft, glasiert, überzuckert oder mit Schokoladenüberzug.

Krokant
Bezeichnend für Krokant sind eine knackige, knusprige Beschaffenheit und ein typischer Karamellgeschmack. Laut Vorschrift besteht Krokant zu mindestens 20 % aus grob bis fein zerkleinerten Mandeln, Haselnüssen und/oder Walnüssen. Auf andere Kerne wie zum Beispiel Erdnüsse muss in der Bezeichnung ausdrücklich hingewiesen werden („Erdnuss-Krokant" etc.).
Zur Herstellung wird Zucker in einem offenen Kessel geschmolzen und karamellisiert, dann werden die Nüsse eingerührt. Das Ergebnis ist Hartkrokant. Um Weichkrokant zu erzeugen, gibt man struktur-, geruchs- und geschmacksgebende Stoffe zu – Fette, Milcherzeugnisse und Eiweiß. Eine Spezialität ist Blätter- bzw. Mürbekrokant. Es entsteht durch schichtweises Einarbeiten von Nougatmasse oder Nusspaste in den karamellisierten Zucker. Dadurch bildet sich eine zarte, blättrige Struktur. Blätterkrokant wird meist mit Schokolade überzogen oder als Einlage für Pralinen etc. verwendet.

Marzipanbrot

Marzipan

Glücksschweinchen, Früchte, Blüten, Brote, Kartoffeln, Kugeln und viele andere Figuren werden aus Marzipan geformt. Dessen Qualität hängt von der Zusammensetzung ab. Die Marzipan-Herstellung erfolgt in zwei Stufen:

Zuerst wird die Rohmasse produziert. Sie besteht aus sehr fein zermahlenen Mandeln (bis zu 12 % bittere Kerne), vermischt mit Puderzucker, Invertzucker und gegebenenfalls Sorbit. Die Mischung wird bei über 100 °C abgeröstet und entwickelt dabei das charakteristische Aroma. Die Rohmasse muss mindestens 28 % Mandelöl und darf höchstens 35 % zugesetzten Zucker und 17 % Wasser enthalten. Marzipan-Rohmasse in Blockform wird als Backzutat angeboten.

Erst die weitere Verarbeitung ergibt jenes Marzipan, das so unvergleichlich köstlich schmeckt. Die Rohmasse wird mit Puderzucker und Rosenwasser verknetet, wobei der Rohmasse-Anteil über die Qualität des Endprodukts entscheidet. Normales Konsum-Marzipan besteht zu gleichen Teilen aus Rohmasse und Puderzucker. „Edel-Marzipan" oder „Lübecker Marzipan" enthält mindestens 70 % Rohmasse und Spitzenprodukte wie „Lübecker Edelmarzipan" mindestens 90 %. Weiter verfeinern lässt sich Marzipan durch die Zugabe von Spirituosen (zum Beispiel Rum) oder Trockenfrüchten.

Einst blieb Marzipan den Reichen vorbehalten, denn der verwendete Rohrzucker musste teuer importiert werden. Erst durch die Gewinnung von Zucker aus heimischen Zuckerrüben im 19. Jahrhundert wurde Marzipan erschwinglich. Einen Namen mit der Herstellung machte sich vor allem die Hansestadt Lübeck, und noch heute gilt „Lübecker Marzipan" als Gipfel der Genüsse.

Nougat

Hergestellt wird Nougat-Rohmasse aus geschälten und gerösteten Haselnüssen oder Mandeln, Zucker und Kakaoerzeugnissen wie Kakaomasse, Kakaopulver oder Schokolade. Zulässig ist es, einen Teil des Zuckers durch Milch- oder Sahnepulver zu ersetzen und eine geringe Menge Lezithin zu verwenden. Für Milch-Nougat sind mindestens 3,2 % Milchfett und 9,3 % fettfreie Trockenmasse vorgeschrieben. Sahne-Nougat erfordert mindestens 5,5 % Milchfett aus Sahne oder Sahnepulver.

Nougat-Rohmasse ist weich oder schnittfest und enthält höchstens 50 % Zucker. Den zarten Schmelz verdankt das Produkt dem Haselnussöl (mindestens 30 % bei Haselnuss-Nougat) bzw. dem Mandelöl (mindestens 28 % bei Mandel-Nougat). Mehr als 2 % Wasser sind nicht erlaubt. Bei der Weiterverarbeitung zu Nougat oder „Noisette" wird die Rohmasse mit höchstens der halben Gewichtsmenge Zucker vermischt.

Nussmark (Nusspaste, Nussmus) zählt ebenfalls zu den Nougat-Produkten. Es wird jedoch ohne Kakaoerzeugnisse und Milch- bzw. Sahnepulver hergestellt. Der Höchstgehalt an Zucker liegt bei 50 %, der Fettgehalt bei mindestens 32 %.

Krokant

Schaumzuckerware

Persipan

Marzipan wird gelegentlich durch das billigere Persipan ersetzt. Man stellt es her aus süßen oder entbitterten Kernen von Pfirsichen oder Aprikosen und Zucker. Persipan schmeckt und sieht aus wie Marzipan. Zur chemischen Unterscheidung werden deshalb 0,5 % Kartoffelstärke zugesetzt. Vorgeschrieben ist außerdem eine deutliche Kennzeichnung auch bei unverpackt angebotenem Persipan.

Schaumzuckerwaren

Dabei handelt es sich um aufgeschäumte Massen von unterschiedlicher Konsistenz. Die bekanntesten Vertreter der locker-leichten Schaumartikel sind Schokoküsse, Speck und Marshmallows. Zu den festeren Produkten gehören Türkischer Honig, Halwa oder Kaubonbonmasse. Noch festere Schäume findet man unter anderem in Osterhasen oder Waffeln.

Hauptbestandteile der Schaumzuckerwaren sind Zucker, Glucosesirup und Wasser. Die Grundstoffe werden durch Einarbeiten von Luft zu einer zarten Schaummasse aufgeschlagen. Damit die Pracht nicht wieder zusammenfällt, verwendet man für festere Produkte Zusätze wie Gelatine oder Agar-Agar. Für leichte Schäume eignen sich dagegen nur Trockeneiklar oder flüssiges Hühnereiklar. In der Hitze des Aufschlagvorgangs verfestigt sich das Eiweiß irreversibel. Je nach Produktart können Schaumzuckerwaren auch Nüsse, Mandeln, Honig, kandierte Früchte sowie Aroma- und Farbstoffe enthalten.

Interessant ist die Verwandlung des Schaums in Schokoküsse: Die Masse wird von sogenannten Dressiermaschinen auf vorbereitete Waffelblätter gespritzt. Die derart vorgeformten Schaumberge wandern auf langen Förder- und Kühlbändern durch eine „Dusche" aus flüssiger Schokolade oder kakaohaltiger Fettglasur. Die Schicht erstarrt in der Kühlzone, und damit sind die frischen Schokoküsse fertig zum Verpacken.

Türkischer Honig

Er heißt auch „Weißer Nougat", „Holländischer Nougat", „Französischer Nougat" oder „Montélimar". Zur Herstellung werden Zucker, Glucosesirup, Eiweiß und eventuell Gelatine leicht aufgeschlagen. So entsteht eine helle, mehr oder weniger zähe Masse, die man mit Nüssen, Mandeln, Pistazien, Honig, kandierten Früchten sowie Aromen und Farbstoffen anreichert. Türkischer Honig kommt meist in Riegelform auf den Markt und wird mit oder ohne Schokoladenüberzug angeboten.

Weißer Nougat

SÜSSES & DESSERTS

Dessert- und Backzutaten

Wenn es um Desserts und Kuchen geht, steht Hausgemachtes hoch im Kurs. Allerdings – um pure Eigenleistung von A bis Z handelt es sich äußerst selten. Man nutzt vielmehr die angebotenen Hilfen vom Puddingpulver bis hin zur Kuchenglasur und kreiert damit Produkte, die Gaumen und Auge gleichermaßen erfreuen.

Götterspeise

Kleine, aber feine Speisen

Dessert-Sauce (Erdbeere)

Das Lebensmittelgesetz legt fest, was zur Kategorie „Puddingpulver und verwandte Erzeugnisse" zählt: alle Erzeugnisse aus Dickungs- und/oder Geliermitteln, die man häufig zusammen mit Zucker in Flüssigkeiten einrührt und auf diese Weise zu Puddings, Cremes, anderen Süßspeisen, Tortengüssen und Suppen verarbeitet.

Alles fürs Dessert

Puddingpulver

Es besteht vor allem aus reiner, besonders bindefähiger Maisstärke, Reis- und Weizenstärke, Zucker, Glucose und Laktose. Zum Einrühren in einen halben Liter Flüssigkeit (Milch, Wasser, Fruchtsaft, Wein etc.) sind 35 g Konsistenz gebende Stoffe wie Stärke oder Grieß erforderlich (bei kakaohaltigen Produkten nur 30 g). Die Puddingpulver-Sorte wird durch geschmacksgebende Zutaten bestimmt wie fettarmen Kakao, Karamellpulver, Kaffee-Extrakt, Mandeln, Nüsse, Trockenfrüchte, kandierte Früchte usw. Außerdem kann Puddingpulver Genusssäuren enthalten, Kochsalz, natürliche und naturidentische Aromastoffe sowie färbende Lebensmittel oder zugelassene Farbstoffe. Angeboten wird Puddingpulver in unterschiedlichen Conveniencegraden:

- Am meisten Arbeit macht Puddingpulver zum Kochen. Es wird meist mit Zucker in Flüssigkeit (meist Milch) angerührt, dann in kochende Flüssigkeit eingerührt und aufgekocht. Wenn die Masse in einer Form auskühlt, lässt sie sich nach einigen Stunden stürzen.
- Zeitsparend ist Puddingpulver zum Einrühren in heiße Milch. Das Aufkochen (und damit die Gefahr des Anbrennens) entfällt, und auch dieser Pudding ist nach einigen kühlen Stunden sturzfähig.
- Instant-Puddingpulver enthält bereits Zucker, wird einfach nur in einen halben Liter kalte Milch eingerührt und am besten gleich in Portionsschälchen gefüllt. Schon etwa 20 Minuten später kann der Pudding serviert werden.
- Der Tassenpudding ist die richtige Menge für eine Person. 150 ml sprudelnd kochendes Wasser in einen Kaffeebecher geben, Puddingpulver dazu, umrühren – fertig. Angeboten wird das praktische Produkt in verschiedenen Geschmacksrichtungen.

Der Begriff „Pudding" wurde im 18. Jahrhundert aus dem Englischen übernommen. Auf der Insel gebrauchte man die Bezeichnung aber nicht nur für bestimmte Süßspeisen, sondern auch für runde oder knödelartige Gerichte aus Brot, Gemüse oder Fleisch. Bekannte Beispiele sind der Black Pudding (eine Art Blutwurst) oder der Plumpudding bzw. Christmas Pudding (aus Weißbrot, Rindernierenfett, Mehl, Zucker, Früchten und Gewürzen). Der Yorkshire Pudding hat mit seinen Verwandten gar nichts gemein. Es handelt sich um eine in Förmchen gebackene Teigware, die bevorzugt zu Roastbeef serviert wird.

Dessert-Cremes

Die leichten, luftigen Cremes werden einfach in kalter pasteurisierter Milch oder Sahne aufgeschlagen. Nicht verwenden sollte man Rohmilch oder Vorzugsmilch, denn diese Sorten verursachen einen seifigen Geschmack. Zur Herstellung von Fruchtcremes benötigt man lediglich Wasser.

Dessert-Cremes gibt es in vielen Geschmacksrichtungen. Zu den Klassikern zählen Vanille, Schokolade, Karamell, Zitrone, Himbeer, Banane und Pfirsich. Trend-Produkte sind die Pulver für diverse Sorten (au Chocolat, Vanille, Zitrone, Orange, Hasel- oder Walnuss) sowie für Tiramisu, Creme Stracciatella, Panna cotta usw. Manche Cremes werden bei der Zubereitung mit Alkohol verfeinert, der in einem Fläschchen der Packung beiliegt. Es gibt auch Dessert-Cremes, die zum Einfrieren gedacht sind und die Konsistenz von Halbgefrorenem annehmen.

Eine Variante ist das Cremespeisen-Pulver, das hauptsächlich aus kalt quellender Stärke und Gelatine besteht. Man schlägt es mit Wasser und einem Ei auf und zieht eventuell geschlagene Sahne, Joghurt oder Quark unter. Weincremes werden mit Weiß- oder Rotwein oder mit Sekt aufgeschlagen.

Dessert-Schaum

Er wird mit etwas Wasser oder Milch aufgeschlagen und dann wie Schlagsahne zu Kuchen, Eis oder Desserts serviert. Dessert-Schaum enthält Pflanzenfette, Magermilch oder Süßmolkepulver, Milcheiweiß, modifizierte Stärke, naturidentische oder natürliche Aromastoffe sowie zugelassene Farbstoffe und ist kalorienärmer als Schlagsahne.

Dessert-Saucen

Ob Pudding, Eis, Obstsalat oder Mehlspeise – die flüssigen bis cremigen Dessert-Saucen sind die Krönung für nahezu jeden Nachtisch. Am beliebtesten ist die Vanillesauce, gefolgt von Schokoladensauce. Auch zahlreiche Fruchtsaucen – Erdbeer, Himbeer, Johannisbeer, Kirsch, Kiwi, Orange usw. – stehen zur Wahl. Der Verbraucher kann wählen zwischen verschiedenen Angebotsformen:

- Klassisches Saucenpulver auf Stärkebasis wird in Milch eingerührt und aufgekocht.
- Pulver für cremig-schaumige Saucen muss lediglich mit Milch aufgeschlagen werden.
- Instant-Saucenpulver rührt man in kalte Milch ein, schon ist es servierfertig.
- Am schnellsten zur Hand sind verzehrfertige Dessert-Saucen. Man kann sie kalt direkt aus der Flasche oder auch warm servieren.

Puddingpulver

Mousse au Chocolat

Dessert-Sauce (Vanille)

Schokoladen-Dekor

 Tipp für Desserts

Wer kein Saucenpulver im Haus hat, zaubert einfach aus Puddingpulver eine feine Dessert-Sauce. Beim Zubereiten die doppelte Menge Flüssigkeit (oder die halbe Pulvermenge) verwenden, schon entsteht eine cremige Sauce.

SÜSSES & DESSERTS

Milchreis

Tiramisu

Götterspeise

Grießbrei

Geleespeisen

Geleespeisenpulver besteht aus Gelatine, teilweise Stärke (Rote Grütze), Zucker, Säuerungsmittel, natürlichen und naturidentischen Aroma- und zugelassenen Farbstoffen. Entweder kocht man das Pulver mit Wasser und Zucker auf oder ersetzt das Wasser durch Fruchtsaft. *Rote Grütze* und *Götterspeise* werden auch als Instantprodukt zum Einrühren oder Aufschlagen angeboten. Die klassische Götterspeise gibt es mit Waldmeister-, Zitronen-, Kirsch-, Himbeer- und Aprikosengeschmack.

Süße Mahlzeiten

Kaltschalen und Fruchtsuppen

Manchmal muss es einfach Suppe sein – an kalten Tagen heiß und wärmend, an heißen Sommertagen leicht und erfrischend. Dafür gibt es Fruchtsuppen und Kaltschalen, die sich „aus der Tüte" im Handumdrehen zubereiten lassen. Man rührt die Produkte nur in Wasser, Milch oder Wein ein. Fruchtsuppen bestehen aus einer Trockenfrüchtemischung und Stärke, werden mit Zucker aufgekocht und können warm oder kalt gegessen werden. Kaltschalen enthalten Gemüse oder Früchte und sind für die kalte Zubereitung als Instantprodukt mit gefriergetrockneten Fruchtstückchen erhältlich.

Kaiserschmarrn

Frisch aus der Pfanne steht diese österreichische Mehlspeise in wenigen Minuten auf dem Tisch. Die Fertigmischung enthält neben Grundzutaten wie Mehl und Zucker auch gleich die Rosinen, wird mit Milch und Ei verrührt und gebraten. Vor dem Servieren bestäubt man den Kaiserschmarrn mit Puderzucker.

Den Kaiserschmarrn verdanken Österreich und die Welt dem Kaiser Franz Joseph. Er soll dereinst bei einer Jagd vom Weg abgekommen und in einem Bauernhaus gelandet sein. Die Bäuerin, nicht auf hohen Besuch eingerichtet, durchforstete Küche und Keller, um dem Kaiser eine Mahlzeit servieren zu können. Aber außer Eiern, Mehl und Zucker stand nicht viel zur Verfügung. Trotzdem lobte der Kaiser das ungewohnt einfache Essen, und die Köchin wehrte bescheiden ab: „Ach, es war ja nur ein Schmarrn" (Schmarrn = österreichisch, bairisch für „Blödsinn, nichts Besonderes"). Darauf Franz Joseph: „Ja, aber ein richtiger Kaiserschmarrn."

Pudding

Frischkäsecreme mit Früchten

Fertigdesserts

Desserts mit Milchprodukten
Nie zuvor war das Angebot an Dessertprodukten größer und es wächst weiter. Neben ständig neuen Kreationen, die häufig von unseren südlichen und auch nördlichen Nachbarn inspiriert sind, bereichern saisonale Produkte den Markt. Im Sommer sollen Desserts erfrischend und fruchtig sein, während im Winter häufig Sahne für Cremigkeit sorgt und wärmende Gewürze Geschmack verleihen. Angeboten werden kalorienreiche und kalorienarme Produkte, solche mit viel oder eher wenig Zucker, sahnige Cremes und fettarme Dessertzubereitungen. Jeder Hersteller hat dabei sein eigenes Rezept, das er sorgfältig hütet, doch die grundlegenden Zutaten sind bei den meisten Produkten gleich.

Ayran
Dieses erfrischende türkische Getränk, das mittlerweile in vielen Kühlregalen steht, wird aus Wasser und dem sauren türkischen Joghurt im Mengenverhältnis 1:1 oder 1:2 und etwas Salz hergestellt. Auch deutscher Joghurt kann genommen werden, da er aber nicht ganz so sauer ist, muss zusätzlich etwas Zitronensaft zugegeben werden. Manchmal finden sich aromatisierte Varianten mit Zitronenmelisse oder Pfefferminze.

Bayrische Creme
Nicht nur in Bayern beliebt und bekannt ist diese Creme aus Eigelb, Milch, Sahne und Gelatine. Zu dem Klassiker, der häufig zusammen mit Beeren gereicht wird, gesellen sich verschieden aromatisierte Sorten mit Schoko-, Vanille-, Kaffee- oder Nussgeschmack.

Crème Caramel
Eine sahnige Creme, hergestellt aus karamellisiertem Zucker, Eigelb und Sahne. Sei es nun, das sich der Karamell unter der Creme befindet und erst zum Vorschein kommt, wenn man das Dessert stürzt – Crème caramel, Crème catalan – oder dass sich die Creme unter einer knusprigen Karamellkruste (mit dem Gasbrenner oder unter dem Grill des Backofens karamelisierter Zucker – Crème brûlée) verbirgt. Egal, für welche, Genuss ist bei Crème caramel garantiert.

Frischkäsecreme
Die aus Frischkäse mit rund 20 % Fett, Zucker und Früchten oder aromatisierenden Zusätzen hergestellten Desserts sind so cremig, dass man ihnen kaum widerstehen kann. Aufgrund ihres relativ hohen Fettgehalts sind sie sättigender als ein einfacher Joghurt oder Quark. Es gibt sie in kleinen Portionen speziell für Kinder, aber auch in großen Bechern, z.B. mit Vanillegeschmack.

Grießbrei
Schon lange sind die Zeiten vorbei, dass Grießbrei vorwiegend kleinen Kindern und Kranken vorbehalten war. Längst sind die geschmacklichen Vorzüge und auch der Gesundheitswert dieser aus Milch und Grieß hergestellten Zwischenmahlzeit bei Jung und Alt bekannt.

Lassi
Mehr ein Getränk als ein Dessert, doch gerade die fruchtigen Varianten des ursprünglich in Indien beheimateten Milchproduktes schmecken auch als Nachspeise hervorragend. Basierend auf dem Mengenverhältnis 1:1 wird Wasser mit Joghurt schaumig geschlagen. Süßes Lassi ist mit Zucker, mit Fruchtsaft oder mit Fruchtmark gemischt – bekannteste Sorte bei uns: Mango-Lassi. Dem salzigen Lassi wird einfach eine Prise Salz zugegeben; es harmoniert hervorragend mit den würzigen indischen Gerichten.

Milchnudeln
Milchnudeln in kochende Milch geben, umrühren, zehn Minuten abgedeckt stehen lassen – schon ist die kleine Mahlzeit fertig. Sie schmeckt pur oder mit Zimt und Zucker und besonders köstlich mit Fruchtgrützen oder Pflaumen.

Milchreis
Ursprünglich als warme Mahlzeit bekannt, hat sich Milchreis schon lange als gekühlter Snack einen festen Platz in unserem Speiseplan erobert. Das aus Rundkornreis und Milch hergestellte Produkt gibt es klassisch mit Zucker und Zimt, mit Schokolade, mit Himbeeren, mit Kirschen usw. Angeboten wird, was schmeckt und was zur jeweiligen Jahreszeit passt – der Fantasie sind dabei keine Grenzen gesetzt.

SÜSSES & DESSERTS

Rotwein Mousse

Rote Grütze

Panna Cotta Caramello

Sommergrütze

Mousse au Chocolat
Wie sein Name schon vermuten lässt, verdanken wir das locker aufgeschlagene Mousse den Franzosen. Seine luftige Konsistenz bekommt das Mousse von den geschlagenen Eiern, die Cremigkeit von der Sahne. Je nach Sorte verleihen weiße oder dunkle Schokolade, Rotwein oder auch Weißwein dem Mousse Geschmack.

Panna Cotta
Panna Cotta „gekochte Sahne" ist eine stichfeste Sahnecreme und kommt wie auch Tiramisu aus Italien. Sahne, Zucker, Vanille(-aroma) und Gelatine sind die wenigen Zutaten für dieses auf der Zunge zergehende Dessert.

Pudding
Während noch vor nicht allzu langer Zeit der Pudding zu Hause frisch gekocht wurde, kommt heute häufig ein fertiges Produkt aus dem Kühlregal auf den Tisch. Neben Milch und der Stärke, die dem Pudding die Kosistenz verleiht, sind die beliebtesten Geschmackszutaten Schokolade und Vanille (-aroma). Doch auch sommerliche Puddings wie Zitronenpudding sind im Angebot.

Tiramisu
Von Italien aus hat dieses Dessert seinen Siegeszug nach Deutschland angetreten. Mit Alkohol und Espresso getränkte Bisquits, umgeben von einer sahnigen Creme aus Mascarpone und gekrönt mit kräftig herbem Schokoladenpulver. So lieben wir Tiramisu.

Quark mit Früchten
Locker aufgeschlagene Quarkcreme in verschiedenen Fettstufen, kombiniert mit Früchten ist ein beliebtes Dessert und dient auch häufig als Zwischenmahlzeit. Das Angebot ist riesig, der Fruchtzusatz variiert je nach Jahreszeit – ein Produkt, das einen festen Platz in unseren Kühlschränken beansprucht.

Desserts ohne Milchprodukte
Gerade im Sommer überwiegt bei vielen die Lust auf leichte, lockere Kost. Sahne und Co. haben das Nachsehen und die Früchte können sich in ihrer ganzen Pracht präsentieren.

Rote Grütze
Der Klassiker unter den Sommerdesserts darf nirgendwo fehlen. Gemeinsam ist allen Produkten die rote Farbe, hinsichtlich der Zutaten deckt das Angebot die gesamte Palette der Beerenfrüchte ab: Erdbeeren, Himbeeren, rote und auch schwarze Johannisbeeren, Brombeeren gehören zum Standard, dazu gesellen sich häufig noch Kirschen und manchmal auch Gewürze wie zum Beispiel Zimt oder Vanille.

Sommergrütze
Die rote Grütze hat eine orangefarbene Schwester bekommen. Neben anderen sorgen Aprikosen, Nektarinen und Maracujasaft für die sommerliche Farbe und den erfrischenden Geschmack – nicht nur kulinarisch, sondern auch optisch ein Genuss. Finden statt gelben Früchten grüne wie Trauben, Kiwis Stachelbeeren Verwendung entsteht *grüne Grütze*.

Götterspeise
Bei der Vielzahl an Dessertkreationen, die das Kühlregal zu bieten hat, mutet die Götterspeise so manchem gar nicht mehr göttlich an. Doch auf jeden Fall ist der Klassiker in rot, gelb oder grün, bestehend aus Gelatine, Aroma und Farbstoffen ein Hit auf Kindergeburtstagen und auch für die Halloween-Party lässt sich was Gruseliges draus zaubern.

Ingwer

Zimtstangen

Alles Gute zum Backen

Mehl, Zucker, Fett und Eier sind die Grundzutaten beim Backen. Damit ein feiner Kuchen daraus gelingt, bedarf es jedoch einiger Hilfsmittel und einer ganzen Reihe aromatischer Beigaben.

Aroma-Produkte

Backaromen oder -öle werden in konzentrierter Form aus künstlichen Geschmacks- und Geruchsstoffen hergestellt. Trägerstoffe sind Öl, Zucker, Stärke oder Alkohol (verdampft beim Erhitzen). Angeboten werden Geschmacksrichtungen wie *Arrak, Bittermandel, Orange, Rum, Vanille* und *Zitrone,* teils in Mini-Glasfläschchen, teils in Alu-Beutelchen. Man verwendet die Aromen wohldosiert, am besten tropfenweise, für Gebäck, Desserts, Dessertsaucen, selbst zubereitetes Eis, Pralinen oder Schlagsahne.

Gewürze wie *Anis, Ingwer, Nelken, Pfeffer, Piment, Safran, Salz, Sternanis, Vanille, Zimt* usw. spielen beim Backen eine wichtige Rolle. Besonders deutlich wird dies bei der Weihnachtsbäckerei. Hierfür stehen auch fertige Gewürzmischungen (zum Beispiel *Lebkuchengewürz* oder *Spekulatiusgewürz*) zur Verfügung.

Vanillestangen sind Naturprodukte – die Früchte (Schoten) einer tropischen Kletterorchidee. Sie werden getrocknet als schwarze, dünne Stangen in Glasröhrchen verkauft. Zur Verwendung schneidet man sie der Länge nach auf und kratzt das Vanillemark heraus. Es schmeckt sehr intensiv und würzt nicht nur Teige, sondern auch Desserts, Milchprodukte usw. Mit echter Vanille wird der Vanillezucker aromatisiert.

Vanillin ist zwar in Vanilleschoten enthalten, wird aber auch synthetisch hergestellt. Mit Zucker vermischt, kommt es als Vanillinzucker in den Handel. Mit ihm lässt sich Gebäck und überhaupt alles Süße verfeinern.

Vanillezucker

Vanillestange

Nelken

Piment

Pfeffer

Sternanis

SÜSSES & DESSERTS

Backpulver

Natron

Stärke

Hefe

Backtriebmittel
Entscheidend beim Backen ist, dass der Kuchen bzw. das Gebäck aufgeht. Erreicht wird dies durch den Zusatz von Triebmitteln. Sie setzen beim Backen in Verbindung mit Feuchtigkeit und Wärme Kohlendioxid frei. Es zeigt sich in kleinen Gasbläschen, die im Teig hochsteigen und ihn dadurch lockern. Zu den biologischen Triebmitteln zählen Hefe und Sauerteig. Chemische Triebmittel sind Backpulver, Natron, Hirschhornsalz und Pottasche.

Hefe
Sie wird vor allem in Weizen- oder Weizenmischteigen verarbeitet. Sie besteht aus einzelligen Pilzen, die eine feuchte, warme Umgebung sowie „Nahrung" in Form von Stärke und Zucker zur Vermehrung anregt. Die Pilze spalten den Zucker in Kohlendioxid und Alkohol (der sich während des Backens verflüchtigt), und die aufsteigenden Gärgase machen den Teig locker und schmackhaft. Frische Backhefe gibt es in Würfeln à 42 g – eine Menge, die für gut 500 g Mehl ausreicht. In Alufolie verpackt bleibt Backhefe im Kühlschrank ca. zwei Wochen frisch. Mindestens ein Jahr hält Trockenhefe. Sie wird in Tütchen mit 7 g angeboten, ebenfalls ausreichend für 500 g Mehl.

Backpulver
Es besteht aus Natron (Natriumhydrogencarbonat), einem Säuerungsmittel oder saurem Salz. Meist werden Zitronensäure, Wein- bzw. Weinsteinsäure oder Adipinsäure verwendet. Backpulver ist geschmacksneutral und lockert nahezu alle Teigarten. Im Backofen geht der Teig sehr schnell auf. Wichtig ist jedoch eine exakte Dosierung des Pulvers. Wird zu viel verwendet, fällt das Gebäck nach dem Backen zusammen. Ein Tütchen Backpulver enthält ca. 16 g und ist für etwa 500 g Mehl bemessen. Backpulver sollte kühl, trocken und weit weg von stark duftenden Gewürzen aufbewahrt werden.

Natron
Natron empfiehlt sich besonders für schwere Teige (zum Beispiel Honigkuchenteig). 6 g genügen für 500 g Mehl. Erhältlich ist Natron als Pulver oder in Tablettenform. Bei trockener Lagerung bleibt die Triebkraft etwa ein halbes Jahr unverändert.

Hirschhornsalz
Es zerfällt beim Erhitzen über 60 °C in Kohlendioxid, Ammoniak und teilweise Wasser. Geeignet ist dieses Lockerungsmittel für flaches Gebäck wie Spekulatius, Lebkuchen, Mürbteig oder „Amerikaner". Auch Roggenteige gelingen bestens. Allerdings treibt Hirschhornsalz den Teig eher in die Breite. Bei hohem Gebäck kann der Ammoniak nicht entweichen und verursacht einen unangenehmen Geschmack ähnlich wie Salmiak. Zum Backen verwendet man 6 g Hirschhornsalz auf 500 g Mehl. Das Triebmittel wird in Glasröhrchen angeboten und ist – trocken aufbewahrt – sechs Monate haltbar.

Hirschhornsalz verdankt seinem Namen dem Irrglauben, es würde aus Hirschgeweihen gewonnen. Tatsächlich war das nie der Fall, doch man stellte es früher aus Horn, Leder, Klauen und anderen tierischen Bestandteilen her. Übrigens: Das Gebäck „Amerikaner" hat nichts mit Amerika zu tun. Es hieß ursprünglich „Ammonikaner", weil es mit ammoniakhaltigem Hirschhornsalz gebacken wurde.

Pottasche
Sie ist geruchloses Kaliumcarbonat und wird ebenfalls für flaches Gebäck wie Lebkuchen oder Honigkuchen verwendet. Die Lockerung funktioniert nur bei Teigen, die Säure enthalten. Sie kann auch durch Mikroorganismen entstehen, wenn man einen Teig vor dem Backen längere Zeit offen liegen lässt. Etwa 6 g Pottasche genügen für 500 g Mehl. Die Haltbarkeit des Lockerungsmittels liegt bei etwa acht Monaten.

Weinbeeren

Kandierte Früchte

Orangeat

Zitronat

Früchte

Kandierte Früchte

Sie werden aus frischen Obstsorten hergestellt. Neben „gewöhnlichen" Sorten wie *Kirschen, Erdbeeren, Quitten, Pflaumen* oder *Ananas* sind die Exoten stark vertreten. *Mangos, Papayas, Kumquats, Karambole* usw. schmecken höchst aromatisch. Besonders beliebt ist kandierter *Ingwer*.

Die Herstellung ist einfach, aber langwierig. Beim Kandieren wird das Zellwasser der Früchte nach und nach durch eine Zuckerlösung ersetzt, und das dauert bis zu zwölf Tage. Der Zucker konserviert die Früchte ohne künstliche Zusätze, und die natürliche Farbe bleibt erhalten. Ist die gewünschte Zuckerkonzentration erreicht, müssen die Früchte abtropfen. Anschließend werden sie mit Zuckerlösung glasiert, in Sirup eingelegt oder teilgetrocknet.

Abgesehen davon, dass kandierte Früchte zum Naschen verführen, verwendet man sie zum Dekorieren von Kuchen, Torten und Desserts.

Weinbeeren

Sie kommen in getrockneter Form als *Rosinen, Sultaninen* und *Korinthen* auf den Markt und sind fast immer kernlos. Große Trauben liefern Rosinen und Sultaninen. Ungebleichte Ware ist rötlich-braun bis schwarz, gebleichte Sorten sind hellbraun. Es gibt die Früchte geschwefelt und ungeschwefelt. Die kleinen, schwarzblauen Korinthen dürfen nicht geschwefelt werden und bleiben beim Backen fest.

Rumrosinen sind backfertig in Rum eingelegte Rosinen.

Zitronat und Orangeat

Sie zählen zu den kandierten Früchten, obwohl es sich hier lediglich um Schalen handelt. *Zitronat*, das auch Sukkade oder Zedrat genannt wird, liefert die bis zu 2 kg schwere Zedratzitrone. *Orangeat* stammt von der Bitterorange (Pomeranze).

Die Schalen der Früchte werden zuerst in Salzwasser gelegt und anschließend in einer hochprozentigen Zuckerlösung gekocht. Angeboten werden Zitronat und Orangeat gewürfelt oder in Stücken, teilweise auch glasiert.

SÜSSES & DESSERTS

Dekor-Artikel

Kuvertüre

Fettglasuren

Blattgelatine

Sahnehaltemittel

roter Tortenguss

Garnieren und Verzieren

Dekor-Artikel
Es gibt sie in den fantasievollsten Formen zum Verzieren von Torten, Kuchen, selbst gemachten Pralinen, Desserts usw. Aus buntem Zucker sind Liebesperlen, Blüten, Glückspilze und -käfer und viele andere Figuren. Aus Schokolade fertigen die Hersteller unter anderem Buchstaben, Ornamente, Blätter, Kaffeebohnen, Raspeln und eine Vielzahl von Figuren. Auch Marzipan wird dekorativ verarbeitet zu Früchten, Blüten, Tieren oder ganzen Hochzeitspaaren.

Streusel
Sie werden aus weißem oder buntem Zucker (zum Beispiel „Konfetti"), Schokolade oder Krokant in unterschiedlichen Formen hergestellt.

Gelier- und Bindemittel

Gelatine
Gelatine ist geruchlos und enthält viel Eiweiß, denn sie wird zu 90 % aus Schweineschwarten hergestellt. Die Verbraucher können wählen zwischen Blatt-Gelatine und Pulver – jeweils farblos oder rot gefärbt. Verwendet wird Gelatine vor allem für Tortenfüllungen und Cremes. Alternative Geliermittel sind pflanzliche Produkte wie Agar-Agar (Meeresalgenextrakt), Johannisbrotkernmehl, Stärke oder Pektin.

Tortenguss
Ein Geleepulver, das hauptsächlich aus Agar-Agar und Tapiokastärke besteht. Man rührt Tortenguss mit Wasser, Fruchtsaft oder Wein an und verteilt die Flüssigkeit über den Obstbelag von Kuchen, wo sie geliert. Angeboten wird klarer und roter Tortenguss.

Tortenhilfen
Sie bestehen vorwiegend aus kalt löslicher Gelatine, die keine Klümpchen bildet. Cremes, Quarkmassen, Sahne usw. erhalten durch Tortenhilfen nach entsprechender Kühlung die nötige Stand- und Schnittfestigkeit. Spezielle *Käsekuchen-Hilfe* bindet zwar die rohe Quarkmasse sofort ab, die Schnittfähigkeit entsteht jedoch erst beim Backen.

Sahnehaltemittel
Sahnehaltemittel sind Stärkeerzeugnisse meist mit Traubenzucker. Gibt man der Sahne beim Schlagen ein Sahnehaltemittel, das auch unter der Bezeichnung *Sahnesteif* im Handel ist, bei, wird sie besser steif und behält länger ihre Standfestigkeit.

Glasuren

Fettglasuren
Man verwendet sie zum Überziehen von Kuchen und anderem Gebäck. Hergestellt werden die Glasuren aus Zucker, Speisefett, Kakaobestandteilen, Lezithin und Geschmack gebenden Produkten wie Nuss, Mokka, Schokolade und Zitrone (dann ohne Kakaobestandteile). Die feste Masse wird im Wasserbad oder in der Mikrowelle geschmolzen und normalerweise auf den kalten Kuchen etc. gestrichen.

Haselnüsse

Marzipanrohmasse

Krokant

Nougat

Leinsamen

Mohnsamen

Kuvertüre
Sie wird zum Überziehen von Torten, Kleingebäck und Pralinen sowie zum Garnieren verwendet. Sie besteht aus Kakaobutter (mindestens 31 %), Zucker, manchmal auch Milchfett und entfetteter Kakaomasse (kein entöltes Kakaopulver), die für den guten Geschmack verantwortlich zeichnet. Je mehr Kakaobestandteile die Kuvertüre enthält, desto dunkler ist sie. Die besonders dunkle Edel-Kuvertüre hat 70 % Kakaoanteil. Es gibt auch weiße Kuvertüre, die neben Zucker und Kakaobutter vor allem Butterreinfett sowie Mager- und Vollmilchpulver enthält.

Nüsse – Kerne – Samen

Nüsse und Kerne
Haselnüsse, Walnüsse, Mandeln, Kokosnüsse, Pistazien- und Pinienkerne usw. werden gemahlen und Teigen oder Füllungen beigemischt. Erhältlich sind die Produkte auch ganz, als Blättchen oder Stifte sowie gehackt und geraspelt. Nüsse und Kerne eignen sich zum Bestreuen und Garnieren von Torten, Gebäck und Desserts.

Krokant
Es besteht aus Haselnüssen, Mandeln, Pistazien oder anderen Nüssen. Zur Herstellung werden die Kerne in geschmolzenem Zucker rundum karamellisiert, in Stücke gehackt oder zerstoßen. Krokant verwendet man beispielsweise als Zutat von Kuchen- und Tortenfüllungen und zum Garnieren.

Marzipan
Marzipan wird als Rohmasse zum Backen verwendet und in den Qualitäten 00 (höchste Stufe) sowie 0 und I (mittlere Stufen) angeboten. Neben geriebenen und gewalzten Mandeln darf Marzipanrohmasse höchstens 35 % Zucker enthalten. Der typische Marzipangeschmack entsteht durch das Rösten der Mandel-Zucker-Mischung. Zur Verwendung kann man die Rohmasse beliebig aromatisieren – beispielsweise traditionell mit Rosenwasser oder mit Kirschwasser. Zum Abdecken von Torten gibt es bereits ausgewalzte Marzipanplatten.

Persipan
Es ähnelt in Geschmack und Aussehen Marzipan, ist aber deutlich preiswerter. Man stellt es her aus den Kernen von Pfirsichen oder Aprikosen und Zucker. Zur chemischen Unterscheidung werden Persipan 0,5 % Kartoffelstärke zugesetzt. Zudem ist eine deutliche Kennzeichnung vorgeschrieben.

Samen
Man verwendet sie gemahlen oder geschrotet für Teige und Füllungen, ungemahlen zum Bestreuen von Gebäck. Beliebt sind vor allem Sesam-, Lein- und Mohnsamen. Letztere sollte man immer frisch mahlen und sofort verbrauchen, da sie schnell ranzig werden. Angeboten werden aber auch bereits backfertige Mohnfüllungen im Beutel.

Nugat (Nougat)
Er verdankt seinen Geschmack vor allem den verarbeiteten Haselnüssen oder auch Mandelkernen. Sie werden geröstet, zerrieben, mit Lezithin zu einer Paste gebunden und dann mit Puderzucker, Kakaobutter, Sojafett, Kuvertüre, Vanillin und Milchpulver zu einer homogenen Masse verknetet. Auch andere Zusätze wie Butter, Sahne, Honig, Nusskrokant, Rosenwasser oder Kaffee sind möglich. Man verwendet Nugat vor allem zur Herstellung von Pralinen und zum Füllen von Torten.

Getränke

& SPIRITUOSEN

HEISSGETRÄNKE	424
ALKOHOLFREIE GETRÄNKE	440
BIER	450
WEIN	464
SCHAUMWEIN	486
SPIRITUOSEN	490

GETRÄNKE & SPIRITUOSEN

Heißgetränke

Nicht nur als Heißgetränke sind sie bei Jung und Alt beliebt, auch kalt getrunken finden Kaffee, Tee und Kakao großen Anklang. Dabei löschen sie nicht nur den Durst, sondern wirken auch anregend.

Kaffee

Kaffee stammt aus den arabischen Ländern und war dort schon im 14. Jahrhundert als koffeinhaltiges Heißgetränk bekannt. Venezianische Kaufleute brachten den Kaffee im 17. Jahrhundert nach Europa und heute gilt er neben Bier und Wein als beliebtestes Getränk der Europäer. Kaffee ist kein Durstlöscher (auch wenn er nicht, wie oft behauptet, dem Körper Wasser entzieht), sondern wird wegen seiner anregenden Wirkung getrunken. Er enthält auch Antioxidantien, die die Gesundheit unterstützen. Am meisten Kaffee wird in Finnland getrunken. Durchschnittlich 3,6 Tassen pro Tag trinken die Finnen. Das sind doppelt so viel wie die US-Amerikaner (1,8 Tassen pro Tag) und anderthalb Tassen mehr als die Deutschen. In Deutschland unterliegen Kaffee und kaffeehaltige Waren einer zusätzlichen Verbrauchssteuer, der Kaffeesteuer. Die jährlichen Einnahmen aus dieser Steuer belaufen sich auf rund eine Milliarde Euro.

Anbau

Die Kaffeepflanze ist ein weiß blühender Strauch und zählt zur Pflanzenfamilie Coffea. Aus der Blüte und dem nachfolgenden Fruchtansatz lassen sich schon frühzeitig die zu erwartenden Ernteerträge vorhersagen. Die reife Frucht ist rot und enthält zwei Kerne, die Kaffee-Bohnen. Kaffee wird heute in über 50 Ländern weltweit angebaut. Die bedeutendsten Anbauflächen liegen in Südamerika mit vier Millionen Hektar, in Afrika (zwei Millionen), Nord- und Zentralamerika (1,9 Millionen) und in Asien/Ozeanien (drei Millionen).

Der Weg von der Ernte bis zum Versand des löslichen Kaffees

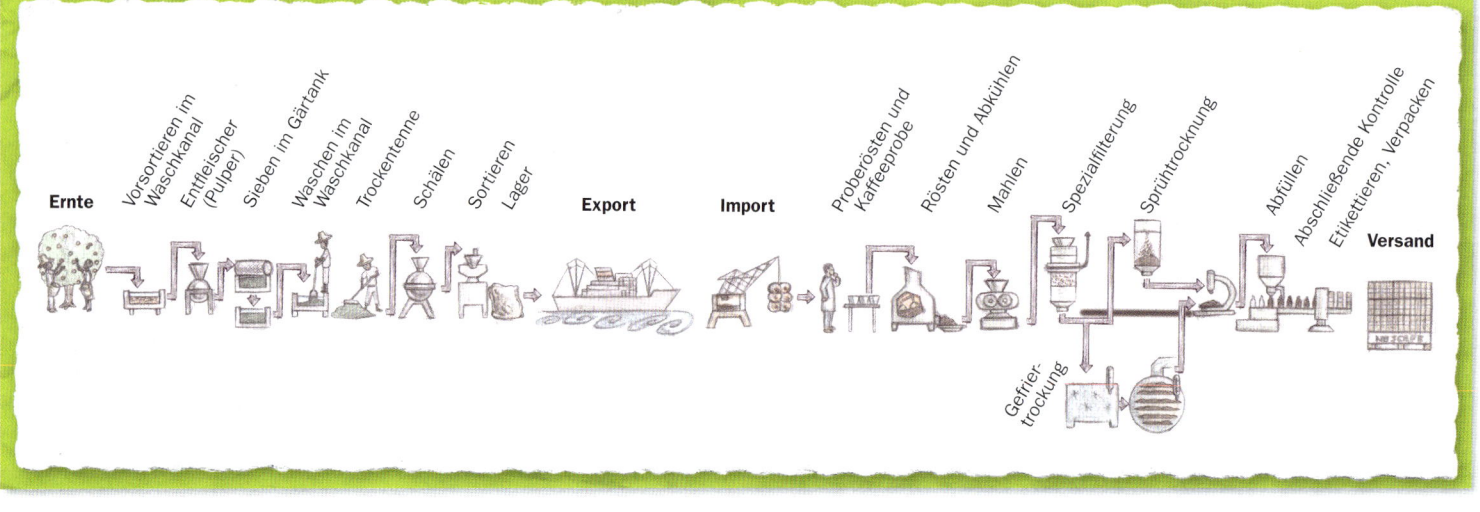

Es gibt zwei Arten der Kaffeeröstung: die traditionelle Trommelröstung und die aromaschonende Röstung in Heißluft. Bei Letzterer dauert der Röstvorgang nur 2–3 Minuten, dann werden die Bohnen schlagartig abgekühlt. Dadurch erhält man ein volleres Aroma und steigert die Ergiebigkeit. Beim anschließenden Mahlen kommen die Bohnen zuerst in den Vorbrecher, wo sie geknackt werden, und dann in das Feinmahlwerk, wo sie zu Kaffeemehl verarbeitet werden.

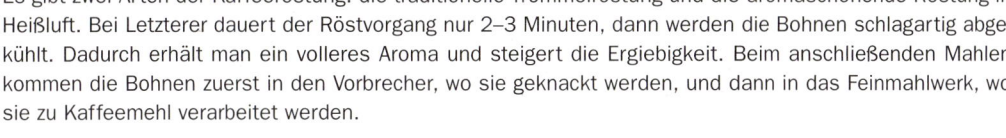

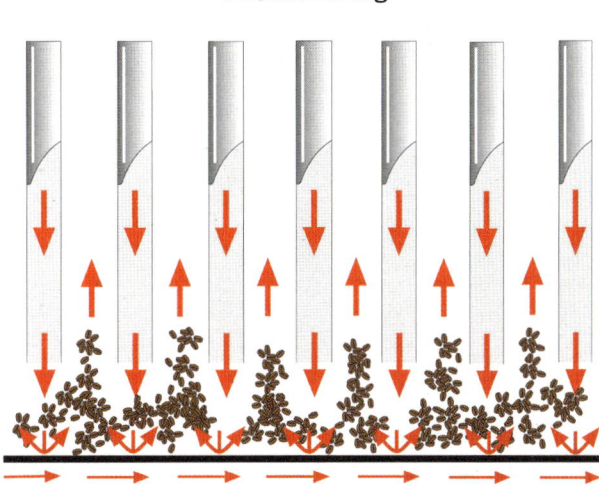

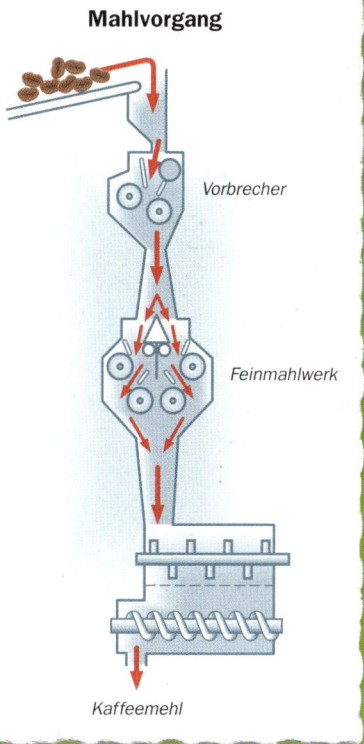

Nach dem Anbaugebiet unterscheidet man:
- *Hochlandkaffee*
  Kleine feste Bohnen mit ausgeprägtem Geschmack und feinem Aroma. Sie wachsen langsam, enthalten wenig Wasser, und der Ernteertrag ist gering. Hochlandkaffee ist von höherer Qualität.
- *Tieflandkaffee*
  Große schwammige Bohnen mit strengerem Geschmack. Die Bohnen reifen schnell, daher sind mehrere Ernten im Jahr möglich. Tieflandkaffee gilt als qualitativ minderwertiger als Hochlandkaffee.

Herstellung

Nach der Ernte durchlaufen die Bohnen mehrere Prozesse. Sie werden zunächst sortiert und getrocknet. In Schälmaschinen werden die rohen Bohnen von verschiedenen Häuten befreit und gereinigt. Im Anschluss daran werden die Kaffeesamen verpackt und exportiert bzw. im eigenen Land weiterverarbeitet.

Vor über hundert Jahren wusch und röstete man die rohen Bohnen noch selbst in der Kaffeetrommel über dem Holzfeuer. Heute gibt es im Handel fast ausschließlich gerösteten Kaffee zu kaufen.

Es gibt verschiedene Röstungsarten und Röstungsmischungen, die sich auf den Geschmack und die Bekömmlichkeit auswirken. In der Produktion kennt man helle, mittlere, starke oder doppelte Röstungsarten.

Etwas verwirrend und uneindeutig sind die verschiedenen Bezeichnungen der Hersteller. „Mild" enthält in der Regel eine helle, sanft geröstete Mischung, „aromatisch" eine eher kräftige Hochlandmischung, die „Frühstücksröstung" eine eher stark geröstete Mischung, ebenso die „Wiener Röstung" und die „Italienische Röstung". Die sogenannten „Hausmischungen" der einzelnen Hersteller lassen sich nicht einheitlich beschreiben.

Jede reife Frucht der Kaffeepflanze enthält zwei Kerne, die Kaffee-Bohnen.

TransFair-Kaffee

Der gemeinnützige Verein TransFair setzt sich für eine umweltgerechte und faire Kaffeeproduktion und fairen Kaffeehandel ein. Plantagenarbeiter in Afrika, Asien und Lateinamerika sollen die Möglichkeit erhalten, durch den Fairen Handel ihre Lebens- und Arbeitsbedingungen zu verbessern. TransFair handelt nicht selbst mit Waren. Der Verein vergibt aber sein Logo (siehe Seite 13) für fair gehandelte Produkte, unter anderem auch Kaffee. In 76 Anbauländern, vornehmlich Entwicklungsländern, leben über 100 Millionen Menschen von der Produktion, Verarbeitung und dem Vertrieb von Kaffee.

GETRÄNKE & SPIRITUOSEN

Kaffeebohnen

Rohkaffee aus Brasilien ungewaschener Arabica

Rohkaffee aus Kolumbien gewaschener Arabica

Kaffee

Wiener Melange

Afrikanische Mischung

Wild Lekempti

Kaffee dunkle Röstung

Café crème

Kaffee-Perlbohnen

Sorten

Die beiden Hauptsorten heißen *Arabica* (Coffea arabica) und *Robusta* (Coffea canephora). Je nach Art der Kaffeepflanze, Sorte der Kaffeebohne und Anbauort gibt es unterschiedliche Qualitätsstufen. Robusta gilt als minderwertig gegenüber Arabica, dabei haben diese Bohnensorten lediglich unterschiedliche Eigenschaften und Preisbildungsfaktoren. Arabica hat einen Weltmarktanteil von ungefähr 60 Prozent des produzierten Kaffees. Diese Bohnensorte, die nur die Hälfte an Koffein im Vergleich zur Robusta-Bohne enthält, wird vor allem wegen ihres Aromas bevorzugt.

Robusta hat einen Anteil von etwa 36 Prozent an der Weltproduktion. Optisch unterscheidet sich diese Bohnensorte von der Arabica durch einen geraden Einschnitt in der Bohne, die Arabica hat einen gewellten Einschnitt. Von den Farmern wird die Robusta Sorte vor allem wegen ihrer Widerstandsfähigkeit und ihrer kürzeren Reifungszeit geschätzt.

Als Exot gilt die *Excelsa*, die 1904 am Tschadsee gefunden wurde. Sie ist die kräftigste Bohnensorte und gedeiht auch auf trockenerem Boden. Sie macht nur etwa ein Prozent an der Weltproduktion aus.

Die *Stenophylla* ist eine besonders kleinblättrige Pflanze aus Westafrika und gedeiht auf bis zu 700 Metern Seehöhe. In Sierra Leone wird mit dieser Sorte der bekannte „Highland Coffee" hergestellt. Die Bohnen sind rund und groß, die Früchte werden bei der Reifung schwarz.

Zubereitung

Die Zubereitung von Kaffee ist je nach Kultur, nationalen Gepflogenheiten oder persönlichem Geschmack unterschiedlich. Es gibt fünf Haupt-Zubereitungsarten:

Filterkaffee

Kaffeepulver wird in einer Filtertüte mit siedendem Wasser aufgegossen und gefiltert. Dieses Verfahren wurde 1908 von Melitta Bentz erfunden. Daher auch der Name Melittakaffee.

Espresso

Wasser wird in einer speziellen Espressomaschine unter hohem Druck durch das fein gemahlene Kaffeepulver gepresst (Extraktion). Dabei entsteht ein Schaum aus Kaffeeölen, die sogenannte Crema.

Türkischer Kaffee

Sehr fein gemahlenes Kaffeemehl wird mit reichlich Zucker und Wasser in speziellen, leicht konischen Kupfer- oder Edelstahlkochern aufgekocht. Der Kaffeesatz setzt sich am Boden ab. Gegebenenfalls werden noch andere Ingredienzen zugegeben, etwa Rosenwasser oder Kardamom.

Filterkaffee gemahlen helle Röstung

Espresso gemahlen

Espresso gemahlen schwarze Röstung

French Press
Ähnlich wie beim türkischen Kaffee wird das Kaffeepulver direkt in das heiße Wasser gegeben. Nach etwa vier Minuten trennt man den Kaffeesatz vom Getränk, indem man ein Metallsieb nach unten drückt.

Löslicher Kaffee
Kaffeepulver, das in einem speziellem Verfahren hergestellt wurde, nur durch Zugabe von heißem Wasser zubereitet wird und ohne weitere Zubereitungsschritte getrunken werden kann.

Entkoffeinierter Kaffee
Kaffee zu entkoffeinieren ist aufwändig und kostenintensiv. Organische Lösungsmittel und Kohlendioxid werden verwendet, um die Bohnen vom Koffein zu reinigen, aber sie lösen gleichzeitig Geschmackskomponenten ab. Während des Verfahrens gehen eine ganze Reihe geschmacksbildender Substanzen verloren. Kaffee ohne Koffein schmeckt daher weniger aromatisch. Dennoch ist die Nachfrage nach entkoffeiniertem Kaffee groß. Bei einem Weltmarkt-Volumen für Kaffee von etwa 40 Milliarden US-Dollar entfallen etwa 15 Prozent auf entkoffeinierten Kaffee.

Inzwischen haben Forscher natürlichen koffeinfreien Kaffee gefunden. In Äthiopien wurden Kaffeepflanzen entdeckt, die offenbar kein Koffein enthalten und im Vergleich zu den handelsüblichen Sorten nur 1/15 anderer Belebungsmittel enthielten. Auch an einer genetisch veränderten Niedrigkoffeinpflanze wird derzeit geforscht.

Positive und negative Effekte von Kaffee
In einer Untersuchung des Nationalen Krebs-Zentrums in Tokio haben Forscher in einer zehnjährigen Studie herausgefunden, dass Kaffeetrinker seltener an Nierenkrebs erkranken als Nicht-Kaffeetrinker. Man geht davon aus, dass die Antioxidantien des Kaffees vor kanzerogenen Sauerstoffradikalen schützen. Kanadische Wissenschaftler haben Studien veröffentlicht, die den Kaffekonsum mit einem sinkenden Risiko für Brust-, Blasen- und Dickdarmkrebs in Zusammenhang bringen. Auch über die hemmende Wirkung von Koffein bei Parkinson und Alzheimer wird diskutiert. Wissenschaftler vermuten, dass durch den Kaffeegenuss die Produktion des Nervenbotenstoffs Dopamin angeregt wird, was den Ausbruch bzw. das Fortschreiten der Alzheimerkrankheit verzögern könnte.

Bei übermäßigem Konsum von Kaffee und anderen koffeinhaltigen Getränken können allerdings, besonders bei koffeinempfindlichen Menschen, auch unangenehme Nebenwirkungen und sogar toxische Symptome auftreten: Tachykardie (Herzrasen), Unruhe, Tremor (Zittern), Nervosität, Angstzustände, Gedankenflucht, Schlaflosigkeit, Konvulsionen (Schüttelkrämpfe) und sogar leichte Abhängigkeit mit Entzugssymptomen wie Kopfschmerz.

Kaffeekonsum
Die Auswahl beim Kaffee wird immer größer. Zu den Kaffeklassikern gesellen sich zunehmend neue Produkte. Vor allem der Espresso und lösliche Kaffeemischgetränke werden überproportional nachgefragt, aber auch Einzeltassenportionen wie Pads und Kapseln. Bei den löslichen Kaffeegetränken greifen die Deutschen verstärkt zu den Cappuccino-Varianten.

Kaffeearoma
Röstkaffee ist eines der aromareichsten Lebensmittel. Etwa 25 Aromastoffe und 800 flüchtige Verbindungen in der richtigen Mischung bilden das volle Kaffeearoma. Frisch gemahlen und aufgebrüht entfalten sich Kaffeeduft und -geschmack optimal. Echte Kaffeegourmets kaufen daher nur geröstete Bohnen und mahlen sie selbst. Der im Handel erhältliche Kaffee ist vakuumverpackt. Nach dem Öffnen der Packung sollte der Inhalt möglichst in eine luftdichte Dose umgefüllt und im Kühlschrank aufbewahrt werden.

Zichorienkaffee/Kaffeeersatz
Zichorienkaffee wird aus den Wurzeln der Zichorie (Wegwarte) hergestellt, und zwar durch Reinigen, Schnitzeln, Trocknen und Rösten. Aus Zichorienkaffee werden auch schnell lösliche Extrakte hergestellt, die wie Instantkaffee einfach mit heißem Wasser aufgebrüht werden. Kaffee-Ersatz (Kaffee-Surrogat) wird hauptsächlich als Mischung aus Malz, Gerste, Roggen und Zichorie sowie als Malzkaffee erzeugt. Auch verschiedene Arten von Getreide, Zuckerrüben, Feigen, Sojabohnen und Ölsaaten sowie gerbstoffhaltige Samen wie Eicheln eignen sich. Kaffee-Ersatz gibt es gemahlen und ungemahlen (Malzkaffee) oder als schnell lösliches Pulver oder Granulat.

> **Kaffee als Haushaltsmittel**
>
> Kaffeesatz ist wegen seines hohen Stickstoff-Gehalts ein optimaler Dünger. Auch sein hoher Gehalt an Kalium, Phosphor und anderen Mineralstoffen ist gut für die Pflanzenentwicklung. Viele Gärtner schwören auf Kaffeesatz als Rosendünger. Ebenso ist Kaffeesatz ein hervorragendes Handwaschmittel für stark verschmutzte und beanspruchte Hände. Durch die körnige Struktur wirkt er leicht schmirgelnd und die Öle machen ein nachträgliches Einfetten überflüssig. Auch Flaschen oder Thermoskannen können so gereinigt werden. Nicht zu vergessen die spirituelle Bedeutung von Kaffeesatz: das Kaffeesatzlesen.

GETRÄNKE & SPIRITUOSEN

Kaffeespezialitäten

Espresso

Espresso macchiato

Eine ganz neue Kaffeekultur hat sich in Deutschland ausgebreitet. Neben den klassischen, altbekannten Kaffeehäusern schießen Coffee-Bars nach amerikanischem Vorbild aus dem Boden und bieten eine Fülle von – häufig italienisch angehauchten – Kaffeespezialitäten an. Nicht der schnelle Kaffeekonsum ist gefragt, sondern der Genuss in entspannter Atmosphäre. Gerne übernehmen wir dabei auch die Gewohnheiten unserer europäischen Nachbarn. Der eine trinkt auf dem Weg zur Arbeit schnell einen Espresso in der Bar nebenan und isst dazu ein Plunderteilchen, der nächste bestellt lieber einen Café au lait in der großen Schale mit einer Brioche, die er hineintunken kann und manch einer hält es lieber stilecht wie in einem Wiener Kaffeehaus und genießt am Nachmittag eine Tasse frisch gebrühten Kaffee mit einer Mehlspeise.

So gibt es die unterschiedlichsten Zubereitungsarten je nach Geschmack aromatisiert, und in vielen Coffee-Shops kann man sich sogar die Bohnen aussuchen, aus denen der gewünschte Kaffee zubereitet werden soll, denn je nach Sorte und Röstung erzielt man ganz unterschiedliche Ergebnisse. Für echten Kaffeegenuss ist ausschlaggebend, dass die Bohnen frisch gemahlen werden. Die meisten Bars genügen diesem Anspruch und für diejenigen, die lieber zu Hause ihren Lieblings-Kaffee zubereiten, gibt es eine große Auswahl an handlichen Kaffeemühlen. Hier die bekanntesten europäischen Spezialitäten.

Café au lait: Die französische Spezialität wird in einer großen Schale, der „Bol" serviert. Die klassische Schale fasst rund einen halben Liter Flüssigkeit und hat einen kleinen Standfuß, um das Anfassen zu erleichtern. Stilecht wird beim Café au lait der Kaffee mit der einen Hand und die heiße Milch mit der anderen Hand in die Bol gegossen, das Verhältnis beträgt 1:1. Wer keine Haut auf seinem Café au lait mag, schäumt die Milch etwas auf, bevor er sie in die Schale gießt. Um das Aroma zu intensivieren, geben die Franzosen gerne etwas Zichorie – oder Getreidekaffee – zu dem Kaffeepulver.

Caffè corretto: ein Espresso mit etwas Grappa, Likör oder Weinbrand verfeinert – „korrigiert".

Caffè doppio: ein doppelter Espresso.

Caffè lungo: ein Espresso, der mit mehr Wasser zubereitet „verlängert" und in einer größeren Tasse serviert wird.

Caffè macchiato: ein Espresso mit wenig Milch.

Caffè ristretto: ein mit sehr wenig Wasser zubereiteter, also sehr starker Espresso.

Cappuccino: die wohl beliebteste und bekannteste Art der italienischen Kaffeezubereitung; der caffè bekommt eine Haube aus Milchschaum, gekrönt von einer Prise Kakaopulver. Jener Optik verdankt er auch seinen Namen, da die Milchschaumhaube an eine Kapuze, italienisch „cappucio" bzw. einen Kapuzinermönch, „cappuccino", erinnert.

 Espressozubereitung

Vorgaben des *Nationalen Instituts für italienischen Espresso* für die Zubereitung eines Espresso:

- 7 g gemahlener Kaffee
- 88 °C +/- 2 °C Wassertemperatur beim Ausgang des Aggregats
- 67 °C +/- 3 °C Espressotemperatur in der Tasse
- 9 bar +/- 1 bar Wasserdruck
- 25 Sekunden +/- 2-3 Sekunden Durchlaufzeit
- 100 mg Koffein/Tasse
- 25 ml +/- 2,5 ml/Tasse (einschließlich crema)

Cappuccino

Latte macchiato

Einspänner: eine österreichische Kaffeespezialität aus Kaffee mit einer Haube aus geschlagener Sahne. Das alles wird in einem Glas serviert.

Espresso: ein schwarzer Kaffee mit gold-braunem Schaum (crema) auf der Oberfläche, in kleinen Tassen serviert. In Italien nennt man ihn einfach caffè. Die einen führen den Namen auf das Durchpressen, andere auf die schnelle (also Express-) Zubereitung zurück, wieder andere sagen, er komme daher, dass dieser Kaffee in der Bar ausdrücklich (espressivo) auf Wunsch des Gastes bereitet wurde.

Frappé: Das Nationalgetränk der Griechen ist einfach in der Zubereitung und genau das Richtige für heiße Tage. Instant-Kaffeepulver wird je nach Geschmack mit viel, wenig oder gar keinem Zucker und mit oder ohne Milch und etwas Wasser aufgeschäumt, in ein Glas gegossen und mit Leitungswasser und Eiswürfeln aufgefüllt serviert. Für diejenigen, die keinen Mixstab zum Aufschäumen zur Hand haben, dient der Schüttelbecher – auch in Griechenland – als Hilfsmittel.

Irish Coffee: eine Spezialität aus Irland, die sich schon lange großer Beliebtheit erfreut. Auf ein Zucker-Whiskey-Gemisch im Glas wird starker, frisch aufgebrühter Kaffee gegossen und das Ganze bekommt eine Haube aus leicht geschlagener Sahne. Irish Coffee wird nicht umgerührt, sondern durch die kühle Sahnehaube hindurch genossen.

Kaffee verkehrt: Die Mischung aus mehr Milch als Kaffee ist für den Wiener scheinbar verkehrt – daher der Name dieses österreichischen Getränks.

Kapuziner: Der österreichische Mokka erinnert in seiner Farbe an die Kutte der Kapuzinermönche, die ihm auch den Namen verliehen haben. Er wird mit etwas Milch oder Sahne verfeinert.

Latte macchiato: Genau genommen heißt das „gefleckte Milch", was sich auf die übliche Art des Servierens bezieht: Im Glas zubereitet befindet sich unten eine Schicht Milch, darüber eine Schicht caffè und obendrauf Milchschaum. Latte macchiato wird gerne mit Sirupen in den verschiedensten Geschmacksrichtungen serviert.

Mokka: Der orientalische Mokka steht sinnbildlich für die Kaffeezubereitung in vielen orientalischen und auch südeuropäischen Ländern wie Griechenland oder die Türkei. Für den echten Mokka werden sehr fein gemahlene Kaffeebohnen mit Wasser und Zucker in einer kleinen Kupfer- oder Messingkanne – ersatzweise kann man auch einen kleinen Topf nehmen – mehrfach aufgekocht und anschließend mitsamt dem Kaffeesatz getrunken..

Schwarzer: in Österreich heißt der kleine, starke schwarze Kaffee „Schwarzer". Er ähnelt dem Espresso.

Wiener Melange: Hier handelt es sich um einen nicht zu starken Kaffee mit heißer Milch. Das Mischungsverhältnis schwankt je nach Café.

Kaffeepads

Einen ungeahnten Siegeszug durchs Kaffeeregal haben die Kaffeepads angetreten und der Marktanteil der kleinen Single-Portionen wächst beständig weiter. Innerhalb kürzester Zeit konnte ein enormes Wachstum verzeichnet werden. Marktbeobachter gehen davon aus, dass sich die Pads in den nächsten Jahren einen Marktanteil von bis zu 40 % erkämpfen werden. Wen wundert es da, dass die Pad-Hersteller nun auch das Kaffee-Spezialitäten-Segment für sich entdeckt haben. Neben mildem und kräftigem Kaffee sowie Espresso und verschiedenen aromatisierten Produkten machen nun auch Milchkaffee, Latte macchiato und Cappuccino in Pad-Form von sich reden.

Auch eine Trinkschokolade und Tees in Pad-Form stehen zur Verfügung und man kann gespannt sein, was den Herstellern noch alles einfallen wird. Allerdings sind die Systeme nicht unbedingt kompatibel – der Konsument braucht dann die passenden Pads zu seiner Maschine.

GETRÄNKE & SPIRITUOSEN

Teepflückerinnen

Teeblätter

Teefermentierung

Tee

Streng genommen dürfen nur Schwarztee, Oolong, Grüntee und weißer Tee als Tee bezeichnet werden. Doch bei uns tragen auch Kräuter- und Früchtetees diesen Namen, so dass es einem bestimmt nicht langweilig würde, wollte man alle Sorten probieren.

Mit keinem anderen Getränk, außer Wein, wird ein solcher Kult betrieben wie mit Tee. Es gibt Hunderte von Teesorten und Mischungen und fast ebenso viele Zubereitungsarten. Nicht zu vergessen, gehört auch das passende Equipment dazu. Vom Wasser bis zur Teetasse. Tee, so heißt es, sei ein Getränk für einfühlsame und eher geistvolle Menschen. Tee sei der Aristokrat unter den Heißgetränken. Seine Blätter enthalten Tein, ein Alkaloid, das dem Koffein identisch ist, aber ganz anders wirkt. Während Koffein schnell auf das gesamte Herz-Kreislauf-System wirkt, entfaltet das an Gerbstoffe gebundene Tein seine anregende Wirkung nur langsam im Körper und regt zudem die Durchblutung des Gehirns an.

Tee ist nur das heiße Aufgussgetränk, das aus Pflanzenteilen (Blättern, Knospen, Blüten, Stängel u. ä.) der Teepflanze zubereitet wird. Wenn also von Tee die Rede ist, ist streng genommen nur Schwarztee, Grüntee, Oolong und Weißer Tee gemeint: gewonnen aus den Blättern, Knospen und zarten Trieben der Camellia sinensis (Linnaeus) O. Kuntze, und hergestellt nach anerkannten Verfahren, v. a. Fermentation und Trocknung (wie es in der amtlichen Definition heißt). Alles andere, was im Handel als Tee angeboten wird, sind teeähnliche Getränke.

Die Welt trinkt Tee

In **England** trinkt man den Tee „white" (mit Milch) oder „black" (ohne Milch). In **Spanien** ist „Té" nur schwarzer Tee, alles andere heißt „infusión". Ähnlich verhält es sich in **Frankreich**: „thé" ist schwarzer oder grüner Tee, „infusion" umschreibt Kräutertees und Aufgüsse. Eine eigene Teekultur hat sich in **Ostfriesland** entwickelt. Dort trinkt man starken Tee mit Sahne und Kluntjes, den dicken Kandisstücken, die in die erste Teetasse gegeben werden und sich dann bis zur letzten Tasse allmählich aufgelöst haben. In den **USA** firmiert „tea" oft als „iced tea" (Eistee), einer Art schwarzteehaltiger Limonade mit viel Zucker und künstlichen Zusatzstoffen. Der eigentliche Tee wird dann „hot tea" genannt. Die in **Deutschland** gebräuchliche Bezeichnung „Tee" stammt aus einer Zeit, als Tee in Europa noch rar und sehr teuer war. Als Ersatz verwendete man Aufgüsse aus einheimischen Pflanzen. In **Indien** ist „Chai", ein anregender, süßer Tee mit Milch, das Nationalgetränk.

**Schwarzer Tee
Darjeeling Jungpanna**

**Schwarzer Tee
English Breakfast**

**Schwarzer Tee
Nurbong**

**Schwarzer Tee
Superior Fancy**

**Schwarzer Tee
Ceylon**

China gilt als das Ursprungsland des Tees. Vor etwa 5000 Jahren kannte man dort bereits die anregende Wirkung des aufgebrühten Teeblatts. Im 17. Jahrhundert brachten die Holländer die ersten Teelieferungen auf Schiffen aus Japan nach Europa. Kurze Zeit später stiegen auch die Engländer in das Teegeschäft ein und erreichten mit der East India Company eine Monopolstellung für die Teeimporte nach Europa. Zur selben Zeit kam auch auf dem Landweg Tee nach Europa. Karawanen brachten Tee aus der Mongolei nach Russland zum Zaren. Der russische Karawanentee, wie er genannt wurde, soll eine bessere Qualität als der muffige „Schiffstee" gehabt haben, der oft monatelang in feuchten und modrigen Laderäumen gelagert wurde. Tee war teuer und nur dem Adel und Reichen vorbehalten. Mit Einführung der Teestunde am Hofe des englischen Königs wurde Tee auch in Europa gesellschaftsfähig und eines der wichtigsten Handelsgüter.

Teesorten

Man könnte Bücher füllen allein mit Teesorten. Schätzungsweise gibt es neben den klassischen Grundsorten mehrere hundert weniger verbreitete Sorten und ebenso viele Teemischungen. Eine Auswahl der bekanntesten und gängigsten Teesorten:

Aromatisierte Tees

Kommen ursprünglich aus China. Sie wurden durch Zugabe von frischen Blüten aromatisiert (Rosentee und Jasmintee). Auch hierzulande findet man in den Supermarktregalen jede Woche neue Variationen von aromatisierten Schwarz- oder Grüntees. Die Palette reicht von Kirsche und Maracuja über Gewürze wie Vanille, Anis, Zimt und Zitrusaromen wie Orange, Lemon bis hin zur klassischen Bergamotte, die dem Earl Grey seinen Charakter verleiht.

Schwarzer Tee

verdankt seine Farbe und seinen Geschmack der Fermentation, bei der sich die Gerbstoffe des Tees bilden und das zuvor grüne Blatt einen Braunton annimmt. Wer sich besser auskennt, verlangt Tee aus einem bestimmten Anbaugebiet.

Der Assam stammt aus der gleichnamigen Hochebene Indiens und schmeckt würzig, kräftig bis malzig. Es handelt sich um einen dunklen, schweren Tee, der gerne mit Kandis getrunken wird. Er ist meist Bestandteil der Ostfriesenmischung.

Ceylon-Tee

stammt, wie der Name schon sagt, aus Ceylon, d. h. Sri Lanka. Es gibt eine Reihe von Untersorten, die sich nach dem jeweiligen Anbaugebiet und den Erntezeiten unterscheiden. Generell handelt es sich aber um einen aromatischen Tee, der eher würzig, herb und kräftig schmeckt.

Darjeelings

werden am Himalaya angebaut und zählen zu den Spitzentees. Sie sind wegen ihres zarten Aromas und der leicht bitteren Note beliebt. Der First Flush, also der bereits im Frühjahr geerntete Darjeeling, ist von besonders hoher Qualität. Der im Herbst geerntete Second Flush ist etwas dunkler und kräftiger im Geschmack. Manche Kenner geben ihm den Vorzug.

GETRÄNKE & SPIRITUOSEN

Grüner Tee Morgentau

Grüner Tee Jasmin Pearls

Grüner Tee Pi lo chum

Grüner Tee Bancha

Grüner Tee Pai mu tan

Grüntees

sind im Gegensatz zum Schwarztee minimal fermentiert. Traditionell wird der grüne Tee nach der Ernte in Eisenpfannen über Feuer gewelkt und dann getrocknet. Bei der industriellen Herstellung geschieht dies durch Rühren in großen Behältern. Es gibt zahlreiche Unterarten von grünem Tee wie zum Beispiel den japanischen Ryokucha oder den vor dem Aufguss erhitzten Hojicha oder den mit Reisflocken gemischten Genmaicha. Die gängigsten Grünteesorten sind Bancha, Chun mee, Gunpowder und Sencha:

Bancha

ist ein hellgrüner japanischer Tee, der aus großen Blättern besteht, die erst gegen Ende der Saison geerntet werden. Er schmeckt frisch und leicht grasig. Er enthält wenig Tein und soll heilende Wirkung bei Krebserkrankungen haben.

Chun Mee

wird in China und Taiwan angebaut. Es handelt sich um einen Tee mit Mediumqualität. Er hat eine eher gelbliche Tasse und ist frisch-herb im Geschmack. Gunpowder heißt Schießpulver. Der Tee trägt diesen ungewöhnlichen Namen, weil die Teeblätter zu kleinen Kugeln gerollt werden, die sich beim Aufgießen entfalten. Ein kräftiger, herber Tee, der zu den beliebtesten Grüntees zählt.

Sencha

heißt gedämpfter Tee und hat eine gelblich grüne Farbe. Dieser helle, leicht herbe süßliche Tee wird vor allem in Japan angebaut und konsumiert. Je dunkler das Blatt, desto besser die Qualität.

Java

Dieser würzige und kräftige Tee hat viele Nuancen. Auf der gleichnamigen indonesischen Insel herrschen ideale klimatische Bedingungen, die für eine konstante Qualität sorgen. Javatee wird hauptsächlich für Mischungen (Blends) genutzt.

Oolong

Die Herstellung von Oolong-Tee ist aufwändig. Nach der Ernte werden die frischen Blätter getrocknet und mehrmals gerollt, danach in Eisenpfannen erhitzt und geröstet. Der Fermentationsprozess wird dadurch unterbrochen, was dem Oolong einen zarten Geschmack verleiht. Oolong liegt damit als halbfermentierter Tee gewissermaßen in der Mitte zwischen schwarzem und grünem Tee. Er kommt vor allem aus Taiwan und China und heißt übersetzt „schwarzer Drache". Seine Inhaltsstoffe entsprechen dem grünen Tee, im Geschmack ähnelt er schwarzem Tee, ist aber zarter und feiner; besonders gute Sorten zeichnet ein Pfirsicharoma aus.

Weißer Tee
Pai nu tan

Schwarzer Tee
Ceylon Broken Orange

Schwarzer Tee
Ceylon Orange Pekoe

Grüner Tee
Gyokuro

Pu-Erh

Ein relativ dunkler Tee, der in Tibet angebaut wird. Er hat ein erdiges, leicht schimmeliges Aroma, das auf Mikroorganismen zurückzuführen ist, die sich bei der Fermentierung bilden. Pu-Erh-Tee sagt man medizinische Wirkung nach. Er soll cholesterinsenkend wirken und bei Magen-Darm-Erkrankungen helfen.

Rauchtee

Eigentlich handelt es sich hier um aromatisierten Tee. Teeblätter werden beim Trocknen im Rauch von harzreichem Holz geräuchert. Dadurch bekommt der Tee ein ganz besonderes Aroma mit einer kräftig rauchigen Note und einem intensiven Duft. Am weitesten verbreitet ist die Sorte Tarry Lapsang Souchong. Aber auch in russischen Mischungen findet Rauchtee Anwendung.

Weißer Tee

Ein Spitzentee, der seinen Namen von den hellen Härchen an der Blattunterseite hat, die den getrockneten Teeblättern eine weiß-silberne Farbe geben. Die jungen Triebe von guten Teepflanzen werden geerntet und getrocknet und unfermentiert verwendet. Durch die schonende Behandlung bleiben wertvolle Inhaltsstoffe erhalten. Weißer Tee kommt überwiegend aus Südostchina. Verbreitet ist der großblättrige Pai Mu Tan.

Blattgrade

Die Blattgrade bestimmen die Blattgröße und die Qualität des Tees. Man unterscheidet nach Blatt-Tees (pekoe), Broken-Tees (broken pekoe), Fannings und Dusts. Die beiden Letzteren bleiben nach dem Aussieben der Blatt-Tees und Broken-Grade übrig und werden meist für Teebeutel verwendet. Sie entfalten jedoch nach dem Aufgießen wegen ihrer größeren Oberfläche, bei vergleichbarer Menge, mehr Aroma in kürzerer Zeit. Entscheidend für die Qualitätseinstufung sind Größe, Form und Farbe. Das Wort pekoe stammt aus dem Chinesischen und bezeichnet die jungen Blätter, aber auch eine Qualitätsstufe.

Golden Tips heißen die golden schimmernden, jungen Blattknospen mit feinen Trieben. Sie enthalten viel Koffein und wenig Gerbstoffe und geben einen kräftigen Geschmack. Je mehr Golden Tips ein Tee enthält, desto höher die Qualität und der Preis.

Pekoe

ist die gröbste Blattsortierung. Auch das vierte und sechste Blatt finden hier noch Verwendung. Der daraus entstehende dünne Tee enthält viel Gerbsäure.

Orange Pekoe

nennt man die zweitkleinste Teesortierung, die aus feinsten Teilen der jungen Teetriebe stammt. Orange Pekoe enthält wenig Gerbsäure, jedoch viel Tein.

Broken Pekoe ist ein Tee mit zerkleinerten, gebrochenen Blättern. Der Tee wird durch die Zerkleinerung intensiver in Farbe und Aroma. Also: weniger lang ziehen lassen als Blatt-Tee, sonst wird er bitter.

Broken Orange Pekoe ist die häufigste Sorte der Broken-Tees mit hoher Qualität. Das Tee-Blatt ist zerkleinert und gebrochen.

GETRÄNKE & SPIRITUOSEN

Schwarzer Tee Mokalbarie

Teetester

Wie Wein- oder Biersommelier ist auch Teetester oder Teekoster ein Beruf, bei dem die Tagesform entscheidend ist. Damit die Geschmacksknospen auf der Zunge möglichst aufnahmefähig sind, achten Teetester auf ihre Ernährung. Vor allem Scharfes, Überwürztes und Alkohol werden während der Arbeitswoche vom Speiseplan gestrichen. Ein Teetester spürt nur den Geschmack im Mundraum. Er spült sozusagen den Mund und spuckt dann den Tee wieder aus. An eine kaufmännische Ausbildung schließt sich eine lange Praxis an – insgesamt sieben Jahre dauert es, bis man „fertiger" Teekoster (Tea-taster) ist. In der Haupterntezeit muss er (oder sie) bis zu 600 Teeproben täglich verkosten, um in Aussehen und Geschmack gleiche Teemischungen zu kreieren und die Beschaffenheit der aktuellen Ernte zu prüfen.

Und so geht es bei einer Teeverkostung zu:

Bei der Degustation verwendet man für jede Probe eine sogenannte Teetestertasse, eine weiße Porzellan-Teeschale mit Deckel und einem Abbrühgefäß, die exakt 120 ml Inhalt misst.
Mit 2,86 g – das entspricht dem alten englischen Sixpencestück – wird der Tee „eingewogen" und mit siedendem Wasser aufgebrüht. Nach exakt fünf Minuten wird er in eine Porzelanschale umgegossen, die Blätter verbleiben im Deckel. Zuerst wird die Beschaffenheit und Farbe der abgegossenen Teeblätter geprüft, dann durch Probieren mit einem Löffel das Aroma und der Geschmack des Tees. Der Tee ist natürlich viel zu stark. Aber es geht hier darum, welche Kraft und Farbe er hat. Die Verkoster trinken ihn auch nicht, sondern spucken ihn nach dem unter lautem Schlürfen vorgenommenen Probieren wieder aus (das Schlürfen ist wichtig für die Entfaltung der Aromastoffe).

Teezubereitung und Teegenuss

Teekochen ist eine Wissenschaft für sich. Schon allein das Wasser erfordert bestimmte Qualitäten. Elisabeth II. ließ sich bei manchem Auslandsbesuch bisweilen per Kuriermaschine Quellwasser aus der Gegend um Birmingham für ihre täglichen cups of tea einfliegen. Teekochen erfordert Muße. Zunächst wird frisches Leitungswasser zum Kochen gebracht. Teekenner filtern das Wasser zuvor, wenn es hart ist, da Kalk oder Chlor den Geschmack beeinträchtigen. Die Teekanne sollte bauchig und mit Deckel ausgestattet sein und mit kochendem Wasser gut vorgewärmt werden. Das Teegeschirr ist bevorzugt aus Porzellan und sollte nie für etwas anderes als für Tee verwendet werden – auch nicht für Kräutertees und aromatisierte Tees. Echte Teefans verwenden für verschiedene Tees auch verschiedene Kannen, da ein dominanter Tee, wie z. B. Assam, einen Darjeeling geschmacklich übertönt.

Tee ist stark aromaempfindlich. Deshalb sollten Teeblätter stets in geschlossenen Behältern kühl, dunkel und trocken aufbewahrt werden. Nach Anbruch sollte Tee in etwa zehn Wochen verbraucht werden. Ungeöffnet hält er hingegen bis zu drei Jahren.

Pro Tasse rechnet man etwa zwei Gramm Tee. Kräftige Schwarztees sollten immer mit kochendem Wasser aufgegossen werden, bei Grüntees und feinen Schwarztees (Darjeelings) sollte das Wasser auf 65 bis 90 °C abkühlen, um die wertvollen Inhaltsstoffe und den Geschmack zu erhalten. Manche japanischen Grüntees werden sogar mit maximal 50 °C heißem Wasser aufgebrüht.

Die Ziehzeit lässt sich nicht einheitlich definieren. Zwischen 20 Sekunden und fünf Minuten, bei weißen Tees bis zu zehn Minuten. Je nach Dauer wirkt der Tee unterschiedlich stark anregend. Die alte Regel, dass bis zu drei Minuten gezogener Tee anregend wirkt, er ab fünf Minuten aber beruhigt, ist nur bedingt richtig. Tatsächlich geht in den ersten zwei bis drei Minuten vor allem das Koffein (bzw. Tein) in Lösung und sorgt so für den anregenden Effekt. Die im Teeblatt enthaltenen Gerbsäuren lösen sich erst danach und wandeln dabei das Koffein in eine wasserunlösliche Form um. Je länger der Tee zieht, um so geringer wird der Anteil an Tein. In einer Glaskanne kann man die Veränderungen des Tees beobachten. Man wird feststellen, dass einige Blätter am Boden, andere an der Oberfläche schwimmen. Irgendwann beginnen die oberen Blätter zu sinken, während die unteren aufsteigen. Dies ist ein guter Zeitpunkt, den Tee abzugießen.

Teebeutel

Die ersten Vorläufer des Teebeutels stammen von dem New Yorker Tee-Importeur Thomas Sullivan, der seinen Kunden im Jahre 1908 in kleine Mullsäckchen verpackte Teemuster zusandte. Diese Mullsäckchen erwiesen sich als durchschlagender Erfolg. In Deutschland wurde die Firma Teekanne auf diesen Vorläufer des Teebeutels aufmerksam, verbesserte den Prototypen und brachte 1949 den Doppelkammerbeutel aus Filterpapier auf den Markt.

Linkes unteres Bild: Teeverkostung →

GETRÄNKE & SPIRITUOSEN

Anistee

Hagebuttentee

Brennnesseltee

Lapachotee

Fencheltee

Kräutertee „Relax"

Kräuter- und Früchtetee

Die Nachfrage nach Kräuter- und Früchtetees ist in den letzten Jahren geradezu kometenhaft gestiegen. Als gesunde und kalorienfreie Durstlöscher, wegen ihrer wohltuenden Wirkung und ihrem fruchtigen Geschmack werden sie von allen Generationen geschätzt. Streng genommen handelt es sich bei Kräuter- und Früchtetees nicht um Tees, sondern um Aufgüsse aus getrockneten und geschnittenen Fruchtstücken (z. B. Orangen, Äpfel, Hagebutten) bzw. Kräutern, Samen und Gräsern. Im Handel werden sie offen oder als Teebeutel, pur oder gemischt, naturbelassen oder aromatisiert angeboten. Früchte und Kräuter aus konventionellem Anbau können Pestizide und andere chemische Rückstände enthalten. Viele aromatisierte „Aufgüsse" enthalten zudem synthetische Geschmacksverstärker und Farbstoffe. Unter den Kräutertees gibt es eine Reihe von Heilpflanzentees (Thymian, Mate, Johanniskraut, Salbei), die im Sinne des Arzneimittelgesetzes als Arznei gelten und somit als Dauergetränk nicht geeignet sind. Wichtig ist, Kräuter- und Früchtetees immer kochend aufzugießen, denn die Rohstoffe enthalten oft Keime und Sporen.

Aus der Vielfalt an Kräuter- und Früchtetees eine kleine Auswahl:

Anistee
Die Samen der Anispflanze werden meist im Teebeutel und gemischt mit Kümmel und Fenchel als Magen-Darm-Tee angeboten. Es gibt ihn inzwischen aber auch pur und offen. Das typische Anisaroma wird von dem ätherischen Öl Anethol bestimmt. Anistee hilft gegen Blähungen, Magenbeschwerden, Übelkeit, Durchblutungsstörungen und wirkt entschlackend und schleimlösend.

Brennnesseltee
Die Blätter dieser Unkrautstaude haben feine Härchen, die auf der Haut ein unangenehmes Brennen verursachen. Getrocknet und als Tee aufgegossen haben sie eine entwässernde Wirkung und kommen vor allem bei Diäten und Frühjahrskuren, aber auch bei Rheuma- und Gichterkrankungen zum Einsatz. Brennnesseltee schmeckt grasig-heuig.

Fencheltee
Fenchelsamen enthalten krampf- und schleimlösende ätherische Öle und werden als Tee aufgegossen gegen Blähungen und Krämpfe verwendet. Am intensivsten schmeckt und wirkt Fencheltee, wenn man die Samen vor der Zubereitung etwas zerquetscht (z. B. im Mörser). Fenchel leistet auch bei Appetitmangel, Erkältung, Entzündungen oder Bronchitis gute Hilfe und wirkt beruhigend.

Hagebuttentee
Hagebutten sind die Früchte der Heckenrose und sehr reich an Vitamin C, aber nicht sehr stark im Aroma. Das Fruchtfleisch der Hagebutten wird klein geschnitten, entkernt und getrocknet. Hagebuttentees werden häufig mit Malvenblättern gemischt im Handel angeboten. Es empfiehlt sich, den Aufguss mindestens fünf Minuten ziehen zu lassen. Hagebuttentee wird bei Erkältungen und Nierenerkrankungen empfohlen.

Kamillentee
Kamille ist die traditionelle Allround-Heilpflanze schlechthin. Sie enthält eine ganze Litanei von Inhaltsstoffen wie ätherisches Öl, Gerbstoffe, Bitterstoffe und Salicylsäure. Als Tee hilft Kamille bei Erkältungen, Magenerkrankungen, Blähungen, Krämpfen, Entzündungen und als Umschlag bei offenen Wunden.

Lapachotee
Der Lapacho-Baum ist in Argentinien beheimatet und besitzt eine rote Rinde, deren Inneres zu einem erfrischenden und bekömmlichen Tee verarbeitet wird. Die Lapacho-Rinde verleiht dem Tee einen leicht holzigen Geschmack. Daher wird Lapacho-Tee hierzulande häufig gemischt mit exotischen Früchten und Gewürzen angeboten.

Ayurvedische Tees

Ayurveda ist eine traditionelle Naturheilkunde und heißt „Das Wissen vom Leben". Ayurveda wird in Indien seit etwa 5000 Jahren praktiziert und basiert auf einem ganzheitlichen Ansatz. Inzwischen gibt es auch in Europa zahlreiche Anhänger dieser Heilkunst. Die Buchhandlungen sind voll mit ayurvedischen Ratgebern, Kochbüchern und Wellnessangeboten. Ayurvedische Tees sind Gewürz-Kräutermischungen, deren Wirkung in Indien von Ärzten überwacht wird. Grundzutaten sind beispielsweise Zimtrinde, Ingwer, Kardamom, Süßholz, Gewürznelken, Sternanis.

Pfefferminze

Melissentee

Malventee

Malventee
Heißt auch Hibiskus und hat eine verdauungsfördernde und blutdrucksenkende Wirkung. Malventee wird aus den roten, getrockneten Malvenblüten hergestellt. Er schmeckt sehr aromatisch fruchtig und leicht säuerlich. Wegen seiner tiefroten Tasse ist er auch optisch ein Genuss.

Mate-Tee
Mate-Tee (yerbamate) ist ein typisch südamerikanisches Getränk, das anregend, aber verträglicher als Kaffee ist. Für Mate-Tee werden die koffeinhaltigen Blätter der gleichnamigen Stechpalme verwendet. Dazu enthält Mate noch viele Mineralstoffe, Spurenelemente und Vitamine. Wie in frühester Zeit wird Mate auch heute noch von den südamerikanischen Arbeitern als „Zaubertrank" gegen körperliche und geistige Ermüdung, Hitze und Hunger getrunken.

Melissentee
Die ätherischen Öle, Gerb- und Bitterstoffe und Flavonoide der Melisse oder Zitronenmelisse wirken beruhigend und krampflösend. Bei Kopfschmerzen, Menstruationsbeschwerden oder Schwindelgefühlen wirkt Melissentee lindernd und bei Schlafstörungen und Nervosität wirkt er beruhigend.

Pfefferminztee
Die Blätter enthalten das starke, ätherische Pfefferminzöl und Menthol. In Europa wachsen verschiedene Pfefferminzsorten, die sich aber nicht alle zum Verzehr eignen. Für Tees verwendet man meist die getrockneten Blätter der grünen Pfefferminze. Sehr gut schmeckt aber auch Tee aus frischer Pfefferminze, wie er in Nordafrika getrunken wird. Pfefferminztee lindert Koliken, Magen- und Darmbeschwerden und hat eine stimulierende Wirkung auf Leber und Galle.

Rotbusch-Tee
Wird auch Rooibos- oder Massai-Tee genannt. Der Rotbusch-Strauch gehört zu den Leguminosen und wächst in Südafrika. Rotbusch-Tee hat auf Grund seiner Inhaltsstoffe zahlreiche gesundheitliche Vorzüge; das macht ihn zu einem wertvollen Alltagsgetränk. Er enthält 200 Einzelsubstanzen, darunter Eisen, Fluor, Kupfer, Vitamin C, Natrium, Kalium und Phenolsäuren. Er ist koffeinfrei und kann deshalb zu jeder Tages- und Nachtzeit konsumiert werden, und das schon vom Kleinkindalter an. Rotbusch-Tee ist wegen seiner natürlichen Süße sehr wohlschmeckend und kann bedenkenlos auch in größeren Mengen getrunken werden.

Matetee grün

Kräutertee Kamille

Salbeitee
Es gibt etwa 30 Arten von Salbei in Europa, von denen nicht alle für den Verzehr geeignet sind. Manche Sorten enthalten Halluzinogene. Das Kraut der Salbeipflanze wird vor allem als Tee verwendet, in Italien aber auch häufig als Gewürz für Soßen, Fleischgerichte und Butter. Seine ätherischen Öle, Kampfer und Gerbstoffe haben eine desinfizierende und heilende Wirkung. Salbeitee ist der klassische Heiltee bei Hals- und Rachenentzündungen. Bei übermäßigen Schwitzanfällen wirkt Salbeitee regulierend.

Zitronengrastee
Zitronengras ist eine grasähnliche oder auch schilfartige Staude aus den Tropen Asiens, die bis zu einem Meter hoch wird. Die langen, spitzen Blätter dieser Gewürzpflanze enthalten ein intensives, zitronensäuerliches Aroma mit einer leichten Schärfe. Nur ganz junge, zarte oder sehr fein gehackte Pflanzen eignen sich für den Verzehr. Für die Teebereitung wird das harte und zähe Zitronengras – frisch oder getrocknet – klein zerhackt und aufgegossen. Zitronengras ist in jedem Asia-Shop und auf guten Wochenmärkten erhältlich.

 Teesäfte – optimale Durstlöscher

Das ganze Jahr über sind Teesäfte eine gesunde Alternative zu Limonaden und puren Fruchtsäften. Im Sommer schmecken sie gekühlt mit Eiswürfeln, im Winter als „heiße Schorle". Im Handel gibt es Teesäfte fast nur für Babies und Kleinkinder. Sie sind aber sehr leicht und schnell selbst gemacht: je nach Geschmack einfach halb Tee, halb Saft mischen. Sehr gut schmeckt beispielsweise Apfelsaft mit Kamillen-, Fenchel- oder Melissentee oder Orangensaft mit Hagebutten- oder Malventee oder anderen „Obsttees" wie Erdbeer-, Birnen-, Aprikosentee usw.
Als schneller Durstlöscher stehen auch Instant-Teepulver in verschiedenen Geschmacksrichtungen im Handel. Sie müssen nur mit Wasser aufgegossen werden.

Kakao

Kakao kannte man schon 1500 vor Christus. Die Olmeken, ein mittelamerikanisches Kulturvolk, das im fruchtbaren Tiefland am Golf von Mexiko siedelte, waren vermutlich die ersten, die das energiehaltige Genussmittel entdeckten und ihm auch seinen Namen gaben. Das Wort „cacao", ursprünglich „kakawa" ausgesprochen, stammt daher. Die Azteken schrieben dem Kakao mystische Kräfte zu. Bei Männern, so glaubten sie, solle er potenzfördernde Wirkung haben. Diese Legende wurde immer wieder weitererzählt und auch heute noch gibt es Schokoladenliebhaber, die diese Wirkung nicht ganz von der Hand weisen wollen – auch wenn sie wissenschaftlich nicht nachzuweisen ist.

Traditionell wird Kakao in den Ländern des Äquators angebaut, inzwischen haben sich die Hauptanbaugebiete allerdings nach Afrika verlagert. Das Land mit der größten Kakaoproduktion der Welt ist die Elfenbeinküste. Die Verarbeitung des Rohkakaos findet hingegen hauptsächlich in den westlichen Industrienationen statt. Hier wird auch am meisten Kakao, in Form von Schokolade und anderen Süßwaren, verzehrt. Ursprünglich als Getränk entdeckt, spielt Kakao heute als Trinkschokolade eine marginale Rolle. Spitzenreiter beim Schokoladenverzehr sind übrigens die Schweiz und Deutschland.

Anbau: Der Kakaobaum

Der tropische Kakaobaum, botanisch Theobroma cacao, ist ein immergrünes Malvengewächs mit einem dünnen Stamm und großen, schweren Blättern. Der Kakaobaum kann zehn bis 15 Meter hoch werden, wird auf Plantagen aber auf zwei bis vier Meter gestutzt. Durch Züchtung entstanden verschiedene Sorten, von denen Criollo, Forastero und Trinitario die wichtigsten sind.

Für die Kakaoproduktion sind die Blüten, die direkt am Stamm wachsen und das ganz Jahr über bis zu 25 cm lange Früchte hervorbringen, interessant. In den, je nach Sorte, gelben, gelbroten oder rot- bis rotbraunen gurkenförmigen Früchten sind 25 bis 50 bohnenförmige weiße Samen, die eigentlichen Kakaobohnen, enthalten. Diese weißen Bohnenkerne werden fermentiert, getrocknet, gereinigt und geröstet. Erst dann entfalten sie ihr Aroma. Pro Jahr trägt jeder Baum etwa 20 bis 30, in guten Jahren bis zu 50 Früchte.

Kakaosorten

Der Geschmack des Kakaos hängt nicht allein vom Kakaobaum ab, sondern auch vom Boden und den klimatischen Bedingungen. Man unterscheidet neben den zahlreichen Sorten auch nach Anbaugebieten. Zu den wichtigsten Sorten zählen:

Criollo

Die Bohne stammt ursprünglich aus Venezuela und gilt als Edelkakao. Criollo-Kakao ist ein wenig säuerlich, kaum bitter und besitzt neben einem milden Kakaogeschmack ausgeprägte Nebenaromen. In seiner Reinform ist Criollo sehr selten. Der heute handelsübliche Criollo ist verwandt mit dem Trinitario.

Forastero

Eine robuste Sorte, die ursprünglich aus dem Amazonasgebiet stammt. Forastero-Kakao hat wegen seiner hohen Erträge die größte Bedeutung für den Weltmarkt. Sein Geschmack ist kräftig, aber weniger aromatisch und teilweise bitter oder säuerlich.

Nacional-Kakaos

Bekanntere Nacionals wie der Arriba stammen aus Ecuador und haben ein ausgeprägtes Aroma. Ebenfalls ein Edelkakao.

Trinitario

Ein Kakao, der aus Trinidad stammt und wegen seines kräftigen Geschmacks, mit leichter Säure und ausdrucksstarken Aromen, zu den Edelsorten zählt.

Herstellung

Um aus den Fruchtkernen des Kakaobaums, die roh einen hohen Gehalt an Bitterstoffen haben und noch nicht nach Schokolade schmecken, Kakao zu gewinnen, sind mehrere Schritte notwendig. Zuerst werden die bis zu 500 g schweren Kakaofrüchte aufgeschlagen und die Samen, die eigentlichen Kakaobohnen, entnommen. Die Bohnen müssen nun bis zu zehn Tage gären (fermentieren), bis sie ihre braune Farbe erhal-

---

Haltbarkeit & Lagerung

Damit Kakao möglichst lange seine Qualität behält, muss man ihn richtig lagern. Kakao sollte an einem trockenen, kühlen Ort aufbewahrt werden. Das Pulver zieht leicht Feuchtigkeit an und verklumpt und der Kakao wird muffig. Zudem ist Kakao geruchsempfindlich und nimmt leicht Fremdgerüche an. Er sollte daher luftdicht, lichtgeschützt und geruchsneutral aufbewahrt werden. Auch Hitze und Temperaturschwankungen sollte man vermeiden. Richtig aufbewahrt hält Kakao mehrere Jahre.

ten und das kakaotypische Aroma entwickeln. Danach werden sie in der Sonne ausgebreitet und ein bis zwei Wochen auf Trockengestellen gedarrt. Dabei verlieren sie bis zu 50 Prozent ihres Gewichts, der Wassergehalt schrumpft auf sieben Prozent. Nach dem Fermentieren und Trocknen werden die Bohnen in Säcke abgefüllt und exportiert.

Instant-Kakaos

Instant-Kakaos zählen zu den eher schmalen Segmenten im Heißgetränkemarkt. Es handelt sich dabei um eine Granulat-Mischung aus Eiweiß, Zucker, Fett und Kakao und Aromazutaten (z. B. Vanille), die mit heißer oder kalter Milch aufgegossen wird. Damit sich das Pulver in der Milch klumpenfrei löst, ist Lecithin oder Milchpulver beigemischt. Instant-Kakaos sind Magenwärmer und Seelentröster, aber auch echte Kalorienbomben und Kariesserzeuger. Die gängigen Produkte enthalten bis zu 80 Prozent Zucker, und auch Schadstoffe (Schimmelpilzgifte) wurden darin gefunden. Nur Biokakaos wiesen im Schnitt einen deutlich niedrigeren Zuckergehalt und weniger Schadstoffe auf. Allerdings schneiden sie in punkto Löslichkeit schlechter ab.

Inhaltsstoffe und ihre Wirkungen
Anadamid und Phenylethylamin

Sind Stoffe, die auch in Haschisch und Morphium enthalten sind. Sie können Glücks- und Lustempfinden auslösen. Die in Schokolade gefundenen Mengen sind allerdings sehr gering. Wer sich an Schokolade berauschen möchte, müsste etwa 20 Kilogramm Vollmilchschokolade essen.

Cholesterin

Studien deuten darauf hin, dass Schokolade bzw. Kakaobutter das Gesamt-Cholesterin sowie das (schlechte) LDL-Cholesterin senkt und das (gute) HDL-Cholesterin erhöht. Zudem soll es einen positiven Effekt auf das Thromboserisiko geben. Dieser Einfluss ist bei höherem Kakaobutteranteil deutlicher, was für dunkle Schokolade spricht. Sie soll auch leicht den Blutdruck senken.

Fett

Kakaobohnen enthalten überwiegend Fett in Form von Kakaobutter. Die Kakaobutter wird durch einen mechanischen Prozess aus den Bohnen gewonnen, die restliche Masse, der Kakaopresskuchen, wird zu Kakaopulver zermahlen. Die Kakaobutter wird zur Herstellung von hochwertiger Schokolade, Kosmetika und Arzneimitteln verwendet. Der Fettgehalt des Kakaopulvers liegt bei etwa 22 %, wird aber für einige Produkte auf rund 8 % Prozent reduziert. Durch das Fett wird Kakao zu einem sehr guten Energielieferanten. Im Handel sind schwach entölte und stark entölte Kakaos erhältlich.

Polyphenole (Gerbstoffe)

Bei den Polyphenolen handelt es sich um die gleichen Gerbstoffe, die auch im Rotwein und im grünen Tee enthalten sind. Wissenschaftler haben eine positive Wirkung dieser Gerbstoffe nachgewiesen. Sie fangen die sogenannten aggressiven Radikale ab und beugen so Krebs und Herzinfarkten vor. Bewiesen ist auch, dass die in der Schokolade enthaltenen Polyphenole ins Blut gelangen.

Salsolinol

Die Wirkung von Salsolinol ist bislang unbekannt. Erwiesen ist aber, dass jeder Mensch einen natürlichen Salsolinolspiegel hat.

Theobromin und Koffein

Sind etwa zu ein bis zwei Prozent im Kakao enthalten. Sie gehören zu den Alkaloiden, organischen Verbindungen, die in etwa zehn Prozent aller Pflanzen vorkommen. Theobromin stimuliert das zentrale Nervensystem, erweitert die Blutgefäße und wirkt als harntreibendes Mittel. Koffein wirkt durch die Stimulation des zentralen Nervensystems und des Blutgefäßsystems aufputschend und steigert die geistige Leistungsfähigkeit. Obwohl der Anteil an Koffein in einer Tasse Schokolade sehr gering ist, sollte man kleinen Kindern vor dem Schlafengehen keinen Kakao zu trinken geben.

Bio-Kakao

Der Kakaobaum ist eine empfindliche Pflanze und besonders anfällig für Schädlinge. In den Plantagen werden daher oft große Mengen an Pestiziden eingesetzt. Das geht nicht nur zu Lasten des Bodens, sondern schadet auch den Plantagenarbeitern, die der chemischen Keule oft ohne jeden Schutz ausgesetzt werden. Eine Alternative dazu bietet Kakao aus ökologisch-kontrolliertem Anbau. Hier erfolgt die Bekämpfung von Unkraut und Schädlingen auf natürliche Weise, etwa durch geeignete Arten- und Sortenwahl, wohlüberlegte Fruchtfolge, mechanische Bodenbearbeitung, Schutz von Nützlingen durch Schaffung günstiger Verhältnisse und Lebensräume (z. B. Hecken, Nistplätze, Aussetzung von natürlichen Gegenspielern) und Abflammen von Unkraut. Dieser Mehraufwand schlägt sich im Endpreis nieder, meistens aber auch im Geschmack und sicher positiv auf die Gesundheit der Kakaopflücker.

Kakaoersatz Karob

Die Frucht des Johannisbrotbaums, auch Karubenbaum oder Karobbaum genannt, kommt vor allem im Mittelmeerraum und Vorderasien vor. Die nahrhaften Schoten werden traditionell frisch oder getrocknet verzehrt, zu Saft (Kaftan) gepresst, zu Sirup verarbeitet oder zu alkoholischen Getränken (Palo) vergoren. Auch der Kaftanhonig wird aus dem Johannisbrot gewonnen. Zudem wird das Fruchtfleisch zu Karobpulver vermahlen, das Kakaopulver ähnlich, aber nicht so bitter ist. Um hochwertiges Karob zu erhalten, werden, wegen des häufig bitteren Geschmacks der Enden, nur die Mittelteile der Schoten grob zerkleinert, schonend geröstet und staubfein zu Johannisbrotmehl vermahlen.

Fettgehalt von Kakaopulver

Schwach entölter Kakao
Er enthält mindestens 20 Prozent Kakaobutter in der Trockenmasse, ist leicht löslich und eignet sich am besten für Trinkschokolade. Er ist kalorienreicher als stark entölter Kakao, allerdings auch milder und voller im Geschmack.

Stark entölter Kakao
Das „Magerpulver" unter den Kakaos enthält nur acht Prozent Kakaobutter und schmeckt eher herb. Er ist nicht so leicht löslich wie der fettere Kakao und eignet sich in erster Linie zum Backen.

GETRÄNKE & SPIRITUOSEN

Alkoholfreie Getränke

Fitness und Gesundheit sind maßgebend für die aktuellen Ernährungs-Trends. Also bestehen weiterhin gute Aussichten für alkoholfreie Getränke, die schon in den vergangenen Jahren saftige Zuwächse verbuchen konnten. Erfrischungsgetränke und Mineralwasser liegen in der Gunst der Verbraucher vorne. Beim Safttrinken sind die Deutschen sogar eindeutig Weltmeister.

Orangensaft

Ohne Flüssigkeitszufuhr hielte kein Mensch lange aus. Kein Wunder, besteht doch der Köper des erwachsenen Menschen zu 60 bis 70 Prozent aus Wasser. Rund 2,5 Liter Wasser scheidet der Mensch täglich aus. Dabei verliert er nicht nur Flüssigkeit, sondern auch wichtige Mineralstoffe, und beides muss dem Körper wieder zugeführt werden.

Aus diesem Grund empfehlen Ernährungsexperten, täglich mindestens 1,5 bis 2 Liter zu trinken. Bei denjenigen, die Sport treiben oder schwere körperliche Arbeit verrichten, erhöht sich der Wasserverbrauch des Körpers. Entsprechend mehr Flüssigkeit muss in Form von Getränken zugeführt werden.

Alkoholische Getränke sind zum Durstlöschen kaum geeignet, sondern reines Genussmittel und sollten nur in Maßen getrunken werden. Was liegt näher, als den Durst mit Wasser, Säften oder Erfrischungsgetränken zu stillen? Wobei man zu zucker- und kalorienarmen Varianten greifen sollte. Erwähnt werden sollte an dieser Stelle, dass vor allem junge Menschen alkoholfreie Getränke bevorzugen sollten. Das Gleiche gilt für die Autofahrer.

Hochsaison haben die alkoholfreien Getränke vor allem während der Sommermonate. Das Sortiment umfasst Fruchtsäfte, Fruchtnektare, Fruchtsaftgetränke, Konzentrate, Limonaden, Brausen, Gemüsesäfte und -nektare, Mineral- und Tafelwässer, Heilwässer und sonstige Getränke wie Sportgetränke, Energydrinks usw.

Traubensaft

Apfelsaft

Saft

Beim *Fruchtsaft* kann man nicht drumherum reden. Was auf dem Etikett steht, muss in der Flasche sein. Steht da Fruchtsaft, muss – so schreibt es die Fruchtsaftverordnung vor – 100 % reiner Saft von frischen Früchten drin sein. Nichts ist entzogen, nichts hinzugefügt, Fruchtsaft enthält weder Konservierungsstoffe noch chemische Farbstoffe.

Eine Ausnahme jedoch erlaubt die Fruchtsaftverordnung: Wenn die Früchte einen Mangel an Zucker aufweisen, darf mit bis zu 15 g Zucker pro Liter nachgesüßt werden. Allerdings muss diese „Korrekturzuckerung" auf dem Etikett in der Zutatenliste angegeben werden.

Um das Naturprodukt Saft haltbar zu machen, wird er pasteurisiert und kommt anschließend entweder naturtrüb oder gefiltert als klarer Saft in den Handel.

All dies gilt auch für Fruchtsäfte, die aus Fruchtsaftkonzentrat zubereitet werden, also Fruchtsaft, dem, z. B. durch Wärme, Wasser entzogen wurde. Meist werden die Konzentrate gefroren und vor dem Abfüllen wieder mit Wasser verdünnt, sodass sie ihren ursprünglichen Zustand erreichen. In diesen Fällen muss das Herstellungsverfahren auf dem Etikett angegeben werden, also z. B. „Orangensaft, hergestellt aus Orangensaftkonzentrat."

Die Saftausbeute variiert nach Fruchtart. Bei Zitrusfrüchten beträgt sie etwa 40 %, bei Äpfeln etwa 75 %. Apfelsaft wird in Deutschland am meisten getrunken, in der Beliebtheit folgt gleich darauf Orangensaft, dann kommen Multivitamin-Fruchtsäfte und -nektare sowie Traubensaft.

Fruchtsäfte enthalten Traubenzucker und Fruchtzucker. Beide Formen von Kohlenhydraten gehen schnell ins Blut über und stehen deshalb dem Körper rasch als Energie zur Verfügung. Fruchtsäuren, Mineralstoffe – vor allem Kalium – sowie Vitamine, insbesondere Vitamin C, machen die Fruchtsäfte besonders wertvoll. Fruchtsaft „mit besonders hohem Vitamin-C-Gehalt" enthält zusätzlich zugesetztes Vitamin C.

Smoothies

Der Begriff bedeutet auf Englisch, dass etwas fein und sämig ist. Verarbeitet werden ganze Früchte (manchmal auch Gemüse) ohne Schale und Kerne. Basis der Smoothies ist somit Fruchtmark oder Fruchtpüree – oft der Banane –, das je nach Rezept mit Säften gemischt wird. Weil viele Smoothies nur leicht pasteurisiert sind, keine Konservierungsstoffe enthalten und die kleine Portion zum sofortigen Trinken anregt, stehen sie in der Kühlung. Obwohl sie Gutes aus Obst und Gemüse bieten, sind die Ausgangsprodukte wertvoller, z. B. wegen ihres Ballaststoffgehalts. Zudem enthalten Smoothies oft viel Zucker, der in die Kalorienbilanz einbezogen werden muss und die Zähne schädigen kann. Und schließlich verursachen die Fläschchen (unnötigen) Abfall.

Multivitaminsäfte

Ob Kombinationen wie Orange-Maracuja, Apfel-Kirsch oder Multi-Fruchtsaft, die Palette wird immer reichhaltiger. Multivitaminsäfte enthalten meist zehn bis zwölf verschiedene Fruchtsorten. In der Regel dient Orangen- oder Apfelsaft als Grundlage. Bananenmark oder -püree und Traubensaft sind auch fast immer dabei. Besonders beliebt sind Mischungen mit exotischen Fruchtauszügen wie Maracuja, Ananas, Mango oder Papaya. Multivitamin-Fruchtsäfte werden mit einer ausgewogenen Vitaminmischung angereichert. Genaue Auskunft über die zugesetzten Vitamine findet man auf dem Etikett, so wie es gesetzlich vorgeschrieben ist.

GETRÄNKE & SPIRITUOSEN

Johannisbeersaft

Multivitaminsaft

Birnensaft

Nektar

Nektar und Ambrosia waren die Speise der griechischen Götter. Der Begriff Nektar legt also eine höhere Wertigkeit gegenüber den schlichten Säften nahe. In Wirklichkeit aber wird Fruchtnektar aus Fruchtsaft oder Fruchtmark unter Zugabe von Zucker und Wasser hergestellt. Auch hier sind Konservierungs- und Farbstoffe streng verboten. Der Mindestanteil an Fruchtsaft und gegebenenfalls Fruchtfleisch ist für jede Fruchtart gesetzlich festgelegt und muss auf der Verpackung angegeben sein. Auch der Mindestgehalt an Säure ist gesetzlich festgelegt.

Fruchtnektare können klar, trüb oder fruchtfleischhaltig sein. Stark fruchtfleischhaltige Fruchtnektare sind wegen des hohen Anteils an gemahlenem Fruchtfleisch dickflüssig. Nektare werden wie Fruchtsäfte durch Pasteurisieren haltbar gemacht.

Süßmost

Als *Süßmoste* bezeichnet man Fruchtnektare aus solchen Fruchtsäften, die wegen ihres hohen natürlichen Säuregehalts erst mit Wasser und Zucker trinkfertig gemacht werden müssen. Künstliche Zusätze und chemische Konservierungsmethoden sind auch bei Süßmost nicht erlaubt. Süßmoste werden hergestellt aus Schwarzen Johannisbeeren, Sauerkirschen, Heidelbeeren, Brombeeren und Zwetschen.

Gemüsesäfte

Gemüsesäfte und Gemüsetrunke werden häufig den Fruchtsäften zugerechnet, fallen jedoch nicht unter die Fruchtsaftverordnung. Es handelt sich um von Natur aus kalorienarme Fitnessgetränke. Tomaten- und Karottensaft sowie (Misch-)Gemüsesaft stehen in der Verbrauchergunst oben. Auch diese Getränke sind frei von Konservierungsstoffen und werden durch Pasteurisieren haltbar gemacht. *Gemüsesaft* ist zu 100 % reiner Saft, dem *Gemüsetrunk* wird Trinkwasser zugegeben. Die Säfte gewinnt man, indem frisches Gemüse zerkleinert und kalt ausgepresst wird. Der Gemüseanteil ist auf dem Etikett angegeben. Zutaten wie Salz/Meersalz, Gewürze, Kräuter usw. findet man im Zutatenverzeichnis.

Fruchtsaftgetränke

Fruchtsaftgetränke enthalten Fruchtsaft – zum Teil auch mit Fruchtmark – sowie Trinkwasser, natürliche Fruchtaromen, Zucker und manchmal auch Genusssäuren. In geringem Maße ist die chemische Konservierung der

Mindestfruchtgehalt von Nektaren

Manche Früchte haben von Natur aus so viel Fruchtsäure, dass sie mit Wasser und Zucker trinkfertig gemacht werden müssen. Das gilt z. B. für Schwarze Johannisbeeren oder Sauerkirschen, zudem auch für stark fruchtfleischhaltige und aromatische Früchte wie Aprikosen, Bananen oder Maracujas. Der Mindestfruchtgehalt für Nektare schwankt je nach Frucht zwischen 25 und 50 %. Orangennektar enthält mindestens 50 %, Aprikosennektar 40 %, Sauerkirschnektar 35 und Johannisbeernektar 25 % Frucht, Fruchtsaft oder Fruchtmark.

Kirschsaft

Tomatensaft

Karottensaft

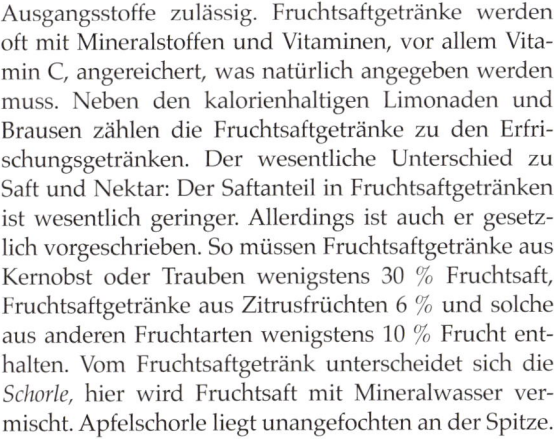
Grapefruitsaft

Ausgangsstoffe zulässig. Fruchtsaftgetränke werden oft mit Mineralstoffen und Vitaminen, vor allem Vitamin C, angereichert, was natürlich angegeben werden muss. Neben den kalorienhaltigen Limonaden und Brausen zählen die Fruchtsaftgetränke zu den Erfrischungsgetränken. Der wesentliche Unterschied zu Saft und Nektar: Der Saftanteil in Fruchtsaftgetränken ist wesentlich geringer. Allerdings ist auch er gesetzlich vorgeschrieben. So müssen Fruchtsaftgetränke aus Kernobst oder Trauben wenigstens 30 % Fruchtsaft, Fruchtsaftgetränke aus Zitrusfrüchten 6 % und solche aus anderen Fruchtarten wenigstens 10 % Frucht enthalten. Vom Fruchtsaftgetränk unterscheidet sich die *Schorle,* hier wird Fruchtsaft mit Mineralwasser vermischt. Apfelschorle liegt unangefochten an der Spitze.

ACE-Drinks

Aus Mineralwasser und Obst- oder Gemüsesaft werden unter Zusatz der Vitamine A, C und E die sogenannten *ACE-Drinks* hergestellt. Diese Vitamine gelten als besonders gesund und sollen der Vorbeugung vor diversen Krankheiten dienen. Neben Vitaminen enthalten die ACE-Drinks, die zu den „functional drinks" (Getränke mit gesundheitlichem Nutzen) gerechnet werden, auch Zucker.

Konzentrate und Sirupe

Mit der Einführung von Geräten, mit deren Hilfe Leitungswasser auf einfache Weise mit Kohlensäure versetzt werden kann, haben die *Konzentrate* an Bedeutung gewonnen. Bei ihnen wurde dem Fruchtsaft ein großer Teil des Wassers entzogen. Durch Wasserentzug und Zugabe von Zucker werden die Konzentrate lange haltbar.

Das gilt auch für *Sirupe,* die z. B. zum Süßen von Grießbrei verwendet werden. Fruchtsirupe sind dickflüssige Zubereitungen aus Fruchtsaft, konzentriertem Fruchtsaft oder Früchten und Zucker. Der Zuckeranteil darf höchstens 68 % betragen. Auch angebrochen halten sich Fruchtsirupe lange.

Man kann Fruchtsaft so weit konzentrieren, dass getrockneter Fruchtsaft entsteht. Vor allem Äpfel, Orangen, Mandarinen, Schwarze Johannisbeeren und Himbeeren kommen als Fruchtsaftkonzentrate auf den Markt. Beliebt sind aber auch Mischungen und exotische Früchte.

GETRÄNKE & SPIRITUOSEN

Natürliches Mineralwasser und andere Wässer

Oberflächenwasser – Grundwasser – Tiefenwasser

Natürliches Mineralwasser wird aus Tiefenwasser gewonnen, das durch die vielen Erd- und Gesteinsschichten, durch die es gesickert ist, gereinigt wurde. Grundwasser sammelt sich in Hohlräumen der oberen Erdschichten. Soll Grundwasser als Trinkwasser genutzt werden, muss es in den meisten Fällen gereinigt werden. Oberflächenwasser ist das Wasser in Bächen, Flüssen und Seen. Will man es als Trinkwasser verwenden, muss man es gründlich reinigen.

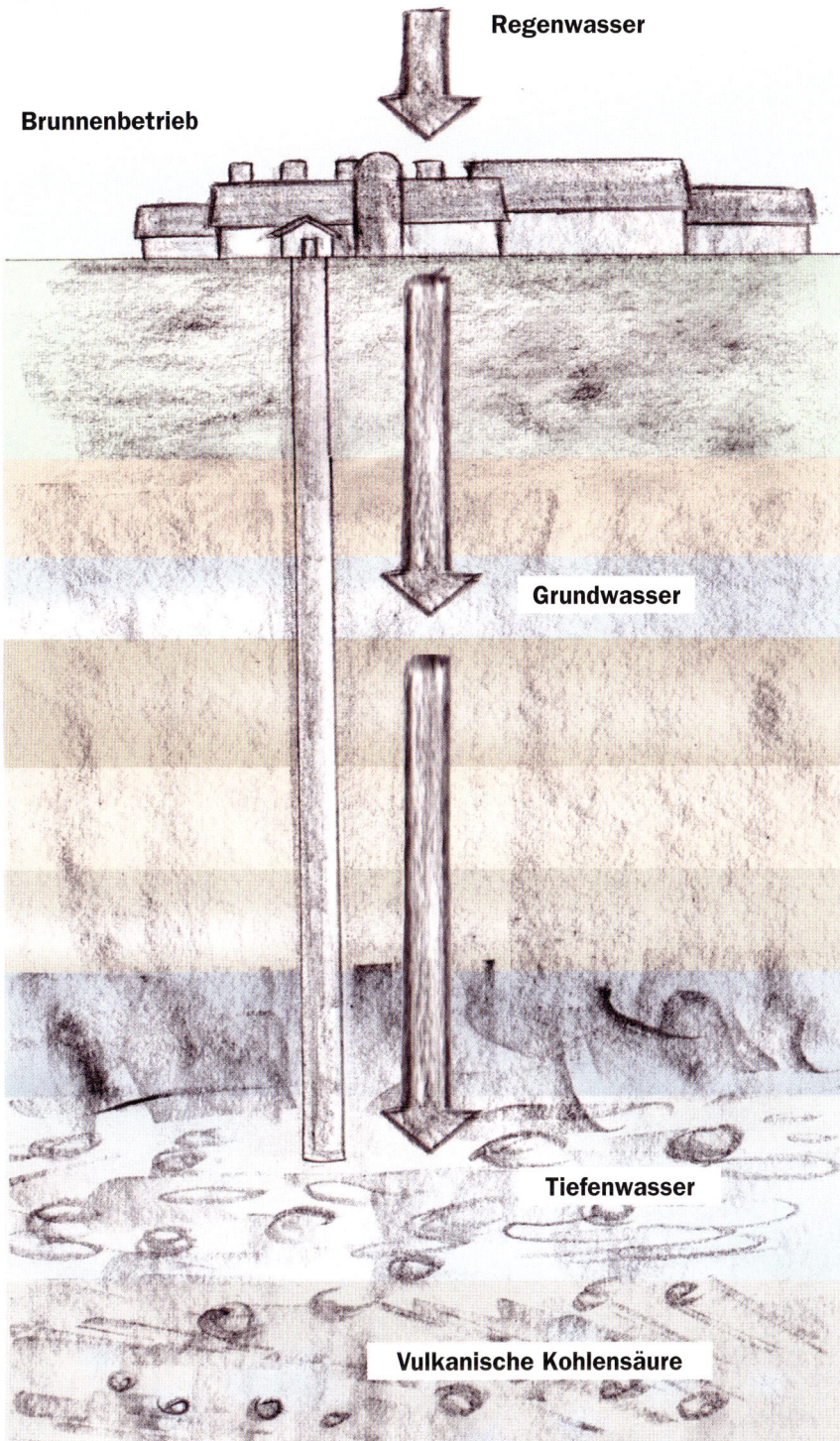

Natürliches Mineralwasser ist vor vielen Jahrzehnten und Jahrhunderten vom Himmel gefallen – als Regen. Es versickerte im Untergrund, floss durch viele Gesteinsschichten, wurde dabei gefiltert und gereinigt. Beim langsamen Durchließen des Gesteins hat es Mineralien, Spurenelemente und Kohlensäure aufgenommen. Die Kohlensäure, die durch vulkanische Vorgänge auf natürlichem Weg entsteht, begünstigt die Aufnahme von Mineralstoffen ins Wasser.

In großen unterirdischen Reservoirs sammelt sich dieses Wasser. Man nennt es Tiefenwasser. An einigen Stellen sprudelt es von selbst aus dem Boden. Die meisten Mineralwasservorkommen müssen jedoch durch Bohrungen erschlossen werden.

Weil natürliches Mineralwasser von Natur aus rein ist, bedarf es keiner speziellen Behandlung. Einige Behandlungsverfahren sind jedoch erlaubt:
- Bevor das Wasser in die Flasche kommt, darf die darin enthaltene natürliche Kohlensäure verringert oder zusätzliche Kohlensäure (aus derselben Quelle oder aus anderen Quellen) hinzugefügt werden.
- Eisen und Schwefel im Mineralwasser dürfen aus optischen und geschmacklichen Gründen entzogen werden. „Enteisent" bedeutet also, dem Wasser wurde Eisen entzogen (und nicht etwa, das Wasser entzieht dem Körper Eisen).

Diese Veränderungen müssen auf dem Etikett angegeben werden. Sie verändern nicht die natürliche Ursprünglichkeit des Mineralwassers.

Die Mineral- und Tafelwasserverordnung schreibt vor, dass natürliches Mineralwasser direkt am Ort der Quelle in die für den Verbraucher bestimmten Gefäße abgefüllt werden muss. Dieses Abfüllen geschieht heute meist vollautomatisch auf Füllstraßen. So bleibt Mineralwasser ein hygienisch und bakteriologisch einwandfreies Naturprodukt.

Angaben auf dem Etikett

Der Verbraucher muss auf dem Etikett laut *Mineral- und Tafelwasserverordnung* folgende Produktinformationen vorfinden:
- Den Quellnamen
- Den Ort der Quellnutzung
- Die Verkehrsbezeichnung (natürliches Mineralwasser, ggf. Heilwasser)
- Ob das Mineralwasser Kohlensäure enthält (natürliches kohlensäurehaltiges Mineralwasser/natürliches Mineralwasser mit eigener Quellkohlensäure versetzt/natürliches Mineralwasser mit Kohlensäure versetzt/stille Quelle oder stilles Wasser)
- Ggf. Hinweise auf Behandlung (enteisent/entschwefelt)
- Die charakteristischen Bestandteile des Wassers entsprechend Analyse
- Den Zeitpunkt der Analyse (Die Zusammensetzung wird regelmäßig untersucht. Hat sich nichts verändert, wird das Datum der früheren Analyse beibehalten. Ein um Jahre zurückliegendes Datum bedeutet also nicht, dass keine neuen Analysen vorgenommen wurden, sondern dass die Zusammensetzung seit dem genannten Analysedatum gleich geblieben ist.)
- Das Mindesthaltbarkeitsdatum (In der verschlossenen Flasche ist Mineralwasser nahezu unbegrenzt haltbar, aber das Gesetz verlangt eine Datumsangabe; je nach Verpackungs-material – PET oder Glas – wird sie mit ein bis zwei Jahren angegeben.)

GETRÄNKE & SPIRITUOSEN

Jedes Mineralwasser hat seinen eigenen, unverwechselbaren Geschmack, abhängig vom Quellort. Man teilt die Mineralwässer in drei Hauptgruppen ein:

Chloridwässer
Chloridwässer sind besonders reich an Chloriden und zugleich oft an Natrium – in Wasser gelösten Bestandteilen von Kochsalz. Chloridwässer entstanden beim Durchlaufen von Salzlagern in den Erdschichten. Sie schmecken leicht salzig, wenn sie einen hohen Natriumgehalt haben. Ungeeignet sind sie für Säuglinge, Kleinkinder und Personen mit Bluthochdruck.

Sulfatwässer
Sulfatwässer enthalten besonders viel Schwefel. Auf dem Etikett findet man den Schwefel als Sulfat oder SO_4^{2-}. Sulfatwässer haben gipshaltige Böden durchlaufen. Je nach Sulfatkonzentration können sie süßlich bis leicht bitter schmecken.

Hydrogencarbonatwässer
In Hydrogencarbonatwässern findet sich viel (auch Bicarbonat genanntes) Hydrogencarbonat. Hydrogencarbonate sind die Salze der Kohlensäure (CO_2 = Kohlendioxid, $H_2CO_3^-$ = Kohlensäure, HCO_3 = Hydrogencarbonat).

Mineralwasser ist ein ganz natürlicher „functional drink". Der Körper scheidet mit den Körperflüssigkeiten auch Mineralien aus, die ersetzt werden müssen, weil sie der Körper selbst nicht herstellen kann. Im Mineralwasser findet man sie.

Die Mineralstoffe sind beteiligt am Aufbau von Knochen und Zähnen, unentbehrlich für die Blutgerinnung und die Nervenfunktion. Sie regulieren den Wasserhaushalt im Körper und sorgen für den korrekten Ablauf des Stoffwechsels. Natrium, Kalium, Magnesium, Calcium, Chlorid und Fluorid werden besonders gut aufgenommen, weil sie im Mineralwasser bereits in gelöster Form vorliegen. Die im natürlichen Mineralwasser enthaltenen Mineralstoffe sind ernährungsphysiologisch wirksam.

Mineralstoffe und ihre Funktionen

Hydrogencarbonat	reguliert den Säuren-Basen-Haushalt und Harn-ph-Wert.
Sulfat	ist am Bau von Proteinen und Knorpelsubstanz beteiligt, trägt zur Festigkeit von Haut und Haaren bei.
Zink	unterstützt Zellteilung, Wundheilung und Wachstum, ist Bestandteil von Enzymen.
Calcium	ist wichtig für den Aufbau von Knochen und Zähnen.
Fluorid	fördert Knochen- und Zahnaufbau, hemmt Bakterienwachstum.
Silizium	fördert das Skelett- und Bindegewebewachstum, stärkt die Knochen.
Magnesium	unterstützt Muskeln und Nervenfasern.
Eisen	ist verantwortlich für den Sauerstofftransport im Blut und Bestandteil wichtiger Enzyme.
Kalium	reguliert den Flüssigkeitshaushalt, aktiviert verschiedene Enzyme.
Natrium + Chlorid	regulieren den Wasserhaushalt.

Quelle: Verband Deutscher Mineralbrunnen e.V.

Natürliches Mineralwasser ist das einzige deutsche Lebensmittel, das eine amtliche Anerkennung erhält, wofür es über 200 Untersuchungen über sich ergehen lassen muss. Die Mineral- und Tafelwasserverordnung schreibt genau vor, wie ein natürliches Mineralwasser definiert ist, was auf dem Etikett stehen muss, wie das Wasser verpackt sein muss, ja sogar, wie es in der Gastronomie serviert werden muss (nämlich aus der erst am Tisch zu öffnenden Originalflasche!).

Weitere Wasserarten

Nicht jedes Wasser kann man trinken, doch von dem Wasser, das man trinken kann, gibt es verschiedene Arten:

Heilwasser

Heilwasser stammt aus unterirdischen und vor Verunreinigung geschützten Wasservorkommen. Heilwasser ist also ein Mineralwasser, aber nicht jedes Mineralwasser ist ein Heilwasser. Seine Besonderheit liegt in seiner Zusammensetzung: Durch die meist hohe Menge und besondere Kombination an Mineralstoffen besitzt es vorbeugende, lindernde oder heilende Wirkung. Diese Wirkung muss nachgewiesen werden und wird durch eine amtliche Zulassung bestätigt.

Quellwasser

Ein Wasser, das zwar ebenfalls aus unterirdischen Wasservorkommen stammt, aber nicht ursprünglich rein sein muss. Doch auch Quellwasser muss direkt am Quellort in Flaschen abgefüllt werden.

Tafelwasser

Tafelwasser ist eine Mischung aus verschiedenen Wasserarten, wird also künstlich hergestellt und ist kein reines Naturprodukt. Zur Erzeugung von Tafelwasser wird Trinkwasser mit Mineralwasser, Natursole oder Meerwasser gemischt. Mineralien dürfen zugesetzt werden. Bei der Mineralwassermarke, die mit dem Slogan „The Queen of Table Waters" wirbt, handelt es sich jedoch um natürliches Mineralwasser.

Leitungswasser

In Deutschland entstammt Leitungswasser zu zwei Dritteln aus Grundwasser und zu einem Drittel aus Oberflächenwasser. Für die Aufbereitung des sogenannten Rohwassers zu Trinkwasser sind chemische Zusatzstoffe zugelassen. Die Qualität des Wassers zum Zeitpunkt der Abgabe wird regelmäßig kontrolliert. In den verschiedenen Gegenden Deutschlands ist die Qualität von Leitungswasser unterschiedlich. Auch wenn manches Leitungswasser von Haus aus Mineralwasserqualität hat, ist zu bedenken, dass sich nach Alter und Zustand der Hausinstallationen die Qualität des Wassers bis zum Wasserhahn verschlechtern kann. Wer sein Leitungswasser in einem Streamer-Gerät mit Kohlensäure versetzt, hat damit kein Mineralwasser, sondern allenfalls selbst erzeugtes Sodawasser – oder, bei Mischungen mit Sirup, Limonade.

Erfrischungsgetränke auf Mineralwasserbasis

Viele Brunnenbetriebe bieten schon fertig gemischte Getränke in den unterschiedlichsten Geschmacksrichtungen an. Gemeinsam ist ihnen, dass sie mit natürlichem Mineralwasser hergestellt werden, weshalb man von Erfrischungsgetränken auf Mineralwasserbasis spricht.

Immer beliebter werden die bereits erwähnten Fruchtschorlen, Getränke aus Mineralwasser und Fruchtsaft. Dezent-fruchtig sind dagegen Mineralwässer mit Aromen. Außerdem gibt es natürliches Mineralwasser mit Vitaminzusatz. Für ACE-Getränke wird stilles Mineralwasser mit verschiedenen Fruchtsäften, z. B. Karotten- oder Orangensaft, gemischt. Schließlich gibt es auch sogenannte Near-Water-Produkte. Mineralwasser mit zugesetzten Vitaminen, Mineralstoffen, Kräutern oder z. B. auch mit Koffein.

Besondere Wirkungen werden mit Sauerstoff angereichertem Mineralwasser zugeschrieben. Wasser (H_2O) ist eine Verbindung aus Wasserstoff und Sauerstoff. Der zusätzliche Sauerstoff wird unter Druck zugefügt.

Welches Mineralwasser passt zu welchem Anlass?

Keine Frage, zum Durstlöschen eignet sich Wasser immer. Aber man kann auch genauer differenzieren:

- Wasser, das zum Wein bzw. Essen passt: Weniger mineralstoffreiche Mineralwässer schmecken neutraler, stark kohlensäurehaltige Wässer passen zu kräftigen Gerichten oder Weinen. Kohlensäurearme oder gar stille Mineralwässer eignen sich zur Begleitung zarter Geschmacksnuancen.
- Sportler haben einen erhöhten Bedarf an Natrium, Chlorid und Magnesium (diese Stoffe werden beim Schwitzen ausgeschieden).
- Kinder und Jugendliche fahren gut mit calciumreichem Mineralwasser.
- Auch Menschen, die keine Milchprodukte mögen oder vertragen, sollten ihren Calciumbedarf teilweise mit Mineralwasser decken.
- Hydrogencarbonatreiches Mineralwasser eignet sich für Menschen mit Magenproblemen, da es Säure neutralisiert.
- Nicht nur bei körperlicher, auch bei geistiger Arbeit ist Mineralwasser angebracht. Flüssigkeit und Mineralstoffe unterstützen die Konzentrations- und Leistungsfähigkeit. Das Gehirn benötigt als eines der wasserreichsten Organe des Menschen ständig Flüssigkeitsnachschub.

 Tipp für Mineralwasser

Um den Kochsalzgehalt eines Mineralwassers zu berechnen, gibt es eine einfache Formel:

- Ist der **Natrium-Gehalt höher** als der Chlorid-Gehalt, so **teilt man die Chlorid-Menge durch 0,6**. Beispiel: Natrium 250 mg, Chlorid 100 mg. 100 : 0,6 = 166 mg Kochsalzgehalt pro Liter
- Ist der **Natrium-Gehalt niedriger** als der Chlorid-Gehalt, so **teilt man die Natrium-Menge durch 0,4**. Beispiel: Natrium 11,6 mg, Chlorid 13,5 mg. 11,6 : 0,4 = 29 mg Kochsalzgehalt pro Liter

GETRÄNKE & SPIRITUOSEN

Erfrischungsgetränke

Cola-Getränk

Isotonisches Getränk

Isotonisches Getränk

Eistee Pfirsich

Das Getränk, dessen Name auf der Welt am bekanntesten ist, zählte früher zu den Brausen – einer Art von Getränken, die wir gemeinhin mit kleinen Kindern in Verbindung bringen. Bunt und vielfältig ist die Welt der Erfrischungsgetränke und sehr innovationsfreudig. Viel ist geschehen, seit Luise Miller ihrem Ferdinand in Schillers bürgerlichem Trauerspiel „Kabale und Liebe" eine fatale Limonade zubereitete.

Der Name Limonade kommt von der Limone oder Zitrone, denn ursprünglich wurde Limonade aus dem Saft von Limonen oder Zitronen, Zucker und Wasser zubereitet. Kohlensäure kam erst später dazu. Diese Namensbildung nützt auch eine neuerdings sehr gefragte Limonadenmarke, die im Namen zum Ausdruck bringt, dass sie nur biologisch erzeugte Zutaten verwendet. Italien kannte schon im Mittelalter ein Getränk aus Limonen- und Zitronensaft, „lemonata" genannt. Die erste Limonade wurde 1650 in Paris erwähnt. Es dauerte noch Jahre, bis man herausfand, wie Wasser mit Kohlensäure gesättigt werden kann. Dies bildete die Voraussetzung zur gewerblichen Herstellung kohlensäurehaltiger Getränke. Um 1800 wurden in Dresden und Philadelphia, USA, die ersten Limonaden produziert.

Bei Limonaden handelt es sich definitionsgemäß um Mischungen aus natürlichen Essenzen und anderen Grundstoffen mit Wasser oder Tafelwasser. Der Zuckeranteil muss mindestens sieben Prozent betragen.

Limonaden können auch Fruchtsäfte und Fruchtsäuren enthalten. Künstliche Süßungsmittel und Aromen sind hingegen gesetzlich verboten. Für Diät-Limonaden (brennwertverminderte Limonaden) dürfen Zuckeraustauschstoffe verwendet werden.

Zur Herstellung von Limonade darf man auch chemische Konservierungsstoffe einsetzen. Sie müssen, wie auch eventuelle Vitaminzusätze, besonders deklariert werden.

Cola-Getränke
Nach der aktuellen Gesetzeslage zählen auch koffeinhaltige Limonaden (Cola-Getränke) zu den Limonaden. Ihre Grundlage ist eine Mischung aus Frucht- und Kräuterauszügen, die mit dem Samen der Colanuss ein Konzentrat ergeben. Diesem Konzentrat werden geringe Mengen Koffein (zwischen 65 und 250 mg Koffein pro Liter) beigemischt. Wie genau sich die einzelnen Rezepturen zusammensetzen, ist das gut gehütete Geheimnis des jeweiligen Herstellers.
In den Abfüllbetrieben werden dem Konzentrat noch Wasser und Kohlensäure beigemischt.
Cola-Getränke müssen als koffeinhaltige Limonade deklariert werden.

> ### Coke
> 1886 erfand der Apotheker John S. Pemberton in Atlanta, USA, ein Getränk, das, mit Sodawasser vermischt, bald zum beliebtesten Erfrischungsgetränk in Amerika aufstieg. Ursprünglich soll es auch Auszüge der Cocapflanze enthalten haben, was seine belebende Wirkung erklären könnte. Doch die Rezeptur dieses Erfrischungsgetränks bleibt nach wie vor geheim, wenngleich man davon ausgehen kann, dass es heute keine Rauschgifte mehr enthält.

Ginger Ale

Zitronenlimonade

Isotonisches Getränk

Bitter Lemon

Orangenlimonade

Isotonisches Getränk

Tonic Water
Tonic Water gehört ebenfalls zu den Limonaden. Es wird mit natürlichen Zitrusauszügen und Chinin hergestellt, wobei der Chininzusatz höchsten 85 mg pro Liter betragen darf. Auf den Chiningehalt muss durch den Hinweis „chininhaltig" hingewiesen werden. Tonic Water ist für manche alkoholische Drinks wie z. B. Gin Tonic unerlässlich, ebenso schätzt man es als Zutat für alkoholfreie Cocktails.

Ginger Ale
Ebenfalls zum Mixen, aber auch zum Pur-Trinken eignet sich Ginger Ale, eine Limonade, die mit Zusatz von Auszügen der Ingwerwurzel hergestellt wird.

Bitterlimonaden
Verwandte des Tonic Waters sind Bitter Lemon, Bitter Orange und andere Bitter-Getränke. Diese Limonaden werden mit Fruchtauszügen und einem Bitter-Aroma hergestellt, das in den meisten Fällen durch den Zusatz von Chinin erzeugt wird.

Brausen
Brausen enthalten andere als die für Limonaden zugelassenen Stoffe, nämlich künstlich hergestellte Zutaten. Auch die Light-Getränke, ob es sich um Cola-Getränke oder die Light-Varianten anderer Limonaden handelt, zählen zu den Brausen. Neben künstlichen Essenzen, Aroma- und Farbstoffen können ihnen wie auch den Limonaden Fruchtsäfte zugesetzt werden.

Energy Drinks
Weitere anregende alkoholfreie Getränke sind die Energy Drinks. Als Zutaten enthalten sie im allgemeinen Koffein, Vitamine und die Aminosäure Taurin. Daneben werden Aroma- und Geschmacksstoffe, Inosit (=Muskelzucker) und Zucker zugesetzt. Wegen des relativ hohen Koffeingehalts (bis zu 320 mg pro Liter) müssen Energy Drinks den Hinweis „nur in begrenzten Mengen konsumieren" tragen. Beliebt sind Energy Drinks als Mixgetränke mit Alkohol, wie z. B. Bier oder auch Wodka. Allerdings ist dieser Genuss aus gesundheitlichen Gründen keineswegs zu empfehlen.

Sportgetränke
Auf der Basis von Fruchtnektaren werden viele Sportgetränke hergestellt. Sie enthalten meist Zusätze von Eiweißstoffen, Pflanzenlecithinen, Mineralstoffen und natürlichen Aromastoffen. Die meisten Sportgetränke sind isotonische Getränke. Ihr Zucker- und Mineralstoffanteil soll einen raschen Wasserausgleich im Kreislaufsystem bewirken.

Eistee
Aus Wasser, Tee-Extrakt (schwarzer Tee, grüner Tee, Früchtetee), Zucker, Zitronensäure und verschiedenen Fruchtaromen wird Eistee hergestellt. Auch Fruchtsaft kann, ebenso wie Kohlensäure, zugesetzt werden.

Kaffeegetränke
Die auf der Basis von Kaffee (mit oder ohne Milch) und Zucker hergestellten, gekühlt zu genießenden Getränke in Dosen oder Kunststoffverpackungen zählen gleichfalls zu den Erfrischungsgetränken.

GETRÄNKE & SPIRITUOSEN

Bier

Ein Denkmal müsste man ihm setzen, dem Erfinder des Bieres. Doch er ging nicht in die Geschichte ein, und die gute Tat ist eindeutig verjährt. Vor einem „kühlen Blonden" denkt man ohnehin weniger an die Vergangenheit als vielmehr an die Zukunft: Wird es gelingen, das deutsche Reinheitsgebot für Bier in der EU auf Dauer zu erhalten?

Es ist gut und gern viertausend Jahre her, dass der babylonische König Hammurabi seine Gesetze in Stein hauen ließ. Und schon damals war es erforderlich, den Bierverkauf zu regeln. In Keilschrift verewigt heißt es, dass ein Schankwirt, der seine Getränke zu überhöhten Preisen verkauft, im eigenen Bier ersäuft werden soll.

Das Reinheitsgebot für Bier ist noch nicht ganz so betagt, doch immerhin ist es fast 500 Jahre alt. Im Jahr 1516 erließen die Bayernherzöge Wilhelm IV. und Ludwig X. folgende Verordnung: „Ganz besonders wollen wir, dass forthin allenthalben in unseren Städten, Märkten und auf dem Lande zu keinem Bier mehr Stücke als allein Gersten, Hopfen und Wasser verwendet und gebraucht werden sollen."

Dieser älteste lebensmittelrechtliche Erlass im europäischen Kulturkreis gilt in Deutschland noch heute nahezu unverändert. Zugeständnisse wurden lediglich in Sachen Bierhefe gemacht, denn die gab es im Mittelalter noch nicht. Damals wartete man ab, bis das Bier von selbst zu gären begann (Spontangärung). Inzwischen bringt man den Gärungsprozess mit Hilfe von zugesetzten Hefepilzen in Gang. Die Sorge um eine Aushöhlung des Reinheitsgebots ist allerdings nicht völlig aus der Luft gegriffen. Denn schon jetzt darf auch deutsches Bier bestimmte zugelassene Zusatzstoffe enthalten – zum Beispiel Milchsäure, Zitronensäure oder Ascorbinsäure. Sie müssen deklariert werden, und für solche Biere ist der Hinweis auf das Reinheitsgebot untersagt. Brauereien aus anderen Ländern haben schon seit Jahren das Recht, in Deutschland Bier zu verkaufen, das nicht nach dem Reinheitsgebot gebraut wurde.

Bier macht Durst erst schön

Nicht nur in Bayern, sondern auch anderswo in Deutschland galt Bier früher als Volksnahrungsmittel. Heute ist es ein Genussmittel, aber nicht minder gefragt. Allerdings mussten die Deutschen, die lange als Weltmeister im Biertrinken galten, diesen Ruhm an Tschechien abtreten. Dort konsumiert man jährlich und pro Kopf rund 154 l, während es hierzulande im Durchschnitt nur 107 Liter sind.

Natürlich – Bier enthält Alkohol. Aber in Maßen konsumiert kann man es guten Gewissens als ein für die Gesundheit wertvolles Getränk bezeichnen. Nicht umsonst nannte man es einst „flüssiges Brot", und tatsächlich lässt sich's mit Bier eine Zeitlang ganz gut leben. Das entdeckten Mönche bereits im Mittelalter. Als sie der Hunger während der vierzigtägigen Fastenzeit allzu sehr plagte, kam die „göttliche Eingebung" gerade recht, dass ein etwas stärker gebrautes Bier den Magen beruhigen und die Lebensgeister wecken könne. Und so wurde nach dem Motto „Flüssiges bricht das Fasten nicht" das Starkbier erfunden. Übrigens half Bier nicht nur Mönchen,

 Jugendschutzgesetz

Alkohol ist ein Genussmittel, das – in kleinen Mengen – erwachsenen und gesunden Menschen nicht schadet. Wer zu viel und regelmäßig Alkohol trinkt, nimmt jedoch Schäden in Kauf – nicht nur an Leber und Bauchspeicheldrüse, auch an Gehirn und Nerven. Zudem macht regelmäßiger Alkoholkonsum über kurz oder lang abhängig. Die Natur kennt in dieser Hinsicht keine Gleichberechtigung der Geschlechter: Männer können rund die doppelte Menge trinken wie Frauen, ohne sich zu gefährden.

Für Kinder und Jugendlich soll Alkohol tabu sein. So sehen es Mediziner, so sieht es auch der Gesetzgeber. Kinder im Sinne des Jugendschutzgesetzes (JuSchG) sind Personen, die noch nicht 14 Jahre alt sind. Jugendliche sind Personen im Alter zwischen 14 und 18 Jahren. An beide Gruppen darf kein Branntwein, branntweinhaltige Getränke oder Lebensmittel, die Branntwein in nicht nur geringfügiger Menge enthalten verkauft werden. Andere alkoholische Getränke dürfen nicht an Personen unter 16 Jahren abgegeben werden.

Einen Riegel hat der Gesetzgeber auch alkoholhaltigen Süßgetränken („Alkopops") vorgeschoben. Sie wurden zum einen mit einer höheren Steuer belegt und dürfen zum anderen nicht an Jugendliche und Kinder verkauft werden. Außerdem müssen sie den Hinweis „Abgabe an Personen unter 18 Jahren verboten, § 9 Jugendschutzgesetz" auf der Verpackung haben. Grund dafür war die Überlegung, dass süße Alkoholika nicht den typischen Geschmack alkoholhaltiger Getränke haben, den normalerweise Kinder und Jugendliche gar nicht mögen, und somit zum Alkoholkonsum verführen.

Hopfendolden

sondern auch Nonnen über die Runden. So ließ die Klostergründerin Teresa von Avila verlauten: „Tu deinem Körper etwas Gutes, damit die Seele Lust hat, darin zu wohnen." Die Vorzüge von Bier sind inzwischen wissenschaftlich belegt:

- Bier ist ein Energiespender, denn es enthält Kohlenhydrate in Form von Zucker. Dabei hat Bier den Ruf, ein Dickmacher zu sein, nicht verdient. 100 ml Bier enthalten zwischen 30 und 45 kcal und damit deutlich weniger als viele Erfrischungsgetränke, Weine und Spirituosen. Allerdings hat man nach 1 Liter – eine in Bayern durchaus übliche Menge – schon den Nährwert einer Mahlzeit erreicht.
- Bier enthält Vitamine B_1, B_2, Niacin, B_6 und H aus Hefe und Hopfen. Sie fördern unter anderem die Konzentrationsfähigkeit, unterstützen die Bildung roter Blutkörperchen, aktivieren den Stoffwechsel und regen den Kreislauf an.
- Bier fördert das Wohlbefinden, denn es liefert wertvolle Mineralien wie Calcium, Kalium, Magnesium und Phosphor und dazu die Spurenelemente Eisen, Fluor, Kupfer und Zink. Daraus ergibt sich unter anderem eine positive Auswirkung auf Nerven, Muskeln, Elektrolythaushalt, Hormonsteuerung und Stoffwechsel. Zudem hat Bier eine entwässernde Wirkung.
- Bier entspannt den gesamten Organismus. Zu verdanken ist das dem Hopfen und dem Alkohol. Ein Glas Bier beruhigt die Nerven und kann sogar beim Einschlafen helfen.

Spickzettel

- Entsprechend dem deutschen Reinheitsgebot wird Bier ausschließlich aus Getreide, Hopfen, Hefe und Wasser gebraut.
- Das zum Brauen benötigte Malz stellt man normalerweise aus Gerste her, nur für Weizenbier wird Weizenmalz verwendet.
- Es gibt untergäriges und obergäriges Bier.
- Fast 99 % aller Biere sind Vollbiere.
- Der Alkoholgehalt von Bier beträgt etwa ein Drittel des Stammwürzegehalts.

Die Kunst des Brauens

Um Bier herzustellen, benötigt man Malz, Hopfen, Hefe und Wasser – mehr nicht. Doch jede dieser vier Zutaten muss von erstklassiger Qualität sein und mit großer Sorgfalt behandelt werden.

Man nehme …

… Hopfen

Der Hopfen ist die „Seele" des Bieres. Er dient als „Würzmittel" und sorgt für die produkttypische Bitter-Note. Je nach Brauart benötigt man für einen Hektoliter Bier zwischen 150 und 400 g. Je mehr Hopfen ein Bier enthält, desto herber schmeckt es. Verwendet werden zwei Sorten von Hopfen, Bitterhopfen und der besonders wertvolle Aromahopfen. Die richtige Mischung beider Sorten erfordert große Erfahrung und Fachkenntnis. Hopfen verleiht dem Bier Charakter und nimmt zudem Einfluss auf die Festigkeit der Schaumkrone.

Hopfen gehört zu den Hanfgewächsen und ist eine Kletterpflanze. Sie wird in riesigen Hopfengärten angebaut und rankt sich an etwa acht Meter hohen Gerüststangen empor. Hopfen bildet männliche und weibliche Triebe, doch nur die weiblichen sind beim Brauen von Nutzen. Sie enthalten Stoffe, die dem Bier das Aroma, die Bekömmlichkeit und die Haltbarkeit verleihen. Eine Befruchtung durch männlichen Blütenstaub würde die Doldenzapfen weitgehend unbrauchbar machen. Deshalb werden die männlichen Triebe vorsorglich entfernt.

Das wichtigste Anbaugebiet für Hopfen liegt in der Hallertau in Bayern. Hier wird auf etwa 15 000 ha Ackerfläche ca. ein Viertel des weltweit benötigten Hopfens erzeugt. Auf Hopfen spezialisiert haben sich auch Bauern bei Spalt und Hersbruck, außerdem in Baden-Württemberg (bei Tettnang), in Rheinland-

GETRÄNKE & SPIRITUOSEN

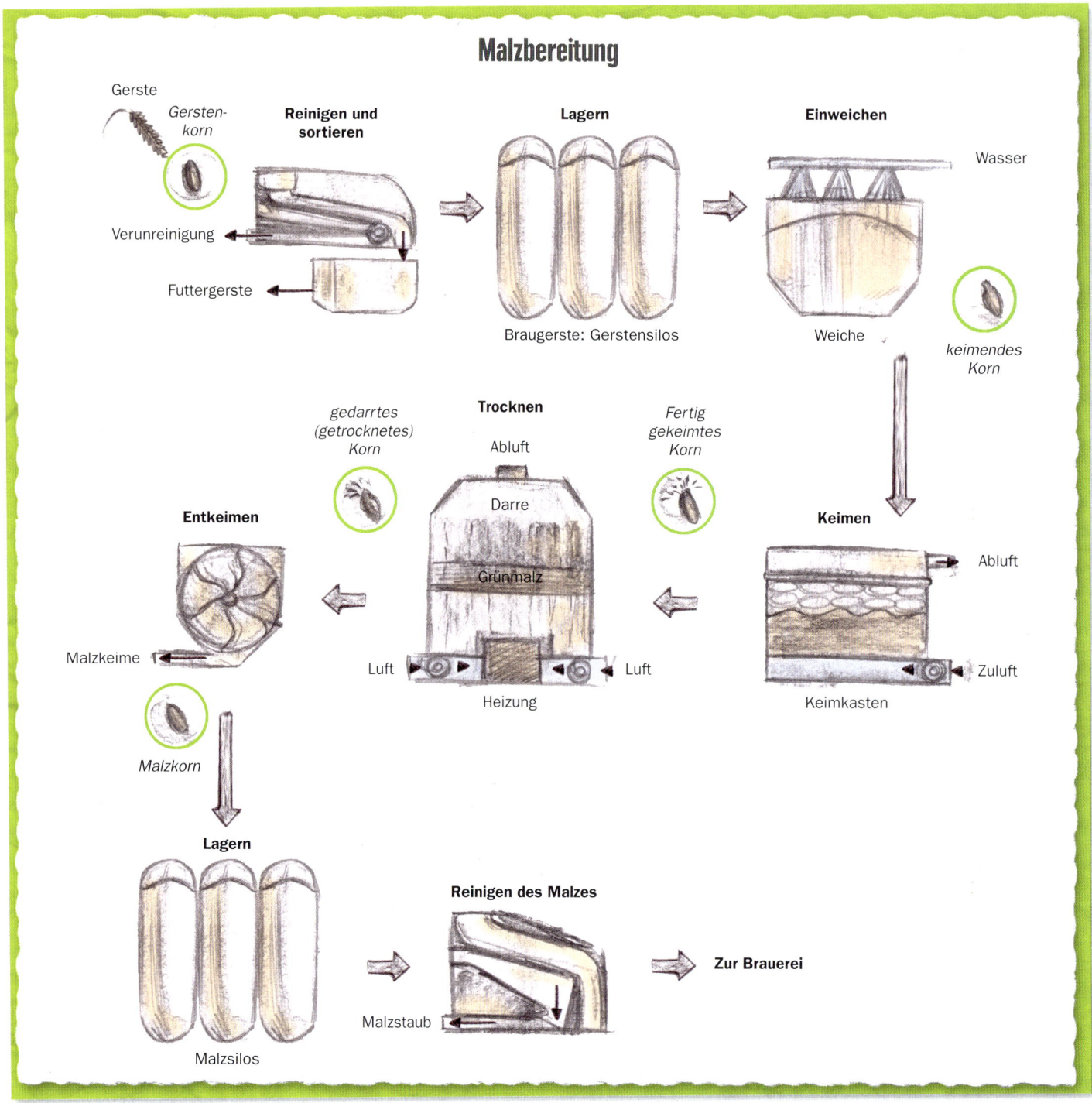

Pfalz (Bitburg) und in Thüringen/Sachsen (Elbe-Saale-Gebiet). Zur Erntezeit ab Ende August werden die Pflanzen knapp über dem Boden abgeschnitten. Dann übernehmen Maschinen das „Hopfenzapfen-Zupfen". Die Zapfen werden bis auf eine Restfeuchtigkeit von ca. 11 % getrocknet, in Säcke gepresst und zu den Brauereien transportiert.

... Malz

Das Braumalz gewinnt man vorwiegend aus Gerste, lediglich für Weizenbier wird Weizenmalz verwendet. Natürlich ist nicht jede x-beliebige Gerste zum Brauen geeignet. Bevorzugt wird Sommergerste, die ganz bestimmte Qualitätsanforderungen erfüllt. Unter anderem hat sie einen vergleichsweise geringen Eiweißgehalt, was beim Mälzen und Vergären von Vorteil ist. Die Verwandlung von Gerste in Malz ist ein langwieriger Prozess. Zuerst werden die gereinigten und sortierten Gerstenkörner in Wasser eingeweicht, dann lässt man sie unter ständiger Zufuhr von Luftsauerstoff und bei gesteuerter Temperatur keimen. So entsteht innerhalb von etwa sieben Tagen sogenanntes Grünmalz. Es ist feucht und wenig haltbar und wird deshalb auf der „Darre" in heißer Luft getrocknet. Gleichzeitig gewinnt das Malz sein Aroma. Durch exakte Steuerung von Temperatur, Feuchtigkeit und Dauer des Vorgangs lässt sich helles Malz für helles Bier und dunkles Malz für dunkles Bier erzielen. Nach dem Darren enthält das Malz nur noch etwa 4 % Feuchtigkeit. Das Wachstum der Keimlinge ist beendet, doch die Enzyme sind nach wie vor aktiv. Und darauf kommt es später beim Maischen an.

Erntereife Gerste

Sudpfannen aus Kupfer

... Hefe

Den zum Bierbrauen erforderlichen Gärprozess bringt Hefe in Gang. Sie verwandelt Malzzucker auf biologischem Weg in Alkohol und Kohlensäure. Man unterscheidet zwischen untergäriger und obergäriger Hefe, und je nach Verwendung ist das Ergebnis untergäriges oder obergäriges Bier. Auch bei der Hefe bleibt nichts dem Zufall überlassen. Um ein gleichmäßiges Qualitätsniveau zu erzielen, züchten die Brauereien ihre Hefepilze selbst.

... und Wasser

Bier besteht zu etwa 90 % aus Wasser. Kein Wunder, dass die Brauereien hohe Ansprüche an das kühle Nass stellen. Viele holen es aus eigenen Tiefbrunnen, die oft eine überdurchschnittlich hohe Qualität liefern. Hinsichtlich des Gehalts an Mineralien, Salzen und Kalk unterscheidet sich Wasser von Region zu Region, und somit ist auch der Geschmack nie völlig gleich. Der Gesetzgeber erlaubt die Verwendung von Wasser mit Trinkqualität. Es darf jedoch entkeimt, enthärtet, gefiltert und gekocht werden. Auch ist eine Reduzierung des Eisengehalts zulässig.

So wird Bier draus

Mindestens sechs Wochen lagert Malz in der Mälzerei, dann kommt es in die Brauerei, wo im Sudhaus die erste wichtige Stufe des Brauens stattfindet, das Maischen. Das Malz wird noch einmal gründlich gereinigt und dann so geschrotet, dass die Spelzen weitgehend erhalten bleiben. Sie dienen später im Läuterbottich als Filtermaterial. Das geschrotete Malz wird mit Brauwasser vermischt, wobei das prozentuale Verhältnis und langsames Erhitzen bewirken, dass die Malz-Enzyme wieder aktiv werden. Sie sorgen dafür, dass sich nach einer gewissen Zeit die wasserunlösliche Stärke der vermälzten Gerste in wasserlöslichen Malzzucker verwandelt. Ist der Maischvorgang beendet, werden die festen Bestandteile abgetrennt. Zurück bleibt die sogenannte Würze mit den gelösten Malzinhaltsstoffen. Sie muss noch sorgfältig gefiltert werden, bevor sie mit dem Hopfen Bekanntschaft macht.

Das „Herz" einer jeden Brauerei sind die großen Brau- oder Sudpfannen aus Kupfer oder Edelstahl. Dort hinein wird die Würze geleitet, nach und nach mit Hopfen vermischt und ein bis zwei Stunden gekocht. In dieser Zeit lösen sich die Bitter- und Aromastoffe des Hopfens, und unerwünschte Keime in der Würze sterben ab. Ist die Würze bis zu einer bestimmten Konzentration eingedampft, lässt sich der Gehalt an Stammwürze messen. Unter Stammwürze versteht man den Gehalt löslicher, aus Malz und Hopfen herrührender Stoffe in der Bierwürze vor der Vergärung (zum Beispiel Maltose, Dextrine, Hopfenöle). Dieser Extraktgehalt reicht von 2 % bei Einfachbieren bis über 16 % bei Starkbieren.

Nach dem Abscheiden von Trübstoffen wird die abgekühlte Bierwürze in Gärbottiche oder Tanks geleitet. Ließe man die Würze offen stehen, würden sich Mikroorganismen ansiedeln und nach einiger Zeit eine sogenannte Spontangärung verursachen. Heute wird der Vorgang normalerweise durch die Zugabe von Hefepilzen beschleunigt. Untergärige Hefe braucht für die Umwandlung von Malzzucker in Alkohol und Kohlensäure bei 5 bis 10 °C etwa acht Tage. Ist die Arbeit getan, setzt sich die Hefe am Bottichboden ab. Obergärige Hefe benötigt bei 15 bis 20 °C deutlich weniger Zeit. Nach Beendigung des Gärvorgangs sammelt sich die Hefe an der Oberfläche und wird abgehoben. Das junge Bier muss nun in geschlossenen Lagertanks noch einige Wochen nachgären. Bei Temperaturen um den Gefrierpunkt reift es geschmacklich aus. Vom Braumeister geprüft und für perfekt befunden, wird das Bier ein letztes Mal sorgfältig filtriert. Dann übernehmen vollautomatische Anlagen das Abfüllen in Fässer, Flaschen und Dosen, das Verschließen und Etikettieren.

Stammwürze- und Alkoholgehalt

Gelegentlich wird der *Stammwürzegehalt* eines Bieres mit dem *Alkoholgehalt* gleichgesetzt, doch der Alkoholgehalt liegt deutlich niedriger. Als Faustregel kann gelten: Der Alkoholgehalt (in % vol.) beträgt etwa ein gutes Drittel des Stammwürzegehalts. Vollbier beispielsweise hat 11 bis 14 % Stammwürze und 4,4 bis 5 % vol., was ca. 35 bis 40 g Alkohol pro Liter entspricht.
Zum Vergleich: Deutscher Weißwein besitzt einen Alkoholgehalt von 8 bis 12 % vol.

GETRÄNKE & SPIRITUOSEN

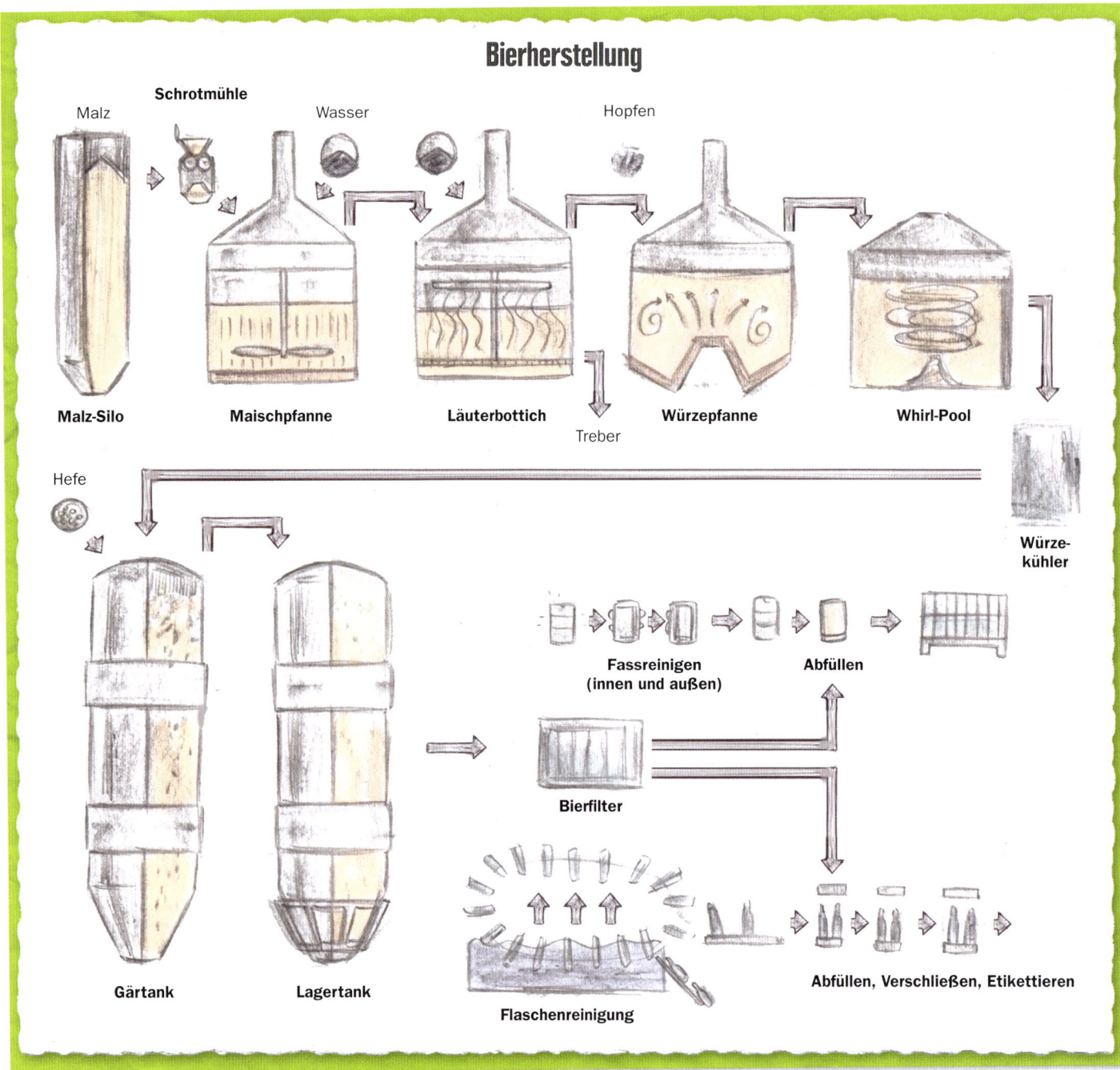

Arten und Gattungen

Bier wird nach zwei *Arten* unterschieden, nämlich in untergärig und obergärig. Ausschlaggebend ist in beiden Fällen die zum Brauen verwendete Hefe.

- Für **untergäriges Bier** kommen solche Sorten zum Einsatz, die sich zum Vergären des Malzzuckers Zeit lassen und Temperaturen unter 10 °C brauchen. Hier sinkt die Hefe auf den Boden des Gärbottichs. Untergärige Biere sind beispielsweise Export, Märzen, Pils und Bockbier.
- **Obergäriges Bier** entsteht durch Hefe, die höhere Temperaturen bis zu 20 °C mag und schneller arbeitet. Sie steigt beim Gären nach oben. Zu den bekanntesten Bieren zählen unter anderem Alt, Berliner Weiße und Weizenbier.

Beide Bierarten gibt es in vier *Gattungen*, deren Unterschied in der Stammwürze liegt:

- Bei **Einfachbier** beträgt der Stammwürzegehalt 2 bis 5,5 %. Diese Produkte werden allerdings kaum noch hergestellt.
- **Schankbier** hat mindestens 7 bis 8 % Stammwürze. Zu dieser Kategorie zählen unter anderem die *Berliner Weiße* und Light-Biere.
- Fast 99 % aller deutschen Biere sind **Vollbiere** mit 11 bis 14 % Stammwürze. Biere dieser Gattung sind beispielsweise Pils, Export, Kölsch, Weizenbier, Lagerbier oder Diätbier.
- **Starkbier** hat mindestens 16 % Stammwürze. In diese Gruppe gehören alle Biere, die „Bock" in der Bezeichnung tragen. Doppelbock und Starkbiere mit der Endsilbe „ator" werden mit mindestens 18 % Stammwürze gebraut. Eines der stärksten Biere der Welt ist der „Eisbock" aus Kulmbach mit sage und schreibe 28 % Stammwürze.

Richtig genießen

Wissenschaftler haben festgestellt, dass maßvolle Biertrinker eine höhere Lebenserwartung haben als Abstinenzler. Doch was ist „maßvoll"? Lange galten 80 g Alkohol am Tag als Obergrenze. Dann hieß es, 1 g Alkohol pro Kilogramm Körpergewicht sei für einen gesunden Erwachsenen zuträglich, wobei allerdings das Geschlecht berücksichtigt werden muss. Amerikanische Studien empfehlen inzwischen nicht mehr als 25 g Alkohol täglich, entsprechend 0,7 l Vollbier oder einem Liter Leichtbier. Und da eine „Maß" auf dem Münchner Oktoberfest nie voll eingeschenkt ist, kann sie wohl gerade noch als „maßvoll" gelten.

Temperatur und Frische

Bierfreunde erwarten von ihrem Lieblingsgetränk prickelnde Frische, eine klare Farbe, reinen Glanz und eine feste Schaumkrone. In all seiner Pracht zeigt sich Bier jedoch nur dann, wenn es im Haushalt umsichtig behandelt wird. Grundsätzlich gilt: Je frischer das Bier, desto besser schmeckt es. Die Haltbarkeit ist begrenzt (siehe Mindesthaltbarkeitsdatum). Je nach Qualität bildet das Bier nach einigen Monaten einen Alterungsgeschmack und trübt sich oft sogar ein. Genau genommen sollte man Bier nach dem Kauf innerhalb von vier bis sechs Wochen verbrauchen.

Wichtig ist eine produktgerechte Lagerung. Bier will kühl stehen, aber nicht zu kalt. Unter 0 °C kann es zu einer Kältetrübung kommen, die zumindest das Aussehen beeinträchtigt. Auch Wärme schadet dem Getränk, und direktes Sonnenlicht führt gar zu Geschmacksveränderungen („Lichtgeschmack"). Ideal für den Bier-Vorrat ist ein dunkler Keller mit 2 bis 8 °C oder der Kühlschrank.

Bei einer Trinktemperatur zwischen 7 und 9 °C ist Bier ein Hochgenuss – nicht nur für den Gaumen, sondern auch fürs Auge. Auf optimal temperiertem Bier bildet sich nämlich die schönste Schaumkrone. Zu kaltem Bier mangelt es an Aroma. Wenn es frisch aus dem Kühlschrank kommt, kann ein sogenannter Bierwärmer helfen. Das Rohr aus Edelstahl wird mit heißem Wasser gefüllt und ins Bierglas gestellt. Doch Vorsicht, wird das Bier zu warm, schmeckt es schal.

Bier wird in Dosen, in Flaschen und im Fass (heute aus Edelstahl und nur noch in Ausnahmefällen aus Holz) angeboten. Tatsächlich lässt sich ein geschmacklicher Unterschied feststellen, denn: Dosenbier muss beim Abfüllen pasteurisiert, also erhitzt werden. Dadurch verändern sich Aroma und Geschmack. Auch wird Dosenbier schnell schal. Flaschenbier bleibt normaler-

---

 Biersteuer

Wer auf die (Schnaps-)Idee kam, für Bier eine Steuer zu verlangen, ist nicht bekannt. Etwas Ähnliches gab es schon zur Zeit Karls des Großen. Eine ausdrückliche Biersteuer führte die Reichsstadt Ulm im Jahr 1220 ein, und bei diesem Erbe blieb es. Heute ist der Gehalt an Stammwürze ausschlaggebend für die Höhe der Biersteuer. Grundsätzlich kostet Einfachbier den Biertrinker die Hälfte von Vollbier an Steuern und Starkbier wiederum um die Hälfte mehr als Vollbier. Beispiel: Für einen Hektoliter Vollbier mit 12 % Stammwürze verlangt Vater Staat 9,44 € Steuer.

GETRÄNKE & SPIRITUOSEN

Weißbier

weise unpasteurisiert. Es besitzt deshalb den vollen, herrlich frischen Geschmack. Die Krönung für jeden Biertrinker ist frisch gezapftes Fassbier. Es kann sein Aroma am besten entfalten und bildet die schönste Schaumkrone. Sie sieht nicht nur verführerisch aus, sondern schützt das Bier im Glas auch vor Sauerstoff und Licht.

Gläser für Kenner

Wer Bier mit Stil genießt, trinkt es nicht aus einem x-beliebigen Glas. Denn die Form des Glases unterstützt die Entwicklung des Aromas und die Bildung der Schaumkrone. Für die meisten Biere verwendet man Gläser, die oben nicht zu breit werden, weil andernfalls womöglich der Schaum zerfließt.

- **Leichtbier** trinkt der Kenner gern aus einem dünnwandigen Pokal.
- **Märzen-** oder **Spezialbiere** schmecken aus einem Krug besonders gut.
- Für **Bockbier** ist ein bauchiges Stielglas ideal.
- Für **Pils** eignet sich eine schmale zylindrische Form am besten.
- Das hohe **Weizenbier**-Glas ist eher dickwandig und wird oben ein wenig bauchig.
- **Kölsch** und **Alt** schmecken am besten aus einem schlanken, geraden 0,2-l-Glas.

Krüge müssen übrigens nicht aus Glas sein. Tonkrüge bieten vor allem im Freien den Vorteil, dass sie das Bier länger kühl halten und vor Licht schützen.

Das Einschenken ist schon fast eine Wissenschaft. Eine Grundregel lautet: Langsam und mit Bedacht einschenken. Zuerst wird das saubere Glas kurz mit kaltem Wasser ausgespült, denn eventuelle Reste von Spülmittel oder Fett machen den Schaum zunichte. Dann hält man das Glas leicht schräg und lässt das Bier an der Wand entlang einfließen. Ist das Glas zu etwa einem Drittel gefüllt, muss sich das Bier etwas absetzen. Hat sich der Schaum gefestigt, wird voll geschenkt. Spezialisten warten nochmals kurz und setzen dann eine Schaumkrone drauf. Weizenbier wird langsam, aber in einem Zug eingefüllt. Dabei sollen sich im Glas keine Wirbel bilden, um eine übermäßige Schaumbildung zu vermeiden.

Übrigens ist Bier nicht nur zum Trinken da, man kann es auch zum Kochen verwenden. Köstlich sind beispielsweise Biersuppen und -saucen, Bierkraut mit Schweinefleisch oder Pfannkuchen aus bzw. Apfelringe in Bierteig gebacken.

Altdeutsche Biersuppe

½ l Milch, ¼ l süße Sahne, ½ l helles Bier mit 1 Prise Salz, 4 bis 5 EL Zucker und 100 g Rosinen bei mäßiger Hitze zum Kochen bringen. 1 Esslöffel Stärkemehl mit etwas Milch anrühren, in die Suppe einrühren, kurz aufkochen lassen. Topf vom Herd nehmen, drei verquirlte Eigelb einrühren. Mit Zimt abschmecken.

Helles Bier

Pils

Bier-Parade von A bis Z

Ale
Dieses englische Bier wurde ursprünglich ohne Hopfen gebraut. Das änderte sich im 15. Jahrhundert, nachdem England den benötigten Hopfen aus den Niederlanden importierte. Ale ist ein obergäriges Bier mit 4 bis 6 % vol. und wird in verschiedenen Sorten hergestellt: *mild Ale* ist ein dunkles, süßliches Bier mit wenig Hopfen, *pale Ale* ist hell und hat ein ausgeprägtes Hopfenaroma, *Imperial Pale Ale* ist besonders stark gebraut und gehopft.

Alkoholfreie bzw. alkoholarme Biere
Ganz frei sind selbst die Alkoholfreien nicht, denn sie dürfen bis zu 0,5 % vol. Alkohol enthalten. Eine Vielzahl von Vollbieren wird „alkoholfrei" angeboten. Alkoholarmes Bier enthält höchstens 1,5 % vol. Alkohol. Erst seit 2006 gibt es Bier mit 0,0 % Alkohol. Bei der Produktion wird das Bier erst gebraut, dann der Alkohol nachträglich ganz oder teilweise entzogen.

Altbier
Das obergärige Alt ist eine Spezialität vom Niederrhein. Das Bier verdankt seine dunkle Farbe einem höheren Anteil von dunklem Darrmalz. Typisch für Altbier ist der hopfenbittere Geschmack. Der Alkoholgehalt liegt bei etwa 4,5 % vol.

Berliner Weiße
Das obergärige Bier wird vorwiegend in und um Berlin hergestellt – mit 7 bis 8 % Stammwürze und ca. 2,8 % vol. Alkohol. Die Brauer verarbeiten Gersten- und Weizenmalz, und die obergärigen Bierhefen werden milchsauer vergoren. So entsteht ein spritziges Bier mit leicht säuerlichem Geschmack und viel Kohlensäure, dunkelgelb und etwas hefetrüb. Besonders erfrischend ist die Berliner Weiße mit einem „Schuss" Waldmeister- oder Himbeersirup. Traditionell wird diese Mischung aus einem breiten Pokal mit Strohhalm getrunken.

Bockbiere
Bockbiere sind Starkbiere mit mindestens 16 % Stammwürze und einem Alkoholgehalt von über 6 % vol. Beim *Doppelbock* ist nicht alles verdoppelt, doch die Stammwürze liegt bei mindestens 18 % und der Alkoholgehalt bei über 7 % vol. Die Doppelbock-Biernamen enden traditionell mit „ator" (zum Beispiel „Salvator"). Bockbiere gibt es obergärig und untergärig, wobei die meisten zur zweiten Kategorie zählen. Die Produkte haben einen vollmundigen, malzigen Geschmack und werden vor allem in Bayern gebraut – im Frühling der Maibock, zum Jahresende der *Weihnachtsbock* usw. Einige Brauereien bieten auch *Weizenbock* und *Weizendoppelbock* an. Der *Eisbock* ist eine Besonderheit aus Kulmbach. Dem kräftig gebrauten Starkbier wird bei der Herstellung durch Einfrieren Wasser entzogen. Das Ergebnis ist ein Bier mit nahezu 25 % Stammwürzegehalt und 8 bis 9 % vol. Alkohol.

Dampfbier
Diese obergärige Spezialität aus Bayreuth wird bei erhöhter Temperatur vergoren. Der entstehende Lagertankdruck entweicht dampfartig, und so kam das Bier zu seinem Namen. Dampfbier hat eine appetitliche Bernsteinfarbe und ist sehr süffig.

Diätbier
Dabei handelt es sich um ein besonders stark gehopftes Bier, bei dem die Kohlenhydrate fast vollständig vergoren werden. Je 100 ml enthält Diätbier nur ca. 0,75 g Zucker bzw. 0,6 BE je Liter und ist somit für Diabetiker geeignet. Der Alkoholgehalt ist jedoch so hoch wie bei Vollbier.

GETRÄNKE & SPIRITUOSEN

Exportbier

Lagerbier

Dinkelbier
Dieses hefetrübe Vollbier aus Süddeutschland wird nicht mit Gerstenmalz, sondern mit Dinkelmalz gebraut, und dieser „Urweizen" verleiht dem Bier seinen besonderen Geschmack. Der Alkoholgehalt liegt bei etwa 4,5 %. Dinkelbier mundet gut gekühlt am besten.

Doppelbock
(siehe Bockbiere)

Export
Man nennt dieses goldgelbe, klare Bier auch einfach „Helles". Es wird untergärig gebraut und hat einen malzigen, nicht allzu herben Geschmack. Der Alkoholgehalt liegt bei 5 % vol.

Gose
Die Heimat dieses obergärigen Weißbieres ist Goslar im Harz. Wahrscheinlich haben die Brauer früher das Wasser fürs Bier aus dem Flüsschen Gose geholt. Heute bekommt man Gose vor allem in Sachsen und Thüringen. Das Bier entspricht nicht dem Deutschen Reinheitsgebot, denn zum Brauen werden Kochsalz, Koriander und biologische Milchsäure verwendet. Gose schmeckt ziemlich sauer. Deshalb mildert man den Geschmack gern mit Kümmel oder Johannisbeersaft.

Bei besonderen Bieren darf vom Reinheitsgebot abgewichen werden, so entschied 2005 das Bundesverwaltungsgericht in Leipzig. Im aktuellen Fall ging es um zwei Biere der Klosterbrauerei Neuzell, die auf Grund von Zuckerzusatz nicht dem Reinheitsgebot entsprechen. Trotzdem, so entschieden die Richter, ist die Bezeichnung „Bier" gerechtfertigt.

Icebeer (Eisbier)
Ursprünglich stammt dieses Bier aus den USA und es wird in einem speziellen Verfahren hergestellt. Das Bier wird gekühlt, bis feine Eiskristalle entstehen. Diese filtert man heraus und erhält so ein besonders mild und ausgewogen schmeckendes Bier. In Deutschland wird Icebeer nach dem Reinheitsgebot gebraut.

Kölsch
„Kölsch" ist eine geschützte Herkunftsbezeichnung, die bisher keinem anderen Bier zuteil wurde. Das helle obergärige Vollbier hat durchschnittlich 11,3 % Stammwürze und schmeckt hopfenbitter. Traditionell wird Kölsch aus der „Kölner Stange" getrunken, einem schlanken, relativ dünnwandigen 0,2-l-Glas.

Lagerbier
Die Bezeichnung stammt aus früheren Zeiten, als Bier nach der Hauptgärung noch mehrere Monate lagerte. Heute ist auch Lagerbier schon nach einigen Wochen trinkbar. Das untergärige Vollbier wird hell und dunkel gebraut. Es enthält eher wenig Hopfen und schmeckt dadurch nicht so bitter. Der Alkoholgehalt liegt bei 4 bis 4,5 % vol.

Leichtbier (Light-Bier)
Es wird meist als Schankbier, gelegentlich aber auch als Vollbier (Pils, Weizen, Alt, Kölsch) hergestellt, unter- oder obergärig. Bei 7 bis 12 % Stammwürze liegt der Alkoholgehalt zwischen 2 und 3,2 % vol. Entweder wird die Bildung von Alkohol während der Gärung verhindert, oder er wird nach der Gärung teilweise entfernt. Leichtbier ist etwa so kalorienhaltig wie Magermilch (100 ml ca. 36 kcal) und sollte idealerweise bei etwa 7 °C getrunken werden.

Maibock
(siehe Bockbiere)

Malzbier

Pils

Märzen
Ursprünglich durfte dieses untergärige Lagerbier lt. bayerischer Brauordnung nur zwischen dem 29. September (St. Michael) und dem 23. April (St. Georg) gebraut werden. Denn in Ermangelung von Kältemaschinen musste man die kalte Jahreszeit nutzen. Mit dem Oktoberfest in München wurde die neue Brausaison gestartet, und man schenkte das Märzenbier der letzten Saison aus. Das „Wies'n-Märzen" ist nach wie vor die Spezialität schlechthin – ein untergäriges Vollbier mit 5 % vol. Alkohol, einer tiefgoldenen Farbe und einem malzigen, vollmundigen Geschmack.

Malzbier (Malztrunk)
Dieses obergärige Vollbier hat einen hohen Nährwert, enthält aber weniger als 0,5 % vol. Alkohol. Der Trick bei der Herstellung: Die Hefe wird bei 0 °C zugegeben, dadurch findet keine Vergärung statt, und somit entsteht kein Alkohol. Zusätze sind Invertzucker, Zuckerkulör und natürliche Kohlensäure. Der dunkelbernsteinfarbene Trunk hat einen süßen, ausgeprägten Malzgeschmack und sollte gut gekühlt konsumiert werden.

Pils
Mit etwa 70 % Marktanteil ist das Pils Deutschlands beliebtester Gerstensaft. Erfunden wurde dieses helle, untergärige Bier mit seiner fein-herben Hopfennote erst vor etwa 150 Jahren von einem Bayern. Josef Groll setzte 1842 den ersten Sud im böhmischen Pilsen an, und von hier aus trat das Bier seinen Siegeszug um die Welt an. Seit 1900 ist Pils eine Gattungsbezeichnung für helle, stark gehopfte Vollbiere mit 11 bis 12 % Stammwürze und einem Alkoholgehalt zwischen 4,6 und 5,2 % vol.

Ein gut gezapftes Pils braucht sieben Minuten, heißt es unter Biertrinkern. Tatsache ist jedoch, dass drei Minuten völlig genügen. Dann kommt das Pils prickelnd-frisch und vollaromatisch auf den Tisch, gekrönt von einer festen Schaumhaube. Längeres Zapfen dagegen schadet in jeder Hinsicht der Qualität des Getränks.

Pilsener
So heißt noch heute das helle, untergärige, stark gehopfte Bier, das in der tschechischen Stadt Pilsen gebraut wird.

Porter
Dieses dunkle, obergärige Bier ist eine englische Spezialität. Es wird mit gerösteter Gerste und einem hohen Hopfenanteil gebraut. Der Geschmack ist entsprechend malzig und bitter. Porter enthält 12 bis 16 % Stammwürze.

GETRÄNKE & SPIRITUOSEN

dunkles Weißbier

Zwickelbier

Schwarzbier

Stout
Ein besonders stark gebrautes Porter wurde in England früher *Stout-Porter* genannt und schließlich zu Stout abgekürzt. Das nahezu schwarze Starkbier hat einen Stammwürzegehalt von bis zu 25 % und schmeckt intensiv bitter.

Weizenbier (in Bayern Weißbier)
Diese obergärige Spezialität wird aus Weizenmalz (über 50 bis meist 70 %) und Gerstenmalz hergestellt und nur mäßig gehopft. Dadurch ist Weizenbier nicht so bitter und hat ein typisches Aroma. Auch sind alle Weizenbiere reich an Kohlensäure. *Kristallweizen (Champagnerweizen)* wird nach der Gärung kristallklar gefiltert und ist ein spritziges Getränk. Hefeweizen enthält noch etwas Hefe und / oder natürliche Schwebstoffe und schmeckt dadurch besonders vollmundig und „brotig". Weizenbier hat 11 bis 14 % Stammwürze und enthält ca. 6 % vol. Alkohol.

Zwickelbier (Kellerbier)
Zwickelbier ist naturtrüb, ungefiltert und nicht lange gereift. Es enthält wenig Kohlensäure und sollte möglichst frisch getrunken werden. Das helle untergärige, gelegentlich auch obergärige Bier („Kellerweizen") schmeckt feinherb und aromatisch, ist gut verträglich und sehr süffig.

Rauchbier
Diese untergärige Spezialität aus Bamberg besitzt einen ausgeprägt rauchigen Geschmack, der an Schinken erinnert. Rauchbier entsteht durch die Verwendung von Malz, das über Buchenholzfeuer gedarrt wurde. Bamberger Brauereien stellen die Spezialität auch als Starkbier und als obergäriges Weizenbier her.

Schwarzbier
In Thüringen ist obergäriges Schwarzbier nachweislich schon seit 1543 zu Hause. Heute wird dieses dunkle Vollbier untergärig hergestellt. Es hat über 11 % Stammwürze und etwa 5 % vol. Alkohol.

Bio-Bier
Auch diese Biere werden selbstverständlich nach dem Deutschen Reinheitsgebot gebraut, allerdings mit Rohstoffen aus ökologischem Anbau und z. T. mit alten Getreidesorten. Verzichtet wird auf Schönungsmittel wie Extrakte, künstliche Beschleunigung der Gär- und Reifezeit, Stabilisatoren und Pasteurisierung zur Verlängerung der Haltbarkeit sowie eine Veränderung der natürlichen Beschaffenheit des Brauwassers durch Wasseraufbereitung. Derartige Eingriffe toleriert der Gesetzgeber bei konventionell hergestellten Bieren.

Import-Biere

Für heimische Biere, die in Deutschland verkauft werden, gilt das Reinheitsgebot. Hersteller aus anderen EU-Ländern oder gar dem Rest der Welt brauchen sich darum nicht zu scheren. Da wird Bier aus allem Möglichen gebraut – aus Reis, Mais, Hirse, Bananen, Kokosmilch oder Ginsengwurzeln – und vom Austernextrakt über Kräuter, Chili und Früchte bis hin zur Schokolade mit allem gewürzt, was Geschmack verleiht. Akzeptiert werden in Deutschland sämtliche Zutaten, die im jeweiligen Ausfuhrland zugelassen sind.

Auf dem deutschen Markt gibt es inzwischen zwei Gruppen ausländischer Biere. Die einen werden im Ausland so gebraut, dass sie dem Deutschen Reinheitsgebot entsprechen. Die anderen haben damit nichts gemein, sind aber dennoch verkehrsfähig. Bier wird aus mindestens 70 Ländern auf den deutschen Markt gebracht, doch das Gros der Importware landet in der Gastronomie, dem Spezialhandel und in Internet-Shops. Der Lebensmittelhandel beschränkt sich weitgehend auf Biere aus einigen europäischen Nachbarländern sowie auf (häufig wechselnde) Trend-Produkte zum Beispiel aus Mexiko („Corona") oder Asien. Abwechslung belebt das Geschäft, doch noch scheinen die deutschen Biertrinker dem heimischen Gerstensaft treu zu bleiben. Der Gesamtkonsum ausländischer Biere liegt bisher bei nur etwa 3 %.

Britisches Ale

Bier aus Australien
Die meisten australischen Exportbiere sind Lagerbiere.
Sorten:
Castlemaine XXXX, untergärig, 4,8 % vol., helle Farbe, Duft nach frischem Heu; *Castlemaine Malt 75,* herber, nicht so hopfig; *Carbine Stout,* herb, würzig, deutlicher Malzcharakter; *Coopers Sparkling Ale,* obergärig, trüb, Flaschenreifung, 5,8 % vol.

Bier aus Belgien
In Belgien gibt es über 300 verschiedene Biere, und etliche davon sind inzwischen für deutsche Bier-Fans der Geheim-Tipp schlechthin. Typisch für Belgien sind vor allem die Fruchtbiere. Sie werden seit über 200 Jahren aus gemälzter Gerste, Weizen und überaltertem Hopfen ohne Hefezusatz gebraut. Nach monatelanger Lagerung in Eichenfässern werden auf 250 l etwa 50 kg Früchte zugesetzt – Pfirsiche, Kirschen, Himbeeren, Johannisbeeren, Waldmeister, Ingwer usw. Solch ein Bier schmeckt aber nicht süß, sondern aromatisch und eher trocken. Der Alkoholgehalt liegt zwischen 1,5 und 5 % vol. Auch die obergärigen *Trappistenbiere* sind eine belgische Spezialität. Sie werden von Mönchen in einer Abtei gebraut – im Gegensatz zu den *Abteibieren,* die lediglich nach dem Rezept einer Abtei hergestellt werden. Trappistenbiere enthalten viel Hefe, schmecken süßlich bis herb-würzig, reifen in der Flasche und haben 6 bis 12 % vol. Alkohol.
Trappistenbiere:
Chimay Grand Reserve, dunkel, verkorkt wie Champagner; *Orval,* dunkelorange, ideal als Aperitif; *Rochefort,* gebraut mit dunklem Kandiszucker in der Malzmischung; *Westmalle Extra,* bernsteinfarben, süßlich-bitter; *Westvleteren,* helles „Spezial", dunkles „Extra" und starkes „Abt" (12 % vol.); *Achel,* hell und dunkel.
Abteibiere:
Leffe, blond oder braun, schokoladiger Geschmack, süße und schwere Blume; *Grimbergen,* blond oder braun, *Floreff, Corsendonk, Affligem.*
Fruchtbiere:
Lambic, Brüsseler Spezialität, säuerlich, mit Kirschen *(Kriek)* oder anderen Früchten, auch ohne Früchte *(Gueuze); Mongozo Banana,* hergestellt mit Bananenpüree, 4,8 % vol.

Bier aus China
Sorten/Marken:
Tsingtao, bekanntestes Bier, leichtes, trockenes Pils, 4,5 bis 5 % vol.; *Hong Kong Dragons Back* und *Hong Kong Gold Premium Lager* (leicht gehopft), beide nach dem Deutschen Reinheitsgebot gebraut.

Bier aus Dänemark
156 Biersorten werden von 15 Brauereien hergestellt. Bei den Dänen am beliebtesten sind Pils und ein dunkleres Lagerbier. Für den Export sind vorwiegend drei Marken bestimmt.
Sorten/Marken:
Carlsberg, nach Pilsner Art gebraut, weltweit das am meisten verbreitete Bier; *Tuborg,* leicht, untergärig; *Faxe,* nach Pilsner Art gebraut; *Girafe-Bier,* Starkbier mit 7,3 % vol., kräftig, würzig, erfrischend.

Bier aus Großbritannien
Stout und *Ale* sind die auch hierzulande bekannten Biere von der Insel.
Sorten/Marken:
Newcastle Brown Ale, in Großbritannien das beliebteste Ale in Flaschen, 4,7 % vol.; *Strong Suffolk,* in Holzfässern gelagert, 6 % vol.; *Old Speckled Hen,* nicht nach einem Huhn, sondern nach einem MG-Auto benannt, ideale Trinktemperatur 10 bis 12 °C, 5,2 % vol.; *Spitfire* entspricht dem Deutschen Reinheitsgebot, 4,7 % vol.; *St. Andrews Ale,* weiches Ale aus der ältesten schottischen Brauerei, 5 % vol.

GETRÄNKE & SPIRITUOSEN

Mexikanisches Corona

Irisches Guinness

Bier aus Frankreich
Die Franzosen trinken nicht nur gern Wein, sondern auch sehr gern Bier. Die meisten Brauereien liegen im Norden des Landes, und die Biere sind vielfach stark von deutscher und belgischer Brauart beeinflusst. Doch es kommen auch typisch französische Biere auf den Markt.
Sorten/Marken:
Adelscott, wie Whisky gebraut, rauchiger Geschmack; *Jenlain,* bekanntestes „Bière de garde", würzig-süß mit Vanille und Anisnote, 6 % vol.; *Kronenbourg,* fruchtig, leicht klebrig; *Saint Druon de Sebourg,* frische Weizennote, in Champagnerflaschen abgefüllt; *Pelforth Brune,* ähnlich wie Bockbier, 6,5 % vol.

Bier aus Indien
Sorte/Marke:
Kingfisher, weiches Lagerbier, 4,8 % vol.

Bier aus Irland
Irland und Bier – das gehört zusammen. Nur sieben Brauereien versorgen die bierfreudige Bevölkerung ebenso wie die Touristen, und *Guinness* ist ein Nationalgetränk (genau wie Whiskey).
Sorten/Marken:
Guinness, Stout, samtschwarz, typischer Charakter, weißer, cremiger Schaum, 4,2 % vol.; *Beamish Stout,* tiefschwarz, cremig, vollmundig, weniger bitter als andere Stouts, 4,2 % vol.; *Kilkenny,* rot-golden, mit Karamell- und Lakritz-Note, 4,2 % vol.; *Murphey's Irish Stout,* schwarz, samtweich und bekömmlich, 4,5 % vol.

Bier aus Japan
In Japan gibt es vier Großbrauereien in Asahi, Kirin, Sapporo und Suntori.
Sorten/Marken:
Asahi Super Dry, nicht bitter, fast trocken; *Ginga Kogen Pils* und *Ginga Kogen Stout; Kirin Beer,* untergärig, hell, leicht, süffig, 4,8 % vol.; *Morio Iwate,* Altbier; Sapporo-Bier, malzig, würzig, angenehm bitter, 5,0 % vol.

Bier aus Mexiko
Sorten/Marken:
Corona, Kult-Produkt in der farblosen Flasche, hell, mild; *Sol,* spritzig; *Dos Equis Hell,* entspricht einem vollmundigen *Wiener Lager,* 4,8 % vol.

Bier aus Neuseeland
In Neuseeland ist Bier das beliebteste alkoholische Getränk. Es wird traditionell mit so wenig Schaum wie möglich und sehr kalt konsumiert.
Sorten/Marken:
Steinlager Premium Lager, nach dem Deutschen Reinheitsgebot gebraut, 5 % vol.; *Black Beer,* aus fünf verschiedenen Malzen gebraut, klar, dunkel, Schokoladenaroma, 5,5 % vol.; *Celtic Red,* nach irischem Vorbild gebraut, tiefrot, erfrischend, 4,4 % vol.

Bier aus den Niederlanden
Aus dem größten Bier-Exportland Europas kommen vorwiegend Biere, die nach Pilsener Art gebraut sind.
Sorten/Marken:
Heineken, mildes Pils mit leichtem Bitterton, gibt es überall auf der Welt, wird in Deutschland auch nach dem Reinheitsgebot gebraut; *Grolsch,* leicht und spritzig; *Christoffel blond,* doppelt gehopft, naturtrüb, herb, 5,5 % vol.; *Hobbs,* herb, würzig, 5 % vol.; *Alfen Edel-Pils,* mild, süßlich, 5 % vol.; *Amstel,* Standard-Bier in Holland.

Bier aus Österreich
Im Nachbarland Österreich gibt es viele Brauereien, und entsprechend umfangreich ist das Bier-Angebot in allen Kategorien.
Sorten/Marken:
Kaiser-Bier, hell und dunkel; *Samichlaus-Bier,* stärkstes Bier aller Zeiten, 32 % Stammwürze und 14 % vol., nach dem Deutschen Reinheitsgebot gebraut.

Bier aus der Schweiz

149 Brauereien produzieren neben „normalem" Bier eine Reihe von echten Spezialitäten.
Sorten/Marken:
Aus dem Kanton Appenzell kommen *Hanfbier* (naturtrüb, 5,2 % vol.), *Vollmondbier* (aus biologischen Rohstoffen in einer Vollmondnacht gebraut, 5,2 % vol.) und *Bio-Bier* (naturtrüb, Rohstoffe aus biologischem Anbau, 4,8 % vol.); *Klosterbräu* (gelbbraun, edeltrüb, bitter, angenehme Hefenote, 4,8 % vol.); *Samichlaus-Bier* (Starkbier).

Bier aus Singapur

Sorten/Marken:
Tiger-Beer, frischer Geschmack, 5 % vol.

Bier aus Spanien

Sorten/Marken:
Cruzcampo aus Sevilla, 4,8 % vol.; *San Miguel,* mildes Pils, 4,7 % vol.

Bier aus Tschechien

Bier ist das Nationalgetränk der Tschechen. Hergestellt wird vor allem untergäriges dunkles sowie helles Bier.
Sorten/Marken:
Pilsener Urquell, goldblond, klar, leicht bitter, sehr bekömmlich, ca. 5 % vol.; *Budweiser,* helles, goldgelbes Lagerbier, feinherber Geschmack; *Gambrinus,* wie Pilsener Urquell gebraut; *Radegast,* golden, malzig, leichtes Hopfenaroma, 5 % vol.; *Staropramen,* tiefgolden, vollmundig, würzig-mild, nach Pilsener Art gebraut, 5 % vol.

Im Rathaus von Pilsen kann man eine Sitzbank besichtigen, die früher zur Qualitätsprüfung von Pilsener Urquell verwendet wurde. Man schüttete Bier auf die Bank, hieß den Brauer Platz nehmen und so lange sitzen bleiben, bis die Stelle getrocknet war. Klebte die Hose beim Aufstehen nicht fest, wurde das Bier für zu schwach befunden und der Brauer mit Stockhieben bestraft.

Bier aus der Türkei

Muslimische Länder haben nicht unbedingt eine Biertradition, doch in der Türkei gibt es Brauereien und Mälzereien.
Sorte/Marke:
Efes Pilsener, bei deutschen Türkei-Urlaubern sehr beliebt, 5 % vol.

Bier aus den USA

Die Biere in den USA haben vorwiegend europäische Wurzeln. Das riesige Angebot umfasst oft auch recht exotische Spezialitäten. Einige US-Biere sind inzwischen auch auf dem deutschen Markt zu bekommen.
Sorten/Marken:
Michelob, aus der größten Brauerei der Welt Anheuser-Busch, während des Gärungsprozesses werden Buchenholzspäne zugesetzt, eingebrauter Reis ergibt einen feinen, süffigen Geschmack, 5 % vol.; *Budweiser* (Bud), ebenfalls von Anheuser-Busch, ist das bekannteste US-Bier. *Samuel Adams,* erstes amerikanisches Bier nach Deutschem Reinheitsgebot, 5,0 % vol.; *Miller Genuine Draft,* Lagerbier, kalt gefiltert, schwach gehopft, erfrischender Geschmack; *The Raven,* aromatisch gehopft, bernsteinfarben, 5,5 % vol.

Bier-Mixgetränke

Sie erfreuen sich großer Beliebtheit vor allem bei jungen Leuten. Bier-Mixgetränke enthalten häufig weniger Alkohol und schmecken nicht so bitter wie pures Bier. Vor allem im Sommer werden die Produkte als angenehm erfrischend empfunden.

Die Idee, Bier mit anderen Flüssigkeiten zu mischen, ist keineswegs neu. Die „Berliner Weiße mit Schuss" (oder „mit Jefühl", wie die Berliner sagen) gibt es schließlich schon seit undenklichen Zeiten. 1922 kreierte der Wirt Franz Xaver Kugler der Legende nach aus der Not das „Radler". Eines Tages gingen seine Biervorräte zu Neige, doch besaß er noch genügend Limonade. Die kippte er ins Bier und verkaufte dieses erfrischende Getränk an durstige Radfahrer.

Heute muss man sich Bier-Mixgetränke nicht mehr selber mischen, sondern bekommt sie fix und fertig im Handel – und zwar in den unterschiedlichsten Geschmacksrichtungen. Ein Klassiker ist **Bier mit Cola,** meist im Verhältnis 50:50 gemischt. Biere von Pils über Weizen bis Bock können die Basis bilden. Gelegentlich wird mit Zitronengras oder Drachenfrucht (mildsäuerliche Kaktusfrucht) gewürzt. Für **Bier mit Zitronenlimonade** (zum Beispiel „Radler" oder „Alsterwasser") wird gern Pils verwendet. Der Mix schmeckt aber auch mit Starkbier, und für Autofahrer gibt es die Mischung mit alkoholfreiem Bier. Teilweise enthalten die Produkte natürliche Aromastoffe.

Offenbar kann man alles ins Bier schütten – nicht nur die verschiedensten Limonaden und Fruchtsäfte, sondern auch Spirituosen wie Rum, Wodka oder Tequila. In diesem Fall steigt der Alkoholgehalt des Getränks. Trend-Produkte werden oft mit sogenannten Energy-Zutaten aufgepeppt. Üblich sind beispielsweise Ginseng (Wurzel eines asiatischen Araliengewächses), Damiana (angeblich aphrodisierende Blätter eines mexikanischen Strauchs), Guarana (Frucht einer Lianenpflanze aus dem Amazonasgebiet), Taurin (organische Säure) und Farbstoffe.

GETRÄNKE & SPIRITUOSEN

Wein

„Es sind die Wissbegierigen, die den meisten Genuss am Wein haben. Das Schönste an der Sache ist ja die Abwechslung: Man könnte ein ganzes Leben lang jeden Tag einen anderen Wein probieren und würde doch immer noch dazulernen."

Hugh Johnson

Die Welt des Weins ist eine unerschöpfliche, sich ständig verändernde Welt. Jeder Jahrgang ist anders, weil jede Traube, jeder Boden, jedes Klima und jeder Reifungsprozess jedes Jahr anders ist. Ganz zu schweigen von ständig neuen Verordnungen, neuen Winzern, neuen Produktionsmethoden und Qualitäten im Zeichen der Globalisierung. Dies sind Gründe dafür, dass für jedes Jahr neue Weinführer aufgelegt werden.

Herstellung

Die einfachste Form, Wein herzustellen, besteht darin, Trauben auszupressen und abzuwarten, bis sich der Zucker in Alkohol verwandelt hat. Diese Umwandlung in Alkohol nennt man Gärung. Danach muss man nur noch Saft und Schalen voneinander trennen, was man Keltern nennt.

Die Kunst, einen guten Wein zu produzieren, verlangt natürlich mehr. Sie besteht darin, gute Trauben zu verwenden, sie sorgfältig zu behandeln, absolute Hygiene walten zu lassen und den Rebensaft richtig zu lagern. In Deutschland erfolgt die Traubenernte von September bis November. Die Trauben werden in einer Mühle vorsichtig gequetscht, dabei entsteht eine Maische, die man keltert, das heißt presst, um Most zu gewinnen. Aus gelben und grünen Trauben wird Weißwein, aus roten und blauen Rotwein. Die Farbe ist einer der Hauptunterschiede zwischen Rot- und Weißwein und verlangt daher auch unterschiedliche Herstellungsmethoden. Während beim Rotwein Farbe und Aroma aus den Beerenschalen gewonnen werden, sollen die hellen Beerenhäute keine Farbe an den Saft abgeben und das natürliche frische Aroma der Trauben soll erhalten bleiben. Aus diesem Grund wird bei der Herstellung von Weißwein der Most sofort nach der Pressung von den Rückständen, dem Trester, getrennt, noch bevor die Gärung beginnt. Es gibt aber inzwischen Verfahren, bei denen man auch aus blauen Trauben Weißwein (blanc de noir) herstellen kann.

Gärung

Für die Herstellung von *Weißwein* wird der Rohmost gefiltert und weitgehend sich selbst überlassen. Hefen aus den Traubenschalen, die im Most verbleiben, wandeln den Zucker im Most in Alkohol um. Dies alles geschieht bei genau kontrollierter Temperatur in riesigen Stahltanks. Für die Produktion körperreicher Weine setzt man dem Most während der Gärung Eichenholzspäne zu oder lässt ihn in Holzfässern gären.

Da die natürliche Gärung vielen Unwägbarkeiten unterworfen ist, werden die meisten Moste mit Reinzuchthefen versetzt, die einen sauber vergorenen Wein garantieren.

Rotweine werden in der Regel vergoren, bevor man den Most durch Pressen abtrennt. Je nach Weinsorte und Süße der Trauben wird die Gärung nach einer gewissen Zeit gestoppt, um so eine bestimmte Restsüße im Wein zu erzielen. Für lieblichen Wein muss also der Gärungsprozess abgebrochen oder süßer Most zugefügt werden. Selten tritt der Fall auf, dass die verwendeten Trauben so süß sind und der Zuckergehalt so hoch ist, dass die Hefe sozusagen erstickt und nicht aller Zucker vergoren werden kann. Auch dann bleibt eine Restsüße im Wein.

Ausbau

Nicht alle Weine werden im Fass ausgebaut. Besonders teurere Weine lässt man im Fass reifen, um einen volleren Geschmack zu erzielen. Nachdem sich die groben Trübstoffe abgesetzt haben, wird der Wein „abgestochen". Die geklärte Flüssigkeit wird abgelassen und der Jungwein umgefüllt. Weine, die länger lagern, werden alle paar Monate, wenn sich wieder Bodensatz gebildet hat, in ein anderes Fass umgefüllt.

Eine Besonderheit sind Barrique-Fässer. Es handelt sich hierbei um kleinere Eichenfässer aus Bordeaux (exakt 225 Liter), deren Holz geröstet wird. Beim Barrique-Ausbau gelangen Röstaromen und zusätzliche Tannine in den Wein und geben dem Wein den typischen Barrique-Geschmack.

Anreichern

Anreichern oder Aufbessern nennt man die Zuckerzugabe zum Most, um den Alkoholgehalt zu erhöhen. Der Wein wird dadurch aber nicht gesüßt. Dieser Vorgang ist durch eine EU-Verordnung geregelt. Viele Winzer reichern ihre Weine an, wenn die Trauben zu wenig Sonne abbekommen haben und daher zuckerarm sind.

Korken

Naturkorken werden aus der Korkeiche, die fast nur auf der iberischen Halbinsel wächst, gewonnen. Sie werden direkt aus der abgeschälten Rinde ausgestanzt. Die Korkgewinnung ist inzwischen schwierig geworden, zumal es 40 Jahre dauert, bis die Rinde das erste Mal abgeschält werden kann. Danach wächst sie neun bis 14 Jahre weiter, bis die nächste Schicht dick genug ist. Da der Weinverbrauch in den letzten Jahren stark angestiegen ist, wird Naturkork knapp. Außerdem besteht bei Naturkorken die Gefahr von Korkschmeckern. Viele Hersteller sind daher auf Kunststoffkorken und Schraubverschlüsse ausgewichen, die den Wein aber ebenso gut – manche behaupten sogar besser – in der Flasche reifen lassen wie Naturkorken. Auch mit Glasverschlüssen wird experimentiert, die allerdings in der Herstellung teurer sind.

Gute Naturkorken sind elastisch und haben keine Falten oder Risse. Nach dem Ausstanzen werden sie im heißen Wasser oder im Dampf erhitzt und mit einer Korkmaschine in die Flasche gepresst. Der aufgedruckte Korkbrand ist kein Gütesiegel, sondern gibt nur den Namen des Abfüllers an.

Der Sommelier

Der Sommelier nannte sich früher Mundschenk. Er oder sie gehört heute zum Personal jedes guten Restaurants und berät Inhaber und Gäste über das Weinangebot. Natürlich empfiehlt ein Sommelier auch den passenden Wein zur Speisenfolge und meist pflegt er auch den hauseigenen Weinbestand. In den Weinkellern guter Restaurants lagert oft ein Vermögen, für das ein Sommelier oder eine Sommelière die Verantwortung trägt. Um Sommelier zu werden, ist eine Ausbildung in der Gastronomie Voraussetzung, erst danach kann eine Fachausbildung zum Sommelier erfolgen. In Deutschland gibt es nur wenige Einrichtungen, die Sommeliers ausbilden. Die Auszubildenden lernen, Gerüche zu erkennen und Geschmack zu beschreiben. Denn die Aromenvielfalt der Weine ist nahezu unerschöpflich. Wein durch Worte und Farben zum ganzheitlichen sinnlichen Erlebnis zu machen und dadurch den passenden Tropfen für jeden Gast zu finden, ist die große Kunst der Weinfachleute. Neben sensorischen und weinkundlichen Feinheiten werden in der Ausbildung auch kaufmännische Grundlagen und rhetorische Fähigkeiten vermittelt.

Degustation

Im Allgemeinen wird unter einer Degustation das Prüfen und Beurteilen von Lebensmitteln in jeglicher Form in Bezug auf Geruch und Geschmack durch Verkosten bzw. Genuss – das heißt Essen oder Trinken – verstanden. In Zusammenhang mit Wein bedeutet es eine sensorische Prüfung mit beschreibender Erklärung der Geruchs- und Geschmackseindrücke nach festgelegten Regeln und Kriterien. Das klingt leichter als es ist. Wein-Degustation, wenn man sie richtig macht, ist eine Wissenschaft für sich. Es gibt eine Vielzahl von Kriterien, die den Gesamteindruck eines Weines ausmachen. Der Anblick, der Geruch, der Geschmack, die Farbtönung in Nuancen, ob undurchsichtig, hellgolden, tiefgelb usw. Dann die Beschreibung des Wein-Charakters – die Säure, der Kohlensäuregehalt (die Spritzigkeit), die Süße, die Bitterkeit, der Rückgeruch, der Körper und die unzähligen Aromen: Ist der Wein balsamisch, holzig, würzig, eher aufdringlich im Geruch, intensiv oder eher verhalten? Hat er eher tierische oder blumige Noten? Ist er harmonisch? Zu säurearm?, zu bitter?, zu schwach? Wie ist sein Charakter? Charmant? Ehrlich?

Zu dem theoretischen Wissen erfordert eine Degustation auch, dass der Koster gewisse physische Voraussetzungen mitbringt, wie zum Beispiel: klarer Kopf, ausgeruhter Zustand, neutraler Gaumen. Die Verkostung sollte auch in einem entsprechenden Ambiente stattfinden: in guter Luft, bei sanftem Licht und auf weißem Tischtuch. Das optimale Glas ist ein weißes, genormtes Glas. Es wird mit 40 bis 50 ml Wein gefüllt.

Weißwein

Rosé

Rotwein

GETRÄNKE & SPIRITUOSEN

Die klassischen Reben

Weiße Reben

Chardonnay
Die weltweit wichtigste Weißweinrebe der Burgunderfamilie gedeiht unter verschiedensten Klimabedingungen. Sie ist in fast allen Weinbauländern der Welt beheimatet. Das berühmteste Anbaugebiet ist Burgund. In Deutschland erst seit 1991 offiziell zugelassen, heute vor allem in Baden und der Pfalz verbreitet. Chardonnay ist von blasser bis goldgelber Farbe. Seine Aromen assoziieren mit Melone, Nüssen, Butter, Pfirsich, Toast. Er hat eine breite, gefällige Art und eignet sich gut zum Ausbau im Barrique. Sehr populär in Kalifornien.

Furmint
Der Furmint stammt entweder aus Kroatien oder Ungarn und ist der Hauptbestandteil des Tokajer. Die Sorte verlangt allerbeste Lagen und braucht warme, trockene Böden. Weil in besten Lagen die Mostgewichte bei ebenfalls beachtlichen Säurewerten hoch sind, ergeben sich alkoholreiche, rassige Weine mit intensivem Bukett und großer Lagerfähigkeit.

Gewürztraminer
Er ist überwiegend in Frankreich, insbesondere im Elsass verbreitet, in Deutschland hauptsächlich in der Pfalz, in Baden und an Saale-Unstrut. Tramin in Südtirol erhebt den Anspruch, „die Heimat des Gewürztraminers" zu sein. Von goldgelber Farbe und mit den exotischen Aromen Rosenblüte, Akazienhonig, Orangenmarmelade, Vanille ausgestattet, hat dieser gehaltvolle Wein einen hohen Alkohol- und geringen Säuregehalt.

Grauburgunder/Ruländer/Pinot gris
Neben Italien liegen die Hauptanbaugebiete in Deutschland. Hier vor allem in Baden, Rheinhessen, in der Pfalz und an der Nahe. Der Grauburgunder ist eine Mutation aus dem Spätburgunder. Die Traubenreife verläuft ähnlich. Grauburgunder ist blassgelb mit Grünstich bis goldgelb. Seine Aromen sind Birne, Honig, Ananas, Grapefruit, Liebstöckel, grüne Bohne. Je nach Erntezeitpunkt und Reifegrad schmecken die Weine leicht und spritzig oder etwas ölig. Sie eignen sich gut zum Ausbau im Barrique.

Grüner Veltliner
Eine in Österreich stark verbreitete Weißweinsorte. Im Weinviertel nimmt sie zwischen 70 und 80 Prozent der Anbaufläche ein. Die Weine sind köstlich, rassig und frisch und von Kennern besonders wegen ihrer pfeffrigen Note geschätzt. Die besten ihrer Art kommen aus der Wachau.

Kerner
Gilt als Verwandter des Rieslings und wird in allen Qualitätsstufen angeboten und entsprechend ausgebaut. So gibt es den kernigen Schoppenwein genauso wie die Spätlese, teilweise auch Sekt, meist in der Geschmacksrichtung (extra-)trocken. Farblich bewegt sich der Kerner meist zwischen hellgelb und strohgelb. Das Bukett ist etwas aromatischer als beim Riesling, er ist säurebetont, feinaromatisch und fruchtig (Birne, Orangenkonfitüre, Grüner Apfel, Johannisbeere, Aprikose, Eisbonbon) und manchmal mit einem leichten Muskatton versehen.

Moriomuskat
Die Traube hat ihren Namen wegen ihres dezenten bis kräftigen Muskattons. Sie wird oft mit Silvaner zu frischem Qualitätswein verschnitten. Moriomuskat ist eine Züchtung von Peter Morio, 1928, aus Silvaner und Weißburgunder. Bei Vollreife ist dieser Wein goldgelb und hat einen vollmundigen Geschmack.

🖊 Biowein ist am gesündesten

Die Deutsche Gesellschaft für Umwelt- und Humantoxologie (DGUHT) hat festgestellt, dass bei organisch erzeugten Weinen durch eine natürliche Nährstoffversorgung, nachhaltige Bewirtschaftung und Arbeiten nach dem Mondkalender viele sekundäre Pflanzenstoffe erhalten bleiben, die wiederum die Abwehrkräfte z. B. gegen vorzeitige Alterung, Allergien, Überempfindlichkeiten, Herz-Kreislauferkrankungen, Krebs u. v. m. stärken.

Bioweine sind trotz des Trends zu Bio-Produkten als klassische Nischenprodukte anzusehen. Ein Marktanteil von vier Prozent scheint realistisch zu sein. Nach Einschätzung der Forschungsanstalt Geisenheim kann mit einem Gesamtmarktvolumen von 50 bis 60 Millionen Liter Biowein in Deutschland gerechnet werden, der gegenwärtig höchstens zu 50 % ausgeschöpft ist.

Woran erkennt man, dass ein Weinberg ökologisch bewirtschaftet wird? Zwischen den Rebstöcken wachsen Blütenpflanzen, Leguminosen, Kräuter, die die Funktion des natürlichen Pflanzenschutzes und der natürlichen Düngung haben. Leguminosen bringen auf natürlichem Weg Luftstickstoff in den Boden. Kräuter und Blütenpflanzen locken Nützlinge an. Inzwischen werden auch Gräser zwischen den Weinreben angepflanzt.

Konsumgewohnheiten

In den europäischen Ländern wird unterschiedlich häufig Alkohol getrunken. Im Europa-Durchschnitt ist Alkohol bei einem Drittel der Bevölkerung tabu, in den USA liegt die Zahl der Abstinenzler etwas höher. Nur 18 Prozent der Deutschen enthalten sich generell des Alkohols (GfK-Studie 2008). In Italien und Portugal sind es jeweils etwa 50 Prozent. Noch weniger Menschen als in Deutschland, die komplett auf Alkohol verzichten, gibt es in den Niederlanden (15 Prozent), in Griechenland und Schweden (jeweils 14 Prozent).

Müller-Thurgau

Die Kreuzung aus Riesling und Silvaner wird auch Rivaner genannt und wurde von Hermann Müller aus Thurgau entwickelt (1882). Es gibt aber auch Vermutungen, dass der Müller Thurgau das Resultat einer Selbstung ist. Neben dem Riesling ist Müller-Thurgau die häufigste Rebsorte in Deutschland, vor allem in Rheinhessen, Baden, in der Pfalz, an Mosel-Saar-Ruwer, in Franken, an der Nahe, an Saale-Unstrut, in Sachsen und an der Hessischen Bergstraße. Er ist blass bis hellgelb und mit den Aromen grüner Apfel, Zitrone, Muskat, grüne Paprika, Geranie ausgestattet. Er ist mild im Geschmack, und weist eine milde Säure bei leichtem bis mittelkräftigem Körper auf.

Riesling

Die wohl feinste und komplexeste Weißweinsorte der Welt bringt ihren Charakter und ihre Aromen vor allem in kühlen und gemäßigten Klimazonen zur Geltung. Der Riesling ähnelt dem Cabernet-Sauvignon. Hoch geschätzt wird die Kombination von erfrischender Säure und köstlicher Süße. Riesling ist eine typisch deutsche Traube. Und wird vor allem an Mosel-Saar-Ruwer, in der Pfalz, im Rheingau, am Mittelrhein und an der Hessischen Bergstraße angebaut. Aus Riesling lassen sich je nach Klima, Lage und Ausbau sehr unterschiedliche Weine erzeugen. Das Spektrum reicht vom knackigen, leichten Wein, wie er an Mosel-Saar-Ruwer einzigartig ist, über die üppigen, trockenen Rieslinge etwa aus der Pfalz bis zu feinsten edelsüßen Gewächsen. Besonders edel sind Rieslinge aus dem Rheingau. Riesling ist von blasser Farbe mit Grünstich bis goldgelb. Die Aromenpalette ist vielfältig und reicht von Apfel, Grapefruit, Pfirsich, Aprikose, Quitte über Ananas, Mango bis zu Kräutern. Ebenso vielfältig ist sein Geschmack: rassige Säure verbindet sich mit leichtem bis kräftigem Körper.

Sauvignon blanc

Wurde ursprünglich vor allem im Bordeaux angebaut und produziert. Sauvignon blanc kann als trockener Wein zum Entre-deux-mers oder Sancerre und Pouilly-Fumé ausgebaut werden. Heute wird die Traube auch in den Regionen Friaul und Südtirol (Italien), Steiermark (Österreich), Vipava (Slowenien) und Rueda (Spanien), aber auch in Übersee, in Kalifornien, Chile, Australien, Südafrika und vor allem in Neuseeland verarbeitet. Sie ist eine der 20 am häufigsten angebauten Rebsorten.

Auch deutsche Winzer in den Anbaugebieten Baden, Pfalz, Rheinhessen und Württemberg setzen verstärkt auf die Rebsorte. Der Sauvignon blanc präsentiert sich von blassem Strohgelb bis mittlerem Goldgelb. Seine Aromen sind überwiegend: schwarze Johannisbeere, Stachelbeere, Grapefruit, Ananas, Rhabarber, Kräuter. Ein charakteristischer Wein mit ansprechender Säure und leichtem bis mittlerem Körper.

Scheurebe

Die Scheurebe ist eine deutsche Züchtung und wird in Rheinhessen, Pfalz, Nahe, Franken und Baden angebaut. Aus Grünem Silvaner und Weißem Riesling hat Georg Scheu 1916 diese Rebe gekreuzt. Die Scheurebe reift spät und beansprucht gute Lagen. Sie ist hell- bis goldgelb, und die Aromen schwarze Johannisbeere, Maracuja, Pfirsich, Mango und Grapefruit verleihen ihr eine rassige Fruchtsäure und einen mittleren bis vollen Körper.

Silvaner

Diese Rebe stammt wahrscheinlich aus Österreich und ist heute vor allem in Rheinhessen, Franken, Nahe, Saale-Unstrut verbreitet. Von blasser Farbe, hat der Wein die Aromen Stachelbeere, Quitte, Karamell, Heu und gilt wegen seiner milden bis feinrassigen Säure als leichter bis kräftiger Körper.

Trebbiano

Sie ist mengenmäßig die Weißweinrebe Nummer eins in Italien und steht für leichte, bekömmliche, frische Weine, die ungeübte Gaumen nicht vor Komplikationen stellen.

Weißburgunder

In Frankreich ist diese Rebe als Pinot blanc bekannt und vor allem im Elsass verbreitet. Der deutsche Weißburgunder hat aber in der Regel größere Beeren. In Deutschland wird Weißburgunder vor allem in Baden und in der Pfalz angebaut. Für den Ausbau im Barrique ist diese Rebe besonders geeignet. Der blasse bis hellgelbe Wein hat die Aromen Banane, Aprikose, Karamell, Zitrone, grüne Bohne, Heu. Im Geschmack ist Weißburgunder von feinrassiger Säure mit mittlerem bis kräftigem Körper.

Wein im Handel

Auf dem deutschen Markt hat sich nach Informationen des Deutschen Weininstituts der Absatz deutscher Weine im Jahr 2013 nach der schlechten Ernte im Jahr 2012 wieder erholt. Die deutschen Anbieter blieben mit einem Anteil von 46 % an den verkauften Weinmengen und 52 % am Gesamtumsatz von Wein mit großem Abstand Marktführer.

Pro Kopf tranken die Bundesbürger 21,1 Liter. Insgesamt wurden im Jahr 2013 17 Millionen Hektoliter in- und ausländische Stillweine abgesetzt. Bei ausländischen Weinen liegen Italien mit 14,5 % und Frankreich mit 14,6 % Anteil am Markt etwa auf gleicher Höhe, an dritter Stelle folgt Spanien mit 8,8 % Marktanteil.

Weine aus Nord- und Südamerika legten weiter zu und erreichten einen Marktanteil von 11,6 %.

Der Lebensmittelhandel bleibt mit 73 % Marktanteil die wichtigste Vertriebsschiene in Deutschland. Die Hauptrolle spielen dabei die Discounter.

GETRÄNKE & SPIRITUOSEN

Rote Reben

Barbera
Sie ist eine der wichtigsten und häufigsten italienischen Rebsorten und war lange als recht durchschnittliche Rebsorte bekannt. Inzwischen ist sie aufgewertet worden und aus dem Piemont kommen sogar sehr hochwertige Weine, wie der Barbera d'Asti, Barbera del Monferrato und Barbera d'Alba. Für diese Weine werden weltweit wieder höchste Preise gezahlt. Das zweite wichtige Anbaugebiet in Italien ist die Lombardei. Barbera-Weine gelten als kraftvoll, mit ausgeprägten Pflaumen-Aromen, geringem Tannin mit vollem „Körper" und einer tief-rubinroten Farbe. Ihren „Körper", also ihre kräftige Säure behalten sie auch bei Aufwuchs in heißem Klima, selbst, wo sie auf bis zu 14 % Alkohol kommen.

Blauer Spätburgunder
Heißt in Frankreich Pinot Noir. Hauptanbaugebiet ist das Burgund. In Deutschland wird die Rebe vor allem an der Ahr, in Baden, im Rheingau und in der Pfalz angebaut. Die Sorte braucht im gemäßigten Klima Zeit zur Reife, bringt jedoch in guten Jahren herausragende Weine mit Kraft und Fülle hervor. Der Wein ist ziegel- bis tiefrot und hat bisweilen ein Brombeer-, Waldbeer-, Himbeer-Aroma, schmeckt zeitweise aber auch rauchig und ledrig. Die Weine sind samtig im Geschmack mit feiner Säure und gehaltvollem Körper.

Cabernet Sauvignon
Eine klassische Rotweintraube, die aus dem Bordeaux stammt, sich von dort aber in der ganzen Welt verbreitet hat. In ihrer Jugend schmeckt die Sorte fruchtig, rau, im Laufe ihrer Alterung bilden sich feine Röstaromen, Aromen von schwarzen Beeren, die bisweilen an Lakritze erinnern. Der Cabernet wird oft 15 bis 30 Monate in neuen oder alten Eichenfässern gereift.

Dornfelder
Besonders in Deutschland hat der Dornfelder viele Freunde gewonnen. Er ergibt dunkelrote, duftige, fruchtige Weine, deswegen wird er teilweise zur Farbverbesserung mit blassen Rotweinen verschnitten. Meist wird er jedoch sortenrein verarbeitet.

Grenache Noir
Die rote Rebsorte stammt vermutlich aus der nordspanischen Provinz Aragón, von wo sie sich über die Pyrenäen unter dem Namen Grenache Noir in das französische Languedoc-Roussillon und in das Rhônetal verbreitete. Die größten Rebflächen liegen im Rhônetal, dort ist sie Hauptsorte des Châteauneuf-du-Pape. Die Grenache-Traube liefert Weine unterschiedlichster Stilrichtungen, was von Ernteertrag und Ausbau abhängt. Ein leichter Grenache wird preiswerter sein als ein kräftiger.

Lemberger
(in Österreich Blaufränkisch). Gehaltvolle, samtige, rassige Weine mit ausgeprägtem Bukett, die in Deutschland vor allem in Baden-Württemberg angebaut werden.

Merlot
Eine gängige Traube, die hauptsächlich in Frankreich (Bordeaux), in Italien (Veneto, Friaul, Latium), Südamerika, Südafrika und Australien verbreitet ist. Auch in Deutschland ist sie mittlerweile zugelassen. Die dunkelrote Traube ist füllig, üppig im Geschmack und hat einen geringen Säuregehalt.

Nebbiolo
Diese italienische Rotweintraube ergibt rubinrote, trockene, kernige, körperreiche Weine mit zartem Veilchenduft. Im Piemont werden aus der Nebbiolorebe der Barbaresco und der Spitzenwein Barolo gekeltert.

Weinstein

Kristalle im Wein sind weder schädlich noch sind sie ein Zeichen mangelnder Qualität – ganz im Gegenteil. Sie sind ein Zeichen für einen hohen Gehalt an Mineralien. Am häufigsten jedoch finden sie sich bei älteren, wertvollen Weinen, also bei Auslesen, Beerenauslesen und Trockenbeerenauslesen. Bei ihnen sind die Kristalle am Korkspiegel oder an der Flaschenwand das Kennzeichen langer Lagerung. Der Fachmann spricht hier vom „Altersweinstein", den man an den größeren Kristallen erkennt, die sich erst nach und nach bilden. Woher kommt Weinstein? Je reifer die Trauben sind, desto größer ist ihr Gehalt an Weinsäure und Mineralien. Treffen Mineralien und Weinsäure aufeinander, kann sich Weinstein bilden. Diese Kristalle lösen sich nicht im Wein, sondern sie fallen aus – an der Flaschenwand, am Boden, am Korken oder bereits im Fass.
Weinstein hat keinen Einfluss auf die Qualität eines Weines. Je langsamer und länger die Gärung, desto weniger Weinstein bildet sich im Fass – und umso eher später in der Flasche. Also kann Weinstein in der Flasche ein Zeichen für die gute Arbeit des Winzers und die Qualität des Weins sein.

Portugieser

Von Österreich aus ist diese Sorte nach Deutschland gelangt und vor allem in der Pfalz und in Rheinhessen verbreitet. Sie ist hellrot und hat eine frische Säure bei leichtem Körper. Portugieser wird häufig als Weißherbst ausgebaut.

Syrah, auch Shiraz

Die Syrah-Traube gedeiht gut in verschiedenen Lagen und ist deshalb immens verbreitet. Die reichen, haltbaren Weine haben ein majestätisches Rot und komplexe Aromen von Pfeffer und Gewürzen über schwarzen Beeren, Leder, gerösteten Nüssen bis hin zu weichen, angenehmen Tanninen. In Südfrankreich wird Syrah häufig im Châteauneuf-du-Pape oder im Languedoc-Roussillon verschnitten. Aber auch aus Amerika und Australien, wo sie Shiraz heißt, kommen hochwertige Weine aus dieser Traube.

Tempranillo

Die rote Rebsorte ist vor allem in Spanien und Portugal weit verbreitet. Sie hat in Spanien eine ähnliche Bedeutung wie der Cabernet Sauvignon in Frankreich und bringt in viele Rotweine Rückgrat ein. Die Trauben haben dickschalige Beeren, die viel Tannin und Gerbstoffe beinhalten. Die fruchtigen Weine sind deshalb lange haltbar, aber eher säurearm. Der Name bedeutet „der Frühe" (temprano = früh) und bezieht sich auf die Eigenschaft der Trauben, sehr früh zu reifen.

Trollinger

Stammt wahrscheinlich aus Südtirol oder dem Trentino. Er wird nahezu ausschließlich in Württemberg, in steilen, sonnigen Berglagen angebaut. Trollinger ist hellrot und hat eine feinrassige Säure und einen mittleren bis kräftigen Körper.

Zinfandel

Diese Rebsorte stammt ursprünglich aus Kroatien und entspricht dem italienischen Primitivo. Einst als White Zinfandel verpönt, kann sie bei knappen Erträgen erstaunlich opulente Weine entstehen lassen, die rebsortenrein die eigenwilligen Eigenschaften deutlich zum Vorschein bringen. Kalifornien ist ein wahrer Tummelplatz für die „Zins", wie die Amerikaner sie liebevoll nennen.

Zweigelt

In Österreich eine der populärsten Rebsorten, in Deutschland in geringen Mengen in Württemberg und an Saale-Unstrut angebaut. Sie ist eine Kreuzung aus Blaufränkisch und St. Laurent, die 1922 Fritz Zweigelt gelungen ist. Zweigelt reift früher als Blaufränkisch und bringt teilweise hohe Erträge. Farbe: hellrot. Geschmack: kräftige Säure mit gehaltvollem Körper.

 Tipp: Welcher Wein zu welchem Essen?

Wer sichergehen will, hält sich an die traditionellen Kombinationen, wie etwa Rotwein zu Lamm und Weißwein zu Fisch oder Rotwein warm, Weißwein gekühlt. Inzwischen werden aber die Grenzen mehr und mehr aufgelöst, und die neuen Köche experimentieren mit neuen Verbindungen und Kombinationen wie zum Beispiel Wein und Schokolade oder Wein und exotische Küche. Auch gekühlter Rotwein ist kein Tabu mehr. Trotzdem hier einige Tipps, die sich bewährt haben.

Waldpilze sind eher anspruchsvoll und ergänzen sich gut mit feinen und milden Aromen, wie sie ein Grauburgunder bieten kann. Der *Steinpilz* dagegen geht eine perfekte geschmackliche Symbiose mit Weißburgunder ein. Die milde Säure bewahrt die Harmonie dieses „schmelzigen" Gerichts. In Butter *geröstete Pilze* vertragen sich gut mit einem herzhaften Tropfen wie z. B. einem Riesling Selection.

Schokolade und Wein galt lange Zeit als ein Tabu. Dabei haben beide viel gemeinsam. Wie beim Wein kann man auch Schokolade nach Farbe, Geruch und Geschmack kategorisieren. Je dunkler, desto höher der Kakaoanteil. Es empfiehlt sich, zunächst den Wein und die Schokolade separat zu probieren. Anschließend lässt man ein kleines Stück Schokolade im Mund anschmelzen, nimmt einen Schluck Wein dazu und lässt sich überraschen. Wie beim Wein sollte auch bei der Schokolade die Serviertemperatur beachtet werden. Bei Zimmertemperatur (20–22 °C) serviert, entfaltet Schokolade ihren Geschmack optimal. Grundsätzlich gilt: Je süßer die Schokolade, desto milder sollte der Wein sein. Üppige, edelsüße Weißweine wie beispielsweise eine Beerenauslese oder gar Trockenbeerenauslese sind optimal. Ebenso gut passen Rotweine. Auch hier gilt: Je höher der Anteil an Kakao ist, desto ausdrucksvoller kann der Wein sein. Zur *Vollmilchschokolade* eignet sich ein eher fruchtig-würziger Rotwein wie der Dornfelder aus der Pfalz oder Rheinhessen. *Bitterschokoladen* in Verbindung mit Wein sind ein Klassiker. *Halbbitter-Schokolade* enthält einen Kakaogehalt von über 65 %, die echte *Bitterschokolade* sogar über 70 %. Der passende Wein dazu sollte dichte und vollmundige Strukturen aufweisen wie ein kräftiger, trockener Lemberger, Dornfelder oder Regent. Auch zu *Haselnuss- und Mandelschokoladen* passen diese Weine sehr gut. Mit *gewürzten Schokoladen* wie Chili oder Ingwer harmonieren Barrique-Weine, die ebenfalls würzige Noten und Röstaromen enthalten.

„Weißwein zu Fisch" galt lange Zeit als unumstößliches Muss. Inzwischen weiß man jedoch, dass **Fisch** auch Rotwein liebt. Je herzhafter der zubereitete Fisch ist, desto delikater darf der Rotwein ausfallen. Gegrillte oder in der Pfanne gebratene *Meerestiere* entwickeln wie Fleisch eigene Röstaromen, die mit leichten fruchtigen Rotweinen harmonieren. Je intensiver die Gewürze (Kräuter, Knoblauch, Zwiebel), um so kräftiger darf der rote Tropfen, zum Beispiel ein Weißherbst, sein. Auch *geräucherter Lachs* mit Spätburgunder geht. Das nächste Tabu wird gebrochen: Ein fruchtiger Rotwein kommuniziert mit dem Fisch besonders gut, wenn man den Wein leicht gekühlt serviert. Allerdings Vorsicht bei *Krustentieren und Muschelgerichten*. Hier stört Rotwein eher. Ausnahmen: *Gegrillte Scampis oder Hummer*. Auf keinen Fall sollte man Rotwein mit *rohem Fisch* (Sushi) kombinieren.

Selbst zu **scharfen Gerichten**, die mit Chili zubereitet sind, wird Wein gereicht. Die Intensität der Aromen erlaubt einen fruchtigen und spritzigen Wein: Riesling, Scheurebe oder auch Grauburgunder passen hier prima. Zu *würzig-salzigen* Mais-Chips hingegen passen eher kernige Rotweine wie Dornfelder oder Lemberger. *Cremige Dips* (Avocado) dagegen (in Texas mit Zwiebeln und Tomaten zubereitet) suchen die Begleitung eines Chardonnays oder Grauburgunders, der kraftvoll, aber mit dezenter Säure auftreten sollte. Zu *dunklen Saucen* mit Fleisch, die oft Schokolade enthalten, passt ein Spätburgunder Barrique mit intensiver Würze. Zu *üppigen Geflügelgerichten* (Erdnuss- oder Mandelsauce) sind kräftige Weißweine gefragt, aber auch fruchtige Rotweine passen prima. Je schärfer das Gericht, um so ausdrucksvoller und gehaltvoller sollte der Wein sein.

GETRÄNKE & SPIRITUOSEN

Deutscher Wein

Weinbau wird in Deutschland auf sehr verschiedenen Bodenarten betrieben. Daher sind deutsche Weine recht vielfältig ausgeprägt. Bodenart und Verwitterungsgrad können auch Inhaltsstoffe, Duft und Geschmack des Weins beeinflussen. Allerdings eignet sich nicht jede Bodenart für jede Rebsorte. Die besten Voraussetzungen für den Weinbau in Deutschland liefern süd- oder südwestexponierte Hänge in geschützten Tälern, wie am Rhein und dessen Nebenflüssen sowie an Elbe, Saale und Unstrut. Die Sonnenbestrahlung ist an den Hanglagen intensiver als in der Ebene. Zudem profitieren die Südhänge von einer längeren Sonnenscheindauer. Deutschland zählt zu den nördlichsten Weinbauländern der Welt. Dass hier überhaupt Weinbau möglich ist, verdanken wir dem warmen Golfstrom. Die hiesigen Klimafaktoren haben für den deutschen Wein ganz spezielle Auswirkungen, sodass die einzelnen Jahrgänge quantitativ und qualitativ stark variieren.

Anbaugebiete

Für Deutschen Wein sind gesetzlich 13 genau bestimmte Anbaugebiete festgelegt:

Die Pfalz: Das traditionsreiche Weinbaugebiet liefert Weine aller Qualitätsstufen für jeden Geschmack.

Rheinhessen: Das größte Gebiet, liefert lieblich-duftige, milde und ausgeglichene Weine. Die süße Liebfrauenmilch (nicht nur aus Worms) hat allerdings viel zu einem nicht unbedingt guten Ruf deutscher Weine beigetragen.

Mosel (früher: Mosel – Saar – Ruwer): Auf Schieferböden wachsen hier vor allem spritzige, leichte Rieslingweine.

Württemberg: Hier wachsen kräftige, frische, mundige weiße, vor allem aber rote Weine.

Baden: Hier werden vor allem Weißweine produziert.

Franken: Aus diesem Gebiet kommen vornehmlich Weißweine mit typischem erdigen Aroma. Charakteristisch ist auch die Flasche der Frankenweine: der Bocksbeutel.

Nahe: Naheweine sind fruchtig, elegant und saftig. Wurde früher vor allem Weißwein angebaut, hat hier der Rotwein an Bedeutung gewonnen.

Rheingau: Fruchtige Eleganz, feine Säure und Reife zeichnen Rheingauweine, vor allem Rieslinge (z. B. Johannisberger) aus.

Ahr: Die Ahr gilt als deutsches Rotweinparadies. Neben der Portugieserrebe wird hier vor allem Blauer Spätburgunder angebaut.

Bergstraße: Entlang der hessischen Bergstraße werden vor allem Riesling und Müller-Thurgau angebaut.

Mittelrhein: Das nördlichste Weinbaugebiet am Rhein erzeugt vor allem Weißweine.

Saale-Unstrut und *Sachsen*: Die beiden nördlichsten deutschen Weinbaugebiete werden vor allem mit früh wachsenden Sorten bepflanzt.

In der EU gibt es im Prinzip nun zwei Kategorien von Weinen:

- Einerseits solche mit ursprungs- oder geographischen Herkunftsbezeichnungen. Die Kategorie umfasst alle Qualitätsweine. Bei der Herkunftsbezeichnung müssen 85 % des Weins aus dem geographischen Bereich stammen, bei geschützter geographischer Angabe 100 %). Die entsprechenden Bezeichnungen lauten DOP, AOP bzw. g.U. und g.g.A. Die bisherigen Bezeichnungen wie DOC, DOCG, AOC, Vin de Pays dürfen jedoch weiter verwendet werden, anstatt oder mit der neuen EU-Bezeichnung.
- Die zweite Kategorie umfasst alle anderen Weine. Sie gelten als Weine ohne Herkunftsbezeichnung. Diese Weine können – müssen aber nicht – mit Jahrgangsangaben und Angaben über die verwendete Rebsorte versehen werden. Für Weine ohne Angabe der Rebsorte werden keine weiteren Qualitätsmerkmale verlangt. Bei der Angabe von Jahrgang und Rebsorte muss zumindest eine Typizität gegeben sein. Aus Deutschland kommen solche Weine unter der Bezeichnung „Wein" in den Handel, die französischen und italienischen Begriffe Vin de table und vino de tavola bleiben.

Güteklassen beim deutschen Wein

In Deutschland gibt es seit August 2009 die Kategorie Tafelwein nicht mehr. Stattdessen werden die Weine unterschieden in solche mit näheren Herkunftsangaben und Weine ohne nähere Herkunftsangaben. Die Weine mit näheren Herkunftsangaben werden differenziert in Weine mit Ursprungsbezeichnung und Weine mit geographischer Angabe.

Einfache Weine dürfen nur noch ohne nähere Herkunftsbezeichnung als „Deutscher Wein" oder etwa „EU-Weinverschnitt" verkauft werden. Im Gegensatz zur bisherigen Regelung sind jedoch Angaben zu Rebsorten und Jahrgang auch bei einfacheren Weinen erlaubt.

Landwein

Die bisherige Tafelweinkategorie „Landwein" wird aufgewertet. Landweingebiete wie „Rheinischer Landwein" sind nun als geschützte geographische Angabe (g. g. A., vgl. Einleitung S. 12) von der EU garantiert. Auch Anbaugebiete wie Franken oder Rheinhessen werden von den engeren geographischen Angaben

---

 Trocken, halbtrocken & lieblich

Man unterscheidet beim Wein drei Hauptgeschmacksrichtungen:
- **Trocken** ist die Bezeichnung für Weine, die fast ganz oder völlig durchgegoren sind, das heißt für Weine mit einem Restzuckergehalt bis höchstens vier Gramm pro Liter, in bestimmten Fällen auch bis zu neun Gramm. Ein trockener Wein ist nicht gleichbedeutend mit sauer. Er enthält eben nur wenig unvergorenen Zucker. Allerdings macht sich bei trockenen Weinen eine höhere Säure eher bemerkbar.
- **Halbtrockene** Weine dürfen bis 12 Gramm Restzucker je Liter aufweisen.
- **Liebliche** Weine weisen einen Restzuckergehalt auf, der den für halbtrocken festgelegten Wert von max. 12 g/l übersteigt, aber höchstens 45 Gramm pro Liter erreicht. Die Angabe süß ist ab 45 Gramm je Liter zulässig.

als geschützte Ursprungsbezeichnung (g. U. vgl. ebenfalls Einleitung) abgesichert. Beim Landwein muss die Landschaft, aus der die Trauben stammen, auf dem Etikett angegeben sein. Er ist stets trocken oder halbtrocken. Landwein darf mit Trockenzuckerung chaptalisiert (gezuckert) werden.

Traditionelle Begriffe

Der Erhalt des deutschen Qualitätsweinsystems wird durch die Anerkennung von „traditionellen Begriffen" gewährleistet. Der traditionelle Begriff ist ein traditionell in den EU-Mitgliedsstaaten verwendeter Name für Erzeugnisse und zeigt an, dass ein Erzeugnis eine geschützte Ursprungsbezeichnung oder geographische Angabe hat, bzw. bezeichnet die Erzeugungs- oder Reifungsmethode oder die Farbe des Erzeugnisses mit g. U. oder g. g. A. sowie die Art des Ortes oder ein besonderes geschichtliches Ereignis im Zusammenhang mit den Weinen.

Deshalb können die Begriffe Qualitätswein und Prädikatswein, ergänzt um die im Folgenden genannten Prädikate weiter verwendet werden, wenn sie die Anforderungen an die Definition einer Ursprungsbezeichnung erfüllen.

Qualitätswein (QbA)

Qualitätsweine sind die größte Gruppe deutscher Weine. Sie müssen zu 100 % aus einem der 13 deutschen Anbaugebiete stammen. Für jeden Qualitätswein sind, unterschiedlich nach Rebsorte und Anbaugebiet, untere Grenzwerte beim natürlichen Alkoholgehalt festgelegt. Qualitätsweine dürfen wie Landweine angereichert (chaptalisiert) werden.

Prädikatswein

Für Qualitätsweine mit Prädikat gelten die höchsten Anforderungen hinsichtlich Sortenart, Reife, Harmonie und Eleganz. Bei diesen Weinen darf kein Zucker zugesetzt werden. Es gibt sechs verschiedene Prädikate, je nach Rebsorte und Anbaugebiet. Dabei gelten in südlicheren Anbaugebieten meist höhere Anforderungen.

Die Prädikate in aufsteigender Reihenfolge

Kabinett: feine, leichte Weine aus reifen Trauben mit geringem Alkoholgehalt.
Spätlese: reife, elegante Weine mit feiner Frucht.
Auslese: edle Weine aus vollreifen Trauben.
Beerenauslese: volle fruchtige Weine aus überreifen, edelfaulen Beeren, der Botrytispilz (Edelfäule) trägt mit zur Qualität bei. Solche Weine können nicht in jedem Weinjahrgang geerntet werden und sind über Jahrzehnte lagerfähig.
Trockenbeerenauslese: aus rosinenartig eingeschrumpften, edelfaulen Beeren gekeltert, ist die Trockenbeerenauslese die Spitze der Qualitätspyramide, süß und honigartig ist sie von extremer Alterungsfähigkeit über viele Jahrzehnte.
Eiswein: aus Trauben, die bei unter minus 7 °C gelesen und gefroren gekeltert werden, sodass nur das Frucht-Konzentrat ausgepresst wird. Diese Spezialität wird am besten aus kleinen Gläsern genossen.

Deutsches Weinsiegel

Mit dem Deutschen Weinsiegel zeichnet die DLG (Deutsche Landwirtschaftsgesellschaft) Weine mit überdurchschnittlicher Qualität aus. Sie wurden von neutralen Testern geprüft und erhielten mindestens die Note gut.

Rotes Siegel	Grünes Siegel	Gelbes Siegel
für liebliche Weine	für halbtrockene Weine	für trockene Weine

Classic und Selection:
Hierbei handelt es sich um zusätzliche Bezeichnungen für gebietstypische deutsche Weine einer Rebsorte, die bestimmten Qualitätsanforderungen (z. B. Alkoholgehalt, Restzucker usw.) entsprechen. Diese Bezeichnungen sind Qualitätsweinen vorbehalten, müssen beantragt werden und werden nach einer Prüfung des Weines vergeben.

Anteile der deutschen Rebsorten

Am meisten wird in Deutschland Weißwein angebaut. Er nimmt einen Anteil von 64 % ein, Rotwein nur 36 %. Die am meisten angebaute Weißweintraube ist der Riesling. Er beansprucht etwa 22 % der gesamten Weinanbaufläche in Deutschland. Weltweit wachsen rund 60 % dieser Sorte in Deutschland. Insgesamt wurden bundesweit über 100 verschiedene Rebsorten angebaut, doch decken die zehn wichtigsten Rebsorten allein mehr als drei Viertel der deutschen Rebfläche ab. Auf Platz 2 liegt der Müller-Thurgau (Rivaner). Es folgen Spätburgunder, Dornfelder, Silvaner, Grauburgunder, Weißburgunder, Portugieser, Kerner und Trollinger (alle Angaben für 2010, Statistisches Bundesamt).

Die roten Sorten waren in Deutschland im Ausbau leicht rückläufig. Die Winzer folgen damit im Anbau einem Trend, der auch im Weinkonsum zu beobachten ist. Nach dem Rotweinboom in den 90er-Jahren bleiben die Rotweinkäufe seit einigen Jahren mehr oder weniger konstant bzw. gehen leicht zurück.

Vier Weinarten

Innerhalb der Qualitätsweine unterscheidet das Weinrecht vier Weinarten. Die hierfür zulässigen Traubenarten und Herstellungsverfahren sind exakt definiert.

- **Weißwein:** Herstellung nur aus Weißweintrauben.
- **Rotwein:** Herstellung nur aus rotgekelterten Rotweintrauben. Der rote Farbstoff wird dabei durch Maischegärung oder thermische Behandlung der Maische gewonnen.
- **Roséwein:** Herstellung aus Rotweintrauben, die in der Regel hellgekeltert werden. Der Wein muss eine blass- bis hellrote Farbe aufweisen. Weißherbst ist ein Roséwein, der grundsätzlich nur aus hellgekelterten Rotweintrauben hergestellt werden darf. Es ist keine bestimmte Farbausprägung vorgeschrieben.
- **Rotling:** Herstellung durch gemeinsame Kelterung von Rotwein- und Weißweintrauben oder durch vermischen von deren Maische. Der Wein muss eine blass- bis hellrote Farbe aufweisen. Schillerwein oder Badisch Rotgold ist ein Rotling.

GETRÄNKE & SPIRITUOSEN

Französischer Wein

Die Klassifikationen in Frankreich

Vin de Table
Einfacher Wein ohne geographische Angabe, auch Verschnitte möglich.

Vin du pays (Landwein)
Der Wein besteht zu 100 Prozent aus einer Rebensorte, die von der Winzergemeinschaft ausgewählt und getestet wird. Ebenfalls Weine ohne geographische Angaben.

Appellation d'Origine Contrôlée (A.O.C.)
Hierbei handelt es sich um Weine mit Ursprungsbezeichnung. A.O.C. heißt übersetzt: Kontrollierte Herkunftsbezeichnung und umschreibt die besten Weine einer Gegend. Sie sind strengstens kontrolliert. Alle Weine sind analysiert und geprobt und garantieren eine hervorragende Weinqualität. Oft wird das Wort „origine" durch den Namen der Herkunftsbezeichnung ersetzt, z. B. „Appelation Beaujolais Contrôlée".

Vin de Qualité Supérieure (V.D.Q.S.)
Die Kategorie VDQS wurde zum 31.12.2011 abgeschafft. Die Bezeichnung, die für ältere Weine noch gültig ist, bezeichnete ebenfalls Weine von höherer Qualität mit geografischer Herkunftsangabe und war ursprünglich als Vorstufe zum AOC-Wein vorgesehen. Die Gebiete können wählen, ob sie ihre Weine zukünftig als Vin de Pays vermarkten oder zum AOC aufsteigen, wenn sie die Voraussetzungen dafür erfüllen.

Anbaugebiete

Bordeaux
Im Bordelais wird ein Drittel des französischen Weins, vor allem Rotwein, produziert. Derzeit macht der Rotweinanteil knapp 90 % an der Gesamterzeugung des Bordeaux aus. Bordeaux befindet sich nahe der Atlantikküste, im Südwesten Frankreichs, und ist mit einem gleichmäßigen, mild-feuchten Klima gesegnet, das den Bordeaux-Charakter der Weine beeinflusst. Im Bordelais werden vor allem die roten Rebsorten Cabernet Sauvignon und Cabernet Franc sowie Merlot, Petit Verdot und Malbec angepflanzt. Die Weißweine stammen überwiegend vom weißen Sauvignon, Sémillon und Muscadelle. Typisch für diese Weingegend sind auch die Süßweine, die zum Nachtisch oder zu Enten – und Gänseleber (foie gras) – serviert werden.

Herkunftsbezeichnung in Bordeaux: Die große Qualitätsauswahl der Médocweine benötigte zuerst eine Klassifikation der „Crus". Zu den einfachen Crus zählen Crus paysans (Bauer), Crus artisans (Handwerker), crus bourgeois ordinaires (Bürger), crus bons bourgeois (gute Bürger), crus bourgeois supérieurs (höhere Bürger). Die höhere Stufe sind die großen Crus, die Grands crus. Diese Weine der höheren Skala sind wiederum in fünf Klassen eingeteilt, die bis heute als Referenz gelten und die Preise dieser Weine bestimmen: Premiers (Erstbeste) Grand crus classés, Deuxièmes (Zweitbeste), Troisièmes (Drittbeste ...), Quatrièmes, Cinquièmes sind somit die Spitzencrus.

Burgund

Aus der Bourgogne stammen einige der berühmtesten Weine der Welt, wie der rote Beaujolais oder der weiße Chablis. Die wichtigsten Weindistrikte sind Chablis, Côte d'Or (in Côte de Nuits und Côte de Beaune geteilt), Côte Châlonnaise, das Mâconnais und der Beaujolais. Hauptlieferant für die oft gehaltvollen, samtigen Burgunderweine ist die Pinot-Noir-Traube (Blauburgunder). Der Burgunder wird traditionell in Fässern gelagert, was dem Wein den typischen Eichenholzduft und einen höheren Tanningehalt verleiht. Der weiße Burgunder variiert zum Teil gravierend je nach Anbaugebiet. Die Weißweine aus dem Chablis oder dem Mâconnais sind von kräftiger Säure und ausgeprägten Aromen. Die von der Côte d'Or hingegen sind in Eichenfässern gereift und haben einen schon fast beißenden Geruch und holzigen Geschmack. Eine Besonderheit ist der leichte, hellrote Beaujolais. Sein traubiger Geschmack rührt von der Gamay-Traube. Beaujolais ist ein eher einfacher Wein, der oft in der Karaffe angeboten wird.

Herkunftsbezeichnungen in Burgund: „Burgunderweine" sind nach zwei Gebieten eingeteilt in Weine des Oberburgund und die des Niederburgund. Die einzelnen Herkunftsbezeichnungen richten sich aber nach den climats, das sind einzelne Anbaugebiete wie Beaune, Chablis, Nuits, Meursault, Pouilly-Fuissé usw.

Premiers (erste) Crus: Fast 600 Weinberge im Burgund tragen die Bezeichnung Premier Cru. Sie sind streng kontrolliert und erst nach langen Jahren steter Qualität dazu gekürt worden.

Grands (große) Crus: Nur 32 Weinberge sind mit dem Titel Grand Cru gekrönt. Sie werden als die Besten der Besten gehandelt: Chambertin, Clos-Vougeot, Corton, Corton-Charlemagne, Montrachet, Musigny, La Tâche usw. zählen zu den Grands Crus. Sie tragen nur den Namen des Weinbergs.

Côtes du Rhône

Die Gegend der Côtes du Rhône umfasst einen langen, schmalen Streifen entlang den Ufern der Rhône zwischen Lyon und Avignon. Das Klima ist warm und sonnig, gleichmäßiger als in anderen Weingegenden Frankreichs. Neunzig Prozent der Weine sind Rotweine. Sie sind robust und haben einen höheren Alkoholgehalt als die meisten französischen Weine. Die Côtes-du-Rhône-Weine passen hervorragend zur alltäglichen Küche.

Elsass

Das Elsass, im Nordosten Frankreichs, produziert Wein seit der Zeit der Römer. Die Vogesen umgeben die Gegend im Westen und der Rhein trennt sie im Osten von Deutschland. Das Elsass produziert vor allem frische Weißweine, aber auch schmackhafte Rotweine: Riesling, Weißburgunder, Gewürztraminer, Sylvaner und Pinot noir. Viele Elsässer Weine gären in alten Eichenfässern, die aber keinen Eichengeschmack mehr abgeben. Die meisten Weine werden jung getrunken. Typisch für das Elsass ist außerdem ein Verschnittwein, der Edelzwicker. An Rotweinen wird ausschließlich Pinot noir angebaut.

Languedoc-Roussillon

Dieses sonnenverwöhnte Gebiet zwischen dem Rhônedelta und der spanischen Grenze nennt sich auch Midi und ist das wohl größte und älteste Weinbaugebiet Frankreichs. Die Gegend produziert vor allem Rotweine, einen großen Teil des Tafelweines und den größten Anteil an Landweinen (Vin du Pays). Eine Besonderheit, die man fast nur in Frankreich kennt, ist der Vin doux naturel, ein Portwein-ähnlicher Wein, der am besten ist, wenn er aus der Muskateller-Traube gewonnen wird.

Das Loiretal

Das Loiretal liegt im Zentrum Frankreichs und zählt zu den schönsten Weingegenden des Landes. Die Loire ist ein breiter, tiefer Fluss, die Landschaft ist leicht hügelig. Die Weine gleichen der Landschaft, sie sind voller Liebreiz, angenehm, charmant und leicht. Ungefähr Dreiviertel der Produktion sind Weißweine, die bekanntesten sind der Muscadet und der Sancerre.

Provence

Das Weingebiet der Provence liegt am Mittelmeer zwischen La Ciotat und Saint-Raphaël und zwischen Sanary und Carnoules um den Fluss Var. Zu Rotweinen werden der Carignan, der Cinsault und der Mourvèdre gekeltert, für die Weißweine der Ugni, die Clairette und der Rolle. In der Provence ist allerdings der fruchtige und schillernde Roséwein typisch. Die Weißweine sind eher trocken und prickelnd. Weine aus der Provence haben bisweilen den Ruf, einfache „Sonnenbrillenweine" mit zuviel Alkohol und zu wenig Geschmack zu sein, wobei es aber auch einige Weingüter gibt, die den Titel Cru classé tragen. Typisch für die Provence sind die Sandweine (vins de sable) aus der Camargue, die, der Name sagt es, auf Sandböden gepflanzt werden.

Südwesten

Eine ebenfalls sehr sonnige Weingegend, die an das Bordeaux angrenzt. Die Weine aus dem Südwesten werden daher gerne mit denen des Bordeaux verwechselt. Der bekannteste Wein ist der Bergerac, rot und weiß, und der rote Cahors, der vorwiegend aus der Malbec-Traube hergestellt wird.

*Der **Primeur** ist ein junger, leichter Rotwein mit hervorstechendem Beerengeschmack. Er wird kurz nach Abschluss einer schnellen Fermentation in Flaschen abgefüllt und sollte kühl getrunken werden. Er darf nicht vor dem 15. November jeden Jahres ausgegeben werden. Primeurs sind Landweine, der bekannteste ist sicherlich der Beaujolais Primeur.*

 Tipp: Welcher französische Wein zu welchem Essen?

Selbstverständlich kann man zu all den folgenden Gerichten ebenso gut deutsche oder italienische oder spanische Weine trinken, aber wer französisch kocht, will meistens auch einen französischen Wein dazu trinken.

Austern: Chablis
Lachs: Pinot Noir
Hummer, Bouillabaisse, Huhn: Beaujolais
Bouillabaisse: Rosé de Provence
Lamm, Couscous: Bordeaux
Rind, Wild: Burgunder
Lamm, Trüffel: Châteauneuf-du-Pape
Rind: Pomerol
Ziegenkäse: Weißer Sancerre
Foie gras: Sauternes

GETRÄNKE & SPIRITUOSEN

Spanischer Wein

Spanien ist bezüglich seiner Anbaufläche das größte Weinbauland Europas. Fast in jeder Region wird Wein angebaut. Dennoch sind die Hektarerträge niedrig, was einer beeindruckenden geschmacklichen Konzentration im Glas zu Gute kommt.

Spanische Qualitätsstufen

Vino de Mesa
Die einfachste Stufe von Tafelwein kann aus ganz Spanien stammen. Das Etikett darf weder Herkunftsgebiet noch einen Jahrgang oder eine Rebsortenangabe aufweisen.

Vino de la Tierra (Landwein)
Er entspricht dem französischen Vin de pays. Beim Vino de la Tierra dürfen Rebsorte und Jahrgang angegeben werden.

Indicación Geográfica (IG) „Viñedos de España"
Diese Qualitätsstufe ist zwischen Tafelwein und Qualitätsweinen angesiedelt und soll übergreifend Landweinen aus 11 Regionen zugute kommen. Die Anforderungen bestimmen die Regionalregierungen.

Denominación de origen (D.O.)
Rund die Hälfte der spanischen Rebfläche darf die kontrollierte Herkunftsbezeichnung tragen. Insgesamt 64 D.O. Gebiete gibt es zurzeit. Die Gebiete Rioja und Priorato dürfen sogar die Bezeichnung D.O.Ca (Denominación de origen calificada), die besonders hochwertigen D.O.-Gebieten vorbehalten ist, tragen.

Herkunftsbezeichnungen

Cosecha
Weine, die entweder nicht die nötige Reifezeit im Holzfass und/oder der Flasche verbracht haben, um eine der höheren Bezeichnungen tragen zu dürfen, oder die vom Produzenten abgestuft wurden.
Vino joven
Weine ohne Holzfassausbau. Die Jovenes sind ebenfalls mit Cosecha gekennzeichnet.
Semi Crianza und *Crianza Corta*
Weine, die einige Monate im Holzfass waren, jedoch nicht lange genug gelagert wurden, um als Crianza vermarktet zu werden.

Crianza
Wein mit mindestens sechs Monaten Fasslagerung und 12 bis 18 Monaten Flaschenlagerung bei mindestens 24 Monaten Gesamtalter. Ausnahmen: in den Gebieten Navarra, Rioja, Ribera del Duero und Penedès sind zwölf Monate Fasslagerung vorgeschrieben.

Reserva
Wein mit mindestens einem Jahr Fasslagerung und zwei Jahren Flaschenlagerung.

Gran Reserva
Wein mit mindestens zwei Jahren Fasslagerung und drei Jahren Flaschenlagerung.

Die acht wichtigsten Weinanbauregionen

Nordwesten
Diese grüne Region verläuft oberhalb von Portugal, entlang der Atlantikküste bis zur französischen Grenze. Es herrscht ein vergleichsweise kühles und feuchtes Klima. Dort wird überwiegend leichter, säuerlicher, frischer Weißwein produziert.

Oberer Ebro
Es handelt sich um die Region zwischen dem spanischen Kernland und Katalonien. Hier befinden sich die bekannten Weinbaugebiete Rioja und Navarra. In dem kontinentalen Klima wird vor allem Rotwein produziert.

Duero-Tal
Wie im oberen Ebro herrscht auch hier ein ähnlich kontinentales Klima vor. Auch das Duero ist überwiegend eine Rotweinregion. Die Weine des Duero-Tals werden mit weniger Eichenholzaroma, mehr Frucht und Alkohol produziert.

Katalonien und Balearen
Eine ausgesprochen mediterrane Region, die der französischen Nachbarregion Roussillon ähnelt. Da hier Fisch eine große Rolle spielt, werden überwiegend Weiß- und Roséweine produziert. Außerdem wird der größte Teil des spanischen Schaumweins, des Cava, hier hergestellt. Mallorca hat zwei anerkannte Qualitätsgebiete, Binissalem und Pla i Llevant. Auf der Insel sind etwa 240 Winzer registriert.

Levante
Diese Region zwischen Valencia und Alicante weist ein sehr mediterran-maritimes Klima auf. Vor allem einfache Weine, überwiegend weiß und rosé, werden hier kultiviert.

Meseta
Im Sommer ist es in dieser zentralspanischen Region extrem heiß, im Winter kann es klirrend kalt werden. Daher gedeihen dort vor allem widerstandsfähige Reben, die eher schlichte Weine hervorbringen. Manche von ihnen haben aber ein D.O. auf dem Etikett.

Andalusien
Eine ursprünglich griechische Provinz, die mit einem milden, mediterranen Klima gesegnet ist. Der süße, griechische Wein hat hier überlebt. Es werden schwere, süße, alkoholreiche Weine hergestellt, die im Sherry ihre Vollendung finden.

Kanarische Inseln
Hier wachsen Rebsorten, die auf dem Festland schon längst ausgestorben sind. Der größte Teil des produzierten Weines bleibt auf den Inseln, zumal die Mengen gering sind und der Transport zu teuer ist.

Cream Sherry

Dry Sherry

Sherry

Sherry ist ein spanischer Likörwein aus Andalusien, aus der Provinz Cádiz. Das Zentrum des Anbaus liegt zwischen den Städten Sanlúcar de Barrameda, Puerto de Santa Maria und Jerez de la Frontera, wo hauptsächlich die Palomino-Traube und in geringen Mengen die Rebsorte Pedro Ximénez, die für die Süße des Sherrys sorgt, wächst. Nur der Wein aus diesem begrenzten Anbaugebiet darf sich Sherry nennen.

Sherry ist Wein mit einem alkoholischen Zusatz aus Weindestillat. Die Zugabe von Alkohol bezeichnet man als Aufspriten.

Sherry wird vor allem als Aperitif vor dem Essen gereicht und ist immer eine Mischung aus verschiedenen Jahrgängen, die im sogenannten Solera-System der Reihe nach umgefüllt werden, wodurch Qualität und Geschmack gleich bleiben. Sherry braucht mindestens drei Jahre bis er reif ist. Einige Spitzensorten reifen bis zu zehn und mehr Jahre. Einige bedeutende Sherry-Sorten:

Amontillado: Ein dunkler, vollmundiger, halbtrockener („medium dry") Sherry.
Cream Sherry: Sehr süße Oloroso-Sorten tragen zuweilen diese Bezeichnung.
Fino: Er besitzt ein fein säuerliches, an Mandeln erinnerndes Aroma, eine hellgoldene Farbe und einen trockenen, herben Geschmack.
Eine Abart des Fino ist der **Manzanilla:** Er ist sehr hell, leicht, sehr trocken und schmeckt leicht nach Salz. Beide Sherrys gelten als trocken („dry").
Oloroso: Ein dunkler, wohlriechender Sherry mit würzigem Bukett und kräftigem Geschmack. Je nach Sorte trocken bis süß.
Pedro Ximénez: Ein seltener, intensiv schmeckender, sehr süßer schwarzer Sherry.

GETRÄNKE & SPIRITUOSEN

Portwein

Portugiesischer Wein

Bei portugiesischen Weinen denken die meisten an Madeira, Portwein und Vinho Verde. Doch in den letzten Jahren haben sich in Portugal auch die Rotweine stark entwickelt. Vor allem im Süden des Landes findet man aromatische Rotweine und manche von ihnen haben es in die internationale Spitzenliga gebracht. Neben Wein sind Korken ein wichtiger Exportartikel. Portugal ist weltweit der größte Korkenproduzent.

Weinregionen
Vinho Verde
Hier werden rund 20 Prozent der gesamten portugiesischen Weinernte angebaut. Die Region umfasst die Provinz Minho im Norden von Porto bis zur spanischen Grenze. Der Name der Region ist auch der Name des Weines. Der „grüne Wein" wird als Rot- und Weißwein produziert. Der Vinho Verde enthält Apfelsäure und Kohlensäure, die ihn im Glas moussieren lässt. Der „echte" Vinho Verde ist sehr trocken und ausgeprägt scharf.

Dão
Dão ist die südlichere Weinregion Portugals, liegt also südlich des Douro-Flusses. Hier wird vor allem Rotwein produziert. Der rote Dão ist ein ziemlich trockener, harter Wein, der zu schwerem Essen passt. Er lässt sich gut lagern.

Portwein
Portwein ist nicht gleich Portwein. Die unterschiedlichen Charaktere ergeben sich aus den Grundweinen, der Reifung, dem Grad der Süße und dem Stil des Herstellers. Die Rebsorten, die für einen Port verwendet werden, entscheiden unter anderem über Tiefe, Farbe, Extrakt. Echter Portwein kommt immer aus dem Dourotal im Norden Portugals.
Es gibt verschiedene Süßegrade beim Port: muito doce (sehr süß), doce (süß), meio seco (halbtrocken), seco (trocken), extra seco (sehr trocken).

Weißer Port
Die von den weißen Rebsorten der Region erzeugten Portweine unterscheiden sich heute im Wesentlichen durch ihren Süßegrad. Weiße Ports, die von längerer Fasslagerung geprägt sind, findet man immer seltener.

Roter Port
Die roten Sorten werden nach ihren Farben in *Ruby Ports* und *Tawny Ports* unterschieden. Ruby Port hat eine leuchtende Farbe, während Tawny Port eher bräunlich ist. Zudem gibt es noch die drei Kategorien fassgereifter Portwein, flaschengereifter Portwein, sowie fass- und flaschengereifter Portwein. Die Bezeichnung *Vintage Port* erhalten nur die besten Jahrgänge, die nach zwei Jahren Fassreifung in Flaschen abgefüllt werden und dort noch weiterreifen.

Ruby Ports
Ruby Ports sind rubinrote bis lilafarbene Ports aus Trauben geringerer Qualität, die jung abgefüllt werden. In ihrer Aromatik sind diese einfachen Portweine von frischen Früchten wie Waldbeeren und Schattenmorellen geprägt. Der einfache Ruby reift zwei bis drei Jahre im Fass. Er wird aus Weinen verschiedener Jahrgänge verschnitten und trägt daher keine Jahrgangsangabe.

Beim *Premium Ruby* oder *Vintage Character* handelt es sich um eine Jahrgangscuvée. Es werden höherwertige Grundweine verwendet als beim Ruby, die nach etwa vier- bis fünfjähriger Reifung abgefüllt werden.

Weißer Portwein

Roter Portwein

Late Bottled Vintage (LBV) ist ein Port eines einzigen Jahrgangs, der nicht ganz Vintage-Qualität hat. Er reift vier bis sechs Jahre im Fass, also doppelt so lang wie der Vintage, und wird beim Abfüllen in Flaschen gefiltert, so dass er auch früher getrunken werden kann als der Vintage. Auf dem Etikett steht sowohl das Jahr der Ernte, als auch das Jahr der Abfüllung.

Der *Vintage* gilt als König der Portweine. Nur die besten Jahrgänge erhalten diese Bezeichnung. Sie reifen zwei bis drei Jahre im Fass und werden dann in Flaschen abgefüllt, um in der Flasche über Jahre und Jahrzehnte ihrem Höhepunkt entgegenzureifen. In seiner Jugend ist der Vintage dunkellila – manchmal fast schwarz –, mit zunehmendem Alter verliert er an Farbe und wird immer heller bis zu einem zarten Orange. Ähnlich verhält es sich mit seiner Aromatik: Anfangs pompös und oft disharmonisch, wird er mit der Zeit immer filigraner und harmonischer.

Tawny Ports

Tawny Ports haben ihren Namen wegen ihres „lohfarbenen" Aussehens und stehen für hellere – von Fassreifung geprägte – Weine. Mit zunehmender Lagerung verlieren die Weine ihr Rot, werden tabakfarben und schließlich bräunlich; sehr alte Tawnys zeigen sich oft mit einem leichten Olivgrün. Tawnys sind etwa dreijährige Weine, die meist mehr durch die Wahl der Grundweine geprägt werden. Sie sind etwas schlanker als die Rubys und tendieren in ihren Aromen eher zu Trockenfrüchten wie Feigen und Datteln.

Premium Tawny ist ein etwa siebenjähriger, im Fass gereifter Port. Daneben gibt es noch 10 Years old, 20 Years old, 30 Years old, over 40 Years old Tawnys.

Der *Colheita* ist ein Jahrgangstawny. Er darf erst nach mindestens sieben Jahren Fassausbau abgefüllt werden. Den echten Tawny-Geschmack bekommt er in der Regel erst nach zehn bis zwölf Jahren im Fass. Colheitas können äußerst fein, harmonisch und manchmal auch sehr stark sein.

Madeira

Madeira-Wein wird oft mit Portwein verwechselt. Auch wenn beide bisweilen ähnlich im Geschmack sind: Madeira-Wein kommt nur aus Madeira, alles andere ist kein Madeira. Die gesetzlichen Auflagen, welcher Wein sich „Madeira-Wein" nennen darf, geben die Rebsorten und die Lagerungszeiten vor. Daher finden regelmäßige Prüfungen des „Instituto do Vinho da Madeira" statt. Madeira ist hierzulande relativ teuer. Das liegt zum einen an den hohen Transportkosten und an der Alkoholsteuer sowie an einem wesentlich höheren Mehrwertsteuer-Anteil. Das Bouquet des Madeira-Weins kommt von der Lagerung in Eichenholzfässern. Der Vintage-Madeira muss 20 Jahre in Eichenholz lagern. Wie beim Port und beim Sherry gibt es auch hier die vier Geschmacksstufen trocken, halbtrocken, halbsüß und süß. Man unterscheidet die Sorten Sercial, trocken und frisch, Verdelho, weniger trocken, voller Geschmack, Bual, deutlich süß, rauchiger Charakter, Malmsey, der süßeste Madeira, tief im Geschmack.

Madeira-Wein kann sehr wertvoll werden, da diese Weine über eine ausgesprochen lange Haltbarkeit verfügen. Bei Sotheby's in New York wurde vor einigen Jahren eine Flasche für rund 22 000 Dollar ersteigert. Es handelte sich um einen Madeira-Wein aus dem Jahr 1800, der einst im Besitz von Thomas Jefferson war

GETRÄNKE & SPIRITUOSEN

Österreichischer Wein

Als Weinbauland gehört Österreich zu den kleinen Weinanbauländern der Erde. Nur etwa ein Prozent der gesamten Weltproduktion wird hier auf 50 000 Hektar erzeugt. In den 80er Jahren hatte der Glykolskandal dem Image des österreichischen Weins enorm geschadet. Als Konsequenz wurde ein sehr strenges Weingesetz eingeführt und viele Winzer bauen heute qualitätsorientiert an und aus.

Österreich ist zwar immer noch ein Weißweinland, neben den klassischen Weißweinen wie dem Grünen Veltliner werden jedoch verstärkt Rotweine wie der Zweigelt kreiert. Bekannt sind auch die Trockenbeerauslesen aus gelbem Muskateller, sowie Blaufränkischer und St. Laurent. Weniger bekannt ist die Pflege der Barrique-Weine, sowie des Pinot Noir und des Cabernet Sauvignon.

Es gibt etwa 32 000 Betriebe, die über die vier Hauptweinregionen Niederösterreich, Burgenland, Steiermark und Wien verteilt sind. Diese sind wiederum in kleinere Anbaugebiete unterteilt.

Anbaugebiete

Die Anbaugebiete Wachau, Wien, Kremstal, Traisental und Kamptal sind vorwiegend weiße Regionen. Dort werden der Grüne Veltliner und erstklassige Rieslinge produziert. Im Kremstal kommt auch Roter Veltliner zum Zuge.

Im Donauland, Weinviertel, Carnuntum, der Thermenregion und dem Neusiedlersee-Hügelland werden neben den Klassikern Grüner Veltliner, Welschriesling und Weißburgunder auch rote Österreicher wie der Rote Veltliner, Zweigelt, Zierfandler, Neuburger, Rotgipfler, Blaufränkischer hergestellt. Zum Leidwesen mancher Weinkenner auch die oft überschätzte weiße Modetraube Chardonnay.

Das Mittelburgenland und Südburgenland bleibt mit dem Blaufränkischen ziemlich monogam und mit dem Zweigelt eine eindeutig rote Gegend.

Die Südoststeiermark, Süd- und Weststeiermark gelten als vielfältiges Gebiet, in dem Welschriesling, Weißburgunder, Sauvignon Blanc, Chardonnay, Zweigelt, Traminer, Schilcher und Blauer Wildbacher gedeihen.

Italienischer Wein

Italien erzeugt mit rund 6 Milliarden Litern Wein auf mehr als 900 000 Hektar Gesamtrebfläche fast ein Fünftel der Weltproduktion, steht damit hinsichtlich seines Jahresumsatzes auf der gleichen Stufe wie Frankreich und nimmt weltweit unter den Wein produzierenden Ländern neben Frankreich eine Spitzenposition ein. Die Anbaufläche teilen sich zu je 50 % Rot-/Roséweine und Weißweine. Italien ist mit einem Export von rund 1,6 Milliarden Hektolitern Wein weltweit der größte Weinexporteur.

Nahezu alle 21 Weinbauregionen Italiens haben sich mittlerweile einen Namen gemacht. Das war nicht immer so. Italienischer Wein galt unter Feinschmeckern lange Zeit als einfacher und preiswerter Wein, den man in eher legerer Atmosphäre getrunken hat. Heute gehören italienische Weine zum Repertoire jedes guten Restaurants. Neben den Klassikern Soave, Barolo, Brunello und Chianti werden beispielsweise auch die Montepulciano-Weine aus den Abruzzen und der Toskana gelobt, ebenso die im Barrique ausgebauten Merlots und Cabernet Sauvignons aus dem Veneto. Aber auch die hochwertigen Weißweine aus dem Friaul, wie Sauvignon, Pinot Grigio, Chardonnay, Tocai nicht zu vergessen.

Weine aus Italien waren und sind seit Ende der 80er Jahre auf dem deutschen Markt die Umsatzrenner. Massenweine von mäßiger Qualität gibt es zwar weiterhin, doch die oxidierten Weine der Vergangenheit gibt es kaum noch. Rund 20 % der erzeugten Weine zählen zu den Qualitätsweinen. Rund 360 der über 1000 Rebsorten sind für die Qualitätsweinproduktion zugelassen.

Rebsorten

Bedeutende heimische Rotwein-Rebsorten sind: Sangiovese, Barbera, Montepulciano d'Abruzzo, Dolcetto, Nebbiolo und Negro Amaro. Zunehmender Beliebtheit erfreuen sich aber auch Cabernet Sauvignon und Merlot, die im Nordosten Italiens seit über hundert Jahren verbreitet sind.

Die Hauptrebsorten für Weißweine sind Albana, Catarratto, Chardonnay, Cortese, Malvasia, Pinot Bianco, Pinot Grigio, Trebbiano und Vernaccia. Die rote Sangiovese-Traube ist mit 11 % Marktanteil die am häufigsten angebaute Sorte Italiens, gleich dahinter folgen die weißen Cataratto- und Trebbiano-Toscano-Trauben mit jeweils 7 %.

Anbaugebiete

Die derzeit führenden Weinbauregionen – Piemont und Toskana – liegen in Nord- und Mittelitalien und sind vor allem für ihre Rotweine berühmt. Venetien, Friaul-Julisch-Venetien und Südtirol-Trentino erzeugen hingegen vor allem erstklassige Weißweine. Größere Bewegung wird in den nächsten Jahren vom Süden des Festlandes erwartet sowie von Sizilien und Sardinien, wo bislang noch die meisten Massenweine produziert werden.

Chianti ist einer der bekanntesten Rotweine Italiens.

Der Norden

Die neun nördlichen Regionen (Aostatal, Piemont, Lombardei, Südtirol, Trentino, Venetien, Friaul-Julisch-Venetien, Emilia-Romagna und Ligurien) erzeugen zwar weniger als 40 % der italienischen Weinmenge, jedoch rund 65 % der D.O.C.-Weine.

Das *Piemont* ist für seine edlen Rotweine – Rotweine beanspruchen dort 90 % der Anbaufläche – bekannt. Die Hauptrolle spielt hier die Nebbiolo-Traube, aus der schwere Weine wie der Barbaresco und Barolo produziert werden. Die im Anbaugebiet *Asti* wachsende Moscato-Traube ist Lieferant für den beliebten lieblichen Schaumwein. Mengenmäßig wird im Piemont die größte Spumantemenge Italiens produziert. Rund 70 % der im Piemont erzeugten Weine sind D.O.C.-Weine und D.O.C.G.-Weine, darunter so bekannte Sorten wie der Barbera d'Alba, der Dolcetto d'Alba und der Barolo.

Aus *Venetien* kommen mehr als 15 % der gesamten Weinproduktion Italiens. Zudem produziert Venetien von allen Regionen die meisten D.O.C.-Weine – insgesamt über 20 % aller D.O.C.-Weine Italiens –, darunter die allseits bekannten Soave, Valpolicella und Bardolino sowie den moussierenden Prosecco di Conegliano-Valdobbiadene. 75 % der in Venetien erzeugten Weine gehen in den Export.

Südtirol ist mit knapp 5000 Hektar Gesamtrebfläche eine kleine Weinbauregion, aber 95 % aller dort produzierten Weine sind Qualitätsweine. Besondere Bedeutung kommt im Südtiroler Weinbau den Kellereigenossenschaften zu, die einen Produktionsanteil von 70 % für sich beanspruchen und neben guten Basisweinen auch Spitzenweine in großen Mengen erzeugen. Bekannte D.O.C.-Weine aus dieser Region sind der St. Magdalener und Kalterer See.

GETRÄNKE & SPIRITUOSEN

Mittelitalien

In den sechs Regionen Mittelitaliens (Toskana, Marken, Umbrien, Latium, Abruzzen und Molise) werden rund zwanzig Prozent des italienischen Weins und 25 Prozent der D.O.C.-Weine erzeugt.

Die *Toskana*, in die fünf D.O.C.G.-Gebiete fallen, rangiert zwar nach Menge der erzeugten Weine unter allen Regionen erst an achter Stelle, ist aber berühmt wegen ihres Chiantis und der D.O.C.G.-Rotweine. In der großen Gruppe der Chiantis gibt es sehr gute und weniger gute Sorten. Wer sicher gehen möchte, kauft einen Chianti Classico, man erkennt ihn an einem schwarzen Hahn auf dem Etikett. Rund 50 % der in der Toskana erzeugten Weine sind D.O.C.- und D.O.C.G.-Weine. Fragwürdige Berühmtheit hat die Toskana durch ihre „Super-Toskaner" erlangt: Zur Geschmacksverbesserung wurden dem Wein Rebsorten wie Cabernet Sauvignon, Merlot oder Shiraz beigemischt. Da diese Produkte aufgrund der D.O.C.-Bestimmungen für Chianti aber nicht mehr Chianti genannt werden durften, mussten sie als Vino da Tavola auf den Markt kommen und wurden „Super-Toskaner" genannt. Weitere berühmte Rotweine sind der Vino Nobile di Montepulciano, der Brunello di Montalcino und der San Gimignano. Zu den bekanntesten Weißweinen der Toskana zählt der Vernacchia di San Gimignano, allerdings ist sein reichhaltiger, voller Geschmack nicht jedermanns Sache. Auch der an Sherry erinnernde weiße oder rote Vin Santo kommt aus der Toskana. Trauben der Sorten Trebbiano, Malvasia oder Grechetto werden vor der Verarbeitung zum Trocknen ausgelegt. Anschließend reift der Vin Santo drei bis zehn Jahre und gelangt als trockener oder süßer Dessertwein auf den Markt.

Die *Marken*, *Latium* und *Umbrien* sind vor allem – und in dieser Reihenfolge – für ihre weißen Verdicchio-, Frascati- und Orvieto-Weine bekannt, obwohl auch hier die roten Rebsorten auf dem Vormarsch sind, vor allem der Montepulciano d'Abruzzo, der sich eines zunehmenden Zuspruchs erfreut.

Die *Abruzzen* und *Molise* sind für den Weinbau von untergeordneter Bedeutung. In den Abruzzen werden hauptsächlich Tafelweine erzeugt. Die D.O.C.-Weine der Region sind der rote Montepulciano d'Abruzzo und der weiße Trebbiano d'Abruzzo. Die Weinbauregion Molise ist eine der kleinsten Regionen Italiens. Der größte Teil, der hier erzeugten Weine, wird im eigenen Land getrunken.

Der Süden

Die sechs südlichen Regionen (Kampanien, Apulien, Basilicata, Kalabrien, Sardinien und Sizilien) erzeugen rund vierzig Prozent des italienischen Weins, doch nur bescheidene zehn Prozent der D.O.C.-Produkte.

Bislang werden in *Apulien* nur rund 10 % des produzierten Weins in Flaschen abgefüllt und nur 4 % sind Qualitätsweine. Ein Großteil der hier angebauten Rotweintrauben wird zu Wermut und anderen Weinerzeugnissen verarbeitet.

Die besten Weine der *Basilicata* wachsen auf vulkanischen Böden und auch diese Region hat nur 3 % Qualitätsweine anzubieten. Allerdings kommt einer der besten süditalienischen Rotweine aus der Basilicata, der Aglianico del Vulture, der nach der gleichnamigen Rebe benannt ist.

Die Insel *Sardinien* hebt sich mit rund 20 % Qualitätsweinen von den anderen südlichen Weinbauregionen ab. Die D.O.C.-Weine werden nur aus einer Rebsorte gekeltert, das heißt eine Hauptrebsorte wird nur mit geringen Mengen (maximal 15 %) anderer Rebsorten verschnitten. Die Weine heißen wie die Rebsorten, darunter Vernacchia di Oristano und Cannonau.

Mit rund 112000 Hektar Gesamttrebfläche stellt *Sizilien* die größte Weinbauregion Italiens dar. Doch ein großer Teil des Weins wird für die Destillation verwendet. Die meisten Reben gedeihen auf vulkanischen Böden, indes sind nur rund 4 % der hier erzeugten Weine D.O.C.-Weine. Sizilien liefert große Mengen des bekannten Dessertweins Marsala.

Sizilien und Apulien sind die größten Erzeugerregionen Italiens, obwohl der Rückgang des Fassweinexports auch hier die Erzeugung hochwertiger Flaschenweine gefördert hat. Inzwischen haben auch große Kellereien aus anderen Teilen des Landes im Süden investiert, wo wegen des Klimas kaum Jahrgangsschwankungen zu verzeichnen sind und die Produktionskosten überdies niedriger liegen. Dabei verfolgen sie das Ziel, Spitzenweine zu erschwinglichen Preisen anzubieten – ein Konzept, dem gewiss Erfolg beschieden sein wird.

 Italienische Qualitätsstufen

Vino da tavola: Tafelwein ohne geographische Angaben.

Indicazione geografica tipica (I.G.T.): entspricht dem Landwein und bezeichnet Tafelweine mit typischer Herkunftsbezeichnung. Die Trauben stammen aus einer Region und unterliegen Bestimmungen. Auf dem Etikett dürfen Herkunft, Hauptrebsorte und Jahrgang des Weins genannt werden.

Statt I.T.G. kann auch die Bezeichnung I.G.P. (Indicazione geografica protetta) gewählt werden.

Denominazione di origine controllata (D.O.C.): ein Wein mit kontrollierter Ursprungsbezeichnung, der aus einer in einer bestimmten Region angebauten, vorgeschriebenen Traubensorte gewonnen wird. D.O.C. Ist keine Qualitätsgarantie.

Denominazione di origine controllata e garantita (D.O.C.G.): liegt eine Stufe über den D.O.C.- Weinen. D.O.C.G. ist ein staatliches Gütesiegel, das nur an Weine bestimmter Herkunft vergeben wird, die eine besondere Qualitätsprüfung bestanden haben. Es wird an Weine der höchsten Qualitätsstufe verliehen. D.O.C.G.-Weine dürfen im Gegensatz zu D.O.C.-Weinen nicht in Fässern gehandelt werden, sondern müssen in Flaschen mit höchstens 5 l Inhalt abgegeben werden. Auch werden sie zweimal überprüft: bei der Erzeugung und bei der Abfüllung.

Statt D.O.C. und D.O.C.G. kann auch die Bezeichnung D.O.P. (Denominazione di Origine Protetta) gewählt werden; es ist möglich die Bezeichnungen D.O.C. oder D.O.C.G. und D.O.P. gemeinsam zu verwenden.

Griechischer Wein

Ein sonniges, mildes Klima und vulkanische Böden sind ideale Voraussetzungen, um hervorragende Weine zu produzieren. Auch die griechischen Weinproduzenten haben dies erkannt, so dass Griechenland heute mehr zu bieten hat als den harzigen Retsina und den süßen Samoswein, Kokkinelli, Imiglykos und Mavrodaphne. Große Investitionen in den letzten Jahren haben dazu geführt, dass sich griechische Weinbaubetriebe mittlerweile auf dem neuesten Stand der Technik befinden; das unter der Schirmherrschaft des Landwirtschaftsministeriums gegründete nationale Weininstitut in Athen fördert die Weiterentwicklung von Qualitätsweinen.

So ist heute der Einsatz von Barrique-Fässern auch in Griechenland weit verbreitet und international bekannte Rebsorten wurden auf den griechischen Weinbergen gepflanzt. Allerdings haben sie dabei die einheimischen alten griechischen Rebsorten nicht verdrängt, sondern Cuvées aus alten griechischen Sorten und internationalen Weinen eröffneten ganz neue Geschmackserlebnisse.

Weinbauregionen

Die Vielfalt der griechischen Weine zeigt sich auch in den ganz unterschiedlichen Regionen, in denen die Trauben angebaut werden. Auf insgesamt zehn Regionen verteilen sich die gut 80000 Hektar Rebfläche, die für die Weinerzeugung genutzt werden.

Makedonien-Thrakien: Diese zu einer Weinbauregion zusammengefassten Gebiete liegen im Norden und Nordosten Griechenlands. Auf den drei Fingern der Halbinsel Chalkidike, die von einem eher kühlen Klima mit reichlich Niederschlägen geprägt sind, herrschen optimale Bedingungen für den Weinbau. Vor allem Rotweine aus der Xinomavro-Rebe werden hier ausgebaut.

Epiros: Diese kahle gebirgige Region liegt im Nordwesten Griechenlands an der Grenze zu Albanien. Das dünn besiedelte Gebiet verfügt über knapp 900 Hektar Gesamtrebfläche. Hauptsächlich Rotweinanbau.

Thessalien: Ein Weinbaugebiet an der Westküste Zentralgriechenlands. Ein Großteil der hier produzierten Trauben sind Tafeltrauben, aber man findet auch erlesenere Tropfen.

Zentralgriechenland: Die weiträumige Region rund um Athen einschließlich der Halbinsel Euboea war einst die „Retsina-Region" Griechenlands. Doch auch hier geht der Trend weg von den geharzten Weinen hin zu mehr Qualität.

Peloponnes: Der Peloponnes hat eine große Bedeutung für den gesamten griechischen Weinbau. Die einzelnen Regionen bieten sehr unterschiedliche klimatische Voraussetzungen und liefern dementsprechend sehr unterschiedliche Weine. Das eigentliche Weinbau-Zentrum des Peloponnes befindet sich im Norden, wo mit über 14000 Hektar das größte Weinbaugebiet Griechenlands liegt.

Ionische Inseln: Die ionischen Inseln westlich des Festlandes haben aufgrund ihres warmen Klimas mit dennoch ausreichend Niederschlägen gute Voraussetzungen für den Weinbau. Allein auf Kephalonia befinden sich gut 1000 Hektar der insgesamt 3600 Hektar Rebfläche.

Ägäische Inseln: Die meisten der Inseln sind griechische Appellationen mit zusammen gut 2200 Hektar Rebfläche.

Kykladen: Nur zwei von den vielen kleinen Inseln der Kykladen sind für den Weinbau von Bedeutung: Paros und Santorini. Vor allem die Insel Santorini mit ihrem sehr warmen Klima und ihren fast schwarzen, vulkanischen Böden bringt Weiß- und Süßweine mit internationalem Stellenwert hervor.

Rhodos: Trotz des sehr heißen Klimas der vor der türkischen Küste gelegenen Insel gedeiht auf 1050 Hektar Gesamtrebfläche ein umfangreiches Sortiment – von Likörweinen über Schaumweine bis hin zu trockenen Weiß- und Rotweinen.

Kreta: Eine der ältesten Weinbauregionen der Welt. Fast ein Sechstel des griechischen Weins wird hier gekeltert. Da Kreta als eines der wenigen Weinbaugebiete von der Reblaus verschont blieb, wurden viele, nur dort beheimatete Rebsorten erhalten, was den Weinen einen einzigartigen Charakter verleiht.

Die bekanntesten autochthonen Rebsorten Griechenlands

Weiße Rebsorten

Aidani: Diese sehr alte Rebsorte mit mittlerem Alkohol- und Säuregehalt findet man in erster Linie auf Santorini. Sie wird sehr selten eigenständig ausgebaut.

Assyrtiko: Internationale Wertschätzung genießen die nach Zitrus und Lindenblüten duftenden Weine aus dieser Rebsorte. Die Assyrtiko-Traube gilt als wertvollste Weißwein-Traube Griechenlands. Sie findet sich auf Santorini und dem nördlichen Festland.

Athiri: Weine mit weicher Säure und zartem Zitrusduft werden aus dieser im Norden Griechenlands, auf Rhodos und auf Santorini wachsenden Traube gewonnen.

Debina: Die im Nordwesten, in der Region Epiros wachsende Traube überzeugt durch ihren feinen Duft nach Birnen und Äpfeln und angenehme Säure.

Malagousia: Die besonders in den nördlichen Regionen wachsende und zu den ältesten Rebsorten Griechenlands zählende Traube bringt körperreiche Weine mit feinen Zitrusnoten und Minzaromen hervor.

Moschofilero: Eine spät ausreifende Traube, die kräftige, würzige Weine hervorbringt. Aufgrund der dunklen Beeren können die nach Kräutern und Beeren duftenden Wein auch rosé ausfallen.

Robola: Eine alte Rebsorte, die auf den ionischen Inseln beheimatet ist. Die feinfruchtigen Weine, die über einen hohen Säure- und Extrakgehalt verfügen, eignen sich hervorragend als Basis für Cuvées.

Rote Rebsorten

Agiogitiko (St.-Georg-Rebe): Samtig, fruchtig und variantenreich, verbunden mit wenig Gerbstoffen sind die Weine von einer der ältesten Reben der Welt aus der Appellation Nemea.

Kotsifali: Diese vor allem auf Kreta wachsende Rebsorte liefert robuste, würzige und alkoholreiche Weine, die meist zur Cuvéebereitung verwendet werden.

Limnio: Die vorwiegend im Norden Griechenlands wachsende Rebsorte bringt körperreiche Weine mit kräuterwürzigen Aromen hervor.

Mandilari (Mantilaria): Diese dickschalige Rebsorte, die vorwiegend auf Kreta, Rhodos und Paros wächst, wird aufgrund ihrer gerbstoffreichen- und farbintensiven Art bevorzugt als Cuvée-Bestandteil verwendet.

Mavrodaphne: Kräuterwürzige, dunkle Likörweine aus Patras und Kephalonia haben diese auch „Schwarzer Lorbeer" genannte Rebsorte als Basis.

Xinomavro: Eine Traube, die langlebige, kraftvolle und aromatische Weine mit einem außergewöhnlichen Duft nach Tomaten und Oliven hervorbringt.

Weitere Weine aus Europa und Übersee

Australien
Australien ist von Haus aus keine große Weinnation. Doch hat verstärktes Qualitätsbewusstsein dazu geführt, dass die früher als schwer geltenden australischen Weine inzwischen durch leichtere, modernere Sorten ersetzt worden sind und man sieht sie heute immer häufiger in deutschen Weinregalen. Die Rebfläche Australiens beträgt 174.000 Hektar. Sie haben oft Cabernet Sauvignon zur Grundlage, der mit Pinot Noir, Merlot oder dem dort beliebten Shiraz gemischt wird. Das wichtigste Anbaugebiet ist *Barossa Valley*, wo ein Großteil der Exportweine produziert wird – teilweise von den Nachfahren ausgewanderter deutscher Winzer.

Chile
Mit einer Produktion von 6 bis 8 Mio. Hektolitern auf einer Rebfläche von rund 120.000 Hektar ist Chile eine der großen Weinproduzenten. Gut die Hälfte der Produktion geht in den Export, was Chile zum fünftgrößten Weinexporteur in der Welt macht.

Die zu 80 % angebauten Rotweine zeichnen sich durch eine gute Farbe und ein intensives, fruchtiges Bukett aus – zu den Hauptrebsorten zählen Cabernet Sauvignon, Carignan, Cinsaut, Merlot, Pinot Noir und Syrah. Zu den 20 % Weißweinen zählen u. a. Chardonnay, Chenin Blanc, Pinot Blanc und Riesling; der größte Teil der Produktion, nämlich 80 %, kommt als Qualitätswein in den Handel.

Die chilenischen Weinbauregionen erstrecken sich über eine sehr große Fläche und die geologischen Voraussetzung sind sehr unterschiedlich, so dass jede Region ein ganz eigenes Profil hat. Das *Zentraltal* ist die größte Weinbauregion mit den vier weit auseinander liegenden Gebieten *Valle die Maipo, Valle de Rapel, Valle de Curicó* und *Valle del Maule*.

Schweiz
Die Schweiz ist ein kleines, aber feines Weinland, dessen Produkte sich freilich nur selten in Supermarktregalen finden. Einen guten Ruf hat der im *Wallis* aus Chasselastrauben hergestellte Fendant.

Südafrika
Südafrikanische Weine gehören häufiger zum Sortiment in deutschen Supermärkten. Neben den gängigen Rebsorten wie Chardonnay, Chenin Blanc, Cabernet Sauvignon und Pinot Noir werden auch typisch südafrikanische Sorten wie Pinotage angebaut. Südafrikanischer Boden und mediterranes Klima eignen sich sehr gut für Weinanbau. Die wichtigsten Anbaugebiete befinden sich im Westkap und heißen *Stellenbosch, Paarl, Franschhoek* und *Constantia*.

Ungarn
Mit seinem kontinentalen Klima präsentiert sich Ungarn als ideales Anbaugebiet. Seit dem Zusammenbruch der Ostblockstaaten befindet sich der Weinbau in Ungarn im Umbruch. Dabei hat sich gezeigt, dass ungarische Winzer durchaus in der Lage sind, auch andere Weine als den Tokajer, den „Wein der Könige und König der Weine", zu produzieren. Die meisten denken bei ungarischem Wein immer noch an fruchtige und süßliche Rotweine. Dabei wird mittlerweile mehr Weißwein produziert, wobei vor allem die frischen Chardonnays und Sauvignon Blancs geschätzt sind. Ungarn ist von der Produktionsmenge her eindeutig ein Weißweinland.

Die wichtigsten großen Regionen sind das *nördliche* und *südliche transdanubische Hügelland* und der *Tokaj*. Erlauer Stierblut (Egri Bikaver) ist trotz seines eher nach einem billigen Wein klingenden Namens ein wohlschmeckender und bekömmlicher roter Verschnittwein, der nur trocken ausgebaut werden darf.

USA
Der Weinbau in Nordamerika setzte im Vergleich zu Europa erst sehr spät ein. Seitdem haben sich auf dem internationalen Markt vor allem die Weine aus *Kalifornien* durchgesetzt. Aber auch in *Virginia, New Jersey, Ohio* oder *Washington, Oregon* und *New York*, ja selbst in *Alaska* wird Wein angebaut. Amerikanischen Weinen sagt man eine verstärkte Präsenz auf dem europäischen Markt voraus. Etwa 2200 Weinbaubetriebe gibt es in den USA, davon liegen über 1000 in Kalifornien. Im Vergleich zu Europa ist Wein in den USA ein Luxusprodukt und relativ teuer. An roten Rebsorten werden vor allem Barbera, Cabernet Sauvignon, Grenache, Gamay, Merlot, Pinot Noir, Sangiovese, Shiraz und Zinfandel angebaut. Weißwein stammt überwiegend aus den Sorten Chardonnay, Gewürztraminer, Riesling, Sauvignon Blanc, Sémillon.

Nordamerikanische Weine zeichnen sich durch eine innovative Behandlung aus, die von europäischen Weinkennern teilweise als barbarisch angesehen wird, aber typische, im Geschmack gleich bleibende Weine zum Ergebnis hat, die viele Anhänger finden.

GETRÄNKE & SPIRITUOSEN

Weingläser

Form und Dicke des Glases beeinflussen das Aroma des Weins – körperreiche Weine verlangen ein größeres Glas, leichte Weine ein kleineres. Ein Weinglas sollte sich zum Rand hin verjüngen, damit man den Wein kreisen lassen kann.

Eine Karaffe dient zum Umfüllen von Rot- oder Portwein, um den Wein zu belüften.

GETRÄNKE & SPIRITUOSEN

Schaumwein

Wir verdanken ihn einem Zufall: Irgendwann war irgendwo ein Rest natürlicher Hefe in einem Wein mit genügend Restzucker verblieben und brachte diesen erneut zum Gären. So war ein spritziger, schäumender Wein entstanden. Als erster dieser Art wurde 1544 in Frankreich ein „Blanquette de Limoux" schriftlich erwähnt. Aber es dauerte noch rund 200 Jahre, bis die Herstellung von schäumendem Wein systematisch betrieben wurde.

Herstellungsmethoden

Bis auf eine Ausnahme wird jeder schäumende Wein durch eine zweite Gärung gewonnen. Bei der ersten Gärung entsteht aus dem Zucker des Traubenmostes Alkohol – der stille Wein. Die sogenannte Fülldosage – eine Mischung aus in Wein gelöstem Zucker und Reinzuchthefe – bringt den stillen Wein erneut zum Gären. Dabei bilden sich Alkohol und Kohlensäure. Anders als beim Stillwein wird die Kohlensäure dabei „eingefangen".

Man unterscheidet vier Methoden der Herstellung:

Traditionelle Flaschengärung

Diese Methode darf nur noch in Verbindung mit Champagner als *Méthode Champenoise* bezeichnet werden; in Italien heißt sie *Metodo Classico*, in Spanien *Método Tradicional*.

Bei diesem Verfahren findet die zweite Gärung in der Flasche statt. Nach Beendigung der Gärung setzt sich die Hefe nebst Trübteilen auf dem Bauch der liegenden Flasche ab. Diese wird nun mit dem Hals nach unten in Rüttelpulte gesteckt und durch tägliches manuelles oder maschinelles Rütteln so bewegt, dass der Trub allmählich in den Flaschenhals wandert. Wenn sich dort alle Trübteile gesammelt haben, wird die Flasche mit dem Kopf in eine Kältelösung getaucht, welche diese Hefereste zu einem Pfropfen gefrieren lässt, der beim Öffnen der Flasche durch die Kohlensäure herausgedrückt wird. Die Fehlmenge wird durch die „Versanddosage" ersetzt. Diese Mischung aus Zucker und Wein gibt dem fertigen Produkt auch den gewünschten Süßegrad.

Transvasierverfahren (Filterenthefung)

Der Wein vergärt wie bei der traditionellen Methode in der Flasche. Die Flaschen werden dann aber unter Gegendruck in einen Großraumbehälter entleert. Nach dem Zusetzen der Versanddosage wird der Inhalt des Behälters über eine Filteranlage zur Füllmaschine geleitet.

Großraumgärung („Tankgärung")

Die Fülldosage bringt den Wein in einem druckfesten Großbehälter zum Gären. Nach Abschluss der Gärung wird der Sekt entheft, wie es beim Transvasierverfahren geschildert wird.

Metodo Rurale/Méthode Rurale

Bei dieser in Italien (Asti) und einigen Regionen Frankreichs noch gebräuchlichen Methode wird der Traubenmost ohne Zusatz von Zucker in geschlossenen Behältnissen direkt zu schäumendem Wein vergoren. Voraussetzung dafür sind sehr süße Trauben.

Von weit größerer Bedeutung als das Herstellungsverfahren ist freilich der Grundwein, aus dem ein Schaumwein bereitet wird. Da ein einzelner Wein in der Regel kein optimaler Ausgangsstoff ist, wird meistens eine Cuvée „versektet", eine harmonische Mischung aus Weinen verschiedener Rebsorten, Herkunft und Jahrgänge. Die Cuvée gibt dem Hersteller die Möglichkeit, einen Jahr für Jahr gleichen (Marken-)Sekt zu erzeugen, weil sich mit der jeweils individuell veränderten Weinmischung erntebedingte Qualitätsschwankungen ausgleichen lassen.

Sekt (Qualitätsschaumwein)

Die Bezeichnungen *Sekt* und *Qualitätsschaumwein* bedeuten dasselbe. Sie stehen für einen Schaumwein, der

- mindestens 10 % vol. Alkoholgehalt hat,
- einen Überdruck von mindestens 3,5 bar aufweist,
- mindestens 6 Monate – davon 21 Tage auf der Hefe – lagerte, wenn er im Großraumgärverfahren entstand,
- mindestens 9 Monate – davon 60 Tage auf der Hefe – lagerte, wenn er im Transvasierverfahren entstand,
- mindestens 9 Monate – und diese gesamte Zeit auf der Hefe – lagerte, wenn er im traditionellen Flaschengärverfahren entstand,
- einer Prüfkommission vorgestellt wurde.

Diese Regelung gilt nur für in Deutschland hergestellten Sekt. Es dürfen allerdings auch ausländische Schaumweine als Sekt bezeichnet werden, wenn sie im Herstellungsland ähnlichen Prüfverfahren unterworfen werden und von gleicher Güte sind.

Bei Sekt/Qualitätsschaumwein sind bei Erfüllung der genannten Bedingungen folgende Angaben zulässig:

- *geographische Angabe:*
  1. Weinbaugebiet oder Untergebiet (z. B. Rheingau): Es müssen 100 % der Weine aus dem angegebenen Gebiet stammen;
  2. Lagen, Gemeinden, Ortsteile: Es müssen 85 % der Weine aus der genannten Einheit stammen, die restlichen 15 % müssen aus dem jeweils betreffenden Anbaugebiet kommen.
- *Jahrgangsangabe:* Mindestens 85 % der Weine müssen aus Trauben des angegebenen Jahrgangs stammen. Jahrgangssekt ist stets ein individuelles Produkt, das zudem nur in begrenzten Mengen lieferbar ist: Da die Hersteller von Sekt auf Weinreserven aus qualitativ wie quantitativ guten Erntejahren angewiesen sind, um die Qualität ihrer Marken halten zu können, wird immer nur ein vergleichsweise geringer Teil der Ernte aus einem guten Jahr separat als Jahrgangssekt abgefüllt.
- *Rebsortenangabe:* Eine solche Angabe ist zulässig, wenn der gesamte Wein, aus dem der Sekt entstand, aus der auf dem Etikett angegebenen Rebsorte (z. B. Riesling) gekeltert wurde. EU-Mitgliedsländer können den Anteil der namensgebenden Rebsorte von 100 auf 85 % reduzieren; sie dürfen außerdem den Namen von zwei Rebsorten zulassen, wenn der betreffende Sekt aus Weinen von Trauben dieser zwei Rebsorten hergestellt wurde.

Neben *Markensekt*, der durch eine gleich bleibende Qualität und einen mehr oder weniger hohen Bekanntheitsgrad definiert wird, gibt es im Markt auch zunehmend *Winzersekt*. Hinter diesem gesetzlich nicht festgelegten Begriff verbergen sich teilweise sehr interessante Sekte, die Weingüter oder (bekannte) Winzer aus ihren eigenen Weinen herstellen oder herstellen lassen.

GETRÄNKE & SPIRITUOSEN

Champagner

Der Qualitätsschaumwein aus dem gesetzlich genau begrenzten Gebiet der alten Provinz *Champagne* ist zweifellos der weltweit renommierteste seiner Art. Obwohl es durchaus mittelmäßigen Champagner wie herausragenden Sekt aus anderen Regionen und Ländern gibt, nimmt der Champagner den ersten Rang unter den Schaumweinen der Welt ein. Diesen Platz haben ihm nicht zuletzt die überdurchschnittlich strengen Vorschriften gesichert, an die sein ganzer Werdegang – vom Anbau der Trauben bis zur Abfüllung – gebunden ist. Die Nutzung des Begriffs Champagner wurde den deutschen Herstellern 1919 im Vertrag von Versailles untersagt, weitere Länder verzichten bereits seit dem Madrider Herkunftsabkommen von 1891 darauf, ihre Schaumweine als Champagne, Champagner oder ähnlich lautend zu bezeichnen.

Champagner basiert hauptsächlich auf drei Rebsorten:
- *Pinot Noir*, eine blaue Traube, gibt dem späteren Champagner Fülle und macht ihn langlebig;
- *Pinot Meunier*, ebenfalls eine blaue, jedoch robustere Traube, die frische, fruchtige Weine ergibt;
- *Chardonnay*, die einzige weiße unter den drei dominierenden Rebsorten, bringt Feinheit und Eleganz in den Champagner ein.

Die blauen Rebsorten werden „weiß gekeltert", das heißt der Traubenmost wird von den Schalen getrennt, bevor er Farbstoffe aus diesen ziehen kann. Für die Ausbeute an Most existieren strikte Beschränkungen; die gesamte Champagnerherstellung ist überhaupt der Regel „Klasse statt Masse" unterworfen.

Nur zugelassene Weine aus den gesetzlich festgelegten Anbaugebieten der Champagne dürfen zu Champagner ausgebaut werden. Die *Méthode Champenoise* (das tradtionelle Flaschengärverfahren) ist dabei zwingend vorgeschrieben.

✎ Wissenswertes zu Schaumwein

Geschmacksrichtungen:

Je nach Restzuckergehalt unterscheidet man:

Extra Brut/Extra Herb	unter 6 g/l
Brut/Herb	bis 15 g/l
Extra Dry/Extra Trocken	12–20 g/l
Sec/Trocken/Secco	17–35 g/l
Demi-Sec/Halbtrocken/Semi-Secco	33–50 g/l
Doux/Mild/Dolce	über 50 g/l

Trinktemperatur:

Weißer Sekt sollte mit 5–7 °C, Rosé-Sekt mit 6–8 °C getrunken werden. Dabei ist zu berücksichtigen, dass sich der Schaumwein im Glas relativ schnell erwärmt – die Serviertemperatur kann daher etwas niedriger sein als die hier empfohlene Trinktemperatur. Zum schnellen Kühlen auf die gewünschte Temperatur ist keinesfalls die Tiefkühltruhe geeignet, sondern lediglich ein Gemisch aus Eiswürfeln und Wasser, in das die Flasche gestellt wird; die Zugabe von Salz ins Eiswasser beschleunigt die Kühlung.

Genuss:

Schaumwein kann sich nur im richtigen Glas entfalten. Absolut ungeeignet sind Schalen: je größer die Oberfläche, desto schneller verpufft die Kohlensäure und desto mehr Bukett wird „an die Raumluft verschwendet". Ideal sind Sektkelche und -flöten; Champagnergläser und solche für Sekt mit ausgeprägtem Bukett sind etwas bauchiger. Sektgläser sollten nur mit klarem Wasser, aber nicht mit einem wasserentspannenden Mittel gespült werden, da dieses das genussfördernde Perlen des Getränkes beeinträchtigt.

Lagerung:

Schaumweine werden auf dem Höhepunkt ihrer Entwicklung abgefüllt und bis auf sehr wenige Ausnahmen durch lange Lagerung nicht besser. Bis zum Verbrauch sollten sie dunkel, bei gleichbleibend kühler Temperatur und (solche mit Naturkorken) liegend aufbewahrt werden.

Und schließlich gilt:

Es ist nicht nötig und sogar dem Genuss abträglich, am Glas lediglich zu nippen. Guter Schaumwein will in großzügigen Schlucken genossen werden!

Üblicherweise wird Champagner aus einer Cuvée gewonnen, in der Weine aus allen drei wichtigen Rebsorten vertreten sind, gewonnen aus Ernten in verschiedenen Lagen und Jahrgängen. Ausnahmen sind:
- *Blanc de Blancs:* nur aus Weinen der weißen Rebsorte,
- *Blanc de Noirs:* nur aus Weinen, die aus einer der beiden oder aus beiden blauen Sorten gekeltert wurden,
- *Jahrgangs-Champagner (Millésime):* aus einer Cuvée, die nur aus Weinen des angegebenen Jahrgangs besteht.

Der zunehmend beliebte *Rosé-Champagner* kann auf zweierlei Arten erzeugt werden: Nach der gängigen, anderswo verpönten oder gar verbotenen Methode wird der Cuvée aus Weißweinen Rotwein zugesetzt; dieser muss allerdings ebenfalls aus der Champagne stammen und den strengen Anforderungen an alle Champagner-Weine genügen. Die andernorts gebräuchliche Methode zur Gewinnung von Rosé-Wein wird in der Champagne zumindest von einigen namhaften Häusern praktiziert: Der Most von blauen Trauben wird so lange auf den Schalen belassen, bis er den gewünschten Farbton erreicht hat.

Neben den „Standard"- und den eben genannten Champagnern werden auch sogenannte *Prestige-Cuvées* angeboten. Das sind Champagner, deren Grundweine entweder aus besonders hoch bewerteten Lagen (Crus) oder aber aus besten Jahrgängen stammen. Nicht selten fallen sie – anders als die „Standards" – ebenso wie die Millésimes von Jahr zu Jahr anders aus.

Crémant
Im Preis viel günstiger, im Geschmack aber durchaus oft an Champagner heranreichend sind die gleichfalls nach der traditionellen Methode erzeugten Crémants eine ernst zu nehmende Alternative aus Frankreich. Sie werden nach ihren Herkunftsgebieten bezeichnet (Crémant d'Alsace, Crémant de Loire usw.). Ihre Herkunft ist auf die Anbaugebiete *Burgund, Champagne, Elsass* und *Loire* beschränkt. Zur Herstellung von Crémants dürfen nur Weine aus der *Appellation d'Origine Contrôlée* verwendet werden.

Spumante
Das italienische Wort spumante steht für „schäumend" und für „Schaumwein". In Italien werden alle Herstellungsverfahren angewandt, und speziell nach der Metodo Classico entstehen dort Schaumweine von allererster Güte. Wenn diese auf dem Etikett das Kürzel *D.O.C. (Denominazione di Origine Controllata)* tragen, stammen sie aus einem bestimmten Anbaugebiet.

Zwei Sorten sprengen den Rahmen des Üblichen in Italien:
Asti Spumante entsteht nach der Metodo Rurale in einer durchgehenden, nur zum Klären des Mostes unterbrochenen Gärung aus dem Most der süßen, weißen Muskateller-Traube (Moscato). Der hohe Restgehalt an natürlichem Traubenzucker ist verantwortlich für die typische Süße des Asti Spumante.

Prosecco Spumante ist ein Qualitätsschaumwein (Sekt), der aus Wein der Rebsorte Prosecco erzeugt wird. Ein genauer Blick aufs Etikett ist allerdings ratsam, denn die Rebsorte Prosecco wird auch zu stillem Wein verarbeitet und zudem zu Prosecco Frizzante.

Cava
Gebräuchliche Basis des spanischen Qualitätsschaumweins Cava, der nach der hier als *Método Tradicional* bezeichneten Champagner-Methode erzeugt wird, sind die vier Rebsorten
- *Xarel-lo* für Farbe, Körper, Alkohol und Reifepotenzial,
- *Macabeo* für Weichheit und Fruchtigkeit,
- *Parellada* für Eleganz und „Länge",
- *Chardonnay* für Körper und Finesse.

Für die Produktion von Rosé sind auch Pinot-Noir, die heimische Garnacha Tinta und wenige weitere Sorten zugelassen.

Sekt

Vom Cava gibt es zwar weitaus weniger Marken als von seinem „französischen Bruder" Champagner, aber die Auswahl an Sorten lässt keine Wünsche offen: Rebsortenreiner Cava ist ebenso zu bekommen wie Rosé und Jahrgänge. Der größte Teil wird zwar im *Penedès* erzeugt, es kommt aber auch Cava aus anderen spanischen Provinzen (z. B. *Navarra, Rioja*).

Perlwein
Von Schaumwein und Qualitätsschaumwein zu unterscheiden ist Perlwein (frz. Vin pétillant, ital. Vino frizzante, in der Schweiz Sternliwein), ein „halbschäumender Wein" mit 8,5 %-Vol. Mindestalkoholgehalt und einem Kohlensäureüberdruck zwischen 1 und 2,5 bar. Die enthaltene Kohlensäure wird meist zugesetzt, kann aber auch aus der Gärung stammen. Ein Perlwein ist der seit Anfang der neunziger Jahre beliebte *Prosecco frizzante*. Deutsche Perlweine kommen häufig als *Secco* auf den Markt.

GETRÄNKE & SPIRITUOSEN

Spirituosen

Man genießt sie nur in kleinen Mengen und doch möchte kaum jemand darauf verzichten. Sei es das kleine Gläschen vor oder nach dem Essen, der Genuss am Abend oder die gesellige Runde, Spirituosen kommen in vielen Lebenslagen gut an.

Was genau eine Spirituose ist, kann jeder in der entsprechenden Verordnung nachlesen. Da gilt als Spirituose eine „zum menschlichen Verbrauch bestimmte alkoholische Flüssigkeit mit besonderen organoleptischen Eigenschaften". So ist es in der VO (EWG) Nr. 1576/89 definiert, der ersten Rechtsnorm dieser Art. Der in Spirituosen enthaltene Alkohol muss durch Gärung und nachfolgende Destillation aus landwirtschaftlichen Rohstoffen gewonnen sein.

Die Gärung

Sie ist Voraussetzung für die Entstehung von Alkohol und wird von bestimmten Hefetypen ausgelöst, die in aller Regel speziell für die zu vergärende Flüssigkeit (z.B. Bier, Spirituosen) gezüchtet, in Einzelfällen („wilde Hefen") aber auch vom Rohstoff mitgebracht werden. Gärfähig sind alle Rohstoffe, die Zucker oder Stärke enthalten. Die Stärke aus Getreide oder Kartoffeln muss beim sogenannten Maischen zunächst in Zucker umgewandelt werden. Denn die (Gär-)Hefe ernährt sich von Zucker und produziert im Gegenzug Alkohol, Kohlendioxid (das Kohlensäure genannt wird, wenn es in Flüssigkeit gelöst ist) und einige Nebenbestandteile, die zum Aroma beitragen. Die von den Hefen vergorenen Flüssigkeiten sind entweder „fertige" alkoholische Getränke wie zum Beispiel Bier, Wein und Apfelwein oder Ausgangsstoffe für die spätere Destillation.

Die Destillation

Sie wird landläufig als das Brennen bezeichnet und fußt auf der Tatsache, dass Alkohol (genau gesagt: Ethylalkohol, chemisch C_2H_5OH) bereits bei 78,3 °C verdampft, Wasser jedoch erst bei 100 °C. Wenn also zum Beispiel Wein destilliert wird, steigt zunächst alkoholhaltiger Dampf auf; dieser wird aufgefangen, abgekühlt und dabei wieder flüssig und als konzentrierter (weil vom größten Teil des Wassers befreiter) Weinalkohol weiterverarbeitet.

Eine einfache Destillation reicht in der Regel nicht aus, um den Alkohol von unerwünschten Bestandteilen (Fuselöle) zu befreien, deshalb wird meist mindestens zweimal gebrannt. Das kann entweder in voneinander getrennten Durchläufen (fraktionierte Destillation) oder in kontiniuierlicher Destillation (mehrere Brennvorgänge in einem Gerät) geschehen. Grundsätzlich werden beim letzten Brenndurchlauf Vor- und Nachlauf abgetrennt; allein der saubere, aromatische Mittellauf (Herzstück) wird zur Spirituose ausgebaut.

Spirituosen können grob eingeteilt werden in
- farblose, wasserhelle Spirituosen („klare" S.),
- farbige Spirituosen („braune" S.) und
- Liköre.

Zweckmäßiger ist jedoch, sie nach ihren Rohstoffen zu ordnen:
- Wein
- Getreide
- Obst und Trester
- Pflanzen
- Liköre

In Einzelfällen ist allerdings eine eindeutige Zuordnung nicht möglich. Gin zum Beispiel kann Getreide als Basis haben, er kann aber auch aus anderem Alkohol landwirtschaftlichen Ursprungs hergestellt werden. Das gilt auch für Wodka, der zwar meist aus Getreide gewonnen wird, diesen Rohstoff aber nicht als Fundament haben muss. Solche Spirituosen wurden hier zwar der entsprechenden Rohstoff-Gruppe zugeordnet, es wird aber jeweils auf die Möglichkeit anderer Rohstoffe hingewiesen.

Grundsätzlich gilt: Für die Altersangabe zu einer Spirituose ist allein die reguläre Reifezeit maßgeblich, aber nicht die Zeit nach der Abfüllung in die Flasche. Eine 1999 mit 12 (Reife-)Jahren abgefüllte Spirituose wird auch 2012 als „12 Jahre alt" eingestuft und gehandelt. Die Altersangabe richtet sich bei jeder Spirituose immer nach dem jüngsten darin enthaltenen Einzeldestillat.

Spirituosen aus Wein

Wein war nachweislich der erste Rohstoff, der zu hochprozentigem Alkohol destilliert wurde. Urkunden aus Italien datieren die ersten Weinbrände auf die Zeit um 1100; in Deutschland fanden sich Hinweise auf den „prannte wyn" vom Anfang des 14. Jahrhunderts. Spirituosen aus Wein werden in allen Ländern erzeugt, in denen Weinbau betrieben wird. In englischsprachigen Ländern und von Barkeepern werden diese Spirituosen unter dem Begriff Brandy zusammengefasst. Im deutschsprachigen Raum steht Brandy hingegen für Erzeugnisse aus dem Süden Europas, aus Italien, Spanien, Portugal und Griechenland.

Die Herstellungsverfahren unterscheiden sich in Details von Land zu Land oder von Sorte zu Sorte. Auch für die zu destillierenden Weine gelten unterschiedliche Vorgaben. Allen gemeinsam ist lediglich die Tatsache, dass guter Trinkwein in den seltensten Fällen auch guter Brennwein ist.

Weinbrand

Da den Deutschen im Versailler Vertrag der Gebrauch des Begriffs Cognac (auch in der Schreibweise Kognak) untersagt wurde, übernahm das deutsche Weingesetz den von Hugo Asbach geschaffenen Begriff Weinbrand. In Deutschland wird darunter heute Weinbrand und Deutscher Weinbrand verstanden.

Weinbrand darf bis zur Hälfte des Fertigproduktes Brände enthalten, die bis auf 94,8 % vol. destilliert wurden; für die zu verwendenden Rebsorten gibt es keine Vorschriften. Mindestreifezeit: 6 Monate in Fässern aus Eichenholz mit unter 1000 Liter Fassungsvermögen, 12 Monate in größeren Fässern dieser Art. Weinbrand dieser Klasse muss mindestens 36 % vol. Alkoholgehalt haben.

Deutscher Weinbrand ist die hochwertigere Variante, die jedoch keineswegs aus deutschen Weinen und auch nicht aus in Deutschland hergestellten Destillaten erzeugt sein muss. Renommierte deutsche Marken haben sogar Weine (oder Destillate daraus) als Basis, die aus den Regionen stammen, in denen Cognac oder Armagnac hergestellt wird. Für Deutschen Weinbrand sind nur Weine aus bestimmten Rebsorten zugelassen, die Obergrenze beim Destillieren ist auf 86 % vol. festgesetzt. Die Reifung muss in Eichenholzfässern mit weniger als 1000 Liter Fassungsvermögen stattfinden und mindestens 12 Monate dauern. Die ansonsten durchaus übliche „Farbkorrektur" mit Zuckercouleur (E 150) ist nicht erlaubt. Der Mindestalkoholgehalt beträgt 38 % vol., ein amtliches Prüfverfahren (nachgewiesen durch amtliche Prüfungsnummer) ist vorgeschrieben.

Weinbrand

Neben Weinbrand gibt es auch noch Verschnitte aus Weinbrand und Ethylalkohol landwirtschaftlichen Ursprungs. Das EU-Recht untersagt bei diesen meist als „Spezialität" etikettierten Spirituosen jeglichen Hinweis auf den darin enthaltenen Weinbrand.

Cognac

Der berühmteste aller Weinbrände (der nach der EU-Spirituosenverordnung als „Branntwein" gilt) kommt aus den Départements Charente und Charente Maritime im Südwesten Frankreichs. Das Anbaugebiet für die Trauben der Grundweine wurde nach deren Qualität in sechs Lagen (Crus) eingeteilt, die sich wie Kreise um das Städtchen Cognac ziehen: Grande Champagne (was nichts mit dem Schaumwein Champagner zu tun hat!), Petite Champagne, Borderies, Fins

GETRÄNKE & SPIRITUOSEN

Cognac

Armagnac

Bois, Bons Bois und Bois Ordinaires. Als Spitzendestillate zur Cognac-Bereitung gelten erstens die aus der Grande und zweitens die aus der Petite Champagne, aber auch die Destillate aus den anderen Crus können wichtige Rollen spielen in der „assemblage", die als Cognac auf den Markt kommt.

Zu Cognac-Weinen werden hauptsächlich drei weiße Rebsorten ausgebaut: Die Ugni Blanc nimmt heute etwa neun Zehntel der gesamten Rebfläche ein; den Rest teilen Folle Blanche und Colombard fast gänzlich unter sich auf. Der Wein muss in zwei voneinander getrennten Durchläufen im sogenannten Alambic Charentais destilliert werden. Das „Herzstück" (Mittellauf) aus der zweiten Destillation reift zu Cognac heran. Für die Alterung des etwa 70-prozentigen Destillates sind Fässer aus Eichenholz der Regionen Limousin oder Tronçais vorgeschrieben. Meist stellen die Erzeuger eine Mischung („assemblage", „coupe", „mariage") aus Einzelcognacs verschiedener Lagen und Jahrgänge zusammen, um ein stets gleich bleibendes Produkt zu erhalten. Die Reifung der Destillate ist etwas kompliziert. Für jedes wird ein Alterskonto (Compte) geführt. Unter das „Konto 00" fällt alles, was seit Beginn einer Brennkampagne bis zum 31. März des Folgejahres destilliert wurde. Vom 1. April bis 31. März des darauf folgenden Jahres wird das Destillat im „Konto 0" geführt, dann im „Konto 1" und so weiter. Mit dem „Konto 6" endet die Kontrolle, der Cognac ist dann zwischen 72 und 84 Monate alt. Verkauft werden darf er, wenn er das „Konto 2" erreicht hat.

Armagnac

Dieser Branntwein aus der Gegend südöstlich von Bordeaux und westlich von Toulouse wurde 1461 zum ersten Mal urkundlich erwähnt und ist damit älter als der Cognac. Sowohl qualitativ als auch quantitativ unterscheidet man zwischen drei Herkunftsregionen („Appellations") in dieser Reihenfolge: Bas-Armagnac, Ténarèze und Haut-Armagnac.
Auf eine davon darf das Etikett nur dann hinweisen, wenn alle Einzeldestillate dieses Armagnacs aus der genannten Region stammen. Üblicherweise ist Armagnac aber eine „assemblage" aus Destillaten aller drei oder mindestens zwei dieser Regionen.
Zwar ist seit 1972 für Armagnac auch das Charentaiser (Cognac-)Brennverfahren zugelassen, in der Regel wird aber kontinuierlich destilliert.
Die Reifung ist mit der des Cognacs vergleichbar, auch die Altershinweise entsprechen in etwa denen des „jüngeren Bruders". Im Gegensatz zu jenem ist Armagnac aber relativ oft in Jahrgangsabfüllungen zu bekommen; diese reichen teilweise viele Jahrzehnte zurück.

Cognac in Theorie und Praxis

Altershinweise
Für die einzelnen Altersstufen ist eine Vielzahl von Begriffen zugelassen, hier sind nur die wichtigsten aufgeführt. Es ist jeweils das „Konto" angegeben, aus dem der jeweilige Cognac stammen muss:
- Compte 2: 3 Sterne/V.S./Sélection
- Compte 3: (Cuvée) Supérieure/ Grande Sélection
- Compte 4: V.S.O.P./V.O./Vieux/Réserve
- Compte 5: V.V.S.O.P./Grande Réserve/Réserve de/du …
- Compte 6: Extra/X.O./Napoléon/Très Vieux/ Vieille Réserve

Destillate
- *Grande (Fine) Champagne* enthält nur Einzeldestillate aus der Cru Grande Champagne
- *Fine Champagne* enthält nur Destillate aus der Grande (mindestens 50%) und Petite Champagne
- *Petite Champagne* enthält nur Destillate aus der zweitbesten Cru, der Petite Champagne
- *Jahrgangs-Cognac* gibt es entgegen einer weit verbreiteten Meinung sehr wohl, allerdings ist die Herstellung mit einem derart hohen Verwaltungsaufwand verbunden, dass die meisten Erzeuger darauf verzichten.

Genuss
Der überdimensionale Schwenker („Goldfischglas"), in dem Cognac in der Gastronomie häufig serviert wird, ist definitiv **das ungeeignetste Behältnis:** Gegen die Übermacht aus der Luft hat das Bukett der vier Zentiliter (weniger sollte nie eingeschenkt werden) keine Chance.
Unfug ist es auch, wenn **der Kellner** anstelle des Gastes das Glas schwenkt: Was hier als „Service" bezeichnet wird, bringt in Wirklichkeit den Gast um einen Teil des Genusses, nämlich um den beim Schwenken aufsteigenden Duft.
Das ideale Glas ist jenes, das dem Sherry-Glas ähnelt, aber etwas bauchiger und oben weniger eng ist; sehr gut geeignet ist zudem das tulpenförmige Nosing-Glass, wie es zum Verkosten von Malt Whisky gebräuchlich ist.
Die **beste Trinktemperatur** liegt zwischen 17 und 21 °C. Wird der Cognac etwas kühler serviert, schadet das nicht, weil er sich ja beim Schwenken erwärmt. Zu kühl ist jedenfalls besser als zu warm.

Brandy

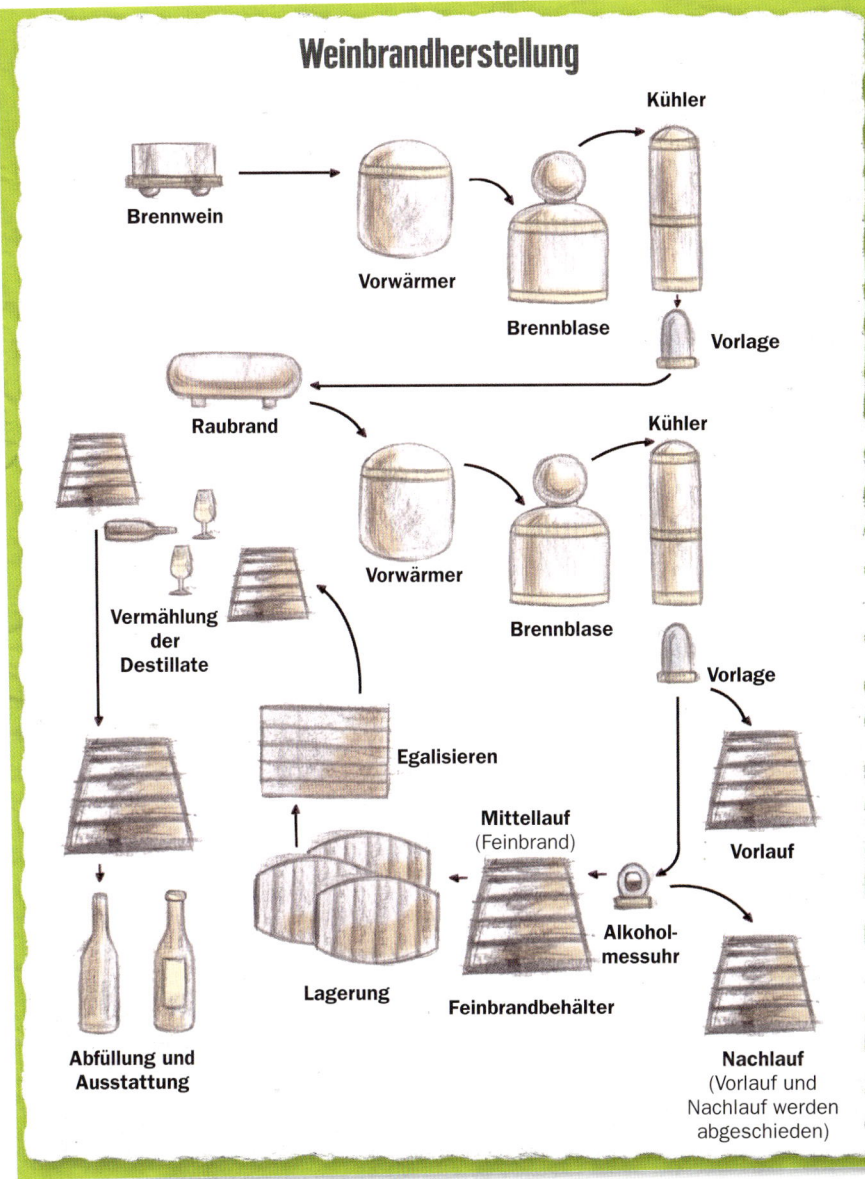

Brandy

Von den zahllosen Brandys aus aller Welt spielen auf dem deutschen Markt nur die aus Spanien und Italien eine nennenswerte Rolle. Der in Getränkekarten meist unter „Brandy" offerierte Metaxa aus Griechenland ist nach EU-Recht kein Weinbrand/Brandy, weil er aus Weindestillat, Wein, Alkohol und natürlichen Aromen besteht.

Italienischer Brandy ist hierzulande nur mit wenigen Marken vertreten. Er basiert meist auf Weinen, die aus der Trebbiano-Traube (die in der Charente als Ugni Blanc die Cognac-Mehrheit stellt) gekeltert wurden, wird traditionell zweifach destilliert und reift meist mindestens drei Jahre im Holzfass.

Brandy de Jerez

Zwar wird in Spanien auch außerhalb Andalusiens Brandy erzeugt, doch ist der aus dem Herkunftsgebiet des Sherrys rund um die Stadt Jerez de la Frontera der mit Abstand bedeutendste. Fast jeder Hersteller von Sherry destilliert auch Brandy. Dessen Basis ist allerdings nicht der Südwein Sherry, sondern Weißwein, der aus Spanien stammen (der meiste kommt aus La Mancha) und von bestimmter Qualität sein muss. Üblicherweise werden daraus zwei verschiedene Destillate erzeugt, die dann je nach Hersteller und Marke in unterschiedlichen Dosierungen vermischt werden:

- **Holandas** werden auf maximal 70 % vol. destilliert; sie sind sehr voll, „ölig" und aromatisch und die eigentlichen Aromaträger in einem Brandy de Jerez (vergleichbar den Malts im Scotch Blended Whisky).
- **Destilados** werden hauptsächlich in kontinuierlich arbeitenden Anlagen auf bis zu 86 % vol. gebrannt, sind weniger aromatisch und leichter im Körper (vergleichbar den Grains im Scotch Blended Whisky).

Die Destillate müssen in der definierten Sherry-Region zu Brandy ausgebaut werden. Sie reifen entweder einzeln oder bereits als Mischung wie der Sherry im sogenannten Solera-System, in dem die verschiedenen Altersstufen kontinuierlich miteinander vermischt werden. Brandy de Jerez hat mindestens 36 % vol. Alkohol, ist meist fülliger und süßer als andere Weinbrände und wird in drei Qualitätsstufen angeboten:

- **Solera:** mindestens 6 Monate, im Schnitt aber 18 Monate gereift,
- **Solera Reserva:** mindestens 12 Monate, im Schnitt aber 3 Jahre gereift,
- **Solera Gran Reserva:** mindestens 3 Jahre, im Schnitt aber 8 oder mehr Jahre gereift.

Metaxa

GETRÄNKE & SPIRITUOSEN

Spirituosen aus Getreide

Getreidespirituosen haben sich in den Ländern, in denen kein oder nur wenig Wein gedieh, vergleichsweise früh eingebürgert. Um aus Getreide Alkohol gewinnen zu können, muss zunächst die Stärke in vergärbaren Zucker umgewandelt werden. Dafür sind Enzyme nötig, die das Korn (vor allem die Gerste) bildet, wenn es gemälzt wird. Ein mehr oder weniger hoher Anteil von gemälztem Getreide ist daher zur Herstellung jeder Getreidespirituose unerlässlich. Die Vorstufe bei der Herstellung jeder dieser Spirituosen ist vergleichbar mit dem Bierbrauen: Ein Teil des Getreides wird gemälzt (in einzelnen Fällen auch alles). Das gesamte Getreide wird geschrotet und mit Wasser vermischt (das Einmaischen). Die im Malz enthaltenen Enzyme wandeln die Getreidestärke in Zucker um, der von der Hefe vergoren wird. Das Ergebnis ist eine alkoholische Flüssigkeit, die anschließend destilliert wird.

Whisky und Whiskey

Die Schreibweise Whisk(e)y wird heute häufig angewandt, wenn über schottischen und kanadischen Whisky und über irischen und US-amerikanischen Whiskey zugleich geschrieben wird. Die Gattung Whisk(e)y stellt zweifellos die bekanntesten und bedeutendsten Getreidespirituosen überhaupt: Von den 100 im Jahr 2005 weltweit meistverkauften Spirituosenmarken waren allein 32 Whisk(e)ys mit einem Gesamtabsatz von nahezu 1187 Millionen Flaschen. Den größten Anteil daran hatte der

Scotch Whisky

Die Schotten produzieren zwei Arten von Whisky und stellen daraus vier Sorten Whisky her. Das Fundament der schottischen Whiskyindustrie und der wohl älteste Whisk(e)y überhaupt (erstmals erwähnt 1494) ist der

Malt Whisky

Zur Herstellung dieser Whisky-Art sind nur gemälzte Gerste (Malz, engl. malt), Wasser und Hefe zugelassen. Destilliert werden muss mindestens zwei Mal im fraktionierten Verfahren in der klassischen Brennblase, der sogenannten Pot Still. Erst nach mindestens dreijähriger Reifezeit in Fässern mit weniger als 700 Liter Fassungsvermögen darf das Destillat („new make") als Whisky bezeichnet und in den Handel gebracht werden; üblich sind aber weitaus längere Reifezeiten von 12 und häufig sogar mehr Jahren. Der größte Teil der Malzdestillate reift in Fässern, in denen zuvor in den USA Straight Whiskey alterte. Außerdem werden auch gebrauchte Sherryfässer zur Alterung von Scotch Whisky verwendet. Mit zunehmender Nachfrage nach sogenannten „Finished Malts" stieg auch die Anzahl und Auswahl weiterer gebrauchter Fässer: Madeira-, Portwein-, andere Wein-, Rum-, Brandy-, Calvados- und andere Fässer mehr dienen einer an die reguläre Reifezeit anschließenden Nachreifung („Finishing").

Grain Whisky

Diese zweite Art wird aus überwiegend ungemälztem Getreide (früher meistens Mais, heute überwiegend Weizen) mit einem Anteil Gerstenmalz im kontinuierlichen Brennverfahren (Patent, Column oder Coffey Still) auf einen höheren Alkoholgehalt destilliert als der Malt Whisky und ist daher ärmer an Aroma als jener und leichter im Körper. Er dient hauptsächlich als „Füllmaterial" für den Scotch Blended Whisky.

Scotch Single Malt Whisky

Diese Sorte gilt seit etwa Mitte der 80er Jahre des letzten Jahrhunderts als „Kultgetränk". Obwohl sich alle Hersteller auf nur drei Zutaten beschränken müssen und an ein bestimmtes Herstellungsverfahren gebunden sind, gehört der Scotch Single Malt Whisky zu den komplexesten Sorten unter den Spirituosen der Welt. Wie ein Malt Whisky ausfällt, hängt zunächst von der Gerstensorte und deren Qualität ab. Eine entscheidende Rolle spielt zudem die Intensität, mit der das Grünmalz getrocknet (gedarrt) wird, und die Frage, ob – was meistens der Fall ist – das Feuer unter der Darre mit Torf geschürt wird und, falls ja, wie viel Torf dabei verbrennt. Dieses Torffeuer ist verantwortlich für das mehr oder weniger intensive Torfrauch-Aroma, das als typisch für schottische Whiskys gilt. Wesentlichen Einfluss auf den späteren Malt Whisky haben auch Gärung und Destillation, wobei Größe und Form der Brennblasen (Pot Stills) eine nicht zu unterschätzende Rolle spielen. Am meisten wird der Malzwhisky aber in seiner Reifezeit vom Fass und von der Umgebung des Reifelagers geprägt. Wie jede andere Spirituose auch, ist Single Malt fast immer eine Mischung von ausgereiften Destillaten unterschiedlichen Alters und vor allem aus verschiedenen Fässern. Als Single Malt darf ein schottischer Whisky allerdings nur bezeichnet werden, wenn alle darin enthaltenen Malz-Destillate aus einer einzigen Brennerei stammen! Da derzeit an die 100 Brennereien auf dem schottischen Festland und auf den Inseln Malzwhiskys herstellen, von denen jede über Vorräte unterschiedlichen Alters und aus verschiedenen Fässern verfügt, und da zudem das Nachreifenlassen (Finishing) in anderen als den für die herkömmliche Reifung genutzten Fässern immer häufiger praktiziert wird, ist die Auswahl an Scotch Single Malts inzwischen kaum noch überschaubar.

Scotch Blended Whisky

Diese beliebteste Sorte unter den Whisk(e)ys der Welt ist eine Mischung (engl. blend) von Malt und Grain Whiskys, wobei die Malts zwar zahlenmäßig (bis zu vier Dutzend Malts) in der Mehrheit sind, die vergleichsweise wenigen Grain Whiskys (drei, vier oder fünf) aber im Schnitt etwa drei Viertel der Menge stellen. Die Qualität eines Scotch Blended Whiskys hängt von der Beschaffenheit, der Dosierung und der Zusammenstellung der Malt Whiskys ab, die sein aromatisches Fundament bilden, das von den Grains mehr oder weniger „leichter" gemacht wird und damit eher den Vorstellungen eines breiteren Konsumentenkreises entspricht als eine Mischung nur aus Malzwhiskys. Eine Altersangabe auf dem Etikett richtet sich stets nach dem jüngsten in einem Blended Whisky enthaltenen Einzeldestillat.

Scotch Blended Malt Whisky

Diese bislang als Vatted Malt bezeichnete Sorte meint eine Mischung von Malts aus verschiedenen Brennereien, der kein Grain Whisky zugesetzt wird.

Scotch Single Grain Whisky

Bei dieser vergleichsweise selten anzutreffenden Sorte handelt es sich um einen blend nur aus Grain Whiskys einer einzigen Brennerei, ohne Zusatz von Malt Whisky.

Eine Probe Scotch Single Malt

Da Scotch Single Malt wesentlich von seiner Umgebung geprägt wird, spielt die Herkunft beim Kauf eine wichtige Rolle. Schottland wird eingeteilt in folgende Whisky-Regionen:
- **Highlands** (Northern, Western, Central und Eastern Highlands); Speyside („Grand Cru" mit den meisten Brennereien)
- **Lowlands**
- **Campbeltown** (Kintyre)
- **Isle of Islay**
- **Isles** (Arran, Jura, Mull, Orkney, Skye und Lewis)

Jede dieser Regionen bringt ihre ureigenen Whisky-Typen hervor. So gelten im allgemeinen die Malts aus den Lowlands als die mildesten, weichsten, die aus den Highlands und vor allem aus der Region Speyside, als besonders elegant und finessenreich und die von den Inseln, speziell von Islay, als wuchtig und deutlich von Seeluft geprägt. Verallgemeinern lassen sich solche Aussagen allerdings nicht.

Malt wird stets in aufsteigender Reihenfolge probiert: vom jüngsten zum ältesten, vom mildesten zum aromatischsten, vom niedrigsten (mindestens 40 % vol.) zum höchsten Alkoholgehalt. Zu einer sachgerechten Probe gehört die Beurteilung von Aussehen (Farbe, Klarheit), Duft, Geschmack und Abgang. Zu einer Probe (engl. Tasting) gehört zwingend stilles, mineralienarmes oder -freies Wasser; nicht nur, weil viele Malts heute in Fassstärke (Cask Strength) abgefüllt werden, sondern vor allem, weil ein „Schuss" Wasser viele Düfte und Aromen freisetzt, die dem Probierenden sonst verborgen blieben.

Das einzig richtige Glas, um einen Single Malt (und überhaupt hochwertigen Whisky) zu genießen, ist das tulpenförmige Nosing-Glass; ersatzweise leistet auch ein Sherryglas (Copita) hier gute Dienste. Eiswürfel sind für einen Malt Whisky tabu!

GETRÄNKE & SPIRITUOSEN

Whisky

Irish Single Malt Whiskey
Diese Sorte entspricht im wesentlichen dem Scotch Single Malt, wird allerdings zum Teil nach irischer Tradition dreifach destilliert. Außerdem wird das Malz in Irland üblicherweise (es gibt eine Ausnahme) nicht über einem mit Torf geschürten Feuer gedarrt, weshalb dem Irish Whiskey meistens das beim Scotch fast obligatorische Raucharoma fehlt.

Irish Blended Whiskey
Dieser ist wie sein schottischer Verwandter eine Mischung aus Malt und Grain. Ein irischer Blend besteht allerdings nur aus Einzelwhiskeys eines Herstellers, ist also aus deutlich weniger Komponenten zusammengestellt. Nicht selten besteht ein Irish Blend nur aus einem Malt und einem Grain.

Irish Pure Pot Still Whisky
Diese klassische, aber lange vernachlässigte Sorte entstand, als die Engländer den Iren eine Malzsteuer auferlegten. Um diese niedrig zu halten, ersetzten die irischen Brenner einen Großteil des Malzes in der Maische durch ungemälzte Gerste. Die vergorene Maische aus durchschnittlich sieben Teilen ungemälzter und drei Teilen gemälzter Gerste wird wie Malt Whiskey in der Pot Still destilliert. Der hohe Anteil an Rohfrucht ergibt einen höchst aromatischen, etwas fruchtigen Whiskey mit der gewissen „Öligkeit", die dem irischen Whiskey fälschlicherweise pauschal attestiert wird.

US-Whiskey
Die Whiskeyherstellung in den USA unterscheidet sich zum Teil deutlich von der in Europa. Mais und Roggen spielen die Hauptrollen, und das Sour-Mash-Verfahren ist allgemein üblich: Der Maische wird die alkoholfreie Flüssigkeit zugegeben, die von den bei der letzten Destillation im ersten Brennkessel verbliebenen festen Bestandteilen der Maische abgeseiht wurde. Dieser backset trägt den Charakter des Whiskeys immer weiter. Destilliert wird im allgemeinen zunächst in einer kontinuierlich arbeitenden Brennblase (Beer Still), die unmittelbar folgende zweite Destillation läuft in einem einfacheren Brenngerät ab.

Die wichtigste Gruppe der US-Whiskeys sind die Straight Whiskeys. Die Destillate für die Straights müssen mindestens drei Jahre in neuen Fässern aus amerikanischer Weißeiche reifen, die zuvor innen ausgebrannt wurden. Dass diese Fässer nur einmal benutzt werden dürfen, erklärt die Tatsache, dass Second-hand-Fässer aus den USA bei der Lagerung von Whisk(e)y in Schottland und Irland die absolute Mehrheit haben: Sie sind deutlich billiger als neue Fässer und solche, in denen zuvor Südweine und herkömmliche Weine reiften. Die drei wichtigsten Straight Whiskeys sind:

Irish Whiskey
Wahrscheinlich liegt der Ursprung allen Whisk(e)ys in Irland. Diese Vermutung liegt nahe, weil missionierende Mönche, die von Südeuropa aus auch die Kunst der Destillation in Europa verbreiteten, zuerst nach Irland und erst später nach Schottland kamen. Da die Schotten aber im Gegensatz zu den Iren ein „uisge beatha" (die gälisch-keltische Version von aqua vitae = „Lebenswasser") schriftlich dokumentieren können, beanspruchen sie für sich die „Erfindung" dieser Getreidespirituose.

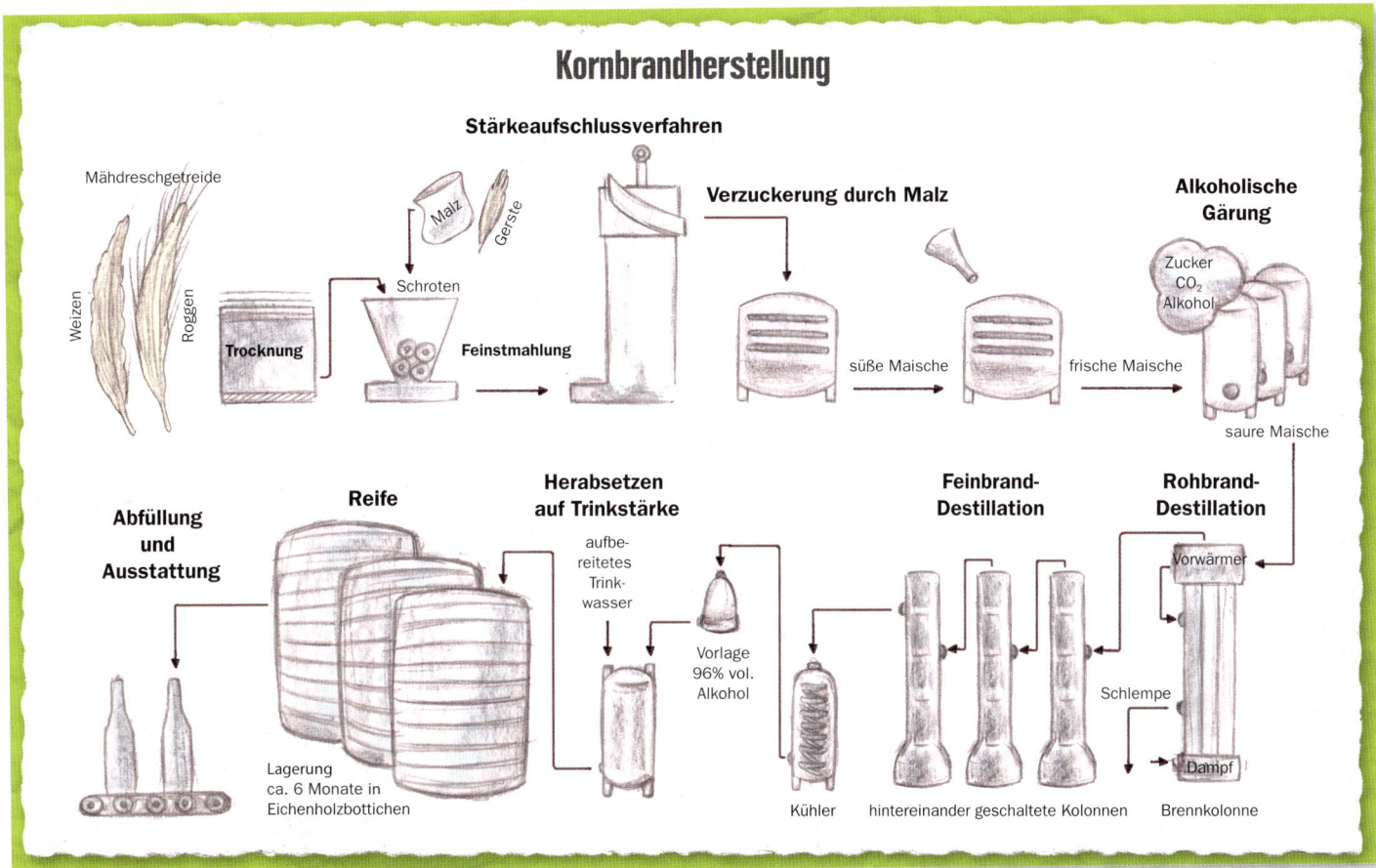

Bourbon Whiskey

Die Sorte, die heute als der klassische US-Whiskey überhaupt gilt, ist in Wirklichkeit die jüngste: Der Bourbon wurde erst 1964 amtlich definiert. Theoretisch dürfte er in jedem Bundesstaat der USA hergestellt werden, die absolute Mehrheit kommt jedoch aus Kentucky; auch in Georgia, Indiana und Virginia wird Bourbon hergestellt, wenngleich nur sehr wenige Marken. (Übrigens täuscht die Markenvielfalt in den USA weit mehr Brennereien bzw. Hersteller vor, als es wirklich gibt. Amerikanische Brenner geben ihren verschiedenen Alters- oder Qualitätsstufen gern jeweils andere Markennamen und nennen als Hersteller gern die längst nicht mehr existierenden Brennereien, deren Markenrechte sie irgendwann übernommen haben. Tatsächlich sind in den USA kaum mehr als 20 ernst zu nehmende Brennereien in Betrieb.)

Bourbon muss mindestens 51 % Mais in der Maische haben; dieses Getreide darf einen Anteil von 80 % aber nicht übersteigen. Der Rest ist meistens Roggen, seltener Weizen; außerdem ist in jedem Straight Whiskey ein relativ kleiner Anteil Gerstenmalz enthalten. Grundsätzlich gilt: Je höher der Anteil des Maises, desto süßer und weicher fällt der Whiskey aus.

Rye Whiskey

Roggen muss bei dieser Sorte mindestens 51 % der Maische ausmachen. Der Ur-Whiskey der USA ist würziger und fruchtiger als die beiden anderen Straights und auf jeden Fall probierenswert!

Tennessee Whiskey

Diese Sorte ist genau genommen ein Bourbon. Sie wird in nur noch zwei Brennereien im Bundesstaat Tennessee hergestellt und unterscheidet sich vom Bourbon grundsätzlich darin, dass das frische Destillat („white dog") durch eine meterdicke Holzkohleschicht gefiltert wird, bevor es in die Reifefässer gefüllt wird (alle anderen Whiskeys und Whiskys werden erst nach der Reifung gefiltert). So kommt ein zwar reineres, aber auch geschmacksärmeres Destillat in die Reifefässer und entwickelt sich darin folglich auch anders als eines, das zuvor nicht aufwändig gefiltert wurde.

Canadian Whisky

Bis auf wenige Ausnahmen ist kanadischer Whisky immer ein Blended Whisky. Die Hersteller haben mehr Spielraum bei der Wahl des Getreides und produzieren Grundwhiskys aus verschiedenen gemälzten und ungemälzten Getreidesorten, wobei der Roggen eine vorherrschende Rolle spielt. Eine Mischung solcher Basic Whiskys, die nie mehr als 10 % der gesamten Menge ausmacht, wird mit hochgradig destilliertem, nahezu neutralem spirit zum Whisky verlängert, der dann besonders körperleicht und mild ist. Es lohnt sich, Canadian Whisky nicht nur zum Mixen zu verwenden, sondern auch pur zu probieren: In ihm finden sich Spuren fast aller Whisk(e)ysorten – und das macht ihn zu einem Erlebnis für Entdecker.

Whisky aus aller Welt

Blended und zunehmend auch Malt Whisky wird heute nicht nur in den klassischen vier Erzeugerländern, sondern von Australien bis Wales in etwa 20 Ländern hergestellt. Meist handelt es sich um Erzeugnisse, die dem schottischen Whisky nachempfunden sind, teilweise mit anderem Getreide oder Getreidemischungen. Zu einer bemerkenswerten Whiskynation hat sich Japan entwickelt; auch in Deutschland produzieren inzwischen einige Hersteller Whiskys, die durchaus probierenswert sind.

GETRÄNKE & SPIRITUOSEN

Spirituosen aus Getreide oder Agraralkohol

Wodka

Aquavit

Korn

Nach EU-Recht darf eine Getreidespirituose nur Korn heißen, wenn sie in Deutschland oder einem Gebiet der Gemeinschaft hergestellt wurde, in der Deutsch eine der Amtssprachen ist. Zu seiner Herstellung dürfen nur Weizen, Roggen, Gerste, Hafer und Buchweizen einzeln oder aber auch in Mischungen verwendet werden. Diese Begrenzung auf nur fünf Rohstoffe ist Teil eines „Reinheitsgebotes", das es nicht nur für Bier, sondern auch für den Korn gibt. Nach der Vorschrift muss das Getreide „im vollen Korn" verwendet werden, also mit allem, was diesen Rohstoff wertvoll macht. Mehl allein darf ebenso wenig zu Korn werden wie beschädigtes oder verunreinigtes Getreide.

Korn wird im Trebermaischeverfahren gewonnen: Die Maische wird nicht gefiltert, sondern mit ihren festen Bestandteilen vergoren. Üblicherweise wird zweimal gebrannt. Im ersten Durchlauf entsteht der sogenannte Rohbrand; im Brenngerät bleibt der alkoholfreie Rückstand (Schlempe) zurück, der als wertvolles Viehfutter hoch geschätzt ist. Der etwa 85-prozentige Rohbrand wird mit Wasser verdünnt und erneut gebrannt. Der hochprozentige Feinbrand wird mit reinem Wasser auf Trinkstärke herabgesetzt. Theoretisch kann Korn auch in einmaliger Destillation erzeugt werden, wenn das Brennverfahren mehrere Destillationen einschließt. (vgl. S. 479)

In der Regel wird Korn nicht lange, sondern nur kurz gelagert, um harmonisch zu werden. Es gibt jedoch auch Marken, die eine vergleichsweise lange Fasslagerung absolviert haben.

Reiner Weizenkorn, der die Mehrheit im Markt hat, ist mild und weich, reiner Roggenkorn kräftig-würzig. Ein beträchtlicher Anteil des Angebotes entfällt auf „Mischkorn" aus zwei oder mehr Getreidesorten.

Korn muss mindestens 32 % vol. Alkoholgehalt haben und mindestens 37,5 % vol., wenn er als Kornbrand oder als Edelkorn etikettiert werden soll. Als Mindestalkoholgehalt für Doppelkorn werden 38 % vol. empfohlen, obwohl diese Bezeichnung rechtlich an die Zusatzbezeichnung Kornbrand (37,5 % vol.) gebunden ist.

Es gibt verschiedene Spirituosen, deren Rohstoff der Hersteller frei wählen kann. Die Grundlage muss auf jeden Fall Agraralkohol sein, also Ethylalkohol aus landwirtschaftlichen Erzeugnissen wie Melasse, Zuckerrüben, Kartoffeln, Wein oder Obst. Rohstoff kann aber auch Getreide sein; Spitzenprodukte haben häufig diesen Rohstoff als Fundament für den Alkohol.

Gin

Vorläufer dieser Spirituose war der holländische Genever (als Oude Genever aus Gerstenmalz, Roggen und Mais hergestellt und mit Agraralkohol und Gewürzen, speziell Wacholderbeeren vollendet). Der Genever kam mit Wilhelm von Oranien nach England, wurde dort zu „Gin" verballhornt und sehr populär. Hochprozentiger Alkohol aus Getreide oder anderen Agrarprodukten wird mit einer individuellen, aber immer von Wacholderbeeren dominierten Gewürzmischung erneut destilliert. Dabei werden die Gewürze entweder in Alkohol ausgelaugt (mazeriert) und mit diesem gebrannt oder sie kommen nicht direkt mit dem Alkohol in Verbindung, sondern werden in der Brennblase nur von den aufsteigenden Alkoholdämpfen durchzogen.

Gin lagert zwar zur Harmonisierung noch eine Zeitlang in Glas, Edelstahl oder Steingut, reift dabei aber nicht. Er hat mindestens 37,5 % vol. Alkohol und wird bei uns hauptsächlich als trockener (London) Dry Gin angeboten, wobei „London" keine Herkunftsangabe ist, sondern eine historische Typenbezeichnung. Weniger bekannt sind der gesüßte Plymouth Gin und aromatisierte Sorten wie etwa der Sloe Gin.

Wodka

Ursprüngliche Heimat der nach dem Diminutiv des slawischen Worts voda (= Wasser) benannten Spirituose ist Russland und/oder Polen. Inzwischen ist das „Wässerchen" aber ein alkoholischer Kosmopolit und wird in vielen Ländern hergestellt. Daher wird jetzt grob differenziert zwischen

- **Wodka östlichen Typs:** ausgeprägter Geschmack, mittelschwerer bis schwerer Körper,
- **Wodka westlichen Typs:** wenig oder kaum spürbares Aroma, mild und weich;
- inzwischen geht aber auch in der Herstellerländern der westlichen Welt die Tendenz zu „Wodka mit Charakter".

Um ein möglichst reines und mildes Destillat zu gewinnen, wird der Rohstoff (meist Getreide, seltener Kartoffeln, noch seltener andere landwirtschaftliche Produkte) mehrfach destilliert und zusätzlich gefiltert. Der Mindestalkoholgehalt beträgt 37,5 % vol.; neben dem herkömmlichen Wodka sind inzwischen auch viele aromatisierte (Frucht und/oder Gewürze) Varianten auf dem Markt.

Aquavit

Diese in Dänemark, Norwegen und Deutschland hergestellte Spirituose ist wie der Gin stärker von der individuellen Gewürzmischung geprägt als vom Rohstoff ihres Alkohols. Der 96-prozentige Alkohol wird mit dem vorherrschenden Kümmel und mit Dill, Fenchel, Anis, Koriander und anderen Zutaten destilliert. Der Mittellauf des so entstandenen „Würzdestillates" wird im Aquavittank mit aufbereitetem Wasser und neutralem Alkohol zur gewünschten Konzentration gemischt. Danach lagert der Aquavit je nach Marke unterschiedlich lange, zum Teil auch in Holzfässern. Mindestalkoholgehalt: 37,5 % vol.

Spirituosen aus Obst

Spirituosen aus Stein-, Kern- und Beerenobst werden hauptsächlich in Deutschland (Südwesten), Frankreich (Elsass und Lothringen), der Schweiz, Österreich, Italien (Südtirol) und Ungarn hergestellt. Auch innerhalb der Europäischen Union gelten für die Herstellung zum Teil noch nationale Abweichungen. So ist zum Beispiel das Zuckern von Obstbränden in Deutschland auf zehn Gramm beschränkt (Frankreich: 20 g) und für Obstbrände mit definierter Herkunftsbezeichnung (z. B. Schwarzwälder Kirschwasser) – anders als von der EU-Regelung vorgesehen – gänzlich untersagt. Den deutschen Brennern ist es zudem verboten, Beerenobst angären zu lassen, dann mit Alkohol zu mazerieren und schließlich zu destillieren.

Hierzulande werden unter dem Oberbegriff Obstbrände zwei Arten zusammengefasst:

Obstwasser
Steinobst (Kirschen, Zwetschen usw.) wird in zerkleinertem Zustand oder als Most vergoren und anschließend zunächst zu Roh- und dann zu Feinbrand destilliert. Eine längere Lagerung der Destillate ist im allgemeinen nicht üblich, es gibt aber Ausnahmen. Anstelle der Endung -wasser kann auch -brand stehen, so zum Beispiel *Apfelbrand*. Ein *Birnenbrand* kann als Williams etikettiert werden, wenn er nur aus Birnen der Sorte Williams (-Christ) hergestellt worden ist. Als *Obstler* (mit dem vorgeschriebenen Zusatz Obstbrand oder Obstwasser) wird ein aus Äpfeln und/oder Birnen bzw. dem Most daraus gewonnenes Destillat mit einem Mindestalkoholgehalt von 37,5 % vol. bezeichnet. *Slivowitz* ist ein Pflaumenbrand aus dem Balkan.

Obstgeist
Speziell zuckerarme Beeren sind der Rohstoff für diese Art. Das Obst wird in Alkohol eingelegt (mazeriert), gibt an diesen sein Aroma ab und wird als Mazerat (Alkohol plus Beeren) destilliert.
Mindestalkoholgehalt für Obstbrände beider Arten: 37,5 % vol. Für Obstbrände, die eine definierte Herkunftsbezeichnung tragen (z. B. Schwarzwälder Kirschwasser/Himbeergeist, Fränkisches Zwetschgenwasser): 40 % vol.
Obstbrände jeglicher Art werden niemals eiskalt getrunken, da sie bei tiefen Temperaturen ihre Aromen nicht entfalten können. Die beste Trinktemperatur liegt bei etwa 16 °C, ideal ist ein tulpenförmiges Glas.

Calvados
wird zwar häufig unter die Obstbrände eingereiht und als „Apfelbrand" bezeichnet, er wird aber im Norden von Frankreich aus gelagertem Apfelwein (frz. Cidre) – teilweise mit einem Anteil Birnenwein (Poiré) – destilliert. In der Region Pays d'Auge ist die zweifache Destillation nach der Cognac-Methode vorgeschrieben, in den anderen zehn „Appellations" ist mehrheitlich noch die kontinuierliche Destillation gebräuchlich. Erst nach mindestens zwei Jahren Fassreifung darf sich ein solches Destillat Calvados nennen; größtenteil sind aber zum Teil weit längere Reifezeiten üblich. Reifekontrolle und Hinweise auf das Alter ähneln denen von Cognac und Armagnac.
Junger Calvados lässt noch deutlich die Äpfel riechen und schmecken, mit zunehmender Alterung im Fass wird das Apfelaroma aber von den holzgeprägten Reifetönen in den Hintergrund gedrängt.

Spirituosen aus Trester

Als Trester werden die Rückstände der Weintrauben bezeichnet, die nach dem Pressen übrigbleiben. Für die daraus gewonnenen Spirituosen gilt: Je trockener der Trester, desto weniger aromatisch die Spirituose. Generell wird differenziert zwischen Weißwein- und Rotweintrestern. Da die für Rotwein bestimmten Trauben eingemaischt und mitvergoren werden, brauchen die Schalen nicht mehr zu vergären. Weil die Schalen der für Weißwein bestimmten Trauben üblicherweise nicht mit dem Most vergären, müssen sie vor dem Brennen vergoren werden. Tresterbrände werden in allen Weinländern erzeugt, die bekanntesten sind:

Grappa aus Italien
Die Unterschiede zwischen den fast zahllosen Marken resultieren zum einen aus der Verwendung verschiedener Trester, rebsortenreiner ebenso wie gemischter, zum anderen aus der Möglichkeit, verschiedene Brennverfahren in unterschiedlichen Brenngeräten anzuwenden. Auch die Herkunft der Grappa spielt eine Rolle bei der Vielfalt. Die italienische Tresterspirituose wird sowohl jung als auch nach mehr oder weniger langer Fasslagerung angeboten: „vecchia" = „alt", „stravecchia" = „sehr alt", „invecchiata" = „gealtert", „Riserva" = „Reserve"; außerdem gibt es noch aromatisierte Grappa.

Marc aus Frankreich und der Schweiz
Diese Spirituosen werden fast gänzlich aus Trestern berühmter Weine oder bekannter Anbaugebiete destilliert: Marc de Champagne, de Bourgogne, d'Alsace, de Dôle.

Tresterbrand aus Deutschland
wird häufig von Winzern oder Winzergenossenschaften angeboten und hat hauseigene Trester als Rohstoff; empfehlenswert sind Tresterbrände aus heimischen Rebsorten wie zum Beispiel von der berühmten Weißwein-Rebsorte Riesling.

Kirschwasser

Grappa

GETRÄNKE & SPIRITUOSEN

Spirituosen aus weiteren Pflanzen

Blue Curacao

Amaretto

Averna

Rum

Während in Europa Getreide, Weintrauben und Obst die wichtigsten Rohstoffe für Spirituosen sind, spielen in Übersee das Zuckerrohr und – in geringerem Maße – die Agave tragende Rollen.

Cachaça

Diese „Kaschassa" ausgesprochene Spirituose kommt aus Brasilien und wurde hierzulande als alkoholisches Fundament des Trend-Drinks „Caipirinha" bekannt. Die (!) Cachaça wird aus frischem, grünem, zerkleinertem und vergorenem Zuckerrohr destilliert, je nach Hersteller diskontinuierlich (wie Malt Whisky und Cognac) oder kontinuierlich. Wichtig ist, dass das Zuckerrohraroma beim Destillieren erhalten bleibt. Cachaça wird zwar im Heimatland in gewaltigen Mengen hergestellt (geschätzt: 2 Milliarden Liter jährlich), ist aber bei uns nur mit wenigen Marken (ab 40 % vol.) erhältlich, üblicherweise nicht gereift und wasserklar.

Rum

Die mittlerweile wichtigste Mixspirituose wird mit wenigen Ausnahmen (Australien, USA, Spanien) auf den Inseln der Karibik („Westindien") und in Südamerika hergestellt; bedeutende Erzeuger sind Jamaika, Kuba und Puerto Rico. Die absolute Mehrheit allen Rums wird entgegen einer weitverbreiteten Behauptung nicht aus Zuckerrohr und dessen Saft oder Sirup gewonnen, sondern aus der beim Zuckerkochen anfallenden, extrem süßen Melasse. Normalerweise werden schwere, hocharomatische Rumsorten zwei- oder dreimal in der klassischen Brennblase destilliert, weniger aromatische hingegen kontinuierlich.

Wie jedes frische Destillat ist auch der Rum farblos und wasserklar, wenn er aus der Brennblase kommt. Weißer Rum wird nur kurzzeitig in Fässern gelagert, die keine Farbe abgeben, oder aber unter Luftzufuhr in Edelstahltanks. Einzelne Produzenten filtern ihn nach der Fasslagerung. Goldfarbener oder dunkler Rum reift oft viele Jahre lang in Fässern, zum Teil in solchen, die zuvor US-Whiskey enthielten. Eine extrem dunkle Farbe entsteht aber nicht im Fass, sondern wird mit dem natürlichen Farbstoff Zuckercouleur erreicht.

Die außerordentlich breite Aromenpalette des Rums basiert auf einer Vielzahl von Faktoren. Eine Ausnahme im Markt ist der Rhum Agricole aus den französischen überseeischen Départements. Diese Sorten müssen aus dem vergorenen Saft des Zuckerrohrs gewonnen werden.

Der Mindestalkoholgehalt für Rum (frz. Rhum, span./portug. Ron) beträgt 37,5 % vol. Man unterscheidet:
Original-Rum: aus dem Herstellungsland eingeführt, im Inland nicht mehr verändert,
Echter Rum: auf Trinkstärke herabgesetzter Original-Rum,
Rum-Verschnitt: Mischung aus Rum und Agraralkohol anderer Art; mindestens 5 % des im Fertigprodukt enthaltenen Alkohols müssen vom Rum stammen.

Tequila

Mexikos „Aperitivo Nacional" ist nicht, wie häufig zu hören ist, ein „Kaktusschnaps". Sein Rohstoff ist vielmehr die Blaue Agave „Tequilana Weber". Die darf nur in genau festgelegten Regionen Mexikos und nach ebenfalls festgelegten Methoden zu Tequila weiterverarbeitet werden. Das einer Ananas ähnelnde Herzstück („piña") der Agave wird gekocht, zerkleinert und ausgepresst, der Saft mit Hefe vergoren und zweimal destilliert. Man unterscheidet generell zwischen

- **Tequila 100 %:** Es wurde nur agaveneigener Zucker vergoren.
- **Tequila (gelegentlich als Tequila „Mixto" bezeichnet):** Dem Most dürfen zum Vergären bis zu 49 % Fremdzucker zugegeben werden. Keinesfalls ist dieser Tequila, wie gelegentlich kolportiert wird, „mit Zucker(rohr)destillat verschnitten" – der Fremdzucker vergärt nur mit dem agaveneigenen zu Alkohol.

Tequila muss mindestens 38 % vol. Alkoholgehalt haben und wird angeboten als:
- **White, Silver, Blanco oder Plata:** nicht oder nur kurz gereift,
- **Gold oder Joven:** nicht oder nur kurz gereift, mit Zuckercouleur getönt,
- **Reposado („abgelagert"):** mindestens 60 Tage, meist aber bis zu 9 Monate im Holzfass gereift,
- **Añejo („gealtert"):** mindestens 1 Jahr, oft aber bis zu 3 Jahre im Holzfass gelagert.

Mezcal

Der „kleine Bruder" ist nicht so vielen (und auch weniger strengen) Vorschriften unterworfen wie der Tequila selbst. Er ist nicht an eine festgelegte Herkunft gebunden, sondern wird in ganz Mexiko erzeugt; Mezcal muss nicht aus einer bestimmten Agavenart hergestellt und nicht zweifach destilliert werden, auch ist er nicht von strikten Vorgaben für Altersstufen abhängig. Mezcal ist der „Volks-Tequila".

Eierlikör

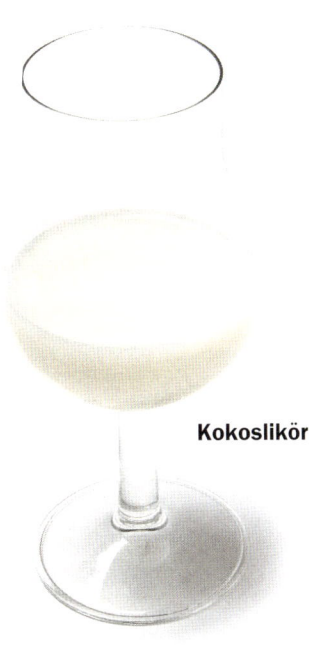
Kokoslikör

Creamlikör

Apérol

Liköre

Der Gattung Likör wird eine Spirituose zugeordnet, wenn sie einen Zuckergehalt von mindestens 100 Gramm je Liter hat; mit mindestens 400 Gramm Zucker je Liter dürfen bestimmte Liköre als „Crème de …" bezeichnet werden. Ausnahmen sind laut EU-Verordnung Enzianlikör mit natürlichem Aroma (80 g/l) und Kirschlikör, dessen Alkohol ausschließlich aus Kirschbrand stammt (70 %). Der zur Herstellung eines Likörs nötige Alkohol kann Neutralalkohol, Sortenalkohol, eine „fertige" Spirituose oder auch eine Mischung sein. Likör muss mindestens 15 % vol. Alkohol enthalten, eine Ausnahme ist der Eierlikör (14 % vol.).

Liköre können auf vielerlei Arten hergestellt werden. Die geschmacksgebenden Zutaten können in Alkohol ausgelaugt (mazeriert) oder mit dem Alkohol destilliert werden. Auch eine Kombination der beiden Verfahren ist möglich. Die Vielzahl der möglichen Aromaträger (Pflanzen, Früchte, Blüten, Schalen, Kräuter, Gewürze usw.) brachte eine breite Palette an Likören hervor, die in folgende Hauptgruppen unterteilt wird:

Fruchtliköre

werden erneut unterteilt in

- *Fruchtsaftliköre* mit mindestens 20 Liter Saft der namensgebenden Frucht auf 100 Liter Likör,
- *Fruchtaromaliköre* die ihren Geschmack aus den namensgebenden Früchten erhalten,
- *Fruchtbrandys* (z. B. Apricot-, Cherry-Brandy), die je 100 Liter Fertigerzeugnis mindestens 5 Liter Obstbrand mit mindestens 40 % vol. Alkoholgehalt aus der namensgebenden Frucht enthalten.

Kräuter- & Gewürzliköre

bestehen aus Auszügen der jeweiligen Rohstoffe. Die Auszüge werden einzeln oder untereinander gemischt mit Alkohol, Zucker und Wasser zu Likör verarbeitet. Zu den Kräuterlikören zählen produktionstechnisch auch die Aperitif-Bitters, deren berühmtester Vertreter der Campari ist.

Bitter- & Halbbitterliköre

entstehen im wesentlichen wie die Kräuter- & Gewürzliköre; sie unterscheiden sich von jenen durch eine mehr oder weniger ausgeprägte Bitternote, die von ausgesuchten Pflanzen mit bestimmten heilenden oder zumindest lindernden Wirkungen stammt.

Kokos- & Nussliköre

werden aus Destillaten oder Extrakten der verwendeten Nüsse hergestellt; zur Abrundung des Aromas kommen meist – neben Alkohol und Zucker – Auszüge von Beeren, Früchten, Kräutern und/oder Gewürzen hinzu.

Kaffeeliköre

werden aus frisch geröstetem, gemahlenem Kaffee gewonnen, der laufend mit Alkohol übergossen wird (Perkolation), sodass dieser Alkohol das Kaffeearoma aufnimmt; zur Abrundung werden diesem Alkohol Zucker, Wasser und Gewürze wie Vanille oder Zimt zugesetzt.

Kakaoliköre

gibt es in Weiß (Destillat aus Kakaobohnen, gesüßt und verfeinert) und in Braun; letztere Sorte ist meist eine Mischung von Destillat und einem Auszug von Kakaobohnen.

Emulsionsliköre

sind Produkte aus Zutaten, die sich mit Alkohol nur schwer zu einer homogenen Flüssigkeit verbinden lassen: Eier, Milch und Sahne. Berühmteste und beliebteste Untergruppe sind die

– **Cream- oder Sahneliköre,** denen die unterschiedlichsten Zutaten ihr Aroma geben: Irish Whiskey und Scotch Malt Whisky, Brandy, Marulafrucht und vieles andere mehr. Zusätzlich gesüßt wird oft mit Honig, zur geschmacklichen Abrundung werden Kräuter und/oder Fruchtauszüge beigegeben.

Sonstige Liköre

Zu dieser Gruppe zählt alles, was sich keiner der zuvor genannten eindeutig zuordnen lässt.

Liköre spielen heute eine wichtige Rolle als Zutaten in Mixgetränken mit relativ niedrigem Alkoholgehalt. Sie eignen sich außerdem vorzüglich als Begleitgetränk zu Kaffee (außer Fruchtlikören) oder als „Schuss" im Kaffee, zum Beispiel ein Sambuca (Gewürzlikör) für einen „Caffè corretto". Pur werden die Liköre heute nicht mehr „zimmerwarm", sondern gekühlt oder über ein, zwei Würfeln Eis („on the rocks") getrunken. Auf diese Art serviert schmecken sie eindeutig besser.

Cassis

Anhang

STICHWORTVERZEICHNIS	504
DANK	510
QUELLEN	511
IMPRESSUM	512

Stichwortverzeichnis

A

Aal	258
Aalrutte	258
Abate Fetel	42
ACE Drinks	443
Acesulfam K	387
Aceto Balsamico	342
Ackerbohnen	96
Ackersalat	81
Acrylamid	129
Adzuki-Bohnen	99
Aero-Schokolade	403
Afra	125
Afrikanischer Buntbarsch	260
Agavendicksaft	386
Agria	125
Ahornsirup	386
Aioli	346
Ajvar	351
Akazienhonig	390
Albertkekse	311
Ale	457, 461
Alexander Lucas Butterbirne	42
Alfalfa (Luzerne)	113
Algen	112
Alkoholfreie bzw. alkoholarme Biere	457
Alkoholfreie Getränke	440
Altbier	457
Amandine	125
Amaranth	323
American-Dressing	345
Ammerländer Schinken	232
Amontillado	475
Anadamid	439
Analog-Käse	177
Ananas	55, 69
Anchosen	274
Anchovis	264
Anelli	336
Angeschobene Brote	299
Anglerfisch	266
Anis	149
Anistee	436
Antilope	216
Antioxidantien	14
Antipasto	369
Äpfel	40
Apfelbananen	56
Apfelkraut	396
Apfelringe	69
Apfel- und Birnendicksaft	386
Appenzeller	186
Aprikosen	44, 69
Aquavit	498
Arabica	426
Arame-Algen	112
Arborio	326
Ardennenschinken	232
Armagnac	492
Aromanudeln	337
Aroma-Produkte	417
Aromastoffe	14
Aromatisierte Tees	431
Aromen	11
Artischocken	91
Asiatische Saucen	347
Aspartam	387
Asti Spumante	489
Auberginen	90
Augenbohnen	99
Augusta	124
Auslese	471
Austern	272
Austernpilz	135
Austernsauce	348
Auszugsmehl	329
Avocado	55
Ayran	415

B

Babaco	55
Babybananen	56
Baby-Mais	91
Bachforelle	258
Backmischungen	329
Backpulver	418
Backtriebmittel	418
Backzutaten	412
Baguette	301
Ballaststoffe	6
Balsamico-Dressing	345
Bamberger Hörnchen	127
Banane	56
Bananenchips	69
Bananengarnele	271
Bancha	432
Banon Chèvre	180
Barba di frati	80
Barbarie-Enten	241
Barbera	468
Bärenkrebs	271
Bärlauch	142
Barsch	258
Basilikum	147
Basmati-Reis	325
Bastardkirschen	44
Bataten	119
Batavia	80
Bauern-Handkäs	192
Bayonner Schinken	235
Bayrische Creme	415
Beaufort	188
Beerenauslese	471
Beerenobst	50
Beifuß	142
Belana	124
Bellarosa	124
Bel Paese	183
Beluga-Kaviar	261
Beluga-Linsen	103
Bergamotte	49
Bergblüten- und Gebirgsblütenhonig	391
Bergkäse	189
Berliner Weiße	457
Bevette	334
Bier	450
Bierbrot	301
Bier-Mixgetränke	463
Bierschinken	222
Bierwurst	222
Big Banon	180
Bioaktive Substanzen	6
Bioland	12
Bio-Siegel	12
Birnen	42, 69
Birnenkraut	396
Biskuit-Dauergebäck	311
Bismarckhering	275
Bison	217
Bittere / herbe Schokolade	402
Bitterliköre	501
Bitterlimonaden	449
Blätterteig	307
Blätterteiggebäck	311, 315
Blattgrade	433
Blattmangold	77
Blattspinat	76
Blatt- und Krautgewürze	142
Blauer Schwede	127
Blauer Spätburgunder	468
Blaue Zipfel	223
Blaufelchen	259
Blauleng	261
Blauschimmelkäse	180
Bleichspargel	109
Bleu d'Auvergne	184
Bleu de Bresse	180
Bleu de Gex	184
Blitzreis	326
Blockschokolade	403
Blöker	261
Blumenkohl	105
Blütengewürze	140
Blütenhonig	390
Blütenpollen	393
Blut- und Rotwürste	225
Bockbiere	457
Bockshornklee	113
Bockwürstchen	224
Bohnen	96
Bohnenkraut	142
Bohnenpaste	351
Bohnensauce	348
Bonbel	183
Bonbons	406
Bordeaux-Senf	356
Borlotti-Bohnen	96, 99
Borretsch	142
Boskoop	41
Bourbon Whiskey	497
Boysenbeeren	52
Braeburn	41
Brandteig	307
Brandy	493
Brandy de Jerez	493
Branntweinessig	342
Braten	201
Bratfisch	274
Brathering	275
Braune Bohnen	99
Braune Lebkuchen	313
Braune Linsen	102
Brauner Kandis	385
Brauner Zucker	384
Braunkäse	180
Braunreis	325
Brause	410
Brausen	449
Brechbohnen	96
Brennnesseltee	436
Bresaola	233
Bresse-Hühner	240
Brie	181
Brokkoli	105
Brombeeren	50
Brot	298
Brötchen	305
Brühwurst	222
Bruschette	315
Bucatini	334
Buchweizen	323
Buchweizenbrot	301
Buchweizenhonig	391
Bulgur	319
Bündner Käse	186
Bunte Julibirne	42
Burrata	179
Buschbohnen	96
Butter	292
Butterkäse	183
Butterkekse	311
Buttermilch	171
Buttermilchbrot	301
Butternuss-Kürbis	93
Butterpilz	133
Butterschmalz	294
Butterzubereitungen	294

C

Cabernet Sauvignon	468
Cabrales	184
Cachaça	500
Caciocavallo	179
Cajun-Gewürz	159
Calvados	499
Camargue-Reis	326
Camembert	181
Camilla	124
Canadian Whisky	497
Canehl	156
Cannellini-Bohnen	99
Cannelloni	336
Capellini	334
Carnaroli	326
Cashewnüsse	64
Cassia	156
Catfisch	260
Cava	489
Cavatelucci	336
Cayennepfeffer	149
Cedratzitrone	49
Ceylon Tee	431
Champagner	488
Champagner-Senf	356
Champignon	135
Chaource	181
Chardonnay	466
Charentais-Melone	63
Chaumes	182
Chayote	56
Cheddar	189
Cherimoya	56
Chester	189
Chianti	480
Chicorée	80
Chili	149
Chilis	87
Chinagarnele	271
Chinakohl	105
Chinesische Chilisauce	348
Chinesische Eier	251
Chinesische Morcheln	135
Chinesische Sesampaste	351
Chips	314
Chitarra	335
Chloridwässer	446
Chun Mee	432
Chutneys und Relishes	348
Ciabatta	301
Cilantro	143
Cilena	124
Claresse	258
Clementinen	48
Cognac	491
Cola-Getränke	448
Comté	189
Conchiglie	336
Conference	42
Convenienceprodukte	9
Coppa Parma	235
Coquilles St. Jacques	273
Cornflakes	331
Cornichons	368
Corsica	181
Couscous	319
Cox Orange	41
Cranberries	52, 69
Cream Sherry	475
Crémant	489
Crème Caramel	415
Crème double	170
Crème fraîche	172

Crème-fraîche-Dressing	345			Estragon	147	Frischkäsecreme	415	Gerste	320
Criollo	438			Estragon-Essig	342	Frischkäsezuberei-		Gerstenbrot	301
Crisp-Salat	81	**E**		Estragonsenf	357	tungen	193	Geruchsrezeptoren	19
Cumin	150	Echter Weinessig	342	Ethnofood	9	Friséesalat	81	Geruchssinn	26
Curry	157	Ecovin	13	Ethylen	39	Frozen Yogurt	379	Gesalzene Butter	293
Currypaste	351	Edamer	186	EU-Bio-Siegel	12	Früchte	54	Gesättigte Fettsäuren	5
Currywurst	223	Edelkastanien	64	Eukalyptushonig	391	Fruchteis	379	Geschmacksarten	28
Curuba	56	Edelsalami	227	Excelsa	426	Fruchteiskrem	379	Geschmackssinn	28
Cyclamat	387	Edelzwicker	473	Exotische Früchte	54	Fruchtgemüse	84	Gesunde Ernährung	4
		Egerling	135	Export	458	Fruchtliköre	501	Getränke	440
		Egli	258	Expressreis	326	Fruchtsaft	441	Getreide	318
D		Eichblattsalat	80	Extruderprodukte	314	Fruchtsaftgetränke	442	Getreideerzeugnisse	328
		Eichelkürbis	94			Fruchtsorbet	379	Getreidemilch	168
Dampfbier	457	Eichenwaldhonig	391			Fruchtsuppen	414	Getreidestärke	329
Dampfkammerbrote	299	Eier	246	**F**		Frucht- und Samen-		Getrocknete Hülsen-	
Danablu	184	Eierfrucht	90			gewürze	140	früchte	98
Danbo	186	Eiertomaten	85	Fairtrade	13	Frühe von Trevoux	42	Getrocknete Tomaten	85
Darjeelings	431	Einfachbier	454	Farbstoffe	14	Frühlingszwiebeln	131	Gewürzbrote	301
Datteln	56, 69	Einfach ungesättigte		Farfalle	336	Frühmöhren	115	Gewürze	139
Datteltrauben	53	Fettsäuren	5	Färsen	203	Frühstückscerealien	330	Gewürzgurken	368
Dauerbackwaren	310	Eingelegte Eier	250	Fasan	245	Fuji	41	Gewürzmischungen	157
Dekor-Artikel	420	Einkorn	322	Fasaneneier	251	Funghini	336	Gewürznelken	141
Delikatessbohnen	96	Einlegegurken	88	Feigen	57, 69	Furmint	466	Gewürzpaprika	87, 150
Delphin-Safe	13	Einleg-Essig	343	Feijoa	57			Gewürztraminer	466
Demeter	13	Einmachzucker	384	Feinster Zucker	384			Gianduja-Haselnuss-	
Dessert-Cremes	413	Eisbergsalat	80	Feldsalat	81	**G**		schokolade	402
Desserts	412	Eisbier	458	Fenchel	110			Gin	498
Dessert-Saucen	413	Eisbock	457	Fenchelkraut	143	Gala	41	Glasnudeln	337
Dessert-Schaum	413	Eiskonfekt	410	Fenchelsamen	143	Galantinen	224	Glasuren	420
Destillation	490	Eiskrem	379	Fencheltee	436	Galgant	155	Glattes Mehl	329
Diätbier	457	Eismeergarnele	271	Fertigdesserts	415	Galiamelonen	63	Gloster	41
Diät-Margarine	288	Eistee	449	Fertiggerichte	371	Gämsen	215	Glutamat	14, 158
Diät- oder Reformsenf	356	Eiswein	471	Feste Pflanzenfette	289	Gänse	241	Gluten	321
Diät-Speiseöle	286	Eiweiß	5	Feta	179, 193	Gänseeier	251	Gnocchetti sardi	336
Dickmilch	172	Elch	217	Fette	5, 292	Gänseschmalz	295	Gnocchi	336
Dicksaft	386	Elfe	124	Fettglasuren	420	Garam Masala	141, 159	Goldbrasse	261
Dijon-Senf	356	Eliche	335	Fettucine	335	Garen im Wok	201	Goldbutt	265
Dill	143	Elisenlebkuchen	313	Feuerbohnen	99	Garganelli	336	Golden Delicious	41
Dinkel	320	Elstar	41	Fiesta	41	Garmethoden ohne Fett	201	Gold Kiwi	59
Dinkelbier	458	Emmentaler	189	Filea	125	Garnelen	270	Goldparmäne	41
Dinkelbrot	301	Emmer	322	Filterkaffee	426	Garnelenpaste	352	Gorgonzola	180
Distelöl	282	Emulgatoren	14	Finka	124	Garnieren	420	Gose	458
Ditalini rigati	336	Emulgierte Saucen	348	Fino	475	Gartenkräuter Dressing	345	Götterspeise	414, 416
DLG	33, 13	Emulsionsliköre	501	Fisch	254	Gartenkürbis	94	Gouda	187
Dolma	86	Endiviensalat	81	Fischerzeugnisse	274	Gärtnergurken	88	Grahambrot	301
Dolphin-Safe	13	Energy Drinks	449	Fischsauce	348	Gärung	490	Grain Whisky	494
Dominosteine	313	Enokitake-Pilze	135	Fladenbrot	301	Geflügel	238	Granadilla	57
Doppelbock	457	Enten	241	Flageolet-Bohnen	99	Geflügelsalami	227	Grana Padano	190
Doppelgriffiges Mehl	329	Enteneier	251	Flaschentomaten	85	Gefrieren in Kaltluft	374	Granatapfel	57
Dorade Grise	267	Entenmuscheln	273	Fleisch	198	Gefriertrocknung	361	Grandifolia	125
Dorade Rose	263	Enzyme	14	Fleischtomaten	85	Gefrorenes Geflügel	239	Granny Smith	41
Dorade Royale	261	Epoisses de Bourgogne	182	Fleischwurst	222	Gefüllte Nudeln	337	Granola	125
Dorfkäse	186	Erbsen	97	Flomen- oder Liesen-		Gefüllte Schoko-		Grapefruits	49
Dornfelder	468	Erbsenspargel	113	schmalz	295	lade	400, 403	Grappa	499
Dornhai	261	Erdbeerbaumhonig	391	Flunder	261	Gelatine	420	Grauburgunder	466
Dorsch	262	Erdbeeren	50	Flüssiggasgefrieren	374	Gelbe Erbsen	101	Graukäse	192
Dost	148	Erdnusscreme, -mus,		Flusskrebs	269	Gelbstriemen	261	Graved Lachs	259
Double-Gloucester	189	-mark	397	Fondant	410	Gelee	395	Gravensteiner	41
Drachenkopf	261	Erdnüsse	65	Fontina	186	Gelee Royale	393	Grenache Noir	468
Dragees	407	Erdnussflips	314	Forastero	438	Geleespeisen	414	Greyerzer	190
Dreiviertelfettbutter	293	Erdnussöl	283	Forelle	258	Geleezuckerwaren	410	Griebenschmalz	295
Dreiviertelfettmargarine	288	Erfrischungsgetränke	448	Fourme d'Ambert	185	Geliermittel	420	Griechischer Wein	481
Dressings	344	Ernährung	4	Franceline	124	Gelierzucker	384	Grieß	329
Drillinge	122	Escariol	81	Frankfurter Würstchen	224	Gellerts Butterbirne	42	Grießbrei	415
Duftreis	325	Esel	217	Französischer Wein	472	Gemüse	72	Griffiges Mehl	329
Dulse-Algen	112	ESL-Milch	167	Französische Salami	229	Gemüsefenchel	110	Grillen	201
Dunst	329	Espresso	426	Freigeschobene Brote	299	Gemüsekonserven	366	Grillsaucen	347
Dünsten	201	Esprit	125	French Dressing	345	Gemüsepaprika	86	Grillsenf	357
Du-Puy-Linsen	103	Esrom	183	French Press	427	Gemüsesäfte	442	Grissini	315
Durchbeißer	407	Essenzielle Fettsäuren	5	Friesisch Blue	185	Gemüsezwiebeln	130	Grönlandshrimps	271
Durian	57	Essig	341	Frischgeflügel	239	Gentechnik	15	Grümmel-Kandis	385
Düsseldorfer Senf	357	Essigessenz	343	Frischkäse	178	Genusswert	19	Grüne Bohnen	96

505

REGISTER

Grüne Erbsen	101	Himbeeren	51	Jugendschutzgesetz	450	Kerner	466
Grüne Linsen	102	Himbeeressig	342	Jules Guyot	42	Kerne und Samen	67
Grüner Spargel	109	Hinterschinken	230	Julibirne	42	Ketchup	347
Grüner Veltliner	466	Hirsche	215	Jungbullen	203	Kichererbsen	103
Grüne Sauce	142, 143	Hirschhornsalz	418	Jungkühe	203	Kichererbsenkeime	113
Grüne Tomaten	85	Hirschhorn-Wegerich	80			Kidney-Bohnen	99
Grünkern	320	Hirse	321			Kilojoule (kJ)	7
Grünkohl	106	Hochlandkaffee	425	**K**		Kilokalorien (kcal)	7
Grüntees	432	Hohlkörperverfahren	405			King Prawn	271
Gruyère	190	Hoisin-Sauce	349	Kabeljau	262	Kirschen	44
Guacamole	352	Hokkaidokürbis	94	Kabinett	471	Kirschtomaten	85
Guave	58	Holsteiner Katen-		Kaffee	424, 428	Kirschwassersalami	227
Gummibärchen	408	schinken	232	Kaffeegetränke	449	Kiwano	58
Gummi-Süßwaren	408	Holunder	52	Kaffeeliköre	501	Kiwi	59
Gunda	124	Holzofenbrot	302	Kaffeesahne	170	Klebreis	325
Gurken	88	Honig	388	Kaiser Alexander	42	Kleehonig	391
Gute Luise	42	Honigkuchen	313	Kaisergranat	270	Kleie	329
		Honigmelone	62	Kaiserkrone	43	Kleiebrot	302
		Honigtauhonig	390	Kaiserschmarrn	414	Kleingefleckter	
H		Hopfen	451	Kakao	438	Katzenhai	262
		Hühner	240	Kakaoersatz	439	Kleingruppen-	
Hackfleisch	212	Hülsenfrüchte	96	Kakaoliköre	501	haltung	246, 248
Hafer	321	Hummer	269	Kakaosorten	438	Klippfisch	262, 275
Haferbrot	302	Hummerkrabben	271	Kaki	58	Knabbergebäck	314
Haferflocken	330	Hydrogencarbonat-		Kaktusfeige	58	Knäckebrot	302
Hagebuttentee	436	wässer	446	Kalbfleisch	206	Knoblauch	131, 155
Hagelzucker	384			Kalmar	269	Knoblauchsalami	227
Hähnchen	240			Kalorien	7	Knollensellerie	117
Haifischflossen	267	**I**		Kaltschalen	414	Knollenziest	117
Halal	13			Kamillentee	436	Knurrhahn	263
Halbbitterliköre	501	Ibérico	235	Kamut	322	Kochbananen	56
Halb- bzw. Zartbitter-		Icebeer	458	Kamutbrot	302	Kochbeutel-Reis	326
schokolade	402	Idared	41	Kandierte Früchte	410, 419	Kochbirnen	43
Halbfester Edelpilzkäse	184	Import-Biere	461	Kandis	385	Kochen	201
Halbfester Schnittkäse	183	Ingrid Marie	41	Kandisfarin	385	Kochfisch	275
Halbfettbutter	293	Ingwer	155	Känguru	217	Kochkäse	193
Halbfettmargarine	288	Innereien	213	Kantaloupemelonen	63	Koch- oder Tafel-	
Halbkonserven	362	Instant-Kakaos	439	Kapaune	240	margarine	288
Handelsklassen		Instantmehl	329	Kapern	141	Kochpökelware	232
(Geflügel)	239	Intensivmast	202	Karambole	58	Kochtyp	123
Hansa	125	Invertzuckercreme	393	Kardamom	150	Kochwurst	225
Haricots verts	96	Irish Blended Whiskey	496	Karob	439	Koffein	439
Harissa	352	Irish Pure Pot		Karottenbrot	302	Kohlenhydrate	5
Hartkaramellen	406	Still Whisky	496	Karpfen	259	Köhler	265
Hartkäse	188	Irish Single Malt		Kartoffelbrot	302	Kohlgemüse	104
Hartkekse	311	Whiskey	496	Kartoffelchips	129	Kohlrabi	106
Hartweizen	319	Irish Whiskey	496	Kartoffelklöße und		Kokosfett	289
Harzer	192	Italienischer Wein	479	-knödel	129	Kokosmilch	169
Hase	215	Italienische Salami	228	Kartoffelmehl	329	Kokosnüsse	65
Haselnüsse	65	Italienisches Dressing	345	Kartoffeln	120	Kokos- & Nussliköre	501
Haselnussöl	283			Kartoffeln im Glas	129	Kölsch	458
Haushaltsmargarine	288			Kartoffelpuffer	129	Kombu-Algen	112
Haushaltsmilch-		**J**		Kartoffelpüree	128	Kommissbrot	302
schokolade	400			Kartoffelstärke	329	Komprimate	407
Haushaltszwiebeln	130	Jackfrucht	58	Kartoffelsuppe	129	Konfitüre	395
Haus- und Mastgeflügel	239	Jakobsmuscheln	273	Käse	174	Königskrabbe	270
Havarti	183	James Grieve	41	Käsesahnetorte	308	Konserven	362
Hecht	259	Japanische Weinbeeren	52	Kastanienbrot	302	Konservierungsstoffe	14, 361
Hefe	418, 453	Jarlsberg	190	Kastanienhonig	391	Kontaktgefrieren	374
Hefeteig	306	Jasminreis	325	Kastenbrote	299	Kopfsalat	81
Heidehonig	391	Java	432	Katfisch	266	Korbkäse	192
Heidelbeeren	51	Jelly	127	Kaubonbons	407	Koriander	143
Heilbutt	262	Jod	6	Kaugummi	409	Korinthen	69
Heilwasser	447	Joghurt	172	Kaviar	261	Korn	498
Herbstrüben	117	Joghurt-Butter	293	Kefir	173	Körniger Frischkäse	179
Hering	262	Joghurt-Dressing	345	Keime	113	Köstliche von Charneux	43
Heringshai	262	Johannisbeeren	51	Kejab Manis	349	Kräcker	315
Heringssalate	276	Johannisbeeressig	342	Kekse	311	Krake	269
Herzmuscheln	273	Jonagold	41	Kennzeichnung	16	Kräuter	139
Heuschreckenkrebs	271	Jostabeeren	52	Kerbel	143	Kräuter-Branntweinessig	342
Hijiki-Algen	112	Joule	7	Kerne	421	Kräuter-Dressing	345

Kräuter- & Gewürzliköre	501
Kräuterseitling	135
Kräutersenf	357
Kräuter- und Früchtetee	436
Kremeis	379
Kresse	113, 144
Kreuzkümmel	150
Krokant	421, 410
Krokodil & Alligator	217
Kroketten	128
Krusten-Kandis	385
Krustentiere	269
Kuchen	306
Küchenkräuter	142
Kümmel	151
Kumquats	49
Kunstspeiseeis	379
Kürbis	92
Kürbisbrot	303
Kürbiskerne	67
Kürbiskernöl	283
Kurkuma	156
Kuvertüre	403, 421

L

Lachs	259
Lachsersatz	265, 266, 275
Lachsforelle	258
Lachsschinken	232
Lagerbier	458
Lakritze	408
Laktosefreie Milch	168
Lammfleisch	210
Landhonig	391
Landrauchsalami	227
Landwein	470
Langkornreis	325
Langres	182
Languste	270
Langustine	270
Lapachotee	436
La Ratte	127
Lasagne	335
Lassi	415
Lauchzwiebeln	131
Laugengebäck	305, 314
Laura	125
Lavendel	147
Lavendelblütenhonig	391
Lebensmittelinformations- Verordnung (LMIV)	16
Lebensmittelqualität	19
Lebensmittelsensorik	20
Leberkäse	222
Leberwurst	225
Lebkuchen	312
Leerdamer	187
Leicester	189
Leichtbier	458
Leinöl	283
Leinsamenbrot	303
Leipziger Allerlei	366
Leitungswasser	447
Lemberger	468
Leyla	124
Liebstöckel	144
Liköre	501
Lima-Bohnen	100
Limburger	182

Limetten	49	Maronen	66	Mungbohnen	113	Öko	10	Pfefferschinken	232
Linda	126	Maronencreme	397	Mung-Bohnen	100	Okraschoten	97	Pfeffersenf	357
Lindenblüten- und		Maronenröhrling	133	Munster	183	Oktopus	269	Pferd	217
Lindenhonig	392	Märzen	459	Mürbekekse	311	Öle und Fette	280	Pfifferling	133
Linguine	335	Marzipan	421, 411	Mürbteig	307	Oliven	282, 284, 336, 346	Pfirsiche	45, 69
Linsen	102	Mascarpone	179	Muscheln	272	Olivenbrot	303	Pflanzencreme	289
Linzer Torte	308	Masthühner	241	Muskat	151	Olivenöl	284	Pflanzenmargarine	288
Litschi	59	Mate-Tee	437	Muskatkürbis	93	Olivenpaste	352	Pflanzenwürze	349
Little-Gem-Salate	83	Matjesfilets	275	Muskattrauben	53	Olventresteröl	284	Pflanzliche Fette	281, 289
Liu	126	Maultaschen	337	Müsli	331	Öl-Mischungen	286	Pflaumen	45, 69
Livarot	182	Mayonnaise	346			Oloroso	475	Pflaumenmus	396
LMIV	16	Meeräsche	263	**N**		Oolong	432	Phenylethylamin	439
Lobster	269	Meeresfrüchte	268			Orangen	48	Physalis	60
Loganbeeren	52	Meeresschnecken	272			Orangenblütenhonig	392	Pilchard	263
Lollo bianco	82	Meerforelle	258	Nachos	315	Orange Pekoe	433	Pils	459
Lollo rosso	82	Meerrettich	116	Nacional-Kakaos	438	Orecchiette	336	Pilsener	459
Lorbeerblätter	144	Meerrettich, gerieben	352	Nährstoffe	5	Oregano	148	Pilze	132
Löslicher Kaffee	427	Meerrettichsenf	357	Nährwertangaben	17	Osietra-Kaviar	261	Pilze aus Asien	135
Lotte	266	Meerspinne	270	Nährwertkennzeich-		Ossau-Iraty	187	Piment	153
Loup de mer	267	Mehl	328	nung	17	Österreichischer Wein	478	Pimpinelle	145
Löwenzahn	82	Mehltype	328	Nashi	60			Pinienhonig	392
Lulo	59	Mehrfach ungesättigte		Natives Olivenöl	284	**P**		Pinienkerne	67
Lumachette	336	Fettsäuren	5	Natives Olivenöl extra	284			Pink Fir Apple	127
Lyoner	222	Mekabu	112	Natron	418			Pink Lady	41
		Melasse	383	Naturelle	126	Pak-Choi	106	Pinova	41
M		Melissentee	437	Naturland	13, 254	Palerbsen	97, 101	Pinto-Bohnen	100
		Melonen	62	Naturreis	325	Palmkernfett	289	Pistaziegel	66
		Merlan	263	Natur- und Kunstdarm	221	Palmkohl	106	Pitahaya	61
Maasdamer	187	Merlot	468	Nebbiolo	468	Palmöl	289	Poelieren	201
Macadamianüsse	66	Mezcal	500	Nektar	441	Pane italiano	303	Poku-Pilze	135
Macis	151	Miesmuscheln	273	Nektarinen	45	Pangasius	263	Pollack	264
Madeira	477	Milch	164	Neohesperidin DC	387	Panini	315	Polnische Krakauer	224
Magenbrot	313	Milchbutterkekse	311	Netzmelone	63	Panna Cotta	416	Polyphenole	439
Mainzer	192	Milchkekse	311	Neufchâtel	181	Papaya	60	Pomelos	49
Mairüben	117	Milchnudeln	415	Nicola	126	Pappardelle	335	Pommes frites	128
Mais	321	Milchreis	415	Nilsbarsch	260	Paprika	86	Porree	131
Maisgrieß	321	Milchschokolade	400, 402	Nisselsalat	81	Paprikapaste	351	Porter	459
Maiskeimöl	283	Milchspeiseeis	379	Nitrat	73	Paprikasalami	227	Portugieser	469
Maismehl	321	Mildgesäuerte Butter	293	Nitritpökelsalz	222, 226	Paranüsse	66	Portugiesischer Wein	476
Maja	126	Milva	126	Noisette	402	Parboiled-Reis	325	Portulak	82
Majoran	147	Mineralstoffe	6	Nordseekrabbe	271	Parma-Schinken	234	Portwein	476
Makkaroncini	336	Mineralwasser	444	Nori-Algen	112	Parmesan	190	Pottasche	418
Makkaroni	335	Mineralwasserbasis	447	Nougat	411	Parmesansalami	227	Prädikatswein	471
Makrele	263	Minze	145	Nougatcreme	397	Pasta filata	179	Pralinen	404
Makronen-Dauer-		Mirabellen	45	Novel-Food-Margarine	288	Pasteten	224	Präserven	362
gebäck	313	Mirin	349	Novita	82	Pasteurisieren	360	Preiselbeeren	52
Malt Whisky	494	Mischfette	294	Nudeln	332	Pastinaken	118	Presto	124
Malventee	437	Mischhonig	390	Nugat (Nougat)	421	Patisson	94	Primeur	473
Malz	452	Misopaste	352	Nürnberger Rostbrat-		Pecorino	191	Printen	313
Malzbier	459	Mittelfrühe Kartoffeln	121	würste	223	Pedro Ximénez	475	Prinzessbohnen	97
Malzessig	343	Mittelkornreis	325	Nussbrot	303	Pekannüsse	66	Prinzregententorte	308
Malzextrakte	386	Mittellinsen	103	Nüsse - Kerne - Samen	421	Peking-Ente	241	Produkte aus Kartoffeln	128
Manchego	190	Mittelspäte bis sehr		Nüsse und Kerne	421	Pekoe	433	Propolis	393
Mandarinen	48	späte Kartoffeln	122	Nuss-Nougat-Creme	397	Penne rigate	336	Prosecco Spumante	489
Mandelmilch	169	Mohnöl	284	Nussschinken	232	Peperoni	87, 149	Proteine	5
Mandeln	66	Möhren	115			Pepino	60	Provolone	179, 191
Mandelöl	284	Mondseer	183	**O**		Perlbohnen	100	Prunkbohnen	99
Mango	59, 69	Moosbacher	187			Perlhuhneier	251	Pudding	416
Mangold	77	Morchel	134			Perlhühner	241	Puddingpulver	413
Mangostane	59	Morgenduft	41	Obergärige Hefe	453	Perlwein	489	Puderzucker	385
Manouri	180	Moriomuskat	466	Oblatenlebkuchen	313	Persipan	, 411	Pu-Erh	433
Marabel	124	Mortadella	223	Obst	36	Pesto	352	Puffbohnen	100
Maracuja	60	Moschuskürbis	93	Obstblütenhonig	392	Petersfisch	263	Pumpernickel	303
Marc	499	Mousse au Chocolat	416	Obstessig	343	Petersilie	145	Pute	242
Marena	127	Möweneier	251	Obstgeist	499	Petersilienwurzeln	118	Pyrenäenkäse	187
Margarine	287, 288	Mozzarella	179	Obstkonserven	364	Pfahlmuscheln	273		
Margarineschmalz	288	Mu-Err-Pilze	135	Obstwasser	499	Pfeffer	152	**Q**	
Marinaden (Fisch)	275	Mufflons	215	Ochsen	203	Pfefferminztee	437		
Marine Stewardship	13, 254	Mulard-Enten	241	Odenwälder Blaue	127	Pfeffernüsse	313		
Markerbsen	97	Mulet	263	Ogen-Melonen	63	Pfeffersalami	227	QS-Siegel	12
Marmelade	395	Müller Thurgau	467	Ohne Gentechnik	13	Pfeffersauce	349	Qualitätsmanagement	20

REGISTER

Qualitätssicherung	21	Rollmops	275	Salame Milano	228	Schnepfe	245
Qualitätswein	471	Rollschinken	232	Salame Napoletano	228	Schnittbohnen	97
Quargel	192	Roma	326	Salame tipo Varzi	229	Schnittkäse/Halb-	
Quark mit Früchten	416	Romadur	182	Salame Veronese	229	hartkäse	186
Quark-Öl-Teig	307	Romana	83	Salami	227	Schnittlauch	146
Quellwasser	447	Romanesco	106	Salatcreme	346	Schokolade	398
Quinoa	323	Römischer Salat	83	Salate	72, 78	Schokoladen-Brotauf-	
Quitten	43	Rondini	94	Salatgurken	88	striche	397
		Roquefort	185	Salatherzen	83	Schokoladenfiguren	403
R		Rosenkohl	106	Salatmayonnaise	346	Schokoladetäfelchen	397
		Roséwein	471	Salbei	148	Scholle	265
		Rosinen	69	Salbeitee	437	Schrot	329
Raclette	188	Rosinenbrot	303	Salsolinol	439	Schüttelbrot	304, 315
Radicchio	82	Rosmarin	148	Salz	160	Schwarzbier	460
Radieschen	116	Rostbratwürste	223	Salzfisch	275	Schwarze Bohnen	100
Raffinade	384	Rösti	129	Salzlakenkäse	179	Schwarze Johannis-	
Rahm- oder Sahneeis	379	Rotbarbe	264	Salzwasserfische	261	beeren	51
Rambutan	61	Rotbarsch	264	Sambal	353	Schwarzer Reis	326
Rapshonig	392	Rotborstige Himbeeren	52	Samen	421, 67	Schwarzer Tee	431
Rapsöl	285	Rotbrasse	263	San Daniele	235	Schwarze Ungarin	127
Rapunzel	81	Rotbusch-Tee	437	Sandgebäck	311	Schwarzwälder Kirsch-	
Ras el Hanout	159	Rote Bananen	56	Sandmöhren	115	torte	308
Rauchbier	460	Rote Bete	118	Sandwichbrot	303	Schwarzwälder Schinken	
Räucherfische	276	Rote Grütze	414, 416	Sandwich-Creme	346		232
Räucherkäse	193	Rote Johannisbeeren	51	Santa Maria	43	Schwarzwurzeln	119
Rauchtee	433	Rote Linsen	103	Sardelle	264	Schweinefleisch	208
Rauke	83	Rote Passionsfrucht	61	Sardellenpaste	353	Schweineschmalz	295
Ravioli	337	Roter Reis	326	Sardine	265	Schwertfisch	265
Rebhuhn	245	Rote Zwiebeln	130	Sashimi	257	Schwertmuscheln	273
Rebhuhneier	251	Rôtisseur-Senf	357	Sataysauce	349	Schwimmkrabbe	271
Red Delicious	41	Rotkohl	107	Satina	126	Scotch Blended Malt	
Red Snapper	264	Rotling	471	Satsumas	48	Whisky	495
Reformhaus-Margarine	288	Rotwein	471	Sauerampfer	77	Scotch Blended Whisky	495
Regenbogenforelle	258	Rotweinessig	342	Sauerkirschen	44	Scotch Single Grain	
Regionalfenster	12	Royal Gala	41	Sauerkonserven	368	Whisky	495
Reh	214, 215	Rüben	117	Sauerkraut	368	Scotch Single Malt	
Reibekuchen	129	Rübenkraut	396	Sauermilchkäse	175, 192	Whisky	495
Reinheitsgebot	450	Rübenzucker	383	Sauerrahmbutter	293	Scotch Whisky	494
Reis	324	Rucola	83	Säuerungsmittel	14	Secco	488, 489
Reisessig	343	Rührteig	306	Säureregulatoren	14	Seebarsch	267
Reismilch	169	Rum	500	Saure Sahne	173	Seehecht	265
Reisnudeln	337	Runde Tomaten	85	Sautieren	201	Seeigel	273
Remoulade	346	Rundkornreis	325	Sauvignon blanc	467	Seelachs	265
Renekloden	45	Ruote	336	Sbrinz	191	Seespinne	270
Renke	259	Russisch Brot	312	Scamorza	179	Seeteufel	266
Rettich	115	Ruvida	335	Scampo	270	Seewolf	266
Rettichsprossen	113	Rye Whiskey	497	Schafffleisch	210	Seezunge	266
Rhabarber	111			Schafskäse	193	Sehr frühe und frühe	
Ricotta	180	**S**		Schafsmilch	168	Kartoffeln	121
Riegel	403			Schalenobst	62, 64	Sekt	487
Riesengarnele	271			Schalotten	130	Sekundäre Pflanzenstoffe	6
Riesenkürbis	92	Saccharin	387	Schankbier	454	Selection	471
Riesenlinsen	103	Sachertorte	308	Schaumwein	486	Selma	126
Riesling	467	Saflöröl	282	Schaumzuckerwaren	411	Sencha	432
Rigatoni	336	Safran	141	Schellfisch	265	Senf	354
Rindengewürze	140	Saft	441	Scheurebe	467	Senf á l'ancienne	357
Rindernierenfett	295	Sago	329	Schichtkäse	178	Senfkörner	153
Rindertalg	295	Sahne	170	Schicht- und Schneide-		Senfmehl	357
Rindfleisch	202	Sahneeis	379	verfahren	405	Sensorik	18
Risoni	336	Sahnehaltemittel	420	Schinken	230	Sepia	269
Risotto-Reis	326	Saibling	259	Schlachtfette	295	Serrano-Schinken	235
Rispentomaten	85	Saint-Nectaire	184	Schlange	217	Sesam	153
Robusta	426	Saint-Paulin	184	Schlangenbohnen	97	Sesamöl	285
Rochen	264	Saint Pierre	263	Schlangengurken	88	Sevruga-Kaviar	261
Roggen	320	Salak	61	Schleie	260	Sharon	58
Roggenbrot	300	Salame Abruzzese	228	Schmand	173	Sherry	475
Roggenmischbrot	300	Salame da Sugo	229	Schmelzkäse	193	Shiitake-Pilze	135
Rohrzucker	383	Salame del Montefeltro	228	Schmoren	201	Shiraz	469
Rohschinken	232	Salame d'oca	229	Schmor- und Gemüse-		Silber- u. Perlzwiebeln	131
Rohwurst	226	Salame Fabriano	228	gurken	88	Silvaner	467
Rohzucker	385	Salame Felino	228	Schnellkochreis	326	Simone	126
						Sirupe	443
						Sirup und Dicksaft	386
						Slivowitz	499
						Snapper	264
						Softeis	379
						Soft-Fette	289
						Sojabohnen	100
						Sojamilch	169
						Sojaöl	285
						Sojasauce	349, 350
						Sojasprossen	113
						Solara	125, 126
						Sommergrütze	416
						Sommerkürbisse	94
						Sommermöhren	115
						Sonnenblumenhonig	392
						Sonnenblumenkeime	113
						Sonnenblumenkerne	67
						Sonnenblumenöl	286
						Sortenhonig	390
						Soßenlebkuchen	313
						Spaghetti	335
						Spaghettikürbisse	95
						Spaghettini	335
						Spalterbsen	101
						Spanischer Wein	474
						Spanische Salami	229
						Spargel	108
						Spätlese	471
						Spät- und Dauermöhren	115
						Spätzle	337
						Speiseeis	378
						Speise- oder	
						Riesenkürbis	92
						Speiseöl	282
						Speisepilze	132
						Speisequark	178
						Spekulatius	311
						Spianata Romana	229
						Spinat	76
						Spirituosen	490
						Spitzkohl	107
						Spitzkuchen	313
						Sportgetränke	449
						Sprossen	113
						Sprotte	266
						Sprühsahne	170
						Spumante	489
						Spurenelemente	6
						Squash	94
						Stachelbeeren	52
						Stammwürzegehalt	453
						Stängelgemüse	108
						Stangenbohnen	96
						Stangenkandis	385
						Stangensellerie	111
						Starkbier	454
						Stärke	319
						Stauden- und	
						Stielsellerie	111
						Steckrüben	117
						Steffi	126
						Steinbeißer	266
						Steinbuscher	184
						Steinbutt	266
						Steinköhler	264
						Steinobst	44
						Steinofenbrot	302
						Steinpilze	133
						Stenophylla	426
						Sterilisieren	360

Begriff	Seite
Sternanis	149
Stevia	15
Stielmangold	77
Stielmus	111
Stilton	185
Stint	266
Stockfisch	265, 275
Stör	260
Stout	460
Strauchtomaten	85
Straußeneier	251
Strauß und Emu	217
Streichmettwurst	226
Streifenbrasse	267
Streusel	420
Strohpilze	135
Strudelteig	307
Stubenküken	240
Studentenfutter	67
Sucralose	387
Südtiroler Speck	234
Sulfatwässer	446
Sultaninen	69
Sülzen	225
Sülzwürste	225
Summerred	41
Suppeneinlagen	336
Suppenhühner	241
Suppen- und Saucenpasten	353
Surimi	271
Sushi	257
Sushi-Reis	325
Süßes Kleingebäck	307
Süßkartoffeln	119
Süßkirschen	44
Süßmilchkäse	175
Süßmost	442
Süßrahmbutter	293
Süß-saure Sauce	350
Süßstoffe	15, 387
Süßwasserfische	258
Sweeties	49
Syrah	469

T

Begriff	Seite
Tabea	124
Tafeltrauben	53
Tafelwasser	447
Tagliatelle	335
Tagliolini	335
Tahin	353
Tamarillo	61
Tamarinde	61
Tamarindenpaste	353
Tamariskenhonig	392
Tangerinen	48
Tannenhonig	393
Tannin	52
Tapenade	353
Tapioka	329
Taschenkrebs	271
Tauben	242
Taybeeren	52
Tee	430
Teebutter	294
Teetester	434
Teewurst	226
Teezubereitung	434
Teigwaren	332
Tellerlinsen	103
Teltower Rübchen	117
Tempranillo	469
Tendral-Melone	62
Tennessee Whiskey	497
Tequila	500
Teriyaki Würzsauce	350
Terrinen	224
Tête de Moine	184
Thaumatin	387
Theobromin	439
Thousand Islands Dressing	345
Thunfisch	267
Thymian	148
Thymianhonig	393
Tiefgefrieren	361
Tiefgefrorenes Geflügel	239
Tiefgekühlte Lebensmittel	373
Tieflandkaffee	425
Tiefseegarnelen	271
Tiefseekrebs	270
Tierische Fette	281, 292
Tilapia	260
Tilsiter	188
Tintenfisch	268
Tiramisu	416
Tizia	127
Toastbrot	304
Toffees	407
Tokajer	482
Tomaten	84
Tomatenmark	351
Tomatenpaprika	86
Tomatensenf	357
Tomme de Savoie	188
Tonic Water	449
Topinambur	119
Tortellini	337
Torten	308
Tortenguss	420
Tortenhilfen	420
Tortilla-Chips	315
Tourrée de l'Aubier	183
Trauben	53
Traubenkernöl	286
Traubenzucker	383
Trebbiano	467
Trennmittel	15
Tresterbrand	499
Trinitario	438
Trinkmolke	173
Trockenbeerenauslese	471
Trockenerbsen	101
Trockenfisch	275
Trockenfrüchte	68
Trollinger	469
Trüffel	134
Truthühner	242
Türkenturban	93
Türkischer Honig	411
Türkischer Kaffee	426
Twin-Sweet	387

U

Begriff	Seite
Überzugsverfahren	405
Ugli	61
Unami	11
Ungarische Salami	229
Untergärige Hefe	453
US-Whiskey	496

V

Begriff	Seite
Vanille	154
Vanille- und Vanillinzucker	385
Vanillin	417
Vegetarier	9
Venusmuscheln	273
Verdickungsmittel	15
Verkostungstechnik	22
Verpackung	13
Verzieren	420
Victoria-Erbsen	101
Viktoriabarsch	260
Vinaigrettes	345
Violetter Spargel	109
Vitamine	5, 15
Vitelotte	127
Vollbier	454
Vollfettheringe	276
Vollheringe	276
Vollkonserven	362
Vollkornbrot	300
Vollkornmehl	329
Vollkornreis	325
Vollkornsenf	357
Vollwert-Ernährung	8
Vollwertkost	8
Vollzucker	385
Vongole	273
Vorderschinken	230

W

Begriff	Seite
Wacholderbeeren	154
Wachsbohnen	97
Wachtelbohnen	100
Wachteleier	251
Wachteln	242
Waffel-Dauergebäck	311
Wakame-Algen	112
Waldhonig	393
Waller	260
Walnüsse	66, 67
Walnussöl	286
Wasabi	353
Waschmöhren	115
Wasser	6
Wassereis	379
Wassermelonen	63
Weichkaramellen	407
Weichkäse	180
Weichkäse mit Rot- und Gelbschmiere	182
Weichweizen	319
Weidehaltung	202
Weihnachtsbock	457
Wein	464, 476
Weinbeeren	419
Weinbeeren, japanische	52
Weinbeeren (Trockenfrüchte)	69
Weinbergpfirsich	45
Weinbrand	491
Weinessig	342
Weinessig-Spezialitäten	342
Weingläser	484
Weinkäse	182
Weinsiegel	471
Weinstein	468
Weißbier	460
Weißbrasse	267
Weißbrot	300, 304
Weißburgunder	467
Weiße Bohnen	100
Weiße Garnele	271
Weiße Johannisbeeren	51
Weißer Kandis	385
Weißer Prinz	181
Weißer Tee	433
Weiße Schokolade	400, 402
Weißherbst	471
Weißkohl	106, 107
Weißlacker	184
Weißreis	325
Weißwein	471
Weißweinessig	342
Weißwurst	223
Weißzucker	384
Weizen	319
Weizenbier	460
Weizenbock	457
Weizenbrot	300
Weizendoppelbock	457
Weizenkeimbrot	304
Weizenkeimöl	286
Weizenmischbrot	300
Wellhornschnecken	273
Wels	260
Westfälischer Knochenschinken	232
Whiskey	494
Whisky	494
Whisky aus aller Welt	497
Wiener Würstchen	224
Wild	214
Wildblütenhonig	393
Wildente	245
Wildkaninchen	215
Wildreis	326
Wildsalami	227
Wildschweine	215
Wildtaube	242, 245
Williams Christbirne	43
Wilstermarsch-Käse	188
Winesap	41
Winzersalami	227
Wirsing	107
Wittling	263
Wodka	498
Wok	201
Wolfsbarsch	267
Worcestershire-Sauce	350
Wrackfisch	264
Wurst	220
Würstchen	224
Wurzelspinat	76
Wurzelstock- und Zwiebelgewürze	140
Wurzel- und Knollengemüse	114
Würzige Fertigprodukte	340
Würziges Knabbergebäck	314
Würzsaucen	347

Y

Begriff	Seite
Yams	119
Yorkshire Pudding	413
Ysop	146

Z

Begriff	Seite
Zackenbarsch	267
Zahnbrasse	267
Zander	260
Zartbitterschokolade	402
Zichorienkaffee	427
Ziegenkäse	192
Ziegenmilch	168
Zierkürbisse	94, 95
Ziger	180
Zimt	156
Zinfandel	469
Zite	335
Zitronat und Orangeat	419
Zitronen	49
Zitronenessig	342
Zitronengras	146
Zitronengrastee	437
Zitronenmelisse	146
Zitrusfrüchte	46
Zöliakie	321
Zucchini	89
Zucker	382
Zuckeraustauschstoffe	15, 387
Zuckererbsen	97
Zuckerersatzstoffe	386
Zuckerlinsen	103
Zuckermais	91
Zuckermelonen	62
Zuckerrohr	383
Zuckerrüben	383
Zuckerrübensirup	386
Zuckerwaren	406
Zusatzstoffe	14
Zusatzstoff-Zulassungsverordnung (ZZulV)	14
Zweigelt	469
Zwerghuhneier	251
Zwetschen	45
Zwickelbier	460
Zwieback	312
Zwiebelgemüse	130
Zwiebeln	130

DANK & QUELLEN

Wir danken

Wir danken folgenden Firmen und Institutionen für die Unterstützung beim Zustandekommen des Werkes durch zur Verfügung gestellte Informationen, Materialien, Bilder und Daten:

Abraham Schinken GmbH & Co. KG, Brookdamm 21, 21217 Seevetal

Agrarmarkt Austria (AMA); Pasettistraße 64, A-1201 Wien

Alfred Ritter GmbH & Co. KG , Alfred-Ritter-Straße 25, 71111 Waldenbuch

Bahlsen GmbH & Co. KG, Podbielskistraße 11, 30163 Hannover

Carl Kühne KG (GmbH & Co.), Kühnehöfe 11, 22761 Hamburg

Consortium Südtiroler Speck ggA, Rittnerstraße 33/A, I - 39100 Bozen

Coppenrath & Wiese GmbH & Co. KG, zum Attersee 2, 49076 Osnabrück

Develey Senf & Feinkost GmbH, Ottobrunner Straße 45, 82008 Unterhaching

„Deutsche See" GmbH & Co. KG, Maifischstraße 3 – 9, 27572 Bremerhaven

Digitalstock, www.digitalstock.de

DLG e. V., Eschborner Landstraße 122, 60489 Frankfurt am Main

EOS – Export Organisation Südtirol, Südtiroler Straße 60, I-39100 Bozen

EUROPLANT Pflanzenzucht GmbH, Wulf-Werum-Straße 1, 21337 Lüneburg

Fotolia, www.fotolia.de

Gesellschaft für Teewerbung, Gotenstraße 21, 20097 Hamburg

HARIBO GmbH & Co. KG, Hans-Riegel-Straße 1, 53129 Bonn

HUSSEL, Kabeler Straße 4, 58099 Hagen

Infozentrum-Schokolade, Marie-Curie-Straße 5, 51377 Leverkusen

Kraft Foods, Langemarckstraße 4 - 20, 28199 Bremen

Lebensmittel Zeitung direkt, www.lebensmittelzeitung.net/lzdirekt

McCain GmbH, Kölner Straße 10 b, 65760 Eschborn

Nestlé Erzeugnisse GmbH, Lyoner Straße 23, 60528 Frankfurt/Main

Nestlé Schöller GmbH und Co. KG, Bucher Str. 137, 90419 Nürnberg

Pfeifer & Langen KG, Linnicher Straße 48, 50933 Köln

Photocase, www.photocase.com

RIEDEL GLAS AUSTRIA, Weissachstraße 28 - 32 , A-6330 Kufstein

Schreyögg GmbH, Cutraunstraße 62, Rabland, I-39020 Partschins

Sopexa DEUTSCHLAND, Sternstraße 58, 40479 Düsseldorf

Switzerland Cheese Marketing GmbH, Neue Poststraße 17, 85598 Baldham

ZIMBO Fleisch- und Wurstwaren GmbH & Co. KG, Wasserstraße 223, 44799 Bochum

Quellen

Publikationen:

aid infodienst, Bonn

Bolsmann, Lexikon der Bar, Stuttgart, 2003

Basistrainer der Mediadidact, Deutscher Fachverlag, Frankfurt

Brockhaus, Die Enzyklopädie, 20. Auflage 1999

CMA, Centrale Marketinggesellschaft der deutschen Agrarwirtschaft mbH

Costa Meeresspezialitäten, Emden

Davidson, The Oxford Companion to Food, Oxford, 1999

Dr. Oetker Lebensmittel-Lexikon, Bielefeld, 2004

Dumont, Kulinarisches Lexikon, Bern und Stuttgart, 1998

FoodAktiv, München, 2005

Grösser, Tee für Wissensdurstige, Gräfelfing, 1999

Gut eingekauft, Köln, 2004

Lebensmittel-Praxis, Neuwied

Markenlehrbriefe der Mediadidact

Lebensmittel Zeitung, Frankfurt am Main

Stickler, Weine, Schaumweine, Versetzte Weine, Salzburg, 2004

Schmidt, Das Teubner Food-Lexikon, München, 2004

Teubner, Food, München, 2001

Werle, Cox, Ingredienzen, Köln, 2000

Verein für kontrollierte Tierhaltungsformen e.V.

World Wide Web:

Encarta

Wikipedia

www.fruitlife.de

www.biscosuisse.ch

www.kochatelier.de

www.lebensmittellexikon.de

www.was-wir-essen.de

Impressum

EDEKA Sonderedition 2015

EDEKA Aktiengesellschaft
Geschäftsbereich Bildungswesen
New-York-Ring 6
22297 Hamburg
warenkundebuch@edeka.de
Tel. 040 / 6377 2146

Dieses Buch entstand unter freundlicher Mitwirkung und Unterstützung der **DLG e. V. (Deutsche Landwirtschafts-Gesellschaft)** sowie der Geschäftsbereiche **Marketing/Vertrieb und Frische II der EDEKA AG.**

Herausgeber
Mediadidact
Deutscher Fachverlag GmbH
Mainzer Landstraße 251
60326 Frankfurt am Main
info@mediadidact.de
www.mediadidact.de

Verlagsleitung: Oliver Peik
Koordination: Maria Theresia Weckert

Aktualisierung dieser Auflage:
Maria-Theresia Weckert (Koordination)
Edith Graßmann (Grafik)

Druck: Phoenix Print GmbH, Würzburg

Auflage Sommer 2015
ISBN 978-3-00-049490-1
Printed in Germany
© Deutscher Fachverlag GmbH,
Frankfurt am Main

Texte
Helen Ann Augst
Christa Eder (Heißgetränke, Wein)
Karl Rudolf (Schaumwein, Spirituosen)
Jürgen Walla (Alkoholfreie Getränke)

Artdirektion: Regina Albrecht
Grafik: Jiri für LNT s.r.o. Prag
Illustrationen: Cristian S. Aluas, Canada

Fotos:
István Velsz
(Soweit die Fotos nicht durch Firmen oder Institutionen zur Verfügung gestellt wurden)

Die Verwertung der Texte und Bilder, auch auszugsweise, ist ohne Zustimmung des Verlages urheberrechtswidrig und strafbar. Alle Rechte, auch die des Nachdrucks, der Wiedergabe in jeder Form und der Übersetzung in andere Sprachen vorbehalten.

Nach dem Urheberrechtsgesetz ist die Vervielfältigung oder Übertragung urheberrechtlich geschützter Werke, also auch der Texte und Bilder, nicht gestattet. Ausgenommen davon sind Teile, die mit Genehmigung anderen Quellen entnommen wurden. Dieses Verbot erstreckt sich auch auf die Vervielfältigung für Zwecke der Unterrichtsgestaltung – mit Ausnahme der in §§ 53, 54 URG ausdrücklich genannten Fälle –, wenn nicht vorher die Genehmigung des Verlages eingeholt wurde.

Als Vervielfältigung gilt jegliche Speicherung und Übertragung auf Papier, Transparente, Video, Btx, Filme, Bücher, Platten, Magnetband, Matrizen, CD-ROM, CDI, Internet und andere Medien.

Bei der Erstellung des Werkes haben wir uns um die größtmögliche Vollständigkeit, Genauigkeit und Richtigkeit bemüht und alle Informationen sorgfältig überprüft. Der Herausgeber übernimmt keinerlei Gewähr für die Aktualität, Korrektheit, Vollständigkeit oder Qualität der gegebenen Informationen. Ansprüche gegen den Herausgeber, welche sich auf Schäden materieller oder ideeller Art beziehen, die durch Nutzung oder Nichtnutzung der dargebotenen Informationen bzw. durch die Nutzung fehlerhafter und unvollständiger Informationen verursacht wurden, sind grundsätzlich ausgeschlossen.